Carla Meyer-Schlenkrich
Wann beginnt die Papierzeit?

Materiale Textkulturen

―
Schriftenreihe des Sonderforschungsbereichs 933

Herausgegeben von
Ludger Lieb

Wissenschaftlicher Beirat:
Jan Christian Gertz, Markus Hilgert, Hanna Liss,
Bernd Schneidmüller, Melanie Trede
und Christian Witschel

Band 45

Carla Meyer-Schlenkrich

Wann beginnt die Papierzeit?

―――

Zur Wissensgeschichte eines hoch- und spätmittelalterlichen Beschreibstoffs

DE GRUYTER

Diese Publikation ist im Heidelberger Sonderforschungsbereich 933 ‚Materiale Textkulturen. Materialität und Präsenz des Geschriebenen in non-typographischen Gesellschaften' entstanden. Der SFB 933 wird durch die Deutsche Forschungsgemeinschaft finanziert.

ISBN 978-3-11-129474-2
e-ISBN (PDF) 978-3-11-129893-1
e-ISBN (EPUB) 978-3-11-129952-5
ISSN 2198-6932
DOI https://doi.org/10.1515/9783111298931

Dieses Werk ist lizenziert unter einer Creative Commons Namensnennung – Nicht-kommerziell – Keine Bearbeitung 4.0 International Lizenz. Weitere Informationen finden Sie unter https://creativecommons.org/licenses/by-nc-nd/4.0/.

Die Creative Commons-Lizenzbedingungen für die Weiterverwendung gelten nicht für Inhalte (wie Grafiken, Abbildungen, Fotos, Auszüge usw.), die nicht im Original der Open-Access-Publikation enthalten sind. Es kann eine weitere Genehmigung des Rechteinhabers erforderlich sein. Die Verpflichtung zur Recherche und Genehmigung liegt allein bei der Partei, die das Material weiterverwendet.

Library of Congress Control Number: 2024948498

Bibliografische Information der Deutschen Nationalbibliothek
Die Deutsche Nationalbibliothek verzeichnet diese Publikation in der Deutschen Nationalbibliografie; detaillierte bibliografische Daten sind im Internet über http://dnb.dnb.de abrufbar.

© 2024 bei der Autorin, publiziert von Walter de Gruyter GmbH, Berlin/Boston. Dieses Buch ist als Open-Access-Publikation verfügbar über www.degruyter.com.

Satz: Nicolai Dollt (Sonderforschungsbereich 933, Heidelberg)
Einbandabbildung: Büttenpapier mit Wasserzeichen, geschöpft 2019 von Johannes Follmer, Papiermühle Homburg, Aufnahme im Durchlicht. © Kalle Kröger
Druck und Bindung: CPI books GmbH, Leck

www.degruyter.com
Fragen zur allgemeinen Produktsicherheit:
productsafety@degruyterbrill.com

Inhalt

Graphiken und Tabellen —— VII
Abbildungen —— IX

Vorwort —— 1

A   Einleitung —— 5

      Standortbestimmungen —— 14
      Methodische Zugänge —— 60
      Zur Gliederung des Buches —— 70

B.1   Mittelalterliches Papier in Württemberg und Mantua —— 95

      Statistik und Archivgeschichte —— 100
      Die Anfänge der Papierzeit in Württemberg —— 115
      Papiernutzung im Mantua des Trecento —— 130
      Papier und Pergament im Württemberg des 15. Jahrhunderts —— 152
      Pergament und Papier im Mantua des Quattrocento —— 168
      Wandel durch Papier? —— 183

B.2   Die Revolution der mittelalterlichen Papierherstellung —— 193

      Technische Innovationen —— 196
      Papier als Verpackungsmaterial und Werkstoff —— 208
      Wachsende Mengen —— 220
      Fallbeispiele: Urach und Mantua —— 225
      Mittelalterliche Kriterien zur Bestimmung von Papiersorten
      und -qualitäten —— 237

B.3   Papier zwischen Buchdruck und Pergament —— 277

      Das Medienereignis des Buchdrucks —— 281
      Billig und wenig haltbar —— 302
      Die Beharrungskraft des Pergaments —— 336

B.4 Von Papierhüten zu Papiermühlen —— 361

Geheime Kunst der Papiermacherei —— 363
Jan Hus und der Schandhut —— 374

B.5 Papier als Thema in der islamischen Welt —— 411

Ein dichter Diskurs —— 413
Geschätztes Papier —— 434

B.6 Marco Polo und die vielen Worte für Papier —— 467

Ein Stoff zum Wieder- und Weitererzählen —— 469
Seltsames Papier —— 473
Die Legende vom Baumwollpapier —— 513
Papier unter dem Hammer —— 528

B.7 Plinius als posthumer Vater der Papierforschung —— 535

Vom Papyrus zum Papier —— 536
Die lexikalische Erfindung des *papireista* —— 553
Ausblick in die Neuzeit —— 572

C. Schluss —— 587

D. Quellen- und Literaturverzeichnis —— 619

Ungedruckte Quellen —— 619
Gedruckte Quellen —— 620
Literatur —— 634

E. Register —— 687

Personen —— 687
Orte —— 697

Graphiken und Tabellen

Kasten A.1 Frühe Papiere unter normannischer Herrschaft auf Sizilien und in Süditalien —— **23**

Kasten A.2 Papierüberlieferung in der italienischen Kanzlei Friedrichs II. sowie unter angevinischer Herrschaft —— **27**

Kasten A.3 In der Forschung bekannte Papierüberlieferung in den ober- und mittelitalienischen Städten und an der römischen Kurie bis 1299 —— **32**

Kasten A.4 In der Forschung bekannte frühe Papierüberlieferung im deutschen Sprachraum bis 1360 —— **73**

Graphik B.1.1 Zeitliche Verteilung der Archivalieneinheiten im Selektbestand A 602 des Hauptstaatsarchivs Stuttgart in Zehnjahresschritten —— **101**

Graphik B.1.2 Papier im Selektbestand A 602 im Zeitraum 1301 bis 1400, differenziert nach Ausfertigungen, Entwürfen und Abschriften —— **101**

Graphik B.1.3 Nach ihrem Material analysierte Originale und Entwürfe im Bestand A 602 (1356–1410) —— **126**

Graphik B.1.4 Papier im Selektbestand A 602 im Zeitraum 1301 bis 1500, differenziert nach Ausfertigungen, Entwürfen und Abschriften —— **153**

Kasten B.2.1 Mittelalterliche Kriterien zur Bestimmung von Papierformaten —— **243**

Kasten B.2.2 Mittelalterliche Kriterien zur Bestimmung des Blattgewichts bzw. Aussagen zur Papierstärke —— **248**

Kasten B.2.3 Mittelalterliche Bezeichnungen für die Feinheit und Gleichmäßigkeit der Oberflächenstruktur —— **251**

Kasten B.2.4 Mittelalterliche Zeugnisse zur Leimung der Papiere —— **256**

Kasten B.2.5 Mittelalterliche Zeugnisse über Unterschiede zwischen Schreib- und Druckpapieren —— **259**

Kasten B.2.6 Mittelalterliche Schriftzeugnisse über Wasserzeichen —— **264**

Kasten B.2.7 Zeitgenössische Definition von ‚risma'/‚Ries' im mittelalterlichen Papierhandel —— **273**

Kasten B.3.1 Polidoro Virgili, De inventoribus rerum, über Papier —— **279**

Kasten B.3.2 Frühe Kommentare zum Konnex zwischen Buchdruck und Papier —— **292**

Kasten B.3.3 Mittelalterliche Zweifel an der Haltbarkeit von Papier —— **307**

Kasten B.3.4 Bemerkungen zu Preis bzw. Wert des Papiers bis in die Mitte des 16. Jahrhunderts —— **316**

Kasten B.3.5 Gesellschaftliche Akzeptanz und soziale Distinktion als Gründe für die Wahl zwischen Papier und Pergament —— **325**

Kasten B.3.6 Verbote bzw. Ausschluss des Papiergebrauchs für rechtsrelevante Schriftstücke vom 13. bis 16. Jahrhundert vor allem aus dem italienischen und deutschen Raum —— **337**

Kasten B.4.1 Verträge und Erlasse zur Geheimhaltung der Techniken der Papierherstellung —— **368**

Kasten B.4.2 Papierne Kopfbedeckungen auf den Hinrichtungsszenen in den bebilderten Exemplaren der Konstanzer Konzilschronik —— **377**

Kasten B.4.3 Die Papier-Mitra des Jan Hus in der Überlieferung der Richental-Chronik —— **384**

Kasten B.4.4 Richentals Passage über die unentflammbare Papiermitra in der Rezeption der Reformationszeit —— **387**

Kasten B.4.5 Die Papierkrone des Jan Hus in hussitischen Augenzeugenberichten und ihrer Rezeption (lateinische und deutschsprachige Beispiele) —— **391**
Kasten B.4.6 Beispiele für den Schandhut auf Darstellungen des Hus-Martyriums in Böhmen —— **398**
Kasten B.4.7 Beispiele für die Erwähnung von Papier als Material für Schandhüte und -symbole —— **405**

Kasten B.5.1 Reflexionen arabischer und persischer Autoren auf Papier, die in modernen Übersetzungen in westliche Sprachen zugänglich sind —— **429**
Kasten B.5.2 Rezeptliteratur aus dem deutschsprachigen Raum mit Anleitungen für Schreiber, in denen Papier und Pergament thematisiert werden —— **459**

Graphik B.6.1 Marco Polos Reisebericht in seiner Überlieferung bis zu Giovanni Battista Ramusios Übersetzung ins Italienische 1559 —— **482**
Kasten B.6.2 Auszüge aus Marco Polos ‚Papiergeldkapitel' zur Materialität der Geldscheine in 21 Fassungen sowie zum Teil in verschiedenen Überlieferungsträgern —— **484**
Kasten B.6.3 Bezeichnungen zum Zeicheninhalt ‚Papier' in verschiedenen Fassungen und Überlieferungsträgern von Marco Polos Bericht über seine Fernostasienreise —— **494**

Kasten B.7.1 Frühe enzyklopädische und historiographische Zeugnisse zum Leinenpapier und seiner Herstellung —— **568**

Abbildungen

Abb. 1 Frühestes bekanntes Papier im Archivio Gonzaga in Mantua, datiert 1277, Archivio di Stato di Mantova, Archivio Gonzaga, D IV 16, b. 305. © Carla Meyer-Schlenkrich —— **44**

Abb. 2a+b Frühestes bekanntes Papier aus dem Bestand A 602 im Hauptstaatsarchiv Stuttgart, Nr. 7251 = WR 7251, datiert 1358, Recto- und Versoseite. © Thomas Klinke —— **94**

Abb. 3 Umzeichnung des „Lapide della Società degli Speziali", Bologna, Museo Civico Medievale, Lapidario, inv. 1637, mit den Maßen der in Bologna gültigen Papierformate, eventuell spätes 14. Jahrhundert. © Christoph Forster —— **247**

Abb. 4 Jan Hus in Ulrich Richentals Konstanzer Konzilschronik in der Handschrift The New York Public Library, Spencer Collection, Ms. 32 (Sigle A), S. 138 und 139, vgl. The New York Public Library Digital Collections, URL: https://digitalcollections.nypl.org/items/510d47da-ebaa-a3d9-e040-e00a18064a99 (Stand 02.03.2024) —— **380**

Abb. 5 Hieronymus von Prag in Ulrich Richentals Konstanzer Konzilschronik in der Handschrift Badische Landesbibliothek Karlsruhe, Cod. St. Georgen 63 (Sigle G), fol. 20r, vgl. URN: urn:nbn:de:bsz:31-37921 (Stand 02.03.2024) —— **381**

Abb. 6 Jan Hus in Ulrich Richentals Konstanzer Konzilschronik im Augsburger Erstdruck von Anton Sorg (Sigle D). Universitätsbibliothek Heidelberg, Q 2060 qt. INC, fol. 34r, vgl. DOI: https://doi.org/10.11588/diglit.9340#0065 (Stand 02.03.2024) —— **382**

Abb. 7 Herstellung von Papiergeld in der Münze des Großkhans – Illustration zu Marco Polos „Milione" in einer französischen Handschrift um 1475–1525 (Version Fr). Paris, Bibliothèque de l'Arsenal, Ms-5219 réserve, fol. 75r. © Bibliothèque nationale de France, vgl. https://data.biblissima.fr/entity/Q34217 (Stand 02.03.2024) —— **530**

Abb. 8 „Der Papyrer" – Holzschnitt von Jost Amman mit Versen von Hartmann Schopper im Erstdruck der *Panoplia omnium illiberalium mechanicarum aut sedentariarum artium genera* von 1568. München, Bayerische Staatsbibliothek, Res/L.eleg.m. 715, S. [61], vgl. URN: urn:nbn:de:bvb:12-bsb00028626-8 (Stand 02.03.2024) —— **563**

Abb. 9 Anfang des Liedes *Papirs natur ist rauschen [...]* in der musikalischen Sammlung *Bergkreyen* des Nürnberger Liedersammlers Erasmus Rotenbuch, gedruckt 1551. München, Bayerische Staatsbibliothek, 4 Mus.pr. 454, Lied Nr. XXI, o. S., vgl. URN: urn:nbn:de:bvb:12-bsb00072036-7 (Stand: 02.03.2024) —— **588**

Vorwort

Die hier vorgelegte Studie wurde im Juli 2019 an der Universität Heidelberg als Habilitationsschrift eingereicht. Die Idee zu ihr wie auch ihr Werden sind eng verbunden mit dem Heidelberger Sonderforschungsbereich 933 „Materiale Textkulturen", an dem ich schon seit seiner Konzeption im Jahr 2008 mitarbeiten konnte und der die Entstehung meiner Arbeit über fast zwei Laufzeiten von Juli 2011 bis März 2018 finanziell ermöglicht hat. Besonders freut mich daher, dass mein Buch noch als eines der letzten in die SFB-eigene Reihe „Materiale Textkulturen" aufgenommen wurde. Zugleich bedeutete diese Entscheidung, mich in eine längere Schlange an Bänden einzureihen, die bis zum Schluss der Reihe noch produziert werden sollten. Dies hat zur Folge, dass letzte Überarbeitungen meines Texts schon in den Jahreswechsel 2022/23 datieren. Zugleich waren dies die Monate, in denen für mich wie für viele aus dem Nichts der weltweite Siegeszug der OpenAI-Software Chat GPT begann und wir damit auf ein völlig neues Level in den Debatten um Künstliche Intelligenz und ihre Auswirkungen auf Individuen wie Gesellschaft gehoben wurden. Noch stecken wir mitten in einem gewaltigen Strudel der Veränderungen; wo und wie wir daraus auftauchen werden, ist heftig umstritten und ungewiss. Zumindest im Fazit der Arbeit habe ich jedoch versucht, auf das Ausmaß dieses Wandels auch für unsere Fachdiskurse hinzuweisen.

Die Anregung und Ermutigung zu dieser Arbeit stammt von Bernd Schneidmüller (Heidelberg), Leiter des Teilprojekts A06 „Die papierene Umwälzung im spätmittelalterlichen Europa" im genannten SFB, dem ich als meinem langjährigen akademischen Mentor zu besonderem, großem Dank verpflichtet bin. Ebenso danke ich Nikolas Jaspert (Heidelberg) und Karl Ubl (Köln), die die weiteren Gutachten im Habilitationsverfahren übernahmen. Während meiner Tätigkeit an der Universität zu Köln ab 2018 hat mir Karl Ubl nicht nur die Freiräume gelassen, die Arbeit zu Ende zu bringen; er wurde mir auch zu einem wichtigen inhaltlichen Ansprechpartner, dem ich fürs Zuhören und Mitdenken sehr dankbar bin. Es stimmt mich traurig, dass Stefan Weinfurter (Heidelberg) als mein zweiter Heidelberger Förderer die Fertigstellung des Manuskripts 2019 nicht erlebt hat.

Eine große Bereicherung für meine Arbeit war die Kommunikation über Fächergrenzen hinweg im SFB. Von den mit den Kolleg*innen geführten Diskussionen um eine theoretisch-methodische Verortung unserer Themen und unser Ringen um ein gemeinsames Vokabular steckt viel in den hier folgenden Seiten. Zugleich sind aus der Zusammenarbeit auch Freundschaften erwachsen. Das gilt allen voran für meine direkte Kollegin im Teilprojekt A06, Sandra Schultz (Mainz), die parallel mit mir über ihrer Dissertation zu den Papiermühlen des späten Mittelalters im deutschen Südwesten saß, und für meinen Nachfolger auf der Stelle, Paul Schweitzer-Martin (München), der in unserem Projekt seine Doktorarbeit über die Speyerer Druckerfamilie Drach und die für ihre Werke verwendeten Papiere abschloss. Nennen möchte ich über A06 hinaus auch Julia Becker (Würzburg), Fanny Opdenhoff (Hamburg), Jakub Šimek

(Heidelberg), Melanie Trede (Heidelberg), Kirsten Wallenwein (Paris) und – last but not least – Rebecca Sauer (Zürich), der ich für ihre profunde Lektüre und Korrektur des Kapitels B.5 „Papier als Thema in der islamischen Welt" zu großem Dank verpflichtet bin. Auch jenseits des SFBs und über Heidelberg hinaus habe ich von vielen Impulsen und Anregungen profitiert. Als wichtige Gesprächspartner*innen seien Christina Antenhofer (Salzburg), Julia Burkhardt (München), Christoph Dartmann (Hamburg), Emanuela Di Stefano (Camerino), Antje Flüchter (Bielefeld), Nina Gallion (Mainz), Jürgen Herold (Greifswald), Christoph Mauntel (Osnabrück) und Megan K. Williams (Groningen) genannt.

Die Herausforderung wie Faszination meines Projekts lag im vom SFB vorgegebenen Auftrag, Papier in seiner Materialität, seiner „Dreidimensionalität" zu erforschen, wie der Diplom-Restaurator Thomas Klinke (Köln) in einem mich elektrisierenden Aufsatz von 2009 formuliert hat. Thomas Klinke wurde einer von mehreren Materialexpert*innen, in deren Labore und Werkstätten wir im Teilprojekt A06 hineinschauen konnten, von deren Zugängen, Methoden, Erfahrungen wir lernen durften, mit denen gemeinsam wir neue Erkenntnisse im Umgang mit dem Stoff Papier gewannen. Zu ihnen zählen auch die Papierrestauratorin und Buchhistorikerin Agnieszka Helman-Ważny (Warschau), die Handpapierspezialisten Johannes Follmer (Homburg/Main) und Martin Kluge (Basel), der Kalligraph Klaus-Peter Schäffel (Basel) und die Wasserzeichen-Expertin Maria Stieglecker (Wien). Solche materialbezogenen Zugänge zu den Quellen waren zugleich nur möglich durch die Offenheit und Unterstützung in den Archiven, die ich für meine Fallstudien nutzen konnte: Hier gilt mein besonderer Dank im Hauptstaatsarchiv Stuttgart dem Archivleiter Peter Rückert sowie Erwin Frauenknecht, im Archivio di Stato di Mantova den Archivarinnen Franca Maestrini und Laura Melli. Wertvolle Hinweise und Hilfestellungen verdanke ich auch Andreas Deutsch, Leiter der Forschungsstelle Deutsches Rechtswörterbuch an der Heidelberger Akademie der Wissenschaften, und Karin Zimmermann, Leiterin der Abteilung Historische Sammlungen an der Universitätsbibliothek Heidelberg.

Den Verantwortlichen der Reihe „Materiale Textkulturen", allen voran Ludger Lieb (Heidelberg), bin ich für die Aufnahme des Buchs in die Schriftenreihe und für die Finanzierung der Drucklegung, Nicolai Dollt (Heidelberg) für den sorgfältigen Satz des Bandes ebenso wie für seine große Nachsicht mit den von mir verantworteten Verzögerungen sehr verbunden. Als wissenschaftliche Hilfskräfte in Köln und Münster haben vor allem Theresa Krosse, Hendrik Streit, Janna Stupperich und Pia Wontorra mit großer Umsicht und Engagement geholfen, Literatur zu beschaffen, Tabellen zu vervollständigen, letzte Fehler vor der Drucklegung auszumerzen und das Register zu erstellen. Auch meinem Mitarbeiter Christoph Burdich und meiner Sekretärin Alexia Ibrahim danke ich herzlich für ihre Unterstützung bei der Endkorrektur.

Man sagt gemeinhin, Papier sei geduldig. Geduld wurde in den langen Jahren der Arbeit an diesem Buch vor allem meinem Mann Bernd Schlenkrich und meinem Sohn Moritz abverlangt, die mir die Zeit am Schreibtisch gelassen, vor allem aber immer weiter unverdrossen ihre Liebe und gute Laune geschenkt haben. Bis hinein in die letzten Stunden vor der Abgabe der Habil hat außerdem ein „Familienteam" am Gelingen mitgewirkt, mit orthographischem wie technischem Support; dafür danke ich Kerstin Kech, meiner Schwester Anne Meyer und meinem unermüdlichsten, treusten Korrekturleser, meinem Vater Karl-Heinz Meyer. Gewidmet sei das Buch ihm, meiner Mutter Gertrud Meyer-Alig und meiner Tante Marianne Alig.

Die letzten Worte des Vorworts gelten der Gestaltung des Buchdeckels, auf dem nicht etwa ein mittelalterliches, sondern ein modernes Papier abgebildet ist. Als wunderbare Überraschung zum Abschluss der Habilitation wurden mir von Sandra Schultz und Johannes Follmer zwei Bögen großes, feines Büttenpapier geschenkt. Sie wurden nicht nur von Johannes Follmer selbst geschöpft, sondern er hat für sie auch ein eigenes Wasserzeichen geschaffen. Gegen das Licht gehalten kommt in ihnen der Ausruf zum Vorschein, den der Humanist Nikodemus Frischlin in einer Komödie 1585 dem wiederauferstandenen antiken Rhetor Cicero in den Mund legte:

O Gott was ist dies fuer Papyr?
Wie dunckht es mich so abenthewer?[1]

Köln, im März 2024
Carla Meyer-Schlenkrich

---

[1] Frischlin, Julius Redivivus [in der deutschen Übers.], hg. von Schade 1983, 51.

A Einleitung

„Paper Passion" – so tauften Karl Lagerfeld und der mit ihm befreundete Verleger Gerhard Steidl das Parfum, das sie im Herbst 2012 exklusiv für den Vertrieb in Buchhandlungen kreierten. In einem Flakon, dessen Verpackung man im Wortsinn aufblättern kann, ließen der bibliophile Modeschöpfer und der international renommierte Kunstdrucker den Duft des Papiers zu einem Zeitpunkt einfangen, an dem es durch E-Book-Reader, Smartphones und Tablet-Computer in Beruf und Freizeit, Öffentlichkeit und Privatsphäre längst immer selbstverständlicher abgelöst wurde. Die Aufregung über den Untergang der Buchkultur und die Angst vor dem papierlosen Büro scheinen abgeflaut. In vollem Gang ist jedoch die gesellschaftliche Debatte darüber, wie der inzwischen allgegenwärtige ‚digital turn' unser Leben verändert. Zur Diskussion steht dabei nicht nur, welche neuen Gefahren sich durch die digitalen Geräte und Medien auftun und welche Kompetenzen sie uns abverlangen. Breit im Bewusstsein angekommen ist auch die Ahnung, dass – wie etwa der Wissenschaftsjournalist Ranga Yogeshwar im Bahn-Magazin „DB Mobil" formulierte – „diese Entwicklung uns verändert, unsere Sicht, unsere Haltung und unser Selbstbewusstsein".[1] In der Retrospektive wandeln diese Erfahrungen auch den Blick auf das alte ‚Medium' Papier. Und so lässt sich Lagerfelds Parfum nicht nur als Metapher dafür verstehen, dass sich das Papier in diesen Umwälzungen verflüchtigt. Gerade das sukzessive Verschwinden des Papiers aus dem Alltag schärft offenbar unsere Sinne dafür, wie stark die Lebenswelt bisher von seiner Präsenz geprägt war.[2]

Die vorliegende Studie führt nicht an das (vermeintliche) Ende der Papierzeit. Stattdessen richtet sie den Blick zurück auf die Anfänge, als das Papier neu in Kanzleien, Kontore, Schreibstuben und Druckwerkstätten der westlichen Welt kam. Die

---

[1] Yogeshwar, Die digitale Revolution, 2015, 32. Gerade durch die spektakulären Entwicklungen im Bereich der Künstlichen Intelligenz in den letzten Jahren (ja Monaten!) ist die Zahl an Diskussionsbeiträgen zu diesem Thema auch aus den bzw. über die Geschichtswissenschaften geradezu explodiert. Konnte man am Beginn der 2010er Jahre noch fragen, ob in den Kultur-, Geistes- und Sozialwissenschaften von einer digitalen Wende gesprochen werden könne (s. etwa Kossek, Einleitung: digital turn?, 2012), so bestreitet heute niemand mehr, dass sowohl die menschliche Gesellschaft im Ganzen als auch unser Fach im Speziellen durch den medialen Wandel grundlegend verändert wird; aus der großen Zahl entsprechender Beiträge, gerade auch in digitalen Medien, sei beispielhaft der Blogbeitrag Hiltmann, Daten, Daten, Daten, 2020, herausgegriffen.

[2] Nicht zuletzt ist die neue Aufmerksamkeit für das Papier am breiten internationalen Angebot an populären Sachbüchern zur Papiergeschichte ablesbar. Aus der Vielzahl herausgegriffen seien hier neben dem auf eigenen Quellenstudien basierenden, in dieser Studie zentral herangezogenen Band Müller, Weiße Magie, 2012, etwa Basbanes, On paper, 2013, ein Buch, das maßgeblich auf Gesprächen des Journalisten mit für das Thema einschlägigen Wissenschaftler*innen (unter ihnen die auch in dieser Studie zitierten Timothy D. Barrett, 36–38, Jonathan Bloom und Sheila Blair, 54–57; s. auch die Passagen über William Joseph „Dard" Hunter, 317–321) fußt. Für weitere Beispiele ohne Anspruch auf Vollständigkeit s. Anm. 13.

Fragen, von denen sie ausgeht, sind jedoch von der Gegenwart inspiriert: Besaß das Papier, als es noch nicht altbekanntes, sondern ein neues und fremdes Material war, so wie die heutigen digitalen Geräte das Potential, die Schriftkultur des mittelalterlichen Europa und damit ihre Gesellschaften zu ändern? Sind diese Veränderungen als so nachhaltig und umwälzend zu qualifizieren wie unsere heutigen Erlebnisse?[3] Wann ist der Umschlagepunkt zu greifen, ab dem der ‚paper turn' die europäischen Gesellschaften erfasste und verwandelte?

Diese aus der Alltagsempirie gewonnenen Fragen sind erstaunlich deckungsgleich mit den Interessen des seit den 1990er Jahren im gesamten Feld der Kulturwissenschaften virulenten ‚material turn',[4] nach dessen Postulaten Objekte nicht länger als passive Ressource für soziales Handeln begriffen werden, sondern – so der vor allem vom französischen Wissenschafts- und Techniksoziologen Bruno Latour geprägte Begriff – selbst ‚agieren' bzw. ‚mithandeln'. Zwar haben Latours Votum, Ding und Mensch ‚symmetrisch' zu behandeln, missverstanden als Forderung, sie gleichzusetzen, wie auch von ihm geprägte Bilder etwa des ‚Parlaments der Dinge' viel Kritik und Ablehnung provoziert.[5] Akzeptiert und oft wiederholt ist inzwischen jedoch die

---

[3] Kaum eine Studie zur Medien- und Lesegeschichte bzw. Schriftlichkeitsforschung verzichtet auf die Bezugnahme auf Erfahrungen des ‚digital turn' und dies nicht erst im 21. Jahrhundert; mit dieser Beobachtung s. unter anderem schon Green, Orality and Reading, 1990, 267, unter Verweis auf ähnliche Überlegungen in Ong, Orality and Literacy, 1982/2012, bes. 2f., sowie Havelocks Monographie „The Muse learns to Write" von 1986. S. die deutsche Ausgabe Havelock, Als die Muse schreiben lernte, 1992, 47–56, der in seinem Forschungsüberblick das Jahr 1963 geradezu als „eine Art Wasserscheide" bzw. „Zeitpunkt eines Dammbruchs" mit Blick auf die moderne Debatte über die Rolle der Oralität in der Geschichte der menschlichen Kultur bezeichnet (Zitate ebd. 48). S. dazu auch den im Teilprojekt A06 im Sonderforschungsbereich 933 vorgelegten Sammelband mit der Einleitung von Bernd Schneidmüller, Papier im mittelalterlichen Europa, 2015, 1f. Zur Vorsicht gegenüber vorschnellen Analogieschlüssen warnt Müller, Medialität, 2004, 49–52.

[4] Zur Renaissance der Erforschung materieller Kultur in den Geschichtswissenschaften zur Vormoderne seit den 1980er Jahren vgl. den Literaturbericht bei Füssel, Die Materialität der Frühen Neuzeit, 2015. Aus der Sicht eines Mediävisten zur Gretchenfrage nach der epistemologischen Bedeutung des Materiellen sowohl mit Blick auf die Welt des Mittelalters als auch auf die eigenen Arbeitsprozesse vgl. den Blogbeitrag: Keupp, Wo liegt der Mehrwert des Materiellen, 2015.

[5] In der deutschen Übersetzung wurde diese Metapher sogar für den Titel seines Buchs verwendet, vgl. Latour, Das Parlament der Dinge, 2001. Dieses Bild irritiert durch die Suggestion, Dinge besäßen einen Willen und verfolgten Absichten. Wenn bei Latour Dinge ‚mithandeln', so will er diesen Begriff jedoch im Sinn von ‚Effekte erzielen' verstanden wissen, s. zum Sinn und den Dimensionen dieser theoretischen Vorannahmen mit konkreten Beispielen Schulz-Schaeffer, Kap. VIII. Akteur-Netzwerk-Theorie, 2000, bes. 194–201; zu aktuellen praxistheoretischen Ansätzen, die Latours Annahme einer symmetrischen Beziehung zwischen Mensch und Ding in der Handlung ablehnen, vgl. Wieser, Inmitten der Dinge, 2004. Zentrale Impulse Bruno Latours für die aktuelle kulturhistorische Forschung gehen zweifellos von seinen Forderungen aus, dass einerseits die Sachwelt in unseren allgemeinen Modellen von Welt – wie in sozialkonstruktivistischen Ansätzen lange üblich – nicht ignoriert werden, dass eine neue Hinwendung zur materiellen Kultur andererseits aber keinen Rückfall in den Positivismus bedeuten dürfe (s. dazu pointiert Latour, Eine neue Soziologie für eine neue Gesellschaft, 2010, 252: „Objektivität ist nicht das Eigentum der Positivisten!"). Sie erfordere vielmehr eine Weiterentwicklung

Vorstellung, dass die Welt, die wir formen, auch uns formt.[6] Anteil an der Entstehung und Aufrechterhaltung gesellschaftlicher Zusammenhänge wird der Sachwelt etwa dadurch zugeschrieben, dass sie den menschlichen Akteuren bestimmte Handlungsfolgen aufzwingt oder verweigert, ihnen Denkmuster und Erkenntnisinhalte vorgibt oder aber verwehrt. Der Stadtsoziologe Lars Frers hat dies in einer Arbeitsdefinition als „phänomenologische Gewalt der Dinge" umschrieben,[7] wobei ihre Eigenschaften sowohl aus dem physikalischen Gewicht als auch ihrem ökonomischen Wert und den kulturellen Zuschreibungen resultieren, die sie in den jeweiligen historischen und sozialen Kontexten erfahren.

Getrimmt auf das (nicht nur bei Latour oft bildmächtige) Vokabular der Materialitätsforschung lassen sich die oben gestellten Leitfragen also noch einmal anders formulieren: Gehören die mittelalterlichen Papiere zu denjenigen Gegenständen, die in der Formulierung der Soziologen Karl H. Hörning und Julia Reuter „die Rolle von ‚Härtern' sozialer Ordnung" übernehmen können, da sie soziale Regelungen und kulturelle Bedeutungen stabilisieren?[8] Kann man sie zu den Objekten rechnen, von denen ihr Fachkollege Andreas Reckwitz unter Verweis auf Latour fordert, sie als eine „notwendige Komponente sozialer Praktik" zu untersuchen?[9] Lässt sich im Hinblick auf die Entwicklungen und Veränderungen der mittelalterlichen Schriftkultur dem Gebrauch von Papier vielleicht sogar – so wie auch die Historikerin Kim Siebenhüner für die Untersuchung der Dingwelt unter Rekurs auf diese sozialwissenschaftlichen Positionierungen einfordert – der „Status einer strukturellen Ursache" einräumen?[10]

Die hier skizzierten Überlegungen und die daraus entwickelten Leitfragen fordern zu großen Synthesen heraus, die als Gesamtschau auf das lateinische Europa im Hoch- und Spätmittelalter jedoch auf dem derzeitigen Forschungsstand kaum zu leisten sind.[11] Auf den ersten Blick mag diese Feststellung überraschen: Auf dem Buch-

---

der klassischen Kultur- und Diskursanalyse, s. dazu etwa Reckwitz, Die Materialisierung der Kultur, 2014, 13–28, der gleich eingangs (S. 13) den hohen Anspruch dieses Zugriffs mit den Worten herausstreicht: „Es handelt sich [...] nicht um ein weiteres, zusätzliches Themengebiet der Kulturwissenschaften, das hier erschlossen würde, sondern um eine grundsätzliche Rekonfiguration der Perspektive der Kulturtheorien und Kulturwissenschaften." Zur wissenschaftsgeschichtlichen Einordnung der Thesen Latours s. außerdem Reckwitz, Der Ort des Materiellen in den Kulturtheorien, 2008.
6 Zu dieser Formulierung vgl. den bemerkenswerten Aufsatz von Hörning/Reuter, Doing Material Culture, 2008, 116; für weitere Beispiele vergleichbarer Aussagen s. Meier, Dingeleien, 2016, 253.
7 S. dazu die Homepage von Lars Frers: Zum begrifflichen Instrumentarium – Dinge und Materialität, Praxis und Performativität (2004), URL: http://userpage.fu-berlin.de/frers/begriffe.html#Praxis (Stand: 27.02.2023), die in den Diskussionen des Heidelberger Sonderforschungsbereichs „Materiale Textkulturen" oft zitiert wurde, s. etwa Hilgert, „Text-Anthropologie", 2010, 98; ders., Praxeologisch perspektivierte Artefaktanalysen, 2014, 158, und Meier, Dingeleien, 2016, 252.
8 Hörning/Reuter, Doing Material Culture, 2008, 115 f.
9 Reckwitz, Der Ort des Materiellen in den Kulturtheorien, 2008, 151.
10 Siebenhüner, Things That Matter, 2015, 384.
11 S. dazu in der Forschung gehäufte Kommentare zur Vorläufigkeit der bisher erreichten Ergebnisse, etwa bei Guichard, Du parchemin au papier, 1995, 186; Lyall, Materials: The paper revolution, 1989, 26;

markt ist eine Flut an für ein breites Publikum geschriebenen Sachbüchern über das Papier und seine Geschichte greifbar, deren Bogen geographisch wie zeitlich noch sehr viel weiter gespannt wird. In der Regel beginnen die Autor*innen noch vor den frühesten fassbaren Papieren im antiken China mit seinen Vorläufern und führen zumindest im Schlusswort bis zur aktuellen Digitalisierungsdebatte.[12] Erfreulich oft richten sie ihr Augenmerk auch auf kulturhistorische Beobachtungen und liefern dazu prägnante Wertungen, wenn Papier etwa auf dem Rückendeckel des Buchs von Nicholas A. Basbanes als „civilization's constant companion" apostrophiert wird.[13]

In diesen großen Narrationen gerinnen die Entwicklungen im mittelalterlichen Europa freilich zu einem Kapitel unter vielen und scheinen nicht den Rang einer Umbruchszeit beanspruchen zu dürfen. Zwangsläufig müssen solche Bündelungen aus der extremen Vogelperspektive außerdem auf einen umfangreicheren Fußnotenapparat verzichten bzw. verweisen schlicht aufeinander. Damit aber stehen sie seltsam unverbunden neben dem Typus des Forschungsbeitrags, der das Gros der traditionellen Papiergeschichtsschreibung zum Mittelalter stellt: kurze bis miszellenartige Aufsätze, die häufig nur einen winzigen Gegenstandsbereich – ein oder wenige papierne Artefakte oder Wasserzeichen, eine bestimmte Mühlengründung u. ä. –

Busonero et al., L'utilisation du papier dans le livre italien, 1993, 450; zuletzt Barrett, European Hand Papermaking, 2018, XV, oder Bellingradt, Vernetzte Papiermärkte, 2020, 39 und 171.

12 Die Jahrtausende raffende Darstellung dieser Werke von der ‚Wiege' des Papiers im antiken China bis zu seiner industriellen Fertigung ist häufig schon in den Titeln signalisiert, s. etwa die Untertitel „The everything of its two-thousand-year history" bei Basbanes, On paper, 2013, „2000 ans d'histoire et de savoir-faire" bei Polastron, Le papier, 1999, bzw. „Eine 2000jährige Geschichte" bei Weber, Die Sprache des Papiers, 2004. Zur ausführlichen Erörterung der so genannten „Vorläufer des Papiers" s. etwa das gleichnamige Kapitel bei Tschudin, Grundzüge der Papiergeschichte, 2012, 57–72; Hunter, Papermaking, 1974, 3–47 (Kap. „Before Paper: The Writing Substances of the Ancients"); Kühn/Michel, Papier, 1986, 25–45; Bloom, Paper before Print, 2001, 17–32. Sandermann, Papier, 1992, 1–62, beginnt sogar noch vor den Anfängen der Schriftentwicklung (Kap. „Felsbilder – die ältesten Dokumente").

13 Basbanes, On paper, 2013. S. auch Rückendeckel bzw. Einbandinnenseite des Sachbuchs von Müller, Weiße Magie, 2012, mit der Bezeichnung des Papiers als „Grundstoff der modernen Welt" bzw. „das große Vernetzungsmedium in der Herausbildung der modernen westlichen Zivilisation". Auch wenn diese Attribuierungen nach dem ‚cultural turn' sicherlich an Häufigkeit zunehmen, so wurde über das Papier jedoch auch schon früher geäußert, es sei ein „Zauberstoff", an dem sich nicht nur eine faszinierende Fülle an Fragen und Interessen entfalten lässt, sondern mit dem man „ein Stück Menschheitsgeschichte" aufzublättern hoffte, so etwa die Meinung der Papierforscherin Lore Sporhan-Krempel, Aus der Geschichte des Papiers, 1950, 353, wieder aufgegriffen bei Schmidt, Von der Mühle zur Fabrik, 1994, 30, oder des Nürnberger Schul- und Kulturdezernenten Hermann Glaser, s. Glaser, Papier, 1990, 9. Zum Begriff „Zauberstoff" vgl. den gleichnamigen Titel des Ausstellungskatalogs: Franzke/von Stromer (Hg.), Zauberstoff Papier, 1990, sowie die Ausstellungstitel „Zauber des Papiers" (Frankfurt am Main 1973) und „Magie des Papiers" (Zürich 1969/70), vgl. den Nachweis der Kataloge in Schmidt/Sobek (Bearb.), IBP, 2003, Bd. 1, Nr. 01563 und Nr. 01619, oder etwa das Resümee bei Burns, The Paper Revolution in Europe, 1981, 30: „However important its content, this magic material upon which it reposes will always hold a fascination."

fokussieren.[14] Zwischen diesen beiden Polen finden sich nur wenige umfänglichere Untersuchungen, die von eigenen Fallstudien ausgehend die Archivforschung zu einzelnen Zeitstellungen oder Regionen systematisierend zusammentragen und damit zu stärker quellengesättigten Erkenntnissen abseits der vorgetretenen Pfade führen.

In ihrem Fokus stand auch in der jüngeren Vergangenheit noch ganz der Bereich der Papier*herstellung*: So ist einerseits der erste und klassische Ort der Papiergeschichte, wie ein Blick in die Handbücher und Lexika der Geschichtswissenschaften zeigt, die Technikgeschichte mit ihrem Interesse für die Mühle als einziger Großmaschine des Mittelalters.[15] Vorangetrieben wird sie nicht erst in jüngster Zeit durch die (in Teilen nicht-akademische) Handpapierforschung mit ihren experimentellen Zugängen.[16] Andererseits wird die Geschichte der Papierherstellung als die Historie konkreter Papiermühlen geschrieben; dieser Bereich war lange ein Proprium der ebenfalls vielfach außerhalb universitärer Forschung betriebenen Lokal- oder Regionalgeschichte.[17] In jüngerer Zeit finden sich hier jedoch souveräne monographische

---

14 S. etwa die Beiträge bis hinein in die neuesten Jahrgänge der seit 2009 online verfügbaren Zeitschrift „International Paper History" (bis 1990 „IPH Information"), vgl. URL: http://www.paperhistory.org/Publications/ (Stand: 27.02.2023); besonders knapp die oft nur eine halbe bis eine Doppelseite kurzen Artikel in der vom Verein der Zellstoff- und Papier-Chemiker und -Ingenieure (Forschungsstelle Papiergeschichte) in Mainz zwischen 1951 und 1976 herausgegebenen Zeitschrift „Papiergeschichte"; s. auch den bezeichnenden Titel „Briquets Opuscula" für die 1955 veröffentlichte Sammlung der zahlreichen zu Lebzeiten zum Teil unveröffentlichten Miszellen eines der wichtigsten Pioniere der Papierforschung um 1900, vgl. dazu die Einleitung von Allan H. Stevenson, Briquet and the Future of Paper Studies, 1955, bes. XV f. Mit ähnlichen Beobachtungen schon Schmidt, Von der Mühle zur Fabrik, 1994, 24. Zu den Schwierigkeiten, zwischen Makro- und Mikroebene zu überbrücken, s. etwa die skurrile Art der Zusammenstellung von anekdotenhaften und mehrfach massiv verkürzten bzw. falschen Informationen, zeitlich beginnend mit den Ritzzeichnungen der jüngeren Altsteinzeit bis weit über den titelgebenden Gründer der vorgeblich ersten deutschen Papiermühle hinaus bis in das 19. Jahrhundert im zwanzigseitigen Aufsatz von Vogt, Die wunderbare Tat des Ulman Stromer, 1991.
15 S. gleich zwei Beiträge in Uta Lindgrens viel zitiertem Handbuch „Europäische Technik": Burns, Paper Comes to the West, 1998, und Tschudin, Werkzeug und Handwerkstechnik, 1998, knapper im entsprechenden Band der Propyläen-Technikgeschichte: Ludwig/Schmidtchen, Metalle und Macht, 1992, 93f. sowie 572–587; s. auch verschiedene Beiträge des Technikhistorikers Günter Bayerl, so etwa in einem mehrfach aufgelegten Lexikon über alte Handwerksberufe: Bayerl, Papiermacher, 2008. Dies prägt auch die gängigen Lexika: Anders als etwa beim Lemma „Pergament" steht unter dem Stichwort „Papier" in der Regel die Darstellung des Herstellungsprozesses im Zentrum. S. etwa im Lexikon des Mittelalters: Kälin, Art. Papier, 1993, Sp. 1165f., oder in der Enzyklopädie des Mittelalters: Vavra, Art. Papier und Druck, 2008, 212.
16 Vgl. hier etwa zuletzt die beeindruckende Synthese langjähriger und intensiver Auseinandersetzung mit „actual hands-on methods of historical European hand papermaking" bei Barrett, European Hand Papermaking, 2018, Zitat: ebd., XV.
17 Überdeutlich ist dies vor allem in der aktuellen italienischen Forschungslandschaft: Das Gros der Veröffentlichungen zum Thema Papier steht hier seit den 1980er Jahren in Verbindung zu Giancarlo Castagnari, einem studierten Juristen, der als Leiter der kommunalen Bibliothek und Bürgermeister seiner Heimatstadt Fabriano in den Marken nicht nur einer der maßgeblichen Initiatoren des lokalen Papiermuseums war, sondern auch im Ruhestand als Vizepräsident des 2011 durch den Feinpapierhersteller

Synthesen, so die Pionierarbeit von Maria Zaar-Görgens aus dem Jahr 2004, die neben den zentralen französischen Mühlenrevieren in der Champagne, der Grafschaft Bar und Lothringen auch die angrenzenden deutschsprachigen Regionen im Blick hat, sowie über den im Titel angekündigten südwestdeutschen Raum hinaus zum gesamten römisch-deutschen Reich nördlich der Alpen die Studie von Sandra Schultz aus dem Jahr 2018;[18] beide fußen maßgeblich auf der schon 1974 vorgelegten Arbeit von

---

Fedrigoni mit dem Ziel der Institutionalisierung ebenso wie der Internationalisierung der Papiergeschichte gestifteten ‚Istituto di Storia della Carta', kurz Istocarta, aktiv ist. Ungeachtet seiner eigenen, nicht immer wissenschaftlichen Standards genügenden Arbeiten ist Castagnaris Rolle als Gastgeber einer langen Serie an Konferenzen unschätzbar. Publiziert wurden die Konferenzbeiträge vor allem in zwei von ihm betreuten Reihen, der 1986 von der ‚Pia Università dei Cartai di Fabriano' begründeten, ab 2013 mit Band 11 von Istocarta fortgeführten ‚Collana di Storia della Carta' und der Reihe ‚L'Era del segno'. S. hier die für die mittelalterlichen Jahrhunderte relevanten Bände der ‚Collana di Storia della Carta': [ohne Bandzahl]: „Contributi Italiani alla diffusione della Carta in Occidente tra XIV e XV secolo", 1990; [ohne Bandzahl]: „Miscellanea di storia della carta", 1991; Bd. 4: „Carta e cartiere nelle Marche e nell'Umbria delle manifatture medioevali all'industrializzazione", 1993; Bd. 5: „Produzione e uso delle carte filigranate in Europa"; Bd. 12: „Le origine della carta occidentale", 2014. Aus der Reihe ‚L'Era del segno' s. vor allem Bd. 3: „L'impiego delle Tecniche e dell'Opera dei Cartai Fabrianesi in Italia e in Europa", 2007; Bd. 4: „La forma/The mould", 2016; s. außerhalb der Reihen bereits: „La città della carta" über Fabriano, zuerst 1982, 2. Aufl. 1986. In Fabriano steht Castagnari damit in einer langen Tradition. Erinnert sei stellvertretend an die herausragenden Forschungen des in Fabriano geborenen Pioniers der Wasserzeichenforschung Aurelio Zonghi im 19. sowie des in der Papierbranche tätigen Ingenieurs und Präsidenten der Cartiere Miliani Fabriano, Andrea F. Gasparinetti in der Mitte des 20. Jahrhunderts, zu Zonghi vgl. Rückert/Hodeček/Dietz/Wenger (Hg.), Ochsenkopf und Meerjungfrau, 2009, 79, Nr. V2, und zu Gasparinetti knapp Rodgers Albro, Fabriano, 2016, 22.

In der deutschen Forschung haben die bedeutende Rolle von Laien bei der Erforschung der Papiergeschichte und ihre zum Teil schillernden Persönlichkeiten in den letzten Jahrzehnten verstärkt wissenschaftsgeschichtliches Interesse gefunden, s. die biographischen Würdigungen im Sammelband: Rückert/Frauenknecht (Hg.), Wasserzeichen und Filigranologie, 2011, die neben dem über die Kunstmalerei zur Wasserzeichenforschung gekommenen Autodidakten Gerhard Piccard (1909–1989) auch die ihm eng verbundene Papierforscherin und promovierte Zeitungswissenschaftlerin Lore Sporhan-Krempel (1908–1994), deren Familie in der Papierbranche tätig war, und den über seine Vorfahren mit dem Thema Papier verbundenen, an der Universität Nürnberg-Erlangen lehrenden Wirtschafts- und Technikhistoriker Wolfgang Freiherr Stromer von Reichenbach (1922–1999) behandeln. Zu Piccard und seiner Arbeit im Hauptstaatsarchiv Stuttgart s. außerdem die Beiträge von Bannasch, Von der Malkunst zur Wasserzeichenkunde, 2004; in Teilen wortgleich wieder abgedruckt in ders., Die historische Grundlegung der Wasserzeichenkunde, 2007. Zu den für die württembergische und bayerische Mühlenlandschaft nach wie vor einschlägigen Forschungen Friedrich von Hößles (1856–1935), der als technischer Leiter der Papierfabrik Hegge bei Kempten tätig war, vgl. knapp mit weiterer Literatur Schmidt, Forschungsprogramme der deutschen Papiergeschichte, 1993; ders., Von der Mühle zur Fabrik, 1994, 32 mit Anm. 62; Bayerl, Die Papiermühle, 1987, Bd. 1, 33. Verstreute Texte zu Leben und Werk bedeutender Papierhistoriker*innen (vor allem Nachrufe) vgl. in: Schmidt/Sobek (Bearb.), IBP, 2003, Bd. 2, Kap. 10.5, Nr. 19615-20000.

18 Vgl. Zaar-Görgens, Champagne – Bar – Lothringen, 2004, und Schultz, Papierherstellung im deutschen Südwesten, 2018. Als zentrale Vorarbeit nicht nur für Schultz ist Hans Kälins Monographie über die Basler Papiermühlen zu nennen, vgl. Kälin, Papier in Basel, 1974.

Hans Kälin über das besonders gut in den Quellen greifbare Papiermühlenrevier in Basel.[19] Für Italien gibt es noch keinen vergleichbaren monographischen Überblick; mit den Arbeiten der Restauratorin Sylvia Rodgers Albro zu Fabriano aus dem Jahr 2016 und der Wirtschaftshistorikerin Emanuela Di Stefano zu Pioraco-Camerino aus dem Jahr 2019 liegen jedoch Studien zu zwei frühen, enorm leistungsstarken und zugleich im Vergleich außerordentlich gut belegten Papiermühlenrevieren vor, an deren Geschichte sich die europaweite Bedeutung und Marktmacht der italienischen Produktion eindrucksvoll ablesen lässt.[20]

Ein zweites und in der Wahrnehmung der Forschung nicht minder gewichtiges Feld der Papiergeschichte neben der Herstellung ist die Wasserzeichenforschung, der in den vergangenen zwei Jahrzehnten in beeindruckenden europaweiten Groß-Kooperationen zwischen Bibliotheken, Archiven und Forschungsinstituten weit mehr als die anfänglich geplante Digitalisierung der gedruckten Repertorien und Findbücher gelang.[21] So modern die Mittel, so bewährt sind die am Verständnis als Hilfswissenschaft ausgerichteten Ziele: Die Wasserzeichenforschung versteht sich selbst weiterhin vor allem als Dienstleistung für Diplomatik, Kodikologie, Inkunabelforschung und Kunstgeschichte, um Schriftstücke zu datieren und ihre Echtheit zu prüfen, um einen Beitrag zur inneren Struktur und damit zur Entstehungsgeschichte von Handschriften oder zur Bestimmung von Werkzusammenhängen oder Werkstattabläufen zu liefern.[22] In der Regel bleiben die analysierten Papierblätter in solchen Studien also

---

19 Vgl. Kälin, Papier in Basel, 1974.
20 Vgl. Rodgers Albro, Fabriano, 2016, und Di Stefano, Fra le Marche, il Mediterraneo, l'Europa, 2019.
21 S. hier vor allem als Flaggschiff das zwischen 2006 und 2009 von der EU geförderte Projekt „Bernstein. The Memory of Paper" mit dem Ziel, eine digitale Plattform zu erstellen, in der nicht nur über 200.000 Wasserzeichen abrufbar gemacht werden konnten, sondern die auch eine Harmonisierung und Übersetzung der Fachtermini in insgesamt sieben Sprachen vorantrieb, vgl. dazu neben der leider nicht mehr umfänglich gepflegten Internetseite unter URL: http://www.memoryofpaper.eu (Stand: 27.02.2023) den Katalog zu einer das Projekt begleitenden Wanderausstellung, in sukzessive erweiterten Ausgaben publiziert auf deutsch (1. Aufl 2006, 3. Aufl. 2009), italienisch (2. Aufl. 2007), englisch (3. Aufl. 2009) und spanisch (4. Aufl. 2011); s. auf deutsch in der dritten Aufl.: Rückert/Hodeček/Dietz/Wenger (Hg.), Ochsenkopf und Meerjungfrau, 2009, zum Projekt „Bernstein" 99–113; s. die jüngste Auflage mit der umfangreichsten Bibliographie: Rückert/Pérez García/Wenger (Hg.), Cabeza de Buey y Sirena, 2011. Für den deutschsprachigen Bereich s. als Nachfolgeprojekt das zwischen 2010 und 2014 von der DFG geförderte und nun von den beteiligten Partnern eigenständig weiterbetriebene Projekt „Wasserzeichen-Informationssystem" (WZIS, vgl. https://www.wasserzeichen-online.de/wzis/index.php, Stand: 27.02.2023). Zur Dokumentation wurden die Digitalisierungskampagnen von einer Serie von Tagungen begleitet, s. zuletzt in Stuttgart am 17. und 18. September 2015 „Das Wasserzeicheninformationssystem (WZIS). Bilanz und Perspektiven", publiziert im Sammelband: Frauenknecht/Maier/Rückert (Hg.), Das Wasserzeichen-Informationssystem, 2017. Vgl. als Rück- wie Ausblick auch die Beiträge der Tagung „5th International Conference on Watermarks in Digital Collections" im irischen Cork vom 16. bis 18. Oktober 2019.
22 Programmatisch s. etwa die jüngeren Beiträge von Mackert, Wasserzeichenkunde und Handschriftenforschung, 2007; Dietz, Die Bedeutung der Papier- und Wasserzeichenuntersuchungen für die kunstgeschichtliche Forschung, 2011; Rückert, Wasserzeichen in Inkunabeln, 2017; am konkreten

nur Mittel zum Zweck, statt das Papier selbst zum Gegenstand der Untersuchung werden zu lassen. Sieht man von Versuchen ab, über Wasserzeichen die an Schriftquellen arme Frühgeschichte einzelner Papiermühlen zu erhellen,[23] so ist als Ausnahme hier nur die Erforschung des Papierhandels zu nennen: Ebenfalls konfrontiert mit dem Mangel an schriftlichen Zeugnisse suchten fast zeitgleich seit den 1990er Jahren Franz Irsigler in Deutschland sowie das aus einem Verbund aus in Italien und Frankreich tätigen Handschriftenexpert*innen und Restaurator*innen getragene „Progetto Carta", die in den Wasserzeichensammlungen – insbesondere der ‚Stuttgarter Wasserzeichenkartei' von Gerhard Piccard – gesammelten Informationen zur Datierung und Herkunft der Blätter zur seriellen Auswertung für die Verbreitung der Handelsware Papier zu nutzen.[24] Aktuell wird die Geschichte des Papierhandels eher von bzw. aus der Perspektive der Frühneuzeitgeschichte aufgegriffen, für die sich belastbare Schriftquellen mehren.[25]

Oft beschworen, in Details beobachtet und trotzdem seltsam blass bleiben hingegen weiterhin die Befunde, welche kulturhistorischen Folgen die durch die in den Wasserzeichen-Sammlungen zu erahnende Zunahme des Papiergebrauchs in den

---

Beispiel Schlechter, Inkunabelforschung am Beispiel des Speyerer Druckers Peter Drach, 2015. Kritik an der fehlenden kultur- und wirtschaftshistorischen Kontextualisierung bei Bellingradt, Vernetzte Papiermärkte, 2020, 16, und an der einseitigen Ausrichtung und der Nutzbarkeit der digital vorliegenden Wasserzeichensammlungen für die Wissenschaft bei Bange, Wasserzeichen als Quelle zur Wirtschafts- und Sozialgeschichte, 2015, bes. 115f., die in diesem Aufsatz zugleich eindrucksvoll zeigt, wie sich das Studium der Wasserzeichen für die Kanzleigeschichte der Stadt Luxemburg fruchtbar machen lässt.

23 S. als ein Beispiel unter vielen etwa die aktuellen Beiträge von Erwin Frauenknecht, Papierherstellung und Buchdruck in Urach, 2014, und ders., Papiermühlen in Württemberg, 2015, zur in Kap. B.1 und B.2 näher vorgestellten Fallstudie über die Grafschaft Württemberg.

24 Vgl. Irsigler, Papierhandel in Mitteleuropa, 2006 (zuerst unvollständig und ohne Autorkorrektur publiziert unter italienischem Titel, aber in deutscher Sprache: ders., La carta: il commercio, 1992) und ders., Überregionale Verflechtungen der Papierer, 1999. In dem von ihm geleiteten Projekt im Trierer SFB 235 zu Papierproduktion und -verbrauch im späten Mittelalter entstand in den Jahren 1994 bis 1998 eine – leider unpublizierte – Datenbank, auf deren Grundlage seine Schülerin Maria Zaar-Görgens 2004 die Absatzgebiete der Reviere im heutigen Lothringen und der Champagne auch kartographisch nachzeichnen konnte, vgl. Zaar-Görgens, Champagne – Bar – Lothringen, 2004, 128–163, zur Datengrundlage vgl. 122–128, Diagramme 270–301, Karten im Anhang. Zu Datenbank und Ergebnissen der entsprechenden Studien aus dem „Progetto Carta", insbesondere zum Aufsatz Graziaplena, Paper Trade and Diffusion in Late Medieval Europe, 2004, vgl. unten Kap. B.2.

25 Für eine Standortbestimmung zum Papierhandel, der auch die wenigen mediävistischen Beiträge und Aspekte berücksichtigt, vgl. Zawrel, Papierhandel im Europa der Frühen Neuzeit, 2017; Bellingradt, Vernetzte Papiermärkte, 2020, bes. 9–39; zuletzt der Sammelband Bellingradt/Reynolds (Hg.), The Paper Trade in Early Modern Europe, 2021, der auch Beiträge für das ausgehende Spätmittelalter enthält: zu England (Orietta da Rold), zum Jagiellonischen Hof (Kristina Rabái) und zum flämischen Drucker Dirk Martens (Renaud Adam), für das 16. Jahrhundert zu Venedig (Anna Gialdini), Frankfurt (Megan Williams), Kastilien (Benito Rial Costas) und Island (Silvia Veronika Hufnagel). S. auch die weiteren zwischen Spätmittel- und Frühneuzeit angesiedelten instruktiven Forschungsbeiträge von Megan Williams in Anm. 189.

mittelalterlichen Gesellschaften zeitigte.²⁶ Im Zuge des in den Kulturwissenschaften allgegenwärtigen ‚material turn' wird zwar auch Papier zunehmend als Thema entdeckt.²⁷ Ein Blick in die Fußnoten zeigt jedoch rasch, dass der Forschungsstand noch immer von den grundwissenschaftlichen Handbüchern des 19. Jahrhunderts markiert wird. Über den deutschen Raum hinaus prägend wirken die monumentalen Studien Wilhelm Wattenbachs zum Schriftwesen im europäischen Mittelalter und Harry Bresslaus zweibändiges „Handbuch der Urkundenlehre" ebenso wie die – als jüngstes Werk – von Leo Santifaller 1953 publizierten „Beiträge zur Geschichte der Beschreibstoffe im Mittelalter".²⁸ Doch obwohl ihre quellengesättigten Darstellungen für die

---

26 S. vergleichbar schon das Urteil bei Federici/Ornato, „Progetto carta", 1990, 2, die einseitige Ausrichtung der Forschung einerseits auf die Verbreitung der Papierherstellung und andererseits auf die Sammlung von Wasserzeichen zum Zweck der Datierung von Dokumenten habe jede andere Beschäftigung mit Papier erstickt. Gerade die traditionsreichen Studien zu Papierherstellung und -handel interessieren sich erstaunlich wenig dafür, in welchen Bereichen die Ware Papier von den Konsumenten eingesetzt wurde; eine Ausnahme ist Hans Kälins Monographie über die Basler Papiermühlen, vgl. Kälin, Papier in Basel, 1974.
27 Das wachsende Interesse am Thema Papier und seinem Gebrauch ist aktuell vor allem an den Programmen von Tagungen und Konferenzen ablesbar und findet seinen Niederschlag daher bislang maßgeblich in Sammelbänden, s. die vom Heidelberger Teilprojekt „Die papierne Umwälzung im späten Mittelalter" (SFB 933) organisierte Tagung „Papier im Mittelalter. Herstellung und Gebrauch" vom 14. bis 15. November 2013, das vor allem von kunsthistorischer Expertise getragene Symposion „Paper is part of the picture. Europäische Künstlerpapiere von Albrecht Dürer bis Gerhard Richter" am 18. bis 21. März 2015 im Leopold Hoesch Museum & Papiermuseum Düren, die von Megan Williams und ihrem Forschungsprojekt „Paper Princes" veranstaltete Konferenz „The Politics of Paper in the Early Modern World" am 9. und 10. Juni 2016 in Groningen (s. dazu auch unten Anm. 189) und die Konferenz „Paper-stuff: Materiality, Technology and Invention" am 10. und 11. September 2018 an der Universität Cambridge.
28 Vgl. Wattenbach, Das Schriftwesen im Mittelalter, 2. Aufl. 1875 und 3. Aufl. 1896; Santifaller, Beiträge zur Geschichte der Beschreibstoffe, 1953. Seltener zitiert zu diesem Thema, aber ebenso gewinnbringend zu nutzen sind Rockinger, Zum baierischen Schriftwesen. Erste Hälfte, 1872, zweite Hälfte, 1873, sowie Bresslau, Handbuch der Urkundenlehre, Bd. 1, 1889, Bd. 2,2, 1931 (seit 1998 auch in italienischer Übersetzung unter dem Titel „Manuale di diplomatica per la Germania e per l'Italia" publiziert). Wie stark die deutschen Ergebnisse auch in Italien rezipiert wurden, zeigen Cesare Paolis Ausführungen zum Papier mit der stetigen Referenz auf Wattenbach und Bresslau in seinem „Programma scolastico di paleografia latina e di diplomatica", 1888 zuerst und vielfach nachgedruckt, angesichts seiner Bedeutung auch früh ins Deutsche übersetzt und hier in dieser Übersetzung aus dem Jahr 1895 benutzt, vgl. Paoli, Grundriss zu Vorlesungen ueber Lateinische Palaeographie, Teil II, 1895, bes. 68–80. Eine pointierte Zusammenfassung des damaligen Forschungsstands, aber ebenfalls kaum Belege und keine weiterführenden Ergebnisse bietet Giry, Manuel de diplomatique, 1894/1965, bes. 497–500 und passim (z. B. 495 zum Mythos des Rindenpapiers, 29 knappe Erwähnung von Papier als Material für Cartulare, 701f. für Konzepte, 780 und 782f. für Briefe und Briefverschlüsse, 830f. für Notariatsinstrumente in Frankreich usw.). Nicht ergiebig zum Thema Papier sind die Bände der von Wilhelm Erben, Oswald Redlich und Ludwig Schmitz-Kallenberg verantworteten Urkundenlehre, vgl. Redlich/Erben, Urkundenlehre, 1907, 193f. und 242 mit wenigen Beispielen für frühe erhaltene Papierdokumente, 282 mit dem Verweis auf papierne Siegelblättchen, sowie Redlich, Die Privaturkunden des Mittelalters, 1911, 225f. mit einem Hinweis auf die Verwendung von Papier in den frühen

vorliegende Studie nach wie vor den unverzichtbaren Ausgangspunkt bilden, so ist das Papier in ihnen lediglich ein Glied in der langen Geschichte der Schreibmaterialien. Ein Thema *sui generis* wird es nicht.

Diese implizite Bewertung des Papiers ebenso wie seine einseitige Funktionalisierung als Vehikel zur Datierung und Authentifizierung macht sich bis heute bemerkbar. Trotz weit verbreiteter Randbemerkungen gerade in der neueren Einführungs- und Handbuchliteratur findet sich bislang keine monographische Studie über den Papiergebrauch und seine kulturhistorischen Konsequenzen im mittelalterlichen Europa, und das, obwohl für andere Weltregionen und Epochen schon Vorbilder existieren. Zu nennen sind hier vor allem die Werke „Paper before Print" des amerikanischen Islamwissenschaftlers und Kunsthistorikers Jonathan Bloom für die islamische Welt des hohen und späten Mittelalters und „Weiße Magie" des deutschen Journalisten und Literaturwissenschaftlers Lothar Müller für die westliche Welt der Moderne.[29]

Ziel der vorliegenden Arbeit ist es daher, die Ursachen für diese bemerkenswerte Lücke in der mediävistischen Forschung zu ergründen und damit zugleich den spezifischen Schwierigkeiten Kontur zu verleihen, vor die auf Europa fokussierte Mittelalterhistoriker*innen bei ihren Antworten auf die hier formulierten Leitfragen gestellt sind. Ziel der Einleitung muss es sein, das hier behauptete Desiderat näher zu bestimmen und die Ambivalenzen der bisherigen Einschätzungen deutlich zu machen, bevor in einem zweiten Schritt Gegenstand und methodische Zugänge der vorliegenden Studie knapp vorgestellt werden.

Standortbestimmungen

Beginnen wir mit den Ausnahmen: Im Jahr 2000 legte Cornelia Vismann ihre im deutschen Feuilleton viel besprochene Promotionsschrift „Akten. Medientechnik und Recht" im Druck vor, in der die Juristin, Rechtshistorikerin und Medientheoretikerin ebenso klug wie kühn ein Panorama der Genese von Behördenschrifttum vom Impe-

---

französischen Imbreviaturbüchern. Keine Rolle spielt Papier bei Pratesi, Genesi e forme del documento medievale, 1979, s. die dürftigen Informationen auf 58f. und den sie erläuternden programmatischen Kommentar: „si può dire che fino alla fine del medioevo essa [= ‚la carta' im Sinn von: das Papier, Anm. d. Verf.] non entrò praticamente in concorrenza con la pergamena e che soltanto nel secolo XVIII riuscì ad averne ragione."

29 Bloom, Paper before Print, 2001 (für eine knappe Zusammenfassung der zentralen Thesen vgl. ders., The introduction of paper to the Islamic lands, 2000); Müller, Weiße Magie, 2012 (das Buch liegt seit 2015 unter dem Titel „White Magic. The Age of Paper" auch in einer englischen Übersetzung vor). S. für Europa in der Vormoderne allerdings das angekündigte Buchprojekt von John Gagné, Sydney, seit 2017 gefördert durch den Australian Research Council unter dem Projekttitel „Paper World: Document Loss in Premodern Europe", vgl. als Auftakt dazu seinen programmatischen Aufsatz Gagné, Paper World, 2017, mit äußerst anregenden Forschungsfragen und ersten Hypothesenbildungen, aber auf einer schmalen, noch ganz aus der Literatur genommenen Quellenbasis.

rium Romanum der Antike bis ins Computerzeitalter entwarf.[30] Dem Papier kommt wie auch den ihm vorangehenden älteren Beschreibstoffen Pergament und Papyrus in Vismanns Argumentation eine bedeutsame Rolle zu – und dies früh, nämlich schon in der Regierungszeit Kaiser Friedrichs II. ab der ersten Hälfte des 13. Jahrhunderts. „So wie sich das römische Imperium in Papyrus und Pergament teilen lässt", so erklärt die Autorin pointiert, „vollzieht sich der Übergang von Urkunden zur Herrschaft mit Akten im Proto-Staat des Staufers als Umstellung von Pergament auf Papier".[31]

Als Begründung dieses Urteils führt Vismann die Einführung des Papiers im „Behördenbetrieb" von Friedrichs sizilischer Kanzlei für die Registerführung (zeitgleich mit dem Beginn seiner Verwendung in den norditalienischen Kommunen) an. Ohne auf die dort eingesetzten Quantitäten einzugehen, nennt sie als stützende Indizien erstens die Verfügbarkeit des Beschreibstoffs, mit dem man auf Sizilien „wegen der guten Beziehungen zu arabischen Lieferanten nicht zu geizen" brauchte, zweitens den günstigeren Preis und drittens die größere Fälschungssicherheit jeweils im Vergleich zum älteren Pergament. Die ihm ebenfalls im Kontrast zur Tierhaut zugeschriebene „Eigenschaft des Ephemeren" erlaubt ihr eine letzte steile Thesenbildung: So wird Friedrich II. in Vismanns Narrativ zum Innovator, der mit papierner Schriftlichkeit „seine Macht aus permanenten Aktualisierungen" geschöpft habe, während sie den mit dem Staufer um die „Universalmacht [...] konkurrierende[n]" Papst auf dem Pergament beharren lässt, weil die Kurie „auf Ewigkeit setzt".[32]

So groß die Zusammenhänge und Kausalitäten, die Vismann hier herstellt, so schwierig ist die von ihr verarbeitete Melange an Einflüssen und Informationen zu taxieren. In die Karten spielt der Autorin zweifellos der – auch andernorts oft selbstverständlich unterstellte – ‚ephemere' Charakter des Papiers, der sie elegant vom Nachweis bis heute überlieferter ‚Behördenpapiere' entlastet. Insgesamt ist aber natürlich zu konstatieren, dass Vismann kein eigenständiges Quellenstudium betrieb, sondern auf der Basis eines fraglos beeindruckenden Pensums an Forschungsliteratur argumentiert.[33] Schon auf den ersten Blick sprechen Formulierungen wie „Proto-Staat" oder „Behördenbetrieb" für das allgemeine Urteil des Mediävisten Valentin Groebner

---

30 Vgl. Vismann, Akten, 2000. Für eine rechtstheoretische Dissertation außergewöhnlich wurde die Monographie unter anderem in mehreren großen Tageszeitungen wie FAZ, SZ und TAZ positiv besprochen; in der NZZ übernahm mit Valentin Groebner 2001 ein Mediävist die Rezension (s. dazu unten mehr). Schon 2001 erschien der Text in 2. Aufl. als Taschenbuch, in gekürzter und veränderter Form wurde er 2008 von Geoffrey Winthrop-Younger unter dem Titel „Files: Law and Media Technology" ins Englische übersetzt. Zehn Jahre nach dem Erscheinen der Erstauflage bezeichnete der Neuzeit-Historiker Mario Wimmer das Buch in der Zeitschrift „Traverse" als „wissenschaftlichen Klassiker", dessen Argument auch „faktische Revisionen" überdauere und in seiner Aussagekraft trotzdem wirksam bleibe, vgl. Wimmer, [Rez. zu] Cornelia Vismann, Akten, 2011, 176. S. auch die umfassende Würdigung aus medienhistorischer Perspektive bei Kafka, Paperwork, 2009, 344–346.
31 Vismann, Akten, 2000, 137.
32 Vgl. Vismann, Akten, 2000, 137f. (alle Zitate).
33 S. dazu Meier, [Rez. zu] Vismann, Cornelia, Akten, 2001.

in einer Rezension zu Vismanns Buch, dass die Autorin zum Teil den „borussischen Narrationen" der älteren deutschen Verfassungs- und Rechtsgeschichte aufgesessen sei.[34] Festzuhalten ist allerdings auch: Vorbilder für das argumentative Gewicht, das sie dem Papier in ihrer Deutung zubilligt, sind dort schlichtweg nicht zu finden.

Die mediävistische Forschung zu Themenkomplexen, die seit dem 19. Jahrhundert unter Etiketten wie ‚Archiv- und Behördengeschichte' begonnen, später als an der Sozialgeschichte herrschaftswirksamer Gruppen interessierte ‚Kanzleiforschung' betrieben und am Übergang zum 21. Jahrhundert unter Schlagworten wie ‚pragmatische Schriftlichkeit' weiter und neu gedacht wurden,[35] gibt Vismann zwar in ihrer Einschätzung des 13. Jahrhunderts als Schlüsselperiode recht. Für Italien brachte es eine so immense Ausdehnung des Schriftgebrauchs, dass jeder Versuch einer systematischen Publikation und Edition dieser Zeugnisse – so das Urteil Paolo Cammarosanos in seinem oft nachgedruckten Handbuch zur „Struttura e geografia delle fonti scritte" im mittelalterlichen Italien – schlicht als absurd zu bezeichnen sei.[36] Auch über die kulturhistorischen Auswirkungen dieser Entwicklungen ist man sich einig: Vor mehr als vier Jahrzehnten nachhaltig angestoßen durch den englischen Historiker Michael Clanchy[37] wird dieser Anstieg in der aktuellen Forschung als Wandel von einer in entscheidenden Teilen oralen zu einer weitgehend schriftgestützten Kultur breit diskutiert.[38] Gemeinsam ist diesen Forschungen das Urteil, dass sie schon Jahrhunderte

---

[34] Groebner, Zu den Akten, 2001.
[35] S. dazu den Überblick „Die Kanzlei als Forschungsgegenstand" bei Widder, Kanzler und Kanzleien im Spätmittelalter, 2016, 7–53.
[36] Cammarosano, Italia medievale, 1992, 18f. S. auch Petrucci, Medioevo da Leggere, 1992, 9.
[37] Clanchy, From Memory to Written Record, 1. Aufl. 1979, überarb. Aufl. 1993 und 2013. Die Bezugnahmen auf Clanchy als dem „Schutzheiligen der Schriftlichkeitsforschung", wie dies Herwig Weigl ebenso spöttisch wie ehrfürchtig in einer Rezension formuliert hat (in Band 123 der Mitteilungen des Instituts für Österreichische Geschichtsforschung aus dem Jahr 2015, 513), sind bis in jüngste Titel hinein Legion. Aus der Perspektive der Mediävistik vgl. etwa Adamska, The Study of Medieval Literacy, 2004, 21f.; aus der Perspektive der historischen Medienwissenschaften Kafka, Paperwork, 2009, S. 342.
[38] Für den deutschen Sprachraum gehen zentrale Impulse von den Forschungen des 1999 abgeschlossenen Münsteraner SFBs 231 „Träger, Felder, Formen pragmatischer Schriftlichkeit im Mittelalter" aus. Für einen Überblick über die geförderten Projekte und einen Abschlussbericht von Christel Meier mit einer vollständigen Bibliographie der im SFB entstandenen Publikationen vgl. Der Sonderforschungsbereich 231 (1986–1999), URL: https://www.uni-muenster.de/Geschichte/MittelalterSchriftlichkeit/ (Stand: 27.02.2023). Für die Vorbildwirkung dieser Forschungen bis in jüngste Studien hinein s. beispielhaft die Wertungen in drei Monographien, die außerhalb der engeren Münsteraner Netzwerke entstanden: Rauschert, Herrschaft und Schrift, 2006, 13; Steinführer, Stadtverwaltung und Schriftlichkeit, 2007, 11f.; Kluge, Die Macht des Gedächtnisses, 2014, 10. In der italienischen wie auch der mit ihr eng vernetzten französischen Forschung sind wichtige Beiträge gerade aus den (früher und stärker als in Deutschland von einer Einordnung als „Hilfswissenschaften" emanzipierten) Disziplinen der Paläographie, Diplomatik und Archivkunde, Kodikologie und Inkunabelkunde mit Schlüsselfiguren wie Armando Petrucci oder Ezio Ornato gekommen. Die Ergebnisse dieser vielfältigen Studien sind am ehesten über die einschlägigen Sektionen der monumentalen Bibliographie „Medioevo latino" recherchierbar. Als Spezialbibliographie mit einem europaweiten Fokus

vor der Erfindung des Buchdrucks[39] zentrale Weichenstellungen für die Herausbildung eines Schriftgebrauchs erkennen, der nicht mehr nur einzelne Teile und Bereiche der Gesellschaft betraf, sondern auf alle Gebiete des menschlichen Zusammenlebens ausgriff. Mit dem Fokus auf Italien hat etwa Armando Petrucci festgestellt, dass die Schriftüberlieferung des späten Mittelalters – sehe man von der Bevorzugung des Lateinischen ab – in jeder Hinsicht als Präludium der modernen und zeitgenössischen Schriftkultur zu verstehen sei.[40] Geographisch ausgreifender und auch noch dezidierter hat Christel Meier-Staubach die Relevanz dieses Prozesses in ihrem Resumee zum Münsteraner Forschungsverbund 2002 mit dem Urteil konturiert, diese Schriftlichkeit sei „nicht nur ein Teilaspekt, sondern der wesentliche, in zunehmendem Maße alle Lebensbereiche durchdringende und gestaltende Faktor des vormodernen Zivilisationsprozesses in Europa gewesen […], dem die westliche Kultur ihren welthistorisch bedeutsamen Entwicklungsvorsprung zu verdanken hatte."[41]

Dem Papier als einem kulturhistorisch wirksamen Faktor dagegen wird in diesen Forschungsnarrativen keine Aufmerksamkeit geschenkt. Im Gegenteil: Wenn der Beschreibstoff überhaupt thematisiert wird,[42] so bleiben entsprechende Bemerkun-

---

zur ‚neuen Schriftlichkeitsforschung' vgl. das von Marco Mostert zuerst 1999 als Beitrag im Sammelband „New Approaches to Medieval Communication" vorgelegte, 2004 und 2012 aktualisierte, nun als Monographie publizierte Werk: Mostert, A Bibliography of Works on Medieval Communication, 2012.
39 S. dazu programmatisch Clanchy, Looking Back from the Invention of Printing, 1982.
40 Petrucci, Medioevo da Leggere, 1992, 10.
41 Meier, Einführung, 2002a, XIX. S. als Hintergrund solcher Einschätzungen die ethnologisch-anthropologisch-medientheoretische Forschung seit der Mitte des 20. Jahrhunderts ausgehend von Marshall McLuhan, Eric Havellock, Jack Goody und Walter Ong, mit der zentralen These, dass der Gebrauch von Schrift nicht einfach nur als eine neue Kulturtechnik zu deuten sei, sondern dass Schriftlichkeit das Selbst- und Weltverständnis des Menschen in einschneidender Weise verändert und grundlegend neue und andersartige Kommunikations- und Gesellschaftsstrukturen geschaffen habe. Als Beispiel dafür, wie diese Überlegungen in der neueren mediävistischen Forschung trotz Kritik vielfach aufgegriffen wurden, s. unter anderem Wenzel, Einleitung: Vom Anfang und Ende der Gutenberg-Galaxis, 2008, 12–18; Glauch/Green, Lesen im Mittelalter, 2010, 390f.
42 S. etwa die einflussreiche zweibändige Publikation des IV. Internationalen Kongresses für Diplomatik aus dem Jahr 1984 über „Landesherrliche Kanzleien im Spätmittelalter": Obwohl das Kompendium nach drei einführenden Aufsätzen in insgesamt 30 Beiträgen die Entwicklung deutscher, ostmitteleuropäischer, französischer, italienischer, iberischer, englischer und skandinavischer Kanzleien vorstellt, wird Papier höchstens als Träger von konkreten Dokumenten genannt. In der Interpretation näher berücksichtigt erscheint es lediglich in zwei knappen Kommentaren: Schütz, Zu den Anfängen der Akten- und Registerführung am bayerischen Herzogshof, 1984, 137, erwähnt Papier lapidar als eine Ursache für die immensen Verluste an Verwaltungsschriftgut – für entscheidender hält er allerdings die fehlende Besiegelung der entsprechenden Dokumente. Riedmann, Die Rechnungsbücher der Tiroler Landesfürsten, 1984, 316 und 320, merkt immerhin an, dass das für die von ihm besprochenen Codices verwendete Papier „ja damals in unseren Gegenden verhältnismäßig selten war" und dass man in Savoyen anders als in Tirol für Rechnungen noch Pergamentrotuli verwendet habe. Ein ähnlicher Befund ergibt sich bei der Durchsicht rezenter Monographien: So etwa konstatiert Widder, Kanzler und Kanzleien im Spätmittelalter, 2016, 8 und 48, die Auswirkungen des Papiergebrauchs ebenso knapp wie pauschal, um dann den Beschreibstoff nur noch als Teil der äußeren Beschreibung der von

gen beiläufig und zugleich oft negativ. Hagen Keller etwa, einer der führenden Wissenschaftler*innen im Münsteraner SFB 231 „Träger, Felder, Formen pragmatischer Schriftlichkeit im Mittelalter" und Spezialist für den Verschriftlichungsprozess in den hochmittelalterlichen Kommunen Oberitaliens, beschränkte sich in seinem magistralen Aufsatz „Vom ‚heiligen Buch' zur ‚Buchführung'" von 1992 auf den Eindruck, dass die von ihm und seiner Arbeitsgruppe beschriebene Revolution der Schriftlichkeit ab 1200 noch nicht auf Papier, sondern auf Pergament stattgefunden habe.[43]

Diese Einschätzung, die Cornelia Vismanns Darstellung diametral entgegengesetzt ist, erfährt dadurch zusätzliches Gewicht, dass deren oben referierte Thesen bei näherer Beschäftigung mit dem Thema oft mehr auf Spekulation denn gesicherten Belegen beruhen, so etwa im Fall der ‚arabischen Lieferanten' oder der unterstellten Fälschungssicherheit. Noch problematischer sind einseitige Verdichtungen punktueller Beobachtungen unter Ausblendung anderslautender Hypothesen. Just die Figur des Staufers Friedrich II. erscheint in der traditionellen Papierforschung als Verhinderer papierner Schriftlichkeit, da er den Einsatz dieses neuen Beschreibstoffs für notarielles Schriftgut in den Konstitutionen von Melfi dezidiert verbot.[44]

Bedeutet dies, dass Hagen Keller im Umkehrschluss recht zu geben ist? Die randständige Behandlung der Beschreibstoffe in den von ihm betreuten Arbeiten suggeriert, dass das Material insgesamt von ihm und seinem Kreis nicht als ‚strukturelle Ursache' oder Katalysator der von ihnen beschriebenen Entwicklungen aufgefasst wird.[45] Dass es in seinen oben zitierten Beobachtungen zum fehlenden Papierge-

---

ihr vorgestellten Schriftstücke festzuhalten. Ebenso verfährt Bertrand, Les écritures ordinaires, 2015, in seiner Studie über die Genese und Ausdifferenzierung einer die Gesellschaft verändernden Schriftkultur in Frankreich und den französischsprachigen Rändern des Reichs im ‚langen' 13. Jahrhundert, nur ebd. 70 und 243f. finden sich knappe, mit wenigen Fußnoten belegte Bemerkungen, die das Papier als Faktor dieser Veränderungen beschreiben.

Diese Beobachtung trifft freilich nicht nur auf Forschungen zum Mittelalter zu: Zwar sind gerade in jüngeren medienhistorischen Beiträgen insbesondere aus dem anglo-amerikanischen Raum Prägungen wie „paper work", „paper world" oder „paper age" sehr en vogue, s. prominent die Wortschöpfung im Titel der Monographie von Lisa Gitelman, Paper Knowledge, 2014, weitere Belege zusammengestellt bei Bellingradt, Vernetzte Papiermärkte, 2020, 13f. mit Anm. 11. Sie werden von den Autor*innen jedoch nur metaphorisch verstanden als anwachsender ‚Schreibkram' bzw. sich steigernde ‚Bürokratie', ohne dass der Aspekt Papier eine besondere Rolle spielen würde. Pointiert zeigt sich das im Literaturbericht von Ben Kafka, Paperwork, 2009, der unter „paperwork" sowohl die von Michael Clanchy untersuchte pergamentene Schriftlichkeit in England bis 1307 (ebd., 342) fasst als auch Studien zur Entwicklung von Druck- und Kopiertechnologien seit Gutenberg (unter anderem 343, 349f.) bis hin zur „future of paperwork [... that] will take place electronically" (351).

43 Keller, Vom ‚heiligen Buch' zur ‚Buchführung', 1992, 24.
44 S. dazu unten das Urteil von Robert I. Burns (mit Anm. 56) sowie insgesamt mehr in Kap. B.3.
45 S. dazu etwa Thomas Behrmann im von Hagen Kellers Arbeitsgruppe herausgegebenen Sammelband „Kommunales Schriftgut in Oberitalien", der in seiner Einleitung zum Band zu den Stichworten „Papier" und „Pergament" lediglich auf das Sachregister verweist, vgl. Behrmann, Einleitung, 1995, 7. In den Indizes zweier weiterer aus diesem Kreis getragener Publikationen fehlen diese Stichworte dagegen sogar komplett, s. Keller/Busch (Hg.), Statutencodices des 13. Jahrhunderts, 1991, und den

brauch im Italien des 13. Jahrhunderts nicht nur um die Feststellung regionaler oder zeittypischer Entwicklungen geht, sondern dass sie durchaus als kategorisches Statement zu lesen sind, wird an einem anderen seiner Aufsätze aus dem Jahr 1990 über „Die Entwicklung der europäischen Schriftkultur" deutlich. Hier stellt er gleich auf den ersten Seiten unmissverständlich klar, dass er die „didaktische Unterscheidung zwischen Pergament- und Papierzeitalter" für irreführend hält.[46] Es schwingt also mit, dass er die eingesetzten Beschreibstoffe als vernachlässigbare Faktoren für die Schriftlichkeitsgeschichte einschätzt.

Bezogen sind die von Keller verworfenen Kategorien „Papierzeit" und „Pergamentzeit" im zuletzt angeführten Aufsatz nicht auf das 13. Jahrhundert, sondern auf „die vermeintliche Grenze" vor und nach 1500.[47] Was der Autor also verkürzt anzitiert, ist die Vorstellung von Pergamentzeit als Epochenbegriff für das gesamte Mittelalter und damit zugleich als Synonym für das Urkundenzeitalter mit seinem Pendant des Aktenzeitalters, durch das es in der Regel mit Beginn der Frühen Neuzeit, zum Teil aber bereits vorverlegt ins 14. Jahrhundert als abgelöst gilt. In beiden Bezeichnungen klingt ein Urteil über den Status von Schrift und Schriftlichkeit in diesen beiden Epochen heraus, halten Urkunden doch nach der gängigen Definition nur das rechtsverbindliche Endprodukt einer Handlung fest, während Akten als Konvolute von Schriftstücken über die Zwischenstadien des administrativen oder geschäftlichen Handelns bestimmt werden.[48] Da als Merkmal der Akten des Öfteren ihre Anlage auf Papier vermerkt wird, liegt es nahe, diesen Gegensatz auch über die Beschreibstoffe zu definieren. De facto kommt dies in der Forschung jedoch nur selten vor; höchstens beiläufig und pauschal wird dieser Wandel mit der Einführung und Durchsetzung des Papiers in Verbindung gebracht.[49]

---

die Ergebnisse verschiedener SFB-Projekte zusammenführenden Band Keller/Grubmüller/Staubach (Hg.), Pragmatische Schriftlichkeit im Mittelalter, 1992 (obwohl im letzteren ebd., 301 und 303, die Beschreibstoffe „Papyri, griechische" und „Wachstäfelchen" aufgelistet sind).

Diese Einschätzung wurde durch spätere Münsteraner Arbeiten auch nicht revidiert; so etwa resümiert Christoph Dartmann im Sammelband „Zwischen Pragmatik und Performanz" zu einer Tagung anlässlich des 70. Geburtstags von Hagen Keller: „Dieser qualitative Umschlag, durch den Schrift für viele Lebensvollzüge konstitutiv wurde, resultierte nicht aus bahnbrechenden technischen Neuerungen; wie seit dem Frühmittelalter wurde weiterhin mit Tinte und Federkiel auf Einzelpergamente geschrieben oder das Geschriebene in Pergamentcodices zusammengefasst. Was sich hingegen änderte, war die Organisation des Geschriebenen, das durch systematische Anordnung auf der Einzelseite oder im Codex, durch immer weiter ausgefeilte Findhilfen oder auch durch die Vernetzung verschiedener Informationsträger eine wachsende Menge von Daten dauerhaft zugänglich machte und eine regelmäßige Aktualisierung erlaubte." Vgl. Dartmann, Zur Einführung: Dimensionen mittelalterlicher Schriftkultur, 2011, 6f.

46 Keller, Die Entwicklung der europäischen Schriftkultur, 1990, 171.
47 Ebd.
48 Vgl. die Definition bei von Brandt, Werkzeug des Historikers, 2007, 104.
49 S. dazu Meyer/Schneidmüller, Zwischen Pergament und Papier, 2015, 349.

Umso außergewöhnlicher erscheint ein 1967 publizierter Aufsatz Herbert Grundmanns zur Frage, was das Mittelalter zur Epoche macht, ein Text, der freilich bezeichnenderweise auf eine Festrede zurückgeht und daher auch im Ton essayistisch und ohne Anmerkungsapparat blieb. Grundmann schlug darin vor, versuchshalber die eingeführte Dreigliederung der Geschichte in Altertum, Mittelalter und Neuzeit durch die Bezeichnungen Papyrus-Zeit, Pergament-Zeit und Papier-Zeit zu ersetzen, „ähnlich wie man die sog. Vorgeschichte in Steinzeit, Bronzezeit, Eisenzeit gliedert, auch nach dem jeweils wichtigsten Fund- und Zeugnismaterial."[50] Die vom Autor angeführten Belege für diesen Vorschlag blieben sehr holzschnittartig und angreifbar.[51] Interessanter als sie sind die Gründe, die ihn zu dieser Thesenbildung veranlassten: Beeinflusst sah Grundmann seine Ideen durch die eigene Gegenwart, die er „als neues Zeitalter des Funks, Tonbands und Films […] mit akustischer und optischer, hör- und sichtbarer statt graphisch-lesbarer Produktion, Reproduktion und Vermittlung" erlebte und die ihn erfahren lasse, „wie unterschiedlich da jeweils außer den Voraussetzungen der Herstellung und Technik auch die Folgen, die Wirkung und Verbreitung sind und wie stark dadurch die Menschen – einige, viele oder alle – verändert werden nicht nur in ihrer Bildung oder Bildungsmöglichkeit, sondern in ihrer Mentalität und in ihrem Verhalten."[52]

Herbert Grundmann bezieht sich zweifellos nicht auf klassische Argumente der Epochendiskussion unter Mediävisten. Inspiriert zu sein scheinen seine Überlegungen vielmehr von der in seiner Zeit virulenten anthropologisch-kulturalistischen Medientheorie bzw. -kritik. Zu denken ist hier natürlich an Herbert Marshall McLuhans berühmtes, viel rezipiertes Diktum „The medium is the message", auch wenn seine zivilisationskritischen Überlegungen stets auf den „typographical man" in der „Gutenberg Galaxy" und damit auf das Medium Buchdruck gemünzt waren.[53] Viel-

---

50 Vgl. Grundmann, Das Mittelalter-Problem, 1967, 42.
51 Ebenso pauschal qualifiziert auch die aktuelle Monographie des Frühneuzeit-Historikers Bellingradt, Vernetzte Papiermärkte, 2020, 12 und 90, das Mittelalter als „die lederne Zeit des Pergament-Beschreibens und -Bedruckens" und die Frühneuzeit als „papierne Epoche für Europa" und datiert den „allmähliche[n] Übergang von Pergament zu Papier […] erst um 1500", ohne freilich Belege für diese fragwürdige Thesenbildung anzuführen.
52 Grundmann, Das Mittelalter-Problem, 1967, 42.
53 Im von ihm geprägten und viel zitierten Schlagwort der „Gutenberg Galaxy" sah Marshall McLuhan das zentrale Charakteristikum zur Beschreibung der westlichen Moderne bis zu den Medienumwälzungen seiner eigenen Lebenszeit. Als Kreatur der Gutenberg-Galaxis benannte er den „Typographical Man", dem er eine spezifische Form der Kognition und der Weltwahrnehmung, eine durch die Dominanz des Visuellen über alle anderen Sinneswahrnehmungen generierte eigene Rationalität attestierte. Ohne diese Fähigkeiten hätten, so postulierte Marshall McLuhan, viele prägende Elemente der westlichen Moderne wie die politische Öffentlichkeit, der Nationalismus, der Individualismus usw. nicht entstehen können. Vgl. dazu vor allem den 1962 zuerst publizierten Band „The Gutenberg Galaxy" mit dem programmatischen Untertitel „The Making of Typographical Man" (für eine aktuelle deutsche Übersetzung vgl. Ders., Die Gutenberg-Galaxis, 2011). S. Meyer/Meier, Typographisch/nontypographisch, 2015, bes. 201f.; s. auch Meyer, ‚City branding' im Mittelalter, 2012.

leicht hatte Grundmann sogar die Schriften von Harold Innis vor Augen, des kanadischen Wirtschaftshistorikers und zugleich zentralen Vertreters der „Toronto School of communication theory", der neben den Schreib- bzw. Druckwerkzeugen gleichberechtigt auch den Wandel der Beschreibstoffe für seine durch solche ‚Medien' in Epochen strukturierte Weltgeschichte nutzte.[54] Obschon Innis' konkrete Beweisführung heute bizarr anmutet, waren die sie leitenden Gedanken nicht nur prägend für Marshall McLuhan, sondern werden auch in der neueren (literatur-)historischen Diskussion als originelle Anregungen wiederentdeckt.[55]

Dies führt uns noch einmal zu Cornelia Vismann zurück: Bei aller Kritik an der Autorin muss man umgekehrt positiv berücksichtigen, dass sie als Medientheoretikerin aus einer anderen Fachkultur kommt, in der andere Strategien der Musterbildung gelten. So sind denn mögliche Vorbilder für das Gewicht, das dem Papier in ihrer Argumentation zukommt, eben nicht in der von ihr dafür breit genutzten mediävistischen Spezialliteratur zum staufischen Registerwesen zu suchen. Ein Vergleich der am Beispiel Cornelia Vismanns und Hagen Kellers zugespitzten Positionen wirft also Fragen auf: Ist angesichts Kellers Urteil daran zu zweifeln, dass sich eine Geschichte des Papiergebrauchs für die mittelalterlichen Jahrhunderte überhaupt lohnt?

Vismanns gegenteilige Positionierung wird gestützt von verschiedenen auch genuin mediävistischen Seiten. Anzuführen ist etwa der amerikanische Mittelalterhistoriker und Papierspezialist Robert I. Burns mit der Meinung, dass zwar „the otherwise so-called stupor mundi" Friedrich II. das Potential des Papiers eklatant verkannt habe. Trotzdem ist er der Überzeugung, dass sich die von ihm in mehreren Aufsätzen beobachteten Indizien des Papiergebrauchs eindeutig zum Bild einer „Paper Revolution" des 13. Jahrhunderts verdichten lassen.[56] Vorsichtiger, aber mit derselben Stoßrichtung positioniert sich der französische Mediävist Pierre Guichard: Für die Zeit um 1200 gibt er Keller zwar insofern recht, als man noch gefahrlos erklären könne, „que le monde occidental ignore très largement le papier" (das französische Verb „ignorer" lässt offen, ob es sich um schlichte Unkenntnis oder absichtliches Übergehen des neuen Beschreibstoffs handelt). Dies gilt seines Erachtens jedoch keineswegs mehr für das Ende des ‚langen 13. Jahrhunderts', womit er unter Berufung auf Jacques Le Goff die Spanne von 1180 bis 1330 versteht.[57] Vor diesem Hintergrund aber gewinnt für ihn auch das Verbot des Papiergebrauchs in den von Friedrich II. erlassenen Konstitutionen von Melfi eine neue Aussage: Nach Guichards Deutung muss es gerade deshalb erst nötig erschienen sein, weil der neue Beschreibstoff offenbar schon überall zum Einsatz gekommen sei. Ähnliches vermutet er auch für die *Siete partidas* von Friedrichs Zeitgenossen Alfons X.

---

54 S. besonders Innis, Minerva's Owl, 1951/2003; in deutscher Übers. ders., Die Eule der Minerva, 1997.
55 S. Müller, Weiße Magie, 2012, 95–99; Meyer/Meier, Typographisch/non-typographisch, 2015, 204 f.
56 Vgl. Burns, The Paper Revolution in Europe, 1981, 27 (Zitat); wiederholt in ders., Society and Documentation in Crusader Valencia, 1985, 151. Für ebenso kurzsichtig hält Burns auch Friedrichs Zeitgenossen Alfons X. ‚den Weisen' von Kastilien.
57 Vgl. Guichard, Du parchemin au papier, 1995, 190 f.

von Kastilien mit detaillierten Vorschriften für den Einsatz von Pergament und Papier, denn auch von den dort genannten Papieren sei heute kaum noch etwas erhalten.[58]

Vergleichbare Einschätzungen finden sich auch in der italienischen Forschung. Nicht nur der Technikhistoriker Manlio Calegari ist davon überzeugt, dass die ‚moderne Ware Papier' als Antwort auf eine neue, wachsende Nachfrage, ausgelöst durch das Aufblühen der Kommunen, des öffentlichen Notariats, der kaufmännischen Welt seit dem 13. Jahrhundert zu verstehen ist.[59] Auch der Paläograph und exzellente Kenner der mittelalterlichen Schriftkultur Armando Petrucci bringt den Aufschwung der Schriftlichkeit besonders seit der zweiten Hälfte des „duecento" wie auch die wachsende Alphabetisierung der Bevölkerung in Verbindung mit dem Wechsel von Pergament zu Papier. Neben notariellem Schriftgut und den kommunalen Registern verweist er auf das handschriftliche Buch in Volgare, das ab dem 13. Jahrhundert aufkomme, einerseits trotz kleinen Formats als Luxusausgabe für den Hof und damit auf Pergament, andererseits aber auch in städtischen Haushalten für den Gebrauch in der Familie, einfach in der Schrift, in der Regel ohne Illustrationen, nach seiner Deutung oft eigenhändig geschrieben – und auf Papier.[60]

Entscheidend dafür, ob man Vismanns oder Kellers Einschätzungen zuneigt, ist zwangsläufig die in der Forschung bekannte Überlieferung früher Papiere (s. hier und im Folgenden Kasten A.1). Für Italien finden sich die frühesten Belege für den neuen Beschreibstoff auf Sizilien und in Kalabrien schon für das ausgehende 11. Jahrhundert, in einer Zeit, in der die Normannen Robert Guiscard und sein jüngerer Bruder Roger diese Gebiete erobert und damit die arabische Kontrolle der vor allem griechischsprachigen Bevölkerung abgelöst hatten. Bis zum Ende des 12. Jahrhunderts sind unter ihren Nachfolgern aktuell ein Dutzend Papiere bekannt. In der Mehrzahl sind sie nur indirekt belegt; als ältestes bis heute erhaltenes Dokument gilt eine zweisprachig auf Griechisch und Arabisch abgefasste Urkunde der Gräfin Adelasia von Sizilien, die Roger in zweiter Ehe geheiratet hatte und die nach seinem Tod die Regentschaft für ihre Söhne führte.[61]

---

58 Vgl. Guichard, Du parchemin au papier, 1995, 187f.
59 Vgl. Calegari, La diffusione della carta di stracci in area Fabrianese, 1990, 21f. Diese Überzeugung hat auch in Handbuchliteratur Eingang gefunden, s. etwa Spufford, Handel, Macht und Reichtum, 2004, 192, der das 13. Jahrhundert als „Schlüsselperiode für die verbreitete Verwendung und Herstellung von Papier im christlichen Westeuropa" wertet, leider jedoch ohne Belege oder Indizien für diese These anzuführen.
60 Vgl. Petrucci, Medioevo da Leggere, 1992, 8, 10, 24, 59f.; s. ebd. 24, das Urteil, das Papier, das im „Mediterraneo occidentale" zwischen dem 11. und 12. Jahrhundert aufgekommen sei, habe nach fast 1000 Jahren das Monopol des Pergaments als Beschreibstoff gebrochen und damit wegen seines geringen Preises zur Ausbreitung der Schrift und des Lesens beigetragen, ebd. 59, die Erklärung, allein die Existenz des Papiers im Handel und in der kommunalen Verwaltung sei insgesamt als „un evento di grande portata storico-culturale" einzuschätzen. Ebd., 28, relativiert der Autor allerdings, dass insgesamt im 12. und 13. Jahrhundert trotzdem noch die Nutzung von Pergament deutlich überwiege. Zum handschriftlichen Buch auf Volgare s. auch ders., Reading in the Middle Ages, 1995, 140.
61 Zur Herrschaft und Urkundentätigkeit Adelasias auf Sizilien und in Kalabrien nach dem Tod ihres

Kasten A.1: Frühe Papiere unter normannischer Herrschaft auf Sizilien und in Süditalien.[62]

1090	Urkunde des Grafen Roger I. für den Archimandriten und Abt Nicodemo von S. Maria di Terretie S. Nicola de Salamicio (Calamizzi) über Weide- und Fischrechte in den umliegenden gräflichen Territorien (griechisch)
	Original und Bestätigung von 1115 durch Graf Roger II. verloren; erhalten in einer Bestätigung von 1252, auf Bitten des Archimandriten Stefano di S. Maria di Terretie, in lateinischer Übersetzung zusammen mit zwei weiteren griechischen Urkunden Rogers II., angefertigt durch die Richter Giovanni, Nicola und Basilio aus Reggio; dort heißt es, die in Reggio zur Bestätigung vorgelegte *littera* sei *in carta papiri* gefertigt gewesen[63]
1097 (Juli)	Urkunde des Grafen Roger I. für das Kloster S. Filippo di Fragalà über den Besitz von Weideland beim Gut S. Giorgio (griechisch)
	Original verloren; im April 1110 in Messina erneuert in einem griechischsprachigen Privileg der Gräfin Adelasia auf Pergament und dort als *bambakino charto* (das heißt Papier) bezeichnet; ebenfalls genannt in einem heute verlorenen Sammelprivileg Rogers II. vom März 1145, das in einer auf 1510 datierten Übersetzung ins Lateinische erhalten ist; dort wird als Grund für eine Erneuerung durch Roger II. und Adelasia

---

ersten Ehemannes Roger I. 1101 als Regentin für die Söhne Simon und Roger II. vgl. von Falkenhausen, Zur Regentschaft der Gräfin Adelasia del Vasto, 1998: Von insgesamt 35 bzw. 36 von ihr allein oder zusammen mit ihren Söhnen verantworteten Dokumenten, die Vera von Falkenhausen zusammentragen konnte, sind neben dem papiernen Stück nur elf bzw. zwölf weitere Originale erhalten, vgl. ebd. 105–115: Regesten (offenbar aus Versehen hat eine Urkunde auf S. 113 zwischen Nr. 27 und 28 keine Regestennummer erhalten; sie ist also zu addieren, während ein durch von Falkenhausen als „Pseudo-Original" bezeichnetes Dokument unter Nr. 29 für den Fall zu streichen wäre, wenn die Formulierung suggerieren sollte, dass es sich um eine Fälschung handelt). Das Original von 1109 auf Papier findet sich unter Nr. 11 verzeichnet; die weiteren Originale stehen unter Nr. 3 (1105), Nr. 9 (1107), Nr. 14 (1110, die Urkunde wurde im Zweiten Weltkrieg zerstört), Nr. 16 (1110), Nr. 18 (1109/10), Nr. 21 (1111), Nr. 24 (1111), Nr. 27 (1112), Nr. 32 (1105–1112) sowie – wenn man sie denn zählen möchte – Nr. 35 (1106–1112 – hier hat von Falkenhausen nicht konkretisiert, ob es sich um ein Original handelt; ihr Schweigen ist jedoch wohl so zu deuten) und Nr. 29 (1112, das heißt das o. g. „Pseudo-Original"). Unter den demnach 24 sekundär überlieferten Dokumenten ist der Beschreibstoff Papier für ein weiteres Stück explizit gesichert, vgl. ebd. 106, Nr. 2 (1101/1102), bei einem weiteren Stück hält ihn von Falkenhausen für wahrscheinlich, vgl. ebd. 105, Nr. 1 (1102). Dazu kommt, dass Adelasia in zwei Urkunden ältere Privilegien ihres verstorbenen Mannes Roger I. im Wortlaut bestätigte: Nicht ihre, aber seine Urkunden waren nach expliziten Aussagen in den späteren Erneuerungen auf Papier geschrieben, vgl. ebd. 110, Nr. 15 (1110) und 114, Nr. 32 (1105–1112).

62 Anders als in der Forschung zum Teil behauptet nicht auf Papier ist die Chrysobulle Rogers I., mit der er im Juni 1090 die Gründung des Klosters S. Filippo di Fragalà bestätigte, so Bresc/Heullant-Donat, Pour une réévaluation de la „révolution du papier", 2007, 366: Der Akt ist in einer 1117 datierten Kopie Rogers II. erhalten, die den Beschreibstoff des Originals nicht nennt.

63 Der Urkundentext von Roger I. ist ed. in Documenti greci e latini di Ruggero I, hg. von Becker 2013, Deperdita Nr. 3, 299. Das lateinische Transsumpt ist ed. bei Huillard-Bréholles (Hg.), Historia diplomatica Friderici secundi, Bd. 2, Tl. 1, 439 und 445. Napoli, Biblioteca della Società Napoletana di Storia Patria, 12 – Monasteri diversi (9 AA III) 9 AA III 25, in: Monasterium.net, URL: https://www.monasterium.net/mom/IT-BSNSP/12-Monasteri_diversi/9_AA_III_25/charter (Stand: 28.03.2024).

des Jahres 1100 genannt: *quia habebat sigillum vetus cuctuneum* (mit *sigillum* ist in der Urkunde nicht das Siegel, sondern die aus der byzantinischen Administration stammende, im normannischen Sizilien übernommene Urkundenform des *sigillion* gemeint)[64]

1099 (Juli)	Urkunde des Grafen Roger I. für das Kloster S. Filippo di Fragalà über eine Schenkung von sieben Hörigen (griechisch)
	Original verloren; erneuert durch Gräfin Adelasia und den jungen Graf Roger II. in einer undatierten, wohl zwischen 1105 und 1112 entstandenen Pergamenturkunde und dort bezeichnet als *dià tò elnai tò proton bambákinon* (das heißt ausgefertigt auf Papier), nochmals bestätigt ohne Datierung und mit dem Verweis auf acht hörige Bauern in einem heute verlorenen Sammelprivileg Rogers II. vom März 1145, das in einer auf 1510 datierten Übersetzung ins Lateinische erhalten ist; dort ist von einem *sigillion* auf Pergament die Rede, *quod renovavimus de sigillo veteri cuctuneo*[65]
1101	Urkunde der Gräfin Adelasia für den Abt des Klosters S. Filippo di Fragalà über die Schenkung von Hörigen und von Land als Dank für die Heilung des kleinen Roger II. von einer Ohrenkrankheit (griechisch)
	Original verloren; bekannt durch eine Neuausfertigung sowie durch ein heute verlorenes Sammelprivileg Rogers II. vom März 1145, das im April 1510 in lateinischer Sprache transsumiert wurde; Vera von Falkenhausen hat als Anlass für die wohl nach 1105 erfolgte Erneuerung vermutet, dass das Original auf Papier geschrieben worden sei[66]

---

64 Ed. Documenti greci e latini di Ruggero I, hg. von Becker 2013, Nr. 58, 226f. (dort ältere Editionen vermerkt). Vgl. von Falkenhausen, Zur Regentschaft der Gräfin Adelasia del Vasto, 1998, 110, Nr. 15. Die lateinische Übersetzung des 16. Jahrhunderts von Rogers II. Erneuerung aus dem Jahr 1145 ist ed. in Tabulario di S. Filippo di Fragalà, hg. von Silvestri 1887, hier 153. Zum Urkundentyp des *sigillion* und seiner Verwendung im normannischen Sizilien vgl. Becker, Charters and Chancery under Roger I and Roger II, 2013, 86–88. Zum breiter fassbaren Phänomen der Übersetzung von normannischen Diplomen des Hochmittelalters aus dem Griechischen ins Lateinische oder auch ins Volgare vom 15. bis ins 17. Jahrhundert vgl. Enzensberger, Beiträge zum Kanzlei- und Urkundenwesen der normannischen Herrscher Unteritaliens und Siziliens, 1971, 33–38 (mit der Vermutung, die hier genannte Übersetzung könne von Konstantinos Laskaris stammen); Becker, Charters and Chancery under Roger I and Roger II, 2013, 89f. (mit der Warnung, dass diese Übersetzungen vor den Normen lateinischer Rechtstexte erstellt seien und daher Veränderungen und Entstellungen der originalen Texte nicht auszuschließen seien). Vgl. ganz knapp zur originalen Urkunde auch schon Santifaller, Beiträge zur Geschichte der Beschreibstoffe, 1953, 135; Bresc/Heullant-Donat, Pour une réévaluation de la „révolution du papier", 2007, 363.
65 Ed. Documenti greci e latini di Ruggero I, hg. von Becker 2013, Nr. 66, 249f. (dort ältere Editionen vermerkt). Vgl. von Falkenhausen, Zur Regentschaft der Gräfin Adelasia del Vasto, 1998, 114, Nr. 32. Vgl. Bresc/Heullant-Donat, Pour une réévaluation de la „révolution du papier", 2007, 363. Die lateinische Übersetzung des 16. Jahrhunderts von Rogers II. Erneuerung aus dem Jahr 1145 ist ed. in Tabulario di S. Filippo di Fragalà, hg. von Silvestri 1887, hier 153.
66 Ed. Cusa (Hg.), I Diplomi greci ed arabi di Sicilia, Bd. I, 1–2, 1868–1882, 394f. Vgl. von Falkenhausen, Zur Regentschaft der Gräfin Adelasia del Vasto, 1998, 105, Nr. 1, mit Anm. 108. Nicht genannt bei Bresc/Heullant-Donat, Pour une réévaluation de la „révolution du papier", 2007.

1101/02	Urkunde des Grafen Simon für das Kloster S. Filippo di Fragalà über die Schenkung einer Mühle (griechisch)
	Original verloren; bekannt durch eine Bestätigung in einem heute verlorenen Sammelprivileg Rogers II. vom März 1145, das im April 1510 in lateinischer Sprache transsumiert wurde, dort ist das Original als *aliud ex carta cuctunea* bezeichnet[67]
1109	Mandat der Gräfin Adelasia an die Amtsträger und Verwalter ihrer Ländereien in Castrogiovanni (heute Enna) mit dem Befehl, das Kloster S. Filippo di Fragalà nicht zu belästigen, sondern zu beschützen (griechisch/arabisch)
	Original im Archivio di Stato di Palermo[68]
Vor 1112	Urkunde des Grafen Simon für das Kloster S. Filippo di Fragalà (griechisch)
	Original verloren; bekannt durch eine Erneuerung des Jahres 1112 durch Gräfin Adelasia und ihren Sohn Roger II. auf Bitten des Abts Gregorius von S. Filippo di Fragalà, nachdem sie dieselbe entfaltet und sich von der Echtheit überzeugt haben; erneute Bestätigung in einem heute verlorenen Sammelprivileg Rogers II. vom März 1145, das im April 1510 in lateinische Sprache übersetzt wurde; dort ist das Original als *de carta cuctunea* bezeichnet[69]
1139	Urkunde aus der Regia Cappella Palatina in Palermo, untersucht 1886 durch den Papierforscher Charles-Moïse Briquet
	ohne nähere Angabe des Inhalts oder des Lagerorts[70]
Um 1160	Fragment eines Inventars mit Büchern (arabisch), zweitverwendet als Hülle für eine Reliquie in der Regia Cappella Palatina in Palermo, inhaltlich noch nicht vollständig erschlossen

---

[67] Ed. Tabulario di S. Filippo di Fragalà, hg. von Silvestri 1887, 152. Vgl. von Falkenhausen, Zur Regentschaft der Gräfin Adelasia del Vasto, 1998, 106, Nr. 2. Vgl. Bresc/Heullant-Donat, Pour une réévaluation de la „révolution du papier", 2007, 363.

[68] Für eine Beschreibung und Edition vgl. La Mantia, Il primo documento in carta, 1908. S. auch Cusa (Hg.), I Diplomi greci ed arabi di Sicilia, Bd. I, 1–2, 1868–1882, 402 f. Vgl. von Falkenhausen, Zur Regentschaft der Gräfin Adelasia del Vasto, 1998, S. 108, Nr. 11 (mit dem Hinweis, dass die Urkunde auch in der Erneuerung von 1145 vorliege); s. auch Santifaller, Beiträge zur Geschichte der Beschreibstoffe, 1953, 135 f.; Irigoin, Les origines de la fabrication du papier in Italie, 1963, 64 f.; Bresc/Heullant-Donat, Pour une réévaluation de la „révolution du papier", 2007, 363; Rodgers Albro, Fabriano, 2016, 16.

[69] Die Erneuerung Adelasias und Rogers von 1112 ist ed. in Cusa (Hg.), I Diplomi greci ed arabi di Sicilia, Bd. I, 1–2, 1868–1882, 407 f. Die lateinische Übersetzung von 1510 von Rogers Sammelprivileg aus dem Jahr 1145 ist ed. in Tabulario di S. Filippo di Fragalà, hg. von Silvestri 1887, 152. Vgl. Caspar, Roger II., 1904, 487; von Falkenhausen, Zur Regentschaft der Gräfin Adelasia del Vasto, 1998, 113, Nr. 27. Wohl bei Bresc/Heullant-Donat, Pour une réévaluation de la „révolution du papier", 2007, 363, mit der Datierung des Originals auf 1102.

[70] Vgl. Briquet, Recherches sur les premiers papiers, 1886/1955, 142–155, hier Nr. 49.

	Original im Tesoro Cappella Palatina in Palermo, ohne Signatur[71]
1168 (Okt.)	Mandat (*littera*) von Wilhelm II. (lateinisch)
	Original verloren; bekannt durch eine Kopie der 1222 durch die Kanzlei Kaiser Friedrichs II. ausgestellten Erneuerung mit der Begründung, die auf *carta de bambacia* geschriebenen Originale seien *vetustate consumpte*[72]
1168 (17. Okt.)	Mandat (*littera*) von Wilhelm II. (lateinisch)
	Original verloren; bekannt durch eine Kopie der 1222 durch die Kanzlei Kaiser Friedrichs II. ausgestellten Erneuerung mit der Begründung, die auf *carta de bambacia* geschriebenen Originale seien *vetustate consumpte*[73]
1170 (5. März)	Mandat (*littera*) von Wilhelm II. (lateinisch)
	Original verloren; bekannt durch eine Kopie der 1222 durch die Kanzlei Kaiser Friedrichs II. ausgestellten Erneuerung mit der Begründung, die auf *carta de bambacia* geschriebenen Originale seien *vetustate consumpte*[74]
vor 1188 (Mai)	Erwähnung einer *chartion bamvikinon* als Beweismittel in einem Gerichtsprozess vor Ioannes de Rhegio, Großrichter von Kalabrien, in Oppido
	Original verloren; erwähnt in einer von Ioannes de Rhegio ausgestellten griechischsprachigen Urkunde vom Mai 1188[75]

---

[71] Abb. und Katalogisat in [La Duca], L'età normanna e sveva in Sicilia, 1994, 220f., Nr. XXXIII; Datierung übernommen nach Bresc/Heullant-Donat, Pour une réévaluation de la „révolution du papier", 2007, 364.

[72] Ed. Acta Imperii Inedita Seculi XIII, hg. von Winkelmann 1880, Nr. 235, 217f. (für ein ausführlicheres Zitat s. Kasten B.3.3). Vgl. Giry, Manuel de diplomatique, 1894/1965, 498; Santifaller, Beiträge zur Geschichte der Beschreibstoffe, 1953, 135; Bresc/Heullant-Donat, Pour une réévaluation de la „révolution du papier", 2007, 364.

[73] Ed. Acta Imperii Inedita Seculi XIII, hg. von Winkelmann 1880, Nr. 235, 217f. (für ein ausführlicheres Zitat s. Kasten B.3.3). Vgl. Giry, Manuel de diplomatique, 1894/1965, 498, und Bresc/Heullant-Donat, Pour une réévaluation de la „révolution du papier", 2007, 364.

[74] Ed. Acta Imperii Inedita Seculi XIII, hg. von Winkelmann 1880, Nr. 235, 217f. (für ein ausführlicheres Zitat s. Kasten B.3.3). Vgl. Giry, Manuel de diplomatique, 1894/1965, 498, Santifaller, Beiträge zur Geschichte der Beschreibstoffe, 1953, 135, und Bresc/Heullant-Donat, Pour une réévaluation de la „révolution du papier", 2007, 364.

[75] Ed. und übers. in Trinchera, Syllabus Graecarum Membranarum, 1865, 294–301, Nr. CCXXV, hier 295. Vgl. Bresc/Heullant-Donat, Pour une réévaluation de la „révolution du papier", 2007, 365, mit der Erklärung, die Sentenz des Richters sei auf griechisch, aber die Sprache des Dokumentes werde nicht präzisiert.

Für Friedrich II., über seine Mutter Constanze ein Nachfahre Rogers und Adelasias, ist Papiergebrauch nur in seiner italienischen Kanzlei bezeugt (s. Kasten A.2). Bekannt sind zwischen 1224 und 1235 fünf Mandate auf diesem Beschreibstoff sowie mit ungeklärter Datierung ein weiteres Stück dieser Gattung. Außerdem wurde im neapolitanischen Archiv bis zu dessen Vernichtung im Zweiten Weltkrieg 1943 ein fragmentarisch erhaltenes Register Friedrichs II. auf Papier aufbewahrt, das für nicht einmal ein Jahr mehr als 1000 Mandate an Untertanen und Dienstleute auf Sizilien enthielt.[76] Olaf Rader hat in seiner Biographie zu Friedrich II. darauf hingewiesen, dass von diesen im Register überlieferten, im Original wohl schmucklosen Befehlsschreiben kein einziges im Original erhalten ist. Nach der Ausführung des Herrscherwunsches galten sie offenbar nicht länger als aufbewahrenswert. Wie hoch man sich die Verluste an einst vorhandener Schriftlichkeit denken muss, zeigt Rader an einer Hochrechnung: Wenn man den im Register dokumentierten Ausstoß an schriftlichen Dokumenten für nur sieben Monate für die gesamte Regierungszeit Friedrichs seit der Übernahme der selbständigen Herrschaft im Jahr 1208 überschlage, so gelange man selbst bei vorsichtiger Schätzung auf fünfzig- oder sechzigtausend verlorene Schriftstücke.[77] Wie umfangreich und systematisch man sich den Versand solcher Mandate und zugleich auch die Führung solcher Register vorstellen muss, bleibt damit letztlich Spekulation. Dasselbe gilt für die Frage, ob für beide ausschließlich Papier benutzt wurde. Schaut man auf die entsprechende Praxis der Nachfolger Friedrichs, das heißt in der angevinischen Kanzlei für Süditalien, so sind dort zwischen 1266 und 1380 von insgesamt 444 bekannten (ebenfalls 1943 verbrannten) Registern immerhin 69 auf Papier geschrieben; das sind fast 16 Prozent.

Kasten A.2: Papierüberlieferung in der italienischen Kanzlei Friedrichs II. sowie unter angevinischer Herrschaft.

1220–1250 (12. Mai)	Mandat Friedrichs II. an den Primicerius der Pfalzkapelle in Palermo, mit der Bitte, den Kleriker Simone als Kanoniker und Bruder in das Kapitel aufzunehmen, ausgestellt in Foggia, mit Tagesdatum, aber ohne Jahresangabe, beschädigt (lateinisch)
	Original im Archivio di Stato di Palermo, Tabulario Cappella Pal., n. 25[78]
1224 (2. Juli)	Mandat Friedrichs II., ausgestellt in Siracusa (lateinisch): Bericht an den *camerarius* von Kalabrien sowie die *baiuli* von Mesa, Sant'Agata, San Niceta und Tuchio, dass er

---

[76] Vgl. Kölzer, Art. Register, VI. Süditalien, 1995, Sp. 584f. S. dort auch den Verweis auf eine von Winkelmann entdeckte spätstaufische Verwaltungsvorschrift, die das große Ausmaß der Akten- und Registerführung auf allen Ebenen der Verwaltung erhelle.
[77] Vgl. Rader, Friedrich II., 2012, 161–165, bes. 162f.
[78] Abb. und Katalogisat in [La Duca], L'età normanna e sveva in Sicilia, 1994, 126f., Nr. 47; s. auch Bresc/Heullant-Donat, Pour une réévaluation de la „révolution du papier", 2007, 365.

	dem Kloster S. Maria de Terretie zwei ihm vorgelegte Privilegien bestätigt habe, und Befehl, dasselbe an seinen Besitzungen, Leuten und Gütern zu schirmen
	Original verloren; bekannt durch ein Transsumpt von 1252[79]
1228 (18. April)	Mandat Friedrichs II., ausgestellt in Barletta bei Bari (lateinisch): Befehl an Erzbischof Eberhard von Salzburg und Herzog Leopold von Österreich, die Klage der Äbtissin von Göß (heute Leoben in der Steiermark) gegen den Herzog von Kärnten zu untersuchen, der die Güter der ohne Erben verstorbenen Ministerialen des Stiftes an sich reiße
	Original im Österreichischen Staatsarchiv Wien, Abt. Haus-, Hof- und Staatsarchiv, Inv.-Nr. AUR 1228 IV 18[80]
1230 (24. Juli)	Mandat Friedrichs II., ausgestellt in San Germano (heute Cassino) (lateinisch): Gebot an den Vogt und die Ratsherren in Lübeck (vermutlich auf ihre Bitte hin), dass sie fürstliche bzw. adlige Turniere in ihrer Stadt nicht zulassen sollen
	Original im Stadtarchiv Lübeck, seit dem Zweiten Weltkrieg verschollen[81]
1230 (20. Juli)	Mandat Friedrichs II., ausgestellt in San Germano (heute Cassino) (lateinisch): Auftrag an den Erzbischof von Salerno, das seiner Kirche gehörige *castrum* Olibani (heute Olevano Sul Tusciano bei Salerno) dem Deutschordensmeister Hermann zu übergeben
	Original verloren; bekannt durch ein pergamentenes Transsumpt König Manfreds aus dem Jahr 1260[82]

---

[79] Ed. Huillard-Bréholles (Hg.), Historia diplomatica Friderici secundi, Bd. 2, Tl. 1, hier 445. Vgl. RI V,1,1 n. 1536. S. Santifaller, Beiträge zur Geschichte der Beschreibstoffe, 1953, 136, Anm. 19 mit älterer Literatur, und Bresc/Heullant-Donat, Pour une réévaluation de la „révolution du papier", 2007, 365.

[80] Ed. Salzburger Urkundenbuch, Bd. 3, bearb. von Hauthaler/Martin 1918, Nr. 824, 356f. Für eine Reproduktion dieser Edition und ein digitales Faksimile vgl. Haus-, Hof- und Staatsarchiv Salzburg, Erzstift (798–1806) AUR 1228 IV 18, in: monasterium.net, URL: http://monasterium.net/mom/AT-HHStA/SbgE/AUR_1228_IV_18/charter, (Stand: 27.02.2023). Vgl. RI V,1,1 n. 1723 (unter anderem zur Materialität des Stücks) und Just, VI.A.5 Älteste kaiserliche Papierurkunde, 2010, mit zum Teil auch neuerer Literatur zum Thema und Abb. auf 257; s. über die dort genannten Titel hinaus auch Giry, Manuel de diplomatique, 1894/1965, 498; Santifaller, Beiträge zur Geschichte der Beschreibstoffe, 1953, 136; Irigoin, Les origines de la fabrication du papier en Italie, 1963, 65; Opitz, Früheste Beispiele für Papier als Beschreibstoff, 1974, 23 (mit Abb.); Bresc/Heullant-Donat, Pour une réévaluation de la „révolution du papier", 2007, 365.

[81] Ed. Huillard-Bréholles (Hg.), Historia diplomatica Friderici secundi, Bd. 3, 1852, 202. Vgl. RI V,1,1 n. 1802, in der digitalen Ausgabe der Regesta Imperii mit dem Zusatz von 1983, dass der Brief seit dem Zweiten Weltkrieg verschollen sei. Für eine Analyse des Papiers vgl. Briquet, Recherches sur les premiers papiers, 1886/1955, 142–155, hier Nr. 50. Vgl. mit dem Verweis auf ältere Literatur Santifaller, Beiträge zur Geschichte der Beschreibstoffe, 1953, 136; s. auch Bresc/Heullant-Donat, Pour une réévaluation de la „révolution du papier", 2007, 365.

[82] Ed. Huillard-Bréholles (Hg.), Historia diplomatica Friderici secundi, Bd. 3, 1852, 201f., vgl. RI V n. 1794. S. mit dem Verweis auf die ältere Literatur Santifaller, Beiträge zur Geschichte der Beschreibstoffe, 1953, 136; s. auch Bresc/Heullant-Donat, Pour une réévaluation de la „révolution du papier", 2007, 365.

1235 (25. Januar)	Mandat Friedrichs II., ausgestellt in Barletta bei Bari (lateinisch): Befehl an den Stratigoten von Salerno, dem Abt von La Cava (heute Cava de' Tirreni) die ihm zustehenden Zehnten wie seit der Regierungszeit König Wilhems II. üblich zu zahlen
	Original verloren; bekannt durch ein Transsumpt, ausgestellt in La Cava im Februar des gleichen Jahres[83]
1239–1240	Bruchstücke eines sizilischen Registers der Kanzlei Friedrichs II.
	Original im Archivio di Stato di Napoli, 1943 verbrannt[84]
1259	Notarielle Überlieferung in Palermo, untersucht 1886 durch den Papierforscher Charles-Moïse Briquet, ohne nähere Angabe des Lagerorts[85]
1266– ca. 1380	Register der angevinischen Kanzlei für Süditalien (69 Register auf Papier, 375 Register auf Pergament)
	Originale im Archivio di Stato di Napoli, 1943 verbrannt[86]
1289	Notarieller Akt in Barletta bei Bari mit Kreditgeschäft zur Auslösung der entführten Kinder des Amalfitaner Adligen Guglielmo Sclavello
	Centro di Cultura e Storia Amalfitana, Collezione di Matteo Camera[87]

---

83 Ed. Huillard-Bréholles (Hg.), Historia diplomatica Friderici secundi, Bd. 4,1, 1854, 520, vgl. RI V,1,1 n. 2074 (mit dem veralteten Forschungsstand, das Original sei „auf baumwollenpapier geschrieben" gewesen). S. Santifaller, Beiträge zur Geschichte der Beschreibstoffe, 1953, 136; Bresc/Heullant-Donat, Pour une réévaluation de la „révolution du papier", 2007, 365.
84 Für das Digitalisat einer Kopie sowie grundlegende Forschungsliteratur vgl. Friedrich II.: Register für die Zeit vom 6.9.1239 bis zum 13.6.1240. Papierhandschrift Archivio di Stato die Napoli (Original 1943 verbrannt), bearb. von Marcus Brantl und Arno Mentzel-Reuters, in: Monumenta Germaniae Historica, Bibliothek, Digitale Bibliothek, vgl. URL: http://www.mgh-bibliothek.de/friedrich_ii/index.htm (Stand: 27.02.2023). Für die grundwissenschaftliche Handbuchliteratur zum Thema Papier vgl. Santifaller, Beiträge zur Geschichte der Beschreibstoffe, 1953, 136. Mit dem Verweis auf die Materialanalysen Briquets in seiner Korrespondenz (publiziert 1955 unter dem Titel „Sur le papier usité en Sicile à l'occasion de deux manuscrits en papier dit de coton" in Briquets Opuscula), der das Register vor seiner Zerstörung sah, vgl. die Vermutungen zur Herkunft des Papiers aus Nordafrika bei Irigoin, Les origines de la fabrication du papier en Italie, 1963, 65. S. auch Bresc/Heullant-Donat, Pour une réévaluation de la „révolution du papier", 2007, 369, in Anm. 60 unter Bezug auf Huillard-Bréholles und den von ihm geäußerten Eindruck, das Register sei aus einem „papier épais et pelucheux" gefertigt gewesen, das leicht die Feuchtigkeit aufgenommen habe; die „surfaces lisses et même luisantes" im Innern des Registers deuteten auf die Herstellungstechnik nach dem „modèle ‚oriental'" (ohne konkrete bibliographische Angabe).
85 Analysiert durch Briquet, Recherches sur les premiers papiers, 1886/1955, 142–155, hier Nr. 47.
86 Unter Verweis auf die Edition von Riccardo Filangieri di Candida (Bd. I, Neapel 1950) genannt bei Bresc/Heullant-Donat, Pour une réévaluation de la „révolution du papier", 2007, 370.
87 Vgl. Rodgers Albro, Fabriano, 2016, 25, mit Abb., für den Lagerort vgl. ebd. 216.

Das methodische Problem der Verluste und ihrer Dimensionen spiegelt sich auch in der Beobachtung, dass das Gros der bekannten Papiere aus der im Vergleich gut erforschten Frühzeit seiner Benutzung ab 1100 gar nicht im Original überliefert ist. Wie ein Blick in Kasten A.1 rasch deutlich werden lässt, handelt es sich um Deperdita, die wir nur noch aus schriftlichen Belegen kennen. Von Roger I. sind drei, von seinem Sohn Simon zwei und von seinem Enkel Wilhelm vier Urkunden bekannt, die auf Papier geschrieben waren. Keines dieser neun Dokumente ist erhalten. Zu Adelasia, Rogers Gattin, aus deren Kanzlei die erste und lange Zeit einzig erhaltene lateineuropäische Papierurkunde stammt, hat Vera von Falkenhausen zwei Deperdita eruiert, die im einen Fall sicher, im anderen vermutlich auf Papier standen.[88] Noch eindrücklicher ist der umgekehrte Blick: Es sind gerade einmal zwei spätere Sammelprivilegien – die verlorene, nur in einer lateinischen Übersetzung von 1510 erhaltene Erneuerung Rogers II. aus dem Jahr 1145 und eine vergleichbare Sammelbestätigung des Jahres 1222 von Friedrich II. – die uns von acht der elf heute bekannten Deperdita der Frühzeit berichten. Dies legt nahe, dass der Umfang solcher ursprünglich papierner, heute verlorener Schriftlichkeit ungleich höher gewesen sein muss, als die erhaltenen expliziten Thematisierungen aus der Retrospektive verraten. Es ist daher letztlich die Taxierung der Verlustrate, vor deren Hintergrund Urteile wie die Kellers und Vismanns gegeneinander abzuwägen sind.

Für die normannischen Herrscher im Süditalien des 11. und 12. Jahrhunderts wie auch für Friedrich II. ist immerhin wahrscheinlich davon auszugehen, dass unser Wissen um die erhaltenen oder indirekt belegten Papiere einigermaßen vollständig ist. Deutlich schwieriger wird ein Überblick für die Welt der mittel- und norditalienischen Städte im 13. Jahrhundert, die im Zentrum von Kellers Forschungen stehen (vgl. dazu und zum Folgenden Kasten A.3). Insbesondere für die zweite Hälfte des 13. Jahrhunderts ist davon auszugehen, dass unser Forschungsstand zu den erhaltenen Papieren grob unvollständig ist: Wie ein Blick in die Anmerkungen zu Kasten A.3 rasch deutlich werden lässt, ist die Tabelle in hohem Maße auf Zufallsfunde der Literatur angewiesen. Gerade bei den aus der Wasserzeichen-Forschung übernommenen Informationen fehlt oft jeder Hinweis auf Inhalt, Umfang und Gattungszugehörigkeit der Stücke; es wird meist nicht einmal klar, ob es sich um beschriebene oder unbeschriebene Blätter handelt. Ein Überblick über Menge und Art der Papiernutzung wurde mit diesen Forschungen nicht angestrebt, wie sich am Beispiel Genua demonstrieren lässt: So haben zwar die dortigen spektakulär frühen Funde von Papierverwendung für notarielle Imbreviaturbücher seit dem Ende des 12. und im frühen 13. Jahrhundert große Aufmerksamkeit gefunden. Doch für die stattliche Menge von rund 200 weiteren Stücken derselben Gattung, die Lopez noch für das 13. Jahrhundert in den Beständen vermutet, fehlt in der einschlägigen For-

---

88 Vgl. von Falkenhausen, Zur Regentschaft der Gräfin Adelasia del Vasto, 1998, 106, Nr. 2 (1101/1102), und 105, Nr. 1 (1102). S. dazu mehr oben in Anm. 61.

schung sogar die simple Auskunft darüber, ob sie auf Papier oder doch auf Pergament geführt wurden.[89]

Wie schwierig über den schütteren Wissensstand hinaus zu kommen ist, lässt sich am Beispiel des Archivio di Stato im lombardischen Mantua demonstrieren. Die Fragen an die Archivleitung Daniela Ferrara und ihre Mitarbeiterinnen, an welcher Stelle die frühesten Papiere im umfangreichen Archivio Gonzaga zu vermuten seien, führten anfangs ebenso zu Ratlosigkeit wie der Vorstoß, über welche Findhilfen eventuell weiterzukommen wäre. Den Durchbruch brachte die Idee, die „Schede Davari" zu durchsuchen, benannt nach Stefano Davari, der ab 1869 bis 1909 Archivar und Interimsleiter des Mantuaner Archivs, vor allem aber nach dem Urteil der späteren Direktorin Adele Bellù der „custode più qualificato delle carte gonzaghesche" seiner Zeit war.[90] Bei diesen „Schede" handelt es sich um eine Sammlung loser Zettel, auf die Davari mit hastiger Hand für ihn und für die mit ihm korrespondierenden Forscher interessante Beobachtungen bei seinen unermüdlichen Ordnungs- und Verzeichnungsarbeiten am Bestand notierte. In der siebten der heute 22 Archivschachteln, in denen sie verwahrt werden, hielt er auf einem Notizzettelchen unter dem Stichwort „Carta da scrivere" fest, dass ein „pezzetto di carta" in einer pergamentenen Urkunde des Jahres 1277 nach seinem Dafürhalten das älteste Stück des Archivio Gonzaga sein müsse. Zugleich ergänzte er die Information, dass in einem Pergament zum 9. März oder Mai 1290 ein zweiter „pezzo di carta dell'epoca" eingelegt sei; dieses zweite Stück ist heute nicht mehr auffindbar (s. Kasten A.3).[91]

Aus diesem Beispiel lässt sich also nicht nur lernen, dass frühe Papiere in den Archiven nur mit Mühe zu finden sind und auch im 20. Jahrhundert noch verloren gehen können. Wichtiger ist die Erkenntnis, dass es sich bei dem ältesten Papier in Mantua wie wahrscheinlich auch bei seinem vermissten Nachfolger von 1290 um unscheinbare Blättchen etwas größer als eine Handfläche handelt, während die Aufstellungen der Forschung zu den frühen Papieren bislang vor allem buchförmige Exemplare verzeichnen. Die Frage solcher unscheinbaren Papiernutzung wie im Mantuaner Fall ist demnach übergreifend noch unbeantwortet. Gleiches gilt – was sogar noch schwerer wiegen könnte – für die Frage nach den Dimensionen einst vorhandener, heute jedoch verlorener Papiere: Indizien für Deperdita, wie sie die Forschung für die normannische Herrschaft im Süditalien des 11. und 12. Jahrhunderts so sorg-

---

[89] Nach Lopez, The unexplored wealth of the notarial archives, 1951, 417f., sind ganze oder fragmentarisch erhaltene Imbreviaturbücher von neun Notaren des 12. Jahrhunderts überliefert, während er die Überlieferung für das 13. Jahrhundert auf etwa 200 Stücke schätzt.
[90] Zu Stefano Davaris Person, den von ihm erstellten Findhilfen sowie seinen Publikationen vgl. Bellù, Il Davari e le sue Ricerche nell'Archivio Gonzaga, 1977, für das Zitat s. 484, zu den „Schede" vgl. 489. Anders als das früheste Papier ist das älteste Pergament im Bestand des Archivio Gonzaga gut bekannt: Dabei handelt es sich um eine Urkunde des Jahres 1045, die die Schenkung von Ländereien an die Kirche S. Maria im Kloster S. Geneso in Brescello bezeugt, vgl. Archivio di Stato di Mantova, Archivio Gonzaga, b. 3327; für eine Abb. vgl. Bazzotti/Ferrari (Hg.), Il Palazzo degli Studi, 1991, 70f., Abb. 1.
[91] S. dazu unten Anm. 155.

fältig sammelte – finden sich für das 13. Jahrhundert bislang gar nicht systematisch zusammengestellt.[92]

Kasten A.3: In der Forschung bekannte Papierüberlieferung in den ober- und mittelitalienischen Städten und an der römischen Kurie bis 1299.[93]

Bis 1199

1154–1164 und 1155–1156	Genua (Ligurien): *Cartolare* (Register) des Notars Giovanni Scriba mit Abschriften seiner lateinischen Urkundenkonzepte der Jahre 1154 bis 1164 (lückenhaft), am Ende eingebunden fünf Blätter eines anderen, anonymen Notars, die aus einem Rotulus wohl im islamischen Raum produzierten Papiers geschnitten wurden und die Reste eines arabischen Protokolls enthalten[94]

---

[92] Hier können nur vereinzelte Beispiele dafür aufgezeigt werden, dass Nachrichten über heute nicht mehr erhaltene Papiere im 13. Jahrhundert keineswegs versiegten, s. etwa das vom Abt von Fucecchio erbetete Transsumpt eines vormals papiernen Originals von 1224 aus Pistoia (Sabbatini, L'apparizione della carta in Toscana, 2014, 126), der Nachweis über den Kauf eines papiernen Buchs in den Ausgaben der Sieneser Biccherna von 1226/1227 (Paoli, Grundriss der Lateinischen Palaeographie und der Urkundenlehre, 1885, 76, Anm. 3), der Beleg aus Matelica von 1264 für den Kauf von Einzelblättern und Heften (Castagnari, Le origini della carta occidentale, 2014, 14, 28f. mit Abb. und Transkription), die *resimi tres de charta* im Testament des Amalfitaner Kaufmanns Margerito Marcangello 1268 (vgl. Ventura, Sul ruolo della Sicilia e di Amalfi nella produzione e nel commercio della carta, 2014, 112), die Erwähnung von Papier in den Rechnungsbüchern der Stadt Chiavenna erstmals 1269 und ein indirektes Zeugnis für ein verlorenes Gläubigerverzeichnis auf Papier ebenfalls aus Chiavenna zum Jahr 1279 (vgl. Becker, Beiträge zur kommunalen Buchführung und Rechnungslegung, 1995, 121, Anm. 30, 124, Anm. 47: *ut continetur in quaterno uno de palpedris*), der Nachweis für Papiereinkäufe in den Rechnungsbüchern der apostolischen Kammer seit 1279 (Santifaller, Beiträge zur Geschichte der Beschreibstoffe, 1953, 142) und im Libro degli Esiti der Mark Ancona von 1279/80 (Di Stefano, Proiezione europea e mediterranea della carta di Camerino-Pioraco e di Fabriano, 2014, 40f.) oder das verlorene *quaternum magnum de bambacino*, in dem die Visionen von Angela da Foligno (1292–1296) zuerst aufgezeichnet wurden (vgl. Bettoni, L'Umbria cartaria, 2014, 77).
[93] Die hier folgende Liste an frühen Papierbelegen wurde aus der einschlägigen Literatur zusammengestellt, die freilich in der Ausführlichkeit und Zuverlässigkeit ihrer Aussagen stark differiert, s. dazu schon oben die Anmerkungen dazu im Fließtext. Nur selten sind Archivsignaturen angeführt; wenn ja, so wurden sie in dieser Tabelle in den Fußnoten aufgenommen. Nicht alle Fundstellen wurden aufgeführt; ihre Auswahl konzentriert sich, wenn möglich, auf diejenigen Titel, deren Autor*innen auf die Autopsie der Papiere verweisen können oder aber verlässliche Literaturbelege anführen. Nicht immer wurde diesen Verweisen in den Anmerkungen vollständig nachgegangen; dies ist jedoch jeweils explizit vermerkt. Nur wo nicht anders möglich, wurde auf Weiß, Zeittafel zur Papiergeschichte, 1983, verwiesen, da der Autor für die von ihm zusammengetragenen Informationen keinerlei Nachweis führt.
[94] Unter Verweis auf die zweibändige Edition von Mario Chiaudano und Mattia Moresco in der Reihe der „Regesta chartarum Italiae" aus dem Jahr 1935 sowie die ältere Handbuchliteratur genannt bei Santifaller, Beiträge zur Geschichte der Beschreibstoffe, 1953, 137f. Für eine Analyse des im Register verwendeten Papiers vgl. Briquet, Recherches sur les premiers papiers, 1886/1955, 142–155, hier Nr. 34, und Irigoin, Les origines de la fabrication du papier en Italie, 1963, 63, der aufgrund des Formats eine syrisch-ägyptische Herkunft für möglich, wegen der im Durchlicht sichtbaren Siebstruktur und der

1179, 1182 bis um 1200	*Cartolare* (Register) des Notars Obertus von 1179[95] und notarielle Register verschiedener Notare[96]
1178/1179	Savona (Ligurien): notarielle Register[97]

Bis 1249

1210–1215 und 1220–1230	Genua (Ligurien): notarielle Register verschiedener Notare[98]
1220–1230	Siena (Toskana): zwei Register, dem Notar Appulliese zugeschrieben[99]
1248	*Libri delle provisione delle Commune de Siena* (Register der Ratsbeschlüsse der Kommune)[100]

---

daraus abgeleiteten niederen Qualität spanische Ursprünge für wahrscheinlicher hält. Anders Abulafia, Das Mittelmeer, 2013, 368, nach dem das nach seinen Aussagen kräftige und glatte Papier von Giovanni Scriba aus Alexandria importiert worden sei (ohne Beleg, mit Verweis auf eigene Arbeiten).
95 Unter Verweis auf eine Studie von Mattia Moresco und Gian Piero Bognetti über die ligurischen Notare von 1938 genannt bei Irigoin, Les origines de la fabrication du papier in Italie, 1963, 63f., mit einer Analyse des im Register verwendeten Papiers, das der Autor auf der Basis seiner Materialbeobachtungen als von spanischer Herkunft einschätzt.
96 Die Stücke von 1182 bis um 1200 sind unter Verweis auf eigene Arbeiten genannt bei Irigoin, Les origines de la fabrication du papier in Italie, 1963, 63f., mit einer Analyse des im Register verwendeten Papiers und der Vermutung aufgrund von Format und Siebstruktur im Durchlicht, es handele sich um Importware von der iberischen Halbinsel.
97 Genannt bei Lopez, The English and the Manufacture of Writing Materials in Genoa, 1939/40, 418, 421f., danach übernommen bei Guichard, Du parchemin au papier, 1995, 193.
98 Die Stücke ab 1210 wurden in ihrer Materialbeschaffenheit analysiert in Briquet, Papiers et filigranes des Archives de Gênes, 1887/1955, 179, darauf bezugnehmend Irigoin, Les origines de la fabrication du papier in Italie, 1963, 64, mit dem Urteil, dass es sich im Vergleich mit den älteren Genueser Belegen um minderwertigere, da grobere und unregelmäßigere Papierqualitäten handele, was er als „retour à une technique primitive, suivi de progrès rapides" bewertet; Irigoin sieht in diesen Papieren also den Beginn einer eigenen ligurischen Produktion gespiegelt.
99 Ed. Bizzarri (Hg.), Imbreviature notarili, Vol. 1, 1934, s. bes. IX und XIII. Vgl. Lopez, The unexplored wealth of the notarial archives, 1951, 419, und Guichard, Du parchemin au papier, 1995, 193. Auf diese Archivalien bezogen sein muss die Erwähnung von Papieren des 13. Jahrhunderts in Siena, die nach der Materialanalyse Rodgers Albros aus Katalonien stammen, vgl. Rodgers Albro, Fabriano, 2016, 19, mit Anm. 30; s. bestätigend dazu ebd. 21, die Abb. eines Sieneser Notarsregisters von 1227/1228 mit Zickzackmuster, und 80 mit Analysen von aus diesem Sample datierenden Papieren mit der Datierung 1221–1223, 1227–1229 (ebd. 216 mit dem Verweis auf das Archivio di Stato di Siena, Fonte Notarile Antecosiano, Libro imbreviature).
100 Unter Verweis auf die Archive in Siena genannt bei Paoli, Grundriss der Lateinischen Palaeographie und der Urkundenlehre, 1885, 76, Anm. 3, mit dem Zusatz, dass der Gebrauch von Papier in der Kommune Siena noch älter gewesen sein muss, wie sich in den Ausgaben der Biccherna von 1226/27 (Bd. 19) nachlesen lasse: *Item, viij den. Bonfilio notario pro costo unius libri parvi de bombice pro*

1220, 1246	Lucca (Toskana): notarielle Überlieferung, zu 1220 vom Richter und kaiserlichen Notar Benedetto, zu 1246 von einem Notar Filippo[101]
1221	San Gimignano (Toskana): *Libri della deliberazione* (Register der Beschlüsse der Kommune)[102]
1223–1228	Venedig (Venetien): *Liber Communis* bzw. *Liber Plegiorum* des Kleinen Rates (mit Ergänzungen bis 1253)[103]
1230	Bologna (Emilia-Romagna): Güterverzeichnis des Giacomo Pepoli[104]
1246	Monte Voltraio (Toskana): *Liber consiliariorum delle Commune di Montevoltraio* (Register der Ratsbeschlüsse der Kommune)[105]

Bis 1299

1253	Genua (Ligurien): Urkunde des Notars Giannino di Prendono[106]

comuni. Von Paoli übernommen bei Bockwitz, Zur Geschichte des Papiers, 1941, 21, und Santifaller, Beiträge zur Geschichte der Beschreibstoffe, 1953, 138; ohne Beleg unter anderem bei Giry, Manuel de diplomatique, 1894/1965, 499, und Irigoin, Les origines de la fabrication du papier en Italie, 1963, 64.

101 Notarielle Überlieferung zu 1220 unter Verweis auf das Archivio Capitolare, zu 1246 auf das Archivio di Stato von Lucca genannt bei Lopez, The unexplored wealth of the notarial archives, 1951, 421; darauf bezugnehmend auch Guichard, Du parchemin au papier, 1995, 193.

102 Mit Verweis auf ältere Literatur aufgeführt bei Santifaller, Beiträge zur Geschichte der Beschreibstoffe, 1953, 138, und Irigoin, Les origines de la fabrication du papier en Italie, 1963, 64, der das Dokument selbst nicht einsehen konnte. Mit dem Verweis auf jüngere Literatur vgl. Bresc/Heullant-Donat, Pour une réévaluation de la „révolution du papier", 2007, 369.

103 Nach dem Original im Archivio di Stato di Venezia, Registri dei plezii mallevadori, reg. I; in Inhalt und Materialbeschaffenheit zuletzt charakterisiert bei Rodgers Albro, Fabriano, 2016, 21f. (mit Abb.), 27, zum Lagerort vgl. 216; s. auch Irigoin, Les origines de la fabrication du papier en Italie, 1963, 64; beide beziehen sich auf die Materialanalyse bei Briquet, Recherches sur les premiers papiers, 1886/1955, 142–155, hier Nr. 33. Rodgers Albro kommt allerdings zum Schluss, dass das Papier des *Liber plegiorum* aus Fabriano stamme, während Irigoin eine Herkunft aus Spanien vermutet. Mit dem Verweis auf ältere deutschsprachige Literatur vgl. Santifaller, Beiträge zur Geschichte der Beschreibstoffe, 1953, 138 (mit der falschen Datierung auf 1222). Für die französische Forschung s. schon Giry, Manuel de diplomatique, 1894/1965, 499, sowie Bresc/Heullant-Donat, Pour une réévaluation de la „révolution du papier", 2007, 369.

104 Mit Verweis auf das Archivio di Stato di Bologna und unter Bezug auf einen Aufsatz von Carlo Lozzi in Il Bibliofilo (V, 1884) genannt in Paoli, Grundriss der Lateinischen Palaeographie und der Urkundenlehre, 1885, 74, Anm. 1, von dort übernommen bei Bockwitz, Zur Geschichte des Papiers, 1941, 21.

105 Eingesehen im Archivio di Stato in Florenz von Gasparinetti, Frühe Papierherstellung in der Toskana, 1956, 69. Mit dem Verweis auf ältere Literatur vgl. Santifaller, Beiträge zur Geschichte der Beschreibstoffe, 1953, 138 (mit der Lokalisierung ins Archivio di Volterra); ohne Beleg und ohne nähere Beschreibung auch erwähnt bei Irigoin, Les origines de la fabrication du papier en Italie, 1963, 64.

106 Unter Verweis auf einen Beitrag Gasparinettis in der Zeitschrift „Risorgimento Grafico" 1938, 386, genannt bei Bockwitz, Zur Geschichte des Papiers, 1941, 21.

1257–1263, ca. 1266, 1267–1272, 1274–1280 und 1276–1281	Kurie in Rom: Codices n. 397, 61, 430, 15, 223, 217 und 170 der Serie *Collectoriae Camerae* (Originale, zum Teil aber auch gleichzeitige Kopien), beginnend mit dem Pontifikat Alexanders IV. (1254–1261)[107]
1279–1280, 1285–1286, 1291	Codices n. 1–3 der Serie *Introitus et Exitus*, beginnend mit dem Pontifikat von Nikolaus III. (1277–1280)[108]
1295–1317	Kurie in Rom und Avignon: Codices n. 1 und 1A der Serie *Obligationes et Solutiones*, beginnend mit dem Pontifikat von Bonifatius VIII. (1294–1303)[109]
1259	Gemona di Friuli (Friaul-Julisch Venetien): Konzepte des Notars Giacomo Nibissio[110]
1260	Trient (Trentino-Südtirol): Rechnungsbuch[111]
1260	Padua (Venetien): In der Sammlung Corpus Chartarum Italianarum (CCI) des Istituto Centrale per il Restauro e la Conservazione del Patrimonio Archivistico e Librario, Rom, hat sich ein unbeschriebenes Blatt mit dem Wasserzeichen „Dreiberg" erhalten, das dem Archivio notarile aus Padua entnommen wurde und den um 1260 datierten Aufzeichnungen des Notars Bolceza Sicardin entstammen soll (neuzeitlicher Vermerk).[112] Ob diese Zuschreibung stimmt, ist nicht mehr nachprüfbar; ist sie richtig, so handelt es sich um das früheste bekannte Wasserzeichen
1264	Camerino (Marken): *quinternus licentiarum datarum hominibus de Sancto Genesio de portantibus bladis* aus der Amtszeit des Podestà Gentilis da Varano, datiert auf 1264, und pergamentener Kataster mit eingeschobenen Papierblättern[113]

---

107 Vgl. Santifaller, Beiträge zur Geschichte der Beschreibstoffe, 1953, 138–141; ebd. 142 wird darauf verwiesen, dass seit dem Jahr 1279, das heißt seit dem Pontifikat von Nikolaus III., das Papier zuerst vereinzelt, ab der avignonesischen Zeit wiederholt, wenngleich nie so häufig wie das Pergament, in den Rechnungsbüchern der apostolischen Kammer als Ausgabe erscheint.
108 Vgl. Santifaller, Beiträge zur Geschichte der Beschreibstoffe, 1953, 138–141.
109 Vgl. Santifaller, Beiträge zur Geschichte der Beschreibstoffe, 1953, 138–141. Erst ab 1306, das heißt beginnend mit dem Pontifikat von Clemens V. (1305–1314, seit 1309 Residenz in Avignon), dafür besonders zahlreich finden sich papierne Kanzleiregister, die zunächst provisorisch als Vorlage für eine Reinschrift auf Pergament geführt wurden (erst ab 1378 in Rom, das heißt unter Papst Urban VI., 1378–1389, bzw. 1389 in Avignon, das heißt unter Papst Clemens VII., 1378–1394, wird auf die doppelte Ausführung verzichtet). Insgesamt zählt Santifaller in der Serie der „Avignonesischen Register" 349 Bände auf Papier.
110 Unter Verweis auf die Notariatsarchive von Udine (Friaul) aufgeführt und analysiert bei Briquet, Recherches sur les premiers papiers, 1886/1955, 142–155, hier Nr. 32.
111 Ohne Beleg erwähnt bei Thiel, Papiererzeugung und Papierhandel vornehmlich in den deutschen Landen, 1932, 107.
112 Vgl. Corpus Chartarum Italicarum (CCI; nach Login zu nutzen über die URL: http://www.informinds.com/demo/filigrane/at/it/documenti/login/, Stand: 27.02.2023), Nr. icpl.cci.XXIV.005.a.
113 Camerino, Sezione Archivio di Stato, fondo Archivio Storico Comunale di Camerino, Codici diversi, V 1; zit. nach Di Stefano, Fra le Marche, il Mediterraneo, l'Europa, 2019, 47 mit Anm. 8 und 49 mit Abb. 1; vgl. auch schon Castagnari, Alle origine della carta occidentale nelle valli appenniniche delle

Letztes Viertel des 13. Jh.	Achter Band des „Catastino" von Camerino (identisch mit ‚Fragmente eines *appretium*'?) sowie Buch über Strafprozesse[114]
1264	Pisa (Toskana): notarielle Überlieferung des Notars Iacopo, Sohn des Ugo de Carraria Gonnelle[115]
1298, 1299	Nicht näher spezifizierte Papiere mit dem Wasserzeichen „griechisches Kreuz" und „Lilie"[116]
1266	San Gimignano (Toskana): Ausgabenbuch der Kommune[117]
1268–1270	Siena (Toskana): nicht näher spezifiziertes Papier notarialer Herkunft[118]
1269, 1277–1282	Brief und Register der Ugolini, Kaufleute und Bankiers aus Siena, für die Messen in der Champagne[119]
1293, 1297, 1299	Briquet und WZIS führen als Papiere mit Wasserzeichen vor 1300 aus Siena ein Beispiel von 1293 (unbestimmtes Zeichen), zwei von 1297 („Buchstabe B" und „Buchstabe G") und sechs von 1299 („Buchstabe B", „Buchstabe C", „Buchstabe G", „Buchstabe P", 2× unbestimmte Zeichen)[120]

Marche, 2014, 16 mit weiterer Literatur, 30 mit Abb. 2, der den Band als *Liber licentiarum* bezeichnet. Zu den ebd. referierten Ergebnissen der Materialanalyse s. auch Roselli et al., Techniche diagnostiche, 2014, 242, gelistet unter Nr. 6. Zum Kataster mit dem Verweis auf Camerino, Sezione Archivio di Stato, Catastino Comune di Camerino, V8 sowie registro n. 1, vgl. Castagnari, Alle origine della carta occidentale nelle valli appenniniche delle Marche, 2014, 16 f.

114 Bei Di Stefano, Fra le Marche, il Mediterraneo, l'Europa, 2019, 47 mit Anm. 9, zitiert mit der Signatur: Camerino, Sezione Archivio di Stato, fondo Archivio Storico Comunale di Camerino, Codici diversi, V 8. Bei Castagnari, Alle origine della carta occidentale nelle valli appenniniche delle Marche, 2014, 16 f. zitiert mit der Signatur: Camerino, Sezione Archivio di Stato, Catastino Comune di Camerino, V8 sowie registro n. 1; ohne Verweis auf den Lagerort auch im selben Sammelband genannt bei Roselli et al., Techniche diagnostiche, 2014, 242, Nr. 7.

115 Genannt bei Lopez, The unexplored wealth of the notarial archives, 1951, 421, darauf bezugnehmend auch schon Guichard, Du parchemin au papier, 1995, 193.

116 Über die Metadatenbank „Bernstein. Memory of Paper" (http://www.memoryofpaper.eu, Stand: 27.02.2023) recherchierbar unter Briquet Nr. 5581 und Mošin Nr. 599.

117 In den Archiven von Florenz eingesehen von Gasparinetti, Frühe Papierherstellung in der Toskana, 1956, 69, mit dem Verweis, dass sich darin auch ein Eintrag über den Einkauf von *VI folia cartarum bambagie* mit der Zweckbestimmung *pro scribendis licteris papalibus et licteris que mictuntur domino Pape ex parte huius Comunis* (das heißt für das Schreiben päpstlicher Briefe bzw. von Briefen, die man seitens dieser Gemeinde an den Papst schicke) findet.

118 Unter Verweis auf Siena, Fonte Notarile Ante Cosimiano, genannt und analysiert bei Rodgers Albro, Fabriano, 2016, 80: Aufgrund der Zickzack-Marken vermutet die Autorin, dass das Papier von der iberischen Halbinsel stammt.

119 Unter Verweis auf einen Aufsatz von Mario Chiaudano aus dem Jahr 1930 genannt bei Guichard, Du parchemin au papier, 1995, 197; von dort in Teilen übernommen bei Bresc/Heullant-Donat, Pour une réévaluation de la „révolution du papier", 2007, 371.

120 Über die Metadatenbank „Bernstein. Memory of Paper" (http://www.memoryofpaper.eu, Stand: 27.02.2023) recherchierbar: zu 1293 vgl. Briquet Nr. 16016, zu 1297 vgl. Briquet Nr. 7962 und 8178, zu

1268, 1273–1274, 1280, 1291	Matelica (Marken): Dokumente in der Serie „Processi e condanni"; das älteste Dokument, ein Instrument des Notars Giunta, trägt den Titel *appellatio sindicorum artis manuaria et lapidum*[121]
1279, 1284	Briefe des Generalvikars der Marken, Francesco da Montefiascone, und des Generalrektors Goffredo d'Anagni[122]
Um 1269 (?)	Arezzo (Toskana): Codex *Summarium instrumentorum et privilegiorum SS. Pontificum, Aretinorum episcoporum et imperatorum digesta a domno Simone et Rainerio monachis Cam. ab a 1001 ad a. 1269*[123]
1271/1275	Chiavenna (Lombardei): Bannbuch und Sonderrechnung auf Papier, die ins pergamentene Rechnungsbuch eingelegt wurde[124]
1271	Foligno (Umbrien): nicht näher spezifiziertes Papier[125]
1271	Parma (Lombardei): Komposithandschrift auf Papier und Pergament des Benediktinerklosters S. Pietro di Po in Parma; die ersten 20 Blätter auf Papier enthalten Rechnungs- und Finanzaufzeichnungen aus dem Kloster; in den ersten drei Blättern ist das Wasserzeichen, ein Buchstabe „F", sichtbar, das in der Forschung mehrfach als älteste bekannte Papiermarke bezeichnet wird (s. anders oben zu Padua 1260)[126]
1273	Fabriano (Marken): Dokumente des Notars Palmiero[127]
1283, 1286, 1290–1291, 1301	Mischcodex aus Pergament und fünf datierten Papierfragmenten mit den Protokollen des Notars Berretta[128]
1293, 1294	Im Corpus Chartarum Italicarum (CCI) sind insgesamt zehn lose, zumeist offenbar unbeschriebene Papiere sehr unterschiedlicher Größe aus der Collezione Zonghi ver-

---

1299 vgl. Briquet Nr. 7961 (auch erwähnt bei Rodgers Albro, Fabriano, 2016, 80), 8097, 16006, 16007 und WZIS IT7650-PO-106412.
121 Mit dem Verweis auf Matelica, Archivio Storico Comunale, processi e condanni (das älteste Stück ist geführt unter n. 17), genannt bei Castagnari, Alle origine della carta occidentale nelle valli appenniniche delle Marche, 2014, 14 f., dort auch eine Analyse der Rohstoffe sowie der Leimung.
122 Mit dem Verweis auf Matelica, Archivio Storico Comunale, serie varia, genannt bei Castagnari, Alle origine della carta occidentale nelle valli appenniniche delle Marche, 2014, 14.
123 Ohne Beleg erwähnt bei Weiß, Zeittafel zur Papiergeschichte, 1983, 40.
124 Genannt bei Becker, Beiträge zur kommunalen Buchführung und Rechnungslegung, 1995, 123 mit Anm. 42 und 43.
125 Unter Verweis auf die „Faloci Collection, Fondo Antico" ohne nähere Information genannt und analysiert bei Rodgers Albro, Fabriano, 2016, 80.
126 Unter Verweis auf Cremona, Archivio dell'Ospedale Maggiore, ed. Meroni/Meroni-Zanghi, La più antica filigrana conosciuta, 1953, 13, s. auch eine Reproduktion des Wasserzeichens auf dem Vorsatzblatt; vgl. Iannuccelli, L'Europa di carta, 2010, 123.
127 Mit dem allgemeinen Verweis auf die Archive in Fabriano genannt und analysiert bei Briquet, Recherches sur les premiers papiers, 1886/1955, 142–155, hier Nr. 35.
128 Mit Verweis auf den Fondo Brefotrofio, 1282–1302, n. 1279, im Archivio Storico Comunale di Fabriano genannt bei Castagnari, Alle origine della carta occidentale nelle valli appenniniche delle

zeichnet und zum größeren Teil auch im Bild abrufbar, die aus Fabriano stammen und auf die Jahre 1293 und 1294 datiert werden.[129] Sie enthalten zum Teil keine Wasserzeichen, zum Teil die folgenden Marken: „Buchstaben I und O", „griechisches Kreuz mit Kreis an den Enden" und „arabische Zahl 8". Nach den Angaben des Sammlers Zonghi wurden sie alle dem Archivio Comunale entnommen und stammen aus den Sektionen „Riformanze" (1293, 1294), „Jura ad recuperand. posess. Comunis" (1293) und „Declarationes super sententiis latis a Rollando de Balneoregio"[130]

1297–1302	Imbreviaturbücher des Notars Giovanni di Maestro Compagno[131]
1299	Papier aus Fabriano (Marken) mit dem Wasserzeichen „Buchstabe c"[132]
1274, 1275, 1279, 1281	Bologna (Emilia-Romagna): Briquet untersuchte als früheste Stücke Gerichtsregister aus dem Bestand „Podestà" im Archivio Statale von 1274 und 1281.[133] Der früheste Wasserzeichen-Beleg, den er bei seinen Recherchen im selben Bestand fand, datierte

---

Marche, 2014, 19, 33 mit Abb. 5, sowie Rodgers Albro, Fabriano, 2016, 32, mit Abb, s. auch 20 mit weiterer Abb. Ohne Verweis auf den Lagerort als Papierfragment von 1283 in den Protokollen von Berretta aufgelistet in Roselli et al., Techniche diagnostiche, 2014, 242, Nr. 8. Das Stück von 1286 ist unter allgemeinem Verweis auf die Archive von Fabriano genannt und analysiert bei Briquet, Recherches sur les premiers papiers, 1886/1955, 142–155, hier Nr. 36. Ohne Nennung des Lagerorts aufgenommen in das Untersuchungssample bei Roselli et al., Techniche diagnostiche, 2014, 242, Nr. 9.

129 Die Papiere werden heute entweder in Fabriano im Museo della carta e delle filigrana (einstellige Signaturen) oder aber in Rom im Istituto Centrale per il Restauro e la Conservazione del Patrimonio Archivistico e Librario (ICPAL) aufbewahrt (vielgliedrige Signaturen mit dem Anfang „icpl"). Zu 1293: Corpus Chartarum Italicarum (CCI; nach Login zu nutzen über die URL: http://www.informinds.com/demo/filigrane/at/it/documenti/login/, Stand: 27.02.2023), Nr. icpl.cci.XXXVI.106.a („arabische Zahl 8"), CCI, Nr. 2 (ohne Wasserzeichen), CCI, Nr. 1, Nr. icpl.cci.XXXVI.028.a, Nr. icpl.cci.XXXVI.028.b, Nr. icpl.cci.XXXVI.028.c („Buchstaben IO"). Zu 1294: CCI, Nr. 4 und Nr. icpl.cci.XXXVI.143.a („griechisches Kreuz"), Nr. icpl.cci.XXXIII.096.a und Nr. icpl.cci.XXXIII.097.a (ohne Wasserzeichen), Nr. 5 (ohne Angabe des Wasserzeichens). Für eine kurze Vorstellung des Projekts CCI im Istituto centrale per la patologia del libro vgl. Munafò/Nicoletti, The „Corpus Chartarum Italicarum", 2006.

130 Vgl. Zonghi, Le marche principali delle carte fabrianesi, 1881/2003, 59, Nr. I–V, mit Abb. von Nr. I, III, IV. Die Stücke aus „Riformazione" und „Declarationes super sententiis latis a Rollando de Balneoregio" sind auch genannt und analysiert bei Briquet, Recherches sur les premiers papiers, 1886/1955, 142–155, Nr. 37–40. S. auch die pauschale Nennung bei Rodgers Albro, Fabriano, 2016, 80, mit Verweis auf das Papiermuseum Fabriano, Sammlung Aurelio Zonghi. Es ist nicht klar, ob Weiß, Zeittafel zur Papiergeschichte, 1983, 42, sich mit seiner Behauptung „Papier mit dem ältesten Wasserzeichen, dessen Herkunft bekannt ist, verwendet der Papiermacher Andruzzo von Fabriano" auf eine der hier genannten Papierbelege bezieht.

131 Mit dem Verweis auf Ancona, Archivio di Stato, Archivio Notarile di Fabriano, sowie die Edition der Protokolle durch M. Morosin und C. Falessi 2005 genannt bei Castagnari, Alle origine della carta occidentale nelle valli appenniniche delle Marche, 2014, 18f.

132 Genannt bei Rodgers Albro, Fabriano, 2016, 80, unter Verweis auf Briquet Nr. 8098 und das Archivio di Stato in Bologna.

133 Mit dem Verweis auf die Archive von Bologna genannt und analysiert bei Briquet, Recherches sur les premiers papiers, 1886/1955, 142–155, hier Nr. 41 und Nr. 42; s. auch ohne Beleg Giry, Manuel de diplomatique, 1894/1965, 499.

1282(?), 1285 ff.

er auf 1282 oder 1287/88; im Titel seines Handbuchs „Le filigranes" hat er dieses Urteil jedoch auf 1282 konkretisiert und so folgt ihm die Forschung auch unisono mit der früheren Datierung.[134] Ab 1285 trug Briquet für fast jedes Jahr (1287 ausgenommen, bis 1299 ausgewertet) in verschiedenen Beständen des Archivio Statale zwischen einem und zehn Wasserzeichenbelege zusammen:

- je eines für 1286 („Buchstabe I")[135] und 1289 („Buchstabengruppe mit S beginnend"),[136]
- zwei für 1288 („Buchstabe A", „Buchstabengruppe mit L beginnend")[137] und 1290 („drei Kreise", „griechisches Kreuz"),[138]
- drei für 1285 („griechisches Kreuz", „Lilie", „Blüte")[139] und 1292 („Blüte", „Buchstabe C", „Monogramm Jesus"),[140]
- vier für 1291 („zwei Kreise", „griechisches Kreuz", „Sichel", „Wappen mit Balken")[141] und 1298 („Blüte", „Buchstabe M", „Buchstabengruppe mit F beginnend"),[142]
- sechs für 1299 („Buchstabe C", „Buchstabe G", „Buchstabengruppe mit M beginnend"),[143]
- sieben für 1294 („Buchstabe G", „Buchstabe S", „Monogramm Jesus", „Buchstabengruppe mit G beginnend", „Buchstabengruppen mit V und W beginnend", „griechisches Kreuz")[144] und 1295 („Buchstabe L", „Buchstabe I", „Monogramm Jesus", „Buchstabengruppen mit G beginnend", „griechisches Kreuz", „Lilie", „Schere"),[145]
- neun für 1293 („Buchstabe M", „Buchstabe P", „Lilie", „Kreis", „Schere", „Schlüssel", „Wappen mit Balken", unbestimmt)[146] und 1296 („Buchstabe G", „Buchstabe S", „Buchstabe T", „Buchstabe V", „Buchstabengruppe mit M beginnend", „Buchstabengruppe mit P beginnend", „Lilie", „Wappen mit Balken"),[147]

---

134 Vgl. Briquet, Les filigranes, Bd. 2, 1923, 325, Nr. 5410, und Gasparinetti, Aspetti particolari della Filigranologia, 1964, 16–18 (mit Abb.). S. zu diesem ältesten Stücke auch unter anderem Weiß, Historische Wasserzeichen, 1987, 20f.; Castagnari, Alle origine della carta occidentale nelle valli appenniniche delle Marche, 2014, 22, Anm. 29; Rodgers Albro, Fabriano, 2016, 80.
135 Über die Metadatenbank „Bernstein. Memory of Paper" (http://www.memoryofpaper.eu, Stand: 27.02.2023) recherchierbar: zu 1286 vgl. Briquet Nr. 8247 (s. dazu auch Gasparinetti, Aspetti particolari della Filigranologia, 1964, 20).
136 Ebd. zu 1289 vgl. Briquet Nr. 9701.
137 Ebd. zu 1288 vgl. Briquet Nr. 7956 und 9549 (s. zu beiden auch Gasparinetti, Aspetti particolari della Filigranologia, 1964, 21).
138 Über die Metadatenbank „Bernstein. Memory of Paper" (http://www.memoryofpaper.eu, Stand: 27.02.2023) recherchierbar: zu 1290 vgl. Briquet Nr. 3235 und 5411.
139 Ebd. zu 1285 vgl. Briquet Nr. 5415, 6584 und 6710 (wohl identisch mit Mošin 594).
140 Ebd. zu 1292 vgl. Briquet Nr. 6468, 8096 und 9506.
141 Ebd. zu 1291 vgl. Briquet Nr. 3137 (wohl identisch mit Mošin 1907), 5412, 6144 und 1442.
142 Ebd. zu 1298 vgl. Briquet Nr. 6469, 8316, 9402 und 6731.
143 Ebd. zu 1299 vgl. Briquet Nr. 8098, 8177, 8181, 8171, 8317 und 9570.
144 Ebd. zu 1294 vgl. Briquet Nr. 8170, 9002, 9003, 9508, 9422, 9717, 5414.
145 Ebd. zu 1295 vgl. Briquet Nr. 8276, 8248, 9507, 9413, 5413, 6711 (wohl identisch mit Mošin 595) und 3649.
146 Ebd. zu 1293 vgl. Briquet Nr. 8307, 8315, 8447, 8446, 3647, 3648, 3775, 1443, zusätzlich Mošin Nr. 596.
147 Ebd. zu 1296 vgl. Briquet Nr. 8165 (s. dazu auch Rodgers Albro, Fabriano, 2016, 80, und Castagnari, Alle origine della carta occidentale nelle valli appenniniche delle Marche, 2014, 34 mit Abb. 6), 9004, 9088, 9139, 9140, 9569, 9672 (auch erwähnt bei Rodgers Albro, Fabriano, 2016, 80, allerdings falsch zu Siena), 6730 und 1444.

– zehn für 1297 („Buchstabe F", „Buchstabe G", „Buchstabe M", „Buchstabe V", „Buchstabe Z", „Buchstabengruppe mit F beginnend", „… mit M beginnend", „griechisches Kreuz", „Lilie")[148]

Briquets Sammlung stellt keineswegs eine vollständige Erfassung aller von ihm durchgesehenen Papiere aus diesen Jahren dar, sondern will lediglich alle darin bewahrten Wasserzeichen(-versionen) dokumentieren. Es ist daher auch nicht klar, welche Überschneidungen sich zu den von Aurelio Zonghi am Ende des 19. Jahrhunderts im Archivio di Stato in Bologna analysierten Stücken ergeben. Nach einem unveröffentlichten, heute in Fabriano verwahrten Brief sah er Papiere der Jahre 1275 und 1279 sowie 1282, 1285, 1290, 1293 und 1297 ein, die nach Castagnari allerdings ohne konkrete Verweise aus den Büchern der Kommune, aus Gerichtsakten sowie aus dem Bestand des Podestà stammen[149]

1275, 1275–77, 1284, 13. Jh.	Rocca Contrada/Arcevia (Marken): einzelnes Papierblatt (1275), fragmentarisches Schriftstück über einen Prozess der Jahre 1275–1277, acht Blätter umfassendes „Quaderno" (1284),[150] nicht näher bestimmte Papiere aus der Kanzlei (1293/94) sowie zehn Notarsprotokolle (13. Jahrhundert; konkrete Jahresangaben fehlen)[151]
1275, 1279, 1281, 1293	Florenz (Toskana): Urkunde (1275), Ratsbücher (1279), Protokolle bzw. Entwürfe von Statuten (1281) sowie Konzepte der Verfügungen des Gerichts (1293)[152]
1293, 1299	Papiere mit Wasserzeichen nach Briquet und Mošin zu 1293 („Kreis ohne Beizeichen") und 1299 („Buchstabe G", „Buchstabe P" und „Lilie")[153]
13. Jh.	Register der Prima Cancelleria mit unter anderem dem Briefeingang[154]

---

148 Ebd. zu 1297 vgl. Briquet Nr. 8144, 8175, 8329, 9141, 9204, 9392, 9577, 9578, 5419, 5418 und 6732.
149 Vgl. Castagnari, Alle origine della carta occidentale nelle valli appenniniche delle Marche, 2014, 22f. mit Anm. 31.
150 Mit dem Verweis auf Arcevia, Archivio Storico Comunale, Fondo cartaceo, cass. A2, b. 1, n. 1 und n. 4, genannt bei Castagnari, Alle origine della carta occidentale nelle valli appenniniche delle Marche, 2014, 17, 31 mit Abb. 3 und 32 mit Abb. 4.
151 Für die kommunalen Papiere zu 1293/94 vgl. Castagnari, Alle origine della carta occidentale nelle valli appenniniche delle Marche, 2014, 21, Anm. 29, unter Verweis auf Arcevia, Archivio Storico Comunale, Sezione cancelleria, Rivendicazioni comunali, nn. 3 und 8. Für alle anderen Belege vgl. ebd. 17, mit Anm. 17, unter Verweis auf die Regesten zu Rocca Contrada, herausgegeben 2013 von V. Villani, nach Castagnari übernommen bei Rodgers Albro, Fabriano, 2016, 27. Beide Autor*innen wollen am Beispiel Arcevia die wachsende Durchsetzung des Papiers illustrieren: Während die Bestände des Notariatsarchivs für die zweite Hälfte des 13. Jahrhunderts nur zehn Papiere und noch 793 Pergamente umfassten, seien im 14. Jahrhundert bereits 90, im 15. Jahrhundert schließlich sogar 239 Dokumente auf Papier überliefert, wohingegen die Zahl der pergamentenen Schriftstücke auf 97 gesunken sei.
152 Genannt bei Paoli, Grundriss der Lateinischen Palaeographie und der Urkundenlehre, 1885, 74, Anm. 1.
153 Über die Metadatenbank „Bernstein. Memory of Paper" (http://www.memoryofpaper.eu, Stand: 27.02.2023) recherchierbar: Zu 1293 vgl. Briquet Nr. 2913 (wohl identisch mit Mošin Nr. 1797), zu 1299 vgl. Briquet Nr. 8176 (mit Verweis darauf auch genannt bei Rodgers Albro, Fabriano, 2016, 80, allerdings mit der Angabe des Wasserzeichens „Buchstabe b"), 8448 und Mošin Nr. 600.
154 Genannt bei Herde, La Cancelleria fiorentina nel primo Rinascimento, 2000, 181 mit dem Verweis auf das Archivio di Stato Firenze, Signori-Carteggi, Missive Prima Cancelleria, vol. 25, mit weiterer Literatur.

1277, 1290	Mantua (Lombardei): Inserte in Pergamenturkunden von 1277 (Archivio di Stato di Mantova, Exemplar Archivio Gonzaga, D IV 16, b. 305) und von 1290 (nicht mehr auffindbar)
	S. dazu unter dem Kasten Abb. 1: Beim frühesten Papier, das derzeit aus den Beständen des „Archivio Gonzaga" bekannt ist, handelt es sich um ein gerade einmal 12 auf 10,5 Zentimeter großes, unscheinbares Exemplar, das in eine pergamentene Urkunde eingelegt ist. Überliefert ist es im Bestand D IV 16, der seit dem 18. Jahrhundert Notariatsinstrumente, Privilegien und Bewilligungen („concessioni") zum Allodialgut der herrschenden Familie sowie Rechte und Titel der vorhergehenden Eigentümer und Herren in den Jahren zwischen 1262 und 1279 versammelt. Der Zustand des Papiers ist fragil, vor allem vertikal finden sich feine Risse dort, wo das Blatt ursprünglich geknickt war; auf der leeren Rückseite zeugen außerdem Schmutzflächen von diesen Faltungen. Ein Wasserzeichen fehlt, so dass seine Herkunft nicht näher bestimmt werden kann. Zu datieren ist diese *lettera inclusa* nur über die Urkunde, die sie umschloss. Da davon auszugehen ist, dass sie zeitgleich entstand, ist auch das Papierblättchen auf das Jahr 1277 zu bestimmen. Ein zweites frühes Papier, das der Archivar Stefano Davari um 1900 in einer Pergamenturkunde vom 9. März oder Mai 1290 fand, ist heute nicht mehr auffindbar.[155]
ca. 1280, 1287	Torcello (Venetien): Nicht näher spezifizierte Papiere unter anderem mit dem Wasserzeichen „Vierbeiner (Löwe?)"[156]
1281–1285	Aquileia (Friaul-Julisch Venetien) (?): *Sermones Catholici* im Besitz von Raimondo delle Torre, Patriarch von Aquileia (1281–1285)[157]
1288	Nicht näher spezifizierte Papiere[158]
1291	*Acta litis fr. gratiadeus filius bonacursii de mantua monachus secstensis intulit fratri hermano electo in abatem eiusdem monasterii quamquam percussus est ab anno domini 1289 ad annum 1291 coram Raymundo patriarcha aquilegense* (1291)[159]
1284, 1286	Lucca (Toskana): nicht näher spezifizierte Papiere mit dem Wasserzeichen „Lilie"[160]

---

155 S. Archivio di Stato di Mantova, Schede Davari, b. 7: „D.IV.16. unita alla pergam. del 1277.15.[...], c'è un pezetto di carta che è del tempo, è scritta non ha data ma si riferisce alla pergam. e [...] nel 1290.9.M[...]o, c'è un pezzo di carta dell'epoca".
156 Vgl. Gasparinetti, Aspetti particolari della Filigranologia, 1964, 22f. mit Abb.; s. auch Rodgers Albro, Fabriano, 2016, 50 (ohne Beleg) und 80. Über die Metadatenbank „Bernstein. Memory of Paper" (http://www.memoryofpaper.eu, Stand: 27.02.2023) recherchierbar unter Briquet Nr. 12945.
157 Udine, Biblioteca arcivescovile, ms. Jo. 97, zit. nach dem den „Manoscritti Datati d'Italia" angeschlossenen, jedoch außerhalb der Reihe erschienenen Katalog: Manoscritti in scrittura latina in biblioteche friulane, hg. von Del Basso 1986, o.Nr., 56f.
158 In der Sammlung des „Herrn Professor Sickel" eingesehen von Wiesner, Mikroskopische Untersuchungen der Papiere von El-Faijûm, 1887, 46; ohne nähere Information zu Inhalt und Umfang.
159 Udine, Biblioteca arcivescovile, ms. 30 (Qt.17.l.30); zit. nach dem den „Manoscritti Datati d'Italia" angeschlossenen, jedoch außerhalb der Reihe erschienenen Katalog: Manoscritti in scrittura latina in biblioteche friulane, hg. von Del Basso 1986, o. Nr., 57.
160 Vgl. unter Berufung auf Volpicella Gasparinetti, Aspetti particolari della Filigranologia, 1964, 23 und 24 mit Abb.; Sabbatini, L'apparizione della carta in Toscana, 2014, 125, 137 mit Abb. 1; Rodgers

1295–1303	16 Briefe der Compagnia Ricciardi aus Lucca an englische Geschäftspartner (London, Public Record Office)[161]
1285 und 1287/88	Prato (Toskana): *Liber Testium* der Gemeinde (1285) sowie *Liber Stantiamentorum* mit den kommunalen Beschlüssen (1287/88)[162]
1287	Venedig (Venetien): nicht näher spezifizierte Papiere mit den Wasserzeichen „Löwe", „Amboss und Nagel" und „Buchstabe M"[163]
1287	Ohne Provenienz: *Sermones* des Nicolaus de Byarto[164]
1288, 1291, 1297	Macerata (Marken): Codex mit Wasserzeichen „Buchstabe a",[165] Papiere ohne Wasserzeichen[166]
1288	Todi (Umbrien): Codex mit Wasserzeichen „Buchstabe a"[167]
1290	Benevento (Kampanien): nicht näher spezifiziertes Papier mit dem Wasserzeichen „griechisches Kreuz"[168]
1292	Recanati (Marken): nicht näher spezifizierte Papiere mit dem Wasserzeichen „Buchstabe F" und „G"[169]

Albro, Fabriano, 2016, 50. Über die Metadatenbank „Bernstein. Memory of Paper" (http://www.memoryofpaper.eu, Stand: 27.02.2023) recherchierbar unter Mošin Nr. 604.

[161] Vgl. Di Stefano, Fra le Marche, il Mediterraneo, l'Europa, 2019, 46, mit Verweis auf die Edition „Lettere dei Ricciardi di Lucca ai loro compagni in Inghilterra", 2005 herausgegeben von A. Castellani.

[162] Genannt unter Verweis auf den Prateser Archivar R. Nuti bei Gasparinetti, Frühe Papierherstellung in der Toskana, 1956, 69: Die beiden Amtsbücher stellen nicht nur frühe Papierbelege dar, sondern enthalten auch Hinweise auf die Existenz zweier Papiermühlen vor 1300 in Prato direkt sowie im benachbarten Dorf Colonica.

[163] Über die Metadatenbank „Bernstein. Memory of Paper" (http://www.memoryofpaper.eu, Stand: 27.02.2023) recherchierbar unter Briquet Nr. 12945, 12944, 5966 und 8308.

[164] Padua, Biblioteca Antoniana, 550; vgl. dazu den vierten Band der „Manoscritti Datati d'Italia [Nuova Serie]": I Manoscritti datati della provincia di Vicenza e della Biblioteca Antoniana di Padova, hg. von Cassandro/Giovè Marchioli/Massalin/Zampano 2000, Nr. 83, 80.

[165] Unter Verweis auf Augusto Zonghi genannt bei Castagnari, Alle origine della carta occidentale nelle valli appenniniche delle Marche, 2014, 22.

[166] Mit Verweis auf Arcevia, Archivio Storico Comunale, Fondo cartaceo, cass. A. 2, b 1, nn. 7 und 10 bei Castagnari, Alle origine della carta occidentale nelle valli appenniniche delle Marche, 2014, 17.

[167] Unter Verweis auf Augusto Zonghi genannt bei Castagnari, Alle origine della carta occidentale nelle valli appenniniche delle Marche, 2014, 22.

[168] Über die Metadatenbank „Bernstein. Memory of Paper" (http://www.memoryofpaper.eu, Stand: 27.02.2023) recherchierbar unter Briquet Nr. 5384.

[169] Über die Metadatenbank „Bernstein. Memory of Paper" (http://www.memoryofpaper.eu, Stand: 27.02.2023) recherchierbar unter Briquet Nr. 8140 und 8164, unter Verweis auf Briquet und das Vatikanische Archiv genannt bei Rodgers Albro, Fabriano, 2016, 80.

1297	Udine (Friaul-Julisch Venetien): nicht näher spezifiziertes Papier mit dem Wasserzeichen „Buchstabe N"[170]
1298	Pistoia (Toskana): nicht näher spezifiziertes Papier mit dem Wasserzeichen „griechisches Kreuz"[171]
Ende 13. Jh. oder Anfang 14. Jh.	Montecassino (Latium): Gualterus Agulinus, *Summa medicinalis*[172]

Die hier skizzierten Widersprüche in der Einschätzung des Faktors Papier und die Problematisierung der Evidenz, auf denen sie beruhen, lösen sich nicht etwa auf, sondern das Bild bleibt diffus, wenn man den kulturhistorisch wirksamen ‚turn' in der Papiernutzung nicht schon in der Stauferzeit, sondern erst in späteren Jahrhunderten sucht. Schauen wir nun in den Raum nördlich der Alpen: Im deutschen Sprachraum sind vergleichbare Entwicklungen und Dynamiken phasenverschoben ab dem 14. Jahrhundert konstatiert worden. Als Wendepunkt wird in der Regel die Regierungszeit Karls IV. ab den 1340er bis in die 1370er Jahre bestimmt.[173] Dieses Urteil speist sich vor allem aus den Beobachtungen der Editor*innen und Bearbeiter*innen von Regesten in den Monumenta Germaniae Historica. So ist es kein Zufall, dass die Reihe der Diplomata mit den Urkunden der römisch-deutschen Könige und Kaiser des 13. Jahrhunderts endet, während eine Fortsetzung für das 14. Jahrhundert angesichts der nun überlieferten Massen als – in den Worten des Spätmittelalter-Titans Peter Moraw –

---

170 Über die Metadatenbank „Bernstein. Memory of Paper" (http://www.memoryofpaper.eu, Stand: 27.02.2023) recherchierbar unter Briquet Nr. 8425.
171 Über die Metadatenbank „Bernstein. Memory of Paper" (http://www.memoryofpaper.eu, Stand: 27.02.2023) recherchierbar unter Briquet Nr. 5416.
172 Cassino, Archivio Dell'Abbazia di Montecassino, 279, vgl. dazu den 17. Band der „Manoscritti Datati d'Italia [Nuova Serie]": I Manoscritti datati delle provincie di Frosinone, Rieti e Viterbo, hg. von Buono/Casavecchia/Palma/Russo 2007, Nr. 18, 119.
173 So etwa Patze, Neue Typen des Geschäftsschriftgutes im 14. Jahrhundert, 1970/1986, 9, mit dem Verweis auf vorangehende Intensivierungswellen schon unter Friedrich Barbarossa (das heißt nach dem Vorbild bzw. parallel zu entsprechenden Entwicklungen an der Kurie seit den Pontifikaten Gregors VII. und Alexanders III. um 1100 wie unter Innozenz III. in der zweiten Hälfte des 12. Jahrhunderts) und noch deutlicher unter dessen Enkel Friedrich II.; Moraw, Kap. 1: Organisation und Funktion von Verwaltung im ausgehenden Mittelalter, 1983, 30, mit dem Verweis auf den Regierungswechsel zwischen Ludwig dem Bayern und Karl IV. 1346/47; Wendehorst, Wer konnte im Mittelalter lesen und schreiben?, 1986, 29, mit der Beobachtung, dass die Urkundenemission nicht nur in der herrscherlichen Kanzlei, sondern auch in den Landesherrschaften, den Kommunen und im Sektor des Groß- und Fernhandels angestiegen sei; unter Bezug auf Moraw und Patze s. auch Neddermeyer, Von der Handschrift zum gedruckten Buch, Bd. 1, 1998, 188f., freilich mit m. E. fragwürdigen Versuchen, den steigenden Anteil solcher ‚pragmatischer Schriftlichkeit' im Vergleich zur Buchproduktion in Zahlen abzubilden.

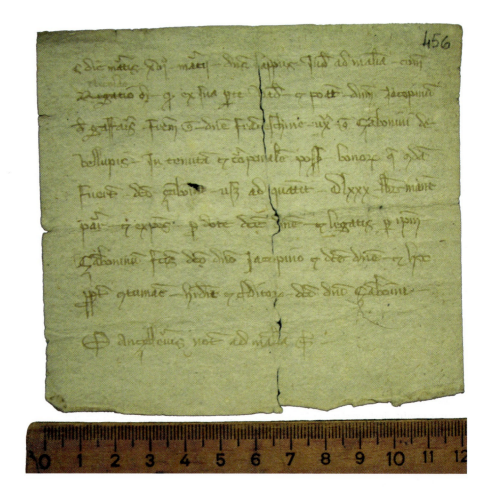

Abb. 1: Frühestes bekanntes Papier im Archivio Gonzaga in Mantua, datiert 1277, Archivio di Stato di Mantova, Archivio Gonzaga, D IV 16, b. 305. © Carla Meyer-Schlenkrich.

„völlig unrealistisch" gelten müsse.[174] Aber nicht nur für die Krone, auch für die fürstlichen Herrschaften ist ein vergleichbar deutliches Wachstum an Schriftnutzung in dieser Zeit anzunehmen: Für die Pfalzgrafschaft bei Rhein finden sich bei dem Landeshistoriker Hans Patze auf der Basis der Regestenwerke Zahlen zusammengestellt, die vom 13. zum 14. Jahrhundert eine Steigerung der Überlieferung um fast zwei Drittel

---

174 Moraw, Grundzüge einer Kanzleigeschichte Karls IV., 1985, 18, s. dort den Verweis auf den Band der Regesta Imperii von Alfons Huber über Karl IV., der gerechnet von der Königswahl am 11. Juni 1346 7.500 Urkunden Karls IV. in knappen Regesten bekannt macht. Diese Zahl sei nach Moraw jedoch überholt, vorstellbar gelten 10.000 erhaltene Urkunden aus Karls Kanzlei, das heißt trotz erheblicher Schwankungen von Jahr zu Jahr eine Durchschnittszahl von 250 bis 300 Stücken jährlich, vgl. ebd. 18–22. Insbesondere für das spätere 15. Jahrhundert konstatiert er einen weiteren deutlichen Anstieg: Während für Karls Sohn Sigismund mehr als 12.000 Urkunden bekannt seien, schätze man den

errechnen lassen.[175] Dabei war der Anstieg bis einschließlich 1355 noch moderat im Vergleich zu den massiven Steigerungen auf durchschnittlich 71,8 Dokumente pro Jahr für den Zeitraum von 1356 bis 1400 – im Vergleich zum 13. Jahrhunderts stieg die Zahl der regestierten Überlieferung hier nun also um mehr als 75 Prozent.[176]

Folgt man dem Landeshistoriker und Archivar Hans Patze bei der Einordnung dieser Wachstumssprünge, so sind sie nicht ohne die Wirkung des Papiers denkbar: In seinem bis heute grundlegenden Aufsatz „Neue Typen des Geschäftsschriftgutes im 14. Jahrhundert" aus dem Jahr 1970 kommt er zum Schluss, dass erst die Erfindung und Ausbreitung des Papiers „eine verwaltete Welt möglich gemacht" habe und die Durchsetzung dieses Beschreibstoffs „in ihrer Bedeutung nur mit der Nutzung der Metalle zu vergleichen" sei.[177] Allerdings verzichtet der Autor trotz des sonst beeindruckenden Materialreichtums in seinem Aufsatz darauf, seine offenbar bei der Arbeit mit den Archivalien gewonnenen Eindrücke zum Papiergebrauch quantifizierend zu belegen. Die bislang in der Forschung bekannten frühen Papiere im deutschsprachigen Raum, die in einem erheblichem Maß um Neufunde vor allem über die neuen digitalen Angebote der Archive wie auch durch Korrespondenz mit Archivarinnen und Archivaren vermehrt werden können (s. dazu Kasten A.4), zeigen, dass man zweifelsfrei von der erfolgreichen Einführung des Beschreibstoffs Papier im deutschsprachigen Raum im Verlauf des 14. Jahrhunderts ausgehen darf: In den Vorarbeiten für die genannte Tabelle wurde deutlich, dass sich die Funde nach 1360 so sehr häufen, dass dieses Jahr als Schlusspunkt der Aufstellung gewählt wurde. Auch aus anderen Perspektiven sind die Jahrzehnte zwischen 1350 und 1370 wiederholt als Zeit einer breiteren Durchsetzung des Papiers qualifiziert worden.[178] Aber wurde damit schon der kritische Punkt erreicht, ab

---

Bestand für den Habsburger Friedrich III. auf 30.000 bis 50.000 und für seinen Sohn Maximilian I. auf mehr als 100.000 Stücke, vgl. Moraw, Kap. 1: Organisation und Funktion von Verwaltung im ausgehenden Mittelalter, 1983, 41. S. auch ebd. 30, den Vergleich der Überlieferung aus den Regierungszeiten König Rudolfs 1273 bis 1291 und König Ruprechts 1400 bis 1410: Obwohl Rudolf am Ende des 13. Jahrhunderts fast doppelt so lang wie Ruprecht zu Beginn des 15. Jahrhunderts regierte, beträgt das aus seiner Herrschaft überlieferte Material nur wenig mehr als ein Viertel der heute bekannten Schriftstücke aus Ruprechts Kanzlei.

175 Patze, Neue Typen des Geschäftsschriftgutes im 14. Jahrhundert, 1970/1986, 13: Nach Patzes Zahlen stehen in der Pfalzgrafschaft 1.437 registrierte Stücke der Jahre 1214 bis 1300 einer erheblich gesteigerten Überlieferungsdichte von 4599 Stücken im Jahrhundert zwischen 1300 und 1400 gegenüber. Rechnet man sie zur besseren Vergleichbarkeit auf je ein Jahr herunter, so ergibt sich ein deutlicher Anstieg um fast zwei Drittel von durchschnittlich 16,7 Dokumenten im 12. auf 45,9 Dokumente im 14. Jahrhundert.

176 Nach Patze fallen 1483 „Nummern" auf die Jahre zwischen 1300 und 1355, vgl. Patze, Neue Typen des Geschäftsschriftgutes im 14. Jahrhundert, 1970/1986, 13; auf ein Jahr heruntergebrochen ergeben sich hier demnach durchschnittlich 26,1 Dokumente.

177 Vgl. Patze, Neue Typen des Geschäftsschriftgutes im 14. Jahrhundert, 1970/1986, 60f. (Zitate).

178 S. mit dieser Beobachtung pauschal etwa Bresslau, Handbuch der Urkundenlehre, Bd. 2, Abt. 2, 1931, 502; Philippi, Einführung in die Urkundenlehre, 1920, 35; Patze, Neue Typen des Geschäftsschriftgutes im 14. Jahrhundert, 1970/1986, 25; Moraw, Kap. 1: Organisation und Funktion von Verwaltung im

dem man von einem Umbruch vom Pergament zum Papier, von einem ‚Medienwandel' sprechen darf, wie Hans Patze dies suggeriert?

Seine Wertungen wurden zwar nicht direkt angefochten, doch in der Archivgeschichte bzw. den Forschungen zu Kanzleien und Verwaltungsschriftgut fand er mit seinem Versuch, die Entstehung neuer Gattungen im 14. Jahrhundert auch mit der Durchsetzung des Papiers zu begründen, nur wenige Nachfolger*innen.[179] Auch für den deutschen Sprachraum ist die Zahl an Untersuchungen zur Einführung des Papiers in einzelnen Archiven bzw. Archivbeständen überschaubar: Für Augsburg hat Mathias Franc Kluge in seiner Monographie zum Schriftgebrauch in der städtischen Verwaltung der Reichsstadt im Wandel vom Hoch- zum Spätmittelalter dem Faktor Papier ein eigenes Kapitel gewidmet.[180] Für die Hansestadt Greifswald ist eine Untersuchung von Hendrik van Huis, für das Verwaltungsschrifttum der Kommune Duisburg und der Universität Heidelberg ein Aufsatz von Heike Hawicks zu nennen, die beide im von der Verf. mit herausgegebenen Heidelberger Tagungsband „Papier im Mittelalter" aus dem Jahr 2015 publiziert wurden.[181]

Insgesamt bleiben alle drei in den Bewertungen ihrer Beobachtungen eher verhalten und verzichten auf den Versuch einer Verallgemeinerung. Noch mehr fällt ins

---

ausgehenden Mittelalter, 1983, 30. Auf der Basis der von ihm gesammelten Wasserzeichenbelege mit der Zäsur 1370 s. pointiert Piccard, Die Wasserzeichenforschung, 1956, 112; aufgrund der in der Literatur gesammelten Belege für Papiernutzung in den Kanzleien vager auch ders., Über die Anfänge des Gebrauchs des Papiers, 1962, 396f. Ebenfalls auf Piccards Korpus, aber eigenen Auswertungen fußend mit der Zäsur 1350/1360 s. Zwierlein, Gegenwartshorizonte im Mittelalter, 2010, 33. Ausgehend von den erhaltenen Kanzleikorrespondenzen in Bayern mit einer Umbruchsphase zwischen den 1350er bis spätestens den 1390er Jahren s. Holzapfl, Kanzleikorrespondenz des späten Mittelalters in Bayern, 2008, 50.

179 Zwar fand Patzes dezidiertes Urteil durchaus ein Echo, zum Beispiel in den Arbeiten seines Nachfolgers auf der Göttinger Professur für Landesgeschichte Ernst Schubert, der dem Papier in mehreren Schriften nicht nur ähnliche Bedeutung für die Entwicklung der Schriftkultur zuschrieb, sondern es auch wie schon Patze in einen direkten Zusammenhang mit der Durchsetzung einfacher, kursiver Schriften und des Deutschen als Geschäftssprache rückte. Vgl. Schubert, Fürstliche Herrschaft und Territorium, 1996/2006, 30f.; ders., Die Umformung spätmittelalterlicher Fürstenherrschaft, 1999, 228f.; ders., Vom Gebot zur Landesordnung, 2001, 59. Auch Stefan Pätzold griff diese Trias unter Bezugnahme auf Patze in seinem Überblick über die jüngere Amtsbuchforschung 2012 auf, vgl. Pätzold, Zwischen archivarischer Praxis und kulturgeschichtlichem Paradigma, 2012, 12f. Beide Autoren blieben jedoch beim Verweis auf Patzes Darstellung stehen, ohne sie näher zu begründen oder zu belegen. Zugleich finden sich auch Kommentare, die die Rolle des Papiers – zwar nicht weniger pauschal, aber konträr – deutlich verhaltener bewerten, s. etwa das Urteil in einem anderen ‚Klassiker', bei Pitz, Schrift und Aktenwesen, 1959, 463.

180 Kluge, Die Macht des Gedächtnisses, 2014, hier Kap. IV.1: „Schriftgedächtnis auf Papier: Von der Apotheke zur Mühle", 249–264.

181 Van Huis, Papier- und Pergamentgebrauch in den Stadtbüchern von Greifswald, 2015 (der Aufsatz ist Teil eines in Anm. 6 angekündigten Dissertationsprojektes zur Verwendung der Beschreibstoffe Papier und Pergament in den städtischen Kanzleien in norddeutschen Hansestädten); Hawicks, Situativer Pergament- und Papiergebrauch im späten Mittelalter, 2015.

Gewicht, dass andere, stark auf das Material fokussierte Arbeiten wie Mark Mersiowskys instruktive Monographie über die Anfänge territorialer Rechnungslegung im deutschen Nordwesten ganz ohne eine Diskussion des Faktors Papier für das Anwachsen der Schriftlichkeit auskommen. Der Autor verzichtet sogar bei der Beschreibung der von ihm gesichteten Archivalien häufig auf die Nennung des Beschreibstoffs[182] – und das, obwohl er Patzes Aufsatz wie dessen gesamten Sammelband dezidiert als „Manifest" zur „sich abzeichnende[n] Neuorientierung der Landesgeschichte" würdigt.[183]

Dass dies jedoch nicht zwangsläufig ist, zeigt die andere Aufmerksamkeit, die der Faktor Papier in der jüngeren französischen Forschung findet: Genannt sein müssen hier an erster Stelle die beeindruckenden, leider nicht weiter geführten Untersuchungen von Caroline Bourlet, Isabelle Bretthauer und Monique Zerdoun Bat-Yehouda zur Papierverwendung in der Verwaltung am Beispiel von 14 kirchlichen Institutionen in Paris, beginnend mit den Anfängen im 13. Jahrhundert bis zum Jahr 1400,[184] im selben Sammelband Hélène Capodano Cordonniers Überlegungen zur Papierverwendung der mittelalterlichen Notare in Grasse,[185] die von Bourlet und Zerdoun Bat-Yehouda angeregte kanadische Maîtrise von Peggy Faye über den frühen Papiergebrauch in der seriellen Rechnungsüberlieferung der Grafschaft/Comté Provence zwischen 1295 und 1350[186] wie auch schließlich die Studien von Evamaria Bange am Beispiel der überlieferten Papiere in den Kontenbüchern der Stadt Luxemburg.[187] Für die Niederlande ist

---

182 Nur knapp genannt, nicht jedoch weiter eingeordnet findet sich der Wechsel von Pergament- zu Papierverwendung in der Darstellung der äußeren Merkmale der Rechnungen, vgl. Mersiowsky, Die Anfänge territorialer Rechnungslegung im deutschen Nordwesten, 2000, 107. Lediglich in den Überlegungen zu den immensen Überlieferungsverlusten von Rechnungen spielt die äußere Beschaffenheit der Stücke neben ihrem administrativen Wert immerhin eine untergeordnete Rolle, vgl. ebd. 251–269: Hier geht der Autor jedoch nicht davon aus – wie man erwarten möchte –, dass den Generationen an Archivhütern seit dem Mittelalter pergamentene Schriftlichkeit mehr gegolten habe als papierne. Nach seinen Befunden sind gerade frühe Rechnungen auf beiden Beschreibstoffen als gleichermaßen unattraktives, da auf kleine, in der Form unregelmäßige Blätter nachlässig geschriebenes, durch den Gebrauch zerfleddertes und von Feuchtigkeitsschäden betroffenes Schriftgut zu beschreiben. Ihre unterschiedliche „Überlieferungschance" sieht er stattdessen im Recyclingwert des Pergaments als Makulatur für die Buchbinder, während Papier nach seiner Vermutung verbrannt, verrottet oder im Papierbrei verschwunden sei, s. bes. ebd. 265f. mit eigenen Beispielen, aber auch mit Verweis auf entsprechende auf den Wolfenbütteler Fragmentsammlungen basierenden Überlegungen des Bibliothekars Hans Butzmann, vgl. Butzmann, Gedanken und Erfahrungen bei der Katalogisierung von Handschriftenfragmenten, 1972, 89.
183 Mersiowsky, Die Anfänge territorialer Rechnungslegung im deutschen Nordwesten, 2000, 30.
184 Bourlet/Bretthauer/Zerdoun Bat-Yehouda, L'utilisation du papier comme support de l'écrit de gestion, 2010, s. bes. 165f. S. zur frühen Papierüberlieferung aus Frankreich und der Herkunft der verwendeten Blätter auch Bourlet, Papeles de archivo antes de los primeros molinos establecidos en Francia, 2011.
185 Capodano Cordonnier, Papier utilisés par les notaires de Grasse au Moyen Âge, 2010.
186 Faye, Les premières utilisations du papier, 2008.
187 Bange, Wirtschaft und Kompetenz, 2009, und dies., Wasserzeichen als Quelle zur Wirtschafts- und Sozialgeschichte, 2015.

Jeroen Benders Arbeit über die Schriftkultur in der im Bistum Utrecht gelegenen und zur Hanse gehörigen Stadt Deventer anzuführen, die der Bedeutung der Beschreibstoffe Pergament und Papier in einem eigenen Anhang nachgeht.[188]

Blickt man wieder in den deutsch- und italienischsprachigen Raum zurück, so ist eine andere, stärkere Gewichtung des Faktors Papier derzeit nur in – allerdings besonders durch die Frühneuzeit-Forschung vorangetriebenen – Studien über die Genese und explosionsartige Durchsetzung des Nachrichtenbriefs bzw. der diplomatischen Depesche und damit zum wachsenden Korrespondenzwesen zwischen den europäischen Herrschaften zu fassen. Genannt seien hier das Projekt „Paper Princes"[189] der Groninger Historikerin und Habsburger-Spezialistin Megan Williams zum wachsenden diplomatischen Verkehr zwischen den europäischen Herrschaften bzw. Cornel Zwierleins Arbeiten zur Genese und explosionsartigen Durchsetzung des Nachrichtenbriefes. Darin bewertet Zwierlein den steigenden Papiergebrauch einerseits als materielle Voraussetzung dieser Kommunikation, weshalb er sich auch auf einigen Seiten in militärischem Jargon mit der „zangenhaften Ausbreitungsbewegung" der Ware Papier über See- und Landwege in ganz Europa beschäftigt. Andererseits versteht er die Aneignung des neuen Beschreibstoffs als mentalitätsgeschichtlichen Faktor, der die Schriftpraxis und -kultur zu verändern vermochte. Einen solchen Wandel hält er jedoch nicht für zwingend; er sei nicht allerorten gleichzeitig und gleichmäßig gelungen, so dass Zwierlein die Entwicklungen im deutschen Sprachraum im Vergleich zu Italien als „merkwürdigen Spagat zwischen Pergament- und Druckzeitalter, ohne vorhergehende Ausreizung der Möglichkeiten des Papierzeitalters" taxiert.[190]

Das von Zwierlein in diesem Bild gefasste Urteil macht bereits deutlich, woher seine pointierte Bedeutungszuschreibung an den Faktor Papier rührt[191] – und dies führt uns zugleich in einen Forschungsbereich, der dem Papier traditionell ein größeres Gewicht als die Forschungen zur Entwicklung administrativer Schriftlichkeit und der Kanzleien zubilligt: den zwischen spätem Mittelalter und früher Neuzeit angesiedelten Forschungen zum Umbruch in der Buchproduktion von der Handschrift zum Druck. Wichtiger Impulsgeber war und ist hier zweifellos der Klassiker „L'Appa-

---

188 Benders, Bestuursstructuur en schriftcultuur, 2004, hier Beilage 8: „Beschrijftmateriaal: perkament en papier", 332–339. Für Philipp II. von Spanien und damit die iberische Halbinsel der Frühen Neuzeit vgl. außerdem die anregenden Überlegungen von Brendecke, Papierfluten, 2006.
189 „Paper Princes. Exploring the Role of Paper in Early Modern Diplomacy and Statecraft, c. 1460–1560", gefördert durch die NWO (auf deutsch: Niederländische Organisation für wissenschaftliche Forschung), für einen Abschlussbericht mit Publikationsliste s. URL: https://www.nwo.nl/en/projects/275-52-013-0 (Stand: 27.02.2023), s. bes. bzw. darüber hinaus Williams, ‚Zu Notdurfft der Schreiberey', 2015a; dies., Unfolding Diplomatic Paper and Paper Practices, 2015b; dies., Recycled Rags and Dragon Intestines?, 2016; dies., Paper in the Piazza, 2019; dies., ‚Unter dem Zeichen des Adlers', 2021.
190 Vgl. Zwierlein, Discorso und Lex Dei, 2006, 574 (Zitat), vgl. bes. 209–213, 278, 573f., 608–610, und ders., Gegenwartshorizonte im Mittelalter, 2010, 32–35.
191 S. dazu die theoretischen Überlegungen in Zwierlein, Discorso und Lex Dei, 2006, 202–208, bes. 207f.

rition du Livre" von Henri-Jean Martin und Lucien Febvre aus dem Jahr 1958, in dem die beiden Autoren dem zentralen Rohstoff für die Druckereien ein längeres, heute noch lesenswertes Kapitel widmeten, auch wenn sie Papiergeschichte vor allem als Geschichte seiner Herstellung verstanden.[192] Nicht nur bei ihnen sollte der Faktor Papier allerdings noch ganz selbstverständlich im untergeordneten Rang einer Voraussetzung für die eigentlich revolutionäre, in ihren Auswirkungen unvergleichbare Erfindung des Buchdrucks bleiben. Ein explizites Beispiel dafür ist Elizabeth Eisensteins gleichermaßen anregender wie vielfach kritisierter Klassiker „The Printing Press as an Agent of Change" von 1979, in dem die wiederholte Erwähnung von Papier stets vom Echo begleitet wird, dass seiner Erfindung und Durchsetzung eben nicht die gleiche Wirkmacht wie der Druckerpresse zuzuschreiben sei.[193]

Insgesamt scheint es, dass dieses Urteil in der Inkunabel- und Druckforschung Schule machte. Forschungen, die zum Stichwort Papier nicht nur auf einen kleinen Kanon altbekannter Beiträge der Papierforschung verweisen, sondern eigene Ergebnisse beitragen – so etwa Luigi Balsamos Überlegungen zur Rolle des Papierproduzenten Cecchino Morano in Modena für die Durchsetzung des Buchdrucks in der Emilia des 15. Jahrhunderts oder Angela Nuovos Monographie über die Buchproduktion im Venedig des 16. Jahrhunderts bzw. für den deutschen Raum Armin Schlechters und ganz aktuell vor allem Paul Schweitzer-Martins Studien über den Papierbezug des Speyerer Inkunabeldruckers Peter Drach und seines gleichnamigen Sohnes[194] – müssen mühsam in der Masse der Publikationen zum Buchdruck ausgemacht werden.

---

[192] S. die englische Übersetzung Febvre/Martin, The Coming of the Book, 2010, Kap. 1: „Preliminaries: The Introduction of Paper into Europe", 29–44.

[193] Eisenstein, The printing press as an agent of change, 1979, s. z. B. Bd. 1, 47, 90, 121, 217f. und passim. Für den geringen Stellenwert des Papiers in Eisensteins Arbeit spricht bereits, dass das Stichwort in ihrem Inhaltsverzeichnis kein einziges Mal auftaucht. Auch in den Sachindizes neuerer Arbeiten zum Buchdruck sucht man das Stichwort Papier oft vergeblich, so etwa in der vielbeachteten Studie über Billigdrucke im Venedig des 16. und 17. Jahrhunderts von Salzberg, Ephemeral city, 2014, oder in der jüngsten Publikation von Roger Chartier, einer der Gallionsfiguren der mit dem deutschen Label „Buchwissenschaften" nur sehr unvollkommen zu übersetzenden Forschungsrichtung „History of the Book", seit 2007 Professor am Collège de France auf dem Lehrstuhl „Écrit et cultures dans l'Europe moderne", vgl. Chartier, The Author's Hand and the Printer's Mind, 2014. Bestätigt wird dieser Eindruck in der Monographie über den frühneuzeitlichen Papierhandel von Bellingradt, Vernetzte Papiermärkte, 2020, mit den ironischen Bemerkungen ebd., 16 und 81, dass Papier „zwischen Druckern und den Gerätschaften zwar anwesend" sei in solchen Studien, jedoch meist „als zu verdruckendes Material [...] fast mirakulös in just jenen Momenten" auftauche, „in denen es gelagert oder zum Druck benötigt wurde."

[194] Vgl. Balsamo, Imprese tipografiche in Emilia, 1976, bes. 115–118, 132–136; Nuovo, The Book Trade in the Italian Renaissance, 2013, bes. 108f., 139–141 und passim; Schlechter, Inkunabelforschung am Beispiel des Speyerer Druckers Peter Drach, 2015; ders., Wasserzeichenforschung am Beispiel der Speyerer Drucker, 2017; Schweitzer-Martin, Kooperation und Innovation im Speyerer Buchdruck, 2022. Besser rezipiert, wegen ihrer Bedeutung hier trotzdem genannt seien die Beiträge zum Thema Papier des profilierten Inkunabelforschers Paul Needham, vgl. Needham, Res papirea, 1994, und ders., Book Production on Paper and Vellum, 2015, auf die in Kap. B.2, besonders in Kasten B.2.2 noch ausführlicher einzugehen ist.

Mehr Gewicht erhält das Argument des Papiers in mediävistischen Antworten auf Eisensteins Thesen mit dem Ziel, die ‚Gutenberg-Revolution' zu relativieren und auf aus ihrer Perspektive nicht minder folgenreiche Entwicklungssprünge in der mittelalterlichen Schriftkultur hinzuweisen.[195] Eine systematisierte, durch quantitativ-statistische Analysen gestützte Kritik versuchte Uwe Neddermeyer in seiner 1998 publizierten Habilitationsschrift „Von der Handschrift zum gedruckten Buch", in der Papier eine wiederkehrende Rolle spielt.[196] Der Autor schrieb darin gegen die Geltung des Buchdrucks an, indem er ihn nicht als Ursache, sondern als Folge einer Buchproduktion charakterisierte, die schon seit dem späten 14. Jahrhundert rasant gewachsen war.

Nach Neddermeyers Zahlen ist der Anteil an papiernen Handschriften vor 1300 und selbst bis 1350 als unbedeutend einzuschätzen, um dann in wenigen Jahrzehnten nahezu schlagartig auf Werte zwischen 50 und 90 Prozent anzusteigen. Endgültig etabliert gewesen sei der neue Beschreibstoff im 15. Jahrhundert, als der Anteil der Pergamenthandschriften mit Ausnahme der Niederlande auf weit unter 20 Prozent gesunken sei.[197] Mit diesen Befunden widerspricht er der Meinung der älteren Papierforschung, dass eine flächendeckende Durchsetzung des Papiers erst durch den Buchdruck möglich geworden wäre.[198] Insgesamt hebt der Autor allerdings auch

---

195 Vgl. etwa Clanchy, Looking Back from the Invention of Printing, 1982; s. auch Neddermeyer, Von der Handschrift zum gedruckten Buch, 1998, Bd. 1, bes. 3–29; Schanze, Der Buchdruck eine Medienrevolution?, 1999. Aus wissenschaftsgeschichtlicher Sicht ist zweifellos der Beitrag der Moderne zur Mythenbildung um die Erfindung nicht zu gering zu veranschlagen. Aus der schon in den ersten Jahrzehnten manifesten Vereinnahmung von Gutenbergs Erfindungen durch die Humanisten im Wetteifer des anschwellenden Nationendiskurses – vgl. dazu mit weiterer Literatur Hirschi, Wettkampf der Nationen, 2005, 284–287; s. auch pointiert Barner, Vorspiele der Querelle, 1992, 878f. – entwickelte sich schon bald eine ebenfalls von Nationalstolz getragene, in regelmäßigen Jubiläumsfeierlichkeiten institutionalisierte Erinnerungskultur um Gutenberg, vgl. Grampp/Wiebel, ‚Revolution in Permanenz', 2008. Darauf aufbauend trug auch das 20. Jahrhundert erheblich zur Verklärung und Verabsolutierung der „Gutenberg-Revolution" sowohl in der Wissenschaft als auch in der öffentlichen Wahrnehmung bei, s. dazu oben in Anm. 47 die pointierte Bedeutungszuschreibung an den Buchdruck und dessen sozio-kulturelle Prägekraft in den weit rezipierten Thesen des kanadischen Kommunikations- und Medientheoretikers Marshall McLuhan aus den sechziger Jahren. Zu seiner Inspiration durch François Rabelais und dessen Zeichnung des Buchdrucks als dramatischer Epochenzäsur im 1532 gedruckten ersten Band seines Romanzyklus um die Riesen Gargantua und Pantagruel vgl. ausführlich Müller, Weiße Magie, 2012, 83–95.
196 Neddermeyer, Von der Handschrift zum gedruckten Buch, 1998, s. vor allem Bd. 1, 256–264 und passim. Papier als zentralen Faktor bewertet bezogen auf das Untersuchungsgebiet England im 15. Jahrhundert auch Lyall, Materials: The paper revolution, 1989, 11. Vorsichtiger im Urteil, da skeptischer gegenüber der leichten Verfügbarkeit von Papier dagegen zum Beispiel die Untersuchung über die Werkstatt Diebold Laubers: Saurma-Jeltzsch, Spätformen mittelalterlicher Buchherstellung, 2001, Bd. 1, 5–7 (s. zum in Laubers Werken eingesetzten Papier sowie zu den daraus ableitbaren Indizien zu seiner Beschaffung und Verarbeitung bzw. zur Werkstattorganisation ebd. 75–78).
197 Vgl. Neddermeyer, Von der Handschrift zum gedruckten Buch, 1998, Bd. 1, 220.
198 Neddermeyer verweist unter anderem auf den auch hier benutzten Thiel, Papiererzeugung und Papierhandel vornehmlich in den deutschen Landen, 1932, 110.

hervor, dass die Entwicklung in verschiedenen europäischen Großregionen deutliche Unterschiede erkennen lasse. Als Innovationszentrum gilt ihm nicht etwa Italien, sondern der deutsche Sprachraum nördlich des Alpenkamms. Hier sieht Neddermeyer den steigenden Einsatz von Papier mit einem deutlichen Aufschwung der Buchherstellung in der zweiten Hälfte des 14. Jahrhunderts korreliert. Dieser Aufwärtstrend sei nur durch das Papier möglich geworden, so argumentiert er, da die Zahl der auf Pergament hergestellten Bücher im gleichen Zeitraum konstant geblieben sei.[199] Seit den 1390er Jahren habe Pergament nach Neddermeyer für die Massenproduktion von Büchern keine Rolle mehr gespielt; benutzt worden sei es nun nur noch im Einzelfall für besonders prunkvolle oder stark strapazierte Bücher.[200]

Diese Entwicklung gilt seines Erachtens jedoch nicht zwangsläufig für die Nachbarländer. Deutlich weniger aufgeschlossen waren nach seinen Ergebnissen die Buchproduzent*innen bzw. ihre Auftraggeber*innen in den Niederlanden, in England und in Frankreich.[201] Auch für den Alpenraum auf dem Gebiet der heutigen Schweiz und Österreichs sowie für die italienische Halbinsel hält Neddermeyer den Einfluss des Papiers auf die Steigerung der Buchherstellung für weit weniger eindeutig. In Italien konstatiert der Autor den Aufschwung der Buchherstellung früher als im deutschen Sprachraum ab dem Ende des 13. bis zur Mitte des 14. Jahrhunderts, hier kam es nach seinen Ergebnissen daher noch zu einem deutlich geringeren Umfang an Papiernutzung. In der zweiten Hälfte des 14. Jahrhunderts, die er insgesamt als entscheidende Phase für die Durchsetzung des Papiers interpretiert, sei die italienische Buchproduktion umgekehrt bereits stagniert und zur Zeit des deutschen ‚Booms' in den 1430er und 1440er Jahren sogar rückläufig gewesen.[202] Dieser Befund scheint sich mit der allgemeinen Beobachtung bei Wilhelm Wattenbach zum Thema Papier zu treffen, dass das ältere Pergament „in Italien mehr als in Deutschland in allgemeiner Anwendung" geblieben sei.[203]

Unter dem Strich bleibt Neddermeyers Urteil über die Auswirkungen der Papierverwendung daher ambivalent. Mit Blick auf das Gebiet der heutigen Bundesrepublik begreift er sie zwar als entscheidenden Faktor, weshalb man in einem enormen Aufholprozess im 15. Jahrhundert sogar Anschluss an die bislang ungleich höhere Produktion südlich der Alpen gefunden habe.[204] Trotzdem hält er die Durchsetzung des neuen Beschreibstoffs nicht für den einzigen oder entscheidenden Auslöser, „weil dann – in Italien beginnend – europaweit von Süden nach Norden eine relativ mecha-

---

199 Vgl. Neddermeyer, Von der Handschrift zum gedruckten Buch, 1998, Bd. 1, 258f. und nochmals 262f.
200 Vgl. ebd., Bd. 1, 259f.
201 Vgl. ebd., Bd. 1, 261.
202 Vgl. ebd., Bd. 1, 263 mit Tab. 22 und 23c, und ausführlicher 288–294.
203 Wattenbach, Das Schriftwesen im Mittelalter, 3. Aufl. 1896, 125.
204 So pointiert das Fazit in Neddermeyer, Von der Handschrift zum gedruckten Buch, 1998, Bd. 1, 294, und passim.

nisch ablaufende und schnelle Aufwärtsbewegung der Buchproduktion zu erwarten gewesen wäre."[205]

Dass sich Neddermeyers Ergebnisse und vor allem Zahlen nicht stärker als neuer Forschungsstand durchgesetzt haben und in ihrer dezidierten Betonung des Faktors Papier damit eher einsam bleiben, hat sicher auch mit dem geteilten Echo auf seine Arbeit zu tun. So fand die ebenso material- wie thesenreiche Monographie gleichermaßen euphorische Rezensent*innen wie auch fundamentale Kritik vor allem an ihrer Datenbasis.[206] Die einzige weitere umfassende kliometrische Monographie zur mittelalterlichen Buchproduktion von Eltjo Buringh, die sich mit Neddermeyer auch intensiv auseinandersetzt, misst dem Faktor Papier dagegen keine Aufmerksamkeit bei.[207]

Andere Wege beschreiten in der anglo-amerikanischen Forschung sowie in Frankreich und Italien verstärkt seit den 1980er Jahren die längst den Hilfswissenschaften entwachsenen Disziplinen der Kodikologie und Inkunabelforschung als neue Orte, die sich für den bald hauptsächlichen Beschreib- und Bedruckstoff ihrer Analyseobjekte interessieren. Es ist ihr Verdienst, die Materialität der überlieferten Papiere in den Fokus zu rücken und für die von ihnen vorgeschlagenen seriellen Untersuchungen auch zunehmend die Expertise von Restaurierungs- und Materialwissenschaften zu suchen (die französische und italienische Forschung hat dafür den Begriff bzw. das

---

205 Neddermeyer, Von der Handschrift zum gedruckten Buch, 1998, Bd. 1, 264, s. auch 267: „Als eigentlicher Auslöser der Veränderungen im Reich kommt das neue Material nicht in Frage, weil einerseits lange vor 1370 die Möglichkeit bestand, Papier in größerem Umfange zu bekommen und andererseits eine heimische Papierfabrikation erst später aufgebaut wurde."

206 S. die bei Mentzel-Reuters, Das Nebeneinander von Handschrift und Buchdruck, 2010, 442, zusammengestellten Rezensionen sowie seinen eigenen Text, 424–427, vgl. im selben Band mit anderem, deutlich positiverem Tenor allerdings Glauch/Green, Lesen im Mittelalter, 2010, 371f., und Messerli, Leser, Leserschichten und -gruppen, 2010, 463f., oder auch Saurma-Jeltzsch, Diebold Lauber, 2001, Bd. 1, 5–7, die Neddermeyers statistische Ergebnisse ohne eine Diskussion ihrer Glaubwürdigkeit in ihrer Argumentation verwenden. Zuletzt hat sich Buringh, Medieval Manuscript Production in the Latin West, 2011, ausführlicher mit Neddermeyers Zahlenwerk auseinandergesetzt und vor allem erstmals mit eigenen, auf anderer Basis gewonnenen Schätzungen kontrastiert. In einem direkten Vergleich ihrer Ergebnisse (S. 264–268) stellt er auf der Ebene der Gesamtzahlen für einzelne Regionen durchaus Übereinstimmungen fest, gerade für die frühen Jahrhunderte hält er Neddermeyers Schätzungen der Verlustraten für eklatant zu hoch. Buringh kommt zum Schluss, dass „Uwe Neddermeyer unfortunately did not have the right basis to make his estimates", er verdiene jedoch volle Anerkennung „for being one of the first in this numerical minefield".

207 Buringh, Medieval Manuscript Production in the Latin West, 2011, 448, verweist unter Bezug auf Jonathan Bloom auf die kulturverändernde Bedeutung des Papiers in der islamischen Welt des Mittelalters; für den „lateinischen Westen" untersucht er diesen Faktor jedoch nicht. Papier wird lediglich vereinzelt erwähnt, vgl. ebd. 18, 273, 375, etwa in Zusammenhang mit der Herstellung von Palimpsesten, am ausführlichsten noch ebd. 428 und 430 zum Thema der Papier- und Pergamentpreise. Dem Beispiel Neddermeyers, der dem Papier eine zentrale Wirkmacht in diesen Entwicklungen zutraut, folgt Buringh nicht. Er negiert diese Einschätzung allerdings nicht einmal.

Bild vom ‚archäologischen Studium' des Papiers eingeführt),[208] die sich umgekehrt am frühesten und lange einsam in den USA auch historischen Fragen öffneten. Als zentral für die dortige Debatte sind zweifellos die auf breiter Materialbasis gewonnenen Erkenntnisse des amerikanischen Chemikers William J. Barrow und seines Labors seit den späten 1950er Jahren sowie in seinen Fußstapfen die Studien von Timothy Barrett und seinem Team ab den 1980er Jahren zu nennen.[209]

Sind ihre Beobachtungen am Material noch ganz darauf konzentriert, die alten Handwerkstechniken der Handpapiermacher*innen zu rekonstruieren und die Gründe für die in späteren Jahrhunderten nicht mehr erreichte Qualität und Schönheit der mittelalterlichen Papiere zu eruieren, so setzte sich ein Verbund aus in Italien und Frankreich tätigen Handschriftenexpert*innen und Restaurator*innen mit dem in einem ersten, ambitionierten Entwurf 1990 von Carlo Federici und Ezio Ornato vorgestellten „Progetto Carta" das Ziel, die Verbreitung des Papiergebrauchs im mittelalterlichen Lateineuropa eben nicht mehr nur als Folge einer technologischen Revolu-

---

208 S. dazu in Reaktion auf die von ihnen beklagten Einseitigkeiten der bisherigen Papierforschung Federici/Ornato, „Progetto carta", 1990, 2f., die analog zum bereits in die Debatte eingeführten Begriff „archaeologia del libro" einen programmatischen Neuansatz im Sinn einer ‚archäologischen' Erforschung der überlieferten Papiere vorschlugen. S. auch die Überlegungen Carlo Federicis im Vorwort zur zweibändigen Monographie Ornato et al., La carta occidentale nel tardo medioevo, 2001, hier Bd. 1, XIII–XV, s. allerdings auch sein kritisches Resumee 2004 mit einer Klage über das Scheitern dieses Ansatzes (Federici, Sul fallimento dell'archaeologia del libro, 2004, vor allem 50): Wie er am Beispiel der italienischen Forschungslandschaft argumentiert, liege dieser Misserfolg in der seines Erachtens falschen institutionellen Ansiedelung dieser Forschungen im Bereich der Paläographie, Philologie und Kunstgeschichte, die weiterhin vor allem die Hilfsmittel zur Datierung und Lokalisierung ihrer Objekte perfektionierten, jedoch neue Fragen zu stellen versäumten.

Im deutschen Sprachraum sind analoge Impulse und Kooperationen bislang selten. Zwar ist auf die beeindruckenden, zunehmend interdisziplinär nutzbaren Ergebnisse der noch jungen, zwischen Restaurierungshandwerk und wissenschaftlicher Forschung vermittelnden Disziplin der Material- und Kunsttechnologie zu verweisen. Bislang ist sie jedoch vor allem mit der Kunstgeschichte vernetzt und hier – gerade auch durch die Zusammenarbeit für Kunstausstellungen – vor allem an Geschichte und Restaurierung einzelner Objekte interessiert, s. dazu unten mehr in Anm. 236. Dezidiert anders dagegen der Anspruch der internationalen Tagung „Paper is part of the picture. Europäische Künstlerpapiere von Albrecht Dürer bis Gerhard Richter" vom 18. bis 21. März 2015 am Leopold-Hoesch-Museum & Papiermuseum Düren, zur Leitfrage, aus welchen ästhetischen Überlegungen heraus Künstler Papiere für ihre Zeichnungen und Druckgraphiken wählten, parallel zu einer gleichnamigen Ausstellung, die 160 Meisterblätter aus 600 Jahren Kunstgeschichte zeigte.

209 Zu den Testreihen William J. Barrows, der zusammen mit seinem Labor insgesamt 1.470 zwischen 1507 und 1949 publizierte Bücher auf ihre Roh- und Inhaltsstoffe untersuchte, vgl. Barrow Research Laboratory, Book Papers, 1974; Barrett, Parchment, Paper, and Artisanal Research Techniques, 2013, 121–123; Schultz, Papierherstellung im deutschen Südwesten, 2018, 23. Zu Barretts Analysen in einer ersten Studie in den Jahren 1984 bis 1987 mit 135 historischen Papieren des 15. bis 18. Jahrhunderts sowie einer zweiten im Herbst 2010 abgeschlossenen mit 1.578 Papierproben des 14. bis 19. Jahrhunderts vgl. Barrett, Early European Papers, 1989; ders. et al., Paper through Time, 2012; ders., Parchment, Paper, 2013, 124f.; s. zusammenfassend Schultz, Papierherstellung im deutschen Südwesten, 2018, 25.

tion zu beschreiben.²¹⁰ Ausgehend von einem Korpus aus venezianischen Inkunabeln sowie italienischen Handschriften aus der zweiten Hälfte des 15. Jahrhunderts²¹¹ plädieren die Autor*innen vielmehr dafür, diese Prozesse differenzierter als Reaktion auf kulturelle *Bedürfnisse* zu verstehen. Als wichtiges Ergebnis ihrer vor allem gemeinschaftlich verantworteten Publikationen²¹² ist demnach nicht nur die Veränderung der Papiere in der Zeit festzuhalten. Gerade für die Frühphase des Buchdrucks haben sie aus der Materialanalyse heraus zudem zentrale Neuerkenntnisse über Lagerung, Ankauf und Umgang mit den Papierblättern in den Druckwerkstätten aufgezeigt.²¹³ Nicht minder eindrucksvoll sind die Ergebnisse flankierender Studien zur Verbreitung der Handelsware Papier, für die das in den traditionellen Wasserzeichensammlungen verfügbare Datenmaterial über eine eigene, leider nicht publizierte Datenbank neu erschließbar gemacht wurde.²¹⁴

Letztlich bleibt jedoch auch das „Progetto Carta" dabei stehen, Papier als einen Faktor im Prozess der zunehmend rationalisierten Buchherstellung zu beschreiben. Unberücksichtigt blieb – dem Universalität beanspruchenden Titel „La carta occidentale nel tardo medioevo" ihrer zentralen Monographie von 2001 zum Trotz –, dass der Beschreibstoff weit über diesen Bereich hinaus auch in vielen anderen Lebensbereichen der mittelalterlichen Menschen Einzug hielt. Ungestellt und unbeantwortet blieben demnach auch damit verbundene Fragen, welche Veränderungen in der mit-

---

210 Federici/Ornato, „Progetto carta", 1990, bes. 1f.; s. zur Genese der Kooperation auch das Vorwort von Carlo Federici in der zentralen Monographie Ornato et al., La carta occidentale nel tardo medioevo, 2001, hier Bd. 1, IX–XIX, zur konkreten Entwicklung und inhaltlichen Ausgestaltung des Projekts ebd. 3–20.
211 Zur Zusammenstellung des Korpus vgl. Ornato et al., La carta occidentale nel tardo medioevo, Bd. 1 2001, 6–11, für eine Liste vgl. 67–76.
212 S. vor allem die Aufsätze Busonero et al., L'utilisation du papier dans le livre italien, 1993; Ornato et al., Pour une histoire „multidimensionelle" du papier filigrané, 1999; dies, Aspects qualitatifs de la production du papier filigrané, 1999; die zweibändige Monographie dies., La carta occidentale nel tardo medioevo, 2001. Weitere Beiträge zum Thema Papier aus diesem Team heraus sind – oft wieder als Kooperation von zwei oder mehr Autoren, in unterschiedlichen Anteilen entweder stärker von kulturhistorischen oder aber konservatorischen Fragen geprägt – in verschiedenen Tagungsbänden und Zeitschriften, bevorzugt in der Gazette du livre médiéval, aber auch in den IPH-Kongressbüchern oder im italienischen QVINIO erschienen. S. mit vielfachem Bezug auf die im „Progetto Carta" gewonnenen Ergebnisse Ornato, Filigranes à gogo, 2013, außerdem eine handbucharige Zusammenfassung zur Papiergeschichte mit einem starken Bezug auf die Erkenntnisse des „Progetto Carta" bei Agati, The Manuscript Book, 2017, 77–116, bes. 83 mit einer Würdigung des Projekts. In der deutschsprachigen Forschung werden die Ergebnisse des „Progetto Carta" erst langsam rezipiert; s. die Referenz auf einzelne ihrer Veröffentlichungen in den Fußnoten bei Meyer/Klinke, Geknickt, zerrissen, abgegriffen, 2015, 177; ausführlicher Schultz, Papierherstellung im deutschen Südwesten, 2018, 22f.
213 Busonero et al., L'utilisation du papier dans le livre italien, 1993, 409–416, bes. 415 mit zentralen Ergebnissen.
214 Vgl. vor allem Graziaplena, Paper Trade and Diffusion in Late Medieval Europe, 2004. Zu den fast zeitgleichen Initiativen des Wirtschaftshistoriker Franz Irsigler und seiner Schülerin Maria Zaar-Görgens und den daraus entstandenen Publikationen vgl. schon oben Anm. 24.

telalterlichen Schriftkultur durch seinen zunehmenden Gebrauch ausgelöst worden sein könnten – bzw. noch weiter gefasst, welcher Stellenwert dem Papier in der Entwicklung der mittelalterlichen Gesellschaften hin zu immer stärker schriftorientierten und -dominierten Kulturen zuzubilligen ist.

Sucht man in der ebenso traditions- wie publikationsreichen Papierliteratur, wie sie in einschlägigen Bibliographien versammelt wird,[215] nach mediävistischen Fachbeiträgen, die das Papier nicht wie bisher geschildert ins Glied einer Geschichte der Beschreibstoffe rücken oder aber als einen Teil der Buchherstellung begreifen, sondern seinen Gebrauch und dessen Wirkung ins Zentrum ihrer Überlegungen stellen, so fällt die Recherche dünn aus. Als wichtige Ausnahmen sind hier – bezeichnenderweise erst ab den ‚kulturalistischen' 1980er Jahren – vor allem Aufsätze der oben schon zitierten Historiker und Hispanisten Robert I. Burns und Pierre Guichard sowie des auf Italien spezialisierten Autorenduos Henri Bresc und Isabelle Heullant-Donat zu nennen.[216] Diese wenigen und kurzen Überblicksdarstellungen blieben in ihrer Rezep-

---

215 S. dazu die verschlagwortete Bibliographie über „historische, technologische, soziale, kommerzielle und andere Aspekte von Papier" mit mehr als 31.000 Datensätzen, die die Deutsche Nationalbibliothek Leipzig im Rahmen des Projekts „Bernstein. The Memory of Paper" zwischen 2006 und 2009 online verfügbar machte, vgl. URL: www.memoryofpaper.eu (Stand: 27.02.2023), die jedoch nach Projektende nicht weiter gepflegt wird. Einen schnellen Zugriff durch die systematische Ordnung nach Themen sowie die Erschließung durch verschiedene Register erlaubt das auf 20.000 Titel bis einschließlich Erscheinungsjahr 1996 beschränkte vierbändige Werk: Schmidt/Sobek (Bearb.), IBP, 2003. Der erste Band beginnt mit einer umfangreichen Auflistung von Bibliographien und Literaturzusammenstellungen zur Papiergeschichte allgemein wie zu spezifischen Aspekten und auch Autor*innen. Von Nachteil ist, dass sich die gelisteten Werke nicht chronologisch nach Epochen sortieren lassen. Einen Überblick über die mediävistische Forschung bieten mit dem Schwerpunkt ‚Papiere ohne Wasserzeichen' und damit auf dem islamischen Einflussgebiet die durch ihre thematische Gliederung sehr handliche Bibliographie von Le Léannec-Bavavéas, Les papiers non filigranés médiévaux, 1998, mit dem Schwerpunkt Buchgeschichte (vorrangig zu den deutschen Gebieten): Corsten/Fuchs (Hg.), Der Buchdruck im 15. Jahrhundert, 1988 und 1993, Teil 1, Kap. 1.4., 36–44, und Teil 2, Kap. 1.4, 706f. (Nachträge); mit dem Schwerpunkt Papierherstellung und -handel (vorrangig zu Frankreich und Deutschland): Zaar-Görgens, Champagne – Bar – Lothringen, 2004, 220–259, und Schultz, Papierherstellung im deutschen Südwesten, 2018, 559–601. S. auch mit starken Anteilen mediävistischer Titel die Auswahlbibliographie in: Rückert/Hodeček/Dietz/Wenger (Hg.), Ochsenkopf und Meerjungfrau, 2009, 114–123; nochmals ergänzt in der spanischen Ausgabe: Rückert/Pérez García/Wenger (Hg.), Cabeza de Buey y Sirena, 2011, 145–159. Als Handbuch zur papiergeschichtlichen Methodik und Forschung, das auch bibliographische Informationen zu „Standardliteratur in deutscher Sprache" und zu „papierhistorischen Publikationsreihen" bietet, vgl. Tschudin, Grundzüge der Papiergeschichte, 2012, bes. 3–14 (dem Titel nach irreführend, dem Inhalt nach pauschal und veraltet ist die Bibliographie Leif, An International Sourcebook of Paper History, 1978).
216 Burns, The Paper Revolution in Europe, 1981, hier 2, Anm. 1, und 7, Guichard, Du parchemin au papier, 1995, Bresc/Heullant-Donat, Pour une réévaluation de la „révolution du papier", 2007. S. weiter unten auch noch – mit Abstrichen – Iannuccelli, L'Europa di carta, 2010; nur erwähnt sei außerdem der miszellenartige, nur vorläufige und fußnotenfreie Anregungen beinhaltende Beitrag zur Debatte von Matejic, Paper as a „vehicle" for change in the fourteenth century, 2002, der – anders als sein universaler Titel vermuten lässt – für Beispiele nur auf die neu entstehende südslavische theologische

tion freilich bislang (national wie disziplinär) beschränkt.[217] Dies mag auch an ihren noch diffusen, von ihnen selbst als vorläufig charakterisierten Ergebnissen liegen: So sind sie sich zwar einig im Urteil, dass die Reaktionen auf den neuen Beschreibstoff regional unterschiedlich ausfielen. Doch ungeachtet der positiven Bezugnahme aufeinander sind sie in ihren Akzentsetzungen und Bewertungen nicht immer vereinbar, ja bleiben auch in sich teilweise ambivalent, weshalb sie hier im Folgenden zur Standortbestimmung ausführlicher skizziert werden müssen.

Angesichts der sichtbaren Überlieferung an Papieren des 13. Jahrhunderts in den Archiven der aragonesischen Krone ist es kein Zufall, dass sich der erste der hier genannten Aufsätze mit dem pointierten Titel „The Paper Revolution", in der die Durchsetzung des Papiers durch den Autor als gleichermaßen technologischer wie „Behavioural Breakthrough" – wichtiger als Kriege oder Könige – bewertet wird, mit der iberischen Halbinsel beschäftigt.[218] In einer Reihe von Publikationen seit 1981 brachte Robert I. Burns das bis heute ablesbare Aufblühen der Schriftkultur seit dem 13. Jahrhundert in einen direkten Zusammenhang mit der Durchsetzung des Papiers, das er in verschiedenen Zeugnissen unmissverständlich als Erbe der vorangegangenen islamischen Herrschaft bezeichnet sah. Nur knapp unter Verweis auf die von Antonio M. Aragó Cabañas and Josep Trenchs Odena konturierte „geography of acceptance" konstatiert er eine ähnliche Empfänglichkeit für den neuen Stoff auch noch im

---

und liturgische Literatur des 14. Jahrhunderts zurückgreift, sowie der ebenfalls als Exposé für ein angekündigtes Buchprojekt zu lesende, oben schon genannte Beitrag von Gagné, Paper World, 2017.

217 Ins Auge fällt insbesondere die Barriere zwischen dem deutschen und dem italienischen Wissenschaftsbetrieb, trotz ihrer im 19. und frühen 20. Jahrhundert traditionsreichen und engen Vernetzung. Dies gilt sogar für das in beiden Ländern starke Interesse an der Ausbreitung der Papierherstellung, vgl. dazu ausführlicher Kap. B.2, obwohl – dies sei hier explizit hervorgehoben – die Papiergeschichte als eigenes Feld schon beeindruckend früh und konsequent sowohl grenz- als auch disziplinenübergreifend angegangen wurde. Seit 1959 bietet die „International Association of Paper Historians" mit Mitgliedern aus etwa vierzig Nationen über im zweijährigen Turnus veranstaltete internationale Konferenzen sowie ein zwei Mal im Jahr publiziertes dreisprachiges Periodikum ein zentrales Forum für Papierhistoriker*innen aus aller Welt und eine Dachorganisation für französische, spanische, britische, deutsche, belgische, italienische, Schweizer und ungarische Vereinigungen, s. URL: http://www.paperhistory.org/National-org/ (Stand: 27.02.2023). Aktuell am sichtbarsten ist die internationale Zusammenarbeit zweifellos auf dem Gebiet der Wasserzeichenforschung durch konzertierte Anstrengungen in verschiedenen europäischen Ländern um die Digitalisierung und Verknüpfung lokaler Sammlungen, s. vor allem das zwischen 2006 und 2009 von der EU geförderte Projektes „Bernstein. The Memory of Paper" (URL: www.memoryofpaper.eu, Stand: 27.02.2023), s. dazu mehr oben in Anm. 21.

218 Vgl. Burns, The Paper Revolution in Europe, 1981, Zitate im Titel und auf 30, bes. 7–13, 24–27; ders., Society and Documentation in Crusader Valencia, 1985, mit gleich sechs Kapiteln zu Papier: neben Kap. 23, 151–155: „The Paper Revolution" auch Kap. 24, 156–161: „Paper: Játiva and the Archives"; Kap. 25, 162–167: „Paper: Power Technology"; Kap. 26, 169–172: „Paper: Government Control"; Kap. 27, 173–176: „Paper: Marketing"; Kap. 28, 177–181: „Paper: Materials, Measurements, Techniques, Zigzag"; ders., Paper comes to the west, 1998, bes. 418f. (s. zu letzterem auch die Rezension von Hills, Paper Comes to the West, 800–1400, by Robert I. Burns, S.J., 1997).

okzitanischen südlichen Drittel Frankreichs und hier insbesondere in der Provence sowie der anschließenden Küstenregion „down the curve of northern Italy", da Papier dort ebenfalls bald insbesondere in der Notarsüberlieferung bevorzugt worden sei. Rom und Süditalien bezeichnet er hingegen als „clung to traditionalist parchment", womit sie den Norden Frankreichs, Portugal und England beeinflussten.[219]

Burns' auf das islamische Spanien spezialisierter Fachkollege Pierre Guichard bestätigte ihn 1995 mit der Einschätzung, dass insbesondere für mit der Geschichte Valencias befasste Historiker*innen das 13. Jahrhundert als Ära der massiven Einführung des Papiers in die christlichen Archive gelten müsse. Stärker als Burns relativiert er allerdings die frühen Erfolge des neuen Beschreibstoffs: Ein deutlich langsameres, um ein oder zwei Jahrhunderte verzögertes Eindringen des Papiers stellt er nicht nur für nördlichere Regionen fest, sondern schon für das Landesinnere sowohl der iberischen als auch der italienischen Halbinsel. Vergleichbare Beobachtungen, wie verschieden direkte Nachbarländer bzw. -regionen auf den neuen Stoff reagierten, demonstriert er auch für den französischsprachigen Raum an einem Beispiel aus der Rechnungsüberlieferung. Während man in Savoyen bis ins 14. Jahrhundert bei Pergamentrollen geblieben sei, habe man in der benachbarten Dauphiné schon im 13. Jahrhundert auf Papiercodizes umgestellt. Selbst für die der Innovation aufgeschlossenen Küstenregionen kommt Guichard schließlich zum Fazit, dass nicht wenige Indizien für zeitgenössischen Papiergebrauch heute nur noch indirekt über Schriftquellen zu fassen sind, dass außerdem die erdrückende Mehrheit der Überlieferung selbst in diesen als Vorreitern zu bezeichnenden Regionen auf Pergament steht – dass auch sie also unter dem Strich „une monde du parchemin" geblieben seien. Die Randständigkeit der Papierverwendung offenbart sich in seinen Augen noch deutlicher durch den Vergleich mit der islamischen Nachbarschaft, die er spätestens seit dem 11. Jahrhundert zweifelsfrei als „civilisation du papier" qualifiziert, weshalb er als Aufgabe künftiger Forschung die Suche nach den möglichen Ursachen für die europäische Reserviertheit definiert.[220]

An Guichards Ergebnisse anschließend griffen Henri Bresc und Isabelle Heullant-Donat 2007 die von ihm gestellten Fragen erneut auf, um Kritik an der bis dato implizierten einsamen Vorreiterrolle der iberischen Halbinsel als Auslöserin der „Paper Revolution" zu üben. Stattdessen konturieren sie das normannische Süditalien ab etwa 1100 sowie Genua und die ligurische Küste ab 1150 als „une porte d'entrée importante" der Papiernutzung noch lange vor der Etablierung einer eigenen italienischen

---

219 Burns, The Paper Revolution in Europe, 1981, 1f.; wieder ders., Paper Comes to the West, 1996, 417; Aragó/Trenchs, Los registros de cancillería de la corona de Aragón, 1972, bes. 30, zum Thema Papierverwendung insgesamt 29–32.
220 Vgl. Guichard, Du parchemin au papier, 1995, zur frühen Papierüberlieferung vor allem in Valencia s. 185, zur unterschiedlichen Geschwindigkeit der Aufnahme von Papier s. 186f., zur Dominanz des Pergaments selbst in Papier aufgeschlossenen Regionen s. 188f., zu den „frontières des civilisations du papier et du parchemin" s. 189f.

Produktion. Anders als Guichard sehen sie außerdem als Vorbild für den hier nachweislichen Papiergebrauch nicht mehr nur die islamische Welt. Stattdessen erhärten sie durch ein Bündel überzeugender Indizien Byzanz, das den neuen Beschreibstoff spätestens seit dem 11. Jahrhundert breit nutzte, als Modell für die Normannen, die über eine zuvor weitgehend griechisch dominierte Bevölkerung herrschten.

Hier lohnt nochmals ein Blick in den Kasten A.1, der die schon bei Bresc und Heullant-Donat zusammengetragenen Dokumente weiter ergänzt. Gerade die frühen Beispiele um 1100 waren im Original in der Regel in griechischer Sprache verfasst.[221] Auffällig ist auch die Provenienz der Mehrzahl dieser Stücke: Fast ausnahmslos stehen sie im Zusammenhang mit dem Kloster S. Filippo di Fragalà, dessen Mönche dem griechischen Ritus verpflichtet waren und das – rund hundert Kilometer von Messina entfernt im Val Demone gelegen, das heißt in der von der arabischen Herrschaft übernommenen Verwaltungseinheit im Nordosten Siziliens – insgesamt in einer in Sprache und Kultus lange Zeit vom Griechischen geprägten Region lag. Mit den Mandaten von Rogers I. Enkel Wilhelm nach der Mitte des 12. Jahrhunderts ist der Papiergebrauch auch in Kombination mit der Schriftsprache Latein nachweisbar. Doch noch das papierne Bruchstück eines Registers aus der Kanzlei Friedrichs II. ist in einen Zusammenhang mit der griechisch-byzantinischen Tradition zu stellen, wird darin doch zur Datierung der byzantinische Kalender benutzt, der nach der Schöpfung der Welt und nicht nach Christi Geburt rechnet.

Unter Verweis auf die substantiellen Studien von Nicolas Oikonomides zum Papiergebrauch in Byzanz[222] haben Bresc und Heullant-Donat die überraschend hohe Wertschätzung des Papiers herausgestrichen, das vor allem für solene Urkunden-

---

[221] Die Dominanz des Griechischen gilt in dieser Zeit nicht nur für die papierne Überlieferung, sondern auch für die pergamentene Schriftlichkeit, da anfangs wahrscheinlich nicht nur mit der Erstellung lateinischer Urkunden vertrautes Kanzleipersonal fehlte, sondern die Amtleute in der Lokalverwaltung solche auch nicht verstanden hätten, s. dazu pointiert Enzensberger, Cancelleria e documentazione sotto Ruggero I di Sicilia, 1991, 16–18; s. auch die Einleitung in Documenti greci e latini di Ruggero I, hg. von Becker 2013, 14–16.

[222] Vgl. Oikonomides, Le support matériel des documents byzantins, 1977. Nach der Auswertung des Autors stehen von 614 Schriftstücken, die aus dem kaiserlichen Palast, vom Patriarchen und der Verwaltung zwischen 1052 und 1453 überliefert sind, 321 auf Pergament (52,2 %) und 293 auf Papier (47,7 %). Besonders auffällig ist die Zahl papierner Dokumente unter den feierlichen, goldgesiegelten Chrysobullen der Kaiser. Schon bis 1100 finden sich 15 Papierausfertigungen, keine dagegen auf Pergament. Diese Form bleibt exklusiv bis 1259, dann verstärkt sich allerdings der Pergamentgebrauch. Oikonomides bringt ihn in Zusammenhang mit dem Amtsantritt von Michael VIII. Palaiologus 1258, „dont l'usurpation se fonda notamment sur une volonté de ressusciter l'empire dans sa forme classique". Nicht nur in der Verwaltung, auch in der griechisch-byzantinischen Buchkultur waren papierne Codices verbreitet. Für eine statistische Auswertung von Handschriften in griechischer Sprache auf Pergament und Papier seit dem 13. Jahrhundert (auf der Basis von Katalogen zu den Beständen aus dem Vatikan, aus Italien und Großbritannien) sowie zur Frage der Durchsetzung der „carta occidentale" gegen die „carta orientale" vgl. die Pionierarbeit von Derenzini, La carta occidentale nei manoscritti greci, 1990.

ausfertigungen der kaiserlichen Kanzlei Verwendung fand, während sein Einsatz in Lateineuropa rasch auf vorbereitendes, ephemeres Schriftgut beschränkt worden sei. Weniger pointiert als bei Guichard steht am Schluss ihrer Ausführungen als Ergebnis damit ebenfalls die lateineuropäische Präferenz für Pergament, wobei hier als Gegenfolie nicht die islamische, sondern die griechisch-byzantinische Welt aufgerufen wird. Eigentlich unvereinbar bleibt dieses Resultat freilich mit der Erfolgsgeschichte der spanischen und vor allem der italienischen Papierherstellung, die die Autor*innen in einem eigenen, abgerückten Teil ebenfalls erzählen. Zwar machen die Autor*innen auf die Untiefen der Bewertung durch den fragmentarischen Charakter der Überlieferung aufmerksam mit dem Gedankenspiel, ob Genua den anderen norditalienischen Städten im innovativen Einsatz von Papier wirklich um Jahrzehnte voraus war oder ob die Kommune einfach effizienter als andernorts in der Bewahrung ihres archivalischen Patrimoniums gewesen sei. Trotzdem ungestellt bleibt die Frage, wo der offenbar bald nach der Einführung der Papierherstellung massenhafte Ausstoß der italienischen Papiermühlen in einer Welt des Pergaments zu suchen ist.[223]

Unter Vorbehalt ergänzen in der Liste der Überblicksdarstellungen über die genannten Autor*innen hinaus lässt sich schließlich ein Beitrag zur Debatte aus der Feder der römischen Restaurierungswissenschaftlerin Simonetta Iannuccelli von 2010: Ungeachtet vieler anregender Beobachtungen ist er im Vergleich zu den oben zitierten Texten (die die Autorin bezeichnenderweise nicht kennt) eher populärwissenschaftlich einzuordnen.[224] Trotz des Titels „L'Europa di carta" ausschließlich auf Italien fokussiert, bleibt die Autorin argumentativ stark in den von der traditionellen Papiergeschichtsforschung gezeichneten Bahnen. Parallel zur etablierten Forschungsnarration von einer technologischen „Revolution" auf dem Feld der Papierherstellung, deren Beschreibung am Anfang des Aufsatzes breiten Raum einnimmt, postuliert sie auf wenigen Seiten auch das Zusammenfallen des einsetzenden Papiergebrauchs mit der „grande rivoluzione" der „cultura scritta italiana" als ungebrochene Erfolgsgeschichte, für die sie Beispiele aus verschiedenen Feldern nur anekdotisch anreißt.[225] Problematisch ist demnach die Suggestivität, mit der Iannuccelli

---

[223] Vgl. Bresc/Heullant-Donat, Pour une réévaluation de la „révolution du papier", 2007, zum Beginn der Papiernutzung im normannischen Italien s. bes. Tabelle 363–365 sowie 366–368, zum Gebrauch des Beschreibstoffs in Byzanz s. bes. Tabelle 363–365 sowie 361–366, zur ‚Erfolgsgeschichte' der spanischen und italienischen Papierherstellung s. 373–382, zu den Vermutungen über die Effizienz genuesischer Archivbildung vgl. 371f.
[224] Vgl. Iannuccelli, L'Europa di carta, 2010. Ebenfalls zwar anregend, aber im Stil anekdotisch und im Gegensatz zu Iannuccelli ganz ohne Anmerkungen und Belege bleibt das Kapitel „Europe between two felts" bei Kurlansky, Paper, 2016, 76–97.
[225] Vgl. Iannuccelli, L'Europa di carta, 2010, 95–101 und 108–142 zum ausführlichen Teil über die Technikgeschichte der Papierherstellung sowie zur frühneuzeitlichen Fachliteratur als Quelle für Mühlenbau und Produktionstechniken; ebd. 100–108 zu den pointierten, an wenigen Beispielen illustrierten Auswirkungen der gesteigerten Verfügbarkeit von Papier mit dem Fokus auf den Veränderungen im Bereich Kunst bzw. Kunsthandwerk und Architektur seit dem 14. Jahrhundert.

aus punktuellen Belegen ein einseitig positives Bild des gesteigerten Papiergebrauchs verdichtet, ein Bild, das allerdings auch deshalb zustande kommt, weil sie – wie ein Blick in ihre Fußnoten zeigt – nicht wie die vorangehenden Aufsätze das 13., sondern das 14. und 15. Jahrhundert im Auge hat.

Was also lässt sich aus diesem Literaturbericht für den Zuschnitt und die Ziele der vorliegenden Studie lernen? Voreilige Schlüsse bzw. eine verzerrende Verdichtung wie bei Iannuccelli sind sicherlich nur zu verhindern, wenn umfassendere Daten zu einzelnen Regionen gesammelt werden, die nicht nur die Papierüberlieferung berücksichtigen, sondern konsequent auch den Konkurrenten Pergament bedenken. Kulturelle bzw. soziale Mechanismen bei der Entscheidung für den ‚alten' oder den ‚neuen' Beschreibstoff lassen sich allerdings umgekehrt nur durch den Vergleich mit anderen Räumen bzw. ‚Kulturen' schärfer fassen. Dabei lassen sich schließlich von Iannuccelli noch zwei andere Aspekte zum Vorbild nehmen: Zum einen scheint die Entscheidung für eine längere zeitliche Perspektive vom 13. bis 15. Jahrhundert vielversprechend, wenngleich die Ergebnisse anders als bei ihr zeitlich zu differenzieren sind. Zum anderen ist dies die Beobachtung, dass Iannuccelli anders als die zuvor genannten Autor*innen ihre Argumentation hauptsächlich nicht auf bis heute erhaltene historische Papiere stützt, sondern auf zeitgenössische Reflexionen über Papier.

Methodische Zugänge

Auf diesen Vorüberlegungen fußend versteht sich die vorliegende Studie als ein Beitrag, der mit exemplarischen Seitenblicken inner- wie außerhalb des christlichen Europa auf die Entwicklungen in zwei spätmittelalterlichen Großregionen südlich und nördlich des Alpenkamms konzentriert ist. Beide dürfen als frühe und erfolgreiche Standorte der Papierproduktion gelten, zugleich als politisch dynamische und ökonomisch potente, eng vernetzte Zentren, für die der Nutzen und die Verwendung der bald gut verfügbaren Ware Papier also in vielen Lebensbereichen eigentlich geradezu auf der Hand liegt.

Zum einen handelt es sich dabei um die norditalienische Städtelandschaft, die zweifellos ein zentraler Motor für die Durchsetzung des Papiers in Europa war: Von hier gingen ab dem 13. Jahrhundert nicht nur die entscheidenden Impulse zur Verbesserung und Rationalisierung des Herstellungsprozesses aus, sondern die sich rasch ausbreitenden Manufakturen konnten auch bis ins 15. Jahrhundert hinein das Monopol zur Belieferung des gesamten Kontinents behaupten. Zum anderen geht es um den im Verlauf des Spätmittelalters zunehmend urbanisierten süddeutschen Raum, in dem sich das italienische Knowhow der Papierherstellung nach Frankreich als zweitem nordalpinen Standort erfolgreich ansiedelte; die frühesten nachweisbaren Mühlengründungen fallen noch in das letzte Jahrzehnt vor 1400 (s. dazu mehr in Kap. B.2).

Um für diese beiden Herrschaftsräume eine Kulturgeschichte des Papiergebrauchs in Hoch- und Spätmittelalter zu entwickeln, sind methodisch verschiedene Zugänge denkbar. Da davon auszugehen ist, dass die konkrete Benutzung und der damit zugeschriebene kulturelle Stellenwert von Papier als Beschreibstoff in hohem Maße ‚tacit knowledge' und implizites Wissen waren, liegt es erstens auf der Hand, die überlieferten Blätter selbst in den Blick zu nehmen und über ihre Materialität und Gestaltung bzw. die auf ihnen fassbaren Gebrauchsspuren nach den Praktiken im Umgang mit dem Beschreibstoff zu fragen.[226] Zweitens lässt sich die Einführung und Durchsetzung des Papiergebrauchs am Beispiel konkreter Archiv- und Bibliotheksbestände nachvollziehen. Als dritter Zugang ist die Suche nach zeitgenössischen Bemerkungen über bzw. Reflexionen auf seinen ‚Gebrauchswert' möglich.[227]

Der Impetus, aus der Materialität historischer Papiere selbst Indizien für die Geschichte des Beschreibstoffs abzulesen, geht zurück auf die Generation der bis heute zentralen Papierforscher um 1900, für die Erforschung von Papieren aus dem Mittleren und Nahen Osten vor allem auf das Duo Joseph von Karabacek und Julius Wiesner,[228] für den europäischen Bereich insbesondere auf Charles-Moïse Briquet.[229] Angeregt durch die rasanten Fortschritte der Lichtmikroskopie in ihrer Gegenwart produzierten sie nicht nur bis heute zitierte Ergebnisse, sondern etablierten zumindest zum Teil bis heute gültige Untersuchungsstandards.[230]

---

[226] Impulse für die Umsetzung eines solchen Anspruchs liefert derzeit vor allem die Archäologie mit Begriffen wie Objektbiographie, die als gesamthafte Lebensgeschichte eines Artefakts den bislang dominierenden Fokus auf die Entstehungsumstände eines Objekts auf spätere Rezeptionsakte in gewandelten Kontexten weitet, und ‚Affordanz', definiert als im Objekt physisch codierter Angebotscharakter, der bestimmte menschliche Handlungen und Deutungen an diesem Objekt ermöglicht. Das aus dem Englischen entlehnte Kunstwort zielt darauf, über eine Artefaktanalyse zumindest näherungsweise gesellschaftlich verbreitete und routinisierte Praktiken zu identifizieren, die wiederum Rückschlüsse auf kulturell spezifische Wissensordnungen gestatten. Zum Begriff der Objektbiographie und den damit verbundenen Konzepten vgl. den initialen Aufsatz des Anthropologen Igor Kopytoff, The cultural biography of things, 1986, sowie die Überlegungen der Archäologen Gosden/Marshall, The cultural biography of objects, 1999. Beispiele für Objektbiographien nicht nur in der archäologischen Forschung bietet der Handbuchartikel von Hennig, Art. IV.19. Objektbiographien, 2014. Zur Operationalisierung vgl. Focken et al., Material(itäts)profil – Topologie – Praxeographie, 2015; zur Bedeutung des Konzepts vgl. Hilgert, Materialisierung des Kulturellen – Kulturisierung des Materiellen, 2014, 2. Zu Geschichte, Konzepten und Kontroversen um den Begriff Affordanz vgl. Tsouparopoulou/Fox/Panagiotópoulos, Affordanz, 2015; s. auch Reckwitz, Die Materialisierung der Kultur, 2014.
[227] Im Sonderforschungsbereich 933 wird diese Form der Schriftquellen als Metatexte gefasst, s. dazu Gertz et al., Metatext(ualität), 2015, 207–212.
[228] Vgl. Karabacek, Das arabische Papier, 1887 (angesichts seiner Bedeutung über hundert Jahre nach seinem Erscheinen auch in englischer Übersetzung verfügbar gemacht: ders., Arab paper, 2001), und ders., Neue Quellen zur Papiergeschichte, 1888, sowie unter anderem Wiesner, Die Faijûmer und Uschmûneiner Papiere, 1887.
[229] S. neben dem Dictionnaire des filigranes hier vor allem die posthum gesammelt publizierten kleineren Werke Briquets in Briquet's Opuscula, 1955.
[230] Zugleich gelang ihnen die grundlegende Erschütterung der seit dem 18. Jahrhundert etablierten, für unangreifbar gehaltenen Forschungsmeinung, die Einführung des Papiers wäre in zwei Etappen erfolgt und der späte Erfolg des neuen Beschreibstoffs wäre mit der Ablösung eines älteren,

Serielle Erhebungen an größeren Korpora haben in der jüngeren Vergangenheit – wie oben bereits angeführt – die italienisch-französische Kooperation „Progetto Carta" und der amerikanische Papierrestaurator Timothy Barrett mit seinem Team vorgelegt.[231] Während Barrett die im Papier verbliebene Konzentration von Metallen und Calcium, den pH-Wert, die Faserlänge, den Gelatine- und Alaungehalt testete, um diese Faktoren mit Farbgebung, Festigkeit und Alterungsbeständigkeit zu korrelieren,[232] hielt man im „Progetto Carta" die serielle Analyse von Siebstruktur, Wasserzeichen, Papierstärke und Weißegrad für aussagekräftige Indizien für die gestellten kulturhistorischen Fragen.[233] Dass es nur wenige solcher Reihenuntersuchungen gibt, hat zweifelsohne mit den für solche Vorhaben nötigen erheblichen personellen wie finanziellen Ressourcen zu tun.[234] Schon wegen der gehobenen konservatorischen Standards der Gegenwart sind sie eigentlich nur noch unter wesentlicher Beteiligung der Restaurierungs- und Materialwissenschaften denkbar, die die nötigen Kompetenzen und Gerätschaften für die aufwändigen naturwissenschaftlichen Analyseverfahren einbringen.[235]

---

minderwertigen „Baumwollpapiers" durch ein qualitativ hochwertigeres „Leinenpapier" zu erklären, vgl. dazu ausführlich Kap. B.6.

231 Vgl. dazu oben Anm. 208 und 212. S. auch den Verweis von Schultz, Papierherstellung im deutschen Südwesten, 2018, 8, auf die von Monique Zerdoun-Bat-Yehouda unter dem Titel „Les papiers filigranés médiévaux" 1989 vorgelegten Arbeiten zu einem Korpus an hebräischen Manuskripten des Mittelalters mit dem Ziel, für diese Gruppe eine Wasserzeichen-Sammlung anzulegen, zugleich aber auch Rückschlüsse auf die ursprünglichen Papierformate und die üblichen Arten des Falzens zu ziehen.

232 Vgl. Barrett, Paper through Time, 2012, und vor allem das bemerkenswerte Resümee seiner Ergebnisse in ders., Parchment, Paper, and Artisanal Research Techniques, 2013. S. dazu Schultz, Papierherstellung im deutschen Südwesten, 2018, 25f. Als Essenz der verschiedenen Studien lässt sich zusammenfassen, dass die durch ihre Qualität und Alterungsbeständigkeit hervorstechenden Papiere des 15. Jahrhunderts einen höheren Gelatine- und Calciumgehalt wie auch einen höheren pH-Wert aufweisen. Im Verlauf der Jahrhunderte nimmt sowohl der pH-Wert als auch die Faserlänge ab. Ein entscheidender Faktor ist nach Barrett die Leimung: Tierischer Leim mache Papiere demnach nicht nur tintenfest, sondern auch besonders alterungsbeständig.

233 S. dazu Busonero et al., L'utilisation du papier dans le livre italien, 1993, 403–405, sowie das Inhaltsverzeichnis in Ornato et al., La carta occidentale nel tardo medioevo, Bd. 1. Untersuchungen zur Porösität, Transparenz und Faserzusammensetzung wurden anders als projektiert (so Federici/Ornato, „Progetto Carta", 1990, 5) offenbar nicht durchgeführt, s. dazu Schultz, Papierherstellung im deutschen Südwesten, 2018, 22, Anm. 98.

234 S. beispielhaft die wegen der versiegenden Finanzierung notwendige Verkleinerung des „Progetto Carta", wie beschrieben in Busonero et al., L'utilisation du papier dans le livre italien, 1993, 402; dies., Pour une histoire „multidimensionelle" du papier filigrané, 1999, 175, und Ornato et al., La carta occidentale nel tardo medioevo, Bd. 1, 10.

235 S. dazu als aufschlussreichen neueren Beitrag zur Debatte Brückle, Papier als Kulturgut systematisch betrachtet, 2017: Die Professorin für Konservierung und Restaurierung von Kunstwerken auf Papier, Archiv- und Bibliotheksgut an der Staatlichen Akademie der Bildenden Künste Stuttgart schlägt darin eine viergliedrige Systematik zur Beschreibung historischer Papiere vom Bogen zur Mikrostruktur des Blatts über seine Fasern bis zur molekularen Ebene mit einem standardisierten

In jüngerer Zeit sind sie aus der Warte der Geschichtswissenschaften daher fast nur noch als Auftragsarbeiten oft kleiner bis kleinster Samples zu fassen, bei denen sich zwangsläufig die Frage nach der Generalisierbarkeit der Ergebnisse stellen muss.[236] Sie bleiben in der Regel also einer ‚Geschichte des Objekts' verpflichtet, statt – wie das Jan Keupp und Romedio Schmitz-Esser in ihren ebenso anregenden wie problembewussten Überlegungen zum ‚material turn' in den mediävistischen Geschichtswissenschaften gefordert haben – auf eine ‚(Kultur-)Geschichte aus dem Objekt' heraus zu zielen.[237]

Solche durch naturwissenschaftliche Verfahren gewonnenen Erkenntnisse stehen allerdings nicht völlig allein. Zwar zerstreut, aber doch häufiger, sobald man danach zu suchen beginnt, trifft man auf Materialbeobachtungen, die oft auf über lange Jahre gesammelten, jedoch nicht näher dokumentierten Eindrücken und Erfahrungen im Umgang mit Archiv- und Bibliotheksmaterial fußen. Dem Vorbild des Papierforscher-Pioniers Briquet folgend sind als prominente Beispiele dafür die instruktiven, leider aber nicht mehr nachprüfbaren Arbeiten des englischen Technikhistorikers Richard L. Hills[238] oder des französischen Byzantinisten, Kodikologen und Paläographen Jean

---

Vokabular und fotografischer Dokumentation vor. Nach ihrem Dafürhalten solle sie zwar für die interdisziplinäre Nutzung offenstehen, könne jedoch nur von ausgebildeten Restaurator*innen angemessen ausgeführt werden, s. dazu bes. ebd., 160–162.

236 S. etwa die Faseranalysen an den zwischen 1371 und 1419 entstandenen Rechnungsbüchern der Stadt Butzbach, ed. Bachmann, Die Butzbacher Stadtrechnungen, Bd. 1, 2011, 25–27, mit dem unerwarteten Ergebnis, dass die verwendeten Papiere aus einem Gemisch von Ramie (Chinagras) und Baumwolle mit kleinen Anteilen Jute gefertigt worden seien, oder aber den Aufsatz Roselli et al., Tecniche diagnostiche, 2014, mit dem Ziel des Vergleichs der Produktionsverfahren in den Mühlen in Fabriano und Camerino vom 13. bis 15. Jahrhundert am Beispiel von insgesamt 21 zwischen 1264 und 1464 datierten Dokumenten (s. Liste 241–243). S. auch die verschiedenen Beiträge im anregenden Konferenzband Slavin et al. (Hg.), Looking at Paper, 2001.

Im Museumsbereich sowie in der Kunstgeschichte sind sammlungs- bzw. künstlerbezogene Untersuchungen anlässlich von Ausstellungsprojekten nicht selten, obwohl die Ergebnisse solcher Analysen in den Katalogen meist nur fragmentiert in die Objektbeschreibungen einfließen. S. zum Beispiel das zwischen September 2011 und September 2012 geförderte Forschungsprojekt „Dürers Tinten & Wasserzeichen" zur Vorbereitung der Ausstellung „Der frühe Dürer" 2012 im Germanischen Nationalmuseum Nürnberg mit dem Ziel, aus der Materialität der frühen Federzeichnungen Argumente in den Diskussionen um Authentizität, Datierung und Funktion der Stücke zu gewinnen; ein Ergebnisbericht im Katalog fehlt; s. stattdessen eine knappe Beschreibung auf den Seiten des daran beteiligten freiberuflich tätigen Papierspezialisten und Kunsthistorikers Georg Dietz unter URL: http://www.papierstruktur.de/ (Stand: 27.02.2023). Vgl. als Ausnahme den Beitrag von Dietz, Die Bedeutung der Papier- und Wasserzeichenuntersuchungen für die kunstgeschichtliche Forschung, 2011, im Katalog „Zeichnen im Zeitalter Bruegels" zur Ausstellung 2011/12 im Dresdner Kupferstich-Kabinett.

237 Keupp/Schmitz-Esser, Mundus in gutta, 2012, 10.

238 So sucht Hills, Early Italian Papermaking, 1992a+b, seine These einer stetigen Qualitätsverbesserung der Papiere italienischer Herkunft im Verlauf des 14. Jahrhunderts konsequent an Materialbeobachtungen zu belegen – etwa an einer sorgfältigeren Bereitung der Pulpe mit immer kürzeren, besser fibrillierten Fasern (Hills, Early Italian Papermaking, 1992a, 77 u. 83), an einer zunehmenden Feinheit der für die Schöpfform verwendeten Drähte (ebd., 86–90, bes. 89f.), an einer Verbesserung

Irigoin zu nennen.²³⁹ Konkreter belegt sind die Materialbeobachtungen, die die Historikerin Sandra Schultz und der Restaurator Johannes Follmer an Ravensburger Beispielen des 15. Jahrhunderts²⁴⁰ sowie die Restauratorin Sylvia Rodgers Albro in ihrem Buch über das Mühlenrevier Fabriano aus dem Jahr 2016 anstellen.²⁴¹ Gemeinsam haben sie mit ihren Vorgängern allerdings, dass sie sich vor allem auf die Spuren der Produktionstechniken in den historischen Blättern und die daraus abzuleitenden Unterschiede in den Herstellungsverfahren konzentrieren. Gebrauchsspuren in Papieren sind demgegenüber kaum in den Blick der Forschung gerückt. Eine noch beiläufig erscheinende Ausnahme bilden nur jüngere Studien zum mittelalterlichen Genre des Briefes, die sich auch für materielle Befunde wie etwa Verschluss- und Siegeltechniken interessieren.²⁴²

Auch im vorliegenden Forschungsprojekt wurde von Beginn an versucht, die Materialexpertise von Restaurierungswissenschaftler*innen, Handpapiermachern und Kalligraphen einzuholen.²⁴³ Ein kleines ausgewähltes Sample von 41 Archiv-

---

der Leimung und ihrer Techniken (ebd., 93–95) etc. (s. dazu insgesamt mehr in Kap. B.2) –, ohne freilich immer nachvollziehbar anzugeben, auf der Basis welcher Papierproben er zu diesen Erkenntnissen kommt (s. dazu auch Schultz, Papierherstellung im deutschen Südwesten, 2018, 21f.). Ähnliches gilt für seinen Aufsatz Hills, A Technical Revolution in Papermaking, 2001: Hier demonstriert er seine Thesen zwar an vier frühen Papieren aus den Archiven der Hereford Cathedral, die auf die Jahre 1308, 1322/23, 1375–1400 und 1393/96 datiert werden; sie seien jedoch, wie er selbst erklärt (ebd., 105), illustrativ zu verstehen, „[w]hile the background to this research has been carried out over many years in many different countries".

239 Für Beispiele vgl. oben die Anm. zu Kasten A.3; s. auch Zusammenfassungen von Irigoins zahllosen, zerstreuten Beobachtungen bei Agati, The Manuscript Book, 2. Aufl. 2017, 82–100 in den Kapiteln „Types of Paper and Respective Manufacturing Techniques" sowie „Characteristics of the Sheets with Reference to the three Moulds". Nicht umsonst wird Irigoin vom italienisch-französischen Team des „Progetto Carta" als zentraler Ideengeber und direkter Gesprächspartner für das Konzept ihrer Untersuchungen angeführt, s. dazu das Vorwort von Carlo Federici in: Ornato et al., La carta occidentale nel tardo medioevo, 2001, Bd. 1, IX f. Für seine einschlägigen Forschungen zur Frage, wie sich die in der islamisch dominierten Welt bzw. in Lateineuropa produzierten Papiere durch ihrer Materialität unterscheiden lassen, vgl. Kap. B.2.
240 Schultz/Follmer, Von Brillen, Knoten und Wassertropfen, 2015; für Beispiele vgl. Kap. B.2.
241 Rodgers Albro, Fabriano, 2016; für Beispiele vgl. oben die Anm. zu Kasten A.3.
242 Vgl. etwa Holzapfl, Kanzleikorrespondenz des späten Mittelalters in Bayern, 2008, 56f. mit Beobachtungen zu Veränderungen des Brieflayouts im Verlauf des Untersuchungszeitraums, die der Autor auf das pragmatische Bedürfnis zurückführt, ein Aufreißen des Papiers durch das Aufbrechen des Briefsiegels zu verhindern, ebd. 96, zur Gewohnheit, die aufgedrückten Siegel mit quadratischen Papierstücken abzudecken, ebd., 99f., mit der Beschreibung der Briefverschlüsse unter anderem mit Hilfe schmaler Bändchen aus Papier oder Pergament, die durch alle Lagen gezogen wurden. Vgl. den konzisen Überblick über das spätmittelalterliche Korrespondentenwesen bei Herold/Antenhofer, Der Briefwechsel von Barbara Gonzaga, 2013, 58–61, bes. 60f., der die italienischen und deutschen Eigenheiten nicht nur im Briefformular, sondern auch in der Art der Faltung und beim Verschluss der Briefe ausführlich bespricht.
243 S. hierzu Meyer/Schultz, Tagungsbericht zum Workshop „Paper Biography", 2012, und Meyer et al., Paper in the Laboratory, 2013.

einheiten (ein Buch und 47 Einzelblätter), die heute im Hauptstaatsarchiv Stuttgart aufbewahrt werden, konnte in Zusammenarbeit mit dem Kölner Papierrestaurator Thomas Klinke versuchsweise selbst einer intensiveren Autopsie unterzogen werden. Sie schloss auch eine mikroskopische Untersuchung der Papieroberflächen ein, verzichtete jedoch selbstverständlich auf zerstörerische Eingriffe wie Faseranalysen. Die zentralen Ergebnisse dieser Kooperation liegen bereits in Aufsatzform publiziert vor und sind auch in das Kapitel B.1 eingeflossen.[244]

Die daraus zu ziehenden Erkenntnisse bleiben ambivalent: Einerseits wurde deutlich, dass schon mit dem bloßen Auge und ohne aufwändige Untersuchungsverfahren kulturhistorisch relevante Beobachtungen aus solchen Papieranalysen gezogen werden können.[245] Als Herausforderung bleibt jedoch, systematisierte Verfahren und eine intersubjektiv nachvollziehbare Dokumentation solcher Materialbeobachtungen zu etablieren und das heißt vor allem: eine adäquate Terminologie dafür zu entwerfen. Anders als archäologisches Fundmaterial oder museale Objekte wird die ‚Flachware' Papier ebenso wie das ältere Pergament eher von ‚Text'- als von ‚Materialexpert*innen' bearbeitet. Nicht umsonst verzeichnen Handschriftenkataloge und Findhilfen der Archive zwar oft, ob die von ihnen beschriebenen Dokumente auf Papier oder Pergament stehen; in den Handschriftenkatalogen folgt in der Regel auch eine Liste der Wasserzeichenmotive. Für eine weitere Qualifizierung der Beschreibstoffe etwa nach ihrer Wertigkeit, ihrer ästhetisch-optischen bzw. haptischen Eigenschaften und sogar ihres Erhaltungszustands fehlt dagegen bislang eine normierte Sprache.[246]

Dazu kommt als zweites Problem, dass die Erwartung an so generierbare Ergebnisse nicht zu hoch geschraubt werden darf. Sie helfen, aus den klassischen Quellen der Historiker*innen geschöpfte Erkenntnisse zu überprüfen, auszudifferenzieren, gelegentlich auch zu erweitern, sie bleiben allerdings zwingend auf eine solche Kontextualisierung angewiesen. Allein aus ihnen heraus lässt sich Papiergeschichte nicht schreiben.

Für die vorliegende Studie erschien als wesentliches Desiderat der fehlende Überblick über bislang publizierte Materialbeobachtungen in ihrer Heterogenität wie auch unterschiedlichen Verlässlichkeit. Wenn sie vor allem in Kap. B.2 zentral aufgegriffen werden, so darf und will dabei keineswegs übergangen werden, dass eine systematische Zusammenschau wegen der mangelnden Vergleichbarkeit der in den einzelnen

---

[244] Vgl. Meyer/Klinke, Geknickt, zerrissen, abgegriffen, 2015. Ich danke Peter Rückert, Landesarchiv Baden-Württemberg, Hauptstaatsarchiv Stuttgart, für die großzügige Genehmigung und Förderung dieser Untersuchungen.

[245] S. mit ähnlichen Erfahrungen auch schon Klinke, Die dritte Dimension, 2009.

[246] S. zu diesem Problem und weiterer Literatur bereits ausführlicher Meyer/Klinke, Geknickt, zerrissen, abgegriffen, 2015, bes. 144–148 und 169–174, mit weiteren Ergänzungen außerdem die äußerst hilfreiche Zusammenstellung verschiedener Beschreibungsformulare bei Schultz, Papierherstellung im deutschen Südwesten, 2018, 28–33, die schon über die beteiligten Autor*innen die französische Kodikologie als führend für diese Fragen ausweist.

Analysen gewonnenen Daten oft schwierig ist.²⁴⁷ Dazu stellt sich die Aufgabe, inwiefern die Erkenntnisse dieser Studien trotz ihrer bisherigen starken Fokussierung auf die Techniken der Herstellung auch für Fragen des Papiergebrauchs nutzbar gemacht werden können.²⁴⁸

Als ein zweiter methodischer Weg bietet sich für die oben gestellten Fragen an, die – archäologisch gesprochen – Vergesellschaftung der Dokumente, das heißt, ihre Einbettung und ihren Stellenwert innerhalb einer Sammlung bzw. eines Bestandes in den Blick zu nehmen. Eine solche Zielsetzung profitiert demnach von Untersuchungsmethoden, wie sie ohne Fokus auf den Beschreibstoff in archiv- oder bibliothekswissenschaftlichen Bestandsgeschichten wie auch in Kanzlei- und Verwaltungsgeschichten schon eine lange Tradition besitzen. Am Beispiel der jüngeren französischen Forschung wurde bereits dargestellt, dass sie auch auf Fragen der Papier- und Pergamentverwendung angewendet werden können, während für den deutschen Sprachraum bislang nur wenige, zerstreute und für Italien nach m. W. keine Vorbilder existieren.

In dieser Studie wurde dieser Weg durch eine Fallstudie zur Überlieferung der Grafen von Württemberg beschritten, die heute zentral im Bestand A602 des Hauptstaatsarchivs Stuttgart liegt und aus der auch die oben schon genannten 41 materialwissenschaftlich näher analysierten Archiveinheiten stammen. Maßgebliche Voraussetzung für diese Analyse war, dass das Findbuch zu diesem Bestand als digitale Datenbank vorliegt und demnach statistische Erhebungen erlaubte. Sie bilden den Ausgangspunkt der Überlegungen zum Papiergebrauch in Württemberg und im Mantovano, die in Kap. B.1 exemplarisch vorgestellt werden. Für Italien konnte in der Konzeptionsphase des vorliegenden Habilitationsprojektes leider keine vergleichbare Herrschaft identifiziert werden, die eine digitale Erschließung als Basis für quantitative Auswertungen geboten hätte. Eingeflossen sind jedoch qualitative Beobachtungen aus dem ‚Archivio Gonzaga' im Mantuaner Archivio di Stato: Die Überlieferung aus der Herrschaft der Gonzaga über Mantua und seinen Contado wurde nicht nur gewählt, da sie mit der spätmittelalterlichen Grafschaft Württemberg entscheidende politische,

---

247 Selbst bei einer sorgfältigen Fotodokumentation sind erhebliche Unterschiede durch die unterschiedlichen Typen der verwendeten Mikroskope und ihre technische Weiterentwicklung wie auch durch die jeweils eingesetzten Mikroskopieverfahren und vor allem angesichts unvermeidlicher Abweichungen bei der Präparation der Proben (insbesondere Schnitt- und Färbetechniken) zu erwarten, s. dazu Meyer et al., Paper in the Laboratory, 2013, 2–5: Bericht über einen Workshop zur Faseranalyse bei historischen Papieren mit der Papierrestauratorin Agnieszka Helman-Ważny. S. ein Beispiel für die Notwendigkeit der „re-evaluation" älterer Lektüreergebnisse bei Bower, The White Art, 2001, 7. Auch von Seiten der Restaurator*innen wird zumindest in jüngeren Forschungsbeiträgen offen angesprochen, dass die aus der Materialanalyse gewonnenen Ergebnisse und Werte nicht immer eindeutige und schlüssige Antworten auf kulturhistorische Fragen erlauben, s. hierzu exemplarisch zwei Beiträge im Sammelband „Looking at Paper. Evidence & Interpretation": Rischel, Through the Microscope Lense, 2001, 187; Woodward, Martha and Mary, 2001, 137.
248 S. dazu schon Meyer/Klinke, Geknickt, zerrissen, abgegriffen, 2015, 136.

ökonomische und sozio-kulturelle Rahmenbedingungen teilte.[249] Entscheidend war vielmehr, dass beide Herrschaften im späten 15. Jahrhundert über diplomatische Beziehungen und familiäre Verflechtungen auch eng miteinander vernetzt waren, so dass die Ergebnisse aus Mantua in Teilen Schlaglichter ins Dunkel württembergischer Überlieferungsverluste zu werfen vermögen.

Bewusst wurde für diese Fallstudien administratives Schriftgut und nicht die Überreste der hoch- und spätmittelalterlichen Bibliotheken gewählt, obwohl die in ihnen verwahrte gelehrte und literarische Buchproduktion zweifellos ein bedeutender Faktor des Papierkonsums war.[250] Ein erster Grund dafür war: Während in den Bibliotheken schon deutlich länger und systematischer als in der Archivlandschaft die Katalogisierung und Digitalisierung der Bestände forciert wurde und damit zunehmend Werkzeuge für serielle Untersuchungen zur Verfügung stehen, erschien der Erschließungsgrad der Archive und damit auch die Forschung zu ihren Beständen gerade zu Beginn der Arbeit an dieser Studie noch im Hintertreffen. Ein – um die archäologische Metaphorik fortzusetzen – ‚Suchschnitt' in diesem Bereich musste daher besonders vielversprechend sein. Zugleich wurde gerade in jüngster Zeit deutlich, mit welchem Tempo die deutsche Archivlandschaft hier inzwischen aufholt. Eindrucksvoll ließ sich dies daran ablesen, wie massiv der Kasten A.4. zur frühen Papierüberlieferung im deutschen Sprachraum in der Phase der Drucklegung dieser Arbeit durch neue digitale Angebote der Archive um in der Literatur bislang völlig unbekannte Funde angewachsen ist.

Ein zweiter Grund dafür, nicht Bibliotheksgut, sondern Verwaltungsschrifttum in den Mittelpunkt zu rücken, liegt in der Kleinteiligkeit und Vielfältigkeit des in den Archiven verwahrten Schriftguts begründet. Der ‚Suchschnitt' in diesem Bereich erschien also auch inhaltlich besonders reizvoll und erfolgsversprechend, weil in der materiellen Heterogenität des Verwaltungsschrifttums eine besonders breite Vielfalt an ‚papiernen Praktiken' vermutet werden durfte. Vielleicht war diese größere Vielgestaltigkeit auch ein Grund dafür, dass – wie speziell im Kap. B.3 anschaulich werden wird – im administrativ-rechtlichen Bereich den Schreibern und ihren Auftraggeber(*inne)n die Notwendigkeit zur (zumindest beiläufigen) diskursiven Ver-

---

[249] So nahmen die analysierten Herrschaften im Untersuchungszeitraum eine ähnliche Position innerhalb der Ranggesellschaft des römisch-deutschen Reichs ein und sie verfügten über eine vergleichbare Territorialmacht, die nicht nur für das norditalienische Mantovano, sondern auch für die württembergische Landschaft als durch Städte geprägt und im Verlauf des Spätmittelalters als zunehmend urbanisiert charakterisiert werden kann.

[250] Für diese Entscheidung sprach schon der Forschungsstand, der – wie nicht nur das italienisch-französische „Progetto Carta", sondern insgesamt das besondere Interesse der Kodikologie am Beschreibstoff Papier zeigt – in den letzten Jahrzehnten die größten Fortschritte für den Bereich der Buchkultur vorweisen kann, s. dazu auch das Urteil von Lyons/Marquilhas, A World Inscribed – Introduction, 2017, 16, wonach gerade im anglo-amerikanischen Raum die „history of written culture" noch oft implizit verengt als „history of reading and publishing", zudem mit dem Fokus auf „the bound and printed volume", betrieben werde.

gewisserung über ihren Papiergebrauch bzw. dessen Reglementierung ungleich höher erschien.

Diese Beobachtung leitet zum dritten und für diese Studie entscheidenden, in den Kapiteln des Hauptteils dominierenden Erkenntnisweg über, um die Rolle und Bedeutung des Papiers in der mittelalterlichen Schriftkultur zu ermitteln: Im Anschluss an die oben geschilderten Überlegungen zu Simonetta Iannuccelli ist er in den zeitgenössischen Kommentaren zu Papier, seiner Geschichte, seinen materialen Eigenschaften und seinem Gebrauchswert zu bestimmen. Diese Entscheidung ist als ein zentrales Ergebnis der Auseinandersetzung mit dem historisch überlieferten Textträger ‚Papier' im Archiv zu verstehen. Denn die intensive Auseinandersetzung mit seinen materiellen Aspekten ließ sehr schnell deutlich werden, dass entsprechende Befunde ohne eine begleitende Analyse zeitgenössischer Einschätzungen und Hinweise zu seiner Verwendung kulturhistorisch nicht angemessen gedeutet werden können. Ohne sie bleiben kausale Herleitungen in der Regel spekulativ und damit nicht vor anachronistischen Rückschlüssen gefeit. Vor allem aber bleiben soziale Konventionen und Prozesse als Faktoren bei der Bewertung eklatant unterschätzt.

Diese Überlegungen lassen sich durch klassische, etwa von Karl Mannheim vertretene Positionen der Wissenssoziologie stützen, die – wie der Soziologe Andreas Reckwitz hervorgehoben hat – auch durch das neue interdisziplinäre Interesse an der Materialität unserer Lebenswelt nicht obsolet geworden sind: Demnach wird praktisches Wissen, so Reckwitz, „nicht durch eine individuelle Konfrontation mit einer bestimmten Welt voller Objekte und Ereignisse" erworben, sondern der Akteur wird vielmehr im Umgang mit den Dingen „in einen spezifischen Denkstil sozialisiert [...], der innerhalb einer Gruppe, einer sozialen Klasse oder Generation als wahr oder normal gilt".[251] Nach Mannheim müssen, so Reckwitz weiter, die Prozesse sozialer Interaktion, in denen die Akteure ihren „Denkstil" ausbilden, natürlich nicht zwingend in einer schlichten Übernahme der Kategorien anderer münden. Ebenso denkbar ist im Sinn eines intellektuellen Wettstreits auch die Abgrenzung davon. Dies rüttelt jedoch nicht an der grundlegenden Hypothese, dass auch die Entstehung solchen praktischen Wissens als kollektives Kommunikationsgeschehen zu denken ist.[252] Daraus

---

[251] Reckwitz, Der Ort des Materiellen in den Kulturtheorien, 2008, 137, s. dazu Mannheim, Konservatismus, 1984, 68: „Auch der vereinsamteste Denker denkt nicht in Einfällen, sondern aus einer umfassenderen, sein Leben irgendwie beherrschenden Denkintention heraus. Seine Denkintention ist aber stets Teil einer über ihn hinausragenden kollektiven Denkintention. Diese Tatsache widerspricht nicht dem Vorhandensein des Schöpferischen und schmälert nicht den Bereich der irrationalen Elemente unseres Lebens. Es bedeutet nur, dass auch das ‚Genie' nicht im luftleeren Raum denkt [...]. Mag er [= das ‚Genie', Anm. d. Verf.] noch so radikal Neues in die Welt setzen, [...] sein Begriffsschatz wird nur die Abwandlung dieses Kollektivgutes sein, und die Neugestaltung wird stets und immer wieder in diesen wachsenden Strom aufgenommen werden."

[252] S. dazu noch einmal dezidiert Reckwitz, Der Ort des Materiellen in den Kulturtheorien, 2008, 139: „Dass das kulturelle Wissen sozial konstituiert ist, bedeutet hier nichts anderes, als dass die Gemeinsamkeit des Wissens aus den sozialen Konventionen und Interaktionen resultiert, die eine

ergibt sich, dass die am Objekt ablesbaren ‚Praktiken' des Papiergebrauchs und die verschriftlichten ‚Diskurse' nicht getrennt voneinander untersucht werden dürfen.[253]

Rückbezogen auf das Thema des Papiergebrauchs im mittelalterlichen Italien und Deutschland stoßen diese Überlegungen freilich auf das Problem, dass die bisherigen allgemeinen Einschätzungen in der Forschung zur Rolle und Bedeutung des Faktors Papier in den Entwicklungen und Veränderungen der spätmittelalterlichen Schriftkultur nicht von zeitgenössischen Äußerungen angeregt und gelenkt wurden, wie dies zum Beispiel beim Buchdruck der Fall ist. Sie beruhen vielmehr auf den materiellen Eindrücken der massiv angewachsenen Bestände sowohl in Archiven als auch Bibliotheken; ihre Relevanz wurde damit erst in der Rückschau der modernen Forschung erfasst. Zugleich darf man der Forschung keineswegs den Vorwurf machen, sie hätte nicht nach expliziten Urteilen der Zeitgenossen gesucht. Auch der Zugang über Schriftquellen kann sich selbstverständlich auf Sammlungen älterer Forschungen stützen, die in Teilen sogar bis in die Frühe Neuzeit zurückreichen.[254]

Bislang wurden mittelalterliche Aussagen über Papier allerdings einseitig als ‚Faktensteinbruch' entweder für die Technikgeschichte der Papierherstellung oder aber für die regional unterschiedlich schnelle Durchsetzung des Papiers als Beschreibstoff genutzt. Eine breitere, systematische Darstellung der Wahrnehmungs- und Wissensgeschichte fehlt für das mittelalterliche Papier – und dies ist m. E. sowohl als ein Thema mit eigenständiger Bedeutung relevant als auch als *Voraussetzung* für auf Material und Menge bezogene Untersuchungen zum praktischen Niederschlag der mittelalterlichen Papiernutzung bzw. dessen, was davon noch greifbar ist.

Dazu kommt als weitere Schwierigkeit, dass die Mehrzahl der Studien bislang lediglich einen schon erschlossenen Pool an Quellenstellen wiederholen. Zumeist

---

kollektive Vermittlung von Bedeutungsmustern ermöglicht. [...] Denkstile sind nicht individuell, sondern werden in sozialen Gruppen geteilt; um geteilt werden zu können, müssen sie innerhalb der sozialen Gruppen angeeignet werden."

253 S. dazu auch die theoretischen Überlegungen bei Füssel/Neu, Doing Discourse, 2010, bes. ab 222. Schon Foucault, so ebd. 223, habe in seiner „Archäologie des Wissens" die Forderung gestellt, Diskurse „als Praktiken zu behandeln, die systematisch die Gegenstände bilden, von denen sie sprechen". Auch arbeitspragmatisch ist von einer unauflöslichen Verflechtung und Wechselwirkung zwischen Diskursen und Praktiken auszugehen: So vermögen „Sprechhandlungen" Diskurse durch die Wiederholungen zu stabilisieren, umgekehrt können Diskurse konkrete Handlungskontexte vorgeben.
254 Ein deutlicher Zuwachs an Wissen und zugleich eine Systematisierung der bisherigen Informationen, die als tragfähig gelten durften, wurde zweifellos im Kreis der Urväter der Paläographie und Diplomatik um Jean Mabillon im frühen 18. Jahrhundert erreicht. Als Meilenstein ist eine Abhandlung über Papyrus und Papier des Benediktinerpaters und Gräzisten Bernard de Montfaucon zu nennen, vgl. Montfaucon, Dissertation sur la plante appelée papyrus, 1729, der als einer der Ersten die bis ins 16. Jahrhundert zurückreichenden älteren Hinweise mit wissenschaftlicher Zuverlässigkeit sammelte, s. dazu ausführlicher Kap. B.7. Besonders dichte Verweise auf diese ältere Literatur finden sich in Krünitz, Oekonomische Encyklopaedie, Bd. 106, 1807, 491–564. Wichtige Referenzgröße für die vorliegende Arbeit sind natürlich die schon oben vor allem in Anm. 28 angeführten Handbücher aus den Grundwissenschaften.

wird daher ein erstarrter Kanon an Texten tradiert, der bei dem Verweis auf ältere Literatur stehen bleibt und sich trotz intensiver Recherchen in Teilen als unüberprüfbar entpuppte. Sowohl durch neue digitale Rechercheinstrumente als auch vor allem durch neue Fragen an die Zeitzeugnisse und den Anspruch, sie systematisch auszuwerten, lässt sich das bisherige Bild demnach substantiell erweitern, ausdifferenzieren und in Teilen auch korrigieren.[255] Natürlich lassen sich zeitgenössische Reflexionen auf Papier schon wegen des breiten geographischen wie zeitlichen Zugriffs nicht mit dem Anspruch auf Vollständigkeit sammeln. Ziel dieser Studie soll es daher sein, die entsprechenden Quellen in ihrer Repräsentativität einzuordnen. Zur besseren Übersichtlichkeit wie auch als Reaktion auf die Defizite der bisherigen Forschung in Hinblick auf die wissenschaftliche Nachprüfbarkeit werden sie in der vorliegenden Studie in Form von Kästen präsentiert. Diese Kästen sollen damit auch ein Hilfsmittel und einen orientierenden Rahmen für künftige Studien bieten, ist doch in „this dishomogeneous inadequacy of the sources" – wie die italienische Kodikologin Maria Luisa Agati ebenso treffend wie ernüchternd festgestellt hat[256] – eine zentrale Ursache dafür zu sehen, dass das kulturhistorische Thema des Papiergebrauchs für das mittelalterliche Europa bislang weitgehend dem Feld des populären, von Journalisten geschriebenen Sachbuchs überlassen worden ist.

Zur Gliederung des Buches

Beschließen wir die Einleitung mit einem knappen Ausblick, welche Themen und Aspekte der Papiergeschichte im Zentrum dieser Studie stehen. Die eingangs angekündigte Kulturgeschichte des Papiergebrauchs zwischen Hoch- und Spätmittelalter mit dem geographischen Fokus auf Italien und dem deutschsprachigen Raum wird in diesem Buch multiperspektivisch in insgesamt sieben Kapiteln entwickelt.

Kapitel B.1 nimmt Fallstudien im Archiv zu den Grafen von Württemberg und den mit ihnen verschwägerten Gonzaga aus Mantua zum Ausgangspunkt, um an diesen Beispielen den Einzug und das massive Anwachsen des Papiergebrauchs im Unter-

---

255 Dies gilt insbesondere für eine Fokusverschiebung von der faktischen Durchsetzung des Beschreibstoffs auf seine Wahrnehmung und Wertschätzung als Gebrauchsmaterial, für die sich ein großer Fundus bisher nicht beachteter Quellen auftut. Wie ertragreich eine solche Suche sein kann, zeigt die in langjähriger Arbeit zusammengetragene Quellensammlung „Handschriften im Mittelalter" des Basler Kodikologen, Historikers und Bibliothekswissenschaftlers Martin Steinmann, die mit über 900 Zeugnissen aus dem Zeitraum des 1. Jahrhunderts vor Christus bis ins frühe 16. Jahrhundert eine stupende Fundgrube für die Forschung zur mittelalterlichen Handschriftenproduktion und -rezeption bietet, vgl. Steinmann (Hg.) Handschriften im Mittelalter, 2013. Wie ein Blick ins Glossar (ebd. 877) zeigt, sind auch die Beschreibstoffe Papier, Pergament und Papyrus mit sowohl oft zitierten als auch weniger bekannten Texten vertreten und durch Angaben zur Überlieferungs- und Editionslage, Übersetzungen der Passagen ins Deutsche und Sachkommentare vorbildlich erschlossen.
256 Agati, The Manuscript Book, 2. Aufl. 2017, 84.

suchungszeitraum plastisch vor Augen zu führen. Zugleich geht es auch darum, die Zufälle und Eigengesetzlichkeiten der archivalischen Bestandsbildung und damit die Probleme eines solchen Zugangs zur Papiergeschichte exemplarisch zu reflektieren.

Kapitel B.2 befasst sich mit der in der Technik- und Wirtschaftsgeschichte oft konstatierten „Paper Revolution" im hoch- und spätmittelalterlichen Europa, einem Schlagwort, das vor allem die technologischen Fortschritte bei der Papier*herstellung* meint. Für eine Geschichte des Papiergebrauchs lassen sich daraus jedoch einerseits Überlegungen zur wachsenden Verfügbarkeit von Papier in den einzelnen Großregionen ableiten. Andererseits ist aus den Schriftquellen, die uns die Akteur*innen aus Papierherstellung und -handel hinterlassen haben, noch am ehesten ein Gerüst zur Taxierung der verschiedenen Papierqualitäten, Formate und Handelsmengen zu gewinnen.

Fasst man die ersten beiden Kapitel des Hauptteils als Einheit, so wird in ihnen vor allem aus der Retrospektive moderner Forschung argumentiert, um Gründe dafür zu sammeln und zu verdichten, weshalb man schon für die mittelalterlichen Jahrhunderte ab etwa 1100 bis zum Ausgang des 15. Jahrhunderts von einem ‚paper turn' sprechen kann. In den folgenden fünf Kapiteln rückt der Fokus stattdessen auf die Wahrnehmungs- und Wissensgeschichte des Papiers; hier wird schnell deutlich, dass die mittelalterlichen Menschen auf der italienischen Halbinsel und im deutschen Sprachraum ihre Lebenszeit wohl kaum als ‚Papierzeit' beschrieben hätten. Ein wichtiges Ziel der Kapitel ist es daher, nach Gründen für diese frappierende Beobachtung zu suchen.

Ein Kernstück dieser Untersuchung ist das Kapitel B.3, das nach den zeitgenössischen Urteilen über das Papier und seinen Gebrauchswert fragt. Dabei kontrastiert es seine Ergebnisse einerseits mit der eindrucksvollen mittelalterlichen Mediendiskussion um den Buchdruck, die das Schweigen um das Papier umso beharrlicher erscheinen lässt, andererseits mit den zeitgenössischen Diskursen um den traditionellen Beschreibstoff Pergament, den die Kommentator(*inn)en trotz der faktischen Durchsetzung des Papiers noch lange klar bevorzugten.

Kapitel B.4 nimmt die Folgen dieser Geringschätzung für das mittelalterliche wie auch moderne Wissen um Papier in den Blick. Gerade für erzählende Quellen war der vermeintliche „Zauberstoff" sehr lang kein bemerkenswertes Thema. Dementsprechend schütter bleibt bis heute unser Kenntnisstand um die frühen Papiermühlenreviere und ihre Innovationskraft. Eine der raren Ausnahmen scheint auf den ersten Blick der in der Chronistik vielfach aufgegriffene Papierhut des Jan Hus bei seiner Verbrennung als Ketzer 1415 zu sein. Statt jedoch unsere neugierigen Fragen über den Beschreibstoff zu beantworten, lässt er sich höchstens als Beispiel nutzen, wie trivial und alltäglich nicht nur der Artikel, sondern auch der Begriff für Papier im 15. Jahrhundert bereits war.

Dass ein solches Desinteresse am Papier nicht als zwangsläufig zu verstehen ist, zeigt das Kapitel B.5 über die islamische Welt. Es fungiert für das Argument der Studie als Korrektiv, indem es nachweist, dass vom Mittleren und Nahen Osten über Nordafrika bis auf die muslimisch geprägte Iberische Halbinsel nicht nur bedeutend mehr über Papier geschrieben wurde, sondern dass der Beschreibstoff auch – nicht zuletzt im Vergleich zu den älteren Materialien Papyrus und Pergament – entschieden positiver bewertet wurde.

Kapitel B.6 wendet sich einem anderen Aspekt zu, der die zeitgenössischen Diskurse über Papier zerfasern ließ, indem es die erstaunliche, aber eben auch verwirrende Fülle an zeitgenössischen Namen für den Beschreibstoff in den Blick nimmt. Basis für diese begriffsgeschichtliche Analyse ist der in Europa in zahlreichen Versionen und Übersetzungen verbreitete Reisebericht des venezianischen Fernostreisenden Marco Polo. Welche Folgen diese vielen Worte für Papier bis hinein in die neuzeitliche Papiergeschichtsforschung hatten, wird an der Entstehung sowie Dekonstruktion der so genannten „Legende vom Baumwollpapier" deutlich.

Im letzten Kapitel B.7 rückt schließlich diejenige intellektuelle Gruppierung in den Mittelpunkt, die angeregt und hellhörig geworden durch die antike Beschäftigung mit dem Beschreibstoff Papyrus bei Plinius dem Älteren das lange Schweigen über das Papier zuerst brach. Hier werden die noch versprengten Texte italienischer und deutscher Humanisten an der Schwelle vom 15. zum 16. Jahrhundert zusammengetragen und in ihrer Vernetzung vorgestellt, die den Beschreibstoff zwar noch eher beiläufig und aus heutiger Sicht oft unzulänglich zum Thema machten, damit aber trotzdem zum bislang verkannten Ausgangspunkt für das bis heute nicht abflauende große Interesse an der Papiergeschichte werden sollten.

Dem Schluss bleibt die Aufgabe vorbehalten, die Ergebnisse der einzelnen, thematisch in sich weitgehend geschlossenen Kapitel zusammenzuführen und auf die Ausgangs- und Titelfrage zurückzuführen: Wann begann die Papierzeit?

Kasten A.4: In der Forschung bekannte Papierüberlieferung im deutschen Sprachraum bis 1360.[257]

Buchproduktion[258]

---

1. H. 13. Jh.	Graduale aus dem Kloster Schöntal, Mischcodex auf Pergament und Papier (Stuttgart, Württembergische Landesbibliothek, HB XVII 22)[259]

---

[257] Die hier präsentierten Aufstellungen früher Papiere aus dem deutschen Sprachraum sind in langen Jahren der Arbeit an dieser Studie sukzessive und aus verschiedensten Quellen entstanden, wobei nicht alle in den Anmerkungen angeführten Publikationen gleichermaßen gute Belege bieten. Nach dem Einreichen der Studie als Habilitationsschrift an der Universität Heidelberg 2018 hat die Liste nochmals erheblichen Zuwachs erfahren durch die in jüngster Zeit massiv gestiegenen Möglichkeiten, Bibliotheks- und insbesondere Archivbestände digital zu durchsuchen. Nicht selten waren dazu allerdings interne Zugänge oder aber eine interne Überprüfung der Treffer nötig; ich bin daher zahlreichen Archivar*innen zu großem Dank für ihre Recherchen verpflichtet. In den Anmerkungen ungenannt sind diejenigen, deren Recherchen im Zeitraum bis 1360 ergebnislos blieb. So verdanke ich etwa Till Strobel einen Hinweis auf das älteste bekannte Papier des Staatarchivs Augsburg unter der Signatur Fürstentum Obere Pfalz, Regierung – Beziehung zu Bayreuth 1003, das just ins Jahr 1361 datiert, so dass ich es in meine Aufstellung nicht mehr aufgenommen habe. Die rasanten technologischen Entwicklungen lassen unschwer voraussehen, dass die Listen in Zukunft noch um viele weitere frühe Papiere erweitert werden können.

Nicht gesammelt wurden Kunstwerke auf Papier, s. zum Beispiel die auf 1360/1370 datierte Zeichnung des Sebald Weinschröter auf Papier: Unterweisung der Jungfrau Maria, Nürnberg, Germanisches Nationalmuseum, Inv.-Nr. Kapsel 559, Hz. 38, vgl. Fajt/Hörsch (Hg.), Kaiser Karl IV., 2016, 450.

[258] Nicht in der Aufstellung zur Buchproduktion berücksichtigt wurden folgende in der Datierung umstrittene Handschriften:

Vocabularius ex quo, wohl aus Österreich (Wien, Österreichische Nationalbibliothek, Cod. 13842): Datierung auf 1316 oder 1318 in Unterkircher (Bearb.), Katalog der datierten Handschriften in Österreich, Bd. I, 1969, 85, auch erwähnt bei Neddermeyer, Von der Handschrift zum gedruckten Buch, 1998, Bd. 1, 259. Korrektur dieser Datierung durch Regina Cermann im Handschriftencensus: „1416 (in der Hs. auf Bl. 188v irrtümlich: M ccc anno xvj; mit dieser Datierung auf 1316 auch unkritisch im Katalog der datierten Handschriften verzeichnet)", vgl. www.handschriftencensus.de/6621 (Stand: 02.03.2024). Ich danke Maria Stieglecker für diesen Hinweis.

Speculum sanctorale, pars secunda – Kaiser- und Papstchronik des Bernardus Guidonis (Wien, Österreichische Nationalbibliothek, Cod. 4394): Datierung auf 1329 in Weiß, Zeittafel zur Papiergeschichte, 1983, 48 (ohne Beleg). Nach Uiblein, Zum Katalog der datierten Handschriften in lateinischer Schrift in Österreich, 1971, 87, stammt die Handschrift aber aus dem zweiten oder dritten Viertel des 15. Jahrhunderts; die Fehldatierung bei Weiß resultiert vermutlich aus einer Abschrift der Datierung aus der Vorlage. S. dazu auch die Informationen zur Handschrift im Internetportal manuscripta.at, vgl. URL: https://manuscripta.at/hs_detail.php?ID=5526 (Stand: 02.03.2023). Ich danke Maria Stieglecker für diesen Hinweis.

Aristoteles, *Libellus de virtutibus*, lateinisch/griechisch (Linz, Oberösterreichische Landesbibliothek, Hs.-77/Adl.1); irrtümlich datiert auf die 1. Hälfte des 14. Jahrhunderts im Internetportal manuscripta.at, vgl. http://www.manuscripta.at/hs_detail.php?ID=34384 (Stand: 02.03.2023). In der dort genannten Literatur, unter anderem in den bibliographischen Angaben zum Volldigitalisat der Handschrift (vgl. URN: urn:nbn:at:AT-OOeLB-5486936, Stand: 02.03.2023) datiert auf das 16. Jahrhundert.

[259] Vgl. Spilling (Bearb.), Datierte Handschriften in Bibliotheken der Bundesrepublik Deutschland, Bd. 3,1, 1991, 69. Irrigerweise als auf Papier verzeichnet wurde der auf 1325 datierte Band

1244–1260	Brief- und Memorial- bzw. Kollektaneenbuch des Albert Behaim/Albertus Bohemus, (München, Bayerische Staatsbibliothek, Clm 2574b, olim Ald. 44b Cim. 7)[260]
Um 1300	Guilelmus Duranti, *Speculum iudiciale* (Klosterneuburg, Augustiner-Chorherrenstift, Cod. 122)[261]
1304	Sammelhandschrift unter anderem mit der *Historia Alexandri Magni*, entstanden in Tirol, mit Datierung 1304 auf fol. 65v, 1360 oder 1386 durch den Pfarrer Ludovicus de Ramung aus Ulten an das Kloster Stams geschenkt, s. Schenkungsvermerk im vorderen Spiegel (Innsbruck, Universitäts- und Landesbibliothek Tirol, Cod. 525)[262]
1325	*Pastorale novellum* – Lehrbuch für die priesterliche Seelsorge von Rudolf von Liebegg, Konstanzer Domkapitular und Probst des Stifts Bischofszell im Thurgau, 1325 *conpletus […] in civitate Constanciensi* (Stuttgart, Württembergische Landesbibliothek, Hofbibliothek, HB XII 13)[263]
1326	Marienhymnus (Dornsberger Archiv in Tirol)[264]
1330	Klosterneuburger Bibliothekskatalog auf Latein, geschrieben durch den Magister Martin, Datierung auf fol. 1v (Klosterneuburg, Augustiner-Chorherrenstift, Cod. 1251)[265]

Pastorale novellum des Rudolphus de Liebegg, Württembergische Landesbibliothek Stuttgart, HB XII 13, vgl. ebd., Bd. III, o. Nr., 64.

260 Für ein digitales Faksimile vgl. URN: urn:nbn:de:bvb:12-bsb00112025-2 (Stand: 02.03.2023), für eine Ed. Das Brief- und Memorialbuch des Albert Behaim, hg. von Frenz/Herde 2000, s. dazu Einleitung: Das Briefbuch mit heute zehn Lagen und insgesamt 141 von ursprünglich mindestens 157 Blättern entstand zwischen 1244 und 1260 durch eine Vielzahl an Schreiberhänden, durchweg Kursiven des 13. Jahrhunderts; der Erhaltungszustand ist schlecht (vgl. ebd., 32). Begonnen in Lyon wurde es in Passau fortgeführt; für die Vermutung, es handle sich um spanisches Papier, das Albert Behaim in Lyon erworben habe, findet sich nach Frenz und Herde kein positiver Beweis (vgl. 33). Was Albert „zum Erwerb dieses zweifellos teuren und wenig haltbaren Materials bewogen haben mag", bleibe spekulativ; ein Interesse an technischen und kuriosen Dingen spiegele sich jedoch mehrfach in seinen Eintragungen wider. Nach den Analysen der Editoren habe das ungewohnte Material den Schreibern sichtlich Schwierigkeiten gemacht und seine Kostbarkeit habe zum Teil zu sehr kleiner und daher oft schlecht lesbarer Schrift geführt, vgl. Beispiele 33f. mit Anm. 265 und 266. Vgl. mit dem Verweis auf ältere Literatur vor allem Santifaller, Beiträge zur Geschichte der Beschreibstoffe, 1953, 146, 148, und zuletzt etwa mit einer breiteren Einordnung in die Buchüberlieferung aus Papier in Mitteleuropa Kwakkel, A New Type of Book, 2003, 221.
261 Vgl. http://www.manuscripta.at/hs_detail.php?ID=258 (Stand: 02.03.2023).
262 Vgl. http://manuscripta.at/hs_detail.php?ID=25016 (Stand: 02.03.2023).
263 Vgl. Spilling (Bearb.), Datierte Handschriften in Bibliotheken der Bundesrepublik Deutschland, Bd. 3,1, 1991, 64. S. auch Irtenkauf, Otto von Rinegg, 1999, 78. Die Handschrift ist auch in der Edition des *Pastorale Novellum,* die Arpád P. Orbán 1982 in der Reihe „Corpus Christianorum, Continuatio Mediaevalis" (Bd. 55), vorlegte, berücksichtigt und knapp beschrieben. Ich danke Andreas Bihrer für diesen Hinweis.
264 Genannt bei Santifaller, Das Laaser Steuerregister vom Jahre 1277, 1932, 456.
265 Vgl. http://manuscripta.at/hs_detail.php?ID=290 (Stand: 02.03.2023).

1335–40	Mönch von Heilsbronn, *Buch der Sieben Grade*, und Pseudo-Meister Eckhart, *Diu zeichen eines wârhaften grundes*, in deutscher Sprache, entstanden wohl im Nürnberger Raum (Karlsruhe, Badische Landesbibliothek, Donaueschingen B V 13)[266]
1337	Papst Benedikt XII., Bulle *Summi magistri* (*Ordinationes et reformationes pro bono regimine monachorum Nigrorum ordinis S. Benedicti*), geschrieben in Steinbach 1337 (Wien, Österreichische Nationalbibliothek, Cod. 5098)[267]
1339	*Sermones* verschiedener Verfasser wohl aus dem Benediktinerkloster St. Michael in Mondsee, darunter *Praedicationes dominicales* des Henricus Ariminensis (Wien, Österreichische Nationalbibliothek, Cod. 3586)[268]
1340	*Reportata super Metaphysicam Aristotelis* des Henricus Regens apud S. Severum Erfordiae, entstanden in Erfurt 1340 (Wien, Österreichische Nationalbibliothek, Cod. 5329)[269]
1340/1341	Iohannes Victoriensis, *Chronicon Carinthiae*, Fragment (Melk, Benediktinerstift, Fragm. 262, Bl. 1–3, olim Archiv, 7/K10-JV)[270]
1343	Rheineggscher Katalog der Konstanzer Dombibliothek, angelegt 1343 durch Otto von Rh[e]inegg (Stuttgart, Württembergische Landesbibliothek, Cod. Don. 618)[271]
1344	Antiphonar der Schreiberin Alheidis Quidenbeumen aus dem Kloster Schöntal, Mischcodex auf Pergament und Papier (Württembergische Landesbibliothek Stuttgart, HB XVII 17)[272]
1346	Papst Clemens VI., *Sermones et Bullae* (Stadt- und Universitätsbibliothek Frankfurt, Ms. Barth. 71)[273]

---

[266] Vgl. Handschriftencensus: http://www.mr1314.de/5057 und http://www.manuscripta-mediaevalia. de/dokumente/html/obj31595994 (beide Stand: 02.03.2023). Ich danke Werner Bomm für diesen Hinweis.
[267] Vgl. http://manuscripta.at/hs_detail.php?ID=1916 (Stand: 02.03.2023) und Unterkircher (Bearb.), Katalog der datierten Handschriften in Österreich, Bd. I, 1969, 76, auch erwähnt bei Neddermeyer, Von der Handschrift zum gedruckten Buch, 1998, Bd. 1, 259.
[268] Vgl. https://manuscripta.at/hs_detail.php?ID=6552 (Stand: 02.03.2023) und Unterkircher (Bearb.), Katalog der datierten Handschriften in Österreich, Bd. I, 1969, 61, auch erwähnt bei Briquet, Recherches sur les premiers papiers, 1886/1955, 140, und Neddermeyer, Von der Handschrift zum gedruckten Buch, 1998, Bd. 1, 259.
[269] Ohne Beleg genannt in Weiß, Zeittafel zur Papiergeschichte, 1983, 49, und bei Neddermeyer, Von der Handschrift zum gedruckten Buch, 1998, Bd. 1, 259.
[270] Vgl. http://www.manuscripta.at/hs_detail.php?ID=1347 (Stand: 02.03.2023).
[271] Vgl. Heinzer, Schatz- und Bücherverzeichnis des Konstanzer Doms, 1994, 134, und Irtenkauf, Wolfgang, Otto von Rinegg, 1999, 77–79. Ich danke Andreas Bihrer für diesen Hinweis.
[272] Vgl. Spilling (Bearb.), Datierte Handschriften in Bibliotheken der Bundesrepublik Deutschland, Bd. 3,1, 1991, 67.
[273] Vgl. Powitz (Bearb.), Datierte Handschriften in Bibliotheken der Bundesrepublik Deutschland, Bd. 1, 1984, 32.

1348	Sammelhandschrift mit geistlichen Traktaten, Gebeten, Predigten, Legenden sowie Kurztexten von Hartwig von dem Hage, David von Augsburg, Cato, Mären, Minnereden, (Bayerische Staatsbibliothek München, Cgm 717)[274]
1. H. 14. Jh.	*Summa de Chirurgia* (Admont, Benediktinerstift, Cod. 848)[275]
2. Viertel 14. Jh.	Kanonistische Sammelhandschrift unter anderem mit Auszügen aus Iohannes Friburgensis, *Libellus quaestionum casualium occurrentium in Summa et apparatu fr. Raimundi*, Raimundus de Pennaforte, *Summa de paenitentia* und Iohannes de Deo, *Libellus dispensationum* (Innsbruck, Universitäts- und Landesbibliothek Tirol, Cod. 778)[276]
2. Viertel 14. Jh.	Theologische Sammelhandschrift, vorwiegend *Sermones* (Innsbruck, Universitäts- und Landesbibliothek Tirol, Cod. 790)[277]
Mitte 14. Jh. (ca. 1346–1355)	Smaragdus, *Diadema monachorum* (Admont, Benediktinerstift, Cod. 525)[278]
Mitte 14. Jh. (ca. 1346–1355)	Henricus de Frimaria (Iunior), *Quaestiones in librum IV Sententiarum Petri Lombardi* und *Expositio passionis domini secundum Matthaeum Evangelistam* (Göttweig, Benediktinerstift, Cod. 193 (rot)/129 (schwarz))[279]
Mitte 14. Jh. (ca. 1346–1355)	Theologische Sammelhandschrift unter anderem mit Iohannes de Sancto Geminiano, *Liber de exemplis et similitudinibus rerum*, Henricus de Schüttenhofen, *Liber de naturis animalium cum moralitatibus*, Thomas de Hibernia, *Manipulus florum* (Innsbruck, Universitäts- und Landesbibliothek Tirol, Cod. 601)[280]
Mitte 14. Jh. (ca. 1346–1355)	Exzerpte aus den Schriften von Adamus Wodeham, Gerardus Odonis und Iohannes Buridanus (Klosterneuburg, Augustiner-Chorherrenstift, Cod. 291)[281]
Mitte 14. Jh. (ca. 1346–1355)	Prager Predigtsammlung (*De Tempore*-Teil) (Klosterneuburg, Augustiner-Chorherrenstift, Cod. 912)[282]

---

[274] Vgl. Schneider (Bearb.), Datierte Handschriften in Bibliotheken der Bundesrepublik Deutschland, Bd. 4, 1994, 44.
[275] Vgl. http://manuscripta.at/hs_detail.php?ID=26656 (Stand: 02.03.2023).
[276] Vgl. http://www.manuscripta.at/hs_detail.php?ID=29450 (Stand: 02.03.2023).
[277] Vgl. http://www.manuscripta.at/hs_detail.php?ID=29462 (Stand: 02.03.2023).
[278] Vgl. http://manuscripta.at/hs_detail.php?ID=26941 (Stand: 02.03.2023).
[279] Vgl. http://www.manuscripta.at/hs_detail.php?ID=36896 (Stand: 02.03.2023).
[280] Vgl. http://www.manuscripta.at/hs_detail.php?ID=25031 (Stand: 02.03.2023).
[281] Vgl. http://www.manuscripta.at/hs_detail.php?ID=437 (Stand: 02.03.2023).
[282] Vgl. http://www.manuscripta.at/hs_detail.php?ID=1156 (Stand: 02.03.2023).

Mitte 14. Jh. (ca. 1346–1355)	Sammelhandschrift mit unter anderem Godefridus Viterbiensis, *Vocabularius Biblicus*, Hilarius Aurelianensis, *Expositio Sequentarium*, Iohannes de Garlandia und Otto de Lüneburg (Melk, Benediktinerstift, Cod. 998 (748, N 27))[283]
Mitte 14. Jh. (ca. 1346–1355)	Philosophische Sammelhandschrift mit Aegidius Romanus, *Summa super Aristotelis libros Elenchorum* und Petrus des Sancto Amore, *Commentarius in Aristotelis Analytica posteriora* (Wien, Österreichische Nationalbibliothek, Cod. 5366)[284]
Um 1350/60	Sammelhandschrift mit Schriften von Thomas Bradwardinus, Iohannes Victricensis, Augustinus und Prosper Aquitanus; der erste Teil wird auf das sechste Jahrzehnt des 14. Jahrhunderts datiert (Klosterneuburg, Augustiner-Chorherrenstift, Cod. 318)[285]
1350/1385	Aegidius Monachus, *Gesta Romanorum*, *Sermones* (Klosterneuburg, Augustiner-Chorherrenstift, Cod. 444)[286]
1351	Sammelhandschrift unter anderem mit den Admonter Perikopen und dem Marienleben von Bruder Philipp (Admont, Benediktinerstift, Cod. 797)[287]
1352	„Buch von den neun Felsen" des Mystikers Rulman Merswin, geschrieben in Straßburg[288]
1354/1380	Sammelhandschrift unter anderem mit *Hymnarium*, *Stella Clericorum* und Hugo de sancto Caro, *Quaestiones de Sacramentis* (Göttweig, Benediktinerstift, Cod. 199 (rot) / 142 (schwarz))[289]
1357	Iohannes Rigaldi, *Compendium sacrae theologiae*, mit Fragmenten eines Babylonischen Talmud in hebräischer Sprache sowie Federproben unter anderem aus dem vierten Viertel des 14. Jahrhunderts (Göttweig, Benediktinerstift, Cod. 135 (rot) / 126 (schwarz))[290]
Um 1360	Sammelhandschrift unter anderem mit Thomas Chobham, Iohannes de Garsonibus, Petrus Damianus, Ps. Augustinus und Honorius Augustodunensis; der vierte Teil der Handschrift wird auf um 1360 datiert (Göttweig, Benediktinerstift, Cod. 143 (rot) / 136 (schwarz))[291]
Um 1360	Sammelhandschrift mit Schriften von Bernardus Claravallensis, Ps. Bernardus Claravallensis, Nicolaus Claravallensis, Odo Cluniacensis und Ps. Iohannes Chrysostomus (Klosterneuburg, Augustiner-Chorherrenstift, Cod. 264)[292]

---

[283] Vgl. http://www.manuscripta.at/hs_detail.php?ID=9133 (Stand: 02.03.2023).
[284] Vgl. http://www.manuscripta.at/hs_detail.php?ID=13522 (Stand: 02.03.2023).
[285] Vgl. http://www.manuscripta.at/hs_detail.php?ID=466 (Stand: 02.03.2023).
[286] Vgl. http://www.manuscripta.at/hs_detail.php?ID=608 (Stand: 02.03.2023).
[287] Vgl. http://www.manuscripta.at/hs_detail.php?ID=26981 (Stand: 02.03.2023).
[288] Genannt bei Schmidt, Zur Geschichte der ältesten Bibliotheken und der ersten Buchdrucker zu Straßburg, 1882, 37, danach übernommen bei Bockwitz, Zur Geschichte des Papiers, 1941, 26, und Santifaller, Beiträge zur Geschichte der Beschreibstoffe, 1953, 150.
[289] Vgl. http://www.manuscripta.at/hs_detail.php?ID=36902 (Stand: 02.03.2023).
[290] Vgl. http://manuscripta.at/hs_detail.php?ID=35984 (Stand: 02.03.2023).
[291] Vgl. http://www.manuscripta.at/hs_detail.php?ID=36855 (Stand: 02.03.2023).
[292] Vgl. http://www.manuscripta.at/hs_detail.php?ID=418 (Stand: 02.03.2023).

Um 1360	Sammelhandschrift mit sechs Texten vor allem zu Astronomie und Geometrie, Mischhandschrift; die auf Papierblätter gefertigte Abschrift von Māshā᾽ Allāh/Messahala, *De inventione occultorum,* wird auf um 1360 datiert (Wien, Österreichische Nationalbibliothek (ÖNB), Cod. 5417)[293]
3. Viertel 14. Jh.	Sammelhandschrift mit *Sermones,* Nicolaus de Dinkelsbühl, Iohannes Gerson und Conradus de Waldhausen; der sechste und siebte Teil werden auf das dritte Viertel des 14. Jahrhunderts datiert (Göttweig, Benediktinerstift, Cod. 160 (rot) / 169 (schwarz))[294]
3. Viertel 14. Jh.	*Formularia. Ars Notaria* (Göttweig, Benediktinerstift, Cod. 168 (rot) / 184 (schwarz))[295]
3. Viertel 14. Jh.	Sammelhandschrift mit *Vocabularius ex quo* und Iohannes Marchesinus, *Mammotrectus* (Salzburg, Archiv der Erzdiözese Salzburg (Erzbischöfliches Konsistorialarchiv), Cod 10 (olim Cm 222))[296]

Verwaltungsschriftgut[297]

1287, 1301, 1332	Grafschaft Görz:
	Ausfertigung des Grafen Albrecht/Albert von Görz mit Rücksiegel vom 22. November 1287, ausgestellt in Greifenburg, zur Quittierung von Geldzahlungen seines Bruders Herzog Meinhard von Kärnten (Wien, Haus-, Hof- und Staatsarchiv)[298]
	Ausfertigung des Grafen Albrecht/Albert von Görz mit aufgedrücktem Reitersiegel vom 14. Dezember 1301 zur Verleihung eines Ackers in *Schretez* an Ulrich, genannt Prater (Wien, Haus-, Hof- und Staatsarchiv)[299]
	Urkunde aus Görz von 1332[300]

---

[293] Vgl. http://manuscripta.at/hs_detail.php?ID=1925 (Stand: 02.03.2023).
[294] Vgl. http://www.manuscripta.at/hs_detail.php?ID=36871 (Stand: 02.03.2023).
[295] Vgl. http://www.manuscripta.at/hs_detail.php?ID=36879 (Stand: 02.03.2023).
[296] Vgl. http://www.manuscripta.at/hs_detail.php?ID=39760 (Stand: 02.03.2023).
[297] Nicht mehr aufgeführt in dieser Tabelle sind die in Kasten A.2 bereits gelisteten Papiermandate Kaiser Friedrichs II. von 1228 für Kloster Göß in der Steiermark und von 1230 an die Stadt Lübeck.
  Die von Weiß, Zeittafel zur Papiergeschichte, 1983, 37, aufgestellte Behauptung, dass in der Zeit „von 1139 bis 1300 [...] von 765 im Lübecker Urkundenbuch mitgeteilten Urkunden [...] drei auf Papier" wären, ist nicht verifizierbar. Zweifelhaft sind auch eine Salzburger Chronik um 1300 auf Papier, die Weiß unter dem vagen Verweis auf Julius Wiesner aufführt (ebd., 44), sowie eine für Luzern aufgeführte Urkunde ohne Wasserzeichen von 1332 (ebd., 48). S. Hinweise auf weitere ausgeschlossene Stücke in Anm. 361 und 389.
[298] Genannt bei Santifaller, Beiträge zur Geschichte der Beschreibstoffe, 1953, 148, mit Verweis auf Nr. 562 im zweiten Band der von Wiesflecker bearbeiteten Regesten.
[299] Genannt bei Thiel, Papiererzeugung und Papierhandel vornehmlich in den deutschen Landen, 1932, 110, danach zit. bei Santifaller, Beiträge zur Geschichte der Beschreibstoffe, 1953, 148.
[300] Vgl. Ottenthal/Redlich (Hg.), Archiv-Berichte aus Tirol 3, 1903, Nr. 2037, danach übernommen bei Santifaller, Das Laaser Steuerregister vom Jahre 1277, 1932, 457.

1288 bis 1360/1370, frühes 14. Jh., ab 1317	Grafschaft Tirol: 20 Bände der Raitbücher, 1288 bis 1360/70 (Innsbruck, Tiroler Landesarchiv, Handschriften, Nr. 62, 277, 279, 280, 282–288; München, Bayerisches Hauptstaatsarchiv, Auswärtige Staaten Literalien, Tirol, Literalien, Nr. 3, 4, 8–15; Trient, Archivio di Stato, Archivio del principato vescovile, Codex 48, olim Tiroler Landesarchiv, Innsbruck, Handschrift Nr. 281)[301] Mandate und Briefe ab 1317[302]
Um 1300	Südtirol: Imbreviaturen[303]
Um 1300	Wangen in Tirol: Zinsverzeichnis[304]
Um 1300, 1321	Erzstift Salzburg: Ausfertigung des Hugo von Taufers (Tirol) mit aufgedrücktem Reitersiegel an Ulrich von Matrei, Amtmann des Erzbischofs von Salzburg, mit der Quittierung von Geldzahlungen zur Begleichung von Schulden (Wien, Haus-, Hof- und Staatsarchiv)[305] Ausfertigung vom 8. März 1321 aus dem Erzstift Salzburg (München, Bayerisches Hauptstaatsarchiv, Erzstift Salzburg Urkunden 82 von 1321 III 8)[306]
1305, 1317, 1319, 1322	Bistum Bamberg:[307] Schreiben des Bamberger Bischofs Wulfing an Albertus Fortschonus über die Übertragung von Nutzungsrechten an der *villa Cleueger* an die Klosterfrauen von Bamberg (in

---

301 S. zur Datierung der Wasserzeichen und zum konservatorischen Zustand Haltrich, Frühe Verwendung von Papier in der Tirolischen Kanzlei, 2007. Allgemein vgl. Mersiowsky, Die Anfänge territorialer Rechnungslegung, 2000, 114–116, 126–128, und Hörmann-Thurn und Taxis, Kanzlei und Registerwesen der Tiroler Landesfürsten, 2007, 209. Die ersten drei Bände liegen in einer Edition von Christoph Haidacher vor. Auch schon genannt bei Santifaller, Das Laaser Steuerregister vom Jahre 1277, 1932, 456 unter Verweis auf weitere Literatur, danach übernommen bei dems., Beiträge zur Geschichte der Beschreibstoffe, 1953, 148.

Thiel, Papiererzeugung und Papierhandel vornehmlich in den deutschen Landen, 1932, 109 f., weist auch auf Zahlungsanweisungen auf kleinformatigen, rückseitig gesiegelten Blättern hin (Wien, Österreichisches Staatsarchiv, Haus-, Hof- und Staatsarchiv, Handschriften Böhm 3, 381 f., 523, 526, 530–533), die allerdings erst ab 1370 erhalten sind.

302 Vgl. Ottenthal/Redlich (Hg.), Archiv-Berichte aus Tirol 1, 1888, Nr. 1181 (1317 oder 1332), 1182 (1335), 2397 (1354), ebd., 2, 1896, Nr. 648 (1356), sowie Stolz, Die Ausbreitung des Deutschtums 2, 1928, 238, Nr. 42 (1357), danach übernommen bei Santifaller, Das Laaser Steuerregister vom Jahre 1277, 1932, 456 f.

303 Genannt bei Bockwitz, Zur Geschichte des Papiers, 1941, 25, unter Verweis auf ältere Literatur, übernommen bei Santifaller, Beiträge zur Geschichte der Beschreibstoffe, 1953, 148.

304 Genannt bei Santifaller, Das Laaser Steuerregister vom Jahre 1277, 1932, 457, danach übernommen auch in ders., Beiträge zur Geschichte der Beschreibstoffe, 1953, 148.

305 Genannt bei Santifaller, Beiträge zur Geschichte der Beschreibstoffe, 1953, 148, mit Verweis auf Nr. 469 im zweiten Band der von Martin bearbeiteten Regesten der Erzbischöfe und des Domkapitels von Salzburg.

306 Für diesen Hinweis danke ich Manfred Hörner, Bayerisches Hauptstaatsarchiv München.

307 Für diese Hinweise danke ich Johannes Staudenmaier, Staatsarchiv Bamberg.

St. Maria und Theodor), lateinische Ausfertigung mit Resten eines rückseitig aufgedrückten Siegels, datiert auf den 27. Februar 1305 (Bamberg, Staatsarchiv, Bamberger Urkunden, Nr. 1363)[308]

Schreiben des Bamberger Domdekans H[einrich] an den Plebanus von Buttenheim bei Bamberg zur Unterstützung des Klosters St. [Maria und] Theodor, lateinische Ausfertigung mit Resten eines rückseitig aufgedrückten Siegels, datiert auf den 5. Februar 1317 (Bamberg, Staatsarchiv, Bamberger Urkunden, Nr. 1658)[309]

Schreiben des Bamberger Domdekans H[einrich], lateinische Ausfertigung mit rückseitig aufgedrücktem Siegel, datiert auf den 1. Juni 1319 (Bamberg, Staatsarchiv, Bamberger Urkunden, Nr. 1727)

Schreiben von Eberhard, Dekan von St. Jakob in Bamberg, an den Plebanus von Buttenheim bei Bamberg zur Unterstützung des Frauenklosters St. [Maria und] Theodor, lateinische Ausfertigung mit Resten eines rückseitig aufgedrückten Siegels, datiert auf den 18. September 1322 (Bamberg, Staatsarchiv, Bamberger Urkunden, Nr. 1807)[310]

1308 bis 1313	Kanzlei Kaiser Heinrichs VII.: Protokolle (Turin, Staatsarchiv)[311]
1308–1315, 1331–1338, 1353–1359, 1355, ab 1359	Herzöge von Österreich aus dem Haus Habsburg: Pfandregister Friedrichs des Schönen, Albrechts und Ottos sowie Albrechts II. und Rudolfs IV., 1308–1315, 1331–1338, 1353–1359[312] Herzog Albrecht II. von Österreich: Urkunde für das Stift Osterhofen, 1355[313] Herzog Rudolf IV. von Österreich: Briefe (*litterae clausae*) und in der Folge auch Urkunden, 1359 und später[314]

---

308 Vgl. Freyberg (Hg.), Regesta sive rerum boicarum autographa,1836, Bd. 5, 79: *Wl. Babenbergensis episcopus Alberto Fortschoni mandat, ut proventus bonorum in villa Cleueger, hucusque [sic] ab Hellenberto de Wisen perceptos, ad usus Sanctimonialium in Babenberg convertat.*
309 Vgl. Freyberg (Hg.), Regesta sive rerum boicarum autographa,1836, Bd. 5, 348: *Decanus Babenb. plebano in Butenheim mandat ut Henricum dictum Neukum, Jutham dictam Rostein, Kunegundem, Alheidem et Juttam dictas vzdemstadel admoneat ut ab aggravationibus monasterii S. Theodori desistant.*
310 Vgl. Freyberg (Hg.), Regesta sive rerum boicarum autographa,1836, Bd. 6, 72 (irrig unter 24. September): *Eberhardus decanus ecclesiae S. Jacobi Babenbergae iudex a sede apostolica delegatus mandat plebano in Buthenheim, ut dictam Rinbertin de Strulendorf residentem in Hirzheidt et Waltherum filium eius ad praesentiam suam citet, ad instantiam abbatissae et conventus sanctimonialium claustri S. Theodori responsuros.*
311 Genannt bei Philippi, Einführung in die Urkundenlehre, 1920, 35, mit dem vagen Hinweis auf Briquet, ohne Beleg genannt bei Bockwitz, Zur Geschichte des Papiers, 1941, 25, und Thiel, Papiererzeugung und Papierhandel vornehmlich in den deutschen Landen, 1932, 110.
312 Genannt bei Santifaller, Beiträge zur Geschichte der Beschreibstoffe, 1953, 149, mit Verweis auf dens., Das Laaser Steuerregister vom Jahre 1277, 1932, 457; hier ist jedoch nur das Pfandregister Rudolfs IV. aufgeführt.
313 Genannt bei Santifaller, Beiträge zur Geschichte der Beschreibstoffe, 1953, 149.
314 Genannt bei Santifaller, Das Laaser Steuerregister vom Jahre 1277, 1932, 457, mit Verweis auf ältere

Ab 1310	Prag: Stadtbuch[315]
1311/1312, 1316, 1328, 1330, 1356	Bistum Brixen:
	Quittungen des Domkapitels von 1311/1312[316]
	Bischöfliches Urbar von Buchenstein, außerdem „mehrere Einzelurbare und verwandte Schriftstücke" von 1316[317]
	Verwaltungsurkunden des Generalvikars von 1328[318]
	Urbar des Domkapitels zum St. Nikolaus-Benefizium von 1330[319]
	Urkunden von 1356[320]
1312	Frankfurt: Bürgerbuch der Stadt, geführt ab 1312 mit Nachträgen zum Jahr 1311 (Frankfurt am Main, Institut für Stadtgeschichte, H. 02.17,1)[321]
1313, 1339	Basel:
	Zinsbuch des Stifts St. Peter von 1313 (Staatsarchiv des Kantons Basel-Stadt, N)[322]
	Rechenbuch des Stifts von 1339 (Staatsarchiv des Kantons Basel-Stadt)[323]
1314	Grafschaft Ortenburg: Urkunden (Wien, Haus-, Hof- und Staatsarchiv)[324]

Literatur, danach übernommen in ders., Beiträge zur Geschichte der Beschreibstoffe, 1953, 149; s. auch schon Bockwitz, Zur Geschichte des Papiers, 1941, 25f.
315 Unter Verweis auf mündliche Nachricht aus dem Stadtarchiv Prag genannt bei Thiel, Papiererzeugung und Papierhandel vornehmlich in den deutschen Landen, 1932, 110, zuletzt aufgegriffen unter anderem bei Neddermeyer, Von der Handschrift zum gedruckten Buch, 1998, Bd. 1, 257.
316 Vgl. Ottenthal/Redlich (Hg.), Archiv-Berichte aus Tirol 3, 1903, Nr. 2572 (1311), 2573 (1312), danach übernommen bei Santifaller, Das Laaser Steuerregister vom Jahre 1277, 1932, 457, und in ders., Beiträge zur Geschichte der Beschreibstoffe, 1953, 149.
317 Genannt bei Santifaller, Das Laaser Steuerregister vom Jahre 1277, 1932, 457, danach übernommen auch in ders., Beiträge zur Geschichte der Beschreibstoffe, 1953, 149.
318 Ohne Beleg genannt bei Santifaller, Beiträge zur Geschichte der Beschreibstoffe, 1953, 149.
319 Genannt bei Santifaller, Das Laaser Steuerregister vom Jahre 1277, 1932, 457, danach übernommen auch in ders., Beiträge zur Geschichte der Beschreibstoffe, 1953, 149.
320 Genannt bei Santifaller, Das Laaser Steuerregister vom Jahre 1277, 1932, 458, danach übernommen auch in ders., Beiträge zur Geschichte der Beschreibstoffe, 1953, 150.
321 Ohne Signatur genannt unter anderem bei Neddermeyer, Von der Handschrift zum gedruckten Buch, 1998, Bd. 1, 257, oder Bachmann, Die Butzbacher Stadtrechnungen, Bd. 1, 2011, 25, mit Verweis auf die materialwissenschaftlichen Analysen des Stücks bei Kirchner, Das Papier, III. Teil, 1910, 178. Ich danke Klaus Oschema für diesen Hinweis.
322 Vgl. Kälin, Papier in Basel bis 1500, 1974, 37, mit Anm. 1 auf 238.
323 Ohne Angabe der Signatur genannt bei Briquet, Recherches sur les premiers papiers, 1886/1955, 142–155, bestätigt bei Kälin, Papier in Basel bis 1500, 1974, 238, Anm. 1.
324 Vgl. Thiel, Geschichte der Papiererzeugung im Donauraum, 1940, 16, danach übernommen auch in Santifaller, Beiträge zur Geschichte der Beschreibstoffe, 1953, 149.

1314–1347, 1322, um 1330–1332, 1343/47, 1345–1347, ab 1351, 1354, um 1356, um 1360–1364	Wittelsbachische Kanzlei Kaiser Ludwigs des Bayern und seiner Söhne: Konzepte auf Papier von 1314 bis 1347 aus Ludwigs Kanzlei[325] Fragmente eines Registers aus Ludwigs Kanzlei, am 22. November 1322 angelegt durch den Notar und Registrator Berthold von Tuttlingen in Augsburg (München, Bayerisches Hauptstaatsarchiv, Kurbayern Äußeres Archiv 1155, olim Reichsarchiv, Tomi privilegiorum 25, fol. 77–131)[326] Fragmente eines Registers aus Ludwigs Kanzlei mit Regesten zu Dokumenten der Jahre 1330–1332 (München, Bayerisches Hauptstaatsarchiv, Kurbayern Äußeres Archiv 1155, olim Reichsarchiv, Tomi privilegiorum 25)[327] Rechnungsbuch von 1343/47 von Stephan II., Herzog von Bayern, geführt von dem Kanzlisten Konrad über die Landvogtei in Oberschwaben und die vier Städte Donauwörth, Höchstädt, Lauingen und Gundelfingen (München, Hauptstaatsarchiv, Neuburger Kopialbücher, Nr. 86)[328] Jüngeres Kanzleikopialbuch Ludwigs I. des Älteren, Markgraf von Brandenburg und Herzog von Bayern, datiert 1345–1347 (München, Bayerisches Hauptstaatsarchiv, Kurbayern, Äußeres Archiv 4843)[329] Registerbuch Ludwigs des Römers, Herzog von Bayern und Markgraf von Brandenburg, geführt ab 1351[330]

---

325 Ohne Beleg genannt bei Santifaller, Beiträge zur Geschichte der Beschreibstoffe, 1953, 149.
326 Vgl. Seeliger, Die Registerführung am deutschen Königshof bis 1493, 1890–1894, 233–235, hier 233, mit einer kodikologischen Beschreibung; vgl. dazu (ohne Erwähnung des Beschreibstoffs) Schütz, Zu den Anfängen der Akten- und Registerführung am bayerischen Herzogshof, 1984, 135, zum Schreiber vgl. Bansa, Studien zur Kanzlei Kaiser Ludwigs des Bayern, 1968, 1, 134–138. Mit dem Fokus auf Papier s. auch Patze, Neue Typen des Geschäftsschriftgutes im 14. Jahrhundert, 1970/1986, 36, und Neddermeyer, Von der Handschrift zum gedruckten Buch, 1998, Bd. 1, 257. Schon genannt bei Bresslau, Handbuch der Urkundenlehre, Bd. 2,2, 1931, 502, danach übernommen bei Santifaller, Beiträge zur Geschichte der Beschreibstoffe, 1953, 149, 502, s. auch Thiel, Papiererzeugung und Papierhandel vornehmlich in den deutschen Landen, 1932, 110, und Bockwitz, Zur Geschichte des Papiers, 1941, 25, zum Teil mit Verweisen auf ältere Literatur.
327 Vgl. Seeliger, Die Registerführung am deutschen Königshof bis 1493, 1890–1894, 235–237: Nach Seeliger handelt es sich um zwanzig Papierblätter, die heute mit weiteren, ursprünglich nicht dazu gehörigen Papieren und einem modernen alphabetischen Inhaltsverzeichnis unter der Pergamenthülle einer alten Handschrift zu einem Heft zusammengefügt sind. Der Autor vermutet, dass sie von einem Schreiber, dessen Hand schon im Register von 1322 begegnet, geschrieben sein könnten; anders jedoch Bansa, Studien zur Kanzlei Kaiser Ludwigs des Bayern, 1968, 248, Anm 304.
328 Vgl. Volkert, Kanzlei und Rat in Bayern, 1952, 60–67, 250–258, und Wild (Bearb.), Die Fürstenkanzlei des Mittelalters, 1983, 55, Nr. 45.
329 Vgl. Wild (Bearb.), Die Fürstenkanzlei des Mittelalters, 1983, 75, Nr. 74, mit Verweis auf weitere Literatur. Auch schon genannt bei Thiel, Papiererzeugung und Papierhandel vornehmlich in den deutschen Landen, 1932, 106–151, hier 110, Anm. 16, und Bockwitz, Zur Geschichte des Papiers, 1941, 25, bei beiden unter Verweis auf weitere Literatur, danach übernommen bei Santifaller, Beiträge zur Geschichte der Beschreibstoffe, 1953, 150.
330 Genannt bei Santifaller, Beiträge zur Geschichte der Beschreibstoffe, 1953, 150 unter Verweis auf ältere Literatur.

Urkunden vom 8. Juni 1351 und 22. April 1354[331]

Einzelblätter mit einem Registrierungsbefehl und den Kopien dreier Schriftstücke, um 1356 (München, Bayerisches Hauptstaatsarchiv, Staatsverwaltung 4008, GU Burglengenfeld 194 (mit Beilage) und 195 (mit Beilage))[332]

Pfandregister Herzog Albrechts I. von Bayern-Straubing, mit Abschrift der von seinen Vorgängern und ihm ausgestellten Verpfändungs- und Schuldurkunden sowie Aufzeichnungen über Schuldenrückzahlungen und Pfandlösungen, Grundstock von einer Hand um 1360, in geringem Umfang Zusätze bis 1364 (München, Bayerisches Hauptstaatsarchiv, Kurbayern, Äußeres Archiv 1167)[333]

1318, 1324, 1326, 1331	Kaufbeuren: Urkunden aus dem Heilig-Geist-Spital Kaufbeuren zur Schenkung von Land für das Seelenheil (zu 1318 von einem Heinrich von Bidingen mit einem anhangenden Siegel des Ritters Conrad von Lechspergaer, und von einem Hiltebrant, genannt von Murstetten, Verweis auf weitere Dokumente zu 1324, 1326 und 1331)[334]
Um 1319, 1346, 1356, 1357	Genf: Urteile des Priorats von Saint-Victor, um 1319, Informationen über Kriegsschäden in Jussy 1346, Rechtsdokumente in der Auseinandersetzung um eine Exkommunikation der Tavel durch Bischof Alamand 1356 und 1357[335]
1320, 1335–1387, ab 1343, 1350, 1360/70	Köln: Konzept eines Briefs der Prokuratoren aus Avignon an die Reichsstadt Köln von 1320[336] Verlorener Ratsprotokollband, in einem Archivinventar von 1500 geführt als *eyn alt memoriailboich angehaven imme jaire 1335 ind sluyst anno 1387, papiren*[337] Briefkonzept vom 1. Oktober 1343 und ab 1343 Briefe des Konvents in Liebenau bei Worms an die Stadt Köln bzw. ihren Bürgermeister[338] Rotulus aus Papierstreifen von 1350 sowie 1360/70, an den ein zweites Papierstück angenäht ist, mit Listen der sitzenden Ratsherren in Köln (*hec est rotula qua amplum consilium intitulatur*)[339]

---

331 Genannt bei Santifaller, Beiträge zur Geschichte der Beschreibstoffe, 1953, 150, unter Verweis auf ältere Literatur.
332 Vgl. Wild (Bearb.), Die Fürstenkanzlei des Mittelalters, 1983, 53f., Nr. 40 und 41.
333 Vgl. Wild (Bearb.), Die Fürstenkanzlei des Mittelalters, 1983, 58, Nr. 48, mit Verweis auf weitere Literatur.
334 Genannt bei Krünitz, Oekonomische Encyklopaedie, Bd. 106, 1807, 549f., übernommen bei Piccard, Über die Anfänge des Gebrauchs des Papiers, 1962, 351, 353f.
335 Genannt bei Briquet, Recherches sur les premiers papiers, 1886/1955, 142–155, mit dem vagen Verweis auf die Archive in Genf.
336 Vgl. Keussen, Brief-Eingänge des 14. und 15. Jahrhunderts, 1892, 78, danach übernommen bei Zwierlein, Gegenwartshorizonte im Mittelalter, 2010, 34 mit Anm. 171.
337 Genannt bei Zwierlein, Gegenwartshorizonte im Mittelalter, 2010, Anm. 167, unter Verweis auf ältere Literatur.
338 Vgl. Keussen, Brief-Eingänge des 14. und 15. Jahrhunderts, 1892, 78–80, danach übernommen bei Zwierlein, Gegenwartshorizonte im Mittelalter, 2010, Anm. 167.
339 Vgl. Pitz, Schrift- und Aktenwesen, 1959, 86, unter Verweis auf den ersten Band der Edition „Quellen zur Geschichte der Stadt Köln" von Leonard Ennen und Gottfried Eckertz.

1320–1331, 1359	Augsburg: Baumeisterrechnungen der Stadt für die Jahre 1320 bis 1331 (Augsburg, Stadtarchiv, BMB Nr. 1)[340] Schreiben einer Kommission des Bischofs von Augsburg an das Frauenstift St. Stephan in Augsburg über die Höhe der steuerlichen Veranlagung vom 4. Oktober 1359, mit Resten einer rückwärtigen Besiegelung (Augsburg, Staatsarchiv, Augsburg-St. Stephan Urkunden 61)[341]
ca. 1321–1365	Stift Zwettl in Niederösterreich: Dienst- und Zehntbuch[342]
1323	Kloster Garsten in Oberösterreich: Konzept oder gleichzeitige Kopie einer Urkunde vom 24. Juli 1323 für Otto den Schech von Steyr (Linz, Oberösterreichisches Landesarchiv)[343]
1323, 1332, ab 1339, 1347, 1348, 1353, um 1355	Regensburg: Urkunde des Katharinenspitals von 1323, in der Graf Berchtold von Graisberg den Rückempfang von Gütern bestätigt[344] Brief von Ulrich dem Sokkinger, Richter zu Passau, an Albrecht den Sterner, Hansgraf und Hanse Regensburg von 1332 (München, Bayerisches Hauptstaatsarchiv, Bestand Reichsstadt Regensburg Urkunden 474)[345] „Schwarzes Stadtbuch": Amtsbuch der Stadt aus Lagen unterschiedlichen Formats und Umfangs, die zwischen 1339 und 1433/34 beschrieben zuerst in loser Form aufbewahrt und in der Mitte des 15. Jahrhunderts buchförmig zusammengeführt wurden (München, Bayerisches Hauptstaatsarchiv, Reichsstadt Regensburg Literalien 296)[346] Ausfertigung aus dem Hochstift Regensburg vom 3. März 1347 (München, Bayerisches Hauptstaatsarchiv, Hochstift Regensburg Urkunden 402)[347] Urkunden aus dem Kloster St. Emmeram vom 23. Januar 1348 und vom 10. Januar 1353 (München, Bayerisches Hauptstaatsarchiv, Kloster St. Emmeram Regensburg Urkunden 443 und 483)[348]

---

340 Vgl. Kluge, Die Macht des Gedächtnisses, 2014, 149.
341 Für diesen Hinweis danke ich Thomas Engelke, Staatsarchiv Augsburg.
342 Vgl. Thiel, Geschichte der Papiererzeugung im Donauraum, 1940, 16, danach übernommen bei Santifaller, Beiträge zur Geschichte der Beschreibstoffe, 1953, 149.
343 Vgl. Thiel, Geschichte der Papiererzeugung im Donauraum, 1940, 16, danach übernommen bei Santifaller, Beiträge zur Geschichte der Beschreibstoffe, 1953, 149.
344 Genannt bei Rockinger, Zum baierischen Schriftwesen, 1872, Tl. 1, 22f.
345 Vgl. Holzapfl, Kanzleikorrespondenz des späten Mittelalters in Bayern, 2008, 50 mit Anm. 5, mit Verweis auf die Edition unter Nr. 676 im ersten Band des Regensburger Urkundenbuchs, 1956 bearbeitet von Josef Widemann.
346 Vgl. Holzapfl, Kanzleikorrespondenz des späten Mittelalters in Bayern, 2008, 238, mit dem Verweis auf die Edition des Schwarzen Stadtbuchs von Susanne Dorothee Kropac aus dem Jahr 2000.
347 Für diesen Hinweis danke ich Manfred Hörner, Bayerisches Hauptstaatsarchiv München.
348 Für diesen Hinweis danke ich Manfred Hörner, Bayerisches Hauptstaatsarchiv München.

	Zinsbuch des Klosters St. Emmeram, datiert um 1355 (?)[349]
1. Viertel 14. Jh., 1329, 1355	München:
	Stadtkammerrechnungen, datiert auf das 1. Viertel des 14. Jahrhunderts (München, Städtisches Archiv)[350]
	Urkunden aus dem Angerkloster München vom 31. März 1329 und 9. April 1355 (München, Bayerisches Hauptstaatsarchiv, Angerkloster München, Urkunden 147 und 220)[351]
1326	Wien: Städtisches Dienstbuch von 1326 (Wien, Stadtarchiv)[352]
Um 1332, 1356	Grafschaft Henneberg:
	Lehensbuch des Grafen Berthold von Henneberg (gest. 1340), aufgrund der Inhalte sowie paläographisch datiert um 1332 (Landesarchiv Thüringen, Staatsarchiv Meiningen, Hennebergica aus Weimar Nr. 53)[353]
	Urkunde über die Eidesleistung des Ritters Gunold von Gilting bei der Hennebergischen Landesteilung, 24. August 1356 (Coburg, Staatsarchiv, Landesarchiv Lokat C, Urkunden [Urk. LA C] 172)[354]
1336	Sillian in Tirol: Urkunden[355]
1336–1342, 1343, 1346–1351, 1350	Trier:
	Konzept- und Kanzleibücher des Trierer Notars, Mainzer Domdekans und kaiserlichen Rats Rudolf Losse aus Eisenach:
	165 Seiten starker Mischkodex, stark beschädigt und restauriert, der rund 250 Schriftstücke der Zeit von 1326 bis 1355 vor allem im Original oder als Konzept versammelt (Darmstadt, Hessisches Landesarchiv – Staatsarchiv Darmstadt, HStAD Bestand C 1 B Nr. 59)[356]
	Handschrift, die vor allem wohl zeitgleiche Kopien der Jahre bis 1344 versammelt (olim Ständische Landesbibliothek zu Kassel, Mss. Jur. fol. 25)

---

349 Rockinger, Zum baierischen Schriftwesen, 1872, Tl. 1, 23, mit Verweis auf das „Reichsarchiv". Von Manfred Hörner, Bayerisches Hauptstaatsarchiv München, konnte diese Behauptung nicht bestätigt werden.
350 Genannt bei Rockinger, Zum baierischen Schriftwesen, 1872, Tl. 1, 22f., ohne konkreten Beleg.
351 Für diesen Hinweis danke ich Manfred Hörner, Bayerisches Hauptstaatsarchiv München.
352 Vgl. Thiel, Die geschichtliche Entwicklung der Papiererzeugung in Österreich, 1931/32, 103, und ders, Geschichte der Papiererzeugung im Donauraum, 1940, 16, unter Verweis auf ältere Literatur.
353 Für diesen Hinweis danke ich Katharina Witter, Staatsarchiv Meiningen. Ed. Mötsch/Witter (Bearb.), Die ältesten Lehnsbücher der Grafen von Henneberg, 1996.
354 Für diesen Hinweis danke ich Alexander Wolz, Staatsarchiv Coburg.
355 Genannt bei Santifaller, Das Laaser Steuerregister vom Jahre 1277, 1932, 458, danach übernommen auch in ders., Beiträge zur Geschichte der Beschreibstoffe, 1953, 149.
356 Vgl. https://arcinsys.hessen.de/arcinsys/detailAction?detailid=v1957406 (Stand: 02.03.2023), ich danke für diesen Hinweis Kristina Odenweller, Hessisches Landesarchiv – Staatsarchiv Darmstadt.

In diesen Sammlungen enthalten sind 11 originale Briefe bzw. Brieffragmente, zum Teil gesiegelt, datiert zwischen 1336 und 1342, die Rudolf Losse von sieben verschiedenen Absendern erhielt[357]

Brief des Pfarrers (*curator*) Godefrid von Anliers an den Dekan von St. Simeon/Trier mit der Bitte um Übersendung von 4 Ohm Wein, datiert auf den 5. Juli 1343 (Koblenz, Landeshauptarchiv, Bestand 215, Nr. 396)[358]

Schmalformatige Papierhefte in Reinschrift aus der Kanzlei des Erzbischofs Balduin von Trier mit Rechnungen zur 1344 von den Grafen von Wied gekauften Herrschaft, zu datieren auf 1346–1351 (Koblenz, Landeshauptarchiv, Bestand 35, Nr. 1008, S. 1–18)[359]

Rechnungen der Burg Schadeck für den Trierer Bischof, schmalformatige Hefte in Reinschrift, zu datieren auf 1350 (Wiesbaden, Hauptstaatsarchiv, Abt. 339, Nr. 2261)[360]

---

357 Ed. Nova Alamanniae, hg. von Stengel, 1. Hälfte, 1921, Nr. 406, 224f., und Nr. 531, 351f.: 2 Briefe des Kantors Gerhard von St. Bartholomäus in Frankfurt, Ende Juni bis Anfang August 1336 gemeinsam mit Meister Hermann von Mersburg einen Pfründentausch und eine Vikarie am Mainzer Dom betreffend, am 7. Juni [1338] mit Nachrichten für Ditmar und Rudolf, Kapläne des Erzbischofs von Trier; ebd., Nr. 407, 225–228, Nr. 412, S. 239–241, und Nr. 416, 257–2593: Briefe des Dytmar, Kaplan des Erzbischofs Baldewin von Trier, an Rudolf Losse nach Avignon mit Neuigkeiten aus Trier, Mainz und dem Reich, 27. August [1336], [23. September] 1336 und [28./29. Oktober] 1336, ebd. Nr. 411, 236–239: Brief des Nycolaus an Rudolf Losse nach Avignon über den Eingang seiner Post sowie Neuigkeiten aus Trier und dem Reich, [23. September] 1336; ebd. Nr. 413, 241f.: Bruchstück eines Briefes, wohl Original, in dem eine hochgestellte französische Persönlichkeit, evtl. König Philipp VI. von Frankreich, an Papst Benedikt XII. zugunsten des Erzbischofs Baldewin schreibt, [September oder Anfang Oktober] 1336; ebd. Nr. 467, 295–297: Brief des Klerikers Gerlach an Rudolf Losse über seine Erlebnisse am Hof Heinrichs von Mainz, Koblenz 21. Juli [1337] (1. Hälfte, 1921,.); Nova Alamanniae, hg. von Stengel, 2. Hälfte, 1930, Nr. 734: Brief des Mainzer Dompropsts Bertholin an den Domherren Johannes von Friedberg in eigenen Angelegenheiten, 16. Februar [1340–1343]; ebd., Nr. 707: Brief des Konrad, Scholastikus von Aschaffenburg, an Otto von Nassau in persönlichen Angelegenheiten, 6. Juni [1342?], ebd. Nr. 742: Schreiben des Hermann von Schweinsberg an Johann von Bellersheim, Amtmann, und Otto Kellner in Amöneburg mit der Bitte um eine Unterredung, 1339 (13. August) bis 1343 (April), vgl. zum Inhalt des Schreibens und seiner Bedeutung Patze, Neue Typen des Geschäftsschriftgutes im 14. Jahrhundert, 1970/1986, 24: „Im Text wird gesagt, das Geschäft, über das zu verhandeln sei, sei so schwierig, daß man es schriftlich nicht auseinandersetzen könne und man sich in Kirchhain (bei Marburg) treffen wolle". S. zur Bedeutung der Briefe schon knapp Zwierlein, Gegenwartshorizonte im Mittelalter, 2010, 34 und passim.
358 Für diesen Hinweis danke ich Anja Ostrowitzki, Landeshauptarchiv Koblenz.
359 Vgl. Mersiowsky, Die Anfänge territorialer Rechnungslegung, 2000, 104, unter Verweis auf die Edition von Johannes Mötsch im Jahrbuch für westdeutsche Landesgeschichte 23 aus dem Jahr 1997.
360 Vgl. Mersiowsky, Die Anfänge territorialer Rechnungslegung, 2000, 105f., für eine Abb. von fol. 6v–7r vgl. Tafel 6, Abb. 8.

1338, 1347, 1348, 1349, 1354, 1359

Aachen:[361]

Schreiben eines Aachener Prokurators an der Kurie in Avignon an den Rat seiner Stadt von 1338 (Aachen, Stadtarchiv)[362]

Brief der Städte Frankfurt, Friedberg, Wetzlar und Gelnhausen an die Stadt Aachen über den Einlass des zum römischen König gewählten Karls IV. in die Stadt Aachen, ausgefertigt im November am Montag *nach sant Mertinstage,* das Jahr 1347 ist erschlossen (12. November 1347), Reste eines Rücksiegels (Aachen, Stadtarchiv, Reichsstädtisches Archiv Urkunden, W 291)[363]

Brief Brants de Butsberch, in dem er der Stadt Aachen einen vorläufigen Frieden gewährt, datiert auf den 25. März, das Jahr 1348 ist erschlossen, mit beschädigtem Rücksiegel; auf der Rückseite befindet sich der Entwurf eines anderen Schreibens in derselben Sache, das undatiert bleibt, jedoch vor dem 25. März entstanden sein muss (Aachen, Stadtarchiv, Reichsstädtisches Archiv Urkunden, Y 364)[364]

Wohl zeitgleiche Abschrift eines Briefes des Markgrafen von Brandenburg an den Erzbischof von Mainz zum Aufstand der Nürnberger Einigung der Kurfürsten über den König, ausgefertigt in Nürnberg am Freitag vor Pfingsten (6. Juni), das Jahr 1348 ist erschlossen, unter der Überschrift *Datum per copiam,* daher offenbar gedacht als Vorlage für die Versendung weiterer Kopien des Briefs zur Verbreitung seines Inhalts (Aachen, Stadtarchiv, Reichsstädtisches Archiv Urkunden, W 358)[365]

Wohl gleichzeitige Abschrift eines Schreibens Karls IV. mit dem Bekenntnis, dem Vogt Gerard von Köln 300 Goldschilde schuldig zu sein, ausgestellt in Zülpich am 20. August 1349 (Aachen, Stadtarchiv, Reichsstädtisches Archiv Urkunden, A I 132)[366]

Abschrift einer städtischen Verordnung gegen die Verbreitung einer neuen Krankheit und das Unwesen der Geissler, entstanden wohl 1349; die Abschrift wird paläographisch auf die Mitte des 14. Jahrhunderts datiert (Aachen, Stadtarchiv, Reichsstädtisches Archiv Urkunden, R I 8)[367]

---

361 Der „Aachener Fehdebrief" des Johann von Buren an Bürgermeister, Schöffen und Rat der Stadt Aachen mit der ausgeschriebenen Jahreszahl *dusent driihundert ind zwei* (1302) ist nach Erich Meuthen paläographisch und prosopographisch ans Ende des 14. Jahrhunderts zu datieren; evtl. Verschreibung für 1382 oder 1392 (Aachen, Stadtarchiv). Mit der frühen Datierung etwa Opitz, Früheste Beispiele für Papier als Beschreibstoff, 1974, 23f. mit Abb.; s. auch unter anderem Kirchner, Das Papier, III. Teil, 1910, 178, mit materialwissenschaftlichen Analysen, Thiel, Papiererzeugung und Papierhandel vornehmlich in den deutschen Landen, 1932, 110, Santifaller, Beiträge zur Geschichte der Beschreibstoffe, 1953, 148, zuletzt mit dieser Datierung Bachmann, Die Butzbacher Stadtrechnungen, Bd. 1, 2011, 25; anders jedoch Meuthen, Der angeblich älteste deutsche Papierbrief von „1302", 1978.
362 Vgl. Meuthen, Der angeblich älteste deutsche Papierbrief von „1302", 1978, 104.
363 Vgl. Mummenhoff (Bearb.), Regesten der Reichsstadt Aachen, 1937, Bd. 2, 365f., Nr. 808. Für diesen Hinweis danke ich René Rohrkamp, Stadtarchiv Aachen.
364 Vgl. Mummenhoff (Bearb.), Regesten der Reichsstadt Aachen, 1937, Bd. 2, 369, Nr. 814. Für diesen Hinweis danke ich René Rohrkamp, Stadtarchiv Aachen.
365 Ed. und Beschreibung des Stücks bei Loersch, Ein Schreiben des Markgrafen Ludwig von Brandenburg, 1875. Für diesen Hinweis danke ich René Rohrkamp, Stadtarchiv Aachen.
366 Für diesen Hinweis danke ich René Rohrkamp, Stadtarchiv Aachen.
367 Ed. und Beschreibung des Stücks bei Loersch (Hg.) (1871), Achener Rechtdenkmäler, 1871, Nr. 8,

	Schreiben der Stadt Aachen, mit dem sie an Stelle des verhinderten Schöffen Cristioin Lewe den Schöffen Goiswyn van Punt zum Bevollmächtigten des Landfriedensbundes ernennt, ausgefertigt am 25. April 1359, mit Resten eines Rücksiegels (Aachen, Stadtarchiv, Reichsstädtisches Archiv Urkunden, Z 7)[368]
1339, 1350	Villanders in Tirol: Urkunden[369]
1341, 1353–1371	Erzbistum Mainz: Entwürfe und Briefe auf Papier, vereinzelt bereits aus der Kanzlei des Erzbischofs Heinrich III. von Virneburg, 1341, allgemein gebräuchlich für Mandate seit der Regierungszeit Erzbischofs Gerlach von Nassau ab 1353 bis 1371[370]
Nach 1342, vor 1371	Kleve: Rechnung des Rentmeisters der Gräfin Mechthild von Kleve über den Hof Eyck an der Maas mit drei Quittungen – vier Zettel Papier unterschiedlichen Formats, wohl erst später mit einer Nadel zusammengeheftet (Duisburg, Landesarchiv NRW Abteilung Rheinland, Kleve-Mark Akten 12)[371]
1343, 1351, 1360	Straßburg:
	Urkunde des Klerikers Friedrich von Pfaffenhofen von 1343, eine Gütererneuerung für das St. Klarenkloster auf dem Wöhrd betreffend[372]
	Liber censuum des Frauenhauses von 1351[373]
	Konzept einer Übereinkunft zwischen Bürgermeister, Rat, Schöffen und Ammann der Stadt von 1360 (Straßburg, Stadtarchiv, Sér. III. 20/1)[374]

183–185. S. auch Mummenhoff (Bearb.), Regesten der Reichsstadt Aachen, 1937, Bd. 2, 388 f., Nr. 863. Für diesen Hinweis danke ich René Rohrkamp, Stadtarchiv Aachen.

Unklar bleibt die Entstehungszeit bei einer Abschrift eines Dokuments vom 18. Januar 1354 Januar (Aachen, Stadtarchiv, Reichsstädtisches Archiv Urkunden, A X 9), auf das mich ebenfalls René Rohrkamp hingewiesen hat. Nach Kraus (Bearb.), Regesten der Reichsstadt Aachen, Bd. 3, 1999, 63, Nr. 91, ist es lediglich vage auf das 14. Jahrhundert zu datieren.

368 Vgl. Kraus (Bearb.), Regesten der Reichsstadt Aachen, Bd. 3, 1999, 195 f., Nr. 299. Für diesen Hinweis danke ich René Rohrkamp, Stadtarchiv Aachen.
369 Genannt bei Santifaller, Das Laaser Steuerregister vom Jahre 1277, 1932, 458, danach übernommen auch in ders., Beiträge zur Geschichte der Beschreibstoffe, 1953, 150.
370 Vgl. Fruhmann, Studien zur Kanzlei und zum Urkundenwesen der Erzbischöfe von Mainz, 1940, 1, unter Verweis auf die Regesten der Erzbischöfe von Mainz. S. zu einem Schreiben Erzbischofs Gerlach von Mainz vom 11. August [1356] (Frankfurt, Stadtarchiv, RS Nr. 62) auch Schuler, Regesten zur Herrschaft der Grafen von Württemberg, 1998, 170, Nr. 529.
371 Vgl. Schleidgen, Die Kanzlei der Grafen und Herzöge von Kleve, 1984, 182, Anm. 40.
372 Vgl. Schmidt, Zur Geschichte der ältesten Bibliotheken und der ersten Buchdrucker zu Straßburg, 1882, 37, danach zit. bei Bockwitz, Zur Geschichte des Papiers, 1941, 25, übernommen bei Santifaller, Beiträge zur Geschichte der Beschreibstoffe, 1953, 150.
373 Genannt bei Schmidt, Zur Geschichte der ältesten Bibliotheken und der ersten Buchdrucker zu Straßburg, 1882, 37, danach zit. bei Bockwitz, Zur Geschichte des Papiers, 1941, 25, übernommen bei Santifaller, Beiträge zur Geschichte der Beschreibstoffe, 1953, 150.
374 Vgl. Schuler, Regesten zur Herrschaft der Grafen von Württemberg, 1998, 214, Nr. 693.

1345	Schluderns in Tirol: Urkunden[375]
1345	Soest:
	Brief des Erzbischofs Walram von Köln an die Stadt Soest in Sachen der gerade begonnenen Fehde gegen seine Feinde, datiert auf den 11. Juni, Jahr 1345 erschlossen, Ausfertigung auf Papier, Verschlusssiegel verloren (Soest, Stadtarchiv, XLI Nr. 4, vorläufige Nr. 5883)[376]
1346	Kloster Tegernsee: Urbar[377]
1346, 1349, 1358	Grafschaft Württemberg (s. dazu ausführlich Kap. B.1 und Abb. 2a+b):
	Zeitgleiche Kopien von pergamentenen Urkunden über Kaufgeschäfte der Württemberger von 1346 und 1349 (Stuttgart, Hauptstaatsarchiv, A 602, Nr. 11211 = WR 11211, und Nr. 7724 = nicht in WR verzeichnet)[378]
	Originaler Brief des Pfalzgrafen Götz von Tübingen an Walther von Geroldseck mit der Bitte um Besiegelung eines Kaufgeschäfts der Württemberger von 1358 (Stuttgart, Hauptstaatsarchiv, A 602, Nr. 7251 = WR 7251)
1347–1352, 1359	Herzog von Teck (Tegg):
	Urkunde, ausgestellt in Bozen zwischen 1347 und 1352[379]
	Gleichzeitige Kopie einer Urkunde des Herzogs Friedrich von Teck, Hauptmann und Landvogt der Herzöge von Österreich, datiert auf 1359 (Basel, Staatsarchiv Basel Stadt, Städt. U 325)[380]
Ab 1349, 1356/57– 1550, 1359	Xanten:
	Bursenrechnungen, ab 1349 nahezu lückenlos fortlaufend[381]
	Rechnungen für den Bau der gotischen Stiftskirche, des heutigen Xantener Doms, 1356/57 begonnen und bis 1550 durchgehend überliefert[382]
	Frühes Testamentkonzept eines Xantener Vikars von 1359 (Xanten, Stiftsarchiv)[383]

---

375 Genannt bei Santifaller, Das Laaser Steuerregister vom Jahre 1277, 1932, 458, danach übernommen auch in ders., Beiträge zur Geschichte der Beschreibstoffe, 1953, 150.
376 Vgl. REK 7, Reg. V 1234a. Für diesen Hinweis danke ich Franziska du Mont und Norbert Wex, Stadtarchiv und wissenschaftliche Stadtbibliothek Soest.
377 Vgl. Rockinger, Zum baierischen Schriftwesen, 1872, Tl. 1, 23, mit Verweis auf das „Reichsarchiv".
378 Vgl. Schuler, Regesten zur Herrschaft der Grafen von Württemberg, 1998, zu 1346: 96, Nr. 290, zu 1349: 111f., Nr. 345.
379 Vgl. Ottenthal/Redlich (Hg.), Archiv-Berichte aus Tirol 4, 1912, Nachträge, Nr. 103 (1347–1352), danach übernommen auch in Santifaller, Das Laaser Steuerregister vom Jahre 1277, 1932, 457.
380 Vgl. Schuler, Regesten zur Herrschaft der Grafen von Württemberg, 1998, 210, Nr. 677.
381 Genannt bei Hawicks, Xanten im späten Mittelalter, 2007, 16, unter Verweis auf weitere Literatur.
382 Vgl. Hawicks, Xanten im späten Mittelalter, 2007, 16 unter Verweis auf weitere Literatur.
383 Vgl. Hawicks, Situativer Pergament- und Papiergebrauch im späten Mittelalter, 2015, 243, mit Verweis auf Nr. 530 des ersten Bands von Carl Wilkes Inventar der Urkunden aus dem Jahr 1952.

Um 1350	Adliges Geschlecht der Rottenburger in Tirol: Urbare und Rechnungsbücher[384]
Um 1350, 1358, 1360	Duisburg:
	Papierfragment mit Urkundenabschriften, paläographisch auf etwa 1350 zu datieren (Duisburg, Stadtarchiv, Bestand 1, Nr. 7II)[385]
	Quittung von 1358 über Geldzahlungen der Stadt Duisburg an Peter Calcheym, Schutzherr und Beauftragter des Grafen von Berg (Duisburg, Stadtarchiv, Bestand 94A Nr. 25)[386]
	Kopie einer Urkunde aus dem Jahr 1360, wohl zeitgenössisch (Duisburg, Stadtarchiv, Bestand 1, Nr. 33B)[387]
1350er Jahre?	Handschrift von 461 Blättern auf Papier (München, Bayerisches Hauptstaatsarchiv, Kurbayern, Äußeres Archiv 1155)[388]
1350–1361, 1355–1359, um 1359 (?)	Kanzlei der pfälzischen Wittelsbacher in Heidelberg:
	Kurpfälzisches Steuerregister mit dem Titel *Stuore dye in daz land gesetzet ist*, 15 Blätter, Halbfolioformat, 1350–1361, wohl 1355 angelegt (Karlsruhe, Generallandesarchiv, 66/12049)[389]
	Erstes kurpfälzisches Auslaufregister der Urkunden Ruprechts I., geführt von 1355 bis 1359; s. auch vier Nachfolgeregister, die fast die gesamte zweite Hälfte des 14. Jahrhunderts abdecken (Karlsruhe, Generallandesarchiv, 67/804, sowie Nachfolgebände: 67/805–67/808)[390]
	Kurpfälzisches Kopialbuch, nur 16 Blätter zeitgenössischer Foliierung umfassend, mit *briefe[n], die nit ewig ensi[n]t* von 1322 bis 1359, wohl zeitnah zu den letzten Dokumenten entstanden (Karlsruhe, Generallandesarchiv, 67/800)[391]

---

384 Genannt bei Santifaller, Das Laaser Steuerregister vom Jahre 1277, 1932, 457, danach übernommen auch in ders., Beiträge zur Geschichte der Beschreibstoffe, 1953, 148.
385 Vgl. Hawicks, Situativer Pergament- und Papiergebrauch im späten Mittelalter, 2015, 217, mit Abb.
386 Vgl. Hawicks, Situativer Pergament- und Papiergebrauch im späten Mittelalter, 2015, 214, mit Verweis auf Nr. 38 im zweiten Band des Urkundenbuchs der Stadt Duisburg, 1998 bearbeitet von Joseph Milz. Für den Hinweis auf die Signatur danke ich Lisa Hampel, Stadtarchiv Duisburg.
387 Vgl. Hawicks, Situativer Pergament- und Papiergebrauch im späten Mittelalter, 2015, 218.
388 Vgl. Wild (Bearb.), Die Fürstenkanzlei des Mittelalters, 1983, 52, Nr. 38+39.
389 Vgl. Rödel (Hg.), Der Griff nach der Krone, 2000, Nr. 95, 252f., Abb. ebd. 252, s. zuletzt Widder, Kanzler und Kanzleien, 2016, 149f. mit einer ausführlichen kodikologischen und paläographischen Beschreibung.
   Nicht nachprüfbar war die Behauptung bei Weiß, Zeittafel zur Papiergeschichte, 1983, 42, mit dem vagen Verweis auf „G. Fischer" (eventuell den an anderer Stelle bei Weiß genannten Gotthelf Fischer von Waldheim, Mainz, 1771–1853?), es habe um 1303 in der Kurpfalz schon Urkunden auf Papier mit dem Wasserzeichen „Spirale" (ähnlich einer 6 oder 9) gegeben, das als frühes Zeichen der Papiermühle in Cividale (Friaul) gelte.
390 Vgl. Widder, Kanzler und Kanzleien, 2016, 155f. mit weiterer Literatur.
391 Vgl. Rödel (Hg.), Der Griff nach der Krone, 2000, Nr. 99, 254, und Widder, Kanzler und Kanzleien, 2016, 154.

1350–1367, 1357/58, 1359, 1360	Nürnberg: Vier Briefe des Löwener Bürgers Johann Heim an den Nürnberger Rat (Nürnberg, Staatsarchiv, Bestand Reichsstadt Nürnberg Urkunden, Nr. 2937: 1350–1355, Nr. 2971: 1364–1365, Nr. 2980: 1365–1366, Nr. 2983: 1366–1367)[392] Amtsbuch der Stadt für Gewerbesachen im Quartformat von 1357/58[393] Burggrafschaft Nürnberg: Brief auf Papier von 1359[394] Instruktion der Stadt Nürnberg an ihre Gesandten nach dem 24. November 1360 (Nürnberg, Staatsarchiv, D / Akt. 403)[395]
1353	Markgraf Friedrich von Meißen: Schreiben vom 8. April 1353, ausgestellt in Coburg, (München, Bayerisches Hauptstaatsarchiv, Würzburg, Nr. 7600)[396]
1354	Ostfriesland: Konzept in Form eines Rotulus für einen Brief vom 18. November 1354, mit dem Papst Innozenz III. dem Richter Franciscus befiehlt, den Berhard von Hövel in den Münsterischen Archidiakonat Friesland einzuweisen (Aurich, Niedersächsisches Landesarchiv, Rep. 1 Nr. 846)[397]
1354	Truden in Tirol: Urkunden[398]
1354	Welsberg in Tirol: Urkunden[399]
1356	Kloster Niederaltaich: Urkunde vom 12. September 1356 (München, Bayerisches Hauptstaatsarchiv, Kloster Niederalteich Urkunden 2007)[400]
1356	Markgrafen von Brandenburg: Urkunde Ottos von Brandenburg vom 3. August 1356[401]

---

392 Vgl. Holzapfl, Kanzleikorrespondenz des späten Mittelalters in Bayern, 2008, 50, Anm. 6.
393 Genannt bei Pitz, Schrift- und Aktenwesen, 1959, 191.
394 Genannt bei Holzapfl, Kanzleikorrespondenz des späten Mittelalters in Bayern, 2008, 50, Anm. 6, unter Verweis auf weitere Literatur.
395 Vgl. Schuler, Regesten zur Herrschaft der Grafen von Württemberg, 1998, 229, Nr. 738.
396 Vgl. Schuler, Regesten zur Herrschaft der Grafen von Württemberg, 1998, 142, Nr. 453.
397 Für diesen Hinweis danke ich Kirsten Hoffmann, Niedersächsisches Landesarchiv Aurich; für ein Digitalisat vgl. http://www.arcinsys.niedersachsen.de/arcinsys/detailAction?detailid=v3494739 (21.04.2020). Bei der durch einen *judex* mit Namen *Franciscus* ausgestellten Urkunde, die 1883 aus dem Nachlass des Handschriftensammlers Freiherr Julius von Bohlen in das Staatsarchiv Aurich gelangte, handelt es sich um eine 91 Zentimeter lange und 16 Zentimeter breite Rolle aus Papier, deren zwei Hälften mit Leinenfäden aneinander geheftet wurden, vgl. dazu Herquet, Das Archidiakonat von Friesland Münsterscher Diözese, 1884, 107–114, bes. 109. Herquet datiert sie nach der Schrift auf die Mitte des 14. Jahrhunderts.
398 Genannt bei Santifaller, Das Laaser Steuerregister vom Jahre 1277, 1932, 458, danach übernommen auch in ders., Beiträge zur Geschichte der Beschreibstoffe, 1953, 150.
399 Genannt bei Santifaller, Das Laaser Steuerregister vom Jahre 1277, 1932, 458, danach übernommen auch in ders., Beiträge zur Geschichte der Beschreibstoffe, 1953, 150.
400 Für diesen Hinweis danke ich Manfred Hörner, Bayerisches Hauptstaatsarchiv München.
401 Genannt bei Santifaller, Beiträge zur Geschichte der Beschreibstoffe, 1953, 150 unter Verweis auf weitere Literatur.

1356	Barleben (Bardeleben) bei Magdeburg: Urkunde der Ritter Hans und Czabel von Bardeleben, Brüder, und ihres Vetters Hans von Bardeleben über den Verkauf ihres Gutes Lotkove an Fritz und Gerhard von Wederden (Wernigerode, Landesarchiv Sachsen-Anhalt, H 66, A Nr. 3)[402]
1357	Herrschaft Hohenlohe: Auf 1357 datierter papierner Nachtrag im pergamentenen Lager- und Gültbuch der Herren von Hohenlohe, eingeklebt im vorderen Vorsatzdeckel, in zeitgenössischer Schrift (Neuenstein, Landesarchiv Baden-Württemberg, Außenstelle Hohenlohe-Zentralarchiv, GL 5 Schubl. 13 Nr. 1)[403]
1357	Bautzen (unter anderem): Urkunde Kaiser Karls IV. zugunsten der Bürgermeister, Schöffen und Bürger der Städte Bautzen, Görlitz, Zittau, Lauban, Löbau und Kamenz über die Auslösung von Gefangenen, datiert auf den 29. Juni 1357 (Bautzen, Archivverbund, Bestand 6100 Urkunden der Stadt Bautzen bis Dezember 1647, Nr. 0038)[404]
Um 1357, um 1357–1367	Bremen: Mandat/Urkunde des Erzbischofs Gottfried von Bremen an das Kapitel von St. Ansgarii über seine Ansprüche auf die Hinterlassenschaften eines verstorbenen Chorherren, mit Spuren eines Verschlusssiegels auf der Rückseite, ohne Datum, um 1357 (Bremen, Staatsarchiv, 1-An (36))[405] Mandat/Urkunde des Dekans Hildebrand und des Kapitels von St. Ansgarii, ohne Datum, um 1357–1367 (Bremen, Staatsarchiv, 1-An (15))[406]
1358	Schwäbisch-Hall: Urkundenausfertigung vom 29. Juli 1358 mit rückwärtigem Adler-Siegel, in der Kaiser Karl IV. befiehlt, das Kloster Kamberg (wohl Comburg bei Schwäbisch-Hall) zu schirmen (Schwäbisch Hall, Stadtarchiv, U 341)[407]
1358	Osnabrück: Stadtrechnungen auf mehreren Blättern[408]
1358	Rothenburg ob der Tauber: gleichzeitige Kopie einer Urkunde Kaiser Karls IV. vom 7. August 1358 (olim München, Bayerisches Hauptstaatsarchiv, Reichsstadt Rothenburg U 408, heute im Staatsarchiv Nürnberg)[409]

---

402 Vgl. das digitale Findbuch des Landesarchivs Sachsen-Anhalt unter URL: http://recherche.landesarchiv.sachsen-anhalt.de/Query/detail.aspx?ID=2345007 (Stand: 02.03.2023).
403 Für diesen Hinweis danke ich Ulrich Schludi, Landesarchiv Baden-Württemberg, Außenstelle Hohenlohe-Zentralarchiv Neuenstein.
404 Vgl. das digitale Findbuch des Archivverbundes Bautzen mit Digitalisat des Dokuments unter URL: https://www.archivverbund-bautzen.findbuch.net/php/main.php#3631303030x45 (Stand: 02.03.2023).
405 Ed. Ehmck/von Bippen (Hg.), Bremisches Urkundenbuch, Bd. 3, 1880, Nr. 101, 84. Für diesen Hinweis danke ich Konrad Elmshäuser, Staatsarchiv der Freien Hansestadt Bremen.
406 Für diesen Hinweis danke ich Konrad Elmshäuser, Staatsarchiv der Freien Hansestadt Bremen.
407 Vgl. Pietsch (Bearb.), Die Urkunden des Archivs der Reichsstadt Schwäbisch Hall, Bd. 1, 1967, 146.
408 Genannt bei Philippi, Einführung in die Urkundenlehre, 1920, 35, unter Verweis auf weitere Literatur, danach übernommen bei Bockwitz, Zur Geschichte des Papiers, 1941, 26, und Santifaller, Beiträge zur Geschichte der Beschreibstoffe, 1953, 150.
409 Vgl. Schuler, Regesten zur Herrschaft der Grafen von Württemberg, 1998, 187f., Nr. 585. Ich danke Manfred Hörner, Bayerisches Hauptstaatsarchiv, für die Information zum heutigen Verwahrungsort.

1358–1365	Kanzlei Herzog Rudolfs IV. von Österreich: Briefe, darunter ein Exemplar vom 28. Oktober 1364 im Archiv des Stifts Lambrecht[410]
1359	Grafschaft Wertheim: Steuerverzeichnis der Grafschaft Wertheim aus dem Jahr 1359 (Wertheim, Staatsarchiv, G-Rep. 54 Nr. 93)[411]
1359	Hagenau: Papierrolle aus dem Jahr 1359 zur Fehde zwischen der Stadt Hagenau und den Lichterbergern (Heidelberg, Universitätsbibliothek, Heidelberger Urk. 77)[412]
1359	Leipzig: Stadtbuch[413]
1359/60, 1365/66, 1366/70	Lippische Rechnungen aus Enger: Rechnung von 1359/60 auf einem rotulusartigen Blatt, Rechnung von 1365/66 im Schmalformat-Heft, Rechnung von 1366/70 auf einem langen Papierrotulus (Detmold, Stadtarchiv, L 92 Z, IIIa Alte Rechnungen, Nr. 2 = neu Nr. 45, Nr. 4 = neu Nr. 47 und Nr. 4 = neu Nr. 47)[414]
Vor 1360–1361	Fragmente eines Registers Karls IV. (Dresden, Hauptstaatsarchiv)[415]
Um 1360	Esslingen: Brief des Bischofs Johannes von Straßburg, zu datieren um 1360 (Straßburg, Stadtarchiv, AA 1401 Nr. 46)[416]

---

410 Genannt bei Thiel, Geschichte der Papiererzeugung und des Papierhandels in Steiermark, 1926, 1, unter Verweis auf weitere Literatur, und Bockwitz, Zur Geschichte des Papiers, 1941, 26.
411 Für diesen Hinweis danke ich Monika Schaupp, Staatsarchiv Wertheim.
412 Vgl. das handschriftliche Verzeichnis der Heidelberger Urkundensammlung, entstanden im 20. Jahrhundert, digital verfügbar unter DOI: https://doi.org/10.11588/diglit.4388#0038 (Stand: 02.03.2023), ohne Beleg auch genannt bei Weiß, Zeittafel zur Papiergeschichte, 1983, 51. Ich danke Joachim Dahlhaus für diesen Hinweis.
413 Vgl. Stahlberg, Schriftträger [sic!] und Schreibmaterialien, 2003, 173.
414 Vgl. Mersiowsky, Die Anfänge territorialer Rechnungslegung, 2000, 222f.
415 Vgl. Seeliger, Die Registerführung am deutschen Königshof bis 1493, 1890–1894, 238–242 mit einer kodikologischen Beschreibung; s. auch ebd., 242: Nach Seeliger muss es eine deutlich breitere Registerführung gegeben haben, die aber nicht erhalten ist, so dass Aussagen über ihre Materialität nur eingeschränkt möglich seien. Genannt auch bei Bockwitz, Zur Geschichte des Papiers, 1941, 25, und Santifaller, Beiträge zur Geschichte der Beschreibstoffe, 1953, 149, mit Verweis ältere Literatur.
416 Vgl. Schuler, Regesten zur Herrschaft der Grafen von Württemberg, 1998, 222, Nr. 722.

Abb. 2a+b: Frühestes bekanntes Papier aus dem Bestand A 602 im Hauptstaatsarchiv Stuttgart, Nr. 7251 = WR 7251, datiert 1358, Recto- und Versoseite. © Thomas Klinke.

B.1 Mittelalterliches Papier in Württemberg und Mantua

Die Geschichtswissenschaften sind traditionell Textwissenschaften. So spricht man zwar vom Schriftgut als ihrer Hauptquelle, oft genug sind es jedoch von den materiellen Trägern abstrahierte ‚alte Texte', aus denen heraus wir unser Bild vergangener Lebenswelten entwerfen. Auch die äußere Quellenkritik mit ihrem seit dem 18. Jahrhundert verfeinerten Instrumentarium, um die physische Gestalt der Quellen zu analysieren, bleibt stillschweigend meist Mittel zum Zweck, um die auf die jeweiligen Objekte gebannten Inhalte etwa in Bezug auf ihre Echtheit besser beurteilen zu können.

Der Heidelberger Sonderforschungsbereich 933 „Materiale Textkulturen" nimmt demgegenüber für seine Projekte den Ausgangspunkt bei der programmatischen Forderung, die beschrifteten Artefakte selbst in ihrer Materialität und Gestaltung in den Mittelpunkt der Untersuchungen zu rücken. Als Forschungsauftrag gibt er damit vor, den Praktiken, Techniken und Konventionen des Schreibens durch die Produkte des Schreibprozesses selbst auf die Spur zu kommen. Entschieden statuiert der Assyriologe Markus Hilgert als Spiritus Rector der Initiative, dass dem bislang in vielen der am SFB beteiligten Fächer bevorzugten „Geschriebenen über Geschriebenes" eben kein privilegierter Aussagewert über die vergangene Schriftkultur zuzubilligen sei.[1]

Am Anfang der vorliegenden Studie über den Papiergebrauch im hohen und späten Mittelalter sollen daher zwei Fallstudien stehen, die die Einführung und Durchsetzung dieses Beschreibstoffs sowie die Gepflogenheiten und Verfahren im Umgang mit ihm am Beispiel konkreter Kanzleien und der von ihnen produzierten und verwahrten Schriftlichkeit nachvollziehen. Zielvorgabe ist, nicht nur wie in klassischen Editionen oder Regestenwerken festzustellen bzw. auszuzählen, ob ein bestimmtes Dokument auf Papier oder Pergament geschrieben steht. Inhalte und Gattungen der Schriftstücke sollen vielmehr mit den materialen Eigenschaften und der Wertigkeit des Schriftträgers in Verbindung gesetzt werden, ausgehend von der Hypothese, dass der Gebrauchswert der Materialien die Verbreitung oder aber die Glaubwürdigkeit

---

[1] S. Hilgert, „Text-Anthropologie", 2010, 122, mit Anm. 50; ders., Praxeologisch perspektivierte Artefaktanalysen, 2014, 150. Mit dieser Hypothese steht Hilgert in der Tradition vieler praxistheoretischer Ansätze in der Soziologie, die nach Schulz-Schaeffer, Regelmäßigkeit und Regelhaftigkeit, 2004, 108f., ihren gemeinsamen Nenner darin haben, sich für die „Regelmäßigkeiten sozialen Handelns zu interessieren, die nicht Ausdruck einer bewusst regelhaften Handlungsorientierung sind". Nach Schulz-Schaeffer seien diese Herangehensweisen oft mit einer „doppelte[n] Regelskepsis" verbunden: nicht nur gegenüber dem Reflex, beobachtbare soziale Praktiken auf eine sie angeblich hervorbringende explizite Regel zurückführen, sondern auch gegenüber der Annahme, dass „dort, wo in der sozialen Welt selbst explizite Regeln geltend gemacht werden, es die Befolgung dieser Regeln ist, die die beobachteten Regelmäßigkeiten des Handelns hervorbringen – verbunden mit der Vermutung, dass es auch in diesem Fall eher die implizite Logik des praktischen Wissens und Könnens ist, die das Geschehen tatsächlich strukturiert."

von Informationen mitbestimmen bzw. Handlungsroutinen prägen oder zu ändern vermochte.

Die Wahl für diese Fallstudien fiel im deutschen Sprachraum auf die mittelalterliche Kanzlei und das Archiv der Grafen von Württemberg, deren noch fassbare Überlieferung heute in weiten Teilen in der einstigen Wirkungsstätte des Wasserzeichenpioniers Gerhard Piccard, dem Hauptstaatsarchiv Stuttgart, zusammengeführt liegt.[2] Ausschlaggebend für diese Entscheidung war, dass das Findbuch zum einschlägigen Selektbestand A 602 in Form einer über das Internet recherchierbaren Datenbank vorlag und auch in einer hausinternen Version mit zusätzlichen Recherchefunktionen genutzt werden durfte.[3] Diese Fallstudie eröffnet damit die – während der Konzeptionsphase dieser Studie noch ganz außergewöhnliche – Chance zu einer statistischen Erhebung auf der breiten Basis von 135 Regalmetern Material (s. dazu die Graphiken B.1.1–4).[4]

Zugleich war für die altwürttembergischen Bestände die zentrale Voraussetzung erfüllt, durch Vorarbeiten gut erschlossen zu sein: Fußend auf Studien zur dynastischen Geschichte, die bis ins 18. Jahrhundert zurückreichen, entstanden vor allem in der ersten Hälfte des 20. Jahrhunderts zentrale Werke zur Geschichte der ‚Behördenorganisation' und damit auch zur Genese und Struktur des Archivs unter den Grafen und späteren Herzögen von Württtemberg.[5] Während diese älteren Arbeiten die Entwicklung mittelalterlicher Verwaltungsinstrumente oft noch als lediglich unvollkommene Vorstufen moderner Bürokratie begriffen und beschrieben, haben sich jüngere

---

2 S. Maurer (Bearb.), Übersicht über die Bestände, 1980; ders./Molitor/Rückert (Bearb.), Übersicht über die Bestände, 1999. Gerhard Piccards praktische Arbeit mit den Papieren in diesem Bestand hat, wie wir bei der materialwissenschaftlichen Analyse feststellen konnten, auf dem Dokument Stuttgart, Hauptstaatsarchiv, A 602, Nr. 2221 = WR 2221 auch eine eindeutige ‚Gebrauchsspur' hinterlassen: Im flachen Streiflicht und im Durchlicht sind darauf mit einer stumpfen Spitze eingedrückte Linien zu erkennen, die entstanden sein müssen, als Piccard mit Transparentpapier und Bleistift die Kett- und Ripplinien dieses Papiers dokumentierte, s. Meyer/Klinke, Geknickt, zerrissen, abgegriffen, 2015, 170, Abb. 17.
3 Findbuch Stuttgart, Hauptstaatsarchiv, A 602 (Württembergische Regesten = WR), s. URL: https://www2.landesarchiv-bw.de/ofs21/olf/startbild.php?bestand=3703 (Stand: 10.03.2022). S. Rückert, Die Datenbank der Württembergischen Regesten, 2008, und ders./Fricke, Urkunden im Netz, 2004. Ich bin Peter Rückert zu großem Dank verpflichtet, mir im Hauptstaatsarchiv Stuttgart die hausinterne Datenbank zugänglich gemacht zu haben.
4 In der Zwischenzeit folgen dem Vorbild des Stuttgarter Hauptstaatsarchivs immer mehr Institutionen. Ihre neuen digitalen Angebote konnten in den Vorarbeiten für die Drucklegung dieser Studie genutzt werden, um den Kasten A.4 zur Papierüberlieferung im deutschen Sprachraum bis 1360 in erheblichem Umfang zu erweitern.
5 S. vor allem Sattler, Geschichte des Herzogtums Wuertenberg, 1777; Schneider, Zur Geschichte des württembergischen Staatsarchivs, 1903; Wintterlin, Geschichte der Behördenorganisation in Württemberg, Bd. 1, 1904; Ernst, Die direkten Staatssteuern in der Grafschaft Württemberg, 1904; Mehring, Beiträge zur Geschichte der Kanzlei der Grafen von Wirtemberg, 1916; ders., Aus den Registern der Kanzlei der Grafen von Wirtemberg, 1917; Kothe, Der fürstliche Rat in Württemberg im 15. und 16. Jahrhundert, 1938; Bernhardt, Die Zentralbehörden des Herzogtums Württemberg, 2 Bde., 1973.

Darstellungen zu dem seit den 1980er Jahren breit in den Blick genommenen Themenkomplex des Hofes und der Residenzen auch zu Württemberg von der impliziten Vorstellung des abstrakten institutionellen Fortschritts gelöst.[6] Stattdessen rücken sie die Interaktion der Akteur*innen und ihre Netzwerke – unter anderem mit einem breiten prosopographischen Zugriff wie in Christian Hesses Studie über die landesherrliche Ämterentwicklung – in den Mittelpunkt.[7] Zentral für die vorliegende Studie ist die Arbeit von Heidrun Hofacker, die ihre Leitfrage nach der Durchsetzung und Sichtbarmachung landesfürstlicher Herrschaft im spätmittelalterlichen Württemberg eng an die Entstehungsbedingungen und Benutzungskontexte des uns heute erhaltenen Schriftguts rückgebunden hat.[8] Diese Vorarbeiten machen es möglich, die Entwicklung von Schriftlichkeit, wie sie sich in den Graphiken spiegelt, mit der Geschichte der Württemberger im Allgemeinen[9] und der Entwicklung ihrer Kanzlei im Besonderen in Beziehung zu setzen.

Für Italien konnte in der Anfangsphase dieser Studie keine den Württembergern vergleichbare Herrschaft ermittelt werden, zu der eine digitale Erschließung als Grundlage für quantitative Auswertungen verfügbar gewesen wäre. Ohne statistische Befunde müssen daher die Ergebnisse auskommen, die im Folgenden zum im lombardischen Mantua lagernden Archivio Gonzaga vorgestellt werden. Zentrales Auswahlkriterium für dieses Fallbeispiel waren die engen diplomatischen und familiären Beziehungen, durch die das Adelsgeschlecht der Gonzaga in der zweiten Hälfte des 15. Jahrhunderts mit den Württembergern verbunden war. Die aus diesen Kontakten erwachsene Gegenüberlieferung in Mantua eröffnet daher einerseits für bestimmte Bereiche die Chance, die Dimensionen der württembergischen Überlieferungsverluste zu konturieren. Andererseits erwiesen sich punktuelle ‚Probebohrungen' in den Mantuaner Beständen als so ertragreich, dass ihre Ergebnisse in diesem Kapitel sowohl im Kontrast wie auch als substantielle Erweiterung der Überlegungen zu Württemberg ergänzt werden sollen.

Als Vorteil der Mantuaner Überlieferung im Vergleich zu den württembergischen Beständen hat sich dabei ihre grundlegend andere Ordnung nach dem Pertinenzprinzip erwiesen. So bietet die heutige Organisation der Überlieferung anders als für Würt-

---

6 S. Neitmann, Was ist eine Residenz?, 1990; zu Württemberg speziell: Schuler, Königsnähe – Königsferne, 1982; Lorenz, Stuttgart auf dem Weg zur Landeshauptstadt, 1989; Grube, Stuttgart als herzogliche Residenzstadt, 1996; ders., Haupt- und Residenzstädte in Württemberg, 1996; Lorenz, Württemberg, 2003 a+b; Auge, Stuttgart, 2003; Deigendesch, Urach, 2003; Auge/Spieß, Hof und Herrscher, 2005; Auge, Kongruenz und Konkurrenz, 2006.
7 Hesse, Amtsträger der Fürsten im spätmittelalterlichen Reich, 2005. S. mit ähnlichem methodischem Zugriff zu den Eliten der württembergischen Landstädte Gallion, Wir, Vogt, Richter und Gemeinde, 2017.
8 Hofacker, Kanzlei und Regiment in Württemberg, 1984. S. mit vergleichbarer methodischer Herangehensweise auch Serielle Quellen in südwestdeutschen Archiven, hg. von Keitel/Keyler 2005.
9 Für einen dichten Überblick über die politische Geschichte Württembergs mit ausführlichen Literaturverweisen s. Mertens, Württemberg, 1995.

temberg die Gelegenheit, der Durchsetzung des Papiers innerhalb klar umrissener Sachgebiete und Gattungen nachzuspüren. Ein zweiter Vorzug gegenüber der württembergischen Fallstudie liegt im frühen, schon seit der Mitte des 14. Jahrhunderts dokumentierten Willen der Gonzaga-Kanzlei, die in ihrem Archiv gehütete Schriftlichkeit archivarisch zu erschließen. Dies ermöglicht nicht nur zumindest für Teilbereiche ein konkreteres Bild von Umfang und Vollständigkeit der Überlieferung, sondern auch von deren materiellen Bedingungen, den Orten, Möbeln und Behältnissen, die die erhaltenen Dokumente einst fassten.[10]

Auch für Mantua und den Hof bzw. die Kanzlei der Gonzaga kann die vorliegende Studie auf umfassende Vorarbeiten aufbauen.[11] Einschlägig sind hier nach wie vor die historischen Studien zur Genese und Geschichte des Archivs aus dem frühen 20. Jahrhundert, die mit der Erstellung der bis heute gültigen Findmittel zum Archivio Gonzaga einhergingen.[12] Ähnlich wie für die Grafschaft Württemberg wurden diese Ergebnisse seit den achtziger und neunziger Jahren unter kulturhistorischen Vorzeichen neu gelesen und überprüft. Zentral für die vorliegende Studie sind die Arbeiten Isabella Lazzarinis, die aus der im Archivio Gonzaga erhaltenen Schriftlichkeit das Gefüge der Ämter und Herrschaftsorgane mit der Kanzlei der Gonzaga als ihrem effizienten Zentrum herauspräparierte.[13] Den Ergebnissen zu Württemberg vergleichbar kommt

---

10 S. dazu unten das Teilkapitel „Wandel durch Papier?". Zur Einordnung der Mantuaner Repertorien und Inventare als frühe Beispiele archivischer Verzeichnungspraxis s. die Zusammenstellung vergleichbarer Dokumente des 14. Jahrhunderts aus anderen Orten bzw. Territorien bei Behne, Geschichte aufbewahren, 1992, 289.
11 Zu Mantua und dem Hof der Gonzaga existieren sowohl in Italien als auch vor allem im angloamerikanischen Raum lange Forschungstraditionen, s. dazu die dickleibige, durch die Publikationen der letzten 25 Jahre allerdings überholte Bibliographie von Tamalo, La Memoria dei Gonzaga, 1999. International im Zentrum steht zumeist das herausragende Mäzenatentum dieser Familie, das heißt die Erforschung der von ihnen angeregten, heute zum Teil über die Welt zerstreuten Kunstschätze ebenso wie ihrer städtebaulichen Initiativen für Mantua; zur machtpolitischen Dimension dieser Kunstförderung s. unter anderem Bourne, The Art of Diplomacy, 2010, oder Antenhofer, Die Gonzaga und Mantua, 2007. Intensiv beforscht wurde und wird aber auch die politische Entwicklung Mantuas von der Autokratie der Canusiner über die Zeit der Kommune und die Signorie bis zur „Renaissance principality" der Gonzaga; s. hier mit Bedeutung für die vorliegende Studie vor allem die Arbeiten von Isabella Lazzarini, kondensiert zum Beispiel in Lazzarini, Das Stadtrecht in einer städtischen Signorie, 1992; für einen orientierenden Überblick zur Ereignisgeschichte s. Watt, Art. Mantua, 2004.
12 Die moderne Erschließung des Archivio Gonzaga wurde vor allem von drei Archivaren der Zeit um 1900 bis in die 1920er Jahre geleistet, Pietro Torelli, Alessandro Luzio und Stefano Davari, über deren zum Teil noch handschriftliche Findhilfen der Bestand bis heute benutzt wird. Zentraler Zugang ist ein gedrucktes zweibändiges Inventar aus den Jahren 1920 und 1922, s. Torelli, L'Archivio Gonzaga di Mantova, 1920/1988, Bd. 1, und Luzio, L'Archivio Gonzaga di Mantova, 1922/1993, Bd. 2.
13 S. vor allem die Monographie Lazzarini, Fra un principe e altri stati, 1996, hier bes. Parte I, 1–88, mit einer ausführlichen Darstellung der großen Fülle und Vielfalt der unter den Gonzaga entstandenen Schriftlichkeit, strukturiert nach den Organen und Gremien, die sie produzierten. S. auch einführend zur Kanzlei dies., *Peculiaris magistratus*, 1994, sowie zusammenfassend zum Regiment der Gonzaga im Renaissance-zeitlichen Mantua dies., *Sub signo principis*, 2002.

sie dabei zum Schluss, dass dieser aus verschiedenen Wurzeln gewachsene Verwaltungsapparat stets eine hochgradig informelle oder – um mit ihren Worten zu sprechen – „elastische" Einrichtung blieb.[14] Wichtig für die hier vorgelegten Fragen nach der Papiernutzung sind auch die vor allem von Axel Behne geleistete Erschließung der bemerkenswert frühen Inventarisierungsleistungen der Gonzaga-Kanzlei[15] sowie die unter anderem in deutsch-italienischen Kooperationen vorangetriebenen Forschungen zu der im Archivio Gonzaga reich überlieferten Gattung der Korrespondenzen.[16]

Im Folgenden werden die Ergebnisse zu beiden Fallstudien im Vergleich präsentiert. Ein solcher vergleichender Zugriff setzt voraus, dass sich strukturelle Gemeinsamkeiten zwischen den Herrschaften Württemberg und Mantua erkennen lassen: Allen voran ist hier die ähnliche Position innerhalb der Ranggesellschaft des römisch-deutschen Reichs anzuführen, die die ab 1328 als Signori, seit 1433 als Markgrafen, seit 1530 als Herzöge über Mantua und seinen Contado herrschenden Gonzaga sowie die seit dem 13. Jahrhundert als Grafen und seit 1495 als Herzöge regierenden Württemberger einnehmen. Beide Familien verfügten zudem auch über eine vergleichbare Territorialmacht, die nicht nur in Norditalien, sondern auch für Württemberg von der Forschung als schon vergleichsweise stark urbanisiert beschrieben wird und deren rechtliche wie administrative Durchdringung die Dynastien im Untersuchungszeitraum rasant intensivierten.[17]

Dass dieses Kapitel einen Vergleich zwischen beiden Fallstudien anstrebt, bedeutet freilich nicht, dass beide Beispiele gleichwertig behandelt werden können. Dies hat nicht damit zu tun, wie man spontan vermuten möchte, dass für den italienischen Raum eine ungleich höhere Dichte der Schriftnutzung und -archivierung zu erwar-

---

14 Lazzarini spricht in dies., Das Stadtrecht einer städtischen Signorie, 1992, 322, von einer „elastische[n] und empirische[n] Regierungspraxis", in ihrer Monographie dies., Fra un principe e altri stati, 1996, XIV, charakterisiert sie die Verwaltung der Gonzaga als von „maggiore efficenza […] coniugata ad una notevole elasticità di mezzi". Als Beispiel kann die Kanzlei dienen, die trotz ihrer beachtlichen Größe erstaunlich lange weder eine klar definierte Arbeitsteilung noch eine eindeutig abgestufte Hierarchie kannte. Da eine Kanzleiordnung ebenso fehlt wie *patenti*, mit denen die Amtleute in Organen kommunaler Wurzel bestellt wurden, sind sowohl Namen und Zahl ihrer Mitarbeiter als auch ihre Aufgabenbereiche nur mit kriminalistischem Spürsinn aus der Masse der von ihnen verantworteten Schriftüberlieferung zu erschließen, s. dazu dies., *Peculiaris magistratus*, 1994, 343, 345: So kann Lazzarini für die Jahrzehnte zwischen 1407 und 1478 immerhin rund 30 Sekretäre und Kanzleimitglieder namentlich fassen, nicht mitgezählt die einfachen Schreiber und die Notare, die für die Kanzlei tätig wurden. Zugleich waren die eigentlichen Kanzleimitarbeiter weit mehr als nur administrativ tätig. Auf dem Höhepunkt ihrer Karriere waren sie als global informierte Vertraute des Fürsten auch politisch als Diplomaten an der Kurie, am kaiserlichen Hof, in Mailand, Venedig, Bologna aktiv.
15 S. Behne, Das Archiv der Gonzaga von Mantua, 1990.
16 S. dazu mehr unten im Teilkapitel „Pergament und Papier im Mantua des Quattrocento".
17 Für eine Karte des Herzogtums Württemberg (ohne die Grafschaft Mömpelgard) um 1510 s. Hesse, Amtsträger der Fürsten im spätmittelalterlichen Reich, 2005, 70, Karte 5, zur Verstädterung Württembergs s. ebd., 93.

ten ist.[18] Entscheidend ist vielmehr, dass die sehr unterschiedliche Ordnung dieser Bestände mitbestimmt, welche Fragen sich sinnvoll an sie stellen lassen. Bevor auf der Suche nach Antworten zum Papier- und Pergamentgebrauch in Mantua und Württemberg daher Ergebnisse aus den Fallstudien präsentiert werden können, müssen zuerst umfassendere Überlegungen zu Art und Struktur dieser Archivbestände, damit zugleich zu den Chancen und Grenzen ihrer Auswertung vorangestellt werden.

Statistik und Archivgeschichte

Beginnen wir mit einem Blick auf die Zahlen zum Württemberger Bestand A 602, die in drei Graphiken näher veranschaulicht sind. Ihre Zähleinheiten bilden die fast 16.000 Archiveinheiten, in die die oben bereits genannten 135 Regalmeter dieses Bestands im zur Datenbank aufbereiteten Findbuch zergliedert wurden.

Sortiert man das Datenmaterial chronologisch – die ältesten Dokumente sind auf das Jahr 1301, die jüngsten auf das Jahr 1500 datiert – so demonstriert die Graphik B.1.1 wie nicht anders zu erwarten die fulminanten Zuwachsraten an Schriftlichkeit im Verlauf des Spätmittelalters. Nur 15 Prozent des Bestandes entfallen auf das 14. Jahrhundert, 85 Prozent dagegen auf das 15. Jahrhundert. Zum ersten Jahrzehnt nach 1300 haben sich 80 Einheiten erhalten. Zu den 1460er und 1470er Jahren, in der Regierungszeit des ersten württembergischen Herzogs Eberhard im Bart, sind je über 1880 Einheiten überliefert. Das bedeutet eine Vervielfachung um das 24fache. Bis 1480 gibt es kein Jahrzehnt, in dem nicht mehr Schriftlichkeit produziert worden wäre als in den Vorjahren. Nur am Ende des 15. Jahrhunderts kommt es überraschenderweise zu einem Rückgang bis auf 1500 Einheiten pro Jahrzehnt.

Dieser Einbruch scheint nicht in die allgemeine Entwicklung zu passen. Sofort drängt sich die Frage auf, ob Ursachen dafür in den Wechselfällen der Württemberger Geschichte dieser Jahrzehnte zu suchen sind, wie im Folgenden auch immer wieder mitbedacht werden soll. Zugleich allerdings greift ein solcher Zugang, der allgemeine

---

18 Für Angaben zum Platz, den der württembergische Bestand A 602 heute einnimmt, s. oben. Für das Archivio Gonzaga sind vergleichbare Zahlen schwierig zu ermitteln: Aktuell besteht es aus etwas mehr als 3700 Archiveinheiten, wobei die meisten dieser als „buste" bezeichneten voluminösen Mappen hunderte Dokumente fassen (zu den Typen heutiger Verpackungen des Archivmaterials im Archivio di Stato di Mantova und zur aktuellen Aufstellung des Archivio Gonzaga s. Bazzotti/Ferrari (Hg.), Il Palazzo degli Studi, 1991, 70f., Abb. 2, und 69, Abb. 4). Bei einer Durchschnittsbreite von 16 Zentimetern lässt sich grob abschätzen, dass sie im Regal mindestens die vierfache Fläche des Archivs der Württemberger Grafen belegen. Folgt man den Schätzungen des Archivio di Stato di Mantova, so benötigt das Archivio Gonzaga sogar fast zwei Regalkilometer Platz: Nach den Angaben in Bazzotti/Ferrari (Hg.), Il Palazzo degli Studi, 1991, 68 und 70, machten diese Bestände zum Zeitpunkt dieser Publikation 10,9 Prozent des Gesamtbestandes aus, der auf 18 Regalkilometer taxiert wurde. Da das Archivio Gonzaga nach Sachbetreffen sortiert ist, ist eine chronologische Binnendifferenzierung nicht möglich.

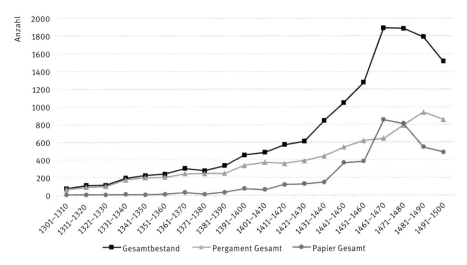

Graphik B.1.1: Zeitliche Verteilung der Archivalieneinheiten im Selektbestand A 602 des Hauptstaatsarchivs Stuttgart in Zehnjahresschritten

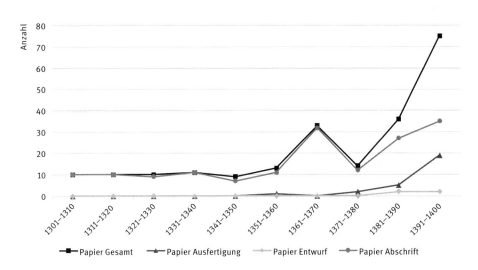

Graphik B.1.2: Papier im Selektbestand A 602 im Zeitraum 1301 bis 1400, differenziert nach Ausfertigungen, Entwürfen und Abschriften

Geschichte und Archivgeschichte parallelisiert, als alleiniges Erklärungsmuster zu kurz. Eindrucksvoll zeigt sich dies bei einem näheren Blick in Graphik B.1.2, in der die aus der Datenbank generierten Ergebnisse nach den Beschreibstoffen Pergament und Papier differenziert sind.

Zweifellos zur Überraschung der Papierhistoriker*innen weist diese Graphik die Württemberger als bislang verkannte Pioniere des Papiergebrauchs im süddeutschen Raum aus: Schenkt man nämlich den Angaben im Findbuch für A 602 Vertrauen, so hätten sich von Beginn des Untersuchungszeitraumes an auch Papiere im württembergischen Archiv erhalten. Im ersten Jahrzehnt des 14. Jahrhunderts wären demnach 10 von 79 Archiveinheiten auf Papier geschrieben. Diese Zahl steigt zwar nicht parallel zur gesamten Schriftlichkeit, aber sie bleibt immerhin bis zur Mitte des Jahrhunderts konstant, um 1360/1370 einmal heftiger auszuschlagen und ab 1390 endgültig in die Höhe zu gehen.

Weiten wir dazu den Blick: In Herrschaft und Verwaltung ist Papier, wie schon in der älteren Forschung konstatiert, zuerst im an den italienischen Sprachraum angrenzenden Alpengebiet zu finden. Die frühesten Funde vom Ende des 13. Jahrhunderts stammen aus den Grafenschaften Görz und Tirol, für das erste Viertel des 14. Jahrhunderts kommen Belege für das Erzstift Salzburg, das Bistum Brixen und ebenfalls aus kirchlichen Kontexten für Basel hinzu. Nur punktuell lässt sich die Papiernutzung dagegen jenseits dieses Großraums nachweisen; eines der prominenten Zeugnisse dafür ist das auch materialwissenschaftlich schon früh erforschte Bürgerbuch der Stadt Frankfurt, das 1312 angelegt wurde. Gerade in Zeiten der rasanten Digitalisierungskampagnen in den Archiven ist natürlich nicht auszuschließen, dass sich noch Neuentdeckungen finden: Der Forschung bislang unbekannt sind etwa vier papierne Schreiben aus dem Bistum Bamberg aus den Jahren 1305, 1317, 1319 und 1322, die nahelegen, dass der neue Beschreibstoff für Korrespondenzen innerhalb der Bamberger Domkirche wie auch mit den umliegenden Stifts- und Pfarrkirchen schon häufiger eingesetzt worden sein könnte (für detaillierte Nachweise zu allen hier angeführten Beispielen s. Kasten A.4).

Für Württemberg jedoch trügt der Schein: Die ersten Papieroriginale sind hier erst in der Mitte des 14. Jahrhunderts zu finden und damit in den beiden Jahrzehnten, ab denen der Papiergebrauch sowohl in kirchlichen als auch weltlichen Kanzleien sprunghaft angestiegen sein muss.[19] Bei allen *vor* dieser Zeit datierten Stücken, die sich über das Findbuch zu A 602 recherchieren lassen, handelt es sich stattdessen um Abschriften. In ihrer Mehrzahl stammen sie erst aus dem 18. bis 20. Jahrhundert;[20] nur vereinzelt sind auch spätmittelalterliche Kopien unter ihnen zu finden.[21] Die Statistik wird also maßgeblich dadurch verzerrt, dass die Archiveinheiten im Findbuch nach dem auf ihnen festgehaltenen Rechtsgeschäft, nicht aber nach ihrer Anfertigung datiert sind. Als Problem stellt sich, dass das Findbuch nicht am Datenträger, sondern nur an der auf ihm gespeicherten Information und deren zeitlicher Einordnung interessiert ist.

---

19 Für detaillierte Belege s. unten das Teilkapitel „Die Anfänger der Papierzeit in Württemberg.
20 S. als Beispiel zwei der drei scheinbar ältesten Stücke auf Papier, mit auf die Jahre 1302 und 1303 datierten Rechtsgeschäften, bei denen es sich de facto um moderne Abschriften handelt: Stuttgart, Hauptstaatsarchiv, A 602, WR 13662 = Nr. 13662 und WR 10020 = Nr. 10020.
21 S. als Beispiel etwa die unbeglaubigte *Coppia* einer Urkunde aus dem Jahr 1302 unter Stuttgart, Hauptstaatsarchiv, A 602, WR 14973 = Nr. 14973, deren Kursive noch dem Mittelalter angehört.

Die ausschließliche Konzentration auf die Inhalte, die die Verfasser*innen des Findbuchs als Maßstab hatten, zieht noch einen zweiten, nicht weniger folgenreichen Verzerrungsfaktor nach sich: Wenn sie als inhaltlich zusammengehörig beurteilt wurden, können sich unter einer Signatur – und das heißt zugleich einer Archivalieneinheit, wie sie für die Graphiken statistisch gezählt werden – nicht nur einzelne Urkunden, sondern zum Teil sogar mehrere Amtsbücher auf einmal verbergen. Gleich neun Dienerbücher etwa, die in der Zeitspanne zwischen 1464 und 1495 entstanden, stehen unter einer einzelnen Signatur,[22] auch wenn das Hauptstaatsarchiv fortlaufend Bündel auflöst und die Datenbank so noch im 21. Jahrhundert um 900 neue Einträge gewachsen ist.[23] Umgekehrt wurde etwa bei den Kanzleiregistern jeder einzelne Eintrag als eigene Nummer aufgenommen. So ist beispielsweise das älteste bekannte Kanzleiregister mit Einträgen von 1349 bis 1492 in insgesamt 260 Nummern aufgegliedert.[24] Die Archivalieneinheiten entpuppen sich damit als uneinheitliche Größe, die sich nicht nur im Umfang massiv unterscheiden, sondern deren Einteilung auch nicht an der Materialität der Schriftträger orientiert sein muss.

Es gibt also gewichtige Gründe, das Findbuch in seiner Anlage als Basis für das Datenmaterial der vorliegenden Statistiken zu hinterfragen. Doch dies sind nicht die einzigen methodischen Zweifel, die sich aus diesen Überlegungen ergeben. Die offenbar starke Kopiertätigkeit gerade in den neuzeitlichen Jahrhunderten muss vielmehr auch Misstrauen wecken, wie viele Eingriffe und Umwälzungen der altwürttembergische Bestand in seinen fünf Jahrhunderten Überlieferungsgeschichte erlebte. Damit stellen sich als entscheidende Fragen, ob der heutige Selektbestand A 602 noch dem gräflichen Archiv des späten Mittelalters entspricht und was er über die ursprüngliche Kanzleiproduktion des 14. und 15. Jahrhunderts auszusagen vermag.

Werfen wir daher zuerst einen tieferen Blick in die Überlieferungsgeschichte des württembergischen Archivs bis in die heutige Zeit: Insgesamt gelten die altwürttembergischen Bestände in der Forschung als vergleichsweise gut erhalten. Große Verluste erlitten sie erst im Bombenhagel des Zweiten Weltkriegs. Über 1450 Archiveinheiten werden heute als „1944 verbrannt" geführt,[25] darunter Urkunden, Akten und Amtsbücher. Gerade die serielle Überlieferung war davon betroffen: So verbrannten etwa die acht ältesten Lehensbücher der Grafen von Württemberg, vier der frühen

---

22 Stuttgart, Hauptstaatsarchiv, A 17 Nr. 1 9 = WR 826.
23 S. dazu die Einführung zum virtuellen Findbuch Stuttgart, Hauptstaatsarchiv, A 602 (Württembergische Regesten = WR), s. URL: https://www2.landesarchiv-bw.de/ofs21/olf/startbild.php?bestand=3703 (Stand: 10.03.2023).
24 Stuttgart, Hauptstaatsarchiv, A 602, Nr. 897–1138 = WR 897–1138.
25 Wiederholte Luftangriffe auf Stuttgart im vorletzten Kriegsjahr zerstörten nicht nur weite Teile der Stadt, sondern vernichteten auch die als besonders wertvoll erachtete Überlieferung des Staatsarchivs: Die sechs Panzerschränke in der benachbarten Staatsschulden-Verwaltung beim Landtag, in denen die Archivalien ausgelagert waren, erhitzten sich so stark, dass die Archivalien verkohlten, verschmorten oder verklebten, s. Uhland, Zerstörung und Wiederaufbau, 1986, 251, und Rückert, Zur Überlieferung der landständischen Geschichte in Württemberg, 2007, 12.

Dienerbücher und die Urkundensammlung des Landtags. Diese Verluste sind allerdings wissenschaftlich am besten dokumentiert und damit für die Analyse zumindest in Teilen aufzufangen.[26]

Schwieriger ist die Verlustgeschichte des Archivs für die früheren Jahrhunderte zu schreiben, für die die Akten ebenfalls immer wieder von Kriegszügen und Flüchtungen etwa wegen Seuchengefahr berichten.[27] Die drastischsten Abgänge vor 1944 trafen das Archiv wohl im Dreißigjährigen Krieg in den vier Jahren, in denen das Herzogtum von der kaiserlichen Partei regiert wurde.[28] In einem Bericht von 1639 anlässlich der Wiedereinsetzung Herzog Eberhards III. in die Herrschaft wird geschildert, die Verwüstungen seien so groß gewesen, dass man im oberen Gewölbe knietief in Akten und Dokumenten gewatet sei.[29] Immerhin sind durch die Inventare zwar nicht die Einzelstücke, aber die *Membra* – sachlich zusammengehörige Archivaliengruppen – bekannt, die von den Siegerpartei aus Württemberg fortgebracht wurden. Außerdem kehrten wohl spätestens im 19. Jahrhundert mit den Gebietsgewinnen des Königreichs Württemberg und dem regen Urkundentausch mit Archiven benachbarter Staaten die Mehrzahl der im 17. Jahrhundert verschwundenen Dokumente wieder ins Archiv zurück, wie der Archivrat Eugen Schneider bereits 1903 vermutete und Peter-Johannes Schuler 1998 durch Stichproben bestätigte.[30] Allerdings taten sie das nicht zwingend im Original, sondern

---

26 S. dazu Müller, Gesamtübersicht über die Bestände der staatlichen Archive Württembergs, 1937, 12f. IX.
27 S. hierzu etwa Stuttgart, Hauptstaatsarchiv, A 17: Kanzleisachen, Nr. X: Sitz und Verlegung der Kanzlei, Bü 32–34: Schriften wegen Verlagerung der Kanzlei wegen Seuchen und Krieg zu den Jahren 1564, 1611/1612, 1633/1634, 1640 und 1727; Nr. XII: Hofregistratur, Bü 40: unter anderem mit einer umfangreichen Relation des Dr. Johannes Ulrich Porziger aus dem Jahr 1702 über seine Nachforschungen zu den im Dreißigjährigen Krieg dem herzoglichen Archiv entfremdeten Dokumenten der altwürttembergischen Klöster, einer Mitteilung an Tübingen von 1726/1727 mit der Bitte um Durchsicht des städtischen Archivs für die Aussonderung von Stücken, die für das herzogliche Archiv relevant seien, oder einem ‚Pass' für das in 39 Wagen nach Hof transportierte Archiv, ausgestellt auf den 10. April 1734. Für Beispiele des 19. Jahrhunderts s. den Bestand E 40/36 (Ministerium der auswärtigen Angelegenheiten: Haus- und Staatsarchiv) mit zahlreichen Dokumenten zu Erwerb, Tausch und Übernahme von Archivalien.
28 S. dazu schon die vorausgehende Anm. Im Dreißigjährigen Krieg 1618 bis 1648 gehörte Württemberg zu den am meisten vom Krieg betroffenen Regionen überhaupt; es kam zu Plünderungen und Brandschatzungen; das Land wurde durch Hunger und die Pestepidemie 1637 entvölkert; der junge Herzog Eberhard III. musste vorübergehend ins Exil fliehen. S. dazu Mertens, Württemberg, 1995, 121–137.
29 S. Schneider, Zur Geschichte des württembergischen Staatsarchivs, 1903, 10.
30 Schuler, Königsnähe – Königsferne, 1982, der die bei Sattler oder in anderen älteren Werken abgedruckten Urkunden für das 14. Jahrhundert durchsah, stellte fest, dass nur relativ wenige, zumeist sekundäre Stücke heute nicht mehr auffindbar sind. Außerdem können einzelne Stücke, die Sattler und andere Herausgeber des 19. Jahrhunderts aus älteren Drucken übernehmen oder nach Kopien druckten, weil ihnen offenbar die Originalurkunden nicht zur Verfügung standen, zumeist im Hauptstaatsarchiv Stuttgart nachgewiesen werden. Selbst der während des 16. Jahrhunderts erfolgte Wegtransport des herzoglichen Archivs nach Regensburg und Wien und die erst nach Jahrzehnten erfolgte

ungleich häufiger als Abschrift. Hierin liegt eine zentrale Ursache für die vielen späten Papierkopien von Urkunden und Dokumenten des frühen 14. Jahrhunderts.[31]

Diese emsige Kopierarbeit lässt nicht erst für die Neuzeit erahnen, dass die Archivalienstapel auch in friedlichen und von Naturkatastrophen verschonten Phasen keineswegs unberührt liegen blieben. Sie wurden immer wieder in die Hände genommen, um sie zu verzeichnen, dabei umzusortieren, bei Verlagerungen zu verpacken, am neuen Ort zu verstauen und, wenn dort kein Platz zu finden war, notfalls zu dezimieren. Bedrängt durch permanenten Raummangel waren die württembergischen Archivare bis ins 19. Jahrhundert, als die Eingliederungen aus den neuerworbenen Gebieten zu bewältigen waren, zu Ausscheidungen genötigt, deren Ausmaß kaum abzuschätzen ist. Erst seit dem 20. Jahrhundert schreiben die Archivgesetze des Bundes und der Länder vor, einmal als Unterlagen von bleibendem Wert erkannte und als Archivgut aufgenommene Schriftstücke nicht mehr zu kassieren.

Die Selektionsprozesse der Vergangenheit trafen dabei die Bestände anders als Brand- oder Flutkatastrophen nicht willkürlich; in ihrer Logik folgten sie vielmehr den Utilitätsvorstellungen der jeweiligen Zeit. Für wertvoll erachtete Dokumente können daher nicht nur vollzählig, sondern sogar vielfach kopiert die Zeit überdauert haben. Prominente Beispiele für Württemberg sind zentrale Verfassungsdokumente der Jahrzehnte um 1500, etwa der Esslinger Vertrag 1492 über die Einheit des Landes oder der Tübinger Vertrag 1514 zur Befriedung nach dem Aufstand des Armen Konrad, die schon in ihrer Entstehungszeit vielfach in einfachen wie in beglaubigten Abschriften, zum Teil sogar durch den Buchdruck verbreitet bzw. im Wortlaut für die Zukunft gesichert werden sollten.[32] Als nutzlos eingestufte Schriftstücke dagegen wurden im

---

Rückgabe des Archivguts zogen nach Schuler offenbar keine größeren Urkundenverluste nach sich; s. auch Müller, Gesamtübersicht über die Bestände der staatlichen Archive Württembergs, 1937, 18.
31 S. dazu beispielhaft Stuttgart, Hauptstaatsarchiv, E 40/36 mit unter anderem Bü 118f., 170, 186, 250, 303, 999, 1148, 1159 zu Archivangelegenheiten, die frühesten aus dem Jahr 1824, die spätesten von 1908 mit Berichten über Archivreisen, Kopien von auswärts eingesehenen Dokumenten, Zeugnissen für die Auslieferung originalen Schriftguts etwa aus Erbach, aus Straßburg oder im Austausch mit der Schweiz, Bayern und Hessen sowie Belegen für den Ankauf von Archivalien – s. etwa Bü 466: Beleg für den Ankauf des Testaments von Graf Eberhard dem Älteren von Württemberg im Jahr 1842/1844.
32 Der Esslinger Vertrag, ed. Reyscher (Hg.), Sammlung der württembergischen Gesetze I, 1828, Nr. 11, hat allein innerhalb des Bestandes Stuttgart, Hauptstaatsarchiv, A 602 (das heißt im Zeitraum bis 1500) in insgesamt fünf Exemplaren überdauert, dem pergamentenen Original unter Nr. 360 = WR 360, pergamentenen Vidimierungen unter Nr. 360a = WR 360a, Nr. 360b = WR 360b, Nr. 360c = WR 360c, einer papiernen Abschrift unter Nr. 361 = WR 361 und einer pergamentenen Bestätigung von König Friedrich III. unter Nr. 362 = WR 362; s. zum Esslinger Vertrag unter anderem Grube, Der Stuttgarter Landtag 1457–1957, 1957, 55f.

Für den Tübinger Vertrag s. beispielhaft die Edition verschiedener zentraler Schriftstücke in Reyscher (Hg.), Sammlung der württembergischen Gesetze II, 1828, Nr. 18: eigentlicher Vertrag, ausgefertigt auf Pergament im Druck; Nr. 19: Tübinger Neben-Abschied zur Vollziehung der Reichsgesetze und Anstellung öffentlicher Diener usw.; Nr. 20: Bestätigung des Tübinger Vertrags mit seiner wörtlichen Wiedergabe durch Herzog Ulrich vom 10. Juli 1514; Nr. 21: Versicherung Ulrichs für den Fall,

schlimmsten Fall komplett vernichtet.³³ Anders als bei im Krieg geraubtem Archivgut sah man hier oft keine Notwendigkeit, diese Abgänge zu verzeichnen. Nur sehr vereinzelt und sporadisch sind uns daher ab der ersten Hälfte des 16. Jahrhunderts für solche Verluste konkrete Zeugnisse erhalten geblieben.³⁴

Eindrucksvoll bestätigt wird uns diese Praxis freilich in einem Bericht, im Druck veröffentlicht im Jahr 1571 von Jakob von Rammingen in Erinnerung an seinen gleichnamigen Vater und Lehrmeister, der im frühen 16. Jahrhundert das durch Kriege und politischen Wandel in grobe Unordnung geratene Kanzleiarchiv des *Fürstenthumbs Wirtenberg* gesichtet hatte. Jakob Ramminger senior, so schildert der Sohn, sollte dazu

---

dass die Urkunde des Vertrags schadhaft werden oder verloren gehen sollte, eine gleichlautende andere ausfertigen zu lassen, ebenfalls mit Insert des Originaltexts; Nr. 22: Bestätigung des Vertrags durch Kaiser Maximilian I.; Nr. 23: Herzog Ulrichs Einsicht dieser Bestätigung und Verordnung zur Abhaltung der Landtage; Nr. 25: Erläuterungen des Vertrags durch kaiserliche Abgesandte, Nr. 26: Bestätigung des Vertrags durch Kaiser Karl V.; Nr. 32: Herzog Christophs Bestätigung und Erläuterung des Tübinger Vertrags; Nr. 33: Landtagsabschied mit der vorangestellten Bestätigung des Tübinger Vertrags. Das bei Reyscher unter Nr. 18 abgedruckte Original des Tübinger Vertrags, ein bedrucktes Pergamentlibell, das das Siegel Herzog Ulrichs von 1503 an schwarz-rot-blau-grün geflochtener Seidenschnur trägt, wird aufbewahrt in Stuttgart, Hauptstaatsarchiv, A 37 PU 1a. S. auch ed. Schneider (Hg.), Ausgewählte Urkunden zur württembergischen Geschichte, 1911, Nr. 25, für eine Abb. s. Landschaft, Land und Leute, bearb. von Rückert 2007, 129; neuere Literaturverweise in Auge et al., Städtische Gemeinschaft und adlige Herrschaft, 2016, 29, Anm. 81.

33 Eindrucksvolle Beispiele hierfür sind in beiden Fallstudien die hohen Verlustquoten im Bereich der württembergischen Finanz- und Rechnungsquellen, außerdem in Württemberg in der Gattung der Korrespondenzen, die in den folgenden Teilkapiteln noch ausführlicher zum Thema werden sollen.

34 S. etwa Stuttgart, Hauptstaatsarchiv, A 17: Kanzleisachen, Bü 29: Verzeichnis über Urkunden und Bücher, die sich in der Kanzlei nicht auffinden lassen; Bü 40: Verzeichnis von Akten, die man 1684 im kleinen Gewölbe beim Geheimen Rat unvermutet wieder gefunden habe; Bü 71: Schrift über Nachforschungen zu in der Kanzlei abhanden gekommenen Gegenständen vom 2. Oktober 1549; Bü 110: Brief des Kanzlers Johann Feßler und der Räte an Herzog Christoph wegen Verbleib einer Rechnung von 1553. Besonders anschaulich und aufschlussreich ist ein ebd. in Bü 27 aufbewahrtes, nicht datiertes *Verzaichnus was für ältere Sachen verloren sein sollen*: Ausführlich hält sein Autor fest, wo und wie die von ihm gesuchten, aber nicht mehr auffindbaren Schriftzeugnisse zuletzt gesehen worden seien, so etwa ein juristisches Gutachten des *Doctor Amerspachers vonn Basel*, das nach Zeugen *auff die zeit etwa vor zehenn oder zwelff Jarenn* auf dem Tisch in der Ratsstuben gelegen habe und seither verschwunden sei, oder die gesammelten *vorstschrifften* des *altenn Vorstmeisters zu Lewennberg*, die auch diejenigen *seiner vorfaren vor Ime* umfassten und seinem Amtsnachfolger übergeben worden seien, der sie jedoch nicht mehr zu besitzen behaupte (*der will Ir auch niemer habenn*), bzw. eine umfangreiche *Aufzaichnuß* des Sekretärs Kurzer über alle Städte, Dörfer und Flecken im ganzen Land, die der Verfasser unseres Verzeichnisses dringend benötigen würde (*so Ich desselbenn bedörfft hab*), die Kurzer jedoch nach eigenen Aussagen *vor drey Jarenn auß seinem Schreibstul verlorenn* habe. Bei einem zweiten Stück, das Kurzer in Händen haben müsste, argwöhnt der Verfasser unseres Verzeichnisses, es werde ihm absichtlich vorenthalten. Auffällig gehäuft wie kontinuierlich finden sich im Bestand A 17 auch Klagen über die „Unordnung" in der Kanzlei bzw. über „Kanzleimängel", zum Teil konkreter gerichtet gegen die schlampige und nachlässige Arbeit einzelner Kanzleimitarbeiter, zum Teil genannt als Anlass für die Aufstellung von Kanzleiordnungen wie etwa in Bü 1, Dok. 1, oder in Bü 27, s. auch Beispiele in Bü 22–24, Bü 76, Bü 78, usw.

die zerstreuten Dokumente *allenthalben suchen / zusamen tragen vnd colligieren / die eigentlich besichtigen vnd durchlesen / sonsten fleissig auß einander klauben / was darunder gut / daran etwas gelegen.* Diese als wichtig erachteten Dokumente hatte er in einem zweiten Schritt nach Inhalten zu trennen und zu ordnen, thematisch zu verzeichnen und zuverlässig zu verwahren, so dass sie auch wiedergefunden werden konnten. Alle *andere brief vnd schrifften / als zu nichten mehr taugenlich zugebrauchen,* sollte er dagegen offenbar kassieren.[35]

Nicht nur für Württemberg, auch für die zweite Fallstudie Mantua stellt sich als Kernfrage, wie wir die Rolle der Archivare als Gate Keeper einzuschätzen haben. Einen geeigneten Ausgangspunkt für solche Überlegungen bietet das erstmals 1354 belegte Familienarchiv der Gonzaga, das vermutlich ab 1407 im gerade frisch errichteten, ebenso trutzigen wie repräsentativen Castello di San Giorgio in Mantua untergebracht war.[36] Aus dem 15. Jahrhundert sind uns gleich drei Inventare erhalten, die seinen Bestand für jeweils bestimmte Teilbereiche mit dem Anspruch auf Vollständigkeit zu verzeichnen suchten. Nach ihrem Editor Axel Behne bestehen diese Inventare aus rund 3000 Regesten, mit denen der Inhalt von schätzungsweise 3500 bis 4000 Dokumenten wiedergegeben wird.[37]

Dieser beachtliche Umfang macht ersichtlich, weshalb den Kanzleimitarbeitern eine Verzeichnung dieser Stücke notwendig erschien. Zugleich gewähren uns die Inventare auch Einblick in ihre Archivierungspraktiken: So etwa finden sich explizite Beispiele dafür, dass man die Archivalien nach ihrem Nutzen taxierte.[38] Besonders häufig sind solche Wertungen in dem bis 1432 entstandenen Inventar festgehalten, das Paolo de Micheli zugeschrieben wird. Einige Stücke etwa kennzeichnete er als *extranea iura,* auswärtige, fremde Rechtstitel, *scilicet non pertinentia ad Dominum nostrum,* ('das heißt, nicht unserem Herrn gehörig'),[39] an anderer Stelle setzt er dazu, es

---

[35] S. von Ramingen, Von der Registratur und jren Gebäuen und Regimenten, 1571, fol. Biij r. Einführend zu Inhalt und Bedeutung des Traktats s. Friedrich, Die Geburt des Archivs, 2013, 89 f., 121, 199 f.
[36] S. Behne, Das Archiv der Gonzaga von Mantua, 1990, 47 f.: Geht man davon aus, dass Kanzlei und Archiv räumlich nicht weit voneinander entfernt lagen, so findet sich ein erster Hinweis auf ihren Ort in einer Procura für Filippino Gonzaga vom 16. Oktober 1354; demnach waren sie in den Wohngebäuden des Luigi (auch Ludovico) Gonzaga gegenüber der (heute abgegangenen) Kirche Santa Maria Mater Domini untergebracht. Behne geht davon aus, dass sie bald nach dem Bau des Castello di San Giorgio dorthin verlagert wurden, auch wenn die dortigen Archivräume explizit erst 1479 belegt sind. Ein eigenes Kanzleigebäude in Mantua ist zuerst 1595 belegt, s. dazu ebd., 71.
[37] S. Behne, Das Archiv der Gonzaga von Mantua, 1990, 11, s. ebd., 49: viele der Stücke sind in den Inventaren nur summarisch bzw. in Gruppen verzeichnet.
[38] S. Behne, Das Archiv der Gonzaga von Mantua, 1990, 129–137.
[39] Ed. Antichi Inventari dell'Archivo Gonzaga, hg. von Behne 1993, 88: *In capsa E pono extranea iura seu extraneorum scilicet non pertinentia ad Dominum nostrum.* S. auch eine vergleichbare Bemerkung ebd., 96, Anm. 8: *omnia nichil facientia ad dominum* als Kommentar zu den inventarisierten Stücken unter Nr. 20708–20708001. Ähnliche Feststellungen finden sich auch vereinzelt im späteren Inventar von Filippo de Grossis und Marsilius de Andreasis, s. etwa ebd., 189: *nihil pro domino importantia.* S. dazu schon insgesamt ders., Das Archiv der Gonzaga von Mantua, 1990, 130, 135 mit Anm. 554.

handele sich um *iura parum relevancia*.⁴⁰ Bei manchen Dokumenten konstatiert er einen Bedeutungsverlust, wenn er sie als *modo nil valentia*,⁴¹ ‚neuerdings ohne Wert' bezeichnet oder erklärt, sie würden *evanie [...] per aliud novum instrumentum*, also bald durch neuere Instrumente überholt. Im Fall der zuletzt zitierten Stücke lässt sich sogar die mit ihrer sich ändernden Bewertung einhergehende Umlagerung fassen: Ursprünglich wurden sie in einem Behältnis aufbewahrt, das als *Capsa C* bezeichnet ist. Im Inventar des Paolo de Micheli ist nachzulesen, dass sie von dort in die *Capsa h* gewandert waren, um dann in einem dritten Schritt schließlich als *cassata*, vernichtet, vermerkt zu werden. Nach Behne war wohl kein Zufall, dass Paolo sie gerade in die *Capsa h* packte: Diese *Capsa* muss im Spiegel der Archivordnung von 1432 geradezu als Behältnis erscheinen, das für Inutilia vorgesehen war.⁴²

Insgesamt gesehen blieben solche Ausscheidungen innerhalb des in den Inventaren dokumentierten Bestands freilich trotzdem die Ausnahme. Nach Behnes akribischem Abgleich der in den Findhilfen genannten Dokumente mit den heute erhaltenen Archivalien hat er überraschend geschlossen überdauert. Nur rund zehn Prozent sind heute nicht mehr auffindbar.⁴³ Man darf allerdings dieses Familienarchiv keinesfalls mit der insgesamt in der Kanzlei der Gonzaga geschriebenen oder empfangenen Schriftlichkeit verwechseln. In den Inventaren verzeichnet ist nur das Schatz- oder – wie man im 16. Jahrhundert formulierte – das Sekretarchiv der Gonzaga, mit den für die Familienmitglieder wichtigsten Dokumenten über ihre Liegenschaften, ihr Einkommen (unter anderem aus Soldverträgen) und den Privilegien ihrer Rangerhöhung. Bezeichnenderweise hütete man die allerbedeutsamsten Stücke in der *guardarobba* der Fürstin.⁴⁴ Und was im 15. Jahrhundert wichtig genug war, um im intimen Lebensbereich der Herrscherfamilie aufgehoben zu werden, das wurde auch später nicht

---

40 Ed. Antichi Inventari dell'Archivo Gonzaga, hg. von Behne 1993, 94: *In Capsa O sunt iura parum relevancia*.
41 Ed. Antichi Inventari dell'Archivo Gonzaga, hg. von Behne 1993, 96: *In suprascripto Armario in Capsa p sunt privilegia multa Pratensium et Lanfrancorum modo nil Valentia*. S. auch eine ähnliche Bemerkung ebd.: *In suprascripto Armario in Capsula i [una] longa signata nulla sunt multa iura [...]*. S. dazu schon ders., Das Archiv der Gonzaga von Mantua, 1990, 135.
42 Ed. Antichi Inventari dell'Archivo Gonzaga, hg. von Behne 1993, 71: *Posite in Capsa h quia evani[d] e erunt per aliud novum instrumentum similium conventionum 1319 [sic], positum in Capsam C signatum 17*. S. dazu schon ders., Das Archiv der Gonzaga von Mantua, 1990, 136. Der Autor ergänzt, dass solche Bewertungen freilich auch revidiert werden konnten; der überwiegende Teil der 1432 als wertlos verzeichneten Dokumente sei daher im Inventar von 1456 nach wie vor dokumentiert, allerdings nicht länger in der *Capsa h*, sondern über viele Truhen der *Volta* verstreut.
43 So haben etwa die im Inventar von 1480/81 genannten Stücke zu 90 Prozent die Zeiten überdauert; bis auf drei Dokumente, die heute im Geheimen Hausarchiv der Wittelsbacher verwahrt werden, liegen sie noch immer in Mantua, s. dazu Antichi Inventari dell'Archivo Gonzaga, hg. von Behne 1993, 31f. S. auch Behne, Das Archiv der Gonzaga von Mantua, 1990, 149 und 161.
44 S. Behne, Das Archiv der Gonzaga von Mantua, 1990, bes. 150–152. Auch zu Beginn des 16. Jahrhunderts war das Ankleidezimmer der Fürstin noch Hort für diese zentralen Archivalien, so zeigt der Titel eines Inventars, das zehn Jahre nach der Erhebung Federicos II. zum Herzog um 1540 entstand:

kassiert, selbst wenn es heute zerstreut auf verschiedene Rubriken und Archivorte wiederzufinden ist.[45]

Die stupende Überlieferungsrate aus diesem Bereich lässt sich jedoch nicht einfach für die gesamte Überlieferung im Archivio Gonzaga annehmen. Erstaunlich dürftig sind etwa Rechnungs- und Finanzquellen aus Mantua erhalten, wie Isabella Lazzarini gezeigt hat. Ihre minutiöse Rekonstruktion der Finanzverwaltung Mantuas im 14. und 15. Jahrhundert hat ergeben, dass für diesen Aufgabenkomplex rund ein halbes Dutzend Gremien und Institutionen sowohl kommunalen als auch signorilen Ursprungs verantwortlich waren: Lazzarini unterscheidet „masseria", „rettoria delle entrate", „camera marchionale", „fattoria generale", „spenditoria" und „tesoreria".[46] Dass ihr Zusammenwirken heute kaum mehr nachvollziehbar ist, liegt vor allem an der äußerst fragmentarischen Überlieferung. Nur noch vereinzelte Beispiele, oft verstümmelte Fragmente, lassen die Fülle und Vielfalt der einst von ihnen geführten Serien erahnen.[47] Lazzarini hat bei ihren Untersuchungen dabei festgestellt, dass die Überlieferung für das 15. Jahrhundert sogar oft noch stärker zerstreut und fragmentiert ist als für das 14. Jahrhundert.[48] Wann all diese Unterlagen vernichtet wurden, ist – wie ebenfalls für die Württemberger Rechnungsüberlieferung gilt – nicht mehr konkreter zu eruieren. Lazzarini geht davon aus, dass sie erst im 18. Jahrhundert zum Ende der Herzogszeit für unwichtig befunden wurden.[49]

Inventarium scripturarum que erant in Archivio Parvo postquam fuit evacuatus Cassonus Guardarobbae, zit. nach ebd., 23.
45 Die im Repertorium des 14. und den Inventaren des 15. Jahrhunderts verzeichneten Dokumente sind nach Axel Behne in der Mehrzahl in den Rubriken B und D des heutigen Archivio Gonzaga zu finden, s. Behne, Das Archiv der Gonzaga von Mantua, 1990, 29.
46 Nach Lazzarini ist als ursprüngliches Zentralorgan der Gemeinde für Finanzangelegenheiten die „masseria" anzusprechen, während die Oberaufsicht für die Finanzen am Hof der Gonzaga in der „camera marchionale" lag. Die „rettoria delle entrate" war für die Verwaltung der Eingänge, die „spenditoria" für die Verwaltung der Ausgaben, die „tesoreria" für Lohnauszahlungen, die „fattoria generale" für die Verwaltung der im Eigentum der Gonzaga befindlichen Güter zuständig, s. Lazzarini, Fra un principe e altri stati, 1996, 31f.
47 So etwa sind von den umfangreichen Serien der in der Finanzverwaltung zentralen „masseria" für das gesamte 14. und 15. Jahrhundert gerade einmal 20 Generalrechnungen mit Einnahmen und Ausgaben erhalten, zudem auf losen Blättern, oft fragmentiert, obwohl die Autorin neben diesen Überblicksbilanzen auch Bilanzen für einzelne Posten der Ein- und Ausgaben, Listen mit Gehaltsempfängern, Gläubigern und Schuldnern sowie Listen der verliehenen oder verkauften Zolleinnahmen vermutet, s. Lazzarini, Fra un principe e altri stati, 1992, 32–34.
48 So ist für fast fünfzig Jahre zwischen dem Ende des 14. Jahrhunderts und den 1440er Jahren, als die Gonzaga zu Markgrafen erhoben wurden, kein einziges Zeugnis aus der „masseria" erhalten. Nach Lazzarini ist dies nicht als Problem der Entstehung, sondern der Überlieferung zu verstehen; dies legen auch vergleichbare Überlieferungslücken für andere Verwaltungsorgane bzw. andere Gattungen nahe, etwa die Copialettere, das heißt Briefausgangsregister, s. Lazzarini, Fra un principe e altri stati, 1992, 39f.
49 S. Lazzarini, Fra un principe e altri stati, 1992, 32f. mit dem Urteil, „gli scorpori e le dispersioni più gravi avvennero infatti nel settecento e quindi non per ordine ducale"; ebd. auch zur Verwendung der mittelalterlichen Rechnungsüberlieferung für Einbände im 18. Jahrhundert.

Arnold Esch hat solche Beobachtungen in seinem zum Klassiker avancierten Aufsatz über „Überlieferungs-Chance und Überlieferungs-Zufall" in das Bild gefasst, es scheine, „als stülpe sich die Materie dem Historiker an einigen Stellen entgegen und weiche an anderen zurück". Für unsere Beschäftigung mit der Vergangenheit leitete er daraus die Warnung ab, nicht „dem natürlichen Gefühl" unserer „Hände" zu erliegen und das, was man an Überlieferung noch im Wortsinn greifen könne, für gewichtiger zu halten als das, was verloren sei.[50] Diese Warnung spricht Esch in seinem Aufsatz vor allem mit Blick auf die Inhalte aus, die wir durch die Disproportionalität der Überlieferung nur ausschnitthaft und verzerrt wahrzunehmen drohen. Nicht weniger betrifft sie aber auch Forschungen, die nach der Materialität der uns überlieferten Schriftlichkeit fragen. Für die folgenden Kapitel ergibt sich daraus die Forderung, nicht nur nach den überlieferten, sondern auch nach den verlorenen Papieren in beiden Fallstudien Ausschau zu halten.

Entscheidend für die vorliegende Studie sind aber nicht allein die Verluste. Die Arbeit der Archivar*innen sorgte vielmehr auch für stetige Umlagerungen des heute noch vorhandenen Archivmaterials. Für eine Annäherung an einstige Rezeptionspraktiken im Umgang mit den Schriftdokumenten stellt sich daher die Frage, inwiefern die heutige Struktur der Bestände und ihre Zergliederung in Archiveinheiten noch die ursprünglichen Archivordnungen oder sogar Kanzleizusammenhänge spiegelt. In beiden Fallstudien finden sich bei genauem Hinsehen unzählige Beispiele für kleine wie große Restrukturierungsmaßnahmen, die auch unser heutiges Wissen um Zusammenhänge mitbestimmen. Am augenfälligsten und gerade auch für die frühe Zeit als einzige Zeugnisse sind sie in den Dorsualnotizen zu fassen, die auf dem Gros der Dokumente in beiden Archiven zum Teil in mehreren Schichten überlagernd angebracht wurden. Für Württemberg fehlen zu ihnen leider einschlägige Forschungen.[51] Für Mantua wurden diese Notate von Axel Behne paläographisch untersucht: Dabei konnte er Spuren von mindestens fünf verschiedenen „Verwaltungsepochen" identifizieren; auch die Hände der nach seinen Analysen für die Anlage der Inventare verantwortlichen Schreiber, darunter des schon genannten Paolo de Micheli, sind auf diesen Rückvermerken der Archivalien zu fassen.[52]

Die Beweggründe und Anlässe für die Neuordnungen der Archive und Registraturen sind für Württemberg und das Mantovano nur bedingt vergleichbar. Selbst bei ähnlichen Zielsetzungen konnten sie in ihren Zeitpunkten erheblich abweichen. Ein sprechendes Beispiel dafür ist das Bedürfnis, alle Dokumente zu familiären Belangen der Mitglieder des fürstlichen Hauses zusammenzustellen. In Mantua verspürte man es schon im späten Mittelalter, wie die oben geschilderte zentrale Einlagerung und Verzeichnung des so genannten Familien- oder Sekretarchivs deutlich macht. In Würt-

---
50 Esch, Überlieferungs-Chance und Überlieferungs-Zufall, 1985, Zitate auf 529 und 531.
51 Selbst bei Hofacker, Kanzlei und Regiment in Württemberg, 1984, 51, 79, 176, Anm. 24, finden sich nur vereinzelte und unzusammenhängende Beobachtungen zu den Dorsualvermerken.
52 S. Behne, Das Archiv der Gonzaga von Mantua, 1990, 120 f., s. auch 48 f.

temberg wurde ein vergleichbares „Hausarchiv" dagegen erst ein halbes Jahrtausend später im Verlauf des 19. Jahrhunderts angelegt.[53]

Für beide Fallstudien übereinstimmend ist allerdings das 16. Jahrhundert als eine entscheidende Phase zur Erschließung des Archivs zu bestimmen. Für Mantua ist hier eine erste ausdrücklich dokumentierte Neuordnung zu nennen, die der Jurist, herzogliche Archivar und Historiograph Jacopo (auch Giacomo) Daino im Oktober 1543 abschloss.[54] Seine Arbeit ist bis heute in unzähligen Annotationen von seiner Hand auf den von ihm geordneten und verzeichneten Dokumenten sichtbar.[55] Trotzdem scheinen seine Anstrengungen eine Sisyphus-Aufgabe geblieben zu sein: In einem Brief vom 13. Februar 1582 bemerkte der nun mit der Sichtung und Ordnung des Archivs betraute Francesco Borsato nämlich, die Bestände seien zwar ein großer *Schatz, però molto confuso, tutto in un caos, et con pochissimo ordine* – ‚allerdings sehr durcheinander, alles im Chaos, und nur sehr wenig geordnet'.[56]

In Württemberg saß ungefähr zur selben Zeit wie Daino Jakob Ramminger nach dem oben schon zitierten Zeugnis seines gleichnamigen Sohnes über der ersten für Württemberg gültigen *Ordnung Registrandi*.[57] In der Tat halten wir bis heute eine insgesamt vierbändige Systematik in Händen, die Ramminger in seiner Tätigkeit als württembergischer Registrator ab 1504 entwarf.[58] Nach ihrer Richtschnur umsortiert

---

53 Die für diesen Bestand ausgewählten Stücke wurden mit Bleistiftvermerken auf der Rückseite der Dokumente versehen, s. zum Beispiel Stuttgart, Hauptstaatsarchiv, Nr. 19 = WR 19: „Hausarchiv XII / L. 1". Insgesamt wurden im Hausarchiv 344 Personen, auch nichtregierende und weibliche Angehörige des Hauses, mit Personalbeständen erfasst, die häufig nur Schriftgut über Geburt, Heirat und Tod sowie die daran geknüpften Verhandlungen und Verträge – unter anderem Eheabsprachen, Heirats- und Ausstattungsurkunden, Schenkungsurkunden, Testamente und Unterlagen über Erbschaftsauseinandersetzungen – umfassen, zum Teil jedoch auch Korrespondenzen.
54 Jacopo Dainos dickleibige Chronik zur Geschichte Mantuas und seiner herrschenden Geschlechter wird verwahrt in Mantua, Archivio di Stato di Mantova, Archivio Gonzaga, D XIII, b. 416,I; handschriftlich gekennzeichnet als Nr. 16 (durchgestrichen) bzw. Nr. 21.
55 S. Torelli, L'Archivio Gonzaga, 1920/1988, XXXVII und no. 466, 468; s. auch Lazzarini, Fra un principe e altri stati, 1996, 6f.; Behne, Das Archiv der Gonzaga von Mantua, 1990, 23, 29.
56 Ed. Torelli, L'Archivio Gonzaga, 1920/1988, XXXVIII–XL, hier XXXVIII, von dort übernommen auch bei Behne, Das Archiv der Gonzaga von Mantua, 1990, 30.
57 S. dazu Maurer (Bearb.), Übersicht über die Bestände, 1980, bes. 12f.; außerdem Schneider, Zur Geschichte des württembergischen Staatsarchivs, 1903, 1f.; Mehring, Schrift und Schrifttum, 1931, 27–29. Eine umfassendere Studie zu Ramminger und den von ihm angestoßenen Systematisierungsbestrebungen des 16. Jahrhunderts fehlt leider.
58 Stuttgart, Hauptstaatsarchiv, A 605, I 3 A–D. Nach Rammingers Tektonik sollte der Bestand in drei Hauptabteilungen, als *tituli* bezeichnet, gegliedert werden: Der erste Titel, *Geistlicher Stand* überschrieben, umschloss Membra – das heißt Unterabteilungen – über die Beziehungen zu kirchlichen Institutionen außerhalb wie innerhalb des Landes. Im zweiten Titel unter der Überschrift *Weltlicher Stand* waren Membra mit Archiveinheiten über Herrscher, Fürsten, Adel und Reichsstädte, ferner einige Membra für Sachgebiete wie etwa *Zölle und Geleit* subsummiert. Der dritte Titel, *Landschaft*, umfasste Membra über die einzelnen regionalen Ämter, über die die Grafen ihre Herrschaft in den Territorien organisierten; dazu kamen wieder auch einige sachlich bestimmte wie etwa das *Raisregister*

werden sollten die Bestände allerdings erst sukzessive unter seinen Nachfolgern: Als zentrale Figur ist Sebastian Ebinger zu nennen, der im *Staad vnnd Ordnung der Registratores 1558* als einer von zwei für die Registratur Verantwortlichen benannt ist.[59] Seine fleißigen Verzeichnisarbeiten über Jahrzehnte hinweg sind in einer Vielzahl von Dorsualvermerken dokumentiert; auch ohne tiefere paläographische Kenntnisse ist Ebingers auffällig schnörkellose, kleine, eilige Hand auf ihnen gut zu erkennen.[60]

Heute sind die drei von Ramminger als *tituli* bezeichneten Hauptgruppen ganz aufgegeben; doch seine als *membra* bezeichneten Unterabteilungen lassen sich immerhin neben der Bildung zahlreicher neuer Rubriken in der heutigen Tektonik noch in Teilen auffinden. Diese Membra gehen in ihrer Genese also mindestens bis ins frühe 16. Jahrhundert zurück; die Hoffnung, mit ihnen ein Stück des ursprünglichen um 1500 konstituierten Archivs in Händen zu halten, sind freilich trügerisch. Die alten Benennungen der Membra allein bieten keine Garantie, dass in ihnen auch noch diejenigen Dokumente stecken, die Ramminger und seine Nachfolger dort deponierten – sei es, weil sie heute fehlen oder weil sie nachträglich dort einsortiert wurden.

Nicht einmal die heute geschlossene Aufstellung der altwürttembergischen Bestände der Zeit bis 1500 darf man sich als althergebracht vorstellen – sie ist vielmehr ein Werk des 20. Jahrhunderts: Erst nach den für die Bestände desaströsen Folgen des Zweiten Weltkriegs entschied man, sie aus den verschiedenen Depots und Dienststellen zentral im Hauptstaatsarchiv Stuttgart zusammenzuführen. Als Basis für die Aussonderungen dienten die Württembergischen Regesten, ein Werk, das bereits im 19. und frühen 20. Jahrhundert die altwürttembergische Überlieferung in Original- und Kopialüberlieferung komplett zu erschließen suchte.[61] Da die Regesten

---

und was zur Wehr gehört oder ein Membrum *Landtage*. S. dazu auch die ausführliche Registraturordnung von Herzog Christoph ebd., A 17, Bü 40.

59 Stuttgart, Hauptstaatsarchiv, A 17, Bü 1 Dok 1, fol. 43v–46v, hier 44r (Abschrift); als Ebingers Kollege ist Sigmund Reigung, auch Reihing oder Reching, genannt; s. auch einen Bericht der beiden Registratoren aus dem Jahr 1569 zur Ordnung der fürstlichen Registratur zum Zeitpunkt des Ablebens Herzog Christophs, ebd., A 17, Bü 40. S. außerdem Ebingers Erwähnung als Registrator in Herzog Christophs Kanzleiordnungen von 1550 und 1553, ed. Zeller, Sammlung der württembergischen Regierungs-Gesetze 1, 1841, 179 und 249.

60 Als Beispiel sei ein papiernes Dokument mit einer Urkunde des Jahres 1353 in Stuttgart, Hauptstaatsarchiv, A 602, Nr. 19 = WR 19 angeführt, auf dessen Rücken Ebinger folgendes Regest notierte: *Copy. Wie graff Eberhart von Wurttemberg / sin dochter Sophyam Herzog / Hansen von Luthringen vermehelt / hat anno 1353*. Darunter folgen die eigentlichen Findvermerke: *titulo 2, membro 18*, sowie das Registrata-Kürzel.

Für diese Identifizierung beziehe ich mich auf Vermerke im digitalen Findbuch, nach denen die Dorsualnotizen auf den Stücken WR 666, 674 und 711 Ebingers Hand zuzuweisen sind. S. dazu auch schon Schneider, Zur Geschichte des württembergischen Staatsarchivs, 1903, 6, mit der Erklärung, von Ebinger stammten nicht nur zahlreiche Verzeichnisse auf der Basis von Rammingers Struktur, sondern auch die „Mehrzahl der Dorsalvermerke" mit einer Inhaltsangabe.

61 Württembergische Regesten [= WR], Tl. 1 1916; Tl. 2 1927, Tl. 3 1940. Anders als im „Wirtembergischen Urkundenbuch", das alle das Gebiet des Königreiches Württemberg betreffenden Schriftquellen

an ein Editionsprojekt anschlossen, das bereits bis 1300 reichte, und die damaligen Autoren 1500 als Schlusspunkt wählten, ist auch der 1946/47 zusammengesuchte Bestand auf diese beiden Jahrhunderte beschränkt.

Schon der künstliche Zeitkorridor 1301 bis 1500, den der Bestand A 602 abdeckt, lässt also erahnen, dass man mit ihm nicht einfach das spätmittelalterliche Archiv der Grafen zu rekonstruieren vermochte. Die vorliegende Arbeit hat daher mit dem Paradox umzugehen, dass die inhaltliche Tiefenerschließung der in A 602 zusammengesuchten Archivalien nach den Württembergischen Regesten überhaupt erst die Grundlage für die Überlegungen der folgenden Kapitel bietet, dass ihre Aussonderung zum Selektbestand zugleich jedoch die Spuren zu ihren ursprünglichen Aufbewahrungszusammenhängen verwischte.

Schon aus der Archivgeschichte der Neuzeit ergeben sich also zentrale methodische Probleme, die bei der Interpretation des verfügbaren Materials stets mitbedacht werden müssen. Dies trifft natürlich nicht nur auf Württemberg zu; zugleich dürfen die hier beobachteten Mechanismen nicht schlicht verallgemeinert werden. Die Unterschiede werden deutlich beim Blick auf Mantua: Hier sind die einschneidensten Eingriffe in das Archiv nicht erst im 20., sondern schon im späten 18. Jahrhundert zu finden, als die Stadt unter habsburgischer Herrschaft stand.[62] Eine umfassende, mehrere Jahrzehnte andauernde Neuordnungskampagne, die die Gestalt des Bestands bis heute prägt, war noch von ganz anderen Zielen und damit Ordnungsprinzipien geleitet als die schon im engeren Sinn geschichtsinteressierten und damit der Chronologie folgenden Neustrukturierungen in Württemberg. So wurde in Mantua der zuvor nach Provenienz geordnete Bestand rigoros nach Pertinenz umsortiert, um ihn offenbar für juristische Anfragen, etwa für Eigentumskonflikte und andere oft gerichtlich ausgetragene Streitigkeiten, besser durchsuchbar zu machen. Wie stark das Archivpersonal im 18. und auch noch im 19. Jahrhundert mit solchen Anfragen beschäftigt gewesen sein muss, lässt sich an einigen heute im Bestand mit den alten Inventaren verwahrten Briefen ablesen: Überraschend häufig wurden dabei Bestände aus dem Mittelalter und insbesondere aus dem 14. Jahrhundert angefragt, also Urkunden, die zu dieser Zeit schon über vierhundert Jahre alt waren.[63]

Eingangs wurde bereits festgestellt, dass diese gewaltigen Umstrukturierungen bis heute zugleich Fluch und Segen bedeuten. Einerseits erleichtern sie die Suche

---

bis ins Jahr 1300 größtenteils im Volltext publizierte, werden hier nur moderne Zusammenfassungen geboten und dabei nur Dokumente aus der zentralen Überlieferung des gräflichen Archivs berücksichtigt, dafür jedoch nicht nur Urkunden, sondern auch Akten und nicht nur Original-, sondern auch Kopialüberlieferung.

62 Zur Neuordnung des Archivs ab 1760 nach festgelegten Materien in 22 Klassen von A bis Z, die in einem Plan vom 13. August 1775 fixiert vorliegt, s. unter anderem Bellù/Navarrini, Archivio di Stato di Mantova, 1983, 767, Behne, Das Archiv der Gonzaga von Mantua, 1990, 24f., 28–34.

63 Mantua, Archivio di Stato di Mantova, Archivio Gonzaga, A I 1, b. A mit Schreiben von Sigismondo Gonzaga, der 1737 nach einer Urkunde von 1354 fragte, oder Kaiser Karls VI. von Österreich, der 1738 nach einer authentifizierten Kopie eines Dokuments von 1371 fahnden ließ.

nach einzelnen Personen oder Territorien bzw. nach Themen wie der Polizei oder dem Verkehrswesen, zum Teil auch nach bestimmten Gattungen, allen voran den Briefen, deren reiche Überlieferung unten noch ausführlicher zum Thema wird. Andererseits war dies nur um den Preis zu haben, die historisch gewachsenen Serien unwiederbringlich auseinanderzureißen. Die heutige Struktur vermag damit erstens nicht mehr abzubilden, von welcher Institution die entsprechenden Dokumente aufbewahrt wurden: So finden sich die Stücke aus dem Familienarchiv der Gonzaga, das einst abgesondert im Castello di San Giorgio untergebracht war, heute bunt vermischt unter anderem mit den Resten des 1413 bei einer Brandkatastrophe massiv dezimierten Kommunalarchivs.[64] Ebenso schwierig ist es heute zweitens, sich einen Überblick über die chronologische Entwicklung der Bestände zu verschaffen.[65] Wenn sowohl Isabella Lazzarini als auch Axel Behne den Eindruck äußern, dass die schriftliche Überlieferung mit der Erhebung der Gonzaga zu Markgrafen im Jahr 1433 stark anstieg,[66] so ist dies über die vorhandenen Findmittel kaum statistisch zu belegen.

Schließlich muss noch eine weitere Unschärfe in statistisch-quantitativen Überlegungen mitbedacht sein, die zwar banal klingt, aber fundamentale Folgen für unser Wissen um den spätmittelalterlichen Papiergebrauch in beiden Fallstudien hat. Auch Annäherungen an die ursprünglichen Archive und Kanzleien in beiden Herrschaften genügen noch nicht für Aussagen über diejenige Schriftlichkeit, die den Gonzaga und den Württembergern sowie ihren Amtleuten am Ende des Mittelalters realiter durch die Hände ging. Es ist davon auszugehen, dass nur ein geringer Bruchteil der von ihnen produzierten und benutzten Schriftstücke überhaupt archivwürdig war. Zum Vergleich: Heutige Archive in der Bundesrepublik Deutschland übernehmen vom modernen, nach 1945 entstandenen Verwaltungsschriftgut zwischen drei und zehn, im Mittel wohl um die fünf Prozent; 95 Prozent unserer Behördenüberlieferung landen demnach, wie der Archivar Martin Burkhardt schreibt, „im Reißwolf".[67] Während heute systematische Vorgaben für die Kassation bzw. Dokumentation gewährleisten sollen, das aussortierte Schriftgut in seiner Menge und Zusammensetzung abschätzen zu können, bleibt dies für die Vormoderne ein hoch spekulatives Unterfangen, für das

---

64 S. dazu unter anderem Behne, Das Archiv der Gonzaga von Mantua, 1990, 19f. und 24f., und Lazzarini, Fra un principe e altri stati, 1996, 7, mit Beispielen dafür, wie die Dokumente der Masseria und der Camera signorile heute kaum noch unterscheidbar aufgeteilt wurden auf die Serien D (Affari die dominanti) und H (Finanzen).
65 Den Versuch, die einzelnen Stücke wieder in ihre genuinen Entstehungs- und Archivierungszusammenhänge zu stellen, unternahmen unter anderem die Archivare Pietro Torelli und Alessandro Luzio in den 1920er Jahren über paläographische Analysen, Isabella Lazzarini, Fra un principe et altri stati, 1996; zusätzlich über das Netz an Indizien aus der Behörden- und Kanzleigeschichte, Behne, Das Archiv der Gonzaga von Mantua, 1990, über die Inventare und Dorsualnotizen der mittelalterlichen Registratoren.
66 S. Lazzarini, Fra un principe et altri stati, 1996, 70, und Behne, Das Archiv der Gonzaga von Mantua, 1990, 22.
67 Burkhardt, Arbeiten im Archiv, 2006, 15.

mit eklatanten Unterschieden nach Ort bzw. Region, Zeit und sicher auch den Vorstellungen einzelner archivierender Individuen gerechnet werden muss. Ohne diese nie archivierte Schriftlichkeit freilich muss unser Bild der Schriftkultur und der Einsatzbereiche von Feder und Papier im mittelalterlichen Mantua und Württemberg zwangsläufig disproportional sein. Es bleibt daher nur Ausschau zu halten, welche Indizien und Anhaltspunkte sich für Umfang und Materialität dieser verlorenen Schriftlichkeit noch finden lassen.

Die Anfänge der Papierzeit in Württemberg

Beginnen wir mit der Fallstudie zu Württemberg, für die sich – anders als die aus dem Findbuch zu A 602 generierte Statistik suggeriert – der Anbruch der Papierzeit erst ab der Mitte des 14. Jahrhunderts nachweisen lässt. Zu diesem Zeitpunkt blickte die gräfliche Verwaltung mit ihrer Kanzlei freilich schon auf eine über 100 Jahre alte Geschichte. Ab 1250 finden sich gehäuft Indizien, dass die Grafen von Württemberg für ihre Hofhaltung und Verwaltung auf einen eigenen Stab zurückgreifen konnten. 1251 ist in ihren Urkunden von einem Truchsess, 1254 von einem *notarius*, einem Schreiber, die Rede.[68] Nicht zufällig fallen diese Belege in die Anfangsphase der gewaltigen territorialen Expansion, die den Württembergern im bis heute mit ihnen assoziierten Raum um Stuttgart seit diesem Jahrzehnt möglich wurde. So wurden sie zwar schon früh nach ihrer Stammburg auf dem Wirtemberg im heutigen Rotenburg bei Untertürkheim benannt, die über den Großraum Stuttgart blickt. Gerade in diesen späteren Kernlanden konnten sie jedoch erst nach dem Untergang der Staufer nachhaltiger Fuß fassen. Im Machtvakuum, das das Ende dieser Dynastie hinterließ, bildete sich eine Vielzahl kleiner selbständiger Grafschaften, als deren neues Zentrum sich die Württemberger zunehmend selbstbewusst zu etablieren wussten.[69]

Im ständigen Taktieren zwischen den konkurrierenden Thronprätendenten des späten 13. und beginnenden 14. Jahrhunderts, vor allem aber durch eine kluge Heirats- und Erwerbspolitik gelang es den Grafen, sowohl aus ehemaligem Krongut als auch aus den Herrschaftsbereichen benachbarter Geschlechter das eigene

---

68 S. dazu unter anderem Wintterlin, Geschichte der Behördenorganisation in Württemberg, Bd. 1, 1904, 13f.; Kothe, Der fürstliche Rat in Württemberg im 15. und 16. Jahrhundert, 1938, 3f.
69 Obwohl im 12. und beginnenden 13. Jahrhundert als loyale Gefolgsleute im Dienst der Staufer aufgestiegen, ließen Graf Ulrich I., der Stifter, und sein Vetter Graf Hartmann von Grüningen sowie andere von ihnen geführte schwäbische Grafen im August 1246 den staufischen König Konrad IV. während der Schlacht gegen den Gegenkönig Heinrich Raspe bei Frankfurt im Stich. Der Abfall, der bereits von den Zeitgenossen als Verrat empfunden wurde, trug wesentlich zum Niedergang staufischer Macht im deutschen Raum bei. S. dazu Mertens, Württemberg, 1995, 15–20, und Blessing, Beiwort zur Karte VI,2, 1972–1988.

Territorium immer weiter auszudehnen.[70] Gerade in den ersten Jahrzehnten des 14. Jahrhunderts musste das Haus dabei auch mehrfach mit herben Rückschlägen bis hin zu existenzbedrohenden Krisen kämpfen.[71] Kompliziert wird die Bestimmung ihrer Herrschaftsgebiete jedoch nicht nur durch den Wechsel von Gebietsgewinnen und -verlusten. Moderne Versuche, sie in Form von Karten darzustellen, sind auch vor das Problem gestellt, dass diese Territorien kein homogenes Herrschaftsgebiet waren, sondern eine Gemengelage an Eigengütern und Lehen verschiedener Lehnsherren bildeten. Die von den Württembergern beherrschten Orte und Gebiete konnten folglich mit ganz unterschiedlichen Herrschafts- und Zugriffsrechten ausgestattet sein; nicht selten wurden anteilige Rechte erst schrittweise erworben oder bei Geldknappheit auf Zeit verpfändet.[72] Ein spätes Beispiel illustriert die Komplexität dieser Rechtslage: In der Mitte des 16. Jahrhunderts sollte Herzog Christoph von Württemberg eine förmliche Instruktion für sein Archiv erlassen. Darin befahl er den Registratoren, bei ihren Verzeichnisarbeiten systematisch die alten Dokumente nach fürstlichen Gerechtsamen zu durchforsten, also nach Vorrechten, von denen unklar sei, ob sie tatsächlich genutzt würden. Über solche ungenützten Gerechtsame sei ihm unverzüglich Bericht zu erstatten.[73]

Zu Beginn des 14. Jahrhunderts genügte seinen Vorgängern für ihre Geschäfte trotzdem wohl noch die kleine Entourage, die schon in den Urkunden Ulrichs des Stifters um 1250 genannt war. Wie Peter Johannes Schuler durch seine Itinerarstudien zeigen konnte,[74] regierten die Landesherren bis ins späte 14. Jahrhundert hinein vom Pferd aus. Eine solche Reiseherrschaft, die Ansprüche und Kompetenzen durch das persönliche Erscheinen des Herrn präsent hielt und so zugleich die heterogenen Territorialbausteine der Herrschaft verband, war auf Schriftlichkeit weniger angewiesen. Sie mag sie zum Teil sogar verhindert oder zu ihrer Kassation beigetragen haben, denn

---

70 Zu den Gebietsgewinnen Ulrichs I., genannt ‚der Stifter' (um 1240–1265), wie auch seiner Söhne Ulrich II. (1265–1271) und Eberhard I. (1265–1325) s. die Karte „Territoriale Entwicklung Württembergs bis 1796" in: Historischer Atlas von Baden-Württemberg. Kartenteil, hg. von Schröder/Miller 1972–1988, VI,2 sowie Blessing, Beiwort zur Karte VI,2, 1972–1988.
71 Seit 1277/80 standen die Württemberger mit ihren Gebietsgewinnen auf altstaufischem Gebiet im Fokus der Revindikationsforderungen Rudolfs von Habsburg; noch brisanter wurde die Situation zu Beginn des 14. Jahrhunderts, als Eberhard I. der Erlauchte mehrfach wegen Missbrauch des Landvogteiamtes vor den König vorgeladen wurde. Da er nicht erschien, wurde 1311/12 der Reichskrieg gegen ihn erklärt, in dem der Württemberger fast sein gesamtes Land verlor und flüchten musste. Nach der Kunde vom Tod Heinrichs VII. 1313 verstand Eberhard es jedoch, durch eine geschickte Schaukelpolitik im Thronstreit zwischen Friedrich dem Schönen und Ludwig dem Bayern den Großteil der Territorien wiederzugewinnen. S. Mertens, Württemberg, 1995, 21–37.
72 S. Blessing, Beiwort zur Karte VI,2, 1972–1988, 1, und Stälin, Geschichte Württembergs, Bd. 1, 1–2, 1882–1887, 597.
73 S. Schneider, Zur Geschichte des württembergischen Staatsarchivs, 1903, 7.
74 S. Schuler, Königsnähe – Königsferne, 1982, und Lorenz, Stuttgart auf dem Weg zur Landeshauptstadt, 1989.

der Hof musste mobil bleiben.[75] Die Zahl der im Bestand A 602 aus den ersten fünf Jahrzehnten bis 1350 erhaltenen Originale ist denn auch überschaubar: Im Schnitt hat sich pro Jahr gerade einmal eine Urkunde erhalten.

Erst in der Mitte des 14. Jahrhunderts, in der Regierungszeit Graf Eberhards II., genannt der Greiner, und seines Bruders Ulrich IV. ist eine Veränderung festzustellen. In der Graphik zum Bestand A 602 (Graphik B.1.1) äußert sie sich in einem ersten positiven Ausschlag der Überlieferung. Dieser Befund korrespondiert mit Schulers Ergebnissen zum gräflichen Itinerar. Demnach stellten die Grafen die Reiseherrschaft zwar nicht ein, doch sie konzentrierten ihre Aufenthalte an bestimmten Orten, nun seltener auf den Burgen, sondern verstärkt in den Städten.[76] Zugleich scheinen die schriftlichen Behelfe einen solchen Umfang angenommen zu haben, dass man sie nicht mehr in Vierteljahresabständen verpacken und zum nächsten Aufenthaltsort transportieren wollte. Während die Grafen also weiterhin umherritten, löste sich ihr Verwaltungsstab aus ihrer unmittelbaren Nähe und wurde sesshaft. Diese Beobachtung ist nach Hans Patze kein Württemberger Spezifikum; Patze definiert vielmehr als Residenz in dieser Zeit generell jene Orte, „in denen Landesherrn Behörden ausbilden, die ortsfest bleiben, also dem Landesherrn nicht mehr folgen."[77]

Als Verwaltungsmittelpunkt der Württemberger trat immer deutlicher Stuttgart hervor. Dort im alten Schloss ist der Hofmeister zu vermuten, der (wie wiederum parallel auch in anderen Herrschaften) ab den 1360er Jahren als neues leitendes Amt in den Quellen erscheint.[78] Auch die *consiliarii*, erstmals 1269 belegt, verfestigten sich nun zunehmend zu einem in Stuttgart beheimateten Ratsgremium, das auch die Funktion eines Hofgerichts wahrnahm.[79] Vor allem wird ab der Jahrhundertmitte erstmals eine fester organisierte Schreibstube nachweisbar, auch wenn von ihrer Existenz vorerst nur die Schriftstücke zeugen, die sie ausfertigte. 1397 schließlich findet sich die Kanz-

---

[75] An der Spitze des mobilen Hofes, so vermutet Lorenz, Vom herrschaftlichen Rat zu den Landständen in Württemberg, 2007, 17, stand wohl der niederadlige Marschall, der 1340 das letzte Mal in den Quellen erscheint; an seine Stelle rückte entsprechend einer allgemeinen Entwicklung seit der Mitte des Jahrhunderts der in Württemberg erstmals 1357 bezeugte Hofmeister.
[76] S. dazu Lorenz, Vom herrschaftlichen Rat zu den Landständen in Württemberg, 2007, 15.
[77] S. Patze/Streich, Die landesherrlichen Residenzen im spätmittelalterlichen deutschen Reich, 1982, 209f. S. auch Auge, Kongruenz und Konkurrenz, 2006, 61, und Neitmann, Was ist eine Residenz?, 1990, 29f.
[78] S. dazu bereits Wintterlin, Geschichte der Behördenorganisation in Württemberg, Bd. 1, 1904, 13f., und Kothe, Der fürstliche Rat in Württemberg im 15. und 16. Jahrhundert, 1938, 3f. Zum ersten württembergischen Hofmeister s. Pfeilsticker, Neues Württembergisches Dienerbuch, Bd. 1, 1957, § 197. Zum Aufstieg des Hofmeisters als Hofamt allgemein s. Rösener, Hofämter an mittelalterlichen Fürstenhöfen, 1989, 531.
[79] 1361 taucht in den württembergischen Urkunden erstmals der Begriff *consilium* auf, 1269 ist erstmals von *nostri consiliarii* die Rede, deren mehr oder weniger geschlossene Zugehörigkeit zur württembergischen Ministerialität eine Urkunde von 1271 sowie weitere Einzelhinweise erschließen lassen, s. Lorenz, Vom herrschaftlichen Rat zu den Landständen in Württemberg, 2007, 15, 18.

lei erstmals im Sinn eines festen Gebäudes erwähnt, das *iuxta murum opidi Stutgarten* lokalisiert wird.[80]

Als zweiter Hinweis auf die Dynamiken dieser Zeit ist das Aufkommen neuer Gattungen zu beobachten. Die württembergischen Schreiber verfassten nun nicht mehr nur Urkunden, sondern legten erstmals auch Amtsbücher an. Die frühesten Lehensbücher[81] und das erste Kanzleiregister[82] stammen aus dieser Zeit, ebenso die ältesten Urbare, in Württemberg traditionell Lagerbücher genannt.[83] Von ihnen waren vor dem Zweiten Weltkrieg vier erhalten, für Stuttgart, Leonberg, Asperg und Waiblingen, doch der Editor vermutet plausibel weitere für alle damaligen Ämter.[84] Hofacker interpretiert die Einführung dieser Lagerbücher als Reaktion auf unmittelbare Notwendigkeiten, indem sie sie in einen Zusammenhang mit der ab 1350 drohenden Landesteilung rückt: Ulrich IV. bestand gegenüber seinem Bruder Eberhard II. mehrfach auf einer eigenen Herrschaft, musste sich jedoch im Oktober 1352 verpflichten, Land und Leute mit seinem Bruder gemeinsam zu regieren.[85] Schon von Stälin wurden außerdem auch auswärtige Vorbilder als Anlass für die neuen Verwaltungsbehelfe vermutet: In den Jahren 1353 bis 1361 führte Eberhard die Vormundschaftsregierung für seinen zukünftigen Schwiegersohn Herzog Johann von Lothringen, in dessen Territorien er auf eine fortschrittlichere Administration stieß.[86]

Was den Beschreibstoff betraf, so vertraute man für die genannten Amtsbücher noch ganz dem traditionellen Pergament. Andere Bereiche der schriftlichen Verwaltung zeigen aber, dass zeitgleich zur Diversifizierung der administrativen Gattungen bzw. Texttypen auch die Papierzeit eingeläutet wurde. Die frühesten Stücke sind in der Masse der zeitgleichen Pergamente noch mühevoll auszumachen; die Gründe für ihre Entstehung und ihre Überlieferung sollen daher im Folgenden detaillierter dargestellt werden.

Das älteste bekannte Original auf Papier im Bestand A 602 ist ein Brief aus dem Jahr 1358, der in den Rahmen der Territorialpolitik Eberhards II. gehört (s. Abb. 2a+b).[87] Graf Götz von Tübingen bittet darin Walther von Geroldseck, Herrn von Sulz, mit ihm und den Schenken von Limburg zusammen einen Kaufbrief zu besiegeln, mit dem Götz die Orte Böblingen, Dagersheim und Darmsheim sowie die Wildbänne im Schönbuch und Glemswald für die bemerkenswerte Summe von 14.500 Gulden an Eberhard und Ulrich verkaufte. Nicht nur die Schrift und Reste eines aufgedrückten runden Wachssiegels sprechen für die Echtheit des Briefs. Auch die Papierstruktur mit unge-

---

80 Zit. nach Auge, Kongruenz und Konkurrenz, 2006, 61.
81 Ed. Lehenbuch Graf Eberhard des Greiners von Wirtemberg, hg. von Schneider 1885.
82 S. Hofacker, Kanzlei und Regiment in Württemberg, 1984, 7.
83 Ed. Altwürttembergische Urbare aus der Zeit Graf Eberhards des Greiners, hg. von Müller 1934.
84 Altwürttembergische Urbare aus der Zeit Graf Eberhards des Greiners, hg. von Müller 1934, 7* f. S. auch ebd., 12* f. zur Entstehung der ältesten Urbare.
85 S. Stuttgart, Hauptstaatsarchiv, A 602, Nr. 8 = WR 8.
86 Zit. nach Hofacker, Kanzlei und Regiment in Württemberg, 1984, 7.
87 Stuttgart, Hauptstaatsarchiv, A 602, Nr. 7251 = WR 7251.

wöhnlich dicken Bodendrähten, neben denen die Bindedrähte kaum mehr sichtbar sind, ist ein Indiz dafür, dass es sich um frühes Papier handelt.

Der Brief ist freilich nicht der einzige Beleg für diese Übertragung. Er steckt vielmehr in einem Konglomerat aus pergamentenen Urkunden, die den schrittweisen, schon 1342 eingeleiteten Ausverkauf der Tübinger Herrschaft wegen hoffnungsloser Überschuldung an die Württemberger sogar mit der namengebenden Burg und ihrem Umland dokumentieren.[88] So hat sich nicht nur der Kaufbrief aus dem November 1357 erhalten, um dessen Besiegelung Götz von Tübingen bittet,[89] sowie ein auf 1455 datiertes Vidimus der Originalurkunde, das damit von der Bedeutung des Kaufgeschäfts noch im folgenden Jahrhundert zeugt.[90] Am selben Tag, auf den der papierne Brief datiert wurde, dem 8. April 1358, verspricht Götz in einer separaten Urkunde, auch eine entsprechende Verschreibung seiner Gemahlin Klara von Freiburg vorzulegen.[91] Schließlich stellt er noch eine Urkunde zur Dokumentation darüber aus, dass er den Brief der Grafen Eberhard und Ulrich über die Kaufsumme zum Erwerb von Böblingen bei dem Propst und Sänger des Stifts Stuttgart hinterlegt habe.[92] Diese solle dort bleiben, bis er ihnen eine schon auf den November 1344 datierte Verschreibung ausgeliefert habe, mit der Eberhard und Ulrich dem Götz und seiner Frau die ihnen verkaufte Herrschaft Böblingen auf Lebenszeit in Pflegschaft überlassen hatten.[93] Auch hiervon sollte 1455 ein Vidimus angefertigt werden;[94] zugleich hat sich der Revers des Götz und seiner Frau dazu erhalten.[95]

Wozu aber der papierne Brief, wenn er den Siegler Walther von Geroldseck erst ein halbes Jahr *nach* der Beurkundung des Kaufgeschäfts antreffen konnte? Der Inhalt des Schreibens macht deutlich, dass er nicht als Einladung zu diesen Verhandlungen, sondern zur künftigen Erinnerung daran gedacht war, dass Walther sich als Bürge zur Verfügung stellte: *dez woll[e]n wir dir nicht v[er]gessen vnd dez ze vrkunde senden wir dir disen brief*.[96] Weshalb die Württemberger weitere Gewährsmänner einforderten, neben dem Geroldsecker auch die Schenken von Limburg, wie der Brief erklärt, mag der ebenfalls auf Pergament überlieferte Protest des Götz von Tübingen aus dem

---

88 Mertens, Württemberg, 1995, 36f.; s. dazu auch Blessing, Beiwort zur Karte VI,2, 1972–1988, 2; Weisert, Die Städte der Tübinger und Schönbuch, 1981, 52f.; Lorenz, Vom herrschaftlichen Rat zu den Landständen in Württemberg, 2007, 16; Meyer/Klinke, Geknickt, zerrissen, abgegriffen, 2015, 152.
89 Stuttgart, Hauptstaatsarchiv, A 602, Nr. 7249 = WR 7249.
90 Stuttgart, Hauptstaatsarchiv, A 602, Nr. 7249a = WR 7249a.
91 Stuttgart, Hauptstaatsarchiv, A 602, Nr. 7254 = WR 7254.
92 Stuttgart, Hauptstaatsarchiv, A 602, Nr. 7252 = WR 7252.
93 Stuttgart, Hauptstaatsarchiv, A 602, Nr. 7238 = WR 7238.
94 Stuttgart, Hauptstaatsarchiv, A 602, Nr. 7238a = WR 7238a.
95 Stuttgart, Hauptstaatsarchiv, A 602, Nr. 7239 = WR 7239.
96 Stuttgart, Hauptstaatsarchiv, A 602, Nr. 7251 = WR 7251. Unklar bleibt, wann der Brief aus dem Besitz Walthers bzw. seiner Nachfahren in das württembergische Archiv gelangte. Die in ihm klar benannte Erinnerungsfunktion wird jedoch zweifellos der Grund dafür sein, weshalb er dort weiter aufgehoben wurde, auch wenn diese Vermutung vom Kanzleivermerk auf der Rückseite nicht explizit bestätigt wird.

Jahr 1360 demonstrieren, der beim Propst zu Stuttgart hinterlegte Brief sei die in ihm genannte Summe nicht wert.[97] So gesehen scheint das papierne Dokument ein Zufallsfund, selbst weniger dazu gedacht, lange aufgehoben zu werden, als vielmehr die auf Dauer angelegte pergamentene Schriftlichkeit zu organisieren.

Der Brief bleibt allerdings nicht das einzige Stück auf Papier aus dieser Zeit: Peter-Johannes Schuler hat auf drei Urkunden des Jahres 1367 aufmerksam gemacht, die den Verkauf der Stadt Ebingen betreffen. Während die eigentliche Verkaufsurkunde der Grafen von Montfort auf Pergament ausgefertigt wurde, stehen die württembergischen Gegenurkunden, mit denen die Grafen von Württemberg Ebingen den Montfortern verpfändeten, weil sie den Kaufpreis nicht voll aufzubringen vermochten, auf Papier.[98] Nach Schuler, der diese Stücke aufgrund ihrer Beglaubigung durch aufgedrückte Papiersiegel als „wirkliche Verträge" qualifiziert, ist der gewählte Beschreibstoff für diese Zeit ungewöhnlich.[99]

Deutlich vermehrt wird die Zahl früher Papiere in den Beständen von A 602 außerdem, wenn man die von Schuler als vermutlich zeitgleich identifizierten Kopien von pergamentenen Urkunden hinzunimmt. Fünf Belege finden sich für 1367, von denen drei inhaltlich ebenfalls zu den gerade genannten Geschäften zwischen Württembergern und Montfortern zu rechnen sind.[100] Doch es gibt noch ältere Beispiele: Zwei haben sich mit Abschriften von Rechtsgeschäften der Jahre 1346 und 1349 schon vor der Jahrhundertmitte erhalten,[101] drei weitere Dokumente von 1353, 1355 und 1361 wurden nach Schulers paläographischen Analysen ebenfalls zeitnah kopiert.[102] Das älteste gerade genannte Stück von 1346 trägt ein Siegel und war damit selbst beglaubigt. Zu 1361 hat sich sogar eine gedoppelte Kopie auf Papier erhalten; die beiden Abschriften vervielfältigten ein zentrales, auch im Original erhaltenes Privileg Karls IV. mit Bestätigungen aller Briefe, Handfesten, Rechte, Freiheiten, Gnaden und

---

97 Stuttgart, Hauptstaatsarchiv, A 602, Nr. 7254 = WR 7254.
98 S. Schuler, Regesten zur Herrschaft der Grafen von Württemberg, 1998, 329f., Nr. 1093–1096, für die pergamentene Verkaufsurkunde der Grafen von Montfort s. ebd., 327f., Nr. 1091. Bei den papiernen Urkunden handelt es sich um die Stücke Stuttgart, Hauptstaatsarchiv, A 602, Nr. 8221, 8224 und 8223 = WR 8221, 8224 und 8223.
99 S. Schuler, Die spätmittelalterliche Vertragsurkunde, 2000, 100f.
100 S. Schuler, Regesten zur Herrschaft der Grafen von Württemberg, 1998, 331, Nr. 1099–1101, 333f., Nr. 1109–1110 (A 602, Nr. 8228, 8226, 8227, 8230, 8231 = WR 8228, 8226, 8227, 8230, 8231).
101 S. Schuler, Regesten zur Herrschaft der Grafen von Württemberg, 1998, zu 1346: 96, Nr. 290 (Stuttgart, Hauptstaatsarchiv, A 602, Nr. 11211 = WR 11211), zu 1349: 111f., Nr. 345 (ebd., A 602, Nr. 7724, nicht in WR verzeichnet).
102 S. Schuler, Regesten zur Herrschaft der Grafen von Württemberg, 1998, zu 1353: Nr. 457 (Stuttgart, Hauptstaatsarchiv, A 602, Nr. 20 = WR 20); zu 1355: Nr. 501 (WR 4797, pergamentenes Original in ebd., A 602, Nr. 4797, Kopie in ebd., A 116, Nr. 1; hier hat Schuler offenbar vergessen, den Beschreibstoff zu nennen, nach dems., Die spätmittelalterliche Vertragsurkunde, 2000, 102, handelt es sich jedoch um Papier; falsch ist auch das im Regestenwerk gegebene Datum 6. Juni, korrekt ist nach den Württembergischen Regesten und Schulers Band von 2000 der 5. Juni.

Gewohnheiten der Grafen von Württemberg in ihren Territorien.[103] Insgesamt lassen diese Kopien – so auch schon Schuler – darauf schließen, dass man von allen wichtigen Urkunden mindestens eine zusätzliche Kopie zurückzuhalten suchte und dass dafür Papier ein üblicher Beschreibstoff war.[104]

Noch dichter werden die Hinweise auf einen offenbar schon weitgehend etablierten Gebrauch von Papier, wenn man schließlich über den Bestand A 602 im Hauptstaatsarchiv Stuttgart hinausschaut. Bis zum Zweiten Weltkrieg wurden im Stadtarchiv Stuttgart fünf landesherrliche Mandate bewahrt mit Anweisungen Graf Eberhards II. und seines Sohnes Ulrich an Vogt und Richter der Stadt Stuttgart, im Namen der Bürgerschaft dieser Stadt für verschiedene von den Grafen eingegangene Schuldverpflichtungen zu bürgen und die Schuldurkunden zu besiegeln.[105] Als Gegenleistung versprachen die Grafen zum Teil, die Stadt von diesen Bürgschaften ohne ihren Schaden wieder zu befreien. Nach Schuler sind diese Stücke als zweiseitige Abkommen des Landesherrn mit seinen Untertan*innen zu werten. Für ihn ist daher auch hier erklärungsbedürftig, weshalb ein solcher Rechtstitel nicht der Tierhaut anvertraut wurde, obwohl er selbst zugleich Zweifel anmeldet, wieviel dieser Titel „in der politischen Praxis überhaupt wert war".[106]

Sicher war jedenfalls der hier fassbare Papiergebrauch keine Ausnahmeerscheinung mehr. Sucht man in Schulers Regestensammlung nach weiteren zeitgenössischen Papieren im Zusammenhang mit den Württembergern und der Geschichte ihres Territoriums, so stößt man in den Archiven in Straßburg und München auf zwei originale Briefe auf Papier, beide von 1373, die von Graf Eberhard selbst bzw. seinem Schreiber Rüdiger abgesandt wurden. Eine gleichzeitige Kopie auf Papier zu einem entsprechenden Dokument von 1376 hat sich zudem im Hauptstaatsarchiv außerhalb des Bestands A 602 erhalten.[107] 17 weitere Regesten betreffen schließlich Papiere, die nach Schuler als zeitgleiche Abschriften oder als Konzepte zu qualifizieren sind und heute außerhalb Stuttgarts aufbewahrt werden; sie entstanden entweder unter Beteiligung der Württemberger[108] oder aber berichten zumindest über sie und ihre

---

103 S. Schuler, Regesten zur Herrschaft der Grafen von Württemberg, 1998, 246, Nr. 780 (Stuttgart, Hauptstaatsarchiv, A 602, Nr. 641 = WR 640 [!]).
104 S. Schuler, Die spätmittelalterliche Vertragsurkunde, 2000, 102.
105 S. Schuler, Regesten zur Herrschaft der Grafen von Württemberg, 1998, zu 1376: 418, Nr. 1422, 420, Nr. 1429; zu 1377: 433, Nr. 1468, 434, Nr. 1474; zu 1378: 442, Nr. 1502; Schuler nennt als Provenienz der Stücke das Stadtarchiv Stuttgart, die Stücke werden ausnahmslos als „verbrannt" geführt.
106 Schuler, Die spätmittelalterliche Vertragsurkunde, 2000, 101.
107 Für originale Briefe auf Papier von Graf Eberhard und seinem Schreiber Rüdiger s. Schuler, Regesten zur Herrschaft der Grafen von Württemberg, 1998, 389, Nr. 1321, und 391 f., Nr. 1333. Für die gleichzeitige Kopie auf Papier zu einem Dokument von 1376 im Bestand Hauptstaatsarchiv Stuttgart, A 157–160, Nr. 1459; s. ebd., 417, Nr. 1416.
108 S. Schuler, Regesten zur Herrschaft der Grafen von Württemberg, 1998, zu 1358: 187 f., Nr. 585; zu 1366: 321 f., Nr. 1075; zu 1371: 369–372, Nr. 1259.

Belange.[109] Selbst wenn sie den Grafen nicht selbst durch die Hände gingen, werfen sie ein Licht darauf, wie allgemein verbreitet man sich den Papiergebrauch bereits vorstellen darf.

Kommen wir wieder auf die Kanzlei der Württemberger und die für sie fassbare Schriftproduktion zurück: Im letzten Drittel des 14. Jahrhunderts verwendeten die Kanzleimitarbeiter Papier nicht mehr nur in Form einzelner Blätter, sondern nun nachweislich auch für Hefte und Bücher. Die frühesten Beispiele stammen vom Ende der Regierungszeit Eberhards II. Für gleich vier zeitgleich entstandene Urbare griff man auf Papier zurück. Im Zweiten Weltkrieg leider zerstört, sind sie in der Edition von 1934 als schmucklose, konzeptartige Aufschriebe charakterisiert, das Papier taxierte der Herausgeber als „mässig gut".[110] Ihr Erscheinungsbild war demnach ein ganz anderes als das der ihnen vorausgehenden prächtigen Pergamenturbare, die dreißig Jahre zuvor am Beginn von Eberhards Herrschaft angelegt worden waren. Der Editor Müller und mit ihm die spätere Forschung kamen zum Schluss, dass den beiden Urbarreihen unterschiedliche Funktionen zugeschrieben werden müssen. Während die älteren, aufwändigeren Stücke als rechtssichernde Dokumente in einer Krisensituation der Herrschaft interpretiert werden, weshalb ihr Material sowohl eine repräsentative Form verlangte als auch Haltbarkeit gewähren sollte, werden die jüngeren, pragmatischeren lediglich als ein Verwaltungsbehelf eingestuft.[111] Nach dieser Deutung sollten sie also Ansprüche nicht dauerhaft verbriefen, sondern praktisch ihre Einforderung organisieren.

Doch nicht nur die papiernen Urbare, sondern noch drei weitere besondere Dokumente zeugen vom Anbruch der Papierzeit im Württemberg dieser Jahre. Sie stehen nicht im Zusammenhang mit einer Gebietserweiterung bzw. der Territorialverwaltung; sie betreffen die Heiratspolitik des Geschlechts – ein nicht minder wichtiges Feld, konnten die Württemberger doch über das Konnubium ihren fürstengleichen Rang demonstrieren.[112] Eine dieser Partien konnte Eberhard mit der ebenso reichen

---

109 S. Schuler, Regesten zur Herrschaft der Grafen von Württemberg, 1998, zu 1353: 142, Nr. 453; zu 1356: 170, Nr. 529; zu 1359: 677, Nr. 210; zu 1360: 214, Nr. 693, 222, Nr. 722, 229, Nr. 738; zu 1363: 282, Nr. 934; zu 1369: 359, Nr. 1216; zu 1370: 361 f., Nr. 1228; zu 1371: 376, Nr. 1272; zu 1372: 384, Nr. 1303 und Nr. 1305; zu 1376: 424 f., Nr. 1443; zu 1378: 438, Nr. 1490.
110 Altwürttembergische Urbare aus der Zeit Graf Eberhards des Greiners, hg. von Müller 1934, 16*.
111 S. dazu neben Müller auch Hofacker, Kanzlei und Regiment in Württemberg, 1984, 7 und 44.
112 Bereits Eberhard der Greiner war mit einer Tochter aus dem Haus der Grafen von Henneberg-Schleusingen verheiratet, die – seit 1310 durch Kaiser Heinrich VII. verbrieft – als gefürstet galten, das heißt sowohl am Hof als auch vor Gericht fürstliche Ehrenvorrechte in Anspruch nehmen durften. Für die nächsten Generationen wusste Eberhard noch bessere Verbindungen zu arrangieren: Seinen Sohn Ulrich vermählte er 1362 mit Elisabeth, einer Tochter Kaiser Ludwigs des Bayern. Seine Tochter Sophie hatte bereits ein Jahr zuvor als erste württembergische Gräfin einen regierenden Fürsten geheiratet; von ihrem minderjährigen Ehemann Herzog Johann von Lothringen war oben bereits kurz die Rede, da Eberhard über seine Vormundschaft für ihn Einblicke in die lothringische Verwaltungspraxis gewonnen haben wird.

wie mondänen Braut Antonia Visconti für seinen gleichnamigen Enkel Eberhard III. schließen.[113] Teile der exorbitanten Mitgift wurden offenbar umgehend in den Erwerb der Herrschaft Hohenberg 1382 investiert,[114] für die sich eines der oben genannten papiernen Urbare erhalten hat. Das ist jedoch nicht das einzige und nicht das maßgebliche Papier, das heute mit Antonias Namen in Verbindung gebracht wird.

Beim ältesten von insgesamt drei Stücken, die die Braut auf ihrem Weg von Norditalien nach Württemberg begleiten, handelt es sich um eine Aufzeichnung der Antwort von Antonias Mutter auf die Werbung. Auf einem Papierblatt italienischer Provenienz sind die Ergebnisse der Verhandlungen festgehalten, die der württembergische Gesandte Peter von Torberg mit Regina della Scala, Antonias Mutter, führte. Besprochen wurde die Höhe der Mitgift, aber auch das Angebot, dass Eberhard zwischen Antonia und ihrer jüngeren Schwester Maddalena wählen dürfe.[115]

Beim zweiten Dokument handelt es sich um einen Brief, in dem Antonias Vater seinem Schwiegersohn die durch einen Stellvertreter in Mailand geschlossene Ehe anzeigte, außerdem neben der Rückkehr der württembergischen Prokuratoren auch die Ankunft zweier italienischer Gesandter ankündigte, die in Württemberg die Durchführung der Hochzeit und die Erfüllung der Hochzeitsvereinbarungen vorbereiten sollten. Dieser Brief – auch er selbstverständlich anders als das Schreiben des Götz von Tübingen auf besonders feinem italienischen Papier geschrieben – war ursprünglich gesiegelt, das Siegel ist jedoch verloren.[116] Noch nachvollziehbar ist allerdings seine einstige Faltung für den Transport: Dazu hatte man zuerst die obere Kante des Dokuments in einem schmalen Streifen nach innen geschlagen, dann zweitens die rechte Kante über die Blattmitte hinweg umgelegt und darüber in einem dritten Schritt die linke Kante geklappt, so dass man auf die so entstandenen drei Lagen das Siegel als Verschluss aufdrücken konnte. Diese Falttechnik lässt sich noch hundert Jahre später für die Briefe der nach Württemberg verheirateten Italienerin Barbara Gonzaga nachweisen; nach den besten Kenner*innen dieser Korrespondenzen, Christina Antenhofer und Jürgen Herold, war dies die für großformatige Briefe insgesamt übliche Faltung.[117]

---

113 S. Antonia Visconti, bearb. von Rückert, 2005; Die Visconti und der deutsche Südwesten, hg. von Rückert/Lorenz, 2008; Florian, Graf Eberhard der Milde von Württemberg, 2006.
114 S. Stuttgart, Hauptstaatsarchiv, Nr. 9141 = WR 9141.
115 Stuttgart, Hauptstaatsarchiv, A 602, Nr. 30 = WR 30, s. Antonia Visconti, bearb. von Rückert, 2005, Nr. IV.11, 176. S. dazu auch schon Meyer/Klinke, Geknickt, zerrissen, abgegriffen, 2015, 152.
116 Stuttgart, Hauptstaatsarchiv, A 602, Nr. 31 = WR 31, s. Antonia Visconti, bearb. von Rückert, 2005, Nr. IV.12, 177; s. dazu auch schon Meyer/Klinke, Geknickt, zerrissen, abgegriffen, 2015, 152. Bernabò Visconti gibt mit seinem Schreiben vom 2. Juli 1380 Eberhard dem Greiner, Ulrich und Eberhard III. bekannt, dass am Vortag die Verlobung stattgefunden habe. Als Stellvertreter des jungen Grafen habe Rudolf von Sulz fungiert. Bernabò kündigt außerdem die Übersendung zweier Gesandter an, Faustino Lantana und Paganinus de Blassona. Zusammen mit den Prokuratoren Rudolf und Burchard von Ellenbach sollen sie zunächst zu Leopold von Österreich und dann nach Württemberg reisen, um die Durchführung der Hochzeit und die Erfüllung der Hochzeitsvereinbarungen vorzubereiten.
117 S. Antenhofer/Herold, Der Briefwechsel um Barbara Gonzaga, 2013, bes. 60f.

Das dritte Dokument schließlich ist Antonias Aussteuer-Verzeichnis, als *liber iocalium*, das heißt „Buch der Kostbarkeiten", benannt. In der Tat listet der erste 60 Seiten starke Teil den Schmuck, die Leuchter, Kelche, Paternoster, das Geschirr, die Bücher, das Handarbeitszeug usw. auf, die Antonia mit nach Württemberg brachte.[118] Im Rahmen der Hochzeitsfeierlichkeiten am 27. Oktober 1380 wurde unter den Augen vornehmer Mailänder Gäste ein weiteres Verzeichnis an den *liber iocalium* angeheftet. Dieses Verzeichnis führt die württembergischen Einkünfte auf, die Antonia zur Absicherung ihrer Mitgift angewiesen wurden. Wie ernst man Antonias Schutz in der Ehe wie auch für die etwaige Zeit ihrer Witwenschaft nahm, wird daran deutlich, dass einige Tage später noch Einkünfte aus dem Umland von Bietigheim ergänzt wurden. Zu diesen Nachtragungen muss es wohl auf Protest der Braut oder aber ihrer Begleiter gekommen sein, als deutlich wurde, dass die von württembergischer Seite zugesagten Naturalabgaben beim Verkauf auf den süddeutschen Märkten weitaus weniger wert waren als in Antonias norditalienischer Heimat.[119]

Kommen wir damit zum Material, auf dem diese für Antonia entscheidenden Sachverhalte verhandelt wurden: Sie wurden nicht einfach nur auf Papier geschrieben. Stattdessen wurde auf Blatt 94v auch explizit angemerkt, dass man Antonias Einkünfte auf einem *quaternulus quatuor foliarum papiri* notierte, und zugleich, dass sie mit dem Akt der Anheftung durch den Notar Johannes Falconus rechtsgültig wurden.[120] In Mailand war damit das Vertrauen ins Papier groß genug, um darauf auch solche für die Braut zentralen Schriftstücke niederzuschreiben. Doch offenbar war man sich mit den Württembergern nicht ganz sicher, so dass der Notar entschied, den

---

118 Stuttgart, Hauptstaatsarchiv, A 602, Nr. 32 = WR 32, s. Antonia Visconti, bearb. von Rückert, 2005, Nr. IV.13, 178f. und Nr. V.9, 188f.; s. dazu auch schon Meyer/Klinke, Geknickt, zerrissen, abgegriffen, 2015, 152. Geschrieben wurden das Aussteuerverzeichnis sowie die Bietigheimer Nachträge vom Notar und Schreiber der Antonia, Johannes Falconus. Das angeheftete Stück hingegen stammt von Conrad de Vicomercato, dem Schreiber des Brautvaters Bernabò. Teiled. bei Altwürttembergische Urbare aus der Zeit Graf Eberhards des Greiners, hg. von Müller 1934, 107*–109*, 180*–182*, 321–327. Antonia hatte das Verzeichnis wohl bereits bei sich, als sie über die Alpen zog. Im Rahmen der Hochzeitsverhandlungen waren zuvor die Einkünfte festgehalten worden, die Eberhard für seine Braut als Gegenleistung für die Mitgift überlassen wollte. Demnach sollte Antonia jährlich insgesamt 7000 Gulden aus württembergischem Besitz um Marbach, Güglingen, Brackenheim und Kleingartach in Geld, Getreide- und Weinabgaben zufließen, s. ebd., 195: Karte. Die zugesagten Naturalabgaben waren jedoch diese Summe nicht wert; die zu erwartenden Einkünfte beliefen sich lediglich auf etwas mehr als 2900 Gulden. Die aus dem Amt Bietigheim ergänzten Einkünfte beliefen sich auf weitere 629 Gulden, so dass Antonia nun immerhin jährlich über 3.500 Gulden verfügen konnte.

119 S. dazu die vorangehende Anm.

120 Ed. Altwürttembergische Urbare aus der Zeit Graf Eberhards des Greiners, hg. von Müller 1934, 322: *[...] Nota, quod iste quaternulus quatuor foliorum papiri, ligatus post istud folium hic in fine huius libri, continet terras et fructus et proventus et redditus dominorum comitum de Virtimbergh, super quibus est asecurata dos prefate domine Antonie comitisse de Vertimbergh, quam quos et quem conservet et augeat omnipotens dominus et deus noster. Quem quaternulum ligavi hic ego Johannes Falconus, notarius Pergamensis canzelarius prefate Domine comitisse die[m] 27. mensis octubris MCCCLXXX [...].*

im Zweifelsfall ungewöhnlichen Beschreibstoff für den *Liber* im Zusammenhang mit dessen rechtlicher Gültigkeit explizit festzuhalten.[121]

Weitet man den Blick auf die Papiere, die sich für die Wende vom 14. zum 15. Jahrhundert erhalten haben, so muss man in der Tat den Eindruck gewinnen, dass man in Württemberg bei der Verwendung von Papier für rechtserhebliche Dokumente vorsichtig blieb. Beim Gros der in A 602 archivierten Papieroriginale ab 1390 bis 1410 handelt es sich um Quittungen für Geldzahlungen oder um Entwürfe für Urkunden oder Verträge. Nur wenige wichtige Rechtsgeschäfte wurden dem Papier anvertraut. Eine einzelne papierne Urkunde von 1385 scheint nicht sicher genug gewesen zu sein; sie wurde gleich zwei Mal, einmal zeitnah 1389 und nochmals 1423 auf Pergament vidimiert.[122] Papier kam daher offenbar – wie oben schon am Brief des Götz von 1358 festgestellt – eher die Rolle zu, die pergamentene Schriftlichkeit zu flankieren: Ein Dokument von 1381 klärt die Modalitäten, unter denen die Kaufsumme für ein andernorts vereinbartes Geschäft gezahlt werden soll.[123] Ein zweites Dokument von 1397 fordert vom württembergischen Grafen Eberhard III., die bei ihm von Herzog Leopold hinterlegten Briefe herauszugeben, weil dieser sie in einem Konfliktfall benötige.[124]

Diese Skepsis gegenüber dem Papier lässt sich sogar bei der neuen Württembergerin Antonia beobachten: Die drei besprochenen Papiere sind nicht die einzigen Zeugnisse, die wir heute zu ihrer Person fassen können. Urkunden nach der Hochzeit zeigen sie als neue Landesherrin, die ihr eigenes Siegel führte.[125] Ein Diplom über die Verleihung einer Mühle präsentiert sie sogar als alleinige Ausstellerin.[126] Dieses Stück ist freilich nicht auf Papier, sondern auf Pergament erhalten. In ihrer Rolle als württembergische Gräfin scheint die Italienerin also lieber auf die traditionelle Tierhaut zurückgegriffen zu haben.

---

121 Ein paralleles Beispiel findet sich im übrigen wenige Jahrzehnte zuvor für die Nachbarn der Württemberger: Im ersten kurpfälzischen Auslaufregister der Urkunden Ruprechts I., geführt von 1355 bis 1359, ist zu einem auf Folio 58v aufgenommenen Stück die folgende Bemerkung notiert: *No[ta] h[ae]c l[ittera] original[is] est i[n] papira scripta et sigillata.* Zit. nach Widder, Kanzler und Kanzleien im Spätmittelalter, 2016, 156.
122 Stuttgart Hauptstaatsarchiv, A 602, Nr. 9813 = WR 9813 (papiernes Original), A 602, Nr. 9813a+b = WR 9813a+b (pergamentene Vidimierungen). S. dazu schon Meyer/Klinke, Geknickt, zerrissen, abgegriffen, 2015, 152f.
123 Stuttgart, Hauptstaatsarchiv, A 602, Nr. 7263 = WR 7263. S. dazu schon Meyer/Klinke, Geknickt, zerrissen, abgegriffen, 2015, 152f.
124 Stuttgart, Hauptstaatsarchiv, A 602, Nr. 4813 = WR 4813. S. dazu schon Meyer/Klinke, Geknickt, zerrissen, abgegriffen, 2015, 152f.
125 Antonias Siegel hat sich zumindest in einem Abdruck erhalten, anhängend an einer gemeinsam mit ihrem Mann ausgefertigten Urkunde von 1394 (Stuttgart, Hauptstaatsarchiv, A 502, U 450), s. dazu Antonia Visconti, bearb. von Rückert, 2005, Nr. IV.4, 198, und Nr. IV.10, 202. Es zeigt in einem Sechspass einen gespaltenen Schild mit dem württembergischen Wappen auf der einen und dem Visconti-Wappen (der Schlange) auf der anderen Seite.
126 Stuttgart, Hauptstaatsarchiv, A 602, Nr. 6987, s. dazu Antonia Visconti, bearb. von Rückert, 2005, Nr. VI.7, 198f. Andere Zeugnisse ihrer Geschäfte bzw. Stiftungstätigkeit sind nicht in ihrem Namen ausgestellt.

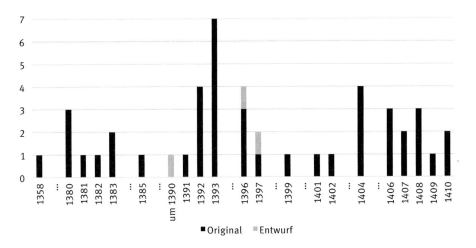

Graphik B.1.3: Nach ihrem Material analysierte Originale und Entwürfe im Bestand A 602 (1356–1410), insgesamt 41 Archiveinheiten, bestehend aus einem Buch und 47 Einzelblättern

Die Dominanz und Allgegenwart des Pergaments im Württemberg des ausgehenden 15. Jahrhunderts wird schließlich noch auf einer anderen Ebene deutlich – dem praktischen Umgang mit Papier. Ausgangspunkt für diese Beobachtungen ist ein gemeinsam mit dem Papierrestaurator Thomas Klinke konzipiertes Pilotprojekt über die Materialität der frühen Papiere in württembergischen Beständen, dessen Ergebnisse bereits in Aufsatzform publiziert sind. Analysiert wurden für diese Studie insgesamt 41 Archiveinheiten aus den Jahren 1358 bis 1410: Insbesondere die Frühen unter ihnen wurden in diesem Kapitel bereits vorgestellt, darüber hinaus handelt es sich um Empfängerüberlieferung, die die württembergische Kanzlei einerseits aus ihren eigenen Territorien wie Kirchheim unter Teck, Gärtringen bei Herrenberg oder Ensisheim im heutigen Frankreich oder aber aus der Nachbarschaft, den Reichsstädten Ulm, Gmünd und Rottweil oder der Kanzlei der Markgrafen von Baden, erhielt.[127]

Untersucht man die an und auf ihnen noch ablesbaren Gebrauchsspuren, so wird rasch deutlich, wie stark die Gewohnheiten im Umgang mit Papier in dieser Zeit vom

---

127 Meyer/Klinke, Geknickt, zerrissen, abgegriffen, 2015. Untersucht wurden folgende Stücke: Stuttgart, Hauptstaatsarchiv, A 602, Nr. 30 = WR 30 (um 1379); Nr. 31 = WR 31 (1380); Nr. 32 = WR 32 (1380); Nr. 2214 = WR 2214 (1391); Nr. 2217 = WR 2217 (1392); Nr. 2219 = WR 2219 (1392); Nr. 2220 = WR 2220 (1392); Nr. 2221 = WR 2221 (1392 u. 1393); Nr. 2228 = WR 2228 (1393); Nr. 2229 = WR 2229 (1393); Nr. 2230 = WR 2230 (1393); Nr. 2231 = WR 2231 (1393); Nr. 2232 = WR 2232 (1393); Nr. 2243 = WR 2243 (1396); Nr. 2250 = WR 2250 (1399); Nr. 2256 = WR 2256 (1401); Nr. 2261 = WR 2261 (1404); Nr. 2262 = WR 2262 (1404); Nr. 2272 = WR 2272 (1408); Nr. 4813 = WR 4813 (1397); Nr. 5351 = WR 5351 (um 1390); Nr. 5352 = WR 5352 (um 1390); Nr. 5372 = WR 5372 (1397); Nr. 5384 = WR 5384 (1402); Nr. 5388 = WR 5388 (1404); Nr. 5250a = WR 5397 (1397); Nr. 5410 = WR 5410 (1408); Nr. 5411 = WR 5411 (1408); Nr. 7251 = WR 7251 (1358); Nr. 7263 = WR 7263 (1381); Nr. 7439 = WR 7439 (1396); Nr. 9140 = WR 9140 (1382); Nr. 9802 = WR 9802 (1383); Nr. 9803 = WR 9803 (1383); Nr. 9813 = WR 9813 (1385); Nr. 10947 = WR 10947 (1406);

Pergamentgebrauch geprägt waren. Zu erkennen ist dies zum Beispiel erstens an den Blatträndern dieser Papiere: Im genannten Sample lassen sich nur zwei Dokumente entdecken, die einen vollständigen Büttenrand besitzen. Wie mit Pergament suchte man also auch mit Papier sparsam umzugehen. Wenn man mit dem Schreiben fertig war, griff man zu Schere oder Messer, um den nicht beschrifteten Teil des Bogens abzutrennen und für spätere Schriftstücke aufzuheben.[128]

Bevorzugt wurde, sofern sich dies auf der Basis des kleinen Samples in dieser Analyse verallgemeinern lässt, die handliche Abmessung von rund 30 auf 20 Zentimetern im Querformat. Dabei nahm man keinen Anstoß daran, dass nicht alle Seiten beschnitten wurden, dass also die originalen Büttenränder mit ihrem weich und unregelmäßig auslaufenden Saum neben den harten, mehr oder weniger geraden Schnittkanten stehen blieben. Unerheblich scheint für die Schreiber auch gewesen zu sein, ob durch den Zuschnitt Wasserzeichen durchtrennt wurden oder nicht; nach den Beispielen im Sample scheint es dem Zufall überlassen gewesen zu sein, ob das Wasserzeichen komplett erhalten blieb.[129]

Als zweites Beispiel für die Bedeutung des Pergaments im Schreiberalltag lässt sich die Vorbereitung der Bögen zum Schreiben anführen, für die man offenbar dieselben Werkzeuge wie für die Tierhaut benutzte: Bevor sie die Feder in die Tinte tauchten, markierten die meisten Schreiber mit einem stumpfen Griffel den Schriftspiegel am oberen, linken und rechten Textrand durch eine blinde Ritzung, die im flachen Streiflicht betrachtet als ein schwach konkaves Linienrelief sichtbar wird. Dabei wurde keine Rücksicht darauf genommen, dass das Papier weniger robust war als die Tierhaut, so dass die blinden Ritzungen auf Papier oft wie Faltungen wirken.[130] Dasselbe gilt für die Faltung und den Verschluss von Dokumenten, die als Briefe verschickt werden sollten: Wie Pergamente schnitt man auch die Papiere ein, um ein flaches Siegelband, den sogenannten Pressel, aus Papier oder Pergament durch diese etwa einen Zentimeter breiten, geradlinigen Schlitzungen ziehen zu können.[131]

Nr. 11431 = WR 11431 (1406); Nr. 12182 = WR 12182 (1396); Nr. 12667 = WR 12667 (1407); Nr. 12799 = WR 12799 (1406) sowie ebd., A 164 U 9 = WR 2250a (1399).

Allgemein wurden nur Originale (das heißt Ausfertigungen) sowie drei Entwürfe berücksichtigt; generell nicht berücksichtigt wurden Kopien angesichts der Schwierigkeiten, den Zeitpunkt der Abschrift zweifelsfrei festzustellen.

128 Mit ähnlichen Beobachtungen zur Varsberg-Korrespondenz der Elisabeth von Nassau-Saarbrücken 1432 bis 1434 s. Jochen Herold, Quellenkundlicher und historischer Kommentar, 2002, 205.
129 S. Meyer/Klinke, Geknickt, zerrissen, abgegriffen, 2015, 156f., mit einem Beispiel für die unterschiedlichen Blattkanten auf 157, Abb. 6, und für ein durchtrenntes Ochsenkopf-Wasserzeichen auf 158, Abb. 7. Von den 29 im Sample nachweisbaren Wasserzeichenmotiven sind nur elf vollständig, 18 dagegen zum Teil stark beschnitten.
130 S. Meyer/Klinke, Geknickt, zerrissen, abgegriffen, 2015, 158, mit einem Beispiel auf 160, Abb. 8.
131 So etwa auf den Dokumenten Stuttgart, Hauptstaatsarchiv, A 602, Nr. 31 = WR 31, Nr. 11431 = WR 11431 und Nr. 30 = WR 30, zu letzterem s. eine Aufnahme im Durchlicht bei Meyer/Klinke, Geknickt, zerrissen, abgegriffen, 2015, 166, Abb. 14.

Nicht alle Gepflogenheiten in Umgang mit dem Pergament ließen sich allerdings eins zu eins auf das Papier übertragen: So dringt anders als auf Pergament die Tinte beim Schreiben in die Papierfasern ein, wie unter dem Mikroskop gut zu erkennen ist. Dieser Befund, kombiniert mit der Tatsache, dass Papier in der Regel dünner als Tierhaut ist, machte es für die Schreiber deutlich schwieriger, Fehler auszuradieren. Im vorliegenden Konvolut haben wir nur ein winziges Indiz dafür gefunden, bei dem die Papiermembran im Durchlicht so ausgedünnt erscheint, dass der Schreiber wohl Buchstaben auszukratzen versuchte.[132]

Anders als auf Pergament musste man außerdem zum Teil siegeln: Unproblematisch waren zwar die rückwärtigen Verschlusssiegel von Briefen in unserem heutigen Verständnis, die vor unberechtigten Leser*innen schützen sollten und daher von den Empfänger*innen vor dem Lesen gebrochen werden mussten.[133] Doch für die auf der Recto-Seite der Dokumente angebrachten anhängenden Siegel, die den darin festgehaltenen Rechtsinhalt beglaubigen sollten – oft handelte es sich nicht nur um eines, sondern um mehrere für alle beteiligten Parteien[134] –, sind Papierblätter in der Regel zu schwach. Stattdessen verwendete man aufgedrückte Wachssiegel, wie explizit auch in der Corroboratio mancher Dokumente vermerkt ist: So etwa ließ der Markgraf Bernhard von Baden in einem der hier näher analysierten Schriftstücke vom 27. Oktober 1408 vermerken, er habe es zur *vrkund diß brieffs [...] mit vnsern vff gedrucktenn Insigel zu ende dirre geschrifft* bestätigen lassen.[135]

Nur vereinzelt lassen sich Versuche erkennen, die Vorteile des Papiers gegenüber dem Pergament nutzbar zu machen. Ein Beispiel dafür sind kleine Papierstücke, die man beim Siegeln auf das noch heiße Wachs legte, um dann erst den Stempel darauf zu drücken. Wie bis heute leicht an den erhaltenen Stücken zu sehen ist, schützte die Papierdecke das rasch versprödende Wachs vor dem Bröckeln.[136] Auch ästhetische

---

132 Stuttgart, Hauptstaatsarchiv, A 602, Nr. 9813 = WR 9813, s. dazu Meyer/Klinke, Geknickt, zerrissen, abgegriffen, 2015, 159 und 160, Abb. 9.
133 Für das Beispiel Stuttgart, Hauptstaatsarchiv, A 602, Nr. 7251 = WR 7251 s. eine Auflichtaufnahme eines gebrochenen Verschlusssiegels bei Meyer/Klinke, Geknickt, zerrissen, abgegriffen, 2015, 164, Abb. 13. S. ähnliche Überlegungen für die Faltung von Papyri bei Krutzsch, Falttechniken an altägyptischen Handschriften, 2008, 71. Ob ein Schriftstück in unserer modernen Terminologie Brief oder Urkunde war, lässt sich in den hier analysierten Stücken am Inhalt nicht zweifelsfrei ablesen; der Ort des Siegels erlaubt dagegen eine klarere Zuordnung, s. dazu Meyer/Klinke, Geknickt, zerrissen, abgegriffen, 2015, 163–165, und Antenhofer/Herold, Der Briefwechsel um Barbara Gonzaga, 2013, 55–60.
134 Jeweils sogar fünf Siegel befinden sich auf den Dokumenten Stuttgart, Hauptstaatsarchiv, A 602, Nr. 9140 = WR 9140 und Nr. 4813 = WR 4813.
135 Stuttgart, Hauptstaatsarchiv, A 602, Nr. 5411 = WR 5411 (27. Oktober 1408). Zum Erhaltungszustand der Siegel, ihren Formen sowie den verwendeten Wachsfarben in ihrer Symbolik s. ausführlicher Meyer/Klinke, Geknickt, zerrissen, abgegriffen, 2015, 163.
136 Für Beispiele gängiger Schadensbilder an Wachssiegeln aus unserem Sample s. Meyer/Klinke, Geknickt, zerrissen, abgegriffen, 2015, 159. Ebd., 159–161, haben wir irreführend von einer „Papieroblate" gesprochen. In der Forschung versteht man unter Oblatensiegeln jedoch solche Stücke, bei

Gründe mögen eine Rolle gespielt haben, da sich das Relief des Siegelbilds zum Teil besser auf dem Papier als im Wachs erfassen lässt. Allerdings verwendete man für die Papierdecken auch Altpapiere in Form von Makulaturen, wie sich in der vorliegenden Auswahl an einem Beispiel belegen lässt,[137] und ließ beim Zuschnitt der Papiere sehr unterschiedliche Sorgfalt walten.[138]

Über die Blätter, die die Schreiber der Grafen bzw. ihre Kollegen in benachbarten Kanzleien für ihre Arbeit besorgten, lässt sich heute nur noch Vages aussagen. Welche Blattformate sie nutzten, ist im analysierten Sample nur an zwei als Ganzbögen erhaltenen Papieren – beide im Übrigen mit dem Wasserzeichenmotiv Posthorn – zu erschließen. Mit rund 44 Zentimetern in der Breite und 29,5 Zentimetern in der Höhe entsprechen sie dem *Reçute*-Format, das – wie in Kap. B.2 noch ausführlicher darzulegen ist – als kleinstes von insgesamt vier Formaten der italienischen Handpapier-Herstellung in ganz Europa über Jahrhunderte in Gebrauch war. Auch über die Produktionsorte der Papiere sind kaum Aussagen zu treffen: Nur für ein Wasserzeichen, eine Blüte, konnte Piccard acht weitere Blätter mit identischem Motiv der Jahre 1380 bis 1383 verzeichnen, die alle aus Mailand stammen; damit handelt es sich mit höchster Wahrscheinlichkeit um Papier aus italienischer Produktion.[139] Zu den anderen Stücken fehlen vergleichbare Indizien.

Insgesamt sind im Sample 29 Wasserzeichen mit zehn verschiedenen Motiven fassbar.[140] Am häufigsten ist das Motiv ‚Ochsenkopf' nachzuweisen,[141] das – wie Piccard in seiner Einleitung zum entsprechenden Wasserzeichenband unter anderem am Beispiel Biberachs, Ulms und Basels nachweist – bereits im Gewerbe der Tuchmache-

---

denen die Siegelmasse aus einer aus ungesäuertem Mehl hergestellten Backoblate besteht, s. etwa Ewald, Siegelkunde, 1914, 161; nach Ewald kam dieser Siegelstoff zuerst für Lacksiegel ab dem späten 16. Jahrhundert auf und war im 18. Jahrhundert weit verbreitet. Ich danke Jürgen Herold für diesen Hinweis.
137 Stuttgart, Hauptstaatsarchiv, A 602, Nr. 2221 = WR 2221, Nr. 83, für eine Auflichtaufnahme s. Meyer/Klinke, Geknickt, zerrissen, abgegriffen, 2015, 163, Abb. 11.
138 Für eine nachlässig zugeschnittene Siegeltektur s. etwa Stuttgart, Hauptstaatsarchiv, A 602, Nr. 9140 = WR 9140, für eine sorgfältig an das Siegelrund Angepasste dagegen ebd., Nr. 5388 = WR 5388.
139 S. Piccard online unter URL: https://www.piccard-online.de (Stand: 10.03.2023), Nr. 126600.
140 Betrachtet man nur die losen Einzelblätter, so tragen 27 von ihnen ein Wasserzeichen, 20 dagegen nicht. Dazu kommen Wasserzeichen auf einzelnen Seiten des Buches WR 32 (Stuttgart, Hauptstaatsarchiv, A 602, Nr. 32) und des Libells WR 5372 (Stuttgart, Hauptstaatsarchiv, A 602, Nr. 5372). 16 dieser Zeichen wurden von Piccard in seine Wasserzeichensammlung aufgenommen, 13 kannte er nicht bzw. wollte er nicht berücksichtigen.
141 Weitere vier Motivtypen finden sich mehrfach: Viermal erscheint das Posthorn, auffälliger Weise in vier Urkunden, die alle aus württembergischen Amtsstädten stammen und zeitlich mit den Rahmendaten Februar 1383 bis Oktober 1385 nah beieinander liegen; es handelt sich jedoch in keinem Fall um identische Marken.
   S. Stuttgart, Hauptstaatsarchiv, A 602, Nr. 9140 = WR 9140 (Gärtringen, 9. Februar 1382), Nr. 9802 = WR 9802 (Stuttgart, 24. April 1383), Nr. 9803 = WR 9803 (Stuttgart, 24. April 1383) und Nr. 9813 = WR 9813 (Kirchheim unter Teck, 29. Oktober 1385).

rei als Schauzeichen erster Qualität etabliert war. Aus Rechnungen führt der Autor den Beleg, dass es auch im Papierhandel als Gütezeichen für hochwertige Papiere galt.[142] Doch die weiteren Papiere mit anderen Wasserzeichen im Sample lassen im Vergleich keine erheblichen Qualitätsunterschiede erkennen: Der Restaurator Thomas Klinke hat die untersuchten Hadernbüttenpapiere insgesamt als „von durchweg bestechender Qualität" taxiert, sie seien auch nach rund 600 Jahren noch exzellent erhalten.[143]

Selbst unter den vielen Ochsenköpfen gibt es im Sample keine zwei identischen Marken. Daraus lässt sich ableiten: Die frühen Papiere, die bis heute in den Altwürttembergischen Beständen des Stuttgarter Hauptstaatsarchivs nachweisbar sind, zeigen zwar eine erstaunlich homogene Papierqualität und -dicke von circa 0,2 Millimetern im Durchschnitt.[144] Trotzdem ist davon auszugehen, dass sie aus vielen verschiedenen Mühlen stammten, und damit liegt auch nahe, dass die verschiedenen Schreiber, deren Papiere heute im Bestand A 602 versammelt sind, Zugang zu unterschiedlichen Bezugsquellen hatten.

Papiernutzung im Mantua des Trecento

Leider sind uns keine Nachrichten darüber erhalten, ob Antonia Viscontis italienische Familie die zurückhaltende Papierverwendung in ihrer neuen württembergischen Heimat als rückständig empfand.[145] Schauen wir daher stattdessen ins rund 150 Kilometer von Mailand entfernte Mantua, auch wenn die vom Mincio umflossene Stadt zu dieser Zeit noch keine Beziehungen nach Württemberg unterhielt. Schon in der Einleitung wurde thematisiert, dass die frühesten nachweisbaren Papiere im Archivio Gonzaga bis zu 80 Jahre älter sind als die frühesten Funde in der württembergischen Überlieferung, das heißt noch aus dem späten 13. Jahrhundert stammen. Sie kommen damit aus einer Zeit, in der noch nicht die Gonzaga, sondern die Bonacolsi als erste Signori über die Stadt regieren: Zwei kleine Zettel, eingefaltet in pergamentene Notariatsinstrumente der Jahre 1277 und 1290 aus einem Bestand, der Urkunden zum Allodialbesitz der Herrscherfamilie versammelt, wurden vom Mantuaner Archivar Stefano Davari um 1900 im Zuge seiner langjährigen Verzeichnisarbeiten als vermutlich älteste Stücke identifiziert; heute ist nur noch das ältere der beiden auffindbar (s. dazu Kap A, besonders Kasten A.3).[146]

---

142 S. Piccard, Einleitung [Findbuch II,1: Die Ochsenkopf-Wasserzeichen], 1966, 23f.
143 Meyer/Klinke, Geknickt, zerrissen, abgegriffen, 2015, 153; mehrere technische Merkmale wie etwa die besonders dicken Rippdrähte bestätigen zudem, dass es sich um frühe Papiere handelt.
144 S. Meyer/Klinke, Geknickt, zerrissen, abgegriffen, 2015, S. 153f.
145 Die Gründe dafür sind vor allem in der schlechten Überlieferungssituation in Mailand zu suchen: Das Archiv der Visconti aus der Zeit vor 1450 ist nur sehr fragmentarisch auf uns gekommen, s. dazu Behne, Archivordnung und Staatsordnung im Mailand der Sforza-Zeit, 1988, 102.
146 Zu ihnen scheint auf den ersten Blick als nächstältestes Papier aus demselben Bereich das Fragment eines Notariatsaktes zu gehören, der in der ersten Zeile auf den 8. November 1305 datiert ist und

Die nächsten Papierdokumente finden sich ab dem zweiten Jahrzehnt des 14. Jahrhunderts, wie die stichprobenhafte Überprüfung einzelner nach vielversprechenden Gattungen ausgewählter Archivbehältnisse, auf Italienisch als „buste" bezeichnet, ergeben hat. Die ältesten Stücke hier stammen vermutlich aus dem Komplex der Rechnungen und Finanzquellen, deren frühe Überlieferung im heutigen Archivio Gonzaga vor allem auf die Archiveinheiten 409a und 3136 konzentriert sind.[147] In der „busta" 3136 findet sich als ältestes Stück ein 18 Seiten starkes Heft aus Papier in einem Pergamentumschlag, das die Archivare des 18. Jahrhunderts als *Datia Tabula Grosse 1318 et 1319* charakterisierten. Es wurde also noch in der Zeit der Bonacolsi vor dem blutigen Putsch der Gonzaga 1328, mit dem sie die Stadtherrschaft an sich rissen, angelegt. Gelistet sind dort zuerst mit einem vergleichsweise festen sprachlichen Formular, später abgekürzt in Listenform die Erstellung von gesiegelten Geleitbriefen für Schiffe, deren Eigner und Kapitäne uns mit Namen wie etwa Vbertus, Ardoyn, Felchacolla oder Lasiachinus entgegentreten.[148]

Insgesamt scheint damit unter den Bonacolsi die Papierzeit bereits angebrochen, auch wenn sich der Gebrauch des neuen Beschreibstoffs nur punktuell nachweisen lässt. Die nur sehr bruchstückhafte Überlieferung aus den kommunalen Behörden Mantuas, wie im vorangehenden Kapitel bereits dargelegt, schließt einen schon verbreiteten Papiergebrauch jedenfalls nicht aus. Die beiden unscheinbaren Papierzettel des 13. Jahrhunderts lassen zugleich die Spekulation zu, dass der Einsatz von Papier für nicht archivwürdige Notizen zumindest bei Vielschreibern wie den Notaren dieser Zeit schon üblich war.

---

heute im Archivio notarile aufbewahrt wird, s. Archivio di Stato di Mantova, Archivio notarile di Mantova, b. 2. Das Stück wurde offenbar nicht fertiggeschrieben, das Zeichen des Notars fehlt, wie auch ein moderner Vermerk auf dem Umschlag dazu festhält. Der Schrift nach zu urteilen entpuppt es sich als Kopie späterer Zeit, vermutlich dem Notar Zambellino Premartini zuzuordnen, mit dessen Überlieferung der Jahre 1394 bis 1441 sich das beschriebene Fragment in derselben „busta" zusammengestellt findet (ebd., 2–3). Die Überlieferung im Archivio notarile, das auf das zuerst im 14. Jahrhundert nachweisbare Kollegium der Notare zurückgeht, setzt abgesehen von einer weiteren Ausnahme – dem Notar Luigi Carnevale, von dem ein Pergament mit Entwürfen bzw. Abschriften zweier Urkunden des Jahres 1349 überliefert ist (ebd., b. 1) – erst mit dem 15. Jahrhundert, dafür nun mit großer Wucht ein, s. dazu das Findbuch ebd., Lesesaal, Atti dei notai del distretto di Mantova, bb. 1.030, das für das 14. Jahrhundert lediglich drei, für das 15. Jahrhundert hingegen 604 „filze notarili" (Sammlungen der Entwürfe) nennt; die davon getrennt bewahrten „registri delle estensioni" (Notarsregister) setzen überhaupt erst im 15. Jahrhundert ein; hier ist die Zahl 1.304 angegeben. Die zum oben genannten Notar Zambellino Premartini gesammelten Dokumente belegen, dass er an der Wende vom 14. zum 15. Jahrhundert Papier verwendete.

147 Mantua, Archivio di Stato di Mantova, Archivio Gonzaga, D XII 8, b. 409a und H III 1, b. 3136.
148 Mantua, Archivio di Stato di Mantova, Archivio Gonzaga, H III 1, b. 3136, fasc. 1, Nr. 4–23 (mit Bleistift eingetragene, durchgängige Nummerierung der gesamten „busta"). Beginn der Einträge ab Blatt 5r, Übergang zur Listenform auf Blatt 10r. Im Papier des Bandes lassen sich zwei unterschiedliche Wasserzeichen nachweisen, eine zweikonturige, sechsblättrige Blume (zuerst Blatt 6) sowie ein Burgsymbol mit Mauerring und Turm (zuerst Blatt 8).

Unterstützt werden diese Vermutungen durch erste schriftliche Belege, die den Gebrauch von Papier thematisieren: Das früheste entsprechende Zeugnis begegnet uns in den wohl bis etwa 1313 entstandenen Statuti Bonacolsiani, die die Einführung des Papiers freilich nicht etwa begrüßen oder sogar forcieren. Im Gegenteil, in ihnen wird den in und für die Kommune tätigen Notaren der Papiergebrauch sogar explizit verboten.[149] Die Statuti Bonacolsiani ließen sich somit einerseits als Beleg verstehen, dass man auch in Mantua dem (gar nicht mehr so neuen) Beschreibstoff offenbar mit Misstrauen begegnete. Andererseits kann man das Verbot aber auch als Indiz dafür deuten, dass Papier am Beginn des 14. Jahrhunderts offenbar in großen Mengen als Alternative für das Pergament zur Verfügung stand; andernfalls wäre diese Anweisung wohl nicht notwendig geworden.

Bereits mit den Gonzaga in Verbindung steht schließlich der Hinweis auf einen *Rotolo di carta di Papiro*, den der Jurist und Chronist Ippolito Castello (auch Castelli) in seiner Geschichte Mantuas und der Gonzaga aus der ersten Hälfte des 17. Jahrhunderts in einer Passage zum Jahr 1318 thematisiert und den er *nell' Archivio* – ‚im Archiv' – eingesehen haben will. Wie der auf ihm angebrachten Inschrift zu entnehmen gewesen sei, habe es sich dabei um eine Auflistung der persönlichen Habe gehandelt, die die Braut Luigi Gonzagas (oft auch als Ludovico Gonzaga bezeichnet) mit dem Namen *Catharina* mit in die Ehe brachte.[150] Das für die Braut sicher wichtige Schriftstück (man denke an den oben geschilderten Umgang mit vergleichbaren Dokumenten für Antonia Visconti) scheint doch eher ein Beleg für das Vertrauen auch in papierne Dokumentation zu sein.

Nicht mehr zu bestreiten ist der selbstverständliche Einsatz von Papier in Mantua schließlich ab den späten dreißiger Jahren des 14. Jahrhunderts, als die Gonzaga die

---

149 S. dazu Buch IV/3 in den Statuti Bonacolsi: *[...] et teneantur notarii abreviaturas scribere diligenter in membranis et non possunt ea scribere in cartis bombicinis*, zit. nach Navarrini, Liber privilegiorum, 1988, 54.

150 Eine Kopie von Castellos Chronik ist einzusehen in Mantua, Archivio di Stato di Mantova, Bibliothek, C 215, die hier betreffenden Passage findet sich auf Seite 87–89. Nach Castello trug der Rotulus folgenden Titel: *Descriptio rerum seu Paramentorum que Domina Catharina Uxor Domini Aloijsii de Gonzaga portavit ad Maritum*. Erwähnenswert war er dem Chronisten, da er (irrtümlich) nur durch dieses Stück Caterina als sonst unbekannte erste Ehefrau des Luigi Gonzaga belegt fand; der heutigen Forschung gilt Caterina als zweite Ehefrau des Luigi, s. dazu Lazzarini, Art. Gonzaga, Luigi, 2001. Der wohl 1598 geborene, 1650 verstorbene Castello stützt sich bei seiner Chronik maßgeblich auf ein älteres Werk des Notars Giacomo Daino, der ab 1527 als herzoglicher Archivar in Mantua tätig war. Die hier geschilderte Episode ist in Dainos (eventuell nicht vollständig erhaltener) Handschrift (s. ebd., Archivio Gonzaga, D XIII, b. 416, I.) jedoch noch nicht zu finden. S. zu Daino bereits oben Anm. 54.

Rotuli waren im Archiv der Gonzaga offenbar keine Seltenheit, wie ein Blick in die von Behne edierten Inventare schnell deutlich werden lässt, Beispiele s. in Antichi Inventari dell'Archivo Gonzaga, hg. von Behne 1993, 57, Nr. 20100012, 132; Nr. 30100013 und 30100015, 133; Nr. 30100022, 136; Nr. 30100040. Bei nur einem dieser Rotuli ist der Beschreibstoff ausgewiesen, hierbei handelt es sich um Pergament, s. ebd. 130, Nr. 30100006: *Rotulus quidam cartarum pecudinarum in quo sunt scripture [...]*. Zur Bildung von Rotuli als früher Form der Aktenbildung s. auch die instruktiven Überlegungen am Beispiel der Varsberg-Korrespondenz der Elisabeth von Nassau-Saarbrücken 1432 bis 1434 bei Herold, Quellenkundlicher und historischer Kommentar, 2002, 204 f.

Stadtherrschaft bereits übernommen hatten. Beispiele dafür finden sich ebenfalls in den beiden „buste" 409a und 3136, die hier exemplarisch näher vorgestellt werden sollen: Von 1339 bis 1342 auf Papier geführt wurde etwa der *Liber Memorie introitus et exitus pertinentium* der drei ältesten Söhne Luigi Gonzagas, Filippino, Guido und Feltrino, der die beachtliche Größe von 32 mal 42 Zentimetern misst, also sogar etwas breiter als das heutige DIN-A-3-Format ist.[151] In ihm zusammengeführt finden sich die verschiedenen Einnahmequellen der Brüder, als Lohn für ihre militärischen Dienste, aus der Münze, aus Zoll- und Steuereinnahmen im Contado, usw. Das Buch ist sorgsam in an mehreren Stellen geflicktes Pergament eingebunden, ursprünglich konnte es durch pergamentene Klappen und Lederbänder verschlossen werden. Der Einband ist verziert mit Lederrechtecken und gedrehten Pergamentschnüren (in diesem Fall nach parallelen Vorbildern modern ergänzt). Auf dem vorderen Deckel prangt eine große Krone. Solche Symbole dienten – wie wir noch öfter sehen werden – zur Benennung und Identifizierung der entsprechenden Bände.

Dass es bereits nötig erschien, die wachsende Zahl der schriftlichen Behelfsmittel unkompliziert auseinanderhalten zu können, zeigen die kontinuierlichen Verweise im Buch selbst auf andere vergleichbare Rechnungsbücher. Zum Teil sind sie heute verloren, so vor allem ein beinah in jedem Eintrag erwähntes *memoriale* aus der Masseria, in Teilen aber auch noch erhalten, so etwa ein auf Blatt 8 recto am Seitenende aufgeführtes *librum [...] signatum signo crucis*, bei dem es sich wohl um den heute in der gleichen „busta" verwahrten *Liber racionum* der Sekretäre von Guido, Filippino und Feltrino Gonzaga handelt.[152] In der Forschung auf 1347 datiert, handelt es sich um ein mit 42 mal 60 Zentimetern sogar noch größeres, schön geschriebenes Papierbuch, auf dessen hinterem Pergamentumschlag ein großes Kreuz abgebildet ist. Die Zusammengehörigkeit beider Bände zeigt sich schon durch die ähnliche Gestaltung ihrer Einbände: Wieder findet man dunkle Lederrechtecke und Kreuzstiche aus Pergamentschnüren als Buchschmuck; hier ist heute eingeklappt sogar eine Buchschließe aus Pergament erhalten.

Zentral verzeichnet wurden im *Liber racionum* mit dem Kreuz die Einnahmen, die den drei Gonzaga-Brüdern vor allem aus verschiedenen Zöllen und Steuern – unter anderem auf Wein, Salz, Getreide, die Fischerei – zustanden. Unter den Amtleuten, die als Schuldner eingetragen sind, taucht ab Blatt 68 auch ein Massaro Niccolò di Cimarosta aus Seravalle auf,[153] zu dem sich in derselben „busta" noch ein eigener

---

151 Mantua, Archivio di Stato di Mantova, Archivio Gonzaga, D XII 8, b. 409a, fasc. 1 (restauriert). S. dazu Lazzarini, Fra un principe e altri stati, 1996, 51, die den Band unter dem Titel *Liber omnium introitum* bespricht.
152 Mantua, Archivio di Stato di Mantova, Archivio Gonzaga, H III 1, b. 3136, als fasc. 3 (außen) bzw. fasc. 6 (innen) bezeichnet, Nr. 50–76 (Bleistiftnummerierung). Im Band finden sich zwei verschiedene Wasserzeichen, ein Stab mit Schaft in Kreuzesform, an dessen Seiten Trompetenblumen wachsen, sowie eine doppelte Kirsche mit Blättern.
153 Zu Niccolò di Cimarosta s. Torelli, L'Archivio Gonzaga, 1920/1988, 92f. mit Anm.

Papierband erhalten hat. Dabei handelt es sich um ein etwa 21 mal 29 Zentimeter großes, das heißt ungefähr dem modernen DIN A 4 Format entsprechendes Papierregister, das ursprünglich vermutlich weit umfänglicher war und heute noch 38 Blätter umfasst. Niccolò di Cimarosta hat darin in den Jahren 1339/40 im zum Mantovano gehörigen Ort Seravalle Zolleinkünfte vorrangig aus dem *Sal conductus,* das heißt auf Salz, das auf dem Schiffsweg über den Po transportiert wurde, eingetragen.[154]

Es ist sehr wahrscheinlich, dass die drei papierenen Verwaltungsbände keine Einzelfälle waren, sondern dass wir mit ihnen Beispiele für eine weiter verbreitete Praxis fassen. Dafür spricht auch die Vielzahl der Wasserzeichen in ihren Blättern, die auf viele verschiedene Produktionsorte schließen lassen – offenbar benötigte man also bereits viele Bezugsquellen, um den Bedarf an Papier zu decken. Darüber hinaus können sich in anderen Archivbehältnissen des Archivio Gonzaga durchaus noch vergleichbare Stücke verbergen: Ein Beispiel dafür ist der in der Forschung öfter besprochene *Liber FLU,* benannt nach den Anfangsbuchstaben von Filippino und seinen Neffen Luigi (II.) und Ugolino Gonzaga, inhaltlich als ein Kataster der Gonzaga-Besitzungen zu bezeichnen, der zugleich detaillierte Informationen über die Verwaltung dieser Territorien umfasst. Angelegt um 1350, wurde er über viele Jahrzehnte hinweg bis hinein in die erste Hälfte des 15. Jahrhunderts aktiv genutzt; der jüngste Nachtrag findet sich 1471.[155]

Wieder handelt es sich beim *Liber FLU* um einen repräsentativen Band. Papier wurde in diesem Jahrzehnt jedoch auch schon für einfachere Verwaltungsbehelfe genutzt: Ein schmuckloses Beispiel aus der „busta" 409a ist eine Kladde im Schmalfolio-Format aus dem Jahr 1348.[156] Ihr Papier ist ungewöhnlich stark, fest und kartonähnlich; es glänzt auf der Oberfläche. Aufgezeichnet sind darin verschiedene Ausgaben der *Signoria di Mantova,* in Teilen eng gedrängt notiert finden sich die Posten für Nahrungsmittel, etwa für ‚gutes' Öl, Fleisch ‚für die Familie', Salz oder Honig, für Medizin, für weitere Haushaltsgegenstände wie Kerzen oder Wachs, für neues Zaumzeug für die Pferde. Viele Seiten sind allerdings auch unbenutzt. Insgesamt macht das Büchlein durch seinen Erhaltungszustand den Eindruck, als habe es nur durch Zufall überlebt und sei nicht dafür gedacht gewesen, langfristig archiviert zu werden.

---

154 Mantua, Archivio di Stato di Mantova, Archivio Gonzaga, H III 1, b. 3136, fasc. 4, ehemals offenbar 5, Nr. 77–123 (Bleistiftnummerierung). S. zu diesem Band Torelli, L'Archivio Gonzaga, 1920/1988, 92f. Die Bindung des Bandes erfolgte ursprünglich wohl auch mit Pergamentstreifen, wurde aber mit Hanf erneuert. Die Blätter sind gut erhalten; sie wurden vom Schreiber mit einem Messer oder stumpfen Gegenstand liniert. Als Wasserzeichen findet sich eine rundbauchige Kanne mit Henkel (zuerst auf dem Blatt, das in der modernen Foliierung als fol. 85 gezählt wird).
155 Zum *Liber FLU* s. Torelli, L'Archivio Gonzaga, 1920/1988, XXXI f., Vaini, Il libro FLU, 1994, und Lazzarini, Fra un principe et altri stati, 1996, bes. 54–56.
156 Mantua, Archivio di Stato di Mantova, Archivio Gonzaga, D XII 8, b. 409a, fasc. 2. Als Wasserzeichen sind am rechten Seitenrand (die Originalblätter wurden für die Anlage des Bandes also halbiert) sehr schwach geometrische Figuren zu erkennen. Auf dem hinteren Pergamenteinband ist wohl ein Galgen gezeichnet; es finden sich verschiedene Schriftproben, darunter die Abschrift eines Briefes in Volgare.

Ähnliches gilt für sechs weitere Papierdokumente in „busta" 409a, vier fast gleichformatige, ungefähr DIN A Format entsprechende Bände, ein Schmalfolio-Band mit 21 mal 30 Zentimetern und drei ursprünglich lose Zettel, die zwischen 1351 und 1363 zu datieren sind; wie die vorangegangenen Stücke dokumentieren auch sie Einnahmen, Ausgaben, Schuldner; geführt werden sie zum Teil nun nicht mehr auf Latein, sondern in der Volkssprache.[157] Die Mehrzahl steht in Zusammenhang mit Ugolino Gonzaga, Guidos ältestem Sohn, der – zwischen die Fronten von Mailand und Venedig geraten – 1362 von seinen eigenen Brüdern ermordet wurde.[158]

Überdauert haben sie offenbar, weil sich just an ihnen schon früh ein antiquarisches Interesse entzündete, wie ein Blick auf die Archivvermerke des für Ugolino Gonzaga angelegten Memoriales zu seinen *Creditori* und *Debitori* nahelegt: Auf Blatt 1 wurde dem größtenteils in italienischer Sprache geführten Buch offenbar von späterer Hand und in lateinischer Sprache eine kurze Inhaltsangabe vorangestellt; diese sichtbare Eingliederung ins Archiv könnte die Stücke vor der Kassation bewahrt haben.[159] Zugleich wird auch an diesem Stück wieder manifest, wie viele andere vergleichbare Hefte verloren sein müssen: Ab Blatt 8 finden sich Querverweise auf gleich ein halbes Dutzend *vacchette* – so die Bezeichnung für schmale, hochformatige Bücher –, auf die der oder die Rechnungsführer*in mit den Buchstaben *A*, *B*, *C*, *D*, *G* und *L* verweist. Auch auf die *libri* anderer, namentlich genannter Amtsträger wird referiert.

Es ist allerdings nicht allein das Rechnungswesen, an dem sich um die Mitte des 14. Jahrhunderts herum in Mantua die breite Durchsetzung von Papier erahnen lässt. Fast zeitgleich und noch schneller nahm die Papierüberlieferung im Archivio Gonzaga in den selbst im italienischen Vergleich ungewöhnlich früh und reich erhaltenen Korrespondenzen zu. Zu unterscheiden ist hier zwischen den Briefen, die in Mantua eintrafen, um im Original archiviert zu werden, und dem Briefausgang, den die Kanzlei der Gonzaga entweder als Konzept verwahrte oder aber in so genannte Copialettere eintrug. Beginnen wir mit diesen Briefausgangsregistern, die in Mantua von Beginn an ausnahmslos auf Papier geführt wurden. Den Auftakt machen ab 1340 drei lateinischsprachige Bände, in die nicht nur auslaufende Missive, sondern auch eingehende Stücke und zum Teil andere für wichtig erachtete Dokumente eingetragen wurden.[160] Der

---

157 Mantua, Archivio di Stato di Mantova, Archivio Gonzaga, b. 409a, fasc. 3 und 5 (zwei Memoriale von Ugolino Gonzaga zu seinen *Debitori* und *Creditori*, geführt 1351 bis 1356 und 1360), fasc. 4 (drei Quaderni mit Ausgaben und Einnahmen von Leonardo Gonzaga und seiner Tochter Anna, 1356), fasc. 6 (Schmalfolio zu Einkünften von Ugolino Gonzaga und seiner Tochter Cora), fasc. 7 (ursprünglich lose Zettel, einer davon datiert auf 1362, Ugolino Gonzaga zuzuordnen), fasc. 8 (ein *Libro delle Entrate*, angelegt von Albertino de Mazzali 1363).
158 S. knapp dazu Watt, Art. Mantua, 2004, 680, und Antenhofer, Die Gonzaga und Mantua, 2007, 35, mit Verweis auf weitere Literatur.
159 Mantua, Archivio di Stato di Mantova, Archivio Gonzaga, D XII 8, b. 409a, fasc. 3, Blatt 1.
160 S. zum Beispiel im ältesten Register unter Archivio Gonzaga, F II 9, b. 2881, fasc. 1, Blatt 4; zum Teil wurden auch Dokumente lose zwischen die Seiten gelegt, etwa ebd. zwischen Blatt 17v und 18r. S. knapp dazu auch schon Lazzarini, Fra un principe e altri stati, 1996, 70.

früheste von ihnen wurde nachträglich als *Registrum litterarum* von Luigi Gonzaga und seinen Söhnen Guido, Filippino und Feltrino bezeichnet, unter denen auch die oben vorgestellte frühe Rechnungsüberlieferung auf Papier entstand.[161]

Mit 24, 57 und 118 Blättern sind die drei Register unterschiedlich dick; das liegt nicht nur daran, dass aus ihnen nachträglich wohl unbeschriebene Blätter herausgetrennt wurden, so wie man auch die nicht beschrifteten Teile der Pergamentumschläge herausschnitt, offensichtlich mit dem Ziel, Pergament bzw. Papier anders weiterzuverwenden.[162] Auch die Zahl der an ihnen beteiligten Hände und die Jahre, aus denen sie Korrespondenz aufnahmen, variieren stark: Der älteste Band enthält Briefe der Jahre 1340 bis 1353, der zweite von 1348 bis 1356, der dritte von 1359 bis 1361. Allerdings fließt die Überlieferung innerhalb dieser Jahresspannen keinesfalls kontinuierlich; aus einzelnen Jahren sind viele, aus anderen gar keine Briefe abgeschrieben.[163] In den drei Registern wurden also höchstwahrscheinlich nicht alle Briefe dokumentiert, die aus der Kanzlei der Gonzaga im genannten Zeitraum ausgingen. Auch die Titel, die ihnen von späteren Archivaren – eventuell kurz vor 1500 – verliehen wurden, machen deutlich, dass sie als thematische Zusammenstellungen zu verstehen sind. Auf dem Einband des zweiten Bandes ist festgehalten, dass er die Briefe verschiedener Fürsten aus dem Haus Gonzaga nach Mailand versammelt. Das dritte Register enthält Briefe, die der oben schon genannte Guido sowie sein erstgeborener, 1362 jedoch von den Geschwistern ermordeter Sohn Ugolino verschickten.

Ursprünglich muss es also nicht nur mehr solcher Copialettere gegeben haben; in ihrer Entstehungszeit waren sie vermutlich auch nicht so wie heute in Pergament gebunden und mit Karton verstärkt.[164] Wahrscheinlicher ist, dass je acht der Blätter

---

161 Mantua, Archivio di Stato di Mantova, Archivio Gonzaga, F.II.9, b. 2881, fasc. 1 mit dem nachträglich angefügten Titel auf dem Buchdeckel: *Registrum Litterarum D[omi]norum Aloisij, Guidonij, Philippini / et Feltrini eius Filiorum / de Gonzaga / 1341 ad 1353.*
162 Mantua, Archivio di Stato di Mantova, Archivio Gonzaga, F II 9, b. 2881, fasc. 1: Die vierte Lage des Bandes, die ursprünglich vermutlich wie die Vorangehenden auch 16 Blätter umfasste, ist heute nur noch stark verstümmelt erhalten – von ihr sind lediglich eine noch in der Bindung verankerte Doppelseite und fünf größtenteils lose Einzelblätter übrig. Auch im Register unter ebd., fasc. 2, das ursprünglich aus zwei Lagen bestand, ist die zweite nur in Resten erhalten. Zu Vermutungen, wann die fehlenden Blätter herausgeschnitten wurden, s. unten Anm. 164. Für eine ausführliche kodikologische und inhaltliche Beschreibung der frühesten Copialettere s. Coniglio, Coppialettere e Corrispondenza gonzaghesca, 1969, 11–16.
163 S. dazu die Briefregesten bei Coniglio, Coppialettere e Corrispondenza gonzaghesca, 1969, 29–51.
164 S. Mantua, Archivio di Stato di Mantova, Archivio Gonzaga, F II 9, b. 2881, fasc. 1 bis 3: Die Buchdeckel aller drei Bände, die aus Karton bestehen, waren einst mit Pergament bezogen, von dem jedoch nur wenige Reste an den Buchrändern sowie oben ein breiterer Streifen erhalten blieben, auf dem der jeweilige Titel von späterer Hand geschrieben worden war. Die für die Bindung von fasc. 3 verwendeten Papiere auf den Innenseiten des Buchdeckels lassen vermuten, dass der Einband erst in der (Früh-)Neuzeit gefertigt wurde. Beim Binden wurden die einzelnen Lagen zum einen miteinander, zum anderen mit dem Buchrücken verbunden, zum Teil wurden wie in fasc. 2 auch ursprünglich lose, deutlich kleinere Zettel mit eingenäht – eine Hälfte lugt zwischen Blatt 4v und 5r, die andere zwischen

einmal in der Mitte gefaltet und lose ineinandergesteckt auf dem *banco* in der Kanzlei (oder in den individuellen Schreibstuben der Kanzleimitarbeiter) gelegen haben. Darauf deuten die Verschmutzungen der Vorsatzblätter sowie – besonders gut sichtbar beim ältesten Band – die unterschiedlich starken Nutzungsspuren in den einzelnen Lagen hin. Bei einigen von ihnen sind die Blattecken so viel augenscheinlicher rund abgegriffen, dass sie deutlich öfter in die Hand genommen worden sein müssen als andere.

Trotzdem lässt sich an den Blatträndern noch der originale Büttenrand erkennen; man hat bei allen dreien daher das ursprüngliche Blattmaß vor Augen, das (aufgeklappt) mit rund 42 mal 62 Zentimetern dem größten gängigen Papierformat Reale entspricht (s. dazu mehr in Kap. B, Kasten B.2.1). Insgesamt handelt es sich um starkes, dickes, sehr gleichmäßiges und trotz der genannten Nutzungsspuren ausgesprochen gut erhaltenes Papier,[165] das innerhalb eines Bandes jeweils dasselbe Wasserzeichen trägt und insgesamt trotz unterschiedlicher beteiligter Hände mit einer sorgfältigen gotischen Minuskel beschriftet wurde. Bislang wurde noch nicht versucht, über paläographische Untersuchungen die Anzahl der Schreiber näher einzugrenzen. An den Seitenrändern der ältesten Copialettere finden sich freilich noch andere Indizien, dass in der Kanzlei der Gonzaga zu dieser Zeit schon mehrere Personen mit der Führung der Korrespondenz befasst waren: Das nicht ganz eine Dutzend dort notierter Kürzel – zum Beispiel *J.o.*, *Z.a*, *d.Mar* oder *d.Ugutio* – verweist, so hat Coniglio vermutet, auf diejenigen Kanzleimitarbeiter, die für die originale Ausfertigung der Briefe verantwortlich zeichneten.[166]

10v und 11v heraus. Die Lücken in der Bindung zeigen an, dass noch später offenbar leere Blätter aus den Bänden herausgeschnitten wurden. Vielleicht geschah dies zeitgleich mit den Beschädigungen des pergamentenen Einbands, die nach Coniglio, Coppialettere e Corrispondenza gonzaghesca, 1969, 13, dem Archivmitarbeiter Marazzi anzulasten sind. Marazzi wurde 1842/43 für die Beschädigung von mindestens 144 Pergamenten zu mehreren Jahren Haft verurteilt, andere zu milderen Strafen, obschon die Inkriminierten offenbar versucht hatten, nur unbeschriebene Seiten bzw. Seitenteile „senza danno del contenuto" – ohne Schaden für den Inhalt – herauszuschneiden, s. dazu Torelli, L'Archivio Gonzaga, 1920/1988, LXXXVI–LXXXVII. Vergleichbare Verstümmelungen des Pergaments sind auch etwa in Mantua, Archivio di Stato di Mantova, Archivio Gonzaga, E XXV 2, b. 833, mit den großformatigen Breven und Litterae aus Rom zu beobachten.

165 Dass die Schreiber auch andere Papierformate zur Hand hatten, zeigen in das älteste Register lose eingelegte Dokumente mit sichtbaren Schöpfkanten an allen vier Blatträndern, die daher auf ein Büttenmaß von 30,5 mal 42 Zentimeter schließen lassen, s. Mantua, Archivio di Stato di Mantova, Archivio Gonzaga, F II 9, b. 2881, fasc. 1, Nr. 53. Im zweiten Register, ebd., fasc. 2, hat sich ein Papierdokument am Anfang erhalten, das an drei Seiten originale Blattkanten aufweist und nur 8 mal 15 Zentimeter in der Maximalausdehnung aufweist – hier muss es sich um ein sehr kleines Format handeln. Die Kanzlei kannte in dieser Zeit also mindestens drei verschiedene Blattgrößen mit unterschiedlicher Festigkeit, unterschiedlicher Rippdichte und verschiedenen Wasserzeichen.

166 Hinter den Kürzeln *J.o.* und *A.n.* zum Beispiel, die mit großem Abstand am häufigsten am Rand notiert wurden, vermutet Coniglio, Coppialettere e corrispondenza, 1969, 11–13, einen *Johannes o Johanalis de Arecio quondam Bonaventura*, der zwischen 1334 und 1344 als *cancellarius* unter Luigi Gonzaga belegt ist, und einen *Anthonio de Olivis*, der 1343 als Diplomat für die Gonzaga in Verona nachgewiesen ist. Die Hände, die die einzelnen Abschriften in die Register eingetragen haben, wechseln

Für uns heute bleibt irritierend, dass die Register zwar jeweils über mehrere Jahre geführt wurden, trotzdem aber jede Jahresangabe in ihnen fehlt. Die heute zum Teil am Rand nachlesbaren Datierungen wurden erst von späterer Hand hinzugefügt, vermutlich vom Archivpersonal, das – eventuell in der Zeit kurz vor 1500 – ihre Bindung in pergamentene Umschläge veranlasste.[167] Damit sind wir bei einem allgemeinen Problem, das die im Archivio Gonzaga verwahrten Korrespondenzen des Mittelalters betrifft: In der Regel wurden die Briefe zeitgenössisch nur mit Tag und Monat datiert; Jahresangaben wurden nicht für nötig befunden.[168] Erst das spätere Archivpersonal nahm dies als Manko wahr, so dass zumindest bei einem Teil der original erhaltenen Briefe Jahresdaten oft am Rand nachgetragen wurden.[169] Trotzdem bleiben bei der Datierung oft erhebliche Schwierigkeiten, wie etwa ein Blick in die „busta" 1301 deutlich macht: In ihr wird die frühe Korrespondenz aus und mit Reggio Emilia verwahrt, einer etwa 60 Kilometer von Mantua entfernten Stadt, die zusammen mit ihrem Umland nach ihrer militärischen Eroberung 1335 bis 1371 unter der Herrschaft der Gonzaga stand; häufig finden sich in der genannten „busta" daher auch Briefe unter Familienangehörigen.[170]

---

zwar, aber nicht in Übereinstimmung mit den Kürzeln am Rand. Nur für den ersten Band gibt es bislang plausible Auflösungen für alle Kürzel.

167 So legen Bellù/Navarrini, Archivio di Stato di Mantova, 1983, 769, mit ihren Bemerkungen zur Serie der „Copialettere dei Gonzaga ordinari e misti 1340–1611" nahe: „Usati in cancelleria per informazioni dei segretari dei diversi membri del casato, vennero suddivisi secondo una più precisa determinazione di competenza nella riorganizzazione del 1492 per servire anche al castellano capo della cancelleria e all'auditore."

168 S. mit diesem Befund für das 14. Jahrhundert schon Luzio, L'Archivio Gonzaga di Mantova, Bd. 2, 1922/1993, 70.

169 Als Beispiel sei die frühe Briefüberlieferung aus Venedig in Mantua, Archivio di Stato di Mantova, Archivio Gonzaga, E XLV 2, b. 1418 angeführt: Die frühesten Volldatierungen wurden wohl erst im 18. Jahrhundert angebracht, als die Stücke auch auseinandergefaltet wurden, so ist an den Stellen am Rand abzulesen, auf denen sie notiert wurden, s. als Beispiele ebd., [fasc.] 1, zweites und drittes Dokument, wohl 1337/38. Zum Teil wurden diese Datierungen allerdings später – oft und so auch hier in der „busta" 1418 um 1900 durch den Archivar Stefano Davari – angezweifelt und die Dokumente umsortiert, als Beispiel hier s. ebd., [fasc.] 1, erstes Dokument.

170 Mantua, Archivio di Stato di Mantova, Archivio Gonzaga, E XXXIII 1, b. 1301. Bei den Absender*innen und Adressat*innen, die in den in dieser „busta" verwahrten Briefen für das 14. Jahrhundert greifbar werden, handelt es sich vor allem um männliche Familienmitglieder der Gonzaga, ein weites Netz an Brüdern, Onkeln, Neffen, vereinzelt aber auch um ihre Frauen, etwa Feltrinos Ehefrau Antonia, schließlich um ihre Amtleute sowie seltener auch auswärtige Korrespondenzpartner wie etwa Bernabò Visconti, den großen Konkurrenten der Gonzaga um die Herrschaft über Reggio. Angesichts der blutigen Anschläge, die die Gonzaga auch untereinander in diesen Jahrzehnten verübten – erinnert sei noch einmal an den Brudermord an Ugolino 1362 –, überraschen Nachrichten, die einen emotionalen und vertrauten Umgang untereinander spiegeln. Neun Briefe etwa, die Feltrinos Söhne Guido und Gugliemo wohl zwischen 1367 und 1371 an Verwandte schickten, berichten nicht nur betrübt und besorgt über den schlechten Gesundheitszustand des Vaters, sondern bitten die Adressaten etwa auch, ihnen Pferde und andere *bestiae*, private Andachtsgegenstände oder Bücher zuzuschicken.

Unterteilt in acht Umschläge stecken in der „busta" heute immerhin 91 Papierdokumente, in der Mehrzahl Originale, in Teilen aber auch Konzepte und Kopien von Briefen. Sie sind alle wohl vor 1371 entstanden, als die Gonzaga die Macht über Reggio Emilia nach blutigen Kämpfen an die Visconti abtreten mussten.[171] Eine exaktere zeitliche Einordnung fällt freilich schwer: In Form von nachträglichen Archivvermerken finden sich auf einigen der Stücke zwar Jahresdatierungen, doch erst für die Jahre ab 1366. Anhand inhaltlicher Indizien ist bei anderen eine Einordnung in die vorangehenden Jahrzehnte dennoch wahrscheinlich: So müssen etwa die vielen Briefe, die Filippino Gonzaga schreiben ließ oder aber empfing, zumindest vor seinem Tod im Jahr 1456, in vielen Fällen aber auch noch deutlich früher entstanden sein – in den Copialettere ist seine rege Korrespondenz immerhin ab den Jahren 1340/41 belegt.[172] Archivarische Bemerkungen in der „busta" stellen sogar zur Diskussion, ob einzelne Stücke nicht schon in den Jahren 1334/1335 entstanden sein könnten; in der Tat sind die Brüder Filippino, Guido und Feltrino Gonzaga schon seit den ausgehenden dreißiger Jahren unter anderem beim Sturz der Bonacolsi-Herrschaft 1328 durch ihren Vater Luigi als zentrale Akteure in Mantua fassbar.[173]

Schauen wir noch einmal in die „busta" zur frühen Überlieferung aus bzw. an Reggio mit der Frage, welche Materialien dafür Verwendung fanden: Auf die Zeit vor 1349, als die Gonzaga-Brüder zu kaiserlichen Vikaren ernannt wurden und diesen Titel fortan auch in ihrer Korrespondenz führten, werden 40 Briefe datiert, die Filippino Gonzaga aus Reggio noch ohne die Nennung dieser Würde an seine Brüder Guido und Feltrino schrieb.[174] Acht von ihnen sind auf Pergament verfasst, wofür zum Teil – etwa in den Briefen mit den Tagesdatierungen 21. und 31. Januar – winzige Stücke verwendet wurden;[175] dementsprechend viele Kürzungen weist auch der auf ihnen festgehaltene lateinische Text auf. Die große Mehrzahl freilich, 32, steht auf Papier und das auf Bögen in konventioneller Größe. Hält man sie gegen das Licht, so wird bei 20 von ihnen eine Vielzahl verschiedener Wasserzeichen sichtbar, Burgen, Spiralen, Kreise, Blüten, weshalb man davon ausgehen darf, dass die Schreiber Filippinos (oder die Händler, bei denen sie kauften) ihren Papiervorrat offenbar bereits aus einer Vielzahl verschiedener Papiermühlen bezogen. Bemerkenswert ist außerdem die Dichte

---

171 Deshalb wird die Korrespondenz aus Reggio Emilia heute auch zum „carteggio esterno" gerechnet. Zur Herrschaft der Gonzaga über Reggio s. ausführlicher Luzio, L'Archivio Gonzaga di Mantova, Bd. 2, 1922/1993, 203–205.
172 S. dazu Coniglio, Coppialettere e corrispondenza, 1969, 14, Briefregesten: 29–51, knapp auch Lazzarini, Art. Gonzaga, Filippino, 2001.
173 Insgesamt hat das Archivpersonal für zehn Briefe, die in den ersten zwei Umschlägen in der „busta" stecken, eine Entstehung zwischen 1334 und 1349 vermutet und auf den Umschlägen vermerkt.
174 Mantua, Archivio di Stato di Mantova, Archivio Gonzaga, E XXXIII 1, b. 1301. Zur Ernennung der Gonzaga zu Vikaren über Reggio durch Karl IV. s. knapp etwa Watt, Art. Mantua, 2004.
175 Mantua, Archivio di Stato di Mantova, Archivio Gonzaga, E XXXIII 1, b. 1301, die Stücke im fünften Umschlag in dieser „busta" tragen folgende Tagesdaten: 20. Januar; 31. Januar (2 Dokumente); 28. Oktober (3 Dokumente); 15. November; 15. Dezember.

der brieflichen Kommunikation: So etwa wurden zum Teil gleich mehrere Briefe an einem Tag aus Reggio nach Mantua gesandt.[176]

Sucht man im Archivio Gonzaga nach Originalbriefen auf Papier, die sicher in die dreißiger Jahre des 14. Jahrhunderts datiert werden können, so darf man nicht nach Reggio, sondern muss in andere „buste" des so genannten „carteggio esterno" schauen. Innerhalb dieser auswärtigen diplomatischen Korrespondenz, die heute nach insgesamt 60 Absendeorten geordnet ist, haben sich die umfangreichsten Briefkonvolute (in absteigender Reihenfolge) aus Rom, Mailand, Venedig, Ferrara, Frankreich, vom kaiserlichen Hof und aus Florenz erhalten.[177] Im Verlauf des 14. Jahrhunderts ist ein enormes Anwachsen dieser Bestände zu erahnen, wie sich etwa an den Angaben der Laufzeiten der entsprechenden „buste" im Findbuch von Alessandro Luzio ablesen lässt. Nur zwei von ihnen mit der Überlieferung von der römischen Kurie und vom Kaiserhof enthalten überhaupt vereinzelte Briefe, die aus der Zeit vor dem Putsch der Gonzaga 1328 stammen;[178] sie stehen noch ausnahmslos auf Pergament. Stärker wird der Strom der Überlieferung ab 1331, das heißt im Jahrzehnt, in dem die Gonzaga ihre durch Gewalt errrungene Herrschaft über Stadt und Umland erfolgreich zu konsolidieren vermochten[179] – und nun begegnen auch die ersten Stücke auf Papier.

Kurioser Weise sind sie mit dem Raum nördlich der Alpen in Verbindung zu bringen: In der „busta" 439, die Varia aus dem Kontext des kaiserlichen Hofes nördlich der Alpen umfasst,[180] steckt ein vermutlich auf 1330 oder 1331 zu datierender Brief mit dem Tagesdatum 25. April, den ein *Michael ordinis fratribus minoris*, nach Davari zu identifizieren als Michele Gente vom Orden der Minderbrüder, aus München an Luigi Gonzaga schickte.[181] In der „busta" 1599 mit dem frühen Briefwechsel aus dem rund

---

176 Da die Briefe dasselbe Wasserzeichen tragen, stammen sie höchstwahrscheinlich auch aus demselben Jahr, s. etwa Mantua, Archivio di Stato di Mantova, Archivio Gonzaga, E XXXIII 1, b. 1301, Nr. 15, 16 und 18 (identisches Wasserzeichen mit einer aus einem Kreis wachsenden stilisierten Blüte mit zwei Blättern).
177 S. dazu den Überblick über die Bestände der Korrespondenzen bei Bellù/Navarrini, Archivio di Stato di Mantova, 1983, 768f. Der auswärtige Briefwechsel wurde im 18. Jahrhundert unter der Majuskel E – „Dipartimento degli Affari Esteri" – einsortiert. Zu den Problemen, die sich aus dieser Reorganisation des Archivmaterials ergaben, s. Luzio, L'Archivio Gonzaga di Mantova, Bd. 2, 1922/1993, 44–46.
178 S. dazu die Auflistung der Briefkorpora nach „buste" unter Angabe der Laufzeiten in Luzio, L'Archivio Gonzaga di Mantova, Bd. 2, 1922/1993, 284–340, hier 283 und 301: Nach Luzios Informationen setzt die Überlieferung von der römischen Kurie im Jahr 1303, vom Kaiserhof 1311 bzw. 1331 ein.
179 Nach Luzio, L'Archivio Gonzaga di Mantova, Bd. 2, 1922/1993, 284–340, hier 287, 289, 295, 301, 316, 321, 326f., setzt die Überlieferung aus Brescia, Rom und Venedig ab 1331, aus Reggio ab 1335, aus Mailand ab 1344, aus Montferrato ab 1345, aus den Beständen zu Ungarn ab 1347 und denjenigen mit Angelegenheiten aus Spanien ab 1349 ein.
180 S. Luzio, L'Archivio Gonzaga di Mantova, Bd. 2, 1922/1993, 283, der als Inhalt der b. 439 den „Carteggio degli Inviati e Residenti" aus dem Umfeld des Kaiserhofes bestimmt.
181 Mantua, Archivio di Stato di Mantova, Archivio Gonzaga, E II 3, b. 439, I, [Stempel] 3. Der Brief enthält kein Wasserzeichen, die Faltung entspricht der für Papierbriefe Üblichen, es haben sich Reste

70 Kilometer von Mantua entfernten Brescia finden sich gleich drei papierne Schreiben des Luxemburgers Johann, König von Böhmen, der während seines mehrjährigen Italienzugs 1330 bis 1333 auch zu den Gonzaga Kontakt suchte. Die Briefe wurden kurz hintereinander an einem 14., 19. und 28. Januar abgesandt, auf Papier mit identischen Wasserzeichen. Eine Jahresangabe fehlt wie bei den Briefen insgesamt üblich; wahrscheinlich entstanden sie 1331.[182] Es bleibt offen, ob Johanns Kanzlei nur in Italien auf den Beschreibstoff zurückgriff oder ob sie sich auch jenseits des Alpenkamms schon problemlos damit versorgen konnte bzw. wollte.

Aus dem Inhalt der „busta" 428, die die Originalbriefe der Könige und Kaiser an Mantua für das 14. und 15. Jahrhundert versammelt, wird die große Bedeutung der Regierungszeit von Johanns Sohn Karl IV. als römisch-deutscher König und Kaiser für die Durchsetzung des Papiers anschaulich: Insgesamt lagern in dem Archivbehältnis heute 52 Briefe von Karl IV. aus den Jahren 1354 bis 1371, 19 von ihnen auf Pergament,[183] 33 dagegen auf Papier. In einer ersten intensiven Phase der Korrespondenzen in den Jahren 1354 bis 1356, in die unter anderem auch Karls erster Italienzug zur Kaiserkrönung nach Rom fiel, bevorzugte seine Kanzlei noch klar das Pergament. Von

---

eines roten Verschlusssiegels erhalten. Als Adresse wurde auf dem Rücken notiert: *Mag[ni]fico et potenti militi domino Loysio de Gonzaga, Imperiali vicario Civitatis Mantue*. Der Autor nennt sich in der zweiten Zeile des Schreibens *Michael ordinis fratribus minoris* und erklärt, dass er mit seinen Zeilen auf Luigis Briefe reagiere, zu seiner Identifizierung s. das handschriftliche Findbuch von Stefano Davari, ebd., Lesesaal, A.G.–E.1 Affari Generali Corte Cesarea, zum Bestand E II 1 bis 6.

182 Mantua, Archivio di Stato di Mantova, Archivio Gonzaga, E XL VIII.2, b. 1599 (Briefwechsel aus Brescia), darin die Dokumente mit den mit Bleistift eingetragenen Nr. 20, 21 und 22 von Johannes, König von Böhmen, an Luigi, Guidone, Filippino und Feltrino Gonzaga. Alle drei Schreiben enthalten dasselbe Wasserzeichen (Glocke?), einmal ist es lediglich durchtrennt. S. zu diesen Briefen knapp auch schon Luzio, L'Archivio Gonzaga di Mantova, Bd. 2, 1922/1993, 239.

Bei einem auf das Jahr 1337 datierten Schreiben von Kaiser Ludwig IV. auf einem etwa 30 mal 43 Zentimeter großen Papier, ebd., fasc. VII, Nr. 21, handelt es sich nicht um ein Original, sondern um eine der Schrift nach zu urteilen eventuell noch der ersten Hälfte des 14. Jahrhunderts angehörende Kopie.

183 Mantua, Archivio di Stato di Mantova, Archivio Gonzaga, E II 2, b. 428; die einzelnen Stücke wurden vom Archivarpersonal des 18. Jahrhunderts in Faszikeln zusammengestellt und mit römischen Buchstaben durchgezählt; zusätzlich erhielten die einzelnen Blätter eine fortlaufende lateinische Nummerierung, die aufgestempelt wurde.

Folgende Schreiben in der „busta" stehen auf Pergament: 2 wohl zu 1354 unter XI, [Stempel] 31–32, s. dazu RI VIII 6105 und 6118; 8 wohl zu 1355 unter XII, [Stempel] 34–41, s. dazu unter anderem RI VIII 6131–6132, 6134, 6136–6317, 6141, 6143; 7 wohl zu 1356 unter XIV, [Stempel] 45–46, 48–52, s. dazu RI VIII 2424–2425, 2439, 2447, 2442, 2453, 2500; 1 wohl zu 1363 unter XVI, [Stempel] 63, s. dazu RI VIII 3968); 1 wohl zu 1365 unter XVII, [Stempel] 58, s. dazu RI VIII 4172.

Aus moderner Sicht erscheinen die Anlässe zur Verwendung von Pergament für die Korrespondenz zum Teil eher bedeutungslos: So etwa war dem Herrscher für einen Brief wohl vom 20. Januar 1356 aus Sulzbach (oben schon genannt unter XIV, Nr. 45) anlässlich der Streitigkeiten innerhalb der Lombardei, bei denen die Este und Gonzaga gemeinsam gegen die Visconti in Mailand standen, das Pergament nicht zu schade für die Ankündigung, dass die Gonzaga von seinen Gesandten und Boten mehr erfahren würden.

insgesamt 18 Briefen an die Gonzaga-Brüder Guido, Filippino und Feltrino aus dieser Zeit steht nur ein einziger auf Papier. Er wurde am 13. Februar 1356 schon nicht mehr aus Italien abgesandt, sondern von Karls Ungarnreise aus dem tschechischen Brno (Brünn) und gerichtet zugleich auch an Aldobrandino III. d'Este, Herr von Ferrara und Modena.[184] In den sechziger Jahren sollte sich das Verhältnis dagegen umdrehen: Der sich in der zweiten Hälfte der 1360er Jahre, insbesondere während des zweiten Italienzugs Karls IV. 1368/69 stark intensivierende Briefwechsel wurde nun ausnahmslos auf Papier geführt.[185]

Auch aus Karls Umfeld finden sich Briefe nach Mantua in derselben „busta": Während ein Brief seiner Ehefrau Elisabeth aus dem Jahr 1369[186] auf Pergament verfasst wurde, stehen die insgesamt neun Briefe seines Sohnes Wenzel aus den Jahren 1368 bis 1388 nach Mantua auf Papier.[187] Auch der Adel in Karls Diensten korrespondierte mit Mantua auf Papier, so etwa sein Kanzler Johannes von Neumarkt zwischen 1356 und 1364,[188] sein Hofmeister Burkhard, Burggraf zu Magdeburg, wohl 1368[189] oder aber Herzog Friedrich von Teck, den der Herrscher 1347 auf einem Nürnberger Reichstag gemeinsam mit dem Württemberger Eberhard dem „Greiner" zu Landvögten in Franken respektive Schwaben ernannt hatte. Zugleich waren die Kontakte des Teckers zu den württembergischen Grafen eng, im Konsens wie Konflikt, in militärischen wie finanziellen Geschäften; außerdem teilten die Familien ihr Interesse am Konnubium

---

184 Mantua, Archivio di Stato di Mantova, Archivio Gonzaga, E II 2, b. 428, Fasz. XIV, [Stempel] 47, s. dazu RI VIII 2433.

185 Von 1363 bis 1371 haben sich insgesamt 32 Briefe von Karl IV. in Mantua auf Papier erhalten, besonders dicht war der Schriftverkehr im Jahr 1368 mit insgesamt 24 Briefen, darunter allein in den Monaten Mai, Juni und August je fünf, als sich der Kaiser auch im Mantovano, etwa in Borgoforte und Goito, aufhielt, wie die Absendeorte bezeugen. S. Mantua, Archivio di Stato di Mantova, Archivio Gonzaga, E II 2, b. 428, 1 wohl zu 1363 unter XVI, [Stempel] 56, s. dazu RI VIII 4044; 3 wohl zu 1366 unter XVIII, [Stempel] 60–61 und XIX, [Stempel] 63, s. dazu unter anderem RI VIII 4313, 4385); 24 wohl zu 1368 unter XX, [Stempel] 65–87, und XXI, [Stempel] 89, s. dazu RI VIII 4622, 4650–4651, 4653–4657, 4659–4660, 4662–4664, 4666, 4675=7272b, 4678, 4687–4688, 4694, 4703–4705, 4695; 3 wohl zu 1369 unter XXII, [Stempel] 91–92 (wortgleiche Schreiben) und 94, s. dazu RI VIII 4776 und 4777 (beim Pergament mit der aufgestempelten Nr. 93 handelt es sich um einen wohl nachträglich angefügten Umschlag zu den Briefen mit den Nr. 91 und 92); 1 wohl zu 1371 unter XXIII, [Stempel] 96, s. dazu RI VIII 5013.

186 S. Mantua, Archivio di Stato di Mantova, Archivio Gonzaga, E II 2, b. 428, XXIV, [Stempel] 99.

187 S. Mantua, Archivio di Stato di Mantova, Archivio Gonzaga, E II 2, b. 428, XXV–XXIX, [Stempel] 101–102, 104, 106–109, 111, 113.

188 Mantua, Archivio di Stato di Mantova, Archivio Gonzaga, E II 2, b. 439, I, [Stempel] 7f. S. auch als Mittlerfigur zwischen Mantua und Prag die Briefe über bzw. von Andreas de Godio, der zuerst 1354 offenbar gegen den Willen der Gonzaga als Notar und als *familiaris nostri domestici* an Karls Hof gekommen sei, s. ebd., b. 438, XI, [Stempel] 31, s. RI VIII 6059, um dann wohl 1365 in einem extrem klein auf 10 mal 3,5 Zentimeter gefalteten Papierbrief an Mantua über seine Mission an den Kaiserhof zu berichten, s. ebd., b. 439, I, Nr. 13.

189 Mantua, Archivio di Stato di Mantova, Archivio Gonzaga, E II 3, b. 439, I., [Stempel] 19 und 20, beide wohl 1368.

mit dem norditalienischen Adel – auch Friedrich suchte für seinen erstgeborenen Sohn eine italienische Braut.[190] Im Archivio Gonzaga ist nun gleich zwei Mal wohl für das dritte Viertel des 14. Jahrhunderts belegt, dass er nach Italien auf Papier korrespondierte – und zwar auf deutsch.[191] Wenn man den Tecker nicht für einen deutschen Pionier des Papiergebrauchs halten will, so ist auch für sein Umfeld und damit auch für die Württemberger*innen nicht unwahrscheinlich, dass sie in dieser Zeit bereits papierne Briefe über den Alpenkamm verschickten.

Doch kommen wir wieder nach Mantua zurück: Es war natürlich nicht nur der schriftliche Kontakt zum Kaiserhof und seinem Umfeld, der nach der Jahrhundertmitte spürbar zunahm. Gerade die 1360er und 1370er Jahre scheinen in Mantua eine Katalysatorfunktion für die Schriftnutzung oder doch zumindest für ihre Archivierung gehabt zu haben: Für den „carteggio esterno" etwa sind im Findbuch von Alessandro Luzio 56 Archivschachteln gelistet, die Briefe bzw. Instruktionen an die für die Gonzaga tätigen Boten und Gesandten enthalten und deren Laufzeit in der zweiten Hälfte des 14. Jahrhunderts einsetzt, die also mindestens ein Dokument aus diesem Zeitraum überliefern.[192] Bei 27 dieser „buste" beginnt die Laufzeit in den 1360ern, bei 21 in den 1370er Jahren. Auffällig häufig, nämlich gleich 16 Mal, ist das Jahr 1366 als Auftakt der Laufzeit aufgeführt;[193] offen bleibt, ob es als Stichjahr zu interpretieren ist, ab dem die

---

190 Beim Briefeschreiber muss es sich um Friedrich III. von Teck-Owen handeln, wohl um 1320 geboren, seit 1346 dicht durch seine politischen Akivitäten in verschiedenen Diensten belegt, 1390 verstorben, s. Götz, Die Herzöge von Teck, 2009, 46 (Stammbaum), 58–70 (zu den biographischen Stationen, zugleich zum engen, auch konfliktreichen Verhältnis zu den Württembergern, an die der Tecker in seinen letzten Lebensjahren in finanzielle Not geraten Teile seiner Stammlande um die gleichnamige Burg endgültig verkaufen musste), 71–73 (zur italienischen Hochzeit von Friedrichs Sohn Konrad IV. mit Viridis d'Este).
191 Mantua, Archivio di Stato di Mantova, Archivio Gonzaga, E II 3, b. 439, I., [Stempel] 5, nicht näher datiert, und 30, wohl 1377. Noch mehr Schreiben legen nahe, dass man im Raum nördlich der Alpen auch allgemein im Adel schon Papier für die Korrespondenz nutzte. S. etwa Briefe eines *Reynaldus de Valkenberch*, ebd. I, [Stempel] 14, nicht näher datiert, eines *Johannes Comes et dominus Habspurgensis*, ebd. I., [Stempel] 24, wohl 1368, eines *Conradus de Rotenstang*, ebd. I., [Stempel] 27, wohl 1382, oder eines *Ulrich Truthng miles*, ebd. I., [Stempel] 28, Nürnberg 1380.
192 Nicht mit ausgezählt sind in dieser Aufstellung die „buste" mit Varia (unter anderem gedruckte Schriften), für die das Archivpersonal des 18. Jahrhunderts offenbar keinen anderen geeigneten Platz fand und die daher jeweils am Ende der Korrespondenzen zu einem bestimmten Ort in eigenen Archivschachteln eingegliedert wurden.
193 Luzio, L'Archivio Gonzaga di Mantova, Bd. 2, 1922/1993, führt das Jahr 1366 als Beginn der Laufzeit der „buste" 544 (aus Innsbruck und Graz, ebd. 287), 731 (aus Savoyen; ebd. 294), 839 (aus Rom; ebd. 301), 1066 (aus Pesaro und Urbino; ebd. 308), 1140 (aus Bologna; ebd. 311), 1227 (aus Ferrara; ebd. 313), 1305 (aus Sassuolo; ebd. 316), 1306 (von den Pio di Carpi; ebd. 316), 1313 (aus Correggio; ebd. 316), 1329 (von den Pico della Mirandola; ebd. 317), 1367 (aus Parma und Piacenza; ebd. 318), 1413 und 1414 (von den D'Arco Castelbarco e Lodrone; ebd. 320), 1591 (aus Padua; ebd. 326), 1595 (aus Verona; ebd. 326) und 1605 (aus Mailand; ebd. 327). Dazu kommt eine zweite „busta" 1594 mit den frühen Briefen der Scaligeri aus Verona an die Gonzaga, bei der als Laufzeit zuerst 1345, dann wieder ab 1366 angeführt

Gonzaga systematisch Gesandte nach nah und fern zu schicken begannen – oder aber als Zeitpunkt, ab dem diese Korrespondenzen systematisch aufgehoben wurden.[194]

Diese Beobachtungen werden bei einem Blick in den Briefwechsel der Gonzaga mit ihren Gefolgsleuten im Umland bestätigt. Dieser Bestand, zusammengestellt unter dem Titel „corrispondenza da Mantova e paesi" und nach den Schätzungen der einschlägigen Findmittel allein für das 14. Jahrhundert mehr als 10.000 Briefe stark,[195] setzt mit originalen Briefen schlagartig ebenfalls ab 1366 ein.[196] Erstaunlich ist die Fülle an (in der Regel männlichen) Korrespondenzpartnern, die uns aus diesem Schriftwechsel entgegentritt: ein Heer an lokalen Vikaren, Podestà oder Amtmännern, das von 98 Orten im Mantovano aus an die Zentrale berichtete, etwa über den Bau von Burgen, Türmen, Brücken, Dämmen, aber auch immer wieder über kriegerische Auseinandersetzungen, Zerstörungen oder Truppenbewegungen. Dabei war die Kommunikation aus den einzelnen Orten bzw. von den einzelnen Briefeschreibern sehr unterschiedlich dicht. Die Zahl der pro Absender erhaltenen Briefe variiert von ein bis drei über ein oder zwei Dutzend Schreiben bis hin zu vielen hundert Briefen. So enthalten die „buste" 2371 und 2372 mit dem Briefwechsel aus Borgoforte, etwas mehr als 10 Kilometer entfernt südwestlich von Mantua am Po gelegen, allein über 500 Briefe aus der Feder eines Omobuono di Negri, in denen er Luigi Gonzaga unter anderen auch vom Durchzug Francesco Petrarcas und anderer wichtiger Persönlichkeiten berichtete.

---

ist (ebd. 326). Auffällig ist, dass es sich bei der Hälfte dieser „buste" nicht um Briefe von auswärtigen Herrschaftsträgern an die Gonzaga handelt, sondern um Korrespondenzen der Gonzaga-Gesandten an die Zentrale in Mantua.

194 Ähnliche Beobachtungen lassen sich mit dem Blick in die Archivschachteln zu anderen Bereichen der Gonzaga-Korrespondenz treffen, etwa in die Selekte mit den Originalbriefen der Gonzaga, die vor allem mit dem Jahr 1368 beginnen, s. dazu Luzio, L'Archivio Gonzaga di Mantova, Bd. 2, 1922/1993, 341 zu Bestand F.II.6: Während „busta" 2092 nur vereinzelte datierte Briefe ab 1331 enthält und vor allem undatierte Stücke des 14. Jahrhunderts umfasst, ist für die „busta" 2093 die Laufzeit 1368 bis 1399 ausgewiesen. Ein zweites Beispiel bieten die „Minute della Cancelleria" in der Rubrik F.II.8, das heißt die Konzepte bzw. Entwürfe fürstlicher Schreiben aus der Kanzlei Mantuas, die mit einem Stück aus dem Jahr 1360 bzw. 1361 einsetzen, s. ebd., 60 mit der Jahresnennung 1360; 344 mit der Jahresnennung 1361 (zu den Problemen bei der heutigen Zusammensetzung des Bestands bzw. zu „Fehlern" in der Zuordnung s. ebd., 60–66; für eine Liste der Archivschachteln dieses Bestands insgesamt s. ebd., 344–349).

195 S. dazu Mantua, Archivio di Stato di Mantova, Archivio Gonzaga, handschriftliches Findbuch A.G.–F.1 Corrispondenza da Mantova e paesi, sec. XIV–1464 für den Bestand A.G. F II 8 (Urheberschaft unbekannt), das die Briefe einzeln mit Datierung, Lokalisierung, Briefsteller*in und Adressat*in aufführt. Da die Briefe keine zeitgenössischen, sondern höchstens in Teilen spätere Angaben zu ihrem Entstehungsjahr enthalten (s. ebd. 1), wurde der Bestand nur grob nach 14. und 15. Jahrhundert, dann innerhalb eines Jahrhunderts alphabetisch nach Provenienz, von A wie Asola und Aquanegra bis V wie Villimpente und Volta, unterteilt; insgesamt sind 98 Absender-Orte (inklusive Mantua) erfasst. Eine Spalte „N.o delle Lettere" teilt mit, wie viele Briefe jeweils eines Absenders zusammengefasst sind; auf Seite 28 sind sie für das 14. Jahrhundert auf insgesamt 10.111 Schreiben summiert. Diese Zahl müsste behutsam korrigiert werden angesichts der Korrekturen, die in das Register später eingetragen wurden, es kann sich nach meiner Schätzung jedoch höchstens um ein Dutzend Korrigenda handeln.

196 S. dazu Coniglio, Coppialettere e corrispondenza, 1969, 191–301.

Ohne dass alle betreffenden 19 „buste" systematisch durchgeschaut werden konnten, ist klar, dass diese Flut an Briefen auf Papier verfasst wurde. Papier liegt damit als zumindest eine, wenn nicht *die* zentrale Voraussetzung dafür auf der Hand, dass man sich im Mantua des späteren 14. Jahrhunderts mit der Welt in wachsendem Maße über das Medium des Briefes vernetzte. Und trotzdem stiegen nicht alle Korrespondierenden von Pergament auf Papier um. In das konservative Lager, das für seinen Briefverkehr weiterhin auf Tierhaut setzte, zählen die venezianischen Dogen. Die „busta" 1418, in der im 18. Jahrhundert die Briefe der Republik Venedig an die Fürsten von Mantua zusammengestellt wurden, enthält mit zwei Dokumenten wohl aus den Jahren 1337/1338 einsetzend ganz überwiegend Pergamentbriefe.[197] 134 Stücke sind in das 14. Jahrhundert zu datieren,[198] ein Dutzend stammt aus den 1350er Jahren, jeweils rund 50 aus den 1360er und 1370er Jahren, wohingegen der Briefwechsel aus den letzten beiden Jahrzehnten vor 1400 deutlich dünner dokumentiert ist.[199]

Nach der Verzeichnung von Stefano Davari gezählt handelt es sich bei 128 der 134 Stücke um Originalbriefe auf Tierhaut.[200] Ihre Botschaften sind auffällig kurz, der Text nimmt oft nur wenige Zeilen ein, in ihrem Protokoll sind sie stark formelhaft, trotzdem sparte man nicht am Beschreibstoff. Offensichtlich sollten die Briefe (trotz ihrer verschiedenen Größen) großzügig wirken. Vermutlich überbrachten die Boten mit ihnen weitere mündliche Nachrichten; in diesem Fall ließen sich die Briefe als Insignien der Boten verstehen, die deren Legitimität unterstreichen und die den Empfänger*innen schon stofflich sowohl den Respekt als auch den Rang der Absender*innen demonstrieren sollten. Für diese Deutung spricht auch die Vielzahl an Geleitbriefen, die sich unter den hier gesammelten Stücken erhalten haben.[201]

---

197 Mantua, Archivio di Stato di Mantova, Archivio Gonzaga, E XLV 2, b. 1418, die ältesten Stücke sind an zweiter und dritter Stelle zu finden unter [fasc.] 1. Diese Nummerierung (1–31) bezieht sich auf die papiernen Behelfe, mit denen das Archivpersonal des 18. Jahrhunderts die mittelalterlichen Dokumente innerhalb der „busta" jahresweise sortierte, manchmal ist auch ein ergänzendes Blatt mit Inhaltszusammenfassungen auf Latein aus derselben Zeit beigegeben. Die Zahl der zwischen die neuzeitlichen Blätter gelegten Archivalien beträgt zwischen 1 und 23, innerhalb dieser Einheit sind sie nicht weiter identifiziert.
198 S. dazu das von Stefano Davari handschriftlich geführte Findbuch im Archivio di Stato di Mantova, Lesesaal, A.G.–E.26 Indice della Repub. Venezia zum Bestand E XLV 1–6, zur „busta" 1418 s. besonders 9–26, zum Folgenden 7 und 26: Nach Davaris Liste ergibt sich in b. 1418 für die Zeit von 1336 bis 1397 eine Überlieferung von 128 Originalen auf Pergament. Auch danach bricht die Pergamentzeit in Venedig nicht ab: Für das 15. Jahrhundert ist nach Davari von etwa 390, für die Zeit von 1500 bis 1670 von über 450 Pergamentschreiben auszugehen. Insgesamt zählt Davari im Archivio Gonzaga 975 Schreiben auf Tierhaut aus Venedig.
199 S. zu den Problemen der Datierung schon oben mit Anm. 169.
200 S. das Findbuch von Stefano Davari im Archivio di Stato di Mantova, Lesesaal, A.G.–E.26 Indice della Repub. Venezia zum Bestand E XLV 1–6, 26.
201 „Lettere credentiales" sind zu finden zum Beispiel in Mantua, Archivio di Stato di Mantova, Archivio Gonzaga, E XLV 2, b. 1418, [fasc.] 1: 1 Brief, wohl 1338; [fasc.] 3: 1 Brief, wohl 1354; [fasc.] 7: 2 Briefe, beide wohl 1362; [fasc.] 9: 1 Brief, wohl 1364; [fasc.] 11: 2 Briefe, wohl 1366; [fasc.] 15: 1 Brief, wohl 1370; [fasc.] 20: 2 Briefe, wohl 1374.

Auch weitere materielle Beobachtungen passen zu dieser Deutung: Zum einen ist die Qualität des Beschreibstoffs zu nennen, der auf der Vorderseite in der Regel sorgfältig geweißt erscheint. Selbst die Rückseiten der Pergamente mit der Adresszeile und oft auch späteren Archivvermerken, bei denen die Poren und die ursprüngliche gelblich-bräunliche Farbe der Tierhäute noch durchscheinen, sind meist fein bearbeitet.[202] Zweitens sind die hängenden Siegel anzuführen, die die Briefe einst verschlossen haben müssen. In der „busta" 1418 hat sich immerhin ein Beispiel dafür erhalten;[203] bei den anderen Dokumenten sind die kreuzförmigen Einschnitte ins Pergament zu erkennen, die zur Befestigung der Siegel dienten. Um den Brief zu öffnen, schnitt man das Siegel nicht ab, das offenbar als Herrschaftszeichen am Brief bleiben sollte; auch die Schnüre sollten deshalb wohl nicht beschädigt werden, stattdessen schnitten die Empfänger so in das Pergament hinein, dass sich die Briefe ohne eine Beeinträchtigung der Siegel öffnen ließen.[204] Das Verschlusssiegel war jedoch zum Teil nicht das einzige Beglaubigungsmittel: Offenbar waren in Teilen sogar zusätzlich auf manchen Dokumenten aufgedrückte Wachssiegel angebracht. Die roten Wachsbatzen waren dazu nicht nur auf das Pergament gedrückt, sondern zusätzlich mit Presseln befestigt worden, die durch Schlitze im Blatt hindurch gezogen wurden – auch diese schmalen Streifen waren aus Pergament geschnitten.[205]

Natürlich kannten die Schreiber im Dienst des Dogen im 14. Jahrhundert schon Papier. Ein unscheinbares Beispiel dafür findet sich in der „busta" 1418 im Zusammenhang mit den Siegeln aus Wachs: Der Siegelabdruck erfolgte nämlich nicht direkt in das Wachs, sondern – wie oben bereits an einem Württemberger Beispiel beschrieben – auf ein Stückchen Papier.[206] Auch zum Schreiben wurde Papier ebenso selbst-

---

202 In einem Beispiel sind auf der Pergamentrückseite sogar noch kleinere schwarze Haarbüschel sichtbar, s. Mantua, Archivio di Stato di Mantova, Archivio Gonzaga, E XLV 2, b. 1418, erstes Dokument unter [fasc.] 3. Wie stark die Pergamente trotzdem in Größe, Dicke und Qualität abweichen konnten, zeigt sich etwa an den zwölf unter [fasc.] 20 versammelten Briefen, obwohl sie alle im selben Jahr 1375 entstanden.
203 Mantua, Archivio di Stato di Mantova, Archivio Gonzaga, E XLV 2, b. 1418: Reste eines ursprünglich anhängenden Siegels in roter Farbe, in das noch Teile des Hanffadens eingebracht sind, haben sich lose zum dritten Brief unter [fasc.] 4 (zu datieren auf 1355) erhalten. Reste der Schnüre ohne Siegel finden sich noch bei einem Dokument unter [fasc.] 20 (zu datieren auf 1375).
204 Die originale Faltung der Briefe war erstaunlich einheitlich gestaltet: Beide Längsränder wurden eingeklappt, bevor das Stück in der Mitte geknickt wurde. Da der Brief beim Öffnen eingeschnitten wurde, solange er noch gefaltet war, ist der Schnitt im aufgefalteten Pergament gleich vierfach zu finden. Diese Schnitte sind an der Seite der eingeklappten Ränder situiert; hier waren also ursprünglich die Verschlussschnüre angebracht.
205 Detaillierte Darstellungen der verschiedenen Techniken zum Verschluss spätmittelalterlicher Briefe durch Siegel und Pressel mit Beispielen aus der Varsberg-Korrespondenz der Elisabeth von Nassau-Saarbrücken 1432 bis 1434 bietet Jochen Herold, Quellenkundlicher und historischer Kommentar, 2002, 206–208.
206 Mantua, Archivio di Stato di Mantova, Archivio Gonzaga, E XLV 2, b. 1418, [fasc.] 30 (heute eingeordnet zwischen 4 und 5): quadratisches Siegel, etwa 1,2 mal 1,2 Zentimeter, das eine stehende

verständlich wie anderswo eingesetzt, wie sich in der Mantuaner „busta" 1418 an verschiedenen Belegen zeigen lässt: So hat sich unter den Dokumenten, die wohl auf 1369 zu datieren sind, ein Papierzettel erhalten, der nicht als Brief anzusprechen ist, sondern auf dem ein Schlachtenbericht notiert wurde. Offenbar war er einst klein gefaltet in den heute nach ihm einsortierten Pergamentbrief eingelegt: Zusammen gefaltet passt das Papierstück in der Tat genau in diesen Brief hinein und an seinem linken, schmalen Rand finden sich zur Bestätigung die gleichen Kreuzschnitte für die Befestigung des einst anhängenden Siegels wie auf dem Pergament.[207] Dass dies kein Sonderfall war, zeigt ein weiteres Dokument wohl aus dem selben Jahr: Im pergamentenen Brief mit dem Tagesdatum 25. Juni ist die Rede von einem *exemplum [...] int[er] clusum*, das Andrea Dandolo den Gonzaga mitschicke – dieses Insert ist allerdings verloren gegangen.[208]

Andere Beispiele finden sich eingeordnet unter das Jahr 1370: Hier wird ein pergamentener Brief zugunsten des Weinhändlers Angelo Bagnagatta aus Chioggia flankiert von einer Papierkladde und zwei Papierblättern mit Abschriften bzw. Konzepten anderer Schreiben in denselben Angelegenheiten.[209] Zu 1381 ist eine weitere Kopie eines Briefes erhalten.[210] Umso stärker sticht ins Auge, dass sich in der umfangreichen „busta" 1418 mit der Korrespondenz der Dogen nur zwei originale Briefe auf Papier erhalten haben:[211] Der ältere steckt in einem Konvolut von acht Dokumenten, vom Archivpersonal des 18. Jahrhunderts auf 1379 datiert, die Andrea Contareno an Ludovico Gonzaga schrieb.[212] Bei sieben von ihnen handelt es sich um Pergamentbriefe.

Person in langen Kleidern zeigt. Die Rippen des Papiers scheinen durch, ein Wasserzeichen ist nicht zu erkennen.
207 Mantua, Archivio di Stato di Mantova, Archivio Gonzaga, E XLV 2, b. 1418, [fasc.] 14, zu datieren auf 1369; der Schlachtenbericht auf Papier und der ihn einst umfassende Brief auf Pergament, der auch inhaltlich auf den Bericht Bezug nimmt, sind heute einsortiert an dritter und vierter Stelle. Die Schreiberhand könnte in beiden Dokumenten dieselbe sein. S. dazu das von Stefano Davari handschriftlich geführte Findbuch in ebd., Lesesaal, A.G.–E.26 Indice della Repub. Venezia zum Bestand E XLV 1–6, hier 68.
208 Mantua, Archivio di Stato di Mantova, Archivio Gonzaga, E XLV 2, b. 1418, [fasc.] 14, zu datieren auf 1369, hier Dokument mit dem Tagesdatum 25. Juni, geschickt von Andreas Dandulo an Guido, Filippino und Feltrino.
209 Mantua, Archivio di Stato di Mantova, Archivio Gonzaga, E XLV 2, b. 1418, [fasc.] 15, wohl 1370. S. dazu das von Stefano Davari handschriftlich geführte Findbuch in ebd., Lesesaal, A.G.–E.26 Indice della Repub. Venezia zum Bestand E XLV 1–6, hier 69f.
210 Mantua, Archivio di Stato di Mantova, Archivio Gonzaga, E XLV 2, b. 1418, [fasc.] 26: papierne Kopie eines Briefes, an zweiter Stelle einsortiert, wohl 1381.
211 S. dazu knapp das von Stefano Davari handschriftlich geführte Findbuch im Archivio di Stato di Mantova, Lesesaal, A.G.–E.26 Indice della Repub. Venezia zum Bestand E XLV 1–6, 72f.
212 Mantua, Archivio di Stato di Mantova, Archivio Gonzaga, E XLV 2, b. 1418, [fasc.] 24, wohl 1379. Der an letzter Stelle einsortierte Papierbrief misst 22 mal 29,5 Zentimeter und war einst quadratisch auf 11,5 mal 11,5 Zentimeter gefaltet nach der üblichen Technik für Papierbriefe, wie sie sich in den Mantuaner Beständen sehr häufig nachweisen lässt. Ursprünglich war er mit rotem Wachs besiegelt, das noch in Resten erkennbar ist. Zwei Schlitze im Papier zeigen, dass an den Brief ursprünglich ein

Der auf sie folgende papierne Brief mit dem Tagesdatum 28. Dezember ist der einzige, der nicht im Palazzo Ducale in Venedig, sondern *in obsidione hostes Clugie*, das heißt im Feld vor Chioggia ausgestellt wurde und über die jüngsten Kriegsereignisse berichtet. Offenbar war die Wahl des Beschreibstoffes der improvisierten Situation im Feld geschuldet, zugleich weist der Brief ein mit *e[t]c[etera]* verkürztes Formular im Protokoll auf und erscheint rascher geschrieben als die pergamentenen Vergleichsbeispiele. Es war also eine Ausnahmesituation, die den Dogen zum Verzicht auf die sonst übliche Tierhaut bei seiner Korrespondenz bewog. Diese Befunde bestätigen sich beim Blick auf den zweiten Papierbrief des Dogen in „busta" 1418, der an einem 12. Juni wohl des Jahres 1380 wieder vor Chioggia ausgefertigt wurde.[213]

Mit ihrem Beharren auf Pergament für ihre Korrespondenz standen die venezianischen Dogen im 14. Jahrhundert und darüber hinaus nicht allein.[214] Auch die Päpste korrespondierten weiter auf Tierhaut, wie sich in Mantua an der „busta" 833 mit der frühen, ab 1198 einsetzenden Überlieferung von Litterae und Breven aus Rom zeigen lässt. Bis in die 1370er Jahre sind alle Dokumente in dieser „busta" auf Pergament überliefert.[215] Wohl zum Jahr 1378, das heißt nach Ausbruch des so genannten „Abendländischen Schismas", findet sich der erste kuriale Originalbrief auf Papier; er ist bezeichnenderweise ausgestellt in Avignon durch den französischen Papst Clemens VII., während sein römischer Kontrahent Urban VI. im selben Jahr für seine drei Schreiben nach Mantua Pergament verwenden ließ.[216]

Ein zweiter päpstlicher Originalbrief auf Papier in dieser „busta" folgt erst nach Urbans Tod im Jahr 1389: Mit ihm wird durch die Kardinäle die Wahl von Urbans Nachfolger Bonifatius IX. angekündigt.[217] Auch er läutete freilich keinen Umbruch ein; für das Jahrzehnt ab 1390 haben sich noch einmal sechs Schreiben aus der Kurie nach Mantua erhalten, keines von ihnen steht auf Papier.[218] Anders als bei den Schreiben aus Venedig wird an ihnen freilich beispielhaft deutlich, dass man sich in der Kurie durchaus zu Sparsamkeit gezwungen sah. Auch wenn man feines, von beiden Seiten

---

zusätzliches Verschlusssiegel nach dem oben geschilderten Prozedere angebracht war. Ob man für die Pressel Papier- oder Pergamentstreifen verwendete, ist nicht mehr nachvollziehbar.

213 Mantua, Archivio di Stato di Mantova, Archivio Gonzaga, E XLV 2, b. 1418, [fasc.] 25, wohl 1380. Anders als die Pergamentbriefe war das Schriftstück ursprünglich ebenfalls nach dem für Papierbriefe üblichen Schema quadratisch gefaltet. Hier ist das aufgedrückte Wachssiegel sogar vollständig mit Papierdecke und papiernen Presseln, die durch den Schnitt gezogen wurden, erhalten.
214 S. dazu oben Anm. 198.
215 Mantua, Archivio di Stato di Mantova, Archivio Gonzaga, E XXV 2, b. 833. Zu 1374 finden sich unter Nr. XVII neben acht pergamentenen Litterae auch drei Briefe auf Papier zusammengestellt, wobei es sich bei Letzteren jedoch um Kopien handelt.
216 Mantua, Archivio di Stato di Mantova, Archivio Gonzaga, E XXV 2, b. 833, Nr. XIX (Brief auf Papier von Clemens VII.) und Nr. XX (drei Schreiben von Urban VI. auf Pergament), alle wohl 1378.
217 Mantua, Archivio di Stato di Mantova, Archivio Gonzaga, E XXV 2, b. 833, Nr. XXIV.
218 Mantua, Archivio di Stato di Mantova, Archivio Gonzaga, E XXV 2, b. 833, Nr. XXV (wohl 1390, ein Dokument), XXVI (wohl 1392/93, zwei Dokumente), XXVII (wohl 1395, ein Dokument), XVIII (s. d., ein Dokument), XIX (1397, ein Dokument), alle auf Pergament.

behandeltes Pergament verwendete, so sind doch die geradezu winzigen Formate auffällig: So ist eine wohl ins Jahr 1390 zu datierende päpstliche Breve zwar 25 Zentimeter breit, aber nur vier Zentimeter hoch; zusammengefaltet maß sie 6,5 auf 1,5 Zentimeter, so dass auf ihren Rücken nur noch mit Mühe die Adresse und das rote Siegel passten.[219]

Kommen wir zu einem knappen Fazit über den Papiergebrauch, den wir für das Mantua des Trecento feststellen können: Bis in das erste Viertel des 14. Jahrhunderts ist die Papiernutzung in der Überlieferung des Archivio Gonzaga nur punktuell zu greifen. Eine erste Verdichtung ist in den 1330er Jahren, das heißt dem ersten Jahrzehnt nach dem Putsch der Gonzaga zu fassen; in Verbindung zu bringen ist dieser Befund vermutlich auch mit einer ingesamt dichteren Überlieferung nach ihrer Machtübernahme. Neben den hier vorgestellten Stücken sind auch in anderen Archivschachteln des Archivio Gonzaga wohl noch Papierfunde zu vermuten; so hat etwa der Wasserzeichenforscher Gerhard Piccard für seine Sammlung zwei auf 1331 datierte Stücke mit dem Wasserzeichen Glocke in der „busta" 1599 eingesehen und abgezeichnet, die von Papieren aus dem Briefwechsel der Gonzaga mit Brescia stammen.[220]

Ab dem dritten Viertel des 14. Jahrhunderts wird der Papiergebrauch in Mantua sehr viel stärker fassbar. Auch hier lohnt ein Blick auf die Papiere, die Piccard in Mantua in die Hände fielen: Insgesamt hat er für seine Arbeit im Archivio Gonzaga mindestens in 39 „buste" recherchiert;[221] dabei erfasste er natürlich nie alle Papiere, sondern lediglich solche, die sich sowohl eindeutig datieren lassen als auch ein Wasserzeichen enthalten. Trotz der daraus resultierenden Verzerrungen lässt seine Arbeit den erheblichen Anstieg der Papiernutzung in der zweiten Hälfte des 14. Jahrhunderts erahnen: Für das Jahrzehnt zwischen 1350 und 1359 hat er (bis auf eine Ausnahme aus einer einzigen „busta") immerhin 13 Papiere für die Abzeichnung von insgesamt

---

[219] Mantua, Archivio di Stato di Mantova, Archivio Gonzaga, E XXV 2, b. 833, Nr. XXV, wohl 1390. Ein zweites Stück ebd., Nr. XXVI, das wohl in die Jahre 1392/93 gehört, bringt es auf eine Breite von 23 und eine Höhe von 3,8 Zentimetern, im zusammengefalteten Zustand maß es 11,5 mal 1,5 Zentimetern.
[220] Piccard online unter URL: https://www.piccard-online.de (Stand: 10.03.2023), Nr. 40590 und 40665. Die Suche in der Datenbank mit dem Stichwort „Gonzaga" ergab insgesamt 1103 Treffer zu Wasserzeichen aus Papieren vor allem des 14. und 15., seltener jedoch auch des 16. und 17. Jahrhunderts.
[221] Es handelt sich nach den Angaben von Piccard online um folgende „buste": Archivio di Stato di Mantova, Archivio Gonzaga, b. 217, 439, 531, 605, 657, 669, 729, 757, 805, 839, 1075, 1085, 1099, 1139, 1140, 1180, 1196, 1227, 1288, 1306, 1329, 1337, 1430, 1431, 1580, 1590, 1591, 1595, 1598, 1599, 1603, 1604, 1605, 1606, 1609, 1618, 1619, 2093, 2184. Die Zahl der von Piccard aus diesen Archiveinheiten jeweils bearbeiteten Papiere variiert stark, von einem (etwa b. 217) bis hin zu 30 bis 40 Dokumenten (etwa in b. 1430 oder 1329).
Nicht näher überprüft wurde für die vorliegende Arbeit, dass immerhin neun der gelisteten „buste" nach den Angaben bei Torelli, L'Archivio Gonzaga, 1920/1988, Archivalien mit Laufzeiten enthalten, die zum Teil deutlich nach dem Stichjahr 1400 liegen; es handelt sich um Briefe aus b. 605, 657, 669, 1075, 1196, 1337, 1580, 1609 und 1618. Bis auf zwei Ausnahmen kommt aus diesen „buste" jedoch jeweils höchstens ein Wasserzeichen-Beleg, so dass man davon ausgehen muss, dass in sie auch ältere Stücke „gerutscht" sein können.

acht unterschiedlichen Wasserzeichen ausgewählt.[222] Dann allerdings ist ein gewaltiger Ausschlag nach oben festzustellen: Für das Jahrzehnt zwischen 1360 bis 1369 hat Piccard aus insgesamt 19 „buste" des Archivio Gonzaga insgesamt 61 Wasserzeichen abgenommen, dazu verweist er – die identischen Stücke einbezogen – auf 66 Papiere.[223] Im Vergleich zum vorangehenden Jahrzehnt bedeutet dies eine Verfünffachung der bearbeiteten Stücke.

Der Höhepunkt wird in den 1370er Jahren mit 169 erfassten Wasserzeichen aus Mantua in der Datenbank erreicht; Piccard hat sie auf insgesamt 177 Blättern nachgewiesen.[224] Es steht zu vermuten, dass es noch mehr Papiere mit identischen Wasserzeichen zum Abpausen gegeben hätte – in der Fülle des Materials, aus dem er nun wählen konnte, wird Piccard darauf jedoch verzichtet haben. Das ist auch der Grund, weshalb die stark sinkenden Zahlen, die für die nächsten beiden Jahrzehnte aus der Datenbank zu erheben sind, sicher nicht mehr aussagekräftig sind.[225]

---

222 Piccard online unter URL: https://www.piccard-online.de (Stand: 10.03.2023), Nr. 81570, 81571 (insgesamt drei Papiere mit identischem Wasserzeichen und identischer Datierung), 81572, 81578, 81583 (insgesamt vier Papiere mit identischem Wasserzeichen und identischer Datierung), 21792, 21793 und 21794. Bis auf das hier erstgenannte Wasserzeichen Nr. 81570, das von einem Papier aus Mantua, Archivio di Stato di Mantova, Archivio Gonzaga, b. 1329 abgezeichnet wurde, stammen alle anderen Abzeichnungen aus ebd., b. 1603, in der Briefe der Signori von Mailand an die Gonzaga zwischen 1358 und 1362 verwahrt werden.

223 Piccard online unter URL: https://www.piccard-online.de (Stand: 10.03.2023), Nr. 21814, 21818, 21822, 21840, 21854, 21858, 21859, 21861, 21890, 21909, 21914, 22403, 22582, 22585, 22589, 22599, 22602, 22604, 22605, 22606, 22722, 22749, 22762, 22763, 22890, 22901, 22902, 22904, 22911, 22914, 40661, 40957, 67191, 67193, 67689, 67690, 67691, 67692, 67693, 81516, 81517, 81518, 81529, 81531, 81532, 81533, 81573, 81574, 81575, 81577, 81581, 81582, 81584, 81585, 81586, 86346, 119354, 122263, 126394, 126406 und 150666. Die aufgeführten Wasserzeichen stammen von Blättern aus den folgenden Beständen des Archivio di Stato di Mantova, Archivio Gonzaga: b. 439, 1085, 1099, 1139, 1140, 1180, 1227, 1329, 1430, 1591, 1595, 1599, 1603, 1604, 1605, 1609, 1618, 1619 und 2184.

224 Piccard online unter URL: https://www.piccard-online.de (Stand: 10.03.2023), Nr. 21816f., 21819f., 21823, 21829, 21832, 21835f., 21838, 21841, 21843f., 21853, 21855, 21860, 21866f., 21877, 21880, 21895f., 21897, 21899, 21907, 21911, 21915, 22454, 22493, 22514, 22576, 22578, 22583f., 22586–22588, 22590, 22592, 22597f., 22603, 22640, 22648, 22723, 22730, 22738–22742, 22744–22747, 22750, 22754f., 22755, 22760f., 22766f., 22772f., 22775, 22781f., 22785, 22788f., 22791, 22793, 22831f., 22835, 22841, 22844f., 22852, 22856f., 22876–22881, 22884–22886, 22888, 22905, 22912f., 22916, 22920, 22922, 31880, 31883, 40591, 40597f., 40600, 40940, 42117, 42331, 56113, 64355f., 64435, 66804, 66831f., 66864f., 66892, 66896f., 66903f., 66906, 66935, 66937f., 67176f., 67192, 67247, 67283, 67656, 67660–67662, 67676f., 67782, 67791, 78991, 79510, 106507, 119355, 119487, 119493–119496, 119598, 119809, 119858f., 119861f., 119864f., 119971, 120039–120043, 120047f., 120051, 120485f., 123569f., 126405 und 150820. Die aufgeführten Wasserzeichen stammen aus insgesamt 25 Archivschachteln des Archivio di Stato di Mantova, Archivio Gonzaga: b. 605, 657, 729, 805, 1085, 1099, 1140, 1180, 1196, 1227, 1288, 1329, 1337, 1430, 1590, 1591, 1595, 1598, 1599, 1603, 1605, 1606, 1619, 2093 und 2184.

225 Die Auszählung der Treffer aus der Datenbank „Piccard Online" hat für die 1380er Jahre 88 unterscheidbare Wasserzeichen (das heißt mit eigener Nummer) ergeben, für die Piccard mindestens 95 Papiere aus folgenden „buste" des Archivio di Stato di Mantova, Archivio Gonzaga, in den Händen hielt: b. 669, 757, 805, 1085, 1099, 1139, 1140, 1288, 1306, 1329, 1430, 1431, 1590, 1595, 1599, 1606, 1619,

Aufschlussreicher sind inhaltliche Beobachtungen, welche Bestände des Archivio Gonzaga Piccard für seine Arbeiten durchsah: 38 der 39 Archivschachteln, aus denen er Wasserzeichen des 14. Jahrhunderts abpauste, sind mit Korrespondenzen gefüllt! Acht Wasserzeichen hat Piccard in den „Minute della Cancelleria", den Briefkonzepten, die ab 1360 aus der Kanzlei erhalten sind und bis 1399 eine „busta" mit der Nummer 2184 füllen, abgenommen.[226] Weitere 14 Wasserzeichen stammen aus der „busta" 2093, die Originalbriefe der Gonzaga zwischen 1331 und 1383 zusammenstellt. Die große Mehrzahl der Wasserzeichen kommt von Briefen, die Mantua aus der italienischen Städtelandschaft erreichten: Bei 84 Zeichen wurde Piccard in den Schachteln zu Mailand fündig, bei 41 Zeichen in denjenigen zu Mirandola (bei Modena gelegen). Immerhin zwischen 31 und 40 neue Wasserzeichen fand Piccard in den „buste" zu Verona, Ferrara, Venedig und Bologna, zwischen zehn und 20 in den „buste" zu Modena, Florenz, Genua und Brescia, zwischen einem und acht aus den „buste" zu Rom, Neapel, Carpi (bei Modena) und Padua.

De facto wurden natürlich nicht alle Briefe in derjenigen Stadt oder Landschaft abgeschickt, der sie bei den Verzeichnisarbeiten des 18. Jahrhunderts zugeordnet wurden. Ein Blick in die von Piccard aufgenommenen Herkunftsorte der Papiere macht die Zahl der auf Papier mit Mantua kommunizierenden Orte noch einmal größer: So fand Piccard in den Archivschachteln zu Mailand auch papierne Post aus Cremona, Desio (eine Gemeinde bei Monza), Melegnano (unweit von Mailand), Pandino (bei Cremona), Parma und Pavia. Insbesondere das näher an Mantua als an Mailand gelegene Cremona sticht dabei als Absendeort hervor, obwohl ihm im 18. Jahrhundert keine eigene „busta" zugebilligt wurde: Bei gleich 37 Wasserzeichen, die Piccard auf Briefen in den Mailänder Archivschachteln abnahm, hat er die Herkunft Cremona notiert.[227]

Ähnliche Ergebnisse lassen sich beim Blick in die Archivschachteln zu Venedig feststellen, in denen Piccard auch Briefe aus Bergamo, Oriano nel Vicentino, Treviso, Udine und Vincenza benutzte. Bei immerhin 26 Wasserzeichen notierte Piccard als Herkunft der Schriftstücke jedoch die Lagunenstadt selbst – das scheint auf den ersten Blick ungewöhnlich angesichts der oben geschilderten Praxis der Dogen, Pergament für ihre Korrespondenzen zu bevorzugen. Beide Archivschachteln, aus denen die Papierbriefe stammen, enthalten jedoch keine Post aus dem Palazzo Ducale, sondern solche von Gesandten und „Verschiedenen", wie die Bezeichnungen der „buste"

2093 und 2184. Für das letzte Jahrzehnt des 14. Jahrhunderts hat Piccard aus den Mantuaner Beständen 41 unterscheidbare Wasserzeichen in seine Sammlung aufgenommen, zu denen er sieben Dubletten notierte, das heißt, für die er mindestens 48 Papiere aus folgenden „buste" abzeichnete: ebd., b. 531, 657, 669, 757, 839, 1075, 1099, 1140, 1180, 1306, 1430, 1580, 1591, 2093 und 2184.

226 S. dazu schon oben Anm. 194.

227 Für Mailand schnurrt die Zahl bei Piccard damit auf 48 statt der oben genannten 84 Belege zusammen. Diese Beobachtungen lassen sich auch für andere Archivschachteln weiterführen: In den „buste" zu Florenz zeichnete Piccard Wasserzeichen auch aus Briefen aus Cortona, Lucca, Pisa und Siena ab, in den „buste" zu Venedig arbeitete er auch mit Briefen aus Bergamo, Oriano nel Vicentino, Treviso, Udine und Vicenza, usw.

erklären. „Andere" Briefschreiber*innen aus der Lagunenstadt waren sich also keinesfalls zu schade, auf Papier zu kommunizieren – denkbar ist natürlich auch, dass ihnen die Verwendung von Pergament nicht erlaubt war. Leider haben sich im Mantuaner Kontext keine expliziten Äußerungen erhalten, die einen Hinweis darauf geben würden, welche Vermutung eher zutrifft.[228]

Die häufige Unterstellung der modernen Forschung, eine höhere Alterungsbeständigkeit der Pergamente sei der entscheidende Grund für die Wahl der Tierhaut, kann aus der Autopsie der Briefe im ‚Archivio Gonzaga' nicht zwingend bestätigt werden. Deutliche Unterschiede im Erhaltungszustand von Pergamenten und Papieren sind auch nach über 600 Jahren nicht zu erkennen. Vielmehr sind – nimmt man die Pergamentbriefe aus dem Dogenpalast in den Blick – auch dort unvermeidliche Schäden zu finden, etwa Fraßspuren und die Überreste von Insekten und Spinnweben ebenso wie Wasserschäden, so dass die einst zum Weißen verwendete Kreide heute die Tinte überdeckt und die Schrift daher nur noch schwer lesbar ist.[229]

Papier und Pergament im Württemberg des 15. Jahrhunderts

Springen wir ins 15. Jahrhundert und damit in eine Zeit, die allgemein für ihre massiv anschwellende Schriftüberlieferung bekannt ist. Dies gilt auch für Württemberg, wie ein Blick in die Statistiken zum Bestand A 602 zeigt. Ungewöhnlicher mag die Verteilung von Papier und Pergament in dieser Schriftlichkeit erscheinen: Wie die Graphik B.1.1 illustriert, ging auch im 15. Jahrhundert das Pergamentzeitalter nicht einfach zu Ende, wenngleich sowohl das Gesamt an Schriftlichkeit als auch der Anteil des Papiers daran ungeahnte Höhen erreichte. Bis zur Mitte des Jahrhunderts blieb das Pergament der dominante Beschreibstoff. Erst danach sind zumindest für zwei Jahrzehnte mehr Papiere als Pergamente in A 602 überliefert, bevor sich das Schriftvolumen insgesamt verringerte.

Schauen wir uns in einem zweiten Schritt näher an, ob die für das 14. Jahrhundert konstatierte Skepsis gegenüber der Rechtskraft von papiernen Dokumenten bestehen blieb: Wenn man den Papierbestand weiter nach Ausfertigungen, Abschriften und Entwürfen differenziert (Graphik B.1.4), scheint sich anfangs zwar ein mentaler Wandel anzubahnen. Das starke Anschwellen papierner Dokumente ab 1450 ist nämlich

---

228 S. dazu in Kap. B.3 (mit Kasten B.3.5) ein Mailänder Beispiel von 1468, das die intensiven Beratungen am herzoglichen Hof Galeazzo Maria Sforzas um die Wahl des Beschreibstoffs für seine Korrespondenzen spiegelt.

229 Mantua, Archivio di Stato di Mantova, Archivio Gonzaga, E XLV 2, b. 1418, [fasc.] 1, erstes Dokument, wohl zwischen 1343 und 1354, [fasc.] 10, drittes Dokument, wohl 1365, [fasc.] 31, einziges Dokument, wohl 1397, mit starken Beschädigungen entlang der ursprünglichen Ränder, eventuell Fraßspuren. Auf dem zweiten Dokument unter ebd. [fasc.] 26, wohl 1381, Reste von Insekten und Spinnweben; der Befall hat offensichtlich stärkere Zerstörung im Bereich der Schrift durch Löcher bewirkt. Für die oben geschilderten Wasserschäden s. drei Briefe unter ebd., [fasc.] 3, wohl 1354.

vor allem auf Ausfertigungen zurückzuführen. Spätestens ab den 1480er Jahren gehen sie jedoch ebenso stark wieder zurück. Ein Blick in die Überblicksgraphik B.1.1 zeigt: Während die Gesamtlinie für Papier schon ab den 1470er Jahren sinkt, steigt der Pergamentverbrauch zuerst noch und fällt später auch nicht so stark ab wie die Papierlinie. Der Rückgang der Schriftlichkeit ist also – ganz anders, als man das erwarten würde – vorrangig durch das Papier verursacht.

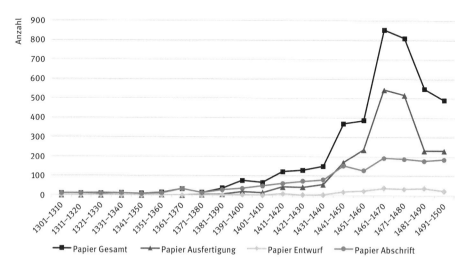

Graphik B.1.4: Papier im Selektbestand A 602 im Zeitraum 1301 bis 1500, differenziert nach Ausfertigungen, Entwürfen und Abschriften

Nur exemplarisch kann für diese Zeit noch kontrolliert werden, wie gleichmäßig sich das Verhältnis von Papier und Pergament in den einzelnen Teilbeständen des württembergischen Archivs verteilte. Auffällig ist, dass sich die skizzierten Entwicklungen auch in einigen der großen Membra widerspiegeln: Unter der Rubrik „Der Herrschaft Feinde", die heute insgesamt 151 Einheiten umfasst, die ältesten aus dem Jahr 1381, die jüngsten von 1499, etwa stehen 70 Prozent dieser Einheiten auf Papier. Dabei ist die Zahl der papiernen Ausfertigungen deutlich größer als die der Kopien und Entwürfe. Schauen wir auf die chronologische Entwicklung, entfallen anfangs auf jedes Jahrzehnt nur unter fünf Archivalien, bevor es in den 1420er Jahren zu einem ersten Anstieg kommt, der von Ausfertigungen auf Papier verursacht wird. Der Kulminationspunkt wird mit bis zu 40 Einheiten pro Jahrzehnt in den 1460er Jahren erreicht: Auch dieser Anstieg fand vor allem auf Papier statt, anfangs durch eine verstärkte Kopiertätigkeit, dann durch eine rapide Zunahme von Papierausfertigungen. Danach jedoch sinken die Zahlen parallel sowohl für den Gesamt- als auch für den Papierbestand. Die Entwicklungslinie in „Der Herrschaft Feinde" scheint damit den oben skizzierten Gesamtprozess sogar noch um zwei Jahrzehnte vorzuverlegen.

Ähnliches ist für ein zweites Membrum, die Rubrik „Städtebündnisse" festzustellen, die mit 576 Titeln zu einer der größten zählt und zugleich mit der ältesten Archivalie von 1307 und der jüngsten aus dem Jahr 1495 über fast zwei Jahrhunderte reicht. Bis etwa 1370 sind darin nur wenige Archivalien versammelt, pro Jahrzehnt nicht einmal zehn Einheiten. Ab 1370 dagegen steigt die Zahl merklich an, zwar mit vorübergehenden Einbrüchen, aber doch so stark, dass in den 1420er Jahren erstmals 60 Titel pro Jahrzehnt, in den 1460er Jahren schließlich sogar fast 120 Titel pro Jahrzehnt gezählt werden können. Dieser Anstieg ist klar durch das Papier bedingt: Ein zunehmend großer Teil, um 1460 immerhin 80 Titel pro Jahrzehnt, sind auf Papier verfasst. Auf dem Höhepunkt dieser Entwicklung um 1460 halten sich dabei papierne Abschriften und papierne Ausfertigungen ungefähr die Waage. Ab den siebziger Jahren bricht die Zahl an Dokumenten dagegen stark ein; jetzt nimmt der Bestand offenbar nur noch ganz wenige Stücke auf, diese sind dann wieder auf Pergament geschrieben.

Fragen wir im 15. Jahrhundert nach den politischen Rahmenbedingungen, die als Ursachen für diese Entwicklungskurve herangezogen werden können,[230] so mag man sich für den anfänglich starken Anstieg an archivierter Schriftlichkeit mit dem allgemeinen Befund begnügen, dass sich die deutschen Fürstentümer in diesen Jahrzehnten von der althergebrachten Adelsherrschaft in frühneuzeitliche Territorialstaaten verwandelten. In wachsender Schlagzahl an diese Herrschaften herangetragene neue Aufgaben in der Rechtspflege, der Finanzverwaltung, in Handel und Verkehr, führten dazu – wie Thomas Fritz in seiner Monographie über den Württemberger Ulrich V. formuliert hat –, „die Auffassung vom persönlichen, patrimonial geprägten Regiment des Fürsten zu einer versachlichten und entpersonalisierten Sicht von Herrschaft weiterzuentwickeln. Aus den ‚Ländern', dem persönlichen Hausbesitz des Fürsten und seiner Familie, entwickelte sich das ‚Land' als eine eigenständige Größe, das von den Ständen repräsentiert, aber auch von den Amtleuten und Räten mitgetragen und nicht mehr nur allein von der Person des Fürsten zusammengehalten wurde."[231]

Es liegt nahe, der Schriftlichkeit eine besondere Bedeutung für diese Entwicklungen zuzubilligen. Griffige Beispiele dafür sind etwa die um 1422 während der „Herrschaft der Räte" entstandene *Ordnung, wie man die Rechnung tun und die pfrunden und ander trefflich sach furnemen sol*, die einheitliche Arbeitsgrundlagen für alle am Regiment Beteiligten schaffen sollte,[232] oder aber die so genannte Teilungsurkunde von 1442, die die württembergischen Besitzungen und Herrschaftstitel erstmals genau

---

230 Für einen konzisen Überblick s. den ereignisgeschichtlichen Abriss bei Hesse, Amtsträger der Fürsten im spätmittelalterlichen Reich, 2005, 66–71; für eine ausführlichere Einordnung s. Mertens, Die württembergischen Höfe in den Krisen von Dynastie und Land, 2006; s. auch den umfangreichen Artikel im Handbuch der Baden-Württembergischen Geschichte von Mertens, Württemberg, 1995, 55–98.
231 Fritz, Ulrich der Vielgeliebte, 1999, 8.
232 Stuttgart, Hauptstaatsarchiv, A 602, U 825, ed. Hofacker, Kanzlei und Regiment in Württemberg, 1984, Beilage 1, 215–218, s. auch ebd., 28f.

taxierte. Sie ist die früheste Quelle, die uns als Grundlage für die Teilung systematisch über die insgesamt 38 Ämter informiert, aus denen sich der württembergische Besitz zu diesem Zeitpunkt zusammensetzte.[233] Allerdings hat die jüngere Forschung mit Nachdruck herausgestrichen, dass die gewaltig anschwellenden Massen an Schriftgut des Spätmittelalters nicht einfach fortschrittsteleologisch als Prozess der Rationalisierung und Effizienzsteigerung begriffen werden dürfen. Je dichter die Überlieferung, so wurde inzwischen an vielen Beispielen gezeigt, desto größer war (und ist) die Wahrscheinlichkeit von Redundanzen oder sogar Dysfunktionalitäten des Schriftgebrauchs.[234]

Schauen wir dazu noch einmal näher auf die politischen Rahmenbedingungen, die im 15. Jahrhundert die Entwicklung der Schriftkultur in Württemberg strukturieren und die mit den Verweisen auf die „Herrschaft der Räte" bzw. die Teilungsurkunde von 1442 auch schon kurz angesprochen wurden: Anders als ihre Vorgänger des 14. Jahrhunderts, so wird in den mit ihnen verbundenen Ereignissen schnell deutlich, hatten die Württemberger*innen des 15. Jahrhunderts gleich mehrere innerdynastische Konflikte zu bewältigen.[235] Sowohl 1419 als auch 1450 waren in zwei Generationen

---

233 Stuttgart, Hauptstaatsarchiv, A 602, Nr. 88 = WR 88. S. zum Teilungsvertrag Hesse, Amtsträger der Fürsten im spätmittelalterlichen Reich, 2005, 123f.
234 S. dazu die instruktiven Beobachtungen bei Dartmann, Zur Einführung, 2011, 11f., in einem Überblick, der die Forschungsgeschichte der Arbeiten Hagen Kellers und der Sonderforschungsbereiche in Münster skizziert. S. dazu auch schon Keller selbst in Keller, Über den Zusammenhang von Verschriftlichung, kognitiver Orientierung und Individualisierung, 2002, 4.
 Plakative Beispiele aus dem spätmittelalterlichen Württemberg dafür fallen im massenhaft nachweisbaren Phänomen der *Copy* oder *Copey* ins Auge, wie entsprechende Stücke vom Archivpersonal nachträglich am Seitenrand oder im Dorsualvermerk qualifiziert wurden. Für das 15. Jahrhundert findet sich hier als Trägerstoff einerseits Papier – eingesetzt als Arbeitsbehelf oder als Sicherheitskopie, wenn man das Original nicht aus den Händen geben wollte. Diese Funktionen werden zum Teil auch expliziert: Ein Beispiel dafür ist ein Brief Graf Eberhards im Bart an seinen Landhofmeister und Kanzler, in dem er über seine Aufnahme in den habsburgischen Orden vom Goldenen Vlies berichtete. Darin bat er ihn, eine Dankesrede für Maximilian I. zu verfassen, und begründete seinen Auftrag damit, dass der Landhofmeister viel wortgewandter sei als er selbst. Er wies ihn aber auch darauf hin, er solle sich *fürsehen, damit du dich weitter nit hinauß thuest, dann wir uns nach lut Eegemelter Copej verschriben haben*. Zit. nach Hofacker, Kanzlei und Regiment in Württemberg, 1984, 19.
 Sehr häufig wurde für Kopien allerdings auch Pergament verwendet, wie die zahlreichen im Bestand A 602 erhaltenen Vidimierungen zeigen. Ihre Zahl ist leicht über das digitale Findbuch auszuzählen; schwieriger freilich ist systematisch festzustellen, mit welchem zeitlichen Abstand zum darin dokumentierten Rechtsgeschäft sie angefertigt wurden. Obwohl der Beschreibstoff der Archivalien ansonsten im digitalen Findbuch systematisch vermerkt ist, wurde bei den Vidimierungen darauf verzichtet. Vermutlich ist dieser Verzicht damit zu erklären, dass man bei Vidimierungen Pergament als Trägerstoff voraussetzte. Diese Entscheidung hat freilich zur Folge, dass sich nicht systematisch nach Ausnahmen suchen lässt; bei meinen Recherchen ist mir kein Gegenbeispiel in die Hände gefallen.
235 De facto waren äußere und innere Konfliktherde untrennbar miteinander verquickt: Zum doppelten Konnubium zwischen Pfalz und Württemberg im 15. Jahrhundert durch die Eheschließungen Graf Ludwigs I. 1419 mit Mechthild von der Pfalz, der Schwester Friedrichs des Siegreichen, sowie von dessen Seckenheimer Kontrahenten Graf Ulrich V. 1453 mit Margarete von Savoyen, Mutter des gerade

nacheinander Vormundschaftsregierungen nötig, da die Söhne beim Tod des Regenten noch unmündig waren. Diese Umbrüche wurden damit zu Katalysatoren für die Bedeutung der Landstände, 1419 noch vor allem der Räte und adligen Diener, die zum ersten Mal als Kollegium die Regierung übernahmen und damit die Gruppe der an der Herrschaft und Verwaltung Beteiligten auf Dauer massiv erhöhten.[236] Andererseits führte das Prinzip der Erbteilung unter allen Söhnen dazu, dass das Land 1442 unter den beiden Brüdern Ludwig I. und Ulrich V. gespalten wurde und damit auch zwei Linien entstanden.[237]

Sowohl Vormundschaftsregierungen als auch die Landesteilung verkomplizierten die Verwaltung in beträchtlichem Maß. Nicht nur in Stuttgart, auch in Urach und Tübingen waren nun zeitweise Kanzleien stationiert[238] und die Spaltung machte sich – wie bereits Heidrun Hofacker feststellt – auch organisatorisch in abweichenden Verwaltungsroutinen bemerkbar.[239] Dass in den Verträgen zur Wiedervereinigung vierzig Jahre später auch die Zusammenlegung der Höfe und ihrer Verwaltungsapparate in Stuttgart explizit und ausführlich geregelt wurde, mag daher eine Erklärung sein, warum es – wie die Graphik zeigt – just in den beiden letzten beiden Jahrzehnten des 15. Jahrhunderts zu einem deutlichen Einbruch der archivierten Schriftlichkeit kommt.

Um die Beweggründe bzw. Bedürfnisse für die gestiegene Schriftlichkeit seit der ersten Hälfte des 15. Jahrhunderts nachzuvollziehen, lohnt es sich, näher in konkrete Dokumente ‚hineinzuzoomen': Gut beobachten lassen sie sich am Beispiel der Auseinandersetzungen, in die die Württemberger in diesen Jahrzehnten mit ihren nächsten Nachbarn, den Wittelsbachern, verwickelt wurden, sowohl durch Interessenskollisionen entlang der Grenzlinie zwischen der Pfalz und Württemberg-Stuttgart als auch durch Erbstreitigkeiten.[240] Stein des Anstoßes wurde vor allem ein württembergisch-pfälzisches Eheprojekt, das 1453 eigentlich die Wogen glätten sollte: In diesem Jahr hielt der Württemberger Ulrich V. um die Hand der Margarethe von Savoyen an. Sie war die Witwe des Pfälzers Ludwig IV. und damit Mutter des gerade fünf Jahre alten

---

fünf Jahre alten Wittelsbachischen Stammhalters Philipp, und den daraus resultierenden Konflikten s. mehr unten bei Anm. 242.

236 S. Mertens, Auf dem Weg zur politischen Partizipation?, 2010, hier 97.
237 S. Maurer, Von der Landesteilung zur Wiedervereinigung, 1984.
238 Wie instabil der Residenzcharakter einer Stadt sein konnte, zeigt sich sogar noch nach der Wiedervereinigung im Münsinger Vertrag, ed. Maurer, Von der Landesteilung zur Wiedervereinigung, 1984, 122–29, hier bes. 124, als Eberhard der Jüngere nach dem Tod seines älteren Vetters in seiner Auseinandersetzung mit den Landständen sich durch die Verlegung der Kanzlei dem Zugriff der Räte zu entziehen versuchte. Diese reagierten darauf unter anderem mit dem Argument, dass in anderen Städten ein entsprechendes Gewölbe für das Archiv fehle; wenn das Archiv aber in Stuttgart bleiben solle, so müsse man hohe Kosten und Gefahren für den Transport der Akten einrechnen. S. dazu Kothe, Der fürstliche Rat in Württemberg, 31.
239 Vgl. Hofacker, Kanzlei und Regiment in Württemberg, 1984, 51.
240 S. Fritz, Der mittlere Neckarraum als Spannungsfeld im 15. Jahrhundert, 2005, 248 und 255–257; Meyer-Schlenkrich, Im Schatten eines siegreichen Nachbarn?, 2016, 146–158.

Wittelsbachischen Stammhalters, für den sein Onkel Friedrich I. die Regentschaft übernommen hatte. Um Margarethes Mitgift entspann sich jedoch ein Streit, der trotz vielfacher Anläufe und mehrerer prominenter Vermittler über zehn Jahre hinweg zu keiner Lösung fand.[241] Dieser Konflikt war damit eines der persönlichen Motive, weshalb sich Ulrich V. im 1459 ausgerufenen Reichskrieg gegen die Wittelsbacher als vom Kaiser erhobener Hauptmann engagierte. Seine Beteiligung sollte in der verheerenden Niederlage in der Schlacht von Seckenheim enden, die sein Land für Jahrzehnte schwer verschuldete.[242]

Die militärische Eskalation wurde dabei von einem veritablen ‚Papierkrieg' flankiert: Über 50 Archiveinheiten im Bestand A 602 erinnern allein an die Ereignisse Ende 1462 und 1463, als der von seinem Widersacher Friedrich dem Siegreichen mehrfach persönlich gedemütigte Ulrich um seine Freilassung aus pfälzischer Gefangenschaft rang.[243] Obwohl die einschlägigen Zeugnisse sehr viel weiter gestreut verwahrt werden, schlugen sich Umfang und Bedeutung dieses Schriftguts in den Bemühungen des 16. Jahrhunderts zur Anlage eines eigenen, heute 132 Archiveinheiten starken Membrums *Pfalz und Baiern Feindschaft* nieder.[244]

Die Bedeutung verbürgender Schriftlichkeit in diesem Konflikt ist dabei auch explizit zu fassen: So zählt zu den demonstrativen Demütigungen Ulrichs ein Brief vom 26. April 1463 mit seinem Versprechen, nie wieder gegen die Pfalz vorzugehen, den er komplett mit eigener Hand zu schreiben gezwungen wurde.[245] Mehrere Dokumente belegen außerdem, wie man zur Schadensbegrenzung direkt nach der Niederlage von Seckenheim ebenso verzweifelt wie vergeblich nach den Fehdebriefen suchte, mit denen die legitime Ausweitung des Kriegs auf die Kurpfalz beim Kaiser erwirkt worden war. Offenbar waren diese Dokumente in den Wirren des Kriegs verloren gegangen; damit aber bot sich der Kurpfalz die Chance, Ulrich die alleinige Kriegsschuld aufzubürden, mit der Argumentation, sein Vorgehen gegen Friedrich sei kein Teil eines Reichskriegs gewesen, sondern eine mutwillig von ihm angefangene Fehde.[246] Ein drittes Beispiel schließlich ist der Konflikt um den Schuldbrief, den Ulrich als Gegenleistung für seine Freilassung aus kurpfälzischer Gefangenschaft ausstellen musste: 1478 reiste sein Landschreiber von Stuttgart nach Heidelberg, um die letzte

---

241 S. dazu ausführlich mit weiterer Literatur Meyer-Schlenkrich, Im Schatten eines siegreichen Nachbarn?, 2016, 153–156, knapp jüngst dazu auch Thaller, Margarethe von Savoyen im deutschen Südwesten, 2020, 69–71.
242 S. einführend mit weiterer Literatur Meyer-Schlenkrich, Im Schatten eines siegreichen Nachbarn?, 2016, 163–168.
243 S. Meyer-Schlenkrich, Im Schatten eines siegreichen Nachbarn?, 2016, 144f., 165f.
244 Stuttgart, Hauptstaatsarchiv, A 602, Kanzlei, Pfalz und Baiern Feindschaft, vgl. URL:. https://www2.landesarchiv-bw.de/ofs21/olf/struktur.php?bestand=3703&klassi=002&anzeigeKlassi=002.023 (Stand: 10.03.2023). S. Meyer-Schlenkrich, Im Schatten eines siegreichen Nachbarn?, 2016, 144f.
245 Stuttgart, Hauptstaatsarchiv, A 602, Nr. 4929 = WR 4929, für eine Abb. s. Fritz, Ulrich der Vielgeliebte, 1999, 279; s. Meyer-Schlenkrich, Im Schatten eines siegreichen Nachbarn?, 2016, 166.
246 S. dazu mit Nachweisen Meyer, Im Schatten eines siegreichen Nachbarn?, 2016, 168.

Rate von Ulrichs gigantischem Lösegeld von 40.000 Gulden zu begleichen. Vereinbart war, dass ihm im Gegenzug der originale Schuldbrief ausgehändigt werde. Wie der Landschreiber brieflich berichtet, musste er auf diese Aushändigung jedoch drei Tage lang bestehen und vor den Pfalzgrafen selbst treten. Dessen Hofmeister nämlich habe ihm *geantwurt, er wisse es wol, es sy geregistriert, aber dannocht den brieff nit geben wollen.*[247]

Es ist also eine bemerkenswerte Schreibversessenheit, man möchte formulieren: Bürokratiewut, die aus den hier vorgestellten Dokumenten um den in Seckenheim gefangen gesetzten Ulrich V. spricht. Offen bleibt dabei allerdings, wie sehr sie in die Breite wirkte – und wie stark sie sich auch jenseits von Konflikten im alltäglichen Prozess der „Territorialisierung" auswirkte. Dies führt uns noch einmal zum Stichwort des „Amts", mit dem eine Entwicklung angesprochen ist, die nicht nur in Württemberg, sondern nach Christian Hesse in fast allen fürstlichen Herrschaften des spätmittelalterlichen Reichs zu beobachten ist.[248] Teile der landesherrschaftlich gebundenen Rechte zur Administration und Gerichtsbarkeit wurden dabei an die Ämter gegeben und von diesen im Namen des Landesherrn wahrgenommen. Wie Hesse hervorhebt, sind die dort im Namen des Fürsten tätigen Amtleute freilich kaum als ‚Beamte' im modernen Sinn zu verstehen. Hesse bezeichnet sie vielmehr als „Mitunternehmer" des Fürsten, die für ihre Ämter ebenso persönlich haften mussten wie sie persönlich davon profitierten, die zugleich aber auch weit über das Amt hinaus Darlehen aus ihrem Vermögen in die steigenden Ausgaben der fürstlichen Herrschaft investierten, um sie sich verzinst aus den Einkünften des Amtes zurückzuzahlen.[249]

In Württemberg vergleichsweise früh fassbar, wie mit den schon genannten Urbaren aus der Mitte des 14. Jahrhunderts zu belegen,[250] gilt als entscheidende Phase dieser langgestreckten Entwicklungen die zweite Hälfte des 15. Jahrhunderts. Für die Zeit zwischen 1450 und 1515 konnte Hesse über die württembergischen Dienerbücher insgesamt 437 Personen namentlich ermitteln, die in unterschiedlichen Funktionen in

---

[247] Zit. nach Hofacker, Kanzlei und Regiment in Württemberg, 1984, 52. Eine Abschrift dieses Briefes mit der Notiz über die Herausgabe des Schuldbriefs hat sich auch im Generallandesarchiv Karlsruhe erhalten, s. ebd. Solches Ringen um Schriftbeweise war dabei keineswegs auf die Fürsten beschränkt. Ein Beispiel findet sich etwa in der schon zitierten Landschreibereirechnung zu 1383/84: Darin notierte der Landschreiber Heinrich Heller, er habe Sibilla vom Stein, Witwe des württembergischen Kammermeisters, einen halben Gulden an Einkünften abgezogen, nachdem er *vff besichtung der brieff*, das heißt durch Kontrolle der von ihr verwahrten Urkunden, festgestellt habe, dass diese Zahlung ihrem verstorbenen Mann bislang zu Unrecht geleistet worden sei. Dies sei, so vermerkt er ausdrücklich, erst jetzt aufgefallen, da *solich besichtigung by sinem leben nit bescheen*. S. Stuttgart, Hauptstaatsarchiv, A 256, Bd. 1, fol. 78 v.
[248] S. Hesse, Amtsträger der Fürsten im spätmittelalterlichen Reich, 2005, 95–100, Zitat 99.
[249] Zum Begriff der „Mitunternehmerschaft" s. Hesse, Amtsträger der Fürsten im spätmittelalterlichen Reich, 2005, bes. 403–405, s. auch schon die Überschrift auf 378. Zu Herkunft, Beziehungsnetz und Vermögen der lokalen Amtsträger s. ebd., 244.
[250] S. dazu die Beschreibung der württembergischen Ämterorganisation bei Hesse, Amtsträger der Fürsten im spätmittelalterlichen Reich, 2005, 175–183, 194.

der lokalen Finanzverwaltung tätig waren.²⁵¹ 437 Personen in der lokalen Finanzverwaltung! Aus heutiger Perspektive ist nicht vorstellbar, dass solche Aktivitäten und Aufgabenbereiche *ohne* Schrift- oder doch zumindest Lesekenntnisse möglich waren. Zumindest für die Amtleute mit universitärer Ausbildung, die sich nach der Gründung der Universität Tübingen 1477 verstärkt nachweisen lassen, ist davon mit Sicherheit auszugehen.²⁵² Aber auch bei den übrigen darf man von einer mehr oder weniger starken Alphabetisierung ausgehen, wenn man mit Blick auf die damit einst verbundene Schriftkommunikation in die raren Quellen zur Rechnungsüberlieferung schaut, die sich in Württemberg erhalten haben.²⁵³

Ein Beispiel dafür bieten die wenigen überlieferten Landschreibereirechnungen: Für die dort eingetragenen Posten hat der zuständige Landschreiber Heinrich Heller nicht nur penibel vermerkt, durch welche flankierenden Schriftstücke die von ihm getätigten Ein- und Auszahlungen verbürgt waren.²⁵⁴ Vielfach war es ihm auch einer Bemerkung wert, ob die entsprechenden Belege von den sie einreichenden Personen eigenhändig geschrieben worden waren. Die von Heller dafür genutzte stereotype Formel lautet: *nach lütt siner hantschrift*; dass damit in den Augen des Schreibers eine Beglaubigungsfunktion verbunden war, wird noch deutlicher in Hellers Wendung: *durch in gefirmiert ist mit siner hande*.²⁵⁵ Der Kreis derjenigen, die dazu in der Lage waren, ist sozial durchaus weit gespannt: Nicht nur die Kanzleimitarbeiter, Schreiber, gelehrten Räte und Notare oder der Haushofmeister zeichneten eigenhändig,²⁵⁶ sondern auch der Küchenmeister und sogar ein Kellerknecht, der *nach ains faß rainfals* nach Kempten geschickt den Preis mit der eigenen Hand quittierte.²⁵⁷ Und auch die Lese- und Schreibkompetenz von Frauen ist bei Heller vereinzelt dokumentiert; für die Auszahlung eines Leibdings an den Frankfurter Michel Schwartzemberg etwa

---

251 S. Hesse, Amtsträger der Fürsten im spätmittelalterlichen Reich, 2005, 214–216; diese 437 Personen bekleideten 512 Funktionen, das heißt, sie übernahmen – stärker als in anderen Territorien fassbar – im Verlauf ihrer Karriere verschiedene Posten.
252 S. dazu die Tabelle in Hesse, Amtsträger der Fürsten im spätmittelalterlichen Reich, 2005, 361 und 364f.: Insgesamt kann Hesse 59 Amtsträger identifizieren, die eine Universität besuchten. Zwischen 1450 und 1480 sind es nur ein bis fünf, ab 1480 dann 10 bis 20 Personen pro Jahrzehnt. In 28 Fällen kann Hesse einen Besuch der Universität Tübingen nachweisen, 11 Personen waren in Heidelberg, neun in Basel, sechs in Leipzig und vier in Köln eingeschrieben.
253 Für Württemberg lässt sich das Gewähren von Darlehen und Krediten an den Fürsten immerhin noch punktuell fassen. S. dazu Hesse, Amtsträger der Fürsten im spätmittelalterlichen Reich, 2005, 415 f.
254 S. dazu unten mehr bei Anm. 282 und 283.
255 Stuttgart, Hauptstaatsarchiv, A 256, Bd. 1, fol. 64 v.
256 Zum Beispiel Stuttgart, Hauptstaatsarchiv, A 256, Bd. 1, fol. 48v (2 x Haushofmeister), fol. 49r (Notar Heinrich Lorcher, Stadtschreiber von Esslingen, Stuttgarter Schreiber Hans Werner), fol. 51r (Stadtschreiber von Urach), fol. 52r (Kanzler), fol. 64r (gelehrter Rat Dr. Balthasar Meßnang), fol. 65r (Notar Mang von Eltuil) usw.
257 Zum Beispiel Stuttgart, Hauptstaatsarchiv, A 256, Bd. 1, fol. 13v, 18r, 21r, 31r (Küchenmeister, der den Landschreiber bei dessen Abwesenheit vertrat, s. dazu fol. 13v) und fol. 61v (Kellerknecht).

notiert der Landschreiber: *Quittanz von siner mutter die das iren lebtag ynnimpt.*²⁵⁸ Ausgenommen von dieser Dokumentationspflicht war nicht einmal die Herrscherfamilie selbst: Heller zufolge bestätigte sogar Graf Eberhard *nach lütt siner hantschrifft*, wie der Landschreiber zum entsprechenden Posten in seinem Rechnungsbuch dazusetzte, die ihm jährlich für seinen Lebensunterhalt aus den württembergischen Einnahmen ausgezahlte Pension.²⁵⁹

Dass also zumindest in der zweiten Hälfte des 15. Jahrhunderts Lese- und Schreibkompetenzen als immer selbstverständlicher wahrgenommen wurden, zeigt außerdem eine Vielzahl normativer Quellen aus der Regierungszeit Eberhards im Bart. Er selbst war – nicht ungewöhnlich für die deutschen Fürsten dieser Zeit, wie die Studien von Benjamin Müsegades gezeigt haben²⁶⁰ – ein geübter Vielschreiber, der nach dem Zeugnis seines Lehrers Naukler Lesen und Schreiben von Kindesbeinen an lernte.²⁶¹ Gleiches erwartete er von seinen Landeskindern: In einer Vielzahl von Erlassen mahnte er für ganz verschiedene Bereiche immer wieder an, Amtbücher anzulegen und Register zu führen, bzw. er befahl die in der Regel jährliche Rechnungslegung. In einer Ordnung für Stuttgart von 1492 problematisierte Eberhard sogar, bisher sei das Siegel der Stadt unter den Richtern herumgereicht worden und damit oft in die Hände von jemandem gelangt, *der nit hat künden schryben noch lesen.*²⁶² Das dürfte, so

---

258 Stuttgart, Hauptstaatsarchiv, A 256, Bd. 1, fol. 100 v; auf fol. 108 v wird Michel Schwartzemberg wieder bedacht; weitere Einträge zu ihm finden sich in Bd. 2, unter anderem fol. 110 r.
259 Stuttgart, Hauptstaatsarchiv, A 256, Bd. 1, fol. 72 r.
260 Nach Müsegades, Fürstliche Erziehung und Ausbildung im spätmittelalterlichen Reich, 2017, 1–3, erneut 229, konnte das Gros der weltlichen Fürsten im Reich wohl erst ab der Mitte des 15. Jahrhunderts in der Volkssprache lesen und schreiben, ab dieser Zeit hält er auch Lateinunterricht für verbreiteter, s. Beispiele unter Eberhards Zeitgenossen dafür in ebd., 242–244; sowohl die Erfüllung entsprechender älterer Forderungen in der Gattung der Fürstenspiegel als auch die in der ‚Goldenen Bulle' 1356 geforderten Lese- und Sprachkenntnisse (s. zu Karl IV. insgesamt ausführlicher Wagner, *Princeps litteratus aut illitteratus?*, 2004, 153–155) seien dagegen „mehr Wunschdenken" geblieben. Noch zu diskutieren ist, wie diese Einschätzung durch die Quellenlage beeinflusst ist: Nach Müsegades, ebd., 19, basiert unser Wissen vor 1450 auf wenigen, vor allem historiographischen Zeugnissen, während sich für die zweite Hälfte des 15. Jahrhunderts ein breites Quellenspektrum auftue.
261 Gleich zu Beginn von Nauklers Erinnerungen an Eberhard in seinem 1516 gedruckten Werk *Memorabilium omnis aetatis et omnium gentium chronici commentarii* steht der vielzitierte Satz, wonach Naukler das Verbot erhielt, dem hochbegabten Kind Latein beizubringen, weil es für einen Herrscher genüge, *vernaculum linguam legere [...] et scribere. Erat autem puer indolis eximiae, cui ego primas literas tradens prohibitus sum ne eum latinum facerem, satis esse ducentibus si vernaculam linguam legere didicisset et scribere, quod ille vir factus tulit molestissime.* Hier zit. nach Peter Amelung in: Württemberg im Spätmittelalter, hg. von Amelung/Fischer/Irtenkauf 1985, 169f., Nr. 174, hier 169. Eberhards Bildungshunger wird auch deutlich in seiner Büchersammlung, s. dazu unter anderem Cermann, Die Bibliothek Herzog Eberhards im Bart, 1997, und Heinzer, Heinrich von Württemberg und Eberhard im Bart, 2008.
262 Urkundenbuch der Stadt Stuttgart, bearb. von Rapp 1912, 536–556, hier 541, s. auch schon die ältere Ed. bei Sattler, Geschichte des Herzogtums Wuertenberg, 1777, 33–53. Ausführlich fühlt Eberhard sich außerdem genötigt, gegen gefälschte Dokumente und Siegel vorzugehen; Eigentumsgeschäfte

fährt der Landesherr fort, künftig nicht mehr passieren. In der Summe war von diesen Anordnungen sicher keine kleine Gruppe betroffen: Über die 437 von Hesse in den Dienerbüchern ermittelten Funktionsträger hinaus ist hier auch der ‚Apparat' einer städtischen Selbstverwaltung mit eigenen Organen und eigener Schriftlichkeit mitzubedenken, die man zumindest für die rund 50 Amtsstädte ansetzen darf.

Die Schriftlichkeitsoffensiven des späten Mittelalters erfassten aber nicht nur diejenigen Menschen, die lesen oder sogar schreiben konnten. Auch die illiteraten Untertan*innen mussten zumindest einen formalen Umgang mit Schriftdokumenten erlernen. Ein sprechendes Beispiel für Württemberg sind drei Dokumente über einen Schneider mit dem Namen Ziegelhans, auch Hans Kornmesser genannt, aus dem Jahr 1495. Im ersten, einem Brief an Eberhard, bekennt Ziegelhans, dass er in jungen Jahren ohne herrschaftliche Erlaubnis von Stuttgart außer Landes nach Stollhofen gezogen sei, dort ehrbar geheiratet und etwas Vermögen erworben habe. Nun bittet er den Landesherrn, ihm weiterhin den Aufenthalt in Stollhofen zu erlauben; sein Gesuch trägt den eigenhändigen Vermerk des zuständigen Vogts von Stuttgart, der es befürwortend weiterleitete. Eberhards Kanzlei antwortete darauf mit einem kurzen Brief, in dem sie der Bitte des Ziegelhans nachkam, freilich zeitlich beschränkt auf sechs bis maximal acht Jahre. Beim dritten Dokument handelt es sich um eine im Namen von Ziegelhans ausgefertigte Urkunde. Darin verspricht er, nach acht Jahren zurück nach Stuttgart zu kommen und sich beim zuständigen Amtmann zu melden *mit erinnerung diser verschrybung erzoigen*, das heißt unter dem Ausweis der vorliegenden Verschreibung.[263]

Diesem Einzelfall entspricht der generelle Befehl Eberhards des Älteren in der bereits zitierten Ordnung für Stuttgart von 1492, *das fúrohin kain person in diser unser statt Stutgarten zu burger solle ufgenomen werden*, außer sie könne *irs manrechten gut briefe und sigel* vorweisen.[264] Jeder neue Stadtbewohner benötigte also einen (modern gesprochen) ‚Ausweis', der nicht bei ihm, sondern *in der Statt beheltnuß* aufbewahrt werden sollte, griffbereit für die Amtleute, um notfalls seinen Status und sein Aufenthaltsrecht zu prüfen. Um ihn zu erhalten, genügte es nicht, in der Kanzlei mündlich vorstellig zu werden; es waren vielmehr – wie der Fall des Ziegelhans zeigt – weitere schriftliche Zwischenschritte notwendig. Es ist anzunehmen, dass ähnliche schriftliche Absprachen die Norm waren, ohne dass man sie systematisch aufbewahrt hätte. Und noch weitere Indizien bestätigen, wie sehr sich die gräfliche

---

dürften nur noch durch den Stadtschreiber und nicht mehr – wie es vage heißt – *by andern Schrybern* ausgefertigt werden.
263 Alle drei Dokumente liegen in Stuttgart, Hauptstaatsarchiv, A 602 Nr 4131 = WR 4131 (Rubrik: Urfehden Stadt und Amt Stuttgart); s. einen weiteren urkundlichen Beleg zu Ziegelhans von 1494 auch ebd. A 602, Nr. 13414 = WR 13414. S. dazu Joachim Fischer in: Württemberg im Spätmittelalter, hg. von Amelung/Fischer/Irtenknauf 1985, 102, Nr. 99, s. auch ebd., Nr. 98. S. allgemein Keitel, Herrschaft über Land und Leute, 2000.
264 Urkundenbuch der Stadt Stuttgart, bearb. von Rapp 1912, 543. S. auch schon die ältere Edition bei Sattler, Geschichte des Herzogtums Wuertenberg, 1777, 33–53, hier 38.

Kanzlei als Kontrollinstanz für Vorgänge im gesamten Herrschaftsgebiet verstand: So begegnet mehrfach der Befehl, alle Vorfälle und Urteile in den Ämtern der zentralen gräflichen Kanzlei zu melden.[265] Dabei drohte diese energische Politik der Zentralisierung die Kanzlei offenbar auch zu überfordern. In einer Ordnung von 1496 mahnt Eberhard daher als Geschäftsgang an, dass Supplikationen in die Kanzlei nicht durch die Untertanen selbst, sondern nur vermittelt über die Amtleute eingereicht werden dürften. Auch ‚Öffnungszeiten' benannte er, indem er die Amtleute aufforderte, ihre Anliegen nicht an Feiertagen an die Kanzlei zu senden.[266]

Im Selektbestand A 602 wird all dieses gesteigerte Verwaltungshandeln heute vor allem deshalb fassbar, weil es auf die Zentrale zurückwirkte. Angesichts des erhöhten Organisations- und Schreibbedarfs bildeten sich schon ab der Mitte des 15. Jahrhunderts beinah zeitgleich an beiden württembergischen Höfen eigene Anlaufstellen für Hof- und Landesangelegenheiten aus: Das bisherige Amt des Hofmeisters wurde in die Aufgaben des für die Residenz des Fürsten zuständigen Haushofmeisters und des für die Territorien verantwortlichen Landhofmeisters aufgeteilt.[267] In der Kanzlei wurde dazu parallel der Posten des Landschreibers geschaffen, der nun allein die Abwicklung der landesherrlichen Finanzen zur Aufgabe hatte und fortan die zentralen Landschreibereirechnungen führte.

Die Einführung des Landschreibers ist nach Hofacker die erste nachweisbare Form der Ressortbildung innerhalb der Kanzlei, die erstaunlich lange – länger als in benachbarten Territorien – keine Aufgabenteilung kannte, sondern dem Mehr an Arbeit offenbar lediglich mit der Anstellung weiterer Schreiber begegnete. Dass sie sich trotzdem im Verlauf des 15. Jahrhunderts von einer einfachen Schreibstube allmählich zum Mittelpunkt und Aufsichtsorgan des Regiments entwickelte, macht Hofacker nicht zuletzt am Statuswandel ihrer Mitglieder fest. Als enge Vertraute der Grafen rückten sie zunehmend in Positionen und Verantwortlichkeiten ein, die zuvor den adligen Räten vorbehalten waren, wie Hofacker an deren Klagen zeigen kann.

---

265 Dies gilt nicht nur für den schon symbolisch wichtigen Bereich der Gerichtsbarkeit, sondern auch für die Handels- und Gewerbeaufsicht: 1478 etwa bestätigte Eberhard eine neue Ordnung des Seilerhandwerkes, befahl sie zentral in der Kanzlei zu hinterlegen und schärfte zugleich ihre Beachtung im ganzen Land unter Strafandrohung ein. WR 1822 (ehem. Stuttgart, Hauptstaatsarchiv, Kanzleiregister Bd. 38), s. Joachim Fischer in: Württemberg im Spätmittelalter, hg. von Amelung/Fischer/Irtenknauf 1985, 109, Nr. 110.

266 Sattler, Geschichte des Herzogtums Wuertenberg, 1777, Nr. 16. Vergleichbare Anweisungen finden sich auch noch in Ordnungen des 16. Jahrhunderts, etwa in einem auch im Druck vervielfältigten Ausschreiben Herzog Ulrichs, wie es mit dem Supplizieren gehalten werden solle, datiert auf das Jahr 1535, s. dazu eine handschriftliche Version sowie sechs gedruckte Exemplare in Stuttgart, Hauptstaatsarchiv, A 13 Bü 27, Dokumentenbündel 1, s. unter anderem auf fol. 2r mit der Begründung, dass die Räte bislang *mit so kleinen schlechten vnd liederlichen haendeln die in den aembtern leichtlich moegen ausgericht werden nit also wie bisher geschehen ist bemuehet vnd ueberlauffen werden* und damit für die Anliegen des Landesherrn nicht zur Verfügung stünden.

267 S. Kothe, Der fürstliche Rat in Württemberg im 15. und 16. Jahrhundert, 1938, 90f., 97f.

Bezeichnend für diesen Wandel ist auch ab der zweiten Hälfte des 15. Jahrhunderts die oben bereits kurz angesprochene Einstellung der ersten an der Universität ausgebildeten Mitarbeiter.[268]

Die neue Elite an Verwaltungspersonal verdankte ihren sozialen Aufstieg zweifellos der ihr zugeschriebenen besonderen Schriftkompetenz. Dieser Befund korrespondiert aber nicht zwangsläufig mit einem Mehr an *überlieferter* Schriftlichkeit: Je größer die neue Flut der *zedel* in Kanzlei und Registratur, umso stärker musste die Notwendigkeit der Ordnung und Ausscheidung zentraler, archivwürdiger Stücke aus der für den alltäglichen Gebrauch genutzten Schriftlichkeit ins Bewusstsein dringen. Erste Ansätze dazu lassen sich bereits in der oben erwähnten Rechnungsordnung von 1422 fassen, die explizit zwischen der Registratur für die zum täglichen Geschäft nötigen Schriftstücke und dem so genannten *gewelb*, dem in einem feuerfesten Gewölbe untergebrachten Schatzarchiv, unterschied.[269] Ein eigener Posten mit der ausschließlichen Aufgabe, das Schriftgut zu ordnen und durch Register zu erschließen, ist erstmals im Dienerbuch von 1491 nachweisbar; damit also war eine Entwicklung angestoßen, die sich etwas mehr als ein Jahrzehnt später mit der ersten systematischen Ordnung des Archivs durch Jakob Ramminger fortsetzte.

Hofacker hat diese zweite Ressortbildung innerhalb der Kanzlei als Reaktion auf die administrative Herausforderung gesehen, die sich aus der Zusammenlegung der Kanzleien bei der 1482 vereinbarten Wiedervereinigung des Landes ergab.[270] Auch wurden diese politischen Entscheidungen schon mit dem ab den 1480er Jahren fassbaren Rückgang des Schriftguts in A 602 in Verbindung gebracht. Über die Kanzleigeschichte lässt sich jedoch präzisieren: Der Rückgang der Schriftüberlieferung ist nicht zwingend als eine Reduktion der Schreibtätigkeit in der wiedervereinigten Stuttgarter Zentrale zu verstehen. Im ersten Jahrzehnt nach der Zusammenlegung schrumpft die Zahl der Archiveinheiten schließlich auch nur um fünf Prozent. Erst im nächsten Jahrzehnt, das heißt parallel zur Einführung eines ‚hauptamtlichen' Registrators, ist der Einbruch mit 18 Prozent deutlich spürbar. Es hat damit den Anschein, als habe der neue Registrator nicht nur sortiert, sondern auch kräftig *aus*sortiert, das heißt rigidere Auswahlkriterien etabliert oder doch zumindest die bestehenden Regeln effektiver umgesetzt für das, was ihm bewahrenswert erschien.

Resümiert man die auf den letzten Seiten entwickelten Überlegungen und Argumente, so waren Schreib- und Lesekompetenzen in der zweiten Hälfte des 15. Jahrhunderts innerhalb der Dienerschaft der Württemberger wohl schon ziemlich selbstverständlich und selbst die einfache Bevölkerung konnte sich der durch Schrift organisierten Verwaltung durch Ämter und die fürstliche Kanzlei längst nicht mehr entziehen. Die solchermaßen gesteigerte Schriftlichkeit erzwang offenbar bald eine stärkere Binnendifferenzierung der zu leistenden Aufgaben und – wie wir für den Pos-

---

[268] S. Hofacker, Kanzlei und Regiment in Württemberg, 1984, 48–54.
[269] S. Hofacker, Kanzlei und Regiment in Württemberg, 1984, Beilage 1, Nr. 25, und 45, 57.
[270] So Hofacker, Kanzlei und Regiment in Württemberg, 1984, 44f.

ten des Registrators vermutet haben – eine neue Effizienz im Umgang mit der Dokumentenflut. Offen bleibt bislang freilich die Frage, welche Rolle die Verfügbarkeit bzw. Verwendung von Papier für diese Entwicklungen spielt. Schauen wir dazu noch einmal auf die Arbeit des Registrators: Ein zweiter Blick in Graphik B.1.1 gibt Anlass zur Vermutung, dass hier auch der Beschreibstoff eine Rolle spielte. Bei den pergamentenen Dokumenten ist offensichtlich mit erheblich besseren Überlieferungschancen zu rechnen als bei auf Papier geschriebenen Stücken.

Dieser Eindruck wird durch einen Schriftbeleg des 16. Jahrhunderts bestätigt: 1556 stellte der Registrator Sebastian Ebinger einen Antrag, mit dem er angesichts der nach der Auflösung der Klöster und Stifte in Stuttgart eintreffenden Massen an Archivgut vom Landesherrn eine Registraturordnung einforderte. Darin wollte er festgeschrieben sehen, welche Briefe der Registratur einzuverleiben seien, und machte zugleich den Vorschlag, von vornherein alle papiernen Schriften vom Archiv auszuschließen.[271] Vermutlich war ein solches Vorgehen längst Praxis. Auch wenn die herzöglichen Räte auf Ebingers radikalen Vorschlag ablehnend reagierten, so ist die Begründung dafür vielsagend: Ein solcher Aufwand, so erklärten sie, sei nämlich gar nicht nötig; geringe, schlechte und papierne Sachen, soweit sie nicht die Gerechtsame des Herzogs beträfen, würden schließlich schon jetzt bei der Kanzlei selbst und nicht im Archiv aufbewahrt.

Eine solche ‚Arbeitsteilung' zwischen Papier und Pergament findet sich schon über ein Jahrhundert früher in der nun schon mehrfach erwähnten Rechnungsordnung des Jahres 1422. Das *recht register und salebuch*, in das alle Steuern, Zinsen und Abgaben an Geld, Früchten oder Wein eingetragen werden sollten, so wird darin gefordert, solle nämlich in der Kanzlei in zwei Exemplaren angelegt werden. Die eine solle *uff pergamen geschriben und in das gewelbe gelegt und darinne behalten werde[n]* – dieses pergamentene Stück sollte also für die langfristige Aufbewahrung erstellt werden. Ein zweites jedoch solle *uff bapier geschriben* werden und war dazu gedacht, als Arbeitsmittel für *die schriber in der cantzelly* zu dienen. Dieses Exemplar sollte vor allem auch, wie die Rechnungsordnung fortfährt, die Vorlage sein, aus der *ieglichem keller oder amptmann* die für ihren Zuständigkeitsbereich nötigen Teile in Abschrift gegeben werden sollten, auf *das sie sich darnach wissen zu richten*.[272] Schaut man sich diese Lagerbücher an, von denen etwa 60 aus dem 15. Jahrhundert im Stuttgarter Selektbestand H 101 überdauert haben, so wurden die hier vorgeschriebenen Routinen

---

271 Übernommen nach Schneider, Zur Geschichte des württembergischen Staatsarchivs, 1903, 6f., s. dort zu Ebinger schon ab 4ff.
272 Stuttgart, Hauptstaatsarchiv, A 602, Nr. 825, ed. Hofacker, Kanzlei und Regiment in Württemberg, 1984, Beilage 1, hier 216: *Nota, das man alle […] eigentlich lasz beschriben und ein recht register und salebuch davon lasse machen, der eins uff pergamen geschriben und in das gewelbe gelegt und darinne behalten werde, und das ander uff bapier geschriben werde, das die schriber in der cantzelly behalten sollen, und das man ouch usz den selben registern und salebüchern ieglichem keller oder amptmann beschriben gebe, alsz vil im dann zugehöret, das sie sich darnach wissen zu richten.*

nicht gerade strikt befolgt: Nicht immer hat sich das ursprünglich für das Archiv vorgesehene Pergamentexemplar erhalten; zum Teil gelangten auch die eigentlich für die Lokalverwaltung angefertigten Dubletten auf Papier nachträglich in die Bestände.[273]

Das mag auch der Grund sein, weshalb die oben schon besprochenen ‚Ausweispapiere' im Fall des Ziegelhans überdauert haben – obwohl der Begriff stofflich gesehen falsch gewählt ist: Die rechtsverbindliche *verschrybung*, die dem Ziegelhans die Abwesenheit vom württembergischen Territorium erlaubte, nämlich war auf Pergament ausgefertigt worden. Die beiden vorbereitenden Briefe dagegen standen auf Papier: Für Ziegelhans liegt damit der seltene Überlieferungszufall vor, neben dem abschließenden Pergament auch die papiernen Zwischenschritte fassen zu können.

Diese Beispiele machen deutlich: Die im Vergleich zum 14. Jahrhundert großen Massen an aus dem 15. Jahrhundert erhaltenen Dokumenten dürfen nicht darüber hinwegtäuschen, dass der überlieferte Bestand nicht mit der einst angelegten und benutzten Schriftlichkeit gleichzusetzen ist. Fragen wir danach, wo im altwürttembergischen Bestand Papier in großem Umfang heute verloren sein könnte, so ist als zentraler Bereich zweifellos das Rechnungswesen zu nennen. Auf Papier stehen die drei Rechnungsbücher (geführt für 1483/84, 1484/85 sowie 1485/1486), die sich als einzige im altwürttembergischen Bestand für die Zeit vor 1500 erhalten haben.[274] Dass sie spätestens ab 1422 üblich waren, zeigt die genannte Rechnungsordnung aus diesem Jahr, die detaillierte Angaben zu ihrer Anlage machte und ihre jährliche Führung vorschrieb.[275] Bis zum ersten aus dem 16. Jahrhundert überlieferten Stück, das 1506/07 entstand,[276] fehlen uns damit theoretisch über 80 Bände. Wann man sie kassierte, ist zwar unbekannt.[277] Im selben Jahr wie Sebastian Ebingers oben zitierter Antrag von 1556 aber taucht in einem Schreiben der herzöglichen Räte zum Archiv angesichts der Platzprobleme bereits der Vorschlag auf, sie auszulagern, da man sie so selten benötige.[278] Noch schlechter bestellt ist es um die Überlieferung der Rechnungen aus den lokalen Ämtern. Mit einer einzigen Ausnahme, der Rechnung des Amtes Brackenheim für das Jahr 1438, setzt sie erst im 16. Jahrhundert ein.[279] Rechnet man daher mit 38 Ämtern und mindestens 78 Jahren, so kommt man bis 1500 auf 2.964 fehlende Dokumente.

---

273 S. Richter, Lagerbücher- oder Urbarlehre, 1979, 34.
274 Stuttgart, Hauptstaatsarchiv, A 256, Bd. 1–3. S. dazu Hofacker, Kanzlei und Regiment in Württemberg, 1984, 48–50 und ebd., 50, mit weiteren Indizien für die Existenz dieser Buchführung schon um 1440.
275 Zu den insgesamt drei Instruktionen aus den Jahren 1422, 1478 und 1489, die jeweils das Rechnungsverfahren systematisieren sollten, s. Hofacker, Kanzlei und Regiment in Württemberg, 1984, 28–31.
276 S. dazu Findbuch zu Stuttgart, Hauptstaatsarchiv, A 256.
277 Im auf das Jahr 1495 datierten Dienerbuch sind zwischen den Seiten spätere Notizen eingebunden: Eine davon mit der Überschrift *Notum 2* verweist auf eine Landschreibereirechnung *d. A. 1404, fol. 54a*, da dort andere Informationen als im Dienerbuch gegeben seien; zumindest im Jahrzehnt vor 1500 waren dieser und vermutlich die anderen Bände damit also noch vorhanden. S. Stuttgart, Hauptstaatsarchiv, A 17 Bü 6a, fol. 88.
278 S. Schneider, Zur Geschichte des württembergischen Staatsarchivs, 1903, 7.
279 S. Hauptstaatsarchiv Stuttgart, A 329, Bü 3, ed. Keitel, Eine Brackenheimer Rechnung von 1438, 2001, 117–125, einführend dazu 95–116. Zur Rechnungsüberlieferung in Württemberg insgesamt s. ebd., 89–95.

Damit sind die materialen Verluste aus diesem Bereich freilich noch nicht annähernd vollständig beschrieben: Alle vier gerade genannten Stücke stellen mit ihren summarischen Zusammenstellungen nur Schlussrechnungen dar, denen von Seiten der jeweiligen Rechnungssteller weitere Zwischenrechnungen vorausgingen. Da sie nach Rechnungsschluss nicht mehr benötigt wurden, haben sie sich nur in Einzelfällen erhalten: Eines der raren Beispiele bilden die in den achtziger Jahren des 15. Jahrhunderts einsetzenden Bürgermeister-Rechnungen im württembergischen Wildberg.[280] Indirekt belegt sind sie außerdem etwa in den drei uns vor 1500 erhaltenen Landschreibereirechnungen: Wiederholt ist darin die Rede von den *register[n]* oder *Concept[en] der Rechnung*, in denen verschiedene Amtsträger die ihnen entstandenen Ausgaben notierten und die sie dem Landschreiber Heinrich Heller mit der Bitte um Erstattung vorlegten.[281]

Aber auch mit diesen verlorenen Rechnungskladden, in denen die einzelnen Amtleute das von ihnen für die Herrschaft ausgelegte oder verwaltete Geld und Gut dokumentierten, ist die für den Finanzsektor aufgewendete, mutmaßlich weitgehend papierne Schriftlichkeit noch nicht umrissen. Noch ungleich größer war der Blätterwald an Quittungen, der den Zeitgenossen spätestens ab der Jahrhundertmitte alltäglich durch die Hände ging. Wieder wird er indirekt in den Landschreibereirechnungen fassbar: In ihnen dokumentierte der Landschreiber nämlich nicht nur Zweck und Höhe der von ihm veranlassten Ausgaben. Zu beinahe jedem dieser Einträge notierte er vielmehr außerdem, dass er zu seiner Absicherung auch die jeweilige *quittanz* bzw. *quittierung* von der Hand des Empfängers oder aber anweisenden Amtmannes beifüge.[282]

Im zweiten Rechnungsbuch, das vom Georgstag (24. April) 1485 bis zum Georgstag 1486 reicht, haben sich vereinzelte dieser auf lose Zettel geschriebenen Bestätigungen auch noch zwischen die Seiten eingesteckt erhalten. Ob das Rechnungsbuch einst dicht mit ihnen gespickt war oder ob man sie wegen ihrer Fülle bald extra verwahrte, ist nicht mehr zu entscheiden. Im Findbuch zum Bestand A 256, in dem Jahresrechnungen des 16. Jahrhunderts stehen, jedenfalls sind Büschel explizit als „Beilagen" zu den Landschreibereirechnungen verzeichnet; einige von ihnen ent-

---

280 S. dazu Piccard, Die Wasserzeichenforschung, 1956, 93, mit Verweis auf Ludwigsburg, Staatsarchiv, A 573.
281 Für willkürlich ausgewählte Beispiele s. etwa Stuttgart, Hauptstaatsarchiv, A 256, Bd. 1, fol. 15 r: *nach lütt des Registers In der Cantzly vffgeschriben*; fol. 34 r: *hat er mir geantwürtt darnach als er sin Jarrechnung getett*; ebd.: *In dem Concept der Rechnung vffgeschriben*; fol. 64 v und 68 r und öfter: *nach lütt des Registers hieby von monat zu monat*, usw.
282 S. wieder exemplarisch Stuttgart, Hauptstaatsarchiv, A 256, Bd. 1: Neben den am häufigsten gebrauchten Begriffen *quittanz* bzw. *quittierung* verwendete Heller für Verweise auf diese dokumentierende Schriftlichkeit auch eine Vielzahl spezifischerer Termini wie *schultbrieff* (unter anderem fol. 3 v), *houptbrieff* (unter anderem fol. 6 r), *fandbrieff* (unter anderem fol. 46 r), *dienstbrieff* (unter anderem ebd.), *gehaißbrieff* (unter anderem fol. 51 v), *sendbrieff* (unter anderem fol. 52 v), *lipdingbrieff* (unter anderem fol. 53 v), *wilbrieff* (unter anderem fol. 63 r) usw.

standen bereits vor 1500, was dazu führte, dass sie in den Bestand A 602 übernommen wurden.[283]

Dies führt uns nochmals auf den Bestand A 602 als Ausgangspunkt der statistischen Überlegungen zurück: Auch hier finden sich Quittungen, deren Zahl und Beschreibstoff sogar quantitativ auswertbar wird, weil für sie ein eigenes Membrum geschaffen wurde – es ist das einzige in der Bestandstektur, das nach einer spezifischen Textgattung sammelte.[284] Die frühesten darin verwahrten Stücke setzen bereits im Jahr 1331 ein.[285] Bis 1391 sind sie ausnahmslos auf Pergament überliefert. Dann stellte man radikal um: 90 Prozent der heute erhaltenen Quittungen stehen auf Papier geschrieben. Da dieses Membrum mit 1662 Archiveinheiten eine der größten Rubriken überhaupt darstellt, leistet es demnach einen erheblichen Beitrag zum Anschwellen der in Graphik B.1.1 abgebildeten Papierlinie ab der Mitte des 15. Jahrhunderts.

Trotz dieser beeindruckenden Zahl ist freilich keineswegs davon auszugehen, dass *alle* aus der Zeit vor 1500 erhaltenen Quittungen dort zentral verwahrt würden; schnell finden sich Belege weit gestreut auch in den anderen, nach Sachthemen geordneten Membra. Vor allem aber repräsentieren sie vermutlich nur noch einen Bruchteil dessen, was ursprünglich einmal in die Kanzlei der Württemberger gelangte, wie Heidrun Hofacker beeindruckend plausibel gemacht hat. Anlass dafür war ihre Beobachtung, dass die Zahl erhaltener Stücke aus den Jahren 1445 bis 1482, das heißt aus der Zeit der Landesteilung, und hier wiederum aus der Stuttgarter Kanzlei unter Ulrich V., besonders hoch ist.

Diese Quittungen tragen Dorsualvermerke, die den Empfänger, die Summe und die Rubrik nennen, zu der die Zahlung gehörte. Da diese Vermerke fortlaufend angebracht waren, konnten sie – so vermutet Hofacker – ein Rechnungsbuch ersetzen. Für die Uracher Kanzlei in derselben Zeit wie auch für die Kanzlei nach der Wiedervereinigung fehlen entsprechende Quittungen dagegen fast vollständig. Sie wurden, so erklärt Hofacker plausibel, vermutlich kassiert, sobald ihr Inhalt ins Rechnungsbuch übertragen worden war. Überprüfbar ist diese Vermutung nicht, denn die Rechnungsbücher dieser Jahre sind ja nicht auf uns gekommen. Ein ähnliches Verfahren muss aber auch für die Dienstgeldquittungen angewandt worden sein. Sie wurden nicht in die Rechnungs-, sondern in die Dienerbücher eingetragen und hier haben wir mehr Glück mit der Überlieferung: In die frühen (auch auf Papier geschriebenen) Exemp-

---

283 Findbuch zu Stuttgart, Hauptstaatsarchiv, A 258: Für das erste Büschel ist eine Laufzeit beginnend mit den Jahren 1483/84, 1488/89 und 1499/1518 vermerkt; verwiesen wird dazu auf WR 2193–3744, 14798, 14800–14848.
284 Stuttgart, Hauptstaatsarchiv, A 602, Kanzlei, Quittungen, s. URL: https://www2.landesarchiv-bw.de/ofs21/olf/struktur.php?bestand=3703&klassi=002&anzeigeKlassi=002.015 (Stand: 10.03.2023). Eine kursorische Prüfung der Kurzregesten ergibt, dass die dort archivierten Stücke in der Tat auf die Gattung der Quittungen beschränkt sind.
285 Stuttgart, Hauptstaatsarchiv, A 602, Nr. 2193 = WR 2193.

lare, die für die Jahre 1453 sowie 1464 bis 1479 und 1479 bis 1483 erhalten sind, wurden nämlich ebenfalls explizit Quittungsvermerke eingetragen.[286]

Die schlechte Überlieferungslage für das Finanzwesen, die uns heute nur noch auf den Typus der Jahresrechnungen mit bereits summierten Posten, nicht aber auf Einzelrechnungen und kleinere Rechnungskladden zurückgreifen lässt, ist der Grund dafür, weshalb wir Papierkäufe im spätmittelalterlichen Württemberg nicht mehr feststellen können. Nur für das Jahr 1477 existiert eine Quittung darüber, dass Konrad Brettnauer, Vogt von Zwiefalten, die stattliche Summe von 35 Gulden für nicht näher definierte Papierkäufe in Ravensburg vorgestreckt hatte.[287]

Erst in den Rechnungsbüchern des 16. Jahrhunderts finden sich Papiereinkäufe systematisch verzeichnet, so dass Gerhard Piccard für den Zeitraum von 1541 bis 1628 den Papierbezug in der Kanzlei exakt beziffern konnte: Für das erste nachweisbare Jahrzehnt 1541 bis 1550 errechnet er den Ankauf von 1031,5 Ries Groß- bzw. Kanzleipapier sowie 235 Ries kleinem ‚Schreibpapier', das heißt (bei geschätzten 480 Blatt pro Ries) die eindrucksvolle Menge von fast 500 000 Bögen Kanzleipapier und weiteren mehr als 100 000 Bögen kleinformatigem ‚Schreibpapier', die in der Schreibstube zur Verfügung standen.[288] Umgerechnet auf die heutige Verpackungsgröße von 500 Blatt bei Druckerpapier hätte die Kanzlei pro Jahr immerhin 120 Pakete verbraucht.

Selbstverständlich ist es methodisch problematisch, diese Zahlen einfach schon für die Jahrzehnte vor 1540 anzunehmen. Allerdings müssen Papier und Pergament nicht zentral eingekauft worden sein; vielleicht war es wie vielfach andernorts in der Verantwortung der Schreiber, sich mit Schreibmaterial zu versorgen (s. dazu Kap. B.3 mit Kasten B.3.5). Außerdem stoßen wir nicht nur im Finanzwesen auf große Überlieferungslücken. Sehr viel mehr Schriftgut muss es auch in anderen Bereichen gegeben haben – allen voran in den Korrespondenzen, wie im nächsten Kapitel der vergleichende Blick auf Mantua näher aufzeigen soll.

Pergament und Papier im Mantua des Quattrocento

Bleiben wir zuerst noch kurz bei Württemberg: Die Überlieferung an Briefen im Hauptstaatsarchiv Stuttgart ist, wie Peter Rückert feststellt, im Vergleich zur Dichte urkundlicher Dokumente „bemerkenswert dürftig".[289] Nur für Margarete von Savoyen, die Frau Graf Ulrichs V. von Württemberg, ist ein größeres Korpus erhalten, das aus etwa

---

[286] Die Dienerbücher wurden im Zweiten Weltkrieg zum Teil stark beschädigt, für eine Übersicht s. Findbuch Stuttgart, Hauptstaatsarchiv, A 17: Kanzleisachen, unter III.
[287] Stuttgart, Hauptstaatsarchiv, A 602, Nr. 3368 = WR 3368.
[288] Piccard, Die Wasserzeichenforschung als historische Hilfswissenschaft, 1956, 75f.
[289] Peter Rückert in: Antenhofer et al., Die Korrespondenz um Barbara Gonzaga, 2013, 42. S. auch ders., Herrschaftliche Korrespondenz und ihre Überlieferung im deutschen Südwesten, 2015, 34f.

150 Briefen von über 50 Absender*innen besteht.[290] Nach Rückert zeigt das Konvolut ihre persönliche Vernetzung sowohl im In- und Ausland als auch in die unterschiedlichsten Gesellschaftsschichten: Neben Adligen und Geistlichen, Schultheißen und Amtmännern, Dienerinnen und Dienern aus ihrer württembergischen Umgebung schrieb sie in vier Sprachen mit wichtigen Herrschaften vor allem in Baden, Bayern und der Pfalz, aber auch in Frankreich, Burgund und den italienischen Fürstentümern Mailand, Piemont sowie ihrer Familie in Savoyen.[291]

Margarete war aber natürlich nicht die einzige, die regelmäßig korrespondierte, wie sich zumindest punktuell an der Gegenüberlieferung in anderen Archiven ablesen lässt. So haben sich allein in den Briefbeständen im Archiv der Zollerschen Markgrafen von Brandenburg, soweit sie in der Edition von Georg Steinhausen vorliegen, rund 50 eingegangene Schreiben bzw. Konzepte für ausgehende Briefe an die Grafen von Württemberg erhalten, für die sich in ihrem Archiv jedoch keine Spur mehr findet.[292] Noch größer ist die Zahl an nach Württemberg adressierten bzw. von dort empfangenen Briefen, die bis heute im Mantua im Archivio Gonzaga aufbewahrt werden.[293]

In der Tat handelt es sich bei den reichen Beständen des Archivio Gonzaga um eine der wohl außergewöhnlichsten und geschlossensten Sammlungen spätmittelalterlicher Korrespondenzen. Der in einem eigenen gedruckten Findbuch beschriebene Briefverkehr, der aktuell 2871 von insgesamt 3726 Archivschachteln im Archivio Gonzaga füllt, macht ungefähr 77 Prozent des Gesamtbestandes aus![294] In der jüngeren Vergangenheit sind diese Mantuaner Briefbestände vermehrt untersucht und zum Teil sogar editorisch erschlossen worden.[295] Als Ergebnis der einschlägigen Studien ist

---

290 Das 268 Papierseiten umfassende Konvolut liegt unter Stuttgart, Hauptstaatsarchiv, A 602, Nr. 260 = WR 260. In Vorbereitung zu diesem Korpus ist eine Habilitationsschrift von Anja Thaller, s. dazu Rückert/Thaller, Zur Einführung, 2020, 14; Thaller, Margarethe von Savoyen im deutschen Südwesten, 2020; zuletzt Rückert/Oschema/Thaller, Starke Frauen?, 2022, hier besonders die Beiträge von Thaller und Frauenknecht.
291 Rückert, Herrschaftliche Korrespondenz und ihre Überlieferung im deutschen Südwesten, 2015, 44–48.
292 S. Rückert, Herrschaftliche Korrespondenz und ihre Überlieferung im deutschen Südwesten, 2015, 35.
293 Die Verluste dieser Korrespondenzen wurden in Württemberg schon im späten 19. Jahrhundert aufmerksam registriert, man versuchte eine Ersatzüberlieferung zu schaffen, indem man mehr als ein Dutzend Schreiben aus den Mantovaner Beständen durch kollegiale Vermittlung der italienischen Archivare in Mantua kopieren und nach Stuttgart bringen ließ; dort wurden sie in den Bestand A 602 unter den Nr. 365–381 eingegliedert; s. dazu Antenhofer et al., Die Korrespondenz um Barbara Gonzaga, 2013, 43.
294 S. Luzio, L'Archivio Gonzaga di Mantova, Bd. 2, 1922/1993, 76; für einen Überblick über die Bestände s. bes. 44–46. S. dazu auch jüngst Daniela Ferrari in: Antenhofer et al., Die Korrespondenz um Barbara Gonzaga, 2013, 36.
295 S. hier die für diese Studie zentrale Edition Barbara Gonzaga: Die Briefe / Le Lettere (1455–1508), bearb. von Antenhofer/Behne/Ferrari/Herold/Rückert 2013, außerdem die seit 1999 von Franca Leverotti geleiteten Anstrengungen zur Edition der diplomatischen *dispacci*, die die fest am Hof der Sforza in Mailand residierenden Botschafter in den fünf Jahrzehnten zwischen 1450 und 1500 nach Mantua

herauszustreichen, dass gerade ab der Mitte des 15. Jahrhunderts unter dem Markgrafenpaar Ludovico III. Gonzaga und seiner deutschen Ehefrau Barbara von Brandenburg der Hof in Mantua zur Drehscheibe eines Briefverkehrs mit zahllosen Adressat*innen sowohl im Familienkreis und innerhalb ihrer Herrschaft im *contado* als auch weit darüber hinaus im Adel Italiens, des Reichs und Europas wurde. Seine Intensität hat Christina Antenhofer 2007 mit moderner Telefonkommunikation verglichen[296] Noch treffender erscheint vielleicht sogar die Parallele zum heutigen Mailverkehr, mit seinen Möglichkeiten, Nachrichten cc oder bcc zu versenden: Auch im Mantua des 15. Jahrhunderts war man gewohnt, Briefe kurzerhand an Dritte weiterzuleiten oder gleich an mehrere Adressat*innen in Kopie zu schicken.[297] Im Folgenden ist es unmöglich, diesen Bestand als Ganzen umfassender vorzustellen; stattdessen seien die Beziehungen zwischen Mantua und Württemberg zum Ausgangspunkt genommen, um einen Eindruck von der Dichte und Qualität des Briefverkehrs in dieser Zeit zu gewinnen.

---

schickten. Von den projektierten 16 Bänden sind zwischen 1999 und 2008 12 erschienen. Während sich der Auftaktband der Edition noch über neun Jahre erstreckt, fassen die folgenden Bände die Briefe von jeweils ein bis drei Jahren. Insgesamt scheinen im Zeitraum nach 1458 die residierenden Botschafter fast jeden Tag, zum Teil sogar zweimal täglich nach Mantua geschrieben zu haben. Spitzen werden etwa 1461 erreicht, als Vincenzo della Scalona insgesamt 381 Briefe – kurze Nachrichten bis hin zu langen Depeschen – an seinen mantuanischen Herrn adressierte, s. Carteggio degli oratori mantovani, Bd. 3, hg. von Lazzarini 2000.

296 Zum Vergleich mit telefonischer Kommunikation s. Antenhofer, Die Gonzaga und Mantua, 2007, 44f.; dies./Herold, Der Briefwechsel um Barbara Gonzaga, 2013, 61f. Allein aus der Regierungszeit Ludovicos sind 85 Bände der Copialettere erhalten, in 15 Archivschachteln verwahrt, von der Hand verschiedener Sekretäre, deren Namen zum Teil auf dem Einband vermerkt sind. Für den Briefwechsel zwischen Mantua und den Ortschaften im Contado geht Lazzarini ab dem Beginn der 1460er Jahre von einer Verzehnfachung aus; die Überlieferung füllt im Schnitt eine Archivschachtel pro Jahr; s. Lazzarini, Fra un principe e altri stati, 1996, 70; s. auch einführend zur Kanzlei der Gonzaga in der Regierungszeit Ludovicos dies., *Peculiaris magistratus*, [1994].

297 Für beide Praktiken s. Beispiele in der Edition Barbara Gonzaga: Die Briefe / Le Lettere (1455–1508), bearb. von Antenhofer/Behne/Ferrari/Herold/Rückert 2013: Für weitergeleitete Schreiben s. unter Nr. 133 und 169 Briefe Eberhards von Württemberg, die er während seiner Beteiligung an der Neusser Fehde 1475 von Köln aus an seine Frau Barbara nach Urach richtete und die sie an ihre Eltern weiterschickte, oder unter Nr. 73 einen Brief von Barbaras Vater Ludovico an seine Frau, in der er ihr für einen Brief und ein beigelegtes Schreiben von Stefanino Guidotti dankt, um es ihr zugleich zurückzuschicken und zu erklären, dass er am Ende eine Passage nicht verstanden habe. Für Hinweise in den Copialettere, dass Briefe nicht nur an den in der Anrede Genannten, sondern auch *in simili forma* an weitere Adressat*innen geschickt wurden, s. etwa unter Nr. 208 einen Brief von Francesco Gonzaga aus dem Jahr 1479 an seine beiden nach auswärts verheirateten Schwestern, Barbara in Württemberg und *in simili forma* Paola in Görz, unter Nr. 222 einen Brief von Federico Gonzaga aus dem Jahr 1481 an Albrecht IV. von Bayern und *in simili forma* an Eberhard von Württemberg, für weitere Beispiele s. Nr. 227, 260, 265, 280, 281. Besonders häufig verschickt wurde unter Nr. 266 eine Nachricht mit der Ankündigung der Vermählung Maddalena Gonzagas mit Giovanni Sforza, der an Florenz gerichtet gemäß des Zusatzes in der Abschrift auch an Siena, Lucca, Herzog Albrecht von Bayern, die Herzöge von Österreich und Sachsen, die Grafen von Württemberg und von Görz sowie den Dauphin d'Auvergne verschickt wurde. S. zu diesem Themenkomplex insgesamt die instruktive Studie von Herold, Report über Grenzen, 2015.

Der Anlass für den Briefwechsel zwischen Mantua und Württemberg in der zweiten Hälfte des 15. Jahrhunderts liegt in einem Eheprojekt der Württemberger mit den Gonzaga. Im April 1474 heiratete Margaretes und Ulrichs Neffe Eberhard im Bart qua Stellvertreter die Gonzaga-Tochter Barbara im Mantovaner Dom; im Juli desselben Jahres empfing Eberhard seine junge Frau an ihrem neuen Lebensmittelpunkt in Urach.[298] Dabei korrespondierten sie und auch ihr näheres Umfeld – etwa ihr Bruder, ein Arzt und am ausführlichsten der Kaplan ihrer Mutter – im Jahr ihrer Brautfahrt nach Württemberg bis etwa zur Geburt ihrer Tochter sogar mehrfach täglich, wie eine im italienisch-deutschen Team verantwortete Edition ihrer Briefe vor allem aus den Beständen des Archivio Gonzaga in Mantua eindrucksvoll demonstriert.[299]

In den Mantuaner Auslaufregistern, den Copialettere, sind uns fast 60 Briefe im Volltext erhalten, die an Barbara Gonzaga in Urach, Stuttgart oder Böblingen abgeschickt wurden und sicher auch zum größten Teil angekommen sein werden, ohne dass ein einziger von ihnen erhalten ist. Auch von den rund 30 Briefen, die man aus Mantua an ihren Mann Eberhard richtete, ist keiner im Original überliefert.[300] Dass das Paar schließlich auch untereinander offenbar regelmäßig korrespondierte, erfahren wir nur indirekt über Bemerkungen Barbaras in den Nachrichten an ihre Familie in Italien. So etwa berichtete sie ihrer Mutter in einem auf den 23. Juni 1475 datierten Brief über die vielen und liebevollen Briefe, die Eberhard ihr aus dem Feld im Neusser Krieg schicke.[301]

---

[298] Zur Uracher Hochzeit s. etwa die Arbeiten von Gabriel Zeilinger, vor allem die Monographie Zeilinger, Die Uracher Hochzeit 1474, 2003.

[299] Nach Antenhofer/Herold, Der Briefwechsel um Barbara Gonzaga, 2013, 52–55, 56f., 62, sind allein von Barbaras Brautfahrt ins württembergische Urach wie auch vom ersten Jahr ihrer Ehe mit Eberhard im Bart 325 Briefe bekannt. Nicht sie allein, sondern parallel auch ihr Bruder Rodolfo, der sie offiziell in ihre neue Familie begleiten sollte, ein Arzt, der den Gesundheitszustand aller Mitreisenden rapportierte, und vor allem und am ausführlichsten Stefanino Guidotti, der Kaplan der Mutter, berichteten den Eltern in Mantua. Bemerkenswerter Weise sind keine Briefe über die Hochzeit selbst überliefert, die jedoch anderweitig in Ordnungen und Berichten gut dokumentiert ist. Das erste Ehejahr bis zur Geburt der Tochter ist gut belegt, auch deshalb, da verschiedene Personen an Barbaras Seite blieben und regelmäßig nach Mantua berichteten. Unter ihnen ist Konrad von Hertenstein hervorzuheben, ein Deutscher in mantuanischen Diensten, der auch eine Mantuanerin geheiratet hatte. Danach flauen nach Antenhofer die Korrespondenzen ab und kreisen um zentrale Themen wie Geburten und Todesfälle, Gesuche um Unterstützung oder Geschenke. S. auch Antenhofer, Fürstliche Briefwechsel zwischen Süddeutschland und Oberitalien im 14. und 15. Jahrhundert, 2015, 59 und 62, allgemeiner zur Erschließung des reichen Mantovaner Briefarchivs für die transalpine Adelsgeschichte auch dies., Briefe zwischen Süd und Nord, 2007; Severidt, Struktur und Entfaltung von Verwandtschaft im Spätmittelalter, 1998; außerdem die von Jürgen Herold angekündigte Dissertation „Briefe und Boten. Die transalpine Korrespondenz der Gonzaga, Markgrafen von Mantua, mit deutschen Reichsfürsten und dem dänischen Königshaus (1433–1506)".

[300] S. Rückert, Herrschaftliche Korrespondenz und ihre Überlieferung im deutschen Südwesten, 2015, 42.

[301] Ed. Barbara Gonzaga: Die Briefe / Le Lettere (1455–1508), bearb. von Antenhofer/Behne/Ferrari/Herold/Rückert 2013, Nr. 167, S. 278f.

Insgesamt belaufen sich die Briefe, die von Barbara geschrieben und aufbewahrt wurden, im Archivio Gonzaga auf über 200 Stück.[302] Man hob dort sogar zehn Kinderbriefe von ihrer Hand auf, die sie im Alter von sieben bis zehn Jahren vor allem an ihre Mutter Barbara von Brandenburg, aber auch an den Vater Ludovico, an Geschwister und an eine Spielgefährtin schrieb.[303] In den altwürttembergischen Beständen überdauert hat von ihr dagegen überhaupt nur ein einziges, knappes Glückwunsch-Schreiben zur Geburt eines Enkelkindes, das sie an Margarete von Savoyen richtete und das damit im oben schon genannten Korpus zu Margarete archiviert ist.[304]

Wie wir aus den reichen Beständen im Archivio Gonzaga erfahren, konnte Barbara für ihre Korrespondenzen sowohl in ihrer italienischen Heimat als auch später in Württemberg auf Sekretäre zurückgreifen. Trotzdem halten wir auch viele von ihr selbst geschriebene Briefe in Händen; dies gilt auch schon für den größten Teil ihrer Kinderbriefe. Klar tritt dabei hervor, dass die Eigenhändigkeit nicht nur zur Übung der jungen ABC-Schützin dienen sollte. Schon in ihnen spiegelt sich vielmehr die besondere Zuneigung und persönliche Bindung, aber auch die Ehrerbietung, die durch mit eigener Hand geschriebene Briefe ausgedrückt werden sollten.[305]

Ein noch deutlicheres Beispiel dafür ist das halbe Dutzend Briefe, das Barbara als frisch Vermählte an die Mutter in Mantua diktierte und in denen sie sich explizit entschuldigte, nicht *de mia mano* zu schreiben. Jedes Mal ließ sie explizit anfügen, aus

---

302 S. Antenhofer et al., Die Korrespondenz um Barbara Gonzaga, 2013, 36.

303 Ed. Barbara Gonzaga: Die Briefe / Le Lettere (1455–1508), bearb. von Antenhofer/Behne/Ferrari/Herold/ Rückert 2013, Nr. 4–15, 99–106. So schreibt die Neunjährige am 23. Februar 1465 an ihre Mutter, obwohl es gar keinen besonderen Anlass gebe, wolle sie der Mutter *scriver de mia mano queste parolete*, die ihr Wohlergehen anzeigen sollen, ed. ebd., Nr. 10, 103. Nur fünf Tage später erklärt sie in einem weiteren Brief, sie schreibe deshalb eigenhändig, weil die Mutter sie zum Schreiben aufgefordert habe – zwar nicht so gut, wie sie wolle, aber doch, um täglich Fortschritte zu machen (*Poiché la vostra signoria me conforta al scrivere, benché non faza così bene come voria, pur per adaptarmi di meglio, non starò de scrivere questa mia come se sia fata [...]*), ed. ebd. Nr. 11, 103f. Im Juni desselben Jahres schickt Barbara der Mutter ebenfalls einen eigenhändigen Brief, um ihr stolz zu zeigen, welche Fortschritte sie im Schreiben gemacht habe, seit sie aus Mantua fort sei: *La vostra illustre signoria non ha anchora visto da pò che siemo fora, como sia fatta experta in scrivere*, ed. ebd. Nr. 12, 104. Das Kind schrieb jedoch nicht nur selbst, sondern diktierte bereits auch Briefe, s. dazu das Begleitschreiben der neunjährigen Barbara vom 5. August 1465 an ihre Schwester Dorotea, mit dem sie ihr einen Korb Bohnen schicken lässt: Darin heißt es, sie habe selbst schreiben wollen, doch dann hätte sie den Boten unnötig aufgehalten (*Haria scritto de mia mano, ma seria stato longa, haveria forsi impedito el messo*), ed. ebd., Nr. 13, 105.

Im Archivbestand Stuttgart, Hauptstaatsarchiv, A 602, haben sich keine Kinderbriefe erhalten. Müsegades, Fürstliche Erziehung und Ausbildung im spätmittelalterlichen Reich, 2017, 236, nennt als frühestes Beispiel für den deutschsprachigen Raum einen Brief von 1491 aus der Feder des siebenjährigen Markgrafen Joachim I. von Brandenburg.

304 Stuttgart, Hauptstaatsarchiv, A 602, Nr. 260, ed. in Barbara Gonzaga: Die Briefe / Le Lettere (1455–1508), bearb. von Antenhofer/Behne/Ferrari/Herold/Rückert 2013, Nr. 201, 317f.

305 Zur Bedeutung der Eigenhändigkeit s. Herold, Von der „tertialitas" zum „sermo scriptus", 2008, 103–105.

welchen Gründen sie sich verhindert sah.³⁰⁶ Dass sie Sorge vor einer Enttäuschung der Eltern hatte, formuliert am deutlichsten ein Schreiben an den Vater vom 28. August 1475: Der Brief setzt ein mit Barbaras Entschuldigung, dass sie ihm nach der Geburt der Tochter nicht gleich selbst geschrieben habe, und das, obwohl er einen Brief von ihr oder zumindest *per altri canzlieri per me* – das heißt: aus ihrer Perspektive – doch gewiss erwartet habe.³⁰⁷ Klar wird die emotionale Bedeutung, die man solchen persönlichen Briefen zuschrieb, auch in einem Schreiben von Barbaras Bruder Federico, mit dem er ihr und ihrem Mann Eberhard die Verlobung seiner ältesten Tochter Chiara mit dem Erstgeborenen des Grafen Louis de Montpensier anzeigte. Zur Entscheidung, die geliebte Tochter so weit entfernt von der Heimat zu verheiraten, habe ihn letztlich ein freundschaftlicher Brief des französischen Königs bewogen, den dieser eigenhändig unterzeichnet habe.³⁰⁸

Doch auch in Mantua waren Lese- und Schreibkompetenzen kein Proprium der Herrscherfamilie und ihrer Verwaltungseliten. Exemplarisch belegt sei dies durch einen Brief, der ebenfalls in den Zusammenhang des für die Gonzaga so wichtigen Eheschlusses zwischen Barbara und Eberhard im Bart gehört: Denn nicht nur Barbara und ihre Sekretäre, auch einfachere Bedienstete, die im Tross ihres Brautzuges nach Württemberg reisten, schrieben zurück in die Heimat. Erhalten ist vom 15. Juni 1474 der Brief eines *picolo servitore* – wie er sich selbst bezeichnet, während sein Name verloren ist – an Barbaras Mutter, die Marchesa von Brandenburg. Darin bestellte er Grüße von den *poveri caratori*, den armen Fuhrleuten aus Goito, die die Truhen und Kisten des Brautschatzes über die Alpen transportierten (zum Teil auf den Schultern, wie er berichtet) und zu denen er sich selbst offenbar zählt. Am Schluss seines Briefes hat er die Entschuldigung eingefügt, dass sein *stillo nel scrivere,* sein Schreibstil, nicht besonders *ordinato* sei.³⁰⁹ Und selbst wer nicht selbst schreiben konnte oder

---

306 S. etwa Barbara Gonzaga: Die Briefe / Le Lettere (1455–1508), bearb. von Antenhofer/Behne/Ferrari/Herold/ Rückert 2013, Nr. 52: Brief mit der Entschuldigung Barbaras auf ihrer Brautfahrt nach Württemberg, sie schreibe nicht eigenhändig, weil sie an einem öffentlichen Abendessen teilnehmen müsse und schon in Verzug sei; Nr. 106: Brief vom 19. Dezember 1474 aus Urach, in dem Barbara Unwohlsein als Grund nennt, es sei jedoch nicht die Unpässlichkeit, die sich die Mutter erhoffe; Nr. 127 und Nr. 167 Briefe mit der Entschuldigung, es habe nur kurze Zeit bis zur Abreise des Boten zur Verfügung gestanden; in Nr. 127 wird deutlich, dass die Mutter um eigenhändige Briefe gebeten hatte. S. auch ähnliche Erklärungen in zwei Briefen unter Nr. 138 und Nr. 179, die Barbara nicht diktierte, sondern die ihr Sekretär auf ihre Anweisung hin schrieb und in denen er in der dritten Person über sie berichtete.
307 Ed. Barbara Gonzaga: Die Briefe / Le Lettere (1455–1508), bearb. von Antenhofer/Behne/Ferrari/ Herold/ Rückert 2013, Nr. 222, hier 336.
308 Ed. Barbara Gonzaga: Die Briefe / Le Lettere (1455–1508), bearb. von Antenhofer/Behne/Ferrari/ Herold/ Rückert 2013, Nr. 222, hier 337: *Prius igitur super hac re matura a nobis habita consultatione cum et serenissimus rex Francie, qui prefato illustri domino Lodovico affinis existit, litteras suas propria manu subscriptas, quibus nos ad hanc affinitatem invitabat et eam serenitati sue gratissimam fore ostendebat, ad nos dedisset.*
309 Ed. Barbara Gonzaga: Die Briefe / Le Lettere (1455–1508), bearb. von Antenhofer/Behne/Ferrari/ Herold/ Rückert 2013, Nr. 64, hier 158: *[…] la nostra signoria me perdoni s'io non tengo troppo ordinato*

wollte, hatte Gelegenheit, sich in diese Briefkommunikation einzuklinken: Ein Beispiel dafür ist ein Brief des Schneiders Domenico de' Leoncini, der die junge Barbara nicht nur auf ihrem Weg nach Württemberg begleitet hatte, sondern sogar länger dort zu bleiben entschied. Am 26. April 1475 diktierte er dem Kaplan Marino an Barbaras Mutter die Mitteilung, dass er seine Zeit nördlich der Alpen noch um das laufende Jahr verlängern wolle. Zugleich bat er sie um die Unterstützung seiner alten, in Mantua zurückgebliebenen Mutter, da sein Lohn von 12 Gulden nur für den eigenen Lebensunterhalt genüge.[310]

Fassen wir bis hierher zusammen: Die Korrespondenzen innerhalb des erweiterten Familienkreises der Gonzaga sind ein eindrucksvoller Beleg dafür, welchen Stellenwert quantitativ wie qualitativ die Briefkommunikation im 15. Jahrhundert schon einnahm. Stellt man die Frage, auf welchen Beschreibstoffen diese Kommunikation erfolgte, so ist unzweifelhaft, dass im 15. Jahrhundert die große Masse dieser Korrespondenzen auf Papier geführt wurde. Die Briefe um Barbara Gonzaga jedenfalls, die die Edition des Jahres 2013 versammelt, wurden ausnahmslos auf Papier geschrieben.[311] Voraussetzung für eine Teilhabe an dieser Korrespondenz war ein souveräner Umgang mit Schrift und Geschriebenem, den man innerhalb der Herrscherfamilie von Kindesbeinen an trainierte, der aber längst auch schon breit von den Untergebenen erwartet wurde.

Schwieriger zu beantworten ist die Frage, inwiefern die Verhältnisse in Mantua repräsentativ waren auch für andere Städte und Herrschaften. Immerhin zeigt das in den Mantuaner Beständen sichtbare Netzwerk der Gonzaga, dass auch andere viel korrespondierten – selbst jenseits des Alpenkamms im Norden des Reichs. Ungewöhnlicher als der Griff zur Feder selbst war demnach eventuell die Entscheidung der Gonzaga, diesen Briefverkehr so systematisch zu archivieren – während man andere Bereiche wie etwa die Rechnungslegung wie anderswo auch weitgehend kassierte. Die hohe symbolische Bedeutung, die man in Mantua der Kommunikation durch das Medium Brief beimaß, zeigt sich auch in der berühmten *Camera Picta*, die Ludovico III. Gonzaga im eingangs schon als Ort des fürstlichen Archivs genannten Castello di San Giorgio wohl ab 1462 bis spätestens 1474 von seinem Hofmaler Andrea Mantegna mit spektakulären Fresken ausmalen ließ.[312]

---

stillo nel scrivere mio. Der Brief ist im Original erhalten und wurde von den Editoren keiner anderen Hand zugeordnet, so dass es sich vermutlich um ein eigenhändiges Schreiben des namentlich unbekannten *servitore* handelt.

310 Ed. Barbara Gonzaga: Die Briefe / Le Lettere (1455–1508), bearb. von Antenhofer/Behne/Ferrari/Herold/ Rückert 2013, Nr. 137. Der Brief wurde von den Editoren der Hand des Kaplans Marino zugeordnet. Domenico de' Leoncini beginnt sein Anliegen mit den Worten, Barbara von Brandenburg solle sich nicht wundern, dass er ihr bislang noch nie geschrieben habe. Er sei sich jedoch sicher, dass sie von vielen anderen stets auf dem Laufenden gehalten werde.

311 S. dazu Antenhofer/Herold, Der Briefwechsel um Barbara Gonzaga, 2013, 60.

312 Das Programm der *Camera picta* wurde schon oft beschrieben, zentral für die Identifizierung der dargestellten Personen sind die Studien Rodolfo Signorinis, für eine Zusammenfassung seiner

Auf der Nordseite des Raums ist Ludovico als Familienoberhaupt neben seiner Frau sitzend inmitten einiger seiner Kinder – darunter der nach Württemberg verheirateten Barbara – dabei dargestellt, wie er sich über einen aufgefalteten Brief in seinen Händen mit einem Vertrauten, vielleicht seinem Sekretär Marsilio de Andreasi austauscht.[313] Links daneben an der Westseite begegnet Ludovico ein weiteres Mal, diesmal stehend gemeinsam mit seinem 1462 zum Kardinal erhobenen Sohn Francesco; im Hintergrund sind wohl Kaiser Friedrich III. und König Christian I. von Dänemark dargestellt. Hier hält diesmal der Sohn einen ungeöffneten Brief zwischen die Finger geklemmt. Auch wenn umstritten ist, ob und wenn ja, auf welche familiär bedeutsamen Ereignisse sich die beiden Szenen konkret beziehen, ist sich die reiche kultur- und kunsthistorische Forschung zu den Fresken jedoch einig, dass sie in den Worten von Christina Antenhofer „zugleich als Herrrscherinszenierung[,] aber auch als verdichtetes Herrschaftskonzept gelesen werden" müssen[314] – in diesem Herrschaftskonzept wurde dem Medium Brief offenbar eine erhebliche Bedeutung zugemessen. Aus einem erhaltenen Schreiben wissen wir außerdem, dass Ludovico III. die *Camera picta* als repräsentativen Ort nutzte, um im Kreis seiner Vertrauten auswärtige Gesandte zu empfangen und zu beeindrucken.[315]

Dass die Korrespondenz in Mantua in diesem Reichtum auf uns gekommen ist, lässt sich eventuell jedoch nicht nur mit dem ihr zugeschriebenen Symbolgehalt erklären. Vielleicht trug auch die ursprüngliche Praxis der Aufbewahrung dazu bei, die sich heute nur noch erahnen lässt: Bevor das Archivpersonal des 18. Jahrhunderts die Dokumente systematisch auffaltete und nach der Pertinenz völlig neu auf die bis heute verwendeten Archivschachteln verteilte, müssen die Korrespondenzen wohl zumindest in größeren Teilen jahresweise zusammengeschnürt gewesen sein – dies jedenfalls würde die im 18. Jahrhundert in Teilen nachgetragenen Jahresdaten am Rand der Brieforiginale erklären.

Thesen s. Signorini, La „Camera Dipinta" detta „degli Sposi", 2003; pointiert auch Bourne, The art of diplomacy, 2010, 158–166.
313 Zu den Schwierigkeiten der Identifizierung des Marsilio de Andreasi s. Behne, Das Archiv der Gonzaga von Mantua, 1990, 69f.
314 Antenhofer, Die Gonzaga und Mantua, 2007, 37.
315 Bericht des Pietro da Pusterla und des Tommaso Tebaldi da Bologna, Gesandte des Herzogs von Mailand, über den Empfang, der ihnen in Mantua durch Ludovico II. Gonzaga zuteil wurde, ed. in Barbara Gonzaga: Die Briefe / Le Lettere (1455–1508), bearb. von Antenhofer/Behne/Ferrari/Herold/Rückert 2013, Nr. 18, 108f.: Zuerst seien die Genannten von seinem Sohn Federico an der Treppe des Castello abgeholt und in die *camera de l'oro* geführt worden, wo der Markgraf und seine Gattin Barbara von Brandenburg im Kreis namentlich genannter, hochrangiger Würdenträger am Hof, darunter Marsilio de Andreasi, bereits auf sie warteten. Hier überbrachten sie *con devotione et fede* den Markgrafen *l'ambassata che in scripto et ad boca ne ha commissa vostra excellentia, quale arto benignamente e gratamente ne ascoltò*. Wortreich schildern die Gesandten, dass der Markgraf ihr Anliegen sehr freundlich aufgenommen habe, sie wegen der Bedeutung solcher Entscheidungen jedoch mit einer Antwort auf den nächsten Tag vertröstete. *In questa hora hav[r]ano la littera vostra signoria responsiva alla nostra et cossì exequiremo quanto per quella ne comanda*.

Ebenfalls verloren ging bei diesen Neuordnungen die Form, in der man die Briefe im Mittelalter aufbewahrte: Sie waren nämlich eben nicht wie heute als Lose-Blatt-Sammlung in Mappen gepackt, vermutlich hätten sie so kaum die Zeiten überdauert. Indiz für diese Behauptung sind die kleinen Löcher, die sehr viele der original erhaltenen Briefe jeweils in der Dokumentenmitte haben. Es handelt sich bei ihnen, um einen schon zeitgenössischen Begriff zu zitieren, um *lettere infilzate,* um durchstoßene und aufgefädelte Briefe. Als Werkzeug dafür nutzte man eine Nadel, die direkt mit einer Kordel verbunden war, wobei das Ende dieser Kordel mit einem Karton verstärkt war; damit also spießte man Brief um Brief nach Eingang sortiert auf einer sogenannten *filza* auf.[316] Im Archivio Gonzaga hat sich dafür kein einziges Beispiel erhalten. An anderen, jüngeren Beständen des Archivio di Stato di Mantova, zum Beispiel am Familienarchiv der Cavriani, wird jedoch deutlich, dass dieses Verfahren zum Beispiel für *documenti correnti* wie Quittungen usw. auch im 17. Jahrhundert noch immer Einsatz fand.[317] Dass es im Mantua des 15. Jahrhunderts weithin üblich gewesen sein muss, wird auch in einer Nachricht des auswärts weilenden Sekretärs Marsilio de Andreasi in einem Brief 1464 an die Markgräfin Barbara deutlich: Darin schrieb er seiner Herrin, dass ein von ihrem Mann gesuchtes Schreiben als Kopie in einer *filza* bei ihm zu Hause direkt neben dem Kamin zu finden sei. Zusammen mit der Notiz schickte Marsilius auch seine Haustürschlüssel, damit man das Dokument bei ihm holen könne.[318]

Gerade für weniger wichtige Dokumente wie Briefe war das Abheften sozusagen nach dem Leitzordner-Prinzip zeit- und ressourcensparender, als ihre Inhalte in Buchform abzukopieren. Zugleich entlastete die Aufbewahrung im Zusammenhang mit zeitgleichen, gegebenenfalls auch thematisch zusammengehörigen Dokumenten das Archivpersonal bei seinen Verzeichnisarbeiten. So hat Axel Behne in seiner Studie über die Mantuaner Archivinventare des 15. Jahrhunderts festgestellt, dass alle von ihm examinierten Stücke im Archivio Gonzaga archivalische Signaturen und die meisten auch ein Dorsualregest tragen, Ausnahme sind nur diejenigen papiernen Stücke, die man in einer *filza* aufbewahrte.[319] Und in der Tat erscheint es auf den ersten Blick naheliegend, dass vor allem Papiere mit der Nadel aufgefädelt wurden, ist die spanngetrocknete Tierhaut doch deutlich schwerer zu durchstoßen als Papier. Ein Blick in die in Mantua verwahrte Briefüberlieferung aus dem Dogenpalast in Venedig zeigt

---

316 Zum Begriff *filza* mit Belegen seit dem 15. Jahrhundert s. Battaglia, Grande dizionario della lingua italiana, Bd. 5, 1968/1972, 1016f. S. zum Wortgebrauch auch ein Zitat aus einem Brief des Bartolomeo Bonatti, Botschafter von Ludovico und Barbara Gonzaga in Rom, aus dem Jahr 1461 an die beiden mit der dringlichen Bitte, ihrem Sohn Francesco im Prozess seiner Erhebung zum Kardinal schriftliche Instruktionen zu senden – *et bisognaria esser littera, perché le parole non se infilzano* („und es muss ein Brief sein, weil sich die Worte nicht aufspießen lassen"), zit. nach Lazzarini, Introduzione, 2008, 1.
317 Ich bin der Archivarin Laura Melli aus dem Archivio di Stato die Mantova dafür zu großem Dank verpflichtet, mir auf meine Frage nach den mir rätselhaften Löchern in der Mitte der Archivalien die erhaltenen „filze" des 17. Jahrhunderts im Familienarchiv der Cavriani gezeigt zu haben.
318 Für ein Zitat s. Luzio, L'Archivio Gonzaga di Mantova, Bd. 2, 1922/1993, 60 in Anm. 3.
319 S. Antichi Inventari dell'Archivo Gonzaga, hg. von Behne 1993, 32.

allerdings, dass man zumindest gelegentlich auch Pergamente in *filze* abheftete.[320] Im Zweifelsfall waren bei der Entscheidung für eine Ablageform also Gattung und Inhalt der Dokumente wichtiger als das Material.

Blickt man auf die Welt der Korrespondenzen, so muss der Eindruck entstehen, dass im Mantua des 15. Jahrhunderts das Zeitalter des Pergaments längst zu Ende gegangen wäre – und insgesamt nur noch sehr wenige wie die venezianischen Dogen auf der Tierhaut beharrten. Dass diese Vorstellung trügerisch ist, zeigt schnell ein Blick in diejenigen Bereiche des Archivio Gonzaga, in denen vorrangig rechtsverbindliche Dokumente aufgehoben werden. Als Beispiel sei das von Axel Behne akribisch rekonstruierte Familienarchiv der Gonzaga näher in den Blick genommen: Verwahrt wurden darin die wichtigsten Urkunden und Verträge, die die Gonzaga errungen bzw. abgeschlossen hatten, so etwa die kaiserlichen Privilegien zu ihrer Rangerhöhung, Zeugnisse über ihr Grund- und Hauseigentum, Heiratsvereinbarungen, Testamente oder die *condotte,* die Soldverträge. Die Kanzlei erschloss diesen Bestand schon im 14. Jahrhundert mit einem Teilverzeichnis, das nur die Besitztitel umfasste und das Axel Behne daher als „Liegenschaftsarchiv" bezeichnet hat.[321] Im 15. Jahrhundert folgten innerhalb von nur 50 Jahren gleich drei Inventare über den Gesamtbestand. Insgesamt handelt sich um rund 3000 Stücke, zu denen Behne Regesten vorgelegt hat: Sie zeigen nicht nur eindrucksvoll die sukzessiven Zuwächse, die das Familienarchivs erfuhr, Behne konnte vielmehr auch durch kleinteilige Recherchen nachweisen, dass wohl zwischen 85 und 90 Prozent der in den Inventaren gelisteten Überlieferung bis heute die Zeiten überdauert hat.[322]

Das Gros der Stücke, die in dieses Elitearchiv aufgenommen wurden, waren dabei selbstverständlich auf Pergament geschrieben. Papier war darin so ungewöhnlich, dass der Inventarschreiber Paolo de Micheli explizit vermerkte, wenn ihm bei seinen Registrierungsarbeiten 1432 in der *Volta inferior,* dem ‚unteren Gewölbe', ein papiernes Dokument in die Hände fiel.[323] Solche Papiere waren nach seinem Verzeichnis verteilt

---

320 Die für diese Aufbewahrungstechnik typischen Löcher in der Mitte der Dokumente finden sich etwa in Mantua, Archivio di Stato di Mantova, Archivio Gonzaga, E XLV 2, b. 1418, zuerst unter Nr. 4 (wohl 1355), systematisch offenbar ab Nr. 6 (wohl 1361), Ausnahmen unter Nr. 14 und 15 (wohl 1369 und 1370), das heißt just dort, wo auch Papiere überliefert wurden. Eventuell besteht darin der Grund, weshalb die Papiere erhalten sind, da sie in diesen Fällen nicht von den Pergamentbriefen getrennt wurden. Andere der heute in der „busta" verwahrten Stücke müssen ursprünglich zugeklappt aufbewahrt worden sein. Häufiger ist eine der Längsseiten noch immer umgeklappt, denn das starre Pergament verweigert die vollständige Auffaltung. Auch die Kurzregesten des Inhalts von späteren Archivaren auf der Rückseite unterhalb der Adresszeilen sprechen für die zugeklappte Aufbewahrung; schließlich auch die Färbung des Pergaments, die auf den bei der Faltung offenliegenden Seiten öfter nachgedunkelt ist.
321 S. Behne, Das Archiv der Gonzaga von Mantua, 1990, 36–50.
322 S. Behne, Das Archiv der Gonzaga von Mantua, 1990, 161. S. dazu schon oben das Teilkapitel „Statistik und Archivgeschichte".
323 Umgekehrt war dem Inventarschreiber von 1432 auch das Pergament eine Bemerkung wert, wenn er es bei den zu verzeichnenden Stücken offenbar für ungewöhnlich hielt. Mehrfach notierte er, wenn

auf nur fünf von insgesamt 30 Behältnissen, die in dieser *Volta* aufgestellt waren.[324] Der geringe Stellenwert des Papiers im Familienarchiv tritt noch deutlicher hervor, wenn man sich die Behältnisse näher anschaut, in denen sie aufbewahrt wurden: Die meisten befanden sich in Capsa C[325] und Capsa D,[326] zwei lagen in der Capsa h.[327] Für alle drei Behältnisse konnte Behne aus Kommentaren in der Archivordnung von 1432 herausarbeiten, dass sie nur für minder wichtige Dokumente dienten, entweder, weil sie bereits veraltet waren oder weil sie von *Exteriora* handelten. Besonders die Capsa h war als regelrechtes Behältnis für *Inutilia* angelegt, die dann auch – wie die Nachträge im Inventar zeigen – in Teilen kassiert wurden.[328]

Auch im knapp 25 Jahre später angelegten Inventar von Filippo de Grossis und Marsilius de Andreasis zu denselben Beständen taucht Papier explizit wieder auf, da der Verweis auf den Beschreibstoff die entsprechenden Archivalien offensichtlich besser auffindbar werden ließ. Die Angaben sind dabei nicht wortgleich; die beiden

---

er ein *registrum* oder aber einen *quinternellus* bzw. Kopien auf Tierhaut vorfand, einmal, dass es sich um *Forme litterarum antiquarum* auf Pergament handele. Als Begriffe nutzte er dafür wohl synonym *carta membrana* und *carta pecudina*. S. Antichi Inventari dell'Archivo Gonzaga, hg. von Behne 1993, 78, Nr. 20503012, 83, Nr. 20503057, 127, Nr. 21100111. Auch die späteren Inventarschreiber verweisen auf Pergament als Beschreibstoff einzelner Dokumente, zusätzlich nutzten sie dafür auch den Begriff der *carta capreti* bzw. *carta caprina*, die gegebenenfalls konkreter auf Pergament aus Ziegenhaut verweisen; s. ebd., 132, Nr. 30100011, und 214, Nr. 30800037.

324 S. Antichi Inventari dell'Archivo Gonzaga, hg. von Behne 1993: Bei diesen Behältnissen handelt es sich nach dem Inventarschreiber von 1432 um die drei *Capsae C, D* und *h* (für die Belege s. die folgenden Fußnoten) sowie die *Scatula B* (*littera papiri eius sigillus sigillate datum Mantue 1398*, ebd., 58, Nr. 20200007), und *Cofineto, capite dextro* (*Arbitrium dominorum decem Balye Comunis Bononie, in membranis. Item copia predictorum ac nota reformationis eiusdem 1392 pro liga facienda cum magnifico domino Mantue contra comitem Virtutum, in papiro*, ebd., 77, Nr. 20503002).

325 Für den Inhalt der *Capsa C* s. Antichi Inventari dell'Archivo Gonzaga, hg. von Behne 1993, 59–64; Papierbelege: *Quaternus papiri in quo sunt copie quamplurium bullarum*, nach 1401 (Nr. 20300001); *Item copie eiusdem investiture in papiro*, datiert 1400 (Nr. 20300008); *Item copia similis investiture 1351 in papiro* (Nr. 20300010); *Copia investiture Quistelli per abbatem Bondi, in papiro*, entweder 1368 oder 1392 (Nr. 20300026, s. 30606075); *De castro et curia Sermidi investitura per dominum Guidonem episcopum facta in papiro magnificis dominis Lodovico et Francisco 1368* (Nr. 20300027).

326 Für den Inhalt der *Capsa D* s. Antichi Inventari dell'Archivo Gonzaga, hg. von Behne 1993, 69–73; Papierbelege: *Forma iuramenti super vicariatu et feudis, in papiro* (Nr. 20400022); *Testes super datio Pischerie et copia declarationis facte per illustre Ducale Dominium Venetiarum super capitulis Pischerie [...], in papirro. Item <privilegium> copia privilegii Pischerie et testes in papiro*, o. J. (Nr. 20400032); *Breves allegationes Luzarie, Reveri et Gonzaga in papiro*, o. J. (Nr. 20400033); *Item in facto Casalis de Bellotis, in quaternello papirii* [sic], o. J. (Nr. 20400034); *Capitula Communis et hominum Riparoli cum illustre domino nostro, in papiro, sigilata*, 1415 (Nr. 20400047).

327 Für den Inhalt der *Capsa h* s. Antichi Inventari dell'Archivo Gonzaga, hg. von Behne 1993, 117 und 125; Papierbelege: *Donatio omnium bonorum Marini de Finetis facta per ipsum magnifico domino Francisco 1405, in quaternello papiri* (Nr. 21100035); aus Versehen doppelt aufgenommen: *Scripture in papiro de terris sancti Martini*, o. J. (Nr. 21100096) und *Sancti Martini de Gussenago alique scripte papiri in uno involucro in quibus etiam nominatur dominus Vinaldus de Ceresariis*, o. J. (Nr. 21100097).

328 S. Behne, Das Archiv der Gonzaga in Mantua, 1990, 135, s. auch 85.

jüngeren Inventarschreiber schrieben ihre Vorlage also nicht einfach ab, sondern nahmen die Stücke, die zum Teil ihren Platz gewechselt hatten, neu in die Hand.[329] Bei einigen erfahren wir daher erst jetzt (wenn sie nicht erstmals inventarisiert wurden), dass sie auf Papier standen, bei anderen ging umgekehrt der Nachweis des Beschreibstoffs verschütt.[330] In beiden Inventaren lässt sich jedoch ein Eindruck gewinnen, welche Dokumente auf Papier ins Familienarchiv gefunden hatten: In der Mehrzahl der Fälle handelt es sich um Stücke, die als Kopien ausgewiesen sind.[331] Öfter als papiern gekennzeichnet wurden außerdem *quinterni* bzw. *quinternelli,* dünne Hefte, die man flankierend zu Rechtsdokumenten aufhob oder in die man Kopien notierte.[332] Deutlich seltener sind Stücke auf Papier, die für sich allein stehen: Vereinzelt ist von Briefen auf Papier die Rede.[333] Als *in papiro* wurden im Inventar von 1456 immerhin auch Schriftstücke ausgewiesen, auf denen Eidformeln *super vicariatu et fundis* sowie die *Capitula hominum Ripparoli cum magnifico domino Mantue 1415* festgehalten worden waren.[334] Generell ist jedoch davon auszugehen, dass man alles Rechtsverbindliche, Wichtige auf Pergament zu konservieren trachtete, während Papier nur für *scripta picola*[335] – so eine Formulierung des Inventarschreibers von 1480/81 – in Frage kam.

---

329 So etwa wurde eine *copia in papiro* eines Investiturbriefs von 1351 im Inventar von 1432 in der *Capsa C* verortet, während das Inventar von 1456 sie zum Inhalt der *Capseta Yhus* aufführt, s. Antichi Inventari dell'Archivio Gonzaga, hg. von Behne 1993, Nr. 20300010 und 30300015.
330 Als Beispiel s. die in *Scatula B* gelagerten Briefe von 1398, die Paolo de Michele 1432 als papiern auswies, während dieser Zusatz 1456 wegfiel, s. Antichi Inventari dell'Archivio Gonzaga, hg. von Behne 1993, 58, Nr. 20200007 und 30605009, oder aber Notariatsinstrumente zu Sermidi, zu denen nur das Inventar von 1456 ein ihnen beigefügtes *quinternum papiri* nennt, s. ebd., Nr. 30100046 und 20800017.
331 Dies gilt – um das Inventar von 1456 zu zitieren – zum Beispiel für alle vier Papiere in der *Capseta signata E,* s. Antichi Inventari dell'Archivio Gonzaga, hg. von Behne 1993, 190: *Copia testamenti domini Filippini de Salis in papiro 1395* (Nr. 30610010), *Copia capitulorum inter ducissam Mediolani et eius natum ex una parte et Ugutionem de Contrariis [...] ex altera de anno 1402 in papiro. Item copia mandati domini Borgibogii de Simonaro in papiro,* (Nr. 30610011), *Copia papirea previlegii imperialis [Lotharii III] plurium locorum pro monasterio Sancti Benedicti* (Nr. 30610012).
332 Als Beispiele aus dem Inventar von 1456 s. etwa im *Cassono Magno,* ed. Antichi Inventari dell'Archivio Gonzaga, hg. von Behne 1993, 137, 140, 150, neben dem oben bereits zitierten Stück unter Nr. 30100046 auch: *Instrumenta novem et unus quinternellus papiri cum bulla papali de reductione 400 minalium frumenti ad minalia 200 [...]* (Nr. 30100069); *Instrumenta duo cum descriptione terrarum de Tezolis in uno quinterno papiri* (Nr. 30100072); oder in der *Capseta Yhus,* ed. ebd., 160: *Promissio illustris domini Nicolai marchionis Ferrarie facta illustri domino marchioni Mantue [...] cum instrumento mutui ducatorum vigintique milium prefato domino Nicolao et Alberto, et cum quinterno papiri de factis Mellarie* (Nr. 30300012).
333 Als Beispiel aus dem Inventar von 1456 in der *Capseta Yhus,* ed. Antichi Inventari dell'Archivio Gonzaga, hg. von Behne 1993, 158: *Cedule et scripture in cartis bombicinis cum littera Ducalis Dominii simul legate pro tractatu cuiusdam parentele signate Jesus* (Nr. 30300001).
334 S. die *Capseta D* im Inventar von 1456, ed. Antichi Inventari dell'Archivio Gonzaga, hg. von Behne 1993, 198: *Forma iuramenti super vicariatu et feudis in papiro* (Nr. 30612014, s. auch den Eintrag im Inventar von 1432 unter Nr. 20400022); *Capitula hominum Ripparoli cum magnifico domino Mantue 1415 in papiro,* Nr. 30612017, s. auch den Eintrag im Inventar von 1432 unter Nr. 20400048).
335 S. das Inventario de le scripture in el Casono dali Signi, ed. Antichi Inventari dell'Archivio Gonzaga, hg. von Behne 1993, 227, Nr. 40103027: *Una scripta picola in papiro per facti del signor messer Carlo.*

Im übrigen sind die Inventare schließlich auch aufschlussreich für die Frage, welche Namen man für Papier im 15. Jahrhundert kannte und nutzte: Nur ein einziges Mal, im Inventar von 1456, taucht der auch schon in den ersten Statuten Mantuas aus dem Jahr 1313 verwendete Begriff der *cartae bombicinae* noch auf;[336] ansonsten hatte sich im Sprachgebrauch des 15. Jahrhunderts offenbar längst der vom Papyrus abgeleitete Terminus *papirum* bzw. italienisch *papirro* eingebürgert.[337]

Die Inventare sind zwar seltene, aber doch nicht die einzigen Schriftzeugnisse, die uns etwas über die Materialität der Archivalien und deren Bewertung erahnen lassen. Auch die wenigen weiteren Belege bestätigen dabei klar die Bedeutung, die man dem Pergament im Mantua des späten 15. und beginnenden 16. Jahrhunderts noch beimaß: So etwa war das oben schon erwähnte Papierverbot für Notare, das zuerst in den Stadtstatuten von 1313 nachweisbar ist,[338] ein Jahrhundert später nicht obsolet geworden, sondern es findet sich in einer Grida, einem öffentlich verkündigten Erlass, von Francesco Gonzaga vom 3. November 1401 wiederholt.[339] Dieses Vertrauen in Pergament hatte auch wirtschaftlich-administrative Folgen, wie eine weitere Grida von Federico II. Gonzaga aus dem Jahr 1530 spiegelt: Darin verbot Federico die Ausfuhr von Pergament aus dem Mantovano mit der Begründung, seine Stadt und seine *officii* – das heißt, die ihm unterstehenden Ämter – würden unter Pergamentmangel leiden. Da die Häute also dringend im eigenen Land gebraucht würden, droht er bei Missachtung des Verbots empfindliche Strafen an.[340]

Wie für Württemberg lässt sich damit grosso modo auch für Mantua das Bild bestätigen, dass für rechtsverbindliche Schriftstücke nach wie vor die Verwendung von Pergament erwartet wurde und man Papier vor allem für die diese Stücke flankierende Schriftlichkeit sowie für die Kommunikation nutzte. Trotzdem war – wie wir auch gesehen haben – nicht immer eindeutig oder unkompliziert, wie die entsprechenden Dokumente einzusortieren bzw. zu bewerten waren. So scheint es oft mehr

---

336 S. für die Belege oben Anm. 333 und 149.
337 S. auch das Adjektive *papireus*; für Belege s. die Fußnoten oben Anm. 329 bis 335.
338 S. für den Beleg oben Anm. 149.
339 Die Grida bestätigt die Existenz des Ufficio degli instrumenti, das die Notare darauf verpflichtete, die *instrumenti atestadi in publica forma, in Carta membrana* auszufertigen, zit. nach Bellù/Navarrini, Archivio di Stato di Mantova, 1983, 773.
340 Archivio di Stato di Mantova, Archivio Gonzaga, b. 2038–39, fasc. 14, fol. 22r: Grida vom 7. Dezember 1530, verkündet vom herzoglichen Sekretär Giovanni Giacomo Calandra im Auftrag von Federico II.: *Havendo inteso lo Illustrissimo ed Eccellentissimo nostro il Duca di Mantova che la città et li officii suoi di Mantova patiscono di carta pergamena per la carestia che ne è in la prefata sua Città, causata per la gran quantità di essa carta che vien portata fuori del dominio suo, et parendo a Sua Excellentia che li suoi officii et la sua città non debano partire per fornire altrui di quello che produce il suo dominio, per la presente crida fa publico comandamento che per dui anni proximi a venire, dal dì dela presente publicatione, non sia persona de sorte alcuna che ordisca di portare o mandar fuori del prefato dominio carta pergamena né in picciola né in gran quantità, né confetta né da confettare de sorte alcuna sotto pena de venticinque ducati per cadauna volta, et di perdere la robba, carri e bestie et altre cose con le quali le conducessero, la qual pena sarà exacta irremissibilmente da essi che contrafaranno.*

Abstufungen an ‚Bedeutung' gegeben zu haben, als sich durch die binäre Wahl zwischen Pergament und Papier materiell ausdrücken ließ. Am Schluss stehen soll daher ein Beispiel aus dem Mantovano, dass man auch bei Papier nach Möglichkeiten und Wegen suchte, den Blättern mehr Authentizität zu verleihen. Zu entdecken ist dieses Beispiel in sporadisch überlieferten Stücken aus der Mitte des 15. Jahrhunderts, geführt zum Beispiel an den Toren der Stadt zur Verzeichnung der *dazi*, der Zölle, die hier auf die eingeführten Waren erhoben wurden. Materiell gesehen handelt es sich um mittelgroße Papier-Hefte, die man in Pergamentumschläge hüllte; verschließbar waren sie mit Pergamentknöpfen und Lederschlaufen, die oft noch erhalten sind und deren gleichförmige Gestalt ebenso wie das erstaunlich einheitliche Layout dieser Hefte darauf schließen lässt, dass diese Hefte zentral produziert und an die zollführenden Amtleute ausgegeben worden sein müssen.[341]

Dass es sich um rechtsverbindliche Schriftlichkeit handelte, wird am Papier dieser Hefte sichtbar: Jeweils in die obere rechte Ecke prägte man hier nämlich das Antlitz des antiken Dichters Vergil in das Papier, und dies nicht nur auf der ersten Recto-Seite, sondern Blatt für Blatt. Genutzt wurde dafür ein runder Siegelstempel, der direkt auf das Papier gestanzt worden sein muss – manchmal mit so viel Kraft, dass die Bögen an den Außenkanten des Stempelrunds zu brechen drohen. Auf der ersten Recto-Seite der Register wurde seine rechtssichernde Funktion prominent kommuniziert: Wie ein Titelblatt war diese Seite für einen stark formalisierten Absatz vorbehalten, der nicht nur knapp den entsprechenden Ort der Zollstelle, die dort buchführenden Amtleute und zentrale durch das jeweilige Tor eingeführte Waren sowie die Laufzeit des Registers nennt. Gleich in der ersten Zeile nimmt er vielmehr auch Bezug auf das Konterfei Vergils: *Liber Iste cart[arum] Quadragintaocto Bullat[us] bullo V[e/ir]gilinno comunis Mantue [...].*[342]

Dass man für den Stempel ein Porträt des römischen Dichters und Epikers Publius Vergilius Maro wählte, kommt nicht von ungefähr. 70 vor Christus auf einem Landgut bei Mantua geboren, gilt Vergil nicht erst heute als einer der berühmtesten Söhne der Stadt. Schon in der mittelalterlichen Kommune ging sein Antlitz massenhaft auf den

---

341 S. etwa Archivio di Stato di Mantova, Archivio Gonzaga, H III 1, b. 3136, fasc. 13 (Nr. 512–540), fasc. 14 (Nr. 542–563), fasc. 15 (Nr. 564–600) und fasc. 20 (Nr. 601–650): Als Beispiel dienen vier Register der „Ragioneria", die 1451 bis 1453 sowie 1456 an den Zollstellen der *Porta delle Scole*, *Porta di Portazzolo*, *Porta Cerese* und *Porta di Porto* über durch diese Tore importierte Waren (meist Mehl und Korn) geführt wurden. Die Register sind ungefähr gleich groß (etwa 31,5 × 20 bis 21 Zentimeter) und besaßen einen Pergamentumschlag, der sich vorn zum Schutz der Seiten übereinanderschlagen und durch einen Pergamentknopf und eine lederne Schlaufe verschließen ließ. Die drei zwischen 1451 und 1453 geführten Register enthalten dasselbe Wasserzeichen. Zur Bedeutung der Umschlaggestaltung für Fragen der Rechtssicherung s. mit deutschen Beispielen die instruktive Studie von Mau-Pieper, Koperte, 2005.

342 Hier zitiert nach ebd., fasc. 13, fol. 1r, innerhalb der „busta" nummeriert als fol. 513r; da dieses Register über drei Jahre geführt wurde, erscheint der Eintrag auf diesem ersten Blatt auch drei Mal jeweils mit den aktuellen Namen der Amtleute und dementsprechend von verschiedenen Händen.

in Mantua geprägten Münzen von Hand zu Hand.[343] Auch in Mantua produzierte bzw. gehandelte Waren wie Brot oder Wein sollten mit einer *bulla Virgilii* vor Manipulationen und Betrug geschützt werden, so verlangten verschiedene Verordnungen in den städtischen Statuten der Bonacolsi-Zeit zu Beginn des 14. Jahrhunderts.[344]

Bullae mit dem Porträt Vergils konnten demnach aus verschiedenen Materialien bestehen bzw. auf unterschiedliche Stoffe aufgeprägt sein. Umgekehrt war die Nutzung von Papierstempeln nicht auf das Konterfei des Stadtrepräsentanten und auch nicht auf kommunale Institutionen beschränkt. So hat Isabella Lazzarini beschrieben, dass man in der Verwaltung der Güter im Besitz der Gonzaga ganz ähnlich strukturierte Bücher nutzte: Die zentrale mit den Finanzen betraute *fattoria* am Hof der Gonzaga gab dazu papierne *quinternelli* an die vor Ort eingesetzten Vikare aus, in die diese Einkünfte und Ausgaben einzutragen hatten. Den Zollbüchlein vergleichbar, wurde auch hier ein festes Incipit verwendet, wie Lazzarini am Beispiel eines Stücks für die Herrschaft Villimpenta von 1471 zeigt: *liber iste cartarum 55 bullatus bullo leonis factorie generalis consueto datus et consignatus fuit per [...]*.[345] Die 55 Papierblätter für Villimpenta waren also mit einem Löwensiegel authentifiziert; auch hier wurde das Symbol des steigenden Löwen aus dem Gonzaga-Wappen als Stempel direkt auf das Papier aufgedrückt.[346]

Terminus technicus für dieses Verfahren ist die Blindprägung bzw. der Blinddruck, bei dem ein Stempel ohne Farbe ins Papier gedrückt wird. Dieses Verfahren wurde freilich vor allem in der Einbandgestaltung schon viele Jahrhunderte früher praktiziert – hier nicht auf Papier, sondern auf Pergament und vor allem auch auf Leder, wie dies auch vielfach für das renaissancezeitliche Italien belegt ist.[347] Anders

---

343 Vgl. Panvini Rosati, La monetazione dei Gonzaga, 1995, 135.

344 So etwa verpflichteten die Statuti Bonacolsiani Tavernen und Schenken, ihre Weinfässer zu kennzeichnen mit einer *bocola vitrea bullata bulla Virgilii ac approbata et iustata secundum formam statutorum comunis Mantue*, ed. Statuti Bonacolsiani, hg. von Dezza/Lorenzoni/Vaini 2002, 162. Auch in Mantua geltende Gewichte und Maßeinheiten wurden durch eine *bulla Virgilii* garantiert: *Et omnia pondera et mensuras et magna et parva usque ad dragmam, ita quod dragma includatur, faciat iustari et bullari ad sculpturam Virgilii perpetuo duraturam. pondera vel mensuras iusta bullata*, ed. ebd., 263. Die Gründe für die Besiegelung der Waren werden an verschiedenen anderen Stellen der Statuti Bonacolsiani deutlich: In einem Absatz über die *bullatione pannorum* heißt es, man siegele die Tuche mit einem *certo bullo de stagno, sicut placuerit domino potestati, ne possint falsificari*, ed. ebd., 268. Über die Kennzeichnung von Brot im Sinne des Verbraucherschutzes urteilen die Statuti Bonacolsiani: *Et nemo faciat panem ad vendendum nisi habeat prius bulletam a potestate Mantue, in qua scriptum sit nomen furnarii et sit talis litera quod possit bene legi et cum ipsa bulleta bullari debeant omnes pannes*, ed. ebd., 300.

345 S. Lazzarini, Fra un principe et altri stati, 1996, 60f., Zitat in der Anm. 140.

346 Insgesamt hat Lazzarini ebd. vergleichbare Register für zwölf der Gonzaga-Güter identifizieren können. Zur materiellen Überprüfung wurde in dieser Studie nicht das oben zitierte Exemplar aus Villimpenta von 1477 eingesehen, dafür jedoch zwei weitere Stücke aus Poletto Mantovano von 1430 und aus Pietole von 1510/11, vgl. Archivio di Stato di Mantova, Archivio Gonzaga, D IV 4, b. 254, [Stempel] Nr. 19 (Pietole) und Nr. 82 (Poletto Mantovano).

347 S. Mazal, Einbandkunde, 1997, 30f. Zum romanischen Blinddruckeinband des 12. und 13. Jahrhunderts s. ebd., 67–75, zum Schmuck der Bucheinbände im renaissancezeitlichen Italien ebd., 153–170.

als beim Prägen von Leder, bei dem es nach Otto Mazal nötig war, zum einen das Material anzufeuchten und zum anderen die Metallstempel oder -platten zu erhitzen, konnten die Stempel ins Papier dagegen vermutlich direkt ohne flankierende Maßnahmen geschlagen oder gepresst werden. Ein ähnliches Verfahren praktizierte man auch beim Siegeln, wenn der Siegelstempel – wie oben schon beschrieben – nicht in den Wachsbatzen selbst, sondern auf ein Papierstück darüber gedrückt wurde. Unsicher muss bleiben, ob man diese Technik der Authentifizierung nur für papierne oder auch für pergamentene Amtsbücher einsetzte, wobei sich für letztere in Mantua gegebenenfalls schlicht kein Exemplar erhalten haben könnte. Sicherlich war Pergament als Beschreibstoff für solche Verwaltungsbehelfe im 15. Jahrhundert längst aus der Mode gekommen.

Wandel durch Papier?

Die vorangehenden Kapitel haben am Beispiel zweier Fallstudien zu Württemberg und Mantua näher ausgelotet, ab wann und für welche Bereiche das Papier in die Kanzleien beider Räume Einzug hielt und welcher Beitrag ihm für die sprunghaft ansteigende Schriftproduktion am Ende des Mittelalters zuzusprechen ist. Nicht überraschend ist das Ergebnis, dass die Papiernutzung in Mantua im 14. Jahrhundert schon sehr viel breiter war als in Württemberg,[348] auch wenn der Raum nördlich der Alpen im 15. Jahrhundert stark aufholen sollte.[349] Ebenfalls nicht verwunderlich, sondern schon in der älteren Literatur nachzulesen ist, dass es bestimmte Textsorten – Kopien, Rechnungsbücher, Quittungen, Briefe – waren, in denen das Papier vorrangig eingesetzt wurde.

Bemerkenswerter mögen die methodischen Überlegungen sein, welche Schwierigkeiten sich quantitativ wie qualitativ bei der Auswertung solcher Fallstudien ergeben: In beiden Fallstudien sind erstens als Faktor die Neuordnungskampagnen späterer Jahrhunderte zu bedenken, die das Archiv für die Zwecke der eigenen Zeit benutzbar halten sollten. Das Prä der Chronologie im Württemberg des 19. und 20. Jahrhunderts hat zur Folge, dass für die Württemberger Grafen und ihren Papiergebrauch eine Ver-

---

[348] Gerade zwischen Italien und dem deutschsprachigen Raum wurden entsprechende Entwicklungsunterschiede in der Forschung schon oft festgestellt, s. etwa Wendehorst, Wer konnte im Mittelalter lesen und schreiben?, 1986, 18 (hier zugleich mit dem Verweis auf ein vergleichbares West-Ost-Gefälle), 30 und bes. 101f.; Neddermeyer, Von der Handschrift zum gedruckten Buch, Bd. 1, 1998, 516f. oder Arlinghaus, Zwischen Notiz und Bilanz, 2000, 25, mit Verweis auf mittelalterliche Reflexionen dieses Bildungsunterschieds in Anm. 19.

[349] Einen deutlicher Aufholprozess nördlich der Alpen spätestens in der zweiten Hälfte des 15. Jahrhunderts konstatiert etwa auch Mostert, Some Thoughts on Urban Schools, 2014, 342, am Beispiel der Schulen: Habe es am Beginn des ‚langen' 13. Jahrhunderts eklatante Unterschiede im Zugang zu ihnen von einer europäischen Region zur nächsten gegeben, so scheine sich dieser Befund um 1500 nivelliert zu haben.

laufsstudie versucht und zumindest in groben Umrisslinien ein geschlossenes Narrativ geboten werden konnte. Für Mantua dagegen bleiben Beobachtungen zur Verwendung dieses Beschreibstoffs stärker auf punktuelle Erkenntnisse beschränkt. Die Ordnung nach Sachthemen erlaubt umgekehrt viel konkretere Einblicke, wie sich das Papier in einzelnen Texttypen bzw. Gattungen gegen das Pergament durchsetzte. Die in Mantua so reich überlieferten Briefe boten außerdem die Chance, weit über die Mantuaner Kanzlei hinaus auch die Gepflogenheiten der Mantuaner Korrespondenzpartner*innen in den Blick zu nehmen.

Zweitens spielt auch die Frage nach den Verlusten eine erhebliche Rolle. So lässt sich das württembergische Archiv als eine Eliteregistratur bezeichnen, in die nur ein Bruchteil der in der Kanzlei ein- und ausgehenden Schriftstücke gelangte; gerade die Flut an papierenen Briefen, Kladden, Kopien und *zedeln*, die für die alltägliche Arbeit gebraucht wurden, sind uns offensichtlich nur sehr fragmentarisch überliefert. Wenn also die in diesem Kapitel zusammengetragenen Indizien für die Württemberger zweifellos einen massenhaften Einsatz von Papier in der Verwaltung spätestens ab dem 15. Jahrhundert zeigen, so war das erhaltene Schriftgut jedoch vermutlich nicht einmal der größte Teil: Weit mehr wird verloren sein und dies mit großer Wahrscheinlichkeit in signifikativ höherem Maße als die in der gleichen Zeit genutzten Pergamente.

Für Mantua scheint sich angesichts der Masse der dort über die Jahrhunderte bewahrten papierenen Korrespondenzen ein anderes Bild zu ergeben. Auch hier archivierte man jedoch selbstverständlich nicht mit dem Willen zur Vollständigkeit, sondern nach Utilitätsvorstellungen: Das zeigt etwa die einst wohl immense Schriftlichkeit aus dem Bereich der Rechnungen und des Finanzwesens, die heute nur noch in winzigen Splittern zu greifen ist; einzelne Dokumente haben überhaupt nur überlebt, weil sie dem späteren Archivpersonal als Material für Einbände dienten.[350] Und selbst der Briefwechsel der Gonzaga ist, wie etwa die Lücken in den Copialettere zeigen, keinesfalls komplett überliefert.[351] Insgesamt bleibt es also auch hier problematisch, die Anteile von Pergament oder Papier an der Überlieferung abzuschätzen. Der Blick in das herausragend gut überlieferte Schatzarchiv der Gonzaga legt jedoch nahe, dass die Tierhaut Überlieferungsvorteile besaß.

Das Mehr an Schriftlichkeit, das sich im Untersuchungszeitraum für beide Fallstudien feststellen lässt, beruht zweifellos auf Zuwächsen an Schriftgut auf beiden Beschreibstoffen. Während das Pergament dabei seine Rolle als Dauerspeicherme-

---

350 In Mantua, Archivio di Stato di Mantova, Archivio Gonzaga, H III 1, b. 3136, mit den spärlichen Resten der Rechnungsüberlieferung haben auch mindestens zwei pergamentene Dokumente Eingang gefunden, die später offensichtlich kassiert und aufgrund ihres großen Formats stattdessen für Einbände verwendet wurden, s. Nr. 129f. (datiert 1414–1430, 72 mal 55 Zentimeter) und Nr. 126 (datiert 1358/59, 49,5 mal 38,5 Zentimeter). Weitere vergleichbare Beispiele finden sich beschrieben bei Lazzarini, Fra un principe e altri stati, 1996, 37 in Anm. 91.
351 S. dazu etwa die Überlegungen bei Luzio, L'Archivio Gonzaga di Mantova, Bd. 2, 1922/1993, 61, inwiefern das Einsetzen der „minute" ab dem Jahr 1361 zumindest in Teilen die Desiderate der Copialettere aufzufangen vermögen.

dium im Verlauf des Untersuchungszeitraums behauptete, wurde Papier zum Träger für die Masse ephemerer Alltagsschriftlichkeit. Das Adjektiv „ephemer" zielt freilich nicht auf schnelle Vergänglichkeit oder gar eine mangelnde Alterungsbeständigkeit dieser Papiere, wie wir das als Problem moderner holzhaltiger Papiere kennen. Die aus dem Mittelalter auf uns gekommenen Stücke zeigen nach den Analysen von Thomas Klinke per se keinen schlechteren Erhaltungszustand als die mit ihnen überlieferten Pergamente. Als „ephemer" sind die mittelalterlichen Papiere vielmehr deshalb zu bezeichnen, weil die zeitgenössischen Schreiber und Kanzleimitarbeiter sie nicht archivieren *wollten*.

Dass Haltbarkeit dabei ein mögliches, aber kaum das ausschlaggebende Kriterium gewesen ist, zeigt ein Seitenblick auf das Mobiliar, das Axel Behne in seiner Studie zu den Mantuaner Archivinventaren des 15. Jahrhunderts für die oben schon mehrfach genannte *Volta inferior* im Castello di San Giorgio der Gonzaga eindrucksvoll zu rekonstruieren und sogar in einer Grundrisszeichnung zu visualisieren vermochte.[352] Gestützt ist diese Interpretation auf eine sorgfältige Zusammenstellung und Diskussion der Bezeichnungen, die die Archivare des 15. Jahrhunderts für die von ihnen verwendeten Behältnisse benutzten: So etwa versteht Behne – um einige Beispiele herauszugreifen – unter *capsa* und in der Verkleinerung *capseta* oder *capsula* verschiedene Kisten, unter *cassonus* eine eher große Truhe, unter *carnerium* eine lederne Jagdtasche, unter *scatula* ein eher kleines, eigentlich für liturgische Zwecke gedachtes Gefäß.[353] Auch über den Schmuck einzelner Behältnisse geben uns die Inventare Aufschluss: So berichtet das Inventar etwa von einer *Capseta Aquile*, einer Kassette, in die 28 Kaiserurkunden eingelegt waren und die dem Namen nach mit einem Reichsadler geschmückt war,[354] oder aber von der *Capseta Yhsus* (Jesus), die oben bereits Erwähnung fand, weil in ihr auch Papiere steckten. Ihren Namen hat sie nicht von ihren Inhalten, sondern vermutlich daher, dass ein Kruzifix auf ihr angebracht war;[355] die Erwähnung des Dekors

---

352 Für eine Skizze s. Behne, Das Archiv der Gonzaga von Mantua, 1990, 214, s. ebd., 74f., 85: Gemäß den 1432 und 1456 entstandenen Inventaren muss man sich das ‚untere Gewölbe' als Raum mit gewölbter Decke vorstellen, den Behne im Erdgeschoss des Castello di San Giorgio vermutet, da er nach den Aussagen der Inventare neben einem Zugang auch ein Fenster besaß. Als *inferior* wurde er deshalb bezeichnet, weil es auch noch eine *Volta superior iocalium*, also ein ‚Schatzgewölbe' in einem oberen Geschoss gab. Der akribische Vergleich der Inventare lässt sogar nachvollziehen, dass man Archivalien zwischen den verschiedenen Standorten hin und her trug bzw. 1456 das Archiv in einem gemeinsamen Raum zusammenführen wollte und dafür neue Behältnisse besorgte.
353 S. Behne, Das Archiv der Gonzaga von Mantua, 1990, 75–78. Oft bleiben die Begriffe natürlich auch uneindeutig, wie Behne nicht verschweigt; *armarium* etwa kann für einen Schrank stehen, aber auch das ganze Archiv meinen.
354 S. Behne, Das Archiv der Gonzaga von Mantua, 1990, S. 80. Auch bei der *Capseta Pape* verwies der Name auf den Inhalt der Kiste, die päpstliche Bullen zu Territorialrechten der Gonzaga enthielt.
355 S. Behne, Das Archiv der Gonzaga von Mantua, 1990, S. 86. Ein weiteres Beispiel für eine Beschreibung nach Dekor ist das 1432 erwähnte, 1456 offenbar ausrangierte *Carnerium Crucis Sancti Andree*, s. ebd., 90. Die Mehrzahl der 28 bzw. 29 Behälter war 1456 freilich schon systematisch mit dem Alphabet signiert, so ebd., 87.

sollte wohl die leichtere Auffindbarkeit des Behältnisses im Archivraum garantieren. Im Fall des *Cassono dali Signi*, einer Truhe mit den allerwichtigsten Dokumenten der Gonzaga, die in der *guardarobba* der Fürstin aufgestellt war und für die 1480/81 ein eigenes Inventar angelegt wurde, sind die Beschreibungen so dicht, dass Behne sogar ihr Innenleben – mit drei Schubladen unten und zehn Fächern, auf die man von oben zugriff –, außerdem ihre Lage im Raum unweit eines Kamins sowie anhand der Maße der erhaltenen Archivalien in ihrer Größe rekonstruieren konnte.[356]

Insgesamt ist beeindruckend, wie konkret eine Vergegenwärtigung der einstigen Archivräume durch die ganz anderen Zwecken dienenden Informationen in den Inventaren gelingt. Von all den dort einst genutzten Behältnissen freilich hat kein einziges die Zeiten überdauert. Eine materielle Vorstellung davon, wie sie aussahen, ist höchstens noch über vier ebenfalls zeitgenössisch als *cassono* bezeichnete Truhen zu gewinnen, die Barbaras Schwester Paola Gonzaga als Hochzeitsgut aus Mantua zu ihrer Hochzeit 1478 mit Graf Leonhard von Görz nach Lienz brachte und die wohl vor allem für Paolas Kleidung und Hausrat gedacht waren.[357] Überdauert haben werden sie vor allem deshalb, weil sie vom Künstler Andrea Mantegna gestaltet worden waren.

Spekulation bleibt dagegen, wann und wieso die verlorenen Archivbehälter in Mantua ausrangiert wurden. Natürlich ist nicht auszuschließen, dass sie morsch oder anders kaputt gegangen waren. Spätestens das Archivpersonal des 18. Jahrhunderts wird bei seinen gewaltigen Neustrukturierungen des Gesamtbestands aber auch noch andere Gründe für die Wahl neuer Behältnisse gehabt haben – das Bedürfnis anderer Verpackungsgrößen und -materialien, der Umzug von Truhen in Regale, der Wunsch nach modernen und einheitlich gestalteten Behältern, und so fort. Auch hier ist das Argument der Haltbarkeit also kaum ausschlaggebend, um den Erhalt oder aber den Verlust der vergangenen Sachwelt zu erklären.

Kommen wir nach diesem Exkurs zum verlorenen Archivmobiliar wieder auf die erhaltenen Archivalien selbst und konkreter auf den Vergleich zwischen Papier und Pergament zurück, so lassen sich erstaunlicher Weise kaum kategorische Unterschiede bei den Praktiken im Umgang mit beiden Beschreibstoffen dingfest machen. Die Schreiber*innen nutzten vielmehr dieselben Werkzeuge, um die Beschreibstoffe für ihren Schreibzweck zuzuschneiden oder um auf ihnen einen Schriftspiegel anzulegen, sie fädelten sie gleichermaßen auf *filze*, um sie aufzubewahren, sie falteten sie ähnlich, wenn sie sie als Brief verschicken wollten und sie nutzten sogar beide Materialien für Pressel, um diese Briefe zu verschließen. Zugleich fehlen in beiden Fallstudien Schriftquellen, die uns über potentielle Unterschiede in der Benutzung und vor allem Bewertung von Pergament und Papier näher aufklären würden. Wir halten nicht einmal Rechnungen über Pergament- und Papiereinkäufe in Händen, die die Preisunterschiede zwischen den beiden Beschreibstoffen zumindest punktuell abschätzen

---

356 Für eine Skizze s. Behne, Das Archiv der Gonzaga von Mantua, 1990, 215, s. auch ebd. 102, 146 und 160f.
357 S. Schubring, Cassoni, Bd. 1, 356–58, Bd. 2, o. S., Tafeln CXXXIX bis CXXXI.

lassen würden.³⁵⁸ Insgesamt jedoch bleibt der Eindruck, dass die stofflichen Gemeinsamkeiten zwischen Pergament und Papier in den Praktiken der Nutzer*innen offenbar die Unterschiede überwogen.

In dieser Beobachtung liegt eine zentrale Differenz zu einer anderen, besser: *der* anderen Innovation in der mittelalterlichen Schriftkultur, der Erfindung des Buchdrucks mit beweglichen Lettern in der Mitte des 15. Jahrhunderts. Wer also gewöhnlich Pergament zum Schreiben verwendete, konnte natürlich auch mit Papier umgehen; wer in der Lage war, mit Feder und Tinte zu schreiben, konnte dagegen nicht automatisch zu drucken beginnen. Angesichts dieser Überlegungen bleibt zweifelhaft, ob man beim Umbruch von Pergament zu Papier von einem „Medienwechsel" sprechen sollte. Umgekehrt war es trotzdem das Papier und nicht der Buchdruck, der in den Herrschaften der Gonzaga und der Württemberger den Unterschied machte.

Dies gilt, obwohl der erste Württemberger Herzog Eberhard im Bart in der Forschung sogar als Pionier bei der Durchsetzung des Buchdrucks für Herrschaft und Verwaltung bezeichnet worden ist. Insgesamt sind fast ein Dutzend „Amtsdrucksachen" aus den Jahren 1476 bis 1483 bekannt, die Eberhard der Ältere als einer der ersten deutschen Landesherrn überhaupt in Auftrag gab.³⁵⁹ Dabei handelt es sich sowohl um Einladungsschreiben zu Festlichkeiten wie einem Armbrust- und Büchsenschießen in Herrenberg und Bekanntmachungen etwa der Eröffnung der Tübinger Universität 1477, die offenbar als Plakate ausgehängt werden sollten, als auch um – mindestens in vier Auflagen nachgedruckte – Exemplare von Ablassbriefen, bei denen bei der Aushändigung an den Empfänger handschriftlich der Name sowie das Datum eingetragen werden konnte. Schließlich nutzte Eberhard die beweglichen Lettern auch, um im über Jahre schwelenden Konflikt mit seinem gleichnamigen Cousin Eberhard II. auf dessen gegen ihn gerichtete Rufmordkampagne zu reagieren, während sein Kontrahent seine Vorwürfe und Schmähungen noch in Form von handschriftlichen *abschrifften [...] an vil ende* verschickt habe, wie der ältere Eberhard schreibt.³⁶⁰

---

358 Für Württemberg s. dazu schon oben bei Anm. 287 und 288; für das Mantovano s. als Beispiel die ebenso dürftigen wie pauschalen Hinweise auf Schreibbedarf, die sich in Mantua, Archivio di Stato di Mantova, Archivio Gonzaga, H III 1, b. 3136, erhalten haben: für eine Rechnung von Bertholinus de Cappo von 1385 über Soldzahlungen, die auch einen Posten für Ausgaben des Notars *pro cartis, libris et aliis opportunus pro officio* festhält, vgl. ebd., Nr. 139, sowie eine Überblicksrechnung der *masseria* für dasselbe Jahr, in der der Posten *Summa Expensae cartarum et cere* über 70 *libra* und 18 *solidi* aufgeführt wird, ebd., Nr. 136–137, hier Nr. 136, oder ein kleines Papierheft aus vier Blättern mit Beschreibung der verschiedenen Zölle im Herrschaftsgebiet von Mantua von 1526, in dem unter dem Stichwort *La Datio dela Bulleta* 100 Dukaten an Giovanni Giacobo Calandra für Zahlungen an einen Hieronymus Mandula genannten *cartularus* und *il resto pro carta data* vermerkt sind, vgl. ebd., Nr. 188–191, hier Nr. 189. In allen Fällen ist unklar, ob mit dem Begriff *carta* Pergament oder Papier bzw. beide Beschreibstoffe zugleich gemeint sind.

359 S. dazu unter anderem Württemberg im Spätmittelalter, hg. von Amelung/Fischer/Irtenknauf 1985, Nr. 56, 84, 178, 182, 186.

360 Eberhard der Ältere, Antwort auf das Schreiben des Grafen Eberhard des Jüngeren, 1488 (GW 09180), [drei Seiten ohne Zählung, Zitat auf der ersten Seite]. Anlass für diesen Brief war das

Wie hoch man sich die Auflagenzahl vorstellen darf, ist nicht leicht zu beantworten. Bis auf eine Ausnahme sind die so genannten „Amtsdrucksachen" Eberhards nur in einzelnen Exemplaren erhalten. Das gilt sogar für die gedruckten Ablassbriefe, die er in mehreren Auflagen für seine Lieblingskirche in Urach, die Amanduskirche, anfertigen ließ.[361] Insgesamt sprechen die Indizien eher dafür, dass wir uns noch keinen allzu weiten Empfängerkreis vorstellen dürfen: Zu einem von Eberhards frühen Druckaufträgen aus dem Jahr 1476 hat sich auf dem wohl in der Kanzlei verwahrten Exemplar eine Empfängerliste erhalten.[362] Mit nicht einmal 30 Adressat*innen lässt sie vermuten, dass der Unterschied zu handschriftlich vervielfältigten Dokumenten in dieser Zeit noch denkbar gering war. Ähnliche Schlussfolgerungen legen auch Beispiele nahe, die aus der Regierungszeit von Eberhards Neffen Ulrich von Württemberg für die erste Hälfte des 16. Jahrhunderts erhalten sind.[363]

Die von Eberhard in Auftrag gegebenen Drucke mögen damit besonders früh und visionär erscheinen; repräsentativ für die Schriftkultur seiner Zeit im Bereich von Verwaltung und politischer Kommunikation waren sie noch nicht. Reproduziert und vervielfältigt wurde in Regiment und Administration stattdessen noch lange Zeit mit der Hand. Und auch die in der modernen Forschung oft wiederholte selbstverständliche Koppelung von Druck und Papier galt noch nicht ausschließlich, so sollte der Tübin-

---

aus Sicht des älteren Eberhard notorische Aufbegehren seines Cousins gegen die sechs Jahre zuvor getroffenen Erb- und Regierungsabsprachen, s. dazu ausführlich Müller, Die politischen Beziehungen zwischen der Kurpfalz und der Grafschaft Wirtemberg, 1970, bes. Sp. 61–63, 90–95.

Solche Rufmordkampagnen, die eine zumindest beschränkte Öffentlichkeit erreichten, waren wohl keine Einzelfälle. Auch für Mantua lässt sich aus dem Briefwechsel der nach Württemberg verheirateten Barbara mit ihrer Familie ein vergleichbarer Streitfall zwischen ihrem Bruder Ludovico, Bischof-Elekt von Mantua, und ihrer beider Neffen, dem regierenden Markgrafen Francesco, fassen, s. Barbara Gonzaga: Die Briefe / Le Lettere (1455–1508), bearb. von Antenhofer/Behne/Ferrari/Herold/Rückert, 2013, Nr. 273, 392–395, hier 394.

361 Grund dafür war ein Ablass, den der Papst für den Bau dieser Kirche gestattet hatte und für den Eberhard mehrfach Verlängerungen erwirkte. Alle diesbezüglichen Bullen wurden entweder vollständig oder als Summarium im Druck veröffentlicht; sie waren offenbar als Plakate gedacht, um in den Kirchen für den Ablass zu werben. Noch größer war der Bedarf an Ablassbriefen, die den Spendern als Bestätigung überreicht wurden – dabei handelte es sich um gedruckte Formulare für ein bestimmtes Kalenderjahr, so dass bei der Aushändigung an den Erwerber nur noch Name sowie Monats- und Tagesdatum eingetragen werden mussten und dies auch notariell beglaubigt werden konnte. In Urach sind zum Teil mehrere Auflagen für die Jahre 1480, 1483 und 1484 überliefert, s. dazu Joachim Fischer in: Württemberg im Spätmittelalter, hg. von Amelung/Fischer/Irtenknauf 1985, 64, Nr. 56.

362 Neben der Gesellschaft im Hegau, den Rittern Wilhelm von Rappoltstein und Bernhard Gradner waren dies 16 oberdeutsche Reichsstädte sowie acht Orte der Eidgenossenschaft, s. dazu Peter Amelung, Nr. 182: Erste württembergische Amtsdrucksache, in: Württemberg im Spätmittelalter, hg. von Amelung/Fischer/Irtenknauf 1985, 179.

363 S. dazu Findbuch Stuttgart, Hauptstaatsarchiv, A 1: Regierungsakten Herzog Ulrichs 1503–1550 mit vielen Beispielen in Büschel 1–6 für Kleindrucke, zum Teil mit einem Adressverteiler auf der recto-Seite, zum Teil für Maueranschläge gedruckt oder aber mit Begleitschreiben an die Vögte erhalten, dass die Stücke öffentlich gemacht werden sollten.

ger Vertrag zeigen, denn dieses für das Land Württemberg zentrale Verfassungsdokument wurde noch 1514 auf Pergament gedruckt.[364]

Diese Überlegungen führen uns in einem letzten Schritt noch einmal zur Frage zurück, welchen Einfluss die hier skizzierten Phänomene und Entwicklungen auf die Lese- und Schreibkompetenzen der Menschen im 15. Jahrhundert hatten. Oft wird der Buchdruck als ein zentraler Auslöser oder Startschuss für die Massenalphabetisierung ins Feld geführt. Nimmt man jedoch an, dass nicht die Welt gedruckter Bücher, sondern vielmehr die Bereiche pragmatischer Schriftlichkeit in der Administration und Kommunikation die Hauptfelder gewesen sein müssen, in denen die spätmittelalterliche Bevölkerung in ihrer Breite mit Schriftlichkeit in Berührung kam, dann wird plausibel, dass auch der massenhafte Einsatz von Papier als Faktor nicht unterschlagen werden kann.

Sicher ist dieser Umbruch noch nicht mit Indizien für eine steil ansteigende Alphabetisierungsrate zu untermauern. Doch als Gradmesser ungleich wichtiger erscheint hier eher ein anschwellendes Bedürfnis nach schriftlicher Dokumentation und Beweissicherung, das sich gerade für die zweite Hälfte des 15. Jahrhunderts und die Regierungszeit Eberhards im Bart deutlich abzeichnet. Wie die oben vorgestellten Beispiele des Württemberger Schneiders Ziegelhans und seines Mantuaner Kollegen Domenico de' Leoncini demonstrieren, die ihre Anliegen beide diktierten,[365] war inzwischen auch die (vermeintlich) illiterate Mehrheit der Bevölkerung in ihrem alltäglichen Leben unausweichbar mit Schriftlichkeit konfrontiert.[366] Anders als in ‚oralen' oder schriftfernen Kulturen musste sie zumindest ein Bewusstsein für ihre graphischen Formen und die Merkmale ihrer Authentizität entwickeln, ebenso wie ein Verständnis dafür, „how writing ‚works'". Sie musste sich etwas aneignen, das Marco Mostert und Anna Adamska als „‚passive' or ‚indirect' literate behaviour" umschreiben.[367]

---

[364] Zum Tübinger Vertrag von 1514 s. das Katalogisat in Landschaft, Land und Leute, bearb. von Rückert 2007, 131f., Nr. III.18. S. auch oben Anm. 32.

[365] S. dazu schon oben bei Anm. 263 (Ziegelhans) und 310 (Domenico de' Leoncini).

[366] Zu diesem Ergebnis kommen viele Studien vor allem seit den späten 1990er Jahren, die das Wort „literacy" nicht mehr wie noch die ältere englischsprachige Forschung konkret als Lese- und Schreibfähigkeit verstehen, sondern die es offener als Schlüsselbegriff – wie Anna Adamska formuliert – für ein „model of culture" benutzen, in dem Schreiben als ein wichtiges Instrument sozialer Kommunikation galt, die also nach der „literate mentality" der Gesellschaft fragen, s. Adamska, The Study of Medieval Literacy, 2004, 13f. und 15; zur Begriffs- und Konzeptgeschichte insgesamt 14–18, s. auch 25. Unter Bezug auf die Arbeiten von Janet Nelson und Rosamond McKitterick beschreibt Adamska als ‚kulturalistisch' gewendete Definition: „literacy has to do with a kind of mental formation, in which uses of writing decide one's world view, and also the construction of power and the organisation of social relations." S. mit ähnlichen pointierten Aussagen auch Glauch/Green, Lesen im Mittelalter, 2010, 377, und für die Verwaltungsgeschichte im deutschen Bereich Holzapfl, Layout und Benutzungskontext, 2005, 39–43, bes. 41.

[367] Mostert/Adamska, Introduction, 2014, 6. S. weitere Versuche zur Umschreibung dieses Phänomens bei Adamska, The Study of Medieval Literacy, 2004, 17 mit der Unterscheidung zwischen

Lese- und Schreibkenntnisse wurden also offensichtlich wichtiger, auch wenn man sich diese neue Pflicht zur schriftlichen Kommunikation deshalb nicht zwangsläufig als Widerpart zur oder gar Ablösung von mündlicher Übermittlung vorstellen darf.[368] Beide Formen ergänzten sich vielmehr, wie schon die auch in Württemberg allgegenwärtige Urkundenformel vom *lesen und hoeren lesen,* vom selbst Lesen wie auch sich Vorlesen lassen, demonstriert.[369] Das Zusammenspiel schriftlicher und oraler Kommunikation demonstriert auch die schon zitierte Ordnung Eberhards aus dem Jahr 1492 für Stuttgart: Sie enthält die Anordnung an seine Amtleute, die Gemeinde

---

‚passiver' und ‚aktiver' Teilnahme an der ‚literacy' (nach Robert Moore), und vor allem Glauch/Green, Lesen im Mittelalter, 2010, 377 und 392f. mit „illiterate literacy" bzw. „quasi-literacy" (Franz H. Bäuml), „group literacy" (Michael Curschmann), „textuality" (Brian Stock) oder aber die von Paul Zumthor und Ursula Schaefer vorgeschlagene Opposition „Vokalität" versus „Visualität" anstelle des Begriffspaars „Mündlichkeit/Schriftlichkeit". Die Mehrzahl dieser Begriffsprägungen ist stark von der vor allem in den Literaturwissenschaften der Volkssprachen geführte Diskussion geprägt, inwieweit die in Handschriften fixierten literarischen Texte in eine Performanzkultur und ein Gemeinschaftserlebnis eingebunden waren oder bereits vorwiegend visuell und individuell rezipiert, das heißt im modernen Verständnis ‚gelesen' wurden. In der Tat ist die Bedeutung der Partizipation an Schriftkultur und Bildung durch das Vorlesen und auch Diktieren gerade in der literaturwissenschaftlichen Forschung dezidiert zum Thema gemacht worden, s. hier vor allem die einschlägige Monographie von Scholz, Hören und lesen, 1980, mit dem zentralen Ergebnis, dass das Lesen neben dem Hören schon im Hochmittelalter zu den üblichen und von den Autoren erwarteten Praktiken der Rezeption von Dichtung und Literatur gehörte, s. dazu das Fazit 231–233.

368 S. dazu programmatisch etwa Adamska, The Study of Medieval Literacy, 2004, 36, aus dem Kreis der älteren Forscher Wendehorst, Wer konnte im Mittelalter lesen und schreiben?, 1986, 13. Für konkrete Beispiele s. etwa den Aufsatz von Christoph Weber, Podestà verweigert Annahme, 2011, über die vielfach belegten Vorfälle im stauferzeitlichen Oberitalien, in denen Gesandte sich vergeblich um das Zustellen oder Verlesen missliebiger Schriftstücke bemühten, da die unwilligen Empfänger die Botschaften wahlweise zerrissen, zertrampelten, aufaßen oder den Boten gar nicht erst vorließen, mit List wieder aussperrten oder verprügelten. Ähnliche Beispiele für die komplexe und aus moderner Perspektive oft irritierende Symbiose zwischen Mündlichkeit und Schriftlichkeit bieten Rauschert, Gelöchert und befleckt, 2003; dies., Herrschaft und Schrift, 2006; sowie Mauntel et al., Beschädigen und Zerstören, 2015, und Mauntel, Charters, Pitchforks and Green Seals, 2015.

Ein anschauliches Beispiel für die Bedeutung der mündlichen Kommunikation, das auch für die hier in den Blick genommenen Fallstudien angenommen werden darf, bildet die Praxis der Rechnungslegung und ihre bis in das 16. Jahrhundert hinein reichende Verwendung römischer Ziffern. Während dies in der älteren Forschung als Rückwärtsgewandtheit und mangelnde Effizienz dieser Textsorte gedeutet wurde, s. etwa noch Patze, Neue Typen des Geschäftsschriftguts im 14. Jahrhundert, 1970/1986, 64, interpretiert die neuere Forschung diese Praxis als wichtiges Indiz für die mündliche Form solcher – wörtlich zu verstehenden – Rechnungs-Legungen: Da sie eben nicht ‚auf dem Papier' stattfanden, sondern auf dem Rechenbrett vor den Augen von Zeugen nachvollziehbar gemacht wurden, funktionierte dieses Prinzip nur mit römischen Ziffern. Es bot darüber hinaus zugleich den Vorteil, die so häufig notwendigen Währungsumrechnungen unkompliziert zu veranschaulichen; s. dazu unter anderem Hess, Rechnung legen auf den Linien, 1977; Mersiowsky, Die Anfänge territorialer Rechnungslegung im deutschen Nordwesten, 2000, 319–322.

369 Allgemein zu dieser gängigen Doppel-Formel s. Schulze, Studien zur Erforschung der deutschsprachigen Urkunden, 2011, 30–32, 126–145, 205f. S. dazu auch schon oben Anm. 367.

mit der Glocke zusammenzurufen und ihnen dann *solich artickel Ordnungen und Satzungen* zu verkünden und sie darauf zu verpflichten.[370] Zu vielen anderen Erlässen ist Eberhards Aufforderung erhalten, dafür zu sorgen, dass sie *allen vnsern underthonen verkuendt*, ja sogar, in den Pfarrkirchen *durch die priester an offner Cantzel* verlesen werden.[371] Und auch im noch früher schriftaffinen Mantua findet sich mit den *Gride*, wörtlich „Schreien", die seit 1369 zu verschiedenen Fragen erlassen und am Samstag auf öffentlichen Plätzen verlesen wurden, eine vergleichbare Gattung.[372]

Selbst bei den Korrespondenzen – auch den überregionalen – war immer auch mit einer mündlichen Komponente zu rechnen: Nachrichten wurden, wie es in einem Bericht des Pietro da Pusterla und des Tommaso Tebaldi de Bologna an ihren Herrn Galeazzo Maria Sforza über einen Empfang beim Markgrafen Ludovico explizit heißt, *in scripto et ad boca* vorgetragen.[373] In der jüngeren Forschung wird unisono die bedeutende Rolle und Verantwortung von Boten und Gesandten herausgestrichen, die Briefe eben nicht nur übergeben sollten.[374] Auch im Korpus um Barbara Gonzaga findet sich vielmehr gleich mehrfach die Erklärung, dass der Überbringer noch ausführlichere Informationen besitze, dass er also offenbar den Inhalt der Briefe um nicht der Schrift anvertraute Details ergänzen sollte.[375] Dabei handelte es sich nicht nur um brisante Geheimnisse, auch emotionale Botschaften sollten mündlich überbracht werden, wenn etwa Barbaras Bruder Ludovico in einem Brief von 1502 die große Entfernung zu seiner geliebten *unica sorella* beklagt und ankündigt, der Bote Poetino werde ihr noch mehr über *l'animo mio* berichten.[376] Sprechend für die eigentliche Praxis ist schließlich auch die Bitte Barbaras an ihre Familie aus dem Jahr 1484, Briefe an

---

370 Urkundenbuch der Stadt Stuttgart, bearb. von Rapp 1912, 536–556, hier 541.
371 Zitate aus einer Ordnung Eberhards im Bart an alle Amtleute, gegeben am Sankt Lenhartstag 1496, ed. Sattler, Geschichte des Herzogtums Wuertenberg, 1777, Nr. 16, hier 53 und 55.
372 S. dazu Lazarini, Fra un principe e altri stati, 1996, 18–25; Behne, Das Archiv der Gonzaga von Mantua, 1990, 32–34; Antenhofer, Die Gonzaga und Mantua, 2007, 43f.
373 S. Barbara Gonzaga: Die Briefe / Le Lettere (1455–1508), bearb. von Antenhofer/Behne/Ferrari/Herold/Rückert 2013, Nr. 18, 108f., hier 108.
374 S. dazu die grundsätzlichen Überlegungen bei Herold, Von der „tertialitas" zum „sermo scriptus", 2008, bes. 93–102.
375 Ed. Barbara Gonzaga: Die Briefe / Le Lettere (1455–1508), bearb. von Antenhofer/Behne/Ferrari/Herold/Rückert 2013, Nr. 48, 139f.: Im Mai 1474 instruierte Ludovico Gonzaga Anselmo Foligno, dem Grafen von Württemberg umgehend von seinem Auftrag zu berichten, ihn über einen bestimmten Übersetzer auf dem Laufenden zu halten, aber sonst niemanden einzuweihen und sich in dieser Sache keiner Briefe zu bedienen. Ebd., Nr. 167, 278f.: Im Juni 1475 schreibt Barbara Gonzaga an ihre Mutter, der Überbringer des Briefes werde sie noch ausführlicher informieren, denn alles geschehe sehr diskret und unter Stillschweigen. Ebd., Nr. 210, 325f.: Von ihrem Bruder Federico erhält Barbara Gonzaga einen Brief mit der Nachricht am Schluss, sie solle Fiorentino allen Glauben schenken, was immer dieser in seinem Namen berichten werde. Ebd., Nr. 299, 433: Von ihrem Bruder Ludovico Gonzaga, Bischofelekt von Mantua, erhält Barbara einen Brief mit der Ankündigung, auf Wunsch werde er Don Leonardo schicken, der ausführlicher berichten könne, was Ludovico noch zu sagen habe; ihm könne sie vertrauen.
376 Ebd., Nr. 310, 447f.

sie künftig nicht mehr durch Boten verkünden zu lassen, insbesondere dann, wenn es sich um schlimme Nachrichten wie den Tod ihres Bruders Francesco handele.[377]

Diese Gepflogenheiten galten genauso innerhalb des deutschen Adels, wie sich etwa an den Kondolenzbekundungen der badischen Nachbarn anlässlich des Todes von Mechthild, der Mutter Eberhards im Bart, im September 1482 illustrieren lässt. Ursprünglich sollte der Bote Johannes von Baden den ihm mitgegebenen Kredenzbrief nur vorzeigen, um sich auszuweisen: Markgraf Christoph von Baden hatte darin angekündigt, Johannes werde *sachen von uns* berichten, *als ir werdent vernemen*. Die Botschaft persönlich vorzutragen, war dem Boten jedoch nicht möglich, da er wegen der damaligen *leuffe* – das heißt, vermutlich der grassierenden Pest – nur bis zum Uracher Stadttor vorgelassen worden sei. Johannes sah sich daher vor Ort gezwungen, seine Nachricht eigenhändig zu verschriftlichen; dieser Brief ist dem Kredenzbrief bis heute beigefügt.[378]

Diese Beispiele zeigen: Im Unterschied zu unserer Gegenwart waren Analphabet*innen in den mittelalterlichen Jahrhunderten also nicht die einzigen, denen vorgelesen wurde. Dies impliziert zugleich auch eine andere Wertigkeit dieses Zugangs zur Schriftlichkeit – bzw. eine Anerkennung der Fähigkeiten und der Konzentrationsleistung im Sinn einer raschen Aufnahme, präzisen Verarbeitung und dauerhaften Speicherung der gesprochenen Worte, die dieses zuhörende ‚Lesen' abverlangte.[379] Und es impliziert eine andere, uns fremd gewordene Aufmerksamkeit für die performativen Akte, die mit der Schriftkommunikation verbunden waren – damit vielleicht auch, so mag man spekulieren, eine andere Bedeutung des Schriftträgers in seiner Gestaltung und Materialität.

Welche Rolle damit auch Papier oder Pergament in solchen Situationen des ‚lauten' Lesens, aber auch bei der uns heute vertrauteren stillen Lektüre für die Einordnung und Bewertung von Schriftstücken spielte, das war – so viel sollte klar geworden sein – sicher nicht nur vom Argument der Haltbarkeit abhängig. Leider fehlen uns sowohl für Württemberg als auch für Mantua aussagekräftige ‚Metatexte' – wie der SFB 933 formuliert –, das heißt: Reflexionen über den Einsatz der Beschreibstoffe, die die Kriterien für die jeweilige Wahl konkreter verständlich machen würden. In den folgenden Kapiteln soll daher der Blick über die Fallstudien hinaus geweitet werden.

---

[377] Ebd. Nr. 255, 373.

[378] S. Ed. und Abb. mit Kommentar bei Rückert, Herrschaftliche Korrespondenz und ihre Überlieferung im deutschen Südwesten, 2015, S. 38–42.

[379] Schon Grundmann, Litteratus – illiteratus, 1958, 3 und 14, pochte auf die für die jüngere Forschung äußerst produktive Erkenntnis, dass die heutige Norm mit ihrer Missbilligung des Analphabetentums „sehr jung" sei. Als das moderne Verständnis erleichternd führte er vergleichend „unser Verhältnis zur Musik und Notenschrift" an: Auch musikalische Laien könnten in der Regel keine Partitur lesen, doch partizipieren sie an der Musik, indem er sie sich von Musikern „hörbar vortragen" lasse. S. mit denselben Wertungen auch Engelsing, Analphabetentum und Lektüre, 1973, 22; Hamesse, Das scholastische Modell der Lektüre, 1990, 157; Saenger, Lesen im Spätmittelalter 1999, 185, mit dem Verweis auf den Frühscholastiker Hugo von St. Victor, der das Zuhören beim Vorlesen als eine von insgesamt drei gleichberechtigten Formen des Lesens nennt.

B.2 Die Revolution der mittelalterlichen Papierherstellung

Materialwissenschaftlich wird Papier als flächiger Werkstoff aus Fasern pflanzlicher Herkunft bestimmt, bei dessen Herstellung der Rohstoff zunächst fein zerstoßen und mit Wasser aufgeschwemmt wird. Aus diesem Brei, der Pulpe, wird mit einem Sieb das Blatt gegossen oder geschöpft, wobei sich durch das Ablaufen des Wassers eine Schicht verfilzter Fasern bildet. Seine feste Form gewinnt das Blatt also durch die Trocknung; die Zugabe von Klebstoffen ist nicht notwendig.[1] Für die heute größten Produktgruppen – Papier als Beschreibstoff und als Verpackungsmittel – ist neben der Wiederverwendung von Altpapier Holz die wichtigste Grundlage. Die für seinen Einsatz notwendigen Produktionsverfahren und Maschinen wurden im Zeitalter der Industrialisierung an der Schwelle vom 18. zum 19. Jahrhundert entwickelt. Sie gelten als entscheidende technische Innovationen, die nicht nur die Rohstoff-Engpässe des bis dahin auf den Lumpenhandel angewiesenen traditionellen Papiererhandwerks lösten. Im allgemeinen Mechanisierungs- und Rationalisierungsprozess der ‚industriellen Revolution' machten sie den explosionsartigen Anstieg des Papierverbrauchs in der Moderne möglich, nach J. Georg Oligmüller von einem halben Kilo pro Kopf um 1800 im Jahr auf das 400fache am Ende des 20. Jahrhunderts. Für Oligmüller sind sie daher auch ein maßgebliches Kriterium dafür, vom Anbruch der ‚Papierzeit' um 1800 zu sprechen.[2]

Ein vergleichbarer Durchbruch in der Herstellungstechnik, wie hier für die Zeit der Industrialisierung skizziert, wird in der mediävistischen Technikgeschichte allerdings auch schon am Übergang vom Hoch- zum Spätmittelalter beobachtet. In zwei vielzitierten Aufsätzen von 1992 und 2001 spricht der englische Technikhistoriker und Papierforscher Richard L. Hills von einer „Crucial Technical Revolution", die die Art der Papierherstellung für die nächsten vierhundert Jahre bis zum Anbruch des Maschinenzeitalters bestimmt habe.[3] Diese nach seiner wie nach weit verbreiteter

---
[1] Vgl. etwa Tschudin, Grundzüge der Papiergeschichte, 2012, 15, oder Weiß, Historische Wasserzeichen, 1987, 7; knapp auch Meyer/Sauer, Papier, 2015, 355.
[2] Vgl. Oligmüller, Papierzeit, 1997, 11; zu den technischen Entwicklungen der industrialisierten Papierfabrikation s. knapp ebd., 23f.; ausführlich Tschudin, Grundzüge der Papiergeschichte, 2012, 143–170. Zum in der Frühneuzeit immer dringlicher werdenen Problem der „Lumpennot" vgl. Bayerl, Die Papiermühle, 1987, 370–397. Für das Beispiel der württembergischen und badischen Frühindustrialisierung s. Schmidt, Von der Mühle zur Fabrik, 1994.
[3] Mit dem Untertitel „A Crucial Technical Revolution" s. Hills, Early Italian Papermaking, 1992a+b (der Aufsatz wurde im gleichen Jahr doppelt veröffentlicht: In einem italienischen Sammelband – hier fehlen irrtümlich die letzten beiden Anmerkungen – sowie im jährlich erscheinenden Congressbook der International Paper Historians, abgekürzt IPH). Für das Zitat s. außerdem ders., A Technical Revolution in Papermaking, 2001, hier 105. Von einer vor- oder frühindustriellen „technischen Revolution" sprechen auch sowohl die deutsche als auch die italienische Forschung, s. z. B. Bayerl, Die Papiermühle,

Ansicht plötzlichen und dramatischen Verbesserungen ermöglichten sowohl quantitativ einen sprunghaften Anstieg der Produktion als auch qualitativ einen erkennbaren Fortschritt in der Herstellung feinerer und homogenerer Blätter.[4]

Fragt man nach den konkreten technischen Innovationen, so ist als Crux und zugleich große Leistung der Technikgeschichte vorwegzuschicken, dass die von ihr konstatierte Revolution in den Augen der mittelalterlichen Menschen noch unbemerkt oder doch zumindest unbeschrieben blieb. Zeitgenössische Quellen schweigen sich fast ganz über die im Folgenden nachgezeichneten Erkenntnisse und Hypothesen aus. Das hier verdichtete Bild ist somit auf Indizienketten gestützt, die die wenigen Informationen aus der Schriftüberlieferung mit materiellen Beobachtungen an den aus dem Mittelalter überlieferten Papieren bzw. aus experimenteller Rekonstruktion der Arbeitsschritte kombinieren. Zu vielen Details dieses Bildes ist die Diskussion umstritten und im Fluss. Differenzen brechen dabei nach wie vor besonders an der Frage auf, ob die jeweiligen Neuerungen *noch* der Islamischen Welt vom Mittleren Osten bis zur Iberischen Halbinsel zuzuschreiben sind, aus der nach der Ware Papier auch das Knowhow ihrer Herstellung nach Lateineuropa kam, oder ob sie *erst* in den italienischen Werkstätten zu lokalisieren sind.[5] Unbestritten ist allerdings, dass sich die italienischen Mühlenreviere à la longue als überlegen erwiesen: Im 14. und 15. Jahrhundert sollten sie auch in den ursprünglichen Herkunftsregionen des Papiers zunehmend die Märkte erobern, so dass die aufblühende Produktion in Europa langfristig mit einem Niedergang der Papierherstellung im arabischen und persischen Raum einher ging.[6]

1987, 71; Tschudin, Werkzeug und Handwerkstechnik, 1998, 423; Iannuccelli, L'Europa di Carta, 2010, 97, 100; schon im Titel: Deroché, La rivoluzione della carta dall'Oriente all'Occidente, 2012.

4 S. etwa die Beispiele bei Hills, A Technical Revolution in Papermaking, 2001, 106f., und das Urteil über die Qualität der Pulpe bei Rodgers Albro, Fabriano, 2016, 36: „Neither the Middle Eastern nor the Spanish papers made at this time have the same uniform fiber length exhibited by Italian papers made with stampers; nor is their overall texture, thickness and surface as regular as that of early fourteenth century Fabriano papers." Die fortschreitende Verbesserung, erkennbar in der zunehmend schöneren und ebenmäßigeren Papierstruktur in der Durchsicht, so ebd., 37–39, lasse sich an der Papiersammlung der Brüder Aurelio und Augusto Zonghi illustrieren, deren älteste Stücke aus dem späten 13. Jahrhundert stammen. Ein enormer Sprung sei vor allem in den zwanzig Jahren zwischen dem Ende des 13. und dem Beginn des 14. Jahrhunderts zu erkennen. Dass bei der Generalisierung solcher Beobachtungen freilich Vorsicht geboten bleibt, da die massive Verbreitung des Papiergewerbes über Europa auch zu einer verbreiterten Palette in der Qualität der angebotenen Papiere führte, zeigen Schultz/Follmer, Von Brillen, Knoten und Wassertropfen, 2015, bes. 41f., am Beispiel der im Ravensburg des 15. Jahrhunderts zwar solide, aber eher schnell und auf Menge als mit besonderer Sorgfalt hergestellten Ochsenkopf-Papiere für den Kanzleibedarf.

5 Hellsichtig hat schon im späten 19. Jahrhundert Joseph von Karabacek die Bemühungen um diese Fragen als Wettbewerb zwischen – in der Sprache seiner Zeit – ‚Orientalisten' und europazentrierten Technikhistorikern um den Ruhm der entsprechenden Innovationen charakterisiert, vgl. Karabacek, Das arabische Papier, 1887, 159.

6 S. mit diesem Urteil etwa Abulafia, Asia, Africa and the Trade of Medieval Europe, 1987, 461, und Bloom, Paper before Print, 2001, 84, 86f., 211f. Zahlreiche Hinweise für den Export italienischen

Als Ort der Innovationen gilt die mittel- und norditalienische Städtelandschaft, namentlich die Kommune Fabriano in den Marken, auf halber Strecke zwischen Ancona und Perugia gelegen,[7] die nicht nur bis heute für ihre Produktion exquisiter Papiere berühmt ist, sondern sich seit dem 19. Jahrhundert auch als Zentrum der italienischen Papierforschung etabliert hat. Schlüsselfiguren wie die Wasserzeichensammler Aurelio Zonghi, Bischof von Sanseverino und Jesi, oder aber der Papierfabrikant Andrea F. Gasparinetti hatten hier ihre Heimat bzw. Wirkungsstätte. Seit dem ausgehenden 20. Jahrhundert beschäftigen sich ein Museum und seit 2011 das durch den Feinpapierhersteller Fedrigoni gestiftete ‚Istituto di Storia della Carta', kurz ISTOCARTA, mit der besonderen, seit dem Mittelalter fast ununterbrochenen Gewerbetradition. Einen souveränen Überblick über die dichte, vor Redundanzen und Widersprüchen nicht gefeite Forschung bietet seit 2016 die Monographie „Fabriano. City of Medieval and Renaissance Papermaking" von Sylvia Rodgers Albro.[8] Die Rolle der Kommune als einsame Spitzenreiterin wird allerdings in den letzten Jahren relativiert durch die Arbeiten von Emanuela Di Stefano mit dem Hinweis auf das nicht ganz 40 Kilometer von Fabriano entfernte Mühlenrevier von Camerino-Pioraco: Eindrucks-

---

Papiers seit der ersten Hälfte des 14. und im 15. Jahrhundert vor allem via Venedig sowohl in die islamische Welt des Mittleren Ostens und des Maghrebs als auch nach Konstantinopel bzw. ins ‚Hinterland' der venezianischen Kaufmannskolonien am Kaspischen Meer entlang der Wolga hat Ashtor, L'ascendent technologique de l'Occident médiévale, 1983, 401f., aus der Überlieferung im Archivio Segreto Vaticano zusammengestellt. Papier aus Fabriano, das über Schiffe bzw. Kaufleute aus Ancona in den östlichen Mittelmeerraum, nach Ephesus, Zypern, Tripolis und vor allem Alexandria gelangte, weist ders., Il Commercio levantino di Ancona nel Basso Medioevo, 1976, 228, 231, 236, 242, für die Jahre 1394, 1432, 1434 und 1469 nach. Ebd., 241, kommt er zum Schluss, dass beachtliche Quantitäten in die Levante exportiert worden sein müssen. Für den Export italienischer Papiere aus den Marken in die islamische Welt vgl. zuletzt Di Stefano, Fra le Marche, il Mediterraneo, l'Europa, 2019, Kap. 1, zusammenfassend 43. Weitere Beispiele für frühe Papiere italienischer Herkunft im Nahen und Mittleren Osten bei Halevi, Christian Impurity versus Economic Necessity, 2008, 918f. Zur Ausfuhr italienischer Papiere durch Venedig nach Byzanz, die die bis dahin üblichen Importe aus persischen und arabischen Werkstätten ablöste, vgl. Derenzini, La carta occidentale nei manoscritti greci, 1990, 104f., und Bloom, Paper before print, 2001, 205f. S. schließlich auch die Ankunft der ‚neuen' italienischen Papiere in Spanien und das durch sie angestoßene Ende der dort zuvor gängigen Herstellungstechniken bei Balmaceda, La expansión del papel marquesano en España durante los siglos XIII–XIV, 2014.

7 Weit über den Forschungsdiskurs hinaus im italienischen Allgemeinwissen verankert gilt Fabriano als „culla", Wiege, der italienischen und damit der europäischen Papierherstellung, so etwa bei Castagnari, Le principali fonti documentarie, 1990, 33, oder Ornato et al., La carta occidentale nel tardo medioevo, Bd. 1, 157, weshalb die Kommune oft – wie zum Beispiel im deutschen Wikipedia-Eintrag zu Fabriano – auch als Ort der ersten Papiermühle auf italienischem Boden überhaupt missverstanden wird. Trotz Einwänden etwa von Burns, Paper comes to the West, 1998, 416, dass der Anspruch der Stadt, zu den ältesten Standorten italienischer Produktion zu zählen, auf zwei Urkunden „misread by Fabriano partisans" beruhe und man klare Indizien für eine lokale Papierherstellung erst für die Zeit nach 1300 fassen könne, hält das Gros der Forschung die außergewöhnlich dichte Überlieferung des 14. Jahrhunderts nicht ohne eine Vorgeschichte seit der Mitte des 13. Jahrhunderts für denkbar.

8 Rodgers Albro, Fabriano, 2016, s. insbesondere den Forschungsüberblick auf 55f.

voll konnte Di Stefano unter anderem durch die Briefe des Paoluccio di maestro Paolo di Camerino im Datini-Archiv vom Ende des 14. Jahrhunderts die Marktmacht dieses wohl fast zeitgleich entstehenden Reviers demonstrieren.[9] Auffällig bleibt jedenfalls die Konzentration der Innovationskraft in den Marken, die Orietta Da Rold im Vorwort zu Di Stefanos Monographie daher als Silicon Valley der mittelalterlichen Papierherstellung taxiert hat.[10]

Ziel dieses Kapitels ist es im Folgenden nicht allein, die technischen Verbesserungen im Herstellungsprozess von Papier im Blick der aktuellen Forschung zu rekapitulieren. Die Fragen nach der Verbreitung der Papiermühlen insbesondere in Italien und dem deutschen Sprachraum seit dem 13. Jahrhundert können vielmehr helfen zu ermitteln, wieviel Papier den Schreibern in Kontoren, Kanzleien und Skriptorien in den verschiedenen Jahrhunderten zur Verfügung stand. Zudem soll es um die Leitfrage gehen, wie man sich diese Papiere stofflich vorstellen muss, inwiefern sie sich also in Format, Blattgewicht und Qualität voneinander unterschieden. Dies ist das Thema vor allem des letzten Teilkapitels, das sich mit zeitgenössischen Zeugnissen zur Bestimmung von Papiersorten und -qualitäten beschäftigt.

Technische Innovationen

Vermutet werden die Anfänge der Papiermacherei in den Marken schon für das 13. Jahrhundert; eindeutig zu fassen ist sie – in Fabriano zuerst über die Namen der Handwerker, dann über notarielle Beurkundungen ihrer Geschäfte und bald auch über zünftische Zeugnisse – ab dem ersten Drittel des 14. Jahrhunderts. Spätestens ab der zweiten Jahrhunderthälfte tritt die gewaltige Expansion und überregionale Bedeutung des Gewerbes deutlich aus den Quellen hervor, einerseits in Form seiner beeindruckenden Produktionsströme, die Emanuela Di Stefano über die Korrespondenzen des Datini-Archivs in Prato und für das 15. Jahrhundert über die in Rom bei St. Eustachio geführten Zollregister sichtbar machte.[11] Andererseits wird sie auch in der massiven Arbeitsmigration der in Fabriano ausgebildeten Papierer in andere italienische

---

9 Vgl. Di Stefano, European and Mediterranean perspectives on the paper produced in Camerino-Pioraco and Fabriano, 2015, bes. 48, 50f. mit Anm. 14 und passim. Wie die für 1451 bis 1469 und 1480 erhaltenen römischen Zollregister bei St. Eustachio belegen, war Camerino noch vor Fabriano der römische Hauptbezugsort für Papier und vor allem für die mittlere Qualität *fina da scrivere* bevorzugt, vgl. dazu Di Stefano, Le Marche e Roma nel Quattrocento, 2011, bes. 46–60. S. zuletzt ausführlich Di Stefano, Fra le Marche, il Mediterraneo, l'Europa, 2019.
10 Vgl. das Vorwort von Orietta Da Rold in Di Stefano, Fra le Marche, il Mediterraneo, l'Europa, 2019, 23.
11 Emanuela Di Stefano hat diese Ergebnisse seit 2005 in einer Serie von Publikationen veröffentlicht, s. dazu die Bibliographie in Di Stefano, European and Mediterranean perspectives on the paper produced in Camerino-Pioraco and Fabriano, 2015, 68f. S. zentral bes. das Kapitel über die Herstellung von Papier und Pergament in den Marken in ihrer Monographie Le Marche e Roma nel Quattrocento, 2011, 43–72, s. auch im Anhang Tab. XVII, 203–232.

Regionen fassbar, die dort entweder unter einheimischen Mühleneignern oder auch selbständig nach der in Fabriano üblichen Technik zu produzieren begannen.¹²

Kommen wir damit zu den technischen Verbesserungen, die den Papierern aus Fabriano oder doch zumindest ihren italienischen Kollegen anderer Regionen zugeschrieben werden. Als ihre wichtigste, aber zugleich umstrittenste ist häufig nachzulesen, dass die Zerkleinerung der Lumpen – das heißt der Textilreste aus Leinen und Hanf, die vermutlich auch schon in der islamischen Welt als maßgeblicher Rohstoff eingesetzt wurden¹³ – durch den Einsatz von Wasserkraft mechanisiert worden

---

12 Diese Arbeitsmigration wird in der italienischen Forschung vielfach thematisiert, Beispiele dafür finden sich allerdings oft ohne konkrete Belege und nicht widerspruchsfrei zusammengestellt. Der aktuelle Forschungsstand ist dokumentiert in den beiden Sammelbänden „L'impiego delle tecniche e dell'opera dei cartai Fabrianesi in Italia e in Europa" von 2007 und „Alle origine della carta occidentale" von 2014. Nimmt man die Ergebnisse des letzteren zur Richtschnur, so sind Meister oder Facharbeiter aus Fabriano in anderen Städten zuerst in der Toskana nachweisbar – nach Renzo Sabbatini ungewöhnlich früh, schon 1310 und 1333, sowie erneut im 15. Jahrhundert in Colle di Val d'Elsa, 1371 in Prato (vgl. Sabbatini, L'apparizione della carta in Toscana, 2014, 129f., 134f.) –, dann in der Emilia und im Veneto: Das früheste Beispiel hier ist nach dem Autorenduo Ivo Mattozzi und Marco Pasa 1339 in Padua zu finden, es folgt Bologna 1387 mit zwei Nachweisen und 1392 sogar mit einer ganzen ‚Kolonie' von mindestens sechs Papiermachern mit fabrianesischen Wurzeln, schließlich Verona und Vicenza mit je einem Nachweis zum 15. Jahrhundert (vgl. Mattozzi/Pasa, Diffusione della produzione e del commercio della carta nelle aree emiliana e veneta, 2014, 149, 161, 164. Der bei Basanoff, Itinerario della carta, 1965, 31, und wohl von dort übernommen bei Weiß, Zeittafel zur Papiergeschichte, 1983, 42, und Burns, Art. Paper, 2005, 384, genannte außerordentlich frühe Hinweis auf eine Papiermühle in Bologna für das Jahr 1293, die von einem Meister Polese bzw. Polise aus Fabriano geführt worden wäre, wird bei Mattozzi und Pazza nicht bestätigt. Für die den Marken benachbarten Abbruzzen fasst Fredijana Jukiz zuerst 1376 zwei Personen aus Fabriano und im 15. Jahrhundert fünf weitere in Salmona sowie ein weiteres Beispiel für Aquila im 15. Jahrhundert (vgl. Jukic, Le origine della manifattura della carta in Abruzzo, 2014, 179–181, 190). Für Umbrien führt Fabio Bettoni zu Foligno einen wahrscheinlichen Beleg für das 14. und zwei sichere Nachweise für das 15. Jahrhundert an (vgl. Bettoni, L'Umbria cartaria, 2014, 73 und 83f.). Wie schließlich Domenico Ventura für Unteritalien feststellt, lässt sich noch in den 1480er Jahren für Amalfi ein aus Fabriano stammender Papierer sowie ein weiterer aus dem Fabriano benachbarten Pioraco fassen (vgl. Ventura, Sul ruolo della Sicilia e di Amalfi nella produzione e nel commercio della carta, 2014, 114). Unzweifelhaft ist diese Liste für das 15. Jahrhundert weiter zu ergänzen, dessen Entwicklungen nicht mehr im Fokus des zitierten Sammelbandes liegen. Ein gewichtiges Indiz für den fortschreitenden Exodus stellen zwei Erlasse der Kommune Fabriano aus den Jahren 1437 und 1470 dar, die den Export des Knowhows über Fabriano hinaus unter scharfe Strafen stellten. Für eine Edition vgl. Zonghi, I segni della carta, 1911/2003, Appendice A und B, 209–211, s. zuletzt Rodgers Albro, Fabriano, 2016, 117f. Ein wichtiges Beispiel dafür ist die ligurische Küste um Genua, wo die Tradition der Papierherstellung nach den oben zitierten frühen Belegen des 13. Jahrhunderts offenbar erst einmal wieder abgebrochen war. Umso fulminanter vermochte sie Grazioso Damiano ab dem Anfang des 15. Jahrhunderts wieder zu beleben: Dieser aus Fabriano stammende, offensichtlich gewiefte Großunternehmer habe – wie Rodgers Albro auf der Basis der aktuellen Forschungsliteratur urteilt – „an organized industry model" aus Fabriano nach Genua importiert, um damit mehr als 20 Mühlen vor allem in Voltri zu betreiben, vgl. Rodgers Albro, Fabriano, 2016, 18f.
13 Zur auf die österreichischen Pioniere der Papierforschung im Mittleren Osten, Josef von Karabacek und den Chemiker Julius Wiesner, zurückgeführten Hypothese, dass auch in der islamischen Welt

sei, dass also erst ab diesem Zeitpunkt von Papier*mühlen* im eigentlichen Sinn die Rede sein könne.¹⁴ In der jüngeren Forschung wurden allerdings erhebliche Zweifel angemeldet, ob die Werkstätten vom Mittleren Osten bis zur Iberischen Halbinsel für diesen zeit- und kraftraubenden Arbeitsschritt wirklich noch weitgehend auf Menschen- oder Tierkraft angewiesen waren.¹⁵ Richard L. Hills schlug daher vor, als entscheidende italienische Verbesserung nicht den hydraulischen Antrieb an sich, sondern die Umstellung von Mahlwerken auf im Mechanismus der Kräfteübertragung deutlich anspruchsvollere Stampfhämmer zu sehen.¹⁶ Da allerdings auch diese Errungenschaften nach der Argumentation von Jonathan Bloom 2001 als Erfindungen der islamischen Welt zumindest nicht auszuschließen seien,¹⁷ brachte er selbst den Einsatz von oberschlächtigen Mühlrädern, Timothy Barrett dagegen die unterschiedliche Bewehrung der in der Regel wohl drei bis vier Stampfhämmer pro Trog für verschiedene Stadien der Zerkleinerung als mögliche Ursachen für den fulminanten Erfolg

---

schon Textilabfälle zur Papierherstellung eingesetzt wurden, s. etwa Huart/Grohmann, Art. Kāghad, 1978, 420, oder Bloom, Paper before Print, 2001, 11.

14 Als profilierten Vertreter dieser Auffassung s. Burns, The Paper Revolution in Europe, 1981, 3–5, 13–15, 18; s. auch ders., Paper comes to the West, 1996, 414 f. Er tritt damit dezidiert den Thesen des spanischen Papierforschers Valls i Subira entgegen, der die Einführung von wasserbetriebenen Papiermühlen schon für das Katalonien des frühen 12. Jahrhunderts vermutete (übernommen auch bei Hunter, Papermaking, 1943/1974, 153), wie auch den Technikhistorikern Aḥmad Y. Ḥassan und Donald R. Hill, die diese Erfindung für die arabische Welt in Anspruch nehmen (s. unter anderem Ḥassan/Hill, Islamic technology, 1992, 195 f., s. dazu mit weiterer Literatur auch Schultz, Papierherstellung im deutschen Südwesten, 2018, 79). Burns, Paper comes to the West, 1998, 413 f., und ders., The Paper Revolution, 1981, 14 f., sieht die Papierproduktion in der islamischen Welt des Mittelalters daher eher in einer Vielzahl kleiner Werkstätten denn in manufakturähnlichen Großbetrieben organisiert.

15 Als aktuell schärfsten Kritiker der europazentrierten Forschung und Vertreter der Meinung, dass man auch in der islamischen Welt schon wasserbetriebene Stampfhämmer kannte und nutzte, s. Bloom, Paper before Print, 2001, der zum einen konsequent von „paper mills" spricht und zum anderen immer wieder die Bedeutung von Flüssen für das Gewerbe an konkreten Orten herausstreicht (z. B. 59 für Damaskus, 62 für einen Vorort von Tabriz), vor allem aber auch auf eine Bemerkung des andalusischen Poeten, Historikers und Geographen Ibn Said über seine Ägyptenreise in den 1240er Jahren hinweist, dass Papiermühlen auf Fustat beschränkt und nicht in Kairo selbst zu finden seien, da es genügend fließendes Wasser nur an den dortigen Läufen des Nils gegeben habe. Dies konterkariert die etwa ohne Beleg bei Tschudin, Werkzeug und Handwerkstechnik, 1998, 423, wiederholte, in der europäischen Forschung mehrfach anzutreffende Behauptung, dass die Werkstätten in der islamischen Welt oft nicht an Wasserläufen gelegen seien. S. auch die bei Halevi, Christian Impurity versus Economic Necessity, 2008, 918, Anm. 7, zusammengetragene Forschungsliteratur und ihre Diskussion.

16 Hills, A Technical Revolution in Papermaking, 2001, 106, sieht keine Indizien dafür, dass die Zerkleinerung der Rohstoffe im islamischen Einflussbereich „under the stones of an edge-runner or kollergang" erfolgte. Er vermutet handbetriebene Stampfer als übliche Werkzeuge für diesen Arbeitsgang und hält den Einsatz von Wasserrädern für eine europäische Neuerung. Zur Technik der Stampfhämmer s. einführend zum Beispiel Tschudin, Werkzeug und Handwerkstechnik, 1998, 424.

17 Für die von ihm gesammelte Kette an Indizien vgl. den seitlichen Kasten in Bloom, Paper before Print, 2001, 53–56.

der italienischen Produktionsverfahren in die Debatte ein.[18] Auch Veränderungen in der Arbeitsorganisation sind schließlich als Faktoren zu diskutieren: Dass im Takt der Hämmer die Idee nicht mehr fernlag, die Schichtarbeit auch in der Nacht einzuführen, legt ein bei Aurelio Zonghi edierter notariell beglaubigter Arbeitsvertrag aus dem Fabriano des Jahres 1320 nahe.[19]

Auch für die zweite zentrale Innovation, das aus Metalldraht gebildete starre Schöpfsieb, das wohl die in Asien zum Teil bis heute gebräuchlichen Rahmen mit Textilbespannung oder flexiblen Matten aus Halmen ersetzte,[20] bleiben Jahrhundert und Kulturkreis ihrer Einführung bislang kontrovers diskutiert.[21] Klar bezeugt wird die starre Form im letzten Drittel des 13. Jahrhunderts durch die Wasserzeichen, so der deutsche Terminus technicus für graphische oder bildliche Motive, die als hellere Stellen im Blatt gegen das Licht gehalten sichtbar werden; im Italienischen spricht man von ,filigrana', das heißt Zierarbeit.[22] Sie gelten unumstritten als italienische Erfindungen und sind nach allgemeinem Dafürhalten nur als Drahtfigur auf einem Draht-

---

[18] Vgl. Barrett, Parchment, Paper, and Artisanal Research Techniques, 2013, 116; zum Prinzip vgl. Tschudin, Werkzeug und Handwerkstechnik, 1998, 424. Ab wann die Köpfe der Stampfhämmer mit (für verschiedene Phasen der Lumpenzerkleinerung wahlweise spitzen oder abgerundeten) Eisennägeln u. ä. bewehrt wurden, wird freilich kontrovers diskutiert (vgl. dazu auch schon Schultz, Papierherstellung im deutschen Südwesten, 2018, 85f.): Dard Hunter, Papermaking, 1943/1974, 157, hält sie erst im 16. oder sogar 17. Jahrhundert für möglich. Richard L. Hills, A Technical Revolution in Papermaking, 2001, 107, dagegen datiert sie auf der Basis seiner Materialbeobachtungen so wie Barrett schon ins 14. Jahrhundert.

[19] Vgl. Zonghi, Le antiche carte fabrianesi, 1884/2003, Documenti, 30, Nr. IV: Auszug aus den Protokollen des Notars Matteo di Mercatuccio mit der Vereinbarung, einen Arbeiter für acht Monate einzustellen *ad operandum et studendum artem chartarum bombicinarum continue de die et nocte secundum consuetudinem dicte artis*. Für Nürnberg hat Lore Sporhan-Krempel, Die Papierwirtschaft der Nürnberger Kanzlei, 1958/60, 166, auf ein Zeugnis des 16. Jahrhunderts in den Nürnberger Ratsbüchern verwiesen, dass die Papierräder Tag und Nacht liefen: Im Winter des Jahres 1556 wurde den Mühlenbetreibern wegen der großen Kälte durch den Rat befohlen, nur noch bei Tag zu arbeiten; nur der Papierer der Weidemühle erhielt die Sondergenehmigung, sein Rad bei Nacht mit halber Kraft laufen zu lassen.

[20] Für eine Beschreibung der deutlich abweichenden Schöpfverfahren mit solchen Sieben vgl. etwa Tschudin, Werkzeug und Handwerkstechnik, 1998, 423.

[21] Hunter, Papermaking, 1943/1974, 91, geht davon aus, dass das flexible Sieb bereits im 12. Jahrhundert kurz nach der Einführung der Papiermacherei in Spanien durch das Drahtsieb ersetzt worden sei; auch Hills, A Technical Revolution in Papermaking, 2001, 109, sowie Rodgers Albro, Fabriano, 2016, 39, halten dies für möglich. Umgekehrt ist auch in Italien zumindest für die Anfangszeit der Gebrauch von anderen älteren Siebtypen nicht ausgeschlossen. Gerade bei den frühen, oft groben und aus einem unregelmäßigen Papierbrei gebildeten Blättern – so Hills, A Technical Revolution in Papermaking, 2001, 109 – sei das für die Drahtform charakteristische Muster der Kett- und Ripplinien im Durchlicht oft noch nicht zu erkennen.

[22] Als früheste Papiere mit Wasserzeichen gelten Exemplare in einer vor 1271 zu datierenden, heute in Cremona verwahrten Handschrift mit Rechnungsüberlieferung sowie ein Codex aus Bologna aus der Serie „Podestà", vgl. dazu wie zu den weiteren Belegen bis 1300 den Kasten A.3 in der Einleitung. Für anregende Darstellungen zur möglichen Herkunft, dem Zweck und der ikonographischen

geflecht befestigt denkbar.²³ Auch die Einführung des Drahtsiebs wird als Schlüsselinnovation zur Rationalisierung des Arbeitsprozesses gedeutet: Auf ihm läuft das Wasser – wie experimentelle Versuche zeigen – nicht nur deutlich schneller ab.²⁴ Der Arbeiter kann das starre Drahtsieb mit dem frisch in der Bütte gebildeten Papierblatt direkt an eine zweite Person weiterreichen, ohne dass das Blatt verformt wird. Diese zweite Person übernimmt dann das ‚Abgautschen' des Papiers auf eine Unterlage, während der Arbeiter an der Bütte mit einer zweiten Schöpfform bereits ein neues Blatt schöpfen kann. Damit wurde möglich, dass zwei Personen Hand in Hand arbeiteten,²⁵ was wiederum die Hypothesen stützt, dass sich in der Papierproduktion früh eine arbeitsteilige Organisation durchgesetzt habe.²⁶

Ein dritter Aspekt, den die Forschung als maßgebliche und wie die Wasserzeichen unumstritten italienische Neuerung einstuft, bezieht sich auf die Oberflächenbehandlung der schon fertigen Papierblätter, um sie tintenfest zu machen. In der islamischen Welt wurde dazu eine in den Schriftquellen als āhār bezeichnete, auf Weizenstärke basierende Paste verwendet.²⁷ Nach den Ergebnissen mikroskopischer Studien ist

---

Entwicklung der Wasserzeichen vgl. Gasparinetti, Aspetti particolari della Filigranologia, 1963, und zuletzt Rodgers Albro, Fabriano, 2016, 31–37.
23 Zum Urteil, dass Wasserzeichen nur auf einem starren Drahtsieb angebracht werden können, s. etwa Hills, A Technical Revolution in Papermaking, 2001, 109.
24 S. dazu die auch schon bei Schultz, Papierherstellung im deutschen Südwesten, 2018, 124, Anm. 693, diskutierten experimentellen Versuche: Bei Loeber, Paper mould, 1982, 4, nimmt das Schöpfen und Gautschen mit einem flexiblen Sieb vier Minuten in Anspruch, auf einem Drahtsieb könnten pro Minute vier Blätter gefertigt werden (Verhältnis 1 zu 16); Biasi/Douplitzky, La saga du papier, 1999, 107, rechnen mit einer Minute Fertigungsdauer pro Blatt mit einem flexiblen Sieb, bei einem Drahtsieb mit fünf Sekunden (Verhältnis 1 zu 12, allerdings ohne Abgautschen); Tschudin beziffert die Schöpfdauer pro Minute mit dem flexiblen Sieb auf etwa einen Bogen, mit dem starren Sieb auf sechs Bogen (Verhältnis 1 zu 6). Die Formenbauer des Mittelalters lernten offenbar zudem bald, diesen Prozess unter anderem durch die Versteifung der Rahmen unter dem Drahtgeflecht noch zu optimieren, vgl. dazu mit weiterer Literatur Schultz, Papierherstellung im deutschen Südwesten, 2018, 96–102; einführend zur Technik s. Tschudin, Werkzeug und Handwerkstechnik, 1998, 425.
25 Vgl. Schultz, Papierherstellung im deutschen Südwesten, 2018, 125f. (mit Verweis auf weitere Literatur): Demnach habe das schnellere Ablaufen des Wassers die Schöpffolge beschleunigt, der Schöpfvorgang habe sich so verkürzt, dass er der Gautschdauer entsprochen habe. Da nun also für beide Arbeitsschritte dieselbe Zeit benötigt worden sei, habe es nahe gelegen, beide Handgriffe parallel von zwei Personen ausführen zu lassen. Dadurch sei eine Effizienzsteigerung möglich geworden, die nach den experimentellen Studien von Dard Hunter den Output nicht nur verdoppelte, sondern sogar vervierfachte, vgl. Hunter, Papermaking, 1943/1974, 185.
26 So dazu die vielzitierte Beschreibung etwa bei Schlieder, Geschichte der Papierherstellung, 1966, 77f., aufgegriffen unter anderem bei Bayerl, Die Papiermühle, 1987, 68, oder Schultz, Papierherstellung im deutschen Südwesten, 2018, 124, s. auch ebd. 342 mit dem Verweis auf die durch eine Supplik des Pächters Christoph Froschauer an den Stadtrat ungewöhnlich gut dokumentierten Geschäfte der Züricher Papiermühle im frühen 16. Jahrhundert, in der ein klares Lohngefälle auf den drei Positionen des Schöpfers, Gautschers und Legers deutlich wird; nach Schultz spricht dies für eine konsequente Arbeitsteilung und gegen ein rotierendes System bei den Arbeitspositionen.
27 Vgl. unter anderem Floor, Art. Paper and Papermaking, 2005.

wahrscheinlich, dass man diese Art der Präparierung gegen Ende des 13. Jahrhunderts bis spätestens zum ersten Drittel des 14. Jahrhunderts durch eine Tauchleimung in tierischem Leim ersetzte.[28] Solcher Glutinleim, den man aus dem Abfall von Gerbereien und der Pergamentherstellung oder schlicht aus Nahrungsmittelresten kochte, war in dieser Zeit ein oft benutzter, auch in der Rezeptliteratur gut belegter Werkstoff.[29]

---

28 So das Gros der Forschung, wenngleich oft ohne Belege, s. die Zusammenstellung an vor allem deutschsprachigen Belegen bei Schultz, Papierherstellung im deutschen Südwesten, 2018, 143f.; darüber hinaus unter Berufung auf Irigoin (s. z. B. Irigoin, Quelques innovations techniques dans la fabrication du papier, 1971, 61; ders., Papiers orientaux et papiers occidentaux, 1988, 74) auch Iannuccelli, L'Europa di carta, 2010, 98f. Rodgers Albro, Fabriano, 2016, 39, nimmt mit dem Verweis auf mündliche Kommunikation mit Giancarlo Castagnari und Ulisse Mannucci die frühesten Papiere mit Pergamentleim schon für die Mitte des 13. Jahrhunderts an.

Zu stützen sind solche Thesen auf mikroskopische Studien; falsch ist die Behauptung bei Hills, A Technological Revolution in Papermaking, 2001, 110f., man könne die Art der Leimung mit dem bloßen Auge erkennen. Die frühesten entsprechenden Analysen stammen von Briquet in seiner Untersuchung von 122 frühen mittelöstlichen, arabischen und europäischen Papieren von 960 bis 1800, s. Briquet, Recherches sur les premiers papiers employés en occident et en orient, 1886/1955, bes. 142–154; vgl. dazu Rodgers Albro, Fabriano, 2016, 15f. Nach seinen Ergebnissen waren die ab dem 11. Jahrhundert fassbaren Papiere im europäischen Raum entweder mit pflanzlicher Stärke oder mit Gelatine geleimt, letzteres konnte er zuerst in griechischen Handschriften des 12. Jahrhunderts nachweisen. Ab dem 14. Jahrhundert habe die Gelatine den pflanzlichen Leim in den europäischen Blättern vollständig ersetzt. Nach den Analysen des eng mit Joseph von Karabacek kooperierenden Chemikers Julius Wiesner am Beispiel von nahöstlichen Papieren setzte sich die Glutinleimung ab den 1330er Jahren durch, vgl. Wiesner, Die Faijûmer und Uschmûneiner Papiere, 1887, 246–248, 253. Die jüngste mir bekannte Studie von einem Team an der Universität Camerino, publiziert 2014, die insgesamt 21 Papiere aus Fabriano und Camerino zwischen 1264 und 1464 untersuchte, kam zu dem vagen Schluss, dass auf den Blättern insgesamt heute keine signifikanten Mengen von Stärke, dafür jedoch überall Gelatine präsent sei, vgl Roselli et al., Techniche diagnostiche, 2014; deutlicher in ihrem Vortrag als in der späteren Publikation machte Graziella Roselli allerdings, dass die Gründe für die geringen Nachweise von Tierleim noch erklärungsbedürftig seien. Mit den Restaurierungswissenschaften wäre zu diskutieren, wie zuverlässig die Ergebnisse der inzwischen über 100 Jahre alten Studien Briquets und Wiesners sind bzw. welche Schwierigkeiten sich bei der Untersuchung der durch die Alterung degradierten Papiere auch heute ergeben. Die umfassenden Analysen des Restaurierungswissenschaftlers und Papierspezialisten Timothy Barrett und seines Teams, in denen die tierische Leimung eine bedeutende Rolle spielt, s. dazu Barrett, Parchment, Paper, and Artisanal Research Techniques, 2013, setzen erst mit Proben zum 14. Jahrhundert ein; vgl. Barrett, Paper through Time, 2012.

29 Für Rezepte zur Herstellung von Pergament- bzw. Glutinleim vgl. etwa die *Schedula diversarum artium* des Theophilus Presbyter aus dem 12. Jahrhundert, mit Ed. zit. bei Schultz, Papierherstellung im deutschen Südwesten, 2018, 143; s. auch Iannuccelli, L'Europa di carta, 2010, 98, und für das 15. Jahrhundert Cennino Cenninis Handbuch über die Malerei, mit Ed. zit. ebd., 143, wie auch die bei Oltrogge, Datenbank mittelalterlicher und frühneuzeitlicher kunsttechnologischer Rezepte, s. d., edierten Handschriften des 15. und 16. Jahrhunderts mit kunsttechnologischem Inhalt aus dem deutschsprachigen Raum (s. Schlagwort „Pergamentleim"); hier finden sich auch Beispiele für die vielseitigen Anwendungsgebiete des Leims.

In Fabriano, das von der lokalen Papierforschung wie auch zuletzt von Rodgers Albro, Fabriano, 2016, 38f., als Ort dieser Erfindung in Anspruch genommen wird, war die Pergamentherstellung ein zentrales Gewerbe mit einer Massenproduktion, die weit über die regionalen Grenzen hinaus

Wie wir aus dem Basel des späten 15. Jahrhunderts wissen, stellten die Papiermacher den Leim nicht unbedingt selbst her, sondern kauften ihn wie auch die für die Pulpe verwendeten Lumpen als Rohstoff ein.[30] Auch hier war das Eintauchen von ein oder zwei Dutzend Blättern auf einmal zweifellos rationeller als das Bestreichen jedes einzelnen Papiers mit pflanzlicher Paste.[31] Von der Forschung betont wird in diesem Fall jedoch vor allem der qualitative Aspekt: Durch diese Gelatineleimung gewannen die Papierblätter – wie Timothy Barrett in seinen materialreichen Analysen nachgewiesen hat – erheblich an Stabilität und Haltbarkeit.[32]

Unabhängig davon, für wie plausibel man die einzelnen Hypothesen hält, drängt sich in der Summe der Eindruck auf, dass der Erfolg der italienischen Papiermühlen auf einer ebenso rasanten wie konsequenten Optimierung des gesamten Produktionsverfahrens beruhte.[33] Wie langgestreckt man sich diesen experimentellen Prozess vorstellen muss, wird unterschiedlich beurteilt; die Endpunkte variieren zwischen 1300 und 1400.[34] Wichtiger als die Lokalisierung und Datierung einzelner Neuerungen erscheint – und hier ist sich die Forschung einig –, dass diese Errungenschaften keine singuläre Erfolgsgeschichte waren, sondern dass sie massiv von einer allgemeinen technisch-gewerblichen Revolution in einer sich stark urbanisierenden Welt angetrieben wurden.[35] Die Papierer profitierten insbesondere von den ‚Leitindustrien' dieser

---

vermarktet wurde, so ist in den römischen bei St. Eustachio geführten Zollregistern des späten 15. Jahrhunderts eindrucksvoll dokumentiert, vgl. dazu das Kapitel über die Herstellung von Papier und Pergament in den Marken in Di Stefano, Le Marche e Roma nel Quattrocento, 2011, 43–72, s. auch im Anhang Tab. XVII, 203–232.

30 S. dazu das Rechnungsbuch des Basler Kaufmanns Ulrich Meltinger, das als Beweisstück in einem Gerichtsverfahren 1493 Eingang in das obrigkeitliche Archiv fand, vgl. Steinbrink, Ulrich Meltinger, 2007 (mit einer Edition des Buchs), 166–169, bes. 167 f.: Nach diesem Zeugnis war er in den 1470er Jahren wiederholt für verschiedene Basler Papiermacher als Zwischenhändler sowohl von Lumpen als auch von Leim tätig, wobei er letzteren von den Basler Weißgerbern bezog. S. dazu auch Schultz, Papierherstellung im deutschen Südwesten, 2018, 453–456 und passim.

31 Vgl. für eine kurze Beschreibung zum Beispiel Tschudin, Werkzeug und Handwerkstechnik, 1998, 426.

32 Vgl. Barrett, Parchment, Paper, and Artisanal Research Techniques, 2013, 120; s. auch ders., European Hand Papermaking, 2018, 35f.

33 Dass mit den hier genannten Innovationen nicht annähernd alle für den Produktionsprozess notwendigen Arbeitsschritte beschrieben sind und wieviel Fach- und Erfahrungswissen auch hier nicht erwähnte Elemente wie zum Beispiel das Faulen und Fermentieren der Lumpen erforderten, wird eindrucksvoll deutlich in Timothy Barretts Darstellung „Traditional European Papermaking" in ders., European Hand Papermaking, 2018, 1–45.

34 Giancarlo Castagnari datiert die Innovationen ohne weitere Begründungen auf die zweite Hälfte des 13. Jahrhunderts, vgl. Castagnari, Le origini della carta occidentale, 2014, 11f. Richard L. Hills weitet dies auf das Jahrhundert zwischen 1250 und 1350 aus, vgl. Hills, A Technical Revolution in Papermaking, 2001, 105. Peter F. Tschudin geht sogar von einer rund 150 Jahre dauernden „Übergangs- und Entwicklungsphase" aus, die ab 1390/1400 in einer „gereifte[n] Technik" münde, vgl. Tschudin, Werkzeug und Handwerkstechnik, 1998, 423 und speziell in Bezug auf das Lumpenstampfwerk nochmals 424.

35 S. programmatisch die Diskussionsbeiträge des Wirtschafts- und Technikhistorikers Wolfgang von Stromer, vgl. etwa von Stromer, Eine „Industrielle Revolution" des Spätmittelalters?, 1980;

Entwicklungen – dem Montan-, Metall- und Textilgewerbe – nicht nur technologisch, so im Fall der in Schmieden, Poch- und Walkmühlen genutzten Stampfhämmer[36] oder durch die Verbesserungen in der Drahtzugtechnik. Diese Gewerbe waren auch als Roh- und Werkstofflieferanten zentral; dies gilt in besonderem Maße für die wachsenden Massen an von den Papierern benötigten Lumpen, die nach Robert Burns ohne die immensen Effizienzsteigerungen der Textilmanufakturen wohl gar nicht denkbar gewesen wären.[37]

Das Erfolgsmodell des neuen Gewerbes beruhte aber nicht allein auf den technischen Neuerungen. Es war vielmehr auf den Verbund mit einem frühkapitalistisch organisierten Fernhandel angewiesen,[38] der einerseits oft das Kapital für die hohen Investitions- und Betriebskosten zur Verfügung stellte,[39] andererseits Papier in sein Sor-

---

rückbezogen auf die Papierherstellung Bayerl, Die Papiermühle, 1987, 71; s. jüngst die Diskussion zusammenfassend Schultz, Papierherstellung im deutschen Südwesten, 2018, 125. Für Italien vgl. etwa Iannuccelli, L'Europa di carta, 2010, 96f. Zur Beschreibung der Verflechtung verschiedener manufakturbetriebener bzw. fabrikähnlicher Gewerbe sowohl im norditalienischen als auch süddeutschen Raum vgl. Spufford, Handel, Macht und Reichtum, 2004, 172–173.

36 S. dazu Rodgers Albro, Fabriano, 2016, 31, mit dem Verweis, dass in den Quellen der ursprünglich für die Walkmühle geprägte Begriff *gualchiera/valchiera* auch für die Papiermühle genutzt wurde.

37 S. dazu Burns, Paper comes to the West, 1998, 417.

38 S. dazu insbesondere die Pionierarbeiten von Wolfgang von Stromer, Ulman Stromer. Leben und Leistung, 1990, und andere, sowie von Franz Irsigler, La carta: il commercio, 1992, und ders., Papierhandel in Mitteleuropa, 2006.

39 Den hohen Wert von Papiermühlen als Liegenschaften zeigt eindrucksvoll Schultz, Papierherstellung im deutschen Südwesten, 2018, 281–298, im Kapitel über Kaufpreis und Rentenbelastung am Beispiel der Basler Mühlen des 15. Jahrhunderts im St Albantal sowie weiterer südwestdeutscher Vergleichsbeispiele. Ihre Studie entkräftet freilich zugleich die in der papierhistorischen Einführungsliteratur oft herausgestellte Rolle der Kaufleute als den treibenden Kräften für die Entwicklung des Papierergewerbes (s. z. B. bei Tschudin, Werkzeug und Handwerkstechnik, 1998, 426; Irsigler, Papierhandel in Mitteleuropa, 2006, 315). Wie Schultz für den deutschen Südwesten zeigen kann, kamen das Obereigentum an bzw. die Grundherrschaften über die Mühlenanlagen nicht selten kirchlichen oder weltlichen Institutionen zu – das heißt Klöstern (in Basel, Reutlingen/Zwiefalten, Söflingen bei Ulm), Spitälern (in Bern, Memmingen), städtischen Gemeinden (in Ravensburg, Straßburg, Zürich) oder fürstlichen Landesherren (in Urach, Ettlingen), vgl. Schultz, Papierherstellung im deutschen Südwesten, 2018, zusammenfassend 280 und passim. Zaar-Görgens, Champagne – Bar – Lothringen, 2004, 33–39 und passim, kann für ihr Untersuchungsgebiet mit Metz sogar auf eine Mühle des 15. Jahrhunderts verweisen, die von den Stadträten selbst verwaltet wurde; dieses Engagement hat der heutigen Forschung eine außergewöhnlich reiche und detaillierte Dokumentation über Rohstoff- und Produktionsmengen, Instandhaltungsarbeiten und Personal, Verkäufe und Gewinne beschert; dasselbe gilt für Zürich im 16. Jahrhundert. Ungleich fragmentarischer ist die Überlieferung für die Frühzeit der italienischen Produktion, nach Rodgers Albro sind trotzdem Indizien dafür zu verdichten, dass die Papierherstellung auffällig oft unter monastischem Einfluss begann, nicht nur in Fabriano, sondern auch in Siena, Foligno und Fano, vgl. dazu Rodgers Albro, Fabriano, 2016, 5 mit Anm. 8 und 9. Zu dieser Relativierung passt auch die Beobachtung von Irsigler, Papierhandel in Mitteleuropa, 2006, 319, dass Papier für die großen Handelshäuser und Gesellschaften des 15. Jahrhunderts ein Handelsgut von sekundärer Bedeutung war.

timent aufnahm und für den Absatz der von Beginn an für den überregionalen Markt produzierten Ware sorgte.[40] Die große Reichweite und lang anhaltende Monopolstellung der italienischen Mühlen weit über die Apenninhalbinsel hinaus bilanzierte 2002 Rosella Graziaplena in einer beeindruckenden, methodisch freilich nicht unproblematischen Studie über die Verbreitung der Handelsware Papier, die maßgeblich auf der Auswertung von Piccards Wasserzeichensammlung beruht.[41] Nach dem leider unveröffentlichten Datenmaterial blieben die von den italienischen Mühlen produzierten Papiere bis 1370 weitgehend im Inland. Vor allem ab 1390 konstatiert die Autorin eine beträchtliche Expansion des Marktes mit steigenden Exporten vor allem in die Gebiete des heutigen Deutschland wie auch nach Belgien und in die Niederlande. Diese Tendenz habe in Norddeutschland bis etwa 1430, im Süden sogar bis 1450 angehalten, bevor französische Papiermühlen vor allem aus der Champagne Italien das Monopol streitig machten. Obwohl die ersten Mühlen im deutschsprachigen Gebiet schon seit den 1390er Jahren nachweisbar sind, sollten sie nach Graziaplena erst ein Jahrhundert später signifikante Anteile am heimischen Markt erreichen. Diese Regionalisierung der Papierversorgung sieht die Autorin um 1550 abgeschlossen; nun sei auch die italienische Produktion wieder auf den Handel innerhalb Italiens beschränkt gewesen.[42]

Keine Antwort erlaubt Graziaplenas Zugriff auf die Frage, welche Dimension die Papierproduktion im Verlauf der mittelalterlichen Jahrhunderte erreichte, wann also potentiellen Nutzer*innen wieviel Papier zum Schreiben zur Verfügung stand (bezeichnenderweise nennt sie nur Prozentangaben und nie konkrete Zahlen). Nur wenige Quellen erlauben heute noch einen Eindruck von den Mengen:[43] Eine dieser

---

40 S. dazu etwa am Beispiel der Marken die instruktive Zusammenfassung bei Di Stefano, Le Marche e Roma nel Quattrocento, 2011, 43–67.
41 Basis für Graziaplenas Befunde war eine gemeinsam mit Alessandra Fucini erstellte, nicht publizierte Datenbank, die maßgeblich auf den Informationen aus Gerhard Piccards Findbüchern beruht. Nur beiläufig wird in Graziaplenas Aufsatz thematisiert, wie dazu die nach ihren Aussagen ‚eher vagen' Hinweise Piccards auf die möglichen Produktionsorte der Papiere konkretisiert und vermutlich in großem Umfang vervollständigt werden mussten, s. dazu Graziaplena, Paper Trade and Diffusion in Late Medieval Europe, 2004, 344, Anm. 5. Ebenfalls als Verzerrungsfaktor nicht abzuschätzen ist ihre Entscheidung, gerade die massenhaft verwendeten Wasserzeichen des Ochsenkopfs und der Krone aus ihrem Sample zu streichen, da sie nicht eindeutig einem Papiermühlenort zuzuweisen waren, s. ebd., 345. Schließlich nennt Graziaplena selbst als Grenze ihres Verfahrens, dass die von Piccard besuchten Archive vorwiegend im deutschen und norditalienischen Raum keinen repräsentativen Querschnitt durch die aus dem Mittelalter erhaltenen Papiere bieten, s. ebd. 345f.

Es wäre wünschenswert, solche Untersuchungen nicht nur besser dokumentiert und kontrollierbar zu wiederholen, sondern auch auf eine breitere Datenbasis zu stellen. Dies gilt umso mehr, als sich bislang kaum andere fruchtbare Zugänge aufgetan haben; s. dazu den instruktiven Forschungsüberblick bei Zaar-Görgens, Champagne – Bar – Lothringen, 2004, 8–10, der für den Papierhandel erhebliche Forschungslücken konstatiert.
42 Vgl. Graziaplena, Paper Trade and Diffusion in Late Medieval Europe, 2004, hier 346–352.
43 Für Frankreich s. eine ebenso knapp gehaltene wie vorsichtige Hochrechnung bei Zaar-Görgens, Champagne – Bar – Lothringen, 2004, 120: „Um die Mitte des 16. Jahrhunderts arbeiteten allein im vogesischen Papiermühlenrevier gleichzeitig 17–21 Papiermühlen, in denen – geht man von einer

Ausnahmen sind die römischen Zollregister, erhoben bei St. Eustachio, die für zwölf Jahre und sieben Monate im Zeitraum zwischen 1451 und 1480 erhalten sind und in denen Emanuela Di Stefano Belege für 33.602 importierte Ries Papier sammelte.[44] Geht man von 500 Blatt pro Ries aus und rechnet diese Menge auf ein Jahr herunter, so wurden allein an dieser Zollstelle im Schnitt jährlich über 1,3 Millionen Blatt eingeführt.

Für das Fabriano des frühen 15. Jahrhunderts hat Giovanna Derenzini eine Hochrechnung auf der Basis der Geschäftsbücher des Papiermühlenbesitzers und -händlers Lodovico di Ambrogio für 1410/11 vorgelegt: Ausgehend von rund 40 in dieser Zeit für Fabriano belegten Mühlen hält sie die Produktionsmenge von jährlich über 4 Millionen Blatt Papier allein aus dieser Stadt für realistisch.[45] Unter Berufung auf Aurelio Zonghi geht sie freilich lediglich von 200 Blatt Papier pro Ries aus – anders als Franz Irsigler, der unter Verweis auf die bei Günter Bayerl zusammengetragenen nachweisbaren Mühlen im ‚engeren Reichsgebiet' eine gesamtdeutsche Bilanz aufzustellen versucht und dazu wie das Gros der Papierforschung mit 480 bis 500 Blatt mehr als das Doppelte ansetzt.[46] Auf der Basis von Gerhard Piccards Schätzungen zur durchschnittlichen Jahresproduktion einer Mühle im 15. Jahrhundert kommt er für die Zeit um 1450 auf nur etwa 8,6 bis 9 Millionen Blatt, die er sich allerdings kontinuierlich steigend bis auf die enorme Menge von 500 Millionen Blatt pro Jahr in der Zeit um 1700 vorstellt.[47]

---

jährlichen Produktion einer Papiermühle mit nur einer Schöpfbütte von etwa 1500 Ries Papier aus – mindestens 25.500 bis 31.500 Ries Papier (= 2.550 bis 3.140 Ballen, das sind 1.275.000 bis 1.570.000 Bogen Papier) fabriziert wurden. Unberücksichtigt bleibt noch, daß in einigen Papiermühlen mehrere Schöpfbütten im Einsatz waren, was den Papierausstoß weiter erhöhte."

44 Vgl. Di Stefano, Le Marche e Roma nel Quattrocento, 2011, 47f. mit Tab. 5.

45 Derenzini, La carta occidentale nei manoscritti greci, 1990, 104: Da Lodovico Ambrogios Bücher für 503 Tage zwischen dem 26. Juni 1410 und dem 10. November 1411 ein Gesamt an 1409 produzierten Ries Papier aus insgesamt zwei Mühlen verzeichnen, hat Derenzini auf eine Jahresproduktion pro Mühle von über 100.000 Blatt geschlossen. Um einen Tippfehler handelt es sich bei der Zahl der 291.800 Blätter, in die Derenzini die 1409 Ries auflöst; korrekt ist 281.800 Blatt – mit dieser Zahl hat sie jedoch im Folgenden auch gerechnet.

46 Vgl. Derenzini, La carta occidentale nei manoscritti greci, 1990, 104, und Irsigler, Papierhandel in Mitteleuropa, 2006, 323. Für weitere Literatur, die Irsiglers Definition bestätigt, s. unter anderem die Anm. bei Schultz, Papierherstellung im deutschen Südwesten, 2018, 167; für die italienische Forschung unter anderem schon Lodovico Antonio Muratori im frühen 18. Jahrhundert hier zit. nach Art. Risma, in: Battaglia, Grande dizionario della lingua italiana, Bd. 16 1992, 819; zuletzt Rodgers Albro, Fabriano, 2016, 84, s. auch 95.

47 Vgl. Irsigler, Papierhandel in Mitteleuropa, 2006, 331f. Mit Gerhard Piccard setzt Irsigler für das 15. Jahrhundert einen durchschnittlichen Ertrag von 1600 bis maximal 2000 Ries pro Mühle an. Unter Bezug auf die bei Günter Bayerl zusammengetragenen Zahlen kommt Irsigler für die Zeit um 1450 auf 18.000 Ries, für die Zeit um 1700 auf fast 1 Million Ries, für die Irsigler jeweils 480 bis 500 Blatt pro Ries voraussetzt. Die vergleichsweise niedrige Eingangszahl kommt dadurch zustande, dass Bayerl bis in die erste Hälfte des 15. Jahrhunderts nur neun Mühlen verzeichnet, eine Zahl, die jedoch bis 1500 auf 41 und bis 1550 auf 114 klettert. Nimmt man diese Informationen mit in die Hochrechnung, so ergäbe dies immerhin eine deutliche Steigerung auf zuerst 82.000 und schließlich 228.000 Ries – eine Erhöhung in hundert Jahren um das mehr als Zwölffache. Noch höher fällt die Hochrechnung aus, legt

Sowohl Derenzini als auch Irsigler ist natürlich klar, dass ihre Rechnungen nicht mehr als einen Eindruck vermitteln, beruhen sie doch auf vielen Unbekannten. Die schon angesprochene Frage, wie hoch man die Blattzahl hinter den zeitüblichen Mengeneinheiten ‚risma' bzw. ‚Ries' schätzt, ist dabei noch das kleinste methodische Problem (s. dazu unten eine Sammlung zeitgenössischer Definitionen in Kasten B.2.7). Auf dem aktuellen Forschungsstand ist es bereits eine große Herausforderung, auch nur die Zahl der bis heute nachweisbaren Papiermühlen pro Ort bzw. Region seriös zu erheben,[48] wie dies Sandra Schultz 2018 für das Reichsgebiet nördlich der Alpen bis 1500 versucht hat.[49] Ein weiterer entscheidender Verzerrungsfaktor ist, dass viele dieser Mühlen heute nur noch punktuell, oft lediglich durch ein einziges Zeugnis, greifbar sind, sich jedoch bei besserer Beleglage zeigt, dass ihre Betriebsdauer erheblich differierte, im Fall der von Schultz untersuchten Mühlen von gerade einmal einem Jahr bis hin zu Jahrhunderten.[50] Ebenso schwankend muss man sich vermut-

---

man nicht Bayerls Zahlen zugrunde, sondern – wie Irsigler im Fortgang seines Aufsatzes – die Ergebnisse von Alfred Schulte und Viktor Thiel, die unter Einschluss von Schweiz, Elsass und Lothringen schon bis 1450 von 20 Mühlen und bis 1500 von 70 Mühlen ausgehen.

48 S. dazu mehr unten in Anm. 101. Methodische Probleme stellen sich besonders dann, wenn der früheste Nachweis für die Existenz von Mühlen über einen Wasserzeichen-Beleg geführt wird. Auffällig häufig sind diese Belege erheblich früher datiert als die ersten Schriftzeugnisse: Wie Sandra Schultz in ihrer Tabelle der frühen Mühlengründungen im deutschen Südwesten ausweist, sind sechs der 17 insgesamt zwischen 1392 und 1500 angenommenen Standorte zuerst über Wasserzeichen fassbar und dies zum Teil deutlich früher als der früheste Schriftbeleg, vgl. Schultz, Papierherstellung im deutschen Südwesten, 2018, 172, Tab. 9.

Dementsprechend mit großer Vorsicht zu nutzen sind kartographische Erfassungen der Erstbelege von Mühlen: Nur illustrativen Charakter können Weltkarten etwa in Polastron, Le papier, 1999, 212f., oder Bloom, Paper before Print, 2001, xiv f., beanspruchen. Nicht überprüfbar sind allerdings auch auf Europa bezogene Karten etwa bei Bayerl, Die Papiermühle, 1987, 67, Abb. 7, mit den Standorten der vorindustriellen Papiermacherei bis zum 17. Jahrhundert, oder der von Greg Prickmann verantwortete „Atlas of Early Printing" auf den Seiten der University of Iowa, der die Verbreitung der Papierherstellung und des Buchdrucks parallelisiert vorstellt, vgl. URL: https://atlas.lib.uiowa.edu/ (Stand: 02.03.2023). Gleiches gilt auch für die Karten in Bourlet, Papeles de archivo, 2011, 61, zu den französischen Papiermühlen des 14. Jahrhunderts, in Stromer, Ulman Stromer. Leben und Leistung, 1990, 165, zu den oberdeutschen Papiermühlenrevieren vor der Ausbreitung des Buchdrucks, oder in Schweizer, Frühes Papier in Graz und in der Steiermark, 1996, 183, zu den Mühlen auf dem Gebiet des heutigen Österreich, die bis auf die Ausnahmen St. Pölten (1469) und Wiener Neustadt (1490) allerdings auch erst ins 16. Jahrhundert fallen.

49 Vgl. den Anhang I: „Erstbelege für Papiermühlen im Reich bis 1500 (außer Reichsitalien)" in Schultz, Papierherstellung im deutschen Südwesten, 2018, 507–510.

50 Immerhin acht der von Schultz untersuchten 41 Mühlen, das heißt rund ein Fünftel, waren unter einem oder wenig mehr als ein Jahrzehnt tätig, s. dazu Schultz, Papierherstellung im deutschen Südwesten, 2018, bes. 486. Als Verzerrungsfaktor ist damit sicher einerseits anzunehmen, dass gerade Mühlen mit einer kurzen Betriebsdauer heute gar nicht mehr zu fassen sind. Umgekehrt vermittelt die Forschung aber auch einen falschen Eindruck ihrer Dichte, wenn sie zum Beispiel zu Basel erklärt, die Stadt habe im 15. Jahrhundert acht Papiermühlen beherbergt – korrigierend hat Sandra Schultz konkretisiert, dass höchstens sechs Werke zeitweise parallel in Betrieb waren, vgl. ebd., 559. Die

lich – schon zuletzt aufgrund der in der Regel nicht mehr beantwortbaren Frage, wie viele Bütten jeweils in Betrieb waren – die Produktivität dieser Mühlen vorstellen, so dass die in der Forschung aufgestellten Schätzungen des durchschnittlichen Jahresertrags höchstens ungefähre Größen bleiben müssen.[51]

Angesichts der schütteren Überlieferung sind wohl auch künftig keine absoluten Zahlen für die Produktionskapazitäten zu erwarten. Erschwerend kommt hinzu, dass die Mühlen nicht nur Schreibpapiere, sondern auch gewerbliche Blätter produzierten, die als Verpackungsmaterial wie auch als Werkstoff für verschiedenste Bereiche zum Einsatz gekommen sein müssen.[52]

---

neueren monographischen Studien betonen unisono die hohen Risiken des Mühlenbetriebs durch die Belastung mit hohen Pacht- und Bodenzinsen, die Unkosten für die Instandhaltung der Mühlen, das notwendige Kapital für die Entlohnung des Personals und die Beschaffung der Rohstoffe, Produktionsprobleme, Lumpenmangel oder die Knebelung durch harte Verlagsverträge, die schnell den Stillstand der Räder oder sogar die Einstellung der Produktion erzwingen konnten. Vgl. dazu Beispiele bei Zaar-Görgens, Champagne – Bar – Lothringen, 2004, 37f., 81–85, unter besonderem Verweis auf das eindrucksvolle Bild von den Auslagen und Betriebskosten, das die Unterlagen um die Auseinandersetzungen Christoph Froschauers mit dem Rat von Zürich über die Inbetriebnahme der städtischen Papiermühle spiegeln. Dazu kommt, dass Mühlen offensichtlich vergleichsweise rasch auf andere Gewerbe umgerüstet werden konnten, s. dazu unten Anm. 137 und 138.
51 Punktuelle Quellenbefunde zur Frage, wie realistisch die angenommenen Durchschnittswerte für die Produktion einzelner Mühlen sind, zeigen starke Abweichungen. So etwa konnte Wauthier, Werkmeister der Metzer Papiermühle, wie die Jahresrechnung des Mühlengouverneurs für 1450/51 ausweist, als Gegenleistung für die ihm von der Stadt zur Verfügung gestellten Rohstoffe statt der geforderten 1.050 nur 874 ½ Ries liefern, vgl. Zaar-Görgens, Champagne – Bar – Lothringen, 2004, 35f. Für die Züricher Mühle auf dem Werd prognostizierte der Pächter Christoph Froschauer im Jahr 1535 gegenüber der Stadt als seiner Pachtherrin den stolzen Ertrag von 3.000 Ries pro Jahr, vgl. ebd., 81–83, bes. 82. Hier wissen wir immerhin, dass Froschauer an zwei Bütten zu arbeiten gedachte, während Wauthier vermutlich nur eine betrieb. Die in der Regel unbekannten Betriebsgrößen spielen daher eine erhebliche Rolle bei der Verzerrung entsprechender Statistiken, s. dazu umfassend Schultz, Papierherstellung im deutschen Südwesten, 2018, 64–66, mit Anhang II, 511–514, und das Fazit 497: Für den deutschsprachigen Raum der frühen Neuzeit hat Sandra Schultz unter anderem die Reutlinger Papiermacherordnung des Jahres 1526, die Regensburger Mühlenordnung aus der zweiten Hälfte des 16. Jahrhunderts sowie die Schriften des württembergischen Mühlenbaumeisters Heinrich Schickhardt um 1600 ausgewertet. Unter dem doppelten Vorbehalt, dass es sich um normative Quellen handelt, deren Zahlen in der Realität nicht erreicht worden sein müssen, und dass wir die Zahl der Arbeitstage pro Jahr nur schätzen können, schwanken ihre Hochrechnungen bei jeweils einer Bütte in der Menge zwischen 1.800 bis 2.500 Ries Jahresproduktion. Für Italien hat die Forschung bislang nur auf Domenico Peri Mitte des 17. Jahrhunderts verwiesen, der von einer Tagesproduktion von zehn Ries und damit in der Hochrechnung von Sandra Schultz von einer Jahresproduktion von 3.000 Ries ausgeht. Diese enormen Zahlen übertrumpfen die etwa bei Lalande oder Louis-Jacques Goussier dokumentierten Erwartungen des 18. Jahrhunderts, die übereinstimmend nur von acht Ries Tages- und demnach 2.400 Ries Jahresproduktion ausgehen. Schultz verweist auch auf den modernen Papierforscher Timothy Barrett, der dies für die obere Grenze hält und zwischen drei und acht Ries pro Tag rechnet. Auch die Schätzungen bei Tschudin, Grundzüge der Papiergeschichte, 2012, 117, mit fünf bis sechs Ries pro Tag und Bütte bewegen sich in dieser Marge.
52 Vgl. vor allem Kälin, Papier in Basel bis 1500, 1974, 126–133, und Zaar-Görgens, Cham-

Papier als Verpackungsmaterial und Werkstoff

Schon in den Aufzeichnungen des Amalfitaner Kaufmanns Nicola Favaro von 1289 ist eine von vier verschiedenen Papierqualitäten als *straccia* bezeichnet (s. dazu Kasten B.2.3) – abgeleitet vom Verb „stracciare" (zerreißen), worunter Papier zu verstehen ist, das leicht reißt bzw. leicht zu zerreißen ist.[53] Dieser Begriff findet sich wieder als *carte da stracciare* in den Florentiner Statuten für die „Arte dei medici, speziali e merciai" aus dem Jahr 1349,[54] als *carte a strazo* in den Statuten der Stadt Bologna aus dem Jahr 1389 in einer Ordnung des Papierhandwerks, die aus dieser Kategorie Papier gleich mehrere Sorten benennt (s. dazu Kasten B.2.3), ferner in den schon mehrfach genannten römischen Zollregistern, erhoben bei St. Eustachio aus der zweiten Hälfte des 15. Jahrhunderts. Nach Emanuela Di Stefano, die sie auswertete, ist als Synonym auch die Bezeichnung *carta grossa*, ‚grobes Papier', zu finden.[55] In den Kaufmannsregistern des späteren 14. Jahrhunderts aus Fabriano haben Nora Lipparoni und das Team des „Progetto carta" außerdem weitere Quellenbegriffe entdeckt, die nach ihrem Dafürhalten schon aufgrund der dazu notierten Preise als Papiere minderer Qualität gedeutet werden müssen: Am häufigsten erscheine *carta di miglioramento*, aber auch die Bezeichnungen *costolini* oder *costoruni* sind in verschiedenen Quellen belegt. Zu der in einer Rechnung von 1365 nachgewiesenen *carta per involie* hat sich sogar die Information erhalten, dass sie nicht in Ries, sondern in *braccia*, Ellen, verkauft wurde und damit offenbar in Rollenform gehandelt wurde (s. dazu Kasten B.2.3).[56] Für den deutschsprachigen Raum hat Hans Kälin in seiner quellengesättigten Untersuchung zu Basel in den städtischen Rechnungen Bezeichnungen wie *boes papir, groib papier* bzw. *srentzpapier/schrentzpapier* sowie *fliessend pappir* als für den Schreibbedarf untaugliche Sorten identifiziert (für Belege ab 1402 s. Kasten B.2.3). Im Nürnberg des 16. Jahrhunderts nutzte man nach Lore Sporhan-Krempel außerdem den Begriff

---

pagne – Bar – Lothringen, 2004, 188–192, Kap. 1.6: „Spielkartenpapier, Packpapier, gewerbliches Papier: ein Erfassungsproblem" mit weiterer Literatur.

53 Denkbar, semantisch jedoch weniger überzeugend ist auch die Ableitung von „lo straccio", der Lumpen, der Lappen.

54 Als zugehörig zur Florentiner *Arte dei medicei, speziali e merciai* gilt nach den Statuten von 1349 jeder Händler, der *carte di papiro, o pecorine, o di capretto, o carte da stracciare, libri di carte bambagine o pecorine o di capretto, sì nuove come vecchie, sì scripte come none scripte e d'esse libri legati* zum Verkauf anbiete, ed. und übers. in Steinmann (Hg.) Handschriften im Mittelalter, 2013, Nr. 595, 593. Neben Blättern aus Papier, Schaf- und Ziegenpergament, lose und in Buchform, neu oder alt, beschrieben oder unbeschrieben, gehörten also auch *carte da stracciare* ins Sortiment. Während Steinmann diesen Begriff als „Löschpapier" übersetzt, erscheint mir die allgemeinere Deutung als gröberes, das heißt auch für Verpackungszwecke gedachtes Papier überzeugender.

55 Vgl. Di Stefano, Le Marche e Roma nel Quattrocento, 2011, 46 und 52 mit Tab. 7.

56 Vgl. Ornato et al., La carta occidentale nel tardo medioevo, 2001, Bd. 1, 159–162, mit einer ausführlichen Diskussion der Ergebnisse Nora Lipparonis, s. dazu auch Castagnari/Lipparoni, Arte e commercio della carta bambagina, 1989, 194, 199 und passim.

Reißpapier,[57] der eine direkte Übersetzung der oben genannten italienischen *carta da stracciare* zu sein scheint, während im Rechnungsbuch des Heidelberger Studenten Christoph von Henneberg schlicht von grobem Papier die Rede ist (für Beleg s. Kasten B.2.3).

Lange Zeit schien es unmöglich, den vermutlich gewaltigen Marktanteil dieser Papiere abzuschätzen; gewerbliche Papiere besitzen kaum oder keine Überlieferungschancen.[58] Einmal mehr ist es Emanuela Di Stefano zu verdanken, mit ihrer Auswertung der bei St. Eustachio erhobenen römischen Zollregister eine statistisch nutzbare Quelle zu erschließen: Von den für nicht ganz 13 Jahre zwischen 1451 und 1480 verzeichneten 33.607 Ries an importiertem Papier insgesamt sind mit 10.026 Ries rund 30 Prozent als nach Di Stefanos Urteil zum Schreiben ungeeignete Sorten gekennzeichnet.[59] Für den deutschen Sprachraum fehlen solche Zeugnisse.[60] Zumindest für einzelne Mühlen – etwa die berühmte erste Nürnberger Papiermühle Ulman Stromers – wissen wir, dass gewerbliche Papiere regulärer Bestandteil der Produktion waren.[61]

---

57 Vgl. Sporhan-Krempel, Die Papierwirtschaft der Nürnberger Kanzlei, 1958/60, 166.
58 Irsigler, Papierhandel, 2006, 332f., hat den Prozentteil dieser Sparte ex negativo über die Nachfrage an (Schreib-)Papier durch die Kanzleien zu bestimmen versucht. Indizien dafür sind im deutschen Raum nur für Städte zu fassen; auf der Basis einer luftigen Hochrechnung kommt Irsigler zum Ergebnis, dass der Bedarf in den städtischen Kanzleien um 1450 höchstens 18,5 Prozent der deutschen Mindestproduktionskapazität, um 1500 sogar nur noch 15 Prozent ausgemacht habe. Als Basis nimmt er – ohne Diskussion der Vollständigkeit und Zuverlässigkeit – in der Literatur referierte Zahlen von Papiereinkäufen für Nürnberg, Basel, Nördlingen, Ravensburg und Ellwangen, die er nach ihren Einwohnerzahlen auf einer Skala von „Großstadt" über „große Mittelstadt" bis hinunter zu „kleine Kleinstadt" einordnet und jeweils mit der Zahl vergleichbar großer Städte auf Reichsgebiet multipliziert: So nimmt er etwa die Ergebnisse für Nürnberg mal 17, da er von 17 vergleichbaren „Großstädten" ausgeht, die Zahlen der „kleinen Kleinstadt" Ellwangen mal 3000.
59 Vgl. Di Stefano, Le Marche e Roma nel Quattrocento, 2011, 52, Tab. 7, s. auch 64 mit Tab. 12: Der Großteil dieser minderen Qualitäten kam aus Tivoli, Viterbo und Ronciglione, das heißt aus dem Latium und damit dem Umland Roms, während man die hochwertigen Schreibpapiere vor allem aus den Marken importierte.
60 Eine vergleichbare Quelle für den deutschen Sprachraum vor 1500 stellen m. W. nur die für die Jahre 1452 bis 1459, 1460 bis 1469 sowie 1470 bis 1478 erhaltenen Akzisebücher der Kölner Kraut- und Eisenwaage dar, die von Franz Irsigler ausgewertet wurden, sie verzeichnen jedoch weder Sorten noch Herkunft des Papiers, vgl. zusammenfassend Irsigler, Papierhandel in Mitteleuropa, 2006, 323f.
61 Für Ulman Stromers Nürnberger Gleismühle wird vermutet, dass sich der Schwerpunkt rasch von Schreibpapieren auf die Produktion gewerblicher Papiere verschob, s. dazu etwa Sporhan-Krempel/ von Stromer, Die früheste Geschichte eines gewerblichen Unternehmens in Deutschland, 1961, Sp. 202f., mit der Vermutung, dass im gewerbereichen Nürnberg großer Bedarf an billigem und handlichem Verpackungspapier bestanden habe. Einen eindeutigen Hinweis haben wir für 1542, dass die Papiermühlen im nahe gelegenen Hagenhausen und Tullnau sogar ausschließlich grobes Papier fertigten, vgl. Sporhan-Krempel, Frühe Verwendung von „gewerblichem" Papier, 1956, 74. Dass es sinnvoll gewesen sein muss, wenn Mühlen sich nicht spezialisierten, sondern vom Schreib- bis zum Packpapier alle Sorten produzierten, legen drei Zeugnisse des späten 16. Jahrhunderts nahe: So gibt die Ordnung der städtischen Mühle in Regensburg aus den 1580er Jahren für das Sortieren der Lumpen vor, dass sie nach Qualität und Rohstoff *auszzuschiessen* seien je nach *Schreib, Karten vund Schrenz*

Fragmentarisch bleibt unser Wissen, wozu man diese gewerblichen Papiere nutzte: Mehr etymologischem als sachlichem Interesse verdanken wir die Feststellung des gelehrten Humanisten und Gräzisten Francesco Maria Grapaldo in seinem zuerst 1494 gedruckten enzyklopädischen Werk *De partibus aedium libri duo* (s. dazu ausführlich Kap. B.7), dass es *carta emporetica* von geringerer Qualität gebe, die ihren Namen von den griechischen Begriffen *emporos*, lateinisch *mercator*, und *emporium*, lateinisch *locus mercatus et nundinationis* – zu Deutsch ‚Händler' bzw. ‚Markt- und Handelsplatz' – erhalten habe. Diese Papiere, die Grapaldo als ungeeignet fürs Schreiben qualifiziert, dienten nach seiner Umschreibung *involucra segestrium vice mercibus*, wie eine Hülle zur Verpackung von Waren; zu einem solchen *chartaceum involucrum*, einer solchen papiernen Hülle, so schließt er, sage man *cucullus*, Tüte.[62]

Wie häufig solche Papiertüten zum Einsatz gekommen sein müssen, ist an den raren Schriftbelegen aus kaufmännischer Überlieferung kaum zu erahnen. Für den deutschen Sprachraum oft zitiert sind das Regensburger „Runtingerbuch" mit einem Beleg für das Jahr 1383, dass man Seide in Papier einschlug,[63] und die Augsburger Aufzeichnungen mit dem Titel *Driffas von kaufmanschaft* – das heißt, ‚Tarife' oder Preisangaben von Handelswaren – aus dem Kontor der Paumgartner, datiert 1514/15, dass die Safranproduzenten in Trani und Otranto in Apulien ihre Ware *Pfund weis in papir thun*.[64] In anderen Unterlagen der Familie, die wohl von Hans Paumgartner dem Älteren selbst bis 1506 angelegt wurden, ist der Papierforschung bislang ein zweites Indiz dafür entgangen, dass auch die in der herstellungsbedingten typischen Kegelform gehandelten *brott* aus Zucker in Genua nach Gewicht in Papier verpackt gehandelt

---

Hader für Vlieszpappier; ed. Blanchet, Essai sur l'histoire du papier, 1900, 90. Der württembergische Mühlenbaumeister Heinrich Schickhardt hielt 1597 fest, dass man über 15 Prozent *wule duoch* – Wolltuch – unter den Leinenlumpen zwar aussortieren müsse, es aber für *Certen*, das heißt für billiges Packpapier, verwenden könne, zit. nach Piccard, Die Wasserzeichenforschung, 1956, 66. Für den Nürnberger Papierproduzenten Eberhard Pecht ist in einer Verpflichtung gegenüber seinen Gläubigern für das Jahr 1596 zu fassen, dass er nicht nur verschiedene Sorten und Größen Schreibpapier, sondern auch gewerbliches Papier, Kartenpapier und Ausschußpapier herstellte, vgl. Sporhan-Krempel, Die Papierwirtschaft der Nürnberger Kanzlei, 1958/60, 168. Für französische Mühlen hat darauf Zaar-Görgens, Champagne – Bar – Lothringen, 2004, 62, 190, aufmerksam gemacht, dass sowohl die städtische Mühle in Metz 1450/51 wie auch die Mühle in Frouard nahe Nancy 1513 nicht nur Schreibpapier, sondern auch jeweils zwei Sorten Packpapier produzierten. Einen vagen Eindruck von seinem Marktanteil vermitteln auch die ebd., 190f., zusammengestellte Forschungen zum England-Handel, die in seriellen Quellen über Zölle oder Schiffsladungen auch mehrfach *papirus spendabilis* bzw. *expendibilis* in größeren Mengen entdeckt haben.
62 Ed. in Charlet, La bibliothèque, le livre et le papier d'après Francesco Maria Grapaldo, 1996, 353, danach übernommen und übers. in Steinmann (Hg.) Handschriften im Mittelalter, 2013, 830f., Nr. 882.
63 Ed. Das Runtingerbuch 1383–1407, hg. von Bastian, Bd. 2 1935, 46; erwähnt etwa bei Sporhan-Krempel, Frühe Verwendung von „gewerblichem" Papier, 1956, 74, oder Piccard, Die Wasserzeichenforschung, 1956, 96. Weniger bekannt ist, dass auch Pergament darin sogar mehrfach für Verpackungszwecke belegt ist.
64 Ed. Müller, Welthandelsbräuche, 1934/1962, Nr. III, 236–304, hier 245, Nr. 45.

wurden.⁶⁵ Dazu kommen Kälins Ergebnisse zum oben schon zitieren ‚Schrenzpapier', für das er punktuell auch den Einsatz dokumentiert fand: So ist in den Basler Stadtrechnungen mehrfach die Rede davon, dass man den Ratsdienern, Wachknechten und Zöllnern in städtischen Diensten ebenso wie den Ratsherren ihren Lohn bzw. ihre Aufwandsentschädigungen in Papier verpackt überreichte. Offenbar wurden darin nicht nur Münzen, sondern eventuell auch Naturalabgaben ‚eingetütet'.⁶⁶ Für die Kurpfalz hat sich für 1436 ein Beleg erhalten, dass man die Siegeltypare Kurfürst Ludwigs III. in einem selbst mit drei Siegeln verschlossenen Papierbehältnis zu seinem Begräbnis mitbrachte, um sie dort in Anwesenheit von Notaren und weiteren Zeugen feierlich zu zerstören.⁶⁷ In einem Eintrag in die Protokoll- und Urteilsbücher des königlichen Kammergerichts aus dem Jahr 1471 ist die Rede davon, dass man *in einem papirl ettlich perl und stein* eingelegt habe, *die in gegenwurtikeit baider partheien besicht und verpetschafft,* das heißt versiegelt, worden seien.⁶⁸

In diesen beiden Fällen also waren die papiernen Behältnisse aus juristischen Gründen erwähnenswert. Ob man Schreib- oder Packpapier dafür einsetzte, erschien dagegen nicht relevant. In einem Schmähgedicht des Humanisten und lateinischen Poeten Conrad Celtis aus dem Jahr 1495 erfahren wir, dass man für solche Zwecke durchaus beschriebene Papiere zweitverwendete: Ebenso bitter wie drastisch beschimpft er darin nämlich die Nürnberger Ratsherren, dass sie sein ihnen gewidmetes Werk nicht zu schätzen, sondern es lediglich zu nutzen wüssten, um darin ihren rohen Pfeffer und Safran einzuwickeln, ja sogar sich damit ihre *cacationes* abzuwischen.⁶⁹

---

65 Vgl. Paumgartners Buch über Handelsbräuche (auch Quartband genannt) von 1506, ed. Müller, Welthandelsbräuche, 1934/1962, Nr. I, 122–229, hier 177: Nach dem Art. Brot in Grimm, Deutsches Wörterbuch, Bd. 2, 1800, Sp. 403, ist „Brot Zucker" die Bezeichnung für einen „Hut Zucker". Gemeint sein muss ein an der Spitze abgerundeter Kegel aus Zucker als die bis ins frühe 20. Jahrhundert hinein übliche herstellungsbedingte Darreichungsform von Zucker, da der aus den Pflanzen gepresste und durch Sieden konzentrierte Saft zum Auskristallisieren in einen Tiegel gegossen wurde, aus dem er durch das Abkühlen zusammengezogen als Ganzes herausgestürzt werden konnte. *Tara [...] per pabir* kann m. E. demnach auf die Verpackung des durch sein Gewicht bestimmten Kegels bezogen werden.
66 Vgl. Kälin, Papier in Basel bis 1500, 1974, 126 f., mit Anm. 119 und 122.
67 Vgl. Widder, Kanzler und Kanzleien im Spätmittelalter, 2016, 382 f.: *presentata erant omnia sigilli domini prelibati in quadam bapiro clausa, que erat munita tribus sigillis.*
68 Ed. Magin [Bearb.], Die Protokoll- und Urteilsbücher des königlichen Kammergerichts, 2004, Bd. 2, 500 f., Nr. 41, hier 501.
69 Ein eindrückliches Beispiel dafür, wie massenhaft und vielfältig Papiere (und wohl auch Pergamente) zweitverwendet werden konnten, bietet für das England des 16. Jahrhunderts die Klage des John Bale, dass man ganze Schiffladungen an Büchern aus Klosterbibliotheken als Toilettenpapier, zum Reinigen der Kerzenhalter, zum Scheuern der Stiefel, zum Verkauf an Lebensmittelhändler und Seifenverkäufer oder als Füllmaterial für die Buchbinder verschleudere; er kenne einen Kaufmann, der den Bestand zweier stattlicher Bibliotheken gegen einen Spottpreis aufgekauft habe, für ein Zitat vgl. Somner Merryweather, Bibliomania in the Middle Ages, 1849, 5 f.; s. darauf bezugnehmend Buringh, Medieval Manuscript Production in the Latin West, 2011, 202. Für die Zweitverwendung von Papier als Toilettenpapier vgl. auch in Kap. B.3 bei und in Anm. 124.

Beispiele erhalten für ein solches Recycling haben sich materiell nur in den Bibliotheken in Bucheinbänden, wie wir aus der Makulaturforschung vielfach wissen. Dass auch andere Gebrauchsgegenstände mit Papier ausgefüttert oder verkleidet werden konnten, erfahren wir nur aus ganz wenigen Schriftzeugnissen. Für Zürich ist ein früher Beleg zum Jahr 1336 erhalten, dass Papier zur Polsterung von Ledertaschen verwendet wurde.[70] Für die Stadt Nürnberg des Jahres 1536 bezeugt ein entsprechendes Verbot, dass man im Messererhandwerk offensichtlich zur Kosteneinsparung Messer- oder Schwertscheiden statt aus Leder oder Holz aus Papier anfertigte.[71]

Ein Vorteil sowohl von Alt- wie auch von (Grapaldos Diktum zum Trotz) Packpapier ist zweifelsohne, dass man es für eine Beschriftung nutzen konnte, wie dies ausdrücklich im „Runtingerbuch" für die oben schon belegte papierene Hülle für Seidenstoff belegt ist.[72] Dass Papiere zur Kennzeichnung von Waren verwendet wurden, dafür hat sich in der Wappensammlung des Nürnberger Staatsarchivs ein Beispiel für das Jahr 1525 erhalten: Der Einblattholzschnitt, der nachträglich von Hand mit einer Schablone koloriert wurde, zeigt das kleine Nürnberger Stadtwappen und die Jahreszahl; über die Stadtrechnungen ist nachweisbar, dass er mehrfach in hohen Auflagen im Auftrag des Rates gedruckt wurde. Nach Peter Fleischmann diente er vermutlich dazu, bereits versteuerte Bier- und Weinfässer zu markieren.[73] Einen vergleichbaren Einsatz von Papier suggerieren m. E. trotz kryptischer Formulierungen die auf 1506 datierten Aufzeichnungen aus dem Kontor der Paumgartner: Über das in *barill*, Fässern, gehandelte Öl, das an der genuesischen Küste hergestellt werde, heißt es, es sei mit *2 balbber [...] obn darauf* auszuzeichnen, die einerseits die Adresse des Destinationsortes und andererseits die Menge des darin befindlichen Öls festhalten sollten.[74]

---

[70] Mit Verweis auf Werner Schnyders „Quellen zur Zürcher Wirtschaftsgeschichte" von 1934/37 (Nr. 137) vgl. Kälin, Papier in Basel bis 1500, 1974, 257, Anm. 150.

[71] Vgl. Sporhan-Krempel, Frühe Verwendung von „gewerblichem" Papier, 1956, 75.

[72] Ed. Das Runtingerbuch 1383–1407, hg. von Bastian, Bd. 2 1935, 46: *Item di seiden sind in 9 papir, der sind 2 dez Mirbot; daz stet aeussen daraeuff geschriben.*

[73] Vgl. Fleischmann, Das kleine Stadtwappen, 2000 (mit weiterer Literatur): Der Drucker Wolfgang Resch fertigte 4000 Exemplare, die der Maler Lienhard Schürstab kolorierte. Alle Wappendarstellungen sind datiert und zum Teil mit einem N versehen. Aus den Jahren 1544 und 1620 sind weitere Abrechnungen über 3100 und 1500 der *kleinen Adler* bekannt.

[74] Vgl. Paumgartners Buch über Handelsbräuche (auch Quartband genannt) von 1506, ed. Müller, Welthandelsbräuche, 1934/1962, Nr. I, 122–229, hier 176, Nr. 111: *Öll wechst zu Jenua an der riviera* [nach Anm. des Editors im Original: *rinnora*] *ain große sum, ist gut ding, als gut oder besser dan öll von der marck, daz man zu Venetia kouft. Man kouft und verkouft zu Jenua by der barill, ist 7 rub und ain rub ist 25 lib zu Jenua, macht 175 lib lutter öll, galt im 94. jar 6 und 7 lib Jenuweßer myntz. Es mocht* [nach Anm. des Editors im Original: *macht*] *ainer sollicher 2 balbber* [im Wort- und Sachverzeichnis ebd., 399 als Papier übersetzt] *und ain udri* [nach Anm. des Editors Schreibfehler für *ind[i]ri[zzo]*, das heißt Adresse] *obn darauf an ain som machen, das er by 450 in 500 lib schwer sey. Und so es thür wär zu Venetia und gut kouf zu Jenua, daz gen Nürnberg oder in teusch land zu füren, precht man ain som mit 8 ½ fl rh. wol gen Nurnberg. Darauf mag ainer sein rechnung machen [...].*

Eine solche Verwendung ist schließlich auch für die Ware Papier selbst bezeugt: Für den deutschen Raum hat Gerhard Piccard die frühen Belege für Riesaufdrucke gesammelt. Sein ältestes Beispiel führt in das in dieser Studie als Fallbeispiel gewählte Württemberg. In einer Sammelhandschrift des späten 14. und 15. Jahrhunderts aus der ehemaligen Hofbibliothek der Württemberger hat sich auf einem der Vorsatzbogen des Einbandes ein deutlich sichtbarer roter Stempelaufdruck in der Form eines Ochsenkopfs ohne Augen, aber mit Stange und Stern, erhalten.[75] Das Motiv ist nicht etwa in die Mitte des Papierbogens gesetzt, sondern leicht schief, das heißt eher nachlässig und eventuell schnell auf die untere Hälfte des Bogens gedrückt. Zwar nicht identisch, aber doch motivgleich ist das im Papier durchscheinende Wasserzeichen dieses Bogens. Ursprünglich muss er also wohl einmal das Deckblatt für ein Ries Papier mit diesem Wasserzeichen gewesen sein; auch später – wie gehäufte Beispiele seit dem Ende des 16. Jahrhunderts zeigen – wurden die Motive mit roter Farbe aufgestempelt.

Den Bogen selbst bestimmt Piccard anhand von datierten Parallelfunden aus der Ulmer Ratskanzlei auf die Jahre 1445/1446. Der hölzerne Model, mit dem der Stempeldruck erfolgte und den Piccard als leicht beschädigt bezeichnet, scheint dem Autor älter zu sein: Nach dem Profil seiner Ochsenkopfmarke könnte er schon um 1430 entstanden sein.[76] Ist diese Datierung zuverlässig, so würde das Stück nach Piccard „bis auf eine Generation" an die Entstehungszeit der ersten Papiermühlen auf deutschsprachigem Gebiet heranführen.[77] Dass man auch hier auf italienische Vorbilder zurückgriff, erscheint ihm angesichts der detaillierten Bezeichnung von Wasserzeichenmotiven in der italienischen Kaufmannskorrespondenz Francesco Datinis aus dem späten 14. Jahrhundert unumgänglich.[78] Gestützt wird seine These einmal mehr – wie er selbst übersehen hat – durch die Statuten der Kommune Bologna von 1389: Die dort befohlene Kennzeichnungspflicht für die *meziti cartarum* legt mit der Formulierung, dass *una crux desuper qualibet risima* – ein Kreuz über jedem Ries – angebracht werden müsse, ebenfalls die Verwendung von Deckblättern für je ein Ries Papier nahe.[79]

---

75 Stuttgart, Württembergische Landesbibliothek, HB I 227.
76 Vgl. Piccard, Riesaufdrucke und Riesumschläge, 1968, 22f., mit Abb. 10 (im Durchlicht). Offenbar waren die Holzstempel für die ‚Riesaufdrucke' also deutlich länger in Gebrauch als das täglich hundertfach in den wässrigen Stoff der Bütte getauchte Schöpfsieb mit seinem fragilen Drahtgebilde, das das Wasserzeichen im Papier ergibt.
77 Piccards Deutung kann sich allerdings nur auf dieses eine Stück beziehen, der nächst älteste ihm bekannte Beleg für einen Riesaufdruck stammt erst aus der Zeit des frühen 16. Jahrhunderts. Dieses von Briquet entdeckte Stück, abgedruckt im zweiten Band seiner Wasserzeichen-Sammlung, 579, wird von letzterem zwar auf das Ende des 15. Jahrhunderts, von Piccard, Riesaufdrucke und Riesumschläge, 1968, 2, jedoch auf die Zeit um 1500/1520 datiert. Bei beiden Autoren werden entsprechende Belegstellen erst für das späte 16. Jahrhundert dichter.
78 Vgl. Piccard, Riesaufdrucke und Riesumschläge, 1968, 21f.
79 Ed. und übers. in Steinmann (Hg.) Handschriften im Mittelalter, 2013, Nr. 640, hier 579.

Nach Piccards Meinung noch nicht verwendet worden sei Packpapier zum Einschlagen des Schreibpapiers. Zeugnisse des 15. und vor allem 16. Jahrhunderts belegen, dass es mit Schnüren gebunden[80] und zum Schutz beim Transport entweder in Fässern und Truhen[81] verstaut oder in *löschvelle*, das heißt Packleder, bzw. in Tücher und Stroh eingeschlagen wurde.[82] Anders hat das Team des „Progetto carta" allerdings zumindest für das Fabriano des 14. Jahrhunderts vermutet, dass die oben zitierten minderwertigen Papiersorten – zumal in Rollenform – auch als Schutzumschlag für die besseren Schreibpapiere zum Einsatz gekommen seien.[83]

Papier war allerdings nicht nur als Verpackungs- oder Füllstoff im Einsatz; jenseits der Nutzung als Schreibmaterial wurde es auch als Werkstoff verwendet: Schon

---

80 Für die Verschnürung der Ries vgl. etwa das Rechnungsbuch des Speyerer Druckers Peter Drach mit dem Posten *vor seile jn die bappier mole gein Lutern* [Kaiserslautern, Anm. d. Verf.], ed. Geldner, Das Rechnungsbuch des Speyrer Druckherren, Verlegers und Großbuchhändlers Peter Drach, 1964, 45, die Ordnung der städtischen Mühle in Regensburg aus den 1580er Jahren, ed. Blanchet, Essai sur l'histoire du papier, 1900, 80, oder Christoph Froschauers Unterlagen um die Auseinandersetzungen mit dem Rat von Zürich 1535 über die Inbetriebnahme der städtischen Papiermühle: Unter den Unkosten für Material sind auch 3.000 Klafter Schnüre aufgeführt, die die Forschung als Verpackungsmaterial deutet, vgl. dazu Schultz, Papierherstellung im deutschen Südwesten, 2018, 261. Ebd., 478, s. auch ein vergleichsweise frühes Beispiel für eine Verpackung des Papiers mit Seilen aus der Stadt Ravensburg des Jahres 1427. Bei Piccard, Riesaufdrucke und Riesumschläge, 1968, 17, findet sich ein weiterer Beleg für das Esslingen des Jahres 1602.

81 Für die Verwendung von Fässern im 15. Jahrhundert vgl. etwa die Akzisebücher der Kölner Kraut- und Eisenwaage zwischen 1452 und 1478 (vgl. Irsigler, Papierhandel in Mitteleuropa, 2006, 323), das die Jahre 1480 bis 1503 erfassende Rechnungsbuch des Speyerer Druckers Peter Drach mit mehreren Belegen, dass gedruckte Bücher in Fässern transportiert wurden (ed. Geldner, Das Rechnungsbuch des Speyrer Druckherren, Verlegers und Großbuchhändlers Peter Drach, 1964, 114: *Jtem aber jn eim fahß warnt jn: Decret firczig vnd acht, Disipulus de tempore et santis xxviij, die warnt median bappir*; ebd., 96: *Jtem [...] hab ich zweij fahß mit bucher geschukt gein Auxpurg [...] die fahß habent gewogen vjc vnd xviij pfunt [...] Jtem hab ich geschukt ein fahß mit bucher gein Wirczborg*; ebd., 99f.: *Jtem daß fahß, so ich schukt gein Nornberg [...]*), aber auch einem konkreten Nachweis dafür, dass darin auch unbedrucktes Papier verpackt wurde, vgl. ebd., 152f.: *daß er mir schukt jn den fassen von Eslingen, daß clein bappir*. Für das 16. Jahrhundert vgl. etwa einen Briefwechsel des Züricher Druckers und Papierproduzenten Christoph Froschauer mit dem Humanisten Vadian vom 30. April 1540, ed. in Leemann-van Elck, Die Offizin Froschauer, 1940, 195, ebd., 196, sind auch *lad oder drucken* als Transporteinheiten aufgeführt. S. auch Beispiele in Ravensburg 1558 und in Salem für 1600 sowie von *stübich* – das heißt Kisten – 1537 in den Tiroler Raitbüchern, die ergänzt um weitere Belege für das 17. Jahrhundert bei Piccard, Riesaufdrucke und Riesumschläge, 1968, 17f., erwähnt sind.

82 Für die Verwendung von Packleder vgl. die Beispiele schon vor 1500 bei Kälin, Papier in Basel bis 1500, 1974, 128 mit Anm. 133 auf 255; vgl. für die Verwendung von *sail, touch und stro* die Aufzeichnungen des württembergischen Mühlenbaumeisters Heinrich Schickhardt, zit. nach Piccard, Riesaufdrucke und Riesumschläge, 1968, 17 (unter Verweis auf Stuttgart, Hauptstaatsarchiv, N 220 T 185 05). Grobes Packpapier zum Schutz der Schreibpapiere hält der Autor ebd., 25, erst für die Zeit um 1800 für nachweisbar.

83 Vgl. Ornato et al., La carta occidentale nel tardo medioevo, 2001, Bd. 1, 159. Einen Überblick über die Forschung zu Riesaufdrucken und -umschlägen in der Frühneuzeit bietet Zawrel, Papierhandel im Europa der Frühen Neuzeit, 2017, 115.

früh hat die Forschung auf den Kundenkreis der *kartenmacher* bzw. *-maler* hingewiesen.[84] Ihre Bedeutung lässt sich spätestens ab dem 16. Jahrhundert durch die engen Beziehungen zwischen Papierern und ihrem längst nicht mehr als Kleingewerbe betriebenen Geschäft erahnen.[85] So begegnen Kartenmacher vereinzelt nicht nur als Betreiber von Papiermühlen,[86] für ihren immensen und spezialisierten Bedarf an Pappen sprechen ab der Mitte des 16. Jahrhunderts auch Belege, dass in den Papiermühlen eigene Schöpfformen für Karten benutzt wurden.[87]

Ebenfalls weithin üblich scheint Papier als Ersatz für Glas bei der Verkleidung bzw. Bespannung von Fenstern gebraucht worden zu sein. Häufiger noch sind zwar in derselben Funktion Pergament bzw. tierische Häute aus Darm und Harnblase sowie gewachstes Tuch belegt.[88] Die eher sporadischen Erwähnungen von Papier in mittel-

---

[84] S. dazu schon Breitkopf, Versuch, den Ursprung der Spielkarten [...] zu erforschen, 1784; zur raschen und massiven Verbreitung des Kartenspiels über Italien und den deutschen Raum seit den 1370er Jahren vgl. Rosenfeld, Das Alter der Spielkarten in Europa und im Orient, 1960; darauf bezugnehmend Piccard, Das Alter der Spielkarten und die Papierforschung, 1961. Zaar-Görgens, Champage – Bar – Lothringen, 2004, 188f., hat vorgerechnet, dass für die Herstellung der für die Spielkarten nötigen Pappen erhebliche Mengen an Papier zusammengeleimt werden mussten, zur marktwirtschaftlichen Bedeutung für die Papierer s. auch lothringische Beispiele um 1600 ebd., 102f. Papierlieferungen an Kartenmacher sind für den deutschen Raum zwar erst für das 16. Jahrhundert bekannt, s. dazu Irsigler, Papierhandel in Mitteleuropa, 2006, 320. Sandra Schultz hat sie für ihre Fallstudie zu Basel über rechtliche Klagen von Papiermachern gegen offensichtlich zahlungssäumige Kartenmacher 1464 und 1501 zumindest indirekt nachweisen können; vgl. Schultz, Papierherstellung im deutschen Südwesten, 2018, 465–468. Auch Bürgschaften von Ravensburger Papiermachern für Kartenmacher, die sie für die Jahre 1467, 1495 und 1533 fassen kann, sprechen für eine geschäftliche Beziehung zwischen den Gewerben, vgl. ebd., 387, s. auch 476 mit Belegen dafür, dass der Verkauf von Papier an die Kartenmacher nicht (oder zumindest nicht nur) über das Kaufhaus, sondern direkt erfolgte.

[85] S. dazu die Auswertungen Kölner serieller Quellen durch Franz Irsigler, in denen auch mehrfach der Import von Spielkarten dokumentiert ist, etwa in den 1450er Jahren und erneut 1496 in der Mengeneinheit drei bzw. ein Fass, für das Jahr 1507 mit dem Geldwert von 115 Gulden, vgl. Irsigler, Papierhandel in Mitteleuropa, 2006, 323, 327, Anm. 92, und 326, Tab. 4.

[86] So ist 1503 der als Kartenmaler bezeugte Gabriel Schwartz als Pächter der städtischen Papiermühle in Straßburg zu fassen, vgl. Schultz, Die Papierherstellung im deutschen Südwesten, 2018, 249 und passim, s. auch Zaar-Görgens, Champagne – Bar – Lothringen, 2004, 109, mit dem Verweis auf das explizite Verbot, dass Kartenmacher als Papiermacher tätig werden, in den Krakauer Papiermacherstatuten von 1546.

[87] So im Inventar des Papiermeisters Claus Pindter in der städtischen Papiermühle in Regensburg, datiert 1552, hier zitiert nach der Einleitung in: Die Wasserzeichenkartei Piccard im Hauptstaatsarchiv Stuttgart. Findbuch VIII, bearb. von Piccard 1979, 10f. (*item zway bahr kartten form*), sowie in der auf die gleiche Mühle bezogenen Ordnung, entstanden um 1580, ed. Blanchet, Essai sur l'histoire du papier, 1900, 90 und 94; ebd., 90, ist zugleich erwähnt, dass die Lumpen nach Qualität und Rohstoff *auszzuschiessen* seien je nach *Schreib, Karten vund Schrenz Hader für Vlieszpappier*. S. ebd. auch die Information, dass man in den Papiermühlen die Papierreste der Kartenmacher aufkaufte, um sie in der Bütte zu ‚recyclen'.

[88] Ohne konkrete Belege mit der These, dass als lichtdurchlässiger Wetterschutz für Fenster allgemein ausgeschabte und auf Rahmen gespannte Tierblasen oder entsprechend präpariertes Pergament, Papier oder Stoff sowohl in Stadt- und Bauernhäusern als auch auf Burgen zum Einsatz kamen,

alterlichen Zeugnissen[89] finden allerdings Bestätigung in der frühneuzeitlichen Überlieferung: Im Winter 1552 beobachtete der Basler Humanist Felix Platter bei seinem Studienaufenthalt in Montpellier, dass man zum Schutz vor der Kälte die Fenster mit

---

vgl. etwa Meckseper, Kleine Kunstgeschichte der deutschen Stadt im Mittelalter, 1982, 143 (pauschal mit Verweis auf Bern 1378 und Hildesheim 1410), Bedal/Heidrich, Bauernhäuser aus dem Mittelalter, 1997, 129 und 193; Fouquet, Bauen für die Stadt, 1999, 393 (pauschal mit Verweis auf Basel und Marburg), und Krahe, Burgen und Wohntürme des deutschen Mittelalters, 2002, Bd. 1, 39 f.; in Alltag im Spätmittelalter, hg. von Kühnel 1986, 263, mit knappen Zitaten für Hildesheim 1410, Eggenburg 1447 und Breslau 1474, jedoch ohne Nachweise.

Nachweise für Pergamentfenster bieten Kälin, Papier in Basel bis 1500, 1974, 128, Anm. 137; mit einem Zeugnis für den 9. Oktober 1451, die Rechnungsaufzeichnungen der Stadt Hagen mit einem Nachweis für das Jahr 1394, vgl. Stadthagener Stadtrechnungen, hg. von Brosius, 1968, 104, sowie das Kämmereibuch von Reval für die Jahre 1469, 1478 und 1496 (hier ist konkret von sechs Fenstern die Rede; in allen drei Fällen ist als Verwendungsort der Fenster explizit das Rathaus genannt), vgl. Kämmereibuch der Stadt Reval 1463–1507, hg. von Vogelsang, 1983, Halbbd. 1, 139, 281, und Halbbd. 2, 677. Ein außergewöhnliches Zeugnis bietet der Schultext *De nominibus utensilium* von Alexander Neckham, 1217 entstanden, mit der Erklärung, Schreibstuben sollten Fenster besitzen, durch die auch dann das Licht eintreten könne, wenn der Nordwind stürme. Diese Fenster sollten mit einem *panniculum lineum (vel) membrana colore viridi vel nigro* – einem leinernen Tuch oder Pergament von grüner oder schwarzer Farbe – verwahrt sein, weil diese Farben das Auge erfrischen würden, ed. und übers. in Steinmann (Hg.) Handschriften im Mittelalter, 2013, Nr. 411, 337–340, hier 338.

Außerdem haben sich praktische Anleitungen erhalten, wie solche Fenster durch Wässern und Trocknen der Pergamente im Spannrahmen hergestellt sowie durch ihre anschließende Oberflächenbehandlung mit Leim, Brasilholz und Firnis sowohl wasserundurchlässig als auch transparent gemacht werden konnten. Für eine Edition und zum Teil auch Übersetzung ins Neuhochdeutsche vgl. die online nutzbare Datenbank: Oltrogge, Datenbank mittelalterlicher und frühneuzeitlicher kunsttechnologischer Rezepte, s. d. Jeweils ein Rezept ist überliefert in München, Bayerische Staatsbibliothek, Cgm. 824 (entstanden um 1400), fol. 71v, und Augsburg, Staats- und Stadtbibliothek, 2° Cod. 572 (entstanden um 1446), fol. 167–167v, gleich drei Rezepte bietet Heidelberg, Universitätsbibliothek, Cod. Pal. germ. 489 (datiert 1562/63), fol. 41v–42r, 43r–v, 179v–180; ebd. auf fol. 137v–138r und 177v–178r finden sich außerdem weitere Anleitungen zur Herstellung von transparentem und gefärbtem Pergament, ohne dass der Verwendungszweck angegeben ist; s. vergleichbar auch München, Bayerische Staatsbibliothek, clm 20174, fol. 171v–172r mit einem Rezept unter der Überschrift *Depuracio pergameni ut fiat quasi vittrum*, außerdem zwei Rezepte in Amberg, Staatliche Provinzialbibliothek, Ms. 77, datiert auf 1492, auf fol. 223v–224v, hier gedacht für die Fertigung von Lupen zur Vergrößerung der Schrift bzw. von dunkel gefärbten Brillen zur Schonung der Augen; für eine weitere entsprechende Anleitung für *gute augenschirm* s. Nürnberg, Germanisches Nationalmuseum, Hs. 32075, datiert auf nach 1549, fol. 34v.

89 In der Basler Rechnungsüberlieferung zum Jahr 1412 findet sich einmal der Posten *schrentzpapir zer ratstuben venstern* festgehalten, vgl. Kälin, Papier in Basel bis 1500, 1974, 128 mit Anm. 135. Ein zweites Beispiel findet sich für das Jahr 1502 im Archiv des Klosters St. Alban: Unter den verschiedenen Posten für Papier, die hier jeweils buchweise von Meister Hans von Schaffhausen – einem im St. Albantal tätigen Papiermacher – im Zeitraum vom Laurenzitag Anfang August bis Allerheiligen im November bezogen werden, findet sich der Vermerk von *ii buch[er] fenst[er] bappier*, vgl. Basel, Staatsarchiv des Kantons Basel-Stadt, Nebenarchive Klosterarchive, St. Alban Corpus 1502, fol. 9r; ich danke für diesen Hinweis Sandra Schultz. Auch in Breslau wurden 1474 *fenster von papir und permynt ader plostere* verbaut, vgl. ohne Beleg Alltag im Spätmittelalter, hg. von Kühnel 1986, 263. Für Italien findet sich bei

Läden verschließe, da *der mertheil anstatt der glaß papyrin* sei.⁹⁰ Auch in Grimmelshausens Schelmenroman vom „Abentheuerlichen Simplicissimus Teutsch", gedruckt 1668, ist im ersten Kapitel selbstverständlich von Ölpapier als Ersatz für Glasfenster die Rede.⁹¹ Für Italien hat Gasparinetti auf ein erst posthum gedrucktes botanisches Werk des 1630 verstorbenen Federico Cesi verwiesen, in dem der Autor unter den verschiedenen in seiner Zeit bekannten Papiersorten auch eine *[carta] Fenestraria* nennt. Sie halte die rauesten Unbilden der Witterung von den Behausungen der Armen ab.⁹² Sowohl Gasparinetti als auch Krünitz' Oekonomische Encyklopaedie aus dem 18. Jahrhundert legen nahe, dass diese Praxis auch für weniger repräsentative bzw. genutzte Räume in den Häusern vermögender Familien oder in öffentlichen Bauten galt.⁹³

Ebenso schlecht nachweisbar und wohl trotzdem nicht weniger gängig war drittens auch die Verwendung von Papier für Schießübungen. Ein vereinzeltes, kulturhistorisch besonders faszinierendes Zeugnis des Jahres 1524/25, in dem der Heidelberger Student Christoph von Henneberg seinem Vater Rechenschaft über seine alltäglichen Ausgaben ablegte, bezeugt seinen Einsatz für die Anfertigung von *Schiesbletternn*, das heißt Zielscheiben zum Armbrustschießen, für das sich Christoph offenbar mehr begeisterte als für seine Bücher.⁹⁴ Ungleich häufiger wurde Papier allerdings zu

---

Ornato et al., La carta occidentale nel tardo medioevo, 2001, Bd. 1, 375f. mit Anm. 100, der Nachweis für das Jahr 1459, dass die Umiliati di Brera in Mailand *4 quaderni cum colla forma magna pro faciendo stamenios* kauften, was als Fensterpapier zu verstehen sei. Gasparinetti, Über „Papier für Fenster", 1956, 20, behauptet leider ohne Konkretisierung bzw. Belege, er sei bei seinen Nachforschungen in italienischen Zeugnissen mehrfach auf Einkäufe von „Papier für Fenster" gestoßen, dies sowohl in Rechnungsbüchern von Klöstern als auch in den Ausgaberegistern von Gemeinden und „mächtigen Familien".

90 Felix Platter schreibt in seiner im frühen 17. Jahrhundert als über 70jähriger verfassten Autobiographie über seinen Studienaufenthalt in Montpellier im Winter 1552: *Es war in disem monat december nit fast kalt [...]. man wermbdt sich allein bim feur [...] die gmacht halt man zuo, beschließt die fenster, so allein ledlin sindt und der mertheil anstatt der glaß papyrin*, ed. Das Tagebuch des Felix Platter, hg. von Boos 1878, 193. S. auch Kälin, Papier in Basel bis 1500, 1974, 128, mit einem Rechnungsbeleg für das Zürich des Jahres 1697, dass die Fenster im Rathaus mit Papier verkleidet waren.

91 Vgl. Hans Jacob Christoffel von Grimmelshausen, Der abenteuerliche Simplicissimus Deutsch, übertr. von Kaiser 2009, Kap. 1, 16: *Die Fenster hatte er nur deshalb dem Sankt Nittglas gewidmet, weil er wusste, dass solche aus Papier, von der Aussaat der Hanf- oder Flachssamen bis zu ihrer vollkommenen Verfertigung gerechnet, weit mehr Zeit und Arbeit kosten als das beste und durchsichtigste Glas von Murano.*

92 Federico Cesi (1585–1630), *Theatris Naturalis Phytosophicae Tabulae* (zuerst gedruckt 1651 als Annex eines botanischen Werks von Francisco Hernandez): *Fenestraria, quae sicciores quidem repellat aeris iniurias et tabernis pauperum*, hier zit. nach Gasparinetti, Über „Papier für Fenster", 1956, 20.

93 Vgl. Krünitz, Oekonomische Encyklopaedie, Bd. 12, 1777, 596, der für seine Gegenwart über „durchscheinende Fenster von Leinwand, Papier und Pergament" berichtet und verschiedene Rezepte zu deren Fertigung bietet; über die Papierfenster heißt es, sie seien in Italien in so starkem Gebrauch, „daß man selbige auch in theils herzoglichen Pällästen zu schlechtem Vergnügen des Auges antrifft". Der Paragraph endet mit der Information, dass solche Fenster durch Fenstergitter aus eisernen Stäben geschützt wurden; dies legt nahe, dass es sich um Außenfenster handelte.

94 Ed. Mötsch „Zu Verkurtzweilen mit Schiessen und Zechenn ...", 1999, 351–375, hier 363, 369 und 2× 370; zusätzlich nötig dafür waren auch Leim und Mennige (rote Farbe) sowie Ton und Nägel,

Übungsmunition für Büchsen verarbeitet. Obwohl die Forschung bislang nur wenige eindeutige Belege kennt,[95] wird erst mit ihnen verständlich, weshalb insbesondere in den detaillierten städtischen Rechnungsbüchern der Einkauf von Papier oft nicht mit anderen Schreibmaterialien, sondern mit militärischem Bedarf kombiniert war.[96] Nur mit diesem Kontextwissen lässt sich auch erklären, was Valentin Boltz aus Ruffach in seinem 1549 gedruckten *Illuminier Buch* für ‚Briefmaler' mit dem Rezept unter der Überschrift *Patronen Bapier* herzustellen gedachte.[97] Dass dieser Papiergebrauch

---

mutmaßlich nützlich war eine Papierschere (s. ebd., 366f., 370), vor allem schlug aber auch der Arbeitslohn an den Wirtsknecht sowie an einen Maler für das Anfertigen der Zielscheiben zu Buche; letzterer wurde für ein ‚Gesellenschießen' beauftragt, auf vier große Blätter sieben Zirkel zu malen (ebd., 363, s. auch 365f.).

95 Als Erste in der Papierforschung hat Sporhan-Krempel, Frühe Verwendung von „gewerblichem" Papier, 1956, 74, auf entsprechende Belege in den städtischen Kanzleirechnungen von Nördlingen für 1464 und Nürnberg für 1550 verwiesen; zwei weitere Belege für 1660 und 1806 legen nahe, dass diese Verwendung bis ins frühe 19. Jahrhundert hinein üblich war. Über ein Zeugnis des 17. Jahrhunderts macht Sporhan-Krempel plausibel, dass man Munition aus Papier zu Übungszwecken einsetzte. Ergänzt werden ihre Funde durch Kälin, Papier in Basel bis 1500, 1974, 128, mit mehreren Beispielen aus dem Basler Finanzarchiv ab 1485, dass man *bappir zu ladungen zen buechsen* kaufte. Zaar-Görgens, Champagne – Bar – Lothringen, 2004, 189, Anm. 429, kennt aus ihrem Untersuchungsbereich immerhin ein Beispiel für das Epinal des Jahres 1464. Auch Pergament konnte – sogar bis hinein in die Moderne – als Material für Munition verwendet werden: Esch, Überlieferungschance und Überlieferungszufall, 565f., erwähnt ohne nähere Belege, dass ein eigenes „bureau de triage" im Frankreich der Revolution seit 1793 überholte Feudaltitel zur Vernichtung freigab, deren Pergamente zu Patronenhülsen und Kartuschen verarbeitet und „von der französischen Armee unter die reaktionären Gegner der Revolution geschossen" worden seien.

96 Dies suggerieren zum Beispiel die in einer Online-Edition erschlossenen und zugleich in Digitalisaten einsehbaren Rechnungen der Stadt Schaffhausen vielfach bei der Verzeichnung von Papierkäufen durch die Zusammenstellung der Posten: s. etwa A II.05.01.007/075 zum Jahr 1407–1408 (*Item III ½ lb III s Petern Ziegler umb Wachs, umb Bappir, umb Swebel zuo Büchsenbulfer und umb ander Ding*), A II.05.01.013/140 zum Jahr 1413 (*Item VI lb XII ß II dn sond wir dem Linggen nah aller rechnung, verrechnet an fritag nah Peter et Pauli umb ysen, stahel, papir und wachs* (gestrichen)), oder A II.05.01.084/102 zum Jahr 1445 (*Item VII lb VII heller Hans Kundig umb isen, umb stahel, umb pappir, umb nagel, umb schürlatztuoch und anders*) oder besonders deutlich A II.05.01.093/156 zum Jahr 1448 (*Gerechnot mit Hansen Kündig uff Zinstag vor Nicolai und [die] stat blibt im schuldig uff den tag XV lib XIII ß VI [heller] umb ysen, umb schürlitztuoch den schützen, bappir, wahs und anders uß dem Cromgaden, ouch das er bar von der statt wegen uß geben hatt* (gestrichen)). Da das Stadtarchiv Schaffhausen nur sehr beschränkt URLs für Unterseiten vergibt, muss das einzelne Digitalisat über die Seite „Bestände Online", URL: http://www.stadtarchiv-schaffhausen.ch/index.php?id=10065 (Stand: 02.03.2023) gesucht werden.

97 Der Zweck des Rezepts ist nicht nur in der Überschrift *Patronen Bapier zu bereiten* zu finden, sondern auch in den Anfangsworten des eigentlichen Textes: *Wiltu gut vest Bapier haben, darauß du Patronnen bereitest [...]*. Im Rezept schlägt der Autor vor, das Papier in einem ersten Arbeitsschritt mit heißem Leinöl zu tränken und nach dem Trocknen mit ebenfalls mit Öl angeriebenem ‚Bolus armenicus', das heißt armenischer Tonerde, zu bestreichen: *Wiltu gut vest Bapier haben, darauß du Patronnen bereitest, so [ka]uff leinöl, mache daß warm und bestreichs Bapier damit hencks auff, laß es wol ertrucknen, Nimb darnach Bol[us] reib ihn gar wol mit dem Leinöl, thu unter daß heiß leinöl Asa f[eti]da, daß Bapier sol vorhin allewegen auffbappet seyn, ehe den mans öl trenckt, als den streich*

übliche Praxis gewesen sein muss, spiegelt schließlich ein – heute nach wie vor irritierendes – sprachliches Bild in Deutschschweizer Chroniken um 1500: Darin wird die offenbar kampflose, auf dem Verhandlungsweg erwirkte Einnahme der Stadt Tiengen mit den Worten umschrieben, sie sei durch Papierschüsse erobert worden.[98] Für die Belagerung der Stadt Neuss im so genannten „Neusser" bzw. „Burgundischen Krieg" der 1470er Jahre ist freilich auch das Phänomen von „Kugelbriefen" belegt, durch die die Botschaft zum Durchhalten über die Köpfe der Feinde hinweg in die abgeriegelte Stadt geschossen werden konnten, wie man gleich in mehreren historiographischen Texten des 15. und 16. Jahrhunderts berichtenswert fand.[99]

---

mit den bensel daß öltrencket patronen Bapier auff, mit dem angeriebenen Bolo Armeno, hencks auff, daß es truckne. Hier zit. nach Oltrogge, Datenbank mittelalterlicher und frühneuzeitlicher kunsttechnologischer Rezepte, s. d. nach einer Nürnberger Abschrift des Drucks aus dem 16. Jahrhunderts. Oltrogge, die auch eine hilfreiche Übersetzung bietet, interpretiert und übersetzt den Zweck des Text m. E. allerdings falsch als „Rezept zur Herstellung von Karton".

98 Zuerst ist diese Wendung bei dem Schweizer Chronisten Kaspar Frey in seiner 1499/1500 entstandenen Schwabenkriegschronik fassbar; sein Bericht wurde von seinem Berner Kollegen Valerius Anselm zwei oder drei Jahrzehnte nach ihm fast wörtlich aufgegriffen: Nach Frey wurde die Stadt Tiengen durch Graf Sigmund von Lupfen dadurch erobert, dass *die uswendigen dry schütz mit papyr in die statt [...] thätten;* ed. Gutmann, Die Schwabenkriegschronik des Kaspar Frey, 2010, Bd. 2, 824. Der Editor Andre Gutmann, dem ich für den Hinweis auf diese Stelle danke, kommentiert, es sei nicht entscheidbar, ob die „Papierschüsse" einen real vollzogenen Vorgang beschreiben oder nur ein metaphorischer Ausdruck für die kampflose Übergabe der Stadt sein sollen. Belege für den unmittelbaren Verlauf der Übergabe existieren nicht. Valerius Anselm paraphrasiert Freys Schilderung mit den Worten, man habe *diss staetle [...] mit drien papirschuezen* gewonnen, vgl. Die Berner-Chronik des Valerius Anshelm, ed. Historischer Verein des Kantons Bern, Bd. 2 1886, 131, Z. 12. Diese Stelle findet sich zit. in: Frühneuhochdeutsches Wörterbuch, Bd. 2, bearb. von Reichmann 1994, Sp. 1944, unter dem Lemma „papierschuz", der als „blinder Schuß, Scheinschuß" beschrieben wird. Bei Valerius wird die Wendung jedoch auch eindeutig metaphorisch aufgeladen, wie drei weitere Belegstellen in seiner Chronik zeigen: Sowohl zu 1503 als auch zu 1513 erklärt er spöttisch, der französische König habe die Eidgenossen *mit papir und vergueldeten pasteten uss Lamparten heim* geschossen, ed. Die Berner-Chronik des Valerius Anshelm, ed. Historischer Verein des Kantons Bern, Bd. 2 1886, 380 zu 1503, bzw. *mit kronen und papir [...] von gwunner sach geschossen, ja meisterlich beschissen,* ed. ebd. 489, zu 1513. Unter den Ereignissen des Jahres 1509 schreibt er, Papst und König hätten mit Bann und Acht *papirine hoptstuk* – schwere Geschütze aus Papier – auf die Christenheit geschossen, ed. ebd. 199f. zu 1509. Diese Formulierungen, die frappierend an den heutigen Ausdruck „Papierkrieg" erinnern, scheinen vor dem Hintergrund papierner Munition allerdings deutlich weniger abstrakt als unser moderner ,Einwortphraseologismus'. S. schließlich auch für das Spanien des 17. Jahrhunderts die Utopie einer *República literaria* des Diplomaten Diego de Saavedra Fajardo, die er als Traumgebilde einer von Tintengräben umgebenen Stadt vorstellt mit Papiermühlen als Türmen und Stadtmauern, von denen Papierkugeln abgefeuert werden. Auf einem großen Zollplatz wüten Zensoren, die nicht perfekt hergestellte ebenso wie inhaltlich zweifelhafte Bücher aussortieren und ihr Papier einer Zweitverwendung (als Material zum Heizen, aber zum Beispiel auch für Triumphbögen, Papierstatuen und Girlanden) zuführen. Die aussortierten medizinischen Bücher, so erklärt de Saavedra Fajardo, würden zu Pfropfen für Kanonen verarbeitet, vgl. Brendecke, Papierfluten, 2006, 28.

99 So etwa in einer Abtschronik aus dem Kloster Steinfeld in der Eifel aus dem 15. Jahrhundert, vgl. Joester, Rheinische Fehden im 15. Jahrhundert, 64, und in der von Ludwig von Eyb 1507 verfassten Biographie

Wachsende Mengen

Trotz der spärlichen Belege mag man also davon ausgehen, dass die genannten Formen des gewerblichen Papiergebrauchs keine Ausnahme darstellten und damit erhebliche Mengen an Blättern – selbst wenn man für viele Bereiche auch beschriebenes Altpapier recycelte – verschlungen haben müssen. Damit kommen wir wieder zur Ausgangsfrage nach den Mengen der produzierten Schreibpapiere zurück: So skeptisch diese Überlegungen machen, ob man auf der Basis der Überlieferung die Quantitäten an in den verschiedenen Zeiten verfügbarem Schreibpapier überhaupt näher abschätzen kann, so stichhaltig und unbezweifelbar ist, dass die Produktion in der Tendenz stets steigend blieb. Trotz aller Unsicherheiten ist dafür vor allem der deutliche Anstieg der Mühlenstandorte im Verlauf der mittelalterlichen Jahrhunderte als Indikator zu nennen; hier kann man m. E. vier Phasen unterscheiden.

Eine erste Phase ist bis etwa 1300 zu konstatieren: In dieser Zeit war die Zahl an Papierwerkstätten in Lateineuropa sicher klein und – sieht man von der iberischen Halbinsel ab, wo die Papierherstellung im 11. Jahrhundert unter islamischer Herrschaft begann und nach der christlichen Reconquista offenbar weiterhin von muslimischen Facharbeitern fortgesetzt wurde,[100] – auf Italien beschränkt. Bei vielen in der Forschung angeführten Orten gibt es nur vage Indizien für die Existenz einer eigenen Papierherstellung, so dass die in der Handbuchliteratur genannten Erstbelege zum Teil erheblich voneinander abweichen.[101] Nicht mehr zu entscheiden ist auch,

---

des fränkischen Adligen Wilwolt von Schaumberg, vgl. [Ludwig von Eyb], Die Geschichten und Taten Wilwolts von Schaumberg, hg. von Keller 1859, 23. Ich danke Markus Jansen für diese Hinweise.

100 S. dazu insbesondere die Arbeiten von Robert I. Burns; einführend Burns, The Paper Revolution in Europe, 1981.

101 Als erster und sicherer Nachweis einer italienischen Produktionsstätte gilt ein im Jahr 1235 notariell beglaubigter Papiermachervertrag aus Genua; damit ist die ligurische Küste die einzige italienische Region, für die die Papierherstellung schon für die erste Hälfte des 13. Jahrhunderts erhärtet werden kann, für eine Edition des Vertrags vgl. Lopez, The English and the Manufacture of Writing Materials in Genoa, 1939/40; nach zwei weiteren Zeugnissen der 1250er Jahre (s. ebd., 134) bricht die Tradition in dieser Region jedoch offenbar ab, um erst im 15. Jahrhundert wiederbegründet zu werden. Für die zweite Hälfte des 13. Jahrhunderts wird der Forschungsstand unübersichtlich, s. dazu den Vergleich der entsprechenden Angaben in den neueren Aufsätzen von vier ausgewiesenen Kennern, Manlio Calegari, Richard L. Hills, Robert I. Burns und Simonetta Iannuccelli, deren Angaben zwischen vier und zehn Mühlen für das 13. Jahrhundert schwanken: Alle vier nennen übereinstimmend lediglich Mühlen in Fabriano, mit Ausnahme von Calegari auch Bologna. Burns und Iannuccelli haben darüber hinaus noch Modena gemeinsam, Burns und Hills überschneiden sich in Amalfi und Cividale, Burns und Calegari haben Prato gemeinsam. Bei Hills sind darüber hinaus gar keine weiteren Standorte mehr genannt, Calegari nennt noch Lucca und eventuell Sizilien, Burns dagegen Aquileia und Colonica, Iannuccelli schließlich zählt weitere Werkstätten in Foligno, Urbino, Ascoli Piceno, (Camerino-)Pioraco, Treviso, Padua und Colle Val d'Elsa auf. Vgl. Calegari, La diffusione della carta di stracci in area Fabrianese, 1990, 20; Hills, Early Italian Papermaking, 1992a, 95; Burns, Art. Paper, 2005, 384, und Iannuccelli, L'Europa di carta, 2010, 100. Auch der Sammelband „Alle origine della carta occidentale", 2014 herausgegeben von Giancarlo Castagnari, Emanuela Di Stefano und Livia Faggioni, hat leider nicht den

nach welchen Verfahren diese frühen Werkstätten produzierten. Die Autopsie von aus dieser Zeit erhaltenen Blättern durch den Byzantinisten und Papierspezialisten Jean Irigoin legt nahe, dass sich noch keine signifikanten Unterschiede zu den arabisch-persischen bzw. mit charakteristischen Abweichungen im iberischen Raum etablierten Techniken feststellen lassen.[102] Es bleibt daher schwierig zu unterscheiden, woher die heute noch erhaltenen Papiere aus dieser Zeit kamen.[103] Ihre Verbreitung war, will

---

Anspruch, einen Überblick über die frühen Mühlengründungen in Italien zu bieten, obwohl dort die Reviere in den Marken, in Umbrien, im italienischen Süden mit Sizilien und Amalfi, in der Toskana, im Gebiet der Emilia und des Veneto sowie in den Abbruzzen in je eigenen Aufsätzen behandelt werden.

Ein prominentes Beispiel dafür, wie groß der Spielraum für Kontroversen ist, bietet Amalfi: Silvia Rodgers-Albro, Fabriano, 2016, 26, hält eine eigene Papierherstellung in Amalfi sogar schon für das 12. Jahrhundert für möglich, obwohl sich erste schriftliche Hinweise auf Papier in Amalfi erst in den Jahrhunderten darauf finden. Bei den ersten Erwähnungen handelt es sich um die Nennung von drei Ries Papier im Testament eines amalfitanischen Kaufmanns von 1269 sowie einen Kaufbeleg über nicht näher spezifizierte Mengen an *cartae pergameni et bombagine* von 1289; diese Belege werden etwa bei Oldoni, Il mare di carta, 1990, 86, 88, unter Berufung darauf z. B. Bresc/Heullant-Donat, Pour une réévaluation de la „révolution du papier", 2007, 375, als Erstbelege für eine Amalfitaner Produktion gewertet. Ventura, Sul ruolo della Sicilia e di Amalfi nella produzione e nel commercio della carta, 2014, 113, deutet diese Quellen dagegen lediglich als Zeugnisse für Papier*handel* und verweist darauf, dass die frühesten expliziten Hinweise auf die Existenz von Papiermühlen vor Ort erst ab 1380 zu finden sind.

Für Verwirrung in der Forschung sorgen die nach wie vor einflussreichen, jedoch fußnotenfreien und zum Teil sehr unzuverlässigen Darstellungen bei Basanoff, Itinerario della carta, 1965, 30f., die nur eine Liste der Orte bietet, und Weiß, Zeittafel zur Papiergeschichte, 1983, mit konkreten Gründungsdaten, unter anderem ebd., 39 für 1256 in Foligno (anders Bettoni, L'Umbria cartaria, 2014, 64, der erst fast siebzig Jahre später für 1323 einen entsprechenden Erstbeleg kennt), ebd., 39 zum Jahr 1261 für Bologna sowie ebd., 42 ein weiteres Zeugnis für 1293 (anders Mattozzi/Pasa, Diffusione della produzione e del commercio della carta nelle aree emiliana e veneta, 2014, 148f., die als frühestes Indiz mit großer Vorsicht einen auf 1282 datierten Wasserzeichenfund werten, den ersten sicheren Beleg jedoch erst für 1360 anführen).

102 Vgl. Irigoin, Les origines de la fabrication du papier en Italie, 1963, 65. Wie zuverlässig Irigoins leider nicht näher an Einzelobjekten begründete Urteile sind – so unter anderem der Kommentar, das spanische Papier sei ‚weniger schön' gewesen als das ‚authentisch arabische Papier' –, ist schwer einzuschätzen. Ein seriöser Überblick über Schriftquellen zu Papierimporten aus dem islamischen Mediterraneum nach Italien fehlt (vereinzelte Verweise oft ohne konkrete Belege etwa bei Abulafia, Asia, Africa and the Trade of Medieval Europe, 1987, 432; Tschudin, Paper comes to Italy, 1998, 61, oder Burns, The Paper Revolution, 1995, 26). Ungeachtet der Orientalismus-Debatten ist es in der französischen und italienischen Forschung nach wie vor üblich, von ‚orientalischen' versus ‚okzidentalen' Technologien bzw. Papieren zu sprechen; s. neben dem o. g. Beitrag von Irigoin schon den Titel des von Giancarlo Castagnari, Emanuela Di Stefano und Livia Faggioni 2014 herausgegebenen Sammelbandes „Alle origine della carta occidentale"; s. auch Bresc/Heullant-Donat, Pour une réévaluation de la „révolution du papier", 2007, 360; Faye, Les premières utilisations du papier, 2008, 8; Iannuccelli, L'Europa di carta, 2010, 119, u. v. m.; s. allerdings auch Irsigler, Papierhandel in Mitteleuropa, 2006, 310, mit der Zwischenüberschrift „Weg des Papiers vom Orient in den Okzident".

103 Für Schriftbelege aus Barcelona in der Lebenszeit Friedrichs II., die die Einfuhr von auf der iberischen Halbinsel produziertem Papier nach Sizilien und Neapel belegen, vgl. Rodgers Albro, Fabriano,

man den in der Forschung bekannten frühen Belegen vertrauen (vgl. Kasten A.3 in der Einleitung), noch begrenzt.

Die zweite Phase lässt sich mit der Durchsetzung der oben geschilderten technischen Innovationen im Herstellungsverfahren verbinden. Das eindeutigste Indiz dafür sind zweifellos die Wasserzeichen, die vereinzelt schon ab 1270, breit dagegen ab der ersten Hälfte des 14. Jahrhunderts nachweisbar werden (s. dazu oben Kasten A.3). Für die Etablierung des Gewerbes spricht auch, dass insgesamt nach der Jahrhundertschwelle 1300 die Zahl und Aussagekraft der Zeitzeugnisse zunimmt. Wie bereits für Fabriano geschildert, sind nun auch für andernorts schon früher vermutete Mühlen erstmals eindeutige Belege zu finden; auch die schon angesprochene Arbeitsmigration von Papiermachern lässt sich nun in ersten Beispielen nachweisen.[104] Was die Menge und Reichweite der produzierten Waren betrifft, ist ein Blick in die deutschen Sprachgebiete nördlich der Alpen aufschlussreich: Auch sie wurden nun in steigendem Maß durch italienische Exporte erreicht. Die bemerkenswerte Hochphase der Buchkultur, die Neddermeyer für das Italien dieser Zeit konstatiert hat, mit einem gewaltigen Wachstumssprung der Produktion, einem gewandelten Kanon an Standardliteratur und dem Vordringen der Volkssprache, ist nach seinen Ergebnissen jedoch noch nicht mit dem Papier in Verbindung zu bringen.[105]

Ab der zweiten Hälfte des 14. Jahrhunderts zeichnet sich eine erhebliche Intensivierung ab, ablesbar sowohl an der Verdichtung bestehender Reviere als auch an der Entstehung neuer Papierzentren in Italien, so dass von einer dritten Expansionsphase der Papierherstellung gesprochen werden kann.[106] Wie Emanuela Di Stefano am Beispiel des Reviers Camerino-Pioraco in den Marken über die im Datini-Archiv in Prato überlieferten Briefwechsel untersucht hat, führte sie zu massiv steigenden Exporten italienischen Papiers in anrainende europäische Länder; dabei scheint die Konkurrenz rasant gewachsen zu sein, wie die Klage über die *grande abondantia di carte* in einem Brief aus dem Februar 1409 über Lieferungen auf die iberische Halbinsel nahe legt.[107]

Die Nachbarländer begnügten sich allerdings nicht mehr nur mit italienischem Papier. Zu den Neuerungen der dritten Phase ist auch der Techniktransfer über den Alpenkamm hinaus zu rechnen, der zuerst Frankreich, allen voran die Grafschaft Bar

---

2014, 109, mit Verweis auf einen 2007 publizierten Aufsatz von Jose Carlos Balmaceda mit dem Titel „Produttori, techniche e metodi italiani nella produzione in Spagna".

104 S. dazu oben Anm. 12. Insgesamt sind nach Spufford, Handel, Macht und Reichtum, 2004, bes. 213, solche Abwanderungsbewegungen von Handwerkern bestimmter ‚Leitgewerbe' nicht ungewöhnlich, als Beispiel nennt der Autor auch die Produktion von Seide und Wolle, Majolika und Messingarbeiten.
105 Vgl. Neddermeyer, Von der Handschrift zum gedruckten Buch, 1998, Bd. 1, 288–294.
106 S. dazu auch das Urteil bei Hills, Early Italian Papermaking, 1992a, 96, der den plötzlichen Anstieg an Papiermühlen in der zweiten Hälfte des 14. Jahrhunderts mit weiteren technologischen Innovationen in Verbindung bringt, „which made paper competetive with parchment and more readily available as well as being more suitable for the needs of literature."
107 Zit. nach Di Stefano, Fra le Marche, il Mediterraneo, l'Europa, 2019, 117.

und die Champagne erreichte: So arbeiteten allein in der Messe- und Residenzstadt Troyes in der Champagne bereits bis zu zehn Papiermühlen, die ihren wichtigsten Kunden in der nicht weit entfernten Universität Paris fanden.[108] Ab dem letzten Jahrzehnt des 14. Jahrhunderts kam – wie bereits geschildert – der oberdeutsche Raum dazu: Hier gelten Großkaufleute aus Nürnberg, Ravensburg und Basel als Initiatoren der ersten Papiermühlengründungen.[109] Sowohl in Frankreich als auch im deutschen Sprachraum spielte wieder die Arbeitsmigration eine erhebliche Rolle, nun allerdings nicht mehr aus Fabriano und den Marken, sondern aus der Lombardei und dem Piemont. Insbesondere der kleine Ort Caselle Torinese, rund 20 Kilometer vor Turin gelegen, gilt der Forschung schon länger als Hochburg der Papierherstellung, aus der Dutzende von Facharbeitern in die Regionen nördlich der Alpen von Frankreich bis Polen wanderten.[110] Was den steigenden Papierkonsum betrifft, fehlen uns für Italien Zahlen. Für den deutschen Sprachraum sei jedoch auf den Anbruch der ‚Papierzeit' im württembergischen Territorium (vgl. Kap. B.1) im Speziellen wie auch auf die in der Forschung allgemein festgestellte Dynamik wachsender Papiernutzung in dieser Zeit (vgl. Einleitung) verwiesen.

Eine vierte Etappe verbindet sich schließlich mit der zweiten Hälfte des 15. Jahrhunderts: In diesen Jahrzehnten ist nicht nur der gerade genannte Transfer von Knowhow aus dem Piemont schärfer zu fassen. Insgesamt wird vielmehr eine neuerliche schubartige Expansion des Papierergewerbes greifbar, die nicht zufällig parallel

---

108 Vgl. dazu Zaar-Görgens, Champage – Baar – Lothringen, 2004, 18–21, 101, 204 f.
109 Frühe Belege für die Gründung bzw. Existenz von Papiermühlen im deutschsprachigen Raum sind 1390 für Nürnberg und 1392/1393 bzw. 1402 für Ravensburg sowie eventuell 1375 für Schopfheim (bei Basel) und 1398 für Chemnitz anzuführen, s. dazu Schultz, Papierherstellung im deutschen Südwesten, 2018, insgesamt 508, zu Nürnberg und Schopfheim 1 f., zu Ravensburg 224 und zu Chemnitz 508. Für die Gründung einer Papiermühle im Basel der 1430er Jahre durch den Kaufmann Heinrich Halbysen vgl. ebd., 200 f., 204.
110 S. dazu schon Irsigler, Überregionale Verflechtungen der Papierer, 1999, 262 f., und ders., Papierhandel in Mitteleuropa, 2006, 316 f., für den aktuellen Forschungsstand Schultz, Papierherstellung im deutschen Südwesten, 2018, 349–352, die allein für Basel bis ins frühe 16. Jahrhundert von 16 nachweislich aus Italien stammenden Papiermachern für zwölf eine Herkunft aus Caselle Torinese belegen konnte, zuerst für den ab 1451 nachweisbaren Anton Gallician, der auch zwei seiner Brüder mitbrachte; bei weiteren, so Schultz, lasse sich dieser Herkunftsort aufgrund von engen Beziehungen zur Gruppe aus Caselle außerdem vermuten. Vor allem Kinder der Gallician, aber auch andere ihrer Landsmänner gelangten schon um 1460 wohl nach Urach (vgl. Frauenknecht, Papiermühlen in Württemberg, 2015, 101–104, bes. 103), zu Beginn der 1470er Jahre nach Lörrach (vgl. ebd., 352 f.), in den 1490er Jahren nach Reutlingen (vgl. ebd., 241), und ins badische Ettlingen (vgl. ebd., 242), vermutlich um 1500 nach Lauf bei Nürnberg (vgl. Irsigler, Papierhandel in Mitteleuropa, 2006, 317, und Schultz, Papierherstellung im deutschen Südwesten, 2018, 362), nach Augsburg (vgl. ebd., 231 f., 366), und Kempten (vgl. ebd., 233, 366), vielleicht auch – wie Frauenknecht, Papiermühlen in Württemberg, 2015, 98, mit guten Gründen vermutet – ins rund 50 Kilometer von Urach entfernte Söflingen vor den Toren der Reichsstadt Ulm. S. weitere Belege vor allem für Frankreich bei Zaar-Görgens, Champage – Bar – Lothringen, 2004, 70–76, bes. 72, so 1466 für Froideconche, 1477 für Serrières bei Neuenburg und für Bains-les-Bains in den Vogesen, 1488/89 für Metz und 1504 für Champigneulles.

zur fulminanten Erfolgsgeschichte des Buchdrucks verlief.[111] Für Italien hat Manlio Calegari diese Verdichtungsprozesse am Mühlenstandort Voltri bei Genua demonstriert: Nach seiner Schätzung wuchs in diesem wichtigen Mühlenrevier der Frühen Neuzeit, das in dieser Spitzenstellung ab dem 16. Jahrhundert offenbar Fabriano ablöste, die Zahl der Werkstätten von etwa 15 in den 20er Jahren des 15. Jahrhunderts auf 50 Mühlen um 1500 an; bis um 1600 kamen etwa 30 weitere dazu.[112] Den schleichenden Bedeutungsverlust des einstigen Monopolisten Fabriano bzw. der auch im 15. Jahrhundert anhaltende, von der Kommune nun verschärft bekämpfte Exodus der Papierer aus Fabriano in andere italienische Regionen erklärt Sylvia Rodgers Albro auch damit, dass sich die Stadt in den Marken nicht zu einem Zentrum des Buchdrucks entwickelte.[113]

Für den deutschen Sprachraum bieten sich die von Sandra Schultz gesammelten Erstbelege für Papiermühlen bis 1500 an.[114] Nach ihren (im Gegensatz zu älteren Zusammenstellungen erstmals nachprüfbaren) Recherchen kamen nach den nur maximal vier Mühlengründungen des 14. Jahrhunderts in den ersten sechs Jahrzehnten des 15. Jahrhunderts zwar immerhin schon 21 neue Standorte dazu. In den folgenden vier Jahrzehnten ab 1460 wuchs die Zahl nachweisbarer Mühlen jedoch sprunghaft um insgesamt 49 bis heute bekannte Standorte an. Nun sind in jeder Dekade jeweils zwischen 12 und 14 Mühlen neu zu fassen. Auch den Zeitgenossen muss dieser Anstieg bereits bewusst gewesen sein. Gespiegelt findet er sich in der Klage der Else Stromer, Erbin der berühmten Nürnberger Gleißmühle, die bis heute oft als erste Papiermühle auf deutschem Boden gewürdigt wird. Nach dem frühen Tod ihres Mannes auf dem Schlachtfeld hatte sie das verwüstete Werk zwar wieder aufgebaut, aber 1456 musste sie feststellen, dass die Umrüstung in eine Klingenschmiede ertragreicher sei, da es *des pappires halben unendlich worden* sei.[115]

---

111 S. dazu die bei Graziaplena, Paper Trade and Diffusion in Late Medieval Europe, 2004, 352f., erhobenen Daten zur Herkunft der in Süd- und Norddeutschland sowie in Straßburg und Basel zum Druck verwendeten Papiere.
112 Calegari, La manifattura Genovese della carta, 1986, 5. Für Frankreich hat Irsigler, Verflechtungen der Papierer, 1999, 267, ähnliche Verdichtungsprozesse zwischen 1450 und 1500 am Mühlenrevier von Épinal vorgeführt, s. dazu auch Karte 13. Meines Wissens keine zusammhängenden Darstellungen gibt es zu den in dieser Zeit ebenfalls hochbedeutenden, weil weit über den Alpenkamm hin exportierenden Mühlenrevieren in der Gardaseeregion und anderen Standorten der venezianischen Terraferma.
113 Vgl. Rodgers Albro, Fabriano, 2016, 117; zur Abwanderung von Papierern aus Fabriano und zu den Gegenmaßnahmen der Kommune 1437 und 1470 vgl. schon oben Anm. 12.
114 Vgl. den Anhang I: „Erstbelege für Papiermühlen im Reich bis 1500 (außer Reichsitalien)" in Schultz, Papierherstellung im deutschen Südwesten, 2018, 505–512. Diese Zahlen bestätigen in der Tendenz damit Irsiglers ältere Hochrechnungen, der bis um 1450 von nur rund 20 Mühlen ausgeht, während er bis um 1500 eine Steigerung um das 3,5fache auf 70 Mühlen annimmt, die sich bis um 1600 nochmals fast verdreifachen sollten, vgl. Irsigler, Papierhandel in Mitteleuropa, 2006, 333f., Anm. 114.
115 Ed. von Stromer, Dokumente, 1990, 167f., Nr. 67, s. auch ebd. 72, Nr. 73 und 169, Nr. 77. S. dazu auch ders., Ulman Stromer. Leben und Leistung, 1990, 137f. Spätere offizielle Beschreibungen der Mühle

Fallbeispiele: Urach und Mantua

Es ist die hier skizzierte vierte Phase der Verbreitung des Papiergewerbes, ab der – wie schon an den Studien von Rosella Graziaplena über die Verbreitung der Handelsware Papier demonstriert – sich die Herstellung zunehmend regionalisierte. Dies lässt sich auch an den in dieser Arbeit gewählten Fallstudien zu den fürstlichen Herrschaften Württemberg und Mantua zeigen. Für württembergisches Herrschaftsgebiet ist Urach die erste Stadt, in der ab 1477 eine Papiermühle, gelegen wohl südlich der Stadt am Oberen See, fassbar wird.[116] Bezeugt ist sie durch einen Revers, den der Papiermacher Antonio Terriere über seine Beleihung mit der Mühle durch Graf Eberhard im Bart ausstellte, auch wenn dieser nicht im Original, sondern in zwei Abschriften in Repertorien des 17. und 18. Jahrhunderts erhalten ist.[117] In einem Aufsatz von 2014 hat Erwin Frauenknecht plausibel machen können, dass Antonio Piemontese war und aus Caselle Torinese nach Urach kam.[118] In einem Beitrag von 2015 ergänzte er diese Ergebnisse um die Vermutung, dass Antonio zuvor im rund 50 Kilometer von Urach entfernten, vor den Toren Ulms gelegenen Söflingen in einer dem gleichnamigen Klarissenkloster gehörigen Mühle tätig gewesen sein könnte, die allerdings wohl nicht lange produzierte.[119] Auch für Urach bleibt die Beweislage dünn: Weitere Belege für den Betrieb seiner Papiermühle finden sich lediglich in Form des ihr von der Forschung zugeschriebenen Wasserzeichens, das bislang in 15 auf den Zeitraum zwischen 1478 und 1487 datierbaren Papieren nachgewiesen ist.[120]

---

bestätigen, dass dort nun nicht mehr nur Papier hergestellt, sondern auch Metalle bearbeitet und Getreide gemahlen werden durften.
116 Vgl. hierzu wie im Folgenden Frauenknecht, Papierherstellung und Buchdruck in Urach, 2014, und ders., Papiermühlen in Württemberg, 2015; s. auch Schultz, Papierherstellung im deutschen Südwesten, 2018, 239f.
Leider noch nicht abgeschlossen ist m. W. das Tübinger Dissertationsprojekt von Christine Bührlen-Grabinger zum Thema „Papierherstellung, Papiermühlen und Papierhandel im frühneuzeitlichen Württemberg".
117 Vgl. Frauenknecht, Papiermühlen in Württemberg, 2015, 97f. mit einer Abb. des Ausschnitts aus dem 1657 angelegten Findbuch der Uracher Urkunden auf 97.
118 In der älteren Forschung bis hinein in die Monographie von Maria Zaar-Görgens wurde noch vermutet, Antonio würde aus Kastilien stammen, vgl. Zaar-Görgens, Champagne – Bar – Lothringen, 2004, 70 (freilich mit der Beobachtung, dass man vor allem italienische Papiermacher für die Gründung von Mühlen nördlich des Alpenkamms angeworben habe, so dass sie den von Friedrich von Hößle aufgegriffenen Beleg einer Transferlinie von Spanien nach Urach im Fall des „Mauren" Antonio Terriere als „singulär" einstuft). Erwin Frauenknecht hat diese Zuweisung jedoch als fehlerhafte Lesung der Quellen entlarvt, vgl. Frauenknecht, Papierherstellung und Buchdruck in Urach, 2014, 88f.
119 Zu den auffälligen Namensähnlichkeiten der in den 1460er Jahren in Söflingen und eineinhalb Jahrzehnte später in Urach nachweisbaren Papiermacher vgl. Frauenknecht, Papiermühlen in Württemberg, 2015, 98, 103f.
120 Vgl. Frauenknecht, Papiermühlen in Württemberg, 2015, 104–106 mit Verweisen auf seinen älteren Aufsatz von 2014. S. dazu auch ausführlicher unten.

Obwohl es nicht wie vor allem in Augsburg, aber auch in Nürnberg und in Zürich Drucker waren, die Papiermühlen initiierten bzw. betrieben,[121] so wird auch für Urach in der Forschung ein enger Zusammenhang mit der Etablierung einer Offizin angenommen. Frauenknechts Analyse der Uracher Wasserzeichen hat ergeben, dass das Papier aus der Uracher Mühle bislang vor allem in Inkunabeldrucken nachgewiesen wurde.[122] Vorzugsweise lässt es sich bei Einblattdrucken sowie den seit Amelung so genannten Amtsdrucksachen Graf Eberhards im Bart fassen. Die dadurch naheliegende Verbindung zum württembergischen Hof findet sich auch im Motiv des Wasserzeichens bestätigt, das der Uracher Papiermühle in der Forschung zugeordnet wird. Es kombiniert das Jagdhorn aus dem Stadtwappen Urachs mit der Hirschstange aus dem Wappen der Grafen von Württemberg und wird daher als Zeichen für eine aktive Förderung der Papierherstellung durch Eberhard im Bart gedeutet.[123] Graf Eberhard scheint sich jedoch nicht nur für die Papiermühle engagiert zu haben; auch die erste Uracher Offizin, die der aus Esslingen zugezogene Drucker Konrad Fyner 1479 eröffnete, profitierte offenbar von seiner Unterstützung.[124]

---

121 In Augsburg wurden anfangs alle vier frühen Papierwerke von Druckern eingerichtet und geführt: Erstbesitzer waren Johann Schüßler, Anton Sorg, Johann Bämler und Johann Schönsperger d. Ä., vgl. Schultz, Papierherstellung im deutschen Südwesten, 2018, 231f. Auch der Nürnberger Großdrucker und -verleger Anton Koberger betrieb eine eigene Papiermühle, vgl. Spufford, Handel, Macht und Reichtum, 2004, 211, und in Zürich wurde 1535 die Pacht für die von der Stadt eingerichtete Mühle vom Drucker Christoph Froschauer übernommen, der seinen Bruder Eustach, einen Papiermacher, als Werkmeister einsetzte, vgl. Schultz, Papierherstellung im deutschen Südwesten, 2018, 238f., hier 239. Für die Druckmetropole Basel gilt dieser Befund nicht, hier hat Sandra Schultz jedoch ein beeindruckend dichtes Netz direkter Geschäftskontakte zwischen Basler Papierern und Buchdruckern sowohl vor Ort als auch weit über die Region hinaus nachzeichnen können, vgl. ebd., 458–465.
122 Das Uracher Wasserzeichen findet sich bei den Druckern aus der Region, in Blaubeuren bei Konrad Mancz, in Urach selbst bei Konrad Fyner und in Ulm bei Johannes Zainer und Konrad Dinckmut, vgl. Frauenknecht, Papiermühlen in Württemberg, 2015, 106.
123 Vgl. Frauenknecht, Papiermühlen in Württemberg, 2015, 104. Für diese These spricht, dass Eberhard mit solchen Initiativen in seiner Zeit nicht allein stand: Die benachbarten Markgrafen von Baden hatten vielleicht schon seit den 1450er Jahren, sicher belegt 1482, eine ihrer Mühlen für die Produktion von Papier verpachtet, vgl. Schultz, Papierherstellung im deutschen Südwesten, 2018, 241f., und 1490 förderte Herzog Albrecht der Weise von Bayern die Gründung einer Papiermühle in Au bei München, vgl. Mitterwieser, Die alten Papiermühlen Münchens, 1940, 25. Auch geistliche Fürsten wie der Fürstabt von Kempten und die Äbtissin des Klosters Söflingen bei Ulm engagierten sich in der Papierherstellung, vgl. Schultz, Papierherstellung im deutschen Südwesten, 2018, 232–234 und 235f. Die vielleicht erste Papiermühle in Chemnitz 1398 ist nur durch ein fürstliches Privileg zu ihrer Einrichtung belegt, vgl. ebd., 508 mit Verweis auf die ältere Literatur.
124 Dafür spricht schon Konrad Fyners erster Uracher Druck, eine Übersetzung des *Directorium vitae humanae* ins Deutsche, die Anton von Pforr – ein sowohl seiner Mutter als auch Eberhard selbst eng verbundener Rat – ihm explizit im Akrostichon widmete und vielleicht sogar auf seinen Wunsch hin anfertigte, vgl. Geissler, Anton von Pforr, 1964/65, 155f. Fyner, urkundlich nicht sicher belegt, ist durch Drucke zwischen 1473 und 1482 bekannt; in den Impressen ist als sein Geburtsort Gerhausen bei Blaubeuren genannt; die früheste der insgesamt drei von ihm verwendeten Drucktypen lässt nach Amelung auf eine Ausbildung in Straßburg schließen. In den Druckvermerken sowie in handschriftlichen

Druckwerkstatt und Papiermühle gelten der Forschung als Teil einer groß angelegten Bildungsoffensive, die Eberhards Residenzstadt im Tal der Erms einen zwar kurzen, trotzdem fulminanten kulturellen Aufschwung bescherte.[125] Zu ihr zählt Eberhards wohl zusammen mit seiner Mutter Mechthild initiierte Gründung einer Universität im nahen Tübingen,[126] die enge personelle Beziehungen zum fürstlichen Hof und dem aktiven humanistischen Umfeld des Fürsten unterhielt.[127] Dazu kommt aber auch die von ihm vorangetriebene Ansiedlung der als Anhänger der *devotio moderna* hoch geschätzten ‚Brüder vom Gemeinsamen Leben' an der Uracher Pfarrkirche St. Amandus. Für sie wurde Konrad Fyner mit seinen oben schon genannten Einblattdrucken der Jahre 1479 bis 1483 vielfach tätig, allen voran mit Ablassschreiben.[128]

Die auch als Fraterherren bezeichneten Brüder waren nicht nur für ihre vorbildliche Lebensführung, sondern auch für ihre Schreibwerkstätten bekannt, mit denen sie andernorts nicht unerhebliche Teile ihres Lebensunterhalts verdienten.[129] Es mag am raschen Ende von Urachs kultureller Blüte liegen, dass solche Tätigkeiten nach Robert Deigendesch heute nur noch schwer nachvollziehbar sind.[130] Die Gründe dafür

---

Zusätzen sind als Druckorte zuerst die Reichsstadt Esslingen, ab 1479 Eberhards Residenz Urach belegt. Die Forschung geht davon aus, dass er die Offizin auf Veranlassung durch Eberhard im Bart und die von ihm geförderten Fraterherren um Gabriel Biel nach Urach verlegte, auch wenn eine konkrete Auftraggeberschaft archivalisch nicht zu belegen ist. Der Umzug ging nach Amelung mit einer Modifizierung von Fyners Druckprogramm einher: Während er in der Reichsstadt vor allem lateinische theologische Texte verlegt hatte, wurden seine Uracher Drucke von deutschsprachigen Texten dominiert und auf humanistische Themen erweitert; neu dazu kamen außerdem die oben genannten Amtsdrucksachen aus kirchlichem und weltlichem Bereich. Das Ende der Uracher Offizin sieht Amelung in der Übersiedelung des Uracher Hofes nach Stuttgart im Frühjahr 1483 begründet. Die Druckerei scheint dem Hof gefolgt zu sein, denn ab 1483 taucht in den heute verlorenen Stuttgarter Steuerbüchern ein namenloser Buchdrucker auf, der wahrscheinlich mit einem Hans Schäffer von Urach identisch ist. Vgl. Amelung, Bemerkungen zum frühen Buchdruck in Urach, 1976.

Auch in Italien sind fürstliche Initiativen zur Einrichtung von Papiermühlen zu fassen. Balsamo, Imprese tipografiche in Emilia, 1976, 134, verweist auf die *Cartiera* des Herzogs Sigismondo d'Este, gelegen vor den Mauern seiner Residenzstadt Reggio Emilia, die über ihr Wasserzeichen, eine französische Lilie, als Lieferantin für zahlreiche Inkunabeldrucke nachweisbar ist, sowie ebd., 135f., auf ein offenbar der Papierproduktion und dem Buchdruck zugleich gewidmetes *hedificio* der Bentivoglio, Signori von Bologna, wie ein Kolophon von 1493 belegt.

125 S. dazu mit dem Verweis auf die ältere Forschung Frauenknecht, Papiermühlen in Württemberg, 2015, 96f.
126 Zur Universitätsgründung vgl. unter anderem Lorenz, Eberhard im Bart und seine Universität, 2008; Auge, Wissenschaft im Buch, 2008.
127 Vgl. Deigendesch, Die Brüder vom gemeinsamen Leben und der Uracher Grafenhof, 2014, 20–22.
128 Vgl. Frauenknecht, Papierherstellung und Buchdruck in Urach, 2014, 91f.
129 Für eindrucksvolle Zeugnisse zur Bedeutung und praktischen Organisation der Buchherstellung bei den Fraterherren s. Steinmann (Hg.) Handschriften im Mittelalter, 2013, Nr. 715.2, 655, Nr. 718, 658–662, Nr. 737.2, 680–688, Nr. 883, 831, Nr. 899 und 900, 844f. und passim. Vgl. dazu vor allem die Arbeiten von Thomas Kock, bes. Kock, Die Buchkultur der Devotio moderna, 2002.
130 Vgl. Deigendesch, Die Brüder vom gemeinsamen Leben und der Uracher Grafenhof, 2014, 19f. und 23 zu den Schreibtätigkeiten der Fraterherren.

liegen in den bedeutenden politischen Umwälzungen, die Württemberg in diesen Jahren erlebte: Nach einer über vier Jahrzehnte währenden Teilung des Landes unter zwei Linien gelang Eberhard im Bart 1482 die Wiedervereinigung Württembergs.[131] Für ihn und seinen Hof brachte sie den Umzug von Urach nach Stuttgart. In der alten Residenzstadt scheint nach dem Weggang der regierenden Familie der Ausstoß der Papiermühle spürbar nachgelassen zu haben. Bislang ist nur ein papiernes Werk mit dem signifikanten Uracher Wasserzeichen bekannt, das nach 1482 bedruckt wurde. Nach Erwin Frauenknecht liegt es nahe, dass der Drucker Konrad Dinckmut es auf Restpapier druckte, das noch in seiner Ulmer Offizin gelagert war.[132] Danach wird eine Uracher Papierherstellung zweifelsfrei erst wieder für die erste Hälfte des 16. Jahrhunderts feststellbar.[133] Neuerliche Initiativen der Landesherren, das Papierergewerbe in ihren Gebieten zu fördern, sind sogar erst für die Zeit um 1600 zu erkennen, als Herzog Friedrich I. durch seinen Hofbaumeister Heinrich Schickhardt eine Papiermühle in der württembergischen Exklave Montbéliard im heutigen Frankreich errichten ließ.[134]

Wechseln wir damit zur italienischen Fallstudie: In Mantua wurden eigene Papierwerkstätten wohl erst im 16. Jahrhundert begründet. Zwar hat Andrea Canova auf ein Dekret des Markgrafen Francesco II. Gonzaga vom 8. November 1498 verwiesen, das einem aus Reggio Emilia stammenden Drucker namens Dionisio Bertocchi Zollfreiheit für die Einfuhr von Papier sowie von Lumpen *pro cartis conficiendis* unter der Bedingung gewährte, dass er Heim und Werkstatt nach Mantua verlegt. Doch ob Bertocchi mit den Lumpen nur handeln oder auch selbst Papier herstellen wollte, wird nicht klar; vor allem aber scheint es nach Canova nicht zur Umsetzung dieser Pläne gekommen zu sein.[135]

---

131 Für einen kurzen Abriss der Ereignisgeschichte unter Verweis auf die einschlägige Literatur vgl. z. B. Hesse, Amtsträger der Fürsten im spätmittelalterlichen Reich, 2005, 66–69.
132 Vgl. Frauenknecht, Papiermühlen in Württemberg, 2015, 105f. mit dem Verweis auf den entsprechenden Beleg im WZIS.
133 Für die vermutlich von Antonio Terriere am Oberen See südlich von Urach betriebene Papiermühle sind erst 1540 mit den Brüdern Hans und Ulrich Heinzelmann neue Besitzer bekannt, so mit Verweis auf Hößle Schultz, Papierherstellung im deutschen Südwesten, 2018, 240 (frühere Zeugnisse mit den Namen von Papiermachern seit 1490 haben keinen Bezug zu dieser Mühle). Nicht nur der große zeitliche Abstand, auch die von den Brüdern Heinzelmann eingeführten, mit Terrieres Marke nicht übereinstimmenden Wasserzeichen (vgl. dazu Frauenknecht, Papiermühlen in Württemberg, 2015, 104) sprechen dafür, dass es sich eher um einen Neuanfang handelt.
134 Die heute im Hauptstaatsarchiv Stuttgart verwahrten, ab 1596 sukzessive entstandenen Baupläne und Zeichnungen Heinrich Schickhardts für die ab dem Folgejahr errichtete Mühle Montbéliard sind wertvolle frühe Zeugnisse zu Ausstattung, Betrieb, Rohstoffbedarf und Produktionsleistung solcher Papiermanufakturen, vgl. dazu Piccard, Papiermühle Anno 1597, 1953a und 1953b und passim, sowie zuletzt die wiederholte Bezugnahme auf diese Zeugnisse bei Schultz, Papierherstellung im deutschen Südwesten, 2018, unter anderem 65, 81–87 (mit Abb. 1 und 2), 90f., 93, 132f. (mit Abb. 12), 138f., 149–151, 161, 169, 257, 496f., 513.
135 Vgl. Canova, Tipografi, librai e cartolai, 2004, 157.

Ebenfalls unsicher bleibt die Indizienlage für eine für das Jahr 1516 dokumentierte Papiermühle auf dem Herrschaftsgebiet der Gonzaga, auf die Giuliano Mondini hingewiesen hat. Bekannt ist sie uns durch ein weiteres Privileg Francescos, der einem Bernardino Olivo aus Goito erlaubte, Wasser aus dem Fluss Mincio in einem von ihm gegrabenen Kanal für den Betrieb einer Papiermühle zu leiten. Bezeichnenderweise wird auch darin ein Konnex zum Buchdruck durch die Erwähnung einer Buchpresse hergestellt.[136] Wieder bleibt diese Urkunde allerdings das einzige Dokument, das uns von Bernardinos Plänen berichtet; ob sie je umgesetzt wurden, ist damit ungewiss. Außerdem hatte der Initiator nicht nur die Erlaubnis zur Papierherstellung erbeten, sondern er wollte in seiner Mühle zugleich auch eine Messerschleife und eine Säge einrichten.

Eine solche multifunktionale, keineswegs auf ‚verwandte' Produkte beschränkte Nutzung der Wasserräder war keineswegs ungewöhnlich, wie Sandra Schultz an südwestdeutschen Beispielen eindrucksvoll demonstriert hat.[137] Für Italien wurden entsprechende Befunde m. W. bislang nicht systematisch erhoben. Schon aus dem Mantovano findet sich in den ‚Libro dei decreti' der Gonzaga allerdings ein weiterer Beleg: So wurde für die zweite in ihrem Herrschaftsgebiet sicher nachweisbare Mühle ebenfalls in der Nähe des rund 20 Kilometer flussaufwärts von Mantua gelegenen Goito im Jahr 1542 die Erlaubnis zur parallelen Nutzung als Walke, Sägewerk und Papierstampfe gewährt.[138] Empfänger dieses Privilegs waren die *berretai* – das heißt, die Produzenten bzw. Händler von wollenen Kleidungsstücken wie Kopfbedeckungen und Mänteln –, die ihr schon bestehendes Mühlwerk mit Stampfen für die von ihnen benötigte Wolle entsprechend erweitern wollten. Giuliano Mondini vermutet als Grund für die Petition, dass die Wollproduktion die Mühlkapazitäten nicht voll ausgelastet habe. Diese Mühle ist nach Mondini bis ins 18. Jahrhundert im Besitz der

---

136 Vgl. Mondini, Il Naviglio di Goito, 2004, 144. Nicht überprüfbar unter der Signatur Mantua, Archivio di Stato, b. 2884, cop. 1 22, waren nach meinen Recherchen die bei Dall'Ara/Bertolini, La Cartiera Mantovana, 2001, 77, genannten, auf 1453 datierten „bollettini staccati", in denen ein Papiermacher Ambrogio da Milano in Mantua mit dem Wunsch erscheine, die Stadt wieder gen Mailand zu verlassen.
137 So wurden etwa Papiermühlen in Bern 1470 in eine Walke oder in Basel 1497 in eine Schleife und 1501 erneut in eine Kornmühle umgewandelt; in Ettlingen existierten 1521 zumindest Pläne zur Verwandlung in eine Eisenschmiede; vgl. Schultz, Papierherstellung im deutschen Südwesten, 2018, 482 f.; sprechend sind in diesem Zusammenhang auch städtische oder herrschaftliche Verbote, die Papiermühlen in ihrem Eigentum anders als zur Papierherstellung zu nutzen, so für Ravensburg 1436, für Straßburg 1445 und 1452 sowie für Kempten 1528, vgl. ebd. 483 f. Zum Umbau der berühmten ersten Nürnberger Papiermühle 1456 in eine Klingenschmiede vgl. von Stromer, Dokumente, 1990, 167 f., Nr. 67. Für Beispiele aus dem französischen Raum vgl. Zaar-Görgens, Champagne – Bar – Lothringen, 2004, 77.
138 Mantua, Archivio di Stato, libro dei decreti n. 41, fol. 237 v: *concessio ponendi fullu[m] sub Commisariatu[s] Godij* [Goito, Anm. d. Verf.] *ad usum eorum artis* [das heißt die Wollproduktion, Anm. d. Verf.] *et etia[m] alius fullu[m] ad facien[di] Papijru[m] ac costruendi pro duobus fulli[s] serra[m] vna[m] ad seconda ligna pro usu et laborerio ad facultate extraendi ex Navilio aqua*. Für ein Kurzregest mit einer mir nicht näher nachvollziehbaren Teiltranskription vgl. Dall'Ara/Bertolini, La Cartiera Mantovana, 2001, 77, zum 6. Mai 1542.

berretai belegt; dies heißt freilich nicht, dass die dort produzierten oder bearbeiteten Güter stets die gleichen geblieben sein müssen. Der sprechende Ortsname *Ràsega*, den sie in den Quellen trägt, deutet darauf hin, dass sie von der Bevölkerung vor allem als Sägewerk wahrgenommen wurde.[139]

Anders als in Württemberg erscheint der Konnex zwischen Buchdruck und Papierherstellung im Mantovano also zumindest weniger zentral. Dies wird noch stärker deutlich, wenn man sich die außergewöhnlich frühe Ankunft des Buchdrucks in Mantua in den Jahren 1471/1472 vor Augen führt, sogar noch früher als in Württemberg und gerade einmal fünf Jahre nach der Eröffnung der ersten Druckoffizin auf italienischem Boden.[140] Die Initiative dazu kam zwar nicht direkt von den über Stadt und Umland regierenden Gonzaga, aber doch durch Personen aus ihrem näheren Umfeld und – wie wir aus ihrer Korrespondenz erfahren – mit ihrem Wissen und ihrer ideellen Förderung.[141] Insgesamt sind schon für die Inkunabelzeit zehn Drucker in Mantua bekannt, die nach Daniela Fattori rund 50 Buchausgaben produzierten,[142] deren Schaffen aber anders als in Württemberg nicht nur über ihr Oeuvre, sondern auch über die notarielle Überlieferung greifbar wird. Mehrfach werden in diesen Verträgen auch die Beschaffung und der Preis für die offensichtlich nicht unerheblichen Mengen Papier thematisiert. So etwa findet sich in einem Instrument vom 31. März 1479 zwi-

---

[139] Vgl. Mondini, Il Naviglio di Goito, 2004, 143f.
[140] Als erste Offizin auf italienischem Boden gilt die Werkstatt von Sweynheim und Pannartz 1465 in Subiaco, vgl. dazu etwa Needham, Res papirea, 1994, 132. Im Mantovano gab es zwei fast zeitgleiche Initiativen am Jahreswechsel 1471/1472: Die eine ging von Pietro Adamo de Micheli aus, der 1471 zwei deutsche Drucker (nach Fattori und Canova Paul Butzbach und Georg von Augsburg; nach Geldner die Brüder Paul und Georg von Butzbach) in seine Heimatstadt holte und mit ihnen 1472 den *Tractatus maleficorum* des Angelo Gambiglioni und das *Decamerone* Boccaccios druckte, s. Geldner, Die deutschen Inkunabeldrucker, Bd. 2, 1970, 155f.; Canova, Tipografi, librai e cartolai, 2004, 141, und zuletzt und am umfangreichsten Fattori, La prima tipografia mantovana, 2005, 105–109. Fattori verweist ebd., 109–114, auf den Karmelitermönch Ludovico da Cremona, der wohl am 25. Dezember 1471 mit Johann Vurster und Thomas Siebenbürger eine Gesellschaft zum Druck des *Conciliatur differentiarum philosophorum et medicorum* des Petrus de Abano einging, auf den unten noch breiter zu kommen sein wird.
[141] Zu den zwei Briefen des Pietro Adamo – Sohn eines Sekretärs an der herzoglichen Kanzlei – an Markgraf Ludovico III., vom 25. November 1471 mit dem Bericht seiner Pläne, eine Druckwerkstatt einzurichten, und der Bitte, sich als Vorlage für den Druck des *Decamerone* eine Handschrift ausleihen zu dürfen, sowie vom 29. November mit der ausführlichen Klage, sein Drucker Niccolò Tedesco sei wegen der Pestgefahr an den Stadtmauern von Mantua abgewiesen worden, während man dessen Kollegen Paul Butzbach und Georg von Augsburg nicht aufgehalten habe, vgl. Fattori, La prima tipografia mantovana, 2005, 105–107. Auch der in der vorangegangenen Anmerkung erwähnte Karmelitermönch Ludovico Ghezzi, auch genannt da Cremona, Gesellschafter der deutschen Drucker Johannes Vurster und Thomas Siebenbürger, ist nach den Studien von Fattori, ebd., 111f., als Korrespondenzpartner und Diplomat in Diensten der Gonzaga belegt. Zu nennen ist drittens auch das Engagement des Johannes Schall, Arzt am Hof der Gonzaga, für den Buchdruck in Mantua, vgl. Geldner, Die deutschen Inkunabeldrucker, Bd. 2, 1970, 158, und Canova, Tipografi, librai e cartolai, 2004, 153.
[142] Vgl. Fattori, La prima tipografia mantovana, 2005; zu den deutschen Druckern vgl. Geldner, Die deutschen Inkunabeldrucker, Bd. 2, 1970, 154–158.

schen Johannes Schall – Arzt am Hof der Gonzaga und zugleich offenbar als Gelegenheitsdrucker tätig – und Stefano Corallo, einem von Parma nach Mantua gezogenen *cartularius*, ein Kaufvertrag über 200 Ries Papier für einen geplanten Druck Schalls dokumentiert.[143] Für die Versorgung war man offenbar nicht auf eine eigene Papierproduktion an den vom Mincio gespeisten Mantuaner Seen oder dem von einem dichten Netz an „navigli" – an schiffbaren Kanälen – durchzogenen Umland angewiesen.

Damit ist sowohl für das Mantovano als auch für Württemberg festzuhalten: Der späte Zeitpunkt bzw. der langfristig nicht nachweisbare Erfolg der in beiden Territorien fassbaren ersten Papiermühlen legt nahe, dass auch in der hier konstatierten vierten Phase der Verbreitung des Papierergewerbes keine Notwendigkeit für eine eigene Produktion bestand. Papier war vielmehr ein Handelsgut, mit dem man sich in Württemberg wie erst recht in dem am Schnittpunkt der großen Handelsrouten gelegenen Mantua offenbar leicht zu versorgen wusste.[144] Zwar ist der Import von Papier in beiden Herrschaften aufgrund der in beiden Beständen nur sehr fragmentierten Rechnungsüberlieferung erst spät breiter nachvollziehbar.[145] Doch bezeichnend ist, dass den Gonzaga im frühen 16. Jahrhundert nicht etwa der Nachschub an Papier, sondern der für die Regierungsgeschäfte offenbar als weitaus dringlicher erachtete Vorrat an Pergament in ihrem Land regelungsbedürftig erschien.[146]

Weiten wir den Blick damit nochmals über die Fallstudien hinaus: Wenn die Forschung von einer Regionalisierung der Papierherstellung an der Wende zum 16. Jahrhundert spricht, ist dies nicht damit zu verwechseln, dass die Versorgung von Papier nun nur noch oder vorrangig von lokalen oder regionalen Mühlen gewährleistet worden wäre. Wie die Karten zu den weit nach ganz Mitteleuropa ausstrahlenden Absatzgebieten der Reviere in Basel, Nürnberg und insbesondere Ravensburg zeigen, wurde der Markt nach wie vor von einigen wenigen Monopolisten beherrscht; auch die fran-

---

[143] Vgl. Canova, Tipografi, librai e cartolai, 2004, 153. Zu Stefano Coralli ergänzt Canova ebd., 154, Informationen über einen Vertrag von 1483 über die Vermietung von Corallis *bottega* für Bücher an einen Battista Zanatti. Die detaillierten Regelungen lassen Zanatti als Geschäftsführer des Ladengeschäfts und damit als Verkäufer im Kleinhandel für Coralli erscheinen, während dieser selbst den Großhandel übernahm. Auch Papier scheint über die Ladentheke gegangen zu sein.

[144] Grund für die Errichtung neuer Mühlen waren also, anders als in der Forschung zum Teil angenommen, nicht die hohen Kosten für den Transport von Papier über weite Strecken. Als Ursache dafür darf vielmehr der steigende Papierbedarf angenommen werden, der von den bisherigen Revieren offenbar nicht mehr befriedigt werden konnte, so konstatiert auch schon Neddermeyer, Von der Handschrift zum gedruckten Buch, 1998, Bd. 1, 146 mit Tabelle 31b: Nur so wird plausibel, warum zum Beispiel in der Nürnberger Ratskanzlei nur selten Stromer-Papier, sondern stattdessen hauptsächlich Importware aus Italien verwendet wurde bzw. warum in den von Neddermeyer untersuchten Augsburger Bibliotheken der Anteil der heimischen Produktion nach 1486 nur bei knapp über zehn Prozent liegt.

[145] Für beide Herrschaften ist die Überlieferung von Rechnungen heute nur noch sehr dünn, obwohl die Forschung davon ausgeht, dass es früh eine umfassende, schriftliche Rechnungsführung gegeben haben muss, s. dazu ausführlicher oben Kap. B.1.

[146] S. dazu ausführlicher unten Kap. B.3 bei Anm. 202.

zösischen Mühlenreviere in der Champagne, im Elsass und in Lothringen spielten nach wie vor eine bedeutende Rolle.[147]

Und noch auf einer zweiten Ebene ist die hier als vierte Phase charakterisierte Durchsetzung der Papierherstellung ab der zweiten Hälfte des 15. Jahrhunderts in ihrer Bedeutung nicht allein auf eine wachsende Zahl an Mühlen und Mühlenrevieren zu beschränken. Die Jahrzehnte, in denen Druckereien als Massenabnehmer von Papier in Erscheinung treten, brachten vielmehr auch eine dichtere und differenziertere schriftliche Kommunikation über diesen für ihre Produktion essentiellen Rohstoff. Zumindest zaghaft begann sich das Fachvokabular im Umgang mit Papier auszuweiten; gerade aus deutschsprachigen Quellen erfahren wir erstmals überhaupt mehr über Wasserzeichen, Formate, Herkunftsorte oder Qualität der Papiere. Als gut erschlossene Quelle für Italien bietet sich hier zum Beispiel das Rechnungsbuch der Offizin im Florentiner Kloster San Jacopo di Ripoli an, das die Produktion der Jahre 1476 bis 1484 dokumentiert.[148] Für den deutschen Sprachraum kann auf das Briefbuch des Nürnberger Druckers und Großverlegers Anton Koberger mit seiner umfangreichen Korrespondenz in den deutschen Südwesten, das Rechnungsbuch seines Speyerer Kollegen Peter Drach für die Jahre 1480 bis 1503 sowie auf die umfangreichen Unterlagen zur Mühle des Züricher Papierproduzenten und zugleich Druckers Christoph Froschauer 1535 zurückgegriffen werden (s. Beispiele aus allen vier Zeugnissen in den Kästen B.2.1 bis B.2.5).

Hier sei diese Beobachtung nochmals an einem Mantuaner Fallbeispiel, an der Figur des Johann Vurster (auch Wurster, Burster oder Uster) aus Kempten, illustriert: Dieser Drucker tritt schon 1472 in Mantua zusammen mit Thomas Siebenbürger als Produzent des Werks *Conciliatur differentiarum philosophorum et medicorum* des Petrus de Abano in Erscheinung.[149] Auf dem aktuellen Stand der Inkunabelforschung werden noch bis zu acht weitere seiner Arbeiten nach Mantua lokalisiert,[150] mit Sicher-

---

147 S. dazu die Karten in Irsigler, Papierhandel in Mitteleuropa, 2006, Nr. 1, 311 (Vertrieb von Papier durch das Nürnberger Handelshaus Stromer nach Wolfgang von Stromer), Nr. 2, 313 (Verbreitung des Basler Papiers nach Hans Kälin). Die Verbreitung der Nürnberger, Basler und Ravensburger Papiere wurde vor allem von Lore Sporhan-Krempel, Wolfgang von Stromer, Gerhard Piccard, Hans Kälin und Franz Irsigler mittels Wasserzeichenbelegen erforscht. Für den oberdeutschen Raum war ab dem späten 15. Jahrhundert das Mühlenrevier in Ravensburg zentral, das seine Produkte aber auch weit darüber hinaus in ganz Mitteleuropa, in Teile Skandinaviens und Osteuropas exportierte. Sporhan-Krempel erfasste 1984 etwa 500 Orte, in denen bis 1730 Ravensburger Papier beschrieben wurde; die Datenbank von Franz Irsigler umfasste 2006 nur bis 1600 schon fast 520 Orte, vgl. dazu zusammenfassend ebd., 343.
148 Ed. in Conway, The Diario of the Printing Press of San Jacopo di Ripoli, 1999.
149 Vgl. GW M31841. Der Druck wurde beauftragt durch den Karmeliter Ludovico Ghezzi, der von Cremona nach Mantua gezogen war, vgl. dazu bereits oben Anm. 140 und 141; außerdem Canova, Tipografi, librai e cartolai, 2004, 141; für eine umfassende Bibliographie zu Johann Vurster vgl. ebd., 143, Anm. 11.
150 Nach Geldner, Die deutschen Inkunabeldrucker, Bd. 2, 1970, 156, sind vier Drucke Vursters nach Mantua zu lokalisieren: *Regulae grammaticales* des Guarinus Veronensis (in GW 11619 datiert auf

heit ist das allerdings nicht mehr zu eruieren, da er offensichtlich rasch ein weit über Mantua hinaus reichendes Netzwerk auch in weitere Städte der Poebene unterhielt.

So wird er 1474 in Bologna als Gesellschafter einer Unternehmung zum Druck des *Liber Pandectarum medicinae* genannt, zusammen mit dem an der Universität Bologna lehrenden *medicine doctor* Matteo Moretti, der aus der Vielzahl verfügbarer handschriftlicher Vorlagen eine korrekte Druckvorlage zu erstellen hatte, und dem *miniator* Domenico de' Lapi, der offensichtlich für den Vertrieb sorgen sollte.[151] Den Sozius Moretti, so vermutet Andrea Canova, könnte Vurster in Mantua kennengelernt haben, da dieser zur Entourage des Kardinals Francesco Gonzaga – Legat in Bologna – gehörte.[152] Im Vertrag war festgehalten, dass Vurster mit seinen eigenen Werkzeugen – *videlicet torcularibus, litteris, atramento et aliis huiusmodi instrumentis necessariis* – zu arbeiten hatte, während das Papier für seine Arbeit von Moretti und de' Lapi gestellt werden sollte.[153]

Für seinen Bezug hatte der Drucker aber wahrscheinlich auch selbst die Finger im Spiel. Sowohl für diesen Druck wie auch für einen ihm zugeschriebenen früheren – der 1473 nach dem Gesamtkatalog der Wiegendrucke wohl in Mantua entstandenen Ausgabe des *Libellus isagogicus* des Alchabitius[154] – stellte die Forschung nämlich die Verwendung von Papier aus derselben Mühle fest. Es handelt sich um Blätter von, wie Luigi Balsamo urteilt, eher durchschnittlicher Qualität aus dem Betrieb des Cecchino Morano aus Modena. Da der Kolophon den Druckort nicht verrät und in Bologna eigentlich besseres Papier verfügbar gewesen sein müsste, hält Balsamo es für wahrscheinlich, dass Vurster gar nicht in Bologna arbeitete, sondern in Modena. Nach

---

1472/73, Lokalisierung erschlossen); *Elegantiolae* des Augustinus Datus (in GW 8036 datiert auf um 1473, Lokalisierung erschlossen); *Problemata* des Aristoteles (veranstaltet zusammen mit Johann Baumeister, in GW 2452 datiert auf um 1473); *De arte Cognoscendi venena etc.* des Arnoldus de Villa Nova 1473 (hier ist nach GW 2522 der Drucker erschlossen). Auf dem aktuellen Stand des Gesamtkatalogs der Wiegendrucke sind drei weitere von Vursters Werken auf dieser Liste zu ergänzen: *Aesopus moralisatus* (in GW 38120N wohl auf um 1472 zu datieren, Lokalisierung erschlossen); *Libellus isagogicus* des Alchabitius (in GW 842 datiert auf 1473, Lokalisierung erschlossen); *Sertum B. Mariae virginis etc.* des Pseudo-Bernardus Claravallensis (in GW 4070 datiert auf 1472/73, sowohl Lokalisierung als auch Drucker erschlossen). Nach dem Incunabula Short Title Catalogue ist auch für das Werk *De mirabilibus mundi* des Albertus Magnus als Drucker Vurster und als Druckort Mantua anzunehmen (Datierung auf um 1473; vgl. ISTC ia00284000).

151 Über den Druck existieren zwei notariell beglaubigte Verträge: Der erste vom 28. Januar 1474 über die Gründung der Gesellschaft, in dem vor allem Morettis Teil der Aufgaben näher genannt wird, ist ediert in Sighinolfi, I mappamondi di Taddeo Crivelli, 1908, 263, Nr. 1; s. auch 246 f. zur Person de' Lapis und 247 f. zu den Verträgen.

152 Kontrakt vom 9. Februar 1474 zit. nach Balsamo, Imprese tipografiche in Emilia, 1976, 116 (unter Verweis auf die mir nicht zugängliche Transkription in Albano Sorbellis „Storia della stampa in Bologna" von 1929), s. auch 115–117 und 126 f., hier auch ausführlicher zum Rechtsstreit zwischen Moretti und Vurster um die Auslieferung von gedruckten Exemplaren. Vgl. auch Canova, Tipografi, librai e cartolai, 2004, 145.

153 Vgl. Balsamo, Imprese tipografiche in Emilia, 1976, 116 f.

154 Vgl. GW 842, s. dazu Balsamo, Imprese tipografiche in Emilia, 1976, 117 f.

Balsamo könnte die Verbindung Vursters zu Morano der Anlass gewesen sein, aus Mantua nach Modena abzuwandern.[155]

In Vursters Drucken ist jedoch nicht nur die Herkunft des von ihm verwendeten Papiers zweifelsfrei nachzuweisen. Der Blick in die notarielle Überlieferung offenbart nach Balsamos Studien auch die Bedeutung von verschiedenen Papierqualitäten für unterschiedliche Buchprojekte und damit zugleich verbunden Vursters unterschiedliche Geschäftsmodelle. Während er volkssprachliche Texte oder Schulbücher auf eigene Rechnung gedruckt habe, habe er sich bei den juristischen Werken bewusst für die Lohnarbeit bezahlen lassen. Den Unterschied sieht Balsamo hier wesentlich im Preis für das Papier: Die für die Bücher in Volgare verwendete *carta comune* habe nur ein Drittel des für die juristischen Werke verwendeten Papiers im Format *reale* gekostet (zu den Formatbezeichnungen s. ausführlicher Kasten B.2.1).[156] Die Endabrechnung eines solchen teuren juristischen Werks, Vursters Druck *Lectura super VIII codices* des Saliceto aus dem Jahr 1476, verrät, dass die Unkosten für das Papier über 50 Prozent des Gesamtbudgets ausmachten.[157]

Vursters Papierlieferant Cecchino Morano ist nach Balsamo eine Schlüsselfigur, da er sich wohl als erster Papierhersteller in Italien direkt ins Druckergeschäft einschaltete. Wie die Akten des Orio Frignani zeigen, lieferte er Vurster nicht nur Papier, sondern kam auch für Kost und Logis des Druckers und seiner Arbeiter auf und brachte sie in einem seiner Häuser unter.[158] Der Umfang dieser Unterstützung lasse ihn, so Balsamo, wie einen Teilhaber an Vursters Unternehmungen erscheinen, auch wenn er im Vertrag so nicht genannt wurde.[159] Im konkreten Fall sollten seine Gewinnerwartungen freilich herb enttäuscht werden; die erhaltenen Zeugnisse demonstrieren Vursters wachsenden Schuldenberg. Der Papiermacher nahm als Sicherheit die gedruckten, aber unverkauften Bände, während der Drucker seine Geldnot durch Gelegenheitsgeschäfte, mal mit Pferden, mal mit Wollstoffen, auch mit Lumpen, abzufedern versuchte.[160] Als Vurster schließlich Bücher unterschlug und auf eigene Rech-

---

155 Vgl. Balsamo, Imprese tipografiche in Emilia, 1976, 132.
156 Vgl. Balsamo, Imprese tipografiche in Emilia, 1976, 130.
157 Vgl. Balsamo, Imprese tipografiche in Emilia, 1976, 129. Aus der auf den 10. Januar 1476 datierten Endabrechnung – insgesamt druckte Vurster 497 Exemplare à 148 Blätter – hat Luigi Balsamo die Kostenverteilung aufgeschlüsselt: Demnach machte das Papier über 50 Prozent des Gesamtbudgets aus, während nur rund 25 Prozent für die Entlohnung des Personals vom Facharbeiter bis zum Korrektor ausgegeben wurden; die restlichen Mittel flossen in Unterhalt und Verpflegung.
158 Notarielle Urkunde des Orio Frignani vom 3. März 1475, ed. Sola, Le Edizioni Modenesi del Secolo XV, 1880, 238, Nr. II; s. Balsamo, Imprese tipografiche in Emilia, 1976, 127.
159 Notarielle Urkunde vom 22. Februar 1476, ed. Sola, Le Edizioni Modenesi del Secolo XV, 1880, Nr. VI., 241–243, hier 243: Über Vurster heißt es, er solle *exponere literas et artificia sua a stampando*, Morano dagegen solle *exponere capitale totum et facere expensas pro ipsis stampandis et de ipsis lecturis stampandis [...]*. S. dazu Balsamo, Imprese tipografiche in Emilia, 1976, 129.
160 Notarielle Urkunde vom 22. Februar 1476, ed. Sola, Le Edizioni Modenesi del Secolo XV, 1880, Nr. VI., 241–243; s. dazu Balsamo, Imprese tipografiche in Emilia, 1976, 127.

nung verkaufte, ließ Cecchino Morano ihn einkerkern und seine Habe verpfänden.[161] Ob und wie Moranos eigene Geschäfte durch diese Pleite beeinflusst wurden, ist m. W. noch nicht näher untersucht.

Kommen wir damit zu einem Fazit: Auch wenn sich konkrete Hochrechnungen verbieten, ist unzweifelhaft, dass Papier auch vor der Industrialisierung schon eine massenhaft hergestellte Ware war, und dass die Quantitäten, in denen sie erhältlich war, im Verlauf der mittelalterlichen Jahrhunderte konsequent und deutlich stiegen. Dies gilt untrüglich für die Zeit ab 1450, als die rasante Durchsetzung des neuen Druckgewerbes eine zuvor ungeahnte Nachfrage nach Papier generierte (und damit nach der Vermutung von Luigi Balsamo auch die Preise für den Beschreibstoff in die Höhe trieb).[162] Entscheidende Impulse für die Papierherstellung sind im Zeitalter des Buchdrucks jedoch nicht nur mit Blick auf die sprunghaft wachsende Verbreitung der Produktion festzustellen.

Auch qualitativ veränderten sich die Papiere, folgt man den Ergebnissen des „Progetto carta" aus seriell vorgenommenen Dickenmessungen an einem Korpus von rund 20 norditalienischen Handschriften und 80 venezianischen Drucken.[163] Demnach waren die Papiere im 14. Jahrhundert noch vergleichsweise kräftig, während die Blätter im Verlauf des 15. Jahrhunderts immer dünner wurden.[164] Diese Ergebnisse passen zu einer Studie von Alessandra Fucini aus dem Jahr 2004 zur Entwicklung der Schöpfform vom 14. bis 16. Jahrhundert, für die sie Daten zu Kett- und Ripplinien aus verschiedenen Wasserzeichenkatalogen extrahierte: Der Abstand der Kettdrähte, so stellte sie fest, nahm in dieser Zeitspanne im Durchschnitt deutlich ab, die Dichte der Rippdrähte dagegen nahm zu. Nach dem Urteil des Teams im „Progetto carta" fügen sich diese Beobachtungen ins Bild einer Abnahme der Papierstärke: Je dünner der Bogen, desto feiner müssten die Rippdrähte sein, um ganz vom Faserbrei bedeckt zu werden und keine Löcher zu bilden. Je feiner sie wurden, desto mehr Stabilität benötigten sie durch zusätzliche Kettdrähte, um nicht unter der Last des wasserreichen Faserbreis durchzubiegen.[165]

Nach Fucinis Ergebnissen vollzog sich eine Beschleunigung dieser Entwicklungen parallel zur Etablierung des Buchdrucks in den letzten drei Jahrzehnten des 15. Jahr-

---

[161] Notarielle Urkunde des Orio Frignani vom 9. Oktober 1475, ed. Sola, Le Edizioni Modenesi del Secolo XV, 1880, Nr. IV., 240; s. dazu Balsamo, Imprese tipografiche in Emilia, 1976, 126f.
[162] Vgl. Balsamo, Imprese tipografiche in Emilia, 1976, 132.
[163] Ornato et al., La carta occidentale, Bd. 1, 2001, 39–44, bes. 44, Abb. 16. Dies., Dove va la polpa?, 2002, 103f. (dieser Aufsatz hat zum eigentlichen Thema die unterschiedliche Stärke der Bogen an verschiedenen Stellen, so dass von einer unterschiedlichen Verteilung der Pulpe auf dem Sieb auszugehen ist). S. dazu auch die Zusammenfassung bei Schultz, Papierherstellung im deutschen Südwesten, 2018, 118f.
[164] Vgl. Busonero/Federici/Munafò et al., L'utilisation du papier, 1993, 432–449; Ornato et al., La carta occidentale, Bd. 2, 2001, 70–72.
[165] Vgl. Busonero/Federici/Munafò et al., L'utilisation du papier, 1993, 449.

hunderts.¹⁶⁶ Bestätigt wird diese These durch die Ergebnisse, die Paul Schweitzer-Martin in seiner Untersuchung der in Speyer angesiedelten Inkunabeldruckereien gemessen hat: Nach seinen Analysen wird deutlich, dass die Papierdicke in den dreißig Jahren seit 1470, als in Speyer erstmals gedruckt wurde, trotz aller Schwankungen in der Tendenz abnimmt.¹⁶⁷

Als Ursache für diese Veränderungen nimmt das Team des „Progetto carta" den signifikant gestiegenen Bedarf an Papier durch die Erfolge des neuen Gewerbes an. Nach ihrer Interpretation reduzierten die Papiermacher die Dicke der Papiere, um mit weniger Rohstoff mehr Papier zu fertigen und damit der steigenden Nachfrage der Druckereien Genüge zu tun.¹⁶⁸ Trifft ihre These zu, so wäre dieser Prozess als Rohstoffeinsparung und damit als Qualitätsminderung zu werten. Schon Sandra Schultz hat aber darauf hingewiesen, dass die Fertigung dünnerer Papiere ebenso gut als Perfektionierung des Handwerks gedeutet werden kann.¹⁶⁹ Aus dem Blickwinkel der Konsument*innen – und dies wird in der formal vielgestaltigeren Überlieferung der Archive deutlicher als im vom „Progetto carta" analysierten Bibliotheksgut – erlaubten diese Entwicklungen die Ausdifferenzierung einer Palette an Papieren, die sich eben nicht nur (wie bislang in der Forschung vorrangig diskutiert) im Format, sondern auch in der Blattdicke und Feinheit des Papiers unterschieden. Dass ein dünnes Papier nicht zwangsläufig als billig, sondern umgekehrt als besonders wertig wahrgenommen werden konnte, zeigen zumindest für das frühe 16. Jahrhundert gleich mehrere Belege in Kasten B.2.2.

Auch ein Blick in das Archivio Gonzaga bestätigt diese Vermutungen: In den Beständen der Korrespondenzen häufen sich insbesondere in den Jahrzehnten ab 1450 Beispiele für ungewöhnlich feine Briefpapiere, so dünn, dass sie sich nur für die Beschriftung auf einer Seite eignen.¹⁷⁰ Umgekehrt finden sich für diese Jahrzehnte auch schon außergewöhnliche dicke, kartonähnliche Papiere, die als Umschlag für papierne Hefte eingesetzt wurden und in dieser Funktion das Pergament ablösten.

---

166 Vgl. Fucini, L'evoluzione delle forme, 2004, zu den Kettdrähten bes. 189 mit Abb. 1, zu den Ripplinien bes. 194–196.
167 Vgl. Schweitzer-Martin, Kooperation und Innovation im Speyerer Buchdruck, 2022, 169–171, s. auch das gesamte Kap. ab 166.
168 Vgl. Busonero/Federici/Munafò et al., L'utilisation du papier, 1993, 439–441.
169 Vgl. Schultz, Papierherstellung im deutschen Südwesten, 2018, 118.
170 Beispiele für ungewöhnlich dünne, daher zum Teil nur einseitig beschreibbare Papiere finden sich etwa im Bestand Archivio di Stato di Mantova, Archivio Gonzaga, E II 3, b. 439: so zwei Briefe von Anselmo Folengo, Botschafter der Gonzaga, datiert auf den 11. Juni 1460, unter X, 84 und 85, sowie neun Briefe von Donino Puello, alle verfasst im Jahr 1479, unter XXVII; s. auch ebd., E XLVIII.2, b. 1599, mit dem Briefwechsel aus Brescia, in dem ab etwa 1450 immer wieder Briefe auf vergleichbar feinem Papier zu finden sind; s. auch ebd., Copialettere F.II.9, b. 2884, Lib.o 21, mit Kopien von Briefen aus der Zeit vom 15. Februar bis 26. August 1453: Zwischen die Seiten des Coppialettere sind viele Briefe eingelegt, die angesichts vereinzelter ergänzter oder kanzellierter Passagen offenbar als Konzepte anzusprechen sind; sie stehen allerdings mit sorgfältiger Schrift geschrieben auf edlem, dünnen Papier mit klar erkennbaren Ripp- und Kettlinien.

Ein Beispiel dafür ist ein Inventar von 1491 über Güter der Gonzaga im Umland Mantuas, bei dem diese Umschlagblätter in der Papierstruktur eindeutig blaue Blattfasern erkennen lassen; hier scheinen also blaue Lumpen als Rohstoff genutzt worden zu sein. Nur an den Nähten des Inventars wurde noch ein Stück Pergament zur Verstärkung angebracht.[171]

Bislang fehlt für das Mittelalter und die Frühneuzeit eine Studie zur Bedeutung von Papiersorten und -qualitäten, wie zuletzt Sandra Zawrel in ihrem Forschungsüberblick festgestellt hat.[172] Schauen wir daher in einem nächsten Schritt umfassender in die zeitgenössischen Quellen, die uns Auskunft zu diesen Aspekten geben.

Mittelalterliche Kriterien zur Bestimmung von Papiersorten und -qualitäten

[...] dite pure de che sorta le volete – sagt doch bitte, welche Sorte Ihr haben wollt!, so forderte der Papier-Unternehmer Paoluccio di maestro Paolo in einem Brief vom Januar 1404 aus Pioraco in den Marken seinen Geschäftspartner Francesco di Marco Datini in der Toskana auf.[173] Auch im späten Mittelalter war Papier also nicht gleich Papier – der ebenfalls aus den Marken, aus Sassoferrato stammende Humanist Niccolò Perotti erklärte in seinem 1477/78 entstandenen Hauptwerk *Cornu copiae*, dass sich die verschiedenen *genera* der Papiere unter anderem nach *tenuitas, densitas, candor, leuor* – das heißt, nach Feinheit, Dichte, Weiße, Glätte – unterscheiden ließen.[174] Diese knappe, beinah beiläufige Bemerkung ist aus heutiger Perspektive spektakulär: Nur wenige und zum Teil zerstreute mittelalterliche Quellen verraten uns überhaupt etwas über die mittelalterlichen Kriterien zur Bestimmung von Papiersorten und -qua-

---

[171] Mantua, Archivio di Stato di Mantova, Archivio Gonzaga, D.IV.4, b. 254: Inventar mit dem Allodialbesitz der Gonzaga, geordnet nach Orten bzw. Höfen. Zum Schutz des Inhalts wurde der Umschlag nicht aus einem, sondern jeweils aus zwei Blättern des kartonähnlichen, bläulichen Papiers gebildet. Das eigentliche Schreibpapier ist sehr fein, so dass es zum Teil leicht reißt. Ein Wasserzeichen fehlt, obwohl an allen Seiten die originalen Büttenränder erhalten sind.
[172] Zawrel, Papierhandel im Europa der Frühen Neuzeit, 2017, 113–115 (Zitat auf 114), beklagt, dass auch für die Zeit ab dem 16. Jahrhundert die breite Varietät an Papiersorten und -preisen in der Forschung bisher weitgehend Terra inkognita sei: „Eine Studie zur Bedeutung von Papiersorten und Papierqualität im Papierhandel gibt es nicht." In der Tat argumentiert die ältere Forschung nur exemplarisch und illustrativ, wie sich am nach wie vor einschlägigen Titel von Labarre, The sizes of paper, their names, origin & history, 1949, zeigen lässt: Bis auf wenige Ausnahmen kommt die bei ihm entworfene Klassifizierung von Papieren (unter anderem nach den dafür eingeführten Namen, Formaten, Verwendungszwecken, Wasserzeichen) ohne Quellenbelege aus; diese seltenen Fälle beziehen sich in der Regel auf Nachweise für das 16. bis 18. Jahrhundert und damit eine Zeitspanne, die ungleich quellenreicher als die mittelalterlichen Jahrhunderte ist.
[173] Zit. nach Di Stefano, Fra le Marche, il Mediterraneo, l'Europa, 2019, 100.
[174] Ed. Nicolai Perotti, Cornv Copiae, hg. von Charlet/Furno, 1989, 140, § 372. S. zur Deutung dieser Passage ausführlich Kap. B.7.

litäten. Oft bieten sie zudem nur unvollständige oder sogar kryptische Informationen; das dafür notwendige empirische Alltagswissen ist uns heute offensichtlich verloren gegangen.

Sucht man diese Hinweise allerdings systematisch zusammen, wie dies in diesem Kapitel versucht werden soll, so werden nicht nur bei Perotti, sondern auch in anderen Zeitzeugnissen durchaus Kriterien bzw. Bewertungen zur Taxierung verschiedener Qualitäten greifbar. Unser umfänglichstes und wichtigstes Zeitzeugnis für dieses Thema sind die Statuten der Kommune Bologna aus dem Jahr 1389, die im Bemühen, das offensichtlich blühende Papiergewerbe in der Stadt detailliert zu regeln bzw. Verstöße gegen diese Regeln zu sanktionieren, uns auch mit vielen einschlägigen Fachbegriffen bekannt machen.[175] Dies geschah freilich mehr unbeabsichtigt als systematisch.[176] Zudem waren die dort benutzten Begrifflichkeiten vermutlich keineswegs die einzige gebräuchliche Terminologie, wie ein vergleichender Blick in – leider nicht edierte – kaufmännische Register aus Fabriano bzw. Korrespondenzen aus dem Datini-Archiv in Prato zeigt.[177] Im Zweifelsfall entschied man über solche Fragen

---

175 Ed. und übers. in Steinmann (Hg.) Handschriften im Mittelalter, 2013, Nr. 640, 578–582; s. auch die Ed. in Gasparinetti, Documenti inediti sulla fabbricazione della carta, 1963, 18–24.

176 Auch das Team des „Progetto carta" klagt über die „laconicità" der mittelalterlichen Papierer, die es beinah unmöglich mache, eine qualitative Klassifikation der Papiere zu rekonstruieren, s. Ornato et al., La carta occidentale nel tardo medioevo, 2001, Bd. 1, 157f.

177 Aus Fabriano sind neben vereinzelten Dokumenten vor allem die umfangreichen Register des Kaufmanns Lodovico di Ambrogio di Bonaventura und seines Sohnes (1363–1366, 1395–1416, 1435–1439) zu nennen, vgl. eine ausführliche Beschreibung bei Lipparoni, Il ruolo dei mercanti fabrianesi nella commercializzazione della carta, 1990. Dazu kommen die *libri dei cialandratori*, bestehend aus sechs Registern des *Cicho Antonio de Ser Cicho da Fabriano* (in der Literatur meist als Cicco Antonio geführt) sowie das Register eines anonymen *camborero* bzw. Handlungsbevollmächtigten der Kaufleute Antonio und Giacomo di Alberto: Die ‚calandratura' oder ‚cambora', das heißt die Veredelung der bereits fertigen Arbeitsblätter durch das Glätten, fand in Fabriano offenbar nicht mehr in der Mühle, sondern beim Grossisten statt, der für mehrere Produzenten tätig war, s. dazu Ornato et al., La carta occidentale nel tardo medioevo, 2001, Bd. 1, 155f. Alle hier genannten Bände sind nicht ediert. Vgl. zum Folgenden für Fabriano insgesamt ebd., 158–173, mit den Kapiteln nach der Überschrift „Tipologia della carta fabrianese".

Der Reichtum der Quellen zum Thema Papier aus dem Datini-Archiv ist in der einschlägigen Forschung schon länger bekannt, s. etwa die bei Piccard, Carta bombycina, carta papyri, pergamena graeca, 1965, 59, herausgegriffenen knappen Zitate aus fünf Briefen der Jahre 1380 bis 1398 oder aber die komplette Edition von sieben Briefen, die unter Bezug auf eine ältere linguistische Veröffentlichung bei Castagnari/Lipparoni, Arte e commercio della carta bambagina, 1989, 208–213, wiederabgedruckt wurden. Systematisch hat Emanuela Di Stefano das Datini-Archiv in den vergangenen Jahren nach Papierbelegen durchforstet; ihre Ergebnisse sind sukzessive in ihre zahlreichen Werke zur Wirtschaftsgeschichte der Marken wie auch zur Geschichte von Papierproduktion und -handel in Fabriano und dem unweit gelegenen Camerino eingeflossen, s. für die folgenden Überlegungen vor allem Di Stefano, European and Mediterranean perspectives on the paper produced in Camerino-Pioraco and Fabriano, 2015 (englische Fassung des italienischen Aufsatzes: Proiezione europea e mediterranea della carta di Camerino-Pioraco e di Fabriano, 2014). Leider verzichtet Di Stefano darauf, die von ihr aus den Briefen als Adjektive zur Bezeichnungen von als ‚Papierqualitäten' gedeuteten

nicht, indem man Formatmaße oder Qualitätsvorgaben verbalisierte, sondern indem man Musterpapiere zum Vergleich mitschickte, wie Beispiele aus Anton Kobergers Briefbuch belegen (s. Nachweise im Kasten B.2.3). Sicher ist daher im Einzelfall immer zu hinterfragen, ob die Aussagen der einzelnen Belege über Zeit und Raum hinweg verallgemeinerbar sind. Insgesamt jedoch machen die folgenden Zusammenstellungen durchaus deutlich, dass der weite Radius der Handelsware Papier langfristig die Ausbildung einer überregionalen Terminologie zur Unterscheidung verschiedener Papierqualitäten begünstigte.

Schauen wir uns an, welche Informationen diese Zeugnisse liefern: Erstens geben sie uns Auskunft über die Blattgrößen (s. Kasten B.2.1), zweitens *über* das Gewicht der Blätter (s. Kasten B.2.2), drittens über die Feinheit und Gleichmäßigkeit ihrer Oberflächenstruktur (s. Kasten B.2.3) und viertens über die Leimung, durch die das Papier tintenfest gemacht werden musste (s. Kasten B.2.4). Sie bildete mutmaßlich einen der Hauptunterschiede in der Stofflichkeit von Schreib- und Druckpapieren, denen der Kasten B.2.5 gewidmet ist. Zur Kennzeichnung der unterschiedlichen Qualitäten bzw. Sorten, aber auch Herkunftsorte dienten in den mittelalterlichen Quellen zumeist als *signa* bezeichnete Wasserzeichen, zu denen zentrale Zeugnisse in Kasten B.2.6 zusammengestellt sind.[178] Aufgrund der Vielzahl in Umfang wie Inhalt heterogener, heute oft schwer verständlicher Zeugnisse zu den genannten sechs Aspekten werden in den folgenden Kästen Regesten mit kurzen Quellenzitaten geboten. Sie sind angesichts der unzureichenden Editionslage exemplarisch zu verstehen. Da die Zeitgenossen nicht scharf zwischen den hier differenzierten Aspekten unterschieden, könnte man die Belege zum Teil auch unter anderen Überschriften einordnen.

Beginnen wir mit unserem Wissen über die mittelalterlichen Papierformate, die sowohl am besten bereits zeitgenössisch dokumentiert als auch gleichermaßen heute als gut erforscht gelten dürfen; zu nennen sind hier seit den Studien Briquets am Beispiel archivalischer Zeugnisse und den kodikologischen Beiträgen Gumberts sowie des Autorenduos Bozzolo und Ornato vor allem die einschlägigen Arbeiten von Paul

---

Begrifflichkeiten näher zu erläutern. Wenn sie etwa die einzelnen in einem Dokument der in Perugia ansässigen Gesellschaft von Jacopo Soldanieri von 1379/1380 genannten Papierlieferungen mit den Quellenbegriffen *piane, ricce, tonde, ricciute, fini, grandi* und *reali fini* charakterisiert sieht (zit. nach ebd., 57) so sind hier offenbar – am deutlichsten in den Adjektiven *grandi* und *fini* – Blattgröße und Oberflächen-Beschaffenheit der Papiere ununterscheidbar gemixt (nur einmal – im Begriff *reali fini* – hält das Zeitdokument es für relevant, beide Informationen zu liefern). Was die so bezeichneten Papiere jeweils auszeichnete und ob einzelne Begriffe (wie etwa *ricce* und *ricciute*) als Synonyme gedeutet werden können, wird nicht klar bzw. diskutiert. Für die Leser*innen wird daher nicht näher nachvollziehbar, warum sie ebd., 65, konstatiert, dass *piane carte* und *ricciute reali* für den kaufmännischen Gebrauch, *ricciute fini* und *ricciute tonde* dagegen für den notariellen und administrativen Einsatz bestimmt gewesen seien.

178 Vereinzelt enthalten die zeitgenössischen Quellen auch Informationen zu Preis bzw. Wert des Papiers; diese werden in Kap. B.3 im Teilkap. „Billig und wenig haltbar" diskutiert und im Kasten B.3.4 gesammelt präsentiert.

Needham.[179] Nach ihnen sind über serielle Papierbemaßungen vier Standardformate identifizierbar, die in der Forschung mit aus mittelalterlichen Schriftzeugnissen übernommenen Begriffen als Imperial-, Royal-/Regal-, Median- und Kanzleiformat bezeichnet sind. Diese Begriffe sind mitteleuropäischen Zeugnissen entnommen, im deutschen Sprachraum sind sie zum Beispiel als *regal* und *median* im Rechnungsbuch des 1504 verstorbenen Speyerer Druckers Peter Drach[180] und im Regensburger Mühleninventar von 1552 (s. Kasten B.2.1) oder ausschließlich als *median* in den schon genannten Korrespondenzen in Kobergers Briefbuch bzw. ausschließlich als *regal*- und *regailbappier* in den Basler Stadtrechnungen des 15. Jahrhunderts fassbar.[181]

Das Team des „Progetto carta" hat freilich darauf hingewiesen, dass für die beiden kleineren Formate in Italien andere Termini gebräuchlich waren. So lässt sich zwar

---

179 Vgl. Needham, Res papirea, 1994 (zu den von ihm genutzten Vorarbeiten von Briquet, Gumbert und Ornato/Bozzolo vgl. 124f.); ders., Book Production on Paper and Vellum, 2015, und ders., Format and Paper Size in Fifteenth-century Printing, 2017, 69.
    Needham plädiert dafür, die Größe der Papierbögen und die Formate der Bücher konsequent zu unterscheiden, wobei letzteres die seit dem 15. Jahrhundert fassbare Unterscheidung in Folio-, Quart- und Oktavformat, etc. bezeichnet: Das Folio-Format entsteht durch die einmalige Faltung in der Blattmitte entlang der kürzeren Blattkante, so dass ein Doppelblatt respektive vier Buchseiten entstehen; das Quartformat entsteht durch eine doppelte Faltung, so dass vier Blätter respektive acht Buchseiten entstehen; das Oktav entsteht durch die dreimalige Faltung, so dass acht Blätter respektive 16 Seiten Buchseiten entstehen. Needham hat hier mit Nachdruck die Desiderate der bisherigen Verzeichnispraxis sowohl in Handschriften- als auch in Inkunabelkatalogen kritisiert, die sich darauf verlässt, dass in der Regel nur wenige Papiergrößen, meist das Papierformat ‚Kanzlei', zum Einsatz kamen. De facto sind jedoch Bücher im Folioformat sehr unterschiedlich groß, je nachdem ob das Folio aus einem Imperial- oder einem Kanzleipapier gebildet wurde; Needham kann sogar auf (wenige) venezianische Drucke mit einem „mixed format" aus Folio/Kanzlei und Quart/Royal verweisen, vgl. ders., Book Production on Paper and Vellum, 2015, 93f. Statt der von ihm vorgeschlagenen Differenzierung zwischen auf das Papier bezogene „sizes" und auf das Buch bezogene „formats" (als Überbegriff für die seit dem 15. Jahrhundert nachweisbaren Begriffe *folio, quarto, octavo*, etc.) ist im Deutschen m. E. das Wortpaar „Papierformate" und „Buchformate" leichter verständlich und soll hier daher im Folgenden verwendet werden.
180 Ed. Geldner, Das Rechnungsbuch des Speyrer Druckherren, Verlegers und Großbuchhändlers Peter Drach, 28, 57, 67, 96, 99, 100, 107 und 114. Vgl. Needham, Format and Paper Size in Fifteenth-century Printing, 2017, 64 und 79. Zur Übereinstimmung der Maße von Ravensburger Ochsenkopf-Papieren des 15. und 16. Jahrhunderts mit dem Rezzute-Format der Bologneser Tafel vgl. zuletzt Schultz/Follmer, Von Brillen, Knoten und Wassertropfen, 2015, 28f. Auch Papier in den mittelalterlichen Luxemburger Kontenbüchern entspricht etwa diesem Format, vgl. Bange, Wasserzeichen als Quelle, 2015, 119.
181 Ed. Briefbuch der Koberger, in: Hase, Die Koberger, 1885, s. etwa Nr. 7, IX f. (Brief vom 29. Mai 1497): *ein bogen median;* Nr. 42, NR. XLVIII f. (17. Dezember 1491): *IX bellen median bapir und 1 feslin dar inne 10 riss median bapir;* Nr. 68, LXXXIV (11. April 1503): *ettliche bellin median pappir;* Nr. 75, XC–XCII (20. September 1503): *25 bellin gutt median;* Nr. 79, XCVI f. (17. Juni 1504): *von den bellein median So fridrich brechter auf bassel gesantt hatt*. Für die Belege *regal*- bzw. *Regailbappier* in den Basler Stadtrechnungen vgl. Kälin, Papier in Basel bis 1500, 125 mit Anm. 116; synonym dafür findet sich auch der Begriff *groß papir*.

auch hier in Schriftquellen eine *carta da cancelliere* fassen, jedoch erst sehr spät seit dem 16. Jahrhundert und offenbar für Blätter mit deutlich geringerer Grammatur als für das nördlichere Kanzleipapier; vermutlich sollte sie daher ein besonders leichtes, speziell als Postpapier hergestelltes Blatt bezeichnen.[182] Im italienischen Sprachraum dominierte also eine andere Nomenklatur, die besonders früh und systematisch auf einer in Bologna entstandenen Steintafel dokumentiert ist (s. Kasten B.2.1). Die dort überlieferten Termini finden sich nicht nur in den Statuten aus Bologna von 1389, sondern auch in weiteren italienischen Quellen, in den etwa zeitgleichen Korrespondenzen des Datini-Archivs etwa als *[carte] reali, ric[ci]utte* und *mezzane*,[183] oder in Florentiner Bücherinventaren des 15. Jahrhunderts, die als Teil testamentarischer Verfügungen angelegt wurden.[184]

Bemerkenswert ist nach Needham nicht nur die Kontinuität dieser Blattdimensionen vom frühen 14. Jahrhundert bis über das Mittelalter hinaus,[185] sondern auch, dass diese Papierformate ungefähr dem heute noch üblichen Seitenverhältnis 1:√2 entsprechen.[186] Diese auffällige Symmetrie ermöglicht, dass man ein Doppelblatt derselben Proportionen erhält, wenn man das Papier an der kürzeren Achse in der Mitte faltet. Zugleich macht sie möglich, dass das Median- genau die Hälfte des Imperial-Formats, das Kanzlei- die Hälfte des Regalformats bildet, wie Fra Domenico, Rechnungsführer in der Offizin des Florentiner Klosters San Jacopo di Ripoli, in einem seiner Einträge zum Jahr 1479 beiläufig festhielt: *24 charte a octavo foglio reale cioe in forma di quarto foglio comune.*[187]

Nach Needham waren die zwei Standardgrößen Royal und Kanzlei/Rezzute sehr viel gängiger als die zumindest nördlich der Alpen seltenen Imperial- und Median/Mezzan-Formate.[188] Am häufigsten nachweisbar sei das Kanzlei- bzw. Rezzute-For-

---

182 Vgl. Ornato et al., La carta occidentale nel tardo medioevo, Bd. 1, 388f., Tab. 12 und 13: Hier sind für das Papier aus der Region um Salò am Westufer des Gardasees in der ersten Hälfte des 16. Jahrhunderts die Bezeichnungen *comune* und *cancelliere* als gesonderte Formate genannt, wobei für *comune* ein deutlich größeres Blattgewicht als für *cancelliere* überliefert ist. Vergleichbares stellen die Autor*innen auch für Trient 1574 fest, s. ebd., 391, Tab. 14, zu den Schlussfolgerungen daraus vgl. bereits 390f.
183 Für Beispiele vgl. die Zitate bei Piccard, Carta bombycina, carta papyri, pergamena graeca, 1965, 59, und bei Di Stefano, European and Mediterranean perspectives on the paper produced in Camerino-Pioraco and Fabriano, 2015, 57f.
184 Vgl. Needham, Res papirea, 1994, Anhang III auf 141–145.
185 Vgl. dazu die Beispiele bei Needham, Res papirea, 1994, 126: So seien die King Hall's Accounts im Trinity College in Cambridge, die mit wenigen Lücken von 1337 bis 1546 erhalten sind, über diesen langen Zeitraum stets ungefähr gleichförmig, obwohl sie aus wohl mehr als 200 Papierkäufen und Blättern aus vielen Dutzend Mühlen aus Norditalien und Frankreich bestehen würden.
186 S. Needham, Res papirea, 1994, 125, 126; s. auch Schultz, Papierherstellung im deutschen Südwesten, 2018, 110, mit dem Verweis auf weitere Literatur.
187 Ed. Conway, The Diario of the Printing Press of San Jacopo di Ripoli, 1999, 187, Eintrag unter fol. 68v 5.
188 S. dazu die Säulendiagramme in Needham, Res papirea, 1994, Appendix I, 136f.

mat, weshalb Needham vermutet, dass es mit dem in den Schriftquellen fassbaren Begriff *carta comune* – zu übersetzen als ‚gewöhnliches', ‚normales' Papier – gemeint sein müsse.[189] Daneben verweist Needham aber auch auf verschiedene Sonder- bzw. Zwischengrößen, deren üblichste er als Halb-Median-, Super-Kanzlei-, Super-Median- und Super-Regal-Papier bezeichnet.[190] Umgekehrt finden sich auch zeitgenössische Schriftquellen, die etwa zwischen ‚kleinen' und ‚großen' Reale-Formaten differenzieren (s. Kasten B.2.1). Diese einerseits materiell, andererseits verbaliter fassbaren Zwischengrößen, aber auch die noch um 1500 nachweisbare Gewohnheit der venezianischen Druckereien, die von ihnen verwendeten Papierformate offenbar schlicht als ‚groß', ‚mittel' und ‚klein' zu bezeichnen (s. Kasten B.2.1), sind m. E. als Mahnung zu lesen, trotz der erstaunlichen Langlebigkeit und Konformität der ermittelten Formate wie überlieferten Quellenbegriffe weiter zeit-, orts- oder zufallsbedingte Varianten nicht auszuschließen.[191]

Stillschweigend evoziert die Papierforschung, dass Papiere mit Büttenrand verkauft und erst durch Schreiber in Kanzleien und Skriptorien bzw. Buchbinder beschnitten wurden. Anderes legen die Beobachtungen von Nora Lipparoni und dem Team des „Progetto carta' zu den in den Zeugnissen aus Fabriano fassbaren *carta tonda* bzw. dem Prozess der *tonditura* nahe. Damit gemeint sein muss nach ihrer Deutung das Beschneiden der Blattränder, wobei sowohl das neue kleinformatigere Blatt als auch die Beschnittreste nach Ausweis der Register verkauft wurden. Unklar bleibt auf dem aktuellen Forschungsstand einerseits, ob die *tonditura* nur im Notfall bei durch Feuchtigkeit beschädigtem Papier erfolgte und der Beschnittrest hauptsächlich als ‚recycelter' Rohstoff für die Bütte verkauft wurde, und andererseits, ob mit *carta tonda* vor allem gewerbliche Papiere oder auch Schreibpapiere gemeint sein konnten.[192] Letzteres legt ein Blick in die in den bisherigen Deutungen nicht berück-

---

189 Vgl. Needham, Res papirea, 1994, 125. Auch bei Ornato et al., La carta occidentale nel tardo medioevo, 2001, Bd. 1, 174, 412 und 417, kommt diese Formatbezeichnung vor, aber ohne eine Definition, welche Blattgröße damit bezeichnet sein könnte.
190 Vgl. Needham, Format and Paper Size in Fifteenth-century Printing, 2017, 69.
191 Dies ist schon wegen der verschiedenartigen Ausdehnung der Bögen ratsam, die sich bei einer händischen Herstellung vor allem bei der wiederholten Pressung der Blätter sowohl im nassen als auch im trockenen Zustand als auch nach der Tauchleimung ebenso wie beim abschließenden Arbeitsschritt des Glättens unvermeidlich ergaben, s. dazu etwa Piccard, Einleitung [Findbuch II,1: Die Ochsenkopf-Wasserzeichen], 1966, 10.
192 Unter Verweis auf die bei Lodovico di Ambrogio di Bonaventura fassbaren Belege für diese Begriffe vgl. die Beispiele sowie Deutung bei Lipparoni, Il ruolo dei mercanti fabrianesi nella commercializzazione della carta, 1990, 74–76, und Ornato et al., La carta occidentale nel tardo medioevo, 2001, Bd. 1, 162f. Auch im Datini-Archiv finden sich Belege, s. etwa die Nennung von *papiere tondute* offenbar mit der Herkunft *Piolago e Fuligno* in einem Brief von 1382 bei Piccard, Carta bombycina, carta papyri, pergamena graeca, 1965, 59, und die Bezeichnung *Charte riciute tonde* aus Fabriano und aus Pioraco in einem Brief von 1384, der Begriff *tonde* in zwei Dokumenten der Jahre 1379/80, zit. nach Di Stefano, European and Mediterranean perspectives on the paper produced in Camerino-Pioraco and Fabriano, 2015, 53, 57f.

sichtigten Zeugnisse aus dem Datini-Archiv in Prato nahe: So ist in einem Brief von 1383 von *charte tonde di Pioragho fini riciute* (das heißt Papieren der Sorte *tonda*, des Formats *rezuta* sowie der Güteklasse ‚fein') die Rede.[193]

Kasten B.2.1: Mittelalterliche Kriterien zur Bestimmung von Papierformaten.

1289	In Aufzeichnungen des Amalfitaner Kaufmanns Nicola Favaro erscheinen für die Papiersorte *bianchetta* zwei Formate, die als *grande* und *piccolo* bezeichnet sind.[194]
1363–1366	In den frühesten Registern des in Fabriano tätigen Papierhändlers Lodovico di Ambrogio di Bonaventura finden sich als Papierformate die Angaben *grande*, zum Teil auch als *reale* bezeichnet, und andererseits *piccolo*.[195]
1383/1384	In einem von Francesco Datini archivierten, aus Avignon nach Pisa gesandten Brief vom 11. September 1383 heißt es, man solle *niuna carta grande reale* – keine großen Reale-Papiere – mehr schicken, da sie keinen *ispaccio*, keinen Absatz fänden; die Kaufleute kauften wenig und die Notare zwar viel, aber sie wünschten kleine Blätter: *mercatanti fanno pocho e notai fanno asai e volgliono picoli folgli*.[196] Auch in einem Brief von Avignon nach Pisa vom 6. April 1384 heißt es, sowohl *Charte reali piane di Fabriano* als auch *Riciute reali di Fabriano* (vielleicht als ‚halbiertes Reale aus Fabriano' zu übersetzen, s. dazu unten die Erläuterungen zum sog. Stein von Bologna) hätten keinen Absatz (*no ciano ispacio*).[197]
um 1389?	„Lapide della Società degli Speziali", Bologna Musei, Area Arte Antica, Museo Civico Medievale, Lapidario, inv. 1637, nach Andrea F. Gasparinetti einst eingemauert im Gebäude der Via Accuse in Bologna, in dem die *Corporazione degli Speziali* ihren Sitz hatte, zu der auch die Papierproduzenten und -händler gehörten. Auf ihm sind vier ineinandergelegte Rechtecke eingraviert, die in der Inschrift als in Bologna gültige Papierformate erklärt und einzeln benannt werden (s. Abb. 3):[198]

---

[193] Zit. nach Di Stefano, European and Mediterranean perspectives on the paper produced in Camerino-Pioraco and Fabriano, 2015, 52.
[194] Mit dem Verweis auf Giovanni Imperato, „Amalfi: nella natura nella storia e nell'arte" von 1941 zit. nach Rodgers Albro, Fabriano, 2016, 26, mit Anm. 53.
[195] Mit dem Verweis auf die Zitate aus dem Rechnungsbuch bei Lipparoni, Il ruolo dei mercanti fabrianesi nella commercializzazione della carta, 1990, 74, Anm. 12; vgl. das Urteil bei Ornato et al., La carta occidentale nel tardo medioevo, 2001, Bd. 1, 163.
[196] Zit. nach Di Stefano, European and Mediterranean perspectives on the paper produced in Camerino-Pioraco and Fabriano, 2015, 51.
[197] Zit. nach Di Stefano, European and Mediterranean perspectives on the paper produced in Camerino-Pioraco and Fabriano, 2015, 53.
[198] Abb. und Ed. in Gasparinetti, Documenti inediti sulla fabbricazione della carta, 1963, 13f., für Farbfotografien vgl. die Homepage Storia e Memoria di Bologna, URL: https://www.storiaememoriadibologna.it/lapide-della-societa-degli-speziali-2032-opera (Stand: 02.03.2023) und Rodgers Albro, Fabriano, 2016, 216. Zur Singularität dieses Zeugnisses und zu seinen Nachwirkungen im Bologna des 15. und 16. Jahrhunderts vgl. Ornato et al., La carta occidentale nel tardo medioevo, Bd. 1, 2001, bes. 152 und passim.

QUESTE SIENO LE FORME DEL CHUMUNE DE BOLLOGNA DE CHE GRANDEÇA DENE [sic] ESSERE LE CHARTE DE BA[M]BAXE¹ CHE SE FARANO IN BOLLOGNA ESSO DESTRETO CHOME QUI DE SOTTO EDIUIXADO² / IMPERIALLE / REALLE / MEÇANE³ / REÇUTE⁴

1 *CHARTE DE BA[M]BAXE*: Papier (s. dazu ausführlich Kap. B.7)
2 *EDIUIXADO*: von lat. „edicere" – „verkündigen, anordnen"
3 *MEÇANE*: von ital. „mezzano, -a" – „mittel"
4 *REÇUTE*: nach Gasparinetti von ital. „rezir", lat. „recidere" – „schneiden", hier wohl „halb durchgeschnitten", das heißt ein halbiertes Reale-Format

Sowohl die Datierung als auch die Echtheit der Steintafel sind umstritten.[199] Nach den *jüngsten Studien ist der Stein* angesichts der flankierenden Wappen der Apothekerzunft als Kopie des 17. Jahrhunderts anzusprechen; trotzdem gilt die Inschrift als inhaltlich unverfälscht wiedergegeben; das verlorene Original muss in derselben Zeit wie die Statuten des Jahres 1389 entstanden sein (s. dazu unten).

Formate der Bologneser Steintafel	Erschlossene Standardformate
Imperialle [500 × 740 mm]	Imperial-Format [480–500 × 720–740 mm]
Realle [445 × 615 mm]	Royal-/Regal-Format [400–450 × 590–620 mm]
Meçane [345 × 515 mm]	Median-Format [340–350 × 510–520 mm]
Reçute [315 × 4500 mm]	Kanzlei-Format [270–320 × 390–460 mm][200]

1389   Die Statuten von Bologna beziehen sich in ihrer Passage über die Papierformate (*mensura seu forma*) explizit auf die Maße der Gravuren auf der oben beschriebenen Steintafel, deren Position in der Mauer beim Palast des Rates der Älteren sie detailliert beschreiben und zugleich präzisieren, dass hier auch alle anderen Maße der Gemeinde Bologna (*alia assadia seu mensure communis Bononie*) öffentlich angebracht seien. Die Papierformate werden in den Statuten als *carta imperialis, realis, mezana* und *rezuta* bezeichnet. Wer gegen diese Verordnung verstoße und zu kleine Blätter fertige, der müsse Geldstrafen und die Vernichtung, konkreter das Zerreißen der Blätter fürchten (*carte minoris mensure destruantur et lacerentur*).[201]

In einem zweiten Passus greifen die Statuten das Thema nochmals auf, indem sie Siegel für das Werkzeug der Papiermachermeister beschreiben: Alle ihre *capse et forme*

---

199 Nach Gasparinetti, Ein altes Statut von Bologna, 1956, 45, lege die paläographische Analyse nahe, dass der Stein am Ende des 14. Jahrhunderts graviert wurde; er hält für plausibel, dass dies zeitgleich zur Entstehung des Statuts von 1389 geschah, in dem Inhalt und Lage des Steins ausführlich beschrieben sind. Die von Piccard, Carta bombycina, carta papyri, pergamena graeca, 1965, 56f., ebenfalls aufgrund paläographischer, aber vor allem etymologischer Beobachtungen aufgestellte Behauptung, der Stein müsse schon im frühen 14. Jahrhundert entstanden sein, ist zumindest zweifelhaft: Wie in Kap. B.6 ausführlich dargelegt, ist die für seine Vordatierung zentrale These, der Begriff *carta de bambaxe* wäre um 1389 nicht mehr gebräuchlich gewesen, falsch. Zu den jüngsten Studien, die die Tafel aufgrund der Wappen ins 17. Jahrhundert datieren, vgl. die Literaturverweise bei Schweitzer-Martin, Kooperation und Innovation im Speyerer Buchdruck, 2022, 157f. in Anm. 92.
200 Die Maße sind übernommen nach Schultz, Papierherstellung im deutschen Südwesten, 2018, 111, Tab. 6. Auf der Steintafel treten abweichende Messungen auf, je nachdem ob der innere oder äußere Rand der Rechtecke gemessen wird, vgl. dazu Gumbrecht, Sizes and Formats, 1993, 240.
201 Ed. und übers. in Steinmann (Hg.) Handschriften im Mittelalter, 2013, Nr. 640, hier 579.

cartarum – Martin Steinmann übersetzt hier „Rähmchen und Siebe für das Papier" – müssten durch den *massarius societatis speciariorum* – den rechnungsführenden Sekretär/Notar der Corporazione degli Speziali – oder seine Beauftragten ‚bulliert' werden und dürften nur so verwendet werden (*bullentur et bullate solummodo teneantur*). Nach Steinmanns Deutung sollte durch diese Maßnahme sowohl Format als auch Blattgewicht normiert werden, da das Sieb die Größe des entstehenden Blattes, das darüber gelegte Rähmchen die Menge des geschöpften Stoffes und damit die Dicke und Gewicht des Papiers bestimme.[202] Nach Gasparinetti finden sich ähnliche Vorschriften in den Statuten der Papierer von Fabriano aus dem Jahr 1567.[203]

1415–1499	In den von Paul Needham zusammengestellten zu testamentarischen Zwecken entstandenen Florentiner Buchinventaren finden sich mehrfach die Bologneser Bezeichnungen für Papierformate *mezane* und *reale*, letzteres auch in der Wendung *grande di foglio reali* nicht nur für Papier, sondern auch übertragen auf Pergament. 1474 ist ein Buch als *ad mensuram folii communis*, 1476 ein weiteres als *a quarto foglio comune* bezeichnet (gemeint ist im ersten Fall also ein Folio- und im zweiten ein Quart-Buchformat jeweils des Papierformats *comune*); ein Beispiel von 1486 spricht von *fogli chomuni*. In den beiden Inventaren von 1476 und 1486 findet sich außerdem zum Teil explizit festgehalten, dass mit den Angaben die in Bologna gültigen Papierformate gemeint sind (1476: *folgli meçani bolognesi*; 1486: *fogli mezani bolongiesi, fogli bolongniesi, fogli reali bolognesi*).[204]
1457	Erst 1457 ist nach Giancarlo Castagnari und Nora Lipparoni in Quellen aus Fabriano die Formatbezeichnung *mezzana* zu fassen: Zuerst nachweisbar ist sie in den Registern des Cicco Antonio aus Fabriano, in denen sie mehrfach um die Information *in forma bolognese* ergänzt ist. Das Team des „Progetto carta" hat daraus geschlossen, dass die Erfindung dieses Formats nicht den Marken, sondern der Emilia zuzusprechen sei.[205]
1476–1484	Im Rechnungsbuch der Offizin, die ab 1476 für acht Jahre im Dominikanerinnenkloster San Jacopo di Ripoli in Florenz tätig war, finden sich für eingekaufte Papiere die Formatbezeichnungen *fogli comuni*, *fogli mezanbolognesi* und *fogli reali*.[206]

---

202 Ed. und übers. in Steinmann (Hg.) Handschriften im Mittelalter, 2013, Nr. 640, hier 580.
203 Vgl. Gasparinetti, Ein altes Statut von Bologna, 1956, 46, ohne Beleg. Vergleichbare normative Quellen haben sich zu den Papierformaten im französischen Sprachraum erhalten: Auf 1398 datiert ein Erlass des Bailli von Troyes, Louis de Tignonville, dass jeder Papiermacher nur Schöpfformen verwenden dürfe, die ‚alten' Maßen entsprechen und die zuvor vom Prévôt von Troyes überprüft worden seien (was diese alten Maße waren, wird nicht erwähnt). Auf 1407 datiert eine königliche Verfügung mit der Bestätigung dieser Bestimmung und der zusätzlichen Information, dass zu ihrer Einhaltung ein Eichmaß aus Kupfer existierte, vgl. Zaar-Görgens, Champagne – Bar – Lothringen, 2004, 20, 95, 111 (mit Quellenzitaten und weiterer Literatur).
204 Ed. Needham, Res papirea, 1994, Appendix III, 141–145.
205 Vgl. Castagnari/Lipparoni, Arte e commercio della carta bambagina, 1989, 217, Anm. 62, und Ornato et al., La carta occidentale nel tardo medioevo, 2001, Bd. 1, 164 f.
206 Vgl. eine Liste der jeweiligen Belegstellen im Glossar von Conway, The Diario of the Printing Press of San Jacopo di Ripoli, 1999, 317 f. Die Editorin übersetzt *fogli comuni* als „Chancery-sized paper", *fogli mezanbolognesi* als „Median-sized paper" und *fogli reali* als „Royal-sized paper".

1480–1503	Im Rechnungsbuch des Peter Drach für seine Speyerer Offizin finden sich kursorisch das Papierformat *median*, vereinzelt der Begriff *regal* sowie einmalig *clein bappir* verwendet.[207] Eine Besonderheit ist der Begriff *arcus format*, der im Rechnungsbuch an zwei Stellen benutzt wird.[208] Paul Schweitzer-Martin konnte ihn in einem Fall einem konkreten Werk zuweisen und damit die Größe der Blätter nachmessen, was die Vermutung des Editors Geldner bestätigt, dass es sich um ein Kleinformat handelte. Die Etymologie des Begriffs ist ungeklärt; nicht in Verbindung zu bringen ist er vermutlich mit dem Wasserzeichenmotiv ‚Bogen und Pfeil', zumindest kommt es in den von Schweitzer-Martin untersuchten Exemplaren nicht vor.[209]
1493/94–1501	In den von Paul Needham zusammengestellten Petitionen venezianischer Druckereien um Druckprivilegien (lat./ital.) sind die Papierformate mit den Adjektiven groß, mittel und klein bezeichnet (1493: *in forma magna*, 1494: *de octavo foglio mezano*, 1496: *in foglio piccolo*,1496: *in forma grande et in forma picola*, 1496/97: *in forma picola*, 1497/98: *officeti grandi, mezani et mezanelli et picholi*). In einem Beispiel von 1501 findet sich: *de foglio commun*.[210] Es bleibt zu diskutieren, ob die in diesen Zeugnissen fassbare Bezeichnung *mezano* mit der Bologneser Formatbezeichnung *meçane/mezana* gleichgesetzt werden darf.
1500, 11. Juni	In einem Brief an Johannes Amerbach berichtet Antonius Koberger über eine für ihn getätigte Papierlieferung verbunden mit der Anweisung, was davon nicht die richtige Größe habe, solle er liegen lassen und zurückgeben: *Item So hab ich euch pappir westellt vnd versich mich ir habt das enttpfangen 30 oder 40 ballen vnd ob euch anders gesantt burd Dan gutt Ding vnd das die rechten groß hett das wollet nicht brauchen zw dem werck Sunder das bey euch ligen lassen und mir Da von schreyben [...]*.[211]
1527/28 und 1540	In den Stuttgarter Landschreibereirechnungen 1527/28 werden erstmals unterschiedliche Formate des gewöhnlichen Schreibpapiers, bezeichnet als ‚klein' und ‚groß' bezogen; diese Termini bleiben genau hundert Jahre lang üblich. 1540 ist in den Rechnungen erstmals von *copirbapir* die Rede.[212]
1552	In einem Inventar zur städtischen Papiermühle in Regensburg, das 1552 angelegt wurde, findet sich unter der Überschrift *Werckhzeug* ein Beleg dafür, dass das Format *regal* in eine größere und eine kleinere zweigeteilt war: *Item ain gros bahr* [= Paar, Anm. der Verf.] *regalform, item ein klainer bahr regalform, item zway bahr fabrion form, item zway bahr form mit dem R [...]*[213]

---

[207] Ed. Geldner, Das Rechnungsbuch des Speyrer Druckherren, Verlegers und Großbuchhändlers Peter Drach, 1964, unter anderem 96, 99, 107, 114 (*median*), 58 (*regal*), 152 (*clein bappir*).
[208] Ed. Geldner, Das Rechnungsbuch des Speyrer Druckherren, Verlegers und Großbuchhändlers Peter Drach, 1964, 57 (*ein bellel arcus format*) und 140 (*xvj quatern arcus vormat*).
[209] Vgl. Schweitzer-Martin, Kooperation und Innovation im Speyerer Buchdruck, 2022, 159–162 mit Anm. 117.
[210] Ed. Needham, Res papirea, 1994, Appendix III, 141–145.
[211] Ed. Briefbuch der Koberger, in: Hase, Die Koberger, 1885, Nr. 29, XXXII f.
[212] Vgl. Piccard, Die Wasserzeichenforschung als historische Hilfswissenschaft, 1956, 75.
[213] Zit. nach dem Original im Hauptstaatsarchiv München, Reichsstadt Regensburg, Nr. 544, bei

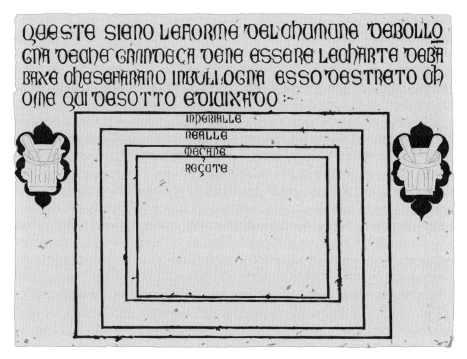

Abb. 3: Umzeichnung des „Lapide della Società degli Speziali", Bologna, Museo Civico Medievale, Lapidario, inv. 1637, mit den Maßen der in Bologna gültigen Papierformate, eventuell spätes 14. Jahrhundert. © Christoph Forster.

Kommen wir damit zum zweiten Aspekt des Blattgewichts, das weiter oben schon in Form der Papierstärke näher angesprochen wurde: Das Blattgewicht wird m. W. in den mittelalterlichen Jahrhunderten explizit nur in italienischen Zeugnissen thematisiert. Die aufschlussreichste Quelle sind wieder die Statuten der Kommune von Bologna, wobei der bei ihnen genannte *pondus librarum* auf das Ries bezogen wurde, während die heutige Grammatur in Gramm pro Quadratmeter berechnet wird. Für die Konsument*innen sicht- und greifbar wird das Blattgewicht in der unterschiedlichen Papierstärke, wobei sich schon für die mittelalterlichen Jahrhunderte als Faustformel vermuten lässt, dass dünne Papiere leichter, flexibler und preislich günstiger, dickere Papiere dagegen reißfester und besser vor auf die Rückseite durchschlagender Tinte gefeit bzw. für große Formate geeignet waren. Vereinzelt ab dem 15., häufiger ab dem frühen 16. Jahrhundert finden sich eindeutige Bezeichnungen für besonders dünne Papiere, die vor allem, aber nicht nur zum Briefeschreiben Verwendung fanden und die offenbar – wie mehrere Zeugnisse im folgenden Kasten zeigen – besonders geschätzt wurden.

Piccard, Einleitung [Findbuch II,1: Die Ochsenkopf-Wasserzeichen], 1966, 1. Mit Abweichungen erneut zit. bei dems., Die Wasserzeichenforschung, 1956, 77.

Kasten B.2.2: Mittelalterliche Kriterien zur Bestimmung des Blattgewichts bzw. Aussagen zur Papierstärke.

1363–1366	Schon in den frühen erhaltenen Registern des Lodovico di Ambrogio di Bonaventura ist auch das Gewicht – bezeichnet als *pesa* und gerechnet nach in Fabriano gültigen *libbra* – festgehalten. Im vom Team des „Progetto carta" zitierten Beispiel bezieht es sich allerdings nicht auf das Ries, sondern auf den Ballen, der hier vier Ries umfasste. Es liegt nahe, dass der Zweck der notierten Information nicht darin lag, die Grammatur der Blätter, sondern das Transportgewicht der Ballen zu bestimmen.[214]
1389	Im Anschluss an den Passus über die Papierformate regeln die Statuten von Bologna auch das Gewicht (bezeichnet als *pondus*), das die in Bologna produzierten Blätter *ad minus* – mindestens – besitzen mussten: Demnach musste Imperial-Papier pro Ries mindestens 57 Bologneser *libra* (Pfund), *reale*-Papier mindestens 40, *mezana*-Papier mindestens 25 und *rezuta*-Papier mindestens 18 Pfund wiegen. Im Fall der Formate *reale* und *rezuta* galt dieses Mindestgewicht unabhängig davon, ob Schreibpapiere erster und zweiter Wahl oder Gewerbe- und Packpapiere produziert werden sollten (zu diesen Kriterien vgl. näher unten Kasten B.2.3). Auch hier sollte Zuwiderhandlung mit Geldstrafen und dem Zerreißen der Blätter geahndet werden.[215] Nach Gasparinetti entsprach das Bologneser Pfund 0,3618 Pfund, so dass das Ries vom Format Imperial 20,6 kg, von Real 14,5 kg, von Mezana 9 kg und von Rezuta 6,5 kg wiegen musste. Das leichteste Papiergewicht betrug nach seiner Rechnung 90g/qm.[216]
1447	In seinen Registern erwähnt der „camborero" Cicco Antonio aus Fabriano in Bezug auf die Arbeitsschritte der „calandratura" ein Papier *sottile da cancelliere*. Nach der Deutung des „Progetto carta", das *für den Begriff da cancelliere* im italienischen Sprachraum weitere Beispiele des 16. Jahrhunderts anführen kann, ist mit Ciccos Umschreibung offenbar eine besonders dünne und leichte Papiersorte gemeint, die in den Kanzleien für Briefe verwendet worden sein könnte.[217]
1454	1454 wurden die Bologneser Statuten von 1389 nicht nur bestätigt, sondern auch ergänzt um eine Erlaubnis für die in Bologna ansässigen Papierer, für ihre Produkte die in der Stadt vorgeschriebenen Formate (*mensurae et pondera*) nach ihrem Gutdünken (*beneplacitum*) zu verändern und damit *cartae alterius ponderis vel maioris vel minoris* herzustellen, wenn diese Ware außerhalb der Stadt und ihres Contado (*comitatus*) bzw. befestigten Territoriums (*districtus fulcitus*) verkauft werde.[218] Nach Luigi Balsamo sollte diese Maßnahme die einheimischen Papierer konkurrenzfähiger machen.[219]

---

214 Für Beispiele aus Ambrogios Rechnungsbuch vgl. die Zitate in Zonghi, Le antiche carte fabrianesi, 1884/2003, 142f., s. auch schon 125f., danach übernommen (unter Angabe einer falschen Seitenzahl) bei Ornato et al., La carta occidentale nel tardo medioevo, 2001, Bd. 1, 165f.
215 Ed. und übers. Steinmann (Hg.) Handschriften im Mittelalter, 2013, Nr. 640, hier 579.
216 Vgl. Gasparinetti, Ein altes Statut von Bologna, 1956, 46.
217 Vgl. Ornato et al., La carta occidentale nel tardo medioevo, 2001, Bd. 1, 390f.
218 Ed. Gasparinetti, Documenti inediti sulla fabbricazione della carta, 1963, 24.
219 Vgl. Balsamo, Imprese tipografiche in Emilia, 1976, 132.

1530	Der Registrator der Nürnberger Ratskanzlei Gebhart lässt in der Kanzlei Papier für zwei Register à 300 Blatt besorgen, mit der Anweisung, dass *das guet dünn papir seyn soll, dann es ist sonst ganz pöss und ungeschickt, solliche schmale Registerlein zu schreiben.*[220]
1537	Unter den 1601–1603 erlassenen Maßnahmen des Senats in Venedig, um den Niedergang des Druckgewerbes in der Stadt aufzuhalten und die Qualität der in der Stadt entstehenden Drucke zu steigern, findet sich auch die Anweisung, schönes und gutes Papier zu verwenden mit einem Gewicht, das der Natur des Buches entspreche, und das zugleich tintenfest sei, wie bereits 1537 festgeschrieben worden sei: *Si servino etiandio di buona, e bella Carta, la quale sia de peso proportionato alla qualità de' Libri, che haveranno a stampare, come dalli Reformatori sudetti sarà determinato, la qual non scompissi à modo alcuno, giusta la parte di questo Conseglio dell'anno 1537 [...].*[221]
1540	In seinem für 1536 bis 1547 belegten Briefwechsel mit dem Humanisten Joachim Vadian spricht der Züricher Drucker und Papiermacher Christoph Froschauer mehrfach über Papierqualitäten. In einem Schreiben vom 30. April 1540 kündigt er an, dass er ihm in einem Fässchen neben gedruckten Werken auch Papier liefern lasse, darunter ein Ries besonders dünnes Schreib- und Briefpapier, das mit Vadians Namen gekennzeichnet sei: *1 riß bapir, das allerdünest und ringest. Daruff statt üwer nam geschriben* (s. zu diesem Brief auch noch unten Kasten B.2.6).[222]
1544	In einem Brief vom 20. November 1544 schreibt der Züricher Druckerverleger und Papierproduzent Christoph Froschauer dem für ihn tätigen Lohndrucker Johannes Stumpf in Stammheim verschiedene Arbeitsaufträge, darunter die Bitte, für Holzschnitte künftig dünneres Papier zu verwenden: *Dazu was ir noch für taflen ze machen haben, die machend, und machend sy uff düns bapir; so ir keins hand, wil ich üch schiken. Es kompt im [= dem für Froschauer tätigen Reißer] gar übel, das irs uff so dicks bapir gemacht hand; ye düner s'babir ist, ye baß er dardurch sehen mag, denn er mus alle lätz oder hindersich uffs holtz ryssen etc.*[223]
1556/1557	In den *Nördlinger Kammerrechnungen* ist der Bezug von *sechs Ryss des dynnen Missif-Bappirs*, im Jahr darauf von *elf Ryss des gar zarten Missif Bappirs* verzeichnet.[224]

Ein dritter wichtiger Indikator zur Bestimmung von Papierqualitäten war und ist zweifellos in der Feinheit und Gleichmäßigkeit der Oberflächenstruktur zu sehen. Sie wurde maßgeblich einerseits von der Zerkleinerung des Stoffes in den Stampftrögen, andererseits von der Sorgfalt und Geschicklichkeit der an der Bütte tätigen Schöpf-

---

[220] Zit. nach Sporhan-Krempel, Die Papierwirtschaft der Nürnberger Kanzlei, 1958/60, 166.
[221] Ed. bei Brown, The Venetian Printing Press, 218–221, hier 219, s. zum Thema von *bella* resp. *cattiva carta* auch 218 und 220; für Browns Erläuterungen vgl. 175f.
[222] Ed. Leemann-van Elck, Die Offizin Froschauer, 1940, 195, vgl. dazu Schultz, Papierherstellung im deutschen Südwesten, 2018, 475.
[223] Ed. Leemann-van Elck, Die Offizin Froschauer, 1940, 197f.
[224] Ohne Beleg zit. bei Piccard, Die Wasserzeichenforschung, 1956, 79f.

gesellen und Gautscher bestimmt, wie Sandra Schultz und Johannes Follmer am Beispiel von in Ravensburger Papieren des 15. Jahrhunderts sichtbaren Herstellungsspuren und -fehlern wie Überlappungen, Überdehnungen der noch feuchten Papiere, im Durchlicht sichtbaren ‚Brillen' oder Wassertropfen etc. demonstriert haben.[225] Neben diesen Blatteigenschaften ist auch der Farbton der Papiere zu nennen, der von der Qualität und Farbigkeit der verarbeiteten Lumpen wie von der Leimung der fertigen Blätter, aber auch – aus heutiger Perspektive oft unbestimmbar – vom Alterungsprozess der Papiere bestimmt ist.

Auch heute tun wir uns mit der Einschätzung und intersubjektiv nachvollziehbaren Beschreibung dieser Eigenschaften schwer.[226] Den mittelalterlichen Zeitgenossen, die auf ihr Auge und ihren Tastsinn vertrauen konnten, genügte bei der Taxierung der Blätter häufig das schlichte Gegensatzpaar ‚gut'/‚schlecht'.[227] Darüber hinaus findet sich zumindest in Italien als häufigster auch heute noch eindeutig verständlicher Begriff die *carta fine*, mit der übergreifend die erste Qualität an Schreibpapier bezeichnet wurde; seltener wird aus Bemerkungen ersichtlich, dass man Papiere mit einem hohen Weißegrad bevorzugte (s. Belege zu 1289, 1389 und 1495 in Kasten B.2.3, zu 1485 in Kasten B.2.5, zu 1395/96 und 1567/68 in Kasten B.2.6). Eine ausgefeiltere Terminologie zur Bezeichnung der schlechteren Sorten sowohl für den Schreibbedarf als auch für gewerbliche Zwecke benötigten nur die im Fernhandel tätigen Papiergrossisten. Da wir nicht mehr ermitteln können, auf welche Papiere sie sich bezogen, sind die in ihren Rechnungsbüchern und Korrespondenzen überlieferten Vokabeln in ihren Wertaussagen und ihrer Genese heute häufig nicht mehr eindeutig zu interpretieren. Nicht auszuschließen ist außerdem, dass Adjektive wie etwa *piano, piana* (im heutigen Italienischen unter anderem als flach, eben, plan zu übersetzen) in verschiedenen Zeugnissen mit einem abweichenden Sinn verwendet wurden.

---

[225] Vgl. Schultz/Follmer, Von Brillen, Knoten und Wassertropfen, 2015: zum Rohstoff und seiner Aufbereitung 26–28, zum Prozess des Schöpfens 28–32, zu den darauf folgenden Arbeitsschritten des Gautschens, Pressens und Trocknens 32–36, s. auch die Abb. mit Beispielen für im Herstellungsprozess entstandene Spuren und Fehler im Papier auf 31 und 34 f., Abb. 6–12.

[226] Vgl. dazu Meyer/Klinke, Geknickt, zerrissen, abgegriffen, 2015, 137–148, bes. 144–148, dezidert zum Problem der Farbbestimmung 144.

[227] Dies ist keine italienische und deutsche Besonderheit; s. dazu für den französischen Sprachraum etwa das bei Zaar-Görgens, Champagne – Bar – Lothringen, 2004, 36 f., ausgeführte Beispiel der Jahresrechnungen für 1450/51 für die städtische Mühle in Metz mit der Verpflichtung des Werkmeisters Wauthier, aus den von der Stadt getätigten Lumpeneinkäufen vier verschiedene Sorten zu fertigen: Neben zwei Preisklassen an Packpapier, bezeichnet als *pauppiez cassez* und *gros pauppiez à dépétier*, sollten auch zwei Qualitäten Schreibpapier – das teure *boin pauppier* und das günstigere *gros boin pauppiez* – hergestellt werden. S. auch ebd., 62: Erstmals für 1513 sind in einem Verlagsvertrag für die Mühle bei Frouard in der Baillage von Nancy die produzierten Papiersorten genannt. Die Papiermacher verpflichteten sich darin gegenüber ihrem Verleger, einem Kaufmann aus Saint-Nicolas-de-Port, zwei Jahre lang zu festen Preisen Sorten mit dem Wasserzeichen *petit pot*, Papier à la teste, feinstes Papier der Sorte *de Troye* und *papier quasse blanc* sowie *papier noire de trasse* zu liefern, letzteres wohl weißes und schwarzes Packpapier.

Die scheinbar unpräzise Terminologie darf allerdings nicht als Indiz für mangelnde Sachkenntnis missverstanden werden; die Taxierung gerade der Papierqualität war vielmehr sicher klassisches ‚tacit knowledge'. Ein Indiz dafür ist die mehrfach belegte Praxis, Musterpapiere mitzuschicken, wie das der Nürnberger Großdrucker und Verleger Anton Koberger in der Kommunikation mit von ihm beschäftigten Lohndruckern tat, oder Proben einzukaufen, wie für den Papierbezug in der habsburgischen Kanzlei des frühen 16. Jahrhunderts belegt (s. Kasten B.2.3).

Kasten B.2.3: Mittelalterliche Bezeichnungen für die Feinheit und Gleichmäßigkeit der Oberflächenstruktur.

1289	In Aufzeichnungen des Amalfitaner Kaufmanns Nicola Favaro finden sich nach der Deutung von Sylvia Rodgers Albro vier verschiedene Papiersorten benannt: eine niedrige, wohl zum Schreiben ungeeignete Sorte *straccia,* die Sorten *bombagina* und *genovescha* – die Rodgers Albro als ‚zweitbeste' Qualität und als ‚Papier des Genueser Typs' deutet – sowie die Sorte *bianchetta,* die in den oben schon zitierten Formaten *grande* und *piccola* (vgl. Kasten B.2.1) erhältlich war.[228]
1365	Eine von Nora Lipparoni in Auszügen edierte Rechnung vom 30. April 1365 aus Fabriano dokumentiert verschiedene wohl für den Schreibbedarf ungeeignete, da niedrigpreisige Papiersorten unter den Bezeichnungen *costolini/costorni, carta piane, carta da sogellare, carta intorno* und *carta per invollie,* wobei letztere nicht in Ries, sondern in *braccia,* das heißt Ellen, verkauft wurde. Das Team des „Progetto carta" vermutet, dass mit diesen Bezeichnungen verschiedene Größen angezeigt werden sollten.[229] Im Widerspruch zu diesen Deutungsversuchen steht, dass sich insbesondere der Begriff *carta piana* auch in den Datini-Korrespondenzen findet und hier etwa in Briefen von 1382 und 1384 mit dem Adjektiv *fina* kombiniert ist.[230]
1383	In einem Brief aus dem Archiv Francesco Datinis, der am 11. September 1383 von Avignon nach Pisa geschickt wurde, findet sich ein frühes Beispiel dafür, dass die in Fabriano produzierten Schreibpapiere als besonders fein galten: So heißt es im Brief, man könne zwar acht oder zehn Ballen mit *cartte [...] fini pratresi del sengnio delle maje collo C* – feinen Papieren aus Prato mit dem Wasserzeichen ‚maje (?) mit einem C' – erwerben, die sicher *bono ispacio,* guten Absatz, finden würden. Noch besser wäre jedoch, wenn er *delle fini da Fabriano,* solche feiner Qualität aus Fabriano, fände, weil sie für den Preis besser seien: *perché sono milgliori per lo pregio.*

[228] Mit dem Verweis auf die Studie von Giovanni Imperato „Amalfi: nella natura nella storia e nell'arte" von 1941 zit. nach Rodgers Albro, Fabriano, 2016, 26, mit Anm. 53. S. zum Begriff *carta bombagina* ausführlich Kap. B.6.
[229] Ed. Lipparoni, Il ruolo dei mercanti fabrianesi nella commercializzazione della carta, 1990, 75 in Anm. 12, Ornato et al., La carta occidentale nel tardo medioevo, 2001, Bd. 1, 161 mit Anm. 198.
[230] Brief von 1382 zit. bei Piccard, Carta bombycina, carta papyri, pergamena graeca, 1965, 59, Brief von 1384 zit. bei Di Stefano, European and Mediterranean perspectives on the paper produced in Camerino-Pioraco and Fabriano, 2015, 53. S. zu den Deutungsschwierigkeiten, die das Adjektiv *piano/piana* bereitet, auch schon Ornato et al., La carta occidentale nel tardo medioevo, Bd. 1, 162.

1389	In den Statuten der Stadt Bologna finden sich in der Ordnung der Papierer drei verschiedene Beschreibungskategorien, die sich im engeren Sinn als Papierqualitäten, bezogen auf Feinheit und Homogenität der Blattoberfläche, verstehen lassen: Die beste Qualität wird als *carta fina* bezeichnet, von der wir explizit erfahren, dass sie in den Formaten *reale* und *rezuta* gehandelt werde (für *imperiale* und *mezana* ist dies nicht bestätigt, aber wahrscheinlich) und für die als zentrales Qualitätskriterium eine gute Leimung vorgeschrieben ist. Mit Bezug auf das Format *rezuta* wird außerdem eine mittlere Qualität im Begriff *carte a floreto* bzw. *a fioreto* von einer schlechten Qualität *carte a strazo* unterschieden. Auch wenn für diese beiden Sorten offenbar nur ein einziges Wasserzeichen vorgesehen war (s. dazu unten), geht die Forschung davon aus, dass das Substantiv „fioretto" (ital. Diminutiv von „fiore", Blume, übertragen auch „Beschönigung", heute unter anderem Bezeichnung für Florettseide, das heißt Seide gröbster Qualität) Schreibpapier zweiter Qualität bezeichne, während die mit dem Verb „straziare/stracciare" (ital. für „zerreißen") bezeichnete Qualität Packpapier meine. Eine vergleichbare Unterscheidung nimmt das Statut auch in Bezug auf das Format *reale* vor: Hier werden der *carte a strazo* jedoch begrifflich im Passus über die Preise *carte [...] azure* bzw. im Passus über das Blattgewicht *brune* gegenübergestellt, die nach den Preisangaben im Text wohl als Varianten derselben Qualität zu verstehen sind und die zugleich doppelt so teuer wie das Packpapier sein sollten. Diese wörtlich übersetzt ‚blauen' oder ‚braunen' Papiere müssen damit weniger als Buntpapier im heutigen Sinn, sondern eher als nicht reinweiße Qualitäten der Sorte „fioretto" gedeutet werden (s. dazu das Adjektiv *brunella*, das das Team des „Progetto carta" als gängige Bezeichnung sowohl für Papier als auch für Lumpen in notariellen Zeugnissen des 16. Jahrhunderts über die Papierherstellung am Gardasee anführt).[231] Als offensichtlich niedrigste Qualität erwähnen die Statuten schließlich noch *meziti cartarum seu carte de mezeto*, die zur Kennzeichnung ein rotes Kreuz auf jedem Ries tragen sollen und die Gasparinetti als Packpapier „zweiter Wahl", Steinmann dagegen als „Ausschuss" versteht.[232]
1394	In Ulman Stromers *Püchel* mit geschäftlichen Notizen unter anderem über seine Papiermühle spielen die dort produzierten Papierqualitäten bzw. -sorten nur eine untergeordnete Rolle. Lediglich zum im Januar 1394 geschlossenen Pachtvertrag mit Jorg Tyrman hält Stromer den vereinbarten Preis fest, zu dem er dem Papiermacher jedes *rist papirs [...,] daz prima sors ist,* abnehmen müsse. Als Pachtgebühr sind 30 *rist gross papir* abgesprochen – hier bleibt unklar, ob Stromer das Format (‚groß') nennt oder ob er der Qualität nach grobes Papier meint.[233]
Ab 1402	In den Basler Stadtrechnungen hat Hans Kälin verschiedene Bezeichnungen für zum Schreiben ungeeignetes Papier identifiziert: Zuerst 1403 nachweisbar, finden sich im gesamten 15. Jahrhundert die Begriffe *srentzpapir* bzw. *schrentzpapir,* die nach Kälin auf „Schrenz" im Sinn von „Lumpen zur Papierbereitung" zurückzuführen seien. Genutzt wurden sie wohl vor allem als Tüten- und Einpackpapier, wie in Rechnungen

---

231 Vgl. Ornato et al., La carta occidentale nel tardo medioevo, 2001, Bd. 1, unter anderem 345–347, 355.
232 Ed. Steinmann (Hg.) Handschriften im Mittelalter, 2013, Nr. 640, 579 f.; zu den genannten Übersetzungen vgl. ebd., 581, und Gasparinetti, Documenti inediti sulla fabbricazione della carta, 1963, 21.
233 Ed. Ulman Stromer, Püchel von mein geslecht und von abentewr, hg. vom Verband deutscher Papierfabriken 1990, 72.

der Jahre 1403 und 1404 zu fassen: Belegt ist darin der Kauf von *schrentzpapire, da man die guoten jare in tett,* das heißt die Neujahrsgratifikation, die die Stadt Basel den Ratsdienern, Wachtknechten, Zollbeamten und anderen auszahlte, bzw. von *srentzpapary* [sic] *zu den lembren,* womit nach Kälin Einpackpapier für die Osterlämmer gemeint sei, das den Räten und anderen Kommissionsmitgliedern bzw. Amtleuten als Naturalabgabe gespendet wurde. Nachweisen konnte Kälin den Begriff Schrenzpapier auch für das Zürich des Jahres 1496.

Als synonyme Bezeichnungen in den Basler Stadtrechnungen nennt er *groib pappier* sowie *boes papir,* das 1402 als Tüte zum Einsatz kam, in der *jetlichem ratzherren sin ungandgelte geben* werden sollte, sowie zu 1456 *fliessend pappir,* s. zu letzterem näher Kasten B.2.4.

Für Schreibpapiere konnte Kälin in den Stadtrechnungen keine Differenzierungen entdecken.[234]

1410/1411	Die Rechnungen der Papiermacher Piero di Meo del Vanno und Saluccio de Guido aus Fabriano unterscheiden drei Sorten Papier, die sie als *fina, fioretto* und *di miglioramento* bezeichnen, wobei die letzte Kategorie als Bezeichnung für Packpapier auch breit in weiteren Quellen aus Fabriano schon seit 1363 nachweisbar ist.[235] Die Sorte *fina* ist immer mit Wasserzeichen geführt, hier finden sich verschiedene Motive. Die Sorte *fioretto* – die auch in offenbar abgestuften Qualitäten als *fiorettone* und *fiorettonaccio* erscheint – ist meist mit Wasserzeichen genannt, in diesen Fällen immer mit dem Zeichen Glocke. Die Sorte *miglioramento* – zu der die Forschung auch die im Zeugnis sporadisch genannten *costolini* als Sonderform rechnet – sind nie mit Wasserzeichen genannt.[236]
1436–1468	Die nicht edierten Register des Cicco Antonio aus Fabriano – auch bekannt als *libri della cialandratura* – unterscheiden nach den Untersuchungen von Nora Lipparoni zwischen *carta buona,* auch als *fina* bzw. *bianca* bezeichnet, und solcher mit der Bezeichnung *di miglioramento.* Der Preis der letzteren ist deutlich geringer, nach Lipparoni wurden sie vermutlich nicht im Prozess der *cialandratura* geglättet.[237]
1494	In seinem enzyklopädischen Werk *De partibus aedium libri duo* lobt der aus Parma stammende Humanist Francesco Maria Grapaldo die Papierproduktion seiner Heimatstadt, die von ihr hergestellten Blätter könnten sich *in candore* – in ihrer weißen Farbe – mit denen von Fabriano messen.[238]
1497–1504	Immer wieder findet sich in der Korrespondenz des Anton Koberger aus Nürnberg an den für ihn als Lohndrucker tätigen Basler Drucker Johannes Amerbach das Problem sowohl falscher bzw. fehlerhafter Formate als auch ungenügender Papierqualitä-

---

234 Vgl. Kälin, Papier in Basel bis 1500, 1974, 125–127, mit Anm. 116–127.
235 Vgl. Ornato et al., La carta occidentale nel tardo medioevo, 2001, Bd. 1, 157.
236 Vgl. Ornato et al., La carta occidentale nel tardo medioevo, 2001, Bd. 1, 161 mit Anm. 115.
237 Unter Verweis auf den Aufsatz „Produzione e commercio della carta nel XV secolo" zit. bei Ornato et al., La carta occidentale nel tardo medioevo, 2001, Bd. 1, 160.
238 Ed. in Charlet, La bibliothèque, le livre et le papier d'après Francesco Maria Grapaldo, 1996, hier 353.

ten – oder wie es in einem Brief vom 13. Juni 1497 heißt – mangelnder *gütte* adressiert. Zur Verhandlung dieser offenbar zentralen Fragen genügt den Briefpartnern grosso modo das Gegensatzpaar *gutt* und *boß*, wie rund ein Dutzend Briefe vor allem in Bezug auf die Papierlieferungen des Straßburgers Friedrich Brechters – offenbar eines Hauptlieferanten – demonstrieren.

So finden sich in ihnen wiederholt Bitten und Anweisungen Kobergers an Amerbach, das erhaltene Papier nur dann einzusetzen, wenn es sich um *gutt Ding und das die rechten groß hett* handele (so ein Brief vom 11. Juni 1500) bzw. – wenn sich die geschickte Ware als *boß ding* herausstelle – sich selbst nach *gut pappir zu bassel in der stat* umzuschauen (so ein undatierter Brief, entstanden zwischen dem 21. und 30. August 1502). Nicht immer sind Koberger und Amerbach einer Meinung, wie ein Brief vom 17. Juni 1504 zeigt: Darin fragt Koberger verärgert, warum Amerbach die aus Straßburg geschickten Ballen nicht endlich verwende: *wan ich hab sie dem fridrich brechter verrechnett vnd weczalt vnd Dar vmb bitt ich euch solche bellin median in das werck zw verbrauchen[,] ich kan nicht anders erkennen Dan es ist gut pappir.*²³⁹

Um Missverständnisse bei der Papierwahl auszuschließen, lässt sich im Briefbuch mehrfach die Praxis belegen, Musterpapiere mitzuschicken: So erklärt Koberger in zwei Briefen vom 29. Mai und 13. Juni 1497 über mit falschen Maßen geliefertes Papier von *Cunrad meyr*: *mir ist ein brieff von euch worden Da bey ein bogen median des gleichen so euch Cunrad meyr auff bassel gesant hatt 25 ballen.* Da Amerbach ihm geschrieben habe, dass *solch pappir zw klein zw kurcz vnd zw schmal ist,* habe er *gemessen gegen meinem lira vnd das also gefunden wie ir da von geschriben hand.* Koberger fordert Amberbach auf, *des pappirs kein blatt* für seine Arbeit zu gebrauchen, sei es doch *ander groß noch an der gütte nicht als es sein sol […].* 14 Tage später fasst er den Tenor des ersten Briefs noch einmal zusammen und endet mit der neuen Information, er habe Meyr *ernstlich geschriben […] gutt pappir zw schicken,* was dieser ihm versprochen habe. Koberger bleibt jedoch misstrauisch und instruiert Amerbach mit den Worten: *ich schick euch hie mitt ein bogen wye es sein soll vnd wo er euch nicht schickt das als gut vnd als groß ist als dicz So wollet das nycht annemen.*²⁴⁰

Eine ähnliche Praxis dokumentiert auch ein im Briefbuch Kobergers überliefertes Schreiben des Druckers Thomas Anselm an Johannes Amerbach vom 7. Januar 1518. Darin berichtet Anselm von seinem Besuch in Straßburg über den Papierhändler Friedrich Brechter, er habe ein Muster des bei ihm für ihre gemeinsame Arbeit bestellten Papiers mitgenommen, doch das gelieferte Papier entspreche diesem Muster nicht: *er gab mir ein muster solt mir sollich bapier vnd kain bösers schicken[,] hat er mir geschickt 24 bellin vnd ist kaum das halb als er mir angezaigt hat[,] sol ich nit irren dann ich wil das selb nit[,] er hat mir auch zu gesagt wans mir nit gefal sol ich stan lassen.*²⁴¹

---

239 Ed. Briefbuch der Koberger, in: Hase, Die Koberger, 1885, hier Nr. 29, XXXII f., Nr. 56, LXVII f., und Nr. 79, XCVI f. Vergleichbare Sorgen und Wünsche mit ähnlicher Wortwahl finden sich auch in Briefen vom 20. September 1499 (ebd. Nr. 24), 21. März 1502 (Nr. 49), 20. April 1502 (Nr. 50), 21. August 1502 (Nr. 55), 9. Februar 1503 (Nr. 64), 11. April 1503 (Nr. 68) und 20. September 1503 (Nr. 75).
240 Ed. Briefbuch der Koberger, in: Hase, Die Koberger, 1885, hier Nr. 7 und 8, IX f. S. dazu wie auch zum Folgenden schon ausführlich mit vielen Kontextinformationen Schultz, Papierherstellung im deutschen Südwesten, 2018, 468–471.
241 Ed. Briefbuch der Koberger, in: Hase, Die Koberger, 1885, hier Nr. 105, CXXV–CXXVII.

Beginn des 16. Jhs.	Für die habsburgische Kanzlei des frühen 16. Jahrhunderts hat Megan Williams mehrere Zeugnisse gesammelt, die eine Aufmerksamkeit für unterschiedliche Papierqualitäten bezeugen: Zentrale Quellen sind die Rechnungen über die Beschaffung des Schreibbedarfs, die die Taxator-Registratoren Mathias Zeller und Hans Prandt führten. Zur Qualität notierte Zeller, ob er besseres oder geringeres Papier eingekauft habe. Einmal bestellte er zwei Lagen *zu ainer Prob*, um ihre Qualität festzustellen.[242]
1525, August	Der Heidelberger Student Christoph von Henneberg lässt *ein grob Buch Bappires* für die Anfertigung von *Schießplettern,* das heißt Zielscheiben zum Bogenschießen, besorgen. In den weiteren Posten zu Papierkäufen in seinem Rechnungsbuch finden sich keine Hinweise, die auf die erworbenen Qualitäten schließen lassen.[243]
1536–1547	In seinem für 1536 bis 1547 belegten Briefwechsel mit dem Humanisten Joachim Vadian spricht der Züricher Drucker und Papiermacher Christoph Froschauer mehrfach über Papierqualitäten: In einem Schreiben vom 13. September 1536 kündigt er ein ihm geliefertes *riß mins schribapirs* mit der Bemerkung an: *vermeyn, es söll üch nit übel gfallen etc.* (s. dazu schon oben Kasten B.2.2). In einem Brief vom 3. Mai 1545 erklärt er über ein Vadian geschicktes Ries Papier, das 20 Batzen koste: *So üch der gfelig, mögt ir in behalten; wo er üch nit dienstlich, mögt ir in umb das gelt einem andren geben.* Neben offenbar besonders hochwertigen Sorten, deren Qualität Froschauer einmal als *allerdünest und ringest* bestimmt bzw. *über die explizite Nennung von Wasserzeichen* charakterisiert (Brief vom 30. April 1540, s. dazu auch unten Kasten B.2.5), schickt er ihm am 24. Dezember 1547 auch *1 ris gmein schribapir, wie ir begert etc.*[244]
1548, November	Der Bürgermeister der Stadt Überlingen beschwert sich brieflich bei Jerg Seckler, nach Sandra Schultz zu identifizieren als Jörg Sautter d. Ä., Besitzer einer der Papiermühlen in Schornreute bei Ravensburg, über die Qualität des ihm gelieferten Papiers: Viele Bögen seien eingerissen gewesen, viele schwarz mit Flecken, keiner so, wie er hätte sein sollen. Er habe sie den Schülern daher *umb sonsten* geben müssen; trotzdem bestellte er wieder Papier verschiedener Sorten.[245]

Ein vierter zentraler Aspekt für die Qualität von Schreibpapieren wurde schon von den mittelalterlichen Zeitgenossen in der Leimung der Blätter bestimmt. Das Eintauchen der fertig getrockneten Blätter in tierischen Leim gilt, wie oben bereits ausführlicher beschrieben, als Neuerung der italienischen Papierherstellung. Ziel dieses Arbeitsschrittes war es, das Papier tintenfest zu machen, da es ansonsten wie Löschpapier die Tinte aufgesogt hätte. Wie Francesco Maria Grapaldo beschreibt, wurde der Leim aus tierischen Abfällen der Gerber und Pergamenter hergestellt. Wie bei heutiger handelsüblicher Gelatine musste die eingekochte und geseite Flüssigkeit warm weiterver-

---

242 Vgl. Williams, Unfolding Diplomatic Paper, 2015, 501f. und 503f. mit Belegen in Anm. 25.
243 Ed. Mötsch „Zu Verkurtzweilen mit Schiessen und Zechen …", 1999, 363.
244 Ed. in Leemann-van Elck, Die Offizin Froschauer, 1940, 195–197.
245 Vgl. Sporhan-Krempel, Papier als Handelsware, 40 mit Anm. 39; s. darauf bezugnehmend Schultz, Papierherstellung im deutschen Südwesten, 2018, 478.

wendet werden, da sie bei Erkalten eindickt. Beim gleichzeitigen Eintauchen mehrerer Blätter musste der Arbeiter außerdem darauf achten, alle Bogen gleichmäßig zu benetzen. Nach dem erneuten Trocknen mussten die welligen, grobporigen Papiere in einem in Fabriano als ‚calandratura' bezeichneten Arbeitsschritt schließlich noch geglättet werden, etwa – wie bei Grapaldo belegt – mit Glas oder mit Achatsteinen.[246]

Für die Schreiber wie auch Maler hatten diese Arbeitsschritte große Bedeutung: Beschwerden über schlecht geleimtes Papier gehören zu den häufigsten Klagen auf Seiten der Endkonsument*innen. Bezeichnend in diesem Zusammenhang sind auch die in der ‚kunsttechnologischen Literatur' des Mittelalters überlieferten Rezepte für Firnisse, mit denen die Oberfläche sowohl von Pergament als auch von Papier für das Beschreiben oder Bemalen präpariert werden sollten.

Kasten B.2.4: Mittelalterliche Zeugnisse zur Leimung der Papiere.

1389	Für die *cartae finae* regeln die Statuten von Bologna in einem eigenen Passus auch die Tintenfestigkeit: Verkauft werden dürften keine Blätter, die nicht genügend und gut die Tinte halten (*que non sint sufficientes et bonas et bene retinentes atramentum*); es folgt die explizite Erklärung, dass das besagte Papier eine gute und vollständige Leimung aufweisen müsse (*quod dicte carte habeant bonam et perfectam collam*).[247]
1456/1541	In den Basler Stadtrechnungen hat Hans Kälin den Begriff *fliessend pappir* nachgewiesen, das heißt ungeleimtes Papier, das er unter Berufung auf das Lemma *Bibula charta, Flüßpapier* im 1541 in Zürich gedruckten lateinisch-deutschen Wörterbuch von Peter Kolin und Johannes Fries als Einpackpapier deutet: *Emporetica charta, Pappir damit die kaufleut jr wahr eynmachen, Krämerpappir, Flüßpappir*.[248]
1468	Brief des Cicco Simonetta, erster Sekretär des Mailänder Herzogs Galeazzo Maria Sforza, an den herzoglichen Ostiarius Giovanni Vailate anlässlich einer Beschwerde aus der Kanzlei in Pavia über die schlechte Qualität des bei dem Schreibwarenhändler Bernardo Bugatti erstandenen Papiers (*roba cativa*, wörtlich ‚schlechtes Zeug'): Die Erklärung, auf den von Ihm geschickten Blättern zerlaufe die Tinte, so dass keiner der Kanzlisten darauf zu schreiben vermöge (*perché tutta quella carta che el manda scompissa da per tutto, in modo che niuno de li cancelerii può scrivere; scompissa*: wohl von ital. „scompisciare" – übertragen „einnässen", „durchweichen") ist verbunden mit der Aufforderung, nicht mehr bei Bugatti zu kaufen.[249]

---

[246] Zum Arbeitsschritt des Leimens und Glättens vgl. Schultz/Follmer, Von Brillen, Knoten und Wassertropfen, 2015, 36–41, und Schultz, Papierherstellung im deutschen Südwesten, 2018, 143–162.
[247] Ed. und übers. Steinmann (Hg.) Handschriften im Mittelalter, 2013, Nr. 640, hier 580.
[248] Vgl. Kälin, Papier in Basel bis 1500, 1974, 127f., mit Anm. 127.
[249] Unter Verweis auf das Archivio di Stato di Milano und den Bestand „Sforzesco, 1606" zit. nach Ganda, La Pergamena a Milano nella Seconda Metà del Quattrocento, 2007, 151, mit Anm. 24; s. weitere Informationen zu Giovanni Vailate als außergewöhnlich langjährigem *Archivorum Guber*nator, als den ihn eine Supplik von 1503 ausweist, in Anm. 23.

1494	In seinem enzyklopädischen Werk *De partibus aedium libri duo* bietet der aus Parma stammende Humanist Francesco Maria Grapaldo eine der frühesten Beschreibungen des norditalienischen Prinzips der Papierherstellung. Als letzte Arbeitsschritte nennt er das Tauchen der Blätter in Leim, wobei der verwendete Leim aus Resten und Abschnitten von Häuten gekocht werde, die die Gerber und Pergamenter zu diesem Zweck beiseitelegen würden (*charta [...] mox glutino facto ex pellium quisquiliis sive ramentis, quae coriarii et membranarii reponunt ad hunc usum, fervefactis intincta*). Danach müssten die Blätter erneut getrocknet und mit Glas geglättet werden (*rursus siccata et vitro levigata*), auf dass sie bestens mit der Feder beschrieben werden könnten, ohne dass sich die Tinte durchdrücke: *[...] aptissima redduntur ad tolerandos calamos et atramentum non transmittendum*. Nach einer Bemerkung über die hohe Qualität der Papiere, die in seiner Heimatstadt hergestellt wurden, betont Grapaldo nochmals, dass das Papier am meisten geschätzt werde, das nicht ‚durstig' sei und die Tinte nicht aufsauge: *Prima enim chartae datur adorea si non est bibula et atramentum non sorbet*.[250]
1544	Im „Denkbuch der Stadt Ravensburg" mit der Mitschrift der Ratsbeschlüsse findet sich unter dem 9. Mai 1544 die Beschwerde dokumentiert, die in der Stadt ansässigen Papierer würden *das bapir eben schlecht und flissig machen,* das heißt nicht tintenfest, verbunden mit der Mahnung, der Rat *konde es lenger nit gedulden, sunder werde sunst der nouturft nach mit einsechen dargegen miessen handlen [...]*.[251]
1546	In einer Werbeschrift für den Regensburger Hoftag 1546 erklärt der Frankfurter Papiermacher Leuthold, die Kanzleien würden seine gut geleimten Papiere bevorzugen.[252]
1549	Das *Illuminier Buch* des Valentin Boltz aus Ruffach für ‚Briefmaler', gedruckt 1549, hier benutzt in der Edition von Doris Oltrogge nach einer Nürnberger Abschrift dieses Drucks aus dem 16. Jahrhundert, berichtet von insgesamt vier verschiedenen Firnissen mit sehr unterschiedlichen Ingredienzien zur Vorbereitung sowohl von Papier als auch Pergament als Schreib- oder Malgrund. Dezidiert dazu geeignet, *Böß fliessend Bapier zu stercken und bereiten das man darauff kan aufftragen mit farben, daß es nicht durchschlage oder fliesse,* ist ein Rezept, für das Boltz Horn- bzw. Tischlerleim, Stärke und Alaun verarbeitet. Mit Boltz' *Hauß Fürniß* bestehend aus Eiweiß, Gummi und Honig, die mit dem Pinsel aufgetragen werden solle, könne man *Gemelde Auff Papier und Pergament glantz* verleihen, eine dritte, die zusätzlich für Leder geeignet sei, wird aus Bier und Gummi arabicum hergestellt.[253]

---

[250] Ed. in Charlet, La bibliothèque, le livre et le papier d'après Francesco Maria Grapaldo, 1996, hier 352f. (nicht komplett danach übernommen und übers. in Steinmann (Hg.) Handschriften im Mittelalter, 2013, Nr. 882, 830f.).
[251] Ed. Müller, Oberschwäbische Stadtrechte II, 1924, 289, vgl. Sporhan-Krempel, Papier als Handelsware, 1984, 33.
[252] Zit. nach Williams, Unfolding Diplomatic Paper, 2015, 504 mit Belegen in Anm. 27.
[253] Zit. nach Oltrogge, Datenbank mittelalterlicher und frühneuzeitlicher kunsttechnologischer Rezepte, s. d.

1549	Eytelhans Ebinger, Landschreiber der Grafschaft Heiligenberg, beschwert sich brieflich bei seinem Vetter Jerg Seckler, nach Sandra Schultz zu identifizieren als Jörg Sautter d. Ä., Besitzer einer der Papiermühlen in Schornreute bei Ravensburg, über die Qualität der ihm gelieferten Papiere: Er habe Papier von der besseren Sorte bestellt, was er jedoch bekommen habe, das fließe und es sei kein ganzer Bogen darunter.[254]

Der Grad der Leimung scheint auch ein wichtiger Unterschied bei der Fertigung von einerseits Schreib- und andererseits Druckpapieren gewesen zu sein. Der Doyen der Wasserzeichen- und Papierforschung Gerhard Piccard spricht für die Druckpapiere von einer Halbleimung, die nach seinem Dafürhalten zwischen 1480 und dem frühen 16. Jahrhundert eingeführt worden sei. Vor dieser Zäsur nämlich seien die in gedruckten Schriften nachweisbaren Wasserzeichen parallel auch auf mit der Hand geschriebenen Papieren belegt; danach dagegen finde sich eine „stattliche Anzahl" an Papierzeichen, die ausschließlich in bedruckten Papieren zu beobachten seien, so dass Piccard davon ausgeht, dass es sich bei ihnen nun um „halbgeleimte" Sorten handele.[255] Konkret zu belegen sind diese Vermutungen erst um 1600 durch die Ausführungen des württembergischen Hofbaumeisters Heinrich Schickhardt (s. Kasten B.2.5).

Unter Berufung auf den Kölner Drucker Johann Nelle, der 1480 für seine Offizin geliefertes Papier als zu trocken und daher untauglich bemängelte (s. Kasten B.2.5), schließt Franz Irsigler, dass man Druckpapier anders als Schreibpapier nicht habe lagern können, sondern frisch verbrauchen müssen.[256] Auch wenn wir die technischen bzw. materiellen Hintergründe dafür nicht erfahren, so wissen wir immerhin aus einigen Zeugnissen des späten 15. und frühen 16. Jahrhunderts, dass die Papiermacher bei der Fertigung zwischen diesen Verwendungszwecken sehr wohl unterschieden: Ein Beispiel dafür ist ein Zeugnis des Jahres 1485, in dem der Augsburger Drucker Johann Schönsperger der Ältere von den Papiermachern Markus Nider und Lorenzo Goffasotis gerichtlich einforderte, sechs Wochen lang nur weißes Schreibpapier herzustellen (s. Kasten B.2.5). Ein zweites Beispiel bietet die Anfrage des Humanisten Joachim Vadian 1545 an den Zürcher Papierer und Drucker Christoph Froschauer, ihm – wie schon einmal fünf Jahre zuvor – Schreibpapier zu liefern; Froschauer lehnt diese Bitte mit der Begründung ab, er könne aktuell nicht einmal genügend Druckpapier herstellen und sei daher mit der Fertigung von Schreibpapier im Rückstand (s. Kasten B.2.5).

---

254 Vgl. Sporhan-Krempel, Papier als Handelsware, 40 mit Anm. 40; s. darauf bezugnehmend Schultz, Papierherstellung im deutschen Südwesten, 2018, 478.
255 Vgl. mit leichten Widersprüchen Piccard, Einleitung, 1966 [Findbuch II,1: Die Ochsenkopf-Wasserzeichen], 7–11, und ders., Wasserzeichenforschung, 1956, 96. Insgesamt geht die Forschung davon aus, dass für den Druck produzierte Bögen weniger stark geleimt waren: Als Gründe dafür werden einerseits vermutet, dass Druckerschwärze auf stark geleimten Papieren schlechter haftet, andererseits, dass die Rohstoffeinsparung für günstigere Preise sorgte, s. dazu zusammenfassend Schweitzer-Martin, Kooperation und Innovation im Speyerer Buchdruck, 2022, 156.
256 Vgl. Irsigler, Papierhandel in Mitteleuropa, 327.

Kasten B.2.5: Mittelalterliche Zeugnisse über Unterschiede zwischen Schreib- und Druckpapieren.

1480	Der Kölner Drucker Johann Nelle verweigert die Annahme einer Papiersendung des Basler Kaufmanns Andreas Bischoff, weil das Papier zu trocken und untauglich sei und weil Bischoff anstelle von Züricher Papier solches aus Basel mit dem Ochsenkopf und Kreuz geliefert habe.[257]
1485	Im Augsburger Stadtgerichtsbuch des Jahres 1485 ist auf Bl. 88r die Forderung des als bevollmächtigter *anwalt* und *procurator* seines Stiefvaters Hans Bämler wirkenden Augsburger Druckers Johann Schönsperger des Älteren eingetragen, dass die Papiermacher Markus Nider und Lorenzo Goffasotis vertraglich gebunden seien, sechs Wochen lang nur weißes Schreibpapier für Bämler herzustellen: *Hatt begert einzuschreiben, Das Im die zwen bappirmacher vor offen gericht verhaissen vnd zugesagt haben, das Sj In sechs wochen den Nechstkunfftigen Nach pfingsten kain ander Bappir machen wollen denn Weiß Schreibpappir, das sy Im vmb das gelt Nach Inhalt des brieffs geben vnd widerferen lassen wollen*[258]
1545	In seinem für 1536 bis 1547 belegten Briefwechsel mit dem Humanisten Joachim Vadian spricht der Züricher Drucker und Papiermacher Christoph Froschauer mehrfach dezidiert über „Schreibpapiere", die er neben den Papieren für den Druck anfertige. In einem Brief vom 13. September 1536 etwa kündigt er an: *Schick üch mit Anthonis büechern 1 riß mins schribapirs; vermeyn, es söll üch nit übel gfallen etc.* In einem Brief vom 18. Januar 1545 entschuldigt er sich, er könne leider aktuell kein Schreibpapier für ihn herstellen, da er mit der Produktion von Druckpapier für seine vier Pressen nicht nachkomme. Im Schreiben heißt es wörtlich, er habe *empfangen üwer ersam wyßheit schriben von wegen gut schribapier. Daruff füg ich Ue. E. W. ze wüssen, das ich yetz nit verfaßt bin mit sunderm gueten bapir, ursach das ich yetz ein gantz jar mit 4 brässen druckt, hab nit gnueg druckerbapir mögen machen.* Fünf Bücher Schreibpapier könne er Vadian doch mitsenden, ansonsten bittet er ihn um Geduld, da er ihn ab März wieder besser versorgen könne.[259]
1604	Nach Heinrich Schickhardt, Architekt und Baumeister der württembergischen Mühle in Montbéliard, benötigte man *zu einer ballen schreib bapir 30 pfund leim, zu einer ballen truckh bapir 15 pfund leim*, das heißt, nur die Hälfte.[260]

---

[257] Für ein Regest aus dem Frankfurter Gerichtsbuch vgl. Zülch und Mori, Frankfurter Urkundenbuch zur Frühgeschichte des Buchdrucks, 1920, 62; danach aufgegriffen bei Irsigler, Papierhandel in Mitteleuropa, 327.
[258] Zit. nach Amelung, Augsburger Buchdruck und Verlagswesen, 2000 (ohne S.), wieder aufgegriffen bei Schultz, Papierherstellung im deutschen Südwesten, 2018, 474.
[259] Ed. Leemann-van Elck, Die Offizin Froschauer, 1940, 196.
[260] Zit. nach Piccard, Die Wasserzeichenforschung, 1956, 66; s. auch Piccard, Einleitung [Findbuch II,1: Die Ochsenkopf-Wasserzeichen], 1966, 7.

Bis heute sichtbare, im Gegenlicht hell aufscheinende Markenzeichen für mittelalterliche Papiere sind – wie oben bereits dargestellt – seit dem späten 13. Jahrhundert die Wasserzeichen. Die Beschäftigung mit ihrer Motiv- und Variantenvielfalt, die sich in den inzwischen digitalisierten Wasserzeichen-Sammlungen schon für das 14. Jahrhundert eindrucksvoll abzeichnet, zählt zu den traditionellen Gegenständen der Papiergeschichtsforschung.[261] Vorrangig werden sie dabei heute als Herkunftslabel wahrgenommen, das an konkreten *Mühl*enanlagen hing, wie durchaus auch mittelalterliche Zeugnisse, so vor allem ein in der Forschung oft zitiertes Urteil des Juristen Bartolo da Sassoferrato aus der Zeit um 1350 nahelegen (für den Beleg s. Kasten B.2.6, ausführlicher dazu Kap. B.4). Bestätigend lassen sich mit Gerhard Piccard Belege für Nürnberg aus der Mitte bzw. dem Ende des 16. Jahrhunderts anführen: Nach ihnen wurden offenbar die von einer Papiermühle verwendeten Papiermarken beim Verkauf der Mühle mitveräußert; so bezeugte 1590 der Papiermacher von Hagenhausen vor dem Nürnberger Rat, dass er das Papierzeichen – das Nürnberger Stadtwappen – *mit der Papiermühle von seinem Vorgänger also erkauft* habe.[262]

Die Zuordnung der Wasserzeichen zu einzelnen Mühlen oder Mühlenrevieren macht es möglich, Verbreitungskarten der dort produzierten Waren zu zeichnen, wie dies im deutschsprachigen Raum etwa für Nürnberg, Ravensburg und Basel versucht worden ist.[263] Für Italien ist das von Emanuela Di Stefano 2019 veröffentlichte Repertorium der in Camerino-Pioraco verwendeten Wasserzeichen hervorzuheben: Die zahlreichen über Europa verteilten Fundstellen von Papieren mit diesen Symbolen in Archiven und Bibliotheken lassen den europaweiten Absatz der in dieser kleinen Kommune gefertigten Produkte erahnen.[264] Gerade an der von Di Stefano vorbildlich publizierten Datenmenge wird allerdings zugleich deutlich, wieviel kriminalistischer Spürsinn für solche Zuordnungen nötig ist und mit welchen Ungewissheiten sie behaftet bleiben.

De facto gibt nur ein Bruchteil der Wasserzeichen eindeutige Hinweise auf die Entstehungsorte der jeweiligen Papiere. Zu diesen Ausnahmen zählen Marken mit aus der Heraldik bekannten Symbolen,[265] wie oben bereits mit dem frühesten Uracher Wasserzeichen illustriert, das das Jagdhorn aus dem Stadtwappen und die Hirsch-

---

[261] S. zuletzt und besonders konzise Rodgers Albro, Fabriano, 2016, 43–52, unter Verweis auf die Arbeiten von Andrea F. Gasparinetti, der die in den Wasserzeichen fassbare Motivvielfalt der Pflanzen, Tiere, Waffen, Werkzeuge und kirchlichen Symbole zurückgeführt sah auf Insignien aus fünf Bereichen: aus dem kirchlichen und religiösen Leben, aus der Welt von Zünften, Gilden und Bruderschaften, aus dem Bereich der Heraldik, aus dem Symbolarsenal der Astrologie sowie aus dem Komplex der Glückszeichen bzw. schützenden Talismane.
[262] Zit. nach Piccard, Die Wasserzeichenforschung, 1956, 68.
[263] Für einen Überblick mit Verweisen auf die ältere Literatur zu Nürnberg, Ravensburg und Basel vgl. Rückert, Papierkonsum in Süddeutschland im Spätmittelalter, 2010, 111–122.
[264] Vgl. Di Stefano, Fra le Marche, il Mediterraneo, l'Europa, 2019, 183–196, Appendix A.
[265] S. zum Begriff der ‚heraldischen Elemente' die Problematisierungen bei Kluge, Ein paar Gedanken zu heraldischen Wasserzeichen, 2007.

stange aus dem Wappen der Grafen von Württemberg kombinierte. Sucht man in den Untersuchungen von Sandra Schultz zur südwestdeutschen Papierproduktion bis 1550 nach entsprechenden Belegen, so scheint eine solche heraldisch beeinflusste Motivwahl gerade im späteren 15. und beginnenden 16. Jahrhundert durchaus beliebt gewesen zu sein.[266] Gespiegelt finden sich diese Beobachtungen in Schriftquellen, wenn die Papiermacher eines bestimmten Ortes auf den Schutz ihrer Marken vor Imitaten drangen (s. dazu Beispiele für Basel, Ravensburg und Nürnberg in Kasten B.2.6). Eine Aufmerksamkeit der Endkonsument*innen für die Herkunftsorte des von ihnen genutzten Papiers wird freilich nur sehr sporadisch deutlich, wenn – in der Regel unkommentiert – die Herkunft der eingekauften Waren notierenswert erschien.[267] Auffällig selten sind schließlich Kommentare zu finden, in denen bestimmte Mühlenreviere ausdrücklich als Produktionsorte besonders guter Papiere gewürdigt werden, wie dies Bartolo da Sassoferrato für Fabriano tat (für den Beleg s. Kasten B.2.6).[268]

---

[266] Vgl. Schultz, Papierherstellung im deutschen Südwesten, 2018, jeweils mit dem Verweis auf die ältere Literatur: Für Ravensburg (ebd., 172 mit Tab. 9, 224) ist ab 1392 der Doppelturm als heraldisch geprägtes Wasserzeichen zu belegen. Für Basel (ebd., 186f.) lassen sich für das 15. Jahrhundert die Familienwappen bzw. Siegelzeichen der in der Papierproduktion engagierten Familien Halbysen und Gallician als Wasserzeichen fassen, ab 1535 ist der Baselstab, das heißt das städtische Wappenzeichen, in Papieren nachweisbar. Für Augsburg (ebd., 231) ist ab den frühen 1460er Jahren der Pinienzapfen aus dem Augsburger Stadtwappen – auch Zirbelnuss oder Pyr genannt – belegt. Für Gengenbach (ebd., 244) findet sich der heraldisch nach rechts gekrümmte Gangfisch des Stadtwappens als Wasserzeichen in Straßburger Inkunabeln aus der Zeit um 1490. Offenburg (ebd., 246) zugeschrieben wurde ein 1483/1484 datiertes Papier mit einem Wasserzeichen, das einen Halbmond zwischen zwei Türmen zeigt, die als Offenburger Stadtwappen interpretiert werden; dies ist freilich der einzige Beleg für eine eigene Papierproduktion, weitere Forschungen fehlen bislang. Ebenfalls unsicher bleibt die Zuordnung von ab 1523 fassbaren Papieren mit dem Wasserzeichen Einhorn zur Reichsstadt Giengen an der Brenz, deren Wappentier das Fabelwesen war (ebd., 246). Für explizite Schriftzeugnisse zu Ravensburg und Bern im 16. Jahrhundert vgl. die im Fließtext folgende Tabelle.

[267] Am ehesten waren es Drucker, die die Herkunftsorte der von ihnen bezogenen Papiere für notierenswert hielten: Im zwischen 1476 und 1484 geführten Rechnungsbuch der Florentiner Offizin im Dominikanerinnenkloster San Jacopo di Ripoli ist etwa in einem Viertel der Einträge zu Papierkäufen der Bezugsort festgehalten; es handelt sich um die vier Städte Campo Corbolini, Colle (di Val d'Elsa), Fabriano und Prato, vgl. Appendix V in Conway, The Diario of the Printing Press of San Jacopo di Ripoli, 1999, 327–331. Im zwischen 1480 und 1503 geführten Rechnungsbuch des Speyerer Druckers Peter Drach wurden nur drei Mal die Herkunftsorte des Papiers festgehalten, vgl. Geldner, Das Rechnungsbuch des Speyrer Druckherrn, Verlegers und Großbuchhändlers Peter Drach, 1964, 57f.: *L bellel median meidlandesch bappir [...] vij bellel Basler bappir*, und ebd., 153: *balln Basler bappir*. Auch in den Basler Stadtrechnungen hat Hans Kälin mehrfach explizite Hinweise auf die Herkunft der eingekauften Papiere gefunden, vgl. Kälin, Papier in Basel bis 1500, 1974, 84, Tabelle X: Neben den Angaben *Schopfheim* und *zer Eyche*, die nur noch schwer zu deuten sind, finden sich Basel, Besançon, Freiburg i.Ue., Nürnberg, Ravensburg, Straßburg, Thann und Troyes.

[268] Bemerkenswert ist in dieser Hinsicht eine besonders frühe Quelle, die als ‚Pratica della Mercatura' bekannte Schrift von Francesco Balducci Pegolotti, entstanden zwischen 1335 und 1343: Dort führt er nicht nur *carte di papeo a risima* aus Mallorca, Venedig und Pisa an, sondern nennt als Produktnamen auch *carte di Dommasco* [= Papier aus Damaskus; Anm. d. Verf.] sowie *carte marchigiane* [= Papier

Wasserzeichen waren also in den Augen der Zeitgenossen sicher nicht nur bzw. vielleicht sogar nicht vorrangig Herkunftslabel. Schon das Statut von Bologna aus dem Jahr 1389 macht vielmehr deutlich, dass sie als Gütesiegel oder Sortenzeichen verstanden wurden. Ein prominentes Beispiel dafür ist gerade das häufigste, zeitlich wie geographisch weit gestreute und in vielen Varianten verwendete Motiv des Ochsenkopfs. Dafür spricht einerseits eine explizite Bemerkung des Ladislaus Sunthaym über die Ravensburger Ochsenkopf-Papiere (s. dazu Kasten B.2.6). Andererseits lassen sich Gerhard Piccards Thesen über den Ursprung des Motivs anführen: So hat er in seiner Einleitung zum entsprechenden Findbuch seiner Wasserzeichensammlung plausibel gemacht, dass dieses zuerst um 1325 in Bologna bzw. der Emilia nachweisbare Motiv von einem anderen Massenerzeugnis dieser Zeit übernommen worden sein muss. Der Ochsenkopf ist als Schauzeichen für erste Qualität in der Tuchmacherei sowohl in Mailand als auch im südwestdeutschen Raum (Biberach, Ulm, Basel) belegt.[269] Auch Sylvia Rodgers Albro hat in ihrer Studie über die Papiermacherhochburg Fabriano die Nähe der Wasserzeichen zu den Schau- und Markenzeichen anderer Gewerbe, insbesondere der Vereinigungen der Wollproduzenten und Kaufleute, herausgestrichen.[270]

Überraschen muss aus moderner Perspektive, dass die Papiermacher ihre Namen oder Namensinitialen nur sehr selten als Wasserzeichen nutzten. Beispiele dafür haben sich nur anfänglich für die kurze Zeitspanne von 1305 bis 1317 und dann erst wieder vereinzelt ab dem späten 15. Jahrhundert erhalten.[271] Schon Briquet hat ihr Verschwinden in Zusammenhang gerückt mit der eben schon angeführten, vor allem bei Bartolo da Sassoferrato belegten Überzeugung, dass die Qualität der Papierproduktion weniger von den Fähigkeiten der Papierer als vielmehr von den Standortbedingungen der Mühle abhänge.[272]

---

aus den Marken, Anm. d. Verf.] und suggeriert damit, dass diese beiden Regionen für die Papierherstellung besonders relevant seien, vgl. Francesco Balducci Pegolotti, La Pratica della Mercatura, hg. von Evans 1936, 125, 139, 209 sowie 294.

269 Vgl. Piccard, Einleitung [Findbuch II,1: Die Ochsenkopf-Wasserzeichen], 1966, 22–25. Zur Häufigkeit der Ochsenköpfe vgl. ebd. das Vorwort (ohne S.): Auf dem Stand des Jahres 1966 waren etwa ein Viertel aller bis dahin erfassten Wasserzeichen Ochsenköpfe; das entsprechende Findbuch umfasst daher auch drei Teilbände. S. bestätigend unter anderem Engel, Signum Mercatoris, 1992, 213.

270 Vgl. Rodgers Albro, Fabriano, 2016, 48. Zur Vielfalt und Vieldeutigkeit der Zeichen und Marken im mittelalterlichen Wirtschaftsleben vgl. am Beispiel der deutschen Städte Engel, Signum Mercatoris, 1992.

271 Zu den italienischen Beispielen des frühen 14. Jahrhunderts vgl. Rodgers Albro, Fabriano, 2016, 43. Zur Verwendung von Initialen ab dem späten 15. Jahrhundert vgl. etwa ein Majuskel-„M" als Papiermarke in den Produkten des Cecchino Morano aus Modena, vgl. Balsamo, Imprese tipografiche in Emilia, 1976, 133, oder ein Minuskel-„r" für den Stadtnamen von Reutlingen, das nach Schultz, Papierherstellung im deutschen Südwesten, 2018, 172, Tab. 9, in Zeugnissen für die Zeit vor 1470 fassbar sei, bzw. der Beleg für *zway bahr form mit dem R* im Inventar der Regensburger Mühle von 1552, wobei der Buchstabe wohl ebenfalls auf den Stadtnamen verweist, s. Beleg dazu in Kasten B.2.1.

272 Zu Briquets Thesen vgl. den Kommentar der Edition: Bartolo da Sassoferrato, De insigniis et armis, ed. und übers. in Cavallar/Degenring/Kirshner, A Grammar of Signs, 1994, 69.

Insgesamt dürfen die hier bislang genannten Beispiele nicht darüber hinwegtäuschen, dass nur ein kleiner Teil der ungeheuren Fülle und Vielfalt an in den Wasserzeichen fassbaren Motiven heute noch näher sinnvoll gedeutet werden kann. Dies ändert sich auch nicht grundlegend bei einem Blick in die Schriftzeugnisse: Zwar finden sich in den kaufmännischen Registern und Korrespondenzen insbesondere der italienischen Papiergroßhändler vielfach selbstverständlich nicht nur Mengen, Formate und Güte der gehandelten Papiere notiert, sondern auch das Wasserzeichen. Allein in den Registern des Fabrianeser Händlers Lodovico di Ambrogio etwa hat die Forschung schon für die Zeit von 1361 bis 1411 die Erwähnung von ungefähr sechzig verschiedenen Wasserzeichen gezählt.[273] Im deutschen Sprachraum sind vergleichbare Zeugnisse vor allem seit dem Druckzeitalter im späten 15. Jahrhundert fassbar.[274] Nur selten und beiläufig bleiben jedoch insgesamt Bemerkungen, die uns heute die einst damit verbundenen Qualitätsurteile erläutern würden oder sogar eine Klassifizierung verschiedener Wasserzeichen deutlich werden ließen.

Die Auswahl der hier folgenden Regesten hat zum Ziel, am Beispiel von sowohl in der Forschung schon oft zitierten als auch weniger bekannten Texten Reflexionen der mittelalterlichen Zeitgenossen über Zweck und Notwendigkeit der Wasserzeichen allgemein als auch ihr häufig implizit vorausgesetztes Wissen über die Aussagekraft einzelner Motive zu erhellen.

---

273 Vgl. Rückert/Hodeček/Dietz/Wenger (Hg.), Ochsenkopf und Meerjungfrau, 2009, 16, leider ohne konkreten Beleg. Zur großen Zahl und Vielfalt der in den Briefwechseln zwischen Papierproduzenten und -großhändlern erwähnten Wasserzeichen vor allem die Arbeiten von Emanuela Di Stefano zum Datini-Archiv in Prato, s. zuletzt Fra le Marche, il Mediterraneo, l'Europa, 2019, unter anderem Graphiken auf 67, Tab. 1, 108f., Tab. 6, 112, Tab. 7, 115f., Tab. 8 sowie die Appendices A auf 183–196, der die in den Schriftquellen explizit genannten mit den in Papieren vor allem aus Italien materiell erhaltenen Wasserzeichen abgleicht, sowie B auf 197–206 mit einer Edition von Briefen, in denen die Wasserzeichen nicht nur verbaliter umschrieben, sondern zum Teil sogar konkretisierend als Symbol dargestellt wurden (s. ebd., 205f.). Im zwischen 1476 und 1484 geführten Rechnungsbuch der Florentiner Druckerwerkstatt im Dominikanerinnenkloster San Jacopo di Ripoli sind Wasserzeichen zu den eingekauften Papieren nur sporadisch vermerkt, vgl. etwa Conway, The Diario of the Printing Press of San Jacopo di Ripoli, 1999, fol. 2v, 2: *mezo la lisima montano [...] altri fogli compimento di due fiorini larghi*, fol. 118v: *dodici lisimi di foglia dalle +* (= Kreuz, Anm. d. Verf.), *quattro lisime di fogli dalle .m.*, fol. 117v, 1: *tre lisime di fogli comuni da colle del segno della crocie*, fol. 74v, 2: *fogli dagli ochiali*, fol. 83r, 6: *foglie da fabriano comuni del segnio del balestro*.

274 Kursorische Nachrichten über die Wasserzeichen der ein- oder verkauften Papiere bieten etwa das Rechnungsbuch des Basler Kaufmanns Ulrich Meltinger vom Ende des 15. Jahrhunderts, ed. in Steinbrink, Ulrich Meltinger, 2007, 261 und 311 (zur Bedeutung dieser Angaben für die konkrete Zuordnung dieser Zeichen an Basler Papiermacher vgl. Schultz, Papierherstellung im deutschen Südwesten, 2018, 457f.) oder der Briefwechsel des Züricher Druckers und Papiermachers Christoph Froschauer aus dem Beginn des 16. Jahrhunderts, für Belege s. Kasten B.2.6. Der Speyerer Drucker Peter Drach führt in seinem zwischen 1480 und 1503 geführten Rechnungsbuch erstaunlicherweise keine Wasserzeichen auf, sieht man von dem schwer zu deutenden Begriff *arcus format* ab, für Belege s. Kasten B.2.1.

Kasten B.2.6: Mittelalterliche Schriftzeugnisse über Wasserzeichen.

Um 1300	Frühe Verpflichtungen zur Kennzeichnung der hergestellten Papiere durch Wasserzeichen, beschrieben in der Verpflichtung, *chartam adsignare secundum consuetudinem* bzw. *totam chartam adsignare,* finden sich nach den Studien von Giancarlo Castagnari für Fabriano schon in Notariatsinstrumenten um 1300.[275]
1358	Berühmt in der Papierforschung sind die Ausführungen des in Pisa und Perugia lehrenden Juristen Bartolo da Sassoferrato in seinem bei seinem Tod 1357 Fragment gebliebenen, jedoch später durch seinen Schwiegersohn vollendeten und ab dem späten 14., vor allem aber im 15. und 16. Jahrhundert weit verbreiteten Traktat *De insignis et armis* über die Wasserzeichen. Sie sind eingebettet in eine allgemeine Passage über Handels- und Markenzeichen, deren rechtliche Bedeutung der Autor am Beispiel eines Messerschmieds illustriert: Wenn ein besonders fähiger Meister sein Zeichen auf ein Schwert presse, so Bartolo, so steige die Nachfrage nach seinem Produkt. Es existiere daher ein öffentliches Interesse daran, solche Zeichen vor Missbrauch durch andere zu schützen und diesen Schutz durch Richter auch durchzusetzen.
	Dasselbe Argument gilt, so fährt der Autor fort, unter anderem auch für die Zeichen von Notaren, Kaufleuten und *fabricatores cartarum de papiro,* das heißt Papiermachern. Auch die beiden letztgenannten Berufsgruppen nutzt Bartolo als Exempel, um daran weitere rechtliche Probleme zu erörtern: Im Fall der *mercatores* beschäftigt er sich damit, wer das Recht auf das *signum societatis,* also das Zeichen einer Handelsgesellschaft, behalten dürfe, wenn diese Partnerschaft sich auflöse und die Gesellschafter getrennte Wege gehen. Im Fall der Papiermacher führt er vor Augen, dass die Qualität der produzierten Waren nicht nur an der *peritia,* der durch Erfahrung gewonnenen Fachkenntnis der Meister, sondern *principaliter* an der *qualitas loci,* den Standortbedingungen der Mühle, liege. Zum Beleg seiner These nennt Bartolo das *castrum nobile cuius nomen est Fabrianum* in der Mark Ancona, wo die Papierherstellung besonders blühe. Unter den vielen Werkstätten dort ragten einzelne durch ihre *meliores carte* heraus. Auch wenn die *bonitas operantis* – das Können, die Geschicklichkeit der Arbeiter – viel ausmache, so verweise das *signum,* das *quodlibet folium carte* markiere, dort auf das *edificium,* in dem es produziert worden sei. Bartolo konstatiert daher, dass das Wasserzeichen zur Mühle gehöre und auch an neue Eigner bzw. Pächter der Gebäude übergehen müsse.[276]
	Nach Andrea F. Gasparinetti wurde das von Bartolo aufgestellte Prinzip von den mittelalterlichen Juristen allgemein anerkannt. Als Beispiel nennt er, dass Bartolos Passus wörtlich in dem in der ersten Hälfte des 15. Jahrhunderts entstandenen Werk *De duobus fratribus* des Juristen Pietro Ubaldi, auch genannt Baldeschi, übernommen wurde.[277]
1382	In einem Brief vom 9. April 1382 schrieb Cardinale di Bonaccorso in einem im Datini-Archiv überlieferten Brief nach Perugia, er könne die gewünschten 10 Ballen Papier aus

---

275 Zit. nach Castagnari, Le origine della carta, 2014, 18, dort angeführt ohne Beleg.
276 Ed. Bartolo da Sassoferrato, De insigniis et armis, ed. und übers. in Cavallar/Degenring/Kirshner, A Grammar of Signs, 1994, Appendix I–II, 109–121, hier 113, Z. 171–183, der Kommentar zum Passus über die Wasserzeichen auf 69, für einen Überblick über weitere Drucke bzw. Editionen des Textes vgl. 108.
277 Vgl. Gasparinetti, Bartolo da Sassoferrato und Pietro Baldeschi, 1957, bes. 50 und 52, dort mit Zitat.

Pioraco – fünf davon *[carte] piane,* die anderen fünf *riciute pichole,* liefern und werde dazu von seinem Freund dort die feinsten mit dem besten Wasserzeichen erbitten, die man in der Provence wünsche. Dieser Freund habe Erfahrung und wisse, wie man sie in dieser Region besonders schätze: *A l'amicho di là le chiederemo le più fini e del migliore segnio e che si vogliono per Provenza: l'amicho n'è praticho e sa chome vogliono essere fatte sechondo i paesi.*[278]

|1389| *Über die Wasserzeichen verfügen die Statuten von Bologna die in der einschlägigen Papierforschung berühmte Regelung, dass jeder magister*, der diese Kunst und diesen Beruf ausübe (*exercens artem et ministerium predictum*), verpflichtet sei, exakt zwei *signa pro signando cartas* zu führen. Sie müssten klar voneinander abweichen (*signa variata unum ab alio*) und dürften nicht geändert werden (*ipsa signa non possint mutare*). Das eine sei für *omnes carte fine omnium rationum* – alle feinen Blätter aller Formate – vorbehalten. Das andere solle *Carte vero a fioreto* – also Schreibpapiere zweiter Wahl – bezeichnen, so dass man beide Qualitäten unterscheiden könne (*ita quod carte fine cognoscantur a cartis de fioreto*). Auch Packpapiere sollten dieses Zeichen tragen (*Et sic omnes carte a strazo omnium rationum debeant esse signate signo illarum de fioreto.*) Die Passage schließt bei der Androhung von Geldstrafen und der Vernichtung der Blätter mit dem Erlass, dass kein Meister dieses Gewerbes das Zeichen eines anderen Meisters führen und verwenden dürfe.[279]|

1395/1396   Der aus dem Papierrevier Camerino in den Marken stammende Mühleneigner und Fernhandelskaufmann Paoluccio di Maestro Paolo da Camerino, der nach den Studien von Emmanuela Di Stefano zu den fleißigsten Korrespondenzpartnern von Francesco Datini und seinen Gesellschaftern zählte, streute in seinen Briefen mehrfach Bemerkungen zu Wasserzeichen ein.

So schrieb Paoluccio am 10. September 1395 an Datinis Partner Ambrogio di Loreno in Mallorca, dass er ihm *balle 12 singnade de mio singno* – zwölf Ballen mit seinem Wasserzeichen – sende, wovon sieben Ballen *carte ricciute fine de uno 'P'* und fünf Ballen *ad canpana riciute fine* enthalten. Er lässt sein Wissen durchblicken, dass sie von Çanobio de Tadeo keine Waren mehr bezögen, sondern den größten Teil nun von ihm. Dies kommentiert er mit den Worten, er wisse eben, dass man sich die Papiere in diesem Land groß und weiß wünsche: *so per quisso paese, che sonno grosse e bianche.*[280]

In einem Brief vom 12. August 1396 schreibt Paoluccio nach Barcelona, dass die Papiere mit dem Wasserzeichen ‚Berg' und ‚kleines Horn' von der besten Sorte seien und man sie dort fertige, wo er produzieren lasse, um sie nach Brüssel zu senden: *[carta] de monte et da cornetto sono de la milliore sorta se faciano ad lu locho dove io le facio fare et mandatone ad Brugia.*[281]

---

278 Unter Verweis auf Archivio di Stato di Prato, lettera Genova-Pisa, filza 537, codice 10120, zit. bei Di Stefano, European and Mediterranean perspectives on the paper produced in Camerino-Pioraco and Fabriano, 2015, 51.
279 Ed. und übers. in Steinmann (Hg.) Handschriften im Mittelalter, 2013, Nr. 640, hier 579.
280 Nach der Archivalie zit. bei Di Stefano, European and Mediterranean perspectives on the paper produced in Camerino-Pioraco and Fabriano, 2015, 54 f.
281 Unter dem Verweis auf Archivio di Stato di Prato, *Datini*, filza 926, zit. bei Di Stefano, European and Mediterranean perspectives on the paper produced in Camerino-Pioraco and Fabriano, 2015, 48.

Um 1511	In seiner wohl auf ausgedehnten Reisen fußenden Beschreibung oberdeutscher Regionen, die in zwei heute im Hauptstaatsarchiv Stuttgart aufbewahrten Handschriften Cod. Hist. 2° 250 und 249 überliefert sind, berichtete der Geograph, Historiograph und Genealoge Kaiser Maximilians I., Ladislaus Sunthaym, über seine Geburtsstadt Ravensburg, dass man dort ein mit dem Ochsenkopf gezeichnetes Papier fertige, das gern in den Kanzleien genutzt werde: *ausserhalb der Vorstat genannt Schornrewtte sind papier mul [...]* Am Rand ist von derselben Hand nachgetragen: *da macht man papier genannt Ravenspurger papier, mit dem ochsen kopff nutzt man gern in den Cantzleien.*[282] Gerhard Piccard hat zudem in süddeutschen Stadtrechnungen des 15. und 16. Jahrhunderts nachweisen können, dass beim Einkauf von Papieren zumindest vereinzelt die Papiermarke ‚Ochsenkopf' zu Ravensburger Produkten notiert wurde.[283]
1521, 1536, 1547, 1553	Da die Motive beliebter Papiersorten bzw. -marken offenbar gern kopiert wurden, sah der Berner Rat sich im frühen 16. Jahrhundert gleich vier Mal genötigt, gegen die Verwendung des Berner Bären durch fremde Papiermacher zu klagen.
	Zuerst taucht das Problem in den Ratsmanualen zum Jahr 1521 auf; unter dem 23. Juli ist festgehalten: *An die von Basel, von des bapirrmachers wägen, mit im zu verschaffen, den bären nit in das pappir zu machen.* Zum 24. September desselben Jahres lässt der Rat weitere Korrespondenz in dieser Sache folgen: *An den Herrn von Casteller [Burg Châtelard, Bezirk Vevey, Anm. des Ed.], ouch herzogen von Lothringen und die von basel, von des bapirs wägen daruff sie den bären trucken.* Erneut beschäftigte den Rat diese Frage 1536, unter dem 30. April ist festgehalten: *Denen von Basel, sy by iren papirern verschaffend, das sy dhein [= kein, Anm. des Ed.] bären uff ir papir zeichnend, als aber bisshar zum andern mal beschechen, wie wol mit ettwas underscheid, aber nit inmassen, dann d[a]z söllichs allweg Meiner Herren papier nachtheilig, sich ouch sunst nit will gebüren.*
	Zum 5. Mai 1547 ist bezüglich einer Papiermühle in Serrières (heute ein Quartier der Schweizer Stadt Neuenburg) festgehalten: *An gubernator von Nüwenburg, von wägen des papyrers by inen, so Meiner Herren zeichen fürt; Meiner Herren begär, dass dess abstandind'.* Zum 14. Januar 1553 ließ der Rat von Bern nach Baden schreiben: *An Margraff von Baden, von papirs wägen, so sine papirer Meiner Herren zeichen uff das papir machen, abschaffe.*[284]

---

282 Ladislaus Sunthaym, *Cronick*, Stuttgart, Württembergische Landesbibliothek, Cod.hist.fol. 250, fol. 61r–64r, hier fol. 62r., s. auch schon Uhde, Ladislaus Suntheyms geographisches Werk, 1993, 320; Schultz/Follmer, Von Brillen, Knoten und Wassertropfen, 2015, 11, und Schultz, Papierherstellung im deutschen Südwesten, 2018, 224. Zu Sunthayms Person sowie zu Inhalt und Genese der Stuttgarter Handschriften s. Graf. Art. Suntheim, Ladislaus, 2013.
283 Vgl. dazu Piccard, Einleitung [Findbuch II,1: Die Ochsenkopf-Wasserzeichen], 1966, 23, mit dem Verweis auf die Konstanzer Stadtrechnungen von 1462 (*zwey rissen pappir des ochsen*), die Nördlinger Stadtkammerrechnungen von 1472 (*zwey ryß ochsen, Rauenspurger bappiers*) und 1539 (*3 ries des langen ochsenkopfs*) und die Stuttgarter Landschreibereirechnungen von 1548/49 (*von Hans Heinzelmann zu Urach 26 ries mit dem ochsenkopf*), 1549/50 (*von Ulrich Heinzelmann zu Urach 15 ries ochsenkopf*) und 1558/59 (*von Hans Heinzelmann zu Urach klein ochsenkopf*).
284 Zit. nach Lindt, The Paper-Mills of Berne, 1964, 129f.; s. mit weiterer älterer Literatur auch Schultz, Papierherstellung im deutschen Südwesten, 2018, 104.

| 1540 | In einem Brief vom 30. April 1540 kündigt der Züricher Drucker und Papiermacher Christoph Froschauer dem seiner Offizin eng verbundenen Humanisten Joachim Vadian eine Lieferung von insgesamt acht Ries Papier offenbar unterschiedlicher Sorten an, wobei er sie zur besseren Unterscheidbarkeit explizit näher bezeichnet: Zuerst listet er *1 riß bapir, das allerdünest und ringest. Darufff statt üwer nam geschriben* (s. zu dieser Stelle auch schon oben Kasten B.2.2). Weiter unten fährt er fort: *Die 6 riß sind gezeichnet mit dem rotten löwen wie üwers, cost 1 riß 12 batzen, und das 7. riß hat ußwendig kein zeichen, inwendig hats 1 beren. Das selbig riß cost 1 fl.*[285]

In der Forschung wurde diese Passage so gedeutet, dass Froschauer für Vadian mit dem erstgenannten Ries eine besonders feine Papiersorte habe schöpfen lassen, deren Wasserzeichen mit Vadians Name personalisiert worden wäre.[286] Plausibler ist m. E., dass auf der Riesverpackung bzw. dem ersten Blatt im Ries sein Name vermerkt war. Stattdessen trug es nach den Aussagen Froschauers ebenfalls den ‚Löwen' wie die sechs darauffolgenden Ries, die der Züricher Drucker als mit einem ‚roten Löwen' gekennzeichnet aufführt – hiermit kann nicht allein das Wasserzeichen, sondern muss auch der offenbar mit roter Farbe aufgestempelte Riesaufdruck gemeint sein. Plausibilität gewinnt diese Interpretation durch die folgenden Informationen zum Ries, bei dem nach Froschauer ‚außen' ein Zeichen fehle, das jedoch *inwendig,* das heißt im Papier selbst als Wasserzeichen, einen Bären trage. |
|---|---|
| 1544 | In der oben schon zitierten Passage aus dem „Denkbuch der Stadt Ravensburg" klagen die Papierer vor dem Ravensburger Rat, *man mache allenthalb papier mit dem ochsenkopf bezeichnet,* und damit sei nicht mehr ersichtlich, welches davon *hie gemacht worden* sei. Die Meister bitten daher darum, der Rat solle ihnen neue Wasserzeichen mit dem Symbol des Turms bzw. der Türme aus dem Stadtwappen verleihen: *ein rat wollte ihnen ihr zeichen, es wären einer oder zwein türme geben, dass sie darauf ziehen lassen, so wollten sie gute währschaft machen, daran ein rat gefallen haben sollte.* Dieses wird vom Rat *bewilligt, dergestalt, dass ihnen ein rat auf das gut papier die zween türm, und auf das mindert papier den einen turm lassen ziehen.*[287] |
| 1544 | Der Frankfurter Papiermacher Leuthold beklagt in einer Petition an den habsburgischen Hof, viele seiner Kollegen würden schlechtes Papier mit der Marke des Adlers herstellen.[288] |
| 1552 | In einem Inventar zur städtischen Papiermühle in Regensburg, das 1552 angelegt wurde, sind unter anderem verschiedene silberne Zeichen aufgeführt, die nach Gerhard Piccard als Papierzeichen zu deuten sind und vermutlich je nach Bedarf oder als Ersatz auf den entsprechenden Formen befestigt wurden: *item ain silberes Zaichen mit dem R, item mer ain silberes Zaichen, item ain bahr silberes Zaichen mit dem R, item ain bahr silberes Zaichen mit dem Adler und schlissel.*[289] |

---

285 Ed. Leemann-van Elck, Die Offizin Froschauer, 1940, 195, vgl. dazu Schultz, Papierherstellung im deutschen Südwesten, 2018, 475.
286 Vgl. mit dem Verweis auf die ältere Literatur zuletzt Schultz, Papierherstellung im deutschen Südwesten, 2018, 475.
287 Zit. nach Sporhan-Krempel, Papier als Handelsware, 1984, 33 mit Anm. 5.
288 Zit. nach Williams, Unfolding Diplomatic Paper, 2015, 504 mit Belegen in Anm. 27.
289 Zit. nach dem Original im Hauptstaatsarchiv München, Reichsstadt Regensburg, Nr. 544, bei

Ab 1556	In den Nürnberger Ratsbüchern ist zu 1556 die Genehmigung des Nürnberger Rats für den Papierer Endres Volkmair auf der Weidenmühle festgehalten, den halben Adler als Nürnberger Wappen weiter als Wasserzeichen zu verwenden.
	Sein Nachfolger Eberhard Pecht musste dieses Papierzeichen gegen Bernhard Puffzky von der Tullnauer Mühle verteidigen. Dieser behauptete nach Aussage der Ratsbücher zwar, seine Marke sei keineswegs identisch mit Pechts Wasserzeichen, da er noch ein Vögelchen hinzusetze, doch der Rat folgte ihm in dieser Argumentation nicht und verbot ihm das Zeichen: *Und dieweil er sich des Adlers Zaichen uf seinen Papier wie der Volkhamer dems doch Meine Herren vergönnt, auch gebrauch, und demselben damit zu nahendt khumb, ungeachtet er undten eine vogelin darzu gemacht, Sei Meiner Herren bevelch, sich desselben Adlers Zaichen weiter nit zu gebrauchen.*
	Noch länger dauerte der Streit, den Eberhard Pechts Sohn Jobs 1590 wegen des Papierzeichens wie auch des Aufdrucks auf dem Riesumschlag mit Simon Auer, Papierer zu Hagenhausen, führte. Auer behauptete, sein Zeichen, das Nürnberger Wappen, mit der Papiermühle von seinem Vorgänger erkauft zu haben, während Pecht sich in einer Eingabe an den Rat auf einen Kaufbeurener Papierervertrag berief, *daß mit dem Zaichen und Marchken kainer dem andern beschwerung und eintrag oder ein Zaichen nit Nachfüren thue.* Die Eingabe berichtet auch von den Umständen, wie Pecht durch eine Klage eines Kaufmanns auf das Plagiat aufmerksam geworden war: *Inmassen mir dann unlangst von einem meiner Kauffleut dergleichen Pögen zugeschickt und zum Höchsten verwiesen worden, das Ich Ine mit so bösem Papir versehen Hette, dessen Ich mich aber gegen Ime unnd das es nit mein Papir were, entschuldigt.*[290]
1567/68	Der habsburgische Taxator Christoph Ungelter weist in einem Schreiben an, nur das beste Papier aus Kaufbeuren mit dem Wasserzeichen *Schiltl* zu kaufen und große Sorgfalt darauf zu verwenden, feines, weißes, tintenfestes Papier zu besorgen.[291]

Ein eigenes Fachvokabular rund um das Produkt Papier entwickelte sich nicht nur mit Blick auf verschiedene Papiersorten und -qualitäten. Zu den frühesten und zugleich geographisch am weitesten verbreiteten Fachtermini zählen die Mengeneinheiten, in denen Papier im Mittelalter gehandelt wurde; sie sollen daher zum Abschluss dieses Kapitels thematisiert werden.

Als wichtigstes Zählmaß ist der italienische Begriff ‚risma', zu Deutsch ‚Ries', beide vom arabischen Begriff ‚rizma' mit der Wortbedeutung ‚Paket' oder ‚Bündel' abgeleitet, anzusprechen.[292] Gerade in Rechnungen taucht er massenhaft auf.[293] Nur

---

Piccard, Einleitung [Findbuch II,1: Die Ochsenkopf-Wasserzeichen], 1966, 1. Mit Abweichungen erneut zit. bei dems., Die Wasserzeichenforschung, 1956, 77.

290 Alle Zitate nach Sporhan-Krempel, Die Papierwirtschaft der Nürnberger Kanzlei, 1958/60, 166f., mit Belegen in Anm. 24, 31 und 32.

291 Zit. nach Williams, Unfolding Diplomatic Paper, 2015, 504, mit Belegen in Anm. 26.

292 Karabacek, Das arabische Papier, 1887, 145.

293 Um nur ein Beispiel zu nennen: Allein im zwischen 1476 und 1484 geführten Rechnungsbuch der Florentiner Offizin im Dominikanerinnenkloster San Jacopo di Ripoli hat die Herausgeberin über 100 Nennungen des Begriffs Ries gezählt, vgl. das Glossar in Conway, The Diario of the Printing Press

selten erschien den Zeitgenossen allerdings bemerkenswert, welche Anzahl an Blättern sie darunter verstanden. Für Italien finden sich vereinzelte Informationen in den *tarifa* oder *libro di mercatantie*, wie man Handbücher für Kaufleute über an den verschiedenen Handelsplätzen übliche Währungen und Waren, die dafür fälligen Zölle, Mengen- und Maßangaben schon zeitgenössisch benannte (s. hierzu wie zum Folgenden Kasten B.2.7).[294] Mehrere bestätigen für das 14. und 15. Jahrhundert, dass jedes *risima/resima* Papier 20 *quaterni* umfassen muss, die wiederum 25 *folei/sfoy* Papier enthalten; insgesamt umfasste ein Ries nach dieser Definition also 500 Blätter.

Aus den Rechnungsbüchern lässt sich zum Teil erschließen, dass diese Größen auch eingehalten wurden: So hat Giovanna Derenzini darauf aufmerksam gemacht, dass in den zwischen 1363 und 1439 fragmentarisch erhaltenen Registern des Fabrianeser Großhändlers Lodovico di Ambrogio di Bonaventura und seines Sohnes die Mengenangabe *quaderno* nie über die Zahl 19 reiche, da ab 20 *quaderni* offenbar in *risme* gezählt wurde.[295] In den kommunalen Statuten von Bologna aus dem Jahr 1389 findet sich sogar im Sinn des Verbraucherschutzes vorgeschrieben, dass jedes einzelne fehlende Blatt pro Ries mit einer Strafzahlung geahndet werden solle. An ungewöhnlichem Ort, in seinem 1385 abgeschlossenen Kommentar zu Dantes *Divina Commedia*, in dem der Begriff *risma* wohlgemerkt in übertragenem Sinn einmalig vorkommt, widerspricht der Pisaner Francesco da Buti dieser Definition, indem er das Ries als aus 12 *quaderni* bestehend benennt; wie viele Blätter ein *quaderno* umfasst, verrät er allerdings nicht (s. dazu Kasten B.2.7).

Für den deutschen Sprachraum sind vergleichbare Informationen erst deutlich später zu fassen.[296] Abweichend von den bisherigen Zeugnissen aus Italien findet

---

of San Jacopo di Ripoli, 1999, 319, in verschiedenen Schreibweisen etwa am häufigsten in der Form *lisime* (zuerst fol. 5r, Nr. 9 und 11, fol. 5v, Nr. 8 usw.), aber auch als *lissime* oder *lixime* (unter anderem fol. 87r, Nr. 3). Für den italienischen Sprachraum versammelt Battaglia, Grande dizionario della lingua italiana, Bd. 16, 1992, 819, leider nur literarische Beispiele ab dem 15. Jahrhundert. Für deutschsprachige Belege ab dem 14. Jahrhundert s. zum Beispiel die Zusammenstellungen im Art. Ries, in: Deutsches Rechtswörterbuch, Bd. 11, bearb. von Speer, 2003–2007, Sp. 1086, und Grimm, Deutsches Wörterbuch, Bd. 8, 1893, Sp. 930, sowie im Art. ris, in: Lexer, Mittelhochdeutsches Handwörterbuch, Bd. 2, 1876, Sp. 455.

294 Nicht in allen Handbüchern für Kaufleute wird man freilich fündig; s. etwa das berühmteste Werk dieser Gattung, die als ‚Pratica della Mercatura' bekannte Schrift von Francesco Balducci Pegolotti, entstanden zwischen 1335 und 1343, in der er zwar *carte di papeo a risima* aus Mallorca, Venedig und Pisa anführt, aber keine Definition dieser Mengenangabe gibt, vgl. Francesco Balducci Pegolotti, La Pratica della Mercatura, hg. von Evans 1936, 125, 139, 209.
295 Vgl. Derenzini, La carta occidentale nei manoscritti greci, 1990, 142.
296 Kaufmännische Handbücher über andernorts übliche Handelsbräuche beginnen im deutschsprachigen Bereich erst an der Wende zum 16. Jahrhundert, s. dazu das Vorwort in Müller, Welthandelsbräuche, 1934/1962, VIII: Die darin edierten Aufzeichnungen der Paumgartner, 1506 abgeschlossen, sind seines Erachtens das früheste Beispiel; Papier als Handelsware kommt darin nicht vor, ebenso wenig in den weiteren Unterlagen der Paumgartner bis 1540, die Müller in Edition vorlegt. Auch die Suche nach entsprechenden Belegen in den neueren Darstellungen zu bedeutenden

sich in einer habsburgischen Mautordnung des Jahres 1523 die Anordnung, ein *Riss Papier* solle 24 *Püech* umfassen, welche wiederum aus 25 *Pogen* bestehe; das Ries dieser Definition bestand also aus 600 Blättern. Die um 1580 entstandene Ordnung der städtischen Papiermühle von Regensburg hingegen dokumentiert indirekt, dass man mit 500 Bögen pro Ries rechnete: Vorgeschrieben ist darin, dass ein *Post* oder modern „Pauscht" (das heißt der durch das Abgautschen der nassen Blätter vom Schöpfsieb auf Filze entstandene Papier-Filz-Stapel, der im nächsten Arbeitsschritt gepresst werden muss) 182 Filze umfassen solle; demgemäß muss der Stapel 181 Blätter enthalten. Drei *Post* aber, so definiert die Ordnung, ergeben *ain Rissz, ain Puech, 18 Pögen*. Zieht man von den 543 Bögen in den drei Pauschten die am Schluss genannten 18 Einzelbögen ab, so lässt sich an der Zahl 525 ablesen, dass man in Regensburg ebenfalls von 500 Blatt pro Ries und von 25 Blatt pro ‚Buch' ausging.[297]

Als kleinere Einheit unter dem Ries rechnete man, wie soeben schon angeklungen, im Italienischen mit ‚quaderno', im deutschen Sprachraum mit ‚Buch'; im Lateinischen ist der Begriff *liber papiris* belegt.[298] Die oben schon zitierten italienischen *tarifà* des 14. und 15. Jahrhunderts wie auch die deutschen Quellen des 16. Jahrhunderts legen nahe, dass damit genormt 25 Bögen Papier bezeichnet wurden. Mit der vierfachen Menge, das heißt 100 Blatt pro *quaderno*, rechnet stattdessen die Editorin Melissa Conway für das die Jahre 1476 und 1484 umfassende Rechnungsbuch zur Offizin im Dominikanerinnenkloster San Jacopo di Ripoli in Florenz, in dem die Mengeneinheit rund ein Dutzend Mal verwendet wurde.[299]

Buch und Ries waren die üblichen Einheiten, in denen die Endkonsument*innen von Papier rechneten. Ein Beispiel dafür bieten die ältesten, auf 1353 datierten Zunftrollen für Krämer aus Lübeck, mit denen ihr Kleinhandel vor der Konkurrenz der Kaufleute geschützt werden sollte: Auswärtige Kaufleute durften demnach Papier nur in der Stückzahl von mindestens *eyne[m] gantze[n] reseme*, einheimische im Handel tätige *borgher* höchstens halbe Ries zum Verkauf anbieten.[300] Auch der Papierbedarf in Kanzleien, wie durch die Rechnungsüberlieferung etwa für Nürnberg, Nördlin-

---

Papiermühlenstandorten, allen voran Basel, fallen negativ aus. Kälin, Papier in Basel bis 1500, 1974, 24, definiert zwar verschiedene Mengeneinheiten mit dem Verweis auf die Forschungsliteratur, Quellenbelege kann er dafür jedoch nicht anführen.

[297] Im Französischen ist die Mengeneinheit ‚Buch' als ‚main' oder ‚quets', im Englischen als ‚quire' zu finden, vgl. Schultz, Papierherstellung im deutschen Südwesten, 2018, 123.

[298] Vgl. etwa einen Preiseintrag in einer Augsburger Handschrift aus dem ersten Viertel des 15. Jahrhunderts zit. bei Steinmann (Hg.) Handschriften im Mittelalter, 2013, 662f., Nr. 719.

[299] Vgl. Conway, The Diario of the Printing Press of San Jacopo di Ripoli, 1999, 26, Anm. 43, unter Verweis auf fol. 87r des Rechnungsbuchs: Dort sei zu entnehmen, dass 30 *quaderni* sechs Ries ergeben, demnach ein *quaderno* 100 Blatt umfassen müsse. S. dazu auch das Glossar ebd., 323, mit Nachweis der Belegstellen.

[300] Ed. Wehrmann (Hg.), Die älteren Lübeckischen Zunftrollen, 1872, Nr. 28, 271: *Gheste, de kolnische have hebben, moghen verkopen [...] eyne gantze reseme papyres vnd nicht min*) und 273. Item wilk borgher de Colnsch gud veyle heft, de mach verkopen [...] eyn half rys papyres unde nicht myn.

gen und Ellwangen dokumentiert, bestätigt diesen Eindruck: Bis in die Zeit um 1400 kaufte man in allen drei Städten (die Vollständigkeit der Rechnungsüberlieferung vorausgesetzt) maximal zwei Ries pro Jahr; im Zeitraum bis 1450 stieg die Menge bis auf maximal vier Ries; erst seit 1450 stieg der Verbrauch zumindest für Nürnberg deutlich auf 16 bis 32 Ries pro Jahr, während in Nördlingen und Ellwangen die dokumentierten Einkaufsmengen zwischen vier und zwölf Ries lagen.[301]

Dass ein Ries in der Vorstellung der Zeitgenossen auch südlich des Alpenkamms offensichtlich eine große Menge meinte, zeigt die Verwendung des Begriffs „risma" im Italienischen in übertragener Bedeutung: Der Florentiner Buchhändler und Verleger Vespasiano da Bisticci etwa erklärte im 15. Jahrhundert im Sinn eines Unsagbarkeitstopos, die Fehler, die *questi dello stato* begingen, seien so zahlreich, dass *una risima di fogli* nicht für ihre Darstellung ausreichen würde.[302] Ein ähnliches Zeugnis, das das Ries als Inbegriff für die Fülle beschriebener Seiten benutzt, stammt im frühen 16. Jahrhundert vom Dichter Luigi Tansillo.[303]

Für Großhändler von Papier war das Ries jedoch noch nicht die größte Mengeneinheit. Sie rechneten, wie die bei Emanuela Di Stefano gesammelten Beispiele aus dem Datini-Archiv in Prato eindrucksvoll beweisen, in *balle*, zu Deutsch Ballen.[304] In der Papierliteratur wird üblicherweise angeführt, dass ein Ballen zehn Ries umfasste;

---

301 S. die Tabellen für Nürnberg, Nördlingen und Ellwangen bei Irsigler, Papierhandel in Mitteleuropa, 2006, 332f. Ein Jahrhundert später sind durch die Arbeiten Gerhard Piccards erheblich größere Einkaufsmengen von Papier für die Stuttgarter Landschreiberei belegt, s. dazu eine Tabelle bei Piccard ebd., 336. Schon für das Jahrzehnt 1541 bis 1550 kommt Piccard auf 1266,5 Ries, das heißt durchschnittlich auf mehr als 120 Ries pro Jahr; dies liegt jedoch sicher nicht nur am gesteigerten Verbrauch, sondern auch an der ungleich dichteren und detaillierteren Überlieferung. Insgesamt ist nach wie vor Irsiglers Feststellung gültig, dass für die Papierkäufe städtischer, landesherrlicher und kirchlicher Kanzleien nur wenige exakte Untersuchungen existieren.
302 Vespasiano da Bisticci in seinen Vite di uomini illustri del secolo XV unter der Überschrift Vita di Nicolaio Nicoli Fiorentino sequitur: *[...] dice Nicolaio che sono tanti gli errori che fanno questi dello stato ogni dì, che non gli basterebbe una risima di fogli a volergli iscrivere, et disselo forte in modo che sendovi più presenti l'udirono. [...]*. Ed. Vespasiano da Bisticci, Le vite, hg. von Greco, 1976, Bd. 2, 225–242, hier 231. Danach zit. auch bei Battaglia, Grande dizionario della lingua italiana, Bd. 16, 1992, 819.
In Dante Alighieris *Divina Commedia* erscheint im *Inferno* in Canto 28, Vers 37–39, als Reimwort auf *scisma*, V. 35, und *n'accisma*, V. 37, der Begriff *risma* nach Battaglia, Grande dizionario della lingua italiana, Bd. 16, 1992, 819, als Metapher für eine vielköpfige Gruppe an Personen, nämlich den dem Propheten Mohammed und demnach dem Islam folgenden Gläubigen: *Un diavolo è qua dietro che n'accisma / sì crudelemente, al taglio de la spada / rimettendo ciascun di questa risma*. (Das Verb *accismare* ist ein Begriff aus dem Provenzalischen, zu übersetzen als ‚sich vorbereiten', s. dazu den Kommentar in Dante Alighieri, La Divina Commedia, hg. von Rigotti/Nardini, 1997, 251).
303 Luigi Tansillo (1510–1568) in *La Balia. Poemetto: Io ho tanto imparato a le mie spese / che predicar potrei cento quaresme / dell'esser lor sì strano e sì scortese / e empirne, non che I fogli, ma le resme*. Ed. L'egloga e i poemetti di Luigi Tansillo, hg. von Flamini, 1893, 245–272, hier 256, danach zit. bei Battaglia, Grande dizionario della lingua italiana, Bd. 16, 1992, 819.
304 S. etwa die Beispiele in Di Stefano, European and Mediterranean perspectives on the paper produced in Camerino-Pioraco and Fabriano, 2015, bes. 57–63, Zitate sowie Listen in Tab. 2–7.

auch Kälin bietet diese Definition aus seinem Basler Material heraus, jedoch leider ohne konkrete Belege.³⁰⁵ Zumindest für Italien ist dies jedoch nicht zu verallgemeinern. Nach Di Stefanos Eindrücken aus dem Datini-Archiv (auch wenn sie leider ebenfalls konkrete Nachweise schuldig bleibt) unterschied sich die Größe der Ballen je nach Transportart: Bei der Beförderung via Schiff habe der Ballen zwar zehn, über Land jedoch in der Regel nur sieben Ries umfasst; in Korrespondenzen des Jahres 1388 wurden letztere daher als *ballette* bezeichnet.³⁰⁶

Einen anderen Grund für variierende Größen der Papier-Ballen nennt die oben bereits zitierte, ab 1481 mehrfach aufgelegte Druckfassung des *Libro di mercatantie et usanze de' paesi*: Demnach umfasse die übliche *balla della carta* zwar zehn Ries zu 500 Blatt, doch bei Papier des großen Formats *reale* beschränke man sich auf fünf Ries, die ebenfalls je 500 Blatt umfassten. Für den deutschen Sprachraum ist als Beispiel das Rechnungsbuch des Speyerer Druckers Peter Drach zu nennen, der seine Papiereinkäufe zumeist in Ballen angab, so dass man davon ausgehen darf, dass er Ballen als feste Größe begriff; offenbar als Ausnahme notierte er allerdings zu einem *bellel arcus format,* dass es zwölf Ries umfasst habe: *dar jn worn xij riß.*³⁰⁷ Der Begriff Ballen wurde also nicht nur als Mengenangabe, sondern offenbar auch als Verpackungseinheit gebraucht, die je nach Papierformat unterschiedlich groß sein, vielleicht sogar unterschiedliche Waren (etwa auch bedruckte Bücher) umfassen konnte. Anders als das Ries wurde der Terminus Ballen ja auch nicht nur spezifisch für Papier, sondern für ganz verschiedene Waren genutzt.³⁰⁸

Trotz aller hier aufgezeigten Varianten zeigt die Zusammenschau der Zeitzeugnisse insgesamt, dass dieselben Mengeneinheiten sowohl in Italien als auch im deutschsprachigen Raum nicht nur über Jahrhunderte, sondern auch über weite geographische Strecken hinweg erstaunlich kontinuierlich gebraucht wurden. Zumindest ab dem 14. Jahrhundert verdichten sich die Indizien, dass die damit bezeichneten Größen vergleichsweise einheitlich gebraucht wurden und stabil waren – was ein weiteres Mal den Charakter des Papierhandels als Fernhandel unterstreicht. Es spricht daher nichts dagegen, mit der unter anderem von Hans Kälin vorgeschlagenen Faustformel 1 Ballen = 10 Ries = 200 Buch = 4.800 bis 5.000 Bögen zu rechnen.³⁰⁹

---

305 Vgl. Kälin, Papier in Basel bis 1500, 1974, 24.
306 Zit. nach Di Stefano, Proiezione europea e mediterranea della carta di Camerino-Pioraco e di Fabriano, 2014, 52, Tab. 4 (unter Verweis auf Prato, Archivio di Stato, Datini, lettere Perugia–Pisa e Perugia–Firenze, filza 671), in der englischen Übersetzung: Dies., European and Mediterranean perspectives on the paper produced in Camerino-Pioraco and Fabriano, 2015, 58, Tab. 4.
307 Ed. in Geldner, Das Rechnungsbuch des Speyrer Druckherren, Verlegers und Großbuchhändlers Peter Drach, 1964, 57.
308 Vgl. dazu mit Beispielen von Feigen bis vor allem verschiedenen Tuchen die Lemmata „Bällchen", „Ballel", „Ballen" und „Ballenfuhr" im Deutsches Rechtswörterbuch, Bd. 1, bearb. von Schröder und Künßberg, 1914–1932, 1175–1177.
309 Vgl. Kälin, Papier in Basel bis 1500, 1974, 25.

Kasten B.2.7: Zeitgenössische Definition von ‚risma'/‚Ries' im mittelalterlichen Papierhandel.

Nach 1345	*Tarifa zoè noticia dy pexi e mexure* für den venezianischen Handel mit den Ländern der Levante, erhalten in einer in die Zeit um 1400 zu datierenden Abschrift im Archivio di Stato di Venezia (Procuratia de ultra, B. 145, fasc. 3), frühestens nach 1345 wohl von verschiedenen Händen sukzessive zusammengestellt:[310]
	Unter der Überschrift *Li pexi de Veniexia como fa l'un con l'altro: [...] Charte de ogni sorta se vende a resima, e la risima è quaderni xx, e lo quaderno è sfoy 25*.
1385	Kommentar zur *Divina Commedia* Dante Alighieris aus der Feder des Pisaners Francesco da Buti, 1385 abgeschlossen:[311]
	In questi tre ternari l'autor nostro continua ancora a parlare di Maometto, dicendo com'elli manifesta chi dà loro queste ferite, e come domanda chi è Dante, dicendo così: ‚Un diavol è qua dietro'; dice Maometto, ‚che n'ascisma': cioè che divide e taglia noi, ‚Si crudelmente'; come tu vedi, ‚al taglio della spada'; ch'elli tiene in mano, s'intende, ‚Rimettendo ciascun di questa risma'; cioè di questa setta: risma si chiama lo legato delle carte della bambagia di xii quaderni, e qui si pone per la setta, ‚Quando avem volta la dolente strada'; cioè quando aviamo girata questa selva ove sono dolori e pene [...].
1389	Kapitel *De facientibus cartas de papiro* in den Statuten von Bologna:[312]
	[...] Item quod omnes risime cartarum sint et esse debeant viginti quaternorum, et quilibet quaternus sit et esse debeat vigintiquinque foleorum cartarum, sub pena pro quolibet foleo minus reperto in dictis quaternis unius solidi bononinorum. [...]
2. H. 14. Jh.	*El libro di mercatantie et usanze de' paesi*, Giorgio di Lorenzo Chiarini zugeschrieben, entstanden in der zweiten Hälfte des 14. Jahrhunderts, heute bekannt in vier Handschriften des 15. Jahrhunderts,[313] in vier Inkunabeldrucken (Florenz 1481 und um 1497, Parma vor 1495 und 1498),[314] außerdem von Luca Paccioli inseriert in seine 1494 in Venedig und 1523 in Toscolano gedruckte *Summa de arithmetica, geometria, proportioni et proportionalità,*

---

310 Ed. Tarifa zoè noticia dy pexi e mexure, hg. vom Istituto Superiore di Scienze Economiche e Commerciali di Venezia 1925, 70, Überschrift auf 67; Papier wird als Handelsware noch an fünf weiteren Stellen erwähnt, s. ebd. 19: *Karte bambaxine se vende a risma e cotante a sumo, e bezanti 20 è sumo 1* (unter der Überschrift *Pexi de Sara e de Zitracan con Veniexia*), 21: *Karte se vende a risma contante a sumo 1* (unter der Überschrift *[...] pexi de la Tana, como eli geta a Veniexia*), 43: *Charte se vende in Constantinopoli a resime* (unter der Überschrift *Constantinopoli con Veniexia*), 47: *Charte se vende a la Tana a raxon de risme contante a sumo* (unter der Überschrift *Tana con Veniexia*; Wiederholung zu 21) und 49: *Charte se vende a risme che contante a sumo, et eziandio a livre contante la risma* (unter der Überschrift *Sara con Veniexia*).
311 Commento di Francesco da Buti, hg. von di Crescentino, Bd. I, 1858, 722. Vgl. Art. Risma, in: Battaglia, Grande dizionario della lingua italiana, Bd. 16, 1992, 819.
312 Ed. und übers. bei Steinmann (Hg.) Handschriften im Mittelalter, 2013, Nr. 640, 578–582, hier 580.
313 Allan Evans kennt neben den drei in der Edition genannten Handschriften noch eine weitere, vgl. Evans, [Rez. zu] El libro di mercatantie, 1937.
314 Nicht eingesehen werden konnten die Drucke aus Parma: Angelus Ugoletus, vor 1495 (in GW M22856 ohne Angabe von Exemplaren oder Fragmenten, in ISTC nicht geführt), und ders., 1498 (in

1447/1483	– nach den Handschriften Florenz, Biblioteca Nazionale, cod. Panciatichiano 72 (A, entstanden um 1447), Paris, Bibliothèque Nationale, cod. Fond Italien 911 (B, 15. Jahrhundert) und Florenz, Biblioteca Nazionale, Cod. Magliabechiano 203 (C, 1483):[315]
	Im Kapitel über die in Venedig gültigen Maße und Gewichte: *Charte vi si vendeno a balla che s'intende la balla 10 lisme; e la lisma è 20 quaderni, el quaderno è 25 fogli. La balla della charta reale s'intende a 5 lisme e tanti quaderni e fogli sono chome l'altre*
	Im Kapitel über die Handelsbräuche in Montpellier: *Charte vi si vendeno a chasse che sono risme 16 per chassa.*
	Im Kapitel über die Handelsbräuche in Avignon: *Vendevixi carte a chasse che lisme 16 s'intende una chassa.*
1481	– nach dem Druck von Francesco di Dino, Florenz 1481 (GW M22847; ISTC ic00449000), nachgewiesen nach dem GW in 23 Exemplaren bzw. Fragmenten, hier nach dem Exemplar Stuttgart, Württembergische Landesbibliothek Stuttgart, Inc.qt.4956:[316]
	Im Kapitel über die in Venedig gültigen Maße und Gewichte: *Carte uisiuendon aballe che sinte[n]de la balla dieci lisime & la lisima e xx quaderni el quaderno e xxv fogli. La balla della carta reale sintende di cinque lisime & tanti quaderni & fogli chome laltre.*
Um 1497	– nach dem Druck von Bartolomeo de Libri für Piero Pacini, Florenz um 1497 (GW M22851, ISTC ic00450000), nachgewiesen nach dem GW in 39 Exemplaren bzw. Fragmenten, hier nach dem Exemplar Heidelberg, Universitätsbibliothek, Leser 621 Octav INC:[317]
	Im Kapitel über die in Venedig gültigen Maße und Gewichte: *Carte uisauendon aballe che sintende de la balla dieci risime & la risima e .xx. quaderni elquaderno e .xxv. fogli. La balla della carta reale sintende di cinque risime & ta[n]ti quaderni & fogli come laltre.*
1523	Habsburgische Mautordnung:[318]
	Ain Riss Papier sol haben Vier und Zwaintzig Püech, und ain Puech funff und zwainzig Pogen.

GW M22855 mit zwei Exemplaren in Mailand und in Sevilla geführt; in der Edition von Borlandi sind weitere Exemplare in Palermo und Aix en Provence beschrieben, s. El libro di mercatantie et usanze de' paesi, hg. von Borlandi 1936, XXVII f.).

315 Ed. El libro di mercatantie et usanze de' paesi, hg. von Borlandi 1936, 45, 119, 121; es finden sich weitere Passagen, in denen die Ware Papier und die Mengenangabe Ries Erwähnung finden, jedoch ohne Definition, zum Handel Venedigs in Tana s. ebd., 60: *Charte d'ogni ragione vi si vendeno a lisma*, zum Handel mit Montpellier 120 (s. dazu auch Errata-Corrige auf *216*): *Mettevixi spezie grosse e minute, e zuccharo, alume, chottoni, charte, fustani e merciarie di Mila*no.
316 Qvesto e el libro che tracta di mercatantie et vsanze de paesi, 1481 (GW M22847), fol. XVii r.
317 Mercanzie et usanze dei paesi, um 1497 (GW M22851), fol. 20r.
318 Zit. nach Williams, Unfolding Diplomatic Paper and Paper Practices, 2015, 499, mit Beleg in Anm. 10.

Um 1580   Ordnung der städtischen Mühle in Regensburg:[319]

> *Item alle Tage so man nit leimbt oder filz wescht soll gemachten werden 18 Post, die man schätzt auf … 6 Risz. So man aber leimb oder Hüttefilz wescht, zeucht man dafür ab ain Tagwerch. So man aber tuechfülz wescht, zeucht man ab ½ Tagwerch, das ist 9 Post oder 3 Risz.*
>
> *[…] Item bei ainer yeden Putten, so man arbeit, sollen ligen 7 Puech 7 Filz, oder 182 Filz haist man ain Post, dieselben preszt man vund 3 Post thuen ain Rissz, ain Puech, 18 Pögen.*

---

319 Ed. Blanchet, Essai sur l'historie du papier et sa fabrication, 1900, 96 und 98.

B.3 Papier zwischen Buchdruck und Pergament

Später sei dann diejenige Art von Papier erfunden worden, ‚welche wir heute benutzen'; sein Urheber sei nicht bekannt:¹ So lapidar konstatierte Polidoro Virgili (latinisiert Polydorus Vergilius), trotz seiner jungen Jahre schon ein glänzend geschulter Humanist, als er 1498/99 in der herzoglichen Bibliothek Urbino, einer der berühmtesten Büchersammlungen seiner Zeit, über den Recherchen für sein Buch *De inventoribus rerum* saß.² Ehrgeiziges Ziel dieser Arbeit, deren Titel sich mit ‚Über die Erfinder und Entdecker aller Dinge' übersetzen lässt, war in einem systematischen Zugriff die Ursprünge und die Geschichte aller menschlichen Kulturleistungen zu ergründen.³ Für das Papier waren die Ergebnisse seiner umfangreichen Recherchen jedoch offenbar dürftig. So weiß Polidoro nur zu berichten, dass es zwar aus zermahlenen Leinentüchern hergestellt werde und dennoch den Namen *papyrus*, übernommen von der gleichnamigen Pflanze, behalten habe. Ergänzt wird diese Information um den in mehrfacher Hinsicht kryptischen Einschub, gleichermaßen würde die *charta* (wenige Zeilen zuvor eigentlich im Sinn von ‚Papyrusblatt' eingeführt) noch immer nach der Stadt Tyros heißen.⁴ Das von seinem Studienort Urbino nicht einmal 80 Kilometer ent-

---

1 S. dazu wie auch zum Folgenden den Kasten B.3.1. Für eine kritische Edition vgl. Polydore Vergil, On Discovery, ed. und übers. Copenhaver 2002, hier 248, § 3, mit Kommentar auf 629. Copenhaver bietet auch eine Übersetzung ins Englische, die jedoch für die zitierte Stelle (ebd., 249) unverständlich bleibt. Eine davon abweichende, freie Übersetzung ins Englische von Weiss/Pérez, Beginnings and Discoveries, 1997, 131, gibt den Sinn besser wieder (s. zur Übersetzungsproblematik unten mehr). Zur Biographie und dem umfänglichen Gesamtoeuvre des Polidoro Virgili vgl. Atkinson, Inventing Inventors in Renaissance Europe, 2007, 67–91.
2 Zur Recherchetätigkeit Polidoros in der herzoglichen Bibliothek in Urbino vgl. Atkinson, Inventing Inventors in Renaissance Europe, 2007, 272 und 282. Zu den zahlreichen, durch Copenhaver nachgewiesenen Werken, die der Autor für *De inventoribus rerum* nutzte, vgl. Polydore Vergil, On Discovery, ed. und übers. Copenhaver 2002, XIX–XXIX und 505–508, sowie Atkinson, Inventing Inventors in Renaissance Europe, 2007, 104–117.
3 Zum Verständnis der *inventio* bei Polidoro Virgili und in seiner Zeit vgl. – die Forschung resümierend – Atkinson, Inventing Inventors in Renaissance Europe, 2007, bes. 275–278.
4 Inwiefern der Begriff *charta* etymologisch mit dem Namen der Stadt Tyros verwandt sei, lässt Polidoro offen (ebenso wie die kritische Edition von Copenhaver vgl. Polydore Vergil, On Discovery, ed. und übers. Copenhaver 2002, 629). Diese Ableitung wird jedoch verständlich, zieht man den von Polidoro zwar nie zitierten, doch sehr häufig genutzten Kommentar zur lateinischen Sprache aus der Feder von Niccolò Perotti heran s. Copenhaver in der Einleitung, vgl. ebd., XX, und Atkinson, Inventing Inventors in Renaissance Europe, 2007, 104. Polidoro griff auf ihn wohl in der nach dem venezianischen Erstdruck von 1489 dort schon 1496 ein zweites Mal aufgelegten Ausgabe zurück, herausgegeben von Polidoros Gönner Lodovico Odassio, dem dieser sein Werk in der Fassung von 1499 widmete. Dort heißt es: *Charta uero ab urbe Tyri: cui Charta nome[n] fuit: appellata e[st]: ex q[ua] Dido ducta e[st] I[de]oq[ue] urbe[m] a se postea aedificata[m] ab illi[us] no[m]i[n]e carthagine[m] nuncupauit [...]*. Vgl. Niccolò Perotti, Cornucopie, 1496 (GW M31100), fol. 126r. Vgl. zu Perotti als Polidoros Vorlage unten Kap. B.7.

fernte, ebenfalls in den Marken gelegene Fabriano, das heute – wie in Kap. B.2 bereits thematisiert – als Wiege der mittelalterlichen Papierherstellung berühmt ist, kommt bei Polidoro dagegen nicht vor. Schon im nächsten Satz wechselt der Autor vielmehr übergangslos zum Pergament.

Polidoro Virgili legte *De inventoribus rerum* nicht mit dem in Venedig publizierten Erstdruck 1499 beiseite, sondern verstand die Arbeit daran als lebenslange Aufgabe, die ihn über fünf Jahrzehnte lang bis kurz vor seinem Tod im Jahr 1555 begleiten sollte. Vom ersten Druck bis zur Ausgabe letzter Hand, entstanden zwischen 1553 und 1555 in Basel (insgesamt sollte der Autor die Rekordzahl von fast 40 Auflagen auf Latein und in vier Volkssprachen erleben![5]), verdreifachte Polidoro das Werk in seinem Umfang. Gleich fünf neue *libri* kamen 1521 zu den ursprünglich drei Teilen für die zuerst in der Basler Offizin des Johannes Froben verlegten Textfassung dazu.[6] Doch auch an den schon bestehenden Textteilen nahm Polidoro unermüdlich Ergänzungen und Änderungen vor: Der moderne Herausgeber des Texts, Brian P. Copenhaver, verglich in seiner kritischen Edition neun der lateinischen Druckauflagen[7] mit dem Ziel, die jeweiligen Eingriffe in den Text zu dokumentieren.

Das Kapitel, aus dem der kurze Abschnitt über das aus Leinen hergestellte Papier stammt, blieb allerdings trotz der langjährigen Bemühungen des Autors um Aktualisierung und Komplettierung seines Werks so gut wie unverändert. Wie ein Blick in Copenhavers Variantenapparat zeigt,[8] wurde das gesamte Kapitel nur geringfügig bearbeitet. Ins Auge fällt nur die Ergänzung eines Abschnitts über die tironischen

---

5 Zedelmaier zählt bis in das Sterbejahr des Polidoro 1555 insgesamt 27 Auflagen in lateinischer Sprache, dazu französische, deutsche und italienische Übersetzungen jeweils in drei Auflagen und eine spanische Version in zwei Auflagen, vgl. die Tabelle unter URL http://dbs.hab.de/polydorusvergilius/portal-texte/links_03/ausgaben.html auf den Internetseiten „Polydorus Vergilius, De inventoribus rerum" des DFG-Projekts „Die Frage nach dem Ursprung der Kultur. Das gelehrte Wissen im Spannungsgefüge von Autorität und Pluralisierung" unter der Leitung von Helmut Zedelmaier (Startseite unter URL: http://dbs.hab.de/polydorusvergilius/index.htm, Stand: 02.03.2023). Atkinson, Inventing Inventors in Renaissance Europe, 2007, 7 und 117, geht für die Zeit bis ins 18. Jahrhundert von insgesamt 70 bis 80 lateinischen Drucken und etwa 40 Auflagen in acht Volkssprachen aus.

6 Die fünf 1521 erstmals publizierten *libri* (IV–VIII) sind nicht in einer modernen Edition verfügbar; sie können jedoch in Form einer Übersetzung ins Englische konsultiert werden: Weiss/Pérez, Beginnings and Discoveries, 1997, die freilich nicht auf dem Erstdruck dieser Teile in Frobens Basler Offizin, sondern auf der Ausgabe von Sébastien Gryphius aus Lyon von 1546 beruhen. Zu dieser Erweiterung vgl. Atkinson, Inventing Inventors in Renaissance Europe, 2007, unter anderem 97–104.

7 Für eine Übersicht über die Textzeugen vgl. Polydore Vergil, On Discovery, ed. und übers. Copenhaver 2002, 503f.: Neben dem venezianischen Erstdruck aus der Offizin des Cristoforo de' Pensi (1499) wählte Copenhaver nur Basler Auflagen aus: je zwei aus den Offizinen von Johannes Froben (1521 und 1525) sowie Johann Bebel (1532 und 1536) sowie drei aus der Werkstatt des Michael Isengrin (1540, 1545 und 1550), der für eine vierte zwischen 1553 und 1555 entstandene Ausgabe – die Ausgabe letzter Hand – den Lohndrucker Jakob Kündig beschäftigte. Copenhavers Edition berücksichtigt nur die ersten drei *libri* des Werks, wie sie 1499 zuerst gedruckt wurden, verfolgt deren Textgeschichte jedoch bis zur Ausgabe letzter Hand (s. dazu ebd., 505).

8 Für den Variantenapparat vgl. Polydore Vergil, On Discovery, ed. und übers. Copenhaver 2002, 532.

Noten ganz am Ende, der erstmals in Frobens Basler Ausgabe von 1521 abgedruckt wurde.[9] Ansonsten handelt es sich fast ausschließlich um sprachlich-stilistische Kleinigkeiten,[10] wie sie auch im uns betreffenden Absatz über das Leinenpapier einmal zu finden sind: Heißt es in der Ausgabe von 1499 noch *remansit*, so steht ab der Ausgabe von 1521 das Synonym *retinet*.

Kasten B.3.1: Polidoro Virgili, De inventoribus rerum, über Papier.[11]

Erstdruck von Cristoforo de' Pensi, Venedig 1499:[12]

De primo usu scribendi apud priscos: & quando primu[m] inuenta Charta: uel Membrana. Cap. viii. [...] Postea uero id ge[n]us chartae i[n]uentu[m] est: quo nu[n]c passim utimur. cuius auctor haud pala[m] e[st]. Haec aut[em] fit ex linteolis contritis. nihilominus tame[n] papyri nome[n] a frutice // sumptu[m]: ueluti chartae ab urbe Tyri rema[n]sit. [...]

Erstdruck der französischen Übersetzung (nach dem Druck von 1499) in der Offizin von Pierre le Brodeur, Paris 1521:[13]

Du premier vsaige descrire vers les anciens / et quant premierement le papier et parchemin furent trouuez. Chapitre. V.

[...] En apres le genre de ces cartes desquelles nous vsons maintenant fut trouue par aucun duquel le nom nest pas manifeste. Cela est fait de petis linges rompuz / mais toutesfois communement nous appellons ces cartes papier du nom de larbre la ou il print son nom anciennement: comme le nom des cartes nous auons de la cite de tire. [...]

Erstdruck der um fünf Bücher erweiterten Version in der Offizin von Johannes Froben, Basel 1521:[14]

De primo vsv scribendi apvd priscos. Etiam per notas: & quando primu[m] inuenta charta. uel Membrana. Caput VIII.

---

9 Vgl. Polydore Vergil, On Discovery, ed. und übers. Copenhaver 2002, Lib. II, Cap. VII, Nr. 6, 250. Dementsprechend wurde 1521 auch die Kapitelüberschrift um den Zusatz *Etiam per notas* ergänzt, vgl. Kasten B.3.1 und Polydore Vergil, On Discovery, ed. und übers. Copenhaver 2002, 246 und 532.
10 Ausnahmen sind die Kürzung eines Quellenverweises und die Ergänzung einer Datierung um die zu dieser Zeit regierenden Konsuln aus der Literatur in Polydore Vergil, On Discovery, ed. und übers. Copenhaver 2002, 248, vgl. dazu Variantenapparat auf 532.
11 Der Kasten enthält eine Auswahl der von *De inventoribus rerum* gedruckten Ausgaben bis zum Todesjahr des Autors 1555: drei lateinische Auflagen sowie die frühen Drucke in französischer, deutscher, italienischer und englischer Sprache, die als Volldigitalisate im Internet einzusehen sind. Weitere Auflagen bis ins 18. Jahrhundert sind online vor allem über die Seiten der Bayerischen Staatsbibliothek München konsultierbar, die mit 62 Exemplaren von 41 Ausgaben die größte Sammlung an Drucken in Deutschland verwahrt.
12 Polydori Vergilii Vrbinatis De Inventoribvs Rervm Libri Tres, 1499 (GW M50152), lib. II, cap. VIII (ohne Blatt- oder Seitenzählung).
13 Pollidore vergille historiographe tres renomme [...], 1521, le second liure, Chapitre V (ohne Blatt- oder Seitenzählung).
14 Polydori Vergilii Vrbinatis Adagiorvm Liber, 1521 (VD16 V 772), lib. II, cap. VIII, fol. 18v.

[...] Postea uero id genus chartae inuentum est, quo nunc passim utimur: cuius autor haud palam est. Haec autem fit ex linteolis contritis, nihilominus tamen papyri nomen a frutice sumptum, ueluti chartae ab urbe Tyri retinet. [...]

Erstdruck der deutschen Übersetzung in der Offizin von Heinrich Steiner, Augsburg 1537:[15]

Uom ersten brauch zuo schreyben bey den alten / auch durch die Zyffern / vnnd wann das Papyr / oder Pergamen erfunden sey worden. Das achtent Capitel.

[...] Nachmalen aber / ist die gattunnge des papyrs (woelliches wir vnns vberal geprauchend) erfundenn worden / woelliches vrheber nicht wissenntlich ist / Des wiirdt [sic] aber auß zerstempfftenn tuechlin gemachet / vnnd doch nichts dest minnder des papyrs namen / vonn dem gruenen zweyglin her empfangen (geleich wie die brieff vonn der statt Tyri) noch behelt. [...]

Zweiter Druck der italienischen Übersetzung in der Offizin von Gabriele Giolito de Ferrari, Venedig 1545 (entstanden zwei Jahre nach dem Erstdruck in derselben Offizin):[16]

Del primo vso de scriuere appogli antichi, e quando fu trouata la carta. Cap. VIII.

[...] Trouossi poi quella maniera di carta, che noi hora vsiamo, il cui autore non si sa. Fassi questa di pezze di lino pistate, ma tuttauia il nome di papero dall'herba pigliato, come le carte da Tiro città, ha ottenuto. [...]

Erstdruck der englischen Übersetzung in der Offizin von Richard Grafton, London 1546:[17]

The. vi. Chapiter. Who set furth bookes fyrst, or made a library, Printing, paper, parchement, arte of memory.

[...] In processe of tyme paper, that we vse nowe, was inuented: it is made of lynen clothe beaten together in mylles made for that vse [...]

---

15 Polydorvs Vergilivs Vrbinas, Uon den erfyndern der dyngen, 1537, lib. II, cap. VIII, fol. XLVr. Der zweite Druck der deutschen Fassung erschien ebenfalls in Heinrich Steiners Augsburger Offizin im Jahr 1544. Die geringfügigen Änderungen des Texts beziehen sich hauptsächlich auf die Orthographie, selten auf die Wortwahl: *Vom ersten brauch zuoschreyben bey den alten / auch durch die zyffern / vnnd wann das Papyr / oder Pergament erfunden sey worden [...] Nachmalen aber / ist die gatunge des papyrs (woelliches wir vns vberal gebrauchend) erfundenn worden / dessen vrheber nicht wissentlich ist / sollichs würdt aber / auß zerstempfften tuechlin gemacht / vnd doch nichts destminder des papyrs namen / so ers vonn dem gruenen zweyglen her empfangen hat (geleich wie die brieff von der statt Tyri) noch behelt. [...].* Vgl. Polydorus Vergilius/Marcus Tatius Alpinus, Von den Erfindern der ding, 1544 (VD16 V 764), fol. XXXVIIIr und v.

16 Polydorus Vergilius, De l'origine e de gl'inventori di leggi, 1545 (EDIT16 CNCE 26045), fol. 54v und 55r. Die dritte Auflage der italienischen Übersetzung, die der zweiten Auflage textlich bis auf orthographische Abweichungen entspricht, erschien ebenfalls in der Offizin des Gabriele Giolto de Ferrari im Jahr 1550: *Del primo vso de sgriuere appo gli antichi, e quando fu trouata la carta. Cap. VIII. [...] Trouoßi poi q[ue]lla maniera di carta, che noi hora usiamo, il cui autore non si sa. Faßi questa di pezze di lino pistate, ma tuttauia a il nome di papero dall'herba pigliato, come le carte da Tiro città, ha ottenuto. [...].* Vgl. Polydorus Vergilius, De l'origine e de gl'inventori di leggi, 1550 (EDIT16 CNCE 27008), fol. 51v und 52r.

17 [Polidoro Virgili,] An abridgeme[n]t of the notable worke of Polidore Virgile, 1546, fol. XLVv und fol. XLVIIr.

Ausgabe letzter Hand, gedruckt von Jakob Kündig im Auftrag von Michael Isengrin, Basel 1555:[18]

VIII: De primo usu scribendi apud priscos; etiam per notas; et quando primum inventa charta vel membrana.

[...] Postea vero id genus chartae inventum est quo nunc passim utimur, cuius autor haud palam est. Haec autem fit ex linteolis contritis; nihilominus tamen papyri nomen a frutice sumptum, veluti chartae ab urbe Tyri, retinet. [...]

Damit bleibt festzuhalten: Trotz über fünfzigjähriger Arbeit an seinem Werk kamen Polidoro Virgili keine Informationen zu Ohren, um die er sein 1499 fixiertes spärliches Wissen über das aus Leinen produzierte Papier hätte ergänzen wollen. Auch die Übersetzer des Werks in die Volkssprachen fügten keine zusätzlichen Erkenntnisse an; sie sahen nicht einmal die Notwendigkeit, die lückenhafte Beweisführung Polidoros, weshalb das Wort *charta* vom Stadtnamen von Tyros abzuleiten sei, näher zu erläutern (der Erstdruck der englischen Übersetzung behalf sich, indem er diesen Teil einfach wegkürzte).[19] Und trotzdem: Aus dem Blickwinkel der modernen Papiergeschichte ist der knappe Abschnitt dennoch beachtlich. So früh wie Polidoro ist wohl kein zweiter Autor zu finden, der zumindest das Desiderat als solches vermerkte – dass man nämlich nichts über die Ursprünge und die Geschichte des Leinen-Papiers wusste.

Das Medienereignis des Buchdrucks

Das Desinteresse am Beschreibstoff Papier muss umso mehr ins Auge stechen, vergleicht man es mit der Aufmerksamkeit und Euphorie, mit der die spätmittelalterlichen Menschen ein anderes neues Medium registrierten: Die Erfindung des Buchdrucks durch Johannes Gutenberg um 1450 und seine anschließende Durchsetzung wurde zweifellos schon von den unmittelbaren Zeitgenossen als umwälzendes Ereignis empfunden. Natürlich ließ auch Polidoro Virgili diese um 1500 erst wenige Jahrzehnte zurückliegende Errungenschaft nicht unberücksichtigt: Dazu setzte er den Buchdruck in direkten Bezug zur prächtigen, auf das Mäzenatentum Federicos da Montefeltro zurückgehenden herzoglichen Bibliothek in Urbino, deren Bestände er ja für sein Werk nutzen durfte. Obwohl er sie angesichts der Fülle der in ihr versammelten Werke wie auch ihrer reichen Ausstattung als bedeutendste dieser an Bibliotheken nicht armen Zeit würdigt, erscheint sie ihm trotzdem ‚keinesfalls zu vergleichen mit dem, was wir in unserer Zeit erlangt haben: eine neu erfundene Art zu schreiben'.[20]

---

[18] Ausgabe Basel 1555 zit. nach Polydore Vergil, On Discovery, ed. und übers. Copenhaver 2002, Lib. II, Cap. VIII, Nr. 3, 248.
[19] Allgemein zu den Übersetzungen vgl. Atkinson, Inventing Inventors in Renaissance Europe, 2007, 292–295.
[20] Polydore Vergil, On Discovery, ed. und übers. Copenhaver 2002, Lib. II, Cap. VII, Nr. 7–8, 244: *Sunt*

Zwar nennt Polidoro in der Erstausgabe 1499 als Erfinder noch vage einen Deutschen mit dem Namen *Petrus* (gemeint sein muss Peter Schöffer, ein Mitarbeiter und später wohl Konkurrent Gutenbergs in Mainz), doch in den Auflagen ab 1521 ist *Iohannes Cuthembergus* angeführt. Von Beginn an erwähnt er namentlich einen deutschen und einen französischen Drucker, die nach seinem Wissensstand die neue Technik nach Italien brachten. Zumindest schlaglichtartig sucht er außerdem die elektrisierenden Auswirkungen des Buchdrucks zu fassen.[21] Insgesamt hält er es jedoch für überflüssige Mühe, weitere Detailinformationen zusammen zu tragen, seien doch diese Dinge ‚jedermann längst allzu bekannt'.[22]

Polidoro macht mit diesem Nebensatz deutlich, dass sich um 1500 ein Diskurs über den Buchdruck etabliert hatte, der in ganz verschiedenen Texten und Kommunikationssituationen breit geführt wurde.[23] So waren schon die Autoren des 15. Jahr-

---

etiam plures hodie in Italia bibliothecae, sed illa in primis omnium iudicio longe celeberrima quam divus Federicus Feltrius dux Urbini condidit, quam postea Guido princeps eius filius, omnis doctrinae decus ac doctissimorum hominum praesidium, cum auro et argento tum librorum copia adauxit ornavitque. Fuit illud igitur omnino magnum mortalibus munus, sed nequaquam conferendum cum hoc quod nostro tempore adepti sumus, reperto novo scribendi genere. Eine Übersetzung der Passage ins Deutsche vgl. bei Widmann, Vom Nutzen und Nachteil der Erfindung des Buchdrucks, 1973, 38f., Nr. 2; s. dazu Needham, Book Production on Paper and Vellum, 2015, 273.

21 Vgl. Polydore Vergil, On Discovery, ed. und übers. Copenhaver 2002, Lib. II, Cap. VII, Nr. 8–9, 244–246, s. außerdem den Variantenapparat auf 532.

22 Polydore Vergil, On Discovery, ed. und übers. Copenhaver 2002, Lib. II, Cap. VII, Nr. 9, 246: *De qua plura loquendi labore supersede, eius inventorem ac simul unde ad nos delata fuerit prodidisse haud me parum fecisse ratus, cum ea omnibus longe notissima sit.*

23 Würdigungen des Buchdrucks erscheinen nicht nur in den Widmungen bzw. den Kolophonen, die geschäftstüchtige Verleger ihren Druckausgaben als – modern gesprochen – Marketingmaßnahme beifügten, sondern bald auch als gängiges Thema in der Universalchronistik und der Enzyklopädistik, darüber hinaus zahlreich in den Korrespondenzen von Gelehrten, nicht zuletzt auch in Form von Lobgedichten unter anderem anlässlich des 50. bzw. 100. Jubiläums der Erfindung, schließlich auch in juristischen Gutachten und herrscherlichen Erlassen. Gerade in der jüngeren Forschung wird diesem ebenso schnell einsetzenden wie massiven Diskurs eine wichtige Rolle für die sozio-kulturelle Wirkmacht dieses Mediums zugeschrieben, vgl. Giesecke, Der Buchdruck in der frühen Neuzeit, 1991, 124–207, 476–488, und besonders Eisenstein, Divine Art, Infernal Machine, 2011 (zum Beginn des Diskurses Kap. 1, 4–33, mit vor allem italienischen Beispielen).

Schon im frühen 17. Jahrhundert wurden entsprechende Stellen gesammelt, vgl. etwa die Anthologie historiographischer Zeugnisse des späten 15. und 16. Jahrhunderts in deutscher Übersetzung bei Daniel Kramer, Des heiligen Jobs Bleyern Schreibtäfflein, zu Lob der edlen Druckerkunst, in: Hornschuch, Orthotypographia, 1634, 51–93, hier 73–80. Für die moderne Forschung sind vor allem die Sammlungen einschlägiger Texte aus der zweiten Hälfte des 15. und dem beginnenden 16. Jahrhundert in Arbeiten von Hans Widmann und seinem Umkreis aus den sechziger und siebziger Jahren zu nennen. Vgl. Widmann, Vom Nutzen und Nachteil der Erfindung des Buchdrucks, 1973; ders., Die Wirkung des Buchdrucks, 1977; ders., Divino quodam numine, 1973. S. als Vorarbeit zu diesen Studien auch ders., Der deutsche Buchhandel in Urkunden, 1965, vor allem Bd. 1, 16–24, außerdem – unter anderem mit einem Schwerpunkt auf italienischen Zeugnissen – den Beitrag in einem von Widmann herausgegebenen Band von Świerk, Johannes Gutenberg als Erfinder in Zeugnissen seiner Zeit, 1972, sowie ders., Ein frühes, wenig bekanntes Zeugnis, 1971 (unter besonderer Berücksichtigung des *Catalogus*

hunderts nicht nur erstaunlich exakt über Orte, Zeit und Protagonisten dieser Erfindungen informiert.[24] Noch eindrucksvoller ist, wie differenziert man sich schon bald mit den vielfältigen Auswirkungen des Buchdrucks auseinandersetzte. In den frühen Kommentaren bewertete man die gedruckten Bücher noch ganz vor dem Horizont

---

abbatum saganensium in der Fortsetzung des Saganer Probstes Peter Weynknecht 1489). Für weitere Belege zum 16. Jahrhundert vgl. den schon von Widmann angeführten Hirsch, The invention of printing in German rhymed chronicles, 1962; vor Widmann vgl. bereits die Quellenzusammenstellung bei Ruppel, Johannes Gutenberg, 1947, 178–186. Seither wurden noch weitere Funde publiziert, vgl. etwa zu Piccolominis Brief über Gutenbergs Bibeldruck von 1454 Meuthen, Ein neues frühes Quellenzeugnis, 1982. Zu einem Gedicht des Vadian auf den Buchdruck Füssel, Ein wohlverdientes Lob der Buchdruckerkunst, 1996. Zu den Invektiven des venezianischen Mönchs und Handschriftenschreibers Filippo della Strada gegen den Buchdruck Haye, Filippo della Strada, 1997, vor allem 284–293. Zu Widmungsbriefen in griechischsprachigen Drucken mit dem Lob des Buchdrucks als Garant für den Erhalt dieser Schriften vgl. Heldmann, Von der Wiederentdeckung der antiken Literatur, 2003, 104–107. Zur Erfindung der Druckkunst im Spiegel enzyklopädischer Schriften mit dem frühesten Beispiel freilich erst für das Jahr 1565 vgl. Ernst, Standardisiertes Wissen über Schrift und Lektüre, 2002, 484–489. Eine umfangreiche, jedoch nur in Teilen geprüfte und auf ältere und allgemeine Titel gestützte Sammlung bietet Nemirovskij, Gutenberg und der älteste Buchdruck in Selbstzeugnissen, 2003.

Über die Recherche neuer Zeugnisse hinaus finden sich in der aktuellen Literatur schließlich immer wieder pointierte, unter verschiedenen Aspekten gewichtete Einordnungen dieser Quellen. Mit einem Schwerpunkt auf Johannes Trithemius vgl. Mertens, Früher Buchdruck und Historiographie, 1983, vor allem 83–95; Embach, Skriptographie versus Typographie, 2000; Herweg, Wider die schwarze Kunst, 2010. Zur Beobachtung, wie sich durch den Buchdruck der Text vom Textträger löse, der ihn noch im Manuskriptzeitalter verbürgt habe, vgl. Müller, Der Körper des Buches, 1995. Zum Anknüpfen der Mediendiskussion um den Buchdruck an schon in den Jahrhunderten zuvor fassbare Argumentationsstränge und Beobachtungen zur Entwicklung der Buchkultur vgl. Neddermeyer, Von der Handschrift zum gedruckten Buch, 1998, Bd. 1, vor allem 10–29. Zu frühen bildlichen Darstellungen der Druckkunst vgl. Cavagna, L'immagine dei tipografi nella prima età moderna, 2004. Auch wenn sie zur Entlastung des Anmerkungsapparats nicht in jeder Fußnote neu aufgeführt werden, stützen sich die folgenden Ausführungen maßgeblich auf die genannten Quellensammlungen und -interpretationen.

24 Die Mehrzahl der Texte nennt Mainz als Ort der Erfindung und Johannes Gutenberg als ihren Protagonisten, vgl. die Belegstellen bei Ruppel, Johannes Gutenberg, 1947, 178–186; Świerk, Johannes Gutenberg als Erfinder in Zeugnissen seiner Zeit, 1972; Nemirovskij, Gutenberg und der älteste Buchdruck in Selbstzeugnissen, 2003, systematisches Register: Einträge „Erfinder der Buchdruckerkunst" und „Erfindungsort" auf 211f. Schon 1507 wurde ihm in Mainz ein erster Gedenkstein errichtet, vgl. Giesecke, Der Buchdruck in der Frühneuzeit, 1991 134, Anm. 112. Abweichend werden jedoch auch etwa (wie bei Polidoro Virgili in der Erstausgabe 1499, s. o.) Gutenbergs Mainzer Mitarbeiter Peter Schöffer oder sein Finanzgeber Johannes Fust (so Jacobus Philippus Foresti aus Bergamo in seiner Chronik zum Jahr 1459, vgl. ebd. Nr. 6, 82f.) als Erfinder genannt. Die gebürtigen Straßburger Jakob Wimpfeling 1515 und Sebastian Franck 1531 reklamieren ihre Heimatstadt als Wiege der Druckkunst, vgl. Jakob Wimpfeling, Responsa, ed. in: Aeneas Silvius, Germania, hg. von Schmidt 1962, 129f., Kap. 6, Jakob Wimpfeling, Antworten, übers. Schmidt 1962, 204, Kap. 6; zu Franck: Widmann, Vom Nutzen und Nachteil der Erfindung des Buchdrucks, 1973, 39f., Nr. 2. Diese Widersprüche spiegeln, dass Gutenbergs Erfindungen in einem langjährigen Prozess – unter anderem auch in Straßburg, wo er vor 1448 lebte – und unter Beteiligung verschiedener Mitstreiter entstanden, mit denen er sich zum Teil später überwarf. Wenige Zeitzeugnisse erwähnen mehr als Orts- und Personennamen: Die niederdeutsche *Cronica van der hilliger Stat van Coellen* aus dem Jahr 1499, die nach ihrem Drucker als

der handschriftlichen Buchherstellung.[25] Belege aus den ersten Jahrzehnten konstatieren bewundernd die gute Lesbarkeit und Klarheit des Druckbilds im Vergleich zu handschriftlich kalligrafierten Seiten,[26] vor allem aber äußern sie die Verblüffung, dass die neue Technik die sonst unvermeidbaren Abschreibevarianten verhinderte.[27]

Koehlhoffsche Chronik bekannt ist (GW 6688), etwa widmet dem Kapitel *Van der boychdrucker kunst* gleich zwei Seiten. Darin berichtet der anonyme Autor unter anderem auch vom ersten gedruckten Buch aus Gutenbergs Mainzer Offizin, einer *Bybel zo latijn*, die in einer Type gedruckt sei, mit der man nun Messbücher produziere. Außerdem verweist der unbekannte Chronist sogar auf Vorbilder für Gutenbergs Erfindung, nämlich auf niederländische Donat-Blockbücher. Als Quelle für diese Informationen nennt er den Kölner Erstdrucker Ulrich Zell. Für eine Abb. der Seiten 321b–322a aus dem Exemplar der Heidelberger Universitätsbibliothek, B 6060 qt. Inc., vgl. Schlechter, Die edel kunst der truckerey, 2005, 70f.

25 Dies gilt nach Needham, Book Production on Paper and Vellum, 2015, bes. 255f., auch für die Wahl zwischen Pergament und Papier als Bedruckstoff. Zum langen Neben-, Gegen- und Miteinander von Handschrift und Druck vgl. pointiert Schnell, Handschrift und Druck, 2007, und Wolf, Von geschriebenen Drucken und gedruckten Handschriften, 2011 (mit weiterer Literatur), s. bes. 4 zum Selbstverständnis und Ehrgeiz der frühen Drucker, mit ihrer Arbeit die Handschriftenproduktion zu perfektionieren.

26 So lobte etwa Enea Silvio Piccolomini in einem Brief 1455 die ihm in Frankfurt gezeigten Auszüge aus einem Bibeldruck mit ihrer höchst sauberen und korrekten Schrift, die man mühelos und ohne Brille lesen könne (vgl. Meuthen, Ein neues frühes Quellenzeugnis, 1982, s. bes. Zitat auf 110; s. dazu auch Geldner, Enea Silvio de Piccolomini und Dr. Paulus Paulirinus, 1984, 133–136, und Nemirovskij, Gutenberg und der älteste Buchdruck in Selbstzeugnissen, 2003, Nr. 151, 70f.). Um 1460 bewunderte der Prager Gelehrte Pavel Žídek, latinisiert Paulus Paulirinus, die ‚subtile' Schrift auf Pergament einer Bibel, die innerhalb von nur vier Wochen in Bamberg gedruckt worden sei (Geldner, Enea Silvio de Piccolomini und Dr. Paulus Paulirinus, 1984, 137–139). In Kolophonen des in Venedig tätigen Druckers Wendelin von Speyer von 1469 und 1470 (zit. bei Pollard, An Essay on Colophons, 1905, 35, 37) heißt es, das Schriftbild der gedruckten Lettern sei sowohl viel stattlicher anzusehen als auch viel lesbarer als die mit der Hand geschriebenen Bücher; ähnlich ein Kolophon von 1475 aus Mailand bei Nemirovskij, Gutenberg und der älteste Buchdruck in Selbstzeugnissen, 2003, Nr. 120, 61f. S. auch die Laudatio des Erasmus von Rotterdam 1516 auf die eleganten Typensätze, die der Drucker Thomas Anshelm nicht nur für seine lateinischen, sondern auch für seine im griechischen und hebräischen Alphabet gedruckten Werke verwende (vgl. Widmann, Vom Nutzen und Nachteil der Erfindung des Buchdrucks, 1973, 37f., Nr. 1, s. auch 20 mit Anm. 30). Anders dagegen der Kalligraph Filippo della Strada, nach dem ein Druck nie die ästhetische Qualität eines mit der Hand geschriebenen und geschmückten Codex erreichen könne, vgl. Haye, Filippo della Strada, 1997, Nr. III, 297, V. 103f., s. auch 285. Vgl. mit einem ähnlichen Urteil die Klage des Schreibers Salvatus Calliensis, der von einem Druck kopierte, bei Derolez, The Copying of Printed Books for Humanistic Bibliophiles, 1986, 143. Ästhetik, Lesbarkeit und Bedeutung verschiedener Schriften waren unter italienischen Humanisten aber auch schon lange vor der Erfindung des Buchdrucks ein Thema, s. dazu die Beispiele bei Petrucci, Reading and Writing Volgare in Medieval Italy, 1995, 144, 190–198.

27 Wie frappierend der Effekt der völligen Gleichheit eines durch den Druck vervielfältigten Textes auf die Zeitgenossen anfangs wirkte, zeigen gleich mehrere Druckprojekte für Messbücher aus den 1480er und 1490er Jahren. Im Vorwort des Missale Ratisbonense von 1485 dankte der amtierende Bischof Heinrich von Absberg Gott für das Wunder, dass jedes der gedruckten Exemplare in allen Buchstaben, Satzzeichen und Umbrüchen mit den von ihm zur Verfügung gestellten Vorlagen übereinstimmte – das heißt offenbar auch einzeln darauf geprüft worden war! S. hierzu insgesamt ausführlich Geldner,

Noch häufiger kommentiert wurde die enorme Geschwindigkeit der durch die Technik ermöglichten *multiplicatio*. Das Staunen der Zeitgenossen über den Output des Buchdrucks manifestiert sich in zahlreichen Versuchen, die Effizienzsteigerung gegenüber dem handschriftlichen Kopieren von Texten in Zahlenvergleichen zu fassen.[28] Zugleich hielten die Autoren aber auch die Effekte dieser neuen Massenvervielfältigung fest: Immer wieder beschrieben sie, wie die günstige Produktionsweise nun Bücher und sogar ganze Bibliotheken auch für eine ärmere Leserschaft erschwing-

---

Zum ältesten Missaldruck, 1961, bes. 103f.; weitere Beispiele bei Widmann, Vom Nutzen und Nachteil der Erfindung des Buchdrucks, 1973, 16; Corsten, Der frühe Buchdruck und die Stadt, 1983, 14; Giesecke, Der Buchdruck in der Frühneuzeit, 1991, 146f.; Nemirovskij, Gutenberg und der älteste Buchdruck in Selbstzeugnissen, 2003, Nr. 120, 61f., und Eisenstein, Divine Art, Infernal Machine, 2011, 11.

28 Polidoro Virgili (Polydore Vergil, On Discovery, ed. und übers. Copenhaver 2002, Lib. II, Cap. VII, Nr. 8, 244), vor diesem bereits Gianantonio Campanus in Lobversen auf den Drucker Ulrich Han, die dieser in mehreren seiner in Rom entstandenen Drucke zwischen 1468 und 1471 als Kolophon verwendete (ed. und übers. Geldner, Die deutschen Inkunabeldrucker, Bd. 2, 1970, 33) sowie (eventuell von diesen Kolophonen inspiriert) Francesco Maria Grapaldo (*De partibus aedium*, hier zit. in der Teiled. von Charlet, La bibliothèque, le livre et le papier d'après Francesco Maria Grapaldo, 1996, 357, § 11, s. erläuternd auch 363), erklären übereinstimmend, man drucke an einem Tag, was man in einem Jahr nicht zu schreiben vermöge. In einem Widmungsbrief der 1475 in Rom gedruckten ‚Moralia in Job' Gregors des Großen heißt es, drei Männer könnten in drei Monaten soviel drucken wie ihr Leben lang nicht schreiben, vgl. Eisenstein, Divine Art, Infernal Machine, 2011, 13. Sebastian Brant behauptet, an einem Tag könne ein Drucker produzieren, was ein Schreiber in tausend Tagen schreibe, vgl. Brants *Elogium* auf die Druckkunst, zuerst publiziert 1498 (in Auszügen ed. und übers. in Schnur (Hg.), Lateinische Gedichte deutscher Humanisten, 2015, hier 16f., V. 5f.). Vorsichtiger schätzt der Nürnberger Humanist Hieronymus Münzer 1493, dass zehn Männer in einem Monat mehr zu drucken vermögen als in einem Jahr zu schreiben (ed. Goldschmidt, Hieronymus Münzer, 1938, 109). Vadian taxiert in seinem Gedicht über den Buchdruck von 1511, ein einziger Druckvorgang in der Presse übertreffe die Tageshöchstleistung flinker Schreiber (ed. Füssel, Ein wohlverdientes Lob der Buchdruckerkunst, 1996, 12, V. 14–20; zu Vadian als Herausgeber von Druckwerken vgl. dens., „Dem Drucker aber sage er Dank …", 1994, 174–178). Jakob Wimpfeling erklärt 1515 am Beispiel der Schriftproduktion an der römischen Kurie, durch den Buchdruck könnten an einem Tage mehr päpstliche Schriftstücke von zwei oder drei Personen vervielfältigt werden als von zweihundert Kopisten in einer Woche (vgl. Wimpfeling, Responsa, ed. in: Aeneas Silvius, Germania, hg. von Schmidt 1962, 130, Kap. 6, Wimpfeling, Antworten, übers. Schmidt 1962, 204, Kap. 6). Weitere Belege bei Świerk, Johannes Gutenberg als Erfinder in Zeugnissen seiner Zeit, 1972, Nr. 4, 19, und Nemirovskij, Gutenberg und der älteste Buchdruck in Selbstzeugnissen, 2003, systematisches Register: Eintrag „Produktivität" auf 210.

Ab dem frühen 16. Jahrhundert finden sich Beispiele dafür, dass man die Auswirkungen des Drucks auf die Zusammensetzung von Bibliotheken bemerkte und beschrieb: So etwa notierte der Augsburger Chronist Wilhelm Wittmer 1512, der Aufbau der Bibliothek im Kloster St. Ulrich und Afra ab 1471 sei zwar auch dem Fleiß der Brüder beim Abschreiben zu verdanken, das meiste allerdings habe die Buchdruckerkunst getan: *impressoria tamen ars maiorem partem fecit*. Zit. und übers. bei Steinmann (Hg.) Handschriften im Mittelalter, 2013, Nr. 898.2, 842–844, Zitat 842.

Allgemein zur *multiplicatio* als einem Topos der Diskussion mit entsprechenden Belegstellen vgl. Widmann, Vom Nutzen und Nachteil der Erfindung des Buchdrucks, 1973, 13f.; Mertens, Früher Buchdruck und Historiographie, 1983, 84f.; Giesecke, Der Buchdruck in der Frühen Neuzeit, 1991, 146f., 155, und Müller, Der Körper des Buches, 1995, 205f.

lich mache.²⁹ Gerade Humanisten hoben außerdem hervor, dass erst der Buchdruck die Überlieferung vieler vom Vergessen oder Verschwinden bedrohter Werke gesichert habe.³⁰ In ihrer Wahrnehmung betraf dieser Vorteil vor allem das Erbe der Antike. Häufig folgte der Seufzer, wieviel von der alten Literatur noch hätte gerettet werden können, wäre der Buchdruck nur früher erfunden worden.³¹

---

29 Schon in den ersten Jahrzehnten war Buchliebhabern klar, dass der Buchdruck gravierende Folgen für die Preisentwicklung auf dem Buchmarkt hatte, vgl. dazu frühe Beispiele ab 1468 bei Widmann, Vom Nutzen und Nachteil der Erfindung des Buchdrucks, 1973, 14f.; Giesecke, Der Buchdruck in der Frühen Neuzeit, 1991, 146f. Sebastian Brant resümiert in seinem 1498 zuerst publizierten *Elogium* auf die Druckkunst, das er seinem Verleger Johannes Bergmann von Olpe widmete, die Auswirkungen mit der Bemerkung, einst seien die Bücherschätze der Gelehrten klein und rar gewesen, Städte hätten sogar oft nur ein Exemplar besessen; heute dagegen finde man sie zahlreich in jedem Haus, vgl. *Ad dominum Johannem Bergmann de Olpe. De praestantia artis Impressoriae a Germanis nuper inventae Elogium*, V.7–14, in: Sebastian Brant, Kleine Texte, Bd.1.2, ed. Wilhelmi 1998, Nr.228, 392–394, bes. V.7–11, in Auszügen ed. und übers. Schnur (Hg.), Lateinische Gedichte deutscher Humanisten, 2015, hier 16f., V.7–14. Skeptisch, ob diese positiven Einschätzungen vor allem im Bereich der Schulen auch der Realität entsprochen hätten, bleibt Füssel, „Dem Drucker aber sage er Dank ...", 1994, 176f. Für die empfindlichen Folgen, die die durch die Offizinen gedrückten Buchpreise auch für das Schreibergewerbe zeitigten, vgl. die scharfen Proteste des Kalligraphen Filippo della Strada am Ende des 15. Jahrhunderts im unter Haye, Filippo della Strada, 1997, Nr. XV, 301f., edierten Gedicht (s. auch ebd., 290f.).
30 Eindringlich wird die Rolle des Buchdrucks für die Erhaltung und Verbreitung des Wissens etwa in der *Cosmographia* des Sebastian Münster formuliert, die erstmals 1548 und dann in vielen weiteren Druckauflagen erschien. Jetzt, so erklärt er, wo das Buch durch den Druck tausendfach vermehrt werde, sei nicht mehr schlimm, wenn ein oder zwei oder auch zwanzig Exemplare verbrennen bzw. anders zerstört werden; ein gedrucktes Buch könne nicht mehr verloren gehen, zit. aus der Ausgabe von 1543 (Exemplar der Universitätsbibliothek Heidelberg, A 219–A fol. Res., 413) bei Schlechter, Die edel kunst der truckerey, 2005, 20. Für ähnliche Überlegungen im *Fasciculus Temporum* des Kart-häusermönchs Werner Rolevinck vgl. eine Übersetzung der Passage in Widmann, Der deutsche Buchhandel in Urkunden, 1965, Bd.1, 18f. Weitere Beispiele bei Giesecke, Der Buchdruck in der frühen Neuzeit, 1991, 152, 181, unter anderem mit dem Lob des Martin Movemius im Brief an seinen Freund Amerbach, unentwegt nach entlegenen Handschriften zu suchen, und bei Schweitzer-Martin, Das Druckprogramm der Speyerer Werkstatt „Peter Drach", 2017, 48f., mit dem Verweis auf eine Widmung des Johannes Trithemius zu einem bei Drach verlegten Breviar für die Benediktiner der Bursfelder Kongregation.
31 So knapp bereits bei Polidoro Virgili (Polydore Vergil, On Discovery, ed. und übers. Copenhaver 2002, Lib. II, Cap. VII, Nr.8, 244), breiter ausgeführt etwa in der 1493 in Nürnberg gedruckten sog. Schedelschen Weltchronik (vgl. das Faksimile: Hartmann Schedel, Weltchronik, ed. Füssel 2001, fol. CCLIIb). Für weitere Belegstellen vgl. Mertens, Früher Buchdruck und Historiographie, 1983, 89f.; Widmann, Der deutsche Buchhandel in Urkunden, 1965, Bd.1, 19; ders., Vom Nutzen und Nachteil der Erfindung des Buchdrucks, 1973, 18 mit Anm. 86; Heldmann, Von der Wiederentdeckung der antiken Literatur, 2003, 104–107, außerdem ein Brief von Schedels Nürnberger Freund Hieronymus Münzer an den Kompilator aus dem Jahr 1493, erweitert um die Bemerkung, dass der Buchdruck auch den lebenden Autoren Ewigkeit verheiße (ed. Goldschmidt, Hieronymus Münzer, 1938, 106–110, hier 108f.). S. allerdings auch das selbstbewusste Urteil des Francesco Maria Grapaldo in seinem 1494 zuerst gedruckten *De partibus aedibus*, die von ihm als *chalcographi* bezeichneten Buchdrucker würden – vorausgesetzt sie ließen die nötige Sorgfalt walten – viel den Liebhabern von Wissenschaft und ‚schöner Literatur' verdanken, denn aus ersteren fließe zwar die *copia*, die Fülle, doch aus letzteren sei das einst unbekannte Bächlein der

In die allgemeine Euphorie über die neue Technologie mischten sich aber natürlich auch kritische Beobachtungen.[32] Oft findet sich die Sorge, dass mit dem Buchdruck auch Druckfehler, ja verderbte Textfassungen massenhaft Verbreitung fänden,[33] ja noch mehr, dass durch ihn immer mehr Schund zur Veröffentlichung kommen würde. Der Venezianer Filippo della Strada – als Schreiber ein strikter Gegner des Buchdrucks, der ihm als übermächtige Konkurrenz erscheinen musste – verglich die schieren Mengen gedruckter Bücher sogar mit den übelerregenden Algenplagen in der Adria.[34] Der Nürnberger Helius Eobanus Hessus befürchtete, dass Autoren wie er mit ihren Werken in einer Flut mittelmäßiger Publikationen untergehen würden.[35] Solche Bedenken trieben nicht nur Humanisten um; ein solcher ‚Missbrauch' des Buchdrucks erschien vor allem aus theologischer Sicht gefährlich. Früh wird in vielen Texten im selben Atemzug vor dem neuen Leserkreis des Buchdrucks gewarnt, der insbesondere in den volkssprachlichen Texten bzw. Übersetzungen adressiert war.[36] Schon

---

Schriften und Bücher überhaupt erst hervorgesprudelt, hier zit. nach der Teiled. von Charlet, La bibliothèque, le livre et le papier d'après Francesco Maria Grapaldo, 1996, 357, § 11.

32 Zur bemerkenswerten „Breite des Spektrums, aus dem Widerworte und Widerstände erwuchsen", vgl. Herweg, Wider die schwarze Kunst, 2010, 400f. Als einen erbitterten Gegner des Buchdrucks, der die mediale Konkurrenz zwischen Druck und Handschrift ins Zentrum seines literarischen Oeuvres stellte, vgl. den venezianischen Mönch und Kalligraphen Filippo della Strada; für die Edition ausgewählter Texte und ihre Interpretation vgl. Haye, Filippo della Strada, 1997.

33 Zur Klage über die massenhafte Vervielfältigung von Druckfehlern bzw. von verderbten Textfassungen durch den Buchdruck vgl. die Belegstellen bei Widmann, Vom Nutzen und Nachteil der Erfindung des Buchdrucks, 1973, 30–34; Herweg, Wider die schwarze Kunst, 2010, 399f. und 423f.; Wolf, Von geschriebenen Drucken und gedruckten Handschriften, 2011, 8f., dort zugleich das Urteil, die Textgestalt vieler Inkunabeln würde in der Tat den Eindruck vermitteln, als seien Analphabet*innen am Werk gewesen, und Eisenstein, Divine Art, Infernal Machine, 2011, 16, 19f. Zur Klage von Autoren über Textverderbnis durch unautorisierte Nachdrucke auf dem zeitgenössischen Buchmarkt bzw. zur Intention der frühen Druckprivilegien, durch Strafandrohungen solche Textverfälschungen zu verhindern, vgl. Füssel, Druckprivilegien im frühen Buchdruck, 2011, bes. 163–166. S. umgekehrt die Bemühungen vieler Druckereien um die Satzkorrektur ihrer Werke wie auch die Beschaffung guter handschriftlicher Vorlagen, dazu unter anderem Schottenloher, Handschriftenforschung und Buchdruck, 1931.

34 Vgl. Haye, Filippo della Strada, 1997, Nr. III, 297, V. 89f., s. auch 288. Zum Buchdruck als Konkurrenten, der den Schreibern ihr soziales Prestige und ihre materielle Grundlage raube, vgl. ebd., V. 11f., 39, 63f., 69–72 und Gedicht Nr. XIII, 301, V. 24 mit der drastischen Aussage, der Schreiber müsse Hungers sterben; s. auch ebd., 289. Für Klagen anderer italienischer Schreiber über den Verfall des eigenen Gewerbes vgl. ebd., 292. Zum Widerstand des Augsburger Schreibergewerbes 1471 gegen die sich etablierenden Druckereien vgl. Giesecke, Der Buchdruck in der frühen Neuzeit, 1991, 182.

35 Vorrede des Helius Eobanus Hessus in seiner 1532 zuerst publizierten Lobschrift *Urbs Noriberga illustrata*: Helius Eobanus Hessus, Dichtungen, ed. und übers. Vredeveld, 1990, hier 186–189, Absatz 3–9. In der Forschung häufig zitiert sind vor allem die Philippika des Sebastian Brant über die *vile der gschrifft* in seinem 1494 zuerst gedruckten „Narrenschiff" (Brant, Das Narrenschiff, ed. Lemmer 2004, Kap. 103, 273–277, vor allem V. 77–89 und 98–107).

36 Eine Debatte darüber ist zwar schon vor der Erfindung des Buchdrucks fassbar, sie wurde allerdings durch die Verbreitung gedruckter Bücher noch verschärft, so Schreiner, Laienbildung als Herausforderung, 1984, bes. 298f., 348 und passim.

vor der Reformation äußerten Kleriker die Sorge, dass neugierige Laien die Autorität der Kirche und der Theologen in der Auslegung der heiligen Schriften in Frage stellen würden.[37] Aber auch weltliche Herrschaftsträger hielten ihre Untergebenen für nicht mündig, mit politisch brisanten Texten umzugehen, und begründeten damit ihre Zensurerlasse.[38]

Sündenbock dieser frühen Medienkritik war das neue Gewerbe der Drucker, die nicht selten mit drastischen Worten als notorisch profitgierige und (religions-)politische Wendehälse verunglimpft wurden.[39] In der Tat war der Druck auf die Offizinen groß, marktgängige Titel zu produzieren, ansonsten saßen die Druckereien bald auf vollen Lagern und mussten angesichts ihres dementsprechend gebundenen Kapitals den Bankrott fürchten, wie im 1471 veröffentlichten Brief des Gianandrea de Bussi, Bischof von Aleria, über seine beiden Schützlinge, die römischen Erstdrucker Konrad Sweynheim und Arnold Pannartz, eindringlich geschildert.[40] Wie dies den Buchmarkt veränderte, wurde von weniger hysterischen Kommentaren durchaus

---

[37] So etwa sah ein im späten 15. Jahrhundert von einem Nürnberger Kleriker erstelltes Gutachten zu volkssprachlichen Bibeldrucken die Gefahr, dass ungebildete Laien die Autorität der Priester in der Auslegung der heiligen Schriften in Frage stellen würden. Für ein richtiges Verständnis der Bibel pocht der unbekannte Gutachter nicht nur auf die Kenntnis der originalen Sprachen, sondern angesichts der Meinungsverschiedenheiten über die Deutung vieler Bibelstellen auch auf theologischer Schulung (vgl. Geldner, Ein in einem Sammelband Hartmann Schedels (Clm 901) überliefertes Gutachten, 1972). Weitere Beispiele auch zur zweiten Hälfte des 16. Jahrhunderts vgl. bei Giesecke, Der Buchdruck in der frühen Neuzeit, 1991, 169–171. Zur Legitimität bzw. Illegitimität muttersprachlicher Bibelübersetzungen allgemein vgl. Schreiner, Laienbildung als Herausforderung, 1984, 287–304.

[38] Just aus seiner Wiege Mainz stammt das früheste Zensuredikt gegen den Buchdruck, das sich explizit gegen Übersetzungen aus der griechischen oder lateinischen Sprache äußerte, vgl. Widmann, Vom Nutzen und Nachteil der Erfindung des Buchdrucks, 1973, 43–46, Nr. 4, für weitere Quellenbelege ebd., 33–35 und 46–48. Zur Zensur im deutschen Sprachraum vgl. Giesecke, Der Buchdruck in der frühen Neuzeit, 1991, Kap. 5.5, 441–470.

[39] Vgl. im späten 15. Jahrhundert die wiederholten Invektiven des Filippo della Strada, vgl. bes. das in Haye, Filippo della Strada, 1997, Nr. IV, 298, edierte Gedicht, das die Drucker als Alkoholiker schmäht und sie zur Hölle wünscht (s. dazu auch ebd, 285), oder die 1524 veröffentlichten Philippika des Predigers Johann Eberlin von Günzburg gegen den Missbrauch des Buchdrucks durch die Geldgier der Drucker, vgl. Johann Eberlin von Günzburg, Mich wundert das kein gelt ihm [sic] Land ist, 1524 (VD16 E 135), Abschnitt unter der Überschrift *Von Buchtruckern, Buchfurern vnd Schreibern*, keine Blatt- oder Seitenzählung (15). S. auch die Vorwürfe gegen den Berufsstand der Drucker, ihre nachlässige Arbeitsmoral und ihren schlechten Lebenswandel in Sebastian Brants 1494 zuerst gedrucktem „Narrenschiff", vgl. Brant, Das Narrenschiff, ed. Lemmer 2004, Kap. 48, 117–120, hier V. 59–71. Derselbe Autor schlug freilich in seinem 1498 erstmals gedruckten *Elogium* auf die Druckkunst, das er just dem Herausgeber der „Narrenschiff"-Ausgabe von 1494 – Johannes Bergmann von Olpe – widmete, ganz andere Töne an. Dort dankt er den Druckern, deren Werk nach seinem Urteil der gesamten ‚Nation' der Deutschen eine ungeahnte kulturelle wie politische Blütezeit beschert habe, in Auszügen ed. und übers. Schnur (Hg.), Lateinische Gedichte deutscher Humanisten, 2015, hier 16–21, bes. V. 15 ff. und 43 ff.

[40] Vgl. Deutung und Teilzitat in deutscher Übersetzung bei Corsten, Der frühe Buchdruck und die Stadt, 1983, 23 f.

differenziert betrachtet, etwa in der Feststellung des Sponheimer Benediktinerabtes Johannes Trithemius, dass geringer nachgefragte Werke doch nur über das altbewährte Abschreiben vor dem Vergessen gerettet werden könnten.[41] Vereinzelt gibt es schließlich auch eine beiläufige Aufmerksamkeit dafür, wie der Buchdruck das Lese- und Lernverhalten transformierte: So mahnte Melanchthon in den zwanziger Jahren des 16. Jahrhunderts seine Studenten, dass das eigenhändige Abschreiben trotz der Allgegenwart gedruckter Bücher eine wichtige Gedächtnisübung bleibe.[42]

Dieser knappe Überblick macht deutlich, wie stark man sich schon in den Jahrzehnten um 1500 mit den gesellschaftlichen Folgen befasste, die der Buchdruck in der mittelalterlichen Schriftkultur auslöste.[43] Angesichts der Vielstimmigkeit dieses Diskurses geht man kaum fehl, gesamtgesellschaftlich eine eindrucksvolle Sensibilität

---

41 S. etwa Johannes Trithemius 1492/94 mit der Erklärung, der Druck werde niemals alle Texte vervielfältigen und damit verfügbar machen, vgl. Johannes Trithemius, De laude scriptorum, ed. und übers. Arnold 1973, cap. 7, 64f. Für Beispiele aus dem Universitätsbetrieb der 1520er Jahre, bei denen die für die Lehrveranstaltungen nötigen Werke nicht gedruckt vorlagen und daher von den Studenten handschriftlich kopiert werden mussten, vgl. Herweg, Wider die schwarze Kunst, 2010, 419, und Widmann, Der deutsche Buchhandel in Urkunden, 1965, Bd. 1, 33. 1545 stellte Conrad Gesner in der Vorrede zu seiner Universalbibliographie des gesamten griechischen, lateinischen und hebräischen Schrifttums vom Altertum bis auf seine Zeit fest, dass Gedrucktes sich schnell zerstreue; er forderte daher die Einrichtung von Bibliotheken für wertvolle alte Manuskripte. Vgl. Conrad Gesner, Bibliotheca Vniuersalis, 1545, Tl. 1.1, fol. 3r, und Müller, Der Körper des Buches, 205.

42 Philipp Melanchthon in einer Bekanntmachung an Studenten vom 13. Juni 1537, ed. [Philipp Melanchthon,] Philippi Melanchtonis Opera, Bd. III, 1836, Sp. 378f., Nr. 1585, in Übers. zit. bei Widmann, Der deutsche Buchhandel in Urkunden, 1965, Bd. 1, 33f. S. auch Filippo della Strada, der der Durchsetzung des Buchdrucks einen umfassenden Kulturverfall anlastet: Vor allem im unter Haye, Filippo della Strada, 1997, Nr. III, 296–298, edierten Gedicht beklagt er, dass der Buchdruck die Jugend von den klassischen Bildungsinhalten abbringe, ja, sie durch sein überbreites Angebot sogar in ihrer moralischen Entwicklung gefährde und die Autorität der Lehrer untergrabe (s. auch ebd., 286f.). Nach seiner Ansicht führe die durch den Druck ermöglichte Informationsflut einerseits dazu, dass man nicht mehr – wie beim gekoppelten Lesen und Abschreiben – intensiv studiere, sondern nur noch oberflächlich über das Gelesene hinweggehe (Nr. III, V. 19f., 47f., s. auch ebd., 288f.). Andererseits erklärt er am Beispiel der juristischen Literatur, dass man nur noch die Kommentarliteratur rezipiere, die Primärtexte aber nicht mehr kenne (Nr. III, V. 95f., s. auch ebd., 288). S. auch Johannes Trithemius, De laude scriptorum, ed. und übers. Arnold 1973, 60, mit dem Urteil, dass sich das, was man niederschreibe, dem Geist stärker einpräge, da man sich für das Schreiben und Lesen Zeit nehmen müsse.

43 Ausgeklammert bleiben hier einerseits die schon in den ersten Jahrzehnten manifeste Vereinnahmung von Gutenbergs Erfindungen durch die Humanisten im Wetteifer des anschwellenden Nationendiskurses (vgl. dazu Giesecke, Der Buchdruck in der frühen Neuzeit, 1991, 192–207 – auch mit Belegen aus dem Italien des 15. Jahrhunderts – und Hirschi, Wettkampf der Nationen, 2005, 284–287) sowie andererseits die Wechselwirkungen zwischen Reformation und Buchdruck. Dass die Reformation im Buchdruck ihr Medium fand, ohne das sich ihre Ideen und Schriften nicht so schnell und weit hätten verbreiten können, war auch den Reformatoren und den Druckereien in ihrem Dienst sehr wohl klar und zeigt sich vielfältig in den Zeitzeugnissen. Für Belegstellen zu Martin Luther vgl. den – in der Darstellung stark nationalsozialistisch gefärbten – Aufsatz von Lauch, Luthers bleibende Größe an die Buchdrucker, 1941, weitere Quellenbelege bei Widmann, Divino quodam numine, 1973, 263–265; vor allem aber Giesecke, Der Buchdruck in der frühen Neuzeit, 1991, 159–166 und passim.

für den Wandel in eine typographische Kultur zu attestieren. Mehrere Zeitzeugnisse formulieren sogar explizit, dass man den Buchdruck schon in seiner Entstehungszeit für einen Markstein, ja ein epochales Ereignis in der Geschichte der Schrift und der Kommunikation hielt.[44]

Klar wird das Gefühl der Zeitenwende artikuliert in einem Brief aus der Feder des französischen Theologen und Universitätslehrers an der Sorbonne, Guillaume Fichet, der um 1470 zusammen mit dem Deutschen Johannes Heynlin in Paris die erste Druckerei eröffnet hatte. In diesem Brief, der 1471 in einem der ersten in Paris entstandenen Drucke mit veröffentlicht wurde, erklärt Fichet, dass nach dem Zeitalter des *calamus*, des Schreibrohrs, dessen sich die Alten bedient hätten, und dem Zeitalter der *penna*, der Schreibfeder, die man jetzt – wie er selbst – noch nutze, nun das Zeitalter der *aereae litterae* angebrochen sei.[45] Aus der Rückschau möchte man pointiert zusammenfassen: Mit dem Zeitalter des Schreibrohrs meinte Fichet die Antike, mit dem Zeitalter der Feder bezeichnete er die Epoche, die wir heute Mittelalter nennen, und die Zeit der metallenen Buchstaben bedeutete für ihn der Anbruch der Neuzeit.

Glaubt man Fichet, so ist es also der Wechsel der Schreibgeräte, in dem sich der Fortschritt der Ars Scribendi vollziehe.[46] Andere Materialien, allen voran der

---

44 S. etwa Joachim Vadian in seinem Gedicht auf den Buchdruck von 1511, der Gutenbergs Idee, metallene Lettern zu gießen, mit drei epochalen Errungenschaften der Schriftgeschichte in der Antike vergleicht: mit der Erfindung der Schriftzeichen überhaupt in Ägypten, mit der Abstrahierung dieser Bilderzeichen hin zu reinen Schriftzeichen im griechischen Alphabet und mit der Erfindung der lateinischen Schrift (ed. und übers. Füssel, Ein wohlverdientes Lob der Buchdruckerkunst, 1996, 12f.). S. auch eine Ode auf den Buchdruck aus der Feder des Humanisten Conrad Celtis (datiert um 1500), mit dem Urteil, in allen Jahrhunderten sei nichts Nützlicheres erfunden worden als der Buchdruck. In den ersten beiden Strophen stellt der Dichter Gutenberg in eine Reihe mit Dädalus, das heißt dem Typus des Erfinder-Genies der griechischen Antike, sowie mit König Kekrops von Attika, dem Celtis die Erfindung der Buchstaben zuschreibt (ed. und übers. in Kühlmann/Seidel/Wiegand (Hg.), Humanistische Lyrik des 16. Jahrhunderts, 1997, Nr. 9, 57–59). Für weitere Belege vgl. Świerk, Johannes Gutenberg als Erfinder in Zeugnissen seiner Zeit, 1972, Nr. 2, 6, 10; Nemirovskij, Gutenberg und der älteste Buchdruck in Selbstzeugnissen, 2003, systematisches Register: Einträge „Nicht mit Hilfe von Schreibrohr, Griffel und Feder ..." und „Nicht mit dem Rohre ..." auf 209, und Eisenstein, Divine Art, Infernal Machine, 2011, 6, 13.
45 [...] *Ferunt enim illic, haut procul a ciuitate Maguncia, Joannem quendam fuisse, cui cognomen bonemontano, qui primus omnium impressoriam artem excogitauerit, qua non calamo (ut prisci quidem illi) neque penna (ut nos fingimus) sed aereis litteris libri finguntur et quidem expedite, polite et pulchre.* [...] Widmungsbrief zur Ausgabe Barzizius Gasparinus, Orthographia, [Paris: Ulrich Gering, Martin Crantz und Michael Friburger, kurz nach dem 1. Januar 1470/71], Bl. 1r–2r (GW 3691), für ein Faksimile der Passage und eine Übersetzung ins Deutsche vgl. Widmann, Vom Nutzen und Nachteil der Erfindung des Buchdrucks, 1973, 50f. und 13; s. auch Świerk, Johannes Gutenberg als Erfinder in Zeugnissen seiner Zeit, 1972, Nr. 3, 81. Zur Deutung vgl. Mertens, Früher Buchdruck und Historiographie, 1983, 84.
46 Dieser explizite Hinweis auf den Übergang von den ‚Schreibgeräten' der Feder, des Griffels oder des Schreibrohrs zum ‚Druckwerkzeug' der metallenen Lettern findet sich in einigen frühen Texten, am bekanntesten im Kolophon des 1460 in Mainz gedruckten *Catholicon*, vgl. Geldner, Die deutschen Inkunabeldrucker, 1968, Bd. 1, 29: Abb. aus dem Druck und Übers. Bei Francesco Maria Grapaldo ist

Beschreibstoff, spielten für ihn als Indikatoren eines Wandels keine Rolle. Diese Beobachtung ist aus moderner Perspektive nicht selbsterklärend. Spätestens mit der Sensibilisierung durch den Buchdruck hätte man auch das Papier als Thema entdecken können: In der aktuellen Forschung zur ‚Gutenberg-Revolution' gilt die massenhafte Verfügbarkeit eines vergleichsweise günstigen Bedruckstoffs als zentrale Voraussetzung für die fulminante Breitenwirkung des Buchdrucks – der Erfolg der „beweglichen Lettern" wird also ohne das Papier als nicht denkbar beurteilt.[47] Auch in den italienischen Notariatsinstrumenten, in denen sich in der Inkunabelzeit von den Chancen des Buchdrucks elektrisierte Universitätsgelehrte, alteingesessene Papier- und Buchhändler und anfangs oft aus der Fremde kommende Drucker mit dem nötigen Fachwissen als Geschäftspartner zur Herstellung von Buchprojekten zusammen taten,[48] spiegelt sich die Bedeutung des Papiers. Im Vergleich zu allen anderen Posten war es offenbar nicht nur der größte Kostenfaktor, sondern auch ein wichtiger Parameter für die Qualität der von ihnen produzierten Ware. Ähnliches gilt für die Korrespondenzen deutscher Druckerverleger mit ihren Lohndruckern.[49] In der um 1500 bereits

---

der Exkurs über die neue Kunst der *chalcographia* bezeichnenderweise in das Kapitel über die *penna* eingeschaltet, ed. Charlet, La bibliothèque, le livre et le papier d'après Francesco Maria Grapaldo, 1996, 357 (in der vorangehenden Passage über Tinte und Tintenfass machte der Autor schon die technikhistorisch bemerkenswerte Beobachtung, dass die für das Schreiben mit der Feder geeignete Tinte aufgrund ihrer Zusammensetzung nicht für den Druck tauge, ed. ebd., 356). S. auch das metaphernreiche Spiel mit den lateinischen Begriffen für Hahn/Gans und (Schreib-)Feder in den zwischen 1468 und 1471 nachweisbaren Kolophonen des römischen Erstdruckers Ulrich Ha(h)n, verfasst von seinem wissenschaftlichen Berater Gianantonio Campano, oder – in der Wertung konträr – das bei Filippo della Strada zur Gedichtzeile geronnene Verdikt, die Schreibfeder sei jungfräulich, das Gedruckte hingegen eine *meretrix*, eine Hure, vgl. Haye, Filippo della Strada, 1997, Nr. I, 296, V. 4, s. auch ebd., 289. Für weitere Belegstellen vgl. Pollard, An Essay on Colophons, 1905, 12, 23f. und 32.

47 S. als einflussreiches Beispiel den Klassiker „L'apparition du livre" von Henri-Jean Martin und Lucien Febvre aus dem Jahr 1958, in dem die beiden Autoren dem zentralen Rohstoff für die Druckereien ein längeres, heute noch lesenswertes Kapitel widmeten und dies mit dem Urteil begründeten (hier zit. nach der englischen Ausgabe Febvre/Martin, The Coming of the Book, 2010, 30): „It would have been impossible to invent printing had it not been for the impetus given by paper [...]". Darauf referierend und dieses Urteil bestätigend s. jüngst Needham, Book Production on Vellum and Paper, 2015, 251. Für die deutsche Forschung vgl. Mertens, Früher Buchdruck und Historiographie, 1983, 91, mit der Referenz auf vergleichbare ältere Äußerungen bei Hermann Heimpel und dem Gutenberg-Spezialisten Hans Lülfing, sowie zuletzt Bellingradt, Vernetzte Papiermärkte, 2020, 82–84, s. auch schon 24f.

48 S. dazu den instruktiven Aufsatz von Balsamo, Imprese tipografiche in Emilia, 1976, vor allem am Beispiel der notariellen Überlieferung, die sich von den beruflichen Stationen des Kemptener Druckers Johannes Vurster in der Emilia und der Lombardei und insbesondere von seiner anfangs offenbar von euphorischen Gewinnaussichten getragenen, mit den geschäftlichen Misserfolgen jedoch zunehmend konfliktreichen Kooperation mit dem aus Modena stammenden Papierproduzenten Cecchino da Morano erhalten haben, s. bes. 131–137. S. ergänzend zu Vursters Aktivitäten mit einer Edition ausgewählter Dokumente im Anhang Canova, Tipografi, librai e cartolai, 2004. Vgl. dazu auch schon oben Kap. B.2 unter „Fallbeispiele: Urach und Mantua".

49 S. den von dichten Kommentaren zum Rohstoff Papier – zu Liefermengen und -engpässen, Transportproblemen, möglichen Bezugsadressen, Formaten, Qualitätsanforderungen bzw. -mängeln – durch-

äußerst lebendigen zeitgenössischen Debatte um Erfolg und Schattenseiten des Buchdrucks wird der Konnex zwischen Papier und Buchdruck trotzdem nur äußerst selten bemerkt.

Kasten B.3.2: Frühe Kommentare zum Konnex zwischen Buchdruck und Papier.

Johannes Trithemius, De Laude Scriptorum, nach der im Druck von 1494 (Offizin: Peter von Friedberg, Mainz) publizierten Textgestalt, darunter Varianten der handschriftlich erhaltenen Fassung, die Trithemius mit einem Widmungsbrief vom 8. Oktober 1492 an Gerlach von Breitbach, Abt des Klosters Deutz, gesandt hatte:[50]

[Einleitung, in der Inhaltsübersicht angekündigt als *Exordium libri tractat de laude scriptorum*]

[...] Quicquid enim boni agimus, quicquid fructuose docemus, in oblivionem cito rapitur, nisi scriptorum studio litteris commendetur. Scriptores ergo virtutem dant verbis, memoriam rebus, vigorem temporibus. Hos si de ecclesia tollas, vacillat fides, caritas friget, spes decidit, ius perit, confunditur lex, in oblivionem transit evangelium. Denique si scriptura defecerit, dispergetur populus, devotio[1] extinguetur, pax catholice unitatis confusa turbabitur. Sed absque scriptoribus non potest scriptura diu salva consistere, que et casu frangitur et vetustate corrumpitur. Impressura enim res papirea est et brevi tempore tota consumitur[2]. Scriptor autem membranis[3] commendans litteras, et se et ea, que scribit, in tempus longinquum extendit. [...]

[1] *devotio] devocio.*
[2] *brevi tempore tota consumitur] cito madefacta colliditur.*
[3] *membranis] pergameno.*

[...] Quod propter impressuram a scribendis voluminibus non sit desistendum. Cap. VII.

---

setzten Briefwechsel zwischen dem Nürnberger Verleger Anton Koberger und seinem Drucker Johannes Amerbach über bzw. in Teilen mit dem Papierhändler Friedrich Brechter in Straßburg aus den Jahren 1496 bis 1504, der von Oskar Hase 1885 als Edition im Anhang seiner Monographie über den Geschäftsbetrieb Kobergers vorgelegt wurde, s. Briefbuch der Koberger, in: Hase, Die Koberger, 1885, Briefe Nr. 6–8, 17, 24, 29, 35–37, 42, 46–50, 52, 55–56, 64, 68, 75, 79, 105; zu Brechters Geschäften mit Papier vgl. Westermann/Westermann, Der Papier-, Kupfer- und Silberhandel der Straßburger Prechter, 2011, 255–257.

50 [Trithemius, Johannes,] De laude scriptorum, 1494 (GW M47538), fol. aIIIr und bIIr. Ed. Johannes Trithemius, De laude scriptorum, ed. und übers. Arnold 1973, 34 mit Anm. f–h und 62. Erneuter Abdruck der Passage mit lateinischem Text und deutscher Übersetzung bei Steinmann (Hg.) Handschriften im Mittelalter, 2013, Nr. 715.3, 655f. Arnold unterscheidet in seiner Edition eine erste Redaktion von 1492, für die er zwei aus Sponheim stammende Handschriften als Textzeugen benennt – darunter diejenige Abschrift, die Trithemius an Abt Gerlach von Breitbach nach Deutz senden ließ – sowie eine zweite Redaktion von 1494, die er im Mainzer Druck sowie in zwei davon abhängigen handschriftlichen Kopien fassen konnte. Nicht berücksichtigt in der Edition sind zwei nur Exzerpte enthaltende Erfurter Handschriften, vgl. die Einleitung in Johannes Trithemius, De laude scriptorum, ed. und übers. Arnold 1973, bes. 20–23. Marks, A Cologne Benedictine Scriptorium, 1980, bes. 163, verweist auf einen weiteren Textzeugen, der ursprünglich im nur unweit von St. Heribert gelegenen Schwesterkloster St. Martin auf der Kölner Rheinseite aufbewahrt wurde, für das ein Skriptorium nachweisbar ist, das nach Marks die von Trithemius geforderten Ansprüche durchaus zu erfüllen vermochte.

Nemo cogitet, fratres, nemo dicat: „Quid necesse est me scribendo fatigari, cum ars impressoria tot tantosque libros transfundat in lucem, ut modico ere magnam bibliothecam possimus instruere?" Vere, quicumque talia loquitur, ocio suo tenebras facere conatur. Quis nescit quanta sit inter scripturam et impressuram distantia? Scriptura enim, si membranis imponitur, ad mille annos poterit perdurare, impressura autem, cum res papierea sit, quamdiu subsistet? Si in volumine papireo ad ducentos annos perdurare potuerit, magnum est; quamquam multi sunt quia propria materia impressuram arbitrentur consumendam. Hoc posteritas iudicabit.

Handschriftliche Kopie des Pentateuch mit den Kommentaren von Hugo von Saint-Cher, Kolophon im ersten von insgesamt fünf Bänden (Oxford, Bodleian Library, Canon.Bibl.Lat.65, fol. 230v), geschrieben 1507 von Henricus de Bello Orto in Brescia:[51]

Memorans verbis Job dicentibus Quis michi det ut exarentur in libro stilo ferreo aut plumbi lamina etc. Videns tam magnam copiam librorum expositionis predicti domini Hugonis modernis temporibus expeditorum: sed in papiro pauperriuri [sic] reductorium: et quia ipsa volumina et expositiones perducari non possent multo tempore / Videns hanc materiam expositionum a pluribus illustris doctoribus esse laudatam et approbatam: modo non in stillo [sic] ferreo reduci Valuit sed in pargameno [sic] meliori quia repereri potuit adimplevit: nec in plumbis laminibus sed in litteris aureis et argenteis ac omni pulcritudine [sic] color circum circa ornari et depingi fecit: Vt in hoc perpetuetur nomen dei omnipotentis et opera eius ... Scribi eciam fecit per me henricum de belloorto scribam habitatorem varambonis in brescia in quo oppido scripsi et perfeci hodie vndecima marcii Millesimo quingentesimo septimo.

Thomas More, De optimo statu rei publicae deque nova insula Utopia, entstanden 1515, zuerst gedruckt in Löwen 1516, hier zitiert nach einer der beiden verbesserten Basler Ausgaben des Jahres 1518 sowie in den Übertragungen ins Deutsche 1524 und Italienische 1548:

– Lateinische Ausgabe, im November 1518 gedruckt in Basel bei Johannes Froben:[52]

[...] quem caeterorum more artificum, arbitra[n]tur, mundi huius uisendam machinam homini (quem solum tantae rei capacem fecit) exposuisse spectandam, eoq[ue] chariorem habere, curiosum ac solicitum inspectorem, operisque sui admiratorem, quam eum qui uelut animal expers me[n]tis, tantum

---

[51] Ed. in Watson, Catalogue of Dated and Datable Manuscripts, 1984, 27f., Nr. 150. Vgl. Needham, Book Production on Paper and Vellum, 2015, 262.

[52] [Thomas More,] De optimo reip. Statu, deque nova insula utopia, November 1518 (VD16 M6300), Lib. II., Cap. *De peregrinatione Vtopiensivm*, 93–119, hier 117f. S. auch die im Haupttext nach der Basler Ausgabe vom März 1518 zitierende Edition: Thomas More, Utopia, hg. von Surtz/Hexter 1965, 182–184, sowie im Anmerkungsapparat die Varianten für die Ausgaben der Jahre 1516, 1517, November 1518, 1519 und 1548, die jedoch nur wenige orthographische Veränderungen abbilden, weshalb hier auf ihre Wiedergabe verzichtet wird.

Weitere Drucke des lateinischen Originals bis zur Mitte des 16. Jahrhunderts: Löwen: Thierry Martens 1516 (USTC 400360; NB 21636); Paris: Jean II. du Pré (& Jacques le Messier), Gilles de Gourmont (USTC 144673; FB 80150); Basel: Johannes Froben März 1518 (VD16 M6299); Florenz: Erben von Filippo Giunta 1519 (am Ende von Luciani Opuscula, vgl. dazu die Einleitung der Edition: Thomas More, Utopia, hg. von Surtz/Hexter 1965, cxcii, und Roggen, A protean text. *Utopia* in Latin, 2008, 15f.); Löwen: Servaes Sassenus für Arnold Birckman 1548 (NB 21637; USTC 400781). Für eine Liste der insgesamt 45 Auflagen auf Latein wie in den Volkssprachen Deutsch, Italienisch, Englisch, Holländisch und Spanisch bis 1643 vgl. Thomas More's *Utopia* in Early Modern Europe, hg. von Cave 2008, 281–285. Für eine Liste der Ausgaben nach 1550 sowie für eine ausführliche Beschreibung der hier

ac tam mirabile spectaculum stupidus immotusq[ue] neglexerit. Vtopiensium itaque exercitata literis ingenia mire ualent ad inuentiones artium, quae faciant aliquid ad commodae uitae compendia. Sed duas tame[n] debent nobis Chalcographorum & faciendae chartae, nec solis tamen nobis, sed sibi quoq[ue] bonam eius partem. Nam quum ostenderemus eis libris chartaceis impressas ab Aldo literas, & de chartae faciendae materia, ac literas imprimendi facultate loqueremur, aliquid magis quàm explicaremus (neq[ue] enim quisquam erat nostrum qui alterutram calleret) ipsi statim acutissime co[n]iecerunt rem. & quum ante pellibus, corticibus, ac papyro tantum scriberent, iam chartam illico facere, & literas imprimere tentarunt: quae quum primo non satis procederent, eadem saepius experiendo, breui sunt utru[m]q[ue] consecuti, tantumq[ue] effecerunt, ut si essent Graecorum exemplaria librorum, codices deesse non possent. At nunc nihil habent amplius, quam à me commemoratum est, id uero quod habent impressis iam libris, in multa exemplariorum millia propagauere. [...]

- Übersetzung ins Deutsche von Claude Chansonette, latinisiert Claudius Cantiuncula, 1524 gedruckt in Basel bei Johannes Bebel:[53]

[...] Sy achten ouch das der so mit flyß vn[n] sorgfeltigkeit ansicht / das wunderbarlich werck des Schoepffers / vnd sich darab verwundern thuot / sige dem selbigen Schoepffer vyl lieber / weder der / so als ein vnuernünfftig thier thum[m] vnnd vnbeweglich kein acht nimpt eins sollichen wunderbarlichen spectakels / Vnd darumb wen[n] die Vtopianische juge[n]t mitt der leer geuebt / wirt alsdan[n] treffenlich geschickt zuo erfindung der künsten / so da eym guoten leben dienstlich syn moegent / Doch habent sy zwo künst vo[n] vns / Namlich die druckery vnd wie man vnserley papyr machen solle / wiewol sy die nit allein von vns / sonders ouch von jnen selbs habend / dan[n] d wir jnen ettliche buochstaben / so der Aldus in papyrinen buochern gedruckt hatt / vn[n] wie vnser papyr gemacht / wie ouch die buecher also gedruckt wurdent / anzeigt hetten / fiengent sy glych gar subtyl vn[n] vffs schoerpfsest von den sachen zuoreden / ouch ettwas wyter weder wir selbs / dan[n] es was keiner vnder vns / der derselbigen zweyer künsten eine wüßte / Vn[n] wiewol sy vor allwegen vff hüten / vff boeumen rinden / vnd vff natürlichem papyr pflegent zuo schryben / vnderstuondent sy von stunden an vnserley papyr zemachen / vnn buochstaben darin zuodrucken / welches so jnen anfangs nit gentzlich geraten wolt / uebten sy sich dennocht der massen / das sy gar in kurtzem beyde künst recht vnnd wol lerneten / hand ouch souil zuowegen bracht / das / wa sy Griechische buecher zuo exemplar hettent / wurdent jnen kein buecher darnach nitt breste[n] / Aber sy habent yetz keine weder die / so ich ob erzelt hab / der selbigen aber hand sy yetzund vyl dusendt gedruckt [...]

---

genannten vier frühesten Auflagen vgl. die Einführung zur Edition: Thomas More, Utopia, hg. von Surtz/Hexter 1965, clxxxiii–cxciii.

53 [Thomas More,] Von der wunderbarlichen Innsel Utopia genant das ander Buch, 1524 (VD16 M6304; USTC 703719), Kap. *Von der vtopianer faert vnd wandlung*, ohne Paginierung (hier fol. Jr–v). Die Übersetzung des Claude Chansonette umfasst nur den zweiten Teil der *Utopia*; er widmete sie Bürgermeister und Rat Basels – seinen Dienstherren – mit der Captatio benevolentiae, als Herren einer so *loblichen Stadt* würden sie sicher auch gern von anderen vorbildlichen Regimenten lesen. Vgl. Hoyer, Utopia deutsch, 1981, bes. 237–243, und Salberg, The German translations, 2008, bes. 32–39, 44–46. Für eine Edition des Vorworts vgl. Thomas More's *Utopia* in Early Modern Europe, hg. von Cave 2008, 149–160. Zur Biographie des Cantiuncula und seinen weiteren Werken vgl. Thieme/Rowan, Claudius Cantiuncula, 1985. Anlass war Cantiunculas Abschied aus der Stadt, in der er nach seinem Studium in Löwen seit 1517 eine glanzvolle akademische und politische Karriere begonnen hatte. Die Ausgabe erschien zwar nicht wie die beiden lateinischen Fassungen von 1518 in der Offizin von Johannes Froben, doch Johannes Bebel hatte sich dessen Holzschnitte geliehen bzw. gekauft.

- Übersetzung ins Italienische, Ortensio Lando zugeschrieben, 1548 gedruckt in Venedig bei Anton Francesco Doni:[54]

[...] Pensando che egli (come fano gli altri artefici) habbia posto innanti à gli occhi de l'huomo, il qual solo ha fatto di tal cognitione capace, questa machina, accioche la consideri: e che piu gli sia caro l'huomo, che considera con admiratione le digniβime opere di quello, che colui, il quale come animale senza intelletto e stupido non si cura di mirare questo mirabile spettacolo. Cosi gli ingegni de gli Vtopiensi ne le lettere esercitati, uaglino mirabilmente à truouare le arti utili a i commodi de la uita. Má sono à noi debitori di due, cioe di imprimere libri, e fare la carta bambacina, benche in buona parte da loro steβi ne uennero à perfetta cognitione di quelle. Perche mostrando le loro lettere di Aldo impressi in carta bambacina, e ragionando con loro de lo stampare libri, intesero assai piu oltra di quello, che diceuamo, perche niuno di noi era molto esperto di una ne di l'altra: elli di subito fecero congiettura come si poteβeno fare cotal arte: e perche scriueuano per adietro in pelli, in scorza, & in papero, tentarono subito di fare la carta e stampare, mà non riuscendo da principio, fecero tante fiate l'esperie[n]tia, che appresero amendue queste arti, e se non mancasseno loro copie, hauerebbono gia stampato assai libri Greci. Mà non hanno altri libri, che li sopradetti, e di questi hanno stampato gran numero, ogn'uno che sta di singulare ingegno, cuero c'habbi ueduto buona parte del mondo, il quale peruenga à loro per mirare gli istituti di quelli, e racccolto benigname[n]te, perche odono uolontieri cioche si sa ne gli altri paesi. [...]

Bemerkenswerte Ausnahme ist ein der Forschung bislang entgangenes, da an ungewöhnlichem Ort verstecktes Zeugnis, das m. W. als frühester Text diesen Konnex zumindest knapp positiv darstellt: Es findet sich in der um 1515 entstandenen Schrift *De optimo statu rei publicae deque nova insula Utopia* des englischen Juristen und Humanisten Thomas More, seinem bis heute berühmtesten Werk, das schon seine Zeitgenossen unmittelbar und europaweit faszinierte. Fünf dicht aufeinanderfolgende Auflagen gedruckt in Löwen 1516, in Paris 1517, in Basel im März und nochmals im November 1518 sowie in Florenz 1519[55] zeigen, dass der Text sehr schnell das eng mit More und seinem Freund Erasmus verbundene Netzwerk an Humanisten und Druckern im deutschen Südwesten und in Italien erreichte.[56] In beiden Ländern wurde er früher als in England in die Volkssprache übersetzt.[57]

---

54 [Thomas More,] La Republica nuouamente ritrouata [...], 1548 (EDIT16 49218; USTC 858992), Libro Secondo, Cap. *Pellegrinaggi de gli Vtopiensi*, fol. 34r–44r, hier fol. 43v–44r. Für den Erfolg dieser Ausgabe spricht, dass schon 1561 eine zweite Auflage mit einer Überarbeitung aus der Feder des Historikers Sansovino erschien. Vgl. Gjerpe, The Italian *Utopia* of Lando, Doni and Sansovino, 2008.
55 Für eine Liste der Auflagen vgl. den Anmerkungsapparat zum Kasten B.3.2.
56 Für einen konzisen Überblick über die Druckgeschichte der lateinischen Fassung vgl. Roggen, A protean text. *Utopia* in Latin, 2008.
57 S. dazu oben im Kasten B.3.2 die Übersetzungen aus dem Jahr 1524 von Claude Chansonette ins Deutsche und 1548 wohl aus der Feder von Ortensio Lando – das heißt, immer noch drei Jahre vor der frühesten und bis heute am meisten zitierten englischen Ausgabe – ins Italienische.

In der *Utopia* betrieb More ein kunstvolles Verwirrspiel um Fakt und Fiktionen, um ernstgemeinte Zeitkritik und unterhaltsame Satire.[58] Eine Rahmenhandlung mit realen Personen – ihn selbst als Ich-Erzähler und den Entdecker Amerigo Vespucci eingeschlossen – dient dazu, die Forschungsreise des imaginären Seemanns Hythlodaeus zum ebenfalls erfundenen Inselreich Utopia als wahre Geschichte einzuführen.[59] Sie wird im Bericht des Protagonisten zum Entwurf einer – nur scheinbar oder doch idealen? – egalitären Gesellschaft, die weder Geld noch Privateigentum kennt, in der jeder, Mann wie Frau, zur Arbeit verpflichtet ist, aber auch religiöse Toleranz genießt und Zugang zu Bildung erhält.

Diese unsicheren, zwischen den Polen ‚fremd' und ‚fiktiv', ‚ideal' oder ‚ironisch' oszillierenden Lesarten der *Utopia* bilden den Kontext, vor dem die Zeitgenossen auch die Stelle über das Papier rezipierten. More hat sie in eine eigene längere Passage über die Vortrefflichkeit der Utopier*innen in der Pflege von Unterricht und Wissenschaft eingebaut.[60] Hythlodaeus, den More eben nicht nur als Entdecker, sondern ebenso als humanistischen Intellektuellen vorstellt, erweist sich hier mit seiner Vorliebe für die griechische Literatur als Alter Ego des Autors. Statt Kaufmannsware, so erklärt er, habe er auf die Reisen lieber seine Bücher mitgenommen, ausnahmslos Autoren der griechischen Antike von Platon bis Galen, die er ausführlich auflistet.[61] Mitgeführte Grammatiken und Wörterbücher hätten ihm daher dazu gedient, die ebenso wissbegierigen wie lernfähigen Inselbewohner*innen in die Sprache einzuführen; in nur drei Jahren, so lobt er ihre außergewöhnlich rasche Auffassungsgabe und ihren großen Fleiß, hätten sie das Griechische in Perfektion erlernt. Seine abschließende Klage, dass er diesen begabten Schüler*innen kein größeres Korpus an Schriften habe bieten können, wird untermalt durch die Anekdote, dass eine Meerkatze auf der Überfahrt sein Exemplar von Theophrasts Werk über die Pflanzen zerfleddert habe.

---

58 Zur Diskussion der Forschung, wie ernst es More mit seiner Kritik wie mit seinem Gegenentwurf war oder ob sein Text nicht im Gegenteil nur als intellektuelle Spielerei zu lesen ist, vgl. etwa Ludwig, Thomas Morus, 1999.
59 Anders als heute war der Name der Insel noch kein breit eingeführter Marker für die Phantastik des Textes und in der Epoche der sensationellen Entdeckungsfahrten in die ‚Neue Welt' musste Mores ‚Bericht' nicht unmittelbar unglaubwürdig erscheinen, vgl. dazu Roggen, A protean text. *Utopia* in Latin, 2008, 14. Für seine elitäre Peergroup der Humanisten hatte der Autor jedoch vor allem über die aus dem Griechischen entlehnten Personen- und Ortsnamen ironisch-humoristische Fiktionalitätssignale eingestreut: So bedeutet der Name des Inselreichs Utopia „Nichtland", während im Namen des Protagonisten der Begriff *hythlos*, „Unsinn", steckt. Die den frühen Auflagen beigegebene Korrespondenz anderer Humanisten zeigt, dass Mores Freunde das literarische Versteckspiel nicht nur durchschauten, sondern auch mit Vergnügen fortsetzten. Einführend zu Inhalt und Bedeutung der Paratexte in den frühen lateinischen Drucken vgl. ebd., 19–24. Auch nicht in den alten Sprachen gebildete Leser*innen konnten freilich erkennen, dass More die Maske des Hythlodaeus im ersten Buch für Kritik an den politischen Verhältnissen im England der Tudor-Zeit nutzte.
60 Ed. Thomas More, Utopia, hg. von Surtz/Hexter 1965, 178–184 (mit Übers. ins Englische).
61 Ed. Thomas More, Utopia, hg. von Surtz/Hexter 1965, 180–182.

Der Scharfsinn der Utopier*innen bezieht sich aber nicht nur auf die Aneignung dieses geistigen Schatzes, den Hythlodaeus und seine Gefährten aus Europa mitbringen. Mit der Randglosse *Contemplatio naturae* markiert, folgt ein Abschnitt, der das große Interesse der Utopier*innen auch an der materiellen Form der ihnen vorgelegten Bücher demonstriert. Bislang, so erklärt der Berichterstatter, habe man im Inselreich Utopia lediglich auf Tierhäute, Baumrinde und Papyrus geschrieben (die 1524 in Basel verlegte deutsche Fassung von Cantiuncula übersetzt letzteres als *natürliches papier*).[62] Nun aber hätten ihnen Hythlodaeus und seine Gefährten aldinische Typen auf Papier gedruckt gezeigt. Schon zuvor hatte Hythlodaeus bei seiner Auflistung der mitgebrachten Bücher zur Ausgabe des Sophokles einfließen lassen, dass er sie seinen Gastgeber*innen in der von Aldus Manutius in Venedig gedruckten Ausgabe habe vorlegen können.[63] Ebenso aufmerksam und rasch registrieren die Utopier*innen daraufhin die Vorteile dieser Textträger und lassen sich auch nicht davon abschrecken, dass die aus Europa angereisten Gäste sowohl von der Papierherstellung als auch vom Druckverfahren nur grob und oberflächlich zu berichten wissen. Keiner der Mitreisenden, so betont Hythlodaeus nämlich, habe eigene Erfahrungen in einer der beiden Künste vorweisen können. Anfänglichen Misserfolgen zum Trotz sei es den Utopier*innen dennoch außergewöhnlich schnell gelungen, sich beide Erfindungen anzueignen und zu solcher Könnerschaft vorzustoßen, dass sie sogar die schwierigen griechischen Vorlagen hätten in kurzer Zeit tausendfach verbreiten können.

Wie ist diese Stelle in Hinblick auf unsere Fragen einzuordnen? Gerade im Vergleich zu anderen Passagen des Werks ist sie als unterhaltsam erzählte, insgesamt jedoch vergleichsweise konventionelle Darstellung klassischer humanistischer Bildungsideale zu bewerten.[64] Auch die Bemerkungen des Hythlodaeus über den Buchdruck waren angesichts des breiten gesellschaftlichen Diskurses über diese Kunst und ihre Folgen nicht ungewöhnlich. Ungewöhnlich blieb aber die Neuakzentuierung am Schluss, dass More für die Bedeutsamkeit und Verbreitung der europäischen Buchkultur eben nicht nur die Erfindung der beweglichen Lettern, sondern gleichberech-

---

62 Ed. Thomas More, Utopia, hg. von Surtz/Hexter 1965, 182. More zählt hier ‚archaische' Beschreibmaterialien auf, die topisch auch in der enzyklopädischen Literatur des Mittelalters und der Frühen Neuzeit für die unbestimmte Zeit der ‚Alten' aufgelistet werden, s. dazu ausführlicher Kap. B.7.
63 Die Herausgeber Edward Surtz und J. H. Hexter verweisen dazu auf einen Brief Mores, in dem er sowohl Aldus Manutius als auch den Basler Drucker Froben für die Vortrefflichkeit ihrer griechischen Drucke lobt. Der Hinweis auf Manutius in der *Utopia* könne als Zeichen der Referenz an Aldus anlässlich seines Todes am 6. Februar 1515, das heißt im Entstehungsjahr des Werkes, gedeutet werden. Die in der *Utopia* erwähnte Sophokles-Ausgabe aus der aldinischen Offizin ist bis heute nachweisbar. Vgl. den Sachkommentar zur Edition: Thomas More, Utopia, hg. von Surtz/Hexter 1965, 269 zu 2/20 und 470 zu 182/4.
64 Welche Anregungen die aufgelisteten griechischen Autoren im Reisegepäck des Hythlodaeus, allen voran Plato, zu den provozierenderen Inhalten der *Utopia* gegeben hatten, wird jedenfalls nicht thematisiert. S. dazu die Diskussion der Quellen, Parallelen und Einflüsse auf Mores Text in der Einleitung der Edition: Thomas More, Utopia, hg. von Surtz/Hexter 1965, cliii–clxxix.

tigt auch die Innovation der Papierherstellung nennt. Nebenbei erfahren heutige Leser*innen, was um 1500 selbstverständlich war: Dass auch hochgebildete Menschen wie Hythlodaeus in beiden Künsten eben nicht *molto esperto* waren, wie die italienische Version von 1548 übersetzte (s. Kasten B.3.2), sondern – so impliziert die Formulierung – dass das für die Produktion nötige technische Know-how das Wissen von Fachleuten war.

Trotz der breiten Rezeption der *Utopia* ist bislang nicht nachweisbar, dass Mores positive Bezugnahme auf das Papier den Zeitgenoss*innen weiter aufgefallen wäre – offenbar fehlte ihnen noch der sichere Spürsinn der Utopier*innen für die Bedeutung dieses Faktors. Anschlussfähiger an die zeitgenössische Communis Opinio war dagegen vermutlich – wie im Folgenden plausibel gemacht werden soll – das negative Urteil über Papier, wie es prominent in einem in der Forschung gut bekannten und oft zitierten Statement aus der Feder des oben schon einmal genannten Humanisten Johannes Trithemius erscheint.[65] Paul Needham machte erst 2015 auf einen zweiten vergleichbaren Text aus dem ersten Jahrzehnt des 16. Jahrhunderts aufmerksam: In beiden wird Papier zum Argument *gegen* den Buchdruck.

Trithemius, ein herausragender Bücherliebhaber und Buchkenner, war allerdings kein prinzipieller Gegner des Buchdrucks.[66] In einem Brief an seinen Bruder Jakob aus dem Jahr 1506 stellte er sogar begeistert fest, durch die neue Technik seien wahrhaft goldene Zeiten angebrochen, in denen das lange Zeit vernachlässigte Studium der Wissenschaften endlich wieder aufblühe.[67] Entscheidender ist noch, dass er viele seiner eigenen Werke im Druck vervielfältigen ließ, darunter sogar den Traktat *De Laude Scriptorum*, der heute als berühmteste Medienkritik am Buchdruck gilt. Verfasst hatte er ihn im Spätsommer 1492, wie der Geleitbrief berichtet, auf Bitten seines Amtsbruders Gerlach von Breitbach, dessen Kloster St. Heribert in Deutz bei Köln sich gerade erst der Bursfelder Reformbewegung innerhalb des benediktinischen Ordens angeschlossen hatte.[68] Angesichts der gemeinsamen Überzeugung, dass die Schreibkunst, für die die Benediktiner einst so berühmt gewesen waren, wiederbelebt werden müsse, sollte Trithemius ihm eine Handreichung bieten, um die ihm anvertrauten Brüder für diese Arbeit zu motivieren. Schon Anfang Oktober 1492 erfüllte der Autor

---

[65] Vgl. etwa Howie, Benedictine Monks, Manuscript Copying and the Renaissance, 1976, 151f.; Brann, A Monastic Dilemma Posed by the Invention of Printing, 1979, vor allem 152 und 154; Clanchy, Looking Back from the Invention of Printing, 1982, vor allem 172; Mertens, Früher Buchdruck und Historiographie, 1983, 90f.; Giesecke, Der Buchdruck in der frühen Neuzeit, 1991, 153, 182–185; Neddermeyer, Von der Handschrift zum gedruckten Buch, 1998, 312f. und 315; Clanchy, Parchment and Paper, 2007, 195; Herweg, Wider die schwarze Kunst, 2010, 425–428; Eisenstein, Divine Art, Infernal Machine, 2011, 15; Müller, Weiße Magie, 2012, 102–104; Needham, Book production on paper and vellum, 2015, 257–262.
[66] Vgl. die Sammlung von entsprechenden Belegstellen bei Brann, A Monastic Dilemma Posed by the Invention of Printing, 1979, 156f., und Embach, Skriptographie versus Typographie, 2000, 141–143.
[67] Brief des Johannes Trithemius an seinen Bruder Jakob vom 24. Juni 1506, ed. Johannes Trithemius, Opera historica, ed. Freher 1601, Tl. 2, 505–507, hier 505.
[68] Vgl. Johannes Trithemius, De laude scriptorum, ed. und übers. Arnold 1973, 28–31.

die Bitte mit der Zusendung seines Gerlach gewidmeten ‚Schreiberlobs', in dem er den Deutzer Mönchen eine Fülle von Argumenten entwickelt, weshalb sie auch im Zeitalter des Buchdrucks das Schreiben von Büchern mit der Hand nicht vernachlässigen dürften (für die Zitate und Paraphrasen im Folgenden vgl. Kasten B.3.2).

Gleich in den ersten Zeilen der Einleitung formuliert der Autor seine zentrale Überzeugung, es seien die Schreiber, die den Worten erst Wirkung und den Taten Dauer verliehen, nur in ihren Schriften blieben die vergangenen Zeiten lebendig. Gäbe es die *scriptura* nicht, so würde der Glaube wanken, die (Nächsten-)Liebe erkalten, die Hoffnung schwinden, Recht und Gesetz vergehen, ja, das Evangelium würde vergessen. Trithemius malt das düstere Bild vom Untergang der Zivilisation, in dem das Volk zerstreut, die Frömmigkeit ausgelöscht und Friede und Einheit der Rechtgläubigen zerstört würde. Die *scriptura* aber sei angewiesen auf die Schreiber, denn nur durch sie könne man seiner Vernichtung durch den Zufall oder den allmählichen Verlust wegen Alterung begegnen. Der Buchdruck sei hier keine Hilfe, so schließt er an, um schon hier zum ersten Mal die Rolle der Beschreib- bzw. Bedruckstoffe zu erwähnen: Der Buchdruck sei nämlich eine *res papirea*, er hänge also vom Papier ab, weshalb Trithemius ihm ebenso knapp wie resolut keine lange Lebensdauer bescheinigt.

Umfassender kommt der Autor auf dieses Thema im siebten Kapitel zurück, inmitten einer Kaskade an Argumenten, weshalb er das Vertrauen in gedruckte Bücher für trügerisch hält, obwohl man für wenig Geld eine ganze Bibliothek zusammenkaufen könne. Zum Trägermaterial der Bücher führt er hier näher aus, die Handschrift – für die er ohne weiteres Pergament als Beschreibmaterial voraussetzt – könne tausend Jahre überdauern. Wie lang ein Druck dagegen Bestand haben werde, das sei völlig ungewiss. Anlass für Zweifel an seiner Haltbarkeit liefert Trithemius mit der Behauptung, es sei außergewöhnlich, wenn ein Codex auf Papier älter als 200 Jahre werde.

Ganz ähnliche Bedenken sind auch im schon erwähnten weiteren Zeugnis aus dem ersten Jahrzehnt nach 1500 artikuliert (s. Kasten B.3.2):[69] Sie finden sich in einem Kolophon in einer auf fünf Bände angelegten Abschrift des Pentateuch mit den Kommentaren des Hugo von Saint-Cher, einem der einflussreichsten Bibelkommentatoren des Mittelalters. An der großformatigen Prunkausgabe auf Pergament, die über 500 Blätter umfasst, wurde über fünf Jahre von 1507 bis 1511 gearbeitet. Der erste Schreiber, Henricus de Bello Orto,[70] der über dem Schreiben des dritten Bandes versterben sollte, erklärte am Ende des ersten Bandes, weshalb der italienische Kleriker Guichardus de Papia alias de Rovedis den Auftrag zu diesem gewaltigen Werk gegeben hatte: Guichardus habe festgestellt, dass es in seiner Zeit eine große Zahl an Kopien von Hugos

---

69 Vgl. Needham, Book Production on Paper and Vellum, 2015, 262f.
70 Nach Needham, Book Production on Paper and Vellum, 2015, 262, handelt es sich dabei um den französischen Schreiber Henri de Beaujardin aus Amiens, der die Arbeit an den Bänden jedoch in Brescia erledigte. In den bei Watson, Catalogue of Dated and Datable Manuscripts, 1984, 27f., Nr. 150, zitierten Schreibereinträgen bezeichnet sich Henricus freilich als *habitator varambonis*, Einwohner von Varambon in der heutigen französischen Region Auvergne-Rhône-Alpes.

Bibelkommentaren gebe. Diese seien jedoch unglücklicherweise auf Papier hergestellt und hätten daher keine lange Lebensdauer. Guichardus habe daher beschlossen, eine Kopie nicht auf Papier, sondern auf gutem Pergament und nicht mit Drucklettern, sondern mit Gold- und Silberbuchstaben anfertigen zu lassen. Auf diese Art werde er den Namen Gottes und seiner Werke verewigen.

Die Aussagen des Trithemius und des Guichardus über Papier sind unmissverständlich: Beide Buchliebhaber eint das negative Urteil über dieses Material. Rechtfertigt Guichardus damit nur eine – wenngleich, wie Paul Needham eindrücklich darlegt, ziemlich zeitaufwändige und teure – Einzelfallentscheidung,[71] so bezweifelt Trithemius die Haltbarkeit gedruckter Bücher sogar ganz grundsätzlich. Zur Frage, wie der Abt zu den erstaunlich konkreten zeitlichen Vorstellungen über die unterschiedliche Lebensdauer von Büchern aus Pergament und Papier gekommen sein mag, hat Dieter Mertens auf die von Trithemius konsultierten Klosterbibliotheken verwiesen, in denen er zwar sehr alte Pergamentcodices, aber nur vergleichsweise junge Papiermanuskripte vorgefunden habe.[72] Trithemius hätte demnach also aus

---

[71] Das Pentateuch-Manuskript nutzte als Vorlage keine Handschrift, sondern ein gedrucktes Werk, eine gewaltige Ausgabe in sieben Bänden, die in den Jahren 1498 bis 1502 im Auftrag des Nürnberger Druckerverlegers Anton Koberger auf der Presse seines Basler Kollegen Johannes Amerbach entstanden war und bis heute in mehr als 250 Kopien erhalten ist. Obwohl die Schreiber des Guichardus noch ein Jahr länger benötigten als Amerbach, schrieben sie nur die Teile des ersten Bandes mit dem Pentateuch ab. Paul Needham schätzt, dass sie angesichts der luxuriösen Ausführung, die sie für ihr Manuskript wählten, für die Abschrift der gesamten Bibelkommentare Hugos zwölfmal soviele Jahre, das heißt also sechs Jahrzehnte benötigt hätten. Trithemius jedenfalls hätte ihr Werk sicher gutgeheißen: In seinem „Lob der Schreiber" forderte er seine Mitbrüder explizit auf, mit dem Blick auf die Haltbarkeit auch gedruckte Bücher mit der Hand abzuschreiben. Vgl. dazu näher Needham, Book Production on Paper and Vellum, 2015, 262f. Zu Handschriften des späten 15. und 16. Jahrhunderts, die aus Drucken kopiert sind, als einem mutmaßlichen Massenphänomen vgl. Wolf, Von geschriebenen Drucken und gedruckten Handschriften, 2011, 12–17, mit Verweis auf die ältere Literatur, es fehlt allerdings die faszinierende Fallstudie zur Bibliothek des Raphael de Marcatellis von Derolez, The Copying of Printed Books for Humanistic Bibliophiles, 1986.

[72] Vgl. Mertens, Früher Buchdruck und Historiographie, 1983, 90, Anm. 34. S. diese Argumentation stützend Johannes Trithemius, De laude scriptorum, ed. und übers. Arnold 1973, Kap. 12, 78: Im Kapitel über die verschiedenen Bezeichnungen für Schreiber und für ihre Werke referiert Trithemius, die antike Bezeichnung *librarii* komme von *liber*, das heißt vom Inneren der Rinde, die sich ans Holz anschließe, da man vor dem Pergament Buchrollen aus Baumrinde fürs Schreiben benutzt habe. Diese Behauptung stützt er auf Autopsie mit der Erklärung, Spuren hiervon könne man *in vetustissimis bibliothecis*, sehr alten Buchsammlungen, bis heute finden. S. auch ebd., Kap. 3, 46, das Lob der *amatores librorum* in den verschiedenen Epochen vom Beginn des christlichen Zeitalters bis in die Lebenszeit des Trithemius: Angesichts der großen Zahl an Beispielen sei es unmöglich, sie aufzuzählen, Trithemius verweist jedoch auf die Bibliotheken in vielen Klöstern, namentlich der Benediktiner, wo *preclara et antiquissima exemplaria* zu finden seien, die durch ihre bewundernswert feine Ausstattung die Sorgfalt der Alten vor Augen führen würden. Auch ein italienischer Humanistenkollege des Trithemius, Cincius Romanus, kennt 1416 Bücher aus Baumrinde, denen er wegen ihres Alters mit größter Ehrfurcht begegne, zit. und übers. bei Martin Steinmann (Hg.) Handschriften im Mittelalter, 2013, Nr. 705, 644–646.

‚Alltagsempirie' auf die mangelnde Haltbarkeit des Papiers geschlossen – weil er nicht wusste bzw. bedachte, dass es vor 1300 in seinen Breitengraden schlicht kein Papier gegeben hatte.

Eine andere Erklärung der Passage hat unter anderem Elisabeth L. Eisenstein in ihrem Klassiker „The printing press as an agent of change" als Argument in die Diskussion eingebracht, indem sie auf mögliche literarische Vorbilder für Trithemius verweist.[73] Das mangelnde Vertrauen in die Alterungsbeständigkeit von Papier war nicht erst eine Sorge im Zusammenhang mit dem Buchdruck. Schon zu Beginn des 15. Jahrhunderts erklärte ein anderer Bibliophiler und Vielschreiber, der Kanzler der Pariser Sorbonne und Theologe Jean Gerson, kategorisch, das Pergament sei *durabilius* als Papier und daher zu bevorzugen (s. Kasten B.3.3). Ebenso wie nach ihm Trithemius darf er angesichts der frühen und breiten Überlieferung seiner Schriften sowohl in Handschriften als auch im Druck als effektiver Multiplikator dieser Meinung gelten – auch Trithemius hatte seine Schrift gelesen und empfahl sie sogar seiner Leserschaft.[74]

Aber Eisenstein führt mit ihren Überlegungen noch hinter das 15. Jahrhundert zurück: Als mögliches Vorbild für die beiden gelehrten Kirchenmänner hält sie den spätantiken Kirchenvater Hieronymus für wahrscheinlich, der in einem Brief den Gegensatz zwischen dem haltbaren Pergament und dem – nachdem er Papier noch nicht kennen konnte – ephemeren Papyrus als Topos begründet habe.[75] Erheblich erhärten lassen sich ihre Hypothesen, wenn man nicht nur wie bislang in die gelehrte Tradition, sondern stattdessen in den Bereich des rechtsrelevanten Verwaltungs- und Geschäftsschriftguts schaut, wie dies im Folgenden ausführlich geschehen soll.[76]

---

73 Vgl. Eisenstein, The printing press as an agent of change, 1979, Bd. 1, 14f.
74 Vgl. Johannes Trithemius, De laude scriptorum, ed. und übers. Arnold 1973, 56, zur Abhängigkeit des Trithemius von dem älteren Werk s. auch schon die Einleitung ebd., 18.
75 In diesem nach Kenyon, Books and Readers in Ancient Greece and Rome, 1932, 114f., oft zitierten Brief (Ep. 141) berichtete Hieronymus, dass beschädigte Papyrus-Bände in der bedeutenden Bibliothek des Pamphilus in Caesarea durch haltbarere Codices auf Vellum ersetzt worden seien, s. dazu das Zitat in Anm. 1: *Quam [bibliothecam] ex parte corruptam Acacius dehinc et Euzoius, eiusdem ecclesiae sacerdotes, in membranis instaurare conati sunt.*
76 Der hier im Folgenden näher skizzierte zeitgenössische Diskurs über die Eigenschaften und damit den Gebrauchswert von Pergament und Papier wurde auch von der älteren Forschung schon bemerkt und beschrieben, jedoch auf der Basis einer schmalen, oft nur auf die Zeugnisse Friedrichs II. von 1226 und 1231 und in den Statuten von Padua (s. dazu auch Kasten B.3.3, B.3.5, B.3.6) beschränkten Quellengrundlage; s. Bresslau, Handbuch der Urkundenlehre, Bd. 1, 1889, 893, in Anm. 6 Liste des in seiner Zeit bekannten knapp halben Dutzends an Zeugnissen des 13. und 14. Jahrhunderts nach Huillard-Bréholles, Winkelmann, Wattenbach und Ficker. In der jüngeren Forschung und Handbuchliteratur wird auf diese Funde und ihre Bedeutung regelmäßig hingewiesen, sie wurden jedoch nur ausnahmsweise vermehrt, s. z. B. Lopez, The English and the Manufacture of Writing Materials in Genoa, 1939/40, 135; Burns, The paper revolution in Europe, 1981, 1; Brandt, Werkzeug des Historikers, 2007, 69.

Billig und wenig haltbar

Die Furcht vor der Vergänglichkeit von Papier wird hier schon im 13. Jahrhundert klar formuliert. In der Forschung gut bekannt und oft zitiert ist vor allem eine Passage in den Konstitutionen von Melfi, die der Stauferkaiser Friedrich II. 1231 für sein Königreich Sizilien erließ und in denen er Papier namentlich für notarielle Instrumente wie auch im weiteren Sinn für rechtsverbindliche Schriften explizit verbot: Darin heißt es, Friedrich halte seinen Entschluss für richtig, da man von den Urkunden erwarte, dass ihre Beweiskraft für alle künftigen Zeiten *duratura*, Bestand besitze, damit ihnen also – so bekräftigt er noch einmal durch die Wiederholung ex negativo – nicht mit zunehmendem Alter *forsitan destructionis periculum*, die Gefahr etwaiger Zerstörung, drohe (s. Kasten B.3.3). Diese Gefahr schien ihm so groß, dass er Instrumenten auf Papier sowohl vor Gericht als auch außergerichtlich generell den Beweiswert abspricht. Eine Ausnahme solle lediglich bei *apoche vel antapoche*, Quittungen und Gegenquittungen, gemacht werden.[77] Sogar schon auf Papier ausgefertigte Stücke – wie dies in Neapel, Amalfi und Sorrent zuvor offenbar üblich gewesen war – sollten von diesen Regelungen nicht ausgenommen werden; Friedrich befahl, sie binnen zweier Jahre nach Erlass seiner Ordnungen in einer leserlichen Schrift, wie es ausdrücklich heißt, auf Pergament umzukopieren.[78]

So kurz diese Bemerkungen erscheinen mögen, Aufmerksamkeit war ihnen schon durch die große Verbreitung von Friedrichs Gesetzbuch in den folgenden Jahrhunderten und weit über diesen Raum hinaus sicher: Wolfgang Stürner schreibt im Vorwort seiner Edition von 1996, die Konstitutionen seien wie eine Münze von Hand zu Hand gegangen.[79] Stürners Edition weist den hier zitierten Absatz allein in elf heute noch bekannten Handschriften nach, die im 13. bis 16. Jahrhundert hauptsächlich in Ita-

---

[77] S. dazu die Erläuterungen bei Dilcher, Die sizilische Gesetzgebung Kaiser Friedrichs II., 1975, 337 f., und ders., Das Notariat in den Gesetzen des staufischen Sizilien, 1981, 63.

[78] Dass Friedrich II. damit lokale Gewohnheiten verletzte, zeigt ein Privileg Roberts von Anjou vom 5. November 1313. Darin gewährte er den Amalfitanern wegen ihrer besonderen Treue die nach ihrem Dafürhalten zu ihrem großen Schaden abgeschaffte *vetustatis consuetudo* wieder, für bestimmte, genau definierte Geschäfte eine von ihren Notaren traditionell verwendete Schrift zu benutzen, obwohl diese – so heißt es in der Urkunde – weniger leserlich sei: *quod Notarij publici Curiales Civitatis eiusdem de contractibus ultimis voluntatibus, et obligationibus aliis quos per eos contigit fieri conficiant scedas et instrumenta publica in scriptura minus legibili communiter Curiali [...]*. Zit. nach dem Abdruck der Urkunde bei Camera, Memorie storico-diplomatiche, 1876, 520; zu Entstehung und Typus dieser regionalen Schrift, bei Robert *curiali lictera* genannt, vgl. Consuetudines civitatis Amalfie, hg. von de Leone/Piccirillo 1970, 196–199. Falsch ist die Behauptung bei Oldoni, Il mare di carta, 1990, 88, Robert habe zugleich den Gebrauch von „carta bambagina" für diese Zwecke erlaubt. Grund für diesen Irrtum mag die Bemerkung Matteo Cameras auf 519 sein, dass sich aus der Regierungszeit der Anjou im für Amalfi typischen „stile primitivo" mit seinen eigenen Ziffern und Zeichen nicht nur unzählige originale Instrumente auf Pergament, sondern auch auf Papier erhalten hätten.

[79] Vgl. Die Konstitutionen Friedrichs II., hg. von Stürner 1996, Vorwort, V. Für eine Übersetzung der Passage vgl. unter anderem Dilcher, Das Notariat in den Gesetzen des staufischen Sizilien, 1981, 72.

lien entstanden (s. Kasten B.3.3); die Glossatorentätigkeit zu den Konstitutionen lässt außerdem zahlreiche weitere heute verlorene Manuskripte erahnen. Dazu kommt ab 1475 eine imposante Drucktradition mit zwei Ausgaben für die Inkunabelzeit und 12 Neuausgaben bzw. Nachdrucken für das 16. Jahrhundert.[80]

Das Argument der Haltbarkeit taucht aber auch in anderen Quellen zeitlich und geographisch im engeren wie weiteren Umfeld von Zeugnissen aus der Kanzlei Friedrichs II. auf: Mehr als ein Jahrzehnt vor den Konstitutionen von Melfi, im Jahr 1222, hatte er selbst bereits auf Bitten der Äbtissin vier etwa fünfzig Jahre alte Schenkungsurkunden seines Vorfahren, des sizilischen Königs Wilhelm II., zugunsten des neapolitanischen Klosters San Gregorio bestätigt mit der Begründung, diese *litterae* seien *vetustate consumpte*, durch ihr hohes Alter verbraucht, verzehrt, vernichtet (s. Kasten B.3.3). 1224 war außerdem im toskanischen Pistoia ein Transsumpt verschiedener Briefe angefertigt worden, das sich im Notariatsarchiv erhalten hat: Dort wird die Ausstellung dieses Transsumpts gerechtfertigt mit den Worten, die Originale stünden auf *carta de bambacia*, das heißt Papier, welches *facile corrumpitur* – also leicht verderbe bzw. beschädigt werde (vgl. Kasten B.3.3). In der zweiten Hälfte des 13. Jahrhunderts haben wir schließlich Belege dafür, dass just Mandate von Friedrich II. von Papier auf Pergament umkopiert werden mussten: Für ein Transsumpt eines in Barletta am 25. Januar 1235 entstandenen Schreibens nannten die salernitanischen Aussteller als Grund, dass es sich auch hier im Original um eine *cartula [...] bombacinea* gehandelt habe, die ihnen *de sua natura* als von *fragilis substantia* – schwacher, unbeständiger, hinfälliger Beschaffenheit – erschienen sei, so dass man befürchten müsse, dass sie leicht zernagt und von Würmern zerstört werden könne (vgl. Kasten B.3.3).[81] Ähnliche Motive unterstellt die Forschung daher auch für weitere frühere Belege dafür, dass man Schriftstücke von Papier auf Pergament umdokumentieren ließ, ohne dass die Gründe genannt würden.[82]

---

[80] Zur mittelalterlichen und frühneuzeitlichen Drucküberlieferung vgl. Die Konstitutionen Friedrichs II., hg. von Stürner 1996, Einleitung 34–40.

[81] Zehn Jahre nach Friedrichs Tod im Jahr 1260 wird ein anderes seiner Mandate, das ursprünglich auf den 20. Juli 1230 in San Germano datiert war, ebenfalls wegen der Empfindlichkeit oder aber auch Vergänglichkeit des Originals von Papier auf Pergament umgeschrieben, so behauptet zumindest das Regest des Editors, s. dazu unten Anm. 94. Für einen Überblick über die zu Friedrich II. im Original oder indirekt bekannten Papiermandate sowie zum aus seiner sizilischen Kanzlei erhaltenen Bruchstück eines Registers vgl. die aktuelle Übersicht zu den frühen Papieren im italienischen und byzantinischen Raum bei Bresc/Heullant-Donat, Pour une réévaluation de la „révolution du papier", 2007, 363–365, 369–371.

[82] Die frühesten Indizien für Papiergebrauch finden sich auf Sizilien und in Süditalien schon für das ausgehende 11. Jahrhundert, als der Normanne Robert Guiscard gemeinsam mit seinem jüngeren Bruder Roger und mit päpstlichem Segen die Insel von den ‚Sarazenen' erobert und damit die arabische Herrschaft über die vor allem griechischsprachige Bevölkerung abgelöst hatte. Das einzige aus dieser Zeit erhaltene Original, ausgestellt 1109 im Namen von Rogers zweiter Ehefrau Gräfin Adelasia und zweisprachig auf arabisch und griechisch formuliert, ist zweifelsohne ein Beispiel für das Anknüpfen der Normann*innen an das politisch-kulturelle Erbe der Mittelmeerinsel, die sich auch in der Verwendung

Was aber sagt diese eindeutige Skepsis der Zeitgenossen gegenüber diesem Beschreibstoff über seine faktische Alterungsbeständigkeit aus? In der traditionellen Technikhistorie zur Papierherstellung sowie Papiermühlenforschung begegnet dazu die These, dass die Papierverbote Friedrichs II. mit der Verwendung von aus der islamischen Welt eingeführten Importwaren zusammenhängen würden. Noch 2016 erklärte Silvia Rodgers Albro sie als Reaktion auf die Erfahrung, dass diese Blätter rasch verdorben wären: Als Beispiel verweist die Restauratorin auf das früheste bekannte und für lange Zeit einzig überlieferte Papier in Lateineuropa, ein bilinguales Mandat der Gräfin Adelasia von Sizilien aus dem Jahr 1109, das von Wurmfraß zerlöchert und vor seiner Restaurierung in einem äußerst fragilen Zustand gewesen sei.[83] Mit der Durchsetzung der maßgeblich in Fabriano in den Marken lokalisierten ‚Revolution' der Papierherstellung seit dem 13. Jahrhundert hält man dieses Problem jedoch für gelöst:[84] Fabrianos Innovationen, die nicht nur für einen rapiden Anstieg der Produktionsmengen, sondern auch für deutliche Qualitätssteigerungen verantwortlich gemacht werden, hätten demnach die Vorbehalte des Stauferkaisers gegen das Papier obsolet werden lassen.[85]

---

des aus der islamischen Einflusssphäre importierten Papiers äußerte (Faks. in La Mantia, Il primo documento in carta, 1908; s. dazu oben Kasten A.1 in der Einleitung). Von allen anderen Belegen für Papiergebrauch in dieser frühen Zeit wissen wir nur indirekt, weil die Inhalte der entsprechenden Schriftstücke später auf Pergament festgehalten wurden: Schon Adelasia und ihr Sohn Roger II. ließen drei griechischsprachige Urkunden ihres verstorbenen Mannes bzw. Vaters mit nur wenigen Jahren Abstand von Papier auf Pergament kopieren (eine Urkunde von 1090 wurde von Rogers Sohn zuerst 1115 bestätigt, ist jedoch nur in Form einer weiteren Beglaubigung von 1252 erhalten, vgl. das Regest in: Documenti latini e greci del conte Ruggero I, hg. von Becker 2013, Deperdita Nr. 3, 299; das lateinische Transsumpt ist ed. bei Huillard-Bréholles (Hg.), Historia diplomatica Friderici secundi, Bd. 2, Tl. 1, 438–445, hier 440f.; eine Urkunde von 1097 wurde 1110 von Adelasia bestätigt, ed. Documenti latini e greci del conte Ruggero I, hg. von Becker 2013, Nr. 58, 226f.; eine Urkunde von 1099 wurde durch beide in einer undatierten, wohl zwischen 1105 und 1112 entstandenen Pergamenturkunde bestätigt, ed. ebd., Nr. 66, 249f.; s. dazu auch die Einleitung, 14. Auch später sah sich Roger II. bemüßigt, Papierdokumente auf Pergament umschreiben zu lassen, s. eine in seinem Namen ausgefertigte Sammelbestätigung für das Kloster San Filippo di Fragalà aus dem Jahr 1146, die allerdings nur in einer lateinischen Übersetzung von 1510 erhalten ist, ed. Tabulario di S. Filippo di Fragalà, hg. von Silvestri 1887, 151–155. In allen diesen Fällen wird kein Grund für die Entscheidung zum Umschreiben der Schriftstücke gegeben; einen Hinweis könnte lediglich der im Transsumpt Rogers II. von 1146 für den Vorgang gewählte Begriff *renovare in pargamenum* geben, einmal wird die als *sigillus cuctuneus* bezeichnete papierne Vorlage als *vetus* gekennzeichnet (152f.); hier ist aber nicht auszuschließen, dass es sich bei diesen Formulierungen um die Interpretation des frühneuzeitlichen Übersetzers handelt.

83 Vgl. Rodgers Albro, Fabriano, 2016, 16f. und erneut 31.
84 S. dazu Kap. B.2.
85 S. etwa vor Rodgers Albro bereits der ausgewiesene Papierkenner Gasparinetti, Frühe Papierherstellung in der Toskana, 1956, 70: „die bekannten Verbotsdekrete [...], die von dem deutschen Kaiser Friedrich, von den Gemeinden Bologna und Padua und vielleicht auch von anderen, die wir nicht kennen, erlassen wurden: [...] wurden hinfällig, als man in Italien das Mittel fand, dieser geringen Festigkeit des Papiers durch eine bessere Verfeinerung der Lumpen und durch Leimen mit Tierleim abzuhelfen." S. auch Castagnari, L'arte della carta nel secolo di Federico II, 2000, 318f, und ders.,

Gegen diese These und die für sie angeführten allenfalls punktuellen Nachweise sprechen allerdings erstens die islamwissenschaftlichen Forschungsbeiträge, die die exzellente Qualität von Papier aus arabischer und persischer Produktion betonen.[86] Auch in Byzanz teilte man diese Zweifel nicht: Am Bosporus ist der Gebrauch von aus der benachbarten islamischen Einflusssphäre eingeführtem Papier schon seit der Mitte des 11. Jahrhunderts nachweisbar.[87] Nach den Studien von Nicolas Oikonomides sind die 614 aus dem kaiserlichen Palast, vom Patriarchen und seiner Verwaltung erhaltenen Urkunden aus dem Zeitraum zwischen 1052 und 1453 zur einen Hälfte auf Pergament, zur anderen auf Papier überliefert; gerade die feierlichen Chrysobulloi Logoi wurden bis in die Mitte des 13. Jahrhunderts nur auf Papier ausgefertigt.[88]

Le origini della carta occidentale, 2014, 12, sowie Tajani, Sulle orme della carta, 2006, 135. Dieselbe Überzeugung findet sich auch bei der Spezialistin für die byzantinische und normannische Herrschaft in Süditalien und Sizilien Vera von Falkenhausen, s. etwa von Falkenhausen, The Greek Presence in Norman Sicily, 2002, 263 und 278f.

[86] S. dazu dezidiert Loveday, Islamic Paper, 2001, 50: „Paper durability is dependent upon the composition of the sheet, the manner in which it is made, and the environment in which it is produced and housed. Islamic papers were typically long fibred due to the nature and characteristics of linen and hemp, and the restraining beating of the paper stock. Thus, although Islamic paper has a good tensile strength, and is not easily torn, it is easily abraded, and can be split in the plane of the sheet. However, the addition of size to the sheet helped to enhance the bonds between the fibres, ensuring that its internal structure relaxed little over time and was hardly affected by folding or excessive handling. Mineral fillers were not added to the pulp, and lignin, the complex organic polymer that is largely responsible for the acidic breakdown of wood-based papers, was absent from the sheet. Essentially, there was nothing inherent in the paper to promote or accelerate its deterioration, and through the addition of lime during the maceration process, the paper was further protected from acid degradation. Pollutants which are contributary to the acidity and breakdown of paper, such as sulphur dioxide, oxides of nitrogen, hydrogen sulphides and ozone, were barely present in Persia and Middle East prior to industrialisation."

[87] S. dazu vor allem das Werk des französischen Gräzisten und Papierspezialisten Jean Irigoin, etwa Irigoin, Les débuts de l'emploi du papier a Byzance, 1953, bes. 314f.; Grund für seine Einführung war nach Irigoin, dass Papyrus als traditioneller Beschreibstoff im 11. Jahrhundert nur noch schwer, das Papier hingegen immer besser zu beschaffen gewesen sei. Vereinfacht habe die Durchsetzung des neuen Beschreibstoffs, dass die beiden Materialien sich zwar durch ihre handelsübliche Form – beim Papyrus die Rolle, beim Papier das Blatt – unterschieden hätten, jedoch in ihrer Beschaffenheit und ihren Einsatzbereichen stark ähnlich gewesen seien. So habe man papierne Blätter ebenfalls zum Rotulus zusammengeklebt, s. ebd. auf 315f. eine Liste mit insgesamt 14 papiernen Chrysobullen der Jahre 1052 bis 1089 in Rollenform, die zum Teil bis zu sieben Meter lang sind.

[88] Vgl. Oikonomides, Le support matériel des documents byzantins, 1977, bes. 386–389: Von den 614 gelisteten Urkunden (s. Tabelle 399–414) sind 321 auf Pergament (52,2%) und 293 auf Papier (47,7%) überliefert. Den Wandel hin zur stärkeren Pergamentnutzung beobachtet Oikonomides mit dem Amtsantritt von Michael VIII. Palaiologus ab dem Jahr 1258, „dont l'usurpation se fonda notamment sur une volonté de ressusciter l'empire dans sa forme classique". Die Rückkehr des Pergaments deutet er damit als Ausdruck dieses Herrschaftsverständnisses. Auch Santifaller, Beiträge zur Geschichte der Beschreibstoffe, 1953, 129 (s. auch hier bereits eine Liste kaiserlicher Chrysobulloi Logoi auf Papier 129–133), und Bresc/Heullant-Donat, Pour une réévaluation de la „révolution du papier", 2007, 366, bestätigen, dass Papier im Byzanz des 11. und frühen 12. Jahrhundert mit der „solennité impériale" assoziiert wurde.

Außerdem passt nicht ins Bild, dass die mittelalterlichen Zweifel an der Haltbarkeit des Papiers nach dem 13. Jahrhundert eben nicht abbrachen: Ein Hort der Skepsis gegenüber dem Papier scheint vom 14. bis ins 16. Jahrhundert hinein der Rat der Stadt Lübeck gewesen zu sein; dies legen mehr als ein halbes Dutzend sowohl in der Lübecker Überlieferung als auch im Schriftverkehr der Hansestädte tradierte Konfliktfälle nahe, in denen der Rat auf Papier geschriebene Dokumente als nicht rechtsgültig anerkannte.[89] In einem Brief an die Stadt Reval, der um 1400 datiert wird, wird in einem knappen Nebensatz auch deutlich, wieso: Die Revaler werden gebeten, doch fortan ihre Schriftstücke auf Pergament zu schicken, da *dat pappir vergenklick is* (s. Kasten B.3.3).

---

89 Am 8. Juli 1355 entschied der Rat der Stadt Lübeck, dass die Klageschriften Stralsunds, Rostocks und Wismars im Streit mit der Stadt Campen vor die Ratmänner von Lübeck in Form von *openen breue[n] vpper pergament gheschreuen beseghelet mit ereme to hanghenden ingheseghele* gebracht werden müssten, *dar sie en vnde den heren van dem Gripeswold* [= den Ratmännern von Greifswald, Anm. d. Verf.] *vuollekomene macht inne gheuen to seggende vmme de schelinge twischen die vorbenomende stede mynne eder recht*. Ed. Codex diplomaticus Lubecensis, Abt. 1, Bd. 3, 1871, Nr. 229, 227.

Am 29. Juli 1367 wurde im Beschlussprotokoll des Hansetags zu Stralsund die Abweisung eines Geleitbriefs des dänischen Königs Valdemar V. Atterdag dokumentiert, weil er auf Papier geschrieben und in Teilen beschädigt gewesen sei. Vgl. Kasten B.3.3.

Im Juni 1466 entschied der Rat der Stadt Lübeck im Streit zwischen einem Lübecker und einem Revaler Bürger um eine durch das Hansekontor in Brügge verbürgte Geldforderung, in dem die Forderung des Revalers *van unwerde und unmacht irkand* wurde, weil *der breff uppe papir gescreven und togesteken was*. Die Ratsherren eröffnen dem abgewiesenen Kläger jedoch die Möglichkeit, *dat he van den erscrevenen olderluden to Brugge enen openen pergamenten breff mit des kopmans ingesegel vorsegelt bringen wolde, inneholden van worden unde van sentenzien so de erscrevene papirs breff were inneholden, unde wenner he sulken breff brochte, de scholde van werde unde macht wesen*. Ed. Lübecker Ratsurteile, Bd. 1, hg. von Ebel 1955, 70, Nr. 102.

Im Beschlussprotokoll des Hansetages zu Lübeck am 24. August 1470 findet sich nicht nur die Entscheidung, dem Vertreter des Hansekontors in Brügge den neu vereinbarten Rezess auf Pergament und nicht auf Papier auszufertigen, da er Anfechtungen des Dokuments fürchtete, s. dazu Kasten B.3.5. Festgehalten ist darin auch eine ausführliche Erinnerung an einen Streitfall auf dem Hansetag zu Danzig im Jahr 1458, als die Ratsgesandten aus Riga den Rat von Lübeck um eine hohe Geldsumme angeklagt hatten; als Beleg dieser Forderung brachten sie 1470 *ene copie uppe poppyr gheschreven eres breves* vor, den die Lübecker Herren *Johan Luneborch unde her Johan Westval bynnen Dantzike under her Johan Luneborghes inghesegel an den rad to Ryghe gheschreven hadden*. Es folgt eine die Namen der Beteiligten sorgfältig aufführende Beschreibung der *radessendeboden bespraké*, die beide Streitparteien wieder vorluden *unde vragenden den van Lubeke, oft se des ok wonende in sulker copie. Darto antworde her Johan Westval, he gheve der copien nenen loven, men wanner he den rechten bezegelden breff zeghe, so wolde he dar to antworde vordacht wesen. Do sede de borgermester van Bremen, her Daniel Brant, van wegene der stede, nademe men der copien genen loven geve, so konden de stede furder dar nicht upp spreken. Darupp de van der Ryge begherden sik tiid to bescheedende, wanner se den bezegelden breff vorbringen scholden, deme se denne so overbodich weren to donde. Darto de borgermester van Bremen sede, se konden en dar nyne tyd benomen, men dat id scheghe tor negesten dachvard*. Ed. Hanserecesse von 1431–1476, hg. von von der Ropp 1890, 351f., Nr. 125.

Im Jahr 1480 schrieb der Rat der Stadt Lübeck an Reval über sein Urteil im Streit zweier Parteien, dass er die Vorlage eines entsprechenden Schriftstücks *na unseme lubeschen rechte* ablehne, da es erst posthum bekannt geworden sei und auf Papier geschrieben stehe: *Nademe de cedel na doder hand is*

Kasten B.3.3: Mittelalterliche Zweifel an der Haltbarkeit von Papier.[90]

Bestätigung von vier Schenkungsurkunden König Wilhelms II. von 1168 und 1170 für das Nonnenkloster San Gregorio zu Neapel, ausgestellt auf Bitten der Äbtissin durch Friedrich II. im Anschluss an den Hoftag in Capua im April 1222, mit folgender Begründung ihrer Abschrift:[91]

[...] Fridericus dei gratia Romanorum imperator semper augustus et rex Sicilie. Per presens scriptum notum facimus tam presentibus quam futuris, quod Luca de Abenaldis humilis abbatissa monasterii Gregorii de Neapoli fecit nobis ostendi quaedam litteras predecessoris nostri regis Guillelmi secundi consobrini nostri, quarum continentia talis est: [...] Unde predicte abbatissa nobis humiliter supplicavit, ut predictas litteras, quia iam erant vetustate consumpte, sibi et monasterio suo innovare et confirmare dignaremur. [...]

---

unde en papirs cedele, so kennen gy de cedelen by unmacht. Ed. Lübecker Ratsurteile, Bd. 4, hg. von Ebel 1967, 171f., Nr. 212.

Am 21. Oktober 1517 verwarf der Lübecker Rat *eyne papiren czerter in gestalt eynes testamentes* als nicht rechtsgültig. Zit. nach Bürgerliches Rechtsleben zur Hansezeit, hg. von Ebel 1954, 33 (ohne Beleg).

Am 6. November 1532 entschied der Rat der Stadt Lübeck in einem Streit zweier Parteien um von einem Dritten hinterlassenes Kriegsgerät und Schulden, den vom Kläger vorgelegten *openen vidimus brev[es] van zeligen hern Lamberde Witinckhoff und Cordt Schepensteden, ethwann richtehern tho Lubeck, vergesegelt utgegaan,* ausnahmsweise doch anzuerkennen: Zwar sei *de breff ock alleyne eyn papiren breff [...], desulve scholde van neiner werde wesen,* doch seine Ausstellung sei im *velt lager* – das heißt, unter widrigen Umständen – erfolgt, so dass der Rat *den gelesen breff thor vulmacht gudt genoch* bewertete. Ed. Lübecker Ratsurteile, Bd. 3, hg. von Ebel 1958, 209, Nr. 313.

Am 21. Januar 1541 entschied der Rat der Stadt Lübeck in einem längeren Rechtsstreit um die Rückzahlung von Schulden, dass die dafür vorgelegten Schriftstücke wegen des Beschreibstoffs Papier und fehlender Siegel nicht beweiskräftig seien: *Dewile die fulmacht, ock eth bewiß papiren breve und nicht mit keinem segelen wheren, so erkende men sesulven nicht guth genoch, und weren vann kheiner werden, [...].* Ed. Lübecker Ratsurteile, Bd. 4, hg. von Ebel 1967, Nr. 524, 395f., hier 396.

Am 2. Juli 1545 lehnte der Rat von Lübeck ein Testament ab, weil es gegen die Vorgaben des Lübischen Rechts auf Papier geschrieben sei, vgl. Kasten B.3.5.

Diese Abweisung papierner Dokumente als rechtskräftige Schriftstücke werden flankiert von normativen Belegen mit der Anordnung des Pergamentgebrauchs für bestimmte Gattungen. So heißt es zur rechtsgültigen Form der Niederschrift von Testamenten im Uffenbachschen Codex des lübischen Rechts, datiert um 1400: *[...] Wor en man sin testament maket, dat schal uppe permynt gheschreven werden an ieghenwardicheit der borghermestere edder twyer radmanne [...].* Zit. nach Bürgerliches Rechtsleben zur Hansezeit, hg. von Ebel 1954, 33 (ohne Beleg). Nach der Studie von Gunnar Meyer über die Lübecker Testamente in der ersten Hälfte des 15. Jahrhunderts stehen die erhaltenen Stücke ausnahmslos auf Pergament geschrieben; erst 1498 ist eine papierne Ausfertigung überliefert, die von den nächsten Erben nicht angefochten wurde, vgl. Meyer, „Besitzende Bürger" und „elende Sieche", 2010, 16.

90 Zum besseren Verständnis der in den Kästen versammelten Quellenbelege sei vorausgeschickt, dass in ihnen als Bezeichnungen für Papier sowohl Varianten des Begriffs *papirus/papyrus/carta papiri* etc. als auch *carta bombycina/carta bambacina/carta de bambacia* etc. erscheinen. Zur Herkunft und Parallelverwendung dieser Termini vgl. unten Kap. B.6.

91 Ed. Acta Imperii Inedita Seculi XIII, hg. von Winkelmann 1880, Nr. 235, 217f.

Transsumpt verschiedener Briefe, datiert auf den 2. Januar 1224, ausgestellt von Rinforthatus, Prokurator der Gemeinde Pistoia und Abt von Fucecchio, in Montevettolini (Provinz Pistoia), mit folgender Begründung ihrer Abschrift:[92]

[...] quae literae scriptae fuerunt in carta de bambacia, quae de facile corrumpitur [...]

Verbot der Verwendung von Papier für Notariatsurkunden in der 1231 in Melfi von Friedrich II. erlassenen Gesetzessammlung der *Constitutiones Regni Siciliae*, in der kritischen Edition sicher nachgewiesen in fünf Handschriften des 13. Jahrhunderts (R, V2, C, griech. γp und γv), sowie in je drei Handschriften des 14. (V1, P1, Va) bzw. 15. und beginnenden 16. Jahrhunderts (Pa, P2, O):[93]

[...] Volumus etiam et sancimus, ut predicta instrumenta publica et alie similes cautiones nonnisi in pergamenis in posterum conscribantur. Cum enim eorum fides multis futuris temporibus duratura speratur, iustum esse decrevimus, ut ex vetustate¹ forsitan destructionis periculo non succumbat. Ex instrumentis in cartis papiri vel modo alio, quam ut predictum est, scriptis, nisi sint apoce vel antapoce, in iudiciis vel extra iudicia nulla omnino probatio assumatur; scripturis tantum preteritis in suo robore duraturis, que in predictis cartis bombicinis sunt redacte. Scripture tamen in predictis locis Neapolis, Amalfie et Surrenti infra biennium a die edite sanctionis istius ad communem litteraturam et legibilem redigantur.

Undatiertes Notariatsinstrument mit dem Transsumpt eines 1235 in Barletta entstandenen Mandats von Friedrich II. an die Stratigoten von Salerno über Angelegenheiten der nahe gelegenen Benediktinerabtei Badia di Cava, ausgestellt durch Thomasius und Matthaeus, Richter in Salerno, im Auftrag der genannten Abtei, vertreten durch ihren Mönch Riccardus, mit folgender Begründung für die Anfertigung der Kopie:[94]

---

92 Zit. nach Gasparinetti, Frühe Papierherstellung in der Toskana, 1956, 69, mit Verweis auf das Notariatsarchiv der Stadt Pistoia, jedoch ohne Angabe einer Signatur. Ohne Nachweis auch geführt bei Weiß, Zeittafel zur Papiergeschichte, 1983, 36.
93 Ed. Die Konstitutionen Friedrichs II., hg. von Stürner 1996, I 80, 253f.; s. dazu den Sachkommentar in Dilcher, Die sizilische Gesetzgebung Kaiser Friedrichs II., 1975, 335–338, bes. 337. Allgemein zu dem „für die damalige Zeit auffallend umfangreiche[n] Katalog von Regeln über das Notariat und die notarielle Urkundenherstellung" in den Konstitutionen von Melfi vgl. auch ders., Das Notariat in den Gesetzen des staufischen Sizilien, 1981, bes. 60–64 (Zitat auf 58). Dilchers Überlegungen zum Beschreibstoff (im o. g. Sachkommentar und ebd., 63) müssen allerdings in Teilen als falsifiziert gelten: Nicht zutreffend sind seine Unterscheidungen zwischen dem „aus China zu den Arabern gelangte[n] und mit ihnen nach Sizilien gekommene[n] Seidenpapier" sowie dem „in den italienischen Küstenstädten aus Baumwolle hergestellte[n] Papier"; nicht haltbar ist auch die von ihm in Erwägung gezogene und noch dezidierter von Piccard, Carta bombycina, 1965, 61f. geäußerte These, Friedrich II. hätte in den Konstitutionen gar nicht von Papier, sondern von Papyrus gesprochen (s. dazu unten Kap. B.6). Falsch liegt Dilcher schließlich auch – wie hier im Folgenden dargelegt – mit seiner Behauptung, die Ablehnung des Papiers durch Friedrich II. habe „keine Parallele in anderen zeitgenössischen Rechtsordnungen". In der Papierforschung wie auch in der einschlägigen grundwissenschaftlichen Handbuchliteratur zu den mittelalterlichen Beschreibstoffen ist die Passage aus den Konstitutionen von Melfi oft (nach den älteren Editionen) zitiert bzw. zumindest genannt, s. dazu die Nachweise bei Santifaller, Beiträge zur Geschichte der Beschreibstoffe, 1953, 136f. in Anm. 22.
94 Ed. Huillard-Bréholles (Hg.), Historia diplomatica Friderici secundi, Bd. 4,1, 1854, 519–521, Zitat auf 521. Danach zit. unter anderem bei Bresc/Heullant-Donat, Pour une réévaluation de la „révolution du papier", 2007, 368. Leider nicht vollständig ediert ist das Transsumpt eines auf den 20. Juli 1230

Cum autem ipse imperiales littere ostense ac lecte fuerunt, quia ipsa cartula in qua ipse littere erant bombacinea erat et de sua natura fragilis videbatur substantie, cum posset corrodi de facili vel tinia demoliri, ipsum etiam cereum sigillum in eiusdem litteris insignitum ab eis poterat decidere vel evelli vel modo quolibet frangi, et sic supra ipsarum litterarum tenorem ambiguitas in posterum oriretur, [...]

Brief des Papstes Innozenz V. mit Instruktionen für apostolische Gesandte 1276/77 in den Verhandlungen mit dem byzantinischen Kaiser Michael Palaiologus und seinem Sohn in Fragen der Kirchenunion mit dem Befehl, die Aussagen des Kaisers und seines Sohnes auf goldbulliertem Pergament festzuhalten und sowohl auf Tierhaut als auch auf Papier zu vervielfältigen:[95]

Item, super his tam ab imperatore quam a primogenito petantur litterae ipsorum, quae scribantur in conservabili pergameno, muniantur sua subscriptione solita, & aurea bulla bullentur, & multiplicentur tam in papyro, quam in pergameno hujusmodi.

Beschlussprotokoll des Hansetags zu Stralsund am 29. Juli 1367 mit der Abweisung eines Geleitbriefs des dänischen Königs Valdemar V. Atterdag für einen seiner Gesandten mit folgender Begründung:[96]

[1] Primo decreverunt transmittere magistrum Johannem Vrytzen notarium Lubicensem ad regem Danorum cum episcopo Roskildensi ad allegandum causas, quare suos consulares pro hac vice ad ipsum non transmiserunt, prout alias fuerat per ambassatores regis et per civitatis conceptum. Prima enim causa fuit, quia in littera securitatis ipsius regis duntaxat quatuor civitates, videlicet Lubeke, Rozstok, Wysmer et Stralessunde, fuerant expresse. Item quia talis littera fuit super papirum scripta et in parte rasa. [...]

Undatiertes, wohl um 1400 verschicktes Schreiben des Stadtrates von Lübeck an den Rat von Reval mit der Bitte, in Zukunft nach Lübeck gehende, bescholtene Urteile nicht auf Papier, sondern auf Pergament zu schreiben:[97]

---

in San Germano datierten Mandats Friedrichs II. Der Herausgeber entschied sich, lediglich den Text des Originalmandats abzudrucken, während er zum einleitenden Passus sowie den Schlusszeilen des Transsumpts nur im Kopfregest die Informationen nennt, es sei *in formam publicam* im August des Jahres 1260 im dritten Jahr der Regierung Manfreds durch salernitanische Richter auf Bitten des Erzbischofs ausgestellt worden. Grund für seine Anfertigung sei gewesen, dass das Original *in charta bombycina scriptum* vorgelegen habe und die Bestätigung daher *propter fragilitatem ipsius* notwendig geworden wäre, vgl. Regest in Huillard-Bréholles (Hg.), Historia diplomatica Friderici secundi, Bd. 3, 1852, 201f., hier 200. Ob der Editor mit diesen Begrifflichkeiten die Formulierungen des Transsumpts aufgreift, wie dies Bresc/Heullant-Donat, Pour une réévaluation de la „révolution du papier", 2007, 368, suggerieren, wird jedoch nicht ersichtlich.

95 Ed. Veterum scriptorum et monumentorum historicorum, dogmaticorum, moralium amplissima collectio, Bd. 7, hg. von Martène/Durand 1724/1968, Sp. 253–256, hier Sp. 254, Abs. 11.

96 Ed. Die Recesse und andere Akten der Hansetage von 1256–1430, hg. von Koppmann 1870, 364f. Nach einer anderen Edition zit. bei Nygren, Huru papperet kom till Sverige, 1945, 123; danach übernommen bei Fiskaa, Das Eindringen des Papiers in die nordeuropäischen Länder, 1967, 31.

97 Ed. Codex diplomaticus Lubecensis, Abt. 1, Bd. 5, 1877, Nr. 4, 3, danach übernommen in Lübecker Ratsurteile, Bd. 4, hg. von Ebel 1967, Nr. 7, 6. Vgl. dazu Wattenbach, Das Schriftwesen im Mittelalter, 3. Aufl. 1896, 452, Anm. 2; Pitz, Schrift und Aktenwesen, 1959, 416, und Lemma „Papier" in Deutsches Rechtswörterbuch, Bd. 10, bearb. von Speer, 2001, Sp. 493.

Salutacione sincera et electa premeante. Wetet, gi erbaren heren vnde leuen vrende, dat wi juwen bref klarliken vnde wol vornomen hebben, als welke de dar inneholt juwe beschulden ordel, dar gi vns vmme beden to untscheidene dor juwer bede willen vnde wedder to schrivene. Hirumme so wetet, dat na underscheide der sake in beidentsiden dat ordel, dat gi en gevunden hebben, dat dele wi ju ock recht na vnsem lubeschen rechte, unde bidden ju, leuen vrende, of gi mer ordele an vns soken, dat gi de schriuen up permynt, wante dat pappir vergenklick is. Dominus vos preservet salvos et felices, nobis precipientes. Scriptum sabbato ante Cantate, nostro sub secreto.

Jean Gerson, *De Laude Scriptorum, ad Fratres Coelestinos et Carthusienses*, 1423:[98]

Sit scriptura durabilis pro thesauro; qualis non est in papyris illico pereuntibus ubi simul labor recte papyreus deperit cum opera et impensa. Pergamentum durabilius est; quae conditio caristiam ejus super papyrum compensat abundanter.

Für Johannes Trithemius, *De Laude Scriptorum*, 1492/1494, s. oben Kasten B.3.2.

Protokolle des Duisburger Notgerichts zum 2. Juli 1539 in der Sache zwischen Trintken Mom und Wilhelma Gräfin zu Sayn, vertreten durch Henrick Borchgreve, der Trintkens Klage um ausstehenden Lohn mit der Begründung anficht, dass die von ihr vorgelegten Urkunden auf zerrissenem Papier stünden, wie das Gericht selbst habe sehen und hören können:[99]

Then anderen seght hie [= Henrick, Anm. d. Verf.], *die seluighe scryfften, Trintken hir verluyden liet, dat sie ein gebroken papyr vnd toreten, dat myn heren gesien vnd gehort heben.*

Augenfällig wird die Diskrepanz zwischen gelehrter Kritik an der Haltbarkeit von Papier, wie sie Jean Gerson und Johannes Trithemius formulieren, und seiner tatsächlichen Beschaffenheit für das 15. Jahrhundert. Für diese Zeit und den Bereich der Buchproduktion kommen die Restaurierungswissenschaften des 20. und 21. Jahrhunderts auf der Basis von Reihenuntersuchungen nämlich zu Befunden, die dem Urteil der beiden Gelehrten dezidiert widersprechen. Zentral zu nennen sind hier die auf breiter Materialbasis gewonnenen Erkenntnisse des amerikanischen Chemikers William J. Barrow und seines Labors seit den späten 1950er Jahren sowie von Timothy Barrett und seinem Team ab den 1980er Jahren: Sie hoben nicht nur die auffällige Schönheit, Flexibilität und Reißfestigkeit dieser Papiere hervor, sondern gingen auch mikroskopisch-chemisch auf die Suche nach den Gründen, weshalb die überragende Qualität und Stabilität dieser Blätter in späteren Jahrhunderten nicht mehr erreicht wurde.[100]

---

98 Ed. Jean Gerson, De laude scriptorum, ed. in ders., Oeuvres complètes, Bd. 9, hg. von Glorieux 1973, Nr. 454, 423–434, hier 430, zur handschriftlichen Überlieferung vgl. Einleitung xiv. Danach zit. und übers. bei Martin Steinmann (Hg.) Handschriften im Mittelalter, 2013, Nr. 715, 655f.
99 Ed. Die Protokolle des Duisburger Notgerichts, hg. von Mihm 1994, 71. Ich danke dem Leiter der Forschungsstelle Deutsches Rechtswörterbuch, Andreas Deutsch, herzlich für diesen Hinweis!
100 Zu den umfangreichen Testreihen William J. Barrows und Timothy Barretts s. oben die Einleitung, Kap. A. 1. Standortbestimmungen, Anm. 210. Dieses Urteil wird auch in der Inkunabelkunde so geteilt, vgl. dezidiert etwa Needham, Res papirea, 1994, 123.

Als ausschlaggebenden Faktor benannten sie die Pergamentleimung, mit der man die schon getrockneten Blätter im Tauchverfahren tintenfest machte. Nach Barrett könnte schon die Wahl des Rohstoffes bei dieser Form der ‚Oberflächenveredelung', an die sich noch als letzter Arbeitsschritt das Polieren mit dem Glättstein anschloss, darauf deuten, dass die Papiere so weit als möglich in ihren Eigenschaften und ihrer Haptik dem Pergament angeglichen werden sollten.[101] Eine beiläufige Bestätigung finden seine Überlegungen in einem Brief des italienischen Humanisten Giovanni Aurispa mit der Bemerkung, ein sehr sorgfältig korrigierter und stattlicher Plutarch stehe zwar auf Papier, die dafür verwendeten kräftigen, festen Blätter kämen jedoch Pergamenten durchaus nahe: *quanvis hae chartae robustae propinque membranis sunt*.[102]

Anders als Gerson und Trithemius urteilten, muss man sich nach der Einschätzung der modernen Restaurierungswissenschaften also nicht darum sorgen, dass die auf Papier geschriebenen und gedruckten Werke des Spätmittelalters in unseren Bibliotheken bei sachgerechter Aufbewahrung nicht noch viele weitere Jahrhunderte überdauern werden. Wie aber sind vor diesem Hintergrund die negativen Urteile der mittelalterlichen Buchexpert*innen zu erklären? Sind sie wirklich nur ein Echo der literarischen Tradition? Es liegt nahe, dass doch auch der alltägliche Umgang mit Papier eine Rolle spielte: Denn im direkten Vergleich der beiden Beschreibstoffe ist sofort einsichtig, dass Papier weniger widerstandsfähig ist als Pergament, dass es bei intensiver Benutzung leichter dünn und abgegriffen wird bzw. zerreißt, wie dies auch die Zeitgenossen zumindest vereinzelt feststellten. So wurde 1367 ein Geleitbrief von der Hanse nicht anerkannt, weil sein Papier *in parte rasa*, das heißt, in Teilen zerkratzt, abgeschabt, verletzt gewesen sei; noch 1539 musste die Duisburgerin Trinken Mom um ihren ausstehenden Lohn fürchten, weil die von ihr vor Gericht als Beweis vorgelegte Urkunde *ein gebroken papyr vnd toreten* gewesen sei (für beide Belege s. Kasten B.3.3). Auch die oben bereits näher besprochenen Zeugnisse oszillieren in ihren Beschreibungen häufig zwischen mangelnder Altersbeständigkeit und fehlender Robustheit: Die in mehreren von ihnen als Adjektiv oder Substantiv bemühte *fragilitas* etwa kann sowohl als ‚Empfindlichkeit' als auch als ‚Vergänglichkeit' verstanden werden.

Dass man zwischen diesen beiden Eigenschaften nicht genügend unterschied, gilt besonders deutlich für Johannes Trithemius und sein Traktat *De laude scriptorum*. In der 1494 im Druck vervielfältigten Fassung schreibt er in der Einleitung ganz ausdrücklich, Papier sei eine Sache, die *brevi tempore tota consumitur*, also in kurzer Zeit komplett vernichtet werde (und dieses Urteil fügt sich ja auch widerspruchsfrei zu seinen Zahlenspielereien im siebten Kapitel über die erheblich kürzere Lebensdauer papierner im Vergleich zu pergamentenen Codices). In der handschriftlichen Version des Texts, die er im Oktober 1492 an den Deutzer Abt Gerlach von Breitbach geschickt

---

101 Vgl. Barrett, Parchment, Paper, and Artisanal Research Techniques, 2013, 120.
102 Brief des Giovanni Aurispa, nach der kritischen Ed. zit. nach Rizzo, Il lessico filologico degli umanisti, 1973, 16.

hatte, hatte er allerdings noch anders formuliert: Dort heißt es an derselben Stelle, dass Papier *cito madefacta colliditur*, dass es also schnell zerdrückt bzw. beschädigt werde, wenn es nass geworden sei (s. Kasten B.3.2).[103]

Die wohl anschaulichste, sicher aber komischste Beobachtung zur Zähigkeit von Pergament verdanken wir der Chronik des Augsburger Malers Georg Preu des Älteren, der zum 8. Mai 1524 in der aufgeheizten Diskussion seiner Heimatstadt um Luthers Lehren das Streitgespräch einer Gruppe von Laien mit einem Barfüßermönch schildert. Angesichts von dessen Weigerung, die Liturgie in deutscher Sprache zu feiern, kam es zu einem Gerangel um das lateinische Buch: Da habe *ainer es heraus zuckt und hats mit den zennen zerreißen wollen*, so schreibt Georg Preu, doch er habe es *nit konnen zerreißen, dann es ist pergamen gewesen*. Stattdessen habe man es *zerschniten und darnach unter die leut geworfen*.[104]

Diese mangelnde Robustheit des Materials Papier im Vergleich zum Pergament war bei rechtsrelevanten Schriftstücken keine Nebensächlichkeit: Sie erhielt insofern ein besonderes Gewicht, als wir an vielen Beispielen und Zeugnissen heute noch fassen können, dass die Unversehrtheit eines Dokuments in den Augen der Zeitgenossen ein zentraler Maßstab, wenn nicht sogar die Voraussetzung für die Gültigkeit seiner Inhalte war. In der jüngeren Schriftlichkeitsforschung wurde an verschiedenen Beispielen demonstriert, dass nicht erst die komplette Zerstörung schriftlicher Zeugnisse die darauf fixierten Rechte oder Pflichten in Frage zu stellen drohte.[105] Unabhängig davon, ob der Text leserlich blieb oder nicht, wurde offenbar auch schon die – reale oder behauptete – Beschmutzung und Beschädigung von Urkunden oder Statutencodices als ernstzunehmender Angriff auf die Autorität dieser Schriftstücke aufgefasst, wie dies Jeanette Rauschert eindrucksvoll an Schweizer Beispielen des 14. und 15. Jahrhunderts demonstriert hat.[106]

---

103 Auch in der modernen Forschung werden beide Ebenen nicht klar getrennt, so heißt es etwa bei von Brandt, Werkzeug des Historikers, 17. Aufl. 2007, 69: „Gemessen am Pergament stellt das Papier hinsichtlich Glätte, Festigkeit und Dauerhaftigkeit, zumindest anfangs, einen erheblichen Rückschritt dar. Die ältesten europäischen Papiere des 13. Jahrhunderts sind grobflockig und leicht vergänglich […]"
104 Ed. Die Chronik des Augsburger Malers Georg Preu des Älteren, hg. von Roth 1906, 25.
105 S. dazu mit weiterer Literatur Mauntel et al., Beschädigen und Zerstören, 2015.
106 Vgl. Rauschert, Gelöchert und befleckt, 2003, und dies., Herrschaft und Schrift, 2006, 139–150, bes. 142–144. So musste sich etwa der Rat der Stadt Luzern im Jahr 1380 der hämischen Vorwürfe erwehren, *die Burger hettent löcher in die gesworen briefe gemacht* – also in diejenigen städtischen Schriftdokumente, auf die sie alljährlich den Bürgereid ablegten (zit. nach von Segesser, Rechtsgeschichte der Stadt und Republik Lucern, Bd. 1, 1851, 386f., Anm. 2). Von dieser Provokation, die uns heute eher unterhaltsam anmutet, waren die Luzerner so brüskiert, dass sie die Aufmüpfigen unverzüglich gefangen setzten; offensichtlich verstanden sie also den Vorwurf als Vorstoß, die Legitimität ihrer Herrschaftsausübung generell in Frage zu stellen. S. auch zwei Belege aus Bern in der Chronik des Conrad Justinger: Zum Jahr 1364 berichtet er, dass die aufständische Gemeinde im Verlauf der Auseinandersetzung mit dem Rat die öffentliche Konsultation der *guldin hantvesty* – das heißt der repräsentativen Kodifikation des Berner Stadtrechts – eingefordert habe. Da der mit dem Vortrag der

Das hier fassbare Pochen auf die materielle Unversehrtheit von Recht und Gesetz verbriefenden Urkunden findet sich auch in der Wortwahl der von den Notaren bei Antritt ihrer Tätigkeit zu leistenden Amts- oder Treueeide, wie sie vor allem für Italien als wortwörtliche Inserte in Ernennungsurkunden oder als Paraphrasen in der als *Ars notariae* bezeichneten juristischen Handbuchliteratur überliefert sind. Stereotyp findet sich darin das Versprechen der Notare, für ihre Urkunden keine Pergamente mit Rasuren, Kanzellierungen oder sonstigen Beschädigungen zu verwenden. Natürlich beabsichtigte man damit ganz konkret, der *suspectio*, dem Misstrauen gegenüber einer möglichen Verfälschung des Urkundentextes an den betroffenen Stellen zu begegnen. Doch die immer wieder dafür gewählten Begriffe, die entsprechenden Blätter sollten *sine aliqua vituperatio* oder nicht *in aliqua vitiata/vitiosa* sein, lassen erahnen, dass es bei ihrem Beweiswert noch um mehr ging: dass also Dokumente eben nicht nur in Teilen ihrer Inhalte als unzuverlässig, sondern insgesamt moralisch aufgeladen als ‚geschändet' und ‚verdorben', ‚getadelt' oder ‚gescholten' gelten konnten.[107]

Urkunde beauftragte Stadtschreiber *den artikel, den sie gern gehept hetten, nit bald vinden kond*, habe einer der Aufrührer *ein hant vol swartzer, fuler kirsen in die hantvesty* geworfen, so *daz si vermasgot wart*; Justinger hält ausdrücklich fest, dass *derselb beleib darumbe ungestraft* (ed. [Conrad Justinger,] Die Berner-Chronik, hg. von Studer 1871, 123). Zur Schlacht bei Laupen berichtet Justinger, dass die Berner angesichts ihrer Friedensbereitschaft die Häme ihrer Gegner ertragen mussten: *Und huben die vorgenant herren an und spotteten der von bern und sprachen: sy hetten jetz ein gros loch in der von bern friheit gebrochen und durch ir keyserlichen briefe einen schrantz gezeret, damitte daz die von bern von handen gelassen hatten die vorgenant drye von erlach, die in ir stat gezogen warent [...]* (ed. ebd., 78). Dieser Vorwurf ist hier offensichtlich metaphorisch gemeint: Die offensichtliche Wertlosigkeit hätte, so Rauschert, die Schriftstücke als beschädigt erscheinen lassen.

107 Für Beispiele s. etwa die bei Schulte, Scripturae publicae creditur, 2003, zitierten Passagen: So erklärten die in Bologna lehrenden Juristen und Glossatoren Azo, gestorben 1220, und Tancredi, gestorben 1236, übereinstimmend, dass das öffentliche Instrument nur dann *fides* beanspruchen dürfe, wenn es *sine aliqua vituperatione appareat* (zu Azo s. ebd., 4, zu Tancredi 7 Anm. 30); Innozenz IV., von 1243 bis 1254 auf der Cathedra Petri, pflichtete ihnen bei, dass eine vertrauenswürdige *scriptura [...] non sit in aliquo vitiata, vel vituperata, vel suspecta, vel calumniosa* (s. ebd, 4, Anm. 13); der 1312 gestorbene Jurist Pietro d'Anzola (lat. Petrus de Unzola) befand, sie dürfe weder *abolita* noch *vitiosa* sein (s. ebd., 6). Bei Raniero da Perugia, gestorben um 1245, findet sich die Erklärung, dass die Beschädigung einer Urkunde sowohl durch *membranarum vitio* als auch durch *prolixa temporis intercapedine* die Anfertigung einer rechtsgültigen Abschrift notwendig mache (Rainerii de Perusio Ars notaria, in: Bibliotheca Iuridica Medii Aevi, Bd. 2, hg. von Gaudentio et al. 1892, 25–72, hier 65f.; danach zit. bei Schulte, Scripturae publicae creditur, 2003, 181). In einer Ergänzung der *Summa totius artis notarie* aus dem 14. Jahrhundert, die ausführlich das Verfahren zur beglaubigten Abschrift von Urkunden schildert, wird gleich vier Mal mit jeweils denselben Begriffen gefordert, dass alle daran beteiligten Notare und Richter das Original daraufhin überprüfen sollten, ob es *integrum, incorruptum* und ohne jede *vituperatio* sei (s. ebd., 186, mit Zitaten in Anm. 30–38). Ähnliche Begrifflichkeiten finden sich auch in den Formeln von traditionell als Siegelurkunden ausgefertigten Beglaubigungen nördlich der Alpen: In einer deutschsprachigen Bestätigung der Rechtsgültigkeit einer Urkunde durch das westfälische Femegericht von 1449 wird über den Zustand des beguchtachteten Originals festgestellt, es sei ohne *lastermaill* (Makel, Fehler) und an Pergament, Schriften und Siegel *ledegans* (wörtl. Gliedganz), ed. Steinmann (Hg.) Handschriften Urkunden zur Württembergischen Geschichte, 1911, Nr. 17,

Deutlicher fassbar wird dies erst in einer Zeit, in der sich diese Ansprüche offenbar wandelten. So hat Michael Mente auf eine Urkunde aus dem schweizerischen Zug des Jahres 1478 verwiesen, in der es ausdrücklich heißt, sie solle auch dann gültig sein, wenn sie Mängel an Pergament, Worten, Schrift oder Siegel habe.[108] Für die Papierverwendung aufschlussreich ist ein zweites vergleichbares Zeugnis des Jahres 1576: Der pfalz-neuburgische Landvogt Hans Caspar Roth vom Schreckenstein stellt darin als Ergebnis seiner Begutachtung eines papiernen Badstuben-Erbrechtsbriefs explizit fest, dass das Original zwar *von eltte unnd lengerung der zeit willen etwas corumpiert unnd schadhafft* sei, also altersbedingte Beschädigungen aufweise, dass er es jedoch trotzdem als rechtsgültig anerkenne, weil er es *an seiner substantz und wesenlicheit* als *bekhandtlich unnd volkhumen*, das heißt, erkennbar und vollständig bewerte (s. Kasten B.3.5). Anders als die moderne hilfswissenschaftliche Einführungsliteratur in der Regel behauptet, ist die Fragilität und fehlende Haltbarkeit des Papiers demnach nicht nur ein Sachargument;[109] denn auch ein solches scheinbar klares Sachargument ist – wie das Zeugnis demonstriert – nicht unabhängig von den gesellschaftlichen Konventionen seiner Einordnung zu denken. Sie sind der Grund, weshalb der pfalz-neuburgische Landvogt der ausdrücklichen Inkenntnisnahme von Beschädigungen zum Trotz die Rechtsgültigkeit des Dokuments feststellte.

Kommen wir damit noch einmal auf die moderne hilfswissenschaftliche Einführungsliteratur zurück, in der der Topos von der geringeren Haltbarkeit des Papiers im Vergleich zum Pergament nämlich nicht allein steht. Dieser Nachteil werde vielmehr, so ist dort als Grund für die Durchsetzung des jüngeren Beschreibstoffs nachzulesen, durch den Vorteil aufgewogen, dass Papier billiger war als Pergament. Auch hier scheint diese Behauptung so spontan einsichtig und konsensfähig zu sein, dass dafür höchstens punktuelle Beobachtungen als Beleg angeführt werden.[110] Wurde

---

hier 48f., diese Begriffe gehörten wohl zur üblichen Beschreibungssprache, vgl. das Lemma „Mißmeil" in Deutsches Rechtswörterbuch, Bd. 9, bearb. von Speer, 1996, Sp. 709f.

108 Teiled.: Urkundenbuch von Stadt und Amt Zug, bearb. und hg. vom Zuger Verein für Heimatgeschichte [1952], Nr. 1228, 641f. hier 642: *Were ouch, das diser brieff jetz bresthaft wer oder hienach wurde, es wer an berment, an geschrift, an worten oder an dem insygel, wie sich das fuogte, das alles ensol den vilgenanten, einer gemeind und ir nachkomen, oder dem, so disen brieff innhat, nit schaden noch keinen gebresten bringen.* Vgl. Mente, Dominus abstulit?, 2004, 445.

109 Dieses Urteil erscheint so selbstverständlich und unangreifbar, dass die entsprechenden Passagen sowohl ohne nähere Begründung als auch ohne einen Nachweis dieser Behauptung auskommen. Vgl. z. B. von Brandt, Werkzeug des Historikers, 17. Aufl. 2007, 69; Goetz, Proseminar Geschichte: Mittelalter, 2. Aufl. 2000, 333f.; Beck, Schriftträger und Schreibmaterialien, 2012, 215, oder Rohr, Historische Hilfswissenschaften, 2015, 137. Differenzierter, da nicht nur auf die „bessere Haltbarkeit" des Pergaments, sondern auch auf seine „Kostbarkeit" in der Wahrnehmung der mittelalterlichen Zeitgenossen rekurrierend Brinker-von der Heyde, Die literarische Welt des Mittelalters, 2007, 15.

110 Für solche nur punktuell belegten Taxierungen des Preisunterschieds s. etwa 1 Pergament vs. 6 Bogen Papier für Bologna 1280 bei Burns, Paper comes to the west, 1998, 417, das Verhältnis 1:7,5 für Siena im ausgehenden 13. Jahrhundert bei Spufford, Handel, Macht und Reichtum, 2004, 191; 1 Pergamenthaut vs. 48 Blätter normales Schreibpapier oder 38 Blätter feines venezianisches Papier

die Preisdifferenz zwischen Pergament und Papier allerdings auch schon von den Zeitgenossen reflektiert? Nahmen sie diese sogar als Preisvorteil zugunsten des Papiers wahr?

---

für Innsbruck 1471 und 1 Pergamenthaut vs. 96 Blätter Papier für Linz 1531 nach älterer Literatur bei Williams, Unfolding Diplomatic Paper and Paper Practices, 2015b, 499; die zeitlich nicht näher spezifizierte Faustregel 1:10 auf Italien bezogen bei Federici/Ornato, „Progetto Carta", 1990, 1, und auf ‚die deutsche Stadt' bezogen bei Isenmann, Die deutsche Stadt, 1988, 170; danach zit. auch bei Kluge, Die Macht des Gedächtnisses, 2014, 255. Öfter findet sich die pauschale Aussage, dass die Papierpreise vom 14. zum 15. Jahrhundert erheblich gesunken seien, z. B. bei Corsten, Papierpreise im mittelalterlichen Köln, 1976, 53 (auf ein Sechstel); Engelsing, Analphabetentum und Lektüre, 1973, 8; Neddermeyer, Von der Handschrift zum gedruckten Buch, 1998, Bd. 1, 266, und Barrett, Parchment, Paper, and Artisanal Research Techniques, 2013, 120 (auf 40 Prozent).

Dass ausführlichere Untersuchungen zu diesen Fragen fehlen, ist – wie die nach wie vor sehr lesenswerte Studie von Corsten, Papierpreise im mittelalterlichen Köln, 1976, darlegt – ein mehrfaches Quellenproblem: Preise für Papier- und Pergamenteinkäufe sind in der mittelalterlichen Rechnungsüberlieferung nur sporadisch überliefert und oft pauschal verzeichnet, so dass der Informationsgehalt der Rechnungen es nur äußerst selten erlaubt, daraus systematische Preisreihen aufzustellen; auch die Vergleichbarkeit der genannten Währungen bleibt eine Herausforderung, s. dazu allgemein auch Irsigler, Papierhandel in Mitteleuropa, 2006, 348; für Italien pointiert Ornato/Busonero/Munafò/Storace, La carta occidentale nel tardo medioevo, Bd. 1 2001, 173–194, bes. 182–186, aus deren umfassenden Überlegungen als Probleme auch die in Qualität und Format unterschiedlichen, oft jedoch nicht mehr eindeutig zuzuordnenden Papiersorten sowie die Bedeutung der zeitlich wie geographisch schwankenden Einkaufspreise für den Rohstoff der Lumpen hervorgeht; die Autor*innen legen sich daher ebd., 185, lediglich auf die vorsichtige Erklärung fest, dass die Preise auf das Jahrhundert gesehen in der Tendenz gesunken seien. Die umfänglichste Darstellung zum Thema der mittelalterlichen Papierpreise und ihren Vergleich mit Pergamenteinkäufen im deutschen Sprachraum hat Kälin, Papier in Basel bis 1500, 1974, für die städtische Kanzlei in Basel zwischen 1370 und 1500 aus der exzeptionellen dort überlieferten fast ununterbrochen geführten Reihe an kommunalen Finanzbüchern vorgelegt (60–66: Preisentwicklung des Papiers, 67–75: Umfang der Pergamenteinkäufe, und 76–79: Vergleiche zwischen Papier und Pergament) und dazu vergleichend auch Preisangaben für andere Städte aus der älteren Literatur herangezogen. Schon für das Papier lässt sich nach seinen Ergebnissen keine einfache Entwicklung feststellen, zu groß sei die „Differenzierung und Abstufung in der Preisgestaltung" durch verschiedene Papierqualitäten, -formate und Transportkosten. Methodisch noch schwieriger seien Pergamentpreise zu eruieren; auch hier zeigen sich allerdings erhebliche Schwankungen. Trotz dieser diffusen Befunde findet sich bei Kälin die Verallgemeinerung, dass man im Durchschnitt im 15. Jahrhundert für eine Pergamenthaut 64 Bogen Papier habe kaufen können (ebd., 76, s. auch Tabelle 77). Deutlich anders fallen die Ergebnisse bei Kluge, Die Macht des Gedächtnisses, 2014, 255–258, für die städtische Kanzlei in Augsburg aus: Vereinzelte Belege in den Steuermeister- und Stadtrechnungen wertet Kluge als Indizien dafür, dass der Pergamentpreis vom 14. zum 15. Jahrhundert deutlich anstieg; für die Zeit zwischen 1369 und 1410 kann er einen Preis von zwei Pfennigen für den Bogen Papier nachweisen. Im Verhältnis zu den Pergamentpreisen der Jahre 1322 und 1407 ergebe sich damit ein Kostenverhältnis von 1:4 und 1:7. Kluge zieht daraus den Schluss, dass für Stadtbürger der unteren Schichten der Preisunterschied durchaus eine Rolle gespielt haben könne; für die Verwendung in der städtischen Kanzlei hält er ihn jedoch für marginal; im Vergleich zu anderen Posten seien die Kosten für die Beschreibstoffe insgesamt als verschwindend gering zu veranschlagen. Für französische Belege und ihre statistische Auswertung vgl. Ornato/Bozzolo, Pour une histoire du livre manuscrit au moyen âge, 1980, 33–37; aufgegriffen bei Buringh, Medieval Manuscript Production in the Latin West, 2011, 431f.

Kasten B.3.4: Bemerkungen zu Preis bzw. Wert des Papiers bis in die Mitte des 16. Jahrhunderts.

Tractatus adversus Judaicos des Cluniaszenser Abtes Petrus Venerabilis, verfasst nach einer Reise 1141 zu den ihm unterstellten Klöstern in Spanien und zum Wallfahrtsort Santiago de Compostela, mit Bemerkungen über die von den spanischen Judengemeinden genutzten Beschreibstoffe:[111]

[…] Legit, inquis, deus in caelis librum Thalmuth. Sed cuiusmodi librum? Si talem quales alios cotidie in usu legendi habemus, utique ex pellibus arietum, hircorum vel vitulorum, sive ex biblis vel iuncis orientalium paludum, aut ex rasuris veterum pannorum seu ex alia qualibet forte viliori materia compactos et pennis avium vel calamis palustrium locorum qualibet et tinctura infectis descriptos?

Vermerk des Schreibers Petrinus von Alesato aus der Diözese Novara in seiner 1290 vollendeten Abschrift des *Novum doctrinale* des Magisters Syon von Vercelli, Lehrer der Grammatik, heute Novara, Biblioteca capitolare: Cod. CXXXVI (ursprünglich letztes Bl., jetzt fehlend):[112]

[…] Hoc etiam nota, quod predictus P[etrinus] non est alio aliquo criminandus quia hoc doctrinale novum quod est tante dignitatis seu scolarium utilitatis scripserit in papiro, cum tanta cartarum tunc existeret caritudo, quod ipsas non potuisset precio congruo comparare vel melius quia ipsum clam et subito scribere inchoavit, at etiam cartas non habebat tunc temporis preparatas. Deo gratias.

Schlussrede eines Briefes von Francesco Petrarca an Francesco Calvo aus Vaucluse, datiert auf den 10. Juni 1352:[113]

Reliquum est ut si oculos tuos artificiosis literarum tractibus assuetos scriptura incultior offendit, montanum claudicans sedile et concretum atramentum et palustris papirus et pastoralis calamus culpentur; ego autem excuser digitisque meis tua parcat urbanitas. Vive et vale.

Auszug aus *De facientibus cartas de papiro et earum forma, pretio, pena et diversis Capitulis […]* in den Statuten von Bologna 1389:[114]

[…] Item quod predicti facientes seu fieri facientes cartas predictas non possint dictas cartas vendere seu vendi facere maiori pretio seu quantitate infrascripta, videlicet: cartas imperiales maiori pretio seu quantitate librarum septem bononinorum quelibet risima, risimam cartarum realium finarum maiori pretio seu quantitate librarum quinque et solidorum decem bononinorum, risimam cartarum realium azurarum maiori pretio librarum quatuor bononinorum et cartas reales a strazo quelibet risima maiori pretio librarum duarum et solidorum decem, risimam cartarum mezanarum pro maiori pretio librarum

---

111 Ed. und übers. bei Steinmann (Hg.) Handschriften im Mittelalter, 2013, S. 291f.
112 Ed. Lettera dell'Abate Giovanni Andres, 1802, 25–27, hier 26. Danach zit. und übers. bei Steinmann (Hg.) Handschriften im Mittelalter, 2013, Nr. 515, 444. Auch für andere europäische Regionen Steinmann bietet zu diesem Aspekt aufschlussreiche Quellenbelege, s. etwa ebd., Nr. 868, 811f. ein Beschluss der Universität Cambridge, dass Bücher aus Papier bzw. Drucke nicht als Pfand angenommen werden dürften, unter Androhung von Geldstrafen.
113 Ed. und übers. bei Steinmann (Hg.) Handschriften im Mittelalter, 2013, Nr. 616, 551f.
114 Ed. und ins Ital. übers. in Gasparinetti, Documenti inediti sulla fabbricazione della carta, 1963, 18–25, hier 20; danach zit. und ins Deutsche übers. bei Steinmann (Hg.) Handschriften im Mittelalter, 2013, Nr. 640, 578–582, hier 579f. Die hier genannten Formate sind auf einer bis heute in Bologna erhaltenen Steintafel wohl des 14. Jahrhunderts überliefert und mit Maßen angegeben, vgl. dazu ausführlich Kap. B.2 und Kasten B.2.1. Als Zähleinheit wird wie europaweit üblich *risima*, im modernen Italienisch ‚risma', auf Deutsch ‚Ries' genannt, s. auch dazu ausführlich Kap. B.2 und Kasten B.2.7.

trium et solidarum duodecim, et risimam cartarum rezutarum finarum pro maiori pretio librarum duarum et solidarum trium bononinorum et risimam cartarum a fioreto pro maiori pretio librarum unius et solidarum decem et octo bononinorum et risimam cartarum rezutarum a strazo pro maiori quantitate solidorum vigintiduorum bononinorum, sub pena pro qualibet vice dupli eius in quo plus debito venderetur. [...]

Format	Qualität	Mindestgewicht/Ries[1]	Preisbeschränkungen/Ries[2]	
Imperiale	Keine Angabe (fein?)	57 libra	7 libra =	140 solidi
Reale	*carte fine* (fein)	40 libra	5 libra 10 solidi =	110 solidi
	carte azure (blau)/*brune* (braun)	40 libra	4 libra =	80 solidi
	carte a strazo (Packpapier)	40 libra	2 libra 10 solidi =	50 solidi
Mezana	Keine Angabe (fein?)	25 libra	3 libra 12 solidi =	72 solidi
Rezuta	*carte fine* (fein)	18 libra	2 libra 3 solidi =	43 solidi
	carte a floreto/a fioreto (2. Wahl)	18 libra	1 librum 18 solidi =	38 solidi
	carte a strazo (Packpapier)	18 libra	22 solidi =	22 solidi

[1] 1 librum (Pfund) Bologneser Währung = 0,368 kg (nach Steinmann).
[2] 1 librum = 20 solidi.

Bericht des Jahres 1415 über die Akte des Jahres 1354, mit denen König Johann II. von Frankreich der Universität Sorbonne das Recht verliehen hatte, in Troyes und Essonnes Papiermühlen zu betreiben, mit der Begründung, bisher sei das Papier durch auswärtige Kaufleute aus der Lombardei viel teurer verkauft worden:[115]

[...] in favorem et utilitatem nostri studii et suppositorum nostrorum papetarii, molendina et alia instrumenta ad hec necessaria fuerint primitus instituta, quoniam papyrus per extraneos mercatores de Lombardia per antea multo carius vendebatur [...]

Für Jean Gerson, *De Laude Scriptorum*, 1423, s. oben Kasten B.3.3.

Statuten und Ordnungen des Amplonianischen Kollegs Erfurt, 1433:[116]

[...] debet prebenda converti in emendacionem librorum librarie maxime libros papireos in pergamenos utiliter commutando [...]

Traktat über eine Rede Martins von Senging auf dem Basler Konzil, 1436:[117]

[...] Sed obstant fortasse reformandi in hujusmodi Divini Officii mutatione propter pretiositatem. Ad hoc poterit dici ipsis persuadendo, ut praescripta bona ex tali mutatione sequantur, quod si non faciant repente singulorum librorum mutationem, saltem successive hoc faciant, primo anno unum, secundo alterum, tertio tertium & sic de caeteris: & si non scribantur in pergameno, saltem in papiro: si non in textu, saltem in notula, vel etiam miscendo papiro pergamenum, donec tempus prosperius arridebit: & quia successive modus ejusmodi plus placet, qui primo videbatur molestus. [...].

---

115 Ed. in Fianu, Histoire juridique et sociale du metier du livre, 1991, 98 in Anm. 107; s. dazu Zaar-Görgens, Champagne – Bar – Lothringen, 2004, 20.
116 Zit. nach Steinmann (Hg.) Handschriften im Mittelalter, 2013, Nr. 731.3, 675.
117 *Martini de Senging, Prioris Mellicensis Tuitiones pro observantia Regulae S. P. N. Benedicti ex Concilio Basiliensi*, in: Pez/Mayr/Bel (Hg.), R. P. Bernardi Pezii Benedictini Et Bibliothecarii Mellicensis Bibliotheca Ascetica Antiquo-Nova, 1725, 505–550, hier 544. S. dazu Heinzer, Die Lorcher Chorbücher, 2004, 135.

Brief des Enea Silvio Piccolomini an Johann Tuschek in Wien, 23. August 1445:[118]

[...] de biblia emunda hoc est desiderium meum: si papirea est, octo florenos dabo, si est in pergameno, duplum. videto tamen, ut correcta sit et digna pretio. de libris aliis alio tempore tibi scribam [...]

Priamel des Hans Rosenplüt aus Nürnberg, entstanden um 1450:[119]

Ein schuster, der mit rechten sachen
Zeh leder auß papier kunt machen,
Und smer kunt machen auß kukot,
Das im gut wer zu leder und trot;
Und ein frawen het, die solchs kunt besinnen,
Das sie guten drat auß heu kunt spinnen,
Das er der dreier keins dorfft kauffen;
Und gut schuch mecht, darin man lang wurd lauffen;
Und mit behender arbeit im niemant wer gleich:
Der wurd mit dem hantwerk pald reich.

Testament eines Esslinger Pfarrers aus dem Jahr 1474 mit der expliziten Erklärung, dass der Schreiber wegen der Länge des Textes auf Pergament verzichtet und stattdessen Papier in Heftform verwendet habe:[120]

So han ich die vorgeschrieben vier bletter mit myner handt geschrieben alhye vnderschrieben zu warer Vrkunde vnd gezugnisz bin auch wie sich geburt daruber erfordert vnd gebetten vnd dwile esz soviel schrifft vnd gar eynen langen permenten brieff hette geben so ist esz perment zu sparen auch geschicklicheit haht der Insiegel vff diese bappiren bletter In buches wise gesatzt.

Auszug aus der Ode *Ad se ipsum et senatum Noricum* des Conrad Celtis, nach 1495, mit dem bitteren Vorwurf, die Nürnberger Ratsherren wüssten sein ihnen gewidmetes Werk nur zum Einwickeln für rohen Pfeffer und Safran oder sogar auf der Toilette zu nutzen:[121]

---

118 Der Briefwechsel des Eneas Silvius Piccolomini, Abt. I, Bd. I, hg. von Wolkan 1909, Nr. 178, 525f., hier 526. Danach zit. und übers. bei Steinmann (Hg.) Handschriften im Mittelalter, 2013, Nr. 843, 778. Johann Tuschek enttäuschte Piccolomini nicht, s. dazu das Schreiben des Piccolomini an Tuschek aus Wien vom 20. November 1445 (Epistula 194), ed. Der Briefwechsel des Eneas Silvius Piccolomini, Abt. I, Bd. I, hg. von Wolkan 1909, Nr. 194, 581f.; danach zit. und übers. bei Steinmann (Hg.) Handschriften im Mittelalter, 2013, Nr. 844, 778, in dem Piccolomini für die Besorgung der Bibel dankt und die Begleichung der noch ausstehenden Kaufsumme ankündigt. Er lobt den Band als *Volumen [...], quod circumferri comode possit*, den man also bequem mit sich tragen könne, und dankt Tuschek für seine besonderen Freudschaftsdienste, da der Preis geringer gewesen sei, als ihn so viel Text verdiene (*Pretium vero minus fuit, quam tanta scriptura mereretur*). Leider erfahren wir nicht, auf welchem Material die Handschrift geschrieben wurde.
119 Ed. Euling, Das Priamel bis Hans Rosenplüt, 1905, 559. Vgl. allgemein zu dieser Priamel und den weiteren Texten in diesem Zyklus Reichel, Handwerk und Arbeit im literarischen Werk des Nürnbergers Hans Rosenplüt, 1983, 246f.
120 Universitätsarchiv Heidelberg, XII,2 Nr. 413, zit. nach Hawicks, Situativer Pergament- und Papiergebrauch im späten Mittelalter, 2015, 241.
121 Ed. Conrad Celtis, Libri Odarum Quattuor, hg. von Pindter 1937, Nr. III, 11, 77f., hier 78. Vgl. dazu Meyer, Die Stadt als Thema, 2009, 467f.

[...] O digni Latias fovere Musas
Et quos posteritas futura dicet
Dignos laude viros Apollinisque
Cultores veluti refertur olim
Auritum caput induens aselli
Et chartis mihi posteris canendi,
Quis crudum piper et crocum ligatis
Vel quas commaculant cacationes
Et putent olidae quibus latrinae.
I nunc et cuteas canas volucres,
Celtis, quo noceat biformis ales!

Für den Ratsbeschluss der Stadt Straßburg von 1537 s. unten Kasten B.3.5.

Reichskammergerichtsordnung von 1555:[122]

So ordnen und setzen wir, daß nun fürhin in allen gerichten die acta nicht uff bergamen, sonder uff papier geschrieben oder, so sie uff bergamen geschrieben, daß sie höher nicht, dann als ob sie uff papier geschrieben, taxirt und die partheyen mit uberflüssigen kosten derhalben nicht beschwerdt werden sollen [...]

Die eben genannte Überzeugung der hilfswissenschaftlichen Einführungsliteratur, nach der die mittelalterlichen Schreiber zu Pergament wegen seiner Haltbarkeit, zu Papier wegen seines günstigen Preises griffen, findet einen frühen Vorläufer in der schon zitierten Bemerkung des Jean Gerson: In seinem ‚Lob der Schreiber' verband er das Urteil, dass dem Pergament größere Haltbarkeit bzw. Dauerhaftigkeit beschieden sei als dem Papier, mit der Erklärung, dass diese Eigenschaft seine *caritas* – das heißt hier, seinen höheren Preis – eindeutig wettmachen würde (s. Kasten B.3.3). Mit der Verknüpfung beider Argumente steht Jean Gerson allerdings allein.[123] Insgesamt scheint der Kostenfaktor bei den Beschreibstoffen für die Zeitgenossen kein zentraler Aspekt ihrer Überlegungen gewesen zu sein: Nur vereinzelt finden sich Hinweise darauf, dass man Pergament durchaus als wertvolles Gut wahrnahm.[124] Noch seltener

---

122 Die Reichskammergerichtsordnung von 1555, hg. von Laufs 1976, II 31 § 6.
123 Nur in den Instruktionen des Papstes Innozenz III. 1276/77 an den byzantinischen Kaiserhof in der schwierigen Mission der Kirchenunion findet sich – wenngleich auf die konkrete Situation bezogen – ein ähnliches Argumentationsmuster, wenn der Papst von den Antworten Kaiser Michaels und seines Sohnes einerseits eine goldbullierte Ausfertigung auf *conservabilis pergamena* fordert, die jedoch zugleich sowohl auf Papier als auch auf Pergament vervielfältigt, vermehrt werden solle – Innozenz benutzt hier das Verb ‚multiplicare' (s. Kasten B.3.3).
124 In Schlusszeilen einer nur sieben Blätter umfassenden *Biblia pauperum* auf Pergament aus dem 14. Jahrhundert der Stiftsbibliothek St. Florian, XI.32, hier fol. 224r, heißt es: *Explicit biblia pauperum que alio nomine dicitur aurora minor. Dev* [sic] *Bibel ist der armen leut, di niht habent viel piermeit heut.* Zit. nach dem Handschriftenkatalog: Czerny, Die Handschriften der Stiftsbibliothek St. Florian, 1871, 10, Nr. XI.32. Danach zit. bei Wattenbach, Das Schriftwesen im Mittelalter, 3. Aufl. 1896, 128,

stößt man auf Kommentare, die Papier als ein billiges Material vorstellen, wie im Folgenden zu zeigen sein wird.

Das in der Papierforschung bekannteste Zeugnis hierfür ist zugleich auch das wohl Älteste: Es stammt vom Abt Petrus Venerabilis von Cluny, der 1141 eine Reise zu den ihm unterstellten Klöstern in Spanien und zugleich eine Wallfahrt nach Santiago de Compostela unternahm. In seinem nach der Rückkehr verfassten Werk *Tractatus adversus Judaicos* hält er fest, dass es in Spanien neben Büchern aus Pergament und Papyrus, wie er selbst sie zu nutzen gewohnt sei, auch solche auf Papyrus und auf Papier gebe; letzteres beschreibt er als *ex rasuris veterum pannorum seu ex alia qualibet forte viliori materia compactos*, also ‚aus den Fasern alter Tücher und anderem wertlosen Material' gefertigt (für einen Beleg s. Kasten B.3.4). Ähnlich klingt Francesco Petrarca in einem Brief von 1352, in dem er sich beim Adressaten für die ungepflegte Schrift und grobe Buchstabenform entschuldigte: Er solle die Schuld dafür nicht Petrarcas Fingern anlasten, sondern den einfachen Materialien, die er in den Bergen zur Verfügung hatte, der eingedickten Tinte, dem Schreibrohr von der Weide und dem *palustris papirus*, dem ‚Papier aus den Sümpfen' (für einen Beleg s. Kasten B.3.4).

Für den deutschen Sprachraum lässt sich eine um die Mitte des 15. Jahrhunderts entstandene satirische Kurzdichtung des Nürnberger Handwerkerdichters Hans Rosenplüt über die Mühsal der handwerklichen Arbeit anführen: Darin heißt es, ein Schuster könne mit seinem Handwerk erst dann reich werden, wenn er *mit rechten sachen* Papier in Leder, Kuhmist in Schuhcreme und Heu in Draht zu verwandeln vermöge. Papier muss Rosenplüt und seinem Publikum daher ähnlich alltäglich und offenbar nur unwesentlich teurer erschienen sein als Mist und Heu (s. Kasten B.3.4). Sicher standen dem Dichter bei seinen Zeilen aber keine großformatigen, hochwertigen Papierbögen vor Augen, wie sie in den Schreibstuben gerade für die Buchproduktion und wenig später im Buchdruck zum Einsatz kamen: Er sprach hier zweifellos von Pack- und Einwickelpapier, für das wir nur äußerst spärliche, indirekte Zeugnisse kennen, das in Rosenplüts Gegenwart aber sicher schon zum selbstverständlichen Lebensalltag gehörte.[125]

Ähnliches legt schließlich die bittere Klage des Humanisten und lateinischen Poeten Conrad Celtis in einer Ode der 1490er Jahre über die Ignoranz der Nürnberger Ratsherren nahe, die seine Lobschrift auf ihre Heimatstadt nicht zu schätzen wüssten: Die, die er für kommende Geschlechter habe besingen wollen, die würden sein Werk benutzen, um rohen Pfeffer und Safran darin einzuwickeln, ja noch schlimmer, um sich damit ihre *cacationes* abzuwischen.[126] Die Schimpftirade des Celtis ist damit zugleich das m. W. früheste Indiz für die (Zweit-)Verwendung von Papier als *babyr zu ars wüsch*, das in den 1520er Jahren der Jerusalemfahrer Hans Stockar in seinem

---

Anm. 5. In abweichender Schreibung zit. bei Neddermeyer, Von der Handschrift zum gedruckten Buch, 1998, Bd. 1, 360f.
125 S. dazu Kap. B.2.
126 S. dazu Kasten B.3.4.

Pilgerführer auf die Schiffsreise dringend mitzunehmen riet.[127] Diese Quellenfunde machen also darauf aufmerksam, dass wir – wie in Kap. B.2, Kasten B.2.2 bereits ausführlicher thematisiert – spätestens ab dem ausgehenden 14. Jahrhundert von einer breiten Palette verschiedener Qualitäten für unterschiedliche Zwecke ausgehen müssen. Ein dort schon zitiertes, singuläres Zeugnis, die Statuten der Stadt Bologna aus dem Jahr 1389, informiert uns sogar über die Preisdifferenzen dieser verschiedenen Papiersorten: Das Schreibpapier der besten Sorte im größten Format *imperiale* sollte nach den dort erlassenen Preisbeschränkungen pro Ries fast sieben Mal so teuer sein wie das Packpapier des kleinsten Formats *rezuta* (s. dazu die Tabelle in Kasten B.3.4).

Natürlich war nicht nur Papier, sondern auch Pergament in verschiedenen Qualitäten erhältlich.[128] Und noch besser als beim Papier lässt sich bei der Tierhaut fassen, dass ihr Preis nicht allein im Materialwert begründet lag, sondern von Angebot und Nachfrage diktiert war.[129] Ein Beispiel dafür ist – vergleichsweise früh – ein Schreiber-

---

[127] Ed. Hans Stockars Jerusalemfahrt, hg. von Schib 1949, 61: Unter den zahllosen Ausrüstungsgegenständen, die Hans Stockar mitzunehmen empfiehlt, findet sich sowohl Schreib- als auch Klopapier: *Der bilger sol hian die rüstung, die hiernach statt: [...] ain fürzüg und wechsin kerzen und ain schribzüg und bapir, dinten und federen und isin nagel, ain kolender [...] Und ain heffelin, ain ribiselin, ain isin spisslin und babyr zu ars wüsch und [...]*, s. dazu schon Reichert, Erfahrung der Welt, 2001, 142. Weitere Beispiele sowohl für Italien als auch für den deutschen Sprachraum fallen erst ins spätere 16. Jahrhundert, s. den Rat des Luzerner Chronisten Renward Cysat (1545–1614), den Hintern statt mit Stroh mit Papier zu wischen, zit. leider ohne Beleg bei Oligmüller/Schachtner (Hg.), Papier, 2001, 59, sowie das literarische Spiel mit dem Widerspruch, dass Papier sowohl mit Liebesbriefen beschrieben und von schönen Frauen geküsst als auch zum ‚Arschwischen' genutzt werden könne, im *Pentamerone* des neapolitanischen ‚Märchenerzählers' Giambattista Basile (1575–1632), hier zit. nach Irsigler, Überregionale Verflechtungen der Papierer, 1999, 255f. S. vor allem im 17. Jahrhundert die eloquente Klage des in die Kloake gedemütigten Papiers, dem Hans Jakob Christoffel von Grimmelshausens „Simplicissimus" auf der Toilette begegnet, s. dazu ausführlich Müller, Weiße Magie, 2012, 145–151.

[128] S. dazu als Beispiel die Quellen vor allem aus dem französischen Raum, die Pergamentqualitäten thematisieren, indem sie über mangelhafte häute klagen, für ihre Schreibarbeiten gutes Pergament einfordern oder sogar poetisch die Eignung verschiedener Tierhäute zur Pergamentherstellung diskutieren, bei Steinmann (Hg.) Handschriften im Mittelalter, 2013, Nr. 496, 425f., Nr. 530, 458f., Nr. 596, 532f., Nr. 660, 604f., Nr. 711, 651f. und passim.

[129] S. als ein Beispiel für Italien die bei Rizzo, Il lessico filologico degli umanisti, 1973, 14, zusammengestellten Passagen aus dem Briefwechsel zwischen Poggio Bracciolini in Rom und seinem Florentiner Freund Niccolò Niccoli insbesondere aus den Jahren 1423 und 1431, als Poggio sich besonders um den Aufbau einer Bibliothek bemühte und dafür den Freund immer wieder mit der Beschaffung von Pergament beauftragte: Sie demonstrieren eindrucksvoll, dass die Bandbreite von *cartae spurcissimae* bis zu solchen *ut plurimum albae existunt* reichte; besonders geschätzt waren demnach reinweiße Blätter. Zugleich wird in Poggios Klagen über den römischen Markt deutlich, dass der Preis nicht nur von der Qualität, sondern auch von erheblichen Preisschwankungen je nach Marktsituation abhing. Ähnliches spiegeln für den deutschen Sprachraum zum Beispiel die im ersten Drittel des 15. Jahrhunderts für die Fraterhäuser in Zwolle und Herford entstandenen Statuten der Brüder vom gemeinsamen Leben. Ihre klosterähnlichen Fraterhäuser, die große Teile ihres Lebensunterhaltes mit der Herstellung von Büchern erwirtschafteten, waren demnach angehalten, einmal im Jahr ihre Preislisten für die zum Kauf hergestellten Bücher zu prüfen: Als entscheidende Komponente für die

vermerk in einer auf 1290 datierten Handschrift mit dem *Novum doctrinale* des ‚Maestro Sion', das heißt, einem Simon von Vercelli zugeschriebenen Grammatiktraktat: Darin heißt es, man dürfe dem aus Novara stammenden Schreiber Petrinus keine Vorwürfe deswegen machen, dass er für diese erste Abschrift des so bedeutenden und für die Studenten nützlichen Werks nur Papier verwendete. Sein Auftraggeber Magister Gratiolus habe sie nämlich unbedingt so schnell als möglich in Händen halten wollen. Da er also unvermittelt und auch heimlich mit seiner Arbeit begonnen habe, habe er keine *cartae preparatae* – das heißt, keine schreibfertigen Pergamente – finden können; ja noch schlimmer: Insgesamt habe zu dieser Zeit ein derartiger Mangel an Pergamentblättern geherrscht, dass er sie nicht zu einem *precium congruens*, einem angemessenen Preis, habe kaufen können (s. Kasten B.3.4).

Petrinus empfand also Bedauern darüber, dass er aus Kostengründen nicht zum Pergament, sondern nur zu Papier hatte greifen können. Ähnliche Vorstellungen finden sich auch in Zeugnissen, die Silvia Rizzo aus den Korrespondenzen der italienischen Humanisten im 14. und 15. Jahrhundert zusammengestellt hat: in Form von Bitten, bei Abschriften von Büchern wenn möglich doch lieber Pergament als Papier zu verwenden,[130] in Ankündigungen, dass man *exemplaria in papiro cursim transcripta* – eilig oder flüchtig auf Papier geschriebene Texte – baldmöglichst auf Pergament kopieren wolle,[131] oder in Anfragen, ob man überhaupt einen Schreiber zur Verfügung habe, *qui possit in pergameno conscribere*,[132] der also offenbar so schön schreiben könne, dass man ihm die kostbaren Tierhäute anvertrauen wolle. Mehrfach sind auch entschuldigende Bemerkungen zu fassen, dass bestimmte Bände *in papyro sunt, bonis tamen literis* – das heißt, zwar auf Papier, aber trotzdem in guter Schrift geschrieben seien,[133] oder dass der angefragte *Gellium* zwar *sordidum, veste pannosa et bombicinia indutum tunica* – das heißt, armselig sei, da nur mit einem lumpigen Kleid oder papiernen Gewand angetan, aber dafür wahrredend und fehlerfrei.[134] Auf

---

Neubewertung wird in den Statuten neben der Lohnentwicklung für die Schreibarbeit der aktuelle Pergamentpreis genannt, s. hier den Text der *Consuetudines* aus Zwolle in der 1494 im Druck verbreiteten Fassung, nach einer älteren Edition zit. und übers. bei Steinmann (Hg.) Handschriften im Mittelalter, 2013, Nr. 718, 658–662, hier 660, ausführlich zur praktischen Dimension der gewerblichen Handschriftenproduktion bei den Fraterherren vgl. Kock, Die Buchkultur der Devotio moderna, 2002, bes. 17–53, 79–121, zu den Statuten 87–91.

130 Aus dem Epistolario des Guarino Veronese, nach der kritischen Ed. zit. bei Rizzo, Il lessico filologico degli umanisti, 1973, 17.

131 Brief des Lombardo della Seta, hier zit. nach Rizzo, Il lessico filologico degli umanisti, 1973, 13. S. ebd. auch weitere Beispiele.

132 Brief von Coluccio Salutati, ed. Epistolario di Coluccio Salutati, Bd. 1, hg. von Novati 1891, Nr. XVIIII, 330–333, hier 330f.; s. auch Rizzo, Il lessico filologico degli umanisti, 1973, 16.

133 Brief des Ambrogio Traversari, nach einer Druckausgabe des 18. Jahrhunderts zit. bei Rizzo, Il lessico filologico degli umanisti, 1973, 16.

134 Aus dem Epistolario des Guarino Veronese, nach der kritischen Ed. zit. bei Rizzo, Il lessico filologico degli umanisti, 1973, 16. S. in diesem Kontext auch den oben bereits zitierten Brief des Giovanni Aurispa mit der Bemerkung, dass das für eine ebenfalls sehr sorgfältige Plutarch-Abschrift verwendete

den Punkt gebracht sind diese Präferenzen in einer Bemerkung des Francesco Grapaldo: *libri olim ex papyro, nunc e charta: praeferuntur ut optimi ex membranis* – einst seien Bücher aus Papyrus, nun würden sie aus Papier gefertigt, vorzuziehen sei für die Besten unter ihnen jedoch Pergament.[135]

Eine ähnliche Haltung ist auch für den deutschen Sprachraum des 15. Jahrhunderts nachweisbar: In den Statuten, die 1433 für das Amplonianische Kolleg in Erfurt erlassen wurden, findet sich die Vorschrift, dass die Gelder einer für die Bibliothek bestimmten Pfründe dazu genutzt werden sollten, um Bücher auf Papier durch solche auf Pergament zu ersetzen (s. Kasten B.3.4). Drei Jahre später hielt Martin von Senging, Prior des niederösterreichischen Benediktinerklosters Melk und Wortführer der Melker Reformpartei, auf dem Basler Konzil eine Rede, in der er unter anderem die systematische Durchsetzung geänderter liturgischer Gebräuche propagierte. Um den als Adressaten seiner Rede angesprochenen Klöstern die Ausrede zu nehmen, das Umschreiben der liturgischen Handschriften sei zu teuer, schlug er vor, die nötigen Umstellungen langsam und sukzessive anzugehen, außerdem statt Pergament zuerst Papier oder doch zumindest Mischhandschriften und statt der Textualis nur die Notula zu verwenden, so lange, bis bessere Zeiten anbrechen würden (s. Kasten B.3.4).[136]

Nicht gesagt ist damit, wie groß man sich die Kostenersparnis durch den Verzicht auf Pergament vorstellen muss. Ein Brief des Enea Silvio Piccolomini aus dem Jahr 1445 legt nahe, dass die Tierhaut im 15. Jahrhundert keineswegs eine unerschwingliche Luxusware war. Für den Kauf einer Bibel, um den er seinen Briefpartner Johann Tuschek bat, nennt er seine Preisvorstellungen: Wenn sie auf Papier geschrieben sei, wolle er acht Gulden dafür bezahlen, für eine Bibel auf Pergament sei er das Doppelte zu geben bereit (s. Kasten B.3.4).[137]

Zusammenfassend lässt sich festhalten, dass das Preisgefälle zwischen Pergament und Papier sicher eindeutig, für die konkrete Wahlentscheidung zwischen den Beschreibstoffen aber nur ein Argument unter mehreren war, wie dies schon 2015

Papier aufgrund seiner Stabilität dem Pergament durchaus nahe komme, nach der kritischen Ed. zit. bei Rizzo, Il lessico filologico degli umanisti, 1973, 16.

135 Ed. in Charlet, La bibliothèque, le livre et le papier d'après Francesco Maria Grapaldo, 1996, 351. S. auch Rizzo, Il lessico filologico degli umanisti, 1973, 14.

136 Die Anweisung, den Beschreibstoff Papier mit einer kursiven, das heißt schnellen und einfachen Schriftart zu kombinieren, findet sich auch in einem Brief des Ludovico Gonzaga an Platina vom 8. Dezember 1459 mit detaillierten Anweisungen dazu, wie er sich die Abschrift verschiedener Bücher vorstellte: *Voressemo [...] che ne facesti subito scrivere una Georgica ben in littera corsiva e suso papéro, ma che la fuse scritta con li dittonghi destesi, cioè ae, oe, e cum li aspiratione apuntate e le dizione scritte per ortografia corretta secondo che sapeste facessemo coregere la Bucolica [...]*, zit. nach Canova, Le bibliotheche dei Gonzaga, 2010, 59.

137 Einen etwas höheren Preisunterschied zwischen Pergament- und Papierexemplar nennt Neddermeyer, Von der Handschrift zum gedruckten Buch, 1998, Bd. 1, 371, mit 16 versus 48 Gulden für das gedruckte *Catholicon* von Johannes Balbus; zweifelhaft erscheint dem Autor allerdings, dass ein weiteres Exemplar für den Preis von 47 Gulden tatsächlich auf Papier gedruckt worden sei.

Franz-Josef Arlinghaus in einem instruktiven Beitrag über Pergament- und Papiergebrauch in der spätmittelalterlichen Ständegesellschaft am Beispiel von fünf konkreten Handschriften und ihrer Gestaltung bzw. Funktion feststellte.[138] Bestätigt wird dieser Eindruck auch durch die Ergebnisse von Mathias Franc Kluge in seiner Arbeit über die kommunale Schriftlichkeit im mittelalterlichen Augsburg: Nach seinen Hochrechnungen seien die Materialkosten auch beim Festhalten am Pergament eine so verschwindende Größe im städtischen Haushalt gewesen, dass er den Anstieg des Papiergebrauchs nicht auf dessen günstigen Preis, sondern weit eher auf die zunehmende Gewöhnung zurückgeführt sehen will.[139]

Wichtiger für die Überlegungen hier ist allerdings, dass die Einführung und zunehmende Durchsetzung des Papiers offenbar keinen Grund oder Anlass dafür gab, auf die Vorteile des ‚neuen' Beschreibstoffs aufmerksam zu werden. Der Tenor der bislang vorgestellten Zeugnisse lautete vielmehr, dass man doch das Pergament dem Papier vorziehen solle, wenn man es sich denn leisten könne. Erst in Zeugnissen ab dem 16. Jahrhundert wird hier ein Mentalitätswandel spürbar, bezeichnenderweise in Verordnungen, die nun die Umstellung auf Papier offensiv beschließen und propagieren.[140] Beispiel dafür ist die Reichskammergerichtsordnung von 1555 mit der Anordnung, dass man *fürhin in allen gerichten die acta nicht uff bergamen, sonder uff papier* schreiben solle. Für den Fall, dass man entgegen dieser Vorschrift doch Pergament verwenden würde, wird konkretisiert, dass den Streitparteien trotzdem keine höheren Kosten in Rechnung gestellt werden dürften als für papierne Ausfertigungen (s. Kasten B.3.4). Einen ähnlichen Beschluss fasste knapp zwanzig Jahre früher der Rat der Stadt Straßburg mit der Entscheidung, dass man zumindest für einen Großteil der städtischen Korrespondenzen auf Papier umsteigen wolle. Begründet wurde

---

138 Vgl. Arlinghaus, Materialität und Differenzierung der Kommunikation, 2015. In seinem Fazit (188) bezeichnet Arlinghaus die Verwendung von Pergament und Papier als „nicht in erster Linie Mittel zum Zweck", sondern er wertet den Einsatz der Beschreibstoffe als „Bedeutungsträger" in einer Welt, die ihre Ordnungsvorstellungen – wenn man aktuellen Studien zu anderen Gebrauchsgegenständen, etwa zur Kleidung vertraut – eben nicht primär aus der Sach-, sondern viel stärker aus der Sozialdimension gewonnen habe. Statt der simplen Faustregel „billig versus haltbar" bestimmt er daher eine ganze Reihe von Oppositionspaaren, die die Schreiber (und Schreiberinnen) bei der Wahl des Beschreibstoffs für eine konkrete Aufgabe im Hinterkopf hatten. Als solche „Konnotationen", die die beiden Beschreibstoffe „von Haus aus" mit sich führten, nennt Arlinghaus „kostbar/weniger kostbar, eher Recht und Religion bzw. eher Alltag und Ökonomie verpflichtet, eher dem Adel/eher dem Bürgertum zuzuordnen etc."
139 Vgl. Kluge, Die Macht des Gedächtnisses, 2014, 255–263, 350, 360.
140 Als weitere Beispiele neben den im Text genannten s. die Verfügung des Stadtrats von Augsburg vom 6. August 1549, für Gerichtsakten *sich hinführo des Papiers zu bedienen*, zit. nach Haßler, Die Augsburger Textil-, Metall- und Papierindustrie, 1955, 409 (ohne Beleg), sowie die Erklärung von Ludwig Fruck in seinem 1571 gedruckten Handbuch für Notare und Amtsschreiber mit dem Titelanfang *Teutsch Formular vnnd Rhetoric, Jn allen Gerichts händeln […]*, dass es zulässig sei, wenn *testamentum solenne mit papier gemacht werden*, zit. nach dem Lemma „Papier I." in Deutsches Rechtswörterbuch, Bd. 10, bearb. von Speer, 2001, Sp. 494.

sie unter anderem mit dem Argument, dass man dem Stadtschreiber auf diese Weise die *vergebenlich und unnütz cost*, die er als Mehraufwand für den Kauf von Pergament leisten müsse, zu *ersparen* vermöge (s. hierzu wie im Folgenden Kasten Nr. B.3.5).[141]

Kasten B.3.5: Gesellschaftliche Akzeptanz und soziale Distinktion als Gründe für die Wahl zwischen Papier und Pergament.

Verbot notarielle Instrumente betreffend in den auf 1236 datierten Statuten der Stadt Padua:[142]

[...] Statutum vetus conditum ante millesimum ducentesimum trigesimum sextum. Instrumentum factum in carta banbacina non valeat, nec fides adhibeatur eidem. [...]

Zur Frage der Papierverwendung im *Speculum iudiciale* des Guillaume Durande, entstanden 1271, überarbeitet 1286 und 1291, hier nach der gedruckten Ausgabe Basel 1574:[143]

Ite[m] quod est scriptum in papyro, sed haec non est sufficiens causa reprobandi instrumentum, sed innouationem obtinendi, ex[tra] de co[n]firmat. utili uel inut[ili] cum dilecta. In nonnullis enim regionibus instrumenta in chartis bombycinis fiunt: quod irreprehensibile iudicamus, ut s. § reistat. uersic. porro sunt nonnulli.

Auszug aus einem Brief der Stadt Augsburg als Reaktion auf die Anfrage zweier Würzburger Domherren, ob ein älterer Brief aus Augsburg stamme, mit einer abschlägigen Antwort und der Begründung, er entspreche nicht den Augsburger Kanzleiregeln für Korrespondenzen, datiert auf den 1. Oktober 1418:[144]

---

[141] Die Schreiber mussten ihr Material oft wohl nicht nur eigenhändig beschaffen, sondern auch selbst bezahlen, s. als Beispiel etwa die Regelungen im Augsburger Stadtrechtbuch von 1362 im Abschnitt über die Aufgaben des Stadtschreibers, der *auch sin selbs pirmit und timpten haben* solle, Belege in Kasten B.3.6. Dies galt auch noch im frühen 16. Jahrhundert, wie eine Bestimmung der Stadt Frankfurt am Main im von ihr reformierten und gedruckten Stadtrecht, der *Reformacion der Stat Franckenfort am Meine* von 1509 zeigt: *Item wan[n] ein ende vrteil in einer sachen vß gesprochen / vnd ein vrteil brieff gesonne[n] vnd erkant wirdet / für den selben vrteil brieff sol man dem gerichtschryber siben schilling für pergamen vnd schryb lone / vnd zwen schilling dem Schulteissen für die sigelung geben.* Zit. nach DRQEdit. Deutschsprachige Rechtsquellen in digitaler Edition, hg. von der Forschungsstelle Deutsches Rechtswörterbuch, URL: https://drw-www.adw.uni-heidelberg.de/drqedit-cgi/zeige?sigle=FrankfurtRef.+1509 (Stand: 03.03.2023), Bl. 50v. [Tit. 52 § 26].

[142] Ed. Statuti del Comune di Padova, hg. von Gloria 1873, 66, Nr. 178. Mit diesem Verweis s. Bresslau, Handbuch der Urkundenlehre, Bd. 2,2, 1931, 500, Anm. 6, und Bockwitz, Zur Geschichte des Papiers, 1941, 21; s. auch Santifaller, Beiträge zur Geschichte der Beschreibstoffe, 1953, 138, und Castagnari, Le origini della carta occidentale, 2014, 12. Bei einem entsprechenden für die Stadt Parma für 1236 behaupteten Verbot bei Rodgers Albro, Fabriano, 2016, 17, muss es sich um einen Irrtum handeln. Der von ihr in der Fußnote gegebene Verweis auf Tajani, Sulle orme della carta, 2006, 35f., führt in die Leere.

[143] Wilhelm Durantis, Speculum iudiciale, ND der Ausgabe 1574, 1975, Bd. 1, 671. Danach zit. bei Meyer, Felix et inclitus notarius, 2000, 60, Anm. 275.

[144] Nach Stadtarchiv Augsburg, Selekt ‚Schätze', Nr. 105/Ib (sog. Augsburger Briefbuch), Nr. 1082, zit. bei Kluge, Die Macht des Gedächtnisses, 2014, 198, Anm. 218.

[...] so schriben wir von unser stat uff permit und nit uff pappeyr und versigeln och mit rottem wachs und nit mit gronem als ir an disem [...] priefe wol sehen werdent. [...]

Auszüge aus der Ernennungsurkunde des Notars Pierfrancesco di ser Giacomo da Castello delle Forme, ausgestellt am 15. Februar 1447 in Perugia nach seiner Investitur durch den Pfalzgrafen Rainaldo Mansueti, unter Bezugnahme auf das diesem von Kaiser Sigismund verliehene Privileg, dessen Inhalte die Urkunde paraphrasierend wieder gibt:[145]

[aus der Paraphrase von Sigismunds Privileg:] *et quod instrumenta tam publica quam privata contractus atque iudiciorum, cuiuscunque qualitas existant, et omnia et singula que sibi ex debito offitii notarie et ordinarie iurisdictionis occurerint facienda, publicando ipsa in membranis vel cartis que non fuerint prius scripte deinde abrase [...]*

[aus der Schilderung des Gelöbnisses:] *et offitio notarie iurisdictionis ubilibet exercicendo, cum penna, calamario et cartis legitime ac solepniter investivit, concedens, auctoritate prefata, eidem Perfrancischo om[n]imodam et plenam licentiam, auctoritatem et potestatem quod per totum Romanum Imperium et ubique locorum possit tam instrumenta publica quam privata et quecumque iudiciorum acta, ac omnia alia et singula que ad officium tabellionatus pertineret, facere, scribere et publicare in cartis, membranis vel papiris, secundum consuetudinem locorum. [...]*

Schreiben von Vincenzo Amidani, Sekretär des herzoglichen Consiglio Segreto, vom 16. September 1468 als Reaktion auf die Frage von Galeazzo Maria Sforza, Herzog von Mailand, ob er für seine Korrespondenzen Pergament als Beschreibstoff verwenden dürfe:[146]

Illustrissime Princeps et Excellentissime Domine, Domine noster singularissime, post humillimam commendationem. Siamo stati questo dì admoniti de dovere considerare et examinare se a Vostra Excellentia fosse licito potere scrivere le littere sue in carte membrane, su la quale materia noi habbiamo facto longo ragionamento e discussione più volte, e per referire a Vostra Sublimità quello che trovammo e lo iudicio nostro. In primis, per quanto sentiamo noi iureconsulti, non troviamo lege né per ragione comune questo già essere expresse prohibito. Dall'altra parte, perché ogni cosa che pare licita non è expediente, volendo intendere e considerare quello che se costuma fra li altri Principi christiani, troviamo (excepta la Sede Apostolica et lo Imperatore che sono le supreme potentie et dignitade), essere rarissimi li altri che usano de questo privilegio, non solo fra li Duchi et altri Baroni, ma etiam de li Regi.

---

145 Ed. Il notariato a Perugia, hg. von Abbondanza 1973, Nr. 46, 61f.
146 Ed. Ganda, La Pergamena a Milano nella Seconda Metà del Quattrocento, 2007, 147f. Dieses „sehr wunderlich[e]" Gutachten von 1468 war auch schon Wattenbach, Das Schriftwesen im Mittelalter, 3. Aufl. 1896, 131, bekannt. Daneben hat sich im Staatsarchiv Mailand im Bestand „Sforzesco" noch ein zweiter Brief zum Thema erhalten, der nur einen Tag später datiert. Nach seinen Aussagen wurde dieses Schreiben vom ersten Sekretär des Herzogs, Cicco Simonetta, für die Weiterleitung des obigen Schreibens an seinen Herrn ersucht: Offenbar hatte Cicco den Vorsitzenden des Consiglio Segreto, Giovanni Arcimbaldo, um eine Konkretisierung der im ersten Schreiben nur angedeuteten Handlungsempfehlungen an den Herzog gebeten. Giovanni Arcimbaldo fasst daher nochmals zusammen: *Non ritrovamo prohibito che non possiate scrivere in carta, ben fidelmente ricordando laudaremo che non essendo mai usitato questo per li anteccessori di Vostra Signoria (fra li quali tanti ne sono stati gloriosi et excelsi Principi) Vostra Signoria più modestia usarìa in non innovare tal forma di scrivere.* Ed. Ganda, La Pergamena a Milano nella Seconda Metà del Quattrocento, 2007, 149.

Et non intendemo che alcuno Re christiano habia tale prerogativa se non lo Serenissimo Re de Franza, lo quale tamen, etiam ut plurimum, scrive in papiro, et lo Re de Sicilia, li quali hanno questo per speciale privilegio dal Papa ab antiquo. Tutti li altri Re per quello [che] sentiamo, scriveno in papiro le littere missive, né intendiamo che alcuno Duca, etiam quello de Bregogna [das heißt, Burgund], che è lo principale tra li Duchi et che ha alcuni reami et molti ducati, né alcuno de li Electori de l'Impero, né lo Conte Palatino, che sono de grande auctoritate et singulare reputatione fra li altri Principi, se attribuiscono questa preminentia: salvo lo Dose de Venetia al quale fue concesso per speciale privilegio de la Sede Apostolica per certi beneficii et favori dati per Venetiani, secondo se dice, contra Federico Barbarossa. Consideramo insuper che l'Illustrissimo Vostro bisavo, primo Duca, quale fu spechio et gloria deli principi, nec etiam la recolenda memoria dell'Excellentissimo Vostro avo Duca Filippo, la cui reputatione fu celeberrima, mai non se attribuirono questa prerogativa.

Sicché, attento che questa novitate in la Excellentia Vostra saria più notabile et molto se consideraria, et in simili cose nove se ha ad presupponere che gli debba concorrere evidente utilitade et honestade, fidelissimamente commemoramo a Vostra Excellentia che ad questa cosa se degni volere havere diligente et prudentissima premeditatione [Vorbedacht, Nachdenken], come ha in tutte l'altre Sue faccende. Ben gli ricordiamo che stando Vostro Signoria in proposito, lo quale nui summamente laudamo de volere omnimodamente impetrare [durchsetzen] dall'Imperatore li privilegi del ducato. Che quando questa cosa se ricercasse [sich recherchieren ließe?] in dicti privilegi, verisimiliter senza difficultade se obteneria. Et eo casu, Vostra Excellentia senza alcun scrupulo poria usare de dicta prerogativa. Ne recommendiamo iterum devotamente alla Vostra Celsitudine.

Datum Mediolani die XVI septembris MCCCCLXoctavo [16. Sept. 1468]. Et Illustrissime Vestre Dominationis fideles et humiles servi de Consilio Secreto. Vincentius.

Aus dem Beschlussprotokoll des Hansetages zu Lübeck am 24. August 1470 (nach einer lübischen Abschrift in einer Revaler Handschrift, zehn weitere Textzeugen bekannt) über einen zugunsten des Vertreters des Hansekontors in Brügge neu entschiedenen Rezess:[147]

Item wante denne deme kopmanne to Brugge vorbenomet under ogen gheholden is geworden, dat den recessen der stede uppe poppyr gheschreven so gruntliken geloven etlike personen nicht willen geven ghelik ofte de in pergamente gheschreven unde vorsegelt weren, darumme de gemenen radessendeboden hebben ghesloten, dessen recessum deme kopmane in pergamente geschreven unde myd der van Lubeke inghesegel vorsegelt to gevende, jodoch alle andere recesse der stede uppe poppyr gheschreven in aller macht to blyvende. [...]

Eintrag auf dem inneren Einband im um 1500 angelegten Briefbuch des Nürnberger Rates, Staatsarchiv Nürnberg, Briefbuch Nr. 1 (VII):[148]

---

147 Ed. Hanserecesse von 1431–1476, hg. von von der Ropp 1890, 349, Nr. 117.
148 Nach dem Or. zit. bei Holzapfel, Kanzleikorrespondenz des späten Mittelalters in Bayern, 2008, 51 mit Anm. 20. Mit zum Teil abweichender Orthographie und Diktion zit. auch bei Piccard, Über die Anfänge des Gebrauchs des Papiers, 1962, 388. Ebd. zitiert der Autor weitere Zeugnisse aus den heute im Staatsarchiv Nürnberg verwahrten Ratsverlässen (Nr. 2158, fol. 70b, und Nr. 2166 fol. 1b), die zeigen, dass man vollständig auf Pergament erst seit dem Dreißigjährigen Krieg verzichtete, s. Eintrag zu 1633: *Weilen wie mündliche fürkommen, von teils höhern ständen, meinen herren, dass sie ihr schreiben auf pergamen ausfertigen lassen, übel aufgenommen, von teils andern aber wider die unterlassung ganz eifrig protestiert worden und ein schuldigkeit daraus gemacht werden will, sind die deputierten ersucht, mit fleiss zu bedenken, ob nicht meine herren fürohin das schreiben auf pergamen gar oder doch mehrenteils, und wie weit, abstellen, auch fürohin die briefe nur auf papier ingrossieren lassen*

Nota reglam [sic]: *Wenn das ist daz sich der rate überschreybt und einen dautzet, so sol man den brief auf pappir schreyben, und niht auf pergamen* [sic], *er sey burger oder mer oder aber auserman etc.*

Ratsbeschluss der Stadt Straßburg über die Frage, welchen Beschreibstoff die Stadtschreiber künftig für die kommunalen Korrespondenzen verwenden sollten, 1537:[149]

Zum vierden, diewil sich der stattschriber des birmenz beclagt und etwan der bruch gewesen in allen fursten- und stettcanzliien, auch den geistlichen hoefen und gerichten alhie, das man alle missiven und acten uff birment geschriben, welcher bruch aber bii allen churfursten, fursten und stenden, uszgescheiden gar wenig stetten, abgangen, also das keyser, könig, churfursten und fursten ietzund uff bapir schriben und vil zierlicher und basz stoet uff ein hupsch bapir dann uff das grob birment, wie wir es in unser canzlii haben zuo schreyben, zuo dem das den schribern vil zit uff das zuoschniden, schaben und zuobereiten des birgamens goet und vil besser und fürderlicher uff das bapir dann uff das birment zu schriben ist, so achten die verordenten, das der vergebenlich und unnütz cost, so dem stattschriber dieser zit vil hoeher und mehr dann etwan uff das birment goet, wol zuo ersparen wer in dise wise, das man allen denen, so einer statt Straszburg uff bapir schriben, usserthalb keyserliche und konigliche maiestät, das man denselben auch uff bapir schribe, dinienen aber, so einer statt Straszburg uff birment schribent, solt man wider uff birment schreiben. [...]

Auszug aus einem Formular für Urteile des Rates von Lübeck in Erbangelegenheiten mit Anweisungen, wann und aus welchen Gründen die Klage des Erben aus formalen Gründen abzuweisen sei, datiert auf den 2. Juli 1545:[150]

Visitationis Klaget einer wegen Handschrift, so N. N. bey seinem Leben ausgegeben, bittet solutioneum. Reus: Es sey nur eine papierne Handschrift; und dieweil, Lübschem Recht nach, Todter Hand mit Stadtbüchern, versiegelten Briefen oder lebendigen Zeugen bewiesen werden muß, Ergo nicht gnugsahm [...]

Auszug aus einem Vidimus, ausgestellt am 25. März 1576 durch den Landvogt des pfalz-neuburgischen Amts Höchstädt, Hans Caspar Roth vom Schreckenstein, auf Bitten des Vogts Hanns Linck und der Kicklinger Dorfvierer, der einen papiernen Badstuben-Erbrechtsbriefs des Neuburger Landvogts Ulrich Tengler vom 24. April 1525 für rechtskräftig anerkennt:[151]

[...] Unnd diewielen ich, obgemelter landtvogt, dan daß original berüerts badtbrieffs anschrifft, secret unnd papier von ette unnd lengerung der zeit willen etwas corumpiert unnd schadhafft, jedoch an seiner substantz unnd wesenlicheit bekhandtlich unnd volkhumen, auch dissem brief im colationieren unnd ablessen von wortt zu wort gleichlautend befunden, also hab ich umb obgeschribner vogt unnd der vierer vleissigen bittwillen zu warer becrefftigung unnd gezeugnus mein angeborn insigel, (doch mir, meinen erben unnd insigel ohne schaden) offentlich hier angehangen. [...]

---

sollen. Zu 1634: *Demnach bishero die missiven an unterschiedliche stands personen in der canzley auf perment ausgefertigt worden, soll man alle und jede schreiben fürderhin nur auf papier ingrossieren und abgehen lassen, es sei denn sonderlich bei meinen herren decretieret, anstatt des papiers perment zu gebrauchen.*

149 Ed. Verfassungs-, Verwaltungs- und Wirtschaftsgeschichte der Stadt Strassburg, Bd. 1, hg. von Eheberg 1899, 570 f.
150 Ed. Lübecker Ratsurteile, Bd. 4, hg. von Ebel 1967, Nr. 542, 408 f.
151 Ed. Die ländlichen Rechtsquellen aus den pfalz-neuburgischen Ämtern, hg. von Fried 1983, 76–79, hier 78 f., Abs. 22.

Der Straßburger Ratsbeschluss argumentierte aber nicht allein mit dem Preis. Die städtischen Schreiber, auf deren Beschwerden die Entscheidung offensichtlich zustande gekommen war, hatten noch weitere Gründe ins Feld geführt, die die Ratsherren von der Umstellung auf das günstigere Papier überzeugen sollten, so dass sich diese knappe Passage als Schlüsseltext für unsere Fragen entpuppt: Gegen das Pergament spricht nach den Aussagen des Texts zweitens der höhere Arbeitsaufwand bei seiner Zurichtung. Wörtlich heißt es, dass die Schreiber *vil zit uff das zuoschniden, schaben und zuobereiten des birgamens* verwenden müssten. Dies gilt bis heute, wie der Kalligraph Klaus-Peter Schäffel aus Basel bestätigt: Bevor er die Feder in die Tinte tauchen kann, prüft er die noch rohen Häute auf Löcher, bearbeitet transparente Stellen mit dem Messer, glättet die Oberfläche der Häute oder raut sie umgekehrt auf und behandelt fettige bzw. zu trockene, brüchige Stellen.[152]

Auch weit über das Hochmittelalter hinaus scheinen die Pergamenthäute, obwohl man sie zweifellos zunehmend käuflich erwarb, oft noch nicht schreibfertig gewesen zu sein.[153] Die dafür nötigen Werkzeuge und Arbeitsgänge – Schab- und Rundmesser zum Wegschaben der Unreinheiten, Bimsstein und Glätter zur Behandlung der Schreibfläche, Blei und Lineal zum Einrichten der Seite – werden in Vokabularien bzw. lateinischen Sachenzyklopädien traditionell dem Arbeitsplatz des Schreibers zugeordnet.[154] In den Statuten klösterlicher Gemeinschaften sind sie oft in die Obhut von den Blattvorrat verwaltenden Kantoren, Bibliothekaren oder Schreibmeistern gegeben;[155] sowohl in den *Consuetudines* der Fraterherren von Zwolle (datiert

---

[152] Ich danke Klaus-Peter Schäffel, Mitarbeiter im Papiermuseum Basel und Dozent für Schrift und maltechnische Übungen im Studiengang Konservierung/Restaurierung an der Berner Fachhochschule, herzlich für unseren instruktiven mündlichen und schriftlichen Gedankenaustausch sowie die Überlassung didaktischer, leider unveröffentlichter Arbeitsmaterialien zu den Themen Papyrus, Pergament und Tintenherstellung. Zu den von ihm in langen Jahren hergestellten Repliken mittelalterlicher und frühneuzeitlicher Handschriften vgl. die Übersicht auf seiner Internetseite unter URL: http://www.schäffel.ch (Stand: 02.03.2023). Als eine Dokumentation dieser Arbeiten vgl. von Scarpatetti/Schäffel, 33 Schreiber auf 119 Folia Pergaments, 1991.
[153] S. dazu etwa Poggio Bracciolini, der seinen Florentiner Freund Niccolò Niccoli brieflich darüber informierte, dass er selbst die Pergamente reinweiß bearbeitet habe, zit. bei Rizzo, Il lessico filologico degli umanisti, 1973, 14.
[154] S. etwa Alexander Neckams *De nominibus utensilium*, nach einer heute in Cambrai aufbewahrten Handschrift vom Anfang des 13. Jahrhunderts, aufgeführt schon bei Wattenbach, Das Schriftwesen im Mittelalter, 3. Aufl. 1896, 211f. (dort 212f. Verweise auf weitere „alte" Wörterbücher, jedoch ohne Belege), ed. und übers. von Steinmann (Hg.) Handschriften im Mittelalter, 2013, Nr. 411, 337–340, oder den Passus über den Schreiber mit seinen geistigen wie materiellen *Instrumenta* im *Liber viginti artium* des Pavel Žídek (lat. Paulus Paulerinus) ed. [Paulus] Paulerinus, Liber viginti arcium, hg. von Hadravová, 1997, 5; danach zit. und übers. bei Steinmann (Hg.) Handschriften im Mittelalter, 2013, Nr. 857,1, 791. S. auch die metaphorische Bezugnahme auf diese dem Schreiber zugeordneten Werkzeuge in den Versen des um 1200 urkundlich belegten Konrad von Heimesfurt, zit. bei Wenzel/Lutter, Verletzte Pergamente, 2006, 445, sowie auf den Prozess der Pergamentvorbereitung in der Invektive des Guarino gegen Niccolò Niccoli; zit. und erl. bei Rizzo, Il lessico filologico degli umanisti, 1973, 15f.
[155] S. etwa den Abschnitt über den Kantor in den vom cluniazensischen Reformkloster Fruttuaria in

1415/1424, gedruckt 1494) als auch von Herford (entstanden 1437) hatten der *Librarius* bzw. der *Scripturarius* jedoch auch die Aufgabe, zusammen mit ihren Gehilfen einen Großteil der Pergamentblätter zuzurichten und dabei darauf zu achten, Flecken, Risse und Nähte zu vermeiden.[156] Was zu tun war, um eine bessere Haftung der Tinte zu erzielen bzw. ihr Verlaufen und Durchschlagen auf die Rückseite des Blattes zu verhindern, gehört sicher in weiten Teilen zum ‚tacit knowledge‘ der Berufsschreiber. Nicht nur die auf der Vorder- und Rückseite unterschiedlich kalzinierten Pergamente in Italien zeigen dabei, dass man die Oberfläche massiv mit unterschiedlichen Firnissen behandelte; einen Eindruck davon vermitteln die entsprechenden Rezepte für Maler zur Bereitung des Mal- bzw. Zeichengrunds, die schon 1872 Ludwig Rockinger und jüngst Doris Oltrogge in ihrer Datenbank mit Editionen kunsttechnologischer Zeugnisse des Mittelalters und der frühen Neuzeit für den deutschsprachigen Raum zusammengetragen haben.[157]

Wie zeitaufwändig die Präparierung des Pergaments war, wird daran deutlich, dass sie in verschiedenen Quellentypen als eigener Arbeitsschritt erwähnt wird: In den Statuten der Brüder vom gemeinsamen Leben in Herford von 1437 zum Beispiel wird dem Glätten und Linieren des Pergaments ein eigenes Zeitfenster nach Abendessen und Komplet eingeräumt.[158] Außerhalb des Klosters wurden diese Arbeiten in

---

Oberitalien beeinflussten *Consuetudines* im Kloster St. Gallen (‚Consuetudines Fructuarienses-Sanblasianae‘), nach der kritischen Edition zit. und übers. bei Steinmann (Hg.) Handschriften im Mittelalter, 2013, Nr. 344, 285f., den Abschnitt über den *Scripturarius* in den *Consuetudines* der Fraterherren von Herford aus dem Jahr 1437, ebd. Nr. 737,3, 680–683, hier 681, und den Abschnitt über den *Librarius* bei den auf 1415/1424 datierten, 1494 gedruckten *Consuetudines* der Fraterherren von Zwolle, vgl. ebd., Nr. 718, 658–662, hier 659.

156 Nach den kritischen Editionen zit. und übers. bei Steinmann (Hg.) Handschriften im Mittelalter, 2013, Nr. 737,3, 680–683, hier 682 (im Kontext dieser Passage wird deutlich, dass die Pergamentherstellung zumindest zum Teil im Haus selbst erfolgte, dafür aber nicht der *Scripturarius*, sondern ein anderer Bruder, *qui facit pergamenum* zuständig war), und Nr. 718, 658–662, hier 659; s. dazu auch schon Wattenbach, Das Schriftwesen im Mittelalter, 3. Aufl. 1896, 210.

In der kunsttechnologischen Rezeptliteratur finden sich zumindest vereinzelt Beispiele dafür, wie *bös verlegen berment*, das heißt durch lange und ungeeignete Lagerung verdorbenes Pergament, oder sogar *gebrant geruntzen berment*, also durch Feuer beschädigte Häute, wieder benutzbar gemacht werden konnten, s. dazu zwei Rezepte im „Colmarer Kunstbuch" von 1478, Bern, Burgerbibliothek, Cod. Hist. Helv. XII 45, hier 220–221, zit. nach der online nutzbaren Datenbank: Oltrogge, Kunsttechnologische Rezeptsammlung, s. d.

157 Vgl. Rockinger, Zum baierischen Schriftwesen. Erste Hälfte, 1872, 25–27, zu den bei Oltrogge, Datenbank mittelalterlicher und frühneuzeitlicher kunsttechnologischer Rezepte, s. d. (ohne Nummerierung der Abschnitte), zusammengestellten Beispielen vgl. Kap. B.5 mit Kasten B.5.1. S. in diesem Zusammenhang auch die bei Wattenbach, Das Schriftwesen im Mittelalter, 3. Aufl. 1896, 208–210 zusammengestellten Beispiele für metaphorisch-allegorische Bezugnahmen auf die praktische Arbeit der Pergamentbereitung mit dem Zweck der moralischen Belehrung aus der Zeit um 900 bis ins 14. Jahrhundert.

158 Nach der kritischen Edition zit. und übers. bei Steinmann (Hg.) Handschriften im Mittelalter, 2013, Nr. 737.2, 680 im Kapitel *De opere post cenam*; verknappt wiederholt auch im Kapitel

Italien sicher von den *cartolarii* übernommen: Der berühmte Blick in das Ladengeschäft des Schreibwarenhändlers Pietro Villola in seiner Chronik, erhalten in einer Bologneser Handschrift des 14. Jahrhunderts, zeigt zwei Männer, die mit Lineal und Messer gerade einen Bogen zuschneiden bzw. ein offenbar schon beschriebenes Blatt mit dem Bimsstein behandeln, das heißt, den Text großflächig ausradieren, um das Pergament als Palimpsest wiederzuverwenden.[159] In Schreiberverträgen bzw. Rechnungen über die Herstellung von Büchern ist festgehalten, dass viele Schreiber von den Auftraggeber*innen für ihre Arbeit mit bereits fertig vorbereitetem, gefalztem und liniertem Pergament ausgestattet wurden.[160] Diese zusätzlichen und höchstwahrscheinlich kostenträchtigen Dienstleistungen also waren gemeint, wenn der oben schon zitierte Petrinus aus Novara im Jahr 1290 auf die Schnelle keine bezahlbaren *cartae preparatae* für sein Handschriftenprojekt gefunden hatte und sich deshalb für Papier statt für Pergament entschied (s. dazu Kasten B.3.4).

Wenn wir davon ausgehen, dass die hier an hoch- und spätmittelalterlichen Zeugnissen demonstrierten Praktiken auch im frühen 16. Jahrhundert noch üblich waren,

---

De scripturario, ebd., Nr. 737.3, 680–683, hier 682. Über den 1400 verstorbenen Stifter der Brüder vom gemeinen Leben, Florentius, erfahren wir bei Thomas von Kempten (Thomas a Campis), einem im Augustinerchorherrenstift in Zwolle lebenden Kanoniker und geistlichen Schriftsteller der Devotio moderna, dass er die Arbeit der Pergamentherstellung übernahm (*membranas pumicando, quaterniones lineando et componendo*), da er selbst nicht gut schreiben konnte, seine Brüder aber dazu anhielt, vgl. Wattenbach, Das Schriftwesen im Mittelalter, 3. Aufl. 1875, 210), nach der 2. Aufl. zit. und übers. bei Steinmann (Hg.) Handschriften im Mittelalter, 2013, Nr. 659, 603f. Das Gleiche berichtet Notger über Godehard, seit 1022 Bischof von Hildesheim, während der Regensburger Schottenmönch Marianus Scottus selbst schrieb, aber seine Mitbrüder das Pergament vorbereiten ließ, vgl. Wattenbach, Das Schriftwesen im Mittelalter, 3. Aufl. 1896, 207f. Programmatisch heißt es auch bei Trithemius in seiner Schrift *De laude scriptorum*, dass zum Schreiben viele Dinge gehörten, die auch andere vorbereiten könnten: *Scindat unus pergamenum, alius purget, tercius lineando scriptoribus aptet [...]*, das heißt einer könne das Pergament zuschneiden, der andere es reinigen oder säubern (bei Arnold ist übersetzt: glätten), ein Dritter die Linierung anbringen, Johannes Trithemius, De laude scriptorum, ed. und übers. Arnold 1973, 70f.; s. auch schon Wattenbach, Das Schriftwesen im Mittelalter, 3. Aufl. 1896, 211.
159 Ed. Corpus Chronicorum Bononiensium, Bd. 1, hg. Sorbelli 1939, Tafel 1 nach 4. Für eine Abb. mit kurzer Bildbeschreibung s. etwa Hauschild, Skriptorium, 2013, 38f.
160 Auf den 18. Februar 1464 datiert ein Vertrag zwischen den Brüdern Evangelista und Urbano im Konvent S. Francesco von Perugia über die Abschrift eines Breviers, für das der Schreiber Evangelista vom Auftraggeber Urbano das Versprechen erhält *a me dare la carta in ponto e rigata*, vgl. Steinmann (Hg.) Handschriften im Mittelalter, 2013, Nr. 848, 784. S. ebd., Nr. 657, 602, und Nr. 659, 603f., hier 604 auch zwei französische Beispiele: Im Jahr 1389 versprach Jean de Molin, Schreiber in Dijon, für Guillaume de Chamois ein Stundenbuch zu schreiben, wobei letzterer *doit administrer le parchemin*. Am 17. September 1399 vereinbarten derselbe Jean de Molin und der Kanzlist Jean Denisot in Dijon einen Vertrag über die Abschrift eines ‚Roman de la Rose' innerhalb von drei Monaten, wobei Jean de Molin eigenhändig die Schreibarbeit zu leisten versprach, während sein Auftraggeber auf eigene Rechnung und Kosten dazu *le parchemin tout reglé* – das linierte Pergament – liefern wollte. S. auch bei Wattenbach, Das Schriftwesen im Mittelalter, 3. Aufl. 1896, 214, das Beispiel einer Rechnung von 1374 für Corbie, wo das Pergament *cum rasura et reparatione foraminum* berechnet ist, für die *reparatio* der Ränder aber ein extra Posten aufgelistet wird.

so hatten die Stadtschreiber in Straßburg 1537 also durchaus Grund, sich über den hohen Arbeitsaufwand bei der Zurichtung des Pergaments zu beschweren. Schwieriger lässt sich der Beweis führen, dass Papier einfacher zu benutzen war: Vielsagend ist ein italienisches Rezept zur Einrichtung der Seite aus der ersten Hälfte des 15. Jahrhunderts mit der Erklärung, dass die Pergamentblätter eben nicht so zugeschnitten ins Haus kämen wie die Papiere.[161] Streng genommen ist das natürlich falsch formuliert, denn das Format der Papiere kommt ja nicht durch das nachträgliche Beschneiden, sondern ihr Format gewinnen sie über die Größe des Schöpfrahmens, mit dem sie hergestellt wurden. Insgesamt lässt sich diese Bemerkung aber auch als hellsichtiger Reflex darauf verstehen, dass – wie die Forschung unter anderem an notariellem Schriftgut, fürstlichen Korrespondenzen und Frühdrucken beobachtet hat – durch die über Zeit und Raum schon erstaunlich festen Papiergrößen auch zu einer stärkeren Standardisierung von Buchformaten oder von in Serie geführten Gattungen auf Einzelblättern wie etwa den Korrespondenzen führte.[162]

---

161 Nach der um 1430/1442 datierten Handschrift in der Biblioteca apostolica Vaticana ed. und übers. bei Steinmann (Hg.) Handschriften im Mittelalter, 2013, Nr. 761, 706 f.: *[...] ma volendo tu imparare de squadrare ogni forma de carta di capretto, perche le forme di la carta di capreto non possono venire formate, come fano li fogli di la carta di bambaso, pero piega la carta come indi ho facto questo lato, e fa che la lungheza alla traversa sia tanto quanto la lungheza de suso in ziuso, poi spacia come t'o detto di sopra.*
162 Meyer, Felix et inclitus notarius, 2000, 152, trifft schon für das 13. Jahrhundert über die italienischen Notariatsregister und Imbreviaturbücher das Urteil, dass ihre Abmessungen insgesamt zwar unterschiedlich, die Papierbände jedoch einheitlicher (etwa 32 cm × 222 cm) als jene aus Pergament seien. Für den Bereich der fürstlichen Korrespondenz im vorwiegend südostdeutschen Raum hat Holzapfl, Kanzleikorrespondenz des späten Mittelalters in Bayern, 2008, 52–55, festgestellt, dass im Verlauf vom 14. zum 15. Jahrhundert die Briefformate sowohl tendenziell größer wurden als auch sich ungefähre Standard- oder Mindestgrößen differenziert nach dem Rang der Empfänger etablierten. Diese doppelte Entwicklung hält er für eine Begleiterscheinung der Umstellung von Pergament zu Papier, da Papier anders als die Tierhaut in überregional angeglichenen Formaten gehandelt wurde. Bestätigt wird dies auch durch seinen Befund, dass die in Nürnberg noch lange üblichen Pergamentbriefe in seinem Korpus weitaus weniger einheitliche Formate zeigen. Mit der These, dass der Gebrauch des Papiers schließlich auch im Frühdruck zu einer Standardisierung der Formate geführt habe, s. Needham, Res papirea, 1994, 125–127. Dass dies zumindest im Bereich der weniger repräsentativen Verwaltungsschriftlichkeit insbesondere im Bereich von Quittungen jedoch ein längerer Prozess gewesen zu sein scheint, legen Meyer/Klinke, Geknickt, zerrissen, abgegriffen, 2015, 156, mit ihren Ergebnissen zu württembergischen Papieren bis 1410 nahe: Auch am Übergang zum 15. Jahrhundert nahm der Schreiber nicht einfach ein Blatt vom Stapel und begann zu schreiben, sondern er griff wie beim Pergament zu Schere oder Messer, um das Papier auf die gewünschte Größe zurechtzuschneiden. Dies trifft sich mit der Beobachtung von Holzapfl, Kanzleikorrespondenz des späten Mittelalters in Bayern, 2008, 264 f., dass es anders als für Reinschriften für Konzepte in der Münchner Kanzlei sogar bis zum Ende des 15. Jahrhunderts keine Mindest- und Standartgrößen der Papierbögen gab, sondern dass kürzere Briefe oft sogar auf Abschnitten oder Papierresten konzipiert wurden.

Für das Italien des 15. Jahrhunderts finden sich beiläufige Zeugnisse, dass man Papierformate nutzte, um Größenangaben zu vermitteln; s. etwa das Libro dell'arte des Malers Cennino Cennini, der für das Sammeln der eigenen Zeichnungen eine Mappe anzulegen verspricht, in die ein halbes *foglio reale* passen solle; ed. Cennino Cennini, Il libro dell'arte, hg. von Brunello 1971, Cap. XXIX,

Kommen wir damit wieder zurück zum Straßburger Ratsbeschluss des Jahres 1537 über die Umstellung der städtischen Korrespondenzen auf Papier: Gegen das Pergament sprach nach der Meinung der Ratsherren nicht nur der höhere Arbeitsaufwand bei der Zurichtung. Die städtischen Schreiber diktierten ihnen vielmehr auch in den Beschluss, dass auf Papier *vil besser und fürderlicher* zu schreiben sei als auf Pergament (s. hierzu wie im Folgenden Kasten B.3.5); sie behaupteten also auch eine schlechtere Handhabung des älteren Pergaments im Schreibprozess selbst. Vergleichbare ältere Aussagen sind mir nicht bekannt; es ist also durchaus fragwürdig, ob die Straßburger mit diesem Urteil den allgemeinen Konsens ihrer Zeit trafen, geschweige denn für die Generationen der Schreiber vor 1500 sprachen.

Ähnliche Zweifel sind auch bei dem nächsten, vor allen bislang genannten Gründen angeführten Argument angebracht, dass nämlich die entsprechenden Dokumente *vil zierlicher und basz* (das heißt: besser) auf einem *hupsch bapir* stehen würden als auf demjenigen *grob birment*, das man in der Straßburger Kanzlei – wie es im Text explizit heißt – zur Verfügung hatte. Wie der Zusatz deutlich macht, hätten die Schreiber natürlich bessere Pergamentqualitäten erwerben können. Offenbar stießen sie sich vor allem an den für den massenhaften Gebrauch in Recht und Administration verwendeten Häuten. Zumindest im Vergleich zu diesen waren sie also der Meinung, dass auch die Ästhetik für die Verwendung von Papier spreche! Zwar findet sich auch hier kein zweites Zeugnis, das dieses Geschmacksurteil explizit bestätigen würde; dass man in dieser Zeit jedoch offenbar hochwertiges Papier zu schätzen wusste, zeigt ein Kommentar, den der Innsbrucker Archivar Wilhelm Putsch, tätig als Registrator in Diensten Kaiser Maximilians I., im Jahr 1518 auf ein leeres Blatt der Tiroler Raitbücher von 1292 schrieb: *das ist gut schreibpapier gewest!*[163]

Endgültig von der Ebene des Sacharguments zur Sozialdimension schließlich führt der Grund, den der Rat an allererster Stelle und am wortreichsten für seine Entscheidung verantwortlich macht: *Etwan*, einst, so heißt es zu Anfang dieser Passage, sei es zwar in allen Fürsten- und Städtekanzleien und auch an geistlichen Höfen und Gerichten üblich gewesen, alle Missiven und Akten auf Pergament zu schreiben. Dieser *bruch*, diese Gewohnheit, sei jedoch bei allen Kurfürsten, Fürsten und Städten bis auf wenige Ausnahmen *abgangen*, das heißt: aus der Mode gekommen. Entscheidend für

---

82 f., hier 29. S. auch einen Brief von Antonio di Choradi aus Pera an seinen Schwager in Venedig vom 28. April 1473 mit der Bitte, bei dem Maler Lazzaro Bastiani ein Bild mit einer Christusdarstellung zu bestellen, das so groß wie ein halbes Blatt Papier sei: *fateme far uno quadreto grando chome mezo sfoio de charta dipinzoli chon la figura di missier Ihesù Cristo*. Ed. in Giovanni Bellini, I documenti, ed. Barausse 2008, Nr. 32. Ich danke Rebecca Müller, Heidelberg, für diesen Hinweis.

Für den deutschsprachigen Raum der Frühneuzeit kann Megan Williams aus dem Jesuitenorden bzw. in der österreichischen Kanzlei auf explizite Anweisungen verweisen, Standardpapier bzw. ganze Papierbögen zu verwenden, da unregelmäßige Schnipsel schlecht zu archivieren seien, vgl. Williams, Unfolding Diplomatic Paper and Paper Practices, 2015b, 92 f. und 120.

163 Zit. nach Piccard, Einleitung [Findbuch I: Die Kronen-Wasserzeichen], 1961; ohne konkrete Belege wiederholt auch in ders., Über die Anfänge des Gebrauchs des Papiers, 1962, 384 f.

den Straßburger Rat, sich auf die von seinen Stadtschreibern geforderte Abkehr vom Pergament einzulassen, ist also das Argument, dass das Papier in der eigenen Gegenwart für die entsprechenden Schriftdokumente gesellschaftliche Akzeptanz erfahren durfte. Bestätigt wird dies auch noch einmal in der Ausnahmeregelung, die der Rat am Schluss des Absatzes traf: Festgelegt wird, dass in Zukunft mit Ausnahme königlicher und kaiserlicher Adressaten denjenigen, die der Stadt Straßburg auf Papier schreiben würden, auch auf Papier geantwortet werden solle, während diejenigen, die auf Pergament korrespondierten, auch Briefe auf Tierhaut erwarten dürften.

Straßburg stand mit dem Bedürfnis zur Regelung solcher formaler Fragen in der ersten Hälfte des 16. Jahrhunderts nicht allein. Ein vergleichbares Beispiel findet sich für die Ratskorrespondenz aus Nürnberg in Form eines Eintrags mit den Anfangsworten *Nota reg[u]lam*, den ein Schreiber auf den Deckel des um 1500 verfassten städtischen Briefbuchs notiert hatte (s. Kasten B.3.5). In Nürnberg galt demnach als Faustregel, dass diejenigen, die der Rat in seinen Briefen duzte, Antworten auf Papier erhalten sollten, unabhängig davon, ob es sich um Bürger der Stadt oder Auswärtige handelte. Hier wird also deutlich, dass man die Wahl der Beschreibstoffe mit der hierarchischen Über- oder Unterordnung der Briefpartner*innen assoziierte.

Auch in Italien konnten solche Fragen die Zeitgenossen außerordentlich beschäftigen, so zeigt ein drittes Beispiel aus dem Mailand des Jahres 1468: Im Kasten B.3.5 findet sich nur eines von zwei Schreiben, die sich als Reaktion auf eine Anfrage des Mailänder Herzogs Galeazzo Maria Sforza an seinen ersten Sekretär Cicco Simonetta erhalten haben. Wissen wollen hatte Galeazzo, ob er denn für seine Briefe *de iure* auch Pergament verwenden lassen dürfe. Der Sekretär leitete diese Anfrage an den Consiglio Secreto des Herzogs weiter, der darüber nach eigenen Aussagen intensiv und mehrfach beriet. Hier konnte man zwar keine *Verbote* für den Gebrauch von Pergament finden. Doch der Consiglio hielt zugleich fest, dass eine solche Gewohnheit nur selten unter den Fürsten zu finden sei.

Der Hauptteil des Briefes besteht aus einer ausführlichen Erörterung, wie in diesen Fragen andernorts verfahren werde bzw. wie Rangfragen auf diese Bräuche Einfluss nähmen: Zuzubilligen sei der Gebrauch von Tierhaut für Briefe, so konstatierte der herzogliche Consiglio Secreto, eigentlich nur dem Kaiser und dem Papst als den obersten und würdigsten Mächten. Letzterer habe sie via Privileg auch dem *rex serenissimus* von Frankreich und dem König von Sizilien erlaubt. Trotzdem würde der französische König auf Papier korrespondieren, ebenso wie der Herzog von Burgund, der schließlich als der mächtigste aller Herzöge zu bezeichnen sei, und wie die Kurfürsten des Reichs, unter ihnen auch der Pfalzgraf bei Rhein, allesamt *grande auctoritade* unter den Fürsten. Eine einzige Ausnahme nennt der Consiglio zum Schluss: Das sei der Doge von Venedig, an den dieses Vorrecht ebenfalls durch den Apostolischen Stuhl verliehen worden sei – und das als Auszeichnung der Lagunenstadt für ihre Bedeutung im Kampf gegen Mailands großen Feind in Zeiten der Lega Lombarda, Kaiser Friedrich I. Barbarossa!

Die Tendenz des Schreibens ist damit also klar. Der Consiglio zierte sich zwar, den Wünschen seines Herzogs offen zu widersprechen, doch insgesamt war er der Meinung, Galeazzo Maria solle doch lieber Bescheidenheit zeigen und beim Papier bleiben. Als Begründung für diese Meinung verwies der Consiglio – wie später der Rat von Straßburg im 16. Jahrhundert – auf die Bräuche anderswo, auf die gesellschaftliche Konvention. Insgesamt zeigen die drei Beispiele aus Mailand, Straßburg und Nürnberg, dass man die soziale Konnotation der Beschreibstoffe durchaus unterschiedlich interpretieren konnte: Während die Räte des Herzogs in Italien zu Demut und Papiergebrauch rieten, korrespondierten die Räte der beiden Reichsstädte nördlich der Alpen nicht nur selbstverständlich auf Tierhaut, sie hätten wohl auch anmaßend empfunden, Königen und Kaisern nur auf Papier zu schreiben. Während man in Mailand die Wahl des Beschreibstoffs mit dem Status der Absender*innen in der gesellschaftlichen Hierarchie in Verbindung brachte, knüpfte man die Verwendung von Papier und Pergament in Nürnberg an den Rang des Empfänger*innen – und machte den Trägerstoff der Briefe damit zu einem Mittel sozialer Distinktion.

Bislang liegt für die Frühneuzeit leider keine Studie vor, die die Umsetzung der Straßburger und Nürnberger normativen Bescheide in der Praxis überprüft. Für die Reichsstadt in Franken findet sich jedoch eine Bestätigung bei Julian Holzapfl, dass auch über seinen eigentlichen Untersuchungszeitraum bis 1450 hinaus nur Pergament für die Korrespondenzen verwendet wurde und das „unabhängig von Umfang, Tragweite und Dringlichkeit des Briefinhalts", während sich ansonsten zwischen 1350 und 1380 auf breiter Front der Übergang von Pergament zu Papier beobachten lasse.[164] Insgesamt interpretiert Holzapfl diese systematische Praxis als Entscheidung des Nürnberger Rats, ostentativ kostspieligen Mehraufwand für seine Briefe zu betreiben und den Adressat*innen damit schon über das Äußere Prestige und Distinktion der Stadt erfahrbar zu machen. Ähnliches beobachtet er für die Augsburger Stadtkanzlei, während man sich in Regensburg damit begnügt habe, nur auf der höchsten Ebene der Korrespondenz mit dem königlichen bzw. kaiserlichen Hof Tierhaut zu verwenden. Verstreute Einzelbelege anderer Provenienz – darunter neben Bamberg und Erfurt auch Straßburg – legen nahe, dass diese Praxis auch in anderen städtischen Kanzleien gängig war.[165]

---

[164] Vgl. Holzapfel, Kanzleikorrespondenz des späten Mittelalters in Bayern, 2008, 51 f. und 105. Neben dem Beschreibstoff suchte sich der Rat der Stadt Nürnberg auch durch Format, Faltung und Auszeichnungsschrift abzuheben, so Holzapfl, wodurch seine Briefe insgesamt ein hohes gestalterisches Niveau mit dezidiert konservativen Stilelementen vereinte. Insgesamt schätzt der Autor die Schrift- und Stilentwicklung in den Reichsstädten konservativer als in den Fürstenkanzleien ein, s. dazu auch das Fazit auf 392.

[165] Vgl. Holzapfel, Kanzleikorrespondenz des späten Mittelalters in Bayern, 2008, 50–52, mit Anm. 21–26. Für Ulm, Nördlingen und alle altbayerischen Land- und Residenzstädte hingegen kann Holzapfl in seinem Sample ausschließlich Papierbriefe nachweisen. Auch für Fürstenkanzleien, ihre Amtleute und private Aussteller war die Verwendung von Tierhaut für Briefe nach seinen Untersuchungen völlig unüblich, s. ebd., 50 f.: Einen ausnahmsweise auf Pergament erhaltenen Brief eines Richters zu Riedenburg an Herzog Ernst von Wittelsbach aus dem Jahr 1432 interpretiert Holzapfl aufgrund der häufigen Schreibfehler und formalen Unsicherheiten als Produkt eines ungeübten Schreibers.

Die Beharrungskraft des Pergaments

Diese Beispiele, in denen Pergament und Papier als ‚Medien' gesellschaftlicher Unterscheidung wirkten, repräsentieren jedoch nicht den einzigen und vor allem nicht den mächtigsten Diskurs, der sich im Mittelalter und bis in die frühe Neuzeit hinein über die Beschreibstoffe erkennen lässt. Weitaus wichtiger war – wie oben mit den Zeugnissen sowohl zur Haltbarkeit als auch zur Unversehrtheit bereits angesprochen –, dass die Frage des Beschreibstoffs eine zentrale Rolle für die Beurteilung der Authentizität und Rechtskraft von Urkunden und anderen rechtserheblichen Dokumenten spielte. Die Menge entsprechender expliziter Zeugnisse ist erheblich größer und vielfältiger, als der sowohl in der Diplomatik als auch in der Papiergeschichte oft noch auf Harry Bresslau rekurrierende Forschungsstand vermittelt.[166] Die Suche nach solchen Texten, die – meist selbstverständlich und ohne nähere Begründung – die Verwendung von Beschreibstoffen für konkrete Zwecke anordnen oder verbieten bzw. versprechen oder ausschließen, erbringt sowohl für den italienischen als auch den deutschen Raum Gattungen, in denen solche Normierungen zum festen Bestandteil gehörten. Wie der Kasten B.3.6 nur exemplarisch zeigen kann, wurde Papier darin nie allein, sondern stets in Abgrenzung zum Pergament thematisiert. Anders sieht dies für die Tierhaut aus: Nimmt man auch die Zeugnisse in den Blick, die Pergament als Beschreibstoff vorschreiben, ohne das Papier zu erwähnen, so wächst die Zahl der Belege noch einmal deutlich an.[167]

---

166 Vgl. Bresslau, Handbuch der Urkundenlehre, Bd. 1, 1889, 893 mit folgendem Verweis in Anm. 6: „So nach Huillard-Bréholles 4,57 n. 1 schon in einer Notariats-Bestallung von 1226; ferner in einer solchen von 1249, Winkelmann, Acta 1, 364 n. 417 (hier der Ausdruck *palperium*). Beispiele aus dem 14. Jahrhundert bei Wattenbach, Schriftwesen, 2. Aufl., 122, andere bei Ficker, It. Forschung 4, n. 525."
167 Gebote des Pergamentgebrauchs für rechtserhebliche Schriftstücke ohne die Erwähnung von Papier finden sich beispielsweise ediert oder zitiert für Italien: zum Lucca des Jahres 1273 und zum Florenz des Jahres 1302, ed. Ficker, Forschungen zur Reichs- und Rechtsgeschichte Italiens, Bd. 4, 1874, Nr. 466, 470 f., und Nr. 501, 509 f.; zum Bologna des Jahres 1288 vgl. Zitat in Sarti, Publicare – exemplare – reficere, 2002, 631, Anm. 54; zum Perugia der Jahre 1305, 1400, 1447 und 1497, ed. Il notariato a Perugia, hg. von Abbondanza 1973, Nr. 37, 43–45, hier 44, Nr. 41, 47–51, hier 48, Nr. 46, 61 f., hier 60, Nr. 44, 55–58, hier 56; zum Genua der Jahre 1384, 1454, 1461 und 1479 (hier drei Beispiele), ed. bei Airaldi, Studi e documenti su Genova e l'oltremare, 1974, Nr. 6, 247–249, hier 248, Nr. 10, 257–259, hier 258, Nr. 12, 261–266, hier 265, Nr. 16, 284–288, hier 287, Nr. 17, 288–291, hier 290, Nr. 18, 291–294, hier 293. Für den deutschen Sprachraum finden sich Beispiele in einem der Zeit König Rudolfs I. zugeschriebenen, auf 1282 datierten Formular ed. MGH Constitutiones et acta publica 3, hg. von Schwalm 1904–1906, Nr. 292, 294 f., hier 295, in einer 1355 datierten Urkunde Karls IV. für den Bischof von Speyer, ed. MGH Constitutiones et acta publica 11, hg. von Fritz 1978–1992, Nr. 387, 205 f., hier 206, oder in der Reichskanzleiordnung vom 2. Oktober 1494, ed. Posse, Die Lehre von den Privaturkunden, 1887/1974, Anhang II, 205–209, hier 206, mit der besonders ausführlichen Anweisung an die *secretari oder schreiber [...] auch keynen brieff sonderlich bergamenen oder offen brief an argwoenigen stetten als im namen oder zunamen, in der summa, in der zale, im datum tags oder jars und dergleichen sachen radyren oder endern; ob aber an andern enden, die nit argwon uf ine truegen, mißschrieben were, so man dann solichs wol radyren moecht, soell alwegen mit unserm oder unser cantzler und*

Kasten B.3.6: Verbote bzw. Ausschluss des Papiergebrauchs für rechtsrelevante Schriftstücke vom 13. bis 16. Jahrhundert vor allem aus dem italienischen und deutschen Raum.[168]

1214–1234	Urkunde über die Ernennung eines Notars, datiert auf den 10. Februar 1214, überliefert im ‚Liber formularius' des Rainerius Perusinus, Notar in Bologna und Begründer dieser Gattung der Notariatsliteratur, hier nach dem St. Gallener Codex Vadianus 339, fol. 176:[169]
	[…] Quare dictus Guido corporaliter ad sancta dei evangelia iuravit, quod omnes contractus et instrumenta, tam publica quam privata, quos et que fuerit rogatus scribere, ut a mandantibus intellig[i]et, nil addens neque minuens eis sine licentia et voluntate facientium ea[m] scribere, et quod omnia scribet in membranis et non in cartis bonbicinis nec in pinis vel membranis rasis aut alias qualitercunque viciosis. […]

---

secretarien wißen gescheen und mit des handt, der solhen brief geschrieben hat, und keyns andern handt widderumb geschrieben werden. Dass diese normativen Vorgaben auch umgesetzt wurden, erklärt Paoli, Grundriss zu Vorlesungen ueber Lateinische Palaeographie, Teil II, 1895, 177: „Nur selten sind wiederbeschriebene Urkunden. Es war den Notaren geradezu bei Strafe der Ungültigkeit verboten abgeschabte Pergamente zu benutzen, und nur dem äußerst seltenen Falle des Ungehorsams gegen dieses Verbot ist es zuzuschreiben, wenn sich einmal in den Archiven eine Urkunde findet, welche den Anschein hat oder den Verdacht erweckt zum zweiten Mal beschrieben zu sein."

168 Nicht alle in der Forschungsliteratur genannten Beispiele für entsprechende Zeugnisse sind heute noch überprüfbar; nicht in den Kasten aufgenommen wurden: Tiraboschi, Storia della letteratura italiana, Bd. 5 1807, 100, nennt unter Berufung auf mündliche Informationen drei Dokumente des 14. Jahrhunderts, in denen ein Rambaldo di Collalto bzw. zwei namentlich nicht näher genannte Notare versprechen, kein Instrument *in carta bombycis vel de qua vetus fuerit abrasa scriptum* (1318)/ in *carta bombycina* (1331)/*in carta bombycis vel papiri* (1367) zu schreiben; diese drei Stücke sind unter Verweis auf Tiraboschis Erstausgabe von 1775 unter anderem aufgegriffen bei Breitkopf, Versuch, den Ursprung der Spielkarten […] zu erforschen, 1784, 87; Krünitz' Oeconomischer Encyclopädie, Art. Papier, 1807, 527 und 543; Wattenbach, Das Schriftwesen im Mittelalter, 3. Aufl. 1896, 148, und Piccard, Carta bombycina, carta papyri, pergamena graeca, 1965, 55. Ebenfalls nicht mehr näher identifizierbar sind die bei Paoli, Grundriss zu Vorlesungen ueber Lateinische Palaeographie, Teil II, 1895, 78, Anm. 1, zitierte auf den 29. Dezember 1439 datierte Erklärung eines Schreibers: *[…] instrumenta seu contractus quoscumque non scribam in papiro seu charta veteri, sed in membrana munda et nova […]*, sowie der auf den 18. März 1517 datierte Befehl, dass die *scripturas vero, quas debebunt in publicam formam redigere, non in chartis abrasis neque papireis fideliter conscribant*, die Paoli ohne nähere Angaben im Staatsarchiv Florenz eingesehen haben will (mit diesem Verweis zitiert bei Piccard, Carta bombycina, carta papyri, pergamena graeca, 1965, 61, Anm. 51). Während Paoli (ebd.) davon ausgeht, dass sich entsprechende Verbote bis ins 16. Jahrhundert hielten, wird die Langlebigkeit dieser Diskurse deutlich bei Bayerl, Die Papiermühle, 1987, 83, am Beispiel eines Streitfalls des Jahres 1802, weil die Stadt Erfurt ihr Treuegelöbnis gegenüber dem Fürsten von Fulda nicht auf Pergament, wie es die herkömmliche Ordnung vorgeschrieben hätte, sondern auf Papier niedergelegt hatte.

169 Zit. nach [Rainerius Perusinus,] Die Ars Notariae, hg. von Wahrmund 1917/1962, XXXV, Anm. 1. Mit geringen, vor allem orthographischen Abweichungen (unter anderem statt *Guido* der Eigenname *Girardus,* statt *intellig[i]et* die Formel *audiet atque intelliget*) in: Rainerii de Perusio Ars notaria, in: Bibliotheca Iuridica Medii Aevi, Bd. 2, hg. von Gaudentio et al. 1892, 25–72, hier 65; danach zit. bei Schulte, Scripturae publicae creditur, 2003, 39, Anm. 57. Vgl. Meyer, Felix et inclitus notarius, 2000, 60, Anm. 275.

vor 1226	Auszug aus einem Urkundenformular, mit dem unter Kaiser Friedrich II. Notare investiert werden sollten, überliefert in einer Formelsammlung in der Handschrift der Österreichischen Nationalbibliothek Wien cvp 637 (Phil. 427), fol. 91r–v:[170]
	[...] Jubemus autem quod in carta rasa vel bombicina non scribat publicum instrumentum, proposita non valeret (alteret?) ob alicujus odium vel amorum, nec secreta debeat propter aliquorum dampna vel commoda revelare. [...]
1231	Für das Verbot in den 1231 in Melfi von Friedrich II. erlassenen *Constitutiones Regni Siciliae* vgl. Kasten B.3.3.
1236	Für das Verbot notarielle Instrumente betreffend in den auf 1236 datierten Statuten der Stadt Padua vgl. Kasten B.3.5.
1250 und 1255	Verbote für die in der Massaria sowie in der Stadt tätigen Notare in den Statuten der Stadt Bologna für die Jahre 1250 und 1255:[171]
	Codices zum Jahr 1250 (in fünf Textzeugen erhalten, hier nach Cod. 59, 60)[172]
	[...] Notarii qui presunt statutis pro illo officio[1] habeant bonas cartas pecorinas et non de garbo a comuni[2] pro v. statutis scribendis. et valeat ab hodie in antea. Et habeant tantum de salario pro isto v.° quantum habere debent pro quolibet illorum iiij. pro scriptura et exemplatura[4]; qui teneantur reddere et dare[3] massario comunis statuta nova, finito eorum officio. [...]
	[1] *pro illo officio* fehlt in Cod. 62, 64, 67.
	[2] *a comuni* fehlt in Cod. 62, 64
	[3] *et dare* fehlt in Cod. 62, 64
	[4] *pro v. statutis [...] exemplatura* in Cod. 67 ersetzt durch: *pro quinque statutis scribendis.*
	Codex zum Jahr 1255[173]
	[...] Et si sum notarius massarii ad scribendum introitus et expensas, seu ad scribendum pignora, vel alius notarius morans in massaria, cartas a massario plures non acipiam per me vel per alium nisi secundum quod michi necesse fuerit ad opus quod perficere debuero, et eas bona fide custodiam et salvabo, nec fatiam de his fructum

---

170 Ed. Huillard-Bréholles (Hg.), Historia diplomatica Friderici secundi, Bd. 4,1, 1854, 57, Anm. 1.; zur Datierung und mit älterer Literatur vgl. Santifaller, Beiträge zur Geschichte der Beschreibstoffe, 1953, 137, Anm. 22. Für eine aktuelle Beschreibung der Wiener Handschrift vgl. Ertl, Mandate Heinrichs VI. und Konrads IV., 1998, vor allem 126.
171 Nach dem Lemma „Carta. 5. Carta de Garbo" in Du Cange, Glossarium mediae et infimae latinitatis, 1883–1887/1954, ist *carta [...] de garbo* von „carbaso" abzuleiten. Nach dem Lemma „carbasus" in Georges, Ausführliches lateinisch-deutsches Handwörterbuch, 1913–18/1998, ist dieses Substantiv übersetzbar als Flachs, Baumwolle oder Linnen bzw. generell feines Tuch. Es muss demnach ein aus pflanzlichen Rohstoffen gewonnener Beschreibstoff, nicht Pergament gemeint sein.
Weiß, Zeittafel zur Papiergeschichte, 1983, 38, behauptet, dass die Statuten der Stadt Bologna 1245 und 1267 „auf Carta de bombicino und carta de garbo neben carta pecorina geschrieben" würden. Offenbar hat er die hier zit. Stelle falsch verstanden.
172 Ed. Statuti di Bologna dall'anno 1245 all'anno 1267, Bd. 3, hg. von Frati 1877, 164.
173 Ed. Statuti di Bologna dall'anno 1245 all'anno 1267, Bd. 1, hg. von Frati 1869, 147.

nec fraudem, et in bonis cartis scribam, et non in garbittis. Residuas cartas finito seu deposito officio massario restituam [...]

1266	Auszug der Ernennungsurkunde für den Notar Bartolomeo del fu Bonaccorso, ausgestellt nach vollzogener Investitur durch den Podestà der Kommune in Perugia am 15. Oktober 1266:[174]

[...] Qui potestas in ipso consilio et ipsius consilii voluntate cum callamario et penna investivit dictum Bertholameum pro Comuni de arte et offitio tabellionatus, indulta ei licentia faciendi omnia instrumenta et acta publica que ab hominibus illius artis sunt fieri consueta; faciens ipsum iurare quod credentias sibi inpositas tenebit et quod verum in carta scribet; et dicta testium nemini pandet ad detrimentum alterius partis, donec fuerint publicata. Et quod non autenticabit in carta abrasa seu banbasina. [...]

1270	Paraphrase des Gelöbnisses in der Urkunde über die Investitur eines Notars durch Otto von Sparoaria, Pfalzgraf von Lomello, Borgofranco, 19. Februar 1270:[175]

[...] et quod deinceps non fecerit cartam seu membranam falsam vel singulam, neque in cartulis abrasis sive bombicis, nec quod in ea plus minusve contineatur, quam contrahentes fuerint in concordia; dicta testium recte scribet [...]

1271–1291	Für die Beobachtung, dass Verbote des Papiergebrauchs für notarielle Instrumente überregional gültig seien, im *Speculum iudiciale* des Guillaume Durande s. Kasten B.3.5.
1272	Auszug aus der Ernennungsurkunde des Notars Samuele di Brasile, ausgestellt nach der Investitur durch Nicola Fieschi, *comes Lavanie palatinus* (Pfalzgraf der Lavagna), überliefert in den Imbreviaturen des Giovanni di Amandolesi im Archivio di Stato di Genova:[176]

[...] Insuper suo addidit iuramento quod non faciet aliquod instrumentum vel scriptum falsum, quod ad officium pertineat notarie. Instrumenta non scribet in carta papiri nec in carta de qua vetus scriptura sit abrasa. [...]

1277	Auszug aus der Ernennungsurkunde für den Notar Agadus Spatamorbia, ausgestellt in Piacenza nach der Investitur durch *Pallatinus Comes* Jacominus, Graf de Lomello am 4. Dezember 1277, überliefert in den Imbreviaturen seines Vaters, des Notars Iacobus Spatamorbia:[177]

[...] Et quod ipse non faciet aliquot instrumentum sive scripturam falsum aut falsam. Et quod ipse manutenebit ius et rationem ecclesiis hospitalibus pauperibus viduis et orphanis. Et quod ipse non faciet cartulam testatam nec testes in cartula rassa nec in carta bombacina neque sententias sive confessiones nec testium atestationes divulgabit donec divulganda essent et secreta sibi commissa ad officium notarie pertinentia non manifestabit donec manifestanda erunt. [...]

---

174 Ed. Il notariato a Perugia, hg. von Abbondanza 1973, Nr. 36, 42f. Vgl. Bresc/Heullant-Donat, Pour une réévaluation de la „révolution du papier", 2007, 365.
175 Ed. Ficker, Forschungen zur Reichs- und Rechtsgeschichte Italiens, Bd. 4, 1874, Nr. 461, 467f.
176 Ed. Airaldi, Studi e documenti su Genova e l'oltremare, 1974, Nr. 1, 243f., hier 243 (unter Verweis auf Archivio di Stato di Genova, notaio Giovanni di Amandolesio, cart. 58–2, c. 160r). Vgl. dazu Meyer, Felix et inclitus notarius, 2000, 60, Anm. 275.
177 Ed. Pecorella, Studi sul notariato a Piacenza nel secolo XIII, 1968, Appendice, Nr. I, 151.

1284	Auszug aus der Ernennungsurkunde für den Notar Lanfranchinus de Guxano, ausgestellt in Piacenza nach der Investitur durch den *Comes Palatinus* Petrus de Lomello am 23. Juni 1284, überliefert in den Imbreviaturen des Notars Obertus Gregorius:[178]
	[...] Instrumenta que eum contingerit exemplare exemplabit de litera ad literam secundum quod stabit in exemplari. Raciones Ecclesiarum horphanorum viduarum pontium et hospitalium pro posse manutenebit non tamen de suo expendendo nisi expendere voluerit. In carta papiri nec in carta de qua sit vetus abrasa scriptura non perficiet instrumenta. [...]
1285	Auszug aus der Ernennungsurkunde für den Notar Rizardus de Rizardo, ausgestellt in Piacenza nach der Investitur durch den *Comes palatinus* Ricardus de Lomello am 13. September 1285:[179]
	[...] Rizardus de Rizardo [...] in presentia domini Ricardi Comitis palatini de Lomello iuravit corporaliter ad sancta Dei evangelia quod [...] de voluntate partium sibi constiterit et quecumque tamquam tabellio ad scribendum susceperit veraciter et sine ulla prorsus falsitate conscribet neque scribet instrumentum publicum in papireo nec in carta de qua vetus sit abrasa scriptura neque consentiet in fraudem faciendam adversus Ecclesias vel locos religiosus aut orphanus seu viduas [...]
1301	Auszug aus der Ernennungsurkunde für den Notar Ugherius Vagarellus, ausgestellt in Piacenza nach der Investitur durch den *comes pallatinus* Ferrarius de Lomello vom 20. September 1301, erhalten in den Imbreviaturen seines Vaters Iohannes de Rizardo:[180]
	[...] Dicta testium privata tenebit et nulli aperiet sine partium voluntate vel iudicis precepto sub quo recepti fuerint. Instrumentum publicum in carta palpirii vel in carta de qua vetus sit abrassa scriptura non scribet. [...]
1313, bestätigt 1401	Auszug aus den *Statuti bonacolsiani* der Kommune Mantua von 1313 (Buch IV, Kap. 3):[181]
	De colegio notariorum.
	Notarii civitatis et districtus Mantue ea die qua rogati fuerint sua voluntate conficere aliquod instrumentum, vel sequenti, conficiant ad minus imbreviaturam ipsius instrumenti et teneantur notarii abreviaturas instrumentorum scribere diligenter in membranis et non possint eas scribere in cartis bombicinis, bamno .c. soldorum parvorum qualibet vice. Et a decem libris Mantue parvorum supra notarii teneantur abreviare plene et lucide totam naturam et vim instrumenti [...]
	Bestätigung in einer *Grida* (einem öffentlich ausgerufenen Erlass) von Francesco Gonzaga, verkündet am 3. November 1401:[182]
	Verpflichtung der Notare, die *instrumenti atestadi in publica forma, in Carta membrana* auszufertigen

---

178 Ed. Pecorella, Studi sul notariato a Piacenza nel secolo XIII, 1968, Appendice, Nr. III, 153.
179 Ed. Pecorella, Studi sul notariato a Piacenza nel secolo XIII, 1968, Appendice, Nr. IV, 153f., hier 154.
180 Ed. Pecorella, Studi sul notariato a Piacenza nel secolo XIII, 1968, Appendice, Nr. V, 154f., hier 154.
181 Ed. Statuti Bonacolsiani, hg. von Dezza/Lorenzoni/Vaini 2002, S 259, s. dazu auch die Einleitung ebd., 70, mit abweichenden Lesarten und in Ausschnitten auch schon zit. in der Einleitung des Liber privilegiorum comunis Mantue, hg. von Navarrini 1988, 54.
182 Zit. nach Bellù/Navarrini, Archivio di Stato di Mantova, 1983, 773.

1326	Auszug aus einer Urkunde zur Ernennung eines Notars durch den *comes palatinus* Ubertus von Lomello vom 28. Oktober 1326, überliefert in den Protokollen des Notars Melioranza aus Pordenone:[183]
	Qui quidem Guilielmus prefato domino comiti nomine Romani imperii recipienti pro se et illis de domo sua corporale prestans fidelitatis debite iuramentum iuravit nichilominus, quod instrumenta tam publica quam privata, quecumque iudiciorum acta ac omnia et singula, que sibi ex ipsius officii debito conscribenda occurrerent, pure et fideliter scribet, leget et faciet omni falsitate, dolo et fraude remotis et in carta bombicina seu de qua vetus scriptura fuerit abrasa publicum non conficiet instrumentum […]
1329	Auszug aus einer Urkunde zur Ernennung eines Notars durch den *comes palatinus* Guido von Lomello, überliefert in den Protokollen des Notars Benvenutus quondam Corradus im Notariatsarchiv von Udine:[184]
	[…] Cartam, testamentum autenticum et omnia que autenticari debebunt non autenticabit in cartis abrasis bombicis aut papiri. Contractus vero, acta, cartas, testamenta, donationes, protocolla et omnia que ad artem et officium spectant cum nomine suo et signo manu propria scribet et autenticabit. […]
1337	Auszug aus einem im Konzeptbuch Rudolf Losses überlieferten Schriftstück, ausgestellt in Avignon am 19. November 1337, in dem der Pfalzgraf Franciscus de Alliate de Mediolano Losse bevollmächtigt, in seinem Namen vier öffentliche Notare zu ernennen:[185]
	[…] Forma autem iuramenti, de quo supra fit mencio, talis est: ‚Tu iurabis ad sancta die ewangelia de cetero fidelis esse sacrosancte Roman(e) ecclesie ac sacro imperio Romano suisque imperatoribus ac comiti supradicto, scripturas vero per te in formam publicam redigendas in carta papirea vel unde abrasa fuerit scriptura, non conscribas tabellionatusque officium sine fraude exercebis nil addens vel minuens maliciose vel fraudulenter, quod contrarium alteri prodesse poterit vel obesse'. […]
zwischen 1355 und 1378	Auszug aus einem *Iuramentum tabellionis* zur Ernennung eines Notars aus der Regierungszeit Kaiser Karls IV., undatiert und ohne Angabe der Provenienz (Grafschaft Leiningen?):[186]
	Ego N. promitto et iuro quod fidelis ero serenissimo principi et domino domino Karolo quarto divina favente clemencia Romanorum imperatori semper augusto et Bohemie

---

183 Nach einer älteren Edition ed. MGH Constitutiones ed acta publica 6,1, hg. von Schwalm 1914–1927, Nr. 235, 153 f.
184 Nach einer älteren Edition ed. MGH Constitutiones ed acta publica 6,1, hg. von Schwalm 1914–1927, Nr. 666, 561 f., hier 561.
185 Ed. Nova Alamanniae, hg. von Stengel, 1. Hälfte, 1921, Nr. 483, 307–308, hier 307 f.
186 Universitätsbibliothek Heidelberg, Urk. Lehmann 205. S. ein Digitalisat der Urkunde unter PURL: http://digi.ub.uni-heidelberg.de/diglit/lehm205 (Stand: 02.03.2023); ich danke Dr. Joachim Dahlhaus für den Hinweis auf eine Abschrift des Dokuments unter Auflösung der vielen Kürzungen im unveröffentlichten, handschriftlichen Findbuch von Adolf Koch, „Verzeichnis der Urkundensammlung Lehmann", auf 193, einsehbar im Handschriftenlesesaal der UB Heidelberg. Zur Datierung und Provenienz vgl. die mir von Joachim Dahlhaus freundlich mitgeteilten Ergebnisse in Vorbereitung der Ausstellung „Mit urkund dises briefs" im Wintersemester 1996/97 in der UB Heidelberg.

regi illustri domino meo gracioso et omnibus succesoribus eius Romanorum imperatoribus et regibus legittime intrantibus neque umquam ero in consilio, ubi periculum eorum tractabitur. Bonum et salutem eorum promovebo, dampna eorum pro mea possibilitate avertam fideliter, et instrumenta seu contractus quoscumque non scribam in papiro seu cartha veteri aut abrasa, sed in membrana munda et nova [...]

1358/1409   Auszug aus den Anweisungen zur Investitur von Notaren in einem Privileg Kaiser Karls IV. für namentlich genannte Edle der Familie de Regnis, in dem er sie zu *sacri Lateranensis palatii comites* ernennt und ihnen unter anderem die Befugnis zur Ernennung von Notaren und Richtern verleiht, ausgestellt in Rothenburg ob der Tauber am 7. August 1358, bekannt in einer (heute nicht mehr auffindbaren) Kopie vom 1. Februar 1409 im Notariatsarchiv von Cremona:[187]

[...] quodque vos et descendentes vestri predicti et vestrum quilibet possitis et valeatis per totum Romanum imperium facere et creare publicos notarios seu tabelliones, iudices ordinarios, ac universis personis, que fide digne [fidedigne], habiles et idonee sint, notariatus seu tabellionatus et iudicatus ordinarii officium concedere atque dare, et eos et quemlibet eorum imperiali auctoritate de predictis per pennam et calamarium investire; dummodo ab ipsis notariis seu tabellionibus et iudicibus ordinariis per vos et descendentes vestros predictos fiendis et creandis, ut premittitur, et quolibet eorum vice et nomine sacri Romani imperii et pro ipso imperio debite fidelitatis recipiatis corporale et proprium iuramentum; et quod instrumenta, tam publica, quam privata, ultimas voluntates, quelibet iudiciorum acta et omnia et singula, que illis et cuilibet eorum ex debito dictorum officiorum et cuiuslibet eorum fienda occurrerint vel scribenda, iuste, pure ac fideliter, omni simulatione, machinatione, falsitate et dolo remotis, scribent, legent et facient, scripturas illas, quas debuerint in publicam formam redigere, in membranis et non cartis abrasis neque papireis fideliter ascribendo [conscribendo] [...]

1358   Urkunde Karls IV. für den Prager Erzbischof mit dem Recht zur Ernennung bischöflicher Notare, die die durch den Erzbischof 1358 eingeführten und bis 1411 geführten *Libri erectionum archidioecesis Pragensis* als umfassendes Verzeichnis aller dort getätigten Stiftungen und Immobiliengeschäfte führen sollten, hier ein Auszug aus dem durch Karl vorgeschriebenen Amtseid:[188]

Tu jurabis ad sancta Dei ewangelia, de cetero fidelis esse s. Romano imperio suisque imperatoribus et regibus Romanorum; scripturas vero per te in formam publicam redigendas in membranas et non in cartis abrasis neque papireis conscribes et in causis E[arum], hospitalium, viduarum et orphanorum nil requires et eris eis favorabilis et benignus. [...]

---

187 Ed. Ficker, Forschungen zur Reichs- und Rechtsgeschichte Italiens, Bd. 4, 1874, Nr. 525, 541f., danach wieder abgedruckt in MGH Constitutiones et acta publica 12, hg. von Hohensee u. a. 2013, Nr. 335, 327–330, hier 328f.
188 Ed. Libri erectionum archidiocesis Pragensis, hg. von Borový 1875, Nr. 33, 20f., hier 21. Vgl. Wattenbach, Das Schriftwesen im Mittelalter, 3. Aufl. 1896, 148, Anm. 1. Vgl. zum Zweck der *Libri* allgemein Redlich, Urkundenlehre, Teil 3, 1911, 199.

1362	Anweisungen im Abschnitt über die Aufgaben des *stetschribers* im Augsburger Stadtrechtsbuch aus dem 14. Jahrhundert, das als erste Kanzleiordnung der Kommune gilt:[189]

Er sol auch sin selbs pirmit und timpten haben und sin selbs schuoler. [...] Er sol auch alle die brief die er schribt von der stat wegen und auch von der burger wegen schriben uf rehtes pirmit und niht uf papir. [...]

1376	Auszug aus der Eidesformel für die Investitur von Notaren in einem Privileg Kaiser Karls IV. für Baptista de Marzaxio und seine Erben aus der Diözese Luni (bei Genua), in dem er sie zu *sacri Lateranensis palatii comites* ernennt und ihnen unter anderem die Befugnis zur Ernennung von Notaren und Richtern verleiht, ausgestellt im tschechischen Loket (deutscher Name: Elbogen) am 17. Februar 1376:[190]

[...] Et tabellio iuret in hec verba: ‚Ego N. promitto et iuro, quod fidelis ero serenissimo ac invictissimo principi et domino domino Karolo quarto divina favente clementia Romanorum imperatori semper augusto et Boemie regi, illustri domino meo gratioso, et omnibus successoribus suis Romanorum imperatoribus seu regibus legittime intrantibus; nec umquam ero in consilio, ubi periculum eorum tractetur, bonum et salutem eorum promovebo, damnum vero ipsorum pro mea possibilitate avertam fideliter; et instrumenta seu contractus quoscumque non scribam in papiro seu carta veteri vel abrasa, sed in membrana munda et nova [...]

1383	Auszug aus der Ernennungsurkunde des Notars Antonio de Tobia aus Levanto vom 9. März 1383, ausgestellt in Genua durch Ludovico Fieschi, *palatinus et Lavanie comes*, überliefert in den Imbreviaturen des Niccolò de Belignano im Archivio di Stato di Genova:[191]

[...] iuravit ad sancta Dei Evangelia, corporaliter tactis Scripturis, quod instrumenta tam publica quam privata, ultimas voluntates, quecumque iudiciorum acta et omnia et singula alia, que sibi ex debito ipsius officii facienda occurrerint et scribenda, iuste, pure ac fideliter, omni simulatione, machinatione ac falsitate et dolo remotis, scribet, leget et faciet, scripturas illas, quas in publicam debuerit formam reddigere, in membranis et non in cartis abrassis neque papirreis fideliter conscribendo, nec non sententias et dicta testium, donec publicata fuerint et aperta, sub secreto fideliter retinebit [...]

1383	Auszug aus der Ernennungsurkunde des Genueser Notars Giovanni di Antonio di Montenero vom 17. Mai 1383, ausgestellt in Genua durch Bartolomeo de Casanova, *palatinus et Lavanie comes*, überliefert in den Imbreviaturen des Niccolò de Belignano im Archivio di Stato di Genova:[192]

[...] iuravit ad sancta Dei Evangelia, corporaliter tactis Scripturis, quod instrumenta tam publica quam privata, ultimas voluntates, quecumque iudiciorum acta et omnia

---

189 Ed. Das Stadtbuch von Augsburg, hg. von Meyer 1872, 251–253, hier 252. Allgemein zu den Inhalten dieser ersten Kanzleiordnung der Stadt Augsburg vgl. Kluge, Die Macht des Gedächtnisses, 2014, 156f.
190 Ed. Ficker, Forschungen zur Reichs- und Rechtsgeschichte Italiens, Bd. 4, 1874, Nr. 528, 546f.
191 Ed. Airaldi, Studi e documenti su Genova e l'oltremare, 1974, Nr. 4, 244–246, hier 245 (unter Verweis auf Archivio di Stato di Genova, notaio Niccolò de Belignano, cart. 376, c. 115r–v).
192 Ed. Airaldi, Studi e documenti su Genova e l'oltremare, 1974, Nr. 5, 246f., hier 247 (unter Verweis auf Archivio di Stato di Genova, notaio Nicolò de Belignano, cart. 376, c. 152r–v).

et singula alia, que sibi ex debito ipsius officii facienda occurrerint et scribenda, iuste, pure ac fideliter, omni simulatione, machinatione ac falsitate et dolo remotis, scribet, leget et faciet, scripturas illas, quas in publicam debuerit formam reddigere, in membranis et non in cartis abrassis neque papirreis fideliter conscribendo, nec non sententias et dicta testium, donec publicata fuerint et aperta, sub secreto fideliter retinebit [...]

Um 1400	Für die Bitte des Stadtrates von Lübeck an seine Amtskollegen in Reval zur Verwendung von Pergament anstelle von Papier s. Kasten B.3.3.
1401	Auszug aus der Eidesformel für die Investitur von Notaren in einem Privileg Kaiser Karls IV. für Friedrich Schaffard, Probst zu Sankt Paulin bei Trier, in dem er ihn zum *sacri Lateranensis palatii comes* ernennt und ihm unter anderem die Befugnis zur Ernennung von Notaren und Richtern verleiht, ausgestellt in Köln am 7. Januar 1401:[193]

[...] Ego promitto et iuro, quod fidelis ero serenissimo principi domino, domino Ruperto dei gracia Romanorum regi semper augusto, illustri domino meo gracioso, et omnibus successoribus eius Romanis imperatoribus seu regibus legittime intrantibus; neque unquam ero in consilio, ubi periculum eorum tractabitur; bonum et salutem eorum promovebo et dampna eorum pro mea possibilitate avertam; instrumenta seu contractus quoscunque non scribam in papiro seu carta veteri aut abrasa, sed in membrana nova et munda [...]

1413, vidimiert 1496	Auszug aus dem Privileg des römischen Königs Sigismund für Francesco Giustiniani, ausgestellt am 18. Mai 1413, mit der Ernennung zum *Sacrum Lateranensis Palacii comes* und dem unter anderem damit verbundenen Recht, Notare zu ernennen, erhalten in einem undatierten Vidimus, den Francesco Giustinianis Enkel Luchesio vorlegte und im Wortlaut in das Instrument inserieren ließ, als er am 30. Juni 1496 in Genua zwei natürlichen Söhnen eines Bürgers von Genua die legitime Herkunft zuerkannte (überliefert in den Imbreviaturen des Francesco da Camogli im Archivio di Stato di Genova):[194]

[...] et quod instrumenta, tam publica quam privata, ultimas voluntates, quecumque iudiciorum acta et omnia et singula, que illis et cuilibet eorum ex debito dictorum officiorum fienda occurrerint et scribenda, iusta, pura ac fideliter, omni simulatione et machinatione ac falsitate et dolo remotis, scribent, legent et facient, scripturas illas, quas debebunt in publicam formam redigere, in menbranis et non in cartis abrasis neque papireis fideliter conscrib[endo], nec non sententias et dicta testium, donec publicata fuerint et aprobata, sub secreto fideliter retinebunt, et omnia et singula recte facient que ad dicta officia pertinebunt. [...]

1417, vidimiert 1461	Auszug mit dem Privileg des römischen Königs Sigismund für Gabriele Giustiniani, ausgestellt am 18. Dezember 1417, mit der Ernennung zum *comes palatinus* und dem unter anderem damit verbundenen Recht, Notare zu ernennen, hier vorgelegt und im Wortlaut in die Urkunde übernommen, mit der Gabrieles gleichnamiger Sohn am 24. September 1461 in Schio die von ihm vollzogene Investitur des Notars Cristoforo da

---

193 Ed. Ficker, Forschungen zur Reichs- und Rechtsgeschichte Italiens, Bd. 4, 1874, Nr. 529, 548f.
194 Ed. Airaldi, Studi e documenti su Genova e l'oltremare, 1974, Nr. 19, 294–304, hier 297 (unter Verweis auf Archivio di Stato di Genova, notaio Francesco da Camogli, filza 7, n. 523).

Molassana del fu Giovanni dokumentieren ließ, erhalten in den Imbreviaturen des Domenico de Alsario im Archivio di Stato di Genova:[195]

[...] iuramentum, quod tabelliones et publici notarii tam instrumenta publica quam privata, ultimas voluntates, quecumque iudiciorum acta ac omnia et alia singula, que illis et cuilibet eorum ex debito dictorum officiorum et cuiuslibet eorum fienda occurrerint vel scribenda, iuste, pure et fideliter, omnia simulatione, machinatione, falsitate et dolo remotis, scribent, legent et facient, scripturas illas, quas debebunt in publicam formam redigent, in membranis seu pergamenis nudis et puris et non in cartis abrassis neque papiris fideliter conscribenda publicabunt et signo solito consignabunt [...]

1420	Reformation der Statuten der Kommune von Padua mit der Entscheidung, künftig durch zwei eigens bestellte Notare für die Kommune ein authentifiziertes Buch über alle in der Stadt ausgestellten Instrumente führen zu lassen:[196]

[...] quolibet anno [... sei] unus liber autenticus de cartis membranis novis et non abrasis et non de cartis de papiro [zu führen, in das registriert werden solle] *de verbo ad verbum omnia et singula instrumenta seu abbreviature instrumentorum que sibi presentabuntur.*

1420	Auszug der Ernennungsurkunde für den Notar Giovanni di maestro Ercolano, ausgestellt in Perugia am 18. Oktober 1420, nach erfolgter Investitur durch Pfalzgraf Filippo di Puccio Baglioni, unter Bezugnahme auf das Privileg des römischen Königs Wenzel, ausgestellt in Prag am 31. März 1397:[197]

[...] quod ipse idem Iohannes fidelis erit serenissimo et invictissimo principi et domino domino Sigismundo Dei gratia Romanorum ac Boemie regi prelibato, nostro illustri domino gratioso et omnibus successoribus eius Romanis imperatoribus et regibus legitime intrantibus, et quod numquam erit in consilio ubi periculum eorum tractabitur, bonumque et salutem eorum promovebit, damnaque eorum pro sui possibilitate avertet, instrumentaque et contractus quoscumque non scribet in carta veteri aut abrasa vel papiro, sed in membrana munda, testamenta, codicillos et quascumque ultimas voluntates, [...]

1447	Für Auszüge aus der Ernennungsurkunde des Notars Pierfrancesco di ser Giacomo da Castello delle Forme s. Kasten B.3.5.
1512	Auszug aus der *Ordnung zu Underrichtung der offen Notarien, wie die ihre Aempter üben sollen* (auf Latein: *Constitutionis de Notariis Vetvs Translatio*), durch Kaiser Maximilian I. auf einem 1512 in Köln abgehaltenen Reichstag verabschiedet:[198]

---

195 Ed. Airaldi, Studi e documenti su Genova e l'oltremare, 1974, Nr. 12, 261–266, hier 263 (unter Verweis auf Archivio di Stato di Genova, notaio Domenico de Alsario, filza 1).
196 Zit. nach Berengo, Lo studio degli atti notarili, 1976, 158, mit Anm. 18, mit Verweis auf ein Volumen statutorum Magnifice Civitatis Padue refformatorum sub anno 1420, Biblioteca Civica, Padova, ms. B.P. 1236, fol. 60v–61r.
197 Ed. Il notariato a Perugia, hg. von Abbondanza 1973, Nr. 43, 52–54, hier 53.
198 Neue und vollständigere Sammlung der Reichs-Abschiede, hg. von von Senckenberg 1747, Teil 2, 151–166, hier 158. Vgl. zur Notarsordnung von 1512 allgemein Dilcher, Das Notariat in den Gesetzen des staufischen Sizilien, 1981, 64–66.

[Randglosse:] *Keine gekuertzte dunckele und zweifelhaffte Wort noch ohnbekandte Ziffer, Zeichen, Abbrev. & c. gebrauchen, und auff Pergament schreiben.*

§ 19. Item: Die Notarien sollen sich auch hueten, dann ihnen wird mit dieser Ordnung verboten, ihr Instrument mit zu viel gekuertzten, dunckeln oder zweiffelhafftigen Worten, die dann ein Instrument unnuetz machen, oder auch durch Ziffer, Zeichen, oder Notas, sonderlich die nicht gemeiniglich allen bekant sind, dieweil dieselben gar leichtlich geaendert und gefaelscht werden moegen, sondern mit mit gantzen gemeinen, leßlichen und erkanten Buchstaben in Pergament, und nicht[1] Pappier, in lateinischer oder teutscher Sprach schreiben.

§ XIX, Item: Notarii caveant, quia praesenti ordinatione prohibentur scribere instrumenta sua nimis abbreviata, vel obscura vel ambigua verba, quae vitiant instrumenta; nec per ziferas, signa vel notas, maxime non communiter omnibus cognitas, cum facile possint mutari & corrumpi, sed scribant per literas integras, communes, legibiles & cognitas, in pergameno non papyro, in Latina vel nostra Alemanica lingua.

[1] *In antiquissimo exemplari legitur mit.*

In welchen Zusammenhängen stehen diese Texte? Für den italienischen Raum sind das die Treue- bzw. Amtseide, die jeder Notarsanwärter vor der jeweiligen öffentlichen Autorität bzw. ihren Amtsträgern zu leisten hatte, bevor er die *fides publica* für sich beanspruchen und damit seine Tätigkeit beginnen durfte. Formeln bzw. Inhalte dieser Eide sind in verschiedenen Quellen überliefert, als Handlungsanleitungen in den *Ars notariae*, den juristischen Handbüchern zur Notarskunst, ebenso wie in Urkunden oder Chroniken, die konkrete Erhebungsakte dokumentierten, sowie in Privilegien, die das Recht zur Ernennung von Notaren verliehen. Ziel dieser Eide war natürlich zuvorderst die Verpflichtung der angehenden Notare darauf, ihre Aufgaben sorgfältig und gewissenhaft zu erledigen, das heißt, im Umkehrschluss ihre Gewalt nicht zu missbrauchen, keine falschen Urkunden auszustellen oder zu tolerieren und auch sonst nicht zu betrügen. Die neuere Forschung hat die große Bedeutung dieser Form der Vereidigung für die Glaubwürdigkeit der Notare sowie die Authentizität ihrer Instrumente und damit für das Funktionieren des italienischen Notariatssystems hervorgehoben.[199]

Obwohl diese Eidformeln natürlich an lokale oder situative Bedürfnisse und Vorlieben angepasst wurden und im Verlauf der Zeit dazu tendierten, immer detaillierter und umfänglicher zu werden, gibt es doch einen bestimmten Kernbestand an Elementen. Zu ihnen zählt erstaunlich stereotyp als für alle am Prozess der Beurkundung beteiligten Parteien sichtbarer Beleg zur korrekten Ausführung das Versprechen der Notare, für Mundierungen nur Pergament zu verwenden und zwar neues, also keine

---

[199] S. zur Glaubwürdigkeit notariellen Handelns und den Strategien der Vertrauensbildung in Bezug auf die Notariatsurkunden vor allem die Monographien von Meyer, Felix et inclitus notarius, 2000, 7–178, mit der Zusammenfassung auf 176–178, und Schulte, Scripturae publicae creditur, 2003, zum Schlüsselbegriff der *fides* 4–12, zur Investitur der Notare 33–41 sowie das Resümee auf 235–243.

membrana oder *carta rasa* bzw. *abrasa*, von der schon eine ältere Schrift abgeschabt worden wäre.[200]

Solche Amtseide der Notare begegnen zuerst im 12. Jahrhundert, das heißt, vor der Ära des Papiers; sie kommen aber auch später weiterhin vor, nun oft mit der expliziten Ergänzung, dass Papier als Beschreibstoff für Instrumente ausgeschlossen sei (s. Kasten B.3.6). Das heißt nicht, dass Notare für ihre rechtsverbindlichen Schriftstücke generell kein Papier verwenden durften: Diese Regel galt bis auf wenige Ausnahmen – so in Bologna und Venedig, die für die gesamte notarielle Schriftlichkeit auf Pergament pochten[201] – nur für die Mundierungen, das heißt die Ausfertigungen, die die beteiligten Parteien mit nach Hause trugen. Dagegen wurden die Imbreviaturbücher, die das Archiv der Notare bildeten, wohl in den meisten Städten im Verlauf des 13. Jahrhunderts papiern.[202] Dieser Wandel vollzog sich weitgehend lautlos, es finden

---

200 S. dazu die Beispiele in Kasten B.3.6 und in Anm. 167. In den meisten Fällen erscheinen die hier zitierten Termini technici; seltener wird der Gebrauch von *membrana nova et munda* (s. Zeugnis von 1401 im Kasten Nr. B.2.6) oder von *pergamena nuda et pura* (s. Zeugnis von 1417 ebd.) befohlen bzw. umgekehrt der Gebrauch von *carta veteri* (s. Zeugnis von 1401 ebd.) untersagt. In der Regel hielten es die Urheber dieser Schriftstücke nicht für notwendig, die Gründe für diese Verbote zu erläutern; zumindest knapp geschieht dies etwa in einem Florentiner Zeugnis von 1302, das von *carta quae non fuerint prius scriptae* spricht, ed. Ficker, Forschungen zur Reichs- und Rechtsgeschichte Italiens, Bd. 4, 1874, Nr. 501, 509f., bzw. in einem Zeugnis von 1326 im o. g. Kasten, das *carta [...] de qua vetus scriptura fuerit abrasa* verbietet.
201 In Bologna waren sowohl die überlieferten Fragmente wie auch die beiden mehr oder weniger vollständigen Notarsregister des 13. Jahrhunderts aus Pergament, wie es die Statuten ausdrücklich vorschrieben. Nicht nur *contractus et omnia instrumenta*, sondern auch die *rogationes* sollten *in quaterno cartarum de pecude* geführt werden. In Venedig wurde noch 1307 betont, dass die Imbreviaturen *in quaternis de bergamis* zu schreiben seien, hier zit. nach Meyer, Felix et inclitus notarius, 151, Anm. 19.
202 Bislang existiert kein Überblick darüber, welche Kommunen Papier für diese Bücher oder aber auch für andere die Mundierung vorbereitende Schriftstücke erlaubten. Meyer, Felix et inclitus notarius, 2000, 151, vermutet, dass in Ligurien das Papier wohl von Anfang an als Beschreibstoff diente, weiter im Landesinnern jedoch Pergament. Nach seinem Eindruck wurde das Pergament vor allem seit der zweiten Hälfte des 13. Jahrhunderts allerdings zunehmend verdrängt; als Beispiele für diese Umstellung nennt er in Anm. 18 (ohne Belege) Lucca ab spätestens 1204, Prato 1255, Cremona, Mantua, Pavia, Piacenza, Verona, Bozen ab spätestens 1242, außerdem ohne zeitliche Konkretisierung Trient, Empoli, Arezzo, Uglione in Valdelsa, Foligno, Cingoli, Città di Castello, Anagni und Veroli. Gleicht man Meyers Angaben mit den gängigen Informationen aus der papierhistorischen Literatur ab (s. vor allem Briquet, Recherches sur les premiers papiers employés en occident et en orient, 1886/1955; Irigoin, Les origines de la fabrication du papier in Italie, 1963; Guichard, Du parchemin au papier, 1995; Bresc/Heullant-Donat, Pour une réévaluation de la „révolution du papier", 2007; Rodgers Albro, Fabriano, 2016), so bestätigt sich die Vorreiterrolle Liguriens und insbesondere Genuas: Als Auftakt gilt das Urkunden der Jahre 1154 bis 1164 umfassende Cartolare des Notars Giovanni Scriba, an dessen Ende auch fünf Blätter eines anonymen Notars von 1155/56 eingebunden sind, es folgen ebd. Imbreviaturbücher auf Papier der Jahre 1179, 1182 bis ca. 1200, 1210–1215 und 1220–1230. Guichard (s. o., hier 193) nennt für das 12. Jahrhundert außerdem noch ein papiernes Register aus dem ligurischen Savona, allerdings ohne näheren Beleg. Ab 1220 gibt es Belege für notariellen Papiergebrauch in der Toskana, Guichard (s. o. 193f.) nennt die Kommunen Lucca, Siena und Pisa, während man weiter im

sich nur wenige Zeugnisse, die den steigenden Papiergebrauch der Notare erwähnen oder gar regelungsbedürftig finden.

Eine frühe Ausnahme stammt aus der *Ars notariae* des Juristen und Notars Salatiele, an der er in der Mitte des 13. Jahrhunderts in Bologna schrieb. In der entsprechenden Passage bringt Salatiele den Begriff des *notarius* in einen Zusammenhang mit den in der Wortfamilie präsenten Praktiken des einerseits ‚Notiznehmens' und andererseits ‚Notierens' bzw. des getreu und *notabiliter* Aufzeichnens, während er den Terminus des *tabellio* auf den Gebrauch der *tabulae* zurückführt, die man unter den *veteres*, den Alten, für diese Praktiken genutzt habe. Das Wort *tabulae*, so erklärt er, könne verschiedene Schreibmaterialien meinen: *nomen tabule adeo est generale ut supponatur pro qualibet materia in qua scribitur vel scribi potest, sive pro tabula, sive pro cartis, vel membranis, vel quacumque alia materia*. Was unter den *cartae* zu verstehen ist, konkretisieren die Glossen: Sie ergänzen zum Begriff *tabula* die Erklärung *scilicet linea*, zum Begriff *cartae* den Zusatz *banbucinae forte* und zum Begriff *membranae* die Erläuterung: *id est facte de menbro alicuius animalis*.²⁰³ Nach Salatiele sind demnach sowohl Papier als auch das aus tierischen Rohstoffen gewonnene Pergament als traditionelle Arbeitsmaterialien des Notars zu verstehen.²⁰⁴

Landesinneren, etwa in Piacenza, Bologna oder Pavia, Pergament für die Imbreviaturen verwendet habe. Rodgers Albro stellt ihre Analysen eines Sieneser Notarsregisters von 1227/28 vor (s. o., hier s. 21). Bei Briquet finden sich zu 1259 ein Beleg zu Gemona im Friaul und zu Palermo (s. o., hier 142–155, Nr. 32 und 47). Für die Marken nennt Briquet (ebd., Nr. 35) zuerst Fabriano 1273; im ungefähren bleibt die Angabe ‚zweite Hälfte des 13. Jahrhunderts' bei Castagnari, Le origini della carta occidentale, 2014, 16f. für zehn papierne Notariatsprotokolle aus dem bei Fabriano gelegenen Arcevia. Sicher von diesen italienischen Vorbildern beeinflusst finden sich papierne Minutare auch seit 1275 in Sitten (heutiger Kanton Wallis in der Schweiz), vgl. dazu Rück, Das öffentliche Kanzellariat in der Westschweiz, 1984, 255 mit Anm. 249.

203 Ed. Salatiele, Ars notarie, hg. von Orlandelli, Bd. 1 1961, 8f. Die *Ars notariae* Salatieles (auch Salathiel, gestorben 1280) ist in zwei Versionen von 1242 in einer gleichzeitigen fragmentarischen Handschrift aus Bologna und 1247/52 in zwei Handschriften vom späten 13. bzw. frühen 14. Jahrhundert, heute in Paris, erhalten.

204 Konkreter sind die Vorgaben in den Statuten des Jahres 1288, mit denen die Stadtgemeinde von Albenga den Notaren in Ersatz des Imbreviaturbuches die Verwendung von Papier, kleinen Wachstafeln oder Pergamentstücken zum Zweck der Niederschrift der wichtigsten Aspekte erlaubte; die Übertragung in das (pergamentene) Imbreviaturbuch sollte jedoch spätestens am nächsten Tag erfolgen: *Notarius unusquisque de Albingana et districtu qui vocatus fuerit ad faciendum instrumentum, teneatur ante quam affirmetur a partibus, annotare, et si non habuerit cartularium presentem, in papiru vel in cera ad minus factum sive quantitatem contractus et millesimum et diem et testes apponere; et in eadem die vel sequenti si poterit, vel quam cicius prout melius scriverit, ponere in cartulario suo*. Nach der kritischen Edition der Statuti di Albenga von 1288 zit. bei Schulte, Scripturae publicae creditur, 2003, 119f., Anm. 79.

Eine Ernennungsurkunde eines Notars aus Perugia, ausgestellt am 15. Februar 1447 (s. Kasten B.3.5) erklärt, dass der frisch mit der *licentia [...] ubique locorum* investierte Notar für die Instrumente und Gerichtsakten sowie alle weiteren zu seinem Amt gehörenden Schriftstücke sowohl *in [...] membranis* als auch *papiris* schreiben dürfe, *secundum consuetudinem locorum*.

Diese spärliche und beiläufige Thematisierung von Papier als Werkzeug der Notare ist insofern bemerkenswert, als es wohl das Gros notarieller Schriftlichkeit stellte: Wie Andreas Meyer für Lucca gezeigt hat, wurde nur ein kleiner Teil der notariellen Akte mundiert, vor allem Eigentumssachen; für die Mehrzahl der vom Notar bestätigten Rechtsgeschäfte genügte es, wenn sie in den Imbreviaturbüchern standen.[205] Trotzdem zeigt der Passus über das Pergament in den Eidformeln zur Bestallung der Notare die Bedeutung der Tierhaut als ein Symbol für den korrekten, unverfälschten Prozess der notariellen Beglaubigung eines Geschäfts. Wie die in Kasten B.3.6 zusammengestellten Beispiele zeigen, ist ihre Thematisierung auffällig häufig in den Kontext gestellt zur Verpflichtung der Notare, nur die Wahrheit niederzuschreiben und nicht zu fälschen oder anderswie zu betrügen. Oft sind sie auch in einen Zusammenhang gerückt mit den Forderungen, Witwen, Waisen, Armen und kirchlichen Organisationen unentgeltlich zu helfen oder aber keinen Geheimnisverrat zu begehen. Die *fides* der Notare im Sinn ihres guten Leumunds und ihrer moralischen Integrität scheint hier also angebunden an die in der öffentlichen Niederschrift des Instruments demonstrativ sichtbare *fides* des Beschreibstoffs, einen Begriff, den die Statuten von Padua aus dem Jahr 1236 auch explizit so benutzen (s. Kasten B.3.5).

Und dies ist nicht nur rhetorisch zu verstehen, sind doch bis heute Abertausende von Pergamenten in den Archivbeständen erhalten.[206] Für Mantua demonstriert ein Erlass des Herzogs Federico II. Gonzaga aus dem Jahr 1530, dass selbst eine eher kleine Residenzstadt um 1500 beachtliche Pergamentmengen verschlungen haben muss: Federico verbot darin für zwei Jahre die Ausfuhr von Pergament aus dem Mantovano – und das unabhängig von Menge oder Form, das heißt weder in kleinen noch großen Quantitäten, weder bereits zugerichtet noch roh: *né in picciola né in gran quantità, né confetta né da confettare de sorte alcuna*. Als Grund für dieses Verbot gibt er die

---

205 Vgl. Meyer, Felix et inclitus notarius, 2000, 294, mit der Auswertung mehrerer Luccheser Imbreviaturbücher, die nahe legen, dass maximal ein Fünftel bis ein Viertel der Akte auf Pergament ausgefertigt wurden.
206 S. dazu die Zahlen bei Meyer, Felix et inclitus notarius, 2000, 235f., unter Verweis auf die Angaben in der Guida generale degli Archivi di Stato in Italia: „Der Diplomatico oder die Urkundensammlung des Florentiner Staatsarchivs zählt fast hundertvierzigtausend Pergamente und liegt damit an der Spitze der Rangliste, dicht gefolgt vom Mailänder Staatsarchiv mit ungefähr hundertdreissigtausend Urkunden und vom Staatsarchiv Siena mit über sechzigtausend Pergamenten. Vor den Zerstörungen des zweiten Weltkriegs belegte Neapel mit rund fünfundfünfzigtausend Urkunden den vierten Rang. Aber auch andere Sammlungen sind beachtenswert. In Perugia beispielsweise liegen im Diplomatico über zweiunddreißigtausend Urkunden, in Piacenza über dreissigtausend und in Rom rund zwanzigtausend. Das Pisaner Staatsarchiv besitzt ungeführt einundzwanzigtausend Pergamente; dazu kommen weitere fünftausend Urkunden des erzbischöflichen Archivs. Der Diplomatico des benachbarten Lucchesers Staatsarchivs enthält mehr als zwanzigtausend Urkunden. Das erzbischöfliche Archiv und das Archivio Capitolare di Lucca bewahren zusammen über zwölftausend Pergamente auf." S. dazu nicht nur bei Meyer ebd., Kap. „Proportionen der Überlieferung" (235–320), bes. 275f., sondern auch schon bei Esch, Überlieferungschance und Überlieferungszufall, 1985, bes. 532f., Überlegungen zur immensen Höhe der Verluste, die dieser Überlieferung gegenüberstehen.

carestia, den Mangel an Tierhäuten an, unter dem er und *li suoi officii et la sua città* – eine Amtleute und seine Stadt – leiden würden. Wer gegen das Verbot verstoße, der sollte nicht nur eine empfindliche Geldstrafe, sondern auch den Verlust seiner Ware fürchten.[207]

Wenden wir uns damit dem Gebiet nördlich der Alpen zu. Auch hier war Pergament im Diskurs präsent und dies in verschiedenen Kontexten: Zum einen kannte man auch hier den *tabellio seu notarius publicus* seit dem ausgehenden 13. und verstärkt seit dem 14. Jahrhundert, auch wenn er sich nur zögerlich verbreitete und die Vorbilder dafür nach Meinung der aktuellen Forschung in Frankreich zu suchen sind.[208] Gemeinsam ist dem deutschsprachigen und dem italienischen Raum jedoch, dass das Amt (sieht man von in Norditalien durch kommunale Autoritäten ernannten Notaren ab)[209] von einer der beiden Universalmächte autorisiert sein musste, so dass der Amtsinhaber *instrumenta publica* mit derselben *fides* wie Papst- und Kaiserurkunden ausstellen durfte. In der Regel wurden Notare von einem lateranensischen Hofpfalzgrafen ernannt, einem besonders privilegierten Würdenträger, der zuerst im *Regnum Italiae* des 12. Jahrhunderts begegnet und dem sowie häufig auch seinen Erben der Kaiser Teile seiner sonst ihm vorbehaltenen Rechte (als Comitiva oder kaiserliche Reservatrechte bezeichnet) – unter ihnen häufig das *ius creandi notarios* – überließ.[210] Unter Karl IV. erhielt das Amt eine feste Form; bis zum Ende der Regierungszeit Maximilians I. geht Peter-Johannes Schuler von rund 440 Privilegierungen vor allem für italienische Empfänger aus;[211] aber auch deutsche Adlige wurden damit ausgezeichnet. Unter den Luxemburgern – im Kasten B.3.6 finden sich Beispiele nicht nur zu Karl IV., sondern auch zu seinen Söhnen Wenzel und Sigismund – verfestigte sich ein Privilegienformular, das die Eide der Notare detailliert regelte und in diesem Rahmen die in Italien üblichen Versprechen, für Mundierungen kein Papier, sondern Pergament zu verwenden, übernahm (hier taucht dieser Eid erstaunlich häufig im Kontext der Forderung auf, die Rechte der Herrscher und ihrer Nachfolger treu zu verteidigen und Schaden von ihnen abzuwenden). Repetiert und damit multipliziert wurden diese Normen aber nicht nur in den kaiserlichen Privilegien, sondern auch durch ihre Wiederholung in den Ernennungsurkunden der von den Hofpfalzgrafen eingesetzten Notare. Als Teil der Kriterien, an denen sich die Authentizität einer Notarsurkunde bemaß, fanden sie sich schließlich auch in der ersten reichsweiten, auf einem Kölner Reichstag 1512 beschlossenen Notariatsordnung ausgeführt (s. dazu Kasten B.3.6).

---

207 Grida vom 7. Dezember 1530, verkündet vom herzoglichen Sekretär Giovanni Giacomo Calandra im Auftrag von Federico II., Archivio di Stato di Mantova, Archivio Gonzaga, b. 2038–39, fasc. 14, fol. 22r, für den Wortlaut vgl. oben Kap. B.1, Anm. 340.
208 Vgl. Schuler, Art. Notar, Notariat. A. Deutsches Reich, 1993, Sp. 1272f.
209 S. dazu etwa Schulte, Scripturae publicae creditur, 2003, 35–38.
210 Vgl. Schuler, Art. Comitiva, 1986.
211 Vgl. Schuler, Art. Hofpfalzgraf, 1991, Sp. 76.

Vor allem außerhalb der geistlichen Gerichtsbarkeit setzte sich das ‚öffentliche Notariat' im Reich nördlich der Alpen allerdings nur bedingt durch.[212] Das auch im deutschsprachigen Raum vom 13. zum 15. Jahrhundert deutlich anschwellende Bedürfnis, rechtsrelevante Verträge schriftlich zu fixieren, schlug sich stattdessen vor allem im Anstieg an Siegelurkunden nieder.[213] Einen quantitativen Eindruck vermittelt die Studie von Mathias Franc Kluge über die kommunale Schriftkultur im mittelalterlichen Augsburg: Demnach seien Siegelurkunden bis in die Mitte des 13. Jahrhunderts nur auf das Milieu der städtischen Eliten beschränkt gewesen, während sich am Anfang des 15. Jahrhunderts auch die untere städtische Mittelschicht um die Verschriftlichung selbst alltagsbezogener Vereinbarungen bemüht habe.[214] Trotz aller Unterschiede zwischen *regnum Italiae* und nordalpinem Reichsgebiet, die auch die Zeitgenossen schon bemerkten,[215] teilte man aber klar die Präferenz für das Pergament. Dies musste bei Siegelurkunden schon einen praktischen Grund haben, da sich die üblichen anhängenden Siegel nur schlecht an Papier anbringen lassen.[216] Nur selten wird dieser Grund freilich auch thematisiert: Für das Jahr 1423 ist die Bitte eines Mannes an den Rat der Stadt Hildesheim belegt, eine Urkunde, die er *uppe pappir mid unsem upghedrukten secrete* erhalten habe, noch einmal *uppe permund [...] mid unsem anhangenden inghesegele* ausgefertigt zu erhalten.[217]

In Form von Vidimierungen und Transsumpten sind auch hier sehr weit verbreitete Urkundentypen zu finden, die vergleichbare topische Bezugnahmen auf Pergament als Garant für die Authentizität einer Urkunde kennen: Anlass für ihre

---

[212] Schuler, Art. Notar, Notariat. A. Deutsches Reich, 1993, Sp. 1273, erklärt dies damit, dass die „anderen Siegel führenden weltlichen Beurkundungsstellen" in ihm eine Konkurrenz und Beeinträchtigung der eigenen Obrigkeit sahen.
[213] S. unter anderem Keller, Die Entwicklung der europäischen Schriftkultur, 1990, 177f.
[214] Vgl. Kluge, Die Macht des Gedächtnisses, 2014, 13, s. auch 20. Zum Prozess der Vidimierung vgl. bereits Bresslau, Handbuch der Urkundenlehre, Bd. 1, 1889, bes. 83–85; zu den Problemen des Siegelbeweises vgl. Schuler, Die spätmittelalterliche Vertragsurkunde, 2000, 22–25.
[215] S. eine Sammlung entsprechender Zeugnisse bei Kluge, Die Macht des Gedächtnisses, 2014, 20f.
[216] Am 30. April 2021 twitterte die Archivarin Kathrin Kininger die Nachricht: „Auch noch nie gesehen bis jetzt: Papierurkunde mit anhangenden Wachssiegeln. Schuldbrief noch dazu. Überlieferungschance ziemlich minimal" mit dem Verweis und dem Foto zu einer Urkunde des Jahres 1343 unter der Signatur Wien, Österreichisches Staatsarchiv, Abteilung Haus-, Hof- und Staatsarchiv, AUR 7402.
[217] Ed. Urkundenbuch der Stadt Hildesheim, Tl. 3, hg. von Doebner 1887, 486, Nr. 1071: *An [...] Albert van Mollem. So gi uns in vortiiden gescreven und beden hadden umme einen breff, den we ju do gheven uppe pappir mid unsem upghedrukten secrete, und gi uns do aver beden in juwem besegelden breve, dat wy ju den uppe permund gheven wolden mid unsem anhangenden inghesegele, den men dor de lant bringhen mochte, deme hebbe wii aver also ghedaen. [...].* Der Konnex zwischen Beschreibstoff und Siegel ohne Konkretisierung seiner Anbringung findet sich noch öfter: So wies 1541 der Rat der Stadt Lübeck in einem längeren Rechtsstreit um die Rückzahlung von Schulden die vom Kläger vorgelegten Schriftstücke mit dem Verweis auf den Beschreibstoff Papier und die fehlenden Siegel ab, ed. Lübecker Ratsurteile, Bd. 4, hg. von Ebel 1967, Nr. 524, 395f., hier 396 sowie die vergleichbare Aussage eines Urteils von 1545, ed. ebd., Nr. 542, 408 (s. Zitat oben in Kasten B.3.5).

Entstehung war das Bedürfnis der Besitzer von Urkunden, aus allgemeinen Sicherheitserwägungen heraus oder zum Schutz des Originals bei Versendung oder häufiger Einsichtnahme eine dem Original gleichwertige Kopie in Händen zu halten.[218] In Ermangelung eines dichten Netzes an *notarii publici* wie in den italienischen Kommunen wandte man sich an einen Dritten, der dem vorgelegten Stück bzw. seiner Person neutral gegenüberstehen sollte, und bat bzw. beauftragte ihn, den Wortlaut des Originals in eine eigene Urkunde aufzunehmen und so zu duplizieren.[219] Integraler Teil des Vidimierungsprozesses war eine Begutachtung des äußeren Zustands derjenigen Urkunde, die bestätigt werden sollte. Formelhaft findet sich hier die Erklärung, sowohl Schrift und Besiegelung, aber auch der Schriftträger Pergament seien nach Augenschein ohne jede Beschädigung oder Rasur. Welche Bedeutung dieser Feststellung im Prozedere zukam, wird erkennbar, wenn man sich das in den Urkunden zum Teil geschilderte öffentliche Ritual der Überprüfung vor Augen führt: Die Kontrolle des Wortlauts erfolgte nicht still, sozusagen mit den Fingern auf dem Pergament, sondern die inspizierte Urkunde wurde laut verlesen und auf ihre Richtigkeit und Kohärenz ‚verhört', wie es in den Beschreibungen mehrfach heißt.[220] Zu dieser akustischen Überprüfung kam die visuelle Kontrolle des äußeren Zustands, der – wie sich etwa an württembergischen Belegen zeigen lässt – für *vngeletzt* und *gesunt gesehen* werden

---

218 Mir sind keine Studien bekannt, die die Zahl erhaltener Vidimierungen im Vergleich zu den überlieferten Originalen eines Ausstellers oder Archivs, Inhalt und Alter der in diesen Beglaubigungen festgehaltenen Rechtsgeschäfte oder das darin etablierte Formular näher untersuchen würden. Meine statistischen Untersuchungen im Hauptstaatsarchiv Stuttgart, Bestand A 602, auf der Basis des digitalisierten Findbuchs (s. dazu breit Kap. B.1) haben ergeben, dass sich für den Zeitraum zwischen 1300 und 1518 250 Vidimierungen, 169 Inserte und 225 Transfixe erhalten haben (darunter bis 1400: 49 Vidimierungen, 30 Inserte und 29 Transfixe); die Datierung dieser Stücke richtet sich nach dem ursprünglichen Rechtsgeschäft, das beglaubigt wird; in diesen Zahlen sind daher auch nachmittelalterliche Beglaubigungsakte enthalten. Als Grund ihrer Ausstellung lässt sich einerseits nachweisen, dass man das Original ungern aus der Hand gab, wenn die entsprechenden Schriftstücke andernorts vorgelegt werden mussten. Wie sich für die württembergischen Fürstinnen im 15. Jahrhundert, allen voran an Mechthild von der Pfalz exemplarisch zeigen lässt, dienten Vidimierungen aber auch dazu, die für ihre finanzielle und rechtliche Absicherung und ihren letzten Willen zentralen Schriftstücke in beglaubigter Form systematisch an den Höfen ihrer Herkunftsfamilie oder ihrer Söhne zu deponieren, vgl. dazu Meyer, Im Schatten eines siegreichen Nachbarn?, 2016, 147–158, bes. 152. Für ein komplettes Bild der Vidimierungspraxis dürfte man sich demnach nicht auf nur einen Archivbestand beschränken.

Die Bedeutung, die die Anfertigung beglaubigter Kopien für die Zeitgenossen besaß, ist unter anderem am *Liber viginti artium* des Pavel Žídek (lat. Paulus Paulerinus) abzulesen: Im Passus über den Schreiber zählt Žídek die verschiedenen ‚Berufe' bzw. Bereiche auf, in denen er tätig werden konnte – neben dem *scriptor [...] kathedralis*, dem *cancellarius* und dem *notarius* nennt er auch den *copiista aut transsumptor*. Ed. [Paulus] Paulerinus, Liber viginti arcium, hg. von Hadravová, 1997, 5; danach zit. und übers. bei Steinmann (Hg.) Handschriften im Mittelalter, 2013, Nr. 857,1, 791.

219 Vgl. Spiegel, Art. Vidimus, 1997; ders., Art. Transsumpt, 1997; Schneidmüller, Art. Vidimus, 1998.
220 S. dazu auch die Überlegungen von Rauschert, Gelöchert und befleckt, 2003, 170, über die in den deutschen Urkunden typische Formel *lesen und hoeren lesen*.

musste.²²¹ Für den positiven Ausgang einer Vidimierungsbitte war also klar von Vorteil, wenn die vorgelegten Urkunden auf Pergament standen. Umgekehrt musste auch die Rechtskraft der Vidimierung weniger anfechtbar sein, wenn sie auf Pergament ausgefertigt war.²²²

---

221 Studien zum Formular der Vidimierungen sind mir nicht bekannt; in der Diplomatik werden sie häufig nur knapp gestreift; immerhin mehrere Beispiele in lateinischer Sprache vor allem aus dem französischen Bereich bietet Giry, Manuel de diplomatique, 1894/1965, 22–25. Aus Stichproben vor allem zum 15. Jahrhundert aus dem Bestand A 602 im Hauptstaatsarchiv Stuttgart ist ersichtlich, dass auch bei deutschsprachigen Beglaubigungen in der Regel Beschreibstoff sowie Siegel mit ihrer Anbringung benannt sowie ihre Makellosigkeit wie auch die Unversehrtheit des Schriftbilds, oft auch explizit das Fehlen von Rasuren, herausgestrichen werden, s. folgende Beispiele: Vergleichsweise knapp erklärt ein Vidimus von 1483, der ein Bestätigungsschreiben der Hinterlegung von Urkunden im Jahr 1458 beglaubigt, es sei dem Aussteller ein *permentin brieff mit des hochgebornnen fürsten und herren loblicher gedechtnus anhangend Insigel versigelt* vorgelegt worden; im Protokoll wird jedoch nochmals aufgegriffen, dass dieses Original *an perment, geschrifft vnnd sigeln ganntz, gerecht vnnd vnargwenig* befunden worden sei (Hauptstaatsarchiv Stuttgart, A 602, Nr. 138). Ausführlicher argumentiert das Vidimus eines 1419 geschlossenen Ehevertrages (Hauptstaatsarchiv Stuttgart, A 602, Nr. 199a, hier fol. 2r), ausgestellt am 6. Juni 1454, mit der Erklärung der Aussteller, dass sie den Wortlaut *von eynen Bermynten versiegelt[e]n brieffe* des Pfalzgrafen Ludwig und der Gräfin Henriette bestätigen wollen und dass diese Urkunde *anhangenden Ingesiegeln versiegelt, an schrifft / Bermynt vnd Ingesiegeln gantz, ungeletzt, vnv[er]sert vnge-/cancelliret vnd gesunt gesehen vnd horen lesen han, der von wort zu worte hernachgemelt steet vnd also ludet*. In der Schlussformel ist wiederholt, dass die Urkunde an Siegeln und Pergament *gesund* sei; in einem am 20. Dezember 1456 ausgefertigten Vidimus einer Urkunde von 1436 (ebd., Nr. 120) erklären die Aussteller *offenliche mit diesem brieffe das wir eynen bermynten v[er]siegelt[e]n brieff mit der hochgebornen h[er]rn Ludwigs seligen vnd hern vlrichs grauen zu wirtenberg gebrudere anhangenden Ingesiegeln versiegelt an schrifft, bermyn vnd ingesigeln ganz vngeletzt, vnv[er]sert vngecancelliret / vnd gesunt gesehen vnd horen lesen han der von worte zu worte hernachgeschriebe[n] steet vnd also ludet: [...]*. Diese Informationen werden in der Schlussformel wiederholt. In einem Vidimus von 1457 zu einem ebenfalls erhaltenen Original desselben Jahres erklärt der Aussteller, er habe *denselben brief zuo vnseren handen genemt* [sic] *den aigentlich verhoert vnd in allen sachen vnarkwönig vnd vnpresthaft funden an geschriften worten silaben bustaben bermit vnd sigeln vnd sinen gnaden daruber diß vidimus geben*. In der Schlussformel erklärt der Aussteller, dass er Original und Vidimus als *gelich lutende funden* und daher *offenlich* sein Siegel an das Vidimus gehängt habe. S. schließlich auch die von Graf Ludwig von Württemberg erbetene Bestätigung einer Urkunde durch das westfälische Femegericht zugunsten der Gerichtsbarkeit des Grafen von Württemberg, angefertigt 1449 (ed. Steinmann (Hg.) Handschriften Urkunden zur Württembergischen Geschichte, 1911, Nr. 17, hier 48f.), in dem die Richter notieren, dass der Graf durch einen *recht frieschef des hilghen richs* Esslingen, den er als Vertreter und Fürsprecher gewonnen hatte, *eyn offen liedegans procuratorium uff pergament geschriben* lesen ließ, *der myt des hochgeborn heren hern Ludewighs graven zu Wirtemberg vorstenden insiegell versigelt*. Das im Original vorgelegte *procuratorium* sei dann vor dem Gericht *gelesen, verhort, vermerckt* worden und man habe *verstanden*, dass es *an pergamente, schrifften, siegele, sunder caduc* [wohl aus dem Französischen ‚veraltet', ‚hinfällig'], *rasur oder lastermaill* gewesen sei, weshalb man es für jetzt und künftig *volmechtig, krefftig und bundigh* erklärte.
222 Mir sind keine quantifizierenden Studien über Pergament- und Papierverwendung für diese Formen der beglaubigten Kopie bekannt; es scheint jedoch so, als ob papierne Vidimierungen Ausnahmefälle waren. Im Findbuch zum Bestand A 603 im Hauptstaatsarchiv Stuttgart wurde nur bei den Beglaubigungen (das heißt den als Vidimus, Transsumpt oder Transfix qualifizierten Archivalien)

Je größer die Gruppe, die an solchen rechtschaffenden Handlungen beteiligt war, – so kann man sich denken – desto größer war die Gefahr, dass dem Inhalt weniger Bedeutung zukam als der Präsenz des Objekts.[223] Jeanette Rauschert hat dazu auf das Motiv der öffentlichen Verkündigungsszenen verwiesen, wie es süddeutsche Bilderchroniken – besonders häufig der Luzerner Chronist Diebold Schilling – zeigen: Es stellt den vortragenden Stadtschreiber und eine weitere Amtsperson meist leicht erhöht wohl auf einem Podest stehend frontal dar, während die ihm gegenüberstehenden versammelten Bürger in der Rückenansicht dem Vortrag durch stilles Zuhören folgen oder aber mit zum Eid erhobenen Fingern ihre Bindung an das Gesprochene demonstrieren.[224] Unter solchen Umständen wird nachvollziehbar, wenn in Luzern im Vorfeld der halbjährlichen Eidesleistung am 27. Dezember 1431 Kritik darüber laut wurde, dass der Text des Geschworenen Briefes nicht aus einer Urkunde, sondern aus einem unbesiegelten Papierheft vorgelesen werden sollte.[225]

Insgesamt, so lässt sich also festhalten, existierte sowohl südlich als auch nördlich der Alpen ein mächtiger Diskurs über das Pergament, der trotz zunehmenden Papiergebrauchs nicht abflaute und in dem das Papier nur eine Nebenrolle spielte, vor allem aber in der direkten Konkurrenz zum Pergament stets unterlegen blieb. Bis ins 16. Jahrhundert hinein reißen die Beispiele dafür nicht ab, dass man weder Kosten noch Aufwand scheue, um papierne Schriftstücke auf Pergament umkopieren zu lassen. Die Zeitgenossen bevorzugten also, wo immer sie es sich leisten konnten, das Pergament. Die Gründe für diese Präferenz scheinen so selbstverständlich gewesen zu sein, dass wir darüber nur wenig erfahren.

Könnten wir die mittelalterlichen und frühneuzeitlichen Schreiber darauf ansprechen, so würden sicher noch mehr von ihnen wie die Lübecker Ratsherren um 1400 auf die mangelnde Haltbarkeit des Papiers verweisen und auf das Bedürfnis, die verbrieften Rechte auch für spätere Generationen fixiert zu wissen. Paradoxerweise haben sich diese Hoffnungen nicht zwangsläufig erfüllt: So hat Andreas Meyer für

---

ohne eine Angabe von Gründen darauf verzichtet, den Beschreibstoff anzugeben; dies legt nahe, dass sie alle auf Pergament stehen; mir sind keine mittelalterlichen Ausfertigungen auf Papier bekannt. Ein papiernes Vidimus aus dem Jahr 1418 im Württemberg benachbarten Heidelberg ist jedoch als Teil des Universitätsarchivs genannt bei Hawicks, Situativer Pergament- und Papiergebrauch im späten Mittelalter, 2015, 238 (über ein im kirchlichen Kontext getätigtes Gütergeschäft des Jahres 1380, angefertigt von den Richtern des Bischofs von Speyer, Universitätsarchiv Heidelberg, XII,1, Nr. 92). Zu erinnern ist auch noch einmal an die oben in Anm. 89 schon genannte Entscheidung des Lübecker Rates in einem Streit zweier Parteien um die Hinterlassenschaften eines auf dem Schlachtfeld Gefallenen, in der der in dieser Sache vorgelegte *opene vidimus brev* angesichts der widrigen Umstände seiner Ausstellung im Feldlager trotz seines Beschreibstoffs Papier als gültig erkannt wird. Ed. Lübecker Ratsurteile, Bd. 3, hg. von Ebel 1958, 209, Nr. 313.

223 S. mit diesem dezidierten Urteil etwa schon Mente, Dominus abstulit?, 2004, 447.
224 Vgl. Rauschert, Gelöchert und befleckt, 2003, 170f.
225 Vgl. Rauschert, Herrschaft und Schrift, 2006, 141, s. auch 32 mit dem Nachweis der entsprechenden Archivalien in Anm. 23.

die notarielle Überlieferung im Italien des 13. Jahrhunderts festgestellt, dass sich die papiernen Imbreviaturbücher als dauerhafter erweisen sollten als die mundierten Einzelpergamente; dies lag nicht nur an ihrer Form, sondern vor allem daran, dass die Ausfertigungen in die Hände der Klienten gingen, während die Imbreviaturen bei den Notaren verblieben und als Teil von deren Notarakten erheblich bessere Chancen hatten, in ein institutionalisiertes Archiv zu gelangen.[226]

Wenn man die mittelalterlichen Schreiber und ihre Klienten heute noch nach ihren Beweggründen fragen könnte, so würden vielleicht noch mehr – wie die Statuten aus Padua aus dem Jahr 1236 – den papiernen Instrumenten die allgemeine *fides* absprechen (s. Kasten B.3.5); sie würden auf den gesellschaftlichen Konsens verweisen, auf den allgemeinen *bruch*, auf den auch die Straßburger Ratsherren im Jahr 1537 rekurrierten, als sie über die von ihren Stadtschreibern geforderte Abkehr vom Pergament für die Korrespondenzen diskutierten. Vereinzelt finden sich auch hier explizite Stimmen: Eine Urkunde von 1447 aus Perugia über die Ernennung eines Notars etwa bemühte die *consuetudo locorum*, um mit diesem Argument dem frisch Investierten, der qua kaiserlicher Autorität die *licentia* zur Ausübung seines Amtes im ganzen römischen Imperium *et ubique locorum* erhalten hatte, die Wahl zwischen Pergament und Papier für seine künftigen Dokumente selbst anheim zu stellen (s. Kasten B.3.5).[227] Vermutlich hatte man damit aber höchstens die Imbreviaturbücher, kaum die auf Einzelblättern ausgefertigten Instrumente im Sinn. Welche Rolle die allgemein geübte Praxis für die zähe Behauptung des Pergaments im Bereich der notariellen Ausfertigungen spielte, deutet das *Speculum iudiciale* des Guillaume Durande an, eines aus Südfrankreich stammenden, aber lange Jahre in Italien wirkenden und 1296 in Rom gestorbenen Kirchenrechtsspezialisten. Der *Speculator*, wie er nach seinem einflussreichen Werk auch genannt wurde, erklärt zur Frage, ob Instrumente auch *in papyro* geschrieben werden dürften oder ob sie dann zu verwerfen seien, kategorisch, dass in keiner der ihm bekannten Regionen Instrumente *in chartis bombycinis*, das heißt, auf Papier, hergestellt würden, und er wertet dies auch explizit als *irreprehensibile*, untadelhaft und richtig (s. Kasten B.3.5).

Noch deutlicher werden schließlich Zeugnisse des späten Mittelalters und der frühen Neuzeit aus dem norddeutschen Raum: In einem Beschlussprotokoll des Hansetags in Lübeck im August 1470 ist die Beobachtung festgehalten, dass *etlike personen* grundsätzlich nicht willens seien, den Rezessen der Hansestädte denselben Glauben zu schenken, wenn sie *uppe poppyr* stünden, als wenn sie auf Pergament geschrieben

---

226 Vgl. zur Aufbewahrung der Imbreviaturbücher Meyer, Felix et inclitus notarius, 2000, 161–175.

227 Es ist unklar, inwiefern diese Formulierungen rückbezogen sind auf die Worte aus dem Privileg Kaiser Sigismunds, das als Referenz für die Legitimität des Erhebungsaktes am Beginn paraphrasierend aufgegriffen wird. Hier war vorgeschrieben, dass der Notar alle seine Schriftstücke *in membranis vel cartis que non fuerint scripte deinde abrase* schreiben solle. Sigismunds Kanzlei verstand die *cartae* sicher als Synonym für die *membranae*, im Italien des ausgehenden 15. Jahrhunderts könnten sie jedoch auch als Begriff für Papier gedeutet worden sein. S. dazu unten Kap. B.6.

und gesiegelt wären. Diese mangelnde Akzeptanz ist der Grund, weshalb man dem Vertreter des Hansekontors aus Brügge im konkreten Entscheidungsfall eine pergamentene Ausfertigung gewährte (s. Kasten B.3.5).[228] Auch der Lübecker Rat bemühte 1545 nicht etwa das Argument der Haltbarkeit, sondern pochte auf die durch die Tradition verbriefte Konvention, wenn er seine Abweisung einer testamentarischen Verfügung mit den Worten begründete, es sei *nur eine papierne Handschrift* und daher nach dem Lübischen Recht, das in diesen Fragen nur den Nachweis entweder über das Stadtbuch, lebendige Zeugen oder aber mit *versiegelten Briefen* erlaube, *[e]rgo nicht gnugsahm* (s. Kasten B.3.5). Dass dies aber längst nicht überall so strikt gehandhabt wurde, zeigt die Zuversicht eines Esslinger Pfarrers im Jahr 1474, seinen letzten Willen – wie der Schreiber explizit begründet – wegen der Länge des Textes nicht einem einzelnen Pergamentblatt, sondern einem Papierheft anzuvertrauen, um sich so unnötige Kosten *zu sparen* (s. Kasten B.3.4).

Als Fazit ist festzuhalten, dass die in der grundwissenschaftlichen Einführungsliteratur flott formulierte Faustformel vom haltbaren Pergament und dem günstigen Papier also nicht falsch ist, sich aber als zu simple Kosten-Nutzen-Rechnung entpuppt. Am Ende bleibt natürlich zweitrangig, ob die mittelalterlichen Menschen bei ihrem Griff nach dem teureren Pergament von der Sorge um die Rechtskraft und gesellschaftliche Akzeptanz bzw. wie im Fall der Korrespondenzen um ihre soziale Reputation getrieben waren oder ob sie wie Kaiser Friedrich II. im 13. und Trithemius im 15. Jahrhundert ernsthaft um die Haltbarkeit papierner Überlieferung fürchteten. Unzweifelhaft spricht aus den hier zusammen getragenen Quellen: Der Leumund des Papiers blieb – wenn man nicht auf seinen stillschweigenden Einsatz schaut, sondern auf die expliziten Urteile der Zeitgenossen hört – lange schlecht. Aus moderner Perspektive evidente Vorteile wie zum Beispiel, dass Papiere deutlich schlechter zu fälschen waren, da man von ihnen die Tinte nicht wie von Pergamenten abkratzen konnte, ohne sofort Löcher zu riskieren, finden sich in den mittelalterlichen Zeugnissen nicht einmal erwähnt.[229]

---

228 Eine ähnliche Argumentation traf im Juli 1545 einen Erben, dessen Klage der Rat von Lübeck mit der Begründung abwies, er könne für seine Ansprüche nur eine papierne Handschrift vorlegen. Dies sei *nicht gnugsahm*, so fährt der Text fort, weil solche testamentarischen Verfügungen nach Lübecker Recht generell nur *mit Stadtbüchern, versiegelten Briefen oder lebendigen Zeugen bewiesen werden* könnten. Nicht explizit wird hier, dass man mit den *versiegelten Briefen* offenbar pergamentene Urkunden meinte. Ed. Lübecker Ratsurteile, Bd. 4, hg. von Ebel 1967, Nr. 542, 408f., für das volle Zitat s. Kasten B.3.5.
229 Als Indiz für die These, dass Papier im Gegensatz zum Pergament kaum zu radieren war, s. auch die kunsttechnologische Rezeptliteratur: Anleitungen zur Palimpsestierung bzw. Schriftentfernung auf schon beschriebenen Blättern haben sich nach meinen Stichproben ausnahmslos für Pergament erhalten, vgl. etwa ein Rezept in der zwischen 1464 und 1473 entstandenen Tegernseer Sammelhandschrift München, Bayerische Staatsbibliothek, clm 20174, fol. 254r. mit den Anfangsworten *Item ad delendas litteras de Carta ut non appareant* (auch wenn sie nur den mehrdeutigen Begriff *carta* benutzt, muss Pergament gemeint sein), sowie zwei Rezepte im Werk *Vier puchlin von allerhand farben*

Umgekehrt hat sich im Statutenbuch der Augustinerkongregation Windesheim aus dem Jahr 1434 sogar ein Zeugnis erhalten, das dem Beschreibstoff Papier seine mangelnde Aktualisierbarkeit vorwirft: Am Beginn wird die Entstehungsgeschichte des pergamentenen Bands beschrieben, die mit einer Suche nach älteren verschriftlichten Statuten und der Vergleich begonnen habe. Im Generalkapitel sei dann beschlossen worden, dass diese älteren Bücher zerstört werden sollten, weil sie auf Papier stünden und demnach *convenienter corrigi non possint*, sie seien also nicht bequem zu korrigieren.[230]

Ein zögerlicher mentalitätshistorischer Wandel wird erst im Verlauf des 16. Jahrhunderts mit den hier präsentierten Zeugnissen von 1536 und 1555 fassbar, die den Kostenunterschied zwischen Papier und Pergament erstmals eindeutig positiv als Preisvorteil beschrieben (s. Kasten B.3.4). Aber auch diese Vorstöße waren vorerst nur als Argument gedacht, um für konkrete Sachverhalte bzw. Bereiche des Verwaltungsschriftguts die Umstellung auf Papier zu rechtfertigen. Wohl erst an der Wende zum 17. Jahrhundert ist ein allgemeineres Nachdenken über die Vorzüge des Papiers zu erkennen.

Zu den frühen Zeugnissen zählt ein Lobgedicht auf den Buchdruck von Paul Fleming, das der ‚Orthotypographie' des Hieronymus Hornschuch in ihrer deutschen Übersetzung aus dem Jahr 1634 beigegeben wurde. *Geh' einer nun vnd schawe / Wie er Gold, Eisen, Ertz', und Marmeln das vertrawe / Was ewig bleiben sol*, so erklärt der Dichter, um dann fortzusetzen: *Wir nehmen das Papier / Was ihm an Stärke fehlt, ersetzt die Menge hier / Und bringt es redlich ein. Es ist vmb ein Verderben / So muß ein einzeln Ding / wie starck es ist, doch sterben [...]*.[231] Fleming vergleicht das Papier nicht

---

vnnd anndern kunnsten aus der ersten Hälfte des 16. Jahrhunderts (Berlin, Staatsbibliothek Preußischer Kulturbesitz, Ms. germ. qu. 417), auf fol. 67r und v, mit den Überschriften: *Wiltu ein schrifft auff Pergamen auß leschen* sowie *Wiltu ein schrifft auff dem Pirgamenn abthun*. Maßnahmen zum Schutz vor Fälschungen werden m. E. nur sehr selten thematisiert, für eine Ausnahme vgl. die Handschrift Nürnberg, Germanisches Nationalmuseum, Hs. 125400, fol. 2, mit einem Rezept, für dessen Ursprung der Schreiber auf die Kanzlei des Würzburger Bischofs Rudolf von Scherenberg verweist: Demnach könne man, wenn man Stahl glühe und mehrmals in der Tinte lösche, die Schrift nicht mehr *on schaden abradieren*. Dies sei erfunden worden im Jahre 1488 *in franckenlanndt peÿ Bischoff Ruedolff von Schernberg in seiner genaden Cantzelleÿ als Er die Juden aus dem lanndt traÿb [...]*. Alle Zitate nach der online nutzbaren Datenbank: Oltrogge, Kunsttechnologische Rezeptsammlung, s. d.

230 Zit. nach Lehner, Fürstlich Hohenzollern'sches Museum zu Sigmaringen, 1872, Nr. 21, 21–23, hier 22: *[...] capitulum generale decrevit, quod omnibus libris statutorum papireis et qui convenienter corrigi non possint destructis vel combustis unaqueque domus studeat statuta sic ut premittitur correcta in bona substancia scribere [...]*. Ich danke Karin Zimmermann, Heidelberg, herzlich für ihre Unterstützung, diesen Beleg zu verifizieren.

231 Paul Fleming, Aliud [das heißt ein weiteres Lobgedicht auf die Buchdruckerkunst, Anm. d. Verf.], in: Hieronymus Hornschuch, Orthotypographie, 1634, 136–139, hier 138, s. dazu auch schon wenige Verse weiter vorn 137: *(Das wir die alte Zeit, recht in Betrachtung ziehn) / Es war ein schweres Thun. Man schelete die Linden / Und schriebe, was man wolt', in die gewichsten Rinden / Mit grosser Müh' vnd Kost. Tuch, Holz, Ertz, Bley, vnd Stein / Must' ihnen an der statt, was vns Papir ist, seyn.*

mit dem Pergament, das er gar nicht erst erwähnt, sondern mit deutlich solideren Beschreibstoffen wie Gold, Eisen, Erz und Marmor. Entscheidend ist jedoch die positive Umwertung des Papiers in diesen Zeilen: Die mangelnde *Stärcke* des Papiers wird nach seiner Darstellung also durch die davon verfügbare *Menge* und damit die Möglichkeit zur massenhaften Vervielfältigung aufgefangen. Auch Michael Giesecke hat in seinem nicht unumstrittenen Klassiker „Der Buchdruck in der frühen Neuzeit" aus dem Jahr 1991 schon auf diese Zeilen hingewiesen, mit der Deutung, dass die „Koppelung dieser Ewigkeit an die Härte des Materials [...] einer solchen an die ‚multitudine', an die Häufigkeit und Verbreitung des Mediums" weiche.[232]

Deutlich wird dieser Umschwung in der Beurteilung von Papier auch im Werk des Hieronymus Hornschuch, in dessen Anhang sich Flemings Gedicht abgedruckt findet. Hornschuch, ein Leipziger Arzt, der sich sein Studium in Leipzig und Basel mit dem Korrekturlesen von Druckvorlagen verdient hatte, veröffentlichte 1608 bei Michael Lantzenberger in Leipzig auf der Basis seiner langjährigen Erfahrungen das älteste bekannte Hand- und Lehrbuch für Korrektoren.[233] 1634 erschien sein Traktat in einer von Tobias Heidenreich ins Deutsche übersetzten Fassung, die die Herausgeber um weitere Texte zum Buchdruck – unter ihnen neben Flemings Zeilen mehrere Gedichte – ergänzt hatten.[234]

In der Einführung zu seinem praxisnahen Ratgeber bot Hornschuch auch einen kurzen Überblick über die seit der Antike gebräuchlichen Schreibmaterialien. Für die mittelalterlichen Jahrhunderte stellt er ohne konkretere zeitliche Einordnung fest, dass der Gebrauch von Pergament *sehr gemein* geworden sei, *biß auff diese Zeit, da vnser Papir aus abgetragenen zurissenen Lumpen ist gemacht worden.*[235] Nach einer

---

232 Vgl. Giesecke, Der Buchdruck in der frühen Neuzeit, 1991, 153. Giesecke datiert diese Zeilen allerdings irrtümlich ins 16. Jahrhundert, da er sie Tommaso Garzonis zuerst 1585 gedruckter und bis 1670 in drei Nachdrucken verbreiteter *Piazza universale* zuschreibt. Dies ist falsch: Sie finden sich weder in den italienischen Ausgaben noch in der 1619 zuerst und bis 1659 drei Mal nachgedruckten deutschen Übersetzung; sie finden sich auch nicht im *Extract* aus Garzonis Werk, der der deutschen Übersetzung von Hornschuchs *Orthotypographia* von 1634 beigegeben ist (vgl. Hornschuch, Orthotypographia, 1634, 93–101), obwohl Giesecke darauf verweist (auf 96); stattdessen stehen sie, wie in der vorangehenden Anmerkung angegeben, in Paul Flemings Lob auf den Buchdruck.
233 Vgl. die Faksimiledrucke: Hornschuch, Orthotypographia 1608, ed. Clemen 1940, 2f., sowie Hornschuch, Orthotypographia lateinisch/deutsch 1608 Leipzig 1634, ed. Boghardt/Janssen/Wilkes 1983, 2f. (zum Autor vgl. ebd. die Einleitung, 7–12, zur Druckgeschichte 40–44). Die im Folgenden nach der deutschen Ausgabe von 1634 paraphrasierte Passage lautet im lateinischen Original (ebd., 2f.): *Hujus membranae usus creberrimus [...] duravit usq[ue] ad illud tempus, quo nostra charta ex detritis & laceris confici coepit linteis, quae in pultem trita & contusa craticulis ferreis excipiuntur, interq[ue] laneos pannos exprimuntur & tandem glutine firmantur. De ejus inventore non constat; quicunque autem fuerit, certe non minus aeterna laude & memoria dignus judicandus est, ac qui artem imprimendarum literarum primus invenit. Est enim & ipsa singulare Dei donum & artificium ad Typographia juvandam & promovendam accomodatissimum.*
234 Hornschuch, Orthotypographia, 1634.
235 Hornschuch, Orthotypographia, 1634, 2f.

kurzen Schilderung des Produktionsprozesses folgt die – zweifelsohne von Polidoro Virgili übernommene – Feststellung, dass über den *Erfinder* des Papiers *nichts gewisses* zu berichten sei.[236] Hornschuch ergänzt diesen Befund jedoch um einen vielsagenden Kommentar: Wem auch immer die Erfindung zu verdanken sei, so erklärt er, es sei ihm nicht weniger Lob zu zollen als dem Erfinder des Buchdrucks. Auch das Papier sei nämlich *eine sonderbare Gabe Gottes, vnd eine solche Kunst, so zu Behuff vnn Beförderung der Druckerey am bequemsten*.[237]

---

236 S. dazu Hornschuchs expliziten Verweis auf Polidoro Virgili nur wenige Absätze später auf 5 als Referenz auf seine Aussagen über die Geschichte des Buchdrucks und die Auswirkungen dieser Erfindungen. Auch die Hornschuchs Traktat im Anhang beigefügten Schriften anderer Autoren verweisen zum Thema Buchdruck mehrfach auf Polidoro als Gewährsmann, vgl. Daniel Kramer, Des heiligen Jobs Bleyern Schreibtäfflein, zu Lob der edlen Druckerkunst, in: Hornschuch, Orthotypographia, 1634, 51–93, hier 59 und 73. S. zur Rezeption des Polidoro Virgili ausführlicher unten Kap. B.7.
237 Hornschuch, Orthotypographia, 1634, 3.

B.4 Von Papierhüten zu Papiermühlen

Schlägt man das Lemma ‚Papier' in Johann Heinrich Zedlers „Grossem vollständigen Universal-Lexicon Aller Wissenschaften und Künste" auf, einer der wichtigsten europäischen Enzyklopädien des 18. Jahrhunderts[1] und in ihrer Bedeutung vielleicht mit der heutigen Internetenzyklopädie Wikipedia zu vergleichen, so findet sich dort zur Geschichte des Beschreibstoffes noch immer der lapidare Hinweis wie schon bei Polidoro Virgili, dass sein Alter „nicht eigentlich bekannt" sei (s. dazu Einführung in Kap. B.3 mit Kasten B.3.1). Immerhin ist diese Erklärung um die Vermutung ergänzt, dass seine „Erfindung von einigen in das funffzehende, von anderen aber mit mehrerem Grunde zuruck in das vierzehende Jahrhundert gesetzet wird."[2] Halten wir uns vor Augen, welchen Wissensstand der Zedler in seinem Band aus dem Jahr 1740 damit bot: Sein Publikum erfuhr noch nicht, dass das Papier ursprünglich eine antike Erfindung war, mindestens 1800 Jahre älter als in diesem Lexikoneintrag vermutet. Es konnte auch noch nicht nachlesen, dass der Beschreibstoff keine europäische, sondern ursprünglich eine chinesische Innovation gewesen war und dass er über die islamische Welt in ihre Breitengrade vermittelt wurde. Es las nichts über die technischen Innovationen der italienischen Papiermühlen seit dem 13. Jahrhundert. Und es ahnte noch nicht, dass der Papiergebrauch in Europa deutlich früher als im 14. Jahrhundert um 1100 angekommen war, selbst für den deutschsprachigen Raum lag das Lexikon mit seinen Schätzungen immerhin rund ein Jahrhundert zu spät.

Wenn im Folgenden den offenkundigen Schwierigkeiten des 18. Jahrhunderts bei der Spurensuche nach dem Papier und seiner Geschichte näher nachgegangen werden soll, so stehen sie deshalb im Fokus, weil sie indirekt auch Schlüsse über die Wahrnehmung des Beschreibstoffs im Spätmittelalter ziehen lassen. Schauen wir also noch einmal in den Zedler: Unter dem Lemma „Papiermacher" wenige Spalten weiter wird knapp konkretisiert, woher die oben zitierten vagen Vermutungen rühren (und beide Theorien finden sich oft wortgleich in mehreren anderen Nachschlagewerken der Zeit).[3] Einerseits gebe es die These, das Leinenpapier sei im Jahr 1470 in Basel

---

1 So das pointierte Urteil von Schneider, Die Erfindung des allgemeinen Wissens, 2013, hier 9, der Zedlers ab 1731 bis 1754 in insgesamt 64 Foliobänden publiziertes Werk als Startpunkt „einer danach immer weiter ausgreifenden, wirklich öffentlichen Wissenskultur" interpretiert, s. zur Bedeutung des Zedler auch die online-Publikation unter der URL: www.zedler-lexikon.de (Stand: 10.03.2023). Erst nach Zedler folgten ab 1751 die – in der Papiergeschichte heute weitaus berühmteren – Bände der von Denis Diderot und Jean Baptiste de Rond d'Alembert verantworteten „Encylopédie ou Dictionnaire raisonné des sciences" sowie der ab 1768 publizierten „Encyclopedia Britannica", s. dazu zuletzt Schultz, Papierherstellung im deutschen Südwesten, 2018, unter anderem 41, 44f.
2 Lemma „Papier" in Zedler, Grosses vollständiges Universal-Lexikon, Bd. 26, 1740/1961, Sp. 638–643, hier 639. Das Werk des Polidoro Virgili über die Erfindungen war der Zedler-Redaktion sogar in verschiedenen Auflagen bekannt, vgl. Lemma „Vergilius, oder Virgilius (Polydor)" in ebd. Bd. 47, 1746, Sp. 712–714.
3 S. Lemma „Papiermacher" in [Marperger], Curieuses und Reales Natur- Kunst- Berg- Gewerck- und

erfunden worden, andererseits habe der Jesuit Balbinus in seiner *Historia Bohemica* bewiesen, „daß es allbereit 1340 in Deutschland bekannt gewesen."[4]

Der Verweis auf Basel stellt sich bei intensiverer Recherche als lokalpatriotische Mythenbildung um die in der zweiten Hälfte des 15. Jahrhunderts breit fassbaren, da finanziell potenten und in der Stadt einflussreichen Papiermühlenbesitzer Anton und Michael Gallizian heraus, auch wenn sie nach heutigem Forschungsstand gar nicht die ersten Papiermacher Basels waren.[5] Nachweisbar ist die Erzählung um sie freilich erst um 1600 – und bald darauf sollte sie auch schon Widerspruch erfahren. Denn in der Mitte des 17. Jahrhunderts rückte der böhmische Historiker und Geograph Bohuslav Balbín, latinisiert Balbinus, als Argument gegen diese Theorie die Autopsie ins Feld: Der Hinweis im Zedler auf den jesuitischen Forscher bezieht sich auf dessen polemische Bemerkung, die Basel-Theorie sei angesichts der in den Bibliotheken nach seinem Eindruck überall nachweisbaren, schon vor der Zeit um 1340 entstandenen Papiercodices nicht haltbar.[6] Zwar nannte Balbinus nicht einmal ein einziges konkretes Beispiel; aus der modernen Perspektive lag er mit seinen Einschätzungen trotzdem nicht falsch, nimmt doch auch nach dem heutigen Stand der Forschung ab der Mitte des 14. Jahrhunderts nördlich der Alpen die Überlieferung papierner Codices spürbar zu.[7]

Sicher darf man Balbins empirischen Zugriff auf die überlieferten Originale als für seine Zeit fortschrittlich bezeichnen; er hatte allerdings mit dem Problem zu kämpfen, dass seine Möglichkeiten zur Recherche noch auf die Bestände von Bibliotheken

---

Handlungslexikon, 1746, Sp. 1506–1510, hier 1506 (1. Aufl. von 1712), und in Beier, Allgemeines Handlungs- Kunst- Berg- und Handwerckslexikon, 1722, Sp. 315–317, hier 315. S. auch mit dem Verweis auf Beier Schaden, Entwurff und Beschreibung von der Papiermacherey, 1740/1962, [4] § 5, oder [Schmidt,] Allgemeine Geschichte der Handlung und Schiffahrt, Tl. 2, 1754, 681. Zu einigen dieser Werke und ihrem Beitrag zur Papiergeschichte vgl. knapp Bayerl, Die Papiermühle, 1987, 18 f., s. ebd. 17 das Urteil einer vielfachen Übernahme der Inhalte von einem Werk zum nächsten.

4 Lemma „Papiermacher" in: Zedler, Grosses vollständiges Universal-Lexikon, Bd. 26, 1740/1961, Sp. 746–650, hier 646.

5 Diese These, nach der die Gallizian-Brüder nicht aus Norditalien stammten, sondern die Papiermacherei – so die etymologische Spekulation auf der Basis ihres Zunamens – aus dem spanischen Galicien nach Basel brachten, ist heute zuerst in einer Basler Chronik aus dem Jahr 1577 fassbar. S. dazu wie auch zur Verbreitung und Ausbildung verschiedener, zum Teil widersprüchlicher Überlieferungsstränge ab dem 16. Jahrhundert bis zu ihrer Falsifizierung im 19. Jahrhundert zuletzt Schultz, Papierherstellung im deutschen Südwesten, 2018, 181–185 sowie Kälin, Papier in Basel bis 1500, 1974, 5–12; zur Papiermacherdynastie der Gallizian in Basel vgl. ebd., 155–168.

6 Vgl. Balbinus, Miscellanea historica Regni Bohemiae, 1679, Kap. 22, 58 f., hier 58: Den Martin Mylius, der in seinem 1597 veröffentlichten „Hortus philosophicus" die Basel-These vertrat, würden – so heißt es bei Balbinus – ganze Bibliotheken mit handschriftlichen Codices widerlegen; er werde ihm gern viele Handschriften auf Papier schon aus der Zeit vor 1340 präsentieren. Trotz der vielfachen Referenz auf Balbinus in den Werken des frühen 18. Jahrhunderts bietet eine nachprüfbare Angabe mit Werktitel und Kapitel m. W. erst Wehrs, Vom Papier, 1788, 320, mit der Behauptung, Bohuslav Balbín habe im Archiv (sic) zu Prag verschiedene Diplome (sic) auf Papier aus der Zeit vor 1340 gesehen.

7 S. dazu die Einleitung A (ab Anm. 174).

beschränkt war. Die archivalische Überlieferung blieben ihm und seinen Zeitgenossen dagegen noch verschlossen – und so mussten ihnen auch die dort verwahrten, zum Teil erheblich älteren Papiere noch ganz entgehen. Gleiches galt aber auch für diejenigen Papierbegeisterten, die sich auf dem klassischen Weg über die Lektüre von Schriftquellen (oder auch über mündliche Gewährsmänner) über die Ursprünge der Papierherstellung informieren wollten. Den einzigen Anhaltspunkt, den sie finden konnten, bildeten solche Papiermühlenreviere wie Basel, in denen die Herstellung in der Gegenwart der Autoren noch florierte, um deren lange Tradition man aber zumindest vage wusste. Wenn man in Basel nicht nur behauptete, dass das aus Leinen gefertigte Papier hier erfunden, sondern auch, dass die Tradition der Papierherstellung aus dem spanischen Galicien eingeführt worden wäre,[8] so beruhten diese Mutmaßungen auf etymologischen Spekulationen, nicht auf älteren Schriftquellen: Die Basler Chronistik vor 1500 schweigt zur Papierherstellung.

Geheime Kunst der Papiermacherei

Machen wir hier die Gegenprobe und fragen, wo und wann die Gründung von Papiermühlen bzw. die Existenz von Papierherstellung an konkreten Standorten in den erzählenden Quellen bis 1500 eine Erwähnung wert war, so fällt das Ergebnis sehr dünn aus. Trotz intensiver Suche der Papierforschung nach entsprechenden Belegen inzwischen über Jahrhunderte hinweg sind bislang nur wenig mehr als eine Handvoll nicht-archivalischer Beispiele bekannt. In der Regel sind sie so knapp und beiläufig wie die Bemerkung des Humanisten Francesco Maria Grapaldo im Jahr 1494, die in seiner Heimatstadt Parma hergestellten Blätter könnten sich in ihrem Weißegrad mit jenen von Fabriano messen (s. dazu schon Kasten B.2.3 in Kap. B.2),[9] oder die Erklärung des Dichters Pierangelo di Bucciolini von 1414, die Signori von Foligno seien so bedeutend, dass alles in Fabriano gefertigte Papier nicht ausreichen würde, um den Ruhm ihrer Vorfahren zu würdigen.[10]

---

8 Für Nachweise für diese These in Werken vor allem des 18. Jahrhunderts vgl. Schultz, Papierherstellung im deutschen Südwesten, 2018, 181 mit Anm. 1096f.
9 Ed. in Charlet, La bibliothèque, le livre et le papier d'après Francesco Maria Grapaldo, 1996, hier 353.
10 Pierangelo Bucciolini da Foligno, Leggenda di S. Feliciano, hier zit. nach Bettoni, L'Umbria cartaria, 2014, 76 (unter Verweis auf die Edition des Texts von Antonio Mancinellis aus dem Jahr 1882): […] *non siria forte a ctal lavoro, / né quanta carta se fa ad Fabriano*. Auch im deutschsprachigen Raum haben sich mittelalterliche Belege zu diesem Unsagbarkeitstopos erhalten, hier jedoch ohne den Verweis auf konkrete Papiermühlenreviere, ja, anfangs sogar nicht einmal mit Papier, sondern mit Pergament: So etwa findet sich in den Versen des fahrenden Klerikers Freidank aus der Zeit um 1200 die Beteuerung, selbst wenn der ganze Himmel aus Pergament und alle Sterne ‚Pfaffen' (das heißt: schreibkundig) wären, sei sein Thema nicht angemessen darzustellen, hier zit. nach Wattenbach, Das Schriftwesen im Mittelalter, 3. Aufl. 1896, 115f., Anm. 3. Im 15. Jahrhundert wird dasselbe Motive nun mit Papier aufgegriffen; s. etwa bei Hugo von Montfort: *weren alle wasser timpten, / […] der fürin himel*

Als Ausnahme gilt in der modernen Forschung der oft zitierte Traktat *De insignis et armis* des in Pisa und Perugia lehrenden Juristen Bartolo da Sassoferrato, 1358 posthum durch seinen Schwiegersohn veröffentlicht. In einer allgemeinen Passage über Handels- und Markenzeichen kommt Bartolo darin unter anderem auf die *fabricatores cartarum de papiro* zu sprechen; sie sind sein Beispiel dafür, dass die Qualität der produzierten Waren nicht nur an der *peritia*, der durch Erfahrung gewonnenen Fachkenntnis der Meister, sondern *principaliter* an der *qualitas loci*, also in erster Linie an den Standortbedingungen der Mühle, liege. Zum Beleg seiner These nennt Bartolo das *castrum nobile cuius nomen est Fabrianum*, die edle Stadt mit dem Namen Fabriano in der Mark Ancona, wo die Papierherstellung besonders blühe. Unter den vielen Werkstätten dort ragten einzelne durch ihre *meliores carte*, ihre besseren Papiere, heraus. Auch wenn die *bonitas operantis* – das Können, die Geschicklichkeit der Arbeiter – viel ausmache, so verweise das *signum*, das Zeichen, mit dem jedes der Papierblätter markiert werde, dort auf das *edificium*, das Gebäude, in dem es produziert worden sei (s. dazu schon Kasten B.2.6 in Kap. B.2).[11]

Bartolos Traktat war ab dem späten 14., vor allem aber im 15. und 16. Jahrhundert weit verbreitet; die Forschung hat außerdem nachgewiesen, dass seine juristischen Abhandlungen über das Beispiel der Papierherstellung auch von späteren Fachkollegen aufgegriffen wurden. Die historisch interessanten Aussagen über Fabriano als einem Zentralort der Papierherstellung in der ersten Hälfte des 14. Jahrhunderts fanden dagegen keinerlei nachweisbares Echo. Ein bezeichnendes Beispiel dafür ist, dass Polidoro Virgili offenbar den Passus aus Bartolos Werk nicht kannte, obwohl er selbst auch aus den Marken stammte und dort 1498/99 in der herzoglichen Bibliothek Urbino – einer der größten Buchsammlungen seiner Zeit und nur 80 Kilometer von Fabriano entfernt – über den Recherchen für sein Buch *De inventoribus rerum* saß.

Die einzige genuin historiographische Thematisierung der Papierproduktion in Italien vor 1500 ist für Padua bekannt: Die handschriftlich in Varianten überlieferte *Cronaca dei Cortusi* berichtet zur Herrschaft des Podestà Zanino Contareno nach einer Lesart zum Jahr 1339, in einer anderen zum Jahr 1340 nicht nur von den blutigen Kämpfen der Signori della Scala um den Ort Marostica bei Vincenza, sondern auch von der Inbetriebnahme verschiedener Mühlen, darunter solcher *cartarum paperum* in Padua.[12] In der Vorlage, die Muratori für seine Edition benutzte, fanden sich

---

papir fîn, / alles mergries subtil schîn / schriber, und schribent tusent jar, oder bei Michel Beheim: und das des virmamentes tran / gancz wer papir ach also vil / und alles mer vol tinten / und all strohelm wern veder kil, beide zit. nach Frühneuhochdeutsches Wörterbuch, Bd. 2, bearb. Reichmann, 1994, Sp. 1942.

11 Ed. Bartolo da Sassoferrato, De insigniis et armis, ed. und übers. in Cavallar/Degenring/Kirshner, A Grammar of Signs, 1994, Appendix I–II, 109–121, hier 113, Z. 171–183; der Kommentar zum Passus über die Wasserzeichen auf 69; für einen Überblick über weitere Drucke bzw. Editionen des Textes vgl. 108.

12 Ed. Historia Gulielmi et Albrigeti Cortusiorum, hg. von Muratori 1728, Sp. 902–903.

außerdem noch aus dem 14. Jahrhundert Ergänzungen von der Hand eines Andrea de' Redusi da Quero, der nach Vittorio Lazzarinis Studien aus Treviso unweit von Padua stammte und um 1390 mehrere Jahre als Student in Padua verbrachte.[13] Zum Stichwort der Papiermühlen notierte er den Zusatz, dass ihr *primus inventor apud Paduam et Tarvisium* ein gewisser *Pax [...] de Fabiano* gewesen sei, der sich *propter aquarum amoenitatem,* das heißt wegen der Güteklasse der Gewässer in Treviso, dort niederzulassen entschieden habe (auch hier wird wie bei Bartolo die Wasserqualität als entscheidendes Kriterium hervorgehoben).[14] Der Namenszusatz *de Fabiano* wurde in der Forschung anfänglich als Herkunft aus einer gleichnamigen Paduaner Adelsfamilie gedeutet; nach Lazzarini spricht jedoch sehr viel mehr dafür, ihn als Verschreibung zu deuten und stattdessen als Heimatgemeinde des Papiermachers Fabriano anzunehmen.[15] Mehr Stolz auf die „culla marchigiana della carta", die Wiege des Papiers in den Marken, wie die Stadt im modernen Tourismus beworben wird, findet sich für das Mittelalter noch nicht.

Wenden wir uns damit in den deutschsprachigen Raum: Bemerkungen wie die Grapaldos und Pierangelos di Bucciolini sind hier in der Regel erst im 16. Jahrhundert zu greifen und bleiben ebenfalls knapp und lakonisch. 1511 etwa waren dem kaiserlichen Historiographen und Geographen Ladislaus Sunthaym in einer kosmographischen Beschreibung seiner Heimatstadt Ravensburg auch die Papiermühlen *ausserhalb der vorstat genannt Schornrewtte* eine Erwähnung wert; am Rand ergänzte er sogar, dass dort das in den Kanzleien beliebte *Ravenspurger papier mit dem ochsen kopff* hergestellt werde (s. dazu schon Kap. B.2 und Kasten B.2.6). Ein zweites Beispiel bietet der erzbischöfliche Vogt und Richter Sebastian Langhaus aus Magdeburg, der in seinen tagebuchartigen Aufzeichnungen der Jahre 1524/25 in einer umfangreichen Passage über die Ratsbeschlüsse der Magdeburger Altstadt am 25. Oktober 1524 unter anderem festhält, am Stadtgraben sollten fünf oder sechs Kornmühlen, eine Walkmühle und eine *Papyer Mölen* gebaut werden.[16]

---

13 Vgl. Lazzarini, L'industria della carta nel Padovano, 1969, 42.
14 Ed. Historia Gulielmi et Albrigeti Cortusiorum, hg. von Muratori 1728, Sp. 903, Anm. *: *& chartarum de papyro. Cujus laborerii chartarum de papyro primus inventor apud Paduam & Tarvisium fuit Pax quidam de Fabiano, qui propter aquarum amoenitatem in Tarvisio saepius ac longius versatus vitam exegit, dicens, se nimis tarde perpendisse, illuc venisse habitatum propter guerrarum discrimina.* S. dazu Lazzarini, L'industria della carta nel Padovano, 1969, 40. Bislang wurde nicht näher verfolgt, ob die Ergänzung von Andrea de' Redusi da Quero nur in dieser einen oder auch anderen Textzeugen der *Cronaca* vorkommt.
15 Vgl. Lazzarini, L'industria della carta nel Padovano, 1969, 40f., mit der Vermutung, Pace gehöre zu der Familie Penaci aus Fabriano.
16 Ed. Die Historia des Möllenvogtes Sebastian Langhans, hg. von Hertel 1899, 188; s. dazu auch die Einleitung XIV–XVIII, bes. XV: Anders als der Titel ‚Möllenvogt' nahelegt, hatte das Amt des Sebastian Langhans nichts mit Mühlen zu tun.

Vor der Epochenscheide 1500 ist bisher überhaupt nur ein entsprechendes Zeugnis bekannt, das dafür jedoch in Umfang und Inhalt außergewöhnlich ist, zudem sogar aus der Feder eines im Papiergewerbe tätigen Autors stammt: das *Püchel von meim geslecht und von abentewr*, das der Nürnberger Handels- und Ratsherr Ulman Stromer im späten 14. Jahrhundert anlegte. Vielzitiert sind die Anfangszeilen, mit denen Stromer über sein Großprojekt, die Gründung einer Papiermühle in Nürnberg, berichtet: *In nomyne Christi amen anno domini 1390 Ich Vlman Stromeir hub an mit dem ersten zu dem papir zu machen zu sant Johans tag [...]*.[17] In der modernen Forschung gilt das *Püchel* als eines der zentralen historiographischen Zeugnisse zum spätmittelalterlichen Nürnberg, seit Karl Hegel es 1862 zum glänzenden Auftakt seines ambitionierten Editionsvorhabens der „Chroniken der deutschen Städte" machte.[18] Ulmans Aufzeichnungen über die politischen Ereignisse seiner Lebenszeit, die das Werk in Hegels Augen als Stadtchronik qualifizierten, stellen in Stromers Autographen allerdings nur einen Bruchteil des Textes dar. Der Wirtschaftshistoriker Wolfgang Freiherr Stromer von Reichenbach (ein Nachfahre Ulmans) zweifelte diese Gattungszuordnung 1967 denn auch an. Er charakterisierte das *Püchel* vorrangig als Geschäftsbuch mit aktuell-praktischer Bedeutung für Stromers Firma, ein Salbuch zur Verzeichnung von Eigentum, Rechten und Dauerverträgen und zugleich ein Nachschlagewerk für Währungen, Tarife, Handelsvergünstigungen und -bräuche.[19]

In diese Zusammenhänge gehören unzweifelhaft auch die Passagen zu Stromers Papiermühle, die auf den oben zitierten Eingangssatz folgen: Im Wortlaut hat Stromer darin die Eide festgehalten, die die von ihm angeworbenen Mühlenmitarbeiter*innen vor ihm und häufig vor weiteren Zeugen aus seiner Familie feierlich mit aufgereckten Fingern schwören mussten und die ihnen auch im Sinn eines Arbeitsvertrags in schriftlicher Form mit nach Hause gegeben wurden.[20] Aber nicht nur Personalfragen waren heikel. Abgeschlossen werden die Eintragungen zur Papiermühle im *Püchel* mit Vereinbarungen über die Wasserrechte mit benachbarten Mühlen, konnte doch eine weitere Mühle den bereits existierenden Werken im Wortsinne das Wasser abgraben; auch Erhalt und Befestigung der Wasserläufe bargen großes Konfliktpotential; solche Verträge bzw. in strittigen Fällen Gerichtsakten sind daher auch in archivalischen

---

17 Ed. Ulman Stromer, Püchel von mein geslecht und von abentewr, hg. vom Verband deutscher Papierfabriken 1990, 70 (fol. 95v).
18 Ulman Stromer's Püchel von meim geslechet und von abentewr', hg. von Hegel 1862. Zur Gesamtanlage der „Deutschen Chroniken" unter der Ägide von Karl Hegel und ihren Folgen auf die Edition der Nürnberger Historiographie vgl. Meyer, Zur Edition der Nürnberger Chroniken, 2010, zu den Konsequenzen im Umgang mit Ulman Stromers *Püchel* bes. 5f.
19 Vgl. Stromer von Reichenbach, Das Schriftwesen der Nürnberger Wirtschaft vom 14. bis 16. Jahrhundert, 1967, 781–785.
20 Ed. Ulman Stromer, Püchel von mein geslecht und von abentewr, hg. vom Verband deutscher Papierfabriken 1990, 70 (fol. 95v)– 87 (fol 99v). Zu den konkreten Vereinbarungen und ihrer Einordnung s. zuletzt Schultz, Papierherstellung im deutschen Südwesten, 2018, bes. 340f.

Quellen zu anderen Standorten früh und breit bezeugt, wie Sandra Schultz an den Beispielen Basel, Ravensburg, Söflingen und Straßburg gezeigt hat.[21]

Es wird also deutlich, dass Stromers Aufzeichnungen über die Papiermühle in der ursprünglichen Form nicht als Chronik zu lesen sind, auch wenn der oben zitierte einleitende Satz aus dem Zusammenhang gerissen so leicht misszuverstehen ist. Die folgenden Eintragungen zum Sujet, in Teilen im Präsens verfasst, lassen stattdessen keinen Zweifel daran, dass Ulman Stromer sie als Gedankenstütze für seine rechtliche Absicherung bei einer riskanten Unternehmung anlege. Seine Sorgfalt sollte sich auszahlen, denn in der Tat war er in den Folgejahren in juristische Konflikte mit seinen Angestellten verwickelt.[22] Dabei sticht als sein zentrales, bewusst in Wiederholung formuliertes Anliegen ins Auge, seine Angestellten auf die Geheimhaltung des Herstellungsprozesses zu verpflichten – einen entsprechenden Schwur vor ihm und weiteren Zeug*innen forderte er nicht nur von den Facharbeitern, sondern auch von deren Ehefrauen und den Knechten, sogar von dem für die Instandhaltung der Mühlräder nötigen Zimmermann und von seinem Schreiber (s. Kasten B.4.1).

Mit diesem Anliegen stand Stromer nicht allein. Vielmehr sind dem *Püchel* auch hier vergleichbare Zeugnisse aus administrativ-rechtlichem Schriftgut an die Seite zu stellen. Während uns nämlich anders als für das Pergament[23] aus dem lateineuropäischen Mittelalter kein einziges Rezept zur Herstellung von Papier bekannt ist, wird schon im ältesten bekannten Vertrag zur Anstellung eines Papiermachers, ausgefertigt 1235 in Genua, das Verbot ausgesprochen, dritte Personen in dieser Kunst zu unterrichten. In der Forschung sind darüber hinaus fast ein halbes Dutzend weitere archivalische Zeugnisse quer durch die Jahrhunderte dafür zu finden, wie wichtig den an der Papierproduktion beteiligten Geschäftspartner*innen ebenso wie den auf die Wirtschaftskraft ihrer Papiermühlenreviere angewiesenen Kommunen die Wahrung dieser Betriebsgeheimnisse war.

---

21 Vgl. Schultz, Papierherstellung im deutschen Südwesten, 2018, 298–313.
22 S. dazu von Stromer, Ulman Stromer. Leben und Leistung, 1990, 122.
23 Vgl. dazu vor allem die maschinenschriftliche Dissertation von Saxl, An Investigation of the Qualities, the Methods of Manufacture and the Preservation of Historic Parchment, 1954; für eine Edition, Übersetzung und/oder Erläuterung einzelner Rezepte s. auch Fuchs/Meinert/Schrempf, Pergament, 2001, 36–51, und Steinmann (Hg.), Handschriften im Mittelalter, 2013, Nr. 453, 374f., Nr. 529, 457f., Nr. 669, 610f.; für Bildquellen zur Herstellung von Pergament ab dem 10. Jahrhundert vgl. Janzen, Pergament, 1991.

Kasten B.4.1: Verträge und Erlasse zur Geheimhaltung der Techniken der Papierherstellung.

1235	Ältester bekannter Arbeitsvertrag eines Papiermachers, ausgefertigt als notarielle Urkunde in Genua am 24. Juni 1235, in dem Gualterius aus England gegen eine feste Geldsumme verspricht, ein Jahr lang gemeinsam mit Mensis aus Lucca Papier herzustellen und ihn so in dieses *misterium* einzuweisen, innerhalb dieser Frist aber keine dritten Personen in seiner Kunst zu unterrichten:[24]

In nomine Domini, amen. Ego Gualterius Englesius promito et convenio tibi Mensi de Lucha laborare tecum causa faciendi papirum et de omni misterio quod facere scivero et quod facere volueris, usque ad annum unum proximum completum; dictum itaque laborerium bona fide facere et sine fraude, et cum aliqua persona non laborare usque ad dictum terminum, nec alicui persone docere sive monstrare dictum misterium usque ad dictum terminum; et tu debes mihi dare pro mercede persone mee omni mense solidos viginti septem Janue [...]

1302	Auszug aus den Protokollen des Notars Matteo di Mercatuccio mit der Verpflichtung des Vitarutius, seine Kunst der Papierherstellung nur in Fabriano und dem zugehörigen Umland, nicht aber anderswo auszuüben:[25]

In nomine dni. Amen. Anno dni. MCCCXX die VIII novembris. Vitarutius Vite Andree de q. podii fuit confessus et contentus se habuisse et recepisse et penes se habere a Massio thomassii Tinti de q. sci. Venantii decem libras in causa vacandi cum ipso in arte leggali chartarum, solummodo in fabriano et ejus districtu et non alibi exercenda, quas decem libras etc.

1390–1398	Autograph des *Püchel von meim gesleht und von abentewr*, geführt von dem Nürnberger Ratsherren und Fernhandelskaufmann Ulman Stromer sowohl als familiär-genealogisches wie geschäftliches Memorialbuch, hier Auszüge aus den Partien zur Gründung einer Papierwerkstätte in der Gleißmühle vor Nürnberg mit den Eiden zur Geheimhaltung, die Stromer allen am Produktionsprozess Beteiligten in Anwesenheit von Zeugen abnahm und die ihnen auch schriftlich nochmals ausgehändigt wurden:[26]

---

24 Genua, Archivio di Stato, Cartulario di Gianuino de Predono e altri, I, an. 1230–1235, fol. 304r, ed. von Lopez, The English and the Manufacture of Writing Materials in Genoa, 1939/40, 133f., in Anm. 3 mit dem Verweis auf Archivio di Stato di Genova, Cartulario di Gianuino de Predono e altri I, fol. 304r. Von Lopez übernommen bei Irigoin, Les origines de la fabrication du papier in Italie, 1963, 64f., allerdings im entschiedenen Widerspruch zu Lopez' Vermutung, dass Gualterius aus der Levante stamme und von dort die Papierherstellung mit nach Europa gebracht habe; ed. und ins Frz. übers. auch bei Guichard, Du parchemin au papier, 1995, 199; mit zum Teil anderen Schreibungen ed. und ins Engl. übersetzt bei Tschudin, Paper Comes to Italy, 1998, 64–66, Appendix I.

25 Zit. nach Zonghi, Le antiche carte fabrianesi, 1884/2003, Documenti, Nr. XIV, 140 (ohne Angabe der Archivalie).

26 Nürnberg, Germanisches Nationalmuseum, Hs. 6146, fol. 95v–99v, ed. und übers. Ulman Stromer, Püchel von mein geslecht und von abentewr, hg. vom Verband deutscher Papierfabriken 1990, 70–87, Zitate auf fol. 96r = 70, fol. 96v = 74, fol. 97r und 98v = 76; zur Überlieferung des Autographen vgl. die Einführung ebd., 13f.; für eine Teiled. des Autographen s. auch schon Sporhan-Krempel, Die Gleißmühle zu Nürnberg, 1954, 91–93. Zur Entstehung und Intention des Buches vgl. unter anderem von Stromer, Ulman Stromer. Leben und Leistung, 1990, 110–117.

Anno domini M IIIcLXXXX an dem nehsten tag nach sant Lorentzen tag do gab mir Jorg Tirman sein trew vnd swur mit aufgerekten fingern di trew zu halten ayn ayt daz er mir vnd mein erben trew sol sein vnd vnsern frumen werben vnd vnser schaden wenden trewleich on allez geferd. Vnd sol in X jaren nach ein ander nach datum diser schrift nymant kayn arbait zu papir tun dann mir oder mein erben den ich di mul zu papir verschikt vnd sol auch dazu nymant leren noch vnterweisen, daz er wer mein gut willen in kaynerlay weis on allez gewerd. Vnd wann di vorgeschriben X jar vergangen sein, so mag er im selb wol papir machen vnd sust nymant mer. Dez hat er ein abschrift mit meiner hant. [...]

Item Clos Obsser swuer den ayt er gab sein sein [sic] trew daz er mir vnd mein erben trew solt sein vnd vnsern frumen werben vnd vnsern schaden wenden vnd di weil er lebt so sol er nymant kain arbait zu papir tun, dann mir oder mein erben den ich daz mulwerk zu papir verschik oder verschaff vnd sol auch daz nymant leren noch vnterweisen noch ratt noch hilff noch stewr dar zu geben, daz nymant kain mulwerk zu papir mach in kaynerlay weiz on aller slacht geferd dez hat er mit auf gerekten fingern zu den heyligen ayn ait gesworen gantz stet zu halden on alles geverd daz gesach an dem nehsten suntag vor sant Lorenczentag anno domini M CCCCLXXXX zu vesperzeit in meiner kamer do bey waz mein sun Jorg.

Item Arnolt swur mir ein solchen ayt alz hie vor geschriben stet daz Klos gesworen hat [...]

Anno 95 montag nach dem suntag oculy / Fritz Helsnek swur den ayt alz in folio stet 87 den ayt den mir Klos Obsser gesworen het daz gesach in meiner kammer vmb die newten ora do bey mir waz mein wirtin vnd Vlman mein sun vnd Gorg Tyrman [...]

Neben den in den Zitaten genannten Personen schworen nach Ausweis des Buches auch Clos Obssers Ehefrau, Arnolts Bruder Heinz und seine Ehefrau, Erhart Zimmermann und seine Ehefrau, Ulmans Schreiber Johannes, Hans Mathes, Wishekel, Peter Straufdorfer, der kleine Heinzel, Hensel Hass, Ulmans Knecht Ulrich Koler, Fritz Hesnek, der Zimmermann Heinz Pfaffenreuther, Fritz Hoss sowie der Zimmermann Fritz Weislok.

1394, 1415 und/oder 1436 (?) — Statuten der Stadt Fabriano, nach Zonghi zum Jahr 1394 und bestätigt 1415, nach Castagnari und Lipparoni von 1436, mit dem Verbot, im Umkreis von 50 Meilen um die Stadt Papiermühlen zu errichten und die Geheimnisse der Papierherstellung an Personen zu verraten, die nicht auf dem Territorium der Kommune ansässig seien:[27]

Pro bono et utilitate publica statuimus quod nullus de terra fabriani ejusque districtus cujuscumque status seu conditionis existat, audeat vel presumat aliquo quesito colore extra terram et districtum predictum intra quinquaginta milliaria aliquod edificium extruere [?] ad faciendum seu laborandum chartas, nec auxilium consilium seu favorem prestet sub pena C librarum. nullus etiam de dicta terra et districtu audeat vel presumat extra terram et districtum intra L millaria formas chartarum sive alia insignia vel ferramenta necessaria ad artem predictam vendere, transmittere, deferre, donare

---

27 Der Text ist zit. nach Zonghi, Le antiche carte fabrianesi, 1884/2003, Documenti, 140 f. in Anm. 2; ohne Angabe der Archivalie mit Verweis auf „Lib. V, n. 24". Castagnari/Lipparoni, Arte e commercio della carta bambagina, 1989, 190, paraphrasieren die Statuten nur knapp, verweisen dafür aber auf Fabriano, Archivio Storico Comunale, Sezione Cancelleria, Statuti, vol. 3, libro IV, rubrica 24.

seu accomodare sub pena et ad penam L ducat. pro quolibet contrafaciente et vice qualibet. Item quod nullus de dicta terra et districtu sub pena predicta audeat aliquem forensem non habitantem in dicta terra fabriani docere dictam artem sine expressa licentia dnorum. priorum et regulatorum et capitaneorum dicte artis in scriptis habita et quilibet possit accusare et denunciare de predictis et quilibet predictorum ex officio et ex inquisitione procedere etc.

1414	Nicht abgesandter Brief der Stadt Nürnberg an Thomas Mynnhauser, Pfleger zu Reichartshofen, mit der Bitte um Freilassung des von ihm gefangenen gesetzten Hans Geyger, da dieser im Dienst der Familie Stromer den Auftrag habe, König Sigismund in die Betriebsgeheimnisse der Papiermacherei einzuführen:[28]
	L[ieber] Mynnhawser, uns hat furg[elegt] Görg Stromeir, unser burger, wie daz nehst der allerd[urchlüchtigiste] furst, unser gnedigister herre der Römischk[unig], do er hie was, mit im geredt und in angemutet hab, einen als von eines knehts und dieners wegen, der sich in einer pappirmüle verwiße und berichten kunne, pappir ze machen, zu bestellen; also hab er demselben herren dem kunig darumb angesagt eines seiner diener zeschicken, genant Hans Geyger; und als er demselben Hansen Geyger das empoten habe, darumb zu im zekumen, also seit ir zugevaren und habt im den aufgehalten und gefangen [...]
(1507), 1511, 1520 (1518– 1521?)	Erlass zur Verhaftung dreier Papierer aus Voltri im Jahr 1511 durch die Stadt Genua wegen ihrer öffentlich gewordenen Pläne, genuesisches Gebiet zu verlassen und in Kalabrien oder andernorts neue Mühlen zu gründen, sowie Dekret der Kommune, nach Briquet vom 30. April 1520, nach Calegari auf zwischen 1518 und 1521 zu datieren, das jeglichen Transfer von Wissen um die Papierfertigung ebenso wie die Ausfuhr von Werkzeugen, Ausrüstungsteilen und Materialien zum Papiermachen aus dem Genueser Territorium untersagte; das Verbot wurde 1550, 1593 und 1615 erneuert, wie durch die Präambel des Textes von 1615 bekannt. Calegari nennt neben 1511 schon für 1507 entschiedene Interventionen der Stadt gegen die Emigration von Experten im Mühlenbau und im Produktionsprozess, ohne jedoch konkrete Belege anzuführen.[29]

---

28 Bayerisches Staatsarchiv Nürnberg, Briefbuch IV, fol. 45r (ganzer Eintrag einmal durchkreuzt, einzelne Stellen besonders gestrichen), ed. von Stromer, Ein Wirtschaftsprojekt des deutschen Königs Siegmund, 1964, 382, s. hier auch eine detaillierte Interpretation des Briefs: Nach von Stromer trafen König Sigismund und Ulmans Sohn Georg Stromer, seit 1413 Inhaber der Papiermühle, offenbar anlässlich von Sigismunds erstem Besuch in Nürnberg 1414 aufeinander; Stromer habe sich wohl überreden lassen, die sonst streng gewahrten Betriebsgeheimnisse der Papiermacherei an den König weiterzugeben. Sein Diener Hans Geyger sei kein einfacher Knecht, sondern ein kaufmännischer Angestellter gewesen, der zugleich eine handwerkliche Ausbildung als Messerer absolviert hatte und für Stromer auch im Ausland tätig war. Ob er bei Sigismund ankam und die Pläne verwirklicht werden konnten, ist nicht bekannt.

29 Zuerst genannt bei Briquet, Recherches sur les premiers papiers, 1886/1955, 185, in Anm. 46 unter Verweis auf Genua, Archivio di Stato, Diversorum Communis Januae a. 1511–1514, sowie in Anm. 47 unter Verweis auf ebd. im Bestand Artium. Nach Briquet aufgegriffen bei Zaar-Görgens, Champagne – Bar – Lothringen, 2004, 93 (in der jüngeren Literatur zum Teil auch zit. nach Weiß, Zeittafel zur Papiergeschichte, 1983, 84, der jedoch keinerlei Nachweis bietet). Mit anderer Datierung und dem Titel *Capitoli per la fabricatione dei paperi* (so dass es sich nicht um ein Dekret, sondern um Teile von Statuten handeln könnte) angeführt bei Calegari, La manifattura genovese della carta, 1986, 6, mit Anm. 6.

um	Fiktiver Zusatz in späten Redaktionen von Ulman Stromers *Püchel von meim gesleht*
1550/1560	*und von abentewr*, zuerst überliefert in einer um 1550/60 zu datierenden Handschrift,
und später	die als frühester bekannter Textzeuge von der Anwerbung dreier italienischer Papiermacher durch Ulman Stromer berichtet:[30]

Anno dm. 1390 die Bartholomei was in 4. dies decembris. Franciscus de Marchia und Marcus sein brueder und Bartholomeus sein knecht, die hoben mir ire trew geben und deß zu den heiligen aid gesworn, daß sie mir und mein erben trew sollen sein, und unsern frumen werben und unsern schaden wenden. Und sollen in allen deutschen landen hie dißeit deß lombardischen birgs niemant kein papier machen, dann mir oder meinen erben, denen ich das schick oder schaff; und sollen auch niemant lehren papier zu machen, noch anweißen geben, noch rath, noch huelf, noch stewr, daß iemant von welschen landen herauf kum papier zu machen ohn deß Ulman Stromers oder seiner erben, denen er das verschicket, willen und wort. und die stuck sein alle in einer karten sub publica manu, daß Cunradus procurator verhoert und verschrieben hat, deß ich ein karten hab, daß alles stet zu halten nach derselben karten laut und sag. darbey ist gewesen mein brueder herr Andres Stromer, und mein schwager Hans Grolandt, und mein sun Jörg und Ulman die Stromer, und Jörg Tyrman; deß haben die Wahlen auch ein karten.

Es ist zu wißen, daß im ersten jahr die Wahlen gar ungehorsam warn, und hinderten mich an meinem werck, so sie best mochten, [...]

Wie aber kam es, dass Ulman Stromers *Püchel* in der Wahrnehmung der Nachwelt zu einer vorrangig historiographischen Quelle wurde und dass er selbst damit in der Perzeption der modernen Forschung zum selbstbewussten Gründer der ‚ersten deutschen Papiermühle' avancierte? Sicher ist es seinen genealogischen und politischen Notizen in der Kombination mit dem erwachenden historischen Interesse der nachfolgenden Generationen im 15. und 16. Jahrhundert zu verdanken, dass das *Püchel* überhaupt die Zeiten überdauerte. Ulman Stromers Autograph, der nach Lore Sporhan-Krempel ausweislich der Wasserzeichen nicht vor 1385, wohl um 1390 begonnen wurde und nach Stromers Tod 1407 in den Besitz seiner Tochter Els kam, gelangte um 1600 an den Nürnberger Stadt- und Geschichtsschreiber Johannes Müllner.[31] Zu Ulmans Lebzeiten muss aber noch ein zweiter, umfangreicherer Textzeuge existiert haben, in den sein einziger ihn überlebender Sohn Georg, der auch die Papiermühle weiterführte, die Todesnachricht eintrug; heute ist er nur noch durch spätere Abschriften

---

[30] Nürnberg, Stadtbibliothek, 4° Amb. 19, fol. 79r, hier zit. nach der Teiled. von Sporhan-Krempel, Die Gleißmühle zu Nürnberg, 1954, 95f.; die Zusätze der Handschrift im Vergleich zu Stromers Autograph wurden durch ein Kreuz kenntlich gemacht. Sporhan-Krempel beschreibt ebd., 96f. (h, l, n), drei weitere Textzeugen, entstanden um 1477, um 1610/1614 und in der Mitte des 17. Jahrhunderts, die die Geschichte von den ‚welschen' Papiermachern in Nürnberg aufgriffen. Einem breiteren Publikum sowohl in Nürnberg als auch darüber hinaus wurden die Passagen wohl erst durch ihren Abdruck in einer Veröffentlichung des Nürnberger Universalgelehrten Christoph Gottlieb Murr im Jahr 1777 bekannt, vgl. dazu ebd., 94, Anm. 11.
[31] S. dazu knapp Sporhan-Krempel, Die Gleißmühle zu Nürnberg, 1954, 98f.

zu greifen.³² Doch Stromers *Püchel* wurde nicht nur innerhalb der Familie weitergegeben; früh muss es in einer steigenden Zahl an Varianten innerhalb einer spätestens ab der zweiten Hälfte des 15. Jahrhunderts rasant wachsenden Szene an Chronisten von Hand zu Hand gegangen sein. Wie die bei Lore Sporhan-Krempel zusammengestellten Handschriften zeigen, entschieden sie sich oft nur für partielle Exzerpte, für Stromers genealogische Aufzeichnungen oder aber für die von ihm mitgeteilten politisch-historischen Nachrichten.³³ Letztere standen im Fokus einer dritten Redaktion, die sich zwar weiterhin an Stromers Wortlaut orientierte, doch seinen Fließtext sozusagen in annalistische Einträge portionierte und zugleich anonymisierte. Sekundär wurde das *Püchel* also zu einem historiographischen Text umgeformt. In dieser entkernten Form gut geeignet, um auch mit vergleichbaren Notizen anderer Herkunft angereichert und gemischt zu werden, wurde Stromers Text zu einem von zwei ausschlaggebenden Quellen für die Genese der von Karl Hegel so genannten Nürnberger ‚Jahrbücher'.³⁴ In dieser sicher häufigsten Form seiner Überlieferung aber fehlt jeder Hinweis auf Stromers Papiermühle – noch immer also scheint sie kein historisch interessantes Sujet gewesen zu sein!

Parallel wurden auch andere Abschriften angefertigt, die Stromers Texte nicht zerstückelten, sondern ihn geschlossen unter Tradierung des Autornamens übernahmen. Sporhan-Krempel hat 1954 unter den fünf entsprechenden Textzeugen, die sie bis ins frühe 16. Jahrhundert entdeckte und einsehen konnte, nur eine Handschrift gefunden (die früheste mit einer Datierung auf 1415/20), die als insgesamt vergleichsweise getreue Kopie des Autographen die Papiermühlengeschichte überliefert, allerdings nur „ziemlich flüchtig" unter Auslassung weiter Teile aus der Urschrift.³⁵ Ein Interesse an ihr wird erst wieder 1550/60 greifbar, in einer Handschrift, die seit ihrer nachträglichen Entdeckung durch Karl Hegel für seine Edition des *Püchel* in den ‚Chroniken der deutschen Städte' für erhebliche Verwirrungen in der Papiergeschichtsschreibung sorgte.

Auch in dieser Handschrift finden wir nur einen Teil der Einträge wiedergegeben, die Ulman Stromer am Ende des 14. Jahrhunderts über die Papiermühle in seinem Autographen notierte. Erstaunlicherweise stößt man hier zugleich auf neue, bislang unbekannte Abschnitte: So wird von drei Papiermachern aus Italien berichtet, den Brüdern *Franciscus* und *Marcus* und ihrem Knecht *Bartholomeus* aus den Marken, die *von welschen landen herauf* nach Nürnberg gekommen und von Stromer für seine Mühle angeworben worden wären. Auch sie müssen einen Treueeid schwören, der im Wortlaut an die Eide der einheimischen Mitarbeiter*innen in Stromers Autograph

---

32 S. dazu die Einleitung der Edition Ulman Stromer, Püchel von mein geslecht und von abentewr, hg. vom Verband deutscher Papierfabriken 1990, 13f.
33 Vgl. Sporhan-Krempel, Die Gleißmühle zu Nürnberg, 1954, 91–97 mit den Beschreibungen der Handschriften unter d, e, f, i, k, m, o.
34 Vgl. dazu ausführlich Meyer, Die Stadt als Thema, 2009, 115–130.
35 Vgl. Sporhan-Krempel, Die Gleißmühle zu Nürnberg, 1954, 93 unter b.

erinnert (s. Kasten B.4.1). Der Bericht darüber wird jedoch wie folgt ergänzt, dass die Italiener *gar ungehorsam* gewesen wären und Stromer sie daher sogar – wie ausführlich geschildert wird – vier Tage lang hätte einsperren lassen, bevor sie um Vermittlung gebeten und schließlich auch Urfehde geschworen hätten. Auch über die Formen und Intentionen ihres Ungehorsams klärt uns der Text auf: Mit dem Ziel, Stromers Werk *so sie best mochten* zu behindern, hätten sie sich geweigert, ein drittes Wasserrad zu installieren, außerdem die beiden existierenden Räder absichtlich *feyern* lassen, um nur *lützel papier* zu machen, das heißt die Produktion empfindlich zu drosseln. Als Grund dafür wird angegeben, die drei Italiener hätten Stromer erpressen wollen, um *mehr Lombarden herauf [zu] lassen zu der arbeitt*, und als diese Pläne gescheitert wären, hätten sie ihn aus dem Mühlenbetrieb herauszudrängen und ihm nur noch einen Pachtzins zu zahlen beabsichtigt.[36]

Durch die weitgehende Verwendung der ersten Person Singular ist diese Episode Ulman Stromer in den Mund gelegt; Authentizität scheint auch die Inserierung der Urkunde über die Urfehde in ihrem Wortlaut zu verbürgen, die Stromer von seinen drei unlauteren Geschäftspartnern als Gegenleistung für ihre Freilassung gefordert hätte. Inhaltlich hat freilich schon Sporhan-Krempel 1954 auf so viele Unstimmigkeiten in der Chronologie der Ereignisse aufmerksam gemacht, dass sie die Erzählung zu recht „ins Gebiet der Fabel" verweist.[37] Auch stilistisch unterscheidet sie sich von Stromers ursprünglichen Notizen über seine Papiermühle: Klar kommt die Episode im Gewand einer historiographischen Erzählung daher. Für die an der Faktengeschichte des späten 14. Jahrhunderts interessierte Papierforschung hat dies die Enttäuschung zur Folge, dass auch die hier erstmals greifbaren technischen Details über die Zahl der Wasserräder und Hämmer nicht für bare Münze genommen werden dürfen.[38] Für die Wahrnehmungsgeschichte freilich entpuppt sie sich als Glücksfall, die ein neu erwachendes Interesse an den Ursprüngen und der Geschichte der Papierherstellung für die zweite Hälfte des 16. Jahrhunderts demonstriert. Dies gilt umso mehr, als der frühesten Handschrift ab 1577 bis in die Mitte des 17. Jahrhunderts drei weitere Textzeugen folgten, die sich zum Teil auch um eine Bereinigung der oben genannten Unstimmigkeiten bemühten, bevor ein weiterer bedeutenden Nürnberg-Historiker, Christoph Gottlieb Murr, 1777 für die gedruckte Verbreitung der Geschichte sorgte.[39]

Wie Sandra Schultz in einer aufschlussreichen Fußnote gezeigt hat, ist die in der Geschichte von den drei ‚welschen' Papiermachern in Nürnberg scheinbar belegte

---

[36] Für eine Ed. der Passagen vgl. Sporhan-Krempel, Die Gleißmühle zu Nürnberg, 1954, 95f.
[37] Vgl. Sporhan-Krempel, Die Gleißmühle zu Nürnberg, 1954, 101. Jenseits der inhaltlichen Dissonanzen im Text fällt im Bericht auch der Wechsel von der ersten Person Singular zur dritten Person Singular ins Auge, den Sporhan-Krempel in ihrer Wiedergabe der Version zusätzlich durch Sperrdruck kenntlich gemacht hat, s. dazu ebd., 99, ed. 94–96.
[38] S. dazu zuletzt Schultz, Papierherstellung im deutschen Südwesten, 2018, 85.
[39] Zu den jüngeren handschriftlichen Textzeugen der Erzählung und zu Murrs Veröffentlichung im Druck vgl. oben Anm. 30.

Arbeitsmigration über den Alpenkamm hinweg so naheliegend, dass sie bis hinein in Forschungsarbeiten des Jahres 2015 noch irrtümlich als faktisch berichtet wird.[40] Dies gilt gerade auch in italienischen Publikationen, denen nicht nur der entscheidende Aufsatz von Lore Sporhan-Krempel aus dem Jahr 1954 entging, sondern auch die darauf basierenden Publikationen 1990 zum 600. Jubiläum der Nürnberger Mühlengründung.[41] Damit allerdings bildet diese bis in die Frühneuzeit zurückreichende Mythenbildung sicherlich die Ausnahme: Meist sind die vom späten 16. bis hinein ins 18. Jahrhundert in wachsender Zahl angestellten Vermutungen über die Ursprünge des Papiers und die Erfinder seiner Herstellung so krude und abwegig, dass die moderne Forschung von ihnen keine Notiz mehr nimmt.

Jan Hus und der Schandhut

Dies gilt auch für die Hypothesen, die Johann Matthias Beyer in seinem – in den technikzentrierten Teilen bis heute als besonders ausführlich geschätzten – Werk über die Mühlenbaukunst anstellte, das erstmals 1735 und dann in zwei weiteren Auflagen als Teil des renommierten Enzyklopädieprojekts *Theatrum Machinarum* erschien.[42] Sie finden sich in einer kurzen Einleitung seines Kapitels über die Papiermühlen, in der Beyer über den schon am Beispiel des Zedler referierten Wissensstand hinaus immerhin noch vier weitere Überlegungen präsentieren konnte. Leider lässt der Autor uns über ihre Ursprünge und Urheber im Dunkeln.[43] Für eine der von ihm geschilderten Mutmaßungen jedoch soll im Folgenden gezeigt werden, auf welcher Basis sie entstehen konnte – und was sie uns damit, wie oben schon einführend in das Kapitel

---

40 S. dazu Schultz, Papierherstellung im deutschen Südwesten, 2018, 368, mit der älteren Literatur bis 1954 in Anm. 2287, der jüngeren in Anm. 2288.
41 Vgl. das Faksimile des Autographen mit begleitendem Kommentarband, der auch die hier benutzte Edition enthält: Ulman Stromer, Püchel von mein geslecht und von abentewr, hg. vom Verband deutscher Papierfabriken 1990, und den Katalog zu einer Ausstellung im Schloss Faber-Castell in Stein bei Nürnberg: Franzke/von Stromer (Hg.), Zauberstoff Papier, 1990.
42 Beyer, Theatrum machinarum molarium, 1735, Kap. XV, 90–102, vor allem 90f. (wort- und seitengleich auch in der zweiten Auflage des Bandes aus dem Jahr 1767 abgedruckt). Zur Würdigung von Beyers Werk als umfangreichste Darstellung des vorindustriellen Mühlengewerbes s. knapp Bayerl, Die Papiermühle, 1987, 19.
43 So präsentiert Beyer als „Erfinder" des Papiers etwa einen namenlosen Franziskanermönch, der nach dem Bericht des Autors entweder aus Langeweile während einer Haftzeit oder als Resultat seiner „Meditationes" über den Mangel an Papyrus mit verschiedenen „Materien" experimentiert habe mit dem Ziel, einen alternativen Beschreibstoff herzustellen. Bei seinen Versuchen habe er auch mit alten Lappen hantiert, die er mit Wasser zwischen Steinen zerrieben zu einem Brei verarbeitet und auf verschiedene Weisen getrocknet habe. Diese initiale Idee habe er mit der Hilfe anderer verbessert und damit sozusagen zur Marktreife geführt, vgl. Beyer, Theatrum machinarum molarium, 1735, Kap. XV, 91. Leider lässt Beyer diese Ursprungserzählung ohne eine zeitliche oder geografische Einordnung, ebenso ohne Quellennachweis stehen, so dass sie heute nicht mehr weiter nachzuverfolgen ist.

als Leitfrage formuliert, über die Wahrnehmung des Papiers in den mittelalterlichen Jahrhunderten verraten kann.

Schauen wir dazu in Beyers Text: Als eine seiner Beobachtungen hält er fest, dass „schon" Jan Hus bei seiner Exekution 1415 „eine papierne Crone" getragen haben solle, auf die „Teufel gemahlet gewesen" seien „mit der Beyschrifft: Dieser war ein Ketzer". Es sei zwar nicht auszuschließen, dass diese Krone „aus der alten ihren Rinden-Papier bestanden" habe, so fügt er an, denn man finde „keine genauen Umstände in der Historie darvon". Doch da er im Folgenden mehrere Indizien für den Gebrauch von Papier im 14. Jahrhundert anführen kann, hält er die Verwendung von „unsrige[m] Papier" für die Krone für realistisch.[44]

Die Beweisführung mag uns heute kurios erscheinen, aus der Luft gegriffen war sie nicht. Bekannt sein konnte dem Autor eine solche Kopfbedeckung des Jan Hus auf dem Scheiterhaufen vielmehr aus einer Fülle von möglichen Quellen, deren älteste schon in der ersten Hälfte des 15. Jahrhunderts entstanden: Beyers Thesen gehen damit auf eine historisch korrekte Quellenanalyse zurück.[45] Fängt man an, seine potentiellen Vorlagen nachzuverfolgen, so tut sich eine schiere Masse an Thematisierungen des Papiers in der erzählenden Literatur auf, flankiert sogar von Illustrationen, auf denen Hus die „papierne Crone" deutlich sichtbar auf dem Haupt trägt.

Beginnen wir einen Überblick mit dem in der aktuellen deutschsprachigen Forschung zweifellos prominentesten Zeugnis zum Prozessgeschehen um Hus, der sowohl handschriftlich als auch im Druck weit verbreiteten Chronik des Konstanzer Konzils von Ulrich Richental. In allen sieben vollständig bebilderten Handschriften, die heute noch erhalten sind,[46] sowie in allen Druckauflagen des 15. und 16. Jahrhunderts hatte

---

[44] Vgl. Beyer, Theatrum machinarum molarium, 1735, 90, für die noch nicht genannten Indizien, die ins 14. Jahrhundert datieren, vgl. ebd., 91: Einerseits weiß Beyer von drei Chronosticha – das heißt Hexameter, bei denen die Summe aller der darin vorkommenden Buchstaben, die zugleich römische Zahlsymbole sind, die Jahreszahl des im Text genannten Ereignisses ergeben – zu referieren, nach denen die *inventio* des Papiers in die Jahre 1321 oder 1322 falle. Leider berichtet er jedoch nichts über Herkunft und Alter der von ihm wörtlich zitierten Sinnsprüche. Andererseits hatte er in der „Pauliner-Bibliothec zu Leipzig" – das heißt der Vorgängerin der heutigen Leipziger Universitätsbibliothek – von einer Handschrift des „Renners" auf Papier gehört, die er für einen Autographen des Verfassers Hugo von Trimberg hielt und daher auf die Zeit um 1310 datierte. Bis heute bewahrt die Universitätsbibliothek zwei Papierhandschriften des Renners, wobei Ms. 1289 jedoch auf 1391, Rep. II. 21 auf 1419 zu datieren ist, vgl. Pensel, Verzeichnis der deutschen mittelalterlichen Handschriften, 1998, 176–178, und 328–330.
[45] Der Autor bezieht sich auf die Überlieferung des Hutes „in der Historie" bzw. „in denen Personaliis" zum Konzil, ohne jedoch konkret zu nennen, welche Werke er damit meint, vgl. Beyer, Theatrum machinarum molarium, 1735, Kap. XV, 90. Dass er auch auf rezente Vorlagen zurückgegriffen haben kann, zeigt etwa der Bericht des Juristen Jacob Döpler im 1693 gedruckten ersten Band seines *Theatrum poenarum* über die Verbrennung des Jan Hus in Konstanz, die in ihren Inhalten der Schilderung der über 150 Jahre älteren Chronik des Schweizer Chronisten Johannes Stumpf entspricht (s. Kasten B.4.4), jedoch auf drei jüngere Werke als Quellen verweist, vgl. Döpler, Theatrum poenarum, Bd. I, 1693, 1135, Nr. VII.
[46] In einer achten bis heute überlieferten Bilderhandschrift wurden die ursprünglich vorgesehenen Illustrationen nicht bis zum Ende ausgeführt, die entsprechenden Seiten sind leer – Badische

Beyer nämlich sogar im Bild fündig werden können.⁴⁷ Nicht nur einmal, sondern gleich in mehreren Szenen zum Prozessgeschehen um Hus trägt der Verurteilte eine große zylinderförmige Kopfbedeckung, die – wie Beyer beschrieb – zumeist entweder stilisierte Teufel oder aber eine ihn als Ketzer brandmarkende Inschrift tragen (s. Kasten B.4.2).⁴⁸ Dieser Ketzerhut ist schon bei der Gefangennahme des Jan Hus auf einem Platz in Konstanz im Bild – einem Motiv, das zwei Codices wählen (Siglen A und Pr) –, ebenso bei seiner Ausführung zum Richtplatz vor der Stadt, die fünf Codices zeigen (Siglen A, K, Pr, Pt, W). Insgesamt vier Codices (Siglen A, K, Pt, W) illustrieren Hus' Tod in den Flammen auf dem Scheiterhaufen; wieder verzichtet keine der Darstellungen auf die weithin sichtbare Kopfbedeckung.

Der Ketzerhut spielt auch in den beiden Bildmotiven eine Rolle, zwischen denen die Codices zum Prozess gegen Hus' Gefährten Hieronymus von Prag wählen: In zwei Handschriften wird die Gefangennahme des Hieronymus in Konstanz gezeigt; beide Male trägt er eine dem Ketzerhut des Jan Hus nachgebildete Kopfbedeckung (Siglen A, Pr). Drei andere Codices greifen als Bildthema die Ankunft des Hieronymus am Richtplatz auf: Die Handschrift mit der Sigle G zeigt ihn mit dem Ketzerhut, während er in den Handschriften mit der Sigle K und Pt stattdessen eine (offensichtlich aus Stoff vorgestellte) Narrenkappe auf dem Kopf trägt.

Ist die Rezeption der handschriftlichen Codices mit Ulrich Richentals Chronik zumindest in der Entstehungszeit räumlich auf das Bodenseegebiet beschränkt, so gilt das nicht für die drei Druckauflagen, die in den Jahren 1483, 1536 und 1575 entstanden. In den drei Drucken ist das Motivarsenal auf drei Szenen beschränkt: Alle drei Drucke zeigen die Ausführung des Jan Hus aus der Stadt zum Hinrichtungsplatz; immer trägt er dabei den Ketzerhut. Die beiden älteren Ausgaben von 1483 und 1536 wählen außerdem das Motiv des Jan Hus auf dem brennenden Scheiterhaufen; wieder trägt er den Ketzerhut. Alle drei Drucke stellen schließlich Hieronymus am Richtplatz dar. Während ihm die älteste Ausgabe von 1483 eine offensichtlich aus Tuch vorgestellte Kappe auf das Haupt setzt, trägt er auf dem entsprechenden 1536 erstmals und

---

Landesbibliothek Karlsruhe, Cod. Ettenheimmünster 11 (1467 und 1490–1500, Überlingen), vgl. Wacker, Ulrich Richentals Chronik, 2002, 250f., c, (Sigle E), und Katalog der deutschsprachigen illustrierten Handschriften des Mittelalters, Bd. 3, begr. von Frühmorgen-Voss, 2011, 26.B.1.1., 455–458.

47 Vgl. zum Folgenden ausführlich Wacker, Ulrich Richentals Chronik, 2002, 120–134, sowie Anhang I. (ohne Seitenzählung) mit einem tabellarischen Verzeichnis der Abbildungen in den überlieferten Handschriften und im Erstdruck, zum Prozessgeschehen um Jan Hus und Hieronymus von Prag vgl. Nr. 43–49. S. auch Katalog der deutschsprachigen illustrierten Handschriften des Mittelalters, Bd. 3, begr. von Frühmorgen-Voss, 2011, 26.B.1., 450–487, sowie Badisches Landesmuseum (Hg.), Das Konstanzer Konzil, 2014, vor allem 270–274, 295–299, 302f.

48 Sie illustrieren, wie die Kunsthistorikerin Gisela Wacker zusammengestellt hat, insgesamt sieben Szenen (wobei keine Handschrift alle sieben Motive darstellt und die Auswahl aus diesen Szenen variiert): 1) die Gefangennahme des Jan Hus in Konstanz, 2) seine Degradierung aus den priesterlichen Weihen (hier ist Hus grundsätzlich barhäuptig dargestellt), 3) seine Ausführung zum Richtplatz, 4) seine Hinrichtung auf dem Scheiterhaufen, 5) die Verladung seiner Asche, um sie im nahe gelegenen Rhein zu zerstreuen, 6) die Verhaftung des Hieronymus von Prag sowie 7) Hieronymus am Richtplatz.

1575 wiederverwendeten Holzschnitt eine große, zylinderförmige Kopfbedeckung. Da sie freilich unbeschrieben und unbemalt ist, muss offen bleiben, ob der Holzschneider ihren Sinn als Schandhut erkannte.[49]

Kasten B.4.2: Papierne Kopfbedeckungen auf den Hinrichtungsszenen in den bebilderten Exemplaren der Konstanzer Konzilschronik von Ulrich Richental.

Handschrift in The New York Public Library, Spencer Collection, Ms. 32 (um 1460–1465 im Bodenseegebiet entstanden)[50] – Sigle A (ehem. Aulendorfer Handschrift)

S. 135 (ganzseitige Darstellung): Jan Hus wird von vier Bewaffneten gefangen gesetzt, er trägt eine zylinderförmige, helle Kopfbedeckung, auf die ein stilisierter Teufel gemalt ist.

S. 136 und 137 (doppelseitige Darstellung): Auf der linken Seite wird der barhäuptige Jan Hus seiner Würden entkleidet. Rechts wird er flankiert von Würdenträgern und Bewaffneten zum Richtplatz geführt. Er trägt eine zylinderförmige, helle Kopfbedeckung, die unbemalt und unbeschrieben bleibt.

S. 138 und 139 (doppelseitige Darstellung): Auf der linken Seite steht Jan Hus in den Flammen des Scheiterhaufens, auch die helle, hier unbeschriebene bzw. unbemalte Kopfbedeckung auf seinem Haupt lodert. Auf der rechten Seite wird seine Asche in einen Karren geschaufelt. Vgl. Abb. 4.

S. 142 (halbseitige Darstellung): Hieronymus von Prag wird durch fünf Bewaffnete gefangen gesetzt. Auf dem Haupt trägt er eine große, helle, hier ebenfalls unbeschriebene bzw. unbemalte Kopfbedeckung.

Handschrift in der Badischen Landesbibliothek Karlsruhe, Cod. St. Georgen 63 (um 1470 in der Konstanzer Schreibstube des Gebhard Dacher, gest. 1471, entstanden)[51] – Sigle G

fol. 20r (ganzseitige Darstellung): Hieronymus von Prag wird von einer Menge an Würdenträgern und Bewaffneten zur Hinrichtung geführt. Er trägt eine große, helle Kopfbedeckung mit der Aufschrift *Erisa archa*. Über der Darstellung steht in roter Tinte folgende Bildüberschrift: *Hie ward Maister Jeronimus Hussen gesell vss geführt vnd verbrannt da der huss verbrennt ward*. Vgl. Abb. 5.

Illustrationen zum Prozess und zur Hinrichtung des Jan Hus fehlen (s. freie Flächen auf fol. 22r und v).

---

49 Dies gilt für alle genannten Illustrationen der beiden jüngeren Drucke, frappierender Weise aber auch für drei der vier Darstellungen in der Handschrift mit der Sigle A: Nur die erste dort präsentierte Kopfbedeckung kommuniziert klar ihren Zweck durch die Darstellung von Teufeln auf ihrer Front. Offenbar glaubte der Illustrator, für die darauffolgenden Darstellungen daher auf sie aus kompositorischen Gründen verzichten zu können, s. dazu Kasten B.4.2.
50 Für s/w-Abb. vgl. das Faksimile Uolrich Richental, Concilium ze Costenz, 1881; s. auch Wacker, Ulrich Richentals Chronik, 2002, Bd. 2, Abb. 115, Abb. 130. Für eine kolorierte Abb. vgl. Digitalisate von Einzelseiten in The New York Public Library Digital Collections, vgl. URL: digitalcollections.nypl.org (Stand: 04.03.2023). Vgl. Katalog der deutschsprachigen illustrierten Handschriften des Mittelalters, Bd. 3, begr. von Frühmorgen-Voss, 2011, 26.B.1.4. 467–471.
51 Für eine Abb. vgl. Volldigitalisat der Badischen Landesbibliothek Karlsruhe unter URN: urn:nbn:de:bsz:31-37921 (Stand: 04.03.2023), und Rödel (Hg.), Der Griff nach der Krone, 2000, 285. Vgl. Katalog der deutschsprachigen illustrierten Handschriften des Mittelalters, Bd. 3, begr. von Frühmorgen-Voss, 2011, 26.B.1.2. 458–462.

Handschrift im Rosgartenmuseum Konstanz, Hs. 1 (entstanden um 1464 in Konstanz, spätestens seit Anfang des 16. Jahrhunderts in städtischem Besitz)[52] – Sigle K

fol. 57v (ganzseitige Darstellung): Im oberen Register wird der barhäuptige Jan Hus seiner Würden als Priester entkleidet. Über seinem Kopf steht als Bildunterschrift: *de degradientia husso*. Im unteren Register wird er zur Hinrichtung vor die Stadt geführt; er trägt eine zylinderförmige, helle Kopfbedeckung, auf der zwei schwarze stilisierte Teufel dargestellt sind.

fol. 58r (ganzseitige Darstellung): Im oberen Register kniet Jan Hus in den Flammen des Scheiterhaufens, während zwei Henkersgesellen ihn mit dreizinkigen Forken quälen. Er trägt eine große, helle Kopfbedeckung mit der Aufschrift *herisy archa*. Im unteren Register schaufeln zwei Knechte seine Asche in einen Karren.

fol. 59v (ganzseitige Darstellung): Von anderer Hand als die vorangehenden Illustrationen ist Hieronymus von Prag am Richtplatz dargestellt, auf seinem Kopf eine Narrenkappe, die der Illustrator jedoch nicht als Papierhut vorgestellt hat und die folglich unbeschrieben bzw. unbemalt bleibt.

Prager Handschrift, Národní Knihovna České republiky, Cod. XVI A 17 (entstanden 1464 in Konstanz, aus dem Besitz Gebhard Dachers)[53] – Sigle Pr

fol. 122v (ganzseitige Darstellung): Jan Hus wird von einer größeren Zahl Bewaffneter gefangen gesetzt. Er trägt bereits eine große zylinderförmige Kopfbedeckung, auf der zwei Teufel dargestellt sind. In der Luft über seinem Kopf schweben zwei weitere Teufel.

fol. 123v (ganzseitige Darstellung): Jan Hus wird inmitten einer großen Menge an Würdenträgern und Bewaffneten zum Richtplatz vor die Stadt geführt. Er trägt eine große, zylinderförmige Kopfbedeckung mit der Aufschrift *Exisi Archa* und der Darstellung zweier Teufel.

fol. 124r (ganzseitige Darstellung): Hieronymus von Prag wird mit gebundenen Händen von einer größeren Schar Bewaffneter abgeführt. Er trägt eine große, zylinderförmige Kopfbedeckung mit der Aufschrift *Exisi Archa*, über der ein schwarzer Teufel schwebt.

Prager Handschrift, Národní Knihovna České republiky, Cod. VII A 18 (entstanden zwischen 1470 und 1480 in Konstanz)[54] – Sigle Pt (ehem. Sankt Petersburger Handschrift)

Illustration Nr. 21 (ganzseitige Darstellung): Im oberen Register wird der barhäuptige Jan Hus seiner Würden als Priester entkleidet. Im unteren Register wird er von einer großen Schar an Würdenträgern und Bewaffneten zum Richtplatz geführt. Er trägt eine große zylinderförmige Kopfbedeckung, auf der zwei stilisierte schwarze Teufel dargestellt sind.

---

52 Für eine Abb. vgl. Wacker, Ulrich Richentals Chronik, 2002, Bd. 2, Abb. 123, 132 und 138. Vgl. Katalog der deutschsprachigen illustrierten Handschriften des Mittelalters, Bd. 3, begr. von Frühmorgen-Voss, 2011, 26.B.1.3., 462–466, unter anderem mit dem Verweis auf gedruckte bzw. via CD-ROM vertriebene Faksimileausgaben.
53 Für eine Abb. vgl. Wacker, Ulrich Richentals Chronik, 2002, Bd. 2, Abb. 153, 124 und 117. Vgl. Katalog der deutschsprachigen illustrierten Handschriften des Mittelalters, Bd. 3, begr. von Frühmorgen-Voss, 26.B.1.6., 474–478.
54 Für eine Abb. vgl. das Faksimile der Bildseiten in [Ulrich Richental,] Konstanzskij Sobor, 1875; s. auch Wacker, Ulrich Richentals Chronik, 2002, Bd. 2, Abb. 127. Vgl. Katalog der deutschsprachigen illustrierten Handschriften des Mittelalters, Bd. 3, begr. von Frühmorgen-Voss, 2011, 26.B.1.5. 471–474.

Illustration Nr. 22 (ganzseitige Darstellung): Im oberen Register wird Jan Hus auf dem Scheiterhaufen verbrannt; er trägt eine große zylinderförmige Kopfbedeckung mit zwei stilisierten schwarzen Teufeln darauf. Im unteren Register wird seine Asche von zwei Knechten auf einen Karren geschaufelt.

Illustration Nr. 23 (ganzseitige Darstellung): Hieronymus von Prag ist auf dem Richtplatz dargestellt; auf dem Kopf trägt er eine Narrenkappe, die der Illustrator jedoch nicht als Papierhut vorgestellt hat und die folglich unbeschrieben bzw. unbemalt bleibt.

Wiener Handschrift, Österreichische Nationalbibliothek, Cod. 3044 (entstanden um 1475 wohl in Konstanz)[55] – Sigle W

fol. 119v (ganzseitige Darstellung): Im oberen Register wird Hus mit gebundenen Händen von einer großen Schar an Würdenträgern und Bewaffneten zur Hinrichtungsstätte geführt. Er trägt eine große, weiße Kopfbedeckung, auf der zwei Teufel dargestellt sind. Im unteren Register kniet Hus in den Flammen des Scheiterhaufens, auf seinem Haupt eine weiße Kopfbedeckung mit der Aufschrift *herisy archa*, die von zwei Teufeln flankiert wird.

Erstdruck von Anton Sorg, Augsburg 1483[56] – Sigle D

Bl. 33v (ganzseitige Darstellung): Im oberen Register wird Hus von zwei Erzbischöfen seines Priesteramtes entkleidet; im unteren Register wird er vom Reichsrichter Ludwig III., Pfalzgraf bei Rhein, und weiteren Begleitern zur Hinrichtung geführt. Er trägt eine Kopfbedeckung mit der Aufschrift *heres [archa?]*. Im Exemplar der ULB Darmstadt ist sie braun koloriert.

Bl. 34r (ganzseitige Darstellung): Im oberen Register ist Jan Hus in den Flammen des Scheiterhaufens dargestellt. Er trägt eine Kopfbedeckung mit der Aufschrift *heresa archa*. Im Exemplar der ULB Darmstadt ist sie braun koloriert. Im unteren Register wird seine Asche verladen; hierauf bezieht sich die Bildunterschrift: *Hie ward die asch des hussen als er verbrant ward vnd sein gebein in den rein gefürt.* Vgl. Abb. 6.

Bl. 38v (ganzseitige Darstellung): Hieronymus von Prag am Richtplatz. Er trägt eine offensichtlich aus Tuch vorgestellte, hier braun kolorierte Kopfbedeckung.

Zweite Druckauflage von Heinrich Steiner, Augsburg 1536[57] – Sigle D₂

---

55 Für eine Abb. vgl. Wacker, Ulrich Richentals Chronik, 2002, Bd. 2, Abb. 118 und 119, sowie Badisches Landesmuseum (Hg.), Das Konstanzer Konzil, 2014, 271, Abb. 2. Vgl. Katalog der deutschsprachigen illustrierten Handschriften des Mittelalters, Bd. 3, begr. von Frühmorgen-Voss, 26.B.1.8. 480–483.
56 Für eine Abb. vgl. [Ulrich Richental,] Hienach ist zuo dem ersten verschriben, 1483 (GW M38152), Bl. 33v, 34r, 38v. S. auch Schlechter, Die edel kunst der truckerey, 2005, 37, Abb. 12 (nach dem kolorierten Exemplar der Universitätsbibliothek Heidelberg, Q 2060 qt. Inc). Vgl. Katalog der deutschsprachigen illustrierten Handschriften des Mittelalters, Bd. 3, begr. von Frühmorgen-Voss, 2011, 26.B.1.a. 484f. (unter anderem mit dem Verweis auf ein gedrucktes Faksimile): Die insgesamt 44 Holzschnitte von 44 Druckstöcken stehen der Handschrift mit der Sigle G nahe, auch wenn sie der Forschung nicht als direkte Vorlage gilt.
57 Für eine Abb. vgl. [Ulrich Richental,] Das Concilium, So zuo Constantz gehalten ist worden, 1536 (VD16 R 2202), Bl. 25v, 26r, 29v. S. auch Wacker, Ulrich Richentals Chronik, 2002, Bd. 2, Abb. 126 und 141. Vgl. Katalog der deutschsprachigen illustrierten Handschriften des Mittelalters, Bd. 3, begr. von Frühmorgen-Voss, 2011, 26.B.1.b. 485f. (unter anderem mit dem Verweis auf ein gedrucktes Faksimile): Die 45 Holzschnitte von 45 Druckstöcken werden Jörg Breu d. Ä. zugeschrieben; der Titelholzschnitt stammt aus einer älteren Publikation Heinrich Steiners.

(Die dritte Druckauflage von Paul Reffeler für Sigmund Feyerabend, Frankfurt am Main 1575[58] – Sigle D_3 – verwendet für die Darstellung der Prozesse zwei der drei Holzschnitte aus der Ausgabe von 1536 wieder)

Bl. 25v (ganzseitige Darstellung): Im oberen Register wird der barhäuptige Jan Hus seines Priesteramtes entkleidet. Im unteren Register wird er von einer großen Menge an Würdenträgern und Bewaffneten auf den Richtplatz geführt. Er trägt eine große Kopfbedeckung, die jedoch unbeschrieben und unbemalt ist, so dass der Holzschneider ihren Sinn nicht zwingend erkannt haben muss. Wiederverwendet in der dritten Ausgabe von 1575, Bl. 22v.

Bl. 26r (ganzseitige Darstellung): Im oberen Register stirbt Jan Hus den Flammentod, auf seinem Haupt eine große, zylinderförmige Kopfbedeckung, die jedoch unbeschrieben und unbemalt ist. Im unteren Register wird seine Asche auf einen Karren verladen.

Bl. 29v (ganzseitige Darstellung): Hieronymus von Prag steht umrahmt von einer großen Menge an Bewaffneten und dem Pfalzgrafen bei Rhein als Reichsrichter am Richtplatz. Er trägt eine große Kopfbedeckung, die jedoch unbeschrieben und unbemalt ist, so dass der Holzschneider ihren Sinn nicht zwingend erkannt haben muss.

Abb. 4: Jan Hus in Ulrich Richentals Konstanzer Konzilschronik in der Handschrift The New York Public Library, Spencer Collection, Ms. 32 (Sigle A), S. 138 und 139, vgl. The New York Public Library Digital Collections, URL: https://digitalcollections.nypl.org/items/510d47da-ebaa-a3d9-e040-e00a18064a99 (Stand: 02.03.2024)

---

58 Für eine Abb. vgl. [Ulrich Richental,] Costnitzer Concilium, 1575 (VD16 R 2203), Bl. 22v und 26r. Vgl. Katalog der deutschsprachigen illustrierten Handschriften des Mittelalters, Bd. 3, begr. von Frühmorgen-Voss, 2011, 26.B.1.c., 486f.: Für die Bildausstattung wurden neben Illustrationen aus der Werkstatt von Jost Amman insgesamt 30 Druckstöcke der Ausgabe von Heinrich Steiner verwendet.

Abb. 5: Hieronymus von Prag in Ulrich Richentals Konstanzer Konzilschronik in der Handschrift Badische Landesbibliothek Karlsruhe, Cod. St. Georgen 63 (Sigle G), fol. 20r, vgl. URN: urn:nbn:de:bsz:31-37921 (Stand: 02.03.2024)

Abb. 6: Jan Hus in Ulrich Richentals Konstanzer Konzilschronik im Augsburger Erstdruck von Anton Sorg (Sigle D). Universitätsbibliothek Heidelberg, Q 2060 qt. INC, fol. 34r, vgl. DOI: https://doi.org/10.11588/diglit.9340#0065 (Stand: 02.03.2024)

Anlass für die Darstellung im Bild war zweifellos, dass Ulrich Richental auch im Text explizit auf die papierne Kopfbedeckung zu sprechen kommt (s. Kasten B.4.3). Der Konstanzer Autor, der selbst organisatorisch in die Vollstreckung des Todesurteils involviert war,[59] beschreibt, dass Hus auf dem Weg zur Hinrichtung eine *wiß infel* – eine weiße Infula, das heißt, eine weiße Mitra oder Bischofsmütze – getragen habe. Auf ihr habe sich die Darstellung zweier Teufel befunden, zwischen denen man die Inschrift *Heresiarcha* angebracht habe, ein Begriff, den Ulrich Richental seinen Leser*innen – so die in den frühen 1460er Jahren entstandene Handschrift aus dem Bodenseeraum, die Ulrichs um 1420 enstandene ursprünglichem Text am nächsten kommt (Sigle A) – als ‚Erzbischof aller Ketzer' ins Deutsche übersetzt.[60] In mindestens fünf anderen Handschriften wie auch im Erstdruck von 1483 wird die Inful außerdem explizit als *mit bappir gemacht* beschrieben.[61]

Doch diese Stelle bleibt nicht die einzige in Richentals Chronik über den Ketzerhut: Die Papiermitra sollte im Fortgang der Hinrichtung vielmehr noch eine dramaturgisch wichtige Rolle übernehmen. Als Hus, so erklärt Ulrich nämlich, schon unter entsetzlichen Schreien auf dem Scheiterhaufen gestorben war, da sei nur der Papierhut auf seinem Kopf von den Flammen noch unversehrt gewesen. Erst als der Henker ihn zerstoßen habe, sei er verbrannt und daraufhin habe sich der übelste Geruch ausgebreitet, den man sich vorstellen könne. Bis hierher erscheint eine Interpretation dieser Stelle auch aus moderner Warte nicht schwer: Zweifellos musste der Leserschaft die zuletzt aufflackernde Papiermitra und der daraufhin aufsteigende höllische Gestank wie übersinnliche Zeichen erscheinen, die das Todesurteil der Richter bestätigten.

Doppelbödig wird diese Passage jedoch durch den Folgesatz: In ihm berichtet der Autor vom Maulesel des *cardinal Pangracius*, der zuvor an dieser Stelle vor Alter gestorben sei und den man dort vergraben habe. Von der Hitze, so schließt Ulrich als Vermutung an, habe sich das Erdreich aufgetan, so dass der Fäulnisgeruch habe emporquellen können. Pikant wird dieser sehr diesseitige Hinweis auf den Kadaver durch den einstigen Eigentümer des Maulesels, Rinaldo Brancaccio de Brancaciis, der nach dem Chronisten bei den Feierlichkeiten zur Krönung Martins V. neben dem Papst

---

59 Nach eigenen Aussagen wurde er beauftragt, Hus kurz vor der Hinrichtung die Möglichkeit zur Beichte anzubieten, s. [Ulrich Richental], Chronik des Konstanzer Konzils, hg. von Buck 2011, 65, Z. 16–19 mit Anm. 397. Zu Ulrichs allgemeinen organisatorischen Aufgaben während des Konzils vgl. die Einleitung des Editors in ebd., XX f.
60 Für die Lesarten der anderen Überlieferungsträger vgl. die Leitzeugen für die von der Forschung konstatierten drei in Umfang und Anordnung zum Teil erheblich voneinander abweichenden Handschriftengruppen im Kasten B.4.3. Insgesamt sind von Richentals Chronik heute 16 Handschriften und drei Drucke aus dem Zeitraum von 1460 bis zum Ende des 17. Jahrhunderts bekannt.
61 Nach der Edition von Buck enthalten diesen Zusatz die Bilderhandschriften mit den Siglen K, W, E und G sowie die nur den Text tradierende Wolfenbütteler Handschrift mit der Sigle Wo (Wolfenbüttel, Herzog August Bibliothek, Cod. Guelf. 61, Aug. 2°) aus dem Anfang des 16. Jahrhunderts, vgl. [Ulrich Richental], Chronik des Konstanzer Konzils, hg. von Buck 2011, 64, Anm. 392.

gesessen hatte und den besser informierte Leser*innen auch als Mitglied der päpstlichen Kommission kennen konnten, die Hus verhört hatte.[62] Waren diese Begleitumstände der Hinrichtung von Hus also als versteckte Kritik zu lesen oder aber war für Richental doch der Schauder vor dem stinkenden Maultier im Höllenschlund – das immerhin, so Hubert Herkommer, anderweitig als Reittier des Teufels bekannt war[63] – größer?

Kasten B.4.3: Die Papier-Mitra des Jan Hus in der Überlieferung der Richental-Chronik.

Ulrich Richentals Chronik des Konstanzer Konzils in der Handschrift The New York Public Library, Spencer Collection, Ms. 32 (Sigle A, um 1460–1465 im Bodenseegebiet entstanden)[64] als Leithandschrift einer ersten Gruppe mit dem umfänglichsten Text, in dem Ulrich von sich in der ersten Person Singular spricht:

fol. 133: *[...] Und hat ain wiß infel uff sinem hopt, als dann hernach gemaulet stautt, da stuonden an zwen tüfel und ye enmitten geschriben: Heresiarcha, daz ist so vil geredt als ain ertzbischof aller kätzer. [...]* [Der Nebensatz bezieht sich auf die Darstellung auf fol. 135, auf der die Verhaftung von Hus zu sehen ist, Anm. d. Verf.]

fol. 135: *[...] Und do er aller ding verbrunnen was, dannocht was die infel in dem für gantz. Do zerstieß sy der henker. Und do verbran sy och und ward der böst schmachk, den man schmeken möcht; wann der cardinal Pangracius hett ain rossmul, daz starb an der statt von elti, daz ward davor da hin gegraben. Und von der hitz tett sich daz ertrich uff, daz der schmak heruß kam. Darnach fuort man äschen gentzlichen, was da lag, in den Rin. [...]*

Ulrich Richentals Chronik des Konstanzer Konzils in der Konstanzer Handschrift, Rosgartenmuseum, Hs. 1 (Sigle K, entstanden um 1464 in Konstanz und seit Anfang des 16. Jahrhunderts im Besitz der Stadt nachweisbar)[65] als Leithandschrift einer zweiten Gruppe, die Ulrich als Verfasser unterschlägt und Nachrichten über seine Person zumeist in der dritten Person Singular bringt:

fol. 57r: *[...] Und hat ain wiße ynfel uff sinem hopt mit bappir gemacht, und stuonden zwen tüfel daran gemalt und zwischen den tüfeln geschriben: ‚Heresiarcha', das ist ain ertzketzer. [...]*

Und do er verbrunen was, dennocht was die ynfel gantz in dem für. Do zerstieß sy der hencker, do verbran sy erst und stanck vast übel; wann der cardinal Pangratius hat ain groß alt mul, das starb und ward an die stat vergraben, da der Huß verbrent ward. Und von solicher hitz wegen do tet sich das erdtrich uff, das der böß schmack heruß kam. Darnach fürt man die eschen, das gebain und was da dennocht unverbrant was, gantz und gar in den Rhin. Und stat diß figur hienach. [Der letzte Satz bezieht sich auf die auf den nächsten Seiten folgende, mit der Degradierung des Jan Hus einsetzende Bilderfolge zu dessen Hinrichtung, Anm. d. Verf.]

---

62 Vgl. dazu mit weiterer Literatur Herkommer, Die Geschichte vom Leiden und Sterben des Jan Hus, 1984, 132, Anm. 11.
63 S. dazu ausführlich Herkommer, Die Geschichte vom Leiden und Sterben des Jan Hus, 1984, 121.
64 Ed. [Ulrich Richental], Chronik des Konstanzer Konzils, hg. von Buck 2011, hier 64f. und 66.
65 Ulrich Richental, Das Konzil zu Konstanz, hg. von Feger 1964, 205.

Ulrich Richentals Chronik des Konstanzer Konzils im Erstdruck (Sigle D, entstanden 1483 in der Augsburger Offizin von Anton Sorg)[66] mit zwei Versionen des Hus-Prozesses – auf Bl. 32r–33v eine stark gekürzte Fassung, die der Forschung als Leitzeugnis für die dritte Handschriftengruppe gilt; am Schluss des Bandes unter Bl. 242v–247r zusätzlich die ausführliche Version wie in den Textzeugen der Gruppe I:

Bl. 32r–33v: *[…] vnd was vnser herr der künig zuo gagen vnn hieß in außfüren zuo verbrennen vnn gab in den von Costencz die fuortent in auß wol mit viii hundert gewapneten mannen vnn was sunst der merteÿl zeüg gewapnet vnnd het d huß auff dem haupt einen bapeirin huot do warent an gemalet zwen teüfel / vnd was die geschrift an dem huot herisi archa das ist in teütsch Ein vaß do alle keczerei in beschlossen ist. […].*

Bl. 246r: *[…] vnd het ein hohe weisse infel auf seinem haubte die was mit pappeir gemacht vnd stuonden daran zwen tieffel gemalet vnnd enzwischen den zweien tieffelen geschriben Heresiarcha ein erczkaeczer aller kaeczer vnd fuortend in die von Costencz auß mer dann mitt tausent gewappnoten mannen […].*

Bl. 246v–247r: *[…] do er nun aller dinge verbrunnen was dannocht was die pappirin ÿnfel in dem feür gancz vnd nit verbrunnen do zerstieß sy der nachrichter Do verbrane sy erst auch vnd ward der aller boesest schmack den man schmecken mocht. Wann d cardinal Pangracius hett ein groß alts maul das im starb von eltin vnd an der stat do der Huß verbrennt ward do waz das maul vorhin vergraben worden vnd in die erde gelassen vnd von der hicze wegen des feüres thaet sich das erditrch [sic] auff das d boeß schmack herauß kam. Darnach fuorte man die aeschen das gebain vnd was do damiocht nit verbrennt waz gancz vnd gar in den Rein […].*

Nicht erst die moderne Forschung,[67] sondern offenbar schon Richentals Nachwelt rätselte über die Deutung dieser Zeilen, als man sich ab den 1460er Jahren in erstaunlichem Umfang für seine Chronik zu interessieren begann – das heißt: nicht nur in Ulrichs Chronik selbst, auch in ihrer Rezeption hätte der Lexikonautor Beyer im 18. Jahrhundert fündig werden können. Heiß diskutiert wurde die Episode um die wider alle physikalischen Gesetze unentflammbare Papiermütze vor allem in der Reformationszeit (s. Kasten B.4.4). Martin Luther, den viele Zeitgenossen in der Nachfolge des Jan Hus sahen und der sich selbst zum Vollender von dessen Reformideen

---

66 [Ulrich Richental,] Hienach ist zuo dem ersten verschriben, 1483 (GW M38152), Bl. 32r–33v. Die beiden späteren Druckauflagen kommunizieren in Vorreden an seine Leserschaft, dass der Chroniktext nach dem jeweiligen Vorgängerdruck wortgetreu nachgedruckt sei. Dies ist für die hier zitierten Passagen bis auf behutsame orthographische und im Druck von 1575 sprachliche Aktualisierungen korrekt, vgl. [Ulrich Richental,] Das Concilium, So zuo Constantz gehalten ist worden, 1536 (VD16 R 2202), Bl. 1v, Bl. 24v–25r, Bl. 214v–215r, sowie [Ulrich Richental,] Costnitzer Concilium, 1575 (VD16 R 2203), zweite Seite der Vorrede (ohne Seitenzahl), Bl. 22r, Bl. 205v–206v.
67 S. etwa Wacker, Ulrich Richentals Chronik, 2002, Bd. 1, 129–131, mit der Deutung der Passage als unausgesprochene Distanzierung, anders Herkommer, Die Geschichte vom Leiden und Sterben des Jan Hus, 1984, 116f. und 123 mit dem Urteil, schon der unentflammbare Papierhut strapaziere „die gängigen Maßstäbe von Objektivität über Gebühr", und der Verweis auf den Kadavergeruch des Mauleseks sei nicht zwingend „rationalisierend", sondern mindestens ebenso „als ein eindrucksvolles Zeugnis für den versinkenden Kosmos der alten Einstellungen" zu verstehen.

stilisierte,[68] beschäftigte sich 1537 in seinem Nachwort zu einer gedruckten Übersetzung der Briefe, die Hus aus seinem Konstanzer Gefängnis nach Böhmen geschrieben hatte, mit den in Ulrichs Bericht geschilderten Umständen seiner Verbrennung. Er kommt darin zum Schluss, dass der Konstanzer Autor sich zwar alle Mühe gegeben habe, Hus durch seine Schilderung ins Unrecht zu setzen. Doch die Unerschrockenheit und das Gottesvertrauen, mit dem der Verurteilte in den Tod gegangen sei, würden dieses Urteil konterkarieren. In diesem Zusammenhang interpretiert Luther auch die Erwähnung der Papier-Mitra: Sie sei zwar zweifelsohne in der Erzählabsicht eingeführt, Hus als so bösartigen Ketzer darzustellen, dass der Teufel die Mitra vor den Flammen bewahrt habe. Luther antwortet darauf jedoch mit dem Argument, dass selbst die Wunderzeichen Christi von den Juden dem Beelzebub zugeschrieben worden wären. Er zeigt sich sicher: Wer mit solchem Glauben und Bekenntnis ins Feuer gehe, der müsse ein großer Märtyrer sein.

Denselben Tenor spiegelt die Schilderung über den Feuertod des Jan Hus in der Chronik des Schweizer Theologen und Historikers Johannes Stumpf aus dem Jahr 1541. Auch in seiner Darstellung gelingt es den Flammen nicht sofort, Hus' sterbenden Körper zu Asche zu verbrennen; nach Stumpf sind es jedoch Kopf und Herz des Getöteten, die von den Henkern zerteilt und aufgespießt werden müssen, um sie ganz zu zerstören. Offenbar nur der Vollständigkeit halber fühlt er sich genötigt, den Bericht ‚etlicher' anzuführen, dass auch der Schandhut aus Papier unversehrt geblieben sei. Von vielen werde er als Zeichen dafür interpretiert, dass Gott das Urteil des Konzils über Hus billige. Andere aber, so setzt er dagegen, würden dies als ein Zeichen dafür halten, dass Gott zwar die Diener des Evangeliums zu verbrennen dulde, das für das Evangelium selbst aber nicht zulasse, obwohl die Welt es für schwach und papieren halte.

Ganz anders las Johannes Cochlaeus, einer der erbittertsten Gegner Martin Luthers, dieselben Quellen. In seiner *Warhafftigen Historia von Magister Johan Hussen*, die 1547 in Leipzig im Druck erschien, sah er sich zu einer expliziten Antwort auf Luthers Nachwort zu den Übersetzungen der Hus-Briefe herausgefordert. In sechs Punkten suchte er die theologischen (und politischen) Argumente zu entkräften, die Luther für Hus ins Feld führte. Ganz am Schluss nimmt er auch ebenso knapp wie verächtlich auf dessen Deutungen der Richental-Passage über die Hinrichtung Bezug: Die geschilderten Gesänge und Gebete des Jan Hus auf dem Scheiterhaufen erscheinen ihm als Heuchelei, die Episode über die Papiermitra jedoch so lächerlich, dass er explizit bemerkt, sie bedürfe gar keiner Erwiderung.[69]

---

68 Vgl. dazu mit weiterer Literatur Herkommer, Die Geschichte vom Leiden und Sterben des Jan Hus, 1984, 129 mit Anm. 75, 76 und 78.
69 Cochlaeus schließt mit der Behauptung, nicht einmal die Hussiten in Böhmen wüssten Mirakel über Hus zu erzählen, denn wenn sie bei der Wahrheit bleiben wollten, dann gebe es auch keine anzuzeigen. Nur knapp verwiesen sei an dieser Stelle auf die Deutung der Maultier-Episode durch den Leipziger Gelehrten Christoph Walpurger 1624, der in ihr einen Beweis für die Arglist der Papstkirche erbracht sah. Nach seiner Ansicht konnte der Kadaver des Maultiers nur mit voller Absicht im Vorfeld

Kasten B.4.4: Ulrich Richentals Passage über die unentflammbare Papiermitra in der Rezeption der Reformationszeit.

Martin Luther zu Ulrich Richentals Bericht (für den er auf die neue Druckauflage von 1536 verweist) über die Hinrichtung des Jan Hus, veröffentlicht im Nachwort zu Johannes Agricolas 1537 publizierter Übersetzung der Briefe, die Hus aus dem Gefängnis an die Böhmen schrieb:[70]

Das letzt ist das beste: Sie selbs, seine widdersacher, zeugen gar herlich, wie wol seer unbedechtig, des sie sich billich sollten schemen, wo es muglich were, das sie mit blinden augen sehen kunden. Denn der schreiber, so die deutschen Acta des Concilij mit den viel schilden hat geschrieben, der es doch gern boese hette gemacht wider den Hus, sagt, Das Johannes Hus hab unerschrocken gelechelt, da man ihn degradirt hat. Und da er zum feur gefurt, hat er imer im munde gehabt: O Jhesu, du Son Gotts, erbarm dich mein [...].

Da er aber nu gar verbrand gewest ist, Ist die Infel, von papyr gemacht, so ihm auffgesetzet war zur schmach, daran zu beiden seiten Teuffel gemalet, mit dem namen Heresiarcha, Ertzketzer, noch blieben, die hat der Hencker muessen sonders nemen und ins feur stossen. Solchs schreiben sie selbs, und mags noch lesen, wer da wil, das buch ist newlich wider im druck ausgangen. Zwar sie deutens dahin, das Johannes Hus so gifftiger ketzer sey gewest, das der Teuffel hab die Infel im feur also erhalten, wie die Jueden Christus Wunderzeichen auch dem Beelzebub zuschrieben. Aber wer also mit ernst im tode den HErrn Jhesu, Gottes Son, fur uns gelidden, kann anruffen, umb solcher sachen willen, und mit solchem glawben und bekentnis ins feur gehen, ist der nicht ein grosser Martyr Christi, So wird niemand selig werden.

Chronik über das Konstanzer Konzil, gedruckt 1541, aus der Feder des zwinglianischen Theologen und Historikers Johannes Stumpf, gebürtig in Bruchsal im Hochstift Speyer, der in der Schweiz lebte und arbeitete:[71]

Bl. 113r [zur rituellen Degradierung des Jan Hus]: *[...] Und als soelichs alles mit gebaetten vnn Ceremonien vollendet was / sprachend sy: Jetzund hat die Kilch im abgenommen alle jre zier vnd freyheiten / vnd ist nun an dem / das er der weltlichen oberkeit werde überantwortet. // Aber ee sy in der weltlichen oberhand übergabend / hattend sy ein hohe kron auß Papyr lassen machen / garnaach geformiert als ein Bischoffshuot / was bey einem ellenbogen hoch / daran stuonden drey grausamer Teüfel gemalet / vnnd mit grossen verstendigen buochstaben darbey geschriben HAERESIARCHA, das ist / Ein erfinder neüwer kaetzerey / oder / Ein Ertzkaetzer. Und als Huß dise zierliche kron ersach / sprach er: Mein Herz Jesus Christus hatt vmb meinetwillen ein scharpffe doernine kron getragen / warumb woelte ich dise leychte kron / ob so joch schmaechlich ist / nit auch willig tragen. Vnn als sy im diese Inflen auff sein haupt satztend / sprachen sy: Jetztund befelhend wir dein seel dem Teüfel. Aber ich [sic] / sprach Huß mit aufgereckten augen gen himel / O Herz Jesu Christe / befilch meinen geist in deine hend / dann du hast jn erloeßt. [...]*

---

der Hinrichtung an der „Marterstelle" vergraben worden sein, so dass „das Volck vermeynen solte / der Gestanck kaeme vom Ketzer her". Zit. nach Herkommer, Die Geschichte vom Leiden und Sterben des Jan Hus, 1984, 130.

70 Martin Luther, Nachwort zu Johann Agricolas Übersetzung 1537, ed. in: D. Martin Luthers Werke 50, hg. von Drescher 1914, 38. S. Herkommer, Die Geschichte vom Leiden und Sterben des Jan Hus, 1984, 129.

71 Johannes Stumpf, Des grossen gemeinen Conciliums zuo Constentz gehalten [...] beschreybung, 1541; der gesamte Bericht über den Tag der Hinrichtung des Jan Hus füllt die Seiten Bl. 107v–114v. S. Herkommer, Die Geschichte vom Leiden und Sterben des Jan Hus, 1984, 144f. mit Anm. 79.

Bl. 114v [zum Tod des Jan Hus in den Flammen]: *[...]Als das holtz verbrunnen was / hanget das oberteil des leychnams noch an der kettenj / also habend sy in mitsampt dem Pfal nidergeworffen / vnn mit einem neüwen fheür verbrennt. Das haupt habend sy ein wenig zerspalten / damit es dester ee ze aeschen wurde. Das hertz aber habend sy vnder dem yngeweid noch gantz funden / vnd das selbig mit kolben oder knüttlen gepleüwet / vnn darnach an einen spissz gesteckt / widerumb ins fheür geworffen biß es verbrunnen ist. // Es schreybend auch etliche / das der Papyrin schmaachhuot an dem die Teüfel gemalet stuondend / vnd geschriben was Haeresiarcha / anfangs im fheür nitt verbrunnen sey / hernach erst sey er durch besonder schürgen der Nachrichteren verbrennt. Darauß nun etliche bewaeren woltend / das Gott des Conciliums vrteil / damit es Hussen ein Ertzkaetzer vnd des Teüfels sein erkennt hatt / also bestaetet hette. Etliche vermeintend / soelichs waere ein zeychen / das Gott die diener des Euangeliums wol verbrennen liesse / das Euangelium aber / welches die welt für kaetzerey vnd Teüffels leer schwach vnd Papyrin hielte, moechte vnd wurde nit verbrennt. [...]*

Johannes Cochlaeus in seiner *Warhafftigen Historia von Magister Johan Hussen*, gedruckt in Leipzig 1547, als *Antwort* auf *Luthers Nachrede* in Agricolas Übersetzung der Hus-Briefe:[72]

[...] Was Luther weitter furgibt von des Hussen heucheley mit singen / beten / reden bey dem fewr / vnd von seiner Infeln / achte ich keiner antwort wirdig oder notturftig / weil oben in der Historia gnugsam dauon ist angezeigt. Es rhuemen sich die Hussiten in Behem selbs nicht von des Hussen Mirackeln / Denn sie wissen mit grund vnd warheyt keine an zuzeygen. [...]

Johann Matthias Beyer konnte die Geschichte von Hus' papiernem Schandhut aber nicht nur aus der Chronik Ulrich Richentals und ihrer Rezeption, sondern auch aus hussitischen Schilderungen der Konstanzer Ereignisse um den Prozess und den Tod des Jan Hus kennen: Zwei weitere Augenzeugen hielten ihre Eindrücke dazu in weit rezipierten Texten fest. Eine erste Schilderung stammt aus der Feder eines Johannes Barbatus, dessen Identität heute nicht mehr eindeutig zu klären ist, und wurde vor allem durch eine Fortsetzung und Redaktion aus der Feder des Jakobellus von Mies verbreitet, eines ehemaligen Kollegen des Hus an der Prager Universität und wie er einer der Führer der Reformpartei (s. Kasten B.4.5). Zentral für die künftige Wahrnehmung von Hus als Märtyrer war jedoch vor allem der Bericht des zweiten Autors, Peter von Mladoňovice. Peter war bereits im Tross dabei, mit dem Jan Hus aus Prag an den Bodensee aufbrach. Er war während des Prozesses und damit in der Zeit von Hus' Gefangenschaft an seiner Seite und er begleitete ihn auch auf seinem letzten Gang.[73] Die Erlebnisse an Hus' Todestag waren so aufrüttelnd, dass er sie wohl zeitnah als ersten Teil seiner umfassenden, mit der Abreise aus Böhmen einsetzenden *Relatio* über den Prozess gegen Hus niederschrieb (s. Kasten B.4.5).[74]

---

[72] Johannes Cochlaeus, Warhafftige Historia von Magister Johan Hussen, 1547, fol. H 6r. Vgl. Herkommer, Die Geschichte vom Leiden und Sterben des Jan Hus, 1984, 129.
[73] S. dazu die Einleitung in [Peter von Mladoňovice,] Hus in Konstanz, übers. Bujnoch 1963, 25f. und 29–31, und Machilek, Hus in Konstanz, 1966.
[74] Bis heute ist die Wirkung des gesamten Berichts, besonders aber des Schlussteils mit der Schilderung des Todestages breit bezeugt, den Peter von Mladoňovice auch eigenständig unter dem Titel *Pašije M. Jana Husi* (Leiden des Magisters Hus) in die tschechische Sprache übersetzte. Der

Flankiert von den letzten Briefen, die Hus schon im Gefängnis an seine Anhänger schrieb, wurde diese – so das Urteil Pavlína Rychterovás – „mächtige Erzählung" nicht nur im lateinischen Original und in einer tschechischen Übersetzung verbreitet sowie in historiographischen und theologischen Werken aufgegriffen. Breitenwirkung entfaltete sie vor allem als Fundament der neuen hussitischen Liturgie, wie ihre Rezeption in Predigten und weiteren Texten für die Messfeier zeigten (s. Kasten B.4.5).[75]

Auch im deutschen Sprachraum war der Text in einer volkssprachlichen Übertragung verfügbar, die von Nikolaus Krompach stammte und im Jahr 1529 im Druck erschien (s. Kasten B.4.5). Auch hier floss sie in die historiographischen Schilderungen ein, so etwa in die historiographischen Kompilationen des Ebracher Klosterpriors Johannes Nibling (s. Kasten B.4.5) oder aber in die drei oben bereits zitierten Passagen über Hus bei Luther, Cochlaeus und dem Schweizer Chronisten Stumpf (s. Kasten B.4.4). Johannes Agricola sollte sie außerdem als Basis für eine literarische Bearbeitung nutzen: 1538 erschien seine *Tragedia* über den Prozess und die Hinrichtung des Jan Hus (s. Kasten B.4.5).

Kommen wir damit zum Requisit des Papierhutes, von dem Peter von Mladoňovice ebenso wie Ulrich Richental berichtet, er habe eine Schmähinschrift getragen und es seien schauerliche Teufel darauf gemalt gewesen. Ebenfalls wie bei Ulrich spielt dieses Requisit in der Darstellung des Peter von Mladoňovice eine weiterführende Rolle für die Handlung – hier jedoch mit einer anderen, dezidiert prohussitischen Wertung des Geschehens und anderen, neuen Episoden. Nicht zu finden bei Ulrich ist die Thematisierung des Papierhutes schon bei der sogenannten Degradierung des Jan Hus, das heißt, seiner strafweisen Rückversetzung vom Priester- in den Laienstand, die gleich nach der Verkündigung des Urteilsspruchs mit einem die Priesterweihe umkehrenden Ritual von zwei Bischöfen vollzogen wurde. Am Ende dieses Rituals, nachdem man zuletzt auch Hus' Tonsur mit dem Rasiermesser verletzt hatte, so Peter

---

tschechische Text wurde im 16. Jahrhundert ins Lateinische rückübersetzt und ist unter dem Titel *Narratio historica de condemnatione et supplicio Joannis Hus in synodo Constantiensi* als Parallelabdruck zur tschechischen Fassung A unter der Sigle B ediert. Vgl. [Peter von Mladoňovice,] Narratio historica de condemnatione et supplicio Joannis Hus in synodo Constantiensi, ed. Prameny Dějin Českých, hg. von Novotný 1932, Nr. 7, Fassung B, 121–149. S. dazu Vorwort ebd., XLVIf. Die im Kasten B.4.5 aus der *Relatio* des Peter von Mladoňovice zitierten Passagen sind zwar inhaltsgleich und meist innerhalb derselben Satzgrenzen, jedoch zweifelsfrei neu übersetzt, wie das erheblich abweichende Vokabular zeigt (s. Zitate 139–143). Als Beispiel sei die Beschreibung des Papierhuts angeführt, für den die *Relatio* die Worte findet: *Erat autem corona papierea rotunda ad quantitatem fere unius cubitis in altitudine, in qua tres horrendi dyaboli depicti fuerunt, quemadmodum animam vellent cum ungulis inter se trahere et tenere Et titulus in eadem corona cause ipsius inscriptus erat: „Hic est heresiarcha."* In der *Narratio historicade* sind die beiden Sätze zu einem zusammengezogen: *Porro corona haec erat ex papiro facta et ad speciem pyramidis fastigiata, cubitali ferme longitudine, in ea tres horrendi cacodaemones erant depicti, cum inscriptione criminis eius ista: „Iste est haeresiarcha."* [...]

75 Noch für das Ende des 16. Jahrhunderts ist belegt, dass der Text jedes Jahr in den Kirchen öffentlich verlesen wurde, so Royt, Hussitische Bildpropaganda, 2006, 350 und Anm. 34, unter Berufung auf Daniel Adam z Veleslavíns Historischen Kalender (Kalendář historický) aus dem Jahr 1590.

von Mladoňovice, habe man ihm eine *corona blasphemiae papyrea*, eine papierne Schandkrone auf das Haupt gedrückt. Diese Handlung hätten die Bischöfe mit den Worten begleitet, dass man seine Seele dem Teufel überantworte. Passend zu dieser Verfluchung berichtet Peter über den nach seiner Schätzung ungefähr eine Elle hohen und runden Papierhut, die dort abgebildeten Dämonen hätten mit ihren Krallen an der Darstellung einer Seele gezerrt.

Konterkariert wurde das publikumswirksame Ritual freilich durch die Reaktion von Jan Hus, die der Autor daran anschließt: Mit gefalteten Händen, die Augen zum Himmel gerichtet, habe er seine Seele stattdessen Jesus Christus anempfohlen. Über die Papierkrone soll er geäußert haben (und nun wird auch klar, weshalb Peter von Mladoňovice sie anders als Ulrich Richental nicht als Mitra, sondern als *corona* bezeichnet): Sein Herr Jesus Christus habe sich dazu herabgelassen, auf dem Gang zur Kreuzigung die schmerzensreiche Dornenkrone zu tragen, um ihn, den Sünder Jan Hus, zu erlösen. Deshalb trage er diese doch viel leichtere Krone, auch wenn sie ihn entehren solle, um Jesu und der Wahrheit willen in Demut.

Folgt man Peters Darstellung, so waren es nicht seine Häscher, sondern Hus, der in diesem Streitgespräch um die Deutung des Geschehens das letzte Wort behielt. Dasselbe gilt für die zweite Szene in seinem Bericht, in der der Papierhut handlungsrelevant wird: Am Hinrichtungsplatz angekommen, so greift der Bericht sie wieder auf, sei sie Hus vom Haupt gefallen. Während er bei ihrem Anblick gelächelt habe, legt Peter den Söldnern um ihn herum den Aufschrei in den Mund, man solle sie ihm wieder aufsetzen und ihn zugleich mit seinem Herrn, dem Teufel, verbrennen. Wieder erhebt daraufhin Hus die Stimme und erklärt in einem Anruf an seinen Herrn Jesus, dass er diesen grausamen und schändlichen Tod um Christi Evangelium willen zu erleiden bereit sei.

Es folgt eine ausführliche Schilderung, wie man ihn seiner Kleider und Habseligkeiten beraubt an einen Pfahl gefesselt und die um ihn aufgeschichteten Holz- und Strohbündel schließlich angezündet habe. Während Ulrich Richental Hus im Todesmoment entsetzlich schreien hörte, beschreibt Peter von Mladoňovice die Gebete und Gesänge, mit denen auf den Lippen er seine Seele ausgehaucht habe. Außerdem sucht man in seinem Bericht Ulrichs Episode um die unentflammbare Papiermütze und den toten Maulesel vergeblich: Zwar zerfällt Hus' Körper auch bei Peter von Mladoňovice nicht sofort zu Asche. Wie im 16. Jahrhundert der Schweizer Chronist Stumpf von ihm übernehmen wird, sind es jedoch symbolträchtig das Haupt und das Herz, das die Henkersgesellen aufspießen und zerstoßen müssen, um sie ganz zu verbrennen.

Nach diesen dramatischen Beschreibungen kommt die *Relatio* des Peter von Mladoňovice insgesamt ans Ende mit der Beteuerung des Autors, die Konstanzer Geschehnisse ohne jede Lüge oder Schönfärberei berichtet zu haben. Wenn seine Darstellung ungeschliffen und ungewandt klinge, so möge ihm dies die Leserschaft im Ringen um die Wahrheit verzeihen. Die Forschung hat dagegen früh die Eloquenz des Berichts herausgestellt, als dessen Vorlage und Analogon schon in den wenigen hier herausgegriffenen Passagen um den Papierhut klar die biblische Passionsgeschichte Christi hervorscheint. Wie Hubert Herkommer pointiert feststellt, sei Peter von Mladoňovice geradezu als „der Evangelist" des Märtyrers Hus zu bezeichnen.⁷⁶

Kasten B.4.5: Die Papierkrone des Jan Hus in hussitischen Augenzeugenberichten und ihrer Rezeption (lateinische und deutschsprachige Beispiele).

Peter von Mladoňovice, *Relatio de magistri Joannis Hus causa*, in einer ersten Redaktion wohl während der Ereignisse 1414/1415 bis spätestens Anfang 1416 verfasst, in einer zweiten Redaktion 1416/1417 abgeschlossen (s. hier Text nach dem einzigen Textzeugen aus den vierziger Jahren des 15. Jahrhunderts):⁷⁷

[...] Et cum sibi coronam [gemeint ist hier die Tonsur, Anm. d. Verf.] ad quatuor partes, videlicet ad dextrum et sinistrum, ante et retro violantes forpicibus precidissent, dixerunt in effectu hec verba: „Iam ecclesia omnia iura ecclesiastica abstulit ab ipso, et nec habet amplius, quid faciat: igitur tradimus eum curie seculari." Antequam autem coronam blasphemie papiream suo imponerent capiti, inter cetera dixerunt ei: „Committimus animam tuam dyabolo." Et ipse manibus complosis et erectis in celum oculis dixit: „Et ego eam comitto piissimo domino Ihesu Christo." Et ipse visa illa corona dixit: „Dominus meus Ihesus Christus propter me miserum multo duriorem et graviorem spineam coronam innocens ad turpissimam mortem ferre dignatus est, et ideo ego miser et peccator hanc multo leviorem, licet blasfemam, volo ferre humiliter pro ipsius nomine et veritate." Erat autem corona papirea rotunda ad quantitatem fere unius cubitis in altitudine, in qua tres horrendi dyaboli depicti fuerunt, quemadmodum animam vellent cum ungulis inter se trahere et tenere. Et titulus in eadem corona cause ipsius inscriptus erat: „Hic est heresiarcha." [...] Cum autem iam sic coronatus de dicta ecclesia duceretur, in cimiterio eiusdem ecclesie eadem hora libros ipsius, ut dicebatur, comburebant. Quod cum videret preteriens, subridebat hoc factum illorum. [...]

[...] Ipso vero sic orante, ut premissum est, cecidit de capite eius dicta corona blasfemie tribus circumpicta demonibus; quam cum intuitus esset, subrisit. Et quidam circumstantes stipendiarii dixerunt: „Imponatur sibi viceversa, u tuna cum suis dominis, quibus hic servivit, demonibus comburatur." A loco vero oracionis surgens de mandato lictoris, alta et intelligibili voce, ut eciam a suis audiri bene poterat, dixit: „Domine Ihesu Christe, hanc diram, ignominiosam et crudelem mortem propter ewangelium tuum et predicacionem verbi tui volo pacientissime et humiliter sustinere." [...]

Johannes Barbatus (Jan Bradáty/Jan Biskupec?), Passionsgeschichte zum Feuertod des Jan Hus, wohl zwischen 1415 und 1418 entstanden (Fassung A), Redaktion durch Jakobellus von Mies (Jakoubek Stříbro; Fassung B):⁷⁸

---

76 S. dazu ausführlicher Herkommer, Die Geschichte vom Leiden und Sterben des Jan Hus, 1984, 117–120, hier 120.
77 Petri de Mladoniowicz relatio de Magistro Johanne Hus ed. Prameny Dějin Českých, hg. von Novotný 1932, Nr. 6, 25–120, Zitate 117 und 118. Für eine Übers. vgl. [Peter von Mladoňovice,] Hus in Konstanz, übers. Bujnoch 1963, bes. 251–258, Zitate 252f., 254f., 257, s. zur Überlieferungsgeschichte ebd., 31–34, vor allem aber unter Berücksichtigung der tschechischen Übersetzungen und Abwandlungen die Darstellung bei Rychterová, Jan Hus: der Führer, Märtyrer und Prophet, 2008, bes. 437–442.
78 Passio etc. secundum Johannem Barbatum, rusticum quadratum ed. Prameny Dějin Českých, hg. von Novotný 1932, Nr. 5, 14–24, Zitate 17. Für eine moderne Übers. ins Engl. vgl. Fudge, Jan Hus at Calvary, 2011, Zitate 66–81, Zitate 68f.; vgl. zur Person des Autors sowie zur Datierung, Überlieferung und zum Inhalt des Werks ebd., 48–63. S. auch Haberkern, Patron Saint and Prophet, 2016, 23 mit

Fassung A: *[...] Quidam enim volebant caput eius abradere et alii repungnabant. Sed qui eorum propositum sortiti sunt, dubito, unum tamen scio, quod coronam papiream, cuius superscripcio erat: ‚Hic est heresiarcha pertinax', in qua et tres demones horrendi descripti, imposuerunt capiti eius. Qui more bidentis non murmure resonando, sed pacienciam domini sui servando dixit: ‚Corona, quam redemptor meus in capite suo sacratissimo gestabat, gravis et difficilis erat. Hanc levem et facilem pro nomine tuo, domine Ihesu Christe, ardenter cupio baiulare'. Quo facto ductus est ad cimiterium, in cuius presencia ridentes et gaudentes libros et tractatus suos, quos habebant, et presertim de ecclesia, combusserunt. Deinde per astantis turbe medium coronatus, cantando: ‚Christi virgo dulcissima virtutum etc' et confirmando dictis pusillum gregem domini et causam sue mortis declarando ad locum tormentorum ducebatur. [...]*

Fassung B: *[...] Quidam enim volebant caput iusti ex integro abradere, alii autem oppugnabant, dicentes fore coniventius, ut singule partium capitis eius quadrilatere decalventur. Ipse vero nequientes coire in blasphemia pacienter arguens ait: ‚Ecce in hac blasphemia non potestis convenire, quomodo in aliis poteritis concordare?' At illi coronam papiream, in qua tres demones horrendi descripti fuerant, cuius superscriptio continens erat ista: ‚Hic est heresiarcha', imposuerunt capiti eius. Quam cordintime amplexando, sic dicebat: ‚Corona, quam salvator et redemptor meus in capite suo sacratissimo pro me gestabat, gravis et difficilis erat. Hanc autem levem et facilem, pro te, domine Ihesu Christe, ardenter cupio baiulare'. Quo facto eductus per cimiterium ibat, in cuius presentia libros et tractatus suos, quos receperant, impie combusserunt. Deinde coronatus per astantis turbe medium pusillum gregem domini confirmando ad locum tormentorum ducebatur."*

Jakobellus von Mies (Jakoubek Stříbro), Predigt zur Erinnerung an das Martyrium des Jan Hus und des Hieronymus von Prag in der Bethlehemskapelle in Prag, auf Latein 1416 verschriftlicht:[79]

[...] Post hec condempnatus est tamquam hereticus pertinax, incorrigibilis, cum omnibus libris suis, deinde per modum crucis rasus per episcopos quosdam et coronatus corona papirea, in qua tres dyaboli erant depicti, superscripcio autem erat: „Iohannes Hus heresiarcha". Et inposita sibi corona ista, traditus est pretense Sathane. Ad quod ipse humiliter respondit: „Et ego comitto animam meam domino Ihesu Christo". Tandem flexis genibus cum lacrimis oravit pro inimicis [...]

Peter von Mladoňovice, *Narracio de Magistro Hieronymo Pragensi, pro Christi nomine Constancie exusto,* entstanden 1416, zuerst gedruckt Nürnberg 1558 (VD 16 H 6154), auch in einer um 1450 entstandenen tschechischen Übersetzung verbreitet:[80]

[...] Qua sentencia contra eum lata in conspectu eius et finita, magnus et longus pileus de papyro, rubeis circumpictus demonibus, fuit ei apportatus; quem videns, proiecto capucio inter prelatos in

---

Anm. 5, 30–33. Nach Rychterová, Jan Hus: der Führer, Märtyrer und Prophet, 2008, 437, Anm. 51, sah Jakobellus von Mies diesen Text gezielt für die Verbreitung des Hus-Kultes über die Stadt Prag auf das Land vor. Mit Blick auf dieses Erzählziel ist der Text noch deutlich stärker als die *Relatio* des Hus an den neutestamentlichen Berichten über die Passion Christi ausgerichtet (s. dazu ebd., 438f.), s. dazu unten mehr.

79 Jacobelli de Misa, Sermo habitus in Bethlehem a quodam pio in memoriam novorum martyrum M. Johannis Hus et M. Hieronymi ed. Prameny Dějin Českých, hg. von Novotný 1932, Nr. 11, 231–242, Zitate 240 und 241, und (mit geringfügigen orthographischen Abweichungen) Loserth, Beiträge zur Geschichte der hussitischen Bewegung, 1895, 358–364, Nr. 4, Zitat 361.

80 Petri de Mladoňowic Narracio de Magistro Hieronymo Pragensi, pro Christi nomine Constancie exusto ed. Prameny Dějin Českých, hg. von Novotný 1932, Nr. 17, 339–350, Zitat 349; für die tschechische Fassung s. ebd., 351–367.

terram, accepit et capiti suo eum imposuit, dicens: „Dominus noster Iesus Christus, pro me misero moriturus, habuit spineam coronam in capite suo. Ego autem loco illius corone pro eius amore istum pileum volo libenti animo portare." [...]

Jakobellus von Mies (Jakoubek Stříbro), Predigt zur Erinnerung an das Martyrium des Jan Hus und des Hieronymus von Prag in der Bethlehemskapelle in Prag, auf Latein 1416 verschriftlicht:[81]

[...] Post hec eciam impositus est sibi pileus super caput papireus cum rubeis demonibus, prout Magistro Iohanni sancte memorie similiter factum est, et ductus ad mortem [...]

Laurentius von Březová (Vavřinec z Březová), *Historia Hussitica*, entstanden wohl in den 1420er und 1430er Jahren, die mit den Prozessen gegen Jan Hus und Hieronymus einsetzend die Geschichte der Hussitenkriege bis 1422 erzählt, über die Ausführung des Hieronymus von Prag zum Hinrichtungsplatz:[82]

[...] Ibi ergo sentencia contra eum lata morti est adiucatus et pileo papireo magno et longo rubeis circumpicto demonibus capiti suo imposito extra civitatem, simbolum, Credo in unum deum, letaniam et Felix namque es decantando ad mortem ducebatur, populum ydiomate theutonico in hec verba alloquendo: ‚Dilecti pueri, sicut nunc cantavi, sic credo et ista est fides mea. [...]

Anonymus, *De vita Magistri Ieronimi de Praga*, überliefert als zweiter Teil der Narracio des Peter von Mladoňovice, ab der ersten Hälfte des 15. Jahrhunderts handschriftlich überliefert:[83]

[...] Post cuius sentencie prolacionem magnus et longus pileus de papiro cum rubicundis demonibus depictus fuit ei apportatus; quem videns, proiecto capucio intra prelatos ad terram, accepit et capiti suo eum imposuit, dicens: „Dominus noster Ihesus Christus habuit spineam coronam in capite suo, ego autem loco illius amore ipsius istum pileum volo libenti animo portare." [...]

Prosaoffizium für die Messfeier zum Martyrium des Jan Hus, handschriftlich überliefert seit dem 15. Jahrhundert:[84]

[...] Celicum misterium ei denegando,
truncat pilos capitis, sic destituendo
tradit potentatui per ignem conflandum.
Dona bona pro malis iustus reinpendit,

---

81 Jacobelli de Misa, Sermo habitus in Bethlehem a quodam pio in memoriam novorum martyrum M. Johannis Hus et M. Hieronymi ed. Prameny Dějin Českých, hg. von Novotný 1932, Nr. 11, 231–242, Zitate 240 und 241.
82 Vavřince z Březové Kronika Husitská ed. in Emler (Hg.), Prameny Dějin Českých, 1893, 327–534, Zitat 343. Für eine moderne Übersetzung vgl. [Laurentius von Březová,] Die Hussiten. Die Chronik des Laurentius von Březová 1414–1421, hg. von Bujnoch 1988, bes. 45f. und 50–52, Zitat 51. Explizit wird der Papierhut nur zur Hinrichtung des Hieronymus von Prag erwähnt; der Text verweist in beiden Passagen jedoch auf ausführlichere Berichte darüber, das heißt auf die *Relatio* des Peter von Mladoňovice.
83 De vita Magistri Ieronimi de Praga ed. Prameny Dějin Českých, hg. von Novotný 1932, Nr. 16, 335–338, Zitat 337, und in Loserth, Beiträge zur Geschichte der hussitischen Bewegung, 1895, 354–357, Nr. 3, Zitat 356. Zur Überlieferung als zweiter Teil der Narracio vgl. Repertorium Fontium 9, 155.
84 Prosa de Magistro Iohanne Hus (heretico condempnato a sancta matre ecclesia per concilium Constanciense) ed. Prameny Dějin Českých, hg. von Novotný 1932, Nr. 12, 243–246, Zitat 245; auch in einer tschechischen Übersetzung wohl des 15. Jahrhunderts bekannt, vgl. ebd., Nr. 25, 464.

dum cum lacrimis orat genuaque flectit,
se tradens ad victimam, it ad ymolandum.

Ecclesie tractatum, quem composuerat,
simulque et alios, quos illi iunxerat,
ante oculos iusti comittunt ignibus.
Quam insana hec cohors in hac vesania!
Nam impingit coronam plenam blasphemia,
ponens in caput iusti complosis manibus.

„Redemisti, domine, me" sed infert iustus
„sub spinea corona dum ibas honustus;
hanc levem pro te fero letis cervicibus".
Quo cum pro nomine Ihesu [vir] mitissimus
in locum tormentorum venit carissimus,
te plene invocando traditur ignibus,

sanguine pro sanguine tuo suo fuso,
optimo sancto fine taliter concluso,
cum sanctis martiribus tenet aureolam,
ut cum iudex venerit in fine seculi,
bonorumque malorum tunc cernent oculi,
quod Johannes dictus Hus celi fert coronam. [...]

Peter von Mladoňovice, lateinische Passion des Hieronymus von Prag in einer tschechischen Bearbeitung, die unter dem Titel *Vita Magistri Hieronymi, pro Christi nomine Constantiae exusti* ins Lateinische zurückübersetzt wurde, zuerst belegt als Druck aus dem Jahr 1495:[85]

[...] Hac sententia promulgata, ecce adferunt Hieronymo coronam ingentem et fastigiatam, cacodaemonibus rubrica depictis insignem, in qua ad supplicium iturus erat. Hanc ille simulatque conspexit, suum pallium arreptum abiecit in coetum sacerdotum et coronam ipse suo capiti imposuit, dicens: „Dominus meus Jesus Christus, pro me misero moriturus, gestabat in capite suo spineam coronam et longe gravissimam, ego quoque vicissim ipsius gratiae et amoris nomine hanc contumeliosam libens ad certum supplicium feram." [...]

Übertragung des Augenzeugenberichts des Peter von Mladoňovice ins Deutsche durch Nikolaus Krompach, gedruckt 1529 in der Offizin des Johannes Secerius in Hagenau:[86]

[...] Endtlich namen sie ein scheren vnd schnidten yhm die hare gantz ab hynden vnd forn vnd sprachen also: „Itzt hat die heilige kirche alle yhre recht von dir hynweg genommen vnd die kirche hat hynfort nichts mehr mit dir zuthon; darumb wollen wir dich nun der weltlichen handt vbergeben." Vnd setzten yhm einen papyren hut auff sein haubt vnnd sprachen vnter andern wortten also zu yhm:

---

85 Vita Magistri Hieronymi, pro Christi nomine Constantiae exusti ed. Prameny Dějin Českých, hg. von Novotný 1932, Nr. 18, 351–367, Zitat 365 – in der Edition Parallelabdruck der tschechischen Fassung A und der lateinischen Fassung B.
86 History vnd wahrhafftige geschicht, wie das heilig Euangelion mit Johann Hussen ym Concilio zu Costnitz durch den Bapst vnd seinen Anhang offentlich verdampt ist [...] ed. Prameny Dějin Českých, hg. von Novotný 1932, Nr. 8, 150–221, Zitate 219 und 220. S. auch Herkommer, Die Geschichte vom Leiden und Sterben des Jan Hus, 1984, 115.

„Wir befelhen nun dein seele dem teuffel." Aber Johann Huß sprach also mit gefalten henden vnd auffgehabnen augen ynn den hymel: „So befilch ich sie dem allergnedigsten herren Jesu Christo." Vnd als sie yhm den lesterhut auffsetzten, sprach er: „Mein herr Jesus Christus hat fur mich, durfftigen menschen, vil vil ein hertere, schwerere dornyne krone vnschuldiglich zu seinem tode getragen, darumb wil ich, armer sunder, dise lasterkrone willig vmb seines namens willen tragen, wie wol sie leichter ist." Es war aber ein runder, papyriner hut, gar nahe eines ellenbogens hoch vnd waren daran drey grewliche teuffel gemalet vnd war der titel, der sein sache belanget, also daran geschriben zu latin: „Hic est heresiarcha", das ist verdolmetscht: „Diß ist der ertzketzer." [...] Vnd als nun Johann Huß, also gekronet, ward aus gedachter kirchen gefueret, auff die selbigen stunde verbranten sie yhm seine bucher auff dem kirchoffe. Da das Johann Huß sahe vnd fur vber gefueret ward, lechelte er gleich yhrer torheyt. [...]

[...] Vnd als er nun also auff seinen knyen lag vnd bettet, wie gesagt ist, fiel yhm der lasterhut von seinem haubte, an welchem, wie obgemelt, drey teuffel gemalet waren; vnd als er den hut vor yhm ligen sahe, lechelte er. Etliche soldner aber sprachen zu den andern, so vmbher stunden: „Setzet yhm die krone wider auff, daß sie mit seinen herren, denen er gedienet hat allhie, verbrant werde." Darnach hieß yhn der hencker widder auff stehen vom gebet. Vnd als er nun auff stunde, sprach er mit lautter stimme, daß es yederman vernemen kunde, so vil yhr vmbher stunden, also: „O herre Jesu, disen schentlichen, grewlichen tode will ich vmb deines namens willen vnd des zeugnis willen deines heylsamen wortts geduldiglich mit deiner hilffe leiden." [...]

Johannes Nibling, Prior des Klosters Ebrach, im dritten, ab 1523 entstandenen Teil seiner insgesamt vierbändigen *Excerpta ex commentariis*, unikal überliefert (evtl. beeinflusst von der deutschen Übersetzung der *Relatio* des Mladoňovice von 1529):[87]

De Concilio Constanciensi et contemnatione [sic] Iohannis Huss Heresiarche

[...] Tunc Ludwicus, comes palatinus Reni, accessit ad Hussonem et cum eo mariscalcus regis et iniecerunt in eum manus et super caput eius posuerunt pileum altum de papiro, depictum demonibus. Et ductus est de ecclesia uno transitu extra portas civitatis.

Johannes Agricola, *Tragedia Johannis Huß welche auff dem Unchristlichen Concilio zu Costnitz gehalten allen Christen nützlich und tröstlich zu lesen*, gedruckt zuerst 1538[88]

ohne Seitenzählung: *[...] Als denn / scheren sie ihm mit scheren eine kolbe / vnd saget der Ertzbischoff von Meiland // Die heilge Kirch hat all ihr recht // Von dir angenomen ist alles schlecht. // Vnd hat hinforder nichts an dir / Derhalben itze auch wollen wir. // Dich vbergeben der weltligkeit // Denn du hast nun gantz dein bescheit // Nach solchem setzen sie ihm den papiren hut auff / der sol hoch vnd rund sein / daran drey Teuffel gemahlet / vnd geschriben / Hic est Heresiarcha. [...]*

ohne Seitenzählung: Holzschnitt mit Jan Hus in den Flammen des Scheiterhaufens, auf seinem Kopf ein länglicher Hut mit zwei figürlichen Darstellungen.

Johannes Cochlaeus in seiner *Historia Hussitarum libri duodecim*, gedruckt in Mainz bei Franz Behem 1549:[89]

---

[87] Excerpta ex commentariis Iohannis Nibling ed. Prameny Dějin Českých, hg. von Novotný 1932, Nr. 22, 384–390, Zitat 390.
[88] Johannes Agricola, Tragedia Johannis Huß, 1538 (VD16 A 1026), ohne Seitenzählung.
[89] [Cochlaeus, Johannes,] Historiae Hvssitarvm / Libri Dvodecim, 1549 (VD16 C 4326).

S. 111: *[...] His peractis, Rex ait ad Ducem Bauariae Ludouicum Electorem, qui pomum aureum tenebat. Vade, Recipe eum. Qui recipiens illu[m] tradidit eum lictoribus, capite tonsum & alto pileo papyraceo coronatum, cui inscriptum erat. Hic est Haeresiarcha. Dum ergo duceretur ad locum poene, uidens in Cimiterio libros suos comburi subrisit, propter eam stultitiam, ut ait scriptor ille. Inter eundum uero, ad circunstantes queribundus protestabatur, se ad mortem duci, propter errores sibi falso imputatos a falsis testibus, qui sibi capitales fuerint inimici. [...] Haec ex historia suspecti illius scriptoris, in Teuthonicum a nouis Hussitis (qui peiores sunt prioribus) translata. [...]*

Aber nicht nur der Text des Peter von Mladoňovice, sondern frappierenderweise auch die Bilderzyklen in der Richental-Chronik transportieren die Vorstellung einer „Passio Hussi",[90] wie die Kunsthistorikern Gisela Wacker 2002 prägnant herausgearbeitet hat. Nur ein einziger der erhaltenen Zyklen um die Prozesse gegen Hus und Hieronymus von Prag lässt sich demnach als antihussitisch deuten: In dieser Handschrift hat der Illustrator beide Verurteilte als eindeutig schuldig dargestellt, indem er die Teufelsgestalten nicht nur auf ihre Kopfbedeckungen malte, sondern auch in der Luft über ihren Köpfen schweben ließ. Es scheint also, als ob die Teufel gerade in die Verurteilten hinein oder aber aus ihnen heraus schlüpfen würden.[91] Selbst diese beiden Illustrationen folgen in der übrigen Bildgestaltung jedoch einem Darstellungstypus, der – wie Wacker für mehrere Motive nachweist – unmissverständliche ikonographische Anleihen an die Passion Jesu Christi aufweist.[92] Dass dieser offensichtlich prohussitische Charakter der Illustrationen von den Zeitgenossen durchaus verstanden wurde, lässt sich am eindrücklichsten an den Holzschnitten der Druckausgabe von 1536 zeigen: Dort lieh der Künstler Jörg Breu d. Ä. den historischen Personen das Antlitz zeitgenössischer Akteure, das heißt allen voran Jan Hus das Konterfei von Martin

---

[90] Schon Ulrich Richentals heute verlorener Autograph der Chronik war illustriert; der Autor zahlte den Lohn für diese Bebilderung, vgl. dazu die Einleitung des Editors in [Ulrich Richental], Chronik des Konstanzer Konzils, hg. von Buck 2011, XXI, so dass davon auszugehen ist, dass er mit den Bildinhalten zumindest einverstanden war.

[91] Prager Handschrift, Národní Knihovna České republiky, Cod. XVI A 17 (Sigle Pr), s. Beschreibung oben in Kasten B.4.2.

[92] So etwa ist die Ausführung des Jan Hus zum Richtplatz analog zu zeitgenössischen Kreuztragungsszenen gestaltet; seine Darstellung in frontaler Darbietung auf dem Scheiterhaufen erinnert an Kreuzigungsdarstellungen in der spätmittelalterlichen Form des volkreichen Kalvarienbergs. Auch der ‚Ketzerhut' lässt sich – analog zur Interpretation im Text des Peter von Mladoňovice – in diese Bilddeutung einfügen: Bei der Ausführung zum Richtplatz entspricht er der Dornenkrone, die die Soldaten Christus zu Hohn und Spott aufsetzten; in der Hinrichtungsszene hingegen nimmt sie den Platz der INRI-Tafel am Kreuz ein – beide Inschriften haben als gemeinsamen Zweck, den Grund für das Todesurteil anzugeben. Vgl. Wacker, Ulrich Richentals Chronik, 2002, Bd. 1, 124 und 125f., für weitere Parallelen zur Passio Christi, aber auch zu anderen biblischen Darstellungsmustern bzw. Anspielungen aus Heiligenmartyrien in den anderen Darstellungen unter gleichzeitigem Verzicht, für die Verurteilung und Hinrichtung der Angeklagten aber die traditionelle Ketzerikonographie zurückzugreifen, vgl. ebd. 121–129.

Luther.⁹³ Die Illustrationen gehen in ihrem Urteil also weit über die vagen Aussagen des Chroniktextes hinaus.

Angesichts der *Relatio* des Peter von Mladoňovice und ihrer dichten Rezeption nimmt es schließlich kein Wunder, dass die Papiermitra auch in der Heimat des Jan Hus in Böhmen schon früh zu den Attributen gehörte, mit denen er als Märtyrer auf dem Scheiterhaufen dargestellt wurde (s. zum Folgenden den Kasten B.4.6).⁹⁴ Als ältestes Zeugnis gilt die so genannte Bibel von Martinitz, die um 1430 vom Augenzeugen der Hinrichtung, Peter von Mladoňovice, in Auftrag gegeben wurde. In den folgenden Jahrzehnten gehört der Ketzerhut nicht nur in der Buchmalerei zum ikonographischen Repertoire für Hus-Darstellungen wie etwa im berühmten Jenaer Codex, einem in Prag um 1500 angelegten Sammelband, der verschiedene hussitische Texte sowohl in handschriftlicher als auch gedruckter Form vereint. Hier finden sich Illustrationen gleich zu zwei Texten, die sowohl Hus als auch Hieronymus von Prag mit dem Schandhut auf dem Scheiterhaufen zeigen; bei zweien von ihnen handelt es sich um Miniaturen, bei den anderen beiden um Holzschnitte. Bald verehrte man Hus in Böhmen außerdem auch in den Kirchen;⁹⁵ der papierne Schandhut als Attribut rückte damit in die zum Teil reich illustrierten Gesangbücher⁹⁶ und auf die Altarretabel, wie etwa ein Beispiel aus der Kirche des hl. Wenzel in Roudnice aus den 1480er Jahren demonstriert. Im Gefolge der lutherischen Reformation wurden seit dem zweiten Viertel des 16. Jahrhunderts in der berühmten Bergbaustadt St. Joachimsthal im Erzgebirge die bis ins 18. Jahrhundert nachgeprägten „Hus-Taler" hergestellt, Medaillen in Talergröße zum Gedenken an Jan Hus, die ihn auf der Vorderseite als Brustbild, auf der Rückseite gefesselt auf dem Scheiterhaufen zeigen. Den mit der Hus-Ikonographie vertrauten Betrachtern muss Material und Funktion der zylinderförmig langgestreckten Kopfbedeckung klar gewesen sein.

Der Schandhut gehörte so fest zur Bildaussage, dass dieser Bildtypus auch Texte illustrieren konnte, die sich über seinen Zweck völlig ausschwiegen. Dies gilt etwa für den Prager Erstdruck einer alttschechischen Übersetzung der *Historia Bohemica* des Enea Silvio Piccolomini, der in seiner weit verbreiteten und früh auch in verschiedene

---

93 Vgl. Wacker, Ulrich Richentals Chronik, 2002, Bd. 1, bes. 269–273, und Katalog der deutschsprachigen illustrierten Handschriften des Mittelalters, Bd. 3, begr. von Frühmorgen-Voss, 2011, 485.
94 Zum Märtyrerkult um Jan Hus in Böhmen und seiner Ikonographie vgl. Royt, Hussitische Bildpropaganda, 2006, 349–353, s. vor allem den Nachweis tschechischer Literatur auf 349 in Anm. 30, und Stejskal, Historical presumptions concerning the origin of the Jena Codex, 2009, speziell zur Bibel von Martinitz ebd., 35. Zur Bewertung des papiernen Schandhuts als einer der zentralen symbolischen Repräsentationen des Märtyrers in Text und Bild s. etwa Rychterová, Jan Hus: der Führer, Märtyrer und Prophet, 2008, 443, und Homolková/Studničková/Mutlová, Transcript of the text, 2009, 137, Anm. 245, mit der Erklärung: „The heretic's cap, the antithesis of a mitre, an instrument of humiliation and condemnation, the delivery of the enemy of God to hell, became Hus's attribute in the same way as the Cross, the instrument of death, was transformed into a sign of Christ's victory over death."
95 S. dazu Royt, Hussitische Bildpropaganda, 2006, 351.
96 S. dazu Bohatec, Schöne Bücher des Mittelalters, 1970, 53f. und 57.

Volkssprachen übersetzten Chronik über die Etappen des Strafvollzugs an den beiden Verurteilten berichtet. Obwohl der italienische Autor den Schandhut und die um ihn rankenden Episoden mit keinem Wort erwähnt, war er auf dem Holzschnitt der Druckausgabe von 1510 selbstverständlich präsent.[97]

Kasten B.4.6: Beispiele für den Schandhut auf Darstellungen des Hus-Martyriums in Böhmen.

Bibel von Martinitz (Bibliothek der Akademie der Wissenschaften der Tschechischen Republik, Prag, ohne Signatur), entstanden um 1430:[98]

fol. 11v: Eine I-Initiale präsentiert die wohl älteste Darstellung vom Feuertod des Jan Hus. Der Märtyrer steht inmitten der Flammen an einen Pfahl gekettet. Er trägt eine hohe, weiße Kopfbedeckung, auf die drei Dämonen gemalt sind. In der Figur neben ihm, gekleidet als Universitätsmagister mit Buch in der Hand, vermutet die Forschung den Auftraggeber der Bibel und Augenzeugen der Hinrichtung, Peter von Mladoňovice.

Altarretabel aus der Kirche des heiligen Wenzel in Roudnice (verwahrt im Hussitenmuseum Tábor, Inv. Nrn. OP 4335, OP 4336), Tempera auf Holz, entstanden in den 1480er Jahren:[99]

Darstellung auf den Flügeln: Jan Hus mit dem mit Teufeln geschmückten Schandhut auf dem Scheiterhaufen, daneben sind die Enthauptung des heiligen Jakob d. Ä., die Verbrennung des heiligen Lorenz sowie das Martyrium des heiligen Sebastian dargestellt.

Smíšek Graduale (Österreichische Nationalbibliothek Wien, Suppl. mus. 15.492), entstanden in der Prager Werkstatt des Buchmalers Matouš (Matthäus) in den Jahren 1490–1495, in Auftrag gegeben von Michal Smíšek z Vrchovišť aus Kuttenberg:[100]

fol. 400r (Darstellung am unteren Bildrand): Die Miniatur zeigt den schon an einen Pfahl geketteten Jan Hus auf dem Scheiterhaufen, den fünf Schergen gerade mit Brennholz aufschichten. Hus trägt

---

97 Vgl. Aeneas Silvius Piccolomini, Historia Bohemica, hg. von Hejnic 2005, 250–253. Nicht weiter thematisiert werden kann hier, dass nicht nur Texte um den Konstanzer Prozess gegen Hus und Hieronymus von Prag entstanden, die den Papierhut nicht erwähnen, sondern dass sich auch Bildtraditionen entwickelten, auf denen er fehlt. Dies gilt etwa für die bebilderten Handschriften der Chronik von Eberhard Windecke (für eine Abb. vgl. etwa Badisches Landesmuseum (Hg.), Das Konstanzer Konzil, 2014, 270, Abb. 1) oder aber in der *Cosmographia* des Sebastian Münster (für den Holzschnitt aus der Ausgabe von 1559 vgl. die Abb. bei Herkommer, Die Geschichte vom Leiden und Sterben des Jan Hus, 1984, 127, Abb. 3).
98 Für Abb vgl. Wikimedia Commons, URL: https://de.wikipedia.org/wiki/Datei:Jan_Hus-Bible_Martinicka.jpg (Stand: 10.03.2023), und Šmahel, Die Hussitische Revolution, 2002, Bd. 1, Abb. 12 (ohne S.). S. Royt, Hussitische Bildpropaganda, 2006, 350, und Wacker, Ulrich Richentals Chronik, 2002, Bd. 1, 141.
99 Für eine Abb. vgl. Badisches Landesmuseum (Hg.), Das Konstanzer Konzil, 2014, 302f., Nr. 203, Abb. auf 303. S. auch Royt, Hussitische Bildpropaganda, 2006, 350, mit einer abweichenden Datierung auf die 1460er und 1470er Jahre, und Stejskal, Historical presumptions concerning the origin of the Jena Codex, 2009, 35.
100 Für eine Abb. vgl. Homolková/Studničková/Mutlová, Transcript of the text, 2009, 137, Abb. 6. S. dazu knapp Royt, Hussitische Bildpropaganda, 2006, 348f.

einen langgezogenen weißen Hut mit Teufelsdarstellungen. Zu beiden Seiten wird der Scheiterhaufen von Schaulustigen flankiert, die durch Tonsur, Kutte und Mitra alle als Kleriker erkennbar sind.

Jenaer Codex (Národní muzeum Prag, Knihovna Národního muzea, IV B 24), entstanden zwischen 1490 und 1510 im Auftrag des Prager Bürgers Bohuslav von Čechtice, als utraquistische Sammelhandschrift:[101]

- Miniaturen zur Abschrift von *Tabule veteris et novi coloris seu cortina de Anticristo* von Nikolaus von Dresden, fol. 12r–37r:

fol. 38r (ganzseitige Darstellung): Jan Hus stirbt den Feuertod auf dem Scheiterhaufen; er trägt eine weiße, langgezogene Kopfbedeckung, die einer Mitra ähnelt und auf der drei schwarze stilisierte Teufel zu sehen sind. Das Publikum zu seiner Rechten besteht aus einer großen Zahl an Klerikern, die an ihren Bischofsmützen bzw. Tonsuren erkennbar sind. Links stehen fünf weltliche Zuschauer, zum Teil auf ihren Pferden.

fol. 38v (ganzseitige Darstellung): Hieronymus von Prag stirbt den Feuertod auf dem Scheiterhaufen; er trägt eine weiße, langgezogene Kopfbedeckung mit drei stilisierten Teufeln. Das Publikum zu seiner Rechten wird von einer großen Schar weltlicher Zuschauer gebildet, während links Kleriker, darunter sogar zwei Kardinäle stehen.

- Holzschnitte zu einer Druckbeilage zum Alttschechischen Passional (Inkunabel von 1495), fol. 39ra–54ra:

fol. 41v (halbseitige Darstellung): Der im Jenaer Codex in Teilen kolorierte Holzschnitt zeigt Jan Hus in den Flammen, auf seinem Haupt den Ketzerhut, der als Zylinder mit drei Teufeln vorgestellt wird, vor einem Nimbus. Im Hintergrund folgt eine große, nur noch durch Köpfe angedeutete Menge der Hinrichtung, aus der an den Bildrändern sowohl kirchliche Würdenträger als auch ein Jude mit Judenhut hervorstechen.

fol. 48r (halbseitige Darstellung): Der Holzschnitt zeigt Hieronymus von Prag in den Flammen, auf dem Haupt einen zylinderförmigen Ketzerhut, auf den ein Teufel gemalt ist, vor einem Nimbus. Die schaulustige Menge um den Scheiterhaufen besteht rechts vor allem aus Klerikern, links aus weltlichen Zuschauern. Im Vordergrund ist ein Jude mit Judenhut dargestellt.

Holzschnitt im 1510 in Prag publizierten Erstdruck der alttschechischen Übersetzung des katholischen Priesters Jan Húska (1487) von Enea Silvio Piccolominis um 1457 entstandener *Historia Bohemica*:[102]

Hus steht in den Flammen des Scheiterhaufens, rechts und links umgeben von dicht gedrängtem Publikum, aus dem sowohl weltliche als auch kirchliche Würdenträger hervorstechen.

---

101 Für eine Abb. vgl. Wikimedia Commons, URL: https://commons.wikimedia.org/wiki/File:Jan_Hus_at_the_Stake.jpg (Stand: 10.03.2023) und Boldan et al. (Hg.) The Jena Codex. Facsimile, 2009, fol. 38r, 38v, 41v und 48r. Für einen ikonographischen Kommentar vgl. Homolková/Studničková/Mutlová, Transcript of the text, 2009, 137f. und 138f. Die Darstellungen sind einerseits in die Schrift *Tabule veteris et novi coloris seu cortina de Anticristo* von Nikolaus von Dresden, entstanden 1412, fol. 12r–37r, inseriert; hier handelt es sich um auf Reform zielende zeitgenössische Predigtliteratur, s. dazu knapp Royt, Hussitische Bildpropaganda, 2006, 343 und 346. Andererseits schmücken sie die Druckbeilage zum Alttschechischen Passionale, vgl. dazu Boldan, The Jena Supplement to the Passionale, 2009; für eine Abb. vgl. auch Krofta et al., Mistr Jan Hus, 1915, Abb. 4.
102 Für eine Abb. vgl. Krofta et al., Mistr Jan Hus, 1915, Abb. 7.

Kantionale von Leitmeritz (Regionalmuseum Leitmeritz/Litoměřice), 1510–14 oder 1517 (?):[103]

fol. 43r (Darstellung in der Randleiste einer Notenseite, die sich an die Darstellung einer Gregorsmesse in der oberen Blattzone anschließt): Hus steht mit einer Halsfessel an den Pfahl des Scheiterhaufens geschlossen in den Flammen, auf dem Haupt die Ketzermütze, die drei stilisierte Teufel zeigt. Um ihn steht ein volkreiches Publikum, aus dem sowohl weltliche als auch geistliche Würdenträger hervorragen.

fol. 245v (ganzseitige Darstellung): In der unteren Bildzone ist der Feuertod des Jan Hus dargestellt: Hus, den ein Nimbus umgibt, steht zwar barhäuptig in den Flammen des Scheiterhaufens, doch die zylinderförmige, mit Teufelsfiguren geschmückte Papiermitra liegt neben ihm in den Flammen. In der oberen Zone wird Hus angetan mit sämtlichen Attributen des Geistlichen und unversehrter Tonsur vor den Thron Gottes gebracht, der ihn mit der Märtyrerkrone bekrönt.

Sog. „Hus-Taler" (für die Renaissance typische Erinnerungsmedaillen) aus der für ihre Münzprägungen berühmten Bergbaustadt St. Joachimsthal (Jáchymov), nachgewiesen für vier bzw. fünf Münzer in den Jahren 1520 bis 1558 (Melchior Peuerlein, Hieronymus von Magdeburg, Meister C. E., Hieronymus Dietrich, zum Teil zusammen mit Michael Hohenauer), immer mit demselben Motiv:[104]

Avers: Porträt des Jan Hus im Profil, auf dem Haupt ein Birett als Kopfbedeckung geistlicher Gelehrter

Revers: Jan Hus auf dem brennenden Scheiterhaufen, auf dem Haupt eine – unterschiedlich gut zu erkennende – Schandmütze, auf der zum Teil auch Teufelsdarstellungen zu erahnen sind

Halten wir kurz inne, um zum Ausgangspunkt der Überlegungen zurückzukehren: Die Vielzahl und Vielfalt an Quellen, die die papierne Kopfbedeckung des Jan Hus bezeugen, macht leicht plausibel, weshalb dieser aus heutiger Perspektive ziemlich spezielle Papiergebrauch für den Autor der eingangs zitierten Mühlenbaukunst, Johann Matthias Beyer, zu den frühen noch fassbaren Spuren für die Existenz von Papier gehörte. Unzweifelhaft war Hus damit der prominenteste Träger eines solchen Schandhuts – aber er und auch Hieronymus von Prag waren nicht die einzigen. Wohl europaweit kamen sie auch bei anderen Ketzern zum Einsatz[105] und sogar bei Ketzerinnen, wie der Nürnberger Fall der als Zauberin verurteilten Margreth Salchingerin 1489 (s. Kasten B.4.7)[106] oder der Regensburger Fall der Magdalena Walpotin 1434 zeigen.

---

103 Für eine Abb. vgl. Krofta et al., Mistr Jan Hus, 1915, Abb. 9 und 10; Faber/Kurth, Wie sah Huss aus?, 1907, Tafeln im Anhang, für Beschreibungen vgl. 7–9; Bohatec, Schöne Bücher des Mittelalters, 1970, Abb. 192, und Herkommer, Die Geschichte vom Leiden und Sterben des Jan Hus, 1984, 126, Abb. 1, s. auch 125, und Royt, Hussitische Bildpropaganda, 2006, 352, mit der Beschreibung beider Darstellungen sowie dem Nachweis tschechischer Literatur in Anm. 40. S. auch Rychterová, Jan Hus: der Führer, Märtyrer und Prophet, 2008, 443.
104 Für eine Abb. vgl. Musílek (Hg.), Husovské unikáty ze sbírek Národního muzea, 2015, Kat.Nr. V.I.1–15, 109–113; einführend s. den vorangestellten Kurzbeitrag von Schneider, Renesanční medaile, 2015. Für Umzeichnungen vgl. Krofta et al., Mistr Jan Hus, 1915, Abb. 74–80.
105 S. etwa ein Frankfurter Beispiel zum Jahr 1453 unten in Anm. 121. Für das Jahr 1497 ist ebd. der Einsatz der Ehrenstrafe für Kirchenraub belegt.
106 Zu Margreth Salchingerin vgl. Kasten B.4.7; auf ein weiteres Nürnberger Beispiel des Jahres 1434 verweisen Hansen, Quellen und Untersuchungen zur Geschichte des Hexenwahns, 1901, 545, und

Der vom Basler Konzil zur Bekämpfung der hussitischen Irrlehren an die böhmische Landesgrenze abgesandte päpstliche Kaplan Juan de Palomar ließ die Walpotin publikumswirksam in der Regensburger Kathedrale in einem gelbroten – das heißt: feuerfarbenen – Kleid mit einem aufgenähten roten Kreuz sowie einer Mitra aus Papier zur Schau stellen. Die Mitra verkündete über eine Inschrift, wie der vermutliche Augenzeuge Andreas von Regensburg bemerkt, dass man diese Frau als Ketzerin überführt habe, dass sie jedoch durch Gottes Gnade bekehrt worden sei (s. Kasten B.4.7).[107]

Papierne Kopfbedeckungen als Ehrenstrafen waren jedoch auch nicht nur auf den Bereich der Häresie beschränkt. Man nutzte sie auch zur Kennzeichnung und Verhöhnung von gefangenen Kriegsgegnern[108] sowie zur Anprangerung anderer Vergehen.[109] In besonderem Maße scheinen sie bei Delikten der Geldfälscherei zum Einsatz gekommen zu sein. Dies demonstrieren nicht nur entsprechend belegte Fälle des 15.

Knapp, Das alte Nürnberger Kriminalrecht, 1896, 274, beide ohne konkreten Quellenbeleg. S. auch die Bemerkung bei Malblank, Geschichte der Peinlichen Gerichts-Ordnung Kaiser Karls V., 1783, 36, man habe im Nürnberg des 16. Jahrhunderts „Zauberei und Seegensprecherey durch oeffentliches Ausstellen an einem Pfahl, zuweilen mit einer Kappe, worauf der Teufel gemahlt war, nebst Ausschneidung eines Theils der Zunge" bestraft.

107 Wie Andreas der Erwähnung des Generalkonzils zu Vienne 1311/12 nahelegt, könnte die Walpotin eine Begine gewesen sein, denn er verweist auf das dort erlassene Dekret über den verdammenswerten Irrglauben der Beginen und Begarden, ein Mensch vermöge schon zu Lebzeiten einen so hohen Grad an Vollkommenheit erreichen, dass er *impeccabilis* – frei jeder Sünde – sei. Vgl. Dekrete der ökumenischen Konzilien, Bd. 2, bearb. von Jedin 2000, Nr. 28, 382–384 (mit Übers. ins Deutsche). Unzweifelhaft scheint es sich bei ihrem Fall um einen nicht alltäglichen Skandal gehandelt zu haben, vergleicht der Chronist sie in ihrem Hochmut doch mit einer anderen, weitaus berühmteren Ketzerin – der Jungfrau von Orléans.

Dieser Brauch hielt sich auch über das Mittelalter hinaus. Noch der große Zeremonialmeister des frühen 18. Jahrhunderts, Johann Christian Lünig, weiß davon für eine Massenhinrichtung der spanischen Inquisition am 30. Juni 1680 in Madrid zu berichten, vgl. Lünig, Theatrum Ceremoniale Historico-Politicum, 1720, 293: „Und hatten diese letzern grosse Muetzen von gesteifftem Papier auf den Koepffen, auf welche ihr Verbrechen geschrieben stund […]". Der Ethnologe Wolfgang Brückner hat zudem auf eine große Zahl zeitgenössischer Darstellungen des 17. bis 19. Jahrhunderts zur spanischen Inquisition hingewiesen, vgl. Brückner, Bildnis und Brauch, 1966, 288, s. auch ebd. Abb. 13 im Anhang: Darstellung der Prozession zum Autodafé 1558 in Valladolid im Germanischen Nationalmuseum Nürnberg, Kaps. 1430 Ms. 905: Die Verurteilten tragen den „Sanbenito", ein kurzes, hemdartiges Gewand, und die „Coroza" aus Papier auf den Köpfen, die beide Teufelsdarstellungen präsentieren. Für einen Verstorbenen, der im Sarg mitgetragen wird, ist ein Effigies auf hoher Stange ebenfalls mit „Sanbenito" und „Coroza" bekleidet.

108 S. dazu weiter unten sowie die Beispiele Jeans de Bueil in seinem Roman *Le Jouvencel* sowie in den von Paul Hektor Mair aus Augsburg angelegten Chronikkompilationen, vgl. Kasten B.4.7 unter den Jahren 1466 und 1547.

109 S. Beispiele im Kasten B.4.7 sowie in den begleitenden Anmerkungen. S. auch Hanawalt, Growing up in Medieval London, 1993, 118–120, leider ohne konkreten Quellenbeleg, mit dem Verweis auf einen Prozess im London des 16. Jahrhunderts, bei der ein wegen der mehrfachen Nötigung zur Prostitution überführter Täter zur Strafe mit einem Papier auf dem Kopf, auf dem sein Vergehen geschrieben stand, an den Pranger gestellt und schließlich verbannt wurde.

und 16. Jahrhunderts,[110] sondern auch der in der *Cronaca romana* überlieferte Protest des zum Tode verurteilten Giovanni Pipino im Jahr 1357, er verdiene es nicht, eine Papierkrone zu tragen, schließlich habe er keine Münzen gefälscht (s. Kasten B.4.7).

Die Quellen für diese Ehrenstrafe sind schon für das 14. und 15. Jahrhundert vielfältig. Einerseits sind sie im Verwaltungsschrifttum belegt, etwa in Form von Rechnungen, die wie zum Beispiel im Fall der Frankfurter Rechnungsbücher 1457 die Kosten für die Anfertigung der Schandsymbole vermerken, oder als Kriminalakten, die im Paris des Jahres 1392 neben dem Verfahren und dem Urteil gegen die Angeklagten auch penibel die Formen ihrer Bestrafung dokumentierten (s. Kasten B.4.7). Die Öffentlichkeitswirksamkeit solcher Ereignisse und die weithin sichtbaren, leicht dechiffrierbaren Botschaften der papiernen Requisiten machen verständlich, weshalb sie auch so häufig in historiographischen Berichten auftauchen.

Zum Teil wurde der spiegelnde Charakter der Ehrenstrafen auch jenseits der Erzählungen über Jan Hus in der Historiographie als geschicktes Mittel zur narrativen Ausgestaltung erkannt. Als Beispiel seien die beiden Chroniken genannt, die detailliert über den tiefen Fall des in den Augen der Zeitgenossen ebenso ehrgeizigen wie rücksichtslosen Emporkömmlings Giovanni Pipino, bekannt als *Conte palatino* von Minervino und Altamura, im Jahr 1357 berichten (s. Kasten B.4.7). Nachdem man Pipino nach langer Belagerung seiner Burg Minervino schließlich gefangen gesetzt habe, so berichtet Buccio di Ranallo aus Aquila nur wenige Jahre nach den Ereignissen, habe man den *Paladino* barfuß und barhäuptig, ja sogar seiner Kleider beraubt auf einen Esel gebunden und ihn dann mit einer *corona da carta* gekrönt. Auf diese Weise seiner Ehre beraubt, sei er überall im Land auf die Plätze geführt worden, so dass selbst diejenigen, die ihm zuvor gewogen gewesen seien, über ihn spotteten, bevor man ihn in seinem eigenen Herrschaftsgebiet vor der Stadt Altamura am Galgen aufgeknüpft habe. Die papierne Krone aber sei Pipino aufgesetzt worden, so erklärt Buccio explizit in Strophe 1064, weil er sich den Titel eines Königs von Apulien angemaßt und sich demnach über *l'arte sea* – seinen gesellschaftlichen Stand – erhoben habe. Buccio schließt in einer eigenen Strophe (1066) mit dem moralisierenden Appell an seine Leserschaft, dass niemand – so hochrangig und bedeutend er sei – sich gegen seinen Herrn erheben solle, besonders aber nicht gegen die *corona*, die Krone.[111]

---

110 S. ein Frankfurter Beispiel zum Jahr 1457 im Kasten B.4.7, zwei weitere Frankfurter Fälle zum Jahr 1505 unten in Anm. 121.

111 Einen parallelen Fall für ein solches entehrendes Strafritual wissen sowohl das englische *Registrum Abbatiae Whethamstede* als auch das französische *Journal* des Jean de Roye über den 1460 auf dem Schlachtfeld von Wakefield gefangen gesetzten und wegen seiner Ambitionen auf den Thron hingerichteten Herzog Richard von York zu berichten. Nach dem *Registrum Abbatiae Whethamstede* hätten die Soldaten der Lancasterpartei, bevor man ihn aufgeknüpft habe, ihn mit einem Kranz *per modum coronae* und den Rufen „*Ave, rex, sine regimine. Ave, rex, absque haereditate. Ave, dux et princeps, absque omni populo penitus, et possessione*" verhöhnt. Die zeitnah in St. Albans entstandene Chronikkompilation quittiert dies mit dem Vergleich *non aliter quam Judaei coram Domino* und verweist damit auf die Verspottung Jesu durch die Dornenkrone am Kreuz. In diesem Fall handelt es sich,

In dieselbe Kerbe schlägt auch das zweite Zeitzeugnis, die *Cronaca* des *Anonimo romano*. Anlass dafür, über den – wie es gleich zum Auftakt heißt – schlechten und schmählichen Tod des Giovanni Pipino zu berichten, ist dessen acht Jahre vorher erfolgter gewaltsamer Versuch, sich in innerrömischen Konflikten zum Protektor der Stadt am Tiber aufzuschwingen. Dementsprechend berichtet die Chronik über die ihm vor seiner Hinrichtung aufs Haupt gedrückte *mitra de carta a muodo de corona*, sie habe den Verurteilten nicht nur als Pfalzgraf von Altamura, Graf von Minervino und Herr von Bari bezeichnet und damit seine süditalienischen Herrschaftsgebiete und -titel benannt, sondern auch als *liberatore dello puopolo de Roma*, als ‚Befreier des Volks von Rom'. Aus der im Folgenden geschilderten Reaktion des Giovanni Pipino wird der verhöhnende Charakter dieser Inschrift indirekt deutlich: Giovanni wehrt sich nämlich nicht nur – wie oben schon erwähnt – gegen die Schandmitra mit den Worten, er sei kein Geldfälscher. Ebenso wenig nämlich habe er den Tod am Galgen verdient – der, wie jedem Menschen der Zeit klar war, die schmachvollste Form der Todesstrafe war. Wolle man ihn nach seinen Taten mit dem Tod bestrafen, so müsse man ihn – zu ergänzen wäre: wie für einen adligen Täter eigentlich angemessen – mit dem Schwert richten.

Bildquellen wie oben zu Jan Hus und Hieronymus von Prag breit vorgestellt haben sich für diese Ehrenstrafe sonst aus den mittelalterlichen Jahrhunderten kaum erhalten.[112] Über schriftliche Zeugnisse lassen sich jedoch für Italien die einstige Existenz

---

vertraut man dem *Registrum Abbatiae Whethamstede*, nicht um einen papierenen Schandhut, sondern um ein *sertum vile, ex palustri gramine confectum*. Ed. Chronicon Monasterii S. Albani, hg. von Riley 1872, 382. Eine ähnliche Lesart findet sich auch bei Jean de Roye: Demnach habe man Richard zuerst hingerichtet, um dann auf seinen auf eine Lanze gespießten Kopf *une couronne de feurre en figure de couronne royale* (also eine Krone aus Heu oder Stroh in Form einer Königskrone) zu setzen, *en desrision de ce qu'il se vouloit faire roy* – das heißt, zum Spott, da er sich habe zum König machen wollen, vgl. [Jean de Roye,] Journal de Jean de Roye, Bd. 1, hg. von de Mandrot 1894, 14f. Anders Johnson, Duke Richard of York, 1988, 223, der freilich ohne weiteren Quellenbeleg über die Ausstellung von Richards sterblichen Überresten erklärt: „His head was severed from the corpse and displayed on the gates of York, a paper crown placed upon it in gruesome jest".

112 Als Ausnahme sei eine Einzelminiatur (Deckfarben auf Pergament) im Berliner Kupferstichkabinett, Nr. 4215, genannt, wohl aus einer Dekretalien-Handschrift ausgeschnitten, die Niccolò di Giacomo da Bologna (1349–1399) zugeschrieben und um 1375/80 angesetzt wird: Sie zeigt Christus (in der oberen Zone) und den Papst (in der unteren Zone) als strafende Richter in Analogie, so dass zugleich das Jüngste Gericht und das Ketzergericht gegenübergestellt werden. In der unteren Zone ist der Bischof, der rechts noch in vollem Ornat mit auf dem Rücken gebundenen Händen vor dem Papst kniet, links bereits bis auf einen Lendenschurz entblößt in den Flammen des Scheiterhaufens dargestellt. Vor der Brust hängt ihm eine Urkunde mit zwei Siegeln, die die so genannten *breve di eretici* symbolisiert, auf dem Haupt trägt er eine mitraförmige weiße Kopfbedeckung mit der großen Letter „A" für Apostat. Links neben ihm warten, bewacht von päpstlichen Söldnern, zwei Leidensgenossen – offensichtlich ein Professor und ein junger Laie – auf ihr ähnliches Schicksal. Für eine Abb. vgl. Wartenberg, Bilder der Rechtsprechung, 2015, 16, Abb. 10, Beschreibung 15f. Keller, Die Entstehung des Bildnisses, 1939, 310, Abb. 277, Beschreibung 311, bzw. Erbach di Fuerstenau, La miniatura bolognese nel Trecento, 115, Abb. 8, Beschreibung ebd. 114–117.

heute verlorener Schandbilder greifen: Wie Gherardo Ortalli gezeigt hat, ließen zwischen der Mitte des 13. Jahrhunderts bis ins beginnende 16. Jahrhundert hinein viele Kommunen das Konterfei verurteilter, doch flüchtiger Verbrecher bzw. Gegner großflächig auf die Außenwände öffentlicher Gebäude plakatieren. Bald entwickelte sich für diese Schandbilder eine feste Ikonographie, die nach Ortalli nicht nur Galgen, Ketten, Flammen, allegorischen Figuren wie Basilisken oder Sirenen und obszönen Gesten umfasste, sondern zu der auch die entehrende Kopfbedeckung mit Teufelsdarstellung zählte.[113]

In den Schriftquellen ist natürlich nicht immer das Material der Schandhüte explizit benannt. In den Belegen, in denen es Erwähnung findet, handelt es sich allerdings fast ausnahmslos um Papier (s. dazu die Zusammenstellung in Kasten B.4.7).[114] Dass es vor seiner allgemeinen Durchsetzung entsprechende Requisiten auch schon aus Pergament gegeben haben muss, zeigt das bis 1350 geführte Register des *Parlement de Paris*, das heißt, des königlichen Gerichtshofes in Paris. Hier findet sich zum Jahr 1344 protokolliert, man habe den Verbrecher Henri Malestroit mit einer *coronne de parchemin* an den Pranger gestellt, auf der in großen roten Lettern sein (im Register ungenanntes) Vergehen zu lesen gewesen sei.[115] Nicht ganz fünfzig Jahre später, im

---

113 Vgl. Ortalli, „...pingatur in Palatio ...", 1979, s. dazu zusammenfassend auch Brückner, Bildnis und Brauch, 1966, 209f. Besonders dicht belegt ist – um ein Beispiel zu schildern – der 1377 kulminierende Konflikt zwischen der Kommune von Florenz und dem von ihr des Verrats beschuldigten Condottiere Rodolfo da Varano (auch Ridolfo da Camerino), als die Florentiner an gleich zwei kommunalen Palazzi übergroße Schandbilder des ehemaligen Verbündeten anbringen ließen. Wie ein anonymer Chronist in seinem volkssprachlichen Diario unter dem 17. Oktober en detail schilderte, war Rodolfo darauf von Basilisken, Sirenen und einem Teufel begleitet und mit einem Fuß am Galgen hängend dabei dargestellt, wie er das Zeichen der *fica* gegen die Kirche wie gegen die Kommune Florenz mache, da er – so das Diario ausdrücklich – auch den Papst betrogen habe. Auch *una gran mitra* auf seinem Kopf erwähnt das Diario, jedoch ohne weiteren Verweis auf deren Funktion oder Material, vgl. Diario d'Anonimo Fiorentino, hg. von Gherardi 1876, 340. Eine Übersetzung der Passage ins Deutsche ist zit. bei Brückner, Bildnis und Brauch, 1966, 207. Weit über Florenz hinaus in ganz Europa und ebenso weit über das Jahr der Ereignisse hinaus bis ins 17. Jahrhundert berühmt wurde diese Provokation, da Francesco Poggio Bracciolini die Reaktion des Condottiere als – freilich nun für die Florentiner äußerst unrühmliche – Anekdote in seine Fazetien aufnahm. Als Florenz sich nämlich kurz darauf anders besonnen habe und Frieden schließen wollte, da habe er die städtischen Abgeordneten in Pelze gehüllt in einem überheizten Schlafgemach empfangen. Auf die Frage, an welcher Krankheit er leide, soll er geantwortet haben: An der Kälte, da man ihn solange unbekleidet an den florentinischen Mauern der Nachtluft ausgesetzt habe. Poggio schließt seine Anekdote mit dem Hinweis, dass die Schandbilder nach dem Friedensschluss getilgt worden seien. Zugleich gestand nach Brückner, Bildnis und Brauch, 1966, 207, auch Rodolfo die Entfernung eines Revanchebildes auf seinem Schloss in Camerino zu, von dem heute nur noch die drastisch mit Fäkaliensprache schmähende Begleitinschrift bekannt ist.
114 Eine der seltenen Ausnahmen ist der Kranz aus Sumpfgras, mit dem Richard von York nach dem Bericht des *Registrum Abbatiae Whethamstede* 1460 verspottet wurde, s. dazu Anm. 117.
115 Ed. in Langlois/Lanhers (Hg.), Confessions et jugements de criminels au Parlement de Paris, 1971, Nr. 31, hier 156, über den Bretonen *Henris de Malestrait,* der als *chapelain du pape et maistre*

Jahr 1392, trug sein Landsmann Estiene Josson eine *mittre de papier*. Hier wird also beiläufig der Umbruch von Pergament auf Papier fassbar, das offenbar in der ersten Hälfte des 14. Jahrhunderts selbst in der französischen Kapitale noch nicht selbstverständlich verfügbar war.

Kasten B.4.7: Beispiele für die Erwähnung von Papier als Material für Schandhüte und -symbole.

1357	Bericht über Spott- und Schandrituale vor der Hinrichtung von Giovanni Pipino d'Altamura, Conte palatino von Minervino und Altamura, im Jahr 1357;

a) in der ab 1355 entstandenen gereimten *Cronica Aquilana* des Buccio di Ranallo di Popplito di Aquila, die nach der Schilderung der Kapitulation des knapp als *Paladino* bezeichneten Giovanni Pipino bei der Belagerung von Minervino mit den folgenden Strophen fortfährt:[116]

<1062> *[...]*
e [il Paladino, Anm. d. Verf.] fo posso 'n un asino e sì nci fo legato,
scauzo e in capilli [Anm. des Editors: senza capello] *e nudo fo spolliato;*
de corona de carta da poi fo incoronato.

<1063> *Così desonorato per molte placze gio,*
chi be·lli volze o male allora lu schernio;
menarolu a Altemura, como aio audito jo,
denanti a quella terra lu apiccao e morio.

<1064> *Però fo incoronato, ca dice che dicea*
ca illu re di Pullia chiamare se devea,
no potia remanire secunno l'arte sea
dello male che à facto, que farrà l'alma rea?

<1065> *Anni mille trecento cinquanta secte è stato,*
quanno lu Paladino fo morto e apiccato,
del mese de sectenbre, sì como vi è contato,
e chi·nne fo scontento e chi se·nn'è alegrato.

<1066> *O consillio e ricordo, o doctrina bona:*
che nullo sia sì grande né alto che si pona
contra del suo signore, spizialmente a corona,
e quilli che ll'ào facto pur mal se nne rasciona.

---

des Requestes de l'Ostel le roy bezeichnet ist und für eine ganze Serie an schweren Verbrechen, die allesamt als Hochverrat zu interpretieren sind, verurteilt wird: *[...] Si fu condempné par sentence diffinitive dudit evesque à courre la ville de Paris par les rues et quarrefours sus I tumerel, liez en sa teste une coronne de parchemin où la cause de sa condempnation estoit escripte de grosses lettres roiges ; et puis estre mis en l'eschele ou parvis Nostre Dame ; et puis à estre perpetuelment et morir en chartre perpetuele au pain de douleur et à l'aye de tristece etc.*

116 Ed. Buccio di Ranallo, Cronica, hg. von De Matteis 2008, 327–329; s. auch nach einer anderen Handschrift die ältere Edition: [Buccio di Ranallo,] Cronaca Aquilana rimata, hg. von Bartholomaeis 1907, 251. Einführend mit der neueren Forschung vgl. Terenzi, Art. Buccio di Ranallo, 2010.

b) in der *Cronaca* des Anonimo Romano (Bartolomeo di Iacovo da Valmontone zugeschrieben), entstanden um 1357/1358, Kap. 18:[117]

Lo paladino, lo quale ruppe Roma e llo buono stato, digno Dei iudicio, finao male e vituperosamente morio. Puo' fatto questo anni otto, fu appeso per la canna in Puglia, in una terra donne era paladino, la quale avea nome Aitamura. In capo li fu posta una mitra de carta a muodo de corona. La lettera diceva così: „Missore Ianni Pipino cavalieri, de Aitamura paladino, conte de Minorbino, signore de Vari, liberatore dello puopolo de Roma'. 'Nanti che fusse appeso moito se reparava con sio favellare, diceva: „Non so' de Ienaio de essere appeso. Moneta faiza fatta non aio, né dego portare mitra. Se dato è per lo mio male fareche io mora, tagliateme la testa'. La resposta delli regali fu questa: 'Per le toie stomacarie lo re Ruberto te impresonao in perpetuo carcere. Lo re Antrea te liberao, fonne amaramente muorto. Dalle mano de regali campare non potevi. Sola Roma te recipéo e sì te salvao. Tu li tollesti lo sio bono stato. Tornasti in grazia delli regali. Puoi te facesti capo de granne compagnia. Arcieri e robatori in toie terre allocavi. Tutto lo reame consumavi, derobavi, predavi. Re de Puglia te facevi. Dunqua degna cosa ène che toa vita fine aia laida e vituperosa, como hao meritato.

1390 und 1392	Register des städtischen Gefängnisses von Paris (Châtelet de Paris), geführt 1389–1392, mit einem Protokoll über die Bestrafung des wegen Urkundenfälschung und Betrugs verurteilten Estiene Josson:[118]

[…] Et, avec ce, furent d'oppinion lesdiz maistres Martin Double, Guillaume Drouart, Dreux d'Ars, Nicolas Bertin, & aussi sire Guillaume Brunel,, conseillier du roy nostre sire, Andrieu Le Preux, procureur du roy nostre sire oudit Chastellet, Nicolas Chaon, examinateur, &c. oudit Chastellet, en la presence desquelz ce present procès fu leu & recité, que l'en ne le povoit ou devoit espargnier qu'il ne feust tournez ou pillory ayant une mittre de papier mise sur sa teste, en laquele soit escript ces moz : faussaire & que d'illec il feust menez à la justice du roy notre sire & exécuté comme larron, c'est assavoir pendu. Et le dessus diz messire Baudes de Vauviller, sire François Chanteprime, Jehan Chanteprime, maistres Jehan Truquan, Beraut Brisson, Jehan Filleul, Guillaume Rabigois, Ernoul de Villers, Miles de Rouvroy, Hutin de Ruit & Pierre de Fresnes, delibererent que il feust tourné ou pillory & mittré comme dit es dessus, &, avec ce, feust banni à tousjours du royaume sur peine de la hart, & tous ses biens confisquez seulement. […] attendu la mauvaise renommée dudit prisonnier […] conseillié audit mons. le prevost que icellui prisonnier, pour ses demerites, soit pillorié & en après ce pendu comme larron. […] Ouquel jour, par le commandement dudit mons. le prevost, icellui Estienne Josson fu fait mener ou pillory ès hales, & illec tourné en la maniere acoustumée, & d'illec mené à la justice […]

1434	Bericht des Andreas von Regensburg in seiner bis 1438 sukzessive fortgeführten *Chronica pontificum et imperatorum Romanorum* zum 9. Mai 1434 über die unehrenhafte Zurschaustellung der als Ketzerin angeklagten Magdalena Walpotin in der Regensburger Kathedrale auf Veranlassung von Juan de Palomar, *Auditor causarum sacri palatii* in Rom und Kaplan Eugens IV., der im Februar 1434 als Vertreter des seit 1431 tagenden

---

117 Hier zit. nach der Edition: Buccio di Ranallo, Cronica, ed. von De Matteis 2008, 328.
118 Registre criminel du Châtelet de Paris, hg. von Duplès-Agier 1864, zum Prozess gegen Estiene Josson insgesamt 487–495, Zitat 492f.

Basler Konzils zur Bekämpfung der Hussiten an die böhmische Grenze abgeordnet worden war:[119]

Item eodem anno dominica Exaudi Johannes de Polamar, decretorum doctor, archidyaconus Barchionensis, domini pape capellanus ac ipsius palacii causarum auditor necnon sacri Basiliensis concilii nunccius, mulierem nomine Magdalenam Walpotin in ecclesia kathedrali Ratisponensi personaliter coram populo statuit in habitu crocei coloris, cum cruce rubea et infula de papiro facta, in qua ante et retro scripta fuerunt hec verba: Hec mulier in heresibus fuit comperta, sed per Dei graciam est conversa etc. Hec asseruit et tenuit errores in generali Viennensi concilio [Konzil von Vienne 1311/12, Anm. d. Verf.] *dampnatos, videlicet quod aliquis posset in tantum proficere in hac vita, quod efficeretur omnino impeccabilis etc. Item asseruit et multipliciter publicavit spiritu superbie et mendacii decepta, quod ipsa esset illa puella, que pristinis temporibus in Francia multa exercuit bella, et se habuisse divinas revelaciones et graciam sanandi infirmos* [gemeint ist die Jungfrau von Orleans, Anm. d. Verf.]. *Item dixit, quod ipsa esset mater christianitatis a deo constituta, et plura alia. Quapropter ad peragendum penitenciam in carcerem est retrusa.*

1439   Brief aus der Diözese Clermont an die Kurie in Rom mit dem Bericht über die Bestrafung eines Klerikers, der einen anderen Kleriker beim Würfelspiel erschlagen hatte: Er wurde mit einer Mitra aus Papier und einem härenen Gewand, worauf der Mordfall gemalt war, durch die Stadt geführt:

[...] cum mitra papirea et quadam tunica canapea casum homicidii desuper depictum habens [...][120]

1457–1497   Eintrag in die Rechenbücher der Reichsstadt Frankfurt am Main:[121]

Rechenbuch von 1457, fol. 45r: [...] 6 sh 6 heller vur zwen bapyern hude zu malen den zweyn offzusetzen die von des falschen geldes wegen geracht wurden [...]

---

[119] Andreas von Regensburg, Fortsetzung der Chronica pontificum et imperatorum Romanorum, ed. in ders., Sämtliche Werke, hg. von Leidinger 1903, 484. S. auch die Fassung mit leichten orthographischen Abweichungen bei Eccard, Corpvs historicum, Bd. I, 1723, Sp. 2165. Vgl. Riezler, Geschichte der Hexenprozesse in Bayern, 1896, 64, und Brückner, Bildnis und Brauch, 1966, 287, Anm. 25.
[120] Zit. nach Esch, Die Lebenswelt des europäischen Mittelalters, 2014, 96f. mit Anm. 80.
[121] Zit. nach Rau, Beiträge zum Kriminalrecht der Freien Reichsstadt Frankfurt, 1916, 69, Anm. 238. Weitere Einträge in späteren Rechnungsbüchern vermerken ebenfalls Aufträge zur Anfertigung von Schandhüten, nun ohne explizite Erwähnung des Materials Papier, s. Rechenbuch von 1474, fol. 39v: *[...] Hansen Hessen maler die iffeln zu malen dem armen den man umb sin missetat im fuer richten laissen hat. [...]. Rechenbuch von 1478, fol. 41v: [...] 6 sh umb strowe als man Clasen Fischer gebrant hat item 3 sh umb eyn yffel ime offzusetzen. [...]. Rechenbuch von 1497, fol. 89r: [...] 12 sh fur dry infuln armen menschen die man mit dem fuer geracht worden sin. [...]. Zit. nach ebd., Anm. 238 und 240.* Schließlich finden sich zwischen 1453 und 1505 Verweise auf die Verwendung von Schandhüten in der städtischen Strafpraxis auch in einer anderen Frankfurter Amtsbuchreihe, den Bürgermeisterbüchern mit Protokollen der Ratssitzungen. Vgl. Bürgermeisterbuch von 1453, fol. 5r: *[...] Wolff Lewen son uff morne mittwochen lassen uff die kuwe setzen mit einer ifeln und richten als ein ketzer mit dem fuer. [...]. Bürgermeisterbuch von 1497, fol. 125v: [...] Vincentius von Stusingen, Hans Behem von Plauwen und Hansen Becker von Zelle, als sie die kirchen und stucke uffgebrochen dass sacrament uss den monstrancien gnomen dass gessen und die monstrancien zurbrochen und auch eyn silbern kilche mit meher diebstalen*

1466	Jean de Bueil in seinem 1466 verfassten semi-autobiographischen Roman *Le Jouvencel* über einen Edelmann, der durch den Protagonisten gefangen worden war und zurückgekehrt zu seinem Herrn nun Verhandlungen zwischen diesen beiden übernimmt. Um für diese Mission unbehelligt vom Kampfgeschehen zu Jouvencel zurückzugelangen, bedient er sich eines ihn eigentlich als Gefangenen ausweisenden Papiers auf dem Kopf, das ihm zugleich freies Geleit zusichert:[122]
	Sur ce, partist l'escuier le plus erraument qu'il peust, qui encores avoit le sauf-conduit du Jouvencel comme son prisonnier, et passe parmy les escarmouches, ung papillon de papier sur sa teste signifiant qu'il avoit sauf-conduit et qu'il estoit prisonnier; et estoit l'enseigne que les prisonniers et gens à sauf-conduit portoient pour le temps. Et, pour ce, nul ne lui demanda riens.
1489	Eintrag in der Chronikkompilation des Nürnberger Bürgers und Bierbrauers Heinrich Deichsler (angelegt wohl in den 1460er Jahren, geführt bis 1504):[123]
	fol. 189 r: *Item des jars samstags nach Geori da stelt man auf die laitern Margreth Salchingerin, het ein pappierein infel auf, teufel daran gmalt, verpot ir die stat; het zaubert.*
1509	Eintrag in die Chronik des Berner Stadtschreibers Valerius Anselm (1529 bis 1546 sukzessive entstanden, geführt bis 1536):[124]
	Uf den 24. tag Meyen [...] gabend die baebstlichen richter uber Hansen Jaetzern, Predierordens gewesnen convers, entlichen usspruch in gschrift [...]: [„] Und so da dine taten und der boes luembd, uf dich erwachsen, billich sind allem volk ze offenbaren, uf dass dine werk iederman kund sîen, so sprechen und ordnen wir, dass du uf einen tag durch die stat Bern und uf ire gmeinenplaez in einer papirin infelen, nach gwonlicher straf der verluempten, gefuert, und darnach vor der probstî oder vorm rathus ein stund uf ein leitren gestelt und demnach ledig gelassen soellist werden. [“]

---

inen morgen mit dem fuer ir recht widderfaren laissen und infulen irer misshandelung uffsetzen und malen laissen. [...] Bürgermeisterbuch von 1505, fol. 52r: *[...] Hansen Wyssbrot dwile er falsche gulden hait helffen machen und teile und gemeyn daran gnomen hait sine recht alss eynem felscher mit dem fuer widderfaren laissen. Joist mergen son dwil er etlich alt thornes lewen engels und halb wiss pfennig gossen hait mit dem fuer richten laissen. Item Wyssbroten eyn infull mit gulden und Juisten sin infull mit thornes und engelchen malen nnd uffsetzen laisen.* Zit. nach Rau, Beiträge zum Kriminalrecht der Freien Reichsstadt Frankfurt, 1916, 69, Anm. 241 (Verweis auf Parallelüberlieferung im Urfehden- und Strafenbuch des Jahres 1453, fol. 66v), 70, Anm. 243 und 69, Anm. 239.

122 Ed. Jean de Bueil, Le Jouvencel, hg. von Favre/Lecestre, 1889, 236 f.
123 Heinrich Deichsler's Chronik, hg. von Hegel 1874, 550.
124 Die Berner-Chronik des Valerius Anshelm, hg. von Historischer Verein des Kantons Bern, Bd. 3 1888, 162 f. S. auch ebd. Bd. 1 1884, 186 zum Jahr 1481: *Item, fluocht ouch iemands Got oder siner muoter magt Mariaen, oder iren heiligen liben oder glidern, es bescheh verdacht oder unverdacht, der oder die sol man von stund an vahen und in ofne halsisen schlahen und mit ufsezen der infel die verfluochung und misshandel ofnen, und si also von einer vesper zuor andren stand lassen, und si ouch nit ledigen, dan mit zimlicher urfechen und zuogesagter besserung [...]*

1547	Zweite Chronik über die Zeit von 1547 bis 1565 aus der Feder des Augsburger Ratsdieners Paul Hektor Mair:[125]
	fol. 142r: *Die landsknecht begerten gelt // Vor sant Michaelis tag des 1547. jars send die kriegsknecht mit vier sehnlen, aber der merer thail haggenschützen, für der kay. mt. losament gezogen und geschrien: gelt, gelt, darab Ir kay. mt. erschrocken, inen zuegesagt, in vier tagen zue bezalen, darauf sie widerumb abgezogen. doch sobald man sie bezalt, hat man nach den räthlenfuerern gegriffen. Der anfenger ist aber entrunnen. vier hat man gehenckt, darunder ain fenderich. disem hat man ain pabiren fahnen an den latz geheft und sie also auf den Vischmarckt etlich stund am galgen hangen lassen dem fünften hat man das haupt abgeschlagen aus ursach, daß er ainer vom adel war.*
	Paul Hektor Mairs Abschrift von Matthäus Langenmantel, Große Chronik, entstanden in Augsburg wohl in den späten 1540er Jahren:[126]
	fol. 667r: *[…] und am morgen darnachhendt man derselben fenderich ainen, der was ain haggenschuetz, und man steckt im ain fendlin, aus papir gemacht, in latz. daran was geschriben, daß er der rechten gsellen [redlfürer] und derselben fenderich einer gewesen were. darnach richtet man mer mit dem schwerdt.*
zwischen 1437 und 1440	Englische Chronik, wohl von John Shirley auf der Basis eines verlorenen lateinischen Textes verfasst, über das Attentat auf König James I. von Schottland in Perth 1437; der Kopf eines der Attentäter, Earl Walter of Atholl, wurde vor seiner Hinrichtung mit einer Papierkrone gekrönt:[127]
	Soone aftyr Þis was taken Þe erolle of Athelles by Þ'eorlle of Angwysche, and ladde into Þe castelle of Edinbourghe to prisoun. Þis same eorlle of Athelles was endytted, arreyned, and dampned, but be cause Þat Þis was nyghe Þe fest of Pasque, Þe crosse was taken downe and he ladde to Þe pillorye of Þat toune. And Þere was he faste bounden, and a coroune of pauper putte upon his heede, Þe whiche was depeyntyd al aboute wiÞ jubettes, and for Þe moore despite and schame to hym was written Þees wordes: ‚Traytour! Traytour! Traytour!' […]

Was aber lässt sich aus den hier versammelten Quellenpassagen und Überlegungen für die Geschichte des Papiers lernen? Deutlich geworden sollte sein, dass es den Papierforscher*innen des 18. Jahrhunderts bei ihrer Suche nach den Ursprüngen des Papiers und seiner Herstellung ungleich leichter gefallen sein muss, auf papierne Hüte denn auf Papiermühlen zu stoßen. Erst mit der breiten Öffnung der Archive für historische Studien im 19. Jahrhundert sollten sich hier die Voraussetzungen nachhaltig verändern. Doch was sagen uns diese Beobachtungen über die mittelalterlichen Jahrhunderte? Zunächst sind sie ein anschaulicher Beleg für das Phänomen, dass der

---

125 Paul Hektor Mair, 2. Chronik, hg. von Hansen 1928/1966, 332.
126 Matthäus Langenmantel, Große Chronik, Teiledition in den Anmerkungen zu Paul Hektor Mair, 2. Chronik, hg. von Hansen 1928/1966, hier 331f., Anm. 1.
127 The Dethe of the Kynge of Scotis, hg. Connolly 1992, 64f. Vgl. Rogge, Rebellion oder legitimer Widerstand, 2015, 151.

Beschreibstoff im Verlauf des Mittelalters zu einem massenhaft und selbstverständlich benutzten Artikel wurde, denn auch in den – im gesamten 15. und 16. Jahrhundert breit und kontrovers diskutierten – Ketzerprozessen gegen Jan Hus und seinen Leidensgefährten Hieronymus von Prag war Papier ja per se kein außergewöhnliches Requisit. Trotz seiner rasant steigenden Verbreitung blieb es aber unter der Wahrnehmungsschwelle der Zeitgenossen: Dass es just als Schandhut solche Aufmerksamkeit erregte, hat nichts mit seiner Stofflichkeit oder seinen Eigenschaften zu tun. Der Grund, weshalb das Attribut des Papierhutes in den verschiedenen, in ihrer Wertung konträren Schilderungen der Hinrichtung eine solche Bedeutung erhielt, liegt allein in seiner erzähltechnischen Funktion, wahlweise die Demütigung oder in prohussitischen Texten die Erhöhung des Verurteilten zu repräsentieren. Auch in den deutlich selteneren, nicht auf Hus und Hieronymus bezogenen Zeugnissen für diese Ehrenstrafe bot der papierne Schandhut für die Chronisten – etwa in der Geschichte um die Hinrichtung des Giovanni Pipino – die Gelegenheit, daran die moralisierende Deutung der Geschehnisse zu entwickeln.

B.5 Papier als Thema in der islamischen Welt

Dass man sich die Entdeckung und Durchsetzung des Papiers als Beschreibstoff offenbar als leise Umwälzung vorstellen muss, ist freilich nicht nur mit dem im Kap. B.3 dargestellten Diskurs um Gutenberg und seine Erfindungen zu kontrastieren, deren Erinnerung in der Frühneuzeit rasch in regelmäßigen Jubiläumsfeiern institutionalisiert wurde.[1] Denn auch für das Mittelalter lässt sich eine ganz andere Aufmerksamkeit für das Papier und seine Durchsetzung finden, schaut man in andere Kulturräume.[2] Im Folgenden soll der Fokus auf die islamische Einflusssphäre rund um das Mittelmeer gerichtet werden, aus der das Papier in den christlichen Teil Europas kam – und für die sich ein besonders breites Interesse an solchen kulturhistorischen Informationen und Überlegungen feststellen lässt.[3]

Aus der islamwissenschaftlichen Forschung lassen sich mehr als 50 Autoren aus dem 9. bis 15. Jahrhundert recherchieren, die sich – im Umfang sehr unterschiedlich von knappen Bemerkungen bis hin zu ausführlicheren Passagen – über Papier äußern.[4] Erstmals systematisch zusammengetragen wurden diese Quellen Ende des 19. Jahrhunderts durch den Wiener Bibliotheksdirektor und Orientalisten Joseph Karabacek, der sie zur Kontextualisierung der bis ins 8. Jahrhundert zurückreichenden Papiere in der ihm anvertrauten, heute zum Weltdokumentenerbe zählenden Papyruskollektion Erzherzog Rainer nutzte.[5] Auch für die aktuellen Islamwissenschaften –

---

[1] Vgl. Grampp/Wiebel, ‚Revolution in Permanenz', 2008.
[2] Beispiele dafür, dass man Papier als historiographisches Sujet entdeckte, sind in der Forschung etwa für China oder Japan zu finden: Zu China vgl. Tsien, Paper and printing, 1985, bes. 11–13, zu Japan ebd., 15. Für China vgl. auch das pointierte Urteil bei Corsi, Marco Polo's observations on the use of paper in China, 1995, 177–179 (leider ohne Belege). Für eine Übersetzung der in der internationalen Forschung vielzitierten Passage aus der chinesischen Kaiserchronik ‚Hou Han Shu' über die Rolle des kaiserlichen Amtmanns Ts'ai Lun für die ‚Erfindung' des Papiers vgl. Grundzüge der Papiergeschichte, 2012, 78, Anm. 23; ebd., 90, Anm. 39 Literatur zu frühen Reiseberichten, die die Verbreitung des Papiers im fernasiatischen Raum bezeugen; s. dazu auch Tschudin, Zur Geschichte und Technik des Papiers in der arabischen Welt, 1998, 24, Anm. 8. Für eine aktuelle essayistische Einführung zur Erfindung des Papiers im antiken China und ihren Konsequenzen im Fernen Osten vgl. Monro, Papier, 2014, Kap. 1–7, 9–220.
[3] Bislang wurde dies in der auf Lateineuropa bezogenen Forschung nur sehr selten und höchstens beiläufig bemerkt, s. etwa Calegari, La diffusione della carta di stracci in area Fabrianese, 1990, 20, mit der Bemerkung, dass im christlichen Europa „l'equivalante mitologico della battaglia di Talas" fehle.
[4] Die Schreibung der Autoren und Werke folgt der Transliteration der englischsprachigen Encyclopaedia of Islam (2. Auflage). Ich bin Rebecca Sauer, Zürich, für die Korrektur und Ergänzung der nicht in der EI berücksichtigten Schreibungen sowie für die Übersetzung der Werktitel ins Deutsche zu großem Dank verpflichtet.
[5] Im Wechselspiel mit den Materialbefunden entwarf und etablierte Karabacek mit diesen Quellen das bis heute in den Grundzügen unwidersprochene Narrativ über die vor seinen Studien ungeschriebene Geschichte der arabischen Papierherstellung und ihrer Verbreitung, s. Karabacek, Das arabische Papier, 1887; s. auch ders., Neue Quellen zur Papiergeschichte, 1888. Nach eigenen Aussagen konnte

das heißt, für die historisch orientierte genuine Islamwissenschaft, die philologisch ausgerichtete Arabistik und Iranistik sowie die an Kodikologie interessierte Islamische Kunstgeschichte – bleiben sie wertvolle Kronzeugen, da anders als in den gut gefüllten europäischen Archiven und Bibliotheken für den ‚dār al-Islām' die materielle Überlieferung sehr viel stärker auf archäologische Funde angewiesen ist.[6]

Die folgenden Überlegungen fußen also auf dem Wissensstand der islamwissenschaftlichen Fachliteratur,[7] die die von ihr gesammelten Textbelege bislang nach

---

sich Karabacek für seine Recherchen nur auf das Werk des Miguel (bei Karabacek Michele) Casiri stützen, der in den 1760er Jahren den ersten Katalog der arabischen Handschriften in der Bibliothek des Escorial nahe Madrid vorlegte, wobei Karabacek die daraus übernommenen Interpretationen jedoch mehrfach heftig kritisiert bzw. widerlegt. Wie sein Anmerkungsapparat zeigt, stützte er sich außerdem auf die nur in einer Fußnote präsentierte, trotzdem bereits umfängliche Belegesammlung bei Quatremère, Histoire des mongols de la Perse écrite en persan par Raschid-Eldin, 1836, Anm. 215, CXXXII–CXXXVIII. Welche Schriftquellen darüber hinaus vor seiner Studie in der Papierforschung bekannt waren, zeigt der im Jahr zuvor veröffentlichte Aufsatz von Briquet, Recherches sur les premiers papiers employés en occident et en orient, 1886/1955, bes. 137f. Karabaceks Studie von 1887 wurde 1991 wegen ihrer nachhaltigen Bedeutung für die arabische Papiergeschichte durch den Papierrestaurator und Spezialisten für arabische Buchkunst Don Baker in englischer Übersetzung vorgelegt, für eine zweite Aufl. s. Karabacek, Arab paper, 2001.

6 Schon die von Karabacek ausgewerteten Papiere der Papyruskollektion Erzherzog Rainer, deren arabischer Bestand heute als die größte einschlägige Sammlung der Welt gilt, fallen unter diese Rubrik: Zum geringeren Teil stammten sie nach Karabacek aus der Oase al-Fayyūm (griech. Arsinoe) etwa 90 Kilometer südwestlich von Kairo, bei der Hauptmasse handele es sich um Bodenfunde aus dem mittelägyptischen El-Aschmunein (moderner Ort nahe Hermopolis Magna). Vgl. Karabacek, Das arabische Papier, 1887, 88f.; s. auch Bloom, Paper before Print, 2001, 11. Zu den berühmtesten Funden zählen die Tausende an Schriftstücken, die in der Kairoer Geniza bei Bauarbeiten um 1890 entdeckt wurden und die nicht zuletzt über die mehr als 1200 erhaltenen geschäftlichen Korrespondenzen von der Mitte des 10. bis zur Mitte des 13. Jahrhunderts neben der engen Verflechtung des Mittelmeerhandels und dem breiten Austausch von Waren auch die Bedeutung des Papierhandels konturieren, s. dazu Gotein, Letters of Medieval Jewish Traders, 1973, 20. Für einen nicht auf Schriftquellen, sondern auf die Materialanalyse fokussierten Zugang zur Papierforschung vgl. Déroche, Manuel de codicologie des manuscripts en écriture arabe, 2000, 56–69.

7 Neben den genannten Arbeiten von Karabacek vgl. vor allem Bosch/Petherbridge, The Materials, Techniques and Structures of Islamic Bookmaking, 1981; Pedersen, The Arabic Book, 1984, bes. 54–71 (mit einer konzisen Zusammenstellung der zentralen Textzeugnisse über Schreibmaterialien, das heißt unter Einschluss der Beschreibstoffe Pergament und Papyrus), und Afshār, The Use of Paper in Islamic Manuscripts, 1995 (mit der Präsentation persischer Textzeugnisse, die zum großen Teil in der Diskussion zuvor unberücksichtigt blieben). Für Ergänzungen vgl. Porter, Peinture et arts du livre, 1992, 21–40 (mit geringfügigen Auslassungen und Änderungen übers. vorgelegt als Porter, Painters, Paintings and Books, 1994, 13–35); Bloom, Paper before Print, 2001 (die entsprechenden Verweise sind hier freilich über die gesamte Monographie verstreut und schlecht belegt); Humbert, Le manuscrit arabe es ses papiers, 2002 (mit aussagekräftigen Zitaten in Übersetzung) und Ruggles (Hg.), Islamic Art and Visual Culture, 2011 (mit längeren Textabschnitten in Übersetzungen und pointierten Einführungen der Autor*innen). S. auch Grohmann, Arabische Paläographie, 1967, bes. 98–105, und Loveday, Islamic Paper, 2001. Neuere Übersetzungen von Werken aus dem islamischen Einflussgebiet, in denen Papier erwähnt wird, versammelt die Bibliographie von Le Léannec-Bavavéas, Les papiers non

Karabaceks Vorbild vor allem als Steinbruch auf der Suche nach dem ‚Wie es war' nutzte. Hier sollen diese Zeugnisse anders gelesen werden unter der Fragestellung, was sie über die Wahrnehmung des Papiers und seine Wertschätzung durch die Zeitgenossen spiegeln.[8] Die folgenden Ausführungen sind zweigeteilt: Zuerst kommt ein chronologisch orientierter Überblick über die Fülle an Autoren, Werken und Gattungen, in denen Papier zum Thema wird. Dann folgt eine Zusammenschau unter fünf Aspekten dazu, welche Inhalte diesen Papier-Diskurs bestimmten.

Ein dichter Diskurs

Ordnet man die uns bekannten Passagen nach der Zeit, so ist bemerkenswert, dass schon mindestens zwei Autoren des 9. Jahrhunderts den Beschreibstoff erwähnen. Der Diskurs über Papier setzt damit in einer Zeit ein, in der die zuvor nur vereinzelt fassbaren Papierbelege erstmals dichter werden.[9] Einer dieser beiden Autoren ist der

---

filigranés médiévaux, 1998 (Quellentexte des Mittelalters sind in der Bibliographie durch Asteriskus gekennzeichnet, die Namen ihrer Autor*innen im Index durch Fettdruck hervorgehoben). Für weitere Literatur vgl. außerdem die folgenden Anmerkungen.

8 Die hier im Folgenden paraphrasierten Inhalte der Quellen (für die selbstverständlich keine Vollständigkeit angestrebt werden kann) wurden, soweit möglich, durch moderne Übersetzungen der Werke in westliche Sprachen überprüft, s. dazu Kasten B.5.1. Zur Schreibung der Autoren und Werke s. oben Anm. 4. Die Auswahl enthält keine Zeugnisse, die Papier nur erwähnen, obwohl auch dies eine Aussage zur Selbstverständlichkeit der Papiernutzung transportieren kann, s. dazu etwa den Verweis von Müller, Weiße Magie, 2006, 32–38, auf den Erzählkosmos von „Tausendundeiner Nacht", in dem Papier „immer gegenwärtig, ebenso unauffällig wie unverzichtbar, als Trägermedium für die Speicherung und Zirkulation von Dokumenten, Briefen, Aufzeichnungen" sei, wie er an verschiedenen Erzählungen der Scheherazade demonstriert. Nicht berücksichtigt sind in diesem Überblick außerdem die Thematisierung von Papier in der Korrespondenz bzw. allgemeiner in den Schriften von Kaufleuten, wie sie sich vor allem in der Kairoer Geniza erhalten haben (s. dazu oben Anm. 6); vgl. die Auswahl von übersetzten Briefen bei Goitein, Letters of Medieval Jewish Traders, Princeton 1973, Nr. 15–16, 89–95 (Beispiele für weitgespannten Handel mit Papier vor allem aus Damaskus in großen Quantitäten für die erste Hälfte des 11. Jahrhunderts), Nr. 39, 192–197, hier 196 (Beispiel aus den späten 1130er Jahren für den Versand von ägyptischem Papier zusammen mit dem Brief an einen arabischen Händler in Indien, da er Papier offenbar vor Ort nicht einkaufen konnte). Beispiele für Erwähnung von Papier als Synonym für Schriftdokument: Nr. 48, 232–235, hier 234, oder Nr. 68, 299f., hier 300; Beispiel für die Verwendung von papiernen Täschchen für die Aufbewahrung von Münzen: Nr. 53, 240–243, hier 242f.

9 Dass Papier zumindest vereinzelt schon lange vor der Ausbreitung des Islam in der Region um Samarkand durch dessen enge Handelskontakte mit China bekannt war, legt ein 1907 in Gansu entdeckter Papierbrief in sogdischer Sprache nahe, der 313/314 n. Chr. von einer in Dunhuang lebenden Frau an ihren als Kaufmann tätigen Ehemann in Samarkand geschrieben wurde, aber nie dort ankam, s. British Library, Or. 8212/98, für eine Abb. vgl. die Seiten des International Dunhuang Projects, URL: https://idp.bl.uk/collection/21B7971EF80B4C37B654D88A40D3A556/ (Stand: 02.03.2024). Die nächsten Zeugnisse, 20 in den Sprachen Sogdisch, Chinesisch und Arabisch beschriebene Papierdokumente, die in den 1930er Jahren im heutigen Tadschikistan am Berg Mugh entdeckt wurden, stammen erst wieder aus dem frühen 8. Jahrhundert, sind damit jedoch noch immer vor die

arabische Literat al-Ḏjāḥiẓ aus der südirakischen Stadt Basra, ein außerordentlich fleißiger Schriftsteller, für den die Forschung gleich mehrere Belegstellen zum Thema Papier namhaft machen konnte. Seine Beobachtung, dass in seiner Gegenwart die Papyrusrollen in Ägypten (noch) dieselbe Funktion für den Westen erfüllten wie das Papier aus Samarkand für den Osten, wurde auch von späteren Autoren zitiert.[10] Entweder noch dem 9. oder aber der ersten Hälfte des 10. Jahrhunderts gehören außerdem die praktischen Bemerkungen sowohl in einem Brief des Isfahaner Autors ʿAlī ibn al-Azhar[11] als auch im Werk *al-ʿIḳd al-farīd* (Die einzigartige Perle) des andalusischen Poeten und Enzyklopädisten Ibn ʿAbd Rabbih darüber an, welcher Typus und Zuschnitt der Rohrfeder am besten für die drei Beschreibstoffe Pergament, Papyrus und Papier passe.[12]

Im 10. und 11. Jahrhundert schnellt die Zahl der Stimmen auf mehr als zwanzig Autoren empor. Unter den frühen Beispielen ragen mit vielzitierten Äußerungen zum Papier der irakische Historiker und abbasidische Kanzler al-Ḏjahs̲h̲iyārī in seinem

---

muslimische Eroberung der Region zu datieren. Vgl. Bockwitz, Ein Papierfund aus dem Anfang des 8. Jahrhunderts, 1955; Tsien, Paper and printing, 1985, 11; Bloom, Paper before print, 2001, 44. Nach ihnen bricht die Überlieferungskette vorerst wieder ab. Erst für die Zeit um 800 finden sich mehr Belege (s. mit demselben Urteil auch Floor, Art. Paper and Papermaking, 2005, o. S., mit weiterer Literatur): In der Papyruskollektion Erzherzog Rainer gelten nach Karabacek, Das arabische Papier, 1887, 90, als älteste Stücke das paläographisch auf die Zeit zwischen 796 und 815 datierbare Dokument Pap. 7161 sowie das explizit auf 819 datierte Pap. 7800; weitere Zeugnisse kann Karabacek erst wieder für das 10. Jahrhundert greifen, s. ebd. 97. Ebenfalls für die Zeit um 800 bzw. das frühe 9. Jahrhundert führt Bloom, Paper before Print, 2001, 12 und 59, außerdem zwei Manuskripte an, die in griechischer Sprache auf arabisches Papier geschrieben wurden. Weitere Handschriften des 9. Jahrhunderts, nun in arabischer Sprache, sind ebd., 59 (Papierfragment aus „Tausend und eine Nacht", 9. Jahrhundert), sowie bei Beit-Arié, The Oriental Arabic Paper, 1996, 9, und Blair, Islamic Calligraphy, 2007, 45f. und 146, Abb. 5.1 nachgewiesen (zwei auf die Jahre 848 und 866 bzw. 867 datierte Manuskripte); s. auch Quraishi, A survey of the development of papermaking, 1989, 32. Mit dem Ende des 10. Jahrhunderts, so Floor, Art. Paper and Papermaking, 2005, o. S., dürfte das Papier als breit durchgesetzt gelten.

10 Al-Ḏjāḥiẓ (um 776 bis 869): zur Person vgl. Pellat, Art. Al-Ḏjāḥiẓ, 1991; 385–387 zum Thema Papier vgl. Karabacek, Das arabische Papier, 1887, 99; Huart/Grohmann, Art. Kāghad, 1978, 419; Bosch/Petherbridge, The Materials, Techniques and Structures of Islamic Bookmaking, 1981, 24; Pedersen, The Arabic Book, 1984, 62; Humbert, Le manuscrit arabe et ses papiers, 2002, § 13, 17, 21. S. auch Kasten B.5.1. Für die Rezeption seines Werkes durch al-T̲h̲aʿālibī vgl. unten die Anm. 20.

S. zum 9. Jahrhundert außerdem Aḥmad ibn Ṣāliḥ (ohne Eintrag in der Encyclopaedia of Islam): zum Thema Papier vgl. Pedersen, The Arabic Book, 1984, 70. S. auch Kasten B.5.1.

11 ʿAlī ibn al-Azhar (gest. 919/920; ohne Eintrag in der Encyclopaedia of Islam): zur Person und zum Thema Papier vgl. Karabacek, Das arabische Papier, 1887, 99. Der Brief ist nach Karabacek überliefert in einem historiographischen Werk des 15. Jahrhunderts aus der Feder von Abu 'l-Maḥāsin Ḏjamāl al-Dīn Yūsuf b. Tag̲h̲rībirdī (wohl 1409–10 bis 1470), zu seiner Person vgl. Popper, Art. Abu 'l-Maḥāsin Ḏjamāl al-Dīn Yūsuf b. Tag̲h̲rībirdī, 1960, 138.

12 Ibn ʿAbd Rabbih (860 bis 940): zur Person vgl. Brockelmann, Art. Ibn ʿAbd Rabbih, 1986, 676f.; zum Thema Papier vgl. Karabacek, Das arabische Papier, 1887, 99f., 126; Basanoff, Itinerario della Carta, 1965, 27; Pedersen, The Arabic Book, 1984, 62, 68; Bloom, Paper before Print, 2001, 87; Loveday, Islamic Paper, 2001, 21. S. auch Kasten B.5.1.

Kitāb al-wuzarāʾ wa ʾl-kuttāb (Buch der Wesire und Staatssekretäre),¹³ der die Durchsetzung des Papiers als abbasidische Errungenschaft der Mitte des 8. Jahrhunderts würdigt, und der aus Bagdad stammende Buchhändler Ibn al-Nadīm hervor, dessen breitgefächertes kulturhistorisches Interesse an Papier gleich in zwei Kapiteln seines 987/88 vollendeten Werkes *Kitāb al-Fihrist* (Buch des Katalogs [aller Bücher]),¹⁴ einem ‚Index' arabischer Literatur, deutlich wird. Dazu kommen Beobachtungen in geographischen Werken über die frühen Orte der Papierproduktion und ihre Exportleistung in die ganze islamische Welt, etwa in dem anonymen persischen Werk *Ḥudūd al-ʿālam* (Die Grenzen der Welt), das wohl 982/983 im heutigen Norden Afghanistans entstand,¹⁵ oder im *Aḥsan al-taḳāsīm fī maʿrifat al-aḳālīm* (Die beste Aufteilung über die Kenntnis der Länder) des in Aleppo und Schiras beheimateten Geographen al-Muḳaddasī.¹⁶

---

13 Al-Djahshiyārī (gest. 942): zur Person vgl. Sourdel, Art. al-Djahshiyārī, 1991; zum Thema Papier vgl. Bloom, Paper before Print, 2001, 49. S. auch Kasten B.5.1.

14 Ibn al-Nadīm (gest. 995 oder 998): zur Person vgl. Fück, Art. Ibn al-Nadīm, 1986 und die Kurzcharakteristik bei Ruggles (Hg.), Islamic Art and Visual Culture, 2011, 32; zum Thema Papier vgl. Karabacek, Das arabische Papier, 1887, 100f., 110f., 113–115, 118, 148; Pedersen, The Arabic Book, 1984, 54, 56, 61, 67; Quraishi, A survey of the development of papermaking, 1989, 29, 32, 34; Porter, Painters, Paintings and Books, 1994, 15; Afshār, The Use of Paper in Islamic Manuscripts, 1995, 81; Bloom, Paper before Print, 2001, 43f., 50, 70; Loveday, Islamic Paper, 2001, 13; Humbert, Le manuscrit arabe et ses papiers, 2002, § 1ff., 24. S. auch Kasten B.5.1.

15 Ḥudūd al-ʿālam (982/983): zum Werk allgemein vgl. Bosworth, Art. Ḥudūd al-ʿĀlam, 2004; vgl. Taeschner, Art. Djughrāfiyā, 1991, 581; zum Thema Papier vgl. Porter, Painters, Paintings and Books, 1994, 15; Afshār, The Use of Paper in Islamic Manuscripts, 1995, 79f. mit Anm. 4 und 87 mit Anm. 17; Bloom, Paper before Print, 2001, 63; Floor, Art. Paper and Papermaking, 2005, o. S. S. auch Kasten B.5.1.

16 Al-Muḳaddasī (gest. wohl nicht vor 990): zur Person vgl. Miquel, Art. al-Muḳaddasī, 1993, und die Kurzcharakteristik bei Ruggles (Hg.), Islamic Art and Visual Culture, 2011, 12f.; zum Thema Papier vgl. Karabacek, Das arabische Papier, 1887, 100, 117f., 124, 138, 140; Pedersen, The Arabic Book, 1984, 63f., 66; Quraishi, A survey of the development of papermaking, 1989, 29; Bloom, Paper before Print, 2001, 57, 74; Humbert, Le manuscrit arabe et ses papiers, 2002, § 29. S. auch Kasten B.5.1.

S. für das 10. Jahrhundert außerdem auch al-Iṣṭakhrī (Lebensdaten unbekannt): zur Person vgl. Miquel, Art. Al-Iṣṭakhrī, 1997; zum Thema Papier vgl. Karabacek, Das arabische Papier, 1887, 117f., 137 (evtl. auch 109f.: als Autor nennt Karabacek hier zwar einen „ʿAlî ibn Muhammed el-Fârisî", doch der Geograph wurde zeitgenössisch nicht nur unter der *nisba* al-Iṣṭakhrī, sondern auch unter der *nisba* al-Fārisī geführt, vgl. Miquel, Art. Al-Iṣṭakhrī, 1997); Pedersen, The Arabic Book, 1984, 63.

S. auch dessen Schüler Ibn Ḥawḳal (belegt von 943 bis 973): zur Person vgl. Miquel, Art. Ibn Ḥawḳal, 1986; zum Thema Papier vgl. Karabacek, Das arabische Papier, 1887, 117f.; Quraishi, A survey of the development of papermaking, 1989, 31 (Ibn Ḥawḳal ist der Forschung vor allem wegen seiner Notizen über die Papyrusproduktion auf Sizilien ein Begriff, vgl. dazu ebd., 30, und etwa Pedersen, The Arabic Book, 1984, 59). S. auch Kasten B.5.1.

S. auch al-Ṣūlī (gest. 947): zur Person vgl. Leder, Art. al-Ṣūlī, 1997; zum Thema Papier vgl. Ghazālī's Book of Counsel for Kings, übers. von Bagley 1964, 115, Anm. 2; Bosch/Petherbridge, The Materials, Techniques and Structures of Islamic Bookmaking, 1981, 10. S. auch Kasten B.5.1. Al-Ṣūlī lässt *warrāḳ*,

Aus der Zeit um 1000 sind der gefeierte Kalligraph Ibn al-Bawwāb,[17] der uns über sein antiquarisches Interesse an Papier für die Restaurierung alter Handschriften berichtet, sowie der Sekretär Hilāl b. al-Muḥassin b. Ibrāhīm al-Ṣābi'[18] in seinem *Rusūm dār al-khilāfa* (Etikette am Hofe des Kalifen) und der vielgereiste Linguist und Wörterbuchautor al-Djawharī[19] hervorzuheben, die beide frühe Klassifizierungen von Papiersorten überliefern. Ein zentraler Gewährsmann ist aber vor allem der Historiker und Liebhaber arabischer Literatur al-Thaʿālibī,[20] der in seinem *Laṭā'if al-maʿārif* (Buch der merkwürdigen und unterhaltsamen Mitteilungen) gleich mehrfach und in verschiedenen Passagen auf den Beschreibstoff, seine Herkunft und seine Eigenschaften zu sprechen kommt.

---

das Papier, in einem fiktiven Dialog auf die Frage, was es sich wünsche, antworten: eine gespaltene Feder, brillante Tinte und dünnes Leder.

S. auch den anonymen Text *Rasa'il Ikhwan al-Safa'* (Episteln der ‚Brüder der Reinheit', auch als ‚lautere Brüder von Basra' bekannt, aus der 2. Hälfte des 10. Jahrhunderts): zum Thema Papier vgl. Ruggles (Hg.), Islamic Art and Visual Culture, 2011, § 3.1, 23.

17 Ibn al-Bawwāb (gest. wohl 1022): zur Person vgl. Sourdel-Thomine, Art. Ibn al-Bawwāb, 1986; zum Thema Papier vgl. Karabacek, Das arabische Papier, 1887, 147; Bosch/Petherbridge, The Materials, Techniques and Structures of Islamic Bookmaking, 1981, 26. S. auch Kasten B.5.1.

Für das 11. Jahrhundert vgl. außerdem Abū Ḥayyān al-Tawḥīdī (um 922/932 bis 1023): zur Person vgl. Stern, Art. Abū Ḥayyān al-Tawḥīdī, 1954; zum Thema Papier vgl. Pedersen, The Arabic Book, 1984, 47. Der Autor fragt an seinem Lebensende resigniert, weshalb er seine Augen noch mit Tinte, Papier und Pergament bzw. mit dem Lesen, Kollationieren, Korrigieren, Entwerfen und Kopieren von Texten anstrengen solle.

S. auch Miskawayh (um 932 bis 1030): zur Person vgl. Arkoun, Art. Miskawayh, 1993; zum Thema Papier vgl. Sauvaget, Historiens arabes, 1946, 75–81, hier 78 (s. auch Kasten B.5.1). In seiner Weltgeschichte berichtet Miskawayh über einen Häresieprozess in Bagdad in den Jahren 921/22, die zur Suche nach möglichen Anhängern des Angeklagten recherchierten Schreiben seien auf chinesischem Papier und zum Teil mit goldener Tinte geschrieben, außerdem in Umschläge aus Brokat und Seide gesteckt gewesen.

S. auch Hudjwīrī (gest. zwischen 1072 und 1077): zur Person vgl. Hosain/Massé, Art. Hudjwīrī, 1986; zum Thema Papier vgl. Porter, Painters, Paintings and Books, 1994, 17. Hudjwīrī klagt in seinem Werk *Kashf al-maḥdjūb li-arbāb al-ḳulūb* (Enthüllung des Verborgenen für Menschen mit Herz), dass die Blätter der Manuskripte bedeutender Autoren ein Ende als Innenfutter für Hüte und zum Buchbinden gefunden hätten; nach Porter sind sie als papiern zu denken.

18 Hilāl b. al-Muḥassin b. Ibrāhīm al-Ṣābi' (gest. 1056): zur Person vgl. Sourdel, Art. Hilāl b. al-Muḥassin b. Ibrāhīm al-Ṣābi', 1986, und die Kurzcharakteristik bei Ruggles (Hg.), Islamic Art and Visual Culture, 2011, 91; zum Thema Papier vgl. Pedersen, The Arabic Book, 1984, 58; Bloom, Paper before Print, 2001, 52. S. auch Kasten B.5.1.

19 Al-Djawharī (gest. wohl zwischen 1002 und 1010): zur Person vgl. Kopf, Art. al-Djawharī, 1991; zum Thema Papier vgl. Bosch/Petherbridge, The Materials, Techniques and Structures of Islamic Bookmaking, 1981, 30.

20 Al-Thaʿālibī (961 bis 1038): zur Person vgl. Rowson, Art. al-Thaʿālibī, 2000; zum Thema Papier vgl. Karabacek, Das arabische Papier, 1887, 112f., 123; Huart/Grohmann, Art. Kāghad, 1978, 419; Pedersen, The Arabic Book, 1984, 64; Porter, Painters, Paintings and Books, 1994, 15; Bloom, Paper before Print, 2001, 8f. und 42f.; Beg, Art. Warrāḳ, 2002, 150; Humbert, Le manuscrit arabe et ses papiers, 2002, § 17; Blair, Islamic Calligraphy, 2007, 45. S. auch Kasten B.5.1.

Für das weitere 11. Jahrhundert fällt die erste Erwähnung von Papier in der Dichtung ins Auge: Der Perser Manūčihrī[21] vergleicht in seinen poetischen Zeilen die schneebedeckte Wüste mit Boden, Wänden und Dächern der Werkstatt eines Papiermachers in Samarkand. Er setzte damit bei seinen Rezipienten die Kenntnis des damals üblichen Verfahrens voraus, die noch nassen Blätter im Freien großflächig zum Trocknen auszubreiten. Eine ähnliche Alltäglichkeit des Papiers spiegelt sich in den Notizen des persischen Mekkapilgers Nāṣir-i Ḫusraw.[22] Er diskutiert in seinem Reisebericht *Safar-nāma* nicht nur die Herkunftsorte der besten Papiere, sondern vermittelt beiläufig am Beispiel von Kairo auch einen Eindruck von der Allgegenwart des Papiers – als Beschreibstoff, der in der ‚alten Papierstraße' gehandelt werde, ebenso wie als Einwickelpapier für die Waren der Drogisten, Feinkost- und Eisenwarenhändler.

Das Interesse der auf die Technikhistorie fokussierten Papierforschung war bislang vor allem auf ein zentrales Zeugnis des 11. Jahrhunderts mit dem Titel ʿ*Umdat al-kuttāb wa-ʿuddat dhawī al-albāb* (Das Fundament der Schreiber und das Rüstzeug der Verständigen) gerichtet, das dem zwischen 1016 und 1062 im nordöstlichen Algerien regierenden ziridischen Prinzen al-Muʿizz b. Bādīs zugeschrieben wird.[23] Das elfte

---

21 Manūčihrī (belegt von 1029 bis 1041): zur Person vgl. Clinton, Art. Manūčihrī, 1991; zum Thema Papier vgl. Afshār, The Use of Paper in Islamic Manuscripts, 1995, 79 (hier auf das 12. Jahrhundert datiert); Bloom, Paper before Print, 2001, 62. S. auch Kasten B.5.1.
22 Nāṣir-i Ḫusraw (1004 bis 1072–1078): zur Person vgl. Nanji, Art. Nāṣir-i Ḫusraw, 1993, und die Kurzcharakteristik bei Ruggles (Hg.), Islamic Art and Visual Culture, 2011, 97; zum Thema Papier vgl. Karabacek, Das arabische Papier, 1887, 123 und 125; Basanoff, Itinerario della Carta, 1965, 20, Anm. 7; Piccard, Carta bombycina, carta papyri, pergamena graeca, 1965, 54; Schlieder, Zur Geschichte der Papierherstellung in Deutschland, 1966, 41 mit Anm. 3; Bosch/Petherbridge, The Materials, Techniques and Structures of Islamic Bookmaking, 1981, 27; Afshār, The Use of Paper in Islamic Manuscripts, 1995, 87; Loveday, Islamic Paper, 2001, 20; Humbert, Le manuscrit arabe et ses papiers, 2002, § 21, 29; Müller, Weiße Magie, 2012, 23.
23 Al-Muʿizz b. Bādīs (um 1007 bis 1062): zur Person vgl. Talbi, Art. al-Muʿizz b. Bādīs, 1993; zum Werk vgl. knapp Witkam, Art. Midād, 1991, 1031; zum Thema Papier vgl. Karabacek, Neue Quellen zur Papiergeschichte, 1888, 87–90; Levey, Medieval Arabic Bookmaking, 1962, 39–41; Basanoff, Itinerario della Carta, 1965, 28 mit Anm. 19; Bosch/Petherbridge, The Materials, Techniques and Structures of Islamic Bookmaking, 1981, 28, 34–36, 47f.; Burns, The Paper Revolution in Europe, 1981, 14; Ḥassan/Hill, Islamic technology, 1992, 192–194; Irigoin, Les papiers non filigranés, 1993, 278–280; Porter, Painters, Paintings and Books, 1994, 21, 27; Burns, Paper comes to the west, 1998, 415; Gacek, Art. Tazwīr, 2000, 409; Bloom, Paper before Print, 2001, 85f.; Humbert, Le manuscrit arabe et ses papiers, 2002, § 26; Blair, Islamic Calligraphy, 2007, 46. S. auch Kasten B.5.1. Zu einer wohl um 1500 entstandenen Übersetzung von Teilen des Traktats ins Persische vgl. Porter, Une traduction persane du traité d'Ibn Bādīs, 1989.
Für das 11. Jahrhundert vgl. außerdem die andalusischen Gelehrten und Dichter Ibn Ḥazm (994–1064) und Ibn Sāra (gest. 1124). Ibn Ḥazm spottet über Bücherverbrennungen, denen er seine Werke ausgesetzt sah, dass die dafür Verantwortlichen dümmer sein müssten als Schulanfänger, wüssten doch selbst Kinder, dass man mit dem Papier nicht automatisch auch die ihm anvertrauten Ideen ausmerze. Zur Person vgl. Arnaldez, Art. Ibn Ḥazm, 1986; Krauss-Sánchez, Art. Ibn Hazm, 2010, und die Kurzcharakteristik bei Ruggles (Hg.), Islamic Art and Visual Culture, 2011, 74; zum Thema Papier vgl. Pérès, La poésie andalouse en arabe classique, 1937, 451. Zu Ibn Sāra: Erwähnung seiner Person

Kapitel des Buchs bietet ein detailliertes Rezept zur Herstellung von Papier. Schon die Lesarten der Handschriften, die aus dem 15. bis frühen 20. (!) Jahrhundert stammen,[24] machen allerdings eine Rekonstruktion des Produktionsprozesses nicht einfach. Dazu kommt der Argwohn, dass das Rezept auch für das 11. Jahrhundert nicht den aktuellen Stand der Technik repräsentiere. Anlass dafür sind unter anderem die knappen Informationen des iranischen Universalgelehrten al-Bīrūnī[25] in seiner Abhandlung über die Gesteinskunde, *Kitāb al-Ḏjamāhir fī'l-Ḏjawāhir* (Das Buch der mannigfaltigen Juwelen), die nahelegen, dass anders als im *ʿUmdat al-kuttāb* die Aufbereitung der Rohstoffe nicht händisch in einem kleinen Mörser, sondern mechanisch durch wassergetriebene Hämmer erfolgte. Bislang weitgehend unbeachtet blieben sowohl in der Diskussion um *ʿUmdat al-kuttāb* als auch um al-Bīrūnī, dass die anderen Kapitel respektive ein weiteres Werk al-Bīrūnīs, *K. Ta'rīkh al-Hind* (Buch über die Geschichte Indiens), höchst aufschlussreiche kulturhistorische Informationen für den Gebrauch und die Wertschätzung von Papier bieten.

Aus dem 12. und 13. Jahrhundert sind über 15 Texte bzw. Autoren bekannt, die sich zu Papier äußern. Erstmals begegnen Hinweise auf den Beschreibstoff in normativen Zeugnissen, für Spanien in Form der *ḥisba*-Literatur, das heißt, in Instruktionen für die Aufsicht über die öffentliche Moral wie auch über Handel und Gewerbe. Ein erster knapper Eintrag über die Kontrolle der Papierer und ihrer Waren findet sich im entsprechenden Handbuch *Risāla fī'l-qaḍā' wa'l-muḥtasib* (Sendschreiben über die Rechtsprechung und den Marktaufseher) des für die Almoraviden in Sevilla als

---

mit Sterbedatum in Sidarus, Art. Shantarīn, 1997, 308; zum Thema Papier vgl. Pérés, La poésie andalouse en arabe classique, 1937, 290. S. auch Kasten B.5.1.

S. auch al-Ghazālī (1038/1058 bis 1111): zur Person vgl. Montgomery Watt, Art. al-Ghazālī, 1991, und die Kurzcharakteristik bei Ruggles (Hg.), Islamic Art and Visual Culture, 2011, 33f.; zum Thema Papier vgl. Kasten B.5.1. Der in Bagdad wirkende Theologe ist wohl nicht identisch mit dem bei Karabacek, Das arabische Papier, 1887, 109f., genannten Mekkaner „Abu ʿAlî Muhammed el-Ghazâlî" (in der englischen Übersetzung Karabacek, Arab Paper, 2001, 15f., geführt als ʿAbd ʿAlī Muhammad al-Ghazālī).

24 Die von Karabacek, Neue Quellen zur Papiergeschichte, 1888, 76, beschriebenen Überlieferungsträger stammen frühestens aus dem 16., zumeist jedoch auch dem 18. und 19. Jahrhundert. Die von Levey, Mediaeval Arabic Bookmaking, 1962, für seine Übersetzung konsultierten Handschriften (s. Beschreibung 6f.) kommen aus dem 17. bis frühen 20. Jahrhundert. In der 1971 in der Revue de l'Institut des Manuscrits Arabes publizierten Edition von ʿAbd al-Sattār al-Ḥalwaǧī und ʿAli ʿAbd al-Muḥsin Zakī sowie in der als Monographie 2007 veröffentlichten Edition von Iyād Khālid al-Tabbāʿ stammen die benutzten explizit datierten Manuskripte ebenfalls erst aus dem 18. Jahrhundert; in der Edition von 1971 wird ein undatierter Textträger als timuridische Abschrift bezeichnet, womit sie dem 15. Jahrhundert angehören würde. In der Edition von 2007 wird für die Überlieferung des Textes auf die Bedeutung al-Zudjdjādjīs verwiesen, eines Autors, der während der Zeit Timur Lenks (1336 bis 1405) wirkte. Ich danke Rebecca Sauer für die Übersetzung dieser Informationen.

25 Al-Bīrūnī (973 bis um 1048): zur Person vgl. Boilot, Art. al-Bīrūnī, 1954, und Bosworth, Art. Bīrūnī, 2000; zum Thema Papier vgl. Ḥassan/Hill, Islamic technology, 1992, 243; Porter, Painters, Paintings and Books, 1994, 16; Burns, Paper comes to the west, 1998, 414; Déroche, Manuel de codicologie des manuscripts en écriture arabe, 2000, 57; Bloom, Paper before Print, 2001, 42. S. auch Kasten B.5.1.

Muḥtasib – Marktaufseher – tätigen Juristen Ibn ʿAbdūn[26] vom Anfang des 12. Jahrhunderts. Ausführlichere Ge- und Verbote zur Ausübung dieses Handwerks von der Auswahl der Lumpen bis zum Glätten der Blätter enthält die vor dem Jahr 1278 verfasste Schrift von ʿUmar b. ʿUṯmān b. al-ʿAbbās al-Ḏjarsīfī.[27]

Ein genuin historisches Interesse an der Herkunft und Durchsetzung des Papiers ist nicht mehr so stark zu fassen wie im 10. und 11. Jahrhundert. Eine Ausnahme bildet der knappe Hinweis in der Kosmographie *Āṯār al-bilād wa-aḵbār al-ʿibād* (Monumente der Länder und Nachrichten der Einwohner) von Zakariyyāʾ b. Muḥammad b. Maḥmūd al-Ḳazwīnī,[28] dass die Papierherstellung den Westen aus China erreichte und zuerst in Samarkand von der einheimischen Bevölkerung übernommen wurde, bevor sie sich von dort aus ‚in alle Länder' weiterverbreitet habe. Der ebenso weitgereiste wie belesene Gelehrte Yāḳūt al-Rūmī,[29] aus dessen Werk die Forschung mehrere das Papier betreffende Stellen zusammengetragen hat, berichtet unter anderem von der Einführung der Herstellung in Bagdad durch die Wesire unter Hārūn al-Raṣīd, der 786 bis 809 als vierter und berühmtester abbasidischer Kalif regierte. An anderer Stelle erfahren wir, dass die Bagdader Papiermanufaktur zu Yāḳūts Lebenszeit im Stadtquartier *Dār al-Ḳazz* gelegen war.

Häufiger finden sich in historiographischen wie geographischen Werken Verweise auf die zeitgenössische Verbreitung von Papier. Der aus Andalusien stammende ara-

---

[26] Ibn ʿAbdūn (zuerst belegt 1078, gest. 1134): zur Person vgl. Gabrieli, Art. Ibn ʿAbdūn, 1986, und die Kurzcharakteristik bei Ruggles (Hg.), Islamic Art and Visual Culture, 2011, 92f.; zu seinem Werk mit einem Überblick über Editionen und Übersetzungen in moderne westliche Sprachen vgl. Deimann, Christen, Juden und Muslime im mittelalterlichen Sevilla, 2012, 41, 120–122; zum Thema Papier vgl. Burns, The Paper Revolution in Europe, 1981, 14; ders., Paper comes to the west, 1998, 413; Bloom, Paper before Print, 2001, 88.

[27] Al-Ḏjarsīfī (2. Hälfte des 13. Jahrhunderts, ohne Eintrag in der Encyclopaedia of Islam): zur Person vgl. Wickens, Al Jarsīfī on the Ḥisba, 1956, 176, Anm. 1; zum Thema Papier vgl. ebd., 183; s. dazu die Korrekturen bei Latham, Observations on the text and translation, 1960, 139; Arié, Traduction annotée et commentée des traités de ḥisba d'Ibn ʿAbd al-Raʾūf et de ʿUmar al-Garsīfī, 1960, 370f.; Le Léannec-Bavavéas, Les papiers non filigranés médiévaux, 1998, 45, Nr. 207*. S. auch Kasten B.5.1.

[28] Al-Ḳazwīnī, Zakariyyāʾ b. Muḥammad b. Maḥmūd (1203 bis 1283): zur Person vgl. Lewicki, Art. al-Ḳazwīnī, 1973; zum Thema Papier vgl. Karabacek, Das arabische Papier, 1887, 112f., 118; Ḥassan/Hill, Islamic technology, 1992, 191. S. auch Kasten B.5.1.

[29] Yāḳūt al-Rūmī (1179 bis 1229): zur Person vgl. Gilliot, Art. Yāḳūt al-Rūmī, 2002, und al-Naboodah, Art. Yāḳūt, 2010; zum Thema Papier vgl. Karabacek, Das arabische Papier, 1887, 121, 126; Quraishi, A survey of the development of papermaking, 1989, 33f.; Porter, Painters, Paintings and Books, 1994, 15; Bloom, Paper before Print, 48; Humbert, Le manuscrit arabe et ses papiers, 2002, § 21, 29.

Für die Zeit um 1200 vgl. außerdem ʿIzz al-Dīn Abu 'l-Ḥasan ʿAlī Ibn al-Aṯīr (1160 bis 1233): zur Person vgl. Rosenthal, Art. Ibn al-Aṯīr, 1965, 724f.; zum Thema Papier vgl. Karabacek, Das arabische Papier, 1887, 147, Anm. 4. Ibn al-Aṯīr berichtet in seinem historiographischen Werk *al-Kāmil fī'l-taʾrīḵ* (Die vollständige Geschichte) von einem gewissen Danieli aus Bagdad, der 931 mit dem Ziel der Urkundenfälschung Papier künstlich altern lassen habe, um darauf alte Handschriften zu imitieren. S. Kasten B.5.1.

bische Historiker Abū Ḥāmid al-G͟harnāṭī[30] taxiert in seinem *Tuḥfat al-Albāb* (oder: *al-Aḥbāb*) *wa-Nuk͟hbat al-A ʿd͟jāb* (Das Kleinod der Verständigen/der Freunde und das Ausgewählte unter dem Wunderbarsten) in einem Satz die zu seiner Zeit aktuellen Marktanteile der Papiere aus Samarkand bzw. Khurāsān, aus Ägypten, dem Maghreb und Indien. Sowohl al-Idrīsī[31] in seinem 1154 vollendeten geographischen Werk *Kitāb Nuzhat al-mus͟htāḳ fī- k͟htirāḳ al-āfāḳ* (Die Reise des Sehnsüchtigen, der die Horizonte durchquert), das er dem normannischen König Roger II. widmete, als auch al-Ḳāsim al-Ṣinhād͟jī[32] in seiner 1189 abgeschlossenen Chronik der Könige von Cordoba schwärmen – wie ebenfalls der oben genannte Yāḵūt al-Rūmī – von der hohen Qualität der Papiere aus dem bei Valencia gelegenen Xàtiva.

Auch Reiseberichte entpuppen sich zum Teil als wertvolle Quellen für Details der Papierproduktion: Der andalusische Poet, Historiker und Geograph Ibn Saʿīd al-Mag͟hribī,[33] der Ägypten in den 1240er Jahren besuchte, hält fest, dass Papiermühlen nicht in Kairo selbst, sondern nur im nahegelegenen Fustat lägen, da nur dort die dafür nötigen fließenden Gewässer zu finden seien. Der von den antiken Stätten faszinierte Bagdader Arzt ʿAbd al-Laṭīf al-Bag͟hdādī[34] hält in der Beschreibung seiner Ägyptenreise *al-Ifāda waʾl-Iʿtibār* (Das Nützliche und das Abgewogene) die kuriose Notiz fest, dass beduinische Grabräuber die Leinenbinden von Mumien als lukrative Recyclingware entdeckt hätten: Die immensen Massen an Bestatteten in den unterirdischen Grabanlagen, die seines Erachtens aus einer sehr fernen Zeit stammen müssten, seien nämlich zum Teil in bis zu tausend Ellen Stoff pro Leichnam eingewickelt,

---

30 Abū Ḥāmid al-G͟harnāṭī (1080 bis 1170): zu den Lebensdaten vgl. Büchner/[Golden], Art. Saḵsīn, 1995, 896; zum Thema Papier vgl. Jaggi, History of Science and Technology in India, 1977, 171; Porter, Painters, Paintings and Books, 1994, 17. S. auch Kasten B.5.1.

31 Al-Idrīsī (um 1000 bis um 1166): zur Person vgl. Oman, Art. al-Idrīsī, 1986; zum Thema Papier vgl. Breitkopf, Versuch, den Ursprung der Spielkarten [...] zu erforschen, 1784, 64; Briquet, Recherches sur les premiers papiers employés en occident et en orient, 1886/1955, 138; Karabacek, Das arabische Papier, 1887, 126, 148; Schaube, Handelsgeschichte der romanischen Völker, 1906, 322; Blum, Les premières fabriques de papier en occident, 1932, 108 f.; Bockwitz, Zur Geschichte des Papiers, 1941, 16 f.; Santifaller, Beiträge zur Geschichte der Beschreibstoffe, 1953, 145; Basanoff, Itinerario della Carta, 1965, 27; Pedersen, The Arabic Book, 1984, 64; Burns, Paper comes to the west, 1998, 413; Bloom, Paper before Print, 2001, 88. S. auch Kasten B.5.1.

32 Al-Ḳāsim al-Ṣinhād͟jī (ohne Eintrag in der Encyclopaedia of Islam): zum Thema Papier vgl. Bosch/Petherbridge, The Materials, Techniques and Structures of Islamic Bookmaking, 1981, 27.

33 Ibn Saʿīd al-Mag͟hribī (1213 bis 1286): zur Person vgl. Pellat, Art. Ibn Saʿīd al-Mag͟hribī, 1986; zum Thema Papier vgl. Bloom, Paper before Print, 2001, 76.

34 ʿAbd al-Laṭīf al-Bag͟hdādī (1162/63 bis 1231/32): zur Person vgl. Stern, Art. ʿAbd al-Laṭīf al-Bag͟hdādī, 1986; zum Thema Papier vgl. Quatremère, Histoire des mongols de la Perse écrite en persan par Raschid-Eldin, 1836, Anm. 214, CXXXVIII; Wattenbach, Das Schriftwesen im Mittelalter, 1896, 2. Aufl. 1875, 117 f. (in der 3. Aufl. 1896 ausgelassen); Briquet, Recherches sur les premiers papiers employés en occident et en orient, 1886/1955, 138; Karabacek, Das arabische Papier, 1887, 123 f. und 189; Basanoff, Itinerario della Carta, 1965, 21 mit Anm. 8; Schlieder, Zur Geschichte der Papierherstellung in Deutschland, 1966, 41, mit Anm. 4; Pedersen, The Arabic Book, 1984, 64; Irigoin, Les papiers non filigranés, 1993, 281; Bloom, Paper before Print, 2001, 77; Loveday, Islamic Paper, 2001, 20.

da man jedes Körperteil – Hand, Füße, Finger und so fort – einzeln bandagiert habe, bevor der gesamte Körper in ein großes Laken gehüllt worden sei. Dieses abgewickelte Leintuch würde nun, wie ʿAbd al-Laṭīf scharf kritisiert, abtransportiert, um daraus entweder Kleidung zu fertigen oder aber die Lumpen als Rohstoff an die Papiermacher zu verkaufen.

Die intensivste Beschäftigung mit Papier in dieser Zeit findet freilich – der Tradition des ʿUmdat al-kuttāb aus dem 11. Jahrhundert folgend – im Bereich der auf die Praxis bezogenen Texte für Schreiber, Kalligraphen und Buchkünstler statt, das heißt in der (so der aktuelle Forschungsterminus aus Restaurierungswissenschaften und Kunstgeschichte) kunsttechnologischen Rezeptliteratur. Einen besonderen Fund stellt eine von Adam Gacek 2002 in einer Übersetzung veröffentlichte zweite Anleitung zur Herstellung von Papier dar, die in dem auf die 1240er Jahre datierten Werk al-Mukhtaraʿ fī funūn min al-ṣunaʿ (Die Erfindung auf dem Gebiet des Kunsthandwerks) überliefert ist und dem rasulidischen Herrscher al-Muẓaffar Yūsuf[35] zugeschrieben wird. Wie schon im ʿUmdat al-kuttāb ist das entsprechende Kapitel nicht das einzig aufschlussreiche für Papier; die wohl umfangreichen weiteren Passagen über die Veredelung, die Verwendung und das ‚Recycling' des Beschreibstoffs liegen leider nicht in einer Übersetzung in eine moderne westliche Sprache vor und scheinen nach Gacek bislang auch in der einschlägigen Literatur nicht weiter berücksichtigt. Richtet man den Fokus auf diese Themen, so kommen weitere Werke ins Blickfeld, etwa von Djamālī Yazdī,[36] der in seinem 1184/1185 verfassten Farrukh-nāma-yi Djamālī (Djamāls Buch der Keimlinge) das Polieren des Papiers mithilfe einer Stärkelasur beschreibt, und von Ḥubaysh b. Ibrāhīm b. Muḥammad al-Tiflisī,[37] dessen 1203/1204 fertiggestelltes Bayān al-ṣināʿāt (Erklärung der Handwerke) nach Īraj Afshār als ältestes persisches Werk mit Rezepten zum Färben von Papier gilt.

Wie normal der Papiergebrauch im 12. und 13. Jahrhundert bereits war, welchen Wert man zugleich auf gute Papiere legte, wird – wie vor allem Afshār für die persische Literatur eindrucksvoll belegt – auch in der Poesie spürbar. Beispielhaft seien Verse

---

35 Al-Muẓaffar Yūsuf (gest. 1295): zur Person vgl. Smith, Art. Rasūlids, 1995, 456f.; zum Thema Papier vgl. Gacek, On the Making of Local Paper, 2002. S. auch Kasten B.5.1.

36 Djamālī Yazdī (12. Jahrhundert; Person und Werk erwähnt in Vesel, Art. Mawsūʿa, 2. In Persian, 1991, 908); zum Thema Papier vgl. Porter, Painters, Paintings and Books, 1994, 16; Afshār, The Use of Paper in Islamic Manuscripts, 1995, 85 mit Anm. 14.

37 Ḥubaysh b. Ibrāhīm b. Muḥammad al-Tiflisī (12./13. Jahrhundert): Erwähnung seiner Person unter anderem in Kellner-Heinkele, Art. Müstaḳīm-Zāde, 1993, 725; zum Thema Papier vgl. Porter, Painters, Paintings and Books, 1994, 16, 27f.; Afshār, The Use of Paper in Islamic Manuscripts, 1995, 84.

S. auch Muḥammad b. ʿUmar al-Madīnī (1108 bis 1185): Erwähnung der Person in Björkman, Art. Ḳaṭʿ, 1973, 742; zum Thema Papier vgl. Karabacek, Das arabische Papier, 1887, 154. Nach Karabacek berichtet der Autor in seinem Kitāb al-ḳalam (Buch von der Feder) darüber, welche Papiersorten in der Verwaltung des Kalifen von Bagdad gebräuchlich gewesen seien.

der Dichter Sūzanī[38] und ʿAbd al-Wāsiʿ Djabalī[39] aus dem 12. sowie Amīr Khusraw[40] aus dem 13. Jahrhundert genannt: Beiläufig spiegeln sie, dass ihnen für ihre Werke eben nicht jedes Blatt recht war, sondern dass – wie die wiederholte Nennung konkreter Papiersorten suggeriert – das offensichtlich hoch geschätzte und sorgsam ausgewählte Arbeitsmittel sogar als Statussymbol gelten konnte.

Die Selbstverständlichkeit und zugleich die Unverzichtbarkeit der Nutzung von Papier, die um 1300 in der arabisch-persischen Einflusssphäre unzweifelhaft etabliert war, lässt sich vielleicht am deutlichsten an der Person Rashīd al-Dīn Ṭabībs[41] demonstrieren. Die Forschung hat für ihn, der als Sohn eines jüdischen Apothekers geboren nicht nur zu einem der mächtigsten Politiker unter den mongolischen Herrschern der Ilkhaniden emporstieg, sondern auch als bedeutendster Chronist seiner Zeit gilt, eine ganze Reihe an Aussagen zusammengetragen, die die Herstellung und den Gebrauch von Papier gleichermaßen thematisieren wie auch regulieren. Rechtlich relevante Erlasse zu diesem Thema finden sich im Zusammenhang mit einer großangelegten Stiftung, die der Wesir 1309 an dem für sein Grab vorgesehenen und nach ihm benannten neu geschaffenen Stadtviertel Rabᶜ-i-Rashīdī im ilkanidischen

---

38 Sūzanī (gest. wohl 1173/74): zur Person vgl. de Blois, Art. Sūzanī, 1997; zum Thema Papier vgl. Afshār, The Use of Paper in Islamic Manuscripts, 1995, 88f.
39 ʿAbd al-Wāsiʿ Djabalī (gest. wohl 1160): zur Person vgl. Huart/Massé, Art. ʿAbd al-Wāsiʿ Djabalī, 1986; zum Thema Papier vgl. Afshār, The Use of Paper in Islamic Manuscripts, 1995, 88f.
40 Amīr Khusraw (1253 bis 1325): zur Person vgl. Hardy, Art. Amīr Khusraw, 1986; zum Thema Papier vgl. Jaggi, History of Science and Technology in India, 1977, 168; Porter, Painters, Paintings and Books, 1994, 18; Afshār, The Use of Paper in Islamic Manuscripts, 1995, 89. S. auch Kasten B.5.1.

Nach der digital verfügbaren Bibliographie von Yves Porter, Textes persans sur les arts (12e–19e s.). Essai d'inventaire et de bibliographie critique, die bis 2016 über die Homepage des am europäischen Projekt „Bernstein" beteiligten Papierforschers und Arabisten Vlad Atanasiu zugänglich war, vgl. URL: http://www.waqwaq.info/atanasiu/projects/arttexts/ (Stand: 04.08.2016), enthält ein Amīr Khusraw zugeschriebenes Manuskript, das als Faksimile veröffentlicht ist, eine Passage über die Herstellung von Papier; diese Information findet sich jedoch andernorts nicht bestätigt.

Für die Wende vom 12. zum 13. Jahrhundert s. außerdem den Historiographen Rāwandī (belegt ab 1174 bis 1204): zur Person vgl. Hillenbrand, Art. Rāwandī, 1995, und Krauss-Sánchez, Art. Rāwandī, 2010; zum Thema Papier vgl. Porter, Painters, Paintings and Books, 1994, 16f. (mit Verweis auf ebd., 11) ohne weiteren Beleg.
41 Rashīd al-Dīn Ṭabīb (ca. 1247 bis 1318): zur Person vgl. Morgan, Art. Rashīd al-Dīn Ṭabīb, 1995; Blair, A Compendium of Chronicles, 1995, 13f.; Amitai-Preiss, New Material from the Mamluk Sources for the Biography of Rashid al-Din, 1996; Melville, Art. Jāmeʿ al-tawārīk, 2008, und die Kurzcharakteristik bei Ruggles (Hg.), Islamic Art and Visual Culture, 2011, 35; zum Thema Papier vgl. ebd., § 3.10, 35–38, bes. 36; Briquet, Recherches sur les premiers papiers employés en occident et en orient, 1886/1955, 137; Karabacek, Das arabische Papier, 1887, 143, 145; Jahn, Rashīd al-Dīn and Chinese Culture, 1970, 145f.; Bosch/Petherbridge, The Materials, Techniques and Structures of Islamic Bookmaking, 1981, 28; Porter, Painters, Paintings and Books, 1994, 16, 24, 26; Afshār, The Use of Paper in Islamic Manuscripts, 1995, 80, 82 mit Anm. 7; Thackston, Appendix I: Articles of Endowment of the Rabc-i-Rashidi, 1995; Bloom, Paper before Print, 2001, 62, 64, 114; Vogel, Marco Polo Was in China, 2013, 116, 445. S. auch Kasten B.5.1.

Herrschaftszentrum Täbris (im heutigen Iran an der Grenze zu Aserbaidschan gelegen) vorsah. Die von Gärten durchzogene Anlage dieser Stiftung mit ihren Moscheen, Medressen und wissenschaftlichen Einrichtungen, Bibliotheken, Krankenhäusern, Bädern, Karawansereien und Werkstätten sollte als neues kulturelles Zentrum auch eine Papierwerkstatt (*Kāghad-Khāna*) sowie eine Buchmanufaktur beherbergen.[42] Rashīd al-Dīn Ṭabīb regelte ihre Struktur und ihren Arbeitsauftrag bis hin zur Vorschrift, welches Papier und welches Format für ihre Kopiertätigkeiten einzusetzen seien.[43]

Die Aufmerksamkeit Rashīd al-Dīn Ṭabībs für den Beschreibstoff spiegelt sich aber nicht nur in dieser urkundlichen Überlieferung, sondern auch in seinen ebenso zahlreichen wie disziplinär weit gespannten gelehrten Werken. Bislang kennt die Forschung mehr oder weniger umfangreiche Notizen dazu in fünf seiner Texte, in der Briefsammlung *Sawāniḥ al-afkār-i Rashīdī* (Die Auspizien unter den Gedanken Rashīds),[44] die seine Korrespondenzen mit zeitgenössischen Herrschern dokumentiert, in seinem theologischen Traktat *Laṭāʾif al-ḥaḳāʾiḳ* (Subtile Wahrheiten),[45] in einem umfassenden Kompendium zu Technik und Landwirtschaft mit dem Titel *Āthār wa aḥyāʾ* (Monumente und Lebewesen)[46] sowie in seiner Geschichte Chinas, die Teil

---

42 Vgl. zu Rashīds weitgespannten Plänen für das Stadtviertel allgemein die anschauliche Darstellung bei Jahn, Täbris, ein mittelalterliches Kulturzentrum zwischen Ost und West, 1968; zur dortigen Handschriftenproduktion Blair, Patterns of Patronage and Production in Ilkhanid Iran, 1996, vor allem ab 48; mit der neuesten Literatur Blair, Art. Rabʿ-e Rašidi, 2016.

43 Die unter dem Titel *Waqfiyya al-Rashīdiyya* bekannte Stiftungsurkunde liegt bislang nicht übersetzt vor, s. dazu einführend Blair, Ilkhanid Architecture and Society, 1984 (zu dieser Aussage s. 81, Anm. 5), und Ben Azzouna, Rashīd al-Dīn Faḍl Allāh al-Hamadhānī's Manuscript Production Project, 2014; zu den dort festgehaltenen Klauseln zur Papierwerkstatt sowie zum Thema Papier bei den Kopiertätigkeiten von Koranen und Hadithen vgl. Bloom, Paper before Print, 2001, 62, sowie Porter, Painters, Paintings and Books, 1994, 16, 24, 26. Das daran später angehängte, ebenfalls von Rashīd veranlasste Additamentum mit der Erklärung, dass die dort untergebrachte Buchwerkstatt jedes Jahr arabische und persische Kopien von neun seiner eigenen Werke herstellen solle, um sie nicht dem Vergessen anheimfallen zu lassen, ist dagegen ins Englische übersetzt bei Thackston, Appendix I: Articles of Endowment of the Rabc-i-Rashidi, 1995; danach zitiert bei Ruggles (Hg.), Islamic Art and Visual Culture, 2011, 35–38, s. auch Kasten B.5.1. Zu den heute erhaltenen, wohl unter Rashīd entstandenen Handschriften vgl. Blair, Writing and Illustrating History: Rashid al-Din's *Jāmiʿ al-tavārikh*, 2007.

44 Nach Afshār, The Use of Paper in Islamic Manuscripts, 1995, 80 (ohne Beleg), erwähnt Rashīd in der Briefsammlung Papier aus Täbris. Die Sammlung ist auch unter dem Titel *Mukātabāt-i Rashīdī* bekannt und gilt Teilen der Forschung als ‚unechte', da erst später zusammengestellte Kompilation, vgl. dazu Morgan, Art. Rashīd al-Dīn Ṭabīb, 1995, 443.

45 Nach Afshār, The Use of Paper in Islamic Manuscripts, 1995, 80 (hier ohne Beleg), wird im Vorwort von *Laṭāʾif al-ḥaḳāʾiḳ* Papier der Stadt Täbris als groß und vom Typ des Bagdader Papiers beschrieben. Im selben Werk, vgl. ebd., 90, hat sich auch ein Bericht darüber erhalten, dass Rashīd für die Herstellung von großformatigen Karten um das sechsfache vergrößerte Papierblätter in Auftrag gab.

46 Nach Afshār, The Use of Paper in Islamic Manuscripts, 1995, 82, und Bloom, Paper before Print, 2001, 62, sei aus *Āthār wa aḥyāʾ* abzulesen, dass Rashīd chinesische Handwerker in seine Papierwerkstatt nach Täbris holte.

seines monumentalen ‚Kompendiums der Chroniken' (*Djāmiʿ al-tawārīkh*) war,[47] sowie am ausführlichsten in seiner mit autobiographischen Informationen durchzogenen Einleitung zu *Tānsūḵ-nāma* (Buch über wertvolle Informationen),[48] einem Werk, in dem chinesische Texte vor allem medizinischen Inhalts ins Persische übersetzt wurden. Die Bandbreite seiner Beobachtungen über den Beschreibstoff in diesen Werken reicht von Informationen über die Formate und Qualitäten des in Täbris produzierten Papiers über den Bericht, dass er chinesische Handwerker in seine Papierwerkstätte holte oder dass er für die von ihm in Auftrag gegebenen kartographischen Werke eigens große Blätter anfertigen ließ, bis hin zu Bemerkungen über die Papierproduktion in China, die chinesische Erfindung des Papiergelds und die Verwendung von besonders dünnem Papier für den dortigen Buchdruck.

Auch im 14. und 15. Jahrhundert bleibt die Zahl der heute bekannten Stimmen, die sich zum Thema Papier melden, mit rund 15 Belegen konstant. Die Gattungen und Bereiche, in denen der Beschreibstoff erwähnt wird, sind mit den früheren Zeugnissen vergleichbar. So erscheint Papier weiterhin häufig als spezifisches Produkt eines bestimmten Ortes. Ḥusayn b. Muḥammad b. Abi 'l-Riḍā Āvī,[49] der im 14. Jahrhundert das schon dreihundert Jahre alte Werk seines Landsmannes al-Māfarrūḵī[50] mit dem Titel ‚Schönheit der Stadt Isfahān' (*Risālat Maḥāsin Iṣfahān*) vom Arabischen ins Persische übersetzte, gibt uns Kunde darüber, dass in Isfahān im heutigen Zentraliran schon im 11. Jahrhundert hochwertiges Papier des *Rashīdī* Typs hergestellt wurde. Ibn Abī Zarʿ[51] berichtet in seiner unter dem Kurztitel *Rawḍ al-ḳirṭās* (Garten der Blätter) bekannten Geschichte der maghrebinischen Könige über die Papierherstellung im

---

47 S. Text übers. in: [Rashīd al-Dīn Ṭabīb,] Die Chinageschichte, übers. und hg. von Jahn 1971, 24, mit dem Hinweis auf die Verwendung von Papier im chinesischen Buchdruck. Als kleine Einführung in das Werk und seine Teile mit einer Übersicht über die aktuell vorhandenen Editionen und Übersetzungen vgl. Melville, Art. Jāmeʿ al-tawārīk, 2008.
48 S. Auszug aus dem Text übers. in: Jahn, Rashīd al-Dīn and Chinese Culture, 1970, 145f., zu den chinesischen Erfindungen des Buchdrucks und des Papiergelds sowie zur chinesischen Form der Papierherstellung. Allgemein zu diesem Werk vgl. ebd., ab 135, sowie Klein-Franke et al., Art. Ṭibb, 2000, 460.
49 Ḥusayn b. Muḥammad b. Abi 'l-Riḍā Āvī (14. Jahrhundert): seine Person wird erwähnt in Lambton/Sourdel-Thomine, Art. Iṣfahān, 1973, 98; zum Thema Papier vgl. Afshār, The Use of Paper in Islamic Manuscripts, 1995, 80 mit Anm. 5; Bloom, Paper before Print, 2001, 63. S. auch Kasten B.5.1.
50 Al-Māfarrūḵī (letztes Drittel des 11. Jahrhunderts): zur Person vgl. Bulliet, Art. Al-Māfarrūḵī, 1986.
51 Ibn Abī Zarʿ (gest. 1310/20): zur Person vgl. Idris, Art. Ibn Abī Zarʿ, 1986; zum Thema Papier vgl. Karabacek, Das arabische Papier, 1887, 126; Pedersen, The Arabic Book, 64; Bloom, Paper before Print, 2001, 86. S. auch Kasten B.5.1.

Zum 14. Jahrhundert vgl. außerdem Abu 'l-Ḥasan (1297 bis 1352): zur Person vgl. Marçais, Art. Abu 'l-Ḥasan, 1954; zum Thema Papier vgl. Karabacek, Das arabische Papier, 1887, 126; Basanoff, Itinerario della Carta, 1965, 21, Anm. 7. Abu 'l- Ḥasan berichtet über die List der Bewohner von Fes, die den reichen Bauschmuck ihrer Hauptmoschee im Jahr 1145 vor dem puritanischen Eroberer der Stadt hinter einer Verkleidung aus Papier versteckten.

heute marokkanischen Fès. Zu dem detaillierten Bild, das er vom regen Handel und Gewerbe im dicht gedrängten, von Moscheen überragten und von Kanälen durchzogenen Häusermeer der Stadt zeichnet, gehört auch der Hinweis auf 400 Werkstätten zur Papierherstellung. Wie er am Ende der Beschreibung bedauernd feststellt, sei all dieser Reichtum jedoch durch eine Hungersnot und Revolten in der ersten Hälfte des 13. Jahrhunderts zunichte gemacht worden. Aus dem Werk *Nuzhat al-ḳulūb* (Seelenfreude) des Persers Ḥamd Allāh al-Mustawfī al-Ḳazwīnī,[52] der unter Ra<u>sh</u>īd al-Dīn in der Finanzverwaltung tätig war und von dessen Kreis zu seinen historiographisch-geographischen Arbeiten angeregt wurde, stammt der Hinweis, dass der Ort *Kāghadh-kunān* in der Nähe von Zandschan im Nordwesten des heutigen Iran seinen Namen daher erhalten habe, weil man dort gutes Papier herstelle.

Außerdem findet sich das Lob der schon in den Jahrhunderten zuvor berühmten Papiere aus dem spanischen Xàtiva, so etwa bei Ibn al-Wardī,[53] bzw. aus Samarkand, so um 1500 in den ebenso umfangreichen wie außergewöhnlichen Memoiren *Bābur-nāma* (Bāburs Buch) aus der Feder des im heutigen Afghanistan geborenen Fürsten Bābur,[54] der die persische Metropole dreimal eroberte und dreimal verlor, bevor er zum Gründer des Mogulreichs in Indien wurde.[55] Schließlich wurden nicht nur die Herstellungsorte, sondern auch die bedeutenden Märkte für Papier porträtiert. Dem marokkanischen Globetrotter Ibn Baṭṭūṭa[56] verdanken wir zum Beispiel Berichte über

---

[52] Ḥamd Allāh al-Mustawfī al-Ḳazwīnī (1281/1282 bis 1339/1340): zur Person vgl. Spuler, Art. Ḥamd Allāh al-Mustawfī al-Ḳazwīnī, 1986; Melville, Art. Hamd-Allāh Mostawfi, 2003; zum Thema Papier vgl. Afshār, The Use of Paper in Islamic Manuscripts, 1995, 81, ohne Anm. und mit falscher Datierung ins 15. Jahrhundert; Floor, Art. Paper and Papermaking, 2005, o. S. S. auch Kasten B.5.1.

[53] Ibn al-Wardī (1291/92 bis 1348/49): zur Person vgl. Cheneb, Art. Ibn al-Wardī, 1986; zum Thema Papier vgl. Bosch/Petherbridge, The Materials, Techniques and Structures of Islamic Bookmaking, 1981, 27. S. auch Kasten B.5.1.

[54] Bābur (1483 bis 1530): zur Person vgl. Fuad Körpülü, Art. Bābur, 1954; Dale, Art. Bābur, 2008; zum Thema Papier vgl. Jaggi, History of Science and Technology in India, 1977, 171; Quraishi, A survey of the development of papermaking, 1989, 33; Afshār, The Use of Paper in Islamic Manuscripts, 1995, 82; Porter, Painters, Paintings and Books, 1994, 17, 24.

S. auch eine Passage in einer Kompilation älterer Texte, die ein namentlich bekannter Schreiber in einer auf das Jahr 1482 datierten, heute im Escorial verwahrten Handschrift sammelte und in der die Einführung des Papiers in das Samarkand des 8. Jahrhunderts datiert wird; vgl. dazu Casiri, Bibliotheca Arabico-Hispana Escurialensis, Bd. 1, Madrid 1760, Nr. DCCVI, 208f. (dort ist der Name des Schreibers als „Ezzedinus Abdelaziz Ebn Abilcassem Babasri" angeführt); von Casiri übernommen bei Briquet, Recherches sur les premiers papiers employés en occident et en orient, 1886/1955, 137; Bosch/Petherbridge, The Materials, Techniques and Structures of Islamic Bookmaking, 1981, 26; Quraishi, A survey of the development of papermaking, 1989, 32; Loveday, Islamic Paper, 2001, 18. S. auch Kasten B.5.1.

[55] S. dazu Azimdžanova, Babur in Transoxanien, 1988.

[56] Ibn Baṭṭūṭa (1304 bis 1368/69 oder 1377): zur Person vgl. Miquel, Art. Ibn Baṭṭūṭa, 1986, und die Kurzcharakteristik bei Ruggles (Hg.), Islamic Art and Visual Culture, 2011, 67; zum Thema Papier vgl. Karabacek, Das arabische Papier, 1887, 124; Basanoff, Itinerario della Carta, 1965, 20; Pedersen, The Arabic Book, 1984, 52; Quraishi, A survey of the development of papermaking, 1989, 33; Tschudin,

die in Bagdad und Damaskus blühenden Suks der *warrāḵūn*, die nach al-Subkī[57] nicht nur allgemein als Kopisten und Verkäufer von Blättern und Büchern, sondern als für ihre exzellente Arbeit berühmte Papiermacher und -verkäufer zu verstehen seien. In al-Maḵrīzīs[58] Beschreibungen seiner Heimatstadt Kairo um 1400 wird vielfach ersichtlich, welch zentraler Anlauf- und Orientierungspunkt für den Gelehrten das Quartier um die Verkaufsstellen der Papierer war.

Andere Passagen zeigen al-Maḵrīzī auch an der Geschichte des Papiers interessiert, wobei seine Aufmerksamkeit nicht der Herstellung und Verbreitung, sondern vielmehr der Einführung des Beschreibstoffs in der Verwaltung und damit seiner Durchsetzung allgemein als wichtigster Beschreibstoff galt. Dieses Wissen scheint der Autor von seinem Lehrer übernommen zu haben, dem nordafrikanischen Historiker und Philosophen Ibn Ḵhaldūn,[59] dessen *Muḵaddima* (Einführung [in das Studium der Geschichte]) wir die ausführlichsten und differenziertesten Überlegungen des 14. und 15. Jahrhunderts über die Papierhistorie wie auch über den zeitgenössischen Papiergebrauch verdanken.

Werkzeug und Handwerkstechnik, 1996, 427 mit Anm. 4; Le Léannec-Bavavéas, Les papiers non filigranés médiévaux, 1998, 85, Nr. 377*; Bloom, Paper before Print, 2001, 81; Vogel, Marco Polo Was in China, 2013, 110–112, 129, 462f. S. auch Kasten B.5.1. In Ibn Baṭṭūṭas Schilderungen wird immer wieder deutlich, wie stark Papier das Alltagshandeln prägte, als Trägerstoff für Geleitbriefe und Ausweispapiere, für Petitionen und Gerichtsladungen – und dies nicht nur im islamischen Gebiet, sondern auch in den fernen Ländern, die er bereiste, unter anderem in China schließlich auch als Geldschein bzw. Material für die Fahndung nach Verbrechern via Plakaten.

57 Subkī (1326 bis 1370; ohne Eintrag in der Encyclopaedia of Islam): zum Thema Papier vgl. Bosch/Petherbridge, The Materials, Techniques and Structures of Islamic Bookmaking, 1981, 10. Zum Begriff *warrāḵ* vgl. Beg, Art. Warrāḵ, 2002.

58 Al-Maḵrīzī (1364 bis 1442): zur Person vgl. Rosenthal, Art. al-Maḵrīzī, 1991, und die Kurzcharakteristik bei Ruggles (Hg.), Islamic Art and Visual Culture, 2011, 86; zum Thema Papier vgl. Karabacek, Das arabische Papier, 1887, 120, 148; Pedersen, The Arabic Book, 1984, 64, 117; Burns, Paper comes to the west, 1998, 414; Bloom, Paper before Print, 2001, 49, 82. S. auch Kasten B.5.1. Zum Suk der Papierer in Kairo vgl. Raymond/Wiet, Les marchés du Caire, 1979, 90f., 93, 112, 124–126, 130, s. auch Anm. 6 auf 91f. S. vor allem 130 mit der Klage des Autors, wie oft er durch dieses Quartier gegangen sei auf dem Weg zum Markt der Papierer, nun sei es durch die Katastrophen des Jahres 1403 ganz zerstört und fast verschwunden.

59 Ibn Ḵhaldūn (1332 bis 1382): zur Person vgl. Talbi, Art. Ibn Ḵhaldūn, 1986; Berkel, Art. Ibn Ḵhaldūn, 2010, und die Kurzcharakteristik bei Ruggles (Hg.), Islamic Art and Visual Culture, 2011, 19; zum Thema Papier vgl. Karabacek, Das arabische Papier, 1887, 119f., 136; Pedersen, The Arabic Book, 1984, 61, 63; Porter, Painters, Paintings and Books, 1994, 15; Burns, Paper comes to the west, 1998, 413; Bloom, Paper before Print, 2001, 47, 49f.; Loveday, Islamic Paper, 2001, 15; Blair, Islamic Calligraphy, 2007, 45. S. auch Kasten B.5.1.

Wohl für das 15. Jahrhundert vgl. außerdem Mullā Nadīmī Kashmīrī, dessen Verse über Papier in Übersetzung bei Afshār, The Use of Paper in Islamic Manuscripts, 1995, 81, zitiert sind, mit der Aussage, dass man in Kaschmir nach der Ansiedlung von Papiermachern „tuz" (eine Rinde) als Schreibmaterial durch Papier ersetzt habe. Bei Mullā Nadīmī könnte es sich um den Hofdichter von Sultan Zayn al-ʿĀbidīn handeln (1420 bis 1470; vgl. Bosworth, Art. Zayn al-ʿĀbidīn, 2002).

Am häufigsten ist das Thema Papier allerdings wieder in den praxisorientierten Schriften zur Kalligraphie und zur Buchproduktion bzw. von Schreibern in herrschaftlichen Diensten präsent. Am relevantesten scheint die sorgsame Auswahl der Papiere und ihre Veredelung für den Bereich der Korrespondenzen gewesen zu sein: Zu nennen ist hier an erster Stelle das voluminöse Werk Ṣubḥ al-Aʿshā fī ṣināʿat al-inshāʾ (Die Morgenröte des Nachtblinden, das Kanzleiwesen betreffend), das der mamlukische Kanzleisekretär al-Ḳalḳashandī[60] um 1400 verfasste und das Papier an verschiedenen Stellen in Bezug auf Bedeutung und Geschichte, Pflege und Herstellung des Schreibzeugs thematisiert. Im Kapitel zur Epistolographie empfiehlt der Autor nicht nur die sprachlich-stilistische Anpassung an die spezifische Gelegenheit und den Adressaten, sondern diskutiert auch jeweils geeignete Formate und Qualitäten des Beschreibstoffs Papier. Ebenfalls in den Bereich der Briefkunde fallen entsprechende Erläuterungen aus dem anonym überlieferten, wohl nach 1430 entstandenen Dīwān al-Inshāʾ (Amt der Korrespondenzen)[61] sowie das auf 1433 datierte, schon von den Zeitgenossen gelobte Werk Djawhār-i-Sīmī (Das Juwel des Sīmī) von Sīmī Nīshāpūrī,[62] einem Bibliothekar in der Stadt Meshed im heutigen Iran. Yves Porter, der zumindest Fragmente der lange

---

60 Al-Ḳalḳashandī (1355 bis 1418): zur Person vgl. Bosworth, Art. al-Ḳalḳashandī (I.), 1997; zum Thema Papier vgl. Bosch/Petherbridge, The Materials, Techniques and Structures of Islamic Bookmaking, 1981, 31; Porter, Painters, Paintings and Books, 1994, 26; Bloom, Paper before Print, 2001, 53, 60; Rumpf-Dorner, Bei der Feder, 2001, 51, 54–57; Humbert, Le manuscrit arabe et ses papiers, 2002, § 48, 59, 60, 61.
61 Anonym, Dīwān al-Inshāʾ (entstanden nach 1430, überliefert in einer Handschrift der Bibliothèque nationale de France, Manuscrit Arabe 4439): zum Thema Papier vgl. Quatremère, Histoire des mongols de la Perse écrite en persan par Raschid-Eldin, 1836, Anm. 214, CXXXVIII; Karabacek, Das arabische Papier, 1887, 120, Anm. 2, 120, 128f., 143f.; Humbert, Le manuscrit arabe et ses papiers, 2002, § 48f., 63, 65–67, 69.
62 Sīmī Nīshāpūrī (15. Jahrhundert; ohne Eintrag in der Encyclopaedia of Islam): zur Person vgl. die Kurzcharakteristik bei Ruggles (Hg.), Islamic Art and Visual Culture, 2011, 38; zum Thema Papier vgl. ebd., 38–40, sowie Porter, Un traité de Simi Neyšâpuri, 1985, vor allem 187–191; ders., Painters, Paintings and Books, 1994, 17, 25, 27, 28, 37; Afshār, The Use of Paper in Islamic Manuscripts, 1995, 84, Anm. 11; Bloom, Paper before Print, 2001, 69; Blair, Islamic Calligraphy, 2007, 50. S. auch Kasten B.5.1.
Der Verweis auf die hohe Kunst und Meisterschaft von Sīmī Nīshāpūrī unter anderem beim Färben von Papier findet sich bei dem aus Samarkand stammenden Dawlat-Shāh (gest. nach 1487): zur Person vgl. Huart/Massé, Art. Dawlat-Shāh, 1991; zum Thema Papier vgl. Porter, Un traité de Simi Neyšâpuri, 1985, 179f.; Afshār, The Use of Paper in Islamic Manuscripts, 1995, 84; Blair, Islamic Calligraphy, 2007, 52.
S. für das 14. Jahrhundert auch Muḥammad b. Hindū-Shāh (ohne Lebensdaten), der 60 Blätter Papier aus chinesischer Herkunft unter den Geschenken erwähnt, die in der von ihm kompilierten Sammlung von privaten und offiziellen Briefen des dschalairidischen Herrschers Uways (1356 bis 1375) zu finden seien; zur Person vgl. Bosworth, Art. Muḥammad b. Hindū-Shāh, 1993; zum Thema Papier vgl. Bloom, Paper before Print, 2001, 70 (Bloom bezeichnet den Autor als Hindushab Nakhchivani).
S. für die Zeit um 1500 den persischen Künstler Shehāb-al-Din ʿAbd-Allāh Marvārid (1460–1516), der als Erfinder des marmorisierten Papiers gilt; zur Person und zum Thema Papier vgl. Floor, Art. Paper and Papermaking, 2005, o. S.

Zeit verloren geglaubten Schrift in drei Textzeugen nachweisen konnte, charakterisiert es ebenfalls als epistolographisches Werk, das jedoch mit breiten Informationen nicht nur über den Zuschnitt und Gebrauch der Schreibfeder oder zur Tintenbereitung, sondern auch über die käuflich erwerbbaren Papiersorten und mit Rezepten zum Färben der Blätter weit über die sonst üblichen Inhalte dieser Gattung hinausgehe.

Vergleichsweise selten bleiben auch im 15. Jahrhundert rechtliche Dokumente zur Regelung von Papierherstellung und -handel. Eine erstaunliche Ausnahme von dieser Beobachtung bildet eine auf den 21. August 1409 datierte Fatwa, die den Schlusspunkt dieser grob chronologisch orientierten Quellensammlung bilden soll.[63] Verfasst wurde sie unter dem Titel *Taḳrīr al-dalīl al-wāḍiḥ al-maʿlūm ʿalā djawāz al-naskh fī kāghad al-rūm* (Entscheidung darüber, ob das Schreiben auf von Christen hergestell-

---

[63] Auch im 16. Jahrhundert bricht der Diskurs über das Papier natürlich nicht ab. Zentrale Quellen sind:

Sulṭān ʿAlī Mashhadī (auch Maulānā Sulṭan-ʿAlī genannt, 1442 bis 1519/20): Erwähnung der Person in Gandjeï, Art. Sulṭān Ḥusayn, 1965, 603; zur Person vgl. Ruggles (Hg.), Islamic Art and Visual Culture, 2011, 40; zum Thema Papier vgl. ebd., 40–46, sowie Bloom, Paper before Print, 2001, 69f. Vgl. auch Kasten B.5.1.

Muṣṭafā ʿĀlī, Menāḳib-i hünerverān (Biographie der Künstler, datiert 1519): Autor und Werktitel erwähnt in Iz, Art. İnal, 1965, 1200; zur Person vgl. Huart, Les Calligraphes et les Miniaturistes de l'Orient Musulman, 1908/1972, 6; zum Thema Papier ebd., 10f.; Porter, Painters, Paintings and Books, 1994, 17, 20, 25. Vgl. auch Kasten B.5.1.

Mit Beispielen vor allem seit dem 16. Jahrhundert (die Transliteration der Namen folgt hier nicht länger der Encyclopaedia of Islam, da die meisten Autoren dort nicht nachweisbar sind, sondern der jeweils genutzten Forschungsliteratur) vgl. außerdem die Zusammenstellung von – nach moderner Etikettierung – ,kunsttechnologischen' Traktaten bei Porter, Textes persans sur les arts (s. oben Anm. 40). Zu dem dort aufgeführten, auf 1543 datierten Werk *Golzâr-e safâ* von Seyrafi Shâʿer s. auch einen Auszug in Übersetzung zum Thema Papier in Porter, Un traité de Simi Neysapuri, 1985, 188.

Mit einem Schwerpunkt auf der Poesie sowie sprachlich auf persischen Autoren vgl. Afshār, The Use of Paper in Islamic Manuscripts, 1995, 81: Bericht über Papiermühlen in der heute zu Iran gehörenden Stadt Kerman bei Miḥrābī sowie Berichte über Papierherstellung und -verkauf in der ebenfalls im Iran gelegenen Stadt Yazd bei Faraj-i Yahūdī; 82f.: Verse des Dichters ʿAbdī Bīk Shīrāzī (mit Auszug in Übersetzung); 83, 85: Verse des Dichters Līsānī Shīrāzī (mit Auszug in Übersetzung); 85: Verse des Dichters Vāʿiẓ Qazvīnī (16. Jahrhundert oder später? Mit Auszug in Übersetzung; s. auch Quraishi, A survey of the development of papermaking, 1989, 36); 86: Anleitung zum Lasieren von Papier im Werk von Muḥammad Ḥāfiẓ Iṣfahānī aus dem Jahr 1506; 88: Verse des Dichters Muḥsin Taʾthīrat (16. Jahrhundert oder später, mit Auszug in Übersetzung); Verse des Dichters Sirājī Sagzī (evtl. 15. Jahrhundert, mit Auszug in Übersetzung); 89: Urteil über die Herkunft bzw. die Sorten der besten Papiere im Werk des Kalligraphen Mīr ʿImād Qazvīnī (mit Auszug in Übersetzung).

Weitere Zeugnisse nennen Bosch/Petherbridge, The Materials, Techniques and Structures of Islamic Bookmaking, 1981, 32: Mustafa Âlî bin Ahmed bin Abdülmevlâ (Auszug übers. ebd.); 48–50: Sidi Ahmad ibn Ardun (Auszug übers. ebd.); Ruggles (Hg.), Islamic Art and Visual Culture, 2011, § 3.13, 47 (zum Autor s. auch 26): Kwandamir. Zum Thema des chinesisch-mongolischen Papiergelds vgl. außerdem ʿAlī Akbar Khiṭāʾī, Autor einer China-Beschreibung auf Persisch mit dem Titel Khiṭāy-nāma, die 1516 fertiggestellt wurde; zur Person vgl. [ohne Autor], Art. ʿAlī Akbar Khiṭāʾī, 1960; zum Thema Papier vgl. Vogel, Marco Polo Was in China, 2013, 469f. S. Kasten B.5.1.

tem Papier erlaubt sei) durch den in der Stadt Tlemcen im heutigen Algerien tätigen Rechtskonsulenten Ibn Marzūḳ.[64] Anlass dafür war die von Ibn Marzūḳ konstatierte Entwicklung, dass das aus Italien importierte Papier die lokale Herstellung am Beginn des 15. Jahrhunderts komplett verdrängt hatte: Nach seiner Auskunft war die einst in Tlemcen ebenso wie in Fès und den muslimischen Regionen Spaniens heimische Produktion eingestellt worden. Fromme Muslime seien daher gezwungen, auf im christlichen Europa gefertigten Papieren zu schreiben, die sie jedoch wegen ihrer Wasserzeichen – darunter Kreuze oder Darstellungen von lebenden Wesen – als beleidigend empfänden. Ibn Marzūḳ argumentierte dagegen, dass das Schreiben auf Arabisch im Sinn einer rituellen Reinigung solche ketzerischen Designs unsichtbar mache: Wenn man Gottes Namen und Botschaft auf diese Papiere schreibe, werde die Falschheit durch Wahrheit ersetzt.

Kasten B.5.1: Reflexionen arabischer und persischer Autoren auf Papier, die in modernen Übersetzungen in westliche Sprachen zugänglich sind.

Vorbemerkung: Dokumentiert werden die der Verf. bekannten Übersetzungen ohne ein Urteil über ihre Zuverlässigkeit. Der Vergleich derselben Passagen in der Deutung verschiedener Übersetzungen ergibt jedoch durchaus inhaltliche Unterschiede (s. das Beispiel Al-Muʿizz b. Bādīs[65]). Auch für die in der Tabelle gelisteten Autoren gibt es keine Gewähr, dass ihre Äußerungen zum Thema Papier vollständig übersetzt vorliegen; in manchen Fällen (etwa zu Yāḳūt al-Rūmī oder Rashīd al-Dīn Ṭabīb) sind sogar gerade die aufschlussreichsten oder viel diskutierten Stellen nicht in einer Übersetzung greifbar.

Wenn die Passagen über Papier in einem Werk nachgewiesen werden können, welches das komplette mittelalterliche Zeugnis übersetzt, so wurde dieser bibliographische Hinweis mit der Formel „Text übers. in" eingeleitet. Häufig finden sich jedoch lediglich mehr oder minder knappe Ausschnitte in

---

64 Ibn Marzūḳ, genannt al-Ḥafīd (1364–1438): zur Person vgl. Hadj-Sadok, Art. Ibn Marzūḳ, 1965, 866; zum Thema Papier vgl. Halevi, Christian Impurity versus Economic Necessity, 2008; außerdem Bloom, Paper before Print, 2001, 87. Zur heute noch fassbaren Durchsetzung des Wasserzeichen-Papiers in der islamischen Einflussphäre vgl. den knappen Überblick bei Déroche, Manuel de codicologie des manuscripts en écriture arabe, 2000, 63–65.

Interessanterweise schildert im frühen 10. Jahrhundert Ibrāhīm b. Muḥammad al-Bayhaḳī in seinem *Kitāb al-Maḥāsin wa 'l-Masāwī* (Die gute und die schlechte Seite der Dinge; zur Person vgl. Brockelmann, Art. al-Bayhaḳī, 1960, 1132, und Marzolph, Art. al-Bayhaqī, Ibrāhīm ibn Muḥammad, 1998) ein vergleichbares Ringen um christliche versus islamische (Marken-)Zeichen auf dem älteren Beschreibstoff Papyrus in einer Anekdote um den um 700 regierenden umayyadischen Kalifen ʿAbd al-Malik b. Marwān und die byzantinischen Großabnehmer der von ihm kontrollierten Papyrusproduktion; für eine Übersetzung der Passage vgl. – allerdings unter anachronistischer Übersetzung des Begriffs ḳirṭās als „paper" – Serjeant, Material for a History of Islamic Textiles, 1942, 65 f.; übernommen – mit dem Hinweis, dass Papyrus gemeint sein müsse – bei Ruggles (Hg.), Islamic Art and Visual Culture, 2011, § 3.20, 57–59.

65 Für einen Überblick über die Forschung vgl. Tschudin, Zur Geschichte und Technik des Papiers in der arabischen Welt, 1998, 20 f., zur Problematik der Übersetzungen ebd., 22, es folgt eine eigene Interpretation am Beispiel einer Stelle, untermauert durch experimentelle Versuche in der Basler Papiermühle.

Übersetzung in die einschlägigen Studien zum Thema inseriert, so dass diese Angaben in der folgenden Tabelle daher als „Auszug übers. in" markiert sind.

Die Übersicht umfasst mit wenigen Ausnahmen Autoren und Texte bis zum Ende des 15. Jahrhunderts; zu weiteren Autoren des 16. Jahrhunderts vgl. Anm. 63.

Al-Ḏjāḥiẓ (um 776 bis 869)	Text übers. in: Pellat, Ǧāḥiẓiana, 1954, 159. Auszug übers. in: Sauvaget, Historiens arabes, 1946, 10–12, hier 11; Auszug übers. in: Medieval Trade in the Mediterranean World, übers. von Lopez/Raymond 2001, 28 f.
Aḥmad ibn Ṣāliḥ (8. Jh.)	Auszug übers. in: Pedersen, The Arabic Book, 1984, 70.
Al-Ḏjahshiyārī (gest. 942)	Auszug übers. in: Bockwitz, Die früheste Verwendung von Papier in den altislamischen Kanzleien, 1951, 39 f. Text übers. in: Das Buch der Wezire, übers. von Latz 1958, 117 f.
Al-Ṣūlī (gest. 947)	Auszug übers. in: Bosch/Petherbridge, The Materials, Techniques and Structures of Islamic Bookmaking, 1981, 10.
Ibn Ḥawḳal (belegt von 943 bis 973)	Text übers. in: Ibn-Ḥauqal, Configuration de la terre, übers. von Kramers/Wiet 1964, Bd. 2, 447. Auszug übers. in: Quraishi, A survey of the development of papermaking, 1989, 31.
Anonym, Ḥudūd al-ʿālam (982/983)	Text übers. in: Ḥudūd al-ʿālam, übers. von Minorsky 1937, 113.
Al-Muḳaddasī (gest. wohl nicht vor 990)	Text übers. in: Al-Muqaddasī, The Best Divisions for Knowledge of the Regions, übers. von Collins 2001, 9, 85, 151, 175, 264. Text übers. in: Aḥsanu-t-taqāsīm fī maʿrifati-l-aqālīm, Bd. 1, Fasz. 1, übers. von Ranking 1897, 151, 260, 296 f.; gekürzter Text übers. in: Muqaddasī al, Aḥsan at-taqāsīm fī maʿrifat al-aqālīm, übers. von Miquel 1963, 219. Auszug übers. in: Karabacek, Das arabische Papier, 1887, 138.
Ibn al-Nadīm (gest. 995 oder 998)	Text übers. in: The Fihrist of al-Nadīm, übers. von Dodge 1970, Bd. 1, 14, 39 f., 88–90. Auszug übers. in: Quatremère, Histoire des mongols de la Perse écrite en persan par Raschid-Eldin, 1836, Anm. 215, CXXXII f.
Ibn al-Bawwāb (gest. wohl 1022)	Auszug übers. in: Bosch/Petherbridge, The Materials, Techniques and Structures of Islamic Bookmaking, 1981, 26.
Miskawayh (um 932 bis 1030)	Auszug übers. in: Sauvaget, Historiens arabes, 1946, 75–81, 78.
Al-Thaʿālibī (961 bis 1038)	Text übers. in: The Book of Curious and Entertaining Information, übers. von Bosworth 1968, 120, 140 f.
Manūčihrī (belegt von 1029 bis 1041)	Auszug übers. in: Afshār, The Use of Paper in Islamic Manuscripts, 1995, 79; Auszug übers. in: Bloom, Paper before Print, 2001, 62.

Al-Bīrūnī (973 bis um 1048)	Text übers. in: Alberuni's India, übers. von Sachau 1910, 170f., 182. Auszug übers. in: Ḥassan/Hill, Islamic technology, 1992, 243.
Hilāl b. al-Muḥassin b. Ibrāhīm al-Ṣābi᾿ (gest. 1056)	Text übers. in: Hilāl al-Ṣābī, Rusūm dār al-khilāfa, übers. von Salem 1977, 81, 103f.
Al-Muʿizz b. Bādīs (um 1007 bis 1062)	Text übers. in: Levey, Medieval Arabic Bookmaking, 1962, 39–41; Auszug übers. in: Karabacek, Neue Quellen zur Papiergeschichte, 1888, 87–90; Briquet, Le papier arabe au moyen-âge et sa fabrication, 1888/1955, 166f.; Bosch/Petherbridge, The Materials, Techniques and Structures of Islamic Bookmaking, 1981, 28, 34–36, 47f.; Ḥassan/Hill, Islamic technology, 1992, 192–194; Irigoin, Les papiers non filigranés, 1993, 278–280.
Ibn Ḥazm (994 bis 1064)	Auszug übers. in: Pérés, La poésie andalouse en arabe classique, 1937, 451.
Ibn Sāra (gest. 1124)	Auszug übers. in: Pérés, La poésie andalouse en arabe classique, 1937, 290.
Al-Ghazālī (1038 bis 1111)	Auszug übers. in Ghazālī's Book of Counsel for Kings, übers. von Bagley 1964, 116.
Ibn ʿAbdūn (zuerst belegt 1078, gest. 1134)	Text übers. in: Séville musulmane au début du XIIe siècle, übers. von Lévi-Provencal 1947, 107.
ʿAbd al-Wāsiʿ Djabalī (gest. wohl 1160)	Auszug übers. in: Afshār, The Use of Paper in Islamic Manuscripts, 1995, 88f.
Al-Idrīsī (um 1000 bis um 1166)	Text übers. in: Edrîsî, Description de l'Afrique et de l'Espagne, hg. und übers. von Dozy/De Goeje 1866/2015, 233f. Text übers. in: Idrîsî, La Première Géographie de L'Occident, hg. von Bresc/Nef, 1999, 276f.; Auszug übers. in: Karabacek, Das arabische Papier, 1887, 126; Bosch/Petherbridge, The Materials, Techniques and Structures of Islamic Bookmaking, 1981, 27.[66]
Abū Ḥāmid al-Gharnāṭī (1080 bis 1170)	Auszug übers. in: Jaggi, History of Science and Technology in India, 1977, 171. Auszug übers. in: Porter, Painters, Paintings and Books, 1994, 17.
Sūzanī (gest. wohl 1173/74)	Auszug übers. in: Afshār, The Use of Paper in Islamic Manuscripts, 1995, 85f., 88.

---

[66] Nicht eingesehen wurden Übersetzungen ins Spanische und Lateinische aus dem 18. bzw. frühen 19. Jahrhundert. Le Léannec-Bavavéas, Les papiers non filigranés médiévaux, 1998, 89, Nr. 394*A, verweist auf eine Übersetzung der die Papier betreffenden Passagen al-Idrisis ins Spanische im Werk von Antonio Blázquez, Geographia de España, Valencia 1974 (Textos medievales 37), auch wenn sie den Titel nicht selbst einsehen konnte. Auch der Verf. war er nicht erreichbar.

Al-Ḳāsim al-Sinhādjī (12. Jh.)	Auszug übers. in: Bosch/Petherbridge, The Materials, Techniques and Structures of Islamic Bookmaking, 1981, 27.
Yāḳūt al-Rūmī (1179 bis 1229)	Text in Teilen übers. in: ʿAbd al-Karīm, La España musulmana, 1974, 189. Auszug übers. in: Karabacek, Das arabische Papier, 1887, 112f., 126.
ʿAbd al-Laṭīf al-Baghdādī (1162/63 bis 1231/32)	Text übers. in: Sacy, Relation de l'Égypte par Abd-Allatif, Médecin arabe de Bagdad, 1810, 198f. Text übers. in: ʿAbd-al-Laṭīf al-Baġdādī, The Eastern Key, übers. von Zand et al. 1965, 163. Auszug übernommen nach Sacy in: Briquet, Recherches sur les premiers papiers employés en occident et en orient, 1886/1955, 138.
ʿIzz al-Dīn Abu 'l-Ḥasan ʿAlī Ibn al-Athīr (1160 bis 1233)	Auszug übers. in: Karabacek, Das arabische Papier, 1887, 147, Anm. 4.
Al-Ḳazwīnī (1203 bis 1283)	Auszug übers. in: Ḥassan/Hill, Islamic technology, 1992, 191.
Al-Muẓaffar Yūsuf (gest. 1295)	Auszug übers. in: Gacek, On the Making of Local Paper, 2002.
Al-Djarsīfī (2. H. 13. Jh.)	Text übers. in: Wickens, Al Jarsīfī on the Ḥisba, 1956, 183; s. dazu die Korrekturen bei Latham, Observations on the text and translation, 1960, 139; Arié, Traduction annotée et commentée des traités de ḥisba d'Ibn ʿAbd al-Raʾūf et de ʿUmar al-Garsīfī, 1960, 370f.
Amīr Khusraw (1253–1325)	Text übers. in: Porter, Painters, Paintings and Books, 1994, 18.
Ḥusayn b. Muḥammad b. Abi 'l-Riḍā Āvī (14. Jh.)	Auszug übers. in: Afshār, The Use of Paper in Islamic Manuscripts, 1995, 80.
Ibn Abī Zarʿ (gest. 1310/20)	Text übers. in: Annales Regum Mauritaniae, übers. von Tornberg 1846, 38 und 49f.; Text übers. in: Roudh el-Kartas, übers. von Beaumier 1860, 58 und 79. Auszug übers. in: Medieval Trade in the Mediterranean World, übers. von Lopez/Raymond 2001, 74f.
Rashīd al-Dīn Ṭabīb (ca. 1247 bis 1318)	Text übers. in: Thackston, Appendix I: Articles of Endowment of the Rabc-i-Rashidi, 1995. Auszug daraus übernommen in: Ruggles (Hg.), Islamic Art and Visual Culture, 2011, § 3.10, 35–38. Auszug übers. in: Quatremère, Histoire des mongols de la Perse écrite en persan par Raschid-Eldin, 1836, CXXXII-CXXXVI, CXXXIX f., CXLIII; Text übers. in: [Rashīd al-Dīn Ṭabīb,] Die Chinageschichte, übers. und hg. von Jahn 1971, 24. Auszug übers. in: Jahn, Rashīd al-Dīn and Chinese Culture, 1970, 145f., Auszug daraus übernommen in: Vogel, Marco Polo Was in China, 2013, 445f.

Ḥamd Allāh al-Mustawfī al-Ḳazwīnī (1281/1282 bis 1339/1340)	Text übers. in: [Ḥamd Allāh al-Mustawfī,] The Geographical Part of the Nuzhat-al-Qulūb, übers. Le Strange 1919, 70.
Ibn al-Wardī (1291/92 bis 1348/49)	Auszug übers. in: Bosch/Petherbridge, The Materials, Techniques and Structures of Islamic Bookmaking, 1981, 27.
Ibn Faḍl Allāh al-ʿUmarī (1301 bis 1349)	Text übers. in: [Ibn Faḍl Allāh al-ʿUmarī], Das Mongolische Weltreich, hg., übers. und komm. von Lech 1968, 109, 110. Auszug daraus übernommen in: Vogel, Marco Polo Was in China, 2013, 458f. (mit Verweis auf ältere Übersetzungen in Anm. 30).
Ibn Baṭṭūṭa (1304 bis 1368/69 oder 1377)	Text übers. in: [Ibn Baṭṭūṭa,] The Travels of Ibn Baṭṭūṭa, übers. von Gibb, Bd. 1 1958, 36, 131; Bd. 2 1962, 286, Bd. 3 1971, 718f., 749, 759; Bd. 4 1994, 832, 841, 877, 886f., 890–892, 897; Text in Teilen übers. in: Ibn-Baṭṭūṭa, Voyages et périples choisis, übers. von Charles-Dominique 1992, 34 und 58; Text in Teilen übers. in Yule, Cathay and the Way thither, 2. Aufl., Bd. 4, 1916, 111–113, Auszug daraus übernommen in: Vogel, Marco Polo Was in China, 2013, 462f.
Ibn Khaldūn (1332 bis 1382)	Text übers. in: Ibn Khaldûn, The Muqaddimah, übers. von Rosenthal 1958, Bd. 2, 62–64, 392. Gekürzter Text übers. in: Ibn Khaldûn, The Muqaddimah, übers. von Rosenthal, hg. von Dawood 2005, 139, 219, 328; Gekürzter Text übers. in: Ibn Khaldūn, Die Muqaddima, übers. von Giese 2011, 400. Auszug übers. in: Quatremère, Histoire des mongols de la Perse écrite en persan par Raschid-Eldin, 1836, Anm. 214, CXXXIII, CXXXVIII; Auszug übers. in: Karabacek, Das arabische Papier, 1887, 119f.; Auszug übers. in: Loveday, Islamic Paper, 2001, 15.
Waṣṣāf (frühes 14. Jh.)	Auszug übers. in Hammer-Purgstall, Geschichte der Ilchane, 1842, Beilage 4, 423–435, ab 426, bes. 428, Auszug übernommen in: Vogel, Marco Polo Was in China, 2013, 440–443, 441f., zur Person s. Jackson, Art. Waṣṣāf, 2002.
Al-Maḳrīzī (1364 bis 1442)	Text übers. in: Raymond/Wiet, Les marchés du Caire, 1979, 90f., 93, 112, 124–126, 130, s. auch Anm. 6 auf 91f. Auszug übers. in: Quatremère, Histoire des mongols de la Perse écrite en persan par Raschid-Eldin, 1836, Anm. 214, CXXXII, CXXXVIII.
Sīmī Nīshāpūrī (15. Jh.)	Text übers. in: Thackston, Treatise on Calligraphic Arts, 1990, 219–221, 223–226. Auszug übers. in: Ruggles (Hg.), Islamic Art and Visual Culture, 2011, § 3.11, 38–40; Auszug übers. in: Porter, Un traité de Simi Neyšâpuri, 1985, 187–191.
Anonym, *Dīwān al-Inshāʾ* (entstanden 1433)	Auszug übers. in Karabacek, Das arabische Papier, 1887, 144.
Text aus dem Jahr 1482	Auszug übers. in: Casiri, Bibliotheca Arabico-Hispana Escurialensis, Bd. 1, Madrid 1760, Nr. DCCVI, 208; Auszug übers. in: Briquet, Recherches sur les premiers papiers employés en occident et en orient, 1886/1955, 137; Auszug

	übers. in: Bosch/Petherbridge, The Materials, Techniques and Structures of Islamic Bookmaking, 1981, 26.
Mullā Nadīmī Kashmīrī (15. Jh.?)	Auszug übers. in: Afshār, The Use of Paper in Islamic Manuscripts, 1995, 81.
Sulṭān ʿAlī Mashhadī (auch Maulānā Sulṭan-ʿAlī, 1442 bis 1519/20)	Text übers. in: Epistle of Maulānā Sulṭan-ʿAlī, übers. von Minorsky 1959, 113f., 123. Auszug übers. in: Bosch/Petherbridge, The Materials, Techniques and Structures of Islamic Bookmaking, 1981, 26, 33–36. Nach dieser Vorlage: Auszug übers. in: Ruggles (Hg.), Islamic Art and Visual Culture, 2011, § 3.12, 40–46.
Bābur (1483 bis 1530)[67]	Text übers. in: [Babur,] Memoirs of Zehīr-ed-Dīn Muhammed Bābur, übers. Leyden/Erskine 1921, Bd. 1, 83, und Bd. 2, 14; [Babur,] The Bābur-nāma in English, übers. Beveridge 1922/1969, 81 und 305; Babur, Die Erinnerungen des ersten Großmoguls von Indien, übers. von Stammler 1988, 177f. und 481; [Babur,] The Baburnama, übers. von Thackston 2002, 59 und 223–231. Auszug übers. in: Jaggi, History of Science and Technology in India, 1977, 171.
Muṣṭafā ʿĀlī (frühes 16. Jh.)	Auszug übers. in: Huart, Les Calligraphes et les Miniaturistes de l'Orient Musulman, 1908/1972, 10f.

Geschätztes Papier

1887 äußerte der Doyen der arabischen Papiergeschichte, Joseph Karabacek, das Bedauern, die arabischen Quellen seien „zersplittert und zerstreut" und böten gerade „in Bezug auf die Papierfabrication verhältnismäßig wenig" – und das, obwohl Papier doch als derjenige „Culturträger" anzusprechen sei, „mit dem die Schreiblust der Araber ins Erstaunliche gewachsen" sei.[68] Auch in der neueren Forschung ist sei-

---

67 Zur Person vgl. Fuad Körpülü, Art. Bābur, 1954.
68 Karabacek, Das arabische Papier, 1887, 107f. Noch Jonathan Bloom, der in seiner ebenso kenntniswie materialreichen Monographie „Paper before Print" von 2001 die zentrale These aufstellt, dass die Einführung des Papiers in der islamischen Welt nicht nur die Schreibkultur, sondern alle gesellschaftlichen wie wirtschaftlichen Lebensbereiche erfasste und tiefgreifend veränderte, zitiert zwar viele der entsprechenden Schriftzeugnisse, jedoch ohne solche Äußerungen als einen eigenen Diskurs zu fassen. Er misst also der Wahrnehmung und Wertschätzung des Papiers durch die Zeitgenossen keine besondere Bedeutung für die von ihm beobachteten Phänomene bei. S. schließlich auch Müller, Weiße Magie, 2012, 36–38 (Zitat auf 37), unter Verweis auf das unter dem Titel „Tausendundeine Nacht" bekannte Korpus an ursprünglich indisch-persischen Erzählungen, die erstmals auf Arabisch in einer Handschrift aus der zweiten Hälfte des 15. Jahrhunderts überliefert sind: Dass in diesem „Erzählkosmos" Papier als zwar unauffälliges, aber doch unverzichtbares und mit ganz verschiedenen, oft spezialisierten Begriffen bezeichnetes Requisit zu interpretieren sei, führt Müller zu dem Urteil, dass Papier in „einer Fülle solcher Nebenrollen […] zum Alltag in der arabischen Kultur des Mittelalters" gehört habe.

ner Einschätzung nicht dezidiert widersprochen worden, obwohl mit seinen Studien beginnend, wie der chronologische Überblick im vorangehenden Kapitel gezeigt hat, beeindruckend viele und aussagekräftige Splitter für ein Interesse am Papier zusammengetragen wurden. So lassen sich Notizen und Bemerkungen zum Thema Papier nicht nur aus allen hoch- und spätmittelalterlichen Jahrhunderten finden. Auch geographisch sind sie breit gestreut über die gesamte islamische Einflusssphäre von den persischen Gebieten im Bereich der heutigen Staaten Afghanistan, Iran, Tadschikistan, Usbekistan und Turkmenistan über die arabischen Kernlande und Ägypten bis nach Nordafrika und auf die Iberische Halbinsel wie ebenso ins muslimische Indien. Schließlich finden sie sich in ganz verschiedenen Zusammenhängen und Gattungen, von der Chronik über die literarhistorische Bibliographie, das geographische Lexikon und den Reisebericht bis hin zum Schreiberhandbuch bzw. dem Traktat zu Kalligraphie und Buchherstellung, und auch in Gedichten (wobei aus zeitgenössischer Perspektive viele der genannten Zeugnisse zur *adab*-Literatur zu rechnen sind mit ihrem Anspruch, das für den gebildeten muslimischen Menschen notwendige Allgemeinwissen zusammenzustellen).[69] Es ist beachtlich, dass es sich nicht um einzelne Stimmen handelt, die schnell wieder verklingen. Vielfach wird stattdessen greifbar, dass die Autoren die Aussagen der älteren Texte kennen und explizit anführen.[70] Schaut man die aussagekräftigeren Zeugnisse unter thematischen Aspekten durch, wie dies im Folgenden geschehen soll, so mögen sie zwar auf die Fragen der modernen Forschung allen voran zum Knowhow der Papierherstellung, wie Karabacek beklagte, zum Teil nur als ungenügend empfundene Antworten geben. Doch das darin gespiegelte Interesse an Papier und die zu ihm zusammengestellten Informationen sind erstaunlich vielfältig und differenziert, wie im Folgenden an insgesamt fünf Aspekten näher konturiert werden soll. Die kulturhistorische Aussagekraft dieser Zeugnisse wird umso deutlicher, wenn man sie zugleich mit den entsprechenden Leerstellen auf europäisch-christlicher Seite kontrastiert.

Als erstes Argument für einen Papier-Diskurs im ‚dār al-Islām' ist anzuführen, dass die Prozeduren der Papierherstellung und die dafür verwendeten Rohstoffe offenbar bereits einem breiteren Publikum ein Begriff waren. Anders als für das lateinische Europa, für das sich erst in der Neuzeit Beschreibungen des Produktionspro-

---

69 Zum Begriff *adab* vgl. Pellat, Art. Adab. II. Adab in Arabic Literature, in: Encyclopædia Iranica 1, 2001, 439–444.
70 Die Rezeption des Diskurses kann natürlich nur auf der Basis der Originaltexte breiter nachvollzogen werden. Oben bereits genannt ist etwa der Historiker Al-Thaʿālibī, der um 1000 die zu diesem Zeitpunkt über ein Jahrhundert alte Aussagen des Djāḥiẓ zitiert bzw. sich an anderer Stelle auf ein – heute nicht mehr identifizierbares – ‚Buch der Straßen und Provinzen' beruft (für eine Übersetzung der entsprechenden Passagen vgl. The Book of Curious and Entertaining Information, übers. von Bosworth 1968, 120, 140f.) oder Yāḳūt al-Rūmī, der um 1200 im Rahmen seiner umfangreichen enzyklopädischen Arbeiten für die Passagen über Papier auf die Reflexionen des wohl 1022 gestorbenen Meisterkalligraphen Ibn al-Bawwāb zurückgriff, vgl. dazu Humbert, Le manuscript arabe et ses papiers, 2002, Abschnitt 21. Diese Beispiele ließen sich problemlos vermehren.

zesses erhalten haben, sind – wie oben ausgeführt – für die islamische Einflusssphäre sogar zwei genuine Rezepte mit detaillierten Anleitungen erhalten. Durch das unterschiedliche Rohmaterial und daraus resultierend die abweichenden Arbeitsschritte legen diese Zeugnisse nahe, dass die Papierherstellung je andersgearteten lokalen Gegebenheiten und Traditionen folgen konnte (ähnlich, wie dies für viele fernasiatische Regionen zum Teil bis heute nachvollziehbar ist).

Beide Rezepte sind in umfangreicheren Werken überliefert: Innerhalb des wohl schon im 11. Jahrhundert angelegten Schreiberhandbuchs ʿUmdat al-kuttāb sowie in einer vermutlich im 13. Jahrhundert entstandenen jemenitischen Kompilation verschiedener Kunst- und Handwerkstechniken mit einem Schwerpunkt auf der Buchproduktion. Diese Vergesellschaftung macht wahrscheinlich, dass man als Schreiber*in respektive Buchproduzent*in das benötigte Papier nicht zwingend kaufen musste. Es scheint damit zwar keinesfalls die Regel, aber doch zumindest vorstellbar gewesen zu sein, die Blätter auch selbst anzufertigen.[71] Nur so wird verständlich, warum die Anleitung zur Herstellung im ʿUmdat al-kuttāb mit der Aufforderung endet, nun könne man mit dem Schreiben beginnen; dazu passt, dass im Anschluss ohne ersichtliche Unterbrechung weitere Rezepte zur Vorbereitung der Blätter für das Schreiben folgen.[72] Dasselbe gilt für die jüngere jemenitische Kompilation: Hier wird der Lehrfaden zur Papierherstellung fortgesetzt mit Informationen über die Anfertigung geheimer Briefe sowie zur Entfernung von Tinte auf bereits beschriebenen Pergamenten und Papieren.[73] Für diese These spricht schließlich auch ein Kommentar von Ḥusayn b. Muḥammad b. Abī al-Ridāʾ al-Ḥusaynī al-ʿAlawī zu dem von ihm übersetzten Bericht über Isfahan aus der Feder seines Landsmannes al-Māfarrūkhī. Ergänzend zur Information des älteren Texts über die Herstellung von Papier in Isfahan weist Ḥusayn nämlich darauf hin, dass al-Māfarrūkhī sein Städtelob auf Blätter niederschrieb, die er selbst hergestellt habe.[74]

---

[71] Nach Gacek, On the Making of Local Paper, 2002, Abs. 4, ist das Werk in seiner originalen Form eine Sammlung von Anleitungen, die der Autor nach Aussagen des Vorworts von Kunsthandwerkern in ihren eigenen Worten niederschreiben ließ. Dies bedeutet freilich nicht, dass die Lektüre des Textes nur auf diesen engeren Kreis professioneller Produzenten beschränkt war, sondern umgekehrt, dass die Anleitungen die Techniken einem weiteren Rezipientenkreis erschließen sollten. Dass die eigene Herstellung von Papier allerdings wohl selten praktiziert wurde, legt die Überlieferungslage der jemenitischen Kompilation nahe, s. dazu ebd., Abs. 2: Erst 1985 wurde erstmals die auch von Gacek verwendete, heute in Hyderabad verwahrte Handschrift beschrieben, in deren insgesamt 15 Kapiteln auch die Anleitung zum Papierschöpfen enthalten ist. Zuvor bereits bekannt war das Werk durch zwei heute in Kairo und Mailand befindliche Manuskripte, die eine Kurzfassung mit nur zehn Kapiteln enthalten und in der das Rezept zur Herstellung von Papier fehlt.
[72] Vgl. Levey, Medieval Arabic Bookmaking, 1962, 40; Irigoin, Les papiers non filigranés, 1993, 279; dieser Satz fehlt in der (insgesamt deutlich abweichenden) Übersetzung von Karabacek, Neue Quellen zur Papiergeschichte, 1888, 89.
[73] S. die Kapitelüberschrift bei Gacek, On the Making of Local Paper, 2002, Abschnitt 12; Gaceks Übersetzung bricht allerdings mit dem Ende des Rezepts zur Papierherstellung ab.
[74] Zit. nach der Übersetzung von Afshār, The Use of Paper in Islamic Manuscripts, 1995, 80.

Ob man aus den beiden Rezepten auf die kommerzielle Herstellung von Papier im islamischen Einflussbereich schließen darf, wurde oben bereits knapp mit dem Hinweis auf al-Bīrūnī angezweifelt. Anders als die beiden Rezepte, nach denen die Papierpulpe mit der bloßen Hand und einfachen Hilfsmitteln wie Scheren und Mörsern zu zerkleinern sei,[75] bestätigte er schon um 1000 eindeutig den Einsatz von wassergetriebenen Hammerwerken in der Papierherstellung. In seinem Buch über die Mineralogie diskutiert der Autor verschiedene Verfahren zur Gewinnung von Golderzen: Am geeignetsten seien dazu nicht rotierende Mühlsteine, sondern Vorrichtungen zum Stampfen, wie man sie von den Papiermanufakturen in Samarkand für die Zerkleinerung von Flachs kenne.[76]

Doch nicht nur al-Bīrūnī, auch weniger technikaffine Autoren und Texte demonstrieren, dass man sich zumindest grob ein Bild davon machte, wie Papier im Manufakturbetrieb hergestellt wurde. Vom Gründer des Mogulreichs Bābur wissen wir, dass er 1507 einen dreiwöchigen Besuch in Herat für tägliche Ausflüge in die Stadt und ihre Umgebung nutzte; zum Ziel hatte er neben Gärten, Mausoleen, Befestigungsanlagen, Schulen, Hospitälern usw. auch eine Papiermanufaktur – leider verrät er uns nicht mehr darüber.[77] Schaut man jedoch in andere Quellen, so reicht das Wissen um die Herstellung vom visuellen Eindruck der zum Trocknen ausgelegten Blätter im Hof einer Papierwerkstatt, wie ihn die oben bereits referierten Verse von Manūčihrī im 11. Jahrhundert anzitieren,[78] bis hin zu konkreten Sachinformationen über die Produktion. Mehrfach finden wir etwa thematisiert, dass die Papierer als Rohstoff für

---

[75] Zu ʿUmdat al-kuttāb vgl. die Übersetzungen von Levey, Mediaeval Arabic Bookmaking, 1962, 39, und Irigoin, Les papiers non filigranés, 1993, 278. Zur jemenitischen Anleitung des 13. Jahrhunderts vgl. die Übersetzung von Gacek, On the Making of Local Paper, 2002, Abs. 15. Der Autor des Rezepts spricht zudem immer wieder von Breiklumpen in der Größe von Orangen oder Zitronen; die Maßangaben etwa für die Ingredienzen bei der Leimherstellung gehen von der Zahl von 100 Blättern aus – auch wenn der Leser natürlich frei war zu entscheiden, ein Vielfaches dieser Menge herzustellen, suggerieren diese Angaben jedoch, dass das Rezept nicht als Anleitung für die massenhafte Papierproduktion zu verstehen ist.

[76] Zit. nach der Übersetzung von Hassan/Hill, Islamic Technology, 1992, 242f. Insbesondere für technische Detailfragen ist der Rückgriff auf Übersetzungen freilich häufig problematisch, s. dazu etwa das um 1500 entstandene Baburnama: Während Wolfgang Stammler in einer deutschen Übersetzung des Werks zu Samarkand ganz konkret von „Papierstampfer[n]" spricht, die dort mit dem Wasser aus den umliegenden Seen und Flüssen betrieben würden, ist in der Übersetzung von Beveridge von „paper mortars" und bei Leyden/Erskine von „paper mills" die Rede, Thackston übersetzt dagegen lediglich allgemein „paper factories". Vgl. Babur, Die Erinnerungen des ersten Großmoguls von Indien, übers. von Stammler 1988, 178; [Babur,] The Bābur-nāma in English, übers. von Beveridge 1922/1969, 81; [Babur,] Memoirs of Zehīr-ed-Dīn Muhammed Bābur, übers. von Leyden/Erskine 1921, Bd. 2, 14; [Babur,] The Baburnama, übers. von Thackston 2002, 59.

[77] Vgl. The Bābur-nāma in English, übers. von Beveridge 1922/1969, 305; Babur, Die Erinnerungen des ersten Großmoguls von Indien, übers. Stammler 1988, 481; [Babur,] The Baburnama, übers. von Thackston 2002, 223–231.

[78] Für eine Übersetzung der Passage vgl. Afshār, The Use of Paper in Islamic Manuscripts, 1995, 79, und Bloom, Paper before Print, 2001, 62.

ihre Produktion Recyclingmaterial kauften, so etwa in der ebenfalls bereits geschilderten Passage aus dem Reisebericht des Bagdader Arztes ʿAbd al-Laṭīf, nach dem der nötige Nachschub an Leinenlumpen im Ägypten des 12. Jahrhunderts unter anderem von beduinischen Grabräubern sichergestellt wurde.[79] Der *Dīwān al-Inshā'* aus dem 15. Jahrhundert bemerkt im Rahmen seiner Ausführungen über den Anbau und die Verwendung von Hanf, dass die daraus gefertigten Schiffstaue, sobald sie dünn und mürbe geworden seien, als geeignetes Rohmaterial an die Papiermanufakturen verkauft würden. Es folgt die Erklärung, dass die Qualität des daraus erzeugten Papiers erstens vom Wachstum der Pflanze abhänge, denn erst die volle Reife gebe den groben, zu Seilerarbeiten dienlichen Bast, zweitens von der Jahreszeit, wobei das Frühjahr die geeignetste Zeit sei, drittens von der Sorgfalt, mit der man das Material in der Schwemme reinige, sowie von der Reinheit des dazu eingesetzten Wassers, viertens vom Grad der Mazeration beim Kochen des Zeugs in Kalkmilch, fünftens von der Feuchtigkeit in den Gruben, in denen man das Zeug vor dem Stampfen aufbewahre, und sechstens vom Glanz, den die Papieroberfläche durch das Glätten der beiden Seiten mit dem Polierglas erhalte.[80]

Werfen wir einen Seitenblick ins lateinische Europa, so tun sich oberflächlich Gemeinsamkeiten auf: Auch hier hat die Papierforschung Beispiele ab dem 14. Jahrhundert dafür zusammengetragen, dass die Papierherstellung in hohem Maße auf die Anlieferung von Lumpen als dem wohl einzigen Rohstoff angewiesen war. Ein maßgeblicher Unterschied liegt jedoch in der Art der Gattungen, die uns über dieses Herstellungsdetail unterrichten: Es handelt sich nur ausnahmsweise um narrative und auf Wissens- oder Erfahrungsvermittlung ausgerichtete Texte (s. dazu unten Kap. B.6), sondern in der Regel um knappe Einträge in herrschaftlichem oder kaufmännischem Verwaltungsschriftgut. Breitere Erläuterungen wie in den Zeugnissen aus der islamischen Welt waren hier offenbar nicht denkbar.[81] Indizien dafür, dass Papier von den Konsument*innen selbst hergestellt worden wäre, gibt es nicht. Ansonsten war den Mitarbeiter*innen der Mühlen in Lateineuropa strikte Geheimhaltung der Herstellungsprozedere auferlegt, wie in Kap. B.4 bereits näher ausgeführt (s. dazu Kasten B.4.1).

---

79 Für eine Übersetzung der Passage vgl. Sacy, Relation de l'Égypte par Abd-Allatif, Médecin arabe de Bagdad, 1810, 198f., und ʿAbd-al-Laṭif al-Baġdādī, The Eastern Key, übers. von Zand et al. 1965, 163.
80 Für eine Paraphrase der Passage vgl. Karabacek, Das arabische Papier, 1887, 128f.
81 Aufschlussreich für die Wahrnehmung des Berufsstands sind schließlich auch die Aussagen von Ibn Sāra im 11. Jahrhundert, dessen Verse die Papiermacherei als das mühevollste und entbehrungsreichste aller Handwerke bezeichnen (der Papierer sei wie die Nadel des Schneiders, die Nackte anziehe, während ihr Körper selbst nackt bleibe), für Übersetzungen der Verse vgl. Pérés, La poésie andalouse en arabe classique, 1937, 290. S. dazu auch Subkī im 14. Jahrhundert, der die *warrāḳūn* – das heißt Papiermacher und -verkäufer – für die Exzellenz ihres Gewerbes preist; für eine Paraphrase der Passage vgl. Bosch/Petherbridge, The Materials, Techniques and Structures of Islamic Bookmaking, 1981, 10.

Zweitens ist bemerkenswert, was den mittelalterlichen Autoren im ‚dār al-Islām' über die Durchsetzung und geographische Verbreitung des Papiergewerbes bekannt war. Wie bereits der chronologisch orientierte Überblick über die Quellen zeigte, lag die Existenz und Produktqualität lokaler Papiermanufakturen durchaus im Horizont von Reisenden – auffällig häufig zum iberischen Xàtiva mit seinem zwar späten, doch offenbar durch seine Waren wie auch im Stadtbild außerordentlich präsenten Papiergewerbe[82] – ebenso wie im Blickfeld einheimischer Autoren, die die Vorzüge ihrer Stadt hervorhoben, etwa in der oben bereits genannten Lobschrift auf Isfahan aus der Feder des al-Māfarrūkhī.[83]

Gefestigt wurde dieses Wissen um die Herstellungsorte durch die Klassifikation von Papiersorten und -qualitäten nach ihrer geographischen Herkunft, wie sie quer durch die Jahrhunderte immer wieder artikuliert wird.[84] Schon an der Wende vom 10. zum 11. Jahrhundert nennt al-Djawharī als Papier der höchsten Qualität dasjenige aus Bagdad, während die zwei nächstbesten Sorten in Syrien und zwei noch einfachere in Ägypten produziert würden.[85] Im 15. Jahrhundert beginnt der iranische Bibliothekar und Buchkünstler Sīmī Nīshāpūrī seine Anleitung zum Färben von Papier mit der Erklärung, er habe für seine Arbeit die Papiere aller Länder geprüft und sei zum Urteil gekommen, dass das beste Papier für Kalligraphie in Bagdad, Damaskus, Amul (heute Türkmenabat) und Samarkand produziert werde. Das Papier aus anderen Orten stuft er dagegen als generell grob, verfleckt und unbeständig ein.[86] Nicht nur bei diesen beiden Autoren nahm das Papier aus Bagdad eine besondere Rolle als Referenzgröße für die beste Qualität ein, wie dies in verschiedenen Zusammenhängen bei Rashīd al-Dīn um 1300 und in al-Kalkashandīs Handbuch für Schreiber aus dem 15. Jahrhundert fassbar wird.[87] Das Papier aus Damaskus erfuhr aber nicht überall dieselbe Wertschätzung wie bei Sīmī Nīshāpūrī: Im *Dīwān al-Inshā'* aus dem Jahr 1433 findet sich

---

[82] Vgl. für das 12. Jahrhundert etwa al-Kāsim al-Sinhādjī (s. Bosch/Petherbridge, The Materials, Techniques and Structures of Islamic Bookmaking, 1981, 27) und vor allem das in der papierhistorischen Forschung viel zitierte Urteil al-Idrīsīs (für eine Übersetzung der Passage vgl. Idrîsî, La Première Géographie de L'Occident, hg. von Bresc/Nef, 1999, 276 f.), für die Zeit um 1200 Yākūt al-Rūmī, der zwar das Papier aus Xátiva rühmt, über die Stadtbewohner jedoch ein Schmähgedicht inseriert (für eine Übersetzung der Passage vgl. ʿAbd al-Karīm, La España musulmana, 1974, 189) sowie im 14. Jahrhundert Ibn al-Wardī (s. Bosch/Petherbridge, The Materials, Techniques and Structures of Islamic Bookmaking, 1981, 27).

[83] Für eine Paraphrase der Passage vgl. Afshār, The Use of Paper in Islamic Manuscripts, 1995, 80.

[84] Die Benennung/Bestimmung nach dem Herkunftsort gilt im Übrigen nicht nur für den Beschreibstoff, sondern weit verbreitet auch für Tuche, s. dazu mit Beispielen Enderwitz et al., Textilien, 2015, 421 f.

[85] Für eine Paraphrase der Passage vgl. Bosch/Petherbridge, The Materials, Techniques and Structures of Islamic Bookmaking, 1981, 30.

[86] Für eine Übersetzung der Passage vgl. Thackston, Treatise on Calligraphic Arts, 1990, 219.

[87] Zu Rashīd al-Dīn vgl. Übersetzungen entsprechender Passagen etwa bei Thackston, Appendix I: Articles of Endowment of the Rabc-i-Rashidi, 1995, oder Quatremère, Histoire des mongols de la Perse écrite en persan par Raschid-Eldin, 1836, CXXXII–CXXXVI, CXXXIX f., CXLIII; zu al-Kalkashandī

der Hinweis, man nutze in der mamlukischen Kanzlei selten Papier aus Damaskus, da die Korrespondenten Wert auf ägyptisches Papier legten.[88] Im Jahr 1519 urteilt Muṣṭafā ʿĀlī, das gewöhnlichste Papier werde in den Mühlen von Damaskus hergestellt, ebenso minderwertig sei auch das abessinische Papier. Er rät, kein Papier zu verwenden, das in der Qualität niedriger sei als das aus Samarkand.[89] An anderer Stelle listet er insgesamt elf verschiedene Papierqualitäten auf, deren geographische Herkunft entweder bereits an ihrem Namen abzulesen ist oder aber vom Autor ergänzt wird.

Die islamwissenschaftliche Forschung hat diese und andere verstreute Informationen zu einem Überblick über die papierproduzierenden Orte und Regionen sowie den Zeitpunkt der Einführung, ihren Höhepunkt sowie zum Teil auch ihren Niedergang verdichtet.[90] Auch die auf Europa bezogene Papiergeschichtsforschung hat seit ihren Anfängen bis ins 21. Jahrhundert hinein erhebliche Energie aufgewendet, um die Aus- und Verbreitung des Papiergewerbes nachzuvollziehen. Entsprechende Erfolge wurden hier allerdings auf ganz anderen Wegen als in den Islamwissenschaften erreicht: Einerseits beruhen sie auf der Auswertung lokalen administrativen Schriftguts, das heißt auf der für die mittelalterlichen Jahrhunderte stets mühevollen und fragmentarischen Rekonstruktion einzelner Mühlengeschichten. Andererseits stützen sie sich auf die Wasserzeichenforschung und hier allen voran auf die titanische Sammeltätigkeit von Charles-Moïse Briquet und Gerhard Piccard, die die Papiermarken in ihren Veröffentlichungen auf der Basis von Vergleichsbeispielen nicht nur zeitlich, sondern auch geographisch zuzuordnen suchten. Die mittelalterlichen Zeitgenossen selbst dagegen hegten am Label „made in …" noch kein besonderes Interesse (s. die wenigen Belege dazu in Kasten B.2.2). Im italienischen Sprachraum finden sich die Herkunftsorte der Papiere immerhin des Öfteren in der Rechnungsüberlieferung notiert.[91] Für den deutschen Bereich ist auch das nur ausnahmsweise zu greifen.[92] Ratschläge wie in den

---

vgl. Bosch/Petherbridge, The Materials, Techniques and Structures of Islamic Bookmaking, 1981, 31, und Meyer/Sauer, Papier, 2015, 364f.

88 Vgl. dazu Humbert, Le manuscrit arabe et ses papiers, 2002, Abschnitt 47, Anm. 35.

89 Für eine Übersetzung der Passage vgl. Huart, Les Calligraphes et les Miniaturistes de l'Orient Musulman, 1908/1972, 10f., und Bosch/Petherbridge, The Materials, Techniques and Structures of Islamic Bookmaking, 1981, 32.

90 Vgl. aktuell am ausführlichsten das Kapitel „The Spread of Papermaking across the Islamic Lands" in Bloom, Paper before Print, 2001, 46–89; s. auch Humbert, Le manuscrit arabe et ses papiers, 2002; für eine knappe Zusammenfassung unter anderem Huart/Grohmann, Art. Kāghad, 1978, und Meyer/Sauer, Papier, 2015, bes. 357f.

91 Als Beispiel sei die Druckwerkstatt im Florentiner Kloster San Jacopo di Ripoli genannt, in deren Rechnungsbuch aus den Jahren 1476 bis 1484 sich 35 Angaben von Herkunftsorten des Papiers nachweisen lassen, aus den drei toskanischen Orten Prato (13 Belege), Colle di Val d'Elsa (acht Belege) und Campo Corbolini (sieben Belege), außerdem sieben Mal aus dem berühmten Fabriano in den Marken, vgl. Conway, The Diario of the Printing Press of San Jacopo di Ripoli, 1999, 327–331 (Tabelle).

92 So sind zum Beispiel bei Peter Drach, ed. Geldner, Das Rechnungsbuch des Speyrer Druckherren, Verlegers und Großbuchhändlers Peter Drach, 1964, 57 und 152f., als Herkunftsorte ausgewiesen: L bellel meidlandesch bappir" und viij Basler bappir.

arabischen und persischen Texten, woher die besten Papiere zu beziehen und Erzeugnisse welcher Orte lieber nicht zu kaufen seien, sind im lateinischen Europa ebenso wenig zu finden wie ein auf Produktionsstandorten beruhendes Klassifikationssystem verschiedener Sorten.

Diese Unterschiede zwischen den beiden Kulturen werden noch deutlicher, blickt man auf die Städte, die der modernen Forschung als jeweilige Wiege der Papiermacherei gelten. Während die von der modernen Forschung als Revolution gewerteten Innovationen des Produktionsprozesses im italienischen Fabriano und die hohe Qualität seiner Papiere nur in wenigen Quellenschnipseln fassbar werden (s. zu den Innovationen Kap. B.2), wurde das islamische Pendant Samarkand im heutigen Usbekistan schon von den mittelalterlichen Autoren als Zentralort und Pionierstadt für die Vermittlung der Herstellung aus Fernasien in den islamisch dominierten Raum gewürdigt.[93] Der früheste, noch dürre Hinweis auf Samarkand als ‚Stadt des Papiers' begegnet bei Djāḥiẓ in der Mitte des 9. Jahrhunderts. In dem ihm zugeschriebenen Werk *Kitāb al-Tabaṣṣur bi-l-tiğāra* (Überlegungen zum Handel) findet sich eine umfangreiche Auflistung an – wie die Kapitelüberschrift ausweist – seltenen Waren und Produkten, die man aus der Fremde importieren müsse (was benachbarte Regionen ebenso wie weit entfernte Länder wie China oder Indien einschloss), darunter viele exotische Tierarten, Gewürze, Früchte und andere Nahrungsmittel, Edelsteine und weitere Bodenschätze, Stoffe und Färbemittel, fertige Handwerksprodukte wie Musikinstrumente, Waffen, Teppiche, und immer wieder Sklaven. Auch Schreibmaterialien gehörten nach al-Djāḥiẓ zu den Importgütern: So bezog man aus Ägypten neben Packeseln, Topasen höchster Qualität, Balsam und Kleidung aus feinen Stoffen auch Papyrus. Lieferanten von Papier erscheinen in der Liste des al-Djāḥiẓ gleich zweimal: Zusammen mit Tinte importierte man den Beschreibstoff aus dem fernen China, wobei die weiteren von dort eingeführten Konsumgüter – Seide und Porzellan, Pfauen und Rennpferde, Gerätschaften aus Gold und Silber usw. – das Papier in eine Reihe mit offensichtlichen Luxuswaren stellen. Auch Samarkand erscheint in der Aufstellung; es ist mit einer einzigen Ware vertreten: Papier.[94]

Aus fünf Werken des 10. Jahrhunderts – im anonymen *Ḥudūd al-ʿālam*, bei al-Muḳaddasī, bei Ibn Ḥawḳal, in al-Bīrūnīs Indiengeschichte und bei al-Thaʿālibī – erfahren wir mehr über die Bedeutung und Ansiedlung des Papiergewerbes.[95] Die

---

93 So etwa Huart/Grohmann, Art. Kāghad, 1978.
94 Für eine Übersetzung der Passage vgl. Pellat, Ğāḥiẓiana, 1954, 159, und Medieval Trade in the Mediterranean World, übers. von Lopez/Raymond 2001, 28 f. Wie sehr man China als ökonomisches Vorbild begriff, zeigt im Übrigen nicht nur die Vielzahl der von dort bezogenen Waren – die entsprechende Liste ist länger als bei allen anderen Einträgen –, sondern auch der Transfer von Menschen, den Djāḥiẓ nennt: Neben Sklavinnen und Eunuchen waren nach seinen Angaben auch Experten für Wasserbau und für die Landwirtschaft sowie auf Marmor spezialisierte Steinmetze bzw. -hauer gefragt.
95 Das anonyme geographische Werk *Ḥudūd al-ʿālam*, das Samarkand in seinem Kapitel über Transoxanien als große, prosperierende und schöne Stadt voller Kaufleute aus aller Welt würdigt, erwähnt knapp als einheimische Produkte einerseits Hanfschnüre und andererseits Papier, das in alle Welt exportiert

ausführlichsten Nachrichten bietet al-Thaʿālibī, der nicht nur Samarkands Schönheit beschreibt, sondern vor allem auch näher auf die in der Stadt produzierten Spezialitäten eingeht. Anders als al-Djāḥiẓ nennt er mehrere Produkte, Ammoniaksalz und Quecksilber, Textilien aus einer nahe Samarkand gelegenen Oase, Haselnüsse und Sklaven. Doch breiten Raum widmet er nur der an erster Stelle genannten Papierherstellung, die es nach seiner expliziten Aussage außer in China nur in Samarkand gebe. An diese Bemerkung schließt der Autor einen Verweis auf eine heute nicht mehr identifizierbare Quelle – das „Buch der Straßen und Provinzen" – an, der zufolge der arabische Emir Ziyād b. Ṣāliḥ bei der siegreichen Schlacht am Fluss Talas an der Seidenstraße 751 chinesische Papiermacher gefangen gesetzt und in Samarkand angesiedelt habe. Nach diesem Datum sei Papier in Masse produziert worden und es sei allgemein in Gebrauch gekommen, sodass es eine wichtige Exportware für die Bevölkerung von Samarkand geworden sei. Sein Wert, so schließt der Autor, sei überall anerkannt worden und die Menschen hätten es fortan überall benutzt.[96]

Dieses Wissen um Samarkands Rolle für die Einführung und Durchsetzung der Papierherstellung bleibt auch in späteren Jahrhunderten präsent: Als Beispiel genannt seien die oben bereits zitierten Äußerungen im geographischen Werk von al-Ḳazwīnī aus dem 13. Jahrhundert,[97] in der stark autobiographisch ausgerichtete Chronik des Fürsten Bābur in der Zeit um 1500[98] und im Werk des Muṣṭafā ʿĀlī von 1519[99]

---

werde; für eine Übersetzung der Passage vgl. Ḥudūd al-ʿālam, übers. von Minorsky 1937, 113. Nicht in Bezug auf Samarkand allein, sondern auf die gesamte Region Transoxanien pflichtet ihm Ibn Ḥawḳal in seinem *Kitāb Ṣūrat al-arḍ* (Buch über die Gestalt der Erde) bei, dass Ammoniaksalz und Papier als wichtigste Güter zu nennen seien, wobei Papier in großen Quantitäten und in unvergleichbarer Qualität hergestellt werde, vgl. Ibn-Ḥauqal, Configuration de la terre, übers. von Kramers/Wiet 1964, Bd. 2, 447. In seiner Indiengeschichte erklärt al-Bīrūnī in einem Exkurs zur Schriftgeschichte China zum Land, an dem Papier zuerst hergestellt worden sei. Chinesische Gefangene hätten dieses Handwerk in Samarkand eingeführt, das daraufhin in verschiedenen Orten produziert worden sei, um den wachsenden Bedarf zu befriedigen. Für eine Übersetzung der Passage vgl. Alberuni's India, übers. von Sachau 1910, 170 f. Am knappsten bleibt der Bericht bei al-Muḳaddasī über besonders hochwertige Spezialitäten verschiedener Orte, in dem er neben etwa dem Steingut aus al-Shash, den Trauben aus Harat oder dem Fleisch aus Bukhara das ‚feine Papier' aus Samarkand erwähnt, für eine Übersetzung der Passage vgl. Al-Muqaddasī, The Best Divisions for Knowledge of the Regions, übers. von Collins 2001, 264.

96 Diese Bemerkung korrespondiert mit der den Abschnitt einleitenden Beobachtung, dass Papier sowohl den Gebrauch des aus Ägypten stammenden Papyrus sowie des in den älteren Generationen üblichen Pergaments ausgerottet habe. Im Ägypten gewidmeten Kapitel erklärt al-Thaʿālibī freilich noch mit dem Verweis auf die (oben schon zitierte) Aussage von Djāḥiẓ, dass der Papyrus das für die westlichen Regionen sei, was für die östlichen Gebiete das Papier aus Samarkand sei. Für eine Übersetzung der entsprechenden Passagen vgl. The Book of Curious and Entertaining Information, übers. von Bosworth 1968, 120, 140 f.

97 Für eine Übersetzung der Passage vgl. Hassan/Hill, Islamic Technology, 1992, 191.

98 Für eine Übersetzung der Passage vgl. unter anderem [Babur,] The Bābur-nāma in English, übers. von Beveridge 1922/1969, 81, für weitere Übersetzungen vgl. Kasten B.5.1.

99 Für eine Übersetzung der Passage vgl. Huart, Les Calligraphes et les Miniaturistes de l'Orient Musulman, 1908/1972, 10 f.

ebenso wie eine Passage in einem auf das Jahr 1482 datierten Manuskript, das dem spanischen Orientalisten Miguel Casiri im 18. Jahrhundert bei seinen Katalogarbeiten im Escorial in Madrid in die Hände fiel. Der neuzeitlichen Forschung, die in dieser Zeit den geographisch wie zeitlich langen Weg des Papiers von Asien nach Europa gerade erst entdeckte, gab Casiri damit den entscheidenden Hinweis auf eine im Westen zuvor unbekannte Etappe der Papiergeschichte.[100]

Die Forschung hat auf der Suche nach dem ‚Wie es war' wiederholt problematisiert, dass die Angaben der hier versammelten Zeugnisse nicht widerspruchsfrei zueinander passen: So setzt die Passage über Papier im gerade genannten Manuskript aus dem Jahr 1482 die Einführung der Papierherstellung schon in Zusammenhang mit der arabischen Eroberung Samarkands im Jahr 704, während al-Thaʿālibī im 10. und al-Ḳazwīnī im 13. Jahrhundert ihren Beginn in die Zeit nach der Schlacht am Fluss Talas 751 datieren.[101] Unabhängig davon, ob angesichts der heute noch fassbaren Überlieferung von Papieren aus dieser Zeit eher dem Zeugnis aus dem 15. oder aus dem 10. Jahrhundert Glauben zu schenken ist, bleibt festzuhalten: Anders als der im vorangegangenen Kapitel zitierte deutsche Mühlenexperte Johannes Matthias Beyer im 18. Jahrhundert waren die drei mittelalterlichen Autoren aus dem islamischen Bereich nicht viele Jahrhunderte, sondern höchstens einige Jahrzehnte vom heutigen Wissensstand entfernt. Sie wussten auch zutreffend, dass das Know How um die Papierherstellung über die Seidenstraße aus China gekommen war.[102]

Schon diese Beispiele zeigen damit – wie hier als drittes Argument für einen Papier-Diskurs im arabisch- und persischsprachigen Mittelalter angeführt werden soll – ein erstaunliches historisches Interesse an Papier, das weit über Notizen zu frühen oder besonders erfolgreichen Produktionsstandorten hinausgeht. Es manifestiert sich unter anderem in der Wertschätzung alter Papiere, wie wohl am deutlichsten im Fall des berühmten Kalligraphen Ibn al-Bawwāb aus der Zeit um 1000 greifbar wird: Nach seinen eigenen Aussagen sei er für die Restaurierung einer alten Koranhandschrift, in der ganze Seiten fehlten, zur Bibliothek (wohl in Bagdad) gegangen und habe unter den dort gehüteten, sehr feinen und erlesenen Sorten alten Papiers aus Samarkand und aus China die für seine Arbeit passenden Blätter heraussuchen können.[103] Diese Geschichte schien noch Yāḳūt al-Rūmī zwei Jahrhunderte später so erzählenswert, dass er sie in sein Werk inserierte.[104]

---

100 S. dazu oben Anm. 5.
101 Für Nachweise vgl. die vorangehenden Anmerkungen.
102 Dieses Wissen teilte auch al-Thaʿālibīs Zeitgenosse Ibn al-Nadīm, auch wenn er nicht Samarkand, sondern die nahe gelegene iranische Provinz Khurāsān für die erste Region hielt, in der die chinesische Kunst der Papierherstellung betrieben worden sei, für eine Übersetzung der Passage vgl. The Fihrist of al-Nadīm, übers. von Dodge 1970, Bd. 1, 39f.
103 Vgl. eine Übersetzung der Passage bei Bosch/Petherbridge, The Materials, Techniques and Structures of Islamic Bookmaking, 1981, 26.
104 Vgl. Humbert, Le manuscript arabe et ses papiers, 2002, Abschnitt 21.

Ein weiteres Beispiel bietet Ibn al-Nadīms im 10. Jahrhundert verfasste Enzyklopädie der Weltliteratur in einer Anekdote über einen Bücherliebhaber aus der Stadt Haditha, gelegen im Nordwesten des heutigen Irak, der die größte Bibliothek besessen habe, die der Autor je gesehen habe. Selbstverständlich bewertet Ibn al-Nadīm die Sammlung zuallererst nach ihren Inhalten, darunter viele für ihn offenbar einschlägige arabische Werke über Grammatik, Philologie und Literatur. Eine Kiste mit besonders wertvollen alten Schriften, die ihm der Bücherliebhaber bei einem ihrer Treffen gezeigt habe, beschreibt er jedoch auch materiell: Ihr Inhalt habe aus sowohl zwei verschiedenen Sorten bzw. Qualitäten Pergament als auch aus verschiedenen Papieren bestanden, deren Herkunft er als aus Ägypten, aus China, aus der Tihama (das heißt, dem Küstenstreifen entlang des Roten Meeres im Nordwesten der arabischen Halbinsel) und aus Khurāsān (einer historischen Landschaft um Samarkand im Gebiet der heutigen Staaten Afghanistan, Iran, Tadschikistan, Usbekistan und Turkmenistan) bestimmt. Zwar habe die Zeit die Schriftstücke zerschlissen, ja, drohe sie sogar auszulöschen, so schreibt Ibn al-Nadīm. Trotzdem zeigt er sich fasziniert von ihnen, sei doch auf jedes Manuskript von Gelehrten eine Notiz angebracht, welcher der alten und berühmten Kalligraphen es geschrieben habe. Aus der Erinnerung vermag der Autor noch einige ihrer Namen zu zitieren. Am Schluss seines Berichts steht der enttäuschte Hinweis, nach dem Tod des Büchersammlers sei die Kiste samt ihrem kostbaren Inhalt verschwunden und man erfahre nichts mehr über ihr Schicksal, obwohl er sich vielfach danach erkundigt habe.[105]

Für das lateinische Europa ist ein vergleichbares antiquarisches Interesse nicht zu fassen. Wie in Kap. B.3 (mit Kasten B.3.3) dargestellt, beschränkte sich die Wahrnehmung alter Papiere bis ins Ende des 15. Jahrhunderts hinein auf knappe Urteile über ihre Unzulänglichkeit und Verderblichkeit, zumeist im Rahmen von Begründungen, weshalb man Papier für rechtlich wichtige Dokumente verbot oder solche auf Papier ausgefertigte auf Pergament umkopiert haben wollte. Eine vergleichbare Diskrepanz zwischen dem ‚dār al-Islām' und der lateineuropäischen Christenheit tut sich auf, wenn man nach dem Wissen um die Ursprünge des Papiergebrauchs fragt: Während sich die europäischen Quellen darüber einhellig ausschweigen, ist die Einführung des neuen Beschreibstoffs im islamischen Bereich gleich in mehreren mittelalterlichen Zeugnissen ein Thema. Nach ihrem Tenor sind es die Abbasiden und deren Amtsleute, die den Einsatz von Papier in der Verwaltung veranlassten und damit den Grundstein für seine allgemeine Durchsetzung legten. Schon im 10. Jahrhundert hält al-<u>Djahsh</u>iyārī fest, es sei der ab 754 regierende zweite abbasidische Kalif al-Manṣūr gewesen, der seiner Kanzlei den Gebrauch des zuvor üblichen Papyrus verboten und stattdessen den Einsatz von Papier befohlen habe. Folgt man dem Historiker, der zugleich als Kanzler tätig war, so begründete der Kalif seine Entscheidung zum einen

---

105 Vgl. eine Übersetzung der Passage bei The Fihrist of al-Nadīm, übers. von Dodge 1970, Bd. 1, 88–90.

mit dem schlechten Preis-Leistungs-Verhältnis des Papyrus, aber auch damit, dass er nur als Importware aus Ägypten zu beziehen war: Al-Manṣūr sah das Risiko, bei politischen Vorfällen von der Papyruszufuhr abgeschnitten zu werden, und habe deshalb das Papier aus einheimischer Produktion bevorzugt.[106]

Im frühen 13. Jahrhundert berichtet der Enzyklopädist Yāḳūt al-Rūmī, dass unter einem von Al-Manṣūrs Nachfolgern, dem ab 786 regierenden Kalifen Hārūn al-Raṣḥīd, die erste Papiermühle in Bagdad eingerichtet worden sei. Ihre Produktion habe einen solchen Warenausstoß erreicht, dass die Verwaltung ihre Schriftstücke auf Papyrus und Pergament durch solche auf Papier hätte ersetzen können.[107] In einem Zeugnis des 14. Jahrhunderts aus der Feder des nordafrikanischen Historikers Ibn Khaldūn wird schließlich Hārūn al-Rashīd zur eigentlichen Schlüsselfigur, der die Wende zum Papier in der islamischen Welt vollzogen habe. Im Kapitel über das Handwerk der Buchproduktion widmet der Autor dem Beschreibstoff einen kulturhistorischen Exkurs, der mit der Erklärung beginnt, anfänglich seien gelehrte Werke, herrscherliche Korrespondenz, Lehensbriefe und Urkunden auf Pergament geschrieben worden.

Die Verwendung dieses Materials, das er als in Handwerksarbeit aus den Häuten von Tieren gefertigt und damit implizit als kostbar charakterisiert, war nach Ibn Khaldūn möglich, da es in den Anfängen des Islam großen Wohlstand und zugleich nur wenig Schriftbedarf gegeben habe. Diese Aussage bezieht er sowohl auf die Kopiertätigkeit im Bereich gelehrter Werke wie auch auf die Ausfertigung herrscherlicher Dokumente und Urkunden. Man habe sich damals also, so konkretisiert der Autor, exklusiv auf Pergament beschränken können – zugleich sei sein Gebrauch ein Ausdruck des Respekts vor dem Geschriebenen und des Wunsches nach Texttreue und Sorgfalt beim Schreiben gewesen. Dann aber sei die Produktion von Büchern und Schriftstücken enorm gestiegen und nun habe es am nötigen Pergament gefehlt. Ibn Khaldūn nennt den unter Hārūn al-Rashīd tätigen Wesir al-Faḍl b. Yaḥyā aus der mächtigen Familie der Barmakiden als Initiator, der die Produktion von Papier und seinen Einsatz in der Verwaltung vorgeschlagen habe. Nachdem Papier also für herrschaftliche Dokumente und Urkunden etabliert worden sei, habe es sich auch allgemein durchgesetzt und seine Herstellung habe einen hohen Grad an Perfektion erreicht.[108]

Ibn Khaldūns Darstellung findet sich in Zeugnissen des 15. Jahrhunderts bestätigt; etwa bei seinem Schüler, dem ägyptischen Historiker al-Maḳrīzī, auch wenn dieser statt des bei Ibn Khaldūn genannten barmakidischen Wesirs al-Faḍl dessen Bruder

---

106 Vgl. eine Übersetzung der Passage bei Bockwitz, Die früheste Verwendung von Papier in den altislamischen Kanzleien, 1951, 39f. Dies ist nicht die einzige Stelle, an der Al-Djahshiyārī Papyrus und seine Verwendung in der herrschaftlichen Verwaltung zum Thema macht, s. dazu die Übersetzung in Das Buch der Wezire, übers. von Latz 1958, 94 und 100.
107 Vgl. eine Paraphrase der Passage bei Bloom, Paper before Print, 2001, 48.
108 Für eine Übersetzung der Passage vgl. Ibn Khaldûn, The Muqaddimah, übers. von Rosenthal 1958, Bd. 2, 392.

Djaʿfar b. Yaḥyā al-Barmakī als Spiritus Rector der Papierherstellung bezeichnet. Die Aufmerksamkeit für das Papier scheint al-Maḳrīzī zudem sensibel gemacht zu haben für den Einfluss der Schreibmaterialien insgesamt auf die Arbeit der Verwaltung: Seiner Schilderung vom Umbruch zum Papier gehen nämlich Passagen darüber voraus, dass man anfänglich in den arabischen Kanzleien Papyrusrollen verwendet habe und dass sie in der Amtszeit von Djaʿfar b. Yaḥyās Großvater Khālid durch das Pergament verdrängt worden seien.[109] Al-Maḳrīzī stellt neben der Bedeutung der abbasidischen Kalifen also auch die Rolle der barmakidischen Wesire als mächtige Anreger der kulturellen Evolution heraus. Für seine Interpretation spricht, dass nach dem Barmakiden Djaʿfar b. Yaḥyā (der für das Jahr 794 urkundlich als Gouverneur des ‚Papierlands' Khurāsān belegt ist[110]) auch eine Papiersorte, djaʿfarī, benannt worden war. Ihr Name findet sich im 10. Jahrhundert bei Ibn al-Nadīm belegt, neben drei weiteren Papiersorten aus Khurāsān, die nach Ansicht der Forschung nach bedeutenden Amtsträgern des 8. bis 10. Jahrhunderts in dieser Region bezeichnet wurden.[111]

Beginnt al-Maḳrīzīs Interesse an den Umbrüchen in der Schriftproduktion der Kanzleien durch die Einführung neuer Beschreibstoffe erst mit der islamischen Zeitrechnung, so stellten schon im 10. Jahrhundert zwei Autoren das zu ihrer Zeit noch vergleichsweise neue Papier und seine Rolle in einen ungleich weiteren Rahmen der allgemeinen Schriftgeschichte. Am ausführlichsten tut dies Ibn al-Nadīm in der Einführung zu seiner schon mehrfach genannten Enzyklopädie der Weltliteratur, in der er nicht nur das Arabische und die Sprachen der fremden Völker bespricht, sondern auch ihre Schreibgewohnheiten, die bei ihnen üblichen Schriften und Alphabete sowie die Formen ihrer Kalligraphie präsentiert. Als ersten Schreiber stellt er Adam vor, der 300 Jahre vor seinem Tod erstmals auf Ton geschrieben und dieses Schriftstück gebacken habe, sodass es nicht zerstört worden sei, als die Sintflut die Erde bedeckte.[112] Unter der Überschrift ‚Bemerkungen über Papier' folgt ein Abriss über die seither besonders in Ägypten, im persischen und arabischen Raum, in Indien, China und dem ‚alten' Griechenland üblichen Beschreibstoffe Kupfer, Messing und Stein, Holz, Rinde und die Blätter verschiedener Bäume, gegerbte Häute und Pergament verschiedenster, zum Teil exotischer Tiere, die Schulterblätter von Kamelen, Seide, aber natürlich auch Papyrus und Papier.

Hierzu wird der Autor außerdem noch konkreter: Nach dem ‚ägyptischen Papier', das er als aus Papyrusrohr gefertigt bezeichnet[113] – damit war demnach Papyrus

---

109 Für eine knappe Paraphrase der Passage vgl. Karabacek, Das arabische Papier, 1887, 120, s. auch ebd., 152; Pedersen, The Arabic Book, 1984, 58, 61, und Bloom, Paper before Print, 2001, 48.
110 Vgl. Huart/Grohmann, Art. Kāghad, 1978, 419f.
111 Vgl. dazu vor allem Humbert, Le manuscrit arabe et ses papiers, 2001, Abschnitt 17f.
112 Für eine Übersetzung vgl. Dodge, The Fihrist of Al Nadim, 1970, Bd. 1, 7.
113 Die Bezeichnung ‚ägyptisches Papier' für Papyrus verwendet auch Hilāl al-Ṣābiʾ, Rusūm dār al-khilāfa, übers. von Salem 1977, 103f.: Sein Kapitel über das Papier für die Korrespondenz der Kalifen beginnt mit der Erklärung, einst habe man vor allem ägyptisches Papier verwendet, doch als diese Art nicht mehr importiert worden sei, habe man auf shayṭānī Papier – der Übersetzer hält dies für eine

gemeint – nennt er an zweiter Stelle das ‚chinesische Papier', das nach Ibn al-Nadīm aus ḥashīsh produziert werde und das er als das wichtigste Produkt dieser Region bezeichnet (nach dem Urteil des Übersetzers ist der Begriff als Hanf zu deuten). Dann, so fährt der Autor fort, gebe es noch das Khurāsānī genannte Papier, das aus Flachs hergestellt sei. Von ihm werde einerseits behauptet, es sei in der Zeit der Umayyaden aufgekommen, während andere erklärten, es stamme aus der Zeit der Abbasiden – nach den einen sei Papier also als ein altes, nach den anderen als ein verhältnismäßig neues Produkt zu bezeichnen. Schließlich kommt der Autor auch knapp auf seine Herkunft zu sprechen; auch er weiß zu berichten, dass Handwerker aus China es in Khurāsān auf Art und Weise des chinesischen Papiers herstellen würden, obwohl er im darauffolgenden Satz die dort gefertigten Sorten ausschließlich mit arabischen Namen benennt.[114]

Viertens ist am Papier-Diskurs im islamischen Raum des Mittelalters bemerkenswert, dass die Autoren auch schon Aufmerksamkeit für die spezifischen Materialeigenschaften von Papier und sein haptisches Moment besaßen. Seine Ästhetik scheint insgesamt geschätzt worden zu sein, wie etwa eine Aussage al-Idrīsīs im 12. Jahrhundert über den spanischen, in seinem Bericht unweit der Papierstadt Xàtiva

---

Fehlschreibung von *sulaymānī* Papier, eine Sorte, die etwa auch bei Ibn al-Nadīm erwähnt ist (Dodge, The Fihrist of Al Nadim, 1970, Bd. 1, 39f.) - umgestellt.

114 Für eine Übersetzung der Passage vgl. Dodge, The Fihrist of Al Nadim, 1970, Bd. 1, 39f.

Eine weitere Einordnung der Papierhistorie in die Geschichte der Beschreibstoffe bietet ebenfalls im 10. Jahrhundert der Universalgelehrte al-Bīrūnī in seinem geographisch-ethnographischen Werk über Indien: Sein 16. Kapitel beginnt mit einem allgemeinen Loblied auf die Erfindung der Schreibkunst, wiewohl er ein zu Sokrates überliefertes Plädoyer für die Mündlichkeit an den Anfang stellt: Dieser soll auf die Frage, weshalb er keine Bücher verfasse, geantwortet haben, dass er kein Wissen aus den lebenden Herzen der Menschen auf die toten Häute von Schafen übertragen wolle. Trotzdem, so fährt der Autor fort, hätten sowohl die alten Griechen wie auch die Moslems in der Frühzeit des Islam auf Häuten geschrieben, wobei er einen Vertrag und einen Brief des Propheten Mohammed als Beispiel anführt. Den Koran habe man auf Gazellenhaut kopiert, so wie das noch gegenwärtig für die Thora üblich sei. Im nächsten Satz führt er mit einem Koranzitat (Sure 6:91, vgl. die deutsche Übersetzung in Der Koran, übers. von Bobzin 2012) noch einen weiteren Beschreibstoff mit dem Begriff Ḳirṭās, im Plural Ḳarāṭīs ein, wobei er auch das griechische *tomária* sowie das lateinische *charta* nennt – das heißt Papyrus, der nach al-Bīrūnīs Informationen aus den Papyrusstängeln herausgeschnitten werde und den man in Ägypten hergestellt habe. Auf diesem Material seien die Befehle der Kalifen in die ganz Welt ausgegangen, noch bis kurz vor seiner eigenen Lebenszeit, wie der Autor erklärt. Dann beschreibt er als Vorteil des Papyrus, dass man auf ihm anders als auf Pergament nichts ausradieren oder ändern könne, ohne ihn zu zerstören. Zuletzt nennt er Papier, das in China zuerst hergestellt worden sei. Chinesische Gefangene hätten seine Produktion nach Samarkand eingeführt; von dort habe sie sich in verschiedene Orte verbreitet, um die Nachfrage danach zu befriedigen. Nach diesem Exkurs kommt der Autor zurück auf die Hindus und ihre Schreibgewohnheiten. Im Süden ihres Landes würden sie die Blätter der Kokospalme zum Schreiben verwenden. In Zentral- und Nordindien würden die Menschen den „tûz"-Baum und seine Rinde als Beschreibstoff nutzen. Es folgt eine längere Passage über die Alphabete der Hindus. Für eine Übersetzung der Passage vgl. Alberuni's India, übers. von Sachau, 1910, 170f.

lokalisierten Ort Boicarent nahelegt. Man stelle dort, so erklärt der Autor, weiße und wegen ihrer Langlebigkeit außerordentlich teure Stoffe her, die bemerkenswert weich und fein seien – so sehr, dass sie in ihrer Farbe und Zartheit dem Papier gleichwertig seien.[115]

Auch Gedichte spiegeln diese generell positive Wahrnehmung von Papier und demonstrieren damit zugleich poetische Versuche, den ästhetischen und taktilen Reiz von Papier in Worte zu fassen. Im 12. Jahrhundert vergleicht etwa der persische Dichter Sūzanī aus Samarkand die Federn des Storches mit poliertem und glänzendem Papier.[116] Um 1300 verfasst sein Landsmann und Kollege Amīr Ḫusraw sogar ein ganzes Gedicht zum Lob des Šāmī Papiers (einer Sorte aus syrischer Produktion), das wegen seiner Sprachspielereien heute nur noch schwer verständlich ist.[117] Die Doppeldeutigkeit des Begriffs šām, der sowohl als ‚Syrien' als auch als ‚Abend' übersetzt werden kann, bringt den Dichter auf das Bild, in Farbe und Glanz gleiche dieses Papier der Dämmerung. In den nächsten Versen bezeichnet er es als ‚makellose Seide', auch wenn es doch nur in Teilen aus dieser tierischen Faser und vor allem aus Flachs hergestellt werde und obwohl es anders als Seide leicht in Stücke gerissen werden könne. Auch die folgenden Zeilen betonen seine Zartheit und die Leichtigkeit, mit der es geknickt werden könne.

Wirft man zum Vergleich einen Blick auf den Diskurs in der lateineuropäischen Christenheit, so sind zumindest für den italienischen und deutschen Sprachraum keine entsprechenden Texte zu identifizieren. Mit Vorsicht als Ausnahme werten mag man höchstens einen Unsagbarkeitstopos, der in verschiedenen poetischen Texten bis hinein ins 16. Jahrhundert belegt ist: In Gedichten Hugos von Monfort und Michel Beheims aus dem 15. Jahrhundert etwa findet er sich in dem Bild, dass selbst wenn alle Meere Tinte wären und der ganze Himmel feines Papier, dieses endlose Schreibmaterial nicht ausreichend würde, um ihre Themen angemessen abzuhandeln.[118] Verräterisch ist freilich, dass dieser Topos schon vor dem 15. Jahrhundert zu fassen ist – und dass in diesen Zeugnissen nicht Papier, sondern Pergament als unendlicher Schreib-

---

115 Für eine Übersetzung der Passage vgl. Idrîsî, La Première Géographie de L'Occident, hg. von Bresc/Nef, 1999, 277.
116 Für eine Übersetzung der Verse vgl. Afshār, The Use of Paper in Islamic Manuscripts, 1995, 85f.
117 Für eine Übersetzung des Gedichts vgl. Porter, Painters, Paintings and Books, 1994, 18.
S. auch im 9. Jahrhundert Aḥmad ibn Ṣāliḥ in einem poetischen Lob auf eine Schreiberin, deren Schönheit er mit dem ästhetischen Reiz ihrer Arbeit bzw. der von ihr genutzten Schreibmaterialien vergleicht; ihre Schrift, so erklärt er unter anderem, sei wie die Form ihres Körpers, ihre Tinte wie ihr Haar – und ihr Papier wie der Teint ihres Gesichtes; für das 16. Jahrhundert s. die Verse des Lisānī Shīrāzī über eine spezielle Sorte von rosenfarbenem Papier, das ihn an Blumen und das Gesicht seiner Geliebten erinnere, vgl. Afshār, The Use of Paper in Islamic Manuscripts, 1995, 85.
118 Hugo von Montfort (um 1400): *weren alle wasser timpten, / der fürin himel papir fîn, [...]* und Michel Beheim (um 1450): *und das des virmamentes tran / gancz wer papir ach also vil / und alles mer vol tinten / und all strohelm wern veder kil [...]*; zit. nach Frühneuhochdeutsches Wörterbuch, Bd. 2, hg. von Anderson/Reichmann 1994, 1942.

grund aufgerufen wird.¹¹⁹ Schon die Austauschbarkeit der beiden Beschreibstoffe in diesem Bild macht also deutlich, dass es darin eben nicht um die konkreten Materialien, ihre Haptik oder ihren Gebrauchswert ging. Höchstens wird in diesem Wechsel vom älteren zum neuen Beschreibstoff implizit und unbeabsichtigt der längst selbstverständlich gewordene Einzug des Papiers in die Schriftkultur fassbar.

Kommen wir damit wieder zurück zur islamischen Welt: Die am Beispiel poetischer Texte demonstrierte Wertschätzung des Papiers wird hier außerdem flankiert von durch die Jahrhunderte hindurch mehrfach fassbaren praktischen Überlegungen darüber, an welchen Kriterien gute Papiere zu erkennen seien und wie sich Unterschiede zwischen verschiedenen Papiersorten erfassen lassen. In seinem Brief über die Kalligraphie aus dem Jahr 1519 empfiehlt Sultan ʿAlī Mashhadī als Mittel zum Test Safran, Henna und einige wenige Tropfen Tinte;[120] für die in den folgenden Zeugnissen genannten Aspekte scheint jedoch vor allem ein geschultes Auge notwendig gewesen zu sein: Schon in der Zeit um 1000 statuiert al-Djawharī, Papier der höchsten Qualität müsse reinweiß und weich sein, in voller Größe symmetrische Kanten besitzen und sich durch Langlebigkeit auszeichnen. Wie bereits erwähnt, beschreibt er im Folgenden fünf verschiedene Sorten, mit der besten aus Bagdad an der Spitze, die als schweres und dennoch biegsames Papier alle diese Kriterien erfülle. Die anderen Sorten seien demgegenüber von minderer Qualität entweder beim Schneiden, in Bezug auf ihre Stärke oder aber wegen ihres kleineren Formats und ihrer weniger gut geglätteten Oberfläche.[121]

Al-Djawharī steht mit diesen Kategorisierungen nicht allein. In den nur in der Übersetzung ins Persische aus dem 14. Jahrhundert erhaltenen, eigentlich von al-Māfarrūkhī schon im 11. Jahrhundert verfassten ‚Wundern der Stadt Isfahan' findet sich mit Blick auf das vor Ort hergestellte *Rashīdī* Papier ein ähnlicher Kriterienkatalog zur Qualitätsbeurteilung der Blätter: Das einheimische Produkt sei demnach unübertroffen sowohl in Bezug auf die Klarheit des Bogens, die Größe und das Format, die Weichheit und Reinheit, die Festigkeit, die Glätte und die Leimung der Oberfläche.[122]

Durch welche Verbesserungen im Produktionsprozess sich die Qualität der Papiere steigern ließ, benennt auf erstaunlich konkrete Weise eine der seltenen normativen Quellen, das *ḥisba*-Traktat von al-Djarsīfī aus dem 13. Jahrhundert. Der Autor demonstriert am Beispiel der Papierer, wie tief die Gewerbeaufsicht in die jeweiligen

---

119 Vgl. etwa Freidank (vor 1233): *Waere der himel pirmît / Und dâ zuo daz ertrîch wît / Und alle sternen pfaffen / Die got hât geschaffen, / Si künden niht geschrîben* […], zit. und übers. bei Steinmann (Hg.), Handschriften im Mittelalter, 2013, Nr. 435, 351.
120 Für eine Übersetzung der Passage vgl. Epistle of Maulānā Sulṭan-ʿAlī, übers. von Minorsky 1959, 113.
121 Für eine Paraphrase der Passage vgl. Bosch/Petherbridge, The Materials, Techniques and Structures of Islamic Bookmaking, 1981, 30. S. dazu auch Sīmī Nīshāpūrī im 15. Jahrhundert, der – wie oben bereits zitiert – umgekehrt schlechtes Papier als grob, verfleckt und unbeständig charakterisiert. Für eine Übersetzung der Passage vgl. Thackston, Treatise on Calligraphic Arts, 1990, 219.
122 Für eine Übersetzung der Passage vgl. Afshār, The Use of Paper in Islamic Manuscripts, 1995, 80.

Handwerke und ihre Produktionsprozesse hineinschauen sollte: Der Aufseher müsse den Papiermacher dabei kontrollieren, so listet al-Djarsīfī als Pflichten auf, erstens schon bei der Auswahl und dem Sortieren der Lumpen Sorgfalt walten zu lassen, sie zweitens gründlich zu hämmern, dabei von Verschmutzungen zu reinigen und den resultierenden Teig ordentlich zu verarbeiten, drittens nur standardisierte und unbeschädigte Schöpfformen zu verwenden, viertens für die Leimung der Oberfläche nur neuen, unverschimmelten und nicht von Insekten befallenen Weizen zu verwenden und fünftens für eine glatte Politur zu sorgen.[123]

Schaut man insbesondere in die klassische Rezeptliteratur, wie sie sich im islamischen Bereich anders als in der christlich-europäischen Welt nicht nur für den Komplex der Buchherstellung, sondern auch für die Arbeit der Schreiber in administrativen Diensten finden, so wird deutlich, dass die Zeitgenossen des Mittelalters die verschiedenen Papiersorten nicht nur qualitativ bewerteten. Bestimmte Formate und Sorten klassifizierte man auch nach ihrem Verwendungszweck: Am sprechendsten demonstriert dies eine bei al-Ḳalḳashandī als neunte und kleinste benannte Papiersorte mit dem Namen ‚Vogelpapier', da dieses Papier besonders dünn und nur drei Finger breit sei, so dass es in der Taubenpost eingesetzt werden konnte.[124]

Gerade aus dem Bereich der Epistolographie haben sich mehrfach Bemerkungen erhalten, die für konkrete Gelegenheiten und Adressaten sowohl eine geeignete Papiersorte als auch den adäquaten Zuschnitt vorschlagen. Al-Ḳalḳashandī etwa nennt nicht nur neun verschiedene Sorten, sondern differenziert diese weiter in insgesamt 13 Zuschnitte. Das größte der Formate, das in der Korrespondenz zum Einsatz komme, sei das *qaṭʿ baghdādī kāmil* (vollständiges *baghdādī*), das so lang und breit sei wie eine Elle gewebten Stoffes. Früher sei es für die Verträge der Kalifen und für die Loyalitätsbekundung ihm gegenüber vorgesehen gewesen. In seiner Zeit schreibe man darauf den größten Königen und den Machthabern des islamischen Ostens.[125]

Auch al-Ḳalḳashandīs Schreiberkollege aus dem 10. Jahrhundert, der Kalligraph Hilāl al-Ṣābiʾ, weiß bereits vom Einsatz konkreter Papiersorten für bestimmte Zwecke zu berichten. Hier ist es *shayṭānī* Papier (die Übersetzung hält dies für eine Verschreibung für die bekannte, unter anderem bei Ibn al-Nadīm belegte Papiersorte

---

123 Für eine Übersetzung der Passage vgl. Wickens, Al Jarsīfī on the Ḥisba, 1956, 183; s. dazu die Korrekturen bei Latham, Observations on the text and translation, 1960, 139.
  Sehr viel knapper formuliert, aber doch ebenso praxisbezogen findet sich bei Ibn ʿAbdūn an der Wende vom 11. zum 12. Jahrhundert die Anordnung an die Papierer, zur Steigerung der Produktqualität das Format der von ihnen hergestellten Papiere zu vergrößern und die Blätter stärker zu glätten. Für eine Übersetzung der Passage vgl. Séville musulmane au début du XIIe siècle, übers. von Lévi-Provencal 1947, 107.
124 Für eine Paraphrase der Passage vgl. Bosch/Petherbridge, The Materials, Techniques and Structures of Islamic Bookmaking, 1981, 31, und Bloom, Paper before Print, 2001, 60, mit dem Verweis, dass Kuriertauben sowohl in der Zeit der Kreuzzüge als auch unter den mamlukischen Herrschern im 13. und 14. Jahrhundert nachweisbar sind.
125 Für eine Paraphrase der Passage vgl. Meyer/Sauer, Papier, 2015, 365.

*sulaymānī*¹²⁶), das man für Investiturbriefe sowie für die Urkunden zur Verleihung von Titeln, außerdem zur Korrespondenz zwischen den Gouverneuren der Provinzen und dem Kalifen verwendet habe. *Niṣfī* – das heißt, halb so großes – Papier sei hingegen für Briefe und Petitionen in der *tawqī*-Schrift (einer der sechs einschlägigsten Schriften der arabischen Kalligraphie) eingesetzt worden; diese Briefe seien vom Kalifen ausgestellt oder aber an den Wesir geschickt worden.¹²⁷ Um 1000 setzt Ibn al-Nadīm in der Einführung seiner Enzyklopädie sogar die Entwicklung mehrerer Schriften und Alphabete in einen Zusammenhang mit den Formaten der Papierblätter, die er etwa als *inṣāf* (halbseitig) oder aber als ‚Zwei-Drittel-Seite' beschreibt.¹²⁸

Die Aufmerksamkeit für die spezifischen Materialeigenschaften von Papier zeigt sich schließlich auch bei Vergleichen mit den älteren Beschreibstoffen Papyrus bzw. Pergament. Der schon mehrfach zitierte Historiker Al-Thaʿālibī etwa, der um 1000 in seinem ‚Buch der merkwürdigen und unterhaltsamen Mitteilungen' unter der Überschrift ‚Samarkand' von der Ablösung des Papyrus durch das Papier berichtet, begründet dies mit den materiellen Vorzügen des neuen Beschreibstoffs: Papier sehe besser aus, sei biegsamer, außerdem leichter zu benutzen und praktischer zu beschreiben.¹²⁹ Auch gegenüber dem Pergament fiel den Zeitgenoss*innen ein Vorteil des Papiers ins Auge: In der Zeit um 1400 erklären sowohl der ägyptische Berufsschreiber al-Ḳalḳashandī als auch das anonyme Werk *Dīwān al-Inshāʾ*, dass man bei Papier anders als bei Pergament die Buchstaben nicht einfach wegwaschen oder auskratzen könne; sie charakterisieren Papier damit also im Gegensatz zu Pergament als fälschungssicher.¹³⁰

Wie oben bereits in Kap. B.3 ausgeführt, ist dieser Vorteil des Papiers in Quellen des lateinisch-christlichen Europa überhaupt nicht formuliert – und das, obwohl die Unversehrtheit des Pergaments für die Rechtsgültigkeit von Urkunden und Notariatsinstrumenten eine entscheidende Rolle spielte.¹³¹ Für alle hier bisher aufgeführten Taxierungen und Beschreibungen von Papier fehlen für den europäisch-christlichen

---

126 Vgl. dazu Humbert, Le manuscript arabe et ses papiers, 2002, Abschnitt 18.
127 Für eine Übersetzung der Passage vgl. Hilāl al-Ṣābī, Rusūm dār al-khilāfa, übers. von Salem 1977, 103f.
128 Für eine Übersetzung der Passage vgl. The Fihrist of al-Nadīm, übers. von Dodge 1970, Bd. 1, 14.
129 Für eine Übersetzung der Passage vgl. The Book of Curious and Entertaining Information, übers. von Bosworth 1968, 140.
130 Für eine Paraphrase der Passage bei al-Ḳalḳashandī vgl. Meyer/Sauer, Papier, 2015, 358. Für eine Paraphrase der Passage im *Dīwān al-Inshāʾ* vgl. Karabacek, Das arabische Papier, 1887, 120. Denselben Vorzug nennt Al-Bīrūnī freilich bereits als Vorteil des Papyrus gegenüber dem Pergament, für eine Übersetzung der Passage vgl. Alberuni's India, übers. von Sachau 1910, 170f. Zur Praxis des Ausradierens und Kanzellierens von Schrift vgl. Gacek, Technical practices and recommendations, 1989, 58f. Auch für Byzanz sehen Bresc/Heullant-Donat, Pour une réévaluation de la "revolution du papier", 2007, die Vorliebe für Papier in seiner höheren Fälschungssicherheit begründet.
131 S. neben den Beispielen in Kap. B.3 bei den Anm. 107, 221 und 229f. auch Spangenberg, Die Kanzleivermerke, 1928, 471f. mit Verweise auf die älteste Ordnung der Reichskanzlei, im Namen von Erzbischof Berthold von Mainz am 3. Oktober 1494 erlassen, und dem dort festgeschriebenen Befehl: *Auch keinen brieff sonnderlich pergamen- oder offenbrief an argwoningen stetten, als im namen oder*

Bereich Vergleichsbeispiele. Höchstens ließe sich ihnen das in der modernen hilfswissenschaftlichen Handbuchliteratur oft wiederholte, in den zeitgenössischen Quellen allerdings nur sporadisch angeführte Argument an die Seite stellen, dass Papier billig, Pergament dagegen kost- und haltbar sei (vgl. dazu Kap. B.3 mit Kasten B.3.4) – hier fällt das Urteil also anders aus als in den arabischen und persischen Quellen zu Ungunsten des Papiers aus.

Ungewöhnlicherweise spielt umgekehrt der Aspekt des Preisunterschieds zwischen den Beschreibstoffen, obwohl er doch aus moderner Perspektive geradezu auf der Hand zu liegen scheint, in den Zeugnissen aus dem islamischen Raum keine Rolle. Nur indirekt findet er sich in den Erzählungen über den Umbruch von Papyrus bzw. Pergament zu Papier: So berichtet etwa Ibn al-Nadīm in der Einführung zu seiner Enzyklopädie über den Umbruch von Pergament zu Papier in der Abbasidenzeit, einige Jahre lang hätten die Menschen aus Bagdad auf abgeschabten Blättern geschrieben, daher seien die in den kriegerischen Zeiten von Muḥammad ibn Zubaydah (das heißt, im frühen 9. Jahrhundert) beschädigten herrscherlichen Register auf Pergament erhalten, das man nach einer Rasur noch einmal benutzt habe.[132] Der Autor überlässt es dem Leser zu überlegen, weshalb man auf diese (Not-)Lösung zurückgriff – sei es, weil Pergament in der Anschaffung zu teuer oder aber in der Krisenzeit schlicht nicht verfügbar war. Für letzteres spricht, dass es gleich bei zwei weiteren Autoren als Argument für den Umbruch benannt ist: Bei Hilāl b. al-Muḥassin b. Ibrāhīm al-Ṣābiʾ ist die Knappheit von Papyrus, bei Ibn Khaldūn die Knappheit von Pergament als Grund für die Durchsetzung des Papiers genannt.[133]

Kommen wir damit zu einem fünften und letzten Teilaspekt des Papier-Diskurses in der arabisch-persischen Welt, den Ratschlägen und Hinweisen, die insbesondere Autoren praktischer Handbücher und Traktate für den richtigen Umgang mit dem Beschreibstoff und bei der Auswahl geeigneter Werkzeuge und Hilfsmittel gaben. Oben bereits genannt wurden die Erläuterungen des Isfahaner Autors ʿAlī ibn al-Azhar und des andalusischen Enzyklopädisten Ibn ʿAbd Rabbih um 900 über den jeweils adäquaten Zuschnitt der Schreibfeder für die drei unterschiedlichen Materialien Papyrus, Pergament und Papier. In späteren Handbüchern spielt die Wahl des Beschreibstoffs vor allem eine Rolle bei der Tintenherstellung: Im Traktat ʿUmdat al-kuttāb aus dem 11. Jahrhundert etwa, das in verschiedenen Kapiteln viele verschie-

---

zunamen in der suma der zall im datum tags oder iars und dergleichen sachen, radiern oder endern ob aber an anderen enden, die nit argwon auf im trugen, mißschryben were.

132 Für eine Übersetzung der Passage vgl. The Fihrist of al-Nadīm, übers. von Dodge 1970, Bd. 1, 39 f.
133 Für eine Übersetzung der Passage bei Hilāl b. al-Muḥassin b. Ibrāhīm al-Ṣābiʾ vgl. Hilāl al-Ṣābī, Rusūm dār al-khilāfa, übers. von Salem 1977, 103 f. Für eine Übersetzung der Passage bei Ibn Khaldūn vgl. Ibn Khaldûn, The Muqaddimah, übers. von Rosenthal 1958, Bd. 2, 392.

S. auch den Traktat ʿUmdat al-kuttāb aus dem 11. Jahrhundert, der zur Mechanik des kalligraphischen Schreibens bei seinen Erläuterungen zum Zuschnitt der Rohrfeder (lang/kurz, dick/dünn, diagonal/gerade) auch zweimal einen Zusammenhang zum Beschreibstoff zieht, für eine Übersetzung der Passage vgl. Levey, Medieval Arabic Bookmaking, 1962, 14.

dene Tintenrezepte von einfachen Schwarztönen über luxuriöse Silber- und Goldfarben bis hin zu unsichtbaren Geheimtinten bietet, findet sich häufiger vermerkt, ob das entsprechende Produkt am besten für Papier, für Pergament oder aber für die Verwendung auf beiden Beschreibstoffen geeignet sei.[134]

Die häufigsten Anleitungen betreffen jedoch die Vorbereitung der Papierblätter für das Schreiben. An erster Stelle sah man die Notwendigkeit, dünne Papiere zu stärken, zugleich ihre Oberfläche weicher zu machen und damit die Schrift besser wirken zu lassen. Ein Beispiel dafür ist das Traktat über die Kunst der Kalligraphie und des Briefeschreibens von Sīmī Nīšāpūrī aus dem 15. Jahrhundert. So liefert er gleich mehrere Rezepte zur Stabilisierung dünner Papiere: Einerseits könne man zwei Blätter miteinander verkleben; als Kleber empfiehlt er ein Stärkepulver, das die Blätter wie ein einziges wirken lassen würde. Wenn man es poliere und darauf schreibe, werde die Schrift so gut lesbar und schön sein wie auf der von ihm offenbar geschätzten Sorte *sulṭānī* Papier.[135] Andererseits nennt der Autor zwei verschiedene Anleitungen für Firnisse, mit denen man die Papierblätter zur Stärkung überziehen könne. Sie bewirkten nach Aussage Sīmī Nīšāpūris zugleich, dass die Papieroberfläche weicher würde und dass ihr erhöhter Flor, der die Feder am raschen Schwung hindere, entfernt werde.[136]

---

134 Für eine Übersetzung der entsprechenden Passagen vgl. Levey, Medieval Arabic Bookmaking, 1962, 18f. (Rezept für schwarze ‚Instant'-Tinte aus Galläpfeln, die sofort nach der Herstellung sowohl auf Papier als auch Pergament verwendet werden könne), 25 (Rezept für eine goldgleiche Tinte, das mit der Aufforderung endet, man solle mit ihr auf einem neuen Papier und mit guter Feder schreibe, dann wirke sie wie Gold), 34 (Rezepte für eine Rußtinte auf Papier sowie eine ‚Spezial'-Tinte für Papier, die den Vorteil habe, dass man sie auf dem Papier nicht mehr zum Verschwinden bringen könne), 35 (Rezept für Geheimtinte, die sowohl für geglättetes wie ungeglättetes Papier als auch für Pergament geeignet sei). Mehrfach wird im Werk außerdem die Zubereitung bzw. Verwendung von aus verbrannten Papierblättern gewonnenem Ruß thematisiert, vgl. ebd., 17, 33–35.

S. auch in der Zeit um 1400 Ibn Khaldūn, der in einem Kapitel über Geschichte, Bedeutung und Praxis des Siegelns berichtet, wie man ein Siegel auf Papier anbringe bzw. wie man papierne Briefe falte und verschließe. Für eine Übersetzung der Passage vgl. Ibn Khaldûn, The Muqaddimah, übers. von Rosenthal 1958, Bd. 2, 62 und 64; s. auch 63 eine Anekdote darüber, wie die Zusendung von noch weißem, aber bereits gesiegeltem Papier als Chiffre für hohes Vertrauen des Vorgesetzten gegenüber seinem Untergebenen zu interpretieren sei.

135 Die Papiersorte *sultani* ist auch bei Mīr ʿEmād Ḥasanī aus Qazvīn (1554 bis 1615, zur Person vgl. Eslami, Art. ʿEmād Ḥasanī, Mīr, 1998) belegt, nach dessen Aussage sie in im heutigen Afghanistan gelegenen Dawlatabad hergestellt wurde. Für eine Übersetzung der Passage vgl. Afshār, The Use of Paper in Islamic Manuscripts, 1995, 89.

136 Für eine Übersetzung der Passagen vgl. Thackston, Treatise on Calligraphic Arts, 1990, 221. S. auch die Schilderungen Al-Muḳaddasīs im 10. Jahrhundert über regionale Unterschiede bei der Behandlung von Papierblättern mit Stärke bzw. Leim, vgl. Al-Muqaddasī, The Best Divisions for Knowledge of the Regions, übers. von Collins 2001, 85, die Anleitung zum Tränken des Papiers in aufgelöster Reisstärke im Traktat ʿUmdat al-kuttāb, das offensichtlich als Firnis zur Stabilisierung gedacht war (für eine Übersetzung vgl. Levey, Medieval Arabic Bookmaking, 1962, 40, und Karabacek, Neue Quellen zur Papiergeschichte, 1888, 89), ein im 15. Jahrhundert bei al-Ḳalḳashandī genanntes Rezept für einen Firnis, der zur Stärkung und zugleich Tönung des Papiers verwendet werden solle (vgl. Bosch/

Eine zweite Aufgabe, die wohl der Schreiber übernahm, ohne dass dies weitergehend kommentiert würde, ist die Politur der Blätter. Zwar gehörte dieser Arbeitsschritt auch noch zu den Pflichten der Papierer, wie die beiden ḥisba-Trakate aus dem 12. und aus dem 13. Jahrhundert belegen.[137] Auch in den beiden Rezepten zur Papierherstellung aus dem 11. und dem 13. Jahrhundert wird das Glätten als Abschluss des Produktionsprozesses geschildert.[138] Doch folgt man dem Brief von Sulṭān ʿAlī Mashhadī aus dem Jahr 1519, so zählte ein Glättbrett auch zur Grundausstattung des Schreibers, dem er empfahl, es vor der Benutzung stets mit fester Hand sauber abzuwischen. Bei ihm erfahren wir auch, dass es nicht nur um den Glanz der Papieroberfläche ging: Man müsse das Papier glätten, damit es keine Falten werfe.[139] In der Tat bestätigt der Blick in die moderne Büttenpapiermanufaktur diese Aussage.[140] Wenn daher Sīmī Nīshāpūrī im 15. Jahrhundert erklärt, dass für Briefe an Freunde und Bekannte jede Form des Schmucks erlaubt sei, die herrscherliche Korrespondenz dagegen üblicherweise auf weißem, ungeglättetem Papier stehe, so ist hier sicherlich gemeint, dass der Schreiber die bereits vom Papierer geglätteten Blätter nicht nachpolieren sollte.[141]

Eine dritte Gruppe von Rezepten zur Vorbereitung der Papierblätter auf das Schreiben betrifft das Einfärben ihrer Oberfläche, denn sowohl Sulṭān ʿAlī Mashhadī am Beginn des 16. als auch vor ihm Sīmī Nīshāpūrī im 15. Jahrhundert geben den Rat, dem Papier besser eine leichte Tönung zu verleihen, da das Weiß der Blätter hart für die Augen sei.[142] Rezepte für die Herstellung von Färbemitteln für den flächigen Auftrag auf die Papiere finden sich in mehreren der hier aufgeführten Zeugnisse,[143] am

---

Petherbridge, The Materials, Techniques and Structures of Islamic Bookmaking, 1981, 51), sowie im frühen 16. Jahrhundert bei Sulṭān ʿAlī Mashhadī ein Rezept zur Herstellung von āhār-Paste, mit der das Papier vor dem Polieren gesättigt werde, flankiert vom Hinweis, sie weder zu dick noch zu dünn aufzutragen und das Blatt zuvor mit Wasser zu benetzen (für eine Übersetzung der Passage vgl. Epistle of Maulānā Sulṭan-ʿAlī, übers. von Minorsky 1959, 114).

137 S. dazu oben Anm. 27 und 28.
138 Für ʿUmdat al-kuttāb vgl. Levey, Mediaeval Arabic Bookmaking, 1962, 40. Für die jemenitische Kompilation des 13. Jahrhunderts vgl. Gacek, On the Making of Local Paper, 2002, Abschnitt 20, [8].
139 Für eine Übersetzung der Passage vgl. Epistle of Maulānā Sulṭan-ʿAlī, übers. von Minorsky 1959, 114.
140 Ich danke Johannes Follmer, Museum Papiermühle Homburg, für seine Expertise und das reiche, aus seiner Werkstatt zur Verfügung gestellte Anschauungsmaterial. Zur Information über den Arbeitsschritt des Glättens im mittelalterlichen Europa vgl. Schultz/Follmer, Von Brillen, Knoten und Wassertropfen, 2015, 40f., sowie Schultz, Papierherstellung im deutschen Südwesten, Diss. masch. 2016, 189–194.
141 Für eine Übersetzung der Passage vgl. Thackston, Treatise on Calligraphic Arts, 1990, 221f.
142 Für Übersetzungen der jeweiligen Passagen vgl. Epistle of Maulānā Sulṭan-ʿAlī, übers. von Minorsky 1959, 113, und Thackston, Treatise on Calligraphic Arts, 1990, 219. Für Beispiele überlieferter Kodices mit gefärbten Papieren vgl. Déroche, Manuel de codicologie des manuscripts en écriture arabe, 2000, 67f.
143 S. unter anderem auch im Schreiberhandbuch ʿUmdat al-kuttāb aus dem 11. Jahrhundert, das zwei Rezepte offensichtlich zur Tönung des Papiers enthält, die auf Safran bzw. dem eingekochten Saft alter Feigen basieren. Die beiden existierenden Übersetzungen weichen inhaltlich freilich erheblich

ausführlichsten wieder in Sīmī Nīs̲h̲āpūrīs Traktat über die Kunst der Kalligraphie. Die von ihm beschriebene Farbpalette reicht von einer leichten Tönung wie bei Baumwollstoff oder Rosé über kräftige Gelb-, Orange- und Rottöne, verschiedene Grün- und Blauabstufungen bis zu Schwarz. Dabei vermerkt er nicht nur die nötigen Rohstoffe und ihre Zubereitung, sondern thematisiert auch die kurz- bzw. langfristigen Wirkungen auf das Papier: Sowohl der aus Indigo gewonnene Blau- als auch der aus Brasilholz gewonnene Rotton, so erklärt er etwa, seien nicht beständig, sondern würden mit der Zeit verblassen und vergilben; die Tönung mit Brasilholz lasse das Papier außerdem rau und spröde werden. Er rät daher, für Rot besser Färberlack einzusetzen. Auch das aus Grünspan gewonnene Grün sei nicht für die Ewigkeit gemacht, da es mit der Zeit Löcher ins Papier fresse. Umgekehrt beobachtet er bei einem Färbestoff, der aus den Samen des Eibisch gewonnen werde, er sei sehr gefällig, da er das Papier zugleich weich werden lasse und die Kalligraphie auf ihm gut aussehe.[144]

Ein letzter Komplex an Anleitungen betrifft die Wiederverwendung von bereits beschriebenem Papier. Im ʿUmdat al-kuttāb aus dem 11. Jahrhundert ist ein ganzes Kapitel der Frage gewidmet, wie man Tinte auf Papier oder Pergament abschaben, auswaschen oder aber durch Grundierungen überdecken könne.[145] Auch in der jemenitischen Kompilation des 13. Jahrhunderts folgen noch im selben Kapitel, das die Herstellung von Papier beschreibt, ebenfalls Rezepte zum ‚Recycling' von Papier- und Pergamentseiten.[146]

Nimmt man für diesen Aspekt nun vergleichend christlich-europäische Zeugnisse in den Blick, so fällt der Befund erstmals positiver aus: Auch im lateinischen Europa kannte man das Genre der kunsttechnologischen Rezeptliteratur.[147] Für Ita-

---

voneinander ab: Leveys Übersetzung spricht von einem Rezept zur „beautification" der Papiere und endet mit dem Satz: „It [das Blatt, Anm. d. Verf.] comes out improved for pen coloring and drawing", vgl. Levey, Medieval Arabic Bookmaking, 1962, 40. Karabacek dagegen spricht von einem Effekt der „Antikisierung" und beendet den Abschnitt mit dem Wort „Fürwahr, so wird das Papier (dem Ansehen nach) alt gemacht und kommt zur Vollendung", vgl. Karabacek, Neue Quellen zur Papiergeschichte, 1888, 90. Weitere Rezepte für Färbemittel auf Papier und zum Teil auch Pergament finden sich nur in der Übersetzung von Levey, s. etwa ebd., 31.

Die bei Porter, Painters, Paintings and Books, 1994, 28 mit Anm. 108 und 109 sowie 37, paraphrasierten Rezepte zum Leimen und Färben von Papier stammen wohl aus neuzeitlichen Werken (alle drei Schriften finden sich in der online verfügbaren Bibliographie: Porter, Textes persans sur les arts (vgl. Anm. 40), zwei davon sind auf die Jahre 1698 und 1708 datiert).

144 Für eine Übersetzung des Textes vgl. Thackston, Treatise on Calligraphic Arts, 1990, zu Brasilholz 219f., zu Indigo 120, zu Grünspan 223 und zum Färbemittel aus den Samen des Eibisch 221.
145 Für eine Übersetzung der entsprechenden Passagen vgl. Levey, Medieval Arabic Bookmaking, 1962, 36f., s. dazu auch die Einleitung ebd., 9.
146 Vgl. dazu die Kapitelüberschrift in Gacek, On the Making of Local Paper, 2002, Abschnitt 12; Gacek beschränkt sich darauf, die Anleitung zur Papierherstellung zu edieren und zu übersetzen; die darauffolgenden Abschnitte des Kapitels fehlen daher.
147 Vgl. dazu insgesamt Clarke, The Art of All Colours, 2001, der mehr als 400 Handschriften mit kunsttechnologischen Inhalten aus der Zeit vor 1500 zusammenstellt. Von ihnen ist bislang nur ein

lien sei als Beispiel das wohl kurz nach 1400 in Padua verfasste *Libro dell'arte* des Künstlers Cennino Cennini angeführt, das in 188 Kapiteln eine Fülle von Rezepturen und Beschreibungen von Mal- bzw. Zeichentechniken bietet. Auch *carta pecorina* und *bambagina* – Pergament und Papier – werden zwar in der Regel kurz, aber doch vielfach zum Thema: In den Cap. X und XXX etwa diskutiert Cennini Stifte oder Tinten, mit denen man auf ihnen zeichnen und malen könne. In Cap. LXII verweist er auf Bindemittel, mit denen die von ihm in ihrer Herstellung beschriebenen Farben für verschiedenste Untergründe (auch Holz, Putz, Eisen, Stein, Glas) gemischt werden müssten, in Cap. XII und XVII stellt er Grundierungen vor, mit denen man die Oberfläche von Papier und Pergament für das Zeichnen und Malen präpariere. In den Cap. XV bis XXII schildert er unterschieden nach Farben – etwa rosé, grün, blau, grau – Rezepturen zur Herstellung von *carta tinta,* das heißt gefärbten Pergamenten und Papieren; Cap. XXV und XXV nennen Anleitungen zur Produktion von *carta lucida,* sozusagen ‚Pauspapier', das Cennini jedoch besser aus Tierhaut als aus „gewöhnlichem Papier" herzustellen empfiehlt; Cap. CV und CVIII erörtern, welche Leim-Sorten unter anderem für das Kleben auf bzw. Verkleben von Papieren und Pergamenten besonders geeignet seien.[148]

Zugleich erfahren wir viel über weitere Werkzeuge aus beiden Stoffen, die in einer Malerwerkstatt nützlich waren: etwa über *tavolette le quali s'usano per mercatanti*, das heißt (hölzerne) Täfelchen, wie sie bei den Kaufleuten üblich seien, die aus mit Gipsleimgrund präpariertem, mit Bleiweiß gestrichenem Pergament bezogen wurden (Cap. VI), über Mappen aus geleimten Blättern, so groß, dass ein gefaltetes *foglio reale* darin Platz habe, die Cennini für die Aufbewahrung der eigenen Werke, aber auch als Unterlage fürs Zeichnen empfiehlt, oder über trockene Papierzettel, offenbar gebunden zu Säckchen, in denen Rohstoffe wie Knochemehl bewahrt werden konnten (Cap. V), usw.[149]

Als Leerstelle ist in Cennino Cenninis Libro dell'arte freilich festzuhalten: Keines seiner Rezepte, keiner seiner Ratschläge zielt auf den Umgang mit Papier und Pergament für das Schreiben (selbst wenn der ein oder andere Hinweis auch für Schreiber*innen interessant sein konnte). Auffällig ist auch, dass Cennini uns keinerlei Informationen über die Eigenschaften und Qualitäten der von ihm eingesetzten Pergamente und Papiere gibt.[150] Offenbar galten ihm solche Informationen zu selbstverständlich, als dass er sie hätte thematisieren wollen. Schließlich fällt noch ins Auge, dass der Maler oft schlicht den Begriff *carta* verwendet, ohne jedes Mal zu spezifi-

---

Bruchteil in Editionen verfügbar. Ungezählt bleiben bislang die vor allem seit dem frühen 16. Jahrhundert sprunghaft wachsenden gedruckten Handbücher zum Thema.
148 Ed. Cennino Cennini, Il libro dell'arte, hg. von Brunello 1971, Cap. X, 11–13; XI, 11; XII, 14; XV–XXII, 15–24; XXIV–XXV, 25f.; XXX, 29f.; LXII, 65–69, hier 69; CV, 111; CVIII, 113f.
149 Ed. ebd., Cap. V und VI, 8f.
150 Lediglich beiläufig und in anderen Zusammenhängen spricht er zweimal vom Papierformat *foglio reale,* ed. ebd., 29, 104.

zieren, ob er damit Pergament oder Papier meinte. Die Unterschiede im Umgang mit beiden Stoffen erscheinen aus seinen Ausführungen heraus eher gering und zu vernachlässigen. So etwa kommentiert Cennini die Herstellung von *carta tinta* mit der Bemerkung, sowohl Pergament als auch weißes Papier könne dazu auf die gleiche Weise gefärbt und mit gleichen Bindemitteln fixiert werden (Cap. XV).[151]

Schauen wir damit auf den deutschen Sprachraum: Über die Datenbank kunsttechnologischer Rezepte von Doris Oltrogge lassen sich für ihn zehn Handschriften bzw. Werke mit Rezepten eruieren, die die Schreib- und Malgründe Pergament und Papier zum Thema machen (s. Kasten B.5.2). Sie sind zeitlich vergleichsweise spät zwischen der zweiten Hälfte des 15. und dem Ende des 16. Jahrhunderts einzuordnen. Auch hier gilt, dass die europäischen Rezepte vor allem an Buchmaler*innen adressiert waren. Die meisten Belege für die Erwähnung von Pergament und Papier finden sich in Rezepten für die Herstellung von Malfarben bzw. von Gold- und Silbergrundierungen; offenbar war es ratsam, deren unterschiedliche Materialeigenschaften für die Haftfähigkeit sowie Wirkung der Farben mitzubedenken. Beispiel dafür sind auch die in Kasten B.5.2 versammelten Anleitungen zur Herstellung von Auszeichnungstinten aus Gold oder Silber bzw. von Tinten für Geheimschriften, die nicht als gängige Mittel zur Chiffrierung von Korrespondenzen, sondern als unterhaltsame Kunst- und Zauberstücke verstanden werden müssen,[152] womit beide ebenfalls ins Ressort der Malerei fallen. Anders als in Cennino Cennini Büchlein enthalten diese Werke nun aber immerhin vereinzelte Hinweise, dass auch das Schreiben auf Pergament und Papier mitbedacht wurde: So finden sich eine Reihe von Anleitungen zur Präparierung des Schreibgrunds durch trockene oder flüssige Firnisse, die zur Behandlung von nicht tintenfesten Blättern wahlweise auf Papier oder Pergament bzw. auch für beide Beschreibstoffe verwendet werden sollten.[153] Auch bei Rezepten zur Herstellung von Tinten – insbesondere der zum Schreiben allgemein gebräuchlichen schwarzen Eisengallustinte – finden sich wiederholt Angaben, ob sie für den Gebrauch auf Papier oder Pergament bzw. für beide Beschreibstoffe gleichermaßen gedacht waren (Nachweise in Kasten B.5.2).

---

151 Ed. ebd., Cap. XV, 15–17, hier 16.
152 Dass man Papier für kleinere Kunst- und Zauberstücke verwendete, illustriert ein mehrfach überliefertes Rezept zum Basteln von Sternen, *die des nachtes scheinent in deiner kamer als schön als die sterne an dem himel*, vgl. die wohl vor 1446 entstandene Sammelhandschrift Augsburg, Staats- und Stadtbibliothek, 2° Cod. 572, fol. 165r, und die auf 1483 datierte Sammlung medizinischer Traktate aus Regensburg, fol. 151: Das Leuchtmittel dafür gewann man aus dem Hinterleib von Glühwürmchen. Dass es sich nicht nur auf Papier, sondern auch auf Pergament aufstreichen ließ, zeigt ein vergleichbares Rezept zur Herstellung einer Leuchtschrift für beide Beschreibstoffe in der Handschrift *Vier puchlin von allerhand farben vnnd anndern kunnsten* aus der ersten Hälfte des 16. Jahrhunderts (Berlin, Staatsbibliothek Preußischer Kulturbesitz, Ms. germ. qu. 417), fol. 64v. Zit. nach der online nutzbaren Datenbank: Oltrogge, Kunsttechnologische Rezeptsammlung, s. d.
153 Neben Kasten B.5.1 vgl. zum Thema der Oberflächenbehandlung von Papier und Pergament auch schon oben Kap. B.3 mit Anm. 151–152. In Kap. B.2 mit Anm. 93–97 vgl. Rezepte zur Bearbeitung von Pergament und Papier als Ersatz für Fensterverglasungen.

Einschränkend ist freilich auch hier anzuführen, dass es sich bei diesen Anleitungen im Vergleich zur Masse uns überlieferter Tintenrezepte um Einzelfälle handelt. Dazu passt, dass solche Differenzierungen nach den praktischen Erfahrungen des Basler Kalligraphen Klaus-Peter Schäffel im Alltag der Schreiber eher eine untergeordnete Rolle gespielt haben dürften.[154] Auch für die Rezeptliteratur aus dem deutschen Sprachraum ist am Ende daher festzustellen, was auch schon für Cennini konstatiert wurde: Vergleicht man die hier vorgestellten Zeugnisse mit dem Diskurs in der islamischen Welt, so wiegen deutlicher als die Gemeinsamkeiten doch die Unterschiede in der inhaltlichen Ausrichtung und Durchdringung des Gegenstands. Die christlich-europäische Rezeptliteratur hat vor allem die Handwerke zur Produktion von Büchern im Blick; nicht interessiert ist sie an der Anfertigung administrativ-herrschaftlicher Dokumente oder Korrespondenzen, wie das in Form der Schreiberhandbücher und epistolographischen Traktate für den islamischen Raum breit bezeugt ist. An keiner Stelle wird außerdem thematisiert, dass man schon beim Einkauf der Papiere zwischen verschiedenen Qualitäten und Sorten wählen konnte, obwohl das auch in Europa zweifellos der Fall war. Wie so oft stand im lateineuropäisch-christlichen Diskurs schließlich als Bemal- bzw. Beschreibgrund nicht das Papier, sondern das Pergament im Zentrum.[155] Insgesamt fallen damit die Informationen über Papier auch in diesem Bereich noch schmaler und weniger differenziert aus als in den entsprechenden Passagen der Zeugnisse aus der islamischen Welt.

---

154 Ich danke Klaus-Peter Schäffel, Mitarbeiter im Papiermuseum Basel und Dozent für Schrift und maltechnische Übungen im Studiengang Konservierung/Restaurierung an der Berner Fachhochschule, herzlich für unseren instruktiven mündlichen und schriftlichen Gedankenaustausch. Er selbst verwendet für verschieden beschaffene Untergründe – und das meint auch verschiedene Pergamentqualitäten – nicht unterschiedliche Tintenrezepte, sondern experimentiert mit unterschiedlich stark gealterter Tinte.
Auch weitere Stichproben zeigen, dass die Unterschiede zwischen Pergament und Papier in der Praxis der Schreiber eine untergeordnete Rolle spielten: s. etwa die häufigen Rezepte zur Herstellung von Siegelwachs in verschiedenen Farben, die nach meinen Stichproben nie thematisieren, für welchen Beschreibstoff das Wachs geeignet ist, so z. B. die Sammelhandschriften München, Bayerische Staatsbibliothek, clm 20174 aus den Jahren 1464–1473 (fol. 168v–169v), und cgm 720 aus dem vierten Viertel des 15. Jahrhunderts (fol. 226r), sowie Berlin, Staatsbibliothek Preußischer Kulturbesitz, Ms. germ. qu. 417 aus der ersten Hälfte des 16. Jahrhunderts (fol. 68v–69v). Zit. nach der online nutzbaren Datenbank: Oltrogge, Kunsttechnologische Rezeptsammlung, s. d.
155 S. als Beleg dieser Thesen die Auswertung von Oltrogge, Datenbank mittelalterlicher und frühneuzeitlicher kunsttechnologischer Rezepte, s. d. (online verfügbar, ohne Abschnittsmarkierung): Mit Abstand am häufigsten finden sich Anleitungen zur Herstellung bzw. zum Auftragen von Gold- oder Silbergrundierungen, in der Regel gehen sie von Pergament als Malgrundlage aus; s. aus dem 14. Jahrhundert London, British Library, ms. Sloane 1754, fol. 143v, 147r, 148v, 149r, mit fünf Rezepten, aus der Zeit um 1400 München, Bayerische Staatsbibliothek, cgm. 824, fol. 57v, mit einem Rezept; um 1450 Berlin, SMPK, Kupferstichkabinett, Ms. 78 A 22, fol. 7v–8r, 13v–15r mit zwei Rezepten; aus dem Jahr 1563, Heidelberg, Universitätsbibliothek, cod. pal. germ. 489, fol. 4r–5r, 24r–26v, 78v–80v, 86r–88r, 106r–106v, 119r–120v, 225v–227r, mit neun Rezepten. Für Rezepte, die eine Verwendung auf beiden Beschreibstoffen empfehlen, s. die auf 1464–1473 datierte Handschrift München, Bayerische

Kasten B.5.2: Rezeptliteratur aus dem deutschsprachigen Raum mit Anleitungen für Schreiber*innen, in der Papier und Pergament thematisiert wird.[156]

	Rezepte zur Präparierung des Schreibgrunds
1464–1473	Tegernseer Sammelhandschrift, München, Bayerische Staatsbibliothek, clm 20174, vgl. fol. 197 r:
	– Rezept zur Präparierung des Schreibgrunds, das unter der Überschrift *Contra fluxum pergameni* steht, am Schluss der Anleitung findet sich jedoch der Hinweis, dass genauso mit fließendem Papier verfahren werden könne: *Item eodem modo fit cum papiro fluida.*
	– Zweites Rezept mit dem gleichen Zweck, in dem es nur um nicht tintenfestes Pergament geht: *[...] valet contra fluxum pergameni.*
1478	„Colmarer Kunstbuch" mit alchemistischen, hauswirtschaftlichen, farb- und maltechnischen Rezepten, Bern, Burgerbibliothek, Cod. Hist. Helv. XII 45, vgl. 190, 193, 202–203, 316:
	– Rezept unter der Überschrift *Daz beste uirniß uff berment und bappir;* auch im Schlusssatz wird nochmals die Eignung für beide Beschreibstoffe betont: *So ist es bereit und ist guot uff berment und uf bappir.*
	– Rezept zur Herstellung von Firnis aus Pergamentspänen, die jedoch für Papier gedacht ist, s. Überschrift: *Wie man von berment einen guoten virniß machen sol zuo pappir,* s. Schluss: *So ist der virniß bereit uf pappir.*
	– Englisches Rezept für einen *trucken virniß*, der nach dem Schlussabsatz sowohl für Pergament als auch Papier geeignet ist: *So hest ein guoten virniß zuo der geschrift und uff berment und uf bappir.*
	– Schreibgrundbereitung von nicht tintenfestem Papier unter der Überschrift: *Das kein bappir wie böss es sig fliesse.* Auch der Anfang der Anleitung wiederholt noch einmal, für welchen Beschreibstoff dieses Rezept gedacht ist: *Item wiltu daz böss bappir machen daz es nit fliesse und guot werde So recipe das bappir und netze es in luterem wasser [...].*

Staatsbibliothek München, clm 20174, fol. 177 v, mit einem Rezept; für 1478 Bern, Burgerbibliothek, Cod. Hist. Helv. XII 45, 189–190, 300–302, 310–311, mit drei Rezepten; für die erste Hälfte des 16. Jahrhunderts Berlin, Staatsbibliothek Preuß. Kulturbesitz, Ms. germ. qu. 417, fol. 50 v–51 r, mit zwei Rezepten. Auch bei Rezepten zur Herstellung von Farben mit der Angabe, für welchen Malgrund sie geeignet sind, dominieren Anleitungen für Pergament: s. etwa London, British Library, ms. Sloane 1754, fol. 143–143 v, 144 v, 145 v, mit drei Rezepten sowie Listen der Farben, die auf Pergament transparent bzw. deckend seien; aus dem Jahr 1563 Heidelberg, Universitätsbibliothek, cod. pal. germ. 489, fol. 165 v–166 r, mit einer Liste der Farben, die auf Gold, Silber oder Pergament durchsichtig erscheinen, fol. 15 r–15 v, mit einer Anleitung zur Herstellung von Bindemitteln für verschiedene Farben auf Pergament. Für Anleitungen zur Herstellung von Farben bzw. zu ihrem Anmischen mit wässrigen Bindemitteln, die speziell für Papier geeignet seien; s. dagegen nur etwa München, Bayerische Staatsbibliothek München, clm 20174, fol. 178 r, fol. 190 v; auf 1478 datiertes „Colmarer Kunstbuch" Bern, Burgerbibliothek, Cod. Hist. Helv. XII 45, 179–180, mit einem Rezept.
156 Alle Zitate im Folgenden sind zit. nach Oltrogge, Datenbank mittelalterlicher und frühneuzeitlicher kunsttechnologischer Rezepte, s. d. (online verfügbar, ohne Abschnittsmarkierung).

wohl 1492	„Amberger Malerbüchlein" vom Ende des 15. Jahrhunderts, Amberg, Staatliche Provinzialbibliothek, Ms. 77, vgl. fol. 225:
	Rezept zur Bereitung des Schreibgrundes mit einem *puluer so mans auff papir oder auff permut tut daz es nicht florit* [= fließt] *und schrifft sauber dar auff stet.*
2. H. 15. Jh.	„Trierer Malerbuch", Handbuch vor allem für Buchmalerei, entstanden im Moselfränkischen in der zweiten Hälfte des 15. Jahrhunderts, Trier, Stadtbibliothek, Hs. 1957/1491, 8°, vgl. fol. 41r:
	– Rezept zur Präparierung des Schreibgrundes bei nicht tintenfestem Papier oder fettigem Pergament, mit den Anfangsworten: *Item so man hait fliessende pappir ader fet perment dat die ynck neit wil Intfayn So nym […].* Auch im Schlusssatz werden noch einmal beide Beschreibstoffe genannt: *hy mit ryff* [= reibe] *ober fet perment off papir so flust it neit.*
	– Rezept für Firnis ergänzend zur genannten Bereitung des Schreibgrundes, die im Schlusssatz ebenfalls als geeignet für beide Beschreibstoffe beschrieben wird: *und due it uff papir ader perment dat gebrech hait […].*
	– Rezept zur Schreibgrundbereitung basierend auf Knochenasche: Es diene, so vermutet der Schreiber, zum Auftrag auf ‚weiße Tafeln', auf denen man schreibe (vermutlich sind hier pergamentene Schreibtafeln für Metallstifte gemeint): *Item schayfs beyn gebrant Im fure und kleyn gepuluert Is ouch gut dar zo doch meynen ich dit hoir uff wisse tayffelen dar man in schryfft mit zo ouer strichen.*
	– Ein weiteres Rezept zur Schreibgrundbereitung basierend auf Eierschalenkreide sei zur Anwendung sowohl auf Papier als auch auf ‚Tafeln' geeignet: *Item eyer schallen sal man nemen van roen eyeren und bereyde die als hy vur geschreuen is in dem … * blade da van dem roislyn geschreuen* [= Rezept zur Herstellung von ‚Rösleinfarbe'] *steit Dit Is ouch gut uff perment off pap[ir] off zo tayflen* [* Der Platz ist freigelassen, um die Seitenzahl einzutragen, was aber unterblieb].
16. Jh.	Abschrift des 1549 zuerst gedruckten „Illuminierbuchs" für „Briefmaler" von Valentin Boltz, Nürnberg, Germanisches Nationalmuseum, Hs. 32075, vgl. fol. 3r–3v, 37v:
	– Rezept unter der Überschrift *Fürniß auff Papier und Pergament, wird genandt Hauß Fürniß,* die speziell dafür gedacht sei, *Gemelde Auff Papier und Pergament* glänzend und erhaben wirken zu lassen.
	– Zweites Rezept unter der Überschrift *Ein ander Hauß Fürniß,* das schon in der Überschrift die Verwendbarkeit *auf Pergament, Papier, und Leder* benennt.
	– Drittes Rezept mit Anleitungen zur Bereitung des Malgrunds bzw. Nachleimen bei dünnem oder nicht tintenfestem Papier unter der Überschrift: *Böß fliessend Bapier zu stercken und bereiten das man darauff kan aufftragen mit farben, daß es nicht durchschlage oder fliesse.*
1563	Amberger Handschrift mit Farb- und Tintenrezepten, Heidelberg, Universitätsbibliothek, cod. pal. germ. 489, vgl. fol. 5v:
	Rezept zur Behandlung von nicht tintenfestem Pergament mit Bernstein und Weihrauch: *Nim Virnes glas* [= Bernstein], *vnd ain wenig weissen weyrach, vnd reibs gar wol, thue es in ein butzelin* [= Streusandbüchse] *Vnnd schutt in das butzel, vnd seyhes vffs Perment so es fliessen will.*

	Rezepte zur Herstellung von Eisengallustinte
1464–1473	Tegernseer Sammelhandschrift, München, Bayerische Staatsbibliothek, clm 20174, fol. 170 r–v:
	– Rezept für *Incaustum bonum pro pergameno et pro papireo regali multum spisso*, das heißt für Pergament und für Regalpapier, das sehr kräftig und dick sei, erprobt von Meister Georg, einem Maler aus München
	– Rezept für *Incaustum pro papiro et pergameno*
	– Rezept für *Incaustum pro papiro* mit veränderten Mengenangaben für Gummi arabicum und Vitriol, ansonsten nach den Vorgaben des vorangehenden Rezepts (*Reliqua fiant ut supra dictum est*).
	– *Recepta more augustensis* (das heißt nach Augsburger Brauch) *pro papiro*, während für den Gebrauch auf Pergament drei oder vier Lot Gummi hinzuzufügen empfohlen wird.
1478	„Colmarer Kunstbuch" mit alchemistischen, hauswirtschaftlichen, farb- und maltechnischen Rezepten, Bern, Burgerbibliothek, Cod. Hist. Helv. XII 45, 167–168:
	Rezept zur Herstellung von einer *guot gesotten dintten* für Pergament und Papier, s. dazu den Schlusssatz: *Das selb ist guot zuo aller geschrift schwartz uf berment und uf bappir*.
1. H. 16. Jh.	*Vier puchlin von allerhand farben vnnd anndern kunnsten*, Berlin, Staatsbibliothek Preußischer Kulturbesitz, Ms. germ. qu. 417, fol. 27v–28r:
	Doppelrezept zur Herstellung von *Schwartze[r] Dynnten*, wobei das Rezept für die Tinte *auf Papir* von dem für Tinte *Auff Pergamen* nur in unterschiedlichen Mengenangaben für Essig und Wein abweicht.
	Rezepte zur Herstellung von Gold- und Silbertinten
Um 1400	Sammlung medizinischer, kunsttechnologischer und mantischer Rezepte aus St. Ulrich und Afra in Augsburg, München, Bayerische Staatsbibliothek, cgm. 824, fol. 57v:
	Rezept für eine goldene Schrift, vorgesehen zum Gebrauch auf Pergament, s. Anweisung: *[...] vnd schrib domit auf eyn Wol gepunzirt* [= wohl mit dem Bimsstein bearbeitetes] *permu(e)t*.
wohl vor 1446	Medizinische Sammelhandschrift mit alchemistischen und kunsttechnologischen Rezepten, Augsburg, Staats- und Stadtbibliothek, 2° Cod. 572, fol. 169v, 170v:
	– Rezept für Goldtinte zum Schreiben auf Papier, s. dazu Schlusssatz: *so wirt es rot golt auf dem papir*.
	– Rezept für Silbertinte zum Schreiben auf Pergament, s. dazu die Anweisung *vnd schreib auf daz bermit [...]*.
1478	„Colmarer Kunstbuch" mit alchemistischen, hauswirtschaftlichen, farb- und maltechnischen Rezepten, Bern, Burgerbibliothek, Cod. Hist. Helv. XII 45, 308:
	Rezept zur Herstellung von ‚lombardischer Goldfarbe' für *carta*, ohne dass klar wird, ob Pergament oder Papier gemeint ist, s. Überschrift: *Color aureus lombarticus*, und Schlusssatz: *de quo scribe in carta quod uis et desiccari permitte*.

1503–1509	„Bamberger Malerbüchlein", Bamberg, Staatsbibliothek, Msc. theol. 225, vgl. fol. 203v: Rezept für Silber- und Goldtinte auf Pergament, s. Anweisung: *et cum hoc scribatur in pergameno*
1. H. 16. Jh.	*Vier puchlin von allerhand farben vnnd anndern kunnsten*, Berlin, Staatsbibliothek Preußischer Kulturbesitz, Ms. germ. qu. 417, fol. 45r, 54r: – Rezept für echte Goldtinte, die sowohl für Papier als auch für Pergament geeignet sei, s. Anweisung: *[...] vnnd schreib darmit auff papir oder pergament* – Rezept für Gold- und Silberschriften auf Papier und Pergament unter der Überschrift: *Wie man Gold vnd silber vnnd alle metall auff pergamen vnd papir schreiben soll.*
1563	Amberger Handschrift mit Farb- und Tintenrezepten, Heidelberg, Universitätsbibliothek, cod. pal. germ. 489, vgl. fol. 48v, 84r–85v: – Rezept für Gold- und Silberbuchstaben auf Pergament – Rezept zur Herstellung einer Goldtinte auf Pergament

Rezepte zur Herstellung von Geheimtinten

Um 1400	Sammlung medizinischer, kunsttechnologischer und mantischer Rezepte aus St. Ulrich und Afra in Augsburg, München, Bayerische Staatsbibliothek, cgm. 824, fol. 13v: – Rezept zur Herstellung von Geheimtinte aus Zwiebeln, geeignet für Papier, s. Schlusssatz: *vnd schreÿb do mit dem saft auf eyn schön papÿr.* – Zweites Rezept zur Herstellung von Geheimtinte aus Salmiak, geeignet für Papier, s. Anweisung: *et scribe in papiro* (der gleichfalls benutzte Terminus *carta* ist hier daher wohl als ‚Blatt' zu übersetzen) – Drittes Rezept für den Gebrauch *super papirum*
1. H. 16. Jh.	*Vier puchlin von allerhand farben vnnd anndern kunnsten*, Berlin, Staatsbibliothek Preußischer Kulturbesitz, Ms. germ. qu. 417, fol. 63v–64v: – Rezept für die Herstellung transparenter Geheimtinte, die für Papier und Pergament geeignet sei, s. Anweisung: *[...] so schreib darmit auff papir oder pergamen.* – Zweites Rezept für eine weiße Geheimtinte, geeignet für Pergament und Papier, s. Anweisung: *[...] vnd schreib auff pyrment oder papir.* – Drittes Rezept für eine Geheimtinte, für die nur der Gebrauch auf Papier explizit belegt ist, s. Anweisung: *[...] so zeuchs papir durch ein wasser, so kann man sie lesen.* – Viertes Rezept für eine Geheimschrift auf Papier, s. dazu die Anweisung: *Das die schrifft auff dem papir einspringt* [= hervorspringt], *Nym deines harn vnnd saltz, vnnd schreib darmit.* – Fünftes Rezept für eine Geheimschrift auf Papier, s. Anweisung: *[...] vnnd schreib mit auff papir.*
16. Jh.	Abschrift des 1549 zuerst gedruckten ‚Illuminierbuchs für Briefmaler' von Valentin Boltz aus Ruffach, Nürnberg, Germanisches Nationalmuseum, Hs. 32075, vgl. fol. 35v: – Rezept für eine Geheimschrift mit Tinte, *die man auff dem weissen Bapier nicht sehen oder lesen kan.*

– Zweites Rezept für eine Geheimschrift, die *auf sauber Bapier* geschrieben werden solle und die man gelegt in mit Galerumpulver vermischtes reines Brunnenwasser sichtbar werden lasse.

Kommen wir damit zu einem Fazit: Wie sich an der kunsttechnologischen Rezeptliteratur sehen lässt, hat sich das Bedürfnis an Wissen und Knowhow über den praktischen Umgang mit Papier in beiden Schreibkulturen früher oder später auch in Texten niedergeschlagen. Umso auffälliger muss das Schweigen der lateineuropäischen Zeitzeugnisse zu den anderen hier genannten Aspekten erscheinen. Zwar ist es sicherlich zu weit gegriffen, die Reflexionen auf Papier in der islamischen Einflusssphäre in ihrer Dichte und Vielstimmigkeit mit der Mediendiskussion um den Buchdruck in Lateineuropa zu vergleichen.[157] Es bleibt zu berücksichtigen, dass sich die hier versammelten Reflexionen auf Papier über viele Jahrhunderte verteilen und oft nur einige Zeilen in vielen Seiten starken Werken einnehmen.

Unzweifelhaft war Papier im ‚dār al-Islām' allerdings ein Thema und qualitativ sind die zu ihm geäußerten Beobachtungen der Mediendiskussion in Europa um die Gutenberg-Revolution nicht unähnlich. Aus ihnen spricht zum einen von Beginn an die generelle Wertschätzung des neuen Materials, das durch seine ästhetischen wie praktischen Vorzüge bestach und das man schnell in verschiedene Formate und Qualitäten zu unterscheiden lernte. Zum anderen spiegeln sie eine beachtliche Sensibilität dafür, wie sich die Einführung und Durchsetzung des Papiers als zentraler Beschreibstoff auf die Schriftkultur auswirkte. Ibn Khaldūn legt in seiner Schilderung des Umbruchs vom Pergament zum Papier unter den Abbasiden sogar den Schluss nahe, dass erst die Verbreitung von Papier Ursache für die Ausweitung und Ausdifferenzierung der Verwaltung wie überhaupt allgemein des Schriftgebrauchs in dieser Zeit gewesen sei – man könnte also auch sagen: Papier war für Ibn Khaldūn das Medium für eine Revolution der Schriftkultur![158]

---

[157] Auch im Nahen Osten galten als zentrales Symbol für den Schreiber nicht der Beschreibstoff, sondern seine Schreibgeräte, das heißt *ḳalam* (Rohrfeder) und Tinte, vgl. dazu etwa aus dem hier versammelten Quellenkorpus die Bemerkungen von Ibn al-Nadīm über die Exzellenz der Rohrfeder mit einer Sammlung von Aussprüchen verschiedener Gelehrter über ihre Bedeutung und Symbolhaftigkeit bei Dodge, The Fihrist of al Nadim, 18f., oder bei al-Ḳalḳashandī, s. dazu demnächst ausführlich Sauer, Towards a pragmatic aesthetics of the written word, in Vorb., zum seit dem 9. Jahrhundert verbreiteten Topos, die Rohrfeder sei mächtiger als das Schwert; vgl. außerdem Blair, Islamic Calligraphy, 2007, 58–61, sowie van Gelder, The Conceit of Pen and Sword, 1987, bes. ab 336 mit zahlreichen Belegen, wobei in den zitierten Passagen aus dem poetischen Werk von al Mutanabbī (915 bis 955, vgl. Blachère/Pellat, Art. al Mutanabbī, 1993), hier 347 und 349, sowie bei Ibn Nubāta (1287 bis 1366, vgl. Rikabi, Art. Ibn Nubāta, 1965), hier 356–358, auch Papier in einer bescheidenen Nebenrolle Erwähnung findet.

[158] Für eine Übersetzung der Passage vgl. Ibn Khaldûn, The Muqaddimah, übers. von Rosenthal 1958, Bd. 2, 392.

Welche erstaunlichen Parallelen der Diskurs um das Papier in der islamischen Welt mit den Argumenten der europäischen Lobreden auf den Buchdruck im 15. und 16. Jahrhundert aufweist, zeigt sich außerdem an den beiden Werken, in denen Rashīd al-Dīn Ṭabīb um 1300 seine Bewunderung für das chinesische Blockdruckverfahren äußert.[159] Insgesamt würdigt er vier Vorteile dieser Vervielfältigungstechnik: Erstens produziere sie ästhetisch schöne Bücher, da nur die besten Kalligraphen und Graveure mit dem Übertragen der Texte auf die Holzblöcke beauftragt würden. Zweitens seien diese Bücher in hohem Maße fehlerfrei und korrekt, weil gleich mehrere Experten das Geschriebene mit den Vorlagen abgleichen und verbessern würden, was sie durch ihre Unterschrift auf der Rückseite der Tafeln auch bezeugen würden. Drittens seien alle davon gezogenen Kopien Wort für Wort identisch, was schon dadurch verbürgt würde, dass die hölzernen Druckvorlagen in versiegelten Beuteln an die Steuerbeamten übergeben würden. Man bringe sie an hierfür bestimmte Verkaufsorte, so wie man Münzen an den Prägestätten deponiere, und derjenige, der ein Exemplar davon wünsche, entrichte zuerst die dafür festgelegte Gebühr. Dann hole man die Tafeln hervor und drucke sie für ihn wie Geldscheine auf Papier (heute würden wir von dem Prinzip „print on demand" sprechen). Der vierte Vorteil, den Rashīd al-Dīn nennt, betrifft nicht die Qualität der so vervielfältigten Bücher, sondern die Quantität: Mit Hilfe der Matrizen, so erklärt er, ließe sich an einem Tag das vollenden, wofür ein Schreiber ein Jahr benötige.

Rashīd al-Dīn beobachtete am chinesischen Blockdruck damit genau solche Vorzüge, die die europäischen Autoren an der – nach dem Tenor der modernen Forschung ungleich avancierteren – Technologie des ‚Drucks mit beweglichen Lettern' später auch rühmten. Anders als sie gewann er über seine chinesischen Gewährsleute aber auch einen praktischen Eindruck vom Vervielfältigungsprozess, den einzelnen Arbeitsschritten und den daran beteiligten Personen, den er für beschreibenswert hielt. So versuchte er ihn seinen Lesern durch den Vergleich anschaulicher zu machen, dass das Verfahren dem von Malern entspreche, die ihre Bilder in Holzschnitte umsetzten. Knapp, aber explizit benennt er außerdem die dafür nötigen Materialien: Er erklärt, dass man eine besonders geeignete Tinte für den Druck entwickelt habe. Schließlich hält er fest, dass das chinesische Papier besonders dünn hergestellt werde, so dass sich darauf mit der Matrize ein guter Abzug machen lasse – anders als bei den europäischen Zeugnissen zum Buchdruck stand ihm die Bedeutung dieses Materials für den Erfolg der Technik offenbar klar vor Augen.

Die Zeugnisse aus dem persisch- und arabischsprachigen Raum des Mittelalters zeichnen damit einen Horizont, was auch im lateinischen Europa über Papier hätte denk- und sagbar sein können. Die fehlende Verständigung über Papier im Diskurs

---

159 Diese Passagen finden sich in Rashīds al-Dīn Geschichte Chinas, für eine Übersetzung vgl. [Rashīd al-Dīn Ṭabīb,] Die Chinageschichte, übers. und hg. von Jahn 1971, 24 (s. dazu auch oben Anm. 47), sowie in der Einleitung zu *Tansuḳ-nāma*; für Auszüge in Übersetzung sowie Paraphrasen vgl. Jahn, Rashīd al-Dīn and Chinese Culture, 1970, 145f.

zwischen der islamischen und der christlichen Welt ist schon deshalb erstaunlich, weil die Ware Papier zwischen beiden Kulturen von Beginn an frei flottierte. Die ersten Papierblätter bezog man in Europa zweifellos von persischen und arabischen Produktionsorten, während ab dem 14. Jahrhundert die islamische Welt massenhaft aus den Manufakturen des lateinischen Europa zu importieren begann (s. dazu bereits oben Kap. B.1). Der Umschwung im Spätmittelalter wird nicht nur durch die Materialanalyse überlieferter Papiere bestätigt, sondern wurde auch von zeitgenössischen Autoren bemerkt und reflektiert. Während die bereits ausführlich paraphrasierte Fatwa von 1409 aus Tlemcen in Marokko versuchte, den Gebrauch des von Christen produzierten Papiers schon aus pragmatischen Gründen auch dem rechtschaffenen Muslim zu ermöglichen (die Argumentation erinnert durchaus an heutige gesellschaftliche Debatten um die Sozial- und Umweltverträglichkeit von Kaufentscheidungen unter den Schlagworten ‚fair' und ‚grün'), hat sich von al-Ḳalḳashandī die in der Formulierung von religiös-ethischen Bedenken freie, dafür aber eindeutig abfällige Bemerkung erhalten, dass die europäischen Blätter von der schlechtesten Sorte seien.[160]

Der Diskurs über Papier in der islamischen Welt des Mittelalters dröhnte also nicht so unüberhörbar wie die verbalen Trommelwirbel, mit denen die europäischen Humanisten im späten Mittelalter die Erfindungen Gutenbergs bejubelten. Doch mit seinen Aussagen und Erkenntnissen in den Ohren muss das weitgehende Schweigen oder die Ignoranz, mit denen die Durchsetzung des Papiers und seine Bedeutung in Europa übergangen wurden, umso lauter klingen. Noch erstaunlicher wird dieser Befund, wenn man bedenkt, dass diese Sprachlosigkeit der europäisch-christlichen Autor*innen zum Thema Papier nicht für die älteren Beschreibstoffe Papyrus und Pergament gilt.

Während diese Beobachtungen ausführlicher im letzten Kapitel dieser Studie (B.7) wieder aufgegriffen werden sollen, widmet sich das nächste Kapitel einem Text, der in der auf Europa fokussierten Papierforschung als prominente Ausnahme für das oben gezeichnete Bild gilt: In seinem Zentrum stehen die zeitgenössisch wie modern viel zitierten Ausführungen Marco Polos über das in Ostasien gefertigte Papier und seine Verwendung für Geldscheine im Namen des Großkhans. In der modernen Literatur wird Polos Bericht als gleichermaßen materialwissenschaftlich aufschlussreiche Quelle über die ostasiatische Papierherstellung wie auch als kulturhistorisch wichtiges Zeugnis für die transkulturelle Aufmerksamkeit für den Papiergebrauch ins Feld geführt.[161] Kapitel B.6 wird nicht nur danach fragen, wie plausibel diese Deutungen sind; zugleich wird es die vielen Versionen von Polos Text dazu nutzen, den besonders in Italien und im deutschsprachigen Raum üblichen Namen und Bezeichnungen für Papier im Mittelalter auf die Spur zu kommen.

---

160 Zur Fatwa vgl. Halevi, Christian Impurity versus Economic Necessity, 2008. Zu al-Ḳalḳashandī vgl. Bloom, Paper before Print, 2001, 84.
161 Zur Thematisierung von Marco Polo in der auf Europa fokussierten Papiergeschichtsforschung s. die Einleitung von Kap. B.6.

B.6 Marco Polo und die vielen Worte für Papier

Marco Polos Bericht über die Erfahrungen seines jahrelangen Ostasienaufenthalts[1] hat in der modernen Forschung wiederholt zu heftigen Kontroversen darüber geführt, ob der Autor wirklich bis nach China reiste. Anlass dafür gaben vor allem die provozierenden Thesen von Frances Wood aus dem Jahr 1995, dass Polo den Großteil seines Berichts (wie nach ihm etwa der unbekannte Autor der ‚Reisen Jeans de Mandeville') nur aus schriftlichen Quellen zusammen kopiert habe.[2] 2013 hat der Tübinger Sinologe Hans Ulrich Vogel eine umfassende Streitschrift für den Venezianer vorgelegt, die sein Urteil „Marco Polo *Was* in China" programmatisch schon im Titel trägt.[3] Zu seiner Untermauerung erbringt er neue Beweise dafür, wie viele und differenzierte geographische, ökonomische, politische und ethnographische Informationen der Bericht des Venezianers bietet, die selbst in chinesischen Quellen nicht oder nur fragmentiert zu finden seien. Das Beispiel, das er für seine Argumentation wählt, sind dabei – in der Sinologie bislang weitgehend unbeachtet – Marco Polos zahlreiche Bemerkungen über die in den von ihm bereisten Regionen üblichen Geldmittel und Währungen.

---

[1] Der Text berichtet nicht nur von Marco Polos Chinaaufenthalt, sondern schon von der vorangehenden ersten Reise seines Vaters Nicolao und Onkels Maffeo Polo ab 1260 in den fernen Osten. Vom mongolischen Großkhan zu Gesandten ernannt, brachen sie nach ihrer Rückkehr nach Venedig 1271 erneut nach China auf, diesmal in Begleitung von Nicolaos noch jugendlichem Sohn. Marco bereiste nach seinen eigenen Aussagen im Dienst des an Land und Leute interessierten Großkhans 17 Jahre lang weite Teile von dessen Reich, bevor die Polos 1295 endgültig nach Venedig zurückkehrten. Seine Erlebnisse und Erfahrungen sind dabei trotz der dafür typischen Wegbeschreibungen nicht in der üblichen Form eines Reiseberichts festgehalten, sondern gefasst sind sie im Genre der geographischen Beschreibung aller Länder und Völker, die er auf seinen Reisen entweder selbst gesehen oder von denen er wie etwa im Fall der afrikanischen Ostküste gehört hatte. Für eine knappe Einführung zu den Reisen wie zum Werk vgl. etwa Schmieder, Art. Marco Polo, 2001.
[2] Wood, Did Marco Polo go to China?, 1995. Woods Buchtitel hat sogar einen eigenen Eintrag in der englisch- und französischsprachigen Wikipedia erhalten. S. auch das Resumee der Debatte unter dem Titel „Entlarvung eines Hochstaplers?" bei Münkler, Marco Polo, 2015, 111–114; für die Reaktionen in Italien vgl. Barbieri, Un Veneziano nel Catai, 2004.
[3] Vogel, Marco Polo *Was* in China, 2013, vgl. bes. das Fazit auf 419–425 sowie das umfangreiche Kapitel „Cons and Pros for Marco Polo's Stay in China", 11–88, mit einer detaillierten Diskussion der Argumente der Gegenseite. Zu seinen eigenen Forschungen ist im Folgenden vor allem das Kapitel „Paper Money in Yuan China", 89–226, relevant. Vor Vogels Studie sind nur randständige und knappe Beschäftigungen mit den Aussagen Marco Polos über chinesisches Papiergeld zu finden, vgl. den die Beobachtungen Polos weitgehend abwertenden, freilich auf der Basis weniger und veralteter Übersetzungen argumentierenden Artikel von Corsi, Marco Polo's observations on the use of paper in China, 1995, und die Miszelle von Fanfani, Perché fu trascurata la divulgazione di Marco Polo sulle carta moneta dei cinesi?, 1956. Nicht eingesehen werden konnte der in chinesischer Sprache abgefasste Aufsatz von Chen Bingying mit dem ins Englische übersetzten Titel „Paper Money in Marco Polo's Travels" in der Zeitschrift China Numismatics 1998, zit. bei Vogel, Marco Polo *Was* in China, 2013, 570.

Kernstück von Vogels Beweisführung ist das im yuanzeitlichen China übliche und von den mongolischen Herrschern übernommene Papiergeld, das heute auch archäologisch breit nachzuweisen ist.[4] Polo widmete ihm ein eigenes Kapitel von der von ihm in Canbalu/Cambaluc (das heißt in Peking) situierten Herstellung der Geldscheine über ihre Verwendung und die herrscherlichen Maßnahmen ihrer Durchsetzung bis hin zu ihrem enormen wirtschaftlichen Erfolg und erwähnt sie auch in den folgenden Kapiteln regelmäßig wieder als gängige Währung der von ihm bereisten Regionen unter der Herrschaft von Khubilai Khan.[5] Der Sinologe Vogel hat damit ein Thema aufgegriffen, das aus anderer Perspektive auch für die hier vorgelegte Studie als Schlüsselzeugnis gelten muss: In der Papiergeschichtsforschung sind Marco Polos Bericht über das ‚Papiergeld' des Großkhans als Solitär und eloquentes Zeugnis für die transkulturelle Aufmerksamkeit für den ‚Zauberstoff' Papier vielzitiert; die zu französischen Textzeugen des 16. Jahrhunderts erhaltenen Miniaturen zu diesem Kapitel werden gerne zur Illustration genutzt.[6]

In der Regel bleibt es allerdings dabei, Polos Ausführungen in einer einzigen Version, oft noch vereindeutigt durch moderne Übersetzungen, zu präsentieren. Nicht thematisiert wird daher, wie stark das so genannte ‚Papiergeldkapitel' in den vielen Fassungen von Polos Werk inhaltlich voneinander abweicht. Ziel des folgenden Kapitels ist daher, einerseits den verschiedenen, disparaten, zum Teil offen divergierenden Versionen von Polos Informationen über das in Ostasien verwendete Papier näher nachzuspüren und die Gründe für diese Unterschiede darzulegen. Andererseits sollen die in diesen Versionen verwendeten Termini für Papier zum Ausgangspunkt dafür werden, um ergänzt um andere Quellenzeugnisse und Beobachtungen der Forschungsliteratur eine Begriffsgeschichte für den deutschen und italienischen Sprachraum zu entwerfen.[7]

---

4 S. Vogel, Marco Polo *Was* in China, 2013, insgesamt 89–226, auf 109f. mit dem Urteil, dass andere Quellen aus westlichen, persischen und arabischen Werken „dramatically less detail" über die yuanzeitliche Papierwährung bieten, nämlich selbst zusammengenommen nur etwa die Hälfte dessen, was Marco Polo berichtet; für einen Abriss zur Geschichte des Papiergelds in China vgl. 90–104, zu chinesischen Schriftzeugnissen sowie archäologischer Überlieferung vgl. 119–159 und Appendix 8, Tabelle 3, 529–541.
5 Zu der nach Marco Polos Informationen gezeichneten räumlichen Verbreitung des Papiergelds in der Zeit von Polos Chinaaufenthaltes 1275 bis 1291 vgl. Vogel, Marco Polo *Was* in China, 2013, 183–212, bes. Tabelle 7, 199–204, mit den Ortsnamen im Vergleich, die in verschiedenen frühen Fassungen des Berichts ebenso wie in chinesischen Zeugnissen um 1303 überliefert sind.
6 S. als ein Beispiel unter vielen den bibliophilen Band Polastron, Le papier, 1999, mit großformatigen Abbildungen der unten im Teilkapitel „Papier unter dem Hammer" näher besprochenen Miniaturen auf 29; für die Thematisierung der Inhalte gerade im Bereich des populären Sachbuchs zu Papier s. exemplarisch etwa Vogt, Die wunderbare Tat des Ulman Stromer, 1991, 141.
7 Nicht nur in den europäischen Sprachen, auch im Arabischen nutzte man verschiedene Bezeichnungen für Papier: *kāghad* als Lehnwort aus dem Chinesischen; *qirṭās* als Begriff zunächst für ‚Papyrus' und für ‚Pergament'; *ṣaḥīfa* als Bezeichnung zuerst allgemein für ‚Seite'/‚Folio'; *waraq* als bald gebräuchlichster und bis heute verwendeter Begriff. Die daraus resultierenden terminologischen Unschärfen thematisiert bereits etwa der mamlukische Kanzleisekretär und Enzyklopädist

Ein Stoff zum Wieder- und Weitererzählen

Die große Herausforderung der Polo-Forschung ist und bleibt, dass uns sein Urtext fehlt – oder, folgt man der von der New Philology beeinflussten aktuellen Forschungsauffassung: dass er vielleicht nie existierte, sondern wohl schon Marco Polo selbst seine Erfahrungen als variablen Stoff zum Wieder- und Weitererzählen verstand.[8] Hans Ulrich Vogel vergleicht in seiner Monographie daher aus den nach heutigem Stand mindestens 142 Handschriften[9] und zahlreichen Wiegen- bzw. Frühdrucken bis in die Mitte des 16. Jahrhunderts[10] die nach seiner Einschätzung relevantesten

---

al-Ḳalḳashandī in seinem Schreiberhandbuch aus der Zeit um 1400, vgl. dazu Meyer/Sauer, Papier, 2015, 356.

8 Es fehlt nicht nur eine Urfassung, sondern es ist noch nicht einmal fixierbar, welche der heute noch zugänglichen Handschriften ihr am nächsten kommt, s. dazu sowie zu den Folgen für die Editionspraxis ausführlich Overbeck, Literarische Skripta, 2003, bes. 89–92; s. auch die Zusammenfassung der Diskussion bei Münkler, Marco Polo, 2015, 78–88. In der italienischen Fachliteratur findet sich dafür der Begriff „tipo pluriredazionale", hier zit. nach Reichert, Begegnungen mit China, 1992, 169.

9 Die aktuell ausführlichste Zusammenstellung der handschriftlichen Überlieferung, jedoch ausdrücklich ohne Anspruch auf Vollständigkeit, bietet Gadrat-Ouerfelli, Lire Marco Polo au Moyen Age, 2015, Annex I, 357–381, im Annex II, 382–385 nochmals neu geordnet nach Version; zu den Vorarbeiten (ohne Erwähnung der deutschen Beiträge von Reichert, Begegnungen mit China, 1992, und Overbeck, Literarische Skripta in Ostfrankreich, 2003) vgl. die Einleitung auf 9.

10 Leider bietet Gadrat-Ouerfelli, Lire Marco Polo au Moyen Age, 2015 keinen Überblick über die zahlreichen schon in der Inkunabelzeit einsetzenden frühen Drucke (s. lediglich eine Liste der von ihr im Text zitierten Drucke in ihrem Literaturverzeichnis ebd., 453), auch andernorts fehlt eine aktuelle Aufstellung. Für die vorliegende Studie konnten bis zum Erstdruck von Giovanni Baptista Ramusios Übersetzung ins Italienische 1559 folgende Drucke (die entweder selbstständig oder als Teil von Sammelbänden entstanden) einer der von Gadrat-Ouerfelli für die handschriftliche Überlieferung differenzierten Version zugeordnet und daher im Stemma in Graphik B.6.1) berücksichtigt werden:

Venezianische Version VA: Venedig: Johannes Baptista Sessa 1496 (GW M34800); Brescia: Baptista de Farfengo 1500 (GW M34802); Venedig: Melchior Sessa 1508 (EDIT16 CNCE 68470); Venedig: Paulo Danza 1533 (EDIT16 CNCE 58910); Venedig: Matthio Pagan 1555 (2 Auflagen?) (GW M34803; EDIT16 CNCE 50668 und 66667); kastilische Version nach VA: Sevilla: Stanislas Polono und Jacob Cromberger 1503; Salamanca: Juan Varela 1518; lateinische Version P: Gouda: Gerard Leeu o. J. [1483–85] (GW M34796; für eine aktualisierte Zahl der erhaltenen Exemplare vgl. Gadrat-Ouerfelli, Lire Marco Polo au Moyen Age, 2015, 63, Anm. 4); [Antwerpen (?): o. Offizin] 1485 (GW M34799); im Sammelband *Novus orbis regionum ac insularum* von Simon Grynaeus in folgenden Auflagen: Basel: Johannes Herwagen d. Ä. 1532 (VD16 G 3827); Paris: Antoine Augereau und Jean Petit 1532, Paris: Antoine Augereau und Jean Galeot 1532, Basel: Johannes Herwagen d. Ä. 1537 (VD16 G 3828); Basel: Johannes Herwagen d. Ä. 1555 (VD16 G 3829); portugiesische Version nach P: Lissabon: Valentim Fernandes 1502; deutsche Version nach P: Georg Ulricher von Andlau, Straßburg 1534 (VD16 G 3830); französische Version nach P: Paris: Jean Longis 1556 (2 Auflagen?); deutsche Version nach TB: Nürnberg: Friedrich Creussner 1477 (GW M34804); zusammengebunden mit der *Historia* Wilhelms von Österreich ND in der Ausgabe: Augsburg: Anton Sorg 1481 (GW 12843); italienische Version R: im Sammelband *Navigationi e viaggi* von Giovanni Baptista Ramusio in der Erstausgabe: Venedig: Erben von Luc'Antonio Giunti 1559 (EDIT16 CNCE 27248); weitere Aufl. ebd. 1574 (EDIT16 CNCE 27442) und

Textzeugen.[11] Als solche qualifiziert er einerseits drei frühe, noch zu Polos Lebzeiten entstandene Versionen:

Die franko-italienische Fassung, die vollständig zwar nur in einer Handschrift, dafür der ältesten bekannten überhaupt erhalten ist, bietet den Text, den Rustichello da Pisa im Jahr 1298 in genuesischer Gefangenschaft nach den Erzählungen seines Mithäftlings Marco Polo niedergeschrieben haben will (im Folgenden, wie in der Polo-Forschung gängig, als F bezeichnet).[12] Eine frühe Übersetzung ins Französische beruft sich in drei der insgesamt 17 erhaltenen Manuskripte ebenfalls auf Autornähe: Nach ihrem Vor- bzw. Nachwort habe Marco Polo selbst im Jahr 1307 eine Kopie an einen Gesandten übergeben, der im Auftrag von Karl von Valois, dem jüngeren Bruder des französischen Königs Philipp IV., nach Venedig gekommen war (im Folgenden als Fr bezeichnet).[13] Dazu kommt drittens die lateinische Übersetzung von Pipino da Bologna, die in den folgenden Jahrhunderten mit großem Abstand erfolgreichste Fassung, die der Dominikanermönch auf Anweisung seiner Ordensoberen wohl zwischen 1310 und spätestens 1322 anfertigte und die Vogel in einer Edition nach einer neapolitanischen Handschrift des 15. Jahrhunderts benutzt. Nur bei Pipino überlieferte Passagen sprechen dafür, dass er den erst 1324 verstorbenen Polo persönlich getroffen oder vielleicht sogar nach dessen Reisenotizen gearbeitet haben könnte (im Folgenden als P bezeichnet).[14] Viertens schließlich zieht Vogel auch eine späte Fassung heran, die 1559 zuerst gedruckte Übersetzung ins Italienische des Giovanni Battista Ramusio im zweiten, dem Kontinent Asien gewidmeten Band seiner monumentalen Sammlung *Navigazioni e viaggi,* für die der venezianische Diplomat, Geograph und Humanist

---

1583 (EDIT16 CNCE 36412); s. dazu auch Romanini, „Se fussero più ordinate, e meglio scritte …", 2007, 285f.

Die Recherchen zu den hier gelisteten Drucken basieren neben den gängigen Nachschlagewerken für Inkunabeln und Frühdrucke auf den Informationen bei Marco Polo, Il Milione, hg. von Benedetto 1928 (mit Abb. von Frontispizen und illustrierten Seiten aus mehreren Drucken); Iwamura, Manuscripts and printed editions of Marco Polos Travels, 1949, 18f. (zu in Tokio verwahrten Exemplare); [Marco Polo,] Una familia veneta del libro de Marco Polo, ed. Valentinetti Mendi 1992, 74–85, hier 74–79 (zu Druckauflagen aus Venedig bzw. Venetien); Ertzdorff, Gedruckte Reiseberichte über China in Deutschland, 1992 (zu den handschriftlich wie im Druck veröffentlichten Versionen in deutscher Sprache bis zum Ende des 16. Jahrhunderts).

11 Vgl. dazu Vogel, Marco Polo *Was* in China, 2013, 106.

12 Vogel führt die Fassung nicht unter der Sigle F, sondern als V1. Zu den modernen Zweifeln an diesen in der Einleitung der franko-italienischen Version geschilderten Entstehungsumständen des Textes vgl. ausführlicher etwa Overbeck, Literarische Skripta, 2003, 15–22, und Münkler, Marco Polo, 2015, 51–61.

13 Neben Fr findet sich in der Forschung auch die Sigle FG für diese Handschriftengruppe, Vogel führt sie als V2. Zu den Entstehungsumständen vgl. zuletzt Gadrat-Ouerfelli, Lire Marco Polo au Moyen Age, 2015, 21–24.

14 Vogel führt diese Handschriftengruppe nicht als P, sondern als V4. Zu den Entstehungsumständen vgl. zuletzt Gadrat-Ouerfelli, Lire Marco Polo au Moyen Age, 2015, 63–86. Vogel benutzt die Edition Marka Pavlova z Benátek, Milion, hg. von Prášek 1902, Text in den Anm.); vgl. dazu näher unten Kasten B.6.2.

gezielt Handschriften verschiedener Gruppen recherchierte und miteinander verglich (im Folgenden als R bezeichnet).[15]

Um die verschiedenen Überlieferungsträger systematisch vergleichen zu können, hat Vogel Marco Polos ‚Papiergeldkapitel' in insgesamt 23 Punkte zergliedert. Zieht man aus diesen Punkten diejenigen Informationen heraus, die uns über die Materialität der chinesisch-mongolischen Geldscheine und damit zugleich über die Eigenschaften und die Wertschätzung des asiatischen Papiers Aufschluss geben, so ist das transportierte Bild in der Tat beeindruckend. In allen vier Versionen ist erstens explizit die Herstellung des Grundstoffs Papier thematisiert: Übereinstimmend heißt es, die für die Geldscheine verwendeten Blätter würden aus dem feinen weißen Bast gefertigt, der zwischen dem Holz und der dickeren äußeren Rinde des Maulbeerbaums liege. Die franko-italienische und die französische Fassung (F und Fr) berichten außerdem, wie später auch von Ramusio (R) übernommen, dass das daraus gefertigte Papier schwarz sei.[16]

Ebenfalls alle vier Überlieferungszeugen berichten, dass man die Papiere für die Verwendung als Geldscheine in Stücke verschiedener Größe zerschneide, die auf ihren jeweiligen Wert verweisen würden. Unisono fügen sie an, dass das Siegel des Großkhans auf sie gedrückt würde; in Pipinos Fassung (P) wie später bei Ramusio (R) ist darüber hinaus noch von Amtsträgern die Rede, die die Scheine durch ihre Unterschrift und ihr Siegel beglaubigten.[17]

Über den Gebrauch des Papiergelds urteilen die franko-italienische und die französische Version (F und Fr), die Geldscheine seien wegen ihres geringen Gewichts besonders bequem auf Reisen. Beide Fassungen führen wie nach ihnen Ramusio (R) außerdem aus, dass die Eigentümer*innen sie zur Münze tragen könnten, wenn sie zerschlissen seien, um sie gegen eine geringe Umtauschgebühr für neue Stücke einzutauschen.[18]

In einem übertragenen Sinn ebenfalls als eine auf die Materialität der Geldscheine bezogene Bemerkung lässt sich schließlich das Fazit in Marco Polos ‚Papiergeldkapitel' verstehen: Der Reichtum des Großkhans – so heißt es wieder in allen vier Textzeugen – sei endlos, wohingegen er beinah nichts für die Herstellung des Papiergelds ausgebe. Dieses sei daher der Grund, weshalb der Großkhan vermögender sei

---

[15] Vogel führt diese Version nicht als R, sondern als V11. Über Ramusio, den philologischen Anspruch seiner Übersetzung sowie seine Beurteilung in der späteren Forschung vgl. die umfassende Einleitung in Marco Polo, Il Milione, hg. von Benedetto 1928, hier CLVIII–CLXII; zu Ramusios Vorlagen s. ebd., CLXII–CXCIII, sowie zuletzt den von sieben Autor*innen gemeinsam verantworteten Sammelband zu Ramusio als Herausgeber Marco Polos: [Andreose et al.,] Giovanni Battista Ramusio, 2011. Zur Biographie des Autors und zur Entstehung seiner Sammlung *Navigazioni e viaggi* insgesamt die Einleitung von Marica Milanesi in: Giovanni Battista Ramusio, Navigazioni e viaggi, hg. von Milanesi, Bd. 1, 1978, XI–XXXVI.
[16] Vgl. bei Vogel, Marco Polo *Was* in China, 2013, 106–108, c–d.
[17] Vgl. bei Vogel, Marco Polo *Was* in China, 2013, 106–108, e, g, h.
[18] Vgl. bei Vogel, Marco Polo *Was* in China, 2013, 106–108, m, o.

als alle Könige der Welt. In den beiden frankophonen Fassungen und ihnen folgend bei Ramusio (F, Fr und R) wird diese bewundernde Aussage am Schluss des Kapitels flankiert von dem einleitenden Urteil, Herstellung und Durchsetzung des Papiergeldes seien eine Kunst wie die Alchemie.[19] Diese Bemerkung suggeriert damit, dass dem Großkhan mit dem Papiergeld die Transmutation des unedlen Materials Papier zu Gold gelungen sei.

Prüft man die von Vogel zum Thema Geld herangezogenen Fassungen von Marco Polos Bericht auf weitere Beobachtungen zum Einsatz von Papier im fernen Osten, so findet sich ein zweiter Gebrauchskontext, dessen tatsächliche Verbreitung ebenfalls aus der Sinologie bestätigt worden ist.[20] In seinen Schilderungen der nach seinem Urteil für die Heiden in aller Welt typischen Bestattungsriten durch Einäscherung[21] beschreibt der Autor zu drei von ihm bereisten Regionen – zu ‚Tangut' (so der Name eines durch die Mongolen eroberten Reichs an der Nordostgrenze Chinas, das sich in Teilen mit der heutigen Provinz Gansu überschneidet), zu den Tartaren sowie zur heutigen Stadt Hangzhou im Süden Chinas[22] – den Brauch der Einheimischen, dem Toten in Fülle Sklaven, Tiere und Münzen aus Papier mit ins Feuer zu geben. Dies geschehe im Glauben, dass der Verstorbene im Jenseits über sie verfügen könne, und zwar nicht in Papierform, wie der Bericht seinem Publikum jedes Mal explizit erklärt, sondern so, als ob alles neu und wirklich sei, die Lebewesen aus Fleisch und Knochen, das Geld aus Gold.[23]

---

[19] Vgl. bei Vogel, Marco Polo *Was* in China, 2013, 106–108, a, v.

[20] Vgl. den noch immer nicht überholten Sachkommentar zur Polo-Edition und -Übersetzung von 1871 des schottischen Orientalisten Sir Henri Yule in: [Marco Polo,] The Book of Ser Marco Polo, übers. und komm. von Yule 1926 (hier in der 3. Aufl.), 208, Anm. 4 (zu Tangut), 268, Anm. 3 (zu den tartarischen Bräuchen); vgl. auch Corsi, Marco Polo's observations on the use of paper in China, 1995, 179f. (mit der Feststellung, dass die Verwendung von Papier in chinesischen Zeremonien gerade auf der hohen kulturellen Wertschätzung des Materials beruht habe); mit einem Literaturverweis dazu, dass diese Bräuche auch im frühen 20. Jahrhundert noch existierten vgl. Marco Polo, Le Devisement du Monde, Bd. 2, hg. von Ménard et al. 2003, 63 zu 57,35, und Art. China, § XIV, 5, 6: Paper, in: Turner (Hg.), The Dictionary of Art, Bd. 7, 1996, 146f.

[21] Zur Beobachtung, dass in Marco Polos Beschreibung der jeweiligen Länder, Provinzen oder Städte „in der Regel sieben Punkte gleichsam abgehakt" erscheinen, darunter nach der Angabe der Wegstrecken zum jeweils beschriebenen Ort an zweiter Stelle ethnographische Hinweise, die stereotyp die Herrschaftszugehörigkeit der Bewohner, ihre Religion (das heißt ihr Heidentum), ihre Sprache und kulturell-ökonomische Besonderheiten auflisten, vgl. Münkler, Marco Polo, 2015, 66f. Eine Sammlung der entsprechenden Stellen vgl. in Cardona, Indice ragionato, 1982, 609 unter dem Stichwort „cremazione".

[22] Zu Tangut vgl. Cardona, Indice ragionato, 1982, 728f.; zu Hangzhou vgl. ebd., 705f. (unter dem Lemma Quinsai).

[23] S. die franko-italienische Version F beispielsweise in der Passage über Hangzhou (hier *Cangiu* genannt) mit der besonders anschaulichen Formulierung ([Marco Polo,] Il Manoscritto della Bibliothèque Nationale de France Fr. 1116, Bd. 1, hg. von Eusebi 2010, 158): *et dient que celui mors aura toutes celle chouses en l'autre monde, vif de carne e d'oses, et la monoie d'or*, die wohl aus dieser Fassung noch Ramusio im 16. Jahrhundert übernimmt (vgl. Ramusio, Delle Navigationi Et Viaggi, Bd. 2, 1559,

So unterschiedlich die beiden von Marco Polo vorgestellten Gebrauchskontexte auf den ersten Blick sein mögen, so ähnlich ist die Rolle, die das Papier für Polos Wertung beider Phänomene spielt. Papier erscheint als Chiffre für etwas, das – wie Polo offensichtlich als gemeinsamen Erfahrungskontext mit seiner Leserschaft voraussetzte – materiell selbst wertlos war, in der Vorstellungswelt der Einheimischen jedoch mit geradezu unglaublicher Bedeutung und Macht aufgeladen wurde: Sowohl im Diesseits in den Schatzkammern des Großkhans als auch für das Jenseits glaubte man mittels eines billigen Materials große Werte anzuhäufen.

Papier fungiert damit auch in Polos Bericht ähnlich wie bei den im Kap. B.4 vorgestellten Narrationen über papierne Schandhüte vorrangig als ein Erzählmittel – trotz der Details, die wir über seine Herstellung in Fernasien und seine materiellen Eigenschaften erfahren und die mit Hans Ulrich Vogel ohne Frage als bemerkenswert einzustufen sind. Keine Rolle spielt für Vogels Zielsetzungen allerdings, was für die Frage nach der Wahrnehmung von Papier in Polos Bericht schnell ins Auge fallen muss: Die Bezeichnungen, die das – aus sinologischer Perspektive unzweideutige – Papier in den verschiedenen Fassungen erhält, sind zumeist vager und missverständlicher, als dies die modernen Übersetzungen und Interpretationen des Texts vermuten lassen.

Seltsames Papier

Ziel der folgenden Überlegungen ist es daher, am Beispiel des Wortmaterials, das in den Versionen von Marco Polos Text fassbar wird, die vielen Begriffe für Papier im 14. und 16. Jahrhundert ebenso wie die sich daraus ergebenden Verwirrungen und Verständnisprobleme zu skizzieren. Zwar hat auch die bisherige Forschung wiederholt versucht, ihre sprachlichen Beobachtungen etymologisch zu deuten sowie chronologisch und geographisch näher einzuordnen. Dies geschah jedoch zumeist (wie unten noch näher zu zeigen ist) auf der Basis eines äußerst kleinen und sehr heterogen

---

fol. 47r). Folgt man der Fassung F, so beschreiben die beiden Kapitel über die Provinz Tangut und über Hangzhou mit weitgehend ähnlichen Worten als Brauch der Heiden in aller Welt, ihre Toten zu verbrennen und ihnen dabei in Fülle Sklaven, Tiere und Geld aus Papier mit ins Feuer zu geben, im Glauben – wie explizit erklärt wird – dass der Verstorbene im Jenseits über sie verfügen könne. Das Kapitel über die Tartaren und ihre Bräuche beschreibt die speziellere Sitte, im Kindesalter verstorbene Mädchen und Jungen im Tod miteinander zu vermählen, indem man eine Urkunde über die Hochzeit ausstelle und sie verbrenne, im Glauben, dass der Rauch bis ins Jenseits zu den toten Kindern steige und ihnen ihre Eheschließung anzeige. Zugleich stelle man Menschen, Tiere, Kleider, Münzen und Haushaltsgeräte auf Papier dar, in der Hoffnung, die Kinder würden in der jenseitigen Welt über soviel Besitz wie auf dem Papier verfügen. Diese Darstellung erfährt, wie im Folgenden beispielhaft zu sehen sein wird, in den anderen Versionen zahlreiche kleinere Abweichungen, Auslassungen oder auch Missverständnisse in der Deutung. Es ist nicht Aufgabe dieser Arbeit, diese Änderungen vollständig nachzuvollziehen; der Fokus liegt vielmehr auf denjenigen Informationen, die in diesen Abschnitten über Gebrauch, Wahrnehmung und Wertschätzung von Papier vermittelt wird.

zusammengestellten Korpus an Zitaten, die häufig ohne konkrete Belege aus der älteren Forschung übernommen wurden, aus denen man jedoch trotzdem zum Teil weitreichende Schlüsse ziehen zu können glaubte. Polos Buch in seinen vielen Fassungen bietet damit ein bislang nicht genutztes und durch seine Geschlossenheit besonders geeignetes Reservoir, um diese Thesen entweder zu widerlegen oder im besten Fall abzusichern und zu erweitern.

Erste Uneindeutigkeiten ergeben sich schon für den Abschnitt, in dem Polo den Rohstoff für die chinesische Papierherstellung beschreibt. Nimmt man die vier von Vogel herangezogenen Fassungen, so wird das aus der mittleren Bastschicht unter der Rinde des Maulbeerbaums gewonnene schwarze Material nicht einmal als Papier bezeichnet. Sie bestimmen diesen Stoff als lediglich dem ihnen bekannten Papier ähnlich: Die franko-italienische Version F erklärt, die daraus gewonnenen *chartre*, Blätter, seien *come celle de papir*,[24] während die französische Version Fr den Rohstoff, das heißt den Bast des Maulbeerbaums, als *soutilz comme paupier* bzw. in der Stockholmer Handschrift als *delie come papier* bezeichnet.[25] In der lateinischen Fassung Pipinos (P) heißt es, man verfestige den zwischen Stamm und Rinde liegenden Bast des Maulbeerbaums *ut folia de papiro*.[26] Der Humanist Ramusio machte sich im 16. Jahrhundert aus seinen verschiedenen Vorlagen den Reim, die Bastfasern würden zermahlen und gestampft sowie mit Leim *in forma di carta bombacina* verwandelt.[27] Hier muss ihm bei der die älteren Handschriften konkretisierenden Beschreibung also zweifellos der – wenn auch nicht ganz richtig verstandene – Herstellungsprozess von Papier vor Augen gestanden haben. Trotzdem bezeichnet er das Endprodukt nicht als *carta bombacina* (ein Begriff, der uns unten noch näher beschäftigen muss), sondern vergleicht das ‚Rindenpapier' lediglich damit. Diese Formulierungen bezeugen also die Sensibilität aller Bearbeiter*innen dafür, dass Papier in Lateineuropa aus auf den ersten Blick ganz anderen Rohstoffen als in China, nämlich aus Textillumpen, gefertigt wurde.

Doch wie sieht es mit der Bezeichnung des Zeicheninhalts ‚Papiergeld' im Folgenden im selben Kapitel von Marco Polo aus wie auch in späteren Passagen, aus denen immerhin in den Fassungen F und Fr die überwiegende Mehrzahl aller Belege kommen (s. dazu Kasten B.6.3)? Hier taucht das so stofflich charakterisierte Material ausnahmslos nur als *c[h]arta* auf: in beiden Versionen am häufigsten in der geradezu stereotypen Wendung *mon[n]oie de c[h]art[r]e*,[28] was offenbar den Urheber*innen der

---

24 Ed. [Marco Polo,] Il Manoscritto della Bibliothèque Nationale de France Fr. 1116, Bd. 1, hg. von Eusebi 2010, 99.
25 Ed. Marco Polo, Le Devisement du Monde, Bd. 3, hg. von Ménard et al. 2004, 96, und Overbeck, Literarische Skripta in Ostfrankreich, 2003, 324.
26 Ed. [Marco Polo =] Marka Pavlova z Benátek, Milion, hg. von Prášek 1902, 97.
27 Ramusio, Delle Navigationi Et Viaggi, Bd. 2, 1559, fol. 29r.
28 In der franko-italienischen Version F findet sich die Wendung *monoie de carte/charte* mit 19 Belegen als feststehender Ausdruck, nicht dabei mitgezählt sind ähnliche Varianten wie *Lor monoie*

zu F zählenden Straßburger Handschrift sogar zu einer eigenen Begriffsprägung für die Geldscheine anregte. Sie spricht vom ‚Papiergeld' als *chartrates* bzw. *chartretes*, wobei bei der ersten Verwendung des Wortes die Erklärung eingefügt ist: *cele monoie q[ue] on apele chartrates.*[29]

Es scheint damit, als wären diese Begriffe korrekter nicht als ‚Papiergeld', sondern eher unbestimmt als ‚Blatt'- oder ‚Blättergeld' zu übersetzen.[30] Auch Ramusio im 16. Jahrhundert spricht lediglich von *monete [...] di carta*,[31] wobei ins Auge fällt, dass sich nur zwei Belege dafür finden lassen: Offenbar war Ramusio an der Verbreitung des vom Großkhan in seinem Herrschaftsbereich eingeführten Papiergelds weitaus weniger interessiert als die Urheber*innen der Fassungen F und Fr. Dieses Desinteresse teilt Ramusio mit Pipino, der den Hinweis auf die Währung Papiergeld aus den allermeisten Kapiteln über die Regionen und Städte unter der Herrschaft des Großkhans einfach strich. An den einzigen beiden Stellen, die er stehen ließ, spricht er außerdem lediglich vom ‚Geld des Großkhans' und verzichtet damit auf jeden Hinweis auf die für den Reisenden Polo einst doch offenbar spektakuläre Materialität dieser Währung.[32]

---

est/ont/sunt de carte (insgesamt 11 Belege), vgl. [Marco Polo,] Il Manoscritto della Bibliothèque Nationale de France Fr. 1116, Bd. I, hg. von Eusebi 2010: *Coment le Grant Kaan fait despendre chartre por monoie* (99); *comant le Grant Sir [fait] faire monoie de charte* (101); *Il ne ont monoie de carte de cele dou Grant Kan* (118); *Il ne ont monoie for que le charte dou grant kaan que je vos ai dit* (136); *Lor monoie sunt de carte, ce est la monoie dou seigneur* (137); *et ont monoie dou Grant Kan, lor seingnor, ce est cartre* (137); *et ont la monoie de carte* (137 f.); *Lor monoie est de carte* (6×: 138, 2× 141, 142, 150, 152); *et ont monoie de carte* (15×: 138, 139, 2× 146, 147, 2× 148, 2× 151, 152, 153, 3× 154, 156); *Lor monoie ont de carte* (4×: 140, 142, 146, 147); *et ont monoie de charte* (160).

In der französischen Version Fr findet sich nach der Lesart der Leithandschrift Royal 19 D 1 in der British Library London sogar 24 Mal die stereotype Formulierung *et ont monnoie de chartre*, vgl. Marco Polo, Le Devisement du Monde, Bd. 1, 2, 3 und 5, hg. von Ménard et al. 2001–2006, Bd. 5, 100, 2× 101, 2× 102, 103, 104, 105, 109, 110, 2× 111, 112, 2× 113, 116, 3× 124, 2× 125, 127, 128, 129.

29 Ed. Overbeck, Literarische Skripta in Ostfrankreich, 2003, 324. Weitere Belege für ‚chartrates/chartretes/ch[ar]tretes' ebd.: *li sires les fait paier bien (et) largement de ces chartrates* (325); *(et) fait son paiem(en)t de ses chartrates* (325); *q(ua)nt aucune de ces chartrates est ronpue ou quessee* (325); *ont monoie de chartretes* (5×: 338, 351, 352, 371, 372); *ont monoie de chartretes* (352); *monoie de ch(ar)tretes* (363). Auch in einigen Überlieferungsträgern der Version Fr ist die Form *chartrete* vereinzelt nachweisbar, für Belege s. unten Kasten B.6.3.

30 Für ‚c[h]arta' in der Bedeutung ‚Blatt' im Lateinischen vgl. etwa Niermeyer/van de Kieft, Mediae latinitatis lexicon minus, Bd. 1, 2002, 228 mit der Definition „jedes Schriftstück, unabhängig vom beschriebenen Material (Papyrus oder Pergament)"; s. auch Mittellateinisches Wörterbuch, Bd. 2., 1999, Sp. 522–523, das nacheinander Belege dafür versammelt, dass ‚charta' je nach Kontext als Papyrus, Pergament oder Papier verstanden werden müsse; für das Italienische vgl. mit vier Belegstellen: Battaglia, Grande dizionario del Italiano, Bd. 2, Lemma „carta", 807–813, hier 808 f. unter Nr. 3.

31 Ramusio, Delle Navigationi Et Viaggi, Bd. 2, 1559, fol. 34r und fol. 40r.

32 Vgl. [Marco Polo =] Marka Pavlova z Benátek, Milion, hg. von Prášek 1902, 135: *in tota regione illa expenditur moneta curie magni Kaam*; ebd., 143: *Et expenditur ibi moneta magni Kaam*. S. auch im eigentlichen ‚Papiergeldkapitel' unter der Überschrift *moneta magni Kaam* sowie im Fließtext *moneta regalis magni Kaam*, beide Zitate ebd., 97.

Wenn man diese Beobachtungen am zweiten Themenkomplex überprüft, in dem Polo nach den sinologischen Kommentaren real nachweisbaren Papiergebrauch beschreibt, so bestätigt sich der Eindruck mangelnder Eindeutigkeit. Am unmissverständlichsten von Papier berichtet diesmal Pipinos lateinische Fassung (P): In zwei der drei Schilderungen über die papiernen Figuren als Beigaben bei der Einäscherung von Verstorbenen macht er klar, dass diese *in cartis de papiro* bzw. *de papiro* gefertigt seien, während er sich in der dritten Passage auf die Formulierung *in carta* beschränkt.[33] Die franko-italienische Version (F) spricht dagegen nur einmal konkret von *carte de papir*, wohingegen sie sich an allen anderen Belegstellen mit der Formulierung *carte/charte* begnügt.[34]

Ramusio (R) hatte wohl einerseits Polos Informationen über die in Fernasien gebräuchlichen Rohstoffe in der Papierproduktion aus dem ‚Geldpapierkapitel' im Hinterkopf, als er die Passage über die Begräbnisrituale aus seinen Vorlagen heraus ins Italienische übersetzte. Folgerichtig spricht er an der ersten der drei Stellen von *carte, fatte di scorzi de arbori* – also von aus Baumrinde hergestellten Blättern; die Leser*innen werden sie vielleicht noch präsent gehabt haben, wenn sie in der zweiten Passage unscharf nur von *carte* lasen. Andererseits wählt Ramusio in der dritten Passage irritierenderweise den Begriff *carte bombasine* und damit eine orthographische Variante der oben zum ‚Papiergeldkapitel' bereits zitierten *carta bombacina*.[35]

Verwirrend wird es schließlich mit einem Blick in die französische Fassung (Fr): Hier kommt neben der vagen Bezeichnung *chartres* zwar zweimal eine stofflich konkretere Formulierung vor. Im ersten Fall spricht der Text jedoch in der Mehrzahl der 17 Textzeugen von Figuren aus *chartre de parchemin et de paupier*, im zweiten Fall sogar ausschließlich von *chartres de parchemin*.[36] Im Pergamentzeitalter – wie das

---

33 Vgl. [Marco Polo =] Marka Pavlova z Benátek, Milion, hg. von Prášek 1902: *habent in cartis de papiro incisas ymagines uirorum et mulierum* (46, Anm.); *piguntque in carta puerum et puellam, vestes, denarios et utensilia multa* (58, Anm.); *quando fumus combustarum cartarum ascendit in aera* (58, Anm.); *ymaginibus seruorum, ancillarum, equorum et denariorum comburunt, que omnia de papiro faciunt* (144, Anm.).
34 Vgl. [Marco Polo,] Il Manoscritto della Bibliothèque Nationale de France Fr. 1116, Bd. I, hg. von Eusebi 2010: *ses parens font entailler homes de carte de papir, et chevaus et gamiaus et monete* (51); *le mors aura tant esclaif et tantes bestes et tantes monto[n]s com il font ardoir de charte* (51); *il donent la feme morte a l'enfans mors por moiller et en font faire carte: puis celle carte ardent* (65); *il font e[n]pindre et portraire en carte homes a similtude de sers et chevaus* (65); *e toutes cestes couses font de carte* (158).
35 Vgl. Ramusio, Delle Navigationi Et Viaggi, Bd. 2, 1559: *molte carte, fatte di scorzi de arbori, & sopra quelle dipingono huomini* (fol. 12v); *seruitori, caualli, & tutte le altre cose, che son state depinte sopra le carte* (fol. 12v); *fanno dipingere in carta huomini in luogo di serui, & caualli, & altri animali* (fol. 15r-v); *buttano sopra il fuogo molte carte bombasine, doue hanno depinti Schiaui, Schiaue, Caualli* (fol. 46v–47r).
36 Zitate nach dem emendierten Text der Edition: Marco Polo, Le Devisement du Monde, Bd. 2, hg. von Ménard et al. 2003, Bd. 2, 17, s. dazu Anm. 51 sowie den Variantenapparat auf 89 zu Kap. 57, Zeile 35 (in der Leithandschrift London, British Library, Royal 19.D.I findet sich lediglich die Formulierung,

europäische Mittelalter in der modernen Forschung gern qualifiziert wird – schien es für die unbekannten französischen Übersetzer*innen offenbar nur schwer vorstellbar, dass solche symbolkräftigen Grabbeigaben aus Papier und nicht wenigstens aus Tierhaut gefertigt würden.

Schon in den frühen noch zu Polos Lebzeiten entstandenen Fassungen sowie in Ramusios mit philologischer Akribie aus verschiedenen Textzeugen rekonstruiertem Text war demnach – was das Material für das chinesische ‚Papiergeld' und die chinesischen ‚Papierfiguren' betrifft – die Basis für weitere Missverständnisse gelegt bzw. im Fall der französischen Version Fr eine Fehlinterpretation bereits geschehen. Was aber passierte mit diesen Informationen in späteren bzw. dem Autor ferneren Überlieferungsträgern?

Bevor wir nach Antworten auf diese Frage suchen, muss zuerst ein Blick auf Quantität und Qualität der außerordentlich breiten Polo-Überlieferung geworfen werden. Die aktuell wohl beste Kennerin, Christine Gadrat-Ouerfelli, kommt zu dem Schluss, dass Marco Polos Bericht im 14. bis 16. Jahrhundert intensiv gelesen, kopiert, übersetzt, gekürzt, erweitert oder kommentiert und vor allem auch breit in anderen Zusammenhängen rezipiert wurde.[37] Dies gilt weit über die Grenzen der Textsorte hinaus; die für die vorliegende Studie relevanten Passagen wurden allerdings vor allem in anderen Reiseberichten bzw. geographisch-ethnographischen Werken über Fernasien aufgenommen. Daher ist diese Gattung die einzige, aus der im Folgenden

---

es handle sich um *hommes de chartre et de paupier*. Die Emendatio begründen die Autor*innen in der Anmerkung mit den Textzeugen A1 (Paris, Bibliothèque Nationale de France, fr. 5631), A2 (ebd., fr. 2810) und D (Brüssel, Bibliothèque Royale 9309–9310) und deren Lesart *hommes de chartre de parchemin et de paupier*. Im Variantenapparat werden zusätzlich die Textzeugen A3 (Paris, Bibliothèque de l'Arsenal, 3511), A4 (New York, Pierpont Morgan Library, M 723) und C (Stockholm, Kungliga Biblioteket, Holm. M. 304,) mit der Lesart *de parchemin et de papier* angeführt; s. zu C auch die Edition von Overbeck, Literarische Skripta in Ostfrankreich, 2003, 289, mit der Lesart *de p[ar]chemin [et] de papier*). S. außerdem Marco Polo, Le Devisement du Monde, Bd. 5, hg. von Ménard et al. 2006, Bd. 5, 119, s. dazu Variantenapparat auf 225 zu Kap. 151, Zeile 166 (die hier verzeichneten Lesarten von insgesamt sechs weiteren Textträgern neben der Leithandschrift weichen zwar leicht orthographisch und grammatikalisch, nicht aber inhaltlich ab; siehe zum Textzeugen D auch Overbeck, Literarische Skripta in Ostfrankreich, 2003, 367, mit der Lesart *p[ar]chemín*).

37 S. dazu Gadrat-Ouerfelli, Lire Marco Polo au Moyen Age, 2015, 10 und 15. Während sich die Autorin in einem ersten Großkapitel den verschiedenen Textsträngen und ihrer Verbreitung widmet, ist ein zweiter Teil den Fragen nach der rasanten Verbreitung des Texts und seiner Eroberung verschiedener Leserschichten – in den Klöstern insbesondere im Dominikanerorden, in der Aristokratie, unter Kaufleuten etc. – gewidmet. Er mündet in umfangreiche Fallstudien zur Rezeption des *Devisement du monde* im Spätmittelalter in literarischen Texten, Hagiographie, Predigtliteratur und vor allem in der zeitgenössischen Historiographie, im dritten Teil seinem Einfluss auf das breite Interesse der Humanisten an der Geo-, Kosmo- und Kartographie, aber auch an Polos Erfahrungswissen für andere Reisende, wie insbesondere das prominente Beispiel des Christopher Kolumbus zeigt.

weitere Beispiele zu den in den Versionen Marco Polos beobachtbaren Ergebnissen vorgestellt werden.[38]

Auch für die beiden in dieser Arbeit in den Blick genommenen Kontrollstudien zu den Gonzaga und der Familie der Württemberger ist nachweisbar, dass Marco Polos Text am Ende des Spätmittelalters zum Grundbestand aller bedeutenderen Bibliotheken geworden war und zumindest alle Gebildeten ihn kennen mussten.[39] Für Württemberg lässt sich mindestens ein Exemplar im Eigentum des 1519 verstorbenen Heinrich, des zweiten Sohns von Graf Ulrich V. von Württemberg, noch heute fassen.[40] Auch sein berühmterer Vetter Eberhard im Bart, der erste Herzog im Haus Württem-

---

38 Zum Vergleich wurden ohne Anspruch auf Vollständigkeit vor allem die Werke herangezogen, die Hans Ulrich Vogel in seiner Studie über Marco Polo als zusätzliche Quellen aus dem lateineuropäischen Raum zusammenstellte, vgl. Vogel, Marco Polo *Was* in China, 2013, Appendix 2, 439–470. Mehrere von ihnen sind jedoch offensichtlich von Polos Narration beeinflusst: Dies gilt etwa bereits für das wohl um 1300 ursprünglich auf französisch verfasste, auch ins Lateinische, Englische, Spanische und durch Ramusio 1559 ins Italienische übersetzte und heute in rund 60 Handschriften bekannte Werk *Flor des estoires de la terre d'Orient* des Armeniers Hethum von Korykos (bei Vogel unter der Sigle Ha1 auf 447 zitiert, allerdings nur in einer modernen Übersetzung ins Englische) ebenso für die in einer französischen Übersetzung erhaltene Schrift des Johannes von Cora, Erzbischof von Soldania in Persien, über Reich und Regierung des Großkhans aus dem Jahr 1330/34 (bei Vogel unter der Sigle S1 auf 456f., zitiert wieder nur in einer modernen Übersetzung ins Englische; zur Ähnlichkeit der Berichte Marco Polos und des Johannes von Cora vgl. ebd., 111), oder aber für Mandeville (bei Vogel unter den Siglen M1 bis M4, 464–466; nach Vogel ist als Mandevilles direkte Vorlage der Bericht des Hethum von Korykos zu bezeichnen, vgl. ebd., 110). Auch in den zahlreichen Überlieferungsträgern des Werks von Odorico da Pordenone lässt sich Marco Polos Einfluss nachweisen: Zwar erscheint die um 1330 entstandene erste lateinische Version, die Odorico seinem franziskanischen Mitbruder Wilhelm von Solagna in die Feder diktierte, unabhängig von Polo, auch wenn Odorico genauso wie Polo den *infinitus thesaurus* des Großkhans in direkte Verbindung setzt mit den *carte quas pro moneta habent ibi*, vgl. B. Odoricus de Portu Naonis, Relatio, hg. von Wyngaert 1929, 482 (nach einem Wiederabdruck zit. bei Vogel, Marco Polo *Was* in China, 2013, 447, unter Sigle O1). Doch in späteren Bearbeitungen und Übersetzungen schlichen sich Informationen aus der Polo-Überlieferung ein: so vor allem die Ergänzung, dass die Blätter für die Geldscheine aus der Rinde des Maulbeerbaums gefertigt seien (so etwa in der französischen Übersetzung des Jean de Vignay aus den frühen 1330er Jahren, vgl. Jean de Vignay, Les Merveilles de la Terre d'Outremer, ed. Trotter 1990, 56 und 74, die erste Stelle auch zit. bei Vogel, Marco Polo *Was* in China, 2013, 453f. unter Sigle O7), oder die konkretisierende Erläuterung, der Reichtum des Großkhans beruhe auf seiner bei Marco Polo mit der Alchemie verglichenen Kunstfertigkeit, eine Währung aus Papier durchzusetzen, die selbst nichts koste, wie etwa in einer italienischen Version aus der zweiten Hälfte des 14. Jahrhunderts (Odorico da Pordenone, Relazione del viaggio in Oriente e in Cina, ed. Camera di Commercio [...] Pordenone 1982, 62; zit. bei Vogel, Marco Polo *Was* in China, 2013, 451f. unter Sigle O5).
39 So auch das Urteil des Rezensenten Albrecht Classen, vgl. Classen, Rez. zu: Gadrat-Ouerfelli, Lire Marco Polo au Moyen Age, 2016; s. außerdem etwa schon Schmieder, Art. Marco Polo, 2001, 356f.
40 Stuttgart, Württembergische Landesbibliothek, Hist. 4° 10, 15. Jahrhundert, Fassung P, fol. 4–124, Besitzvermerk auf fol. 153v zit. bei Gadrat-Ouerfelli, Lire Marco Polo au Moyen Age, 2015, 141, Anm. 158, zur Handschrift vgl. ebd., Annex I, 357–381, Nr. 110. Die Handschrift ist eine von zwei Manuskripten und drei Inkunabeln aus Heinrichs Eigentum, die heute noch bekannt sind; vgl. Heinzer, Heinrich von Württemberg und Eberhard im Bart, 2006, 151, 154; zur den Polo-Text tradierenden Handschrift mit

berg, kam vielleicht mit Polos Bericht in Berührung: Auf der für ihn äußerst bedeutsamen Pilgerreise ins Heilige Land begleitete ihn Anselm von Eyb, dessen Schilderung dieser gemeinsamen Reise zusammen mit Polos Werk in einer Handschrift seines Vaters überliefert ist.[41] Auch in der kurpfälzischen Nachbarschaft der Württemberger, mit der sie eng unter anderem über Eberhards Mutter Mechthild verschwägert waren, besaß man in der berühmten Bibliothek mindestens zwei Handschriften mit Polos Bericht.[42] In Mantua hat sich eine Polo-Handschrift des 15. Jahrhunderts erhalten, die einst dem dortigen Franziskanerkonvent gehörte und heute ediert vorliegt.[43] Auch in der Familie der Gonzaga war Polos Bericht bekannt: In der Büchersammlung des 1483

---

dichten eigenhändigen Glossen Heinrichs vgl. ebd., 156f. mit der Vermutung, Heinrich habe sie von seinem Pariser (Studien-)Aufenthalt in die Heimat mitgebracht.

Darüber hinaus hat sich in der Württembergischen Landesbibliothek unter der Signatur Inc.qt.9895 von Marco Polos Text auch ein Druckexemplar aus der Offizin von Gerard Leeu in Gouda (vermutlich entstanden zwischen 1483 und 1485) erhalten, das den Stempel der 1765 gegründeten ‚Königlichen Öffentlichen Bibliothek' trägt. Auf fol. 1° findet sich nachträglich geschwärzt der Besitzvermerk *Bernh. Rottendorff D*, zu dem jedoch keine biographische Information ermittelt werden konnte.

41 So hat sich eine Handschrift (Neustadt an der Aisch, Kirchenbibliothek 28, 15. Jahrhundert, deutsche Übersetzung nach TB) aus dem Besitz von Ludwig von Eyb dem Älteren (1417–1502) erhalten, einem Amtmann unter dem mit der Dynastie der Württemberger eng verbündeten Albrecht von Brandenburg. Ludwigs Sohn Anselm begleitete Graf Eberhard V. von Württemberg auf dessen Pilgerreise ins Heilige Land; Anselms Bericht über diese Wallfahrt ist im Codex seines Vaters mit dem Polo-Text ebenfalls aufgenommen. Vgl. Gadrat-Ouerfelli, Lire Marco Polo au Moyen Age, 2015, 48f. mit weiteren Beispielen, die für die deutsche Polo-Rezeption die enge Vernetzung nicht nur innerhalb des Adels, sondern auch zu den patrizischen Eliten Augsburg und Nürnbergs aufzeigt; zur Handschrift vgl. ebd., Annex I, 357–381, Nr. 71. Zu Eberhards Buchbesitz insgesamt, aus dem sich heute noch 30 Handschriften und Inkunabeln erhalten haben, mit weiterer Literatur vgl. Heinzer, Heinrich von Württemberg und Eberhard im Bart, 2006, 151, s. auch 158f. zu einem ‚Livre d'heures', das sich Eberhard von einem seiner anderen Begleiter auf der Heiliglandreise und zugleich seinem Landhofmeister in Württemberg anfertigen ließ.

42 Vatikan, Bibliotheca Apostolica Vaticana, Pal. Lat. 1359 (als Volldigitalisat der Universitätsbibliothek Heidelberg verfügbar unter PURL: https://digi.ub.uni-heidelberg.de/diglit/bav_pal_lat_1359, Stand: 10.03.2023), dreißiger Jahre des 15. Jahrhunderts, Fassung P; der Bucheinband von 1556 weist die Handschrift als Teil der Bibliothek Ottheinrichs von der Pfalz (1502–1559) aus, vgl. Schuba, Die Quadriviums-Handschriften der Codices Palatini Latini, 1992, 43, und Gadrat-Ouerfelli, Lire Marco Polo au Moyen Age, 2015, Annex I, 357–381, Nr. 119 sowie ebd. 58 mit konkreterer Datierung. Ebenfalls als Teil der berühmten *Bibliotheca Palatina* kam außerdem die geographische Sammelhandschrift Vatikan, Bibliotheca Apostolica Vaticana, Pal. Lat. 1358 (als Volldigitalisat der Universitätsbibliothek Heidelberg verfügbar unter PURL: https://digi.ub.uni-heidelberg.de/diglit/bav_pal_lat_1358, Stand: 10.03.2023) nach Rom, die Marco Polos Text in der Fassung P mit Ergänzungen aus LA enthält. Ein Vermerk datiert den Codex auf 1433 und nennt einen sonst weiter nicht identifizierbaren *Gherardus* als seinen Schreiber vgl. Schuba, Die Quadriviums-Handschriften der Codices Palatini Latini, 1992, 42f., und Gadrat-Ouerfelli, Lire Marco Polo au Moyen Age, 2015, Annex I, 357–381, Nr. 118.

43 Mantua, Biblioteca Comunale 488, 15. Jahrhundert, Version VA, zusammengebunden mit dem Text von Odorico von Pordenone, ed. [Marco Polo,] Una familia veneta del libro de Marco Polo, ed. Valentinetti Mendi 1992, 590–700; vgl. Gadrat-Ouerfelli, Lire Marco Polo au Moyen Age, 2015, 367f., Nr. 59.

verstorbenen Kardinals Francesco Gonzaga befanden sich ausweislich einer Inventarliste gleich zwei Exemplare auf Papier;[44] einer seiner jüngeren Brüder, der *condottiere* Gianfrancesco, hatte nach den Angaben seines Inventars von 1496 entweder eines dieser Bücher geerbt oder aber eine Handschrift anderweitig erworben.[45]

Die Überlieferungsgeschichte von Polos Text ist komplex; die vier schon weiter oben besprochenen Fassungen gehören – nimmt man den Erstdruck 1559 von Ramusios Übersetzung ins Italienische als Endpunkt – zu mindestens 30 zu differenzierenden Versionen, die jeweils durch ein bis maximal 60 Manuskripte und bis zu acht Druckauflagen repräsentiert sind, in insgesamt 14 Sprachen.[46] Die intensive Forschung der letzten Jahre dazu wird flankiert von neuen Editionen,[47] so dass inzwi-

---

44 In einer Inventarliste von Kardinal Francesco Gonzaga finden sich gleich zwei Einträge mit dem Hinweis *Marco Polo in papiro*, ed. Chambers, A Renaissance cardinal and his worldly goods, 1992, 174, Nr. 788 und 789. S. auch Gadrat-Ouerfelli, Lire Marco Polo au Moyen Age, 2015, 135.

45 Für eine Edition des 192 Bände umfassenden Inventars vgl. Chambers, A Condottiere and His Books, 2007, Appendix 85–97, für die Handschrift mit Marco Polos Text vgl. 92, Nr. 112. S. auch Gadrat-Ouerfelli, Lire Marco Polo au Moyen Age, 2015, 135. Zu den umfassenden Büchersammlungen einzelner Gonzaga wie auch einer familiären „bibliotheca principale" s. Canova, Le bibliothece dei Gonzaga, 2010.

Innerhalb des norditalienischen Hochadels stellten die Gonzaga hiermit keine Ausnahme dar. Gadrat-Ouerfelli, Lire Marco Polo au Moyen Age, 2015, 138f., widmet den „princes italiens" als eigener Gruppe der Polo-Rezipient*innen mit besonders dichter Überlieferung zu den Este in Ferrara ebenso wie zu den Visconti und Sforza in Mailand sogar ein eigenes Kapitel ihrer Studie. Neben dem Adel und Klerus, die in Textträgern aus beiden Fallstudien als Rezipientenkreis greifbar werden, waren selbstverständlich noch weitere Gruppen an Marco Polos Werk interessiert; Gadrat-Ouerfelli konturiert insbesondere den Kreis der Humanisten mit ihrer über sie hinausreichenden Vermittlerarbeit, aber auch die Gruppe der Kaufleute, aus deren Reihen sie gerade für die italienischen Fassungen viele Beispiele schildert. Als Beispiel sei nur Giovanni di Michele Baldini herausgegriffen, ein Florentiner *cartolaio*, nach dessen Tod man im Jahr 1426 ein Inventar seiner Habe anfertigte. Dort findet sich auch der Eintrag: *I Marco Polo in assi*. Vgl. De la Mare, The Shop of a Florentine „Cartolaio" in 1426, 1973, 248, Nr. 148.

46 Gadrat-Ouerfelli, Lire Marco Polo au Moyen Age, 2015, 15, spricht zwar von 25 Versionen in 13 Sprachen, hat jedoch hier die Drucke nicht mitberücksichtigt. Die oben genannten Zahlen richten sich daher nach ihrem Stemma der Versionen, s. ebd., 17, das hier erneut abgedruckt, dabei jedoch um weitere Druckauflagen und vor allem auch um eine weitere eigenständige Version – repräsentiert in einer in einem Straßburger Druck von 1534 überlieferten weiteren deutschen Übersetzung – ergänzt wird. Liste der Manuskripte nach Version in Annex II, 382–385; s. auch das in Details abweichende Stemma bei Reichert, Begegnungen mit China, 1992, 164, sowie bei [Marco Polo,] Una familia veneta del libro de Marco Polo, ed. Valentinetti Mendi 1992, 70.

47 Vgl. Gadrat-Ouerfelli, Lire Marco Polo au Moyen Age, 2015, Annex I, 357–381 zu den aktuellen modernen, im besten Fall kritischen Editionen in der Liste der von ihr konsultierten Handschriften, s. auch 453f.; für eine ausführliche kommentierte Bibliographie der Editionen und Übersetzungen insgesamt vgl. Vogel, Marco Polo *Was* in China, 2013, 547–554, die wiederum maßgeblich auf den Publikationen des italienischen Polo-Forschers Alvaro Barbieri fußt; vgl. vor allem Barbieri, Quale *Milione*?, 2004. Leider liegt eine größere Zahl von als Qualifikationsschriften in Italien seit den 1990er Jahren entstandenen Editionen einzelner Handschriften nicht im Druck veröffentlicht vor, vgl. dazu unten mehr in Anm. 56.

schen für eine große Zahl von Fassungen bzw. von einzelnen Überlieferungsträgern eine – wenn auch qualitativ heterogene – Textgrundlage zur Verfügung steht.

Für die folgenden Überlegungen wurden Editionen und zeitgenössische Drucke in insgesamt 13 Sprachen von 21 der im Stemma berücksichtigten Versionen ausgewertet.[48] Der Fokus ist damit weiter als die in dieser Arbeit spezifisch in den Blick genommenen Regionen. Gadrat-Ouerfelli hat jedoch in ihrer Monographie bereits betont, dass ein Schwerpunkt der Überlieferung natürlich in Italien und dort vor allem in Mittel- und Norditalien zu suchen sei; zugleich hat sie im späteren 15. Jahrhundert auch im deutschen Süden eine intensive Marco-Polo-Rezeption erweisen können. Eine statistische Erfassung der von ihr zu den Handschriften geführten Provenienzen bestätigt diese Einschätzung: Aus Italien stammt wohl mehr als ein Drittel der erhaltenen Handschriften. Aus dem deutschsprachigen Raum sind etwas mehr als ein Zehntel der Handschriften überliefert, das heißt ihre Zahl ist fast gleichauf mit der Menge der in der Forschung deutlich prominenteren französischen Manuskripte.[49] Nicht zu vergessen ist außerdem die Breitenwirkung der bislang nur unzulänglich erforschten Drucke, wie hier zumindest an den Druckorten gezeigt werden soll: Bis zu Ramusios Ausgabe von 1558 finden sich für den süddeutschen Raum gleich vier frühe Druckorte, Nürnberg 1477 und Augsburg 1481 mit den frühesten Druckausgaben überhaupt, außerdem Basel 1532, 1537 und 1555 und Straßburg 1534.[50] Für Norditalien ist neben einer Auflage aus Brescia 1500 vor allem Polos Heimatstadt Venedig zu nennen, in der man vor Ramusio bereits in den Jahren 1496, 1508, 1533 sowie 1555 Druckauflagen des Werks erlebte.[51]

---

[48] Die neun nicht zugänglichen Fassungen repräsentieren 27 der 142 Handschriften; Drucke sind zu ihnen nicht bekannt. Im Fall der französischen Version F wurden Editionen zweier verschiedener Überlieferungsträger berücksichtigt.

[49] Diese Zahlen beruhen auf einer Auswertung der bei Gadrat-Ouerfelli, Lire Marco Polo au Moyen Age, 2015, Annex I, 357–381, gelisteten Manuskripte. Sie ergibt neben 21 Handschriften ohne Angabe der Provenienz (knapp 15 Prozent) 51 Handschriften aus Italien (36 Prozent), 19 bzw. 20 Handschriften aus Frankreich (etwa 14 Prozent), 18 Handschriften aus den Gebieten des heutigen Großbritannien (über 12 Prozent), 17 Handschriften aus dem deutschsprachigen Raum (12 Prozent), 7 oder 8 Handschriften aus Flandern (etwa 5 Prozent) sowie 7 Handschriften aus dem Gebiet des heutigen Polen und Tschechien (knapp 5 Prozent). Von den 51 italienischen Handschriften stammen 16 bzw. 17 Handschriften aus dem 14. Jahrhundert (etwa 33 Prozent), 30 oder 31 aus dem 15. Jahrhundert (etwa 59 Prozent) und vier Handschriften sicher aus dem 16. Jahrhundert (etwa 8 Prozent). Die Handschriften aus den deutschen Gebieten stammen ausnahmslos aus dem 15. Jahrhundert.

[50] Vgl. oben Anm. 8 und bes. Ertzdorff, Gedruckte Reiseberichte über China in Deutschland, 1992. S. außerdem ebd. 428 sowie die Einleitung von Marco Polo, Il Milione, hg. von Benedetto 1928, CXLIX und CLII: Auch Ramusios Text inspirierte Übersetzungen ins Deutsche, so die in einer Handschrift überlieferte Arbeit des Symon Schwartz, Stadtschreiber zu Straubing, für Herzog Wilhelm von Bayern 1582 sowie die Fassung von Hieronymus Megiser aus dem Jahr 1591 (gedruckt wohl erst 1611, vgl. VD17 3:301665C) anführt.

[51] Vgl. oben Anm. 8 und die Beschreibung der aus der Stadt Venedig sowie Venetien stammenden Drucke bei [Marco Polo,] Una familia veneta del libro de Marco Polo, ed. Valentinetti Mendi 1992,

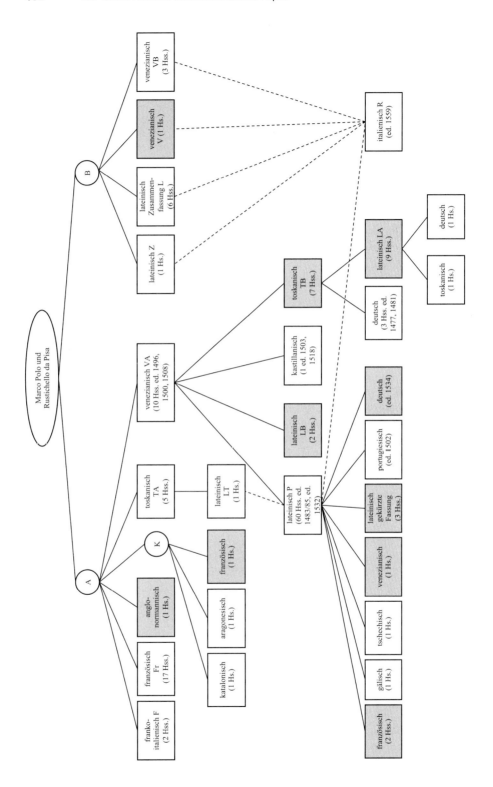

Graphik B.6.1 (gegenüber): Marco Polos Reisebericht in seiner Überlieferung bis zu Giovanni Battista Ramusios Übersetzung ins Italienische 1559.[52]

Auch die Zahl der von Gadrat-Ouerfelli differenzierten Fassungen in den im mittel- und norditalienischen sowie im deutschen Sprachraum gesprochenen Varietäten zeigt schließlich die Dichte der Überlieferung für diese beiden räumlichen Schwerpunkte: Für Italien lassen sich neben Ramusios an ein gemeinitalienisches Publikum gerichteten Druck von 1559 eine Fassung in franko-italienischer, drei in toskanischer und vier in venezianischer Mundart nachweisen.[53] Für die Gebiete nördlich der Alpen finden sich bei Gadrat-Ouerfelli immerhin zwei distinkte deutsche Übersetzungen, die zwar nur in vier Handschriften, dafür aber auch in den beiden oben genannten Druckauflagen 1477 und 1481 überliefert sind.[54] Zu ergänzen ist eine weitere Übersetzung, die der Straßburger Arzt Michael Herr nach dem Basler Druck von 1532 mit Pipinos lateinischer Fassung anfertigte und 1534 in seiner Heimatstadt drucken ließ.[55]

74–85. Auch nach Ramusio bricht die Drucktradition nicht ab, s. ebd., 80–85 die Besprechung weiterer in Venedig bzw. im venezianischen Treviso entstandenen Auflagen aus den Jahren 1590, 1597, 1602, 1626, 1640, 1655 und 1672.

52 Die Graphik fußt auf dem Stemma der Versionen bei Gadrat-Ouerfelli, Lire Marco Polo au Moyen Age, 2015, 17, erweitert dessen Angaben jedoch um die Drucke bis 1559, s. dazu oben Anm. 8. Grau markiert sind diejenigen Versionen, die in Ermangelung einer (greifbaren) Edition für die vorliegende Studie nicht eingesehen werden konnten (Hs./Hss. = Handschrift/Handschriften; ed. = Druckauflage), s. dazu näher die folgende Anm.

53 Für die Zahl der pro Version erhaltenen Überlieferungsträger vgl. Stemma in Graphik B.6.1. Zur Sprache Ramusios vgl. Romanini, „Se fussero più ordinate, e meglio scritte ...", 2007, 258–284, bes. das Fazit auf 283f.

54 Für die Zahl der pro Version erhaltenen Überlieferungsträger vgl. Stemma in Graphik B.6.1.

55 [Marco Polo], Drey Buecher von den Morgenlendern Marx Paul von Venedig, 1534; vgl. Ertzdorff, Gedruckte Reiseberichte über China in Deutschland, 1992, 426f.

Auch für die Verbreitung der lateinischen Versionen ist zum Teil aufbauend auf Gadrat-Ouerfelli eine räumliche Konzentration auf Gebiete südlich und nördlich des Alpenkamms festzustellen. Aufgrund der Handschriftenprovenienzen lassen sich etwa die Fassungen Z und L nach Venedig, die Fassung LA und eine gekürzte lateinische Fassung nach P mit den Koordinaten Melk – Würzburg – Tegernsee nach Süddeutschland verweisen. Ein weiteres Indiz für eine räumliche Zuordnung lässt sich durch die Vorlagen gewinnen: So sind die lateinischen Fassungen LB, LT und LA alle auf der Basis von Vorlagen in toskanischer oder venezianischer Sprache entstanden. Die Fassung LA ist ein eindrückliches Beispiel für den Transfer zwischen Italien und den deutschen Gebieten: Sie gilt als Übersetzung auf der Basis einer toskanischen Vorlage, die ihr zugeordneten neun Handschriften sind fast alle deutscher Herkunft und sie wurde sowohl ins Toskanische zurück als auch ins Deutsche weiter übersetzt; vgl. dazu Gadrat-Ouerfelli, Lire Marco Polo au Moyen Age, 2015, 50–62.

Kasten B.6.2: Auszüge aus Marco Polos ‚Papiergeldkapitel' zur Materialität der Geldscheine in 21 Fassungen sowie zum Teil in verschiedenen Überlieferungsträgern.[56]

Franko-italienische Version F (insgesamt 2 Handschriften bekannt) nach der einzigen vollständigen Handschrift Bibliothèque Nationale de France, fr. 1116 (14. Jahrhundert., vermutlich Italien)[57]

im Kapitel *XCV [1] Coment le Grant Kaan fait despendre chartre por Monoie.*

[2] Il est voir que en ceste ville de Canbalu est la secque dou Grant Sire et est establi en tel mainere qe l'en poet bien dir que le Grant [Sire] ait l'arquimie parfetement, et le voç mostrerai orendroit.

[3] Or sachiés qu'il fait faire une tel monoie cum je voç [dirai]. Il fait prendre escorses d'arbres, ce est des morieres que les vermes que font la soie menuient lor frondes, e les bouces soutil qui est entre l'escorses et les fust de l'albre; et de celes sotil buces fait fer chartre come celle de papir; et sunt toutes noires. [4] Et quant ceste chartre sunt faites, il le fait tri[n]chier en tel mainer: car il en fait une petite que vaut une merule de tornesel petit [...] et ensi vait jusque en .x. beçant. [5] Et toutes cestes chartre sunt seellés dou seel dou Grant Sire. Et en fait faire si grant quantité que tuit le treçor dou monde en paieroit. [...]

[15] Et encore voç di une autre couse qe bien fait a dire: cr, quant l'en a tenue ceste carte tant qu'ele s'en ronpent et qe se gastent, et il le porte a la secque et il sunt cangiés as noves et fresches, si voirement qu'il en lase trois por .c. [...]

[17] Or voç ai contés la mainere et la raison por coi le Grant Sire doit avoir, et ha, plus tresor que nuls homes de ceste monde. Et si voç dirai une greingnor chouse: qe tuit les seingnor del siecle ne ont si grant richese come le Grant Sire a solemant.

Französische Version Fr (auch als FG bezeichnet; insgesamt 17 Handschriften bekannt)[58] nach:

– Leithandschrift London, British Library, Royal 19 D 1 (um 1330 bis 1340, Sigle B1) unter Berücksichtigung weiterer Überlieferungsträger (s. Anmerkungsapparat):[59]

---

56 Die Einteilung nach Versionen folgt der Ordnung sowie Reihenfolge bei Gadrat-Ouerfelli, Lire Marco Polo au Moyen Age, 2015, 17 und Annex II, 382–385, ist jedoch um frühe Drucke erweitert; zur Orientierung s. das Stemma auf der vorhergehenden Seite. Die in den Editionen verwendeten diakritischen Zeichen und die Interpunktion wurden behutsam vereinheitlicht bzw. normalisiert. Nicht eingesehen werden konnten die aktuell einzigen Editionen der toskanischen Version TB nach VA, die 1984 in einer nicht publizierten Dissertation mit dem Titel „La redazione TB poliana" von Eleonora Amatucci vorgelegt wurde, sowie der venezianischen Version V, die 2009 in einer ebenfalls nicht publizierten Dissertation mit dem Titel „Il Milione secondo il manoscritto Hamilton 424 della Staatsbibliothek di Berlin" von Samuela Simion an der Università Ca' Foscari in Venedig eingereicht wurde.
57 Ed. [Marco Polo,] Il Manoscritto della Bibliothèque Nationale de France Fr. 1116, Bd. I, hg. von Eusebi 2010, hier 99f; s. auch die älteren Editionen dieser Handschrift mit Abweichungen in Orthographie und Zeichensetzung: Roux, Recueil de voyages et de mémoires, 1824, hier 107–109; Marco Polo, Il Milione, hg. von Benedetto 1928, hier 91–93, sowie Marco Polo, Milione, hg. von Ronchi 1982, 439–441. Vgl. Gadrat-Ouerfelli, Lire Marco Polo au Moyen Age, 2015, Annex I, 357–381, hier Nr. 80, s. auch Annex II, 382–385, mit Liste der Handschriften nach Versionen, sowie das Kapitel zu F auf 20f.
58 Vgl. Gadrat-Ouerfelli, Lire Marco Polo au Moyen Age, 2015, Annex I, 357–381, hier Nr. 108, sowie Annex II, 382–385, mit Liste der Handschriften nach Versionen, sowie das Kapitel zur Version Fr auf 21–24.
59 Ed. Marco Polo, Le Devisement du Monde, Bd. 3, hg. von Ménard et al. 2004, 96–98.

im Kapitel *Ci dit li .IIII.ˣˣ et .XV. chapitre comment le Grant Caan fait prendre pour monnoie escorches d'arbres qui sont communement par tout son païs.*

Il est voir que en ceste cité de Cambaluc est la seique du Grant Sire et est establie en telle maniere que l'en puet bien dire que le Grant Sire ait l'a[r]quenne¹ parfaitement [et est par bonne]² raison comment il fait faire unne telle monnoie, comme je vous diray. Car il fait prendre escorches d'arbres, c'est assavoir de morier dont les vers qui font la soie mengueent les fueilles, car il en y a tant que les contrees en sont toutes chargiees et plainnes des arbres dessus dis. Et prennent une escorce soutille, qui est entre le fust de l'arbre et la grosse escorce qui est dehors et est blanche, et de ces escorches soutilz comme paupier les font toutes noires.

Et quant ces chartres sont faites, ci les font trenchier en tel maniere: la mendre vault demi tonsel [...] Et ainsi vont juques a .X. besans d'or, et toutes ces chartres sont seellees du seel leur seigneur. Et si en fait faire chascun an grant quantité qui rienz ne li coustent, qui paieroient tout le trezor du monde. [...]

[...] Et encore qu'il sont si legieres que ce qui vault .X. besans d'or ne [poise]³ pas un. [...] Et le Seignor les fait paier bien et largement de ses chartres, et il les prennent moult volentiers pour ce qu'il sceivent moult bien que il n'en avroient pas tant de nullui, et l'autre por ce que il sont paié maintenant, et pour ce aussi que il en treuvent a acheter tout ce que mestier leur est, et la et par tout.

Et s'est plus legiere a porter que nul autre par chemin, si que le Seigneur en a achaté tant chascun an que ce est sans fin et les paie de chose qui rienz ne li couste, si comme vous avez entendu. [...] Et quant aucunes de ses chartres sont gastees, qu'elles sont moult durables, si les couvient porter a la seique et prendre nueves. [...]

¹ B1: *l'aquenne*; korrigiert nach B3: Bern, Burgerbibliothek 125 (erste Hälfte des 15. Jahrhunderts), B4: Paris, Bibliothèque nationale, fr. 5649 (um 1460); B5: Genf, Bibliothèque publique et universitaire, fr. 154 (letztes Drittel des 15. Jahrhunderts).
² Fehlt in B1; korrigiert nach D: Brüssel, Bibliothèque royale 9309 (Ende des 14. Jahrhunderts), sowie der Gruppe TA (s. unten).
³ B1: *vault*; *poise* korrigiert nach A1: Paris, Bibliothèque nationale, fr. 5631 (zweite Hälfte des 14. Jahrhunderts), A2: ebd., fr. 2810 (Anfang des 15. Jahrhunderts), A3: Paris, Bibliothèque de l'Arsenal 3511 (um 1500), B3, B4, B5 (s. unter Anm. 1), C: Stockholm, Kungliga Biblioteket, Holm. M 304 (14. Jahrhundert), sowie der franko-italienischen Version F (s. oben).

– Handschrift Stockholm, Kungliga Biblioteket, Holm. M 304 (14. Jahrhundert, Ostfrankreich, Sigle C1):[60]

im Kapitel 95 · *De la monoie de cambaluc* ·

[J]l est uoirs que en ceste cite de cambaluc fait faire li g[ra]nz sires sa menoie en la meníère q[ue] ie uos dirai · Jl fait prendre escorce de mouriers · don li uer quí font la soie maínguent les fuilles [et] y a tant de ces arbres q[ue] toutes les co[n]trees en sont chargies [et] plaí[n]nes · [et] prendent vne escorde delíe quí est entre le fust de larbre [et] lescorce grosse de hors · [et] est bla[n]che [et] delíe come papier si la font noire · Et quant les chartres sont faites si les font tranchier en tele ménière la menour uaut demí tornois [...] [et] lautre x besant dor. Et toutes ces chartres sont soignies [et] enpai[n]tes du no[n] au g[ra]nt seignor · Et ensi fait faire de ceste menoie chescu[n] an si grant cantitey q[ue] riens ou poi li couste quil en paierot · i · m[ou]t tres grant tresor · [...] [et] encore les amment m[ou]li m[er]cheant [et] li estrange por ce q[ue] ele est legiere ap[or]t[er] · car li ualue de · x · besanz ne poise míe · i · besant · [...]

---

60 Ed. in Overbeck, *Literarische Skripta in Ostfrankreich*, 2003, hier 324f.

Et q[ua]nt aucune de ces chartrates est ronpue ou quessee quele quale soit · si la porte on ala moi[n] e [et] en a on pour · C · moi[n]s · iij · [et] done on nueues · [...] Or uos ai conte la meniére [et] la raison por quoi li g[ra]nz kaans ai plus de tresor q[ue] tuít cil du monde no[n]t · Et cest legiere chose acroire [et] a entendre a ces q[ui] sont sougit au dit g[ra]nt seignour [et] ausi fort est il a entendre as ignorans [et] dur a croire · quì non estey [et] ueu les diu[er]ses choses du monde [...]

Katalanische Version der Gruppe K (mit einem gekürzten Text), die nur in einer Handschrift (Florenz, Biblioteca Riccardiana 2048, 14. Jahrhundert) bekannt ist:[61]

im Kapitel *[XXXI]*:

En aquesta nobla ciutat és la ceca del seyor, hon se fa la sua moneda, la cal moneda és molt straya e de gran profit el seyor, del mayor que ésser pusca, car elha se fa d'escorxa de morer, ço és, de la scorxa primera qui és dedins l'escorxa grossa. E fa-sse'n moneda menuda, axí co I florí, e de gran, qui val x basans I. E cascuna à la bulla del seyor, e nos gosa rebuyà sens pena de morir [...] E con és vela, porta-la hom a la secha, e dar-vos-en an de nova, paguant IIII per C d'aventaya. [...].

Aragonesische Version der Gruppe K (mit einem gekürzten Text), die nur in einer Handschrift (San Lorenzo de El Escorial, Real monasterio, Z.I.2, 14. Jahrhundert, Frankreich) bekannt ist:[62]

Unter Kapitel *[XVIII.] De la Ciudad de Guambalech*:

[...] En aquesta çiudat se faze la moneda del senyor, la qual es muyt estranya et de grant prouecho al senyor, car fazen la de la scorça prima del moral. Et fazen la de la grandeza de vn florin et vale vno x besantes, en la qual meten la bulla del senyor, et no la osan refusar dius pena de morir; et despiende se por todas sus prouinçias, assì que aquesta moneda es assi corrible como si fuesse de fino oro. Et es quadrata et muyt liugera; et quando es viella, lieua la hombre a la secha do se faze et dan ge la nueua, pagando iiii por çentenar. Empero los trehudos et seruiçios que pagan al senyor son de oro, de argent, et de piedras preçiosas, por que no es marauilla si aquesti senyor ha grant trasoro.

Toskanische Version TA (insgesamt fünf Handschriften bekannt) nach:

– Leithandschrift Florenz, Biblioteca Nazionale Centrale, II.IV.136 (14. Jahrhundert, vermutlich Italien):[63]

Im Kapitel 95: *De la moneta del Grande Ka[ne].*

Egli è vero che in questa città di Canbalu è · lla tavola del Grande Sire; e è ordinato in tal maniera che l'uomo puote ben dire che 'l Grande Sire àe l'archimia perfettamente; e mosterovilo incontanente.

---

61 Ed. [Marco Polo,] Viatges de Marco Polo, hg. von Gallina 1958, hier 29, 57. Vgl. Gadrat-Ouerfelli, Lire Marco Polo au Moyen Age, 2015, Annex I, 357–381, hier Nr. 36.

62 Ed. Juan Fernández de Heredia's Aragonese Version of the Libro de Marco Polo, hg. von Nitti 1980, hier 23f.; s. auch mit orthographischen Abweichungen und geringen Auslassungen die ältere Edition von [Marco Polo,] El libro de Marco Polo, hg. von Stuebe 1902, hier 33. Vgl. Gadrat-Ouerfelli, Lire Marco Polo au Moyen Age, 2015, Annex I, 357–381, hier Nr. 36.

63 Ed. Marco Polo, Milione, hg. von Bertolucci Pizzorosso 1982, hier 151–153; darauf basierend Marco Polo, Milione, hg. von Ronchi 1982, 126–128. Vgl. Gadrat-Ouerfelli, Lire Marco Polo au Moyen Age, 2015, Annex I, 357–381, hier Nr. 29, sowie Annex II, 382–385, mit Liste der Handschriften nach Versionen, sowie das Kapitel zur Version TA auf 29–31.

Or sappiate ch'egli fa fare una cotal moneta com'io vi dirò. Egli fa prendere scorza d'un àlbore ch'à nome gelso – èe l'àlbore le cui foglie mangiano li vermi che fanno la seta –, e cogliono la buccia sottile che è tra la buccia grossa e · legno dentro, e di quella buccia fa fare carte come di bambagina; e sono tutte nere. Quando queste carte sono fatte così, egli ne fa de le piccole, che vagliono una medaglia di tornesegli picculi, [...] e cosi va infino .x. bisanti. E tutte queste carte sono sugellate del sugello del Grande Sire, e ànne fatte fare tante che tutto 'l tesoro [del mondo] n'appagherebbe. [...] E sì vi dico che la carta che ssi mette [per] diece bisanti, no ne pesa uno; e sì vi dico che più volte li mercatanti la cambiano questa moneta a perle e ad oro e a altre cose care. [...]

E quando ad alcuno si rompe e guastasi alcuna di queste carte e vae a la tavola del Grande Sire, incontanente gliele cambia e [ègli] data bella e nuova, ma · ssì gliene lascia .iij. per .c. [...] E questo è la ragione perché 'l Grande Sire dé avere più oro e più ariento che niuno signore del mondo; e sì vi dico che tra tutti li signori del mondo non ànno tanta ricchezza com'à 'l Grande Kane solo. [...]

Lateinische Version LT, die nur in einer Handschrift (Paris, Bibliothèque Nationale de France, lat. 3195, 14. Jahrhundert, Italien oder Südfrankreich) bekannt ist:[64]

Unter dem *Caput XXII. De moneta magni Kaan et inestimabili copia divitiarum ejus.*

Verum est autem quod in ista civitate de Cambalu moneta est ordinata per talem modum, quia ipse facit fieri talem monetam, quia ipse facit accipi corticem cujusdam arboris qui vocatur gelsus, cujus folia comedunt vermes qui faciunt siricum, et accipiunt corticem subtilem qui est inter corticem et lignum interius, et de isto cortice facit fieri cartas sicut de bambace, et sunt omnes nigrae. Quando autem istae cartae sunt sic factae, facit ipse eas incidi per partes, ita quod una pars valeat unam medaliam de torneselis parvis [...] et sic vadit usque ad decem bizantos. Et omnes istae cartae sunt signatae signo magni Kaan, et facit fieri tot quod omnes thesauros de mundo emeret. [...] Et dico vobis quod carta quae datur pro decem bizantis non ponderat unum [...] Et multotiens mercatores portant ad magnum Kaan id quod valet quadragintos bizantos; et magnus Kaan facit totum solvi de illis cartis, et mercatores accipiunt libenter [...]; et si alicui frangitur aliqua de istis cartis et ipse vadat ad tabulam magni Kaan, statim cambiatur sibi et datur sibi, sed dimittit tres pro centenario; et si aliquis vult facere vasa de argento et auro aut cinturas et ipse vadat ad tabulam magni Kaan et det de istis cartis, habet de argento et auro magni Kaan quantum vult pro istis cartis, secundum quod expenduntur; et ista est ratio quare magnus Kaan debet habere plus de auro et argento quam aliquis dominus de mundo, et omnes domini de mundo non habent tantum thesarum quantum habet magnus Kaan.

Venezianische Version VA (in zehn Handschriften bekannt):

– Leithandschrift Padua, Biblioteca Civica, CM 211 (1445, vermutlich Italien):[65]

Unter dem *Capitolo LXXVIII Della moneda del Gran Chan.*

El Gran Signior fa far moneda a questo muodo: el fa tuor la schorza sotil del more[r], quella ch'è dentro la scorza grosa e llo legno, et de quella fa far charte a muodo de quelle de papiro; et deventano tute negre, e poi le far taiar al muodo de' denari: alchuno è pizolo a muodo d'uno tornexe pizolo [...]

---

[64] Ed. in Roux, Recueil de voyages et de mémoires, 1824, hier 384f. Vgl. Gadrat-Ouerfelli, Lire Marco Polo au Moyen Age, 2015, Annex I, 357–381, hier Nr. 86, s. auch das Kapitel zu LT auf 31–35.

[65] Ed. Marco Polo, Il „Milione" veneto, hg. von Barbiere/Andreose 1999, hier 185. In der fragmentarisch erhaltenen Handschrift Rom, Biblioteca Casanatense 3999 (ed. [Marco Polo] Un nuovo testo veneto del Milione di Marco Polo, hg. von Pelaez 1906) fehlt das ‚Papiergeldkapitel'. Vgl. Gadrat-Ouerfelli, Lire Marco Polo au Moyen Age, 2015, Annex I, 357–381, hier Nr. 77.

e chusí montano fina a diexe bexanti d'oro; e zaschuno de questi denari è stanpito chon el signiale e chon la stanpa del re. [...] E sì ne fa in sì grandisima quantità ch'el se porave chonprar tuto el texoro del mondo. [...] E in questo podé veder ch'el pò aver el mior texoro che omo che sia al mondo, e non li costa niente, unde el pò ben far le spexe meravegioxe, e zaschaduno chonvien conprar quelle monede da llui.

– Handschrift Lucca, Biblioteca Statale, 1296 (datiert 1465, Venedig):[66]

Capitolo .LX. De la moneta che se usa su tuto lo suo paese.

Il Gran Chane fa far moneta in questo modo: el fa tuor la scorza sotile de' morari mezana, fra la scorza grossa e 'l legno: e de questa scroza [sic] fa far denari pizoli, mezani e grandi [...] E cusi va montando fina dieze bisanti.

Queste monete sono signate del signo del signor e spendese per tuto lo suo paese [...] E in questo si può cognoser che a la camerlengaria del Gran Chane capita la mazor parte d'oro, arzento, pietre preciose e perle del mondo comprate per moneta da nulla, del qual oro, arzento, pietre preciose e perle pochissimo ne esse dal suo paisse. E d[e] questa forma quel Gran Chane è lo più richo signor del mondo.

– Handschrift Sevilla, Biblioteca Capitular y Colombina, 7.5.8 (datiert 1493, Sizilien):[67]

Capitulo 59. Di la monita che usa tuctu lu so paisi.

Elo Gran Cane fa fare monite in questo modo: fa togliere la scorza subtile di morarj mezano, infra la scorza grossa et lo ligno: e de queste tale scorza fa fare dinare picolj, mezanji e grandi, [...] e cossi va montando fina .x. bissante.

Queste monite sono signate de lo signo de lo signur j e spendesse per tucto lo suo paise e per tucte le provincie subiecte a la sua signoria [...] Et in questo si po cognoscerj che a la tesauria de lo Gran Cane capita la maiore parte de l'oro e argento, pietre preciose e pernj [sic] comparate per monita de nulla, de lo quale oro, argento, pietre preciose e perne pochissima denexi de lo suo payse. E in questa forma quello Gran Cane he lu p[i]u riccu de lo mundo.

– Handschrift Mantua, Biblioteca Comunale 488 (15. Jahrhundert, Mantua):[68]

De le monete qual se usano in quel[e] contrate XXXJ c[apitol]o

La moneta qual se usa in quele parte se fabrica in questa forma. El se tuole le scuorce subtile de' moraj, le quale sono fra la scorca grosa de fuorj et el ligno. Questa se fa subtile e tingese negra e tondase como dinarij, altri picoli et altri grandj e altri val meza onza, altri val un uncia [...] fina dece besante, i quali dinari sono sculpiti del sigillo del signore Gran Cane, par modo che non se pono contrafare. [...]

---

66 Ed. [Marco Polo,] Una familia veneta del libro de Marco Polo, ed. Valentinetti Mendi 1992, 130–588 (obere Seitenhälfte), hier 313f. Vgl. Gadrat-Ouerfelli, Lire Marco Polo au Moyen Age, 2015, Annex I, 357–381, hier Nr. 57.
67 Ed. [Marco Polo,] Una familia veneta del libro de Marco Polo, ed. Valentinetti Mendi 1992, 130–588 (untere Seitenhälfte), hier 313f. Vgl. Gadrat-Ouerfelli, Lire Marco Polo au Moyen Age, 2015, Annex I, 357–381, hier Nr. 105.
68 Ed. [Marco Polo,] Una familia veneta del libro de Marco Polo, ed. Valentinetti Mendi 1992, 589–700, hier 656f. Vgl. Gadrat-Ouerfelli, Lire Marco Polo au Moyen Age, 2015, Annex I, 357–381, hier Nr. 59.

tuti i merchadanti d'ognj parte portano le sue pietre preciose, le sue perle, el suo oro e argento e altre notabilissime merchadantie qual hanno a la sua corte. Et loro per obedientia e per spacamento portano tuti volunterj, perché spaceno ogni cossa e benché siano pagati de quella moneta de scorce, quele monete commutano in spetie e altri merchadantie quali fano per li suoj paiessi cum suo gran guadagno. Et a questo se pol comprendere se quel signore e i soj hanno grande tessuro, perche spessa fa far questo bando.

– Druck des Johannes Baptista Sessa, Venedig 1496 (GW M34800):[69]

C[apitolo] LXXI

Lo Gran Chan fa far moneda per lo modo ch'io ve dirò. Ello fa tuor la scorza de li moreri, cioè la sotile, la qual è intro la scroza [sic] grossa e lo legno; e de questa scorza se ne fa charta sotile e negra, e puo vien talada a modo de dinari: altri picoli, altri grandi, altri val meza onza, altri una onza […] e cosi monta fina a x. bisanti. […]

Lo signor e troppo ben obedido e fali pagare de la soa moneda, e tutti la tuole voluntiera. E a questo posseti cognoscer lo gran thesoro de questo signor, imperciò che la moneda non ge costa niente.

Kastilische Version nach VA, übersetzt von Rodrigo Fernández de Santaella, im Druck von Stanislas Polono und Jacob Cromberger, Sevilla 1503, hier nach dem Nachdruck von Juan Varela, Salamanca 1518:[70]

Unter *Capitulo .lix. De la moneda que en toda aquella tierra se usa*

El Gran Can faze fazer moneda en esta manera. Faze cortar la corteza delgada del moral qu'está entre la corteza gruessa y el madero, e d'ésta faze fazer dinero menudo e mediano e grande, que valen algunos mediaonça, algunos una, e algunos .x. gruesos […] e assí van subiendo fasta .x. bisantos de oro. Esta moneda está signada de la señal del señor e vale en toda su tierra […] donde se puede ver como en su tesoro se encierra todo el oro e plata e piedras preciosas e perlas, e todo comprado por moneda vil e de ningún valor. E de oro, plata e piedras preciosas e perlas muy poco sale de su tierra, y en esta forma aquel Gran Can es el más rico del mundo.

Deutsche Version nach TB übersetzt, bekannt in insgesamt drei Handschriften und zwei Druckauflagen: Friedrich Creussner, Nürnberg 1477 (GW M34804), und Anton Sorg, Augsburg 1481 (GW 12843)), hier nach dem Erstdruck von 1477:[71]

Das Kapitel über die Herstellung der Geldscheine in der Münze des Großkhans fehlt, auch wenn ihr Gebrauch in zwei anderen Kapiteln Erwähnung findet.

Toskanische Übersetzung der Fassung LA, nur in der Handschrift Florenz, Biblioteca Riccardiana, ms. 1910 (15. Jahrhundert, Florenz), fol. 1r–37r, bekannt:[72]

---

[69] Ed. [Marco Polo,] Una familia veneta del libro de Marco Polo, ed. Valentinetti Mendi 1992, 701–816, hier 768.
[70] Ed. [Marco Polo,] El libro de Marco Polo, hg. von Gil 1987, 169–286, hier 228.
[71] [Marco Polo], Hie hebt sich an das puch des edeln[n] Ritters vn[n] landtfarers Marcho Polo, 1477 (GW M34804), Erwähnung der *muencz […] von karten* auf fol. 41r und 43r (Foliierung von moderner Hand mit Bleistift nachgetragen).
[72] Ed. Iddio ci dia buon viaggio e guadagno, hg. von Formisano 2006, hier 73. Vgl. Gadrat-Ouerfelli, Lire Marco Polo au Moyen Age, 2015, Annex I, 357–381, hier Nr. 34, s. auch das entsprechende Kapitel auf 58f.

[...] Il Gran Caam fa batere la moneta solamente in Ganbalu, la quale si fa di carte fate di scorza d'interiora di moro i modo di papelo, la quale è circuncisa in forma di danari e scolpita in essa la 'nsegna del signore. [...] Le monete basse sono diverse, [...]

Deutsche Übersetzung der Fassung LA, nur in der Handschrift Admont, Stiftsbibliothek 504 (15. Jahrhundert, Österreich) bekannt:[73]

Unter Kapitel *XL Von der muncze des grozen chaam.*

Der groze chaam der hot eyne muncze alleyne in Cambalii, unde dy pfenninge dy macht man von permynte, das ist geslissin von der nidirstin borkin eynis mulbomis, das ist sam eyn papyr, das ryst man noch der formen eynis pfenningis, dor in slet her eyn gebreche sinis ingesigils; den pfennig gipt man umme war, do tar nymant widir sprechin. [...]

Unter Kapitel *LXIX Von der edilkeit und groze der stat Quinsay di do ist eyn houbt der provincien Mangy.*

[...] Si koufin und vorkoufin mit der muncze gemacht von bryvelin von dem gebote des grozen chaam. di muncze macht man also: man nymt di mittilste barke eynes mulboumys unde legit di czu samen und macht dor us, sam man tut mit uns, das papir, do von man macht buchir, alse man tut unse papir; di buchir ryst man noch eyner formen eynis pfennygis, dor yn slet man das gebreche und czeychin des grozen chaam. di muncze ist geneme von alle dem das man koufin und vorkoufin wil.

Lateinische Version P, benannt nach ihrem Übersetzer, dem Dominikaner Francesco Pipino da Bologna, mit 60 handschriftlichen Textzeugen und sieben Druckauflagen die am weitesten verbreitete Fassung von Polos Bericht, nach:

– Leithandschrift Neapel, Biblioteca Nazionale, Vindob. Lat. 50 (15. Jahrhundert, Neapel):[74]

Im Kapitel *De moneta magni Kaam et de inextimabili copia diuiciarum eius, Capitlum* [sic] *xxi.*

Moneta regalis magni Kaam hoc modo fit: de tribus corticibus arboris mori accipiunt cortices medianos, qui conficiuntur et consolidantur ut folia de papiro, deinde per particulas magnas et paruas ad denariorum similitudinem inciduntur atque regali signo cuduntur et imprimuntur eis signa uaria, iuxta que huiusmodi pecunia ualitura est Valet autem paruus denarius ad ualorem uel precium paruuli turonensis [...] De hac igitur pecunia facit fieri rex in copia maxima in Ciuitate Cambalu [...]. Sepissime vero negociatores de diuersis regionibus venientes Cambalu deferunt aurum et argentum, margaritas et lapides preciosos, que omnia rex per suos officiales emi facit et de moneta sua solucio fit. [...] Immensem igitur pecuniam pro nichilo habet et in hunc modum manifeste apparet, quod magnus Kaam in expensis diuiciis et thesauris uniuersos mundi principes superare potest. [...]

---

73 Ed. Marco Polos „Heydnische Chronik", hg. von Steidl 2010, 332 und 351, als verbesserter Nachdruck der älteren Edition von Eduard Horst von Tscharner aus dem Jahr 1935. Vgl. Gadrat-Ouerfelli, Lire Marco Polo au Moyen Age, 2015, Annex I, 357–381, hier Nr. 1, s. auch das entsprechende Kapitel auf 59–61.
74 Eine kritische Edition fehlt; hier zitiert nach Prášeks Edition, die neben dem Text der einzigen ins Tschechische übersetzten Handschrift in den Anmerkungen auch den lateinischen Text nach Pipino abdruckt. Der Editor nutzte die von ihm in Wien eingesehene, heute in der Biblioteca Nazionale in Neapel verwahrte Handschrift Vindob. Lat. 50 als Leithandschrift (vgl. Gadrat-Ouerfelli, Lire Marco Polo au Moyen Age, 2015, Annex I, 357–381, hier Nr. 70), aber bietet auch die Varianten zweier Prager Handschriften (Prag, Knihovna Metropolitní Kapituli, G. XXI und G. XXVIII, vgl. ebd. Nr. 94 und 95), vgl. [Marco Polo =] Marka Pavlova z Benátek, Milion, hg. von Prášek 1902, in den Anm., hier 97–99.

– Druck in der von Johannes Herwagen d. Ä. 1532 in Basel verlegten Sammlung *Novus Orbis regionum ac insularum veteribus incognitarum*,[75] die bis 1559 fünf Nachdrucke sowie je eine Übersetzung ins Deutsche und ins Französische (s. unten) erfuhr:

Im Kapitel *De moneta & opulentia magni Cham, Cap. XXI.*

Moneta magni Cham no[n] fit de auro uel argento, aut alio metallo, sed corticem accipiunt mediu[m] ab arbore mori, & hunc consolidant, atq[ue] in particulas uarias & rotundas, magnas & paruas scindunt, atque regale imprimunt signum. Minimi denarii uale[n]t precium parui Turonensis […] De hac itaq[ue] materia facit Imperator in ciuitate Cambalu cudi immensam uim pecuniae, quae pro toto sufficit imperio […] Vnde fit, ut no[n] raro negociatores ex longinquis terris & regionibus ad ciuitate[m] Cambalu uenientes, secu[m] portent auru[m], argentu[m], margaritas & gemmas, & pro illis accipiant moneta[m] regiam. […] Vnde quu[m] [sic! = cum] tanta[m] uim pecuniae ex re nihili conflet, & tamen per eam auru[m] & argentu[m] plurimu[m] consequat[ur], ea quae curiae necessaria sunt, emat, ministris suis stipe[n]dia soluat, cuilibet facile constabit nullu[m] in mu[n]do reperiri rege[m], q[ui] diuitijs illu[m] sup[er]et.

Gälische Version übersetzt nach P, nur in der Handschrift Chatsworth, Lismore Castle, ‚Book of Lismore' (15. Jahrhundert, Irland) bekannt:[76]

Teora fidhbhuidi nofhasat imon cathraig sin ꜹ is dia croicnib sin donither monad don righ fria creic ꜹ cnndrad na crichi, ꜹ ni do dhith óir no indmhus donither son laissium, ár ba lia do ór innmhus é ina a roibhi do rigaibh for bith.

Tschechische Version übersetzt nach P, nur in der Handschrift Prag, Narodni Muzeum, III E 42 (15. Jahrhundert, Letovice in Südmähren) bekannt:[77]

O razu penieznem welike kaam, ka xx.

RAz penieze kralowa takowyto gest: ze trzi kuor drziewa morskey yahody prostrzednij kuoru wezmucze, a ty dobrze vtwrdy a vczini yako papirowy list, y zkragie ge na male y na wieczssye kusky, yakzto halerze nebo penyeze neb grosse, y wrazie na nye kralowo znamenie rozliczne, podle ktere[h]oz znamenie gest czena geho, Tak ze geden ten maly halerž w tey czenie g͡t, yakzto Turoníky halerz, […] A tiech peniez kaze kral weliky mnozstwie nadielati w tom miestie kambalu. […] Take czasto rozliczni kupczi z rozlicznich wlasti, prigeducz do miesta kambalu, prinesse s sebu zlatto, strziebro, perly y gine drahe kamenie.

---

75 [Marco Polo], M. Pauli Veneti de regionibus Orientalibus libri III, 1532a (VD16 G 3827), hier 372. Die hier zitierten Zeilen stehen mit leichten orthographischen Änderungen wortgleich in zwei weiteren Drucken der Sammlung *Novus Orbis regionum ac insularum veteribus incognitarum*, die noch im selben Jahr im Auftrag von Antoine Augereau (Antonius Augerellus) in den Pariser Offizinen von Jean Petit (Ioannes Parvus) und Jean (Ioannes) Galeot veranstaltet wurden, wobei die Ausgaben zwar unterschiedliche Titelblätter haben, sonst jedoch seitengleich sind: vgl. [Marco Polo], M. Pauli Veneti de regionibus Orientalibus libri III, 1532b, und [Marco Polo], M. Pauli Veneti de regionibus Orientalibus libri III, 1532c, jeweils 325f. S. auch die späteren Auflagen Johannes Herwagen d. Ä. in Basel 1537 (VD16 G 3828) und 1555 (VD16 G 3829). Vgl. dazu allgemein die Einleitung in Marco Polo, Il Milione, hg. von Benedetto 1928, CXLIX–CLI.

76 Ed. [Marco Polo,] The Gaelic Abridgment of the Book of Ser Marco Polo, hg. von Stokes 1897, 380, Nr. 95, vgl. eine Übersetzung ins moderne Englisch auf 381. Vgl. Gadrat-Ouerfelli, Lire Marco Polo au Moyen Age, 2015, Annex I, 357–381, hier Nr. 14.

77 Ed. [Marco Polo =] Marka Pavlova z Benátek, Milion, hg. von Prášek 1902, 97–99. Vgl. Gadrat-Ouerfelli, Lire Marco Polo au Moyen Age, 2015, Annex I, 357–381, hier Nr. 96.

A to wsse kral swym vrzednikom kupiti kaze a platiti peniezi swe razu. [...] a tak welikich peniez yako za nicz nema. A w tō kazdy moz zgiewnie znamenati, ze weliky kaam na ztrawie, na bohatstwy a na pokladech wsseczkna kniezata w swietie przepanugie. [...]

Portugiesische Version übersetzt nach P (vielleicht nach einem Exemplar aus der Offizin von Gherard Leeu, s. oben), überliefert in einem Druck von Valentim Fernandez, Lissabon 1502 (Zahl der erhaltenen Exemplare unbekannt):[78]

auf fol. 37r–37v: unter der Überschrift *Da moeda do gram Cham e de seu grande e inestimauel thesouro. Capitulo .xxj.*

A moeda real do gram Cham em esta maneyra se faz, de tres codeas daruore moreira tomam as codeas da meetade, e confazem as e ajuntam as assy como folhas de papel. e despois as talham per partes grandes e pequenas a semelhança de dinheiros. e cunham as do sygnal real. emprimemlhes desuirados synaes. segundo os quaes o dinheyro ha de valer. que val huú pequeno dinheiro valor ou preço de huú pequeno tornes [...] e assi desta moeda faz el Rey fazer na çidade de Cambalu em grande quantitade e auondança. [...]

Deutsche Version nach P, im Druck vorgelegt von Georg Ulricher von Andlau in Straßburg 1534, übersetzt von Michael Herr nach der zuerst in Basel gedruckten Sammlung *Novus Orbis regionum ac insularum veteribus incognitarum*:[79]

Von der muentz vnd reichthumbs des grossen Chams. Das XXI. Capitel.

Der groß Cham schlecht sein muntz nicht von silber / gold / oder anderm metall / sunder sie nemmen die mittel rinden vo[n] eim maulberbaum / die vesten sie / vnd schneiden stucklin daraus gros vnd klein / vnd trucke[n] des koenigs zeychen darauff. Die kleinsten / do gilt einer ein kleinen Tursers pfennig [...] Es sind auch etlich do einer eyn / zwen / oder funff Bisantzer gulden gilt. Aus diser materi lasset der gros Cham zu Cambalu vnseglich vil gelt machen / das dem gantzen reich gnug sey. [...] Darumb begibt es sich offt das frembde kauffleut do hin komen / die bringen gold vnd silber / oder edel gstein / vn[n] neme[n] der kueniglichen muntz da fur. [...] Die weil er nun so vil gelts aus einem verachten ding macht darumb er gold vn[n] silber vberkompt [...] so mag ein yeder wol mercken / das kein kuenig jn[n] der welt seß [= sey?] / der reicher sey dan[n] er.

Französische Version nach P, im Druck vorgelegt von Jean Longis 1556, neu übersetzt von François Gruguet wohl auf der Basis der zuerst in Basel gedruckten Sammlung *Novus Orbis regionum ac insularum veteribus incognitarum*:[80]

De la monnoye & grandes richesses du grand Cham. Chapitre XXI.

La monnoye du grand Cham n'est faicte d'or, d'argent, ne autre metal: mais ilz prennent l'escorce du mylieu de l'arbre appellé meurier, laquelle ilz assemblent & conioigne[n]t puis la diuisent & taillent en diuerses pieces rondes, les vnes grandes, autres petites: puis en icelles impriment les characters &

---

78 Ed. Marco Paulo, O Livro de Marco Paulo, hg. von Esteves Pereira 1923, o. S., am Seitenrand sind die Foliozahlen des Frühdrucks angegeben. Zur Vorlage für den Druck vgl. Gadrat-Ouerfelli, Lire Marco Polo au Moyen Age, 2015, 90f., in Anm. 171 Verweis auf ein oder zwei erhaltene Exemplare.
79 [Marco Polo], Drey Buecher von den Morgenlendern Marx Paul von Venedig, 1534, hier fol. 118v.
80 [Marco Polo], La description géographique des provinces & villes plus fameuses de l'Inde orientale, 1556, hier fol. 59r–60r. Zu Gruguets Übersetzung s. die Einleitung in Marco Polo, Il Milione, hg. von Benedetto 1928, CLI.

armoyries de l'empire. La moindre piece vault vn petit tournois [...]. Au moyen dequoy l'Empereur faict monnoyer en sa ville de Cambalu si grande quantité de pecune de ceste matiere vile, qu'il y en à à suffire pour tout son empire. [...] en sorte que bien souuent les marchandz venans de pays loingrain & regions estra[n]ges, en la ville de Cambalu, combien qu'ilz ayent grande quantité d'or, d'argent, perles, & autres pierreries, sont constrainctz neanmoins les bailler, & prendre pour iceulx en payement de la monnoye des susdicte. [...] Veu donc que de neant & matiere vile il faict monnoyer si grande qua[n]tité de pecune, par le moyen de laquelle il retire vne infinité d'or & d'argent de ses pays terres & seigneuries, & oultre n'employe autre chose pour les prouisions de sa court, payeme[n]t d'officiers, & soulte de gendarmes, il est facile a coniecturer qu'il n'ya Prince ne Roy en tout le monde qui le sur monte en richesse & opulence.

Lateinische Version Z, unikal überliefert in der Handschrift Toledo, Biblioteca Cathedral, 49, 20 Zelada (15. Jahrhundert, Italien – Venedig?):[81]

Das Kapitel über die Herstellung der Geldscheine in der Münze des Großkhans fehlt, auch wenn ihr Gebrauch in vielen Kapiteln zum Teil mehrfach erwähnt wird.

Venezianische Version VB (in drei Handschriften bekannt), hier nach der Leithandschrift Venedig, Museo Civico Correr, Donà dalle Rose 224 (Mitte 15. Jahrhundert, Sigle Vb), mit den Varianten der Handschrift British Library, Sloane 251 (1457, geschrieben von Salvatore Paruti an Bord eines aus Beirut zurückkehrenden Schiffes, Sigle Vl):[82]

[...] La moneta si spende è de schorça de alboro, çoè de morari; è fata a modo[1] di charta et è stampita sopra el nome del segnore la qualle per tuto el so paexe fi spenduta. E sòne monete de più precii:[2] çoè una picholla possa una alltra maçore per do[3] [...] et ène da molti precii. E tute sono dela schorça d'alboro dito chiamato del chugno del segnore, e fane fare grandissima quantità[4] però che per tute tere e provincie fino spendute [...] E per tal modo tuto l'oro et argiento e tute çoie chapitano nele man[5] del segnore pagate di moneta di charte che pocho o nulla a quello costa: e però se 'l dito segnore Gran Chan à più horo, argento, çoie che tutto el resto del mondo, niuno se ne meraveia. [...] e tuto fi pagato di moneta di charta che nulla a lui costa; né mai horo né argento spende in soldo di gente né in alchuna alltra soa spexa[6] ma sollo moneta di charte dela qual ne fa[7] fare quanto a lui piace. E perché quella moneta è di charta, fata di schorça d'alboro, invechisse e ronpesse à questo dicreto: che chadauno che porta della dita moneda rotta alla cecha, lai fi chanbiata et dàtog'è di moneta nuova alltranto, perdendo per la stanpa tre per centenaro. [...]

[1] *è fata a modo] fata a modo*
[2] *E sòne monete de piui precii:] e sono monete de piuj paixi fi spenduta:*
[3] *çoè una picholla possa una alltra maçore per do] zoe una picolla et laltra grande per do*
[4] *e fane fare grandissima quantità] et fano fare grande quantitade*
[5] *tuto l'oro et argiento e tute çoie chapitano nele man] tuto loro e llargiento ardiriano e le perlle et zoie tte chapitano nelle mani*
[6] *alltra soa spexa] sua altra spexa*
[7] *dela qual ne fa] delle qual ne fa*

---

81 Ed. Marco Polo, Milione, hg. von Barbieri 1998; zum Fehlen des Kapitels vgl. 132, Anm. 5, sowie den Appendix auf 666–668, Erwähnungen des Papiergelds auf 132, 162, 164, 2× 166, 2× 178, 2× 180, 182, 2× 186, 2× 188, 2× 190, 192, 192f, 196, 198, 3× 200, 3× 204, 210, 3× 222, 224. Vgl. Gadrat-Ouerfelli, Lire Marco Polo au Moyen Age, 2015, Annex I, 357–381, hier Nr. 111.
82 Ed. [Marco Polo,] „Milione", Redazione VB, hg. von Gennari 2009, hier 99f., Abschnitt 9–18, für den Variantenapparat s. 100f. Zu den Handschriften vgl. ebd., III–VIII, sowie Gadrat-Ouerfelli, Lire Marco Polo au Moyen Age, 2015, Annex I, 357–381, hier Nr. 130 und 55.

Italienische Übersetzung R auf der Basis der Handschriftenstudien von Giovanni Battista Ramusio, veröffentlicht im zweiten Band seines Werkes *Navigazioni e viaggi*, gedruckt in Venedig 1559:[83]

auf fol. 29r im Kapitel *Della sorte della moneta di carta, che fa fare il gran Can, qual corre per tutto il suo dominio*.

In questa città di Cambalù è la zecca del gran Can, il quale veramente ha lalchimia, però che fa fare la moneta in questo modo. egli fa pigliare i scorzi de gli arbori mori, le foglie de quali mangiano i vermicelli, che producono la seda, & tolgono quelle scorze sottili, che sono tra la scorza grossa, & il fusto dell'arbore, & le tritano, & pestono, & poi con colla le riducono in forma di carta bombacina, & tutte sono nere, & quando son fatte, le fa tagliare in parti grandi, & picciole, & sono forme di moneta quadra, & piu lunghe, che larghe, ne fa adunque fare vna picciola, che vale vn dinaro d'vn picciolo tornese [...], & cosi si procede fino al numero di dieci bisanti. & tutte q[ue]ste carte, ò vero monete, sono fatte con tanta auttorità, & solennità, come se elle fossero d'oro, ò d'argento puro, perche in ciascuna moneta molti officiali, che à questo sono deputati, vi scriuono il lor nome, ponendoui ciascuno il suo segno, et quando del tutto è fatta, come la dee essere, il capo di quelli per il Signor deputato, imbratta di cinaprio la bolla concessagli, & improntala sopra la moneta, si che la forma della bolla tinta nel cinaprio, vi rimane impressa. [...] & di queste carte, ò vero monete, ne fa far gran quantità, & falle spendere per tutte le prouincie, & regni suoi [...] & ogni volta, che alcuno hauerà di queste carte, che si guastino per la troppo vecchiezza, le portano alla zecca, & son li date altre tante nuoue perdendo solamente tre per cento. [...]

Kasten B.6.3: Bezeichnungen zum Zeicheninhalt ‚Papier' in verschiedenen Fassungen und Überlieferungsträgern von Marco Polos Bericht über seine Fernostasienreise.[84]

Franko-italienische Version F nach der Edition [Marco Polo,] Il Manoscritto della Bibliothèque Nationale de France Fr. 1116, Bd. I, hg. von Eusebi 2010:

carte/cartre/charte/chartre – in den Passagen über ‚Papiergeld': 4× 99, 99f., 7× 100, 101, 118, 136, 2× 137, 137f., 2× 138, 139, 140, 2× 141, 2× 142, 3× 146, 2× 147, 2× 148, 150, 2× 151, 2× 152, 153, 3× 154, 156, 160; in den Passagen über ‚Papiereffigien': 2× 51, 2× 65, 158; in anderen Zusammenhängen: 3, 2× 7, 3× 10, 103
papir – in den Passagen über ‚Papiergeld': 99; in den Passagen über ‚Papiereffigien': 51

---

83 Ramusio, Delle Navigationi Et Viaggi, Bd. 2, 1559, fol. 29r; für eine orthographisch normalisierte Ausgabe vgl. Giovanni Battista Ramusio, Navigazioni e viaggi, hg. von Milanesi, Bd. 3, 1980, 182f.
84 Das hier folgende Inventar bietet eine Liste der Worte und Wortformen, mit denen in den bereits im vorangehenden Kasten präsentierten Fassungen und Überlieferungsträgern von Marco Polos Buch das Signifikat ‚Papier' bezeichnet, umschrieben oder auch missverstanden wurde. Die entsprechenden Wortfelder gehen aus von den Begriffen für die Signifikate ‚Papiergeld' und ‚Papiereffigien' in den jeweiligen Versionen, dokumentieren aber auch weitere Belege der dafür verwendeten Worte sowohl innerhalb als auch außerhalb der entsprechenden Passagen (s. die Rubrik „in anderen Zusammenhängen"). Um einen quantitativen Eindruck zu ermöglichen, sind stets alle Okkurrenzen eines Lemmas aufgelistet. Die Belege beschränken sich zur besseren Übersichtlichkeit auf Seitenzahlen, auch wenn einige Editionen kleinteiligere Nachweismöglichkeiten bieten. Der Verzicht auf moderne Bedeutungserklärungen trägt der Vieldeutigkeit der Begriffe Rechnung.

Französische Version Fr nach der Edition Marco Polo, Le Devisement du Monde, Bd. 1, 2, 3 und 5, hg. von Ménard et al. 2001–2006:

chartre/chartres/(chartrete/chartretes) – in den Passagen über ‚Papiergeld': Bd. 3, 96, 3× 97, 98, (178, 179); Bd. 5, 100, 2× 101, 2× 102, 103, 104, 107, 109, 110, 2× 111, 112, 2× 113, 116, 3× 124, 2× 125, 127, 128, 129; in den Passagen über ‚Papiereffigien': Bd. 2, 17, 3× 36; Bd. 5, 119; in anderen Zusammenhängen: Bd. 1, 122f., 123, 2× 127; Bd. 3, 102; Bd. 5, 130
escorches/escorches d'arbres – in den Passagen über ‚Papiergeld': Bd. 3, 4× 96
parchemin – in den Passagen über ‚Papiereffigien': Bd. 2, 17; Bd. 5, 119
paupier – in den Passagen über ‚Papiergeld': Bd. 3, 96; in den Passagen über ‚Papiereffigien': Bd. 2, 17

Französische Version Fr nach der Edition Overbeck, Literarische Skripta in Ostfrankreich, 2003:

chartrates/chartretes/ch[ar]tretes – in den Passagen über ‚Papiergeld': 324, 3× 325, 338, 351, 2× 352, 363, 371, 372
chartre/chartres – in den Passagen über ‚Papiergeld': 2× 324, 2× 351, 352, 354; in den Passagen über ‚Papiereffigien': 2× 299; in anderen Zusammenhängen: 249 [hier zu übersetzen als Kerker]; 2× 253, 256, 257
papier – in den Passagen über ‚Papiergeld': 324; in den Passagen über ‚Papiereffigien': 289
p(ar)chemín – in den Passagen über ‚Papiereffigien': 289, 367

Katalanische Version der Gruppe K nach der Edition [Marco Polo,] Viatges de Marco Polo, hg. von Gallina 1958:

carta/cartes – in den Passagen über ‚Papiergeld': 102, 143; in den Passagen über ‚Papiereffigien': 57
pergamí/pergamins/perguamí – in den Passagen über ‚Papiergeld': 102, 141; in den Passagen über ‚Papiereffigien': 29

Aragonesische Version der Gruppe K nach der Edition Juan Fernández de Heredia's Aragonese Version of the Libro de Marco Polo, hg. von Nitti 1980:

carta/cartas – in den Passagen über ‚Papiergeld': 27, 41; in den Passagen über ‚Papiereffigien': 2× 14
pargamino/pargaminos – in den Passagen über ‚Papiergeld': 27, 40, 41; in den Passagen über ‚Papiereffigien': 7f.

Toskanische Version TA nach der Edition Marco Polo, Milione, hg. von Bertolucci Pizzorosso 1982:

bambagina – in den Passagen über ‚Papiergeld': 151
carta/carte – in den Passagen über ‚Papiergeld': 2× 151, 4× 152, 4× 153, 177f., 198, 2× 199, 200, 201, 203, 204, 205, 211, 2× 212, 214, 215, 217, 218, 219, 227; in den Passagen über ‚Papiereffigien': 77, 2× 98, 99, 223; in anderen Zusammenhängen: 10, 2× 17, 19, 157

Lateinische Version LT nach der Edition Roux, Recueil de voyages et de mémoires, 1824:

bambax/bambace – in den Passagen über ‚Papiergeld': 384; in anderen Zusammenhängen: 311, 320, 333, 335, 337, 410, 460, 2× 466, 468, 474
carta/cartae – in den Passagen über ‚Papiergeld': 2× 384, 6× 385, 399, 412, 413, 3× 414, 415, 2× 416, 3× 420, 421, 422, 423, 424, 2× 425, 426, 427, 430; in den Passagen über ‚Papiereffigien': 341, 3× 355, 428, in anderen Zusammenhängen: 387

Venezianische Version VA nach der Edition Marco Polo, Il „Milione" veneto, hg. von Barbiere/Andreose 1999:[85]

charte – in den Passagen über ‚Papiergeld': 185, 210, 213, in den Passagen über ‚Papiereffigien': 150, 4 × 160, 216
papiro – in den Passagen über ‚Papiergeld': 185, in den Passagen über ‚Papiereffigien': 150

Venezianische Version VA nach der Edition [Marco Polo,] Una familia veneta del libro de Marco Polo, ed. Valentinetti Mendi 1992:

– Handschrift aus Lucca (130–588, obere Seitenhälfte):
carte – in den Passagen über ‚Papiereffigien': 233, 2 × 258, 3 × 381
scorza/scroza/scorzo de moraro – in den Passagen über ‚Papiergeld': 2 × 313, 377

– Handschrift aus Sevilla (130–588, untere Seitenhälfte):
carta/carte – in den Passagen über ‚Papiereffigien': 234, 2 × 258, 3 × 381
scorza/scorchi di moraio – in den Passagen über ‚Papiergeld': 2 × 313, 377

– Handschrift aus Mantua (589–700):
carte/carti – 2 × 628, 2 × 677
scuorce/scorca/scorce/scorze d'arbori – in den Passagen über ‚Papiergeld': 2 × 656, 657, in anderen Zusammenhängen: 565

Kastilische Version nach VA nach der Edition [Marco Polo,] El libro de Marco Polo, hg. von Gil 1987, 169–286:

carta – in den Passagen über ‚Papiereffigien': 215
papel/papeles – in den Passagen über ‚Papiereffigien': 210, 2 × 245, in anderen Zusammenhängen: 268, 271

Deutsche Version nach TB übersetzt nach dem Erstdruck von Friedrich Creussner, Nürnberg 1477:

carten/karten – in den Passagen über ‚Papiergeld': fol. 41r, 43r, 43v; in den Passagen über ‚Papiereffigien': fol. 20r

Toskanische Übersetzung der Fassung LA nach der Edition Iddio ci dia buon viaggio e guadagno, hg. von Formisano 2006:

carta/carte – in den Passagen über ‚Papiergeld': 73, 82, 85
papelo – in den Passagen über ‚Papiergeld': 73

Deutsche Übersetzung der Fassung LA nach der Edition Marco Polos „Heydnische Chronik", hg. von Steidl 2010:

bryvelin – in den Passagen über ‚Papiergeld': 351
papir/papyr – in den Passagen über ‚Papiergeld': 332, 351
permynte – in den Passagen über ‚Papiergeld': 332, 347

---

85 Da in der fragmentarisch erhaltenen Handschrift mit der venezianischen Version VA, die in der Biblioteca Casanatense aufbewahrt wird, das ‚Papiergeldkapitel' fehlt (s. dazu oben Anm. 65), wird ihr Text hier nicht entsprechend ausgewertet, auch wenn er von Pelaez 1902 als Edition vorgelegt wurde.

Lateinische Version P nach der Edition [Marco Polo =] Marka Pavlova z Benátek, Milion, hg. von Prášek 1902:

carta/cartae/[cartula] – in den Passagen über ‚Papiereffigien': 46 (Anm.), 58 (Anm.), 58 (Anm.), [in anderen Zusammenhängen: 101 (Anm.)]
papirum – in den Passagen über ‚Papiergeld': 97 (Anm.); in den Passagen über ‚Papiereffigien': 46 (Anm.), 144 (Anm.)

Lateinische Version P nach Herwagens Basler Druck: [Marco Polo], M. Pauli Veneti de regionibus Orientalibus libri III, 1532a (VD16 G 3827):

cortex/cortex mori – in den Passagen über ‚Papiergeld': 372, [auch im Index, 314]
charta/chartae – in den Passagen über ‚Papiereffigien': 349, 355, 394

Tschechische Version übersetzt nach P nach der Edition [Marco Polo =] Marka Pavlova z Benátek, Milion, hg. von Prášek 1902:[86]

liska – in den Passagen über ‚Papiereffigien' (mit ergänzendem Adjektiv ‚papierowy', s. unten): 46; in anderen Zusammenhängen: 101
list – in den Passagen über ‚Papiereffigien': 3× 58; in den Passagen über ‚Papiergeld' (mit ergänzendem Adjektiv ‚papirowy', s. unten): 97; in anderen Zusammenhängen: 2× 101
papir – in den Passagen über ‚Papiereffigien': 144
papierowy/papirowy – in den Passagen über ‚Papiereffigien' (als Adjektiv zu ‚liska', s. oben): 46; in den Passagen über ‚Papiergeld' (als Adjektiv zu ‚list', s. oben): 97

Portugiesische Version übersetzt nach P nach der Edition Marco Paulo, O Livro de Marco Paulo, hg. von Esteves Pereira 1923:

carta/cartas – in den Passagen über ‚Papiereffigien': 2x fol. 21r, in anderen Zusammenhängen: fol. 7v, 38v
papel – in den Passagen über ‚Papiergeld': fol. 37r, in den Passagen über ‚Papiereffigien': fol. 16v, 55v

Deutsche Version nach P, übersetzt von Michael Herr nach der zuerst in Basel gedruckten Sammlung *Novus Orbis regionum ac insularum veteribus incognitarum*, im Druck vorgelegt von Georg Ulricher von Andlau in Straßburg 1534: [Marco Polo], Drey Buecher von den Morgenlendern Marx Paul von Venedig, 1534:

brieff – in den Passagen über ‚Papiereffigien': fol. 126r, in anderem Zusammenhang: fol. 112v
karthen – in den Passagen über ‚Papiereffigien': fol. 112v
rinde – in den Passagen über ‚Papiergeld': fol. 118v

---

86 Ähnlich den lateinischen Begriffen ‚carta' und ‚cartula' aus der Vorlage P ist insbesondere das tschechische Wort ‚list' nicht auf eine Bedeutung festzulegen, sondern wird in einer der Passagen über die ‚Papiereffigien', s. [Marco Polo =] Marka Pavlova z Benátek, Milion, hg. von Prášek 1902, 58, parallel sowohl im Sinn von ‚Urkunde' (als Übersetzung des lateinischen Begriffs *instrumentum*) als auch im Sinn von ‚Blatt' als Träger von Bildern bzw. Schrift verwendet. Auch in den Passagen in ebd., 101 ist der Begriff ‚list' im Sinn von ‚Urkunde'/‚beglaubigtes Schreiben' eingesetzt.

Französische Version nach P, neu übersetzt von François Gruguet wohl auf der Basis der zuerst in Basel gedruckten Sammlung *Novus Orbis regionum ac insularum veteribus incognitarum*, im Druck vorgelegt von Jean Longis 1556:

escorce – in den Passagen über ‚Papiergeld': fol. 59r
papier – in den Passagen über ‚Papiereffigien': fol. 28r
tableau/tablettes – in den Passagen über ‚Papiereffigien': fol. 28r, 36r, 89v

Lateinische Version Z in der Edition Marco Polo, Milione, hg. von Barbieri 1998:

cartae – in den Passagen über ‚Papiergeld': 132, 162, 164, 2× 166, 2× 178, 2× 180, 182, 2× 186, 2× 188, 2× 190, 192, 192f., 196, 198, 3× 200, 3× 204, 210, 3× 222, 224, in den Passagen über ‚Papiereffigien': 212

Venezianische Version VB nach der Edition [Marco Polo,] „Milione", Redazione VB, hg. von Gennari 2009, hier 99f.:

carta/charta/charte – in den Passagen über ‚Papiergeld': 99, 99f., 4× 100, 2× 135, 137, 138, 139, 142, 143, 144, 148, 149, 150, 152, 153, 155, 157, 158, 2× 159, 160, 165, in den Passagen über ‚Papiereffigien': 56, 162, 2× 81, 162; in anderen Zusammenhängen: 162

Italienische Übersetzung R nach dem venezianischen Erstdruck 1559: Ramusio, Delle Navigationi Et Viaggi, Bd. 2, 1559:

carta/carte – in den Passagen über ‚Papiergeld': 3x fol. 29r, 34v, 36r, 40r, in den Passagen über ‚Papiereffigien': 2× 12v, 15r–v
carta bombacina/carte bombasine – in den Passagen über ‚Papiergeld': fol. 29r, in den Passagen über ‚Papiereffigien': 46v–47r

---

Kasten B.6.2 präsentiert mehr als zwei Dutzend Varianten von Marco Polos ‚Papiergeldkapitel' im Auszug; Kasten B.6.3 versammelt diejenigen Worte und Wortformen, die sowohl in diesem Kapitel als auch in den Passagen über papierne Effigien das Signifikat ‚Papier' bezeichnen, umschreiben bzw. auch missverstehen. Auf dieser Basis können wir nun zur Frage zurückkommen, wie Marco Polos Informationen über das im Herrschaftsgebiet des Großkhans gültige Papiergeld sowie die in Ostasien üblichen Papiereffigien bei Bestattungen aufgefasst und in die jeweilige Sprache und Welt der Bearbeiter*innen ‚verdolmetscht' wurden. An erster Stelle ist festzuhalten, dass gar nicht alle Fassungen die entsprechenden Passagen überhaupt für berichtenswert hielten.

Die Stellen über die Effigien als Teil der Begräbnisbräuche sind in mindestens zwei Fassungen komplett, in mindestens fünf weiteren Versionen in Teilen ausgelassen.[87] In mehreren Fassungen haben die Urheber*innen zudem bei einer oder meh-

---

87 Sie fehlen komplett sowohl in der toskanischen (ed. Iddio ci dia buon viaggio e guadagno, hg. von Formisano 2006) als auch in der deutschen Übersetzung (Admonter Handschrift, ed. Marco Polos „Heydnische Chronik", hg. von Steidl 2010) nach der lateinischen Version LA, die selbst nicht ediert

reren Passagen nicht verstanden, dass es sich um ein symbolisches Opfer handelte: Nach dem Wortlaut der Version Z, der bei Creussner 1477 gedruckten deutschen Fassung sowie der katalanischen Übersetzung der Gruppe K werden den Verstorbenen wahlweise echtes Geld und reelle Kleidung, leibhaftige Pferde und Haustiere oder sogar lebendige Diener mit in die Flammen geschickt.[88]

Noch zentraler für unser Thema ist, dass einige Überlieferungsträger auch auf das von Vogel so genannte ‚Papiergeldkapitel' verzichten: Es fehlt im Nürnberger Druck von Creussner 1477, immerhin dem ältesten Druck überhaupt,[89] ebenso wie in der in Venedig entstandenen lateinischen Fassung Z, wobei sich in beiden Fällen trotzdem in anderen Kapiteln Geldscheine als in den dort beschriebenen Regionen übliche Währung erwähnt finden. Den Urheber*innen dieser Auslassungen müssen demnach sowohl Marco Polos Faszination für die mongolische Organisation des Zahlungsverkehrs wie auch für die chinesische Technik der Papierherstellung aus der Rinde des Maulbeerbaums irrelevant erschienen sein.

---

vorliegt und daher nicht überprüft werden konnte. In der einzigen gälischen Handschrift (ed. [Marco Polo,] The Gaelic Abridgment of the Book of Ser Marco Polo, hg. von Stokes 1897) sind zwei, in den katalanischen und aragonesischen Textzeugen der Gruppe K (ed. [Marco Polo,] Viatges de Marco Polo, hg. von Gallina 1958, und Juan Fernández de Heredia's Aragonese Version of the Libro de Marco Polo, hg. von Nitti 1980) sowie in Z (Latein; ed. Marco Polo, Milione, hg. von Barbieri 1998) und VB (venezianisch; ed. [Marco Polo,] „Milione", Redazione VB, hg. von Gennari 2009) sind eine von drei Stellen ausgelassen.

88 Nach der Version Z werden in Tangut echtes Geld, Silber und Kleidung, aber auch leibhaftige Pferde und Diener in die Flammen geschickt., ed. Marco Polo, Milione, hg. von Barbieri 1998, 82. Auch in der bei Creussner 1477 gedruckten deutschen Fassung steht, dass den Toten in Hangzou reelles Geld, wirkliche Harnische und echte Pferde mit ins Grab gegeben wurden, vgl. Creussner, Nürnberg 1477, fol. 43v. Ein ähnliches Missverständnis leitet seine Erzählung um den Brauch der Tartaren, früh verstorbene Kinder im Tod miteinander zu vermählen: Nach seiner Lesart erfahren die beiden im Tod miteinander verheirateten Kinder davon nicht durch die Verbrennung der Urkunde, sondern – wie die Übersetzung suggeriert – durch die gemeinsame Einäscherung ihrer beider Leichname, vgl. ebd., fol. 23v–24r. Auch hier ist er nicht der einzige mit diesem Missverständnis: In der katalanischen Übersetzung der Gruppe K berichtet diese Fassung zwar korrekt, dass die *cartes d'aquels metremonis* verbrannt würden, die gleichzeitig den toten Kindern mit ins Feuer gegebenen (Haus-)Tiere würden nach ihrer Lesart jedoch lebend mit ins Feuer geworfen, ed. [Marco Polo,] Viatges de Marco Polo, hg. von Gallina 1958, 57.

Plausibilität mag diese Fehldeutung in den Augen ihrer Urheber*innen dadurch erhalten haben, dass andere Kapitel von Marco Polos Erzählung durchaus von so genannten Witwenverbrennungen oder auch von Kannibalismus berichten. Wohl weil man das Wörtchen ‚c[h]arta' so leicht überliest, sah sich die venezianische Version VB dazu veranlasst, etwaigen Missverständnissen mit der den Begriff nochmals in Erinnerung rufenden Parenthese *tuti però de charta* vorzubeugen, vgl. venezianische Version VB: ed. [Marco Polo,] „Milione", Redazione VB, hg. von Gennari 2009, 56.

89 Leider muss die Frage offen bleiben, ob dieser Befund für die gesamte Gruppe gilt, die noch drei Handschriften umfasst. Vermutlich nicht fehlen wird die Passage in ihrer gemeinsamen Vorlage TB in toskanischer Sprache sowie in deren zweitem Rezeptionszweig in der lateinischen Fassung LA, da die wohl auf dieser Basis übersetzte toskanische und deutsche Fassung ein wenn auch knappes ‚Papiergeldkapitel' kennen.

Daneben stehen Versionen, die das ‚Papiergeldkapitel' zwar überliefern, das für die Geldscheine verwendete Material jedoch nicht mit Papier oder einem anderen üblichen Beschreibstoff in Verbindung bringen, sondern diesen Stoff in ihrer Darstellung als fremd – heute würde man sagen: exotisch – markieren. Auch die beiden Handschriften der Gruppe K in katalanischer und aragonesischer Sprache erklären lediglich ohne jeden weiteren Vergleich mit bei ihnen bekannten Materialien, die *moneda* des Großkhans werde aus *escorxa de morer*, Rinde des Maulbeerbaums, und zwar aus deren innerer, feiner Schicht hergestellt, was ihnen ausdrücklich *molt straya* bzw. *muyt estranya* vorkommt.[90] Dasselbe gilt für Teile der Überlieferungsgruppe VA in venezianischer Sprache: Die Formulierung, der Großkhan ließe *denari* aus *scorza* – also Geld aus Rinde – herstellen, wie es mit leichten orthographischen Abweichungen übereinstimmend in den drei heute in Lucca, Sevilla und Mantua aufbewahrten Handschriften aus der zweiten Hälfte des 15. Jahrhunderts heißt, lässt nicht mehr an den Rohstoff Papier denken.[91] Und auch die späte Überlieferung der Fassung Pipinos (P) in den Drucken der 1530er Jahre evoziert den Eindruck der Fremdheit (und das, obwohl Pipino selbst dies im 14. Jahrhundert noch anders schilderte): Sowohl die lateinische Fassung von Polos Text in der zuerst 1532 in Basel verlegten Sammlung *Novus orbis regionum ac insularum veteribus incognitarum*, die immerhin vier Nachdrucke erlebte, wie auch ihre Übersetzungen ins Deutsche 1534 und ins Französische 1556 interpretieren, der Großkhan schlage seine Münze nicht aus Silber, Gold oder einem anderen Metall, sondern man nehme dort *die mittel rinden vo[n] eim maulberbaum*, um sie zuerst zu *vesten* (im Sinn von ‚beständig zu machen') und dann kleine oder große Stücke daraus zu *schneiden*. Auch hier fehlt jeder Vergleich mit für seine Leserschaft bekannten Beschreibstoffen.[92]

---

90 Ed. [Marco Polo,] Viatges de Marco Polo, hg. von Gallina 1958, hier 29, und Juan Fernández de Heredia's Aragonese Version of the Libro de Marco Polo, hg. von Nitti 1980, hier 23f., s. auch Kasten B.6.2. Dasselbe gilt für die kastilische Übersetzung der venezianischen Fassung VA, immerhin in zwei Drucken von 1503 und 1518 vervielfältigt. Ihr namentlich bekannter Übersetzer Rodrigo Fernández de Santaella übernahm zwar ebenfalls das gerade geschilderte Herstellungsprozedere, verzichtete aber auf den ihm in seiner Vorlage, einer Handschrift der Gruppe VA, präsentierten Vergleich, die so produzierten *charte* seien wie *papiro*, ed. [Marco Polo,] El libro de Marco Polo, hg. von Gil 1987, 169–263, hier 228, s. auch Kasten B.6.2.

Schon die autornahe französische Version Fr vermittelte den Eindruck, als nutze man den Bast zwischen Rinde und Stamm des Maulbeerbaums – als *escorche soutille* bezeichnet – ohne weitere Bearbeitung sofort als Beschreibstoff, indem man ihn lediglich schwarz einfärbe; hier folgt jedoch der Hinweis, die so produzierten Blätter seien *comme paupier*, ed. Marco Polo, Le Devisement du Monde, Bd. 3, hg. von Ménard et al. 2004, 96, sowie Overbeck, Literarische Skripta in Ostfrankreich, 2003, 324.

91 Ed. [Marco Polo,] Una familia veneta del libro de Marco Polo, ed. Valentinetti Mendi 1992, 313 (obere Seitenhälfte: Handschrift aus Lucca; untere Seitenhälfte: Handschrift aus Sevilla). S. auch Kasten B.6.2.

92 Zitat aus [Marco Polo], Drey Buecher von den Morgenlendern Marx Paul von Venedig, 1534, hier fol. 118v, S. auch [Marco Polo], M. Pauli Veneti de regionibus Orientalibus libri III, 1532a (VD16 G 3827),

Nur wenig aufschlussreicher sind die entsprechenden ‚Papiergeldkapitel' in der venezianischen Version V B, die die *moneta* aus der *schorça de morari* lapidar als *fata a modo di charta* beschreibt,[93] und in der deutschen Fassung im Nürnberger Druck von 1477, die die Geldscheine des Großkhans nicht weniger unspezifisch als *muencz [...] von karten* bezeichnet.[94] Die Urheber*innen überließen es damit ihrer Leserschaft, sich ein Material für diese Blätter vorzustellen. Dass die Assoziation mit Pergament nicht fern lag, hat mit der schillernden Bedeutungsvielfalt des Begriffs ‚c[h]arta' zu tun, der im für uns relevanten Spätmittelalter neben der hier bereits angeführten eher materiell verstandenen Bedeutung als ‚Blatt' auch stets in rechtlichen Zusammenhängen für Urkunden jeder Art verwendet wurde.[95]

---

hier 372, und [Marco Polo], La description géographique des provinces & villes plus fameuses de l'Inde orientale, 1556, hier fol. 59r. Für alle vgl. Kasten B.6.2.

Eine ähnlich auf Fremdheit zielende Lesart bietet die Interpretation der Stelle in der in einer einzigen Handschrift aus dem 15. Jahrhundert überlieferten, nach Pipinos Text stark gekürzten und sehr frei übersetzten gälischen Fassung. Der Text spricht von den *croicnib* aus den drei Wäldern, die vor der ‚Stadt' des ‚Königs' (gemeint ist der Großkhan) wachsen würden und aus denen er die Münze für Handel und Verkehr in seinem Land herstellen ließe. Unsicher bleibt, was darunter verstanden werden sollte: Einerseits findet sich derselbe Begriff im übrigen Text gleich mehrfach im Zusammenhang mit tierischen Häuten. Andererseits berichtet er über die Stadt Singui, ihre Einwohner würden herausragende Tuche aus der Rinde und der ‚Haut' ihrer Bäume herstellen. Unabhängig davon, ob die Leser*innen sich spontan eher Münzen aus ‚Tierhäuten' oder aus ‚Baumrinde' vorstellten, werden sie diese Währung jedoch nicht zwingend mit den ihnen bekannten Stoffen Papier und Pergament assoziiert haben. Ed. [Marco Polo,] The Gaelic Abridgment of the Book of Ser Marco Polo, hg. von Stokes 1897, 380, Nr. 95, vgl. auch Kasten B.6.2.

Als weiterer Beleg sei außerdem die Überlieferung des Werks von Odorico von Pordenone genannt: Hier finden sich gleich zwei Versionen, die Übersetzung ins Französische von Jean de Vignay aus den frühen 1330er Jahren sowie eine lateinische Überarbeitung durch den Prager Minoriten Heinrich von Glatz um 1340 (hier nach der Überlieferung einer auf 1422 datierten Handschrift aus Regensburg, heute im Bestand der Bayerischen Staatsbibliothek München, Clm 903, fol. 153–172), die Odoricos Passage über das mongolische Geld aus ‚Blättern' mit der Information aus Marco Polo zu ihrer Materialität anreichern. Beide Male findet der Vergleich mit Papier oder Pergament jedoch keine Erwähnung. Die lateinische Fassung beschreibt die dazu verwendeten *cartae* lediglich knapp als *confectae ex corticibus moraticorum* (Nachdruck der Edition von Teofilo Domenichelli, Prato 1881: in Odorico da Pordenone, Relazione del viaggio in Oriente e in Cina, ed. Camera di Commercio [...] Pordenone 1982, 101). Die französische Übersetzung spricht noch verwirrender davon, dass die Geldscheine des *Grant Chien*, wie Jean de Vignay konsequent übersetzt, *sont fais en la maniere d'un ver qui fait la saie, et d'escorche de morier* (ed. Jean de Vignay, Les Merveilles de la Terre d'Outremer, ed. Trotter 1990, 56). Er versteht also, sie seien so hergestellt wie die Seide durch den (Seiden-)Wurm, jedoch aus der Rinde des Maulbeerbaums; diese Behauptung wird in einem weiteren Kapitel (ebd., 74) nochmals wiederholt.

93 Ed. [Marco Polo,] „Milione", Redazione V B, hg. von Gennari 2009, hier 99, s. auch Kasten B.6.2.
94 Zur Etymologie siehe das Lemma „Karte" in Deutsches Rechtswörterbuch, Bd. 7, bearb. von Dickel/Speer, 1974–1983, Sp. 462f., Kluge. Etymologisches Wörterbuch, bearb. von Seebold, 23. Aufl. 1995, 429; Wis, Ricerche sopra gli italianismi nella lingua tedesca, 1955, 159f.
95 Für den deutschen Sprachraum vgl. Diefenbach, Glossarium latino-germanicum mediae et infimae aetatis, 1857, 103, Lemma „Carta", das in den von ihm herangezogenen spätmittelalterlichen Glossarien und Vokabularien mit einer Vielzahl von Begriffen ins Deutsche übersetzt wurde, so als *ein*

Diese Bedeutung ‚Urkunde' und (notarielles) ‚Instrument', aber auch ‚diplomatisches Schriftstück' ist auch in vielen der Versionen von Polos Text greifbar. In den ersten Kapiteln des Buches über die erste Reise von Marco Polos Vater und Onkel an den Hof des Großkhans erscheint der Begriff ‚c[h]arta' in mehreren Fassungen, um die offiziellen Briefe zu bezeichnen, die der Großkhan an den Papst richtete, ebenso wie die Privilegien und Urkunden bzw. Geleitbriefe, die er den mit ihrer Überbringung beauftragten Polos auf den Weg zurück nach Italien mitgab.[96]

Aber auch in einer der Passagen über die ‚Papiereffigien' spielt die Bedeutung des Begriffs ‚c[h]arta' eine zentrale Rolle: Das Schriftstück, das die nach tartarischem

---

buoch o zedell (um 1440 datierte Handschrift des *Vocabularius ex quo*, bei Diefenbach geführt als Nr. 6), als *brif"* (im 14. Jahrhundert entstandenes *Glossarium Batavicum*, hier Nr. 99), als *vngeschriben brieffe* (1482 bei Zeninger in Nürnberg gedruckter *Vocabularius theutonicus*, hier Nr. 74), als *brieff vff o. von pergamen =* (1515 bei Hüpffuff in Straßburg gedruckter *Vocabularius incipiens teutonicum ante latinum*, hier Nr. 75), als *bermend* (*Vocabularius optimus* aus dem 14. Jahrhundert, hier Nr. 93), als *blat, carth* (1516 in Hagenau gedruckter *Vocabularius Joannis Altenstaig Mindelhaimensis*, hier Nr. 88), als *carten* (handschriftlicher *Vocabularius ex quo* mit sächsischen Übersetzungen, ohne Datierung, hier Nr. 23), und auch einmal als *papir* (1521 bei Pinicianus in Augsburg gedrucktes Werk *Vocabula rerum ex promptuario*, hier Nr. 91). Für eine kritische Würdigung von Diefenbachs Handbuch, das nach wie vor unersetzt bleibe, vgl. Grubmüller, Vocabularius Ex quo, 1967, 5–7.

S. auch die auf der Basis von 30 Handschriften und zwei Inkunabeldrucken erstellte Edition des im frühen 14. Jahrhundert entstandenen und seit der ersten Hälfte des 15. Jahrhunderts weit verbreiteten lateinisch-deutschen *Vocabularius optimus* von Johannes Kotmann, ed. in Edition und Überlieferungsgeschichte eines spätmittelalterlichen Glossars, hg. von Bremer, 1978 [1982], 136, Nr. 24004, in dessen Überlieferung der lateinische Begriff *carta* ausschließlich mit Varianten des Begriffs Pergament übersetzt wurde. Anders dagegen das 1535 in Straßburg gedruckte *Dictionarivm* von Petrus Dasypodius, vgl. [Petrus Dasypodius,] Dictionarivm [...], 1535 (VD16 D 243), ohne Paginierung: *Charta, Papyr.* [...] *Chartaceus, a, um, Papyren*. S. auch Grimm, Deutsches Wörterbuch, Bd. 5, 1873, Sp. 234–238 mit zahlreichen Belegstellen, bes. Sp. 234 mit der Definition: „In der bed. papier schlechthin, die it. carta noch hat, scheint es [das Wort, Anm. d. Verf.] bei uns nicht gegolten zu haben, wol aber für einzelne papierstücken zu oder in bestimmtem gebrauche, wie lat. charta auch schon; ja der stoff selbst ist dabei oft gleichgültig, wie denn lat. carta im 14. 15 jh. ausdrücklich auch als pergament erklärt wird". S. auch Möller, Fremdwörter aus dem Lateinischen, 1915, 75 (Lemma ‚karten') und 106 (Lemma ‚membrane').

Für den italienischen Sprachraum vgl. Glossario degli Antichi Volgari Italiani, hg. von Colussi, Bd. 3,1, 1985, 267–269, Lemma ‚Carta', das die gesammelten Belege unter die drei Definitionen „sostanza fibrosa ridotta in fogli" (mit Beispielen sowohl für Papier als auch Pergament), „strumento notarile, documento" (unmissverständlich vor allem in der Kombination ‚brevi e carti') und „pagina scritta (di un codice o libro)" gliedert. S. auch Pellegrinotti, Terminologie d'archivio, 1969, 140, der den Begriff „carta" im Sinn von Schriftstück, Blatt, Brief, auch Codex, sowie in Verbindung mit dem Adjektiv „magna" auch als Statuten bzw. fundamentales Regelwerk des kommunalen Lebens versteht.

96 So in der franko-italienischen Fassung F, in der französischen Fassung Fr in beiden hier zitierten Varianten, vgl. Marco Polo, Le Devisement du Monde, Bd. 1, 2, 3 und 5, hg. von Ménard et al. 2001–2006: *le Seignour fist faire ses chartres en langage tarquoise pour envoier au Pape* (Bd. 1, 122f.); *sachiés que en la chartre se contenoit si comme vous orroiz* (Bd. 1, 123); *leur donna [ses] previleges et ses chartres de sa messagerie* (Bd. 1, 127); *Il donnerent a mesire Nicolo et a mesire Mafe Pol toutes les chartres et tous les previleges que il avoient* (Bd. 1, 127). Vgl. Overbeck, Literarische Skripta in Ostfrankreich, 2003: *li seignour fist faire ses chartres en langue turquoise* (253); *Et saichiez q[ue] en la chartre estoit contenu ce*

Brauch übliche Eheschließung *post mortem* zwischen zwei früh verstorbenen Kindern dokumentiert, wird in einigen Fassungen entweder schlicht als *carte/cartae/ cartes/cartas*[97] oder aber konkretisierend als *chartes du mariaige* bezeichnet.[98] Zum Teil innerhalb derselben Satzgrenzen kann derselbe Begriff ‚c[h]arta' damit zwischen den Bedeutungen ‚Blatt' und ‚Urkunde' changieren. Andere Fassungen suchten dieser Begriffsunschärfe zu begegnen, indem sie wie die venezianische Version VA zum Begriff der *charte* im Sinn der ‚Heiratsurkunde' den unmissverständlicheren Terminus *instrumenti* ergänzten oder aber gleich nur diesen verwenden, wie neben der kastilischen Übersetzung nach VA die mit Abstand am weitesten verbreitete lateinische Fassung von Pipino (P) oder im 16. Jahrhundert Ramusios Druck (R).[99]

Dieses Oszillieren des Begriffs zwischen der eher materiell verstandenen Bedeutung ‚Blatt' und dem ideellen Gehalt als ‚Urkunde' wird schließlich sogar für das Signifikat ‚Papiergeld' fassbar: In der Admonter Handschrift mit einer der beiden deutschen Übersetzungen des 15. Jahrhunderts ist von einer *muncze gemacht von bryvelin* die Rede.[100] Auch der Terminus ‚brief' zeichnet sich natürlich durch schillernde Bedeu-

---

q[ue] uos orrez (253); *leur dona ses príuíleges [et] ses chartres de sa messagerie* (256); *les preuileges (et) les chartres q(ue) il auoient de p(ar)t le pape* (257).

S. auch die toskanische Fassung TA, ed. Marco Polo, Milione, hg. von Bertolucci Pizzorosso 1982: *lo Signore fece fare carte bollate come li due frategli e 'l suo barone potessero venire* (10); *e donogli carte e brivilegi* (17); *e diedero le carte e li privilegi a li due frategli* (17); *le carte e' privilegi che recavano dal papa* (19).

97 So in der franko-italienischen Fassung F (*et en font faire carte;* ed. [Marco Polo,] Il Manoscritto della Bibliothèque Nationale de France Fr. 1116, Bd. I, hg. von Eusebi 2010, 65), in der lateinischen Fassung LT (*de hoc faciunt fieri cartas*, ed. Roux, Recueil de voyages et de mémoires, 1824, 355), in der Gruppe K (katalanische Hs.: *e fan cartes d'aquels metremonis*, ed. [Marco Polo,] Viatges de Marco Polo, hg. von Gallina 1958, 57; aragonesische Hs.: *fazen cartas de aquell matrimonio*, ed. Juan Fernández de Heredia's Aragonese Version of the Libro de Marco Polo, hg. von Nitti 1980, 14) und in der toskanischen Version TA (*E di questo fanno fare carte*, ed. Marco Polo, Milione, hg. von Bertolucci Pizzorosso 1982, 98).
98 So in der französischen Fassung F, ed. Marco Polo, Le Devisement du Monde, Bd. 1, 2, 3 und 5, hg. von Ménard et. al 2001–2006: *Quant les chartres du mariage sont faites, il les font ardre* (Bd. 2, 36); Overbeck, Literarische Skripta in Ostfrankreich, 2003: *et font faire les chartres du mariaki* (299).
99 Venezianische Fassung VA, ed. Marco Polo, Il „Milione" veneto, hg. von Barbiere/Andreose 1999, 160: *E fano charte e instrumenti chome 'li chonsentono e vuol che queli do morti abia matrimonio insieme*; kastilische Übersetzung nach VA, ed. [Marco Polo,] El libro de Marco Polo, hg. von Gil 1987, 215: *e d'este matrimonio fazen instrumento público*; lateinische Version P, ed. [Marco Polo =] Marka Pavlova z Benátek, Milion, hg. von Prášek 1902, 58: *de hoc enim conscribi faciunt instrumentum*; die spätere lateinische Bearbeitung von P, zuerst gedruckt in Basel 1532, macht daraus *contractus*, vgl. [Marco Polo], M. Pauli Veneti de regionibus Orientalibus libri III, 1532a (VD16 G 3827), 355, die portugiesische Übersetzung nach P *estormento*, ed. Marco Paulo, O Livro de Marco Paulo, hg. von Esteves Pereira 1923, fol. 21r; italienische Version R, vgl. Ramusio, Delle Navigationi Et Viaggi, Bd. 2, 1559, fol. 15r–v: *fanno far gli instrumenti à corrobatione della dote, & matrimonio predetti*.
100 Deutsche Übersetzung der Fassung LA, ed. Marco Polos „Heydnische Chronik", hg. von Steidl 2010, 351. Die Interpretation des lateinischen Begriffs ‚carta' als ‚brief' findet sich nicht nur in der genannten deutschen Version von Marco Polos Text, sondern auch in einer frühen französischen Übersetzung des Reiseberichts von Odorico da Pordenone: Die französische Fassung von Jean Le Long

tungsvielfalt aus; das Deutsche Rechtswörterbuch kommt auf der Basis der gesammelten Belegstellen zur Definition, er könne generell „alles Geschriebene" bedeuten, jedoch „besonders Urkunden jeder Art".[101] Für die hier besprochene Fassung wird letzterer Bedeutungsgehalt noch dadurch bekräftigt, dass die Admonter Handschrift die ‚Geldscheine' des Großkhans gleich zweimal als *von permynte*, aus Pergament, vorstellt.[102] Wie schon der in verschiedenen Sprachen gebräuchliche Begriff ‚c[h]arta' war damit auch das deutsche *bryvelin* ein Begriff, für dessen semantischen Inhalt die Art des Beschreibstoffs erst einmal unwichtig erscheint, der vor den Augen der spätmittelalterlichen Leser*innen vermutlich aber angesichts der üblichen Gestaltung von Urkunden das Bild eines pergamentenen Schriftstücks evozierte.[103]

Kommen wir damit zu denjenigen Fassungen, deren Urheber*innen nähere Auskunft geben, was für eine Art von ‚c[h]arta' ihnen im Fall der Erzählungen um das ‚Papiergeld' und die ‚Papiereffigien' vor Augen standen. Mindestens vier Fassungen interpretieren das Material dieser Dinge nach modernen Maßstäben falsch als Pergament: Die autornahe Version Fr auf Französisch tut dies zwar nicht für die Geldscheine des Großkhans, jedoch – wie oben bereits angeführt – für die Effigien.[104] Konsequent von Pergament als dem Stoff sowohl der Geldscheine als auch der Grabbeigaben gehen die beiden edierten Kurzfassungen der Gruppe K aus, die den Text in katalanischer bzw. in aragonesischer Sprache präsentieren. Der wiederholte Gebrauch der Begriffe *pergamí/pergamins/perguamì* bzw. *pargamino/pargaminos* lässt ein Versehen bei der Wahl dieser Übersetzung ausschließen.[105]

In der Admonter Fassung auf Deutsch aus dem 15. Jahrhundert finden sich widersprüchliche Angaben: Die bereits zitierten Stellen sprechen zwar unmissverständlich

---

aus dem Jahr 1351 umbeschreibt das mongolische ‚Papiergeld' an einer von ingesamt zwei Stellen, in denen es Erwähnung findet, als *une mennere de briefvés*, ed. [Jean Le Long,], Le voyage en Asie d'Odorico de Pordenone, hg. von Andreose/Ménard 2010, 55. Nur am Rand sei angemerkt, dass das Isländische heute noch neben dem Begriff ‚papper' auch den Terminus ‚brev' für Papier kennt.
101 Vgl. das Lemma „Brief" in Deutsches Rechtswörterbuch, Bd. 2, bearb. von Künßberg, 1932–1935, Sp. 493–501, und in Kluge, Etymologisches Wörterbuch, bearb. von Seebold, 23. Aufl. 1995, 135. S. auch schon die Vielfalt der Wortbedeutungen des Lemmas ‚Brief' bei Grimm, Deutsches Wörterbuch, Bd. 2, 1800, Sp. 379f., das jedoch mit Belegen für den Inhalt „förmliche urkunde" beginnt.
102 Deutsche Übersetzung der Fassung LA, ed. Marco Polos „Heydnische Chronik", hg. von Steidl 2010: Im ‚Papiergeldkapitel' finden sich die Erklärungen *dy pfennige dy macht man von permynte* (332) und *do get eyne muncze di ist gemacht von permynte* (347).
103 Wieder lässt sich diese Beobachtung auch zu anderen Werken, hier zum Reisebericht des Odorico von Pordenone, machen: In der schon 1359 in Tegernsee von Konrad Steckel verantworteten Übersetzung ins Deutsche heißt es, der Großkhan lasse die *múnzz in seinen landn [...] von charrten vnd von hewttn alß pírmeit* herstellen, auf die sein Zeichen aufgeschlagen sei. Die Begriffe *charrten* und *hewtt* sind offensichtlich synonym verwendet, beide seien ‚wie Pergament', ed. Konrad Steckels deutsche Übertragung der Reise nach China des Odorico von Pordenone, hg. von Strasmann 1968, 115.
104 S. dazu oben bei Anm. 35.
105 Katalanische Version der Gruppe K, ed. [Marco Polo,] Viatges de Marco Polo, hg. von Gallina 1958: in den Passagen über ‚Papiergeld': *lur moneda és de carta de pergamí* (102); *Lur moneda és de perguamí*

von Geld aus Pergament. Im eigentlichen ‚Papiergeldkapitel' wird dies freilich konterkariert durch die Erläuterung, dieses *permynte* sei *geslissin von der nidirstin borkin eynis mulbomis, das ist sam eyn papyr*.[106] Diesem Zusatz nach zu urteilen konnte an dieser Stelle Pergament nicht nur tierische Haut meinen, sondern auch einen Stoff, den man aus der unteren Rinde eines Maulbeerbaums ‚zusammenfüge'[107] – demnach ein pflanzliches Produkt, das im folgenden Nebensatz daher auch mit *papyr* verglichen wird. Der aus der Rinde des Maulbeerbaums gefertigte Geldschein erschien dem oder der Übersetzenden also offenbar als ein irgendwie zwischen Pergament und Papier einzuordnender Stoff.

Dass die mittelalterlichen Zeitgenossen zwischen Pergament und Papier nicht sauber trennten, wurde in der bisherigen Papierforschung vor allem für einen frühen Schriftbeleg angenommen, der hier in einem Exkurs kurz vorgestellt werden soll: In der *Schedula diversum artium*, einem Lehrbuch zu technischen und kunstgewerblichen Verfahren aus dem frühen 12. Jahrhundert, das unter dem Pseudonym Theophilus Presbyter überliefert und in der Forschung lange Zeit dem Mönch-Handwerker Roger von Helmarshausen zugeschrieben wurde,[108] wird im Kapitel über die Techniken der Blattvergoldung empfohlen, das möglichst dünn zu schlagende Metall zur Bearbeitung mit dem Hammer zwischen zwei quadratische Stücke von *pergamena Graeca* zu stecken. Der erläuternde Nebensatz, der sich an den Begriff anschließt – *quae fit ex lana lini* – hat bis in die jüngste Forschung hinein dazu geführt, das ‚griechische Pergament' als ‚Papier [...] aus Leinenfasern' zu deuten.[109] Simonetta

---

(141); in den Passagen über ‚Papiereffigien': *e fan pintar en pergamins moltes e diverses bèsties semblantz de camels, e altres maneres de bèsties en acquel mateys pergamí, e figures d'òmens* (29).

Aragonesische Version der Gruppe K nach der Edition Juan Fernández de Heredia's Aragonese Version of the Libro de Marco Polo, hg. von Nitti 1980: in den Passagen über ‚Papiergeld': *lur moneda es de carta de pargamino* (27); *Lur moneda es de pargamino* (40); *lur moneda es menuda et es de cartas de pargamino* (41); in den Passagen über ‚Papiereffigien': *et fazen en pargaminos muchas et diuerssas bestias* (7 f.).

106 Deutsche Übersetzung der Fassung LA, ed. Marco Polos „Heydnische Chronik", hg. von Steidl 2010, 332.
107 S. das Lemma „sliezen" in Lexer, Mittelhochdeutsches Handwörterbuch, Bd. 2, 1876, Sp. 976.
108 Zur Identifizierung von Theopilus Presbyter und Roger von Helmarshausen vgl. etwa Reudenbach, Art. Theophilus Presbyter OSB, 1995, und Ludwig, Art. Theophilus Presbyter, 1997; plausibel angezweifelt wird diese These im auf zwei Tagungen zurückgehenden Sammelband Speer (Hg.), Zwischen Kunsthandwerk und Kunst, 2014.
109 Ed. und Übers. in Theophilus Presbyter und das mittelalterliche Kunsthandwerk, hg. von Brepohl 1999, Bd. 1, 68. Der Herausgeber übernimmt damit eine in der Papierforschung seit dem 18. Jahrhundert etablierte Deutung: vgl. als eine der ersten Breitkopf, Versuch, den Ursprung der Spielkarten [...] zu erforschen, 1784, 89, und Wehrs, Vom Papier, 1788, 123, Anm. c, beide noch mit der heute falsifizierten Datierung der *Schedula* des Theophilus Presbyter auf die Wende vom 8. zum 9. Jahrhundert, sowie Karabacek, Das arabische Papier, 1887, 134 f. schon mit der Datierung auf das 12. Jahrhundert und Weiß, Zeittafel zur Papiergeschichte, 1983, 29 mit der ebenfalls falschen Datierung auf die Mitte des 10. Jahrhunderts. Für die hilfswissenschaftliche Handbuchliteratur seit dem 19. Jahrhundert vgl. unter anderem nur mit der Erwähnung des Begriff und ohne Nachweis Paoli, Grundriss zu Vorlesungen

Iannucelli hat daran 2010 die Vermutung angeschlossen, da es sich ja um ganz frühe Papiere handeln müsse, die in dieser Zeit sich intensivierender Handelskontake neu aus dem Mittleren Osten nach Europa gekommen seien, könnten sie in Farbe und Dicke dem Pergament noch sehr geähnelt haben.[110] Umgekehrt finden sich freilich in anderen Zusammenhängen auch Urteile, gerade die ältesten Papiere seien noch sehr weich und wenig reißfest gewesen.[111] Sie würden zu den grundsätzlichen Zweifeln an dieser Übersetzung passen, die Gerhard Piccard 1965 äußerte: Nach seiner Ansicht vertrage Papier anders als Pergament die ausdauernden und kräftigen Schläge, mit denen das Blattgold getrieben werde, nicht. Auch die grobere Oberflächenstruktur des Papiers hält er für dieses Prozedere für ungeeignet und verweist auf Berichte des 18. und 19. Jahrhunderts, nach denen das von Theophilus beschriebene Verfahren noch üblich gewesen sei, man aber stets Tierhaut als Einbettungsunterlage verwendet habe.[112] Entscheiden lässt sich die Diskussion auf dem aktuellen Stand nicht; auch ein Blick in die ältesten Handschriften der *Schedula* aus der ersten Hälfte des 12. Jahrhunderts hilft nicht weiter: Während das heute in Wien verwahrte Exemplar den Nebensatz gut lesbar und ohne jedes Anzeichen einer späteren Ergänzung überliefert,[113] ist er in der ältesten Wolfenbütteler Handschrift verballhornt zu *lana ligni*.[114]

Belastbarer erscheint ein zweites Beispiel, das allerdings in den iberischen Raum führt: Dort kreierten die Urheber des vermutlich um 1265 unter König Alfons dem Weisen angelegten Gesetzesbuchs *Siete partidas* den Begriff *pergamino de pano* – das heißt, ‚Pergament aus Stoff' – im Kontrast zu *pergamino de cuero* – also ‚Pergament aus Leder' und damit einem Beschreibstoff aus ‚echter' Tierhaut.[115] Ein Blick auf die

---

ueber Lateinische Palaeographie, Teil II, 1895, /1, Anm. 1, unter Nennung des Theophilus Wattenbach, Das Schriftwesen im Mittelalter, 3. Aufl. 1896, 141, und Santifaller, Beiträge zur Geschichte der Beschreibstoffe, 1953, 147. Für jüngere restaurierungswissenschaftliche Beiträge mit dieser Interpretation s. etwa auch Clarke, The Art of All Colours, 2001, 15 f. und Iannuccelli in der folgenden Anm.
110 Vgl. Iannuccelli, L'Europa di carta 2010, 95 f.
111 S. dazu unten bei Anm. 141.
112 Vgl. Piccard, Carta bombycina, carta papyri, pergamena graeca, 1965, 65–75, bes. 71–74. S. allerdings ein Rezept des Valentin Boltz aus Ruffach in seinem 1549 gedruckten *Illuminier Buch* für ‚Briefmaler' zur Herstellung von *Bapier schwartz* zum Malen, so genannt, da als wichtigste Zutat die Asche verbrannten Papiers benötigt wurde: Zur Herstellung der Asche empfiehlt er *des roten Bapiers, darin das geschlagen gold ist gelegen*. Unklar bleibt, ob das Papier nur zur Verwahrung oder auch Bearbeitung des Blattgoldes gedacht war. Hier zit. nach Oltrogge, Datenbank mittelalterlicher und frühneuzeitlicher kunsttechnologischer Rezepte, s. d. nach einer Nürnberger Abschrift des Drucks aus dem 16. Jahrhundert.
113 Vgl. Wien, Österreichische Nationalbibliothek, Cod. 2527, fol. 21v–22r, benutzt nach dem digitalisierten Mikrofiche der Handschrift unter URL: http://schedula.uni-koeln.de (Stand: 10.03.2023).
114 Vgl. Wolfenbüttel, Herzog-August-Bibliothek, Guelph. Gudianus lat. 2° 69, fol. 89v, benutzt nach dem Digitalisat unter URL: http://schedula.uni-koeln.de (Stand: 10.03.2023).
115 Ohne Nachweis der Belegstelle zit. etwa bei Wattenbach, Das Schriftwesen im Mittelalter, 3. Aufl. 1896, 143; Karabacek, Das arabische Papier, 1887, 116; Santifaller, Beiträge zur Geschichte der Beschreibstoffe, 1953, 145; Piccard, Carta bombycina, carta papyri, pergamena graeca, 1965, 62. Mit Quellenbeleg bei Burns, The Paper Revolution in Europe, 1981, 2, Anm. 1, hier Verweis auf die zumeist

Überlieferungssituation des bislang nicht kritisch edierten Textes macht deutlich, dass diese Begriffsverwendung keinesfalls auf das 13. Jahrhundert beschränkt war.[116] Die heute bekannten über 100 Handschriften stammen vielmehr aus dem 14. und 15. Jahrhundert; auch der erste der zahlreichen Drucke, hergestellt in einer von deutschen Druckern betriebenen Offizin in Sevilla 1491, kennt das Begriffspaar noch ganz selbstverständlich.[117] Zugleich benutzt er für das Signifikat ‚Papier' allerdings noch ein Synonym, das auch in der handschriftlichen Überlieferung nachweisbar ist: Statt von *pargamino de pano* spricht er von *pargamino de papel* – ‚Pergament aus Papier'.[118] Es liegt also nahe, dass man zwar den autoritativen Gesetzestext nicht willkürlich ändern wollte, aber den Begriff ‚Pergament aus Stoff' doch nicht für allgemein verständlich hielt.[119]

Auf lange Sicht war es eben nicht das Pergament, sondern der Papyrus, von dem das Papier seinen Namen erben sollte. Dies zeigt sich nicht erst heute fast europaweit in den modernen Bezeichnungen für Papier.[120] Es gilt schon für die europäische Spra-

---

genutzte und auch in einer englischen Übersetzung verfügbare Ausgabe der Real Academia de la Historia von 1807; vgl. Las Siete Partidas del Rey Don Alfonso el Sabio, Bd. 2, hg. durch die Real Academia de la Historia 1807/1972, hier Partida III, Titulo XVIII, Ley V, 550f. S. außerdem Blum, Le premières fabriques de papier en occident, 1932, 109f. (mit Verweis auf einen Druck von 1759 und eine Handschrift des 14. Jahrhunderts).

116 Korrekt formuliert stünde sogar nur zu vermuten, dass die Begriffsprägungen schon von Alfons und seinem Umfeld verwendet wurden. S. allerdings ein ins 13. Jahrhundert datiertes zweites Zeugnis, das zuerst bei Blum, Les premières fabriques de papier en occident, 1932, 107, angeführt ist: Ein Bibliothekskatalog des Klosters San Domingo in Silos bei Burgos führt das bis heute erhaltene und auf vor 1036 datierte *Breviarium et Missale gothicum seu mozarabicum*, einen aus Papier- und Pergamentblättern gemischten Kodex, als *Missal toledano de pergameno de trapo* – das heißt als „Pergament aus Stoff". Nach Blum zit. etwa bei Santifaller, Beiträge zur Geschichte der Beschreibstoffe, 1953, 144.
117 Las siete partidas de Alfonso X, Sevilla 1491 (IB 7107, USTC 333215), ohne Blattzählung, Tercera partida, Titulo xviii, ley V. Zur Überlieferung (in kastilischer, aber auch katalanischer, galizischer und portugiesischer Sprache) vgl. knapp O'Callaghan, Alfonso X. and the Partidas, 2001, XXXIV f., der allerdings nur die beiden von Alonso Díaz de Montalvo bzw. Gregorio López verantworteten Druckauflagen 1491 und 1555 nennt; für die Fülle an Ausgaben vgl. etwa USTC.
118 Las siete partidas de Alfonso X, Sevilla 1491 (IB 7107, USTC 333215), ohne Blattzählung, Tercera partida, Titulo xviii, ley V. S. auch den Anmerkungsapparat in Las Siete Partidas del Rey Don Alfonso el Sabio, Bd. 2, hg. durch die Real Academia de la Historia 1807/1972, hier Partida III, Titulo XVIII, Ley V, 550f.: Demnach findet sich die Lesart *pergamino de papel* in zwei Handschriften, die heute in Toledo (undatiert) und im Escorial (15. Jahrhundert) aufbewahrt werden, für die Variante *pergamino de paper* verweist die Edition auf eine Handschrift der Biblioteca Real, die auf 1415 datiert sei.
119 Für diese Deutung spricht, dass der Papyrus auch auf der iberischen Halbinsel schon früh als Namensgeber fungierte: So ist 1273 bei Alfons' Schwiegervater Jakob I. von Aragón in einer lateinischen Verordnung zum Schutz der Papierherstellung in Xátiva von *papiro* die Rede, vgl. Barcelona, Archivo de la Corona de Aragon, Registro n° 19, fol. 99, del reinado de Parme, ed. Blum, Le premières fabriques de papier en occident, 1932, 109, Anm. 1. S. auch Santifaller, Beiträge zur Geschichte der Beschreibstoffe, 1953, 145f.
120 Vgl. etwa bosnisch: papir; dänisch: papir; englisch: paper; finnisch: paperi; französisch: papier; isländisch: pappír; kroatisch: papir; niederländisch: papier; norwegisch: papir; polnisch: papier;

chenwelt des Mittelalters, wie sich auch am Beispiel der Marco-Polo-Überlieferung demonstrieren lässt: Ein Beispiel dafür ist schon der früheste überhaupt bekannte Textzeuge mit der franko-italienischen Version F, nach der zum einen der Rohstoff für die vom Großkhan hergestellten Geldscheine mit *papir* vergleichbar seien und zum zweiten die Einwohner von Tangut für die Effigien *carte de papir* verwenden würden.[121] Dieselbe Lesart vertritt die venezianische Version VA, die mit zehn überlieferten Handschriften und drei Druckauflagen, vor allem aber als Vorlage der meisten weiteren Versionen als außerordentlich erfolgreich gelten darf.[122] Übernommen wird sie daher auch in Teilen in denen von VA abhängigen Übersetzungen, allen voran in Pipinos wirkmächtiger lateinischer Version P.[123]

Für heutige Sprecher*innen des Italienischen muss dieser Befund erst einmal irritierend wirken, wird doch im modernen Italienisch der Terminus ‚papiro' nicht mehr für Papier, sondern nur noch für die Papyruspflanze und den aus ihr gewonnenen antiken Beschreibstoff benutzt. Diese Verengung galt aber eben noch nicht für das Volgare des späten Mittelalters: Nicht nur im Sprachmaterial der Marco-Polo-Versionen und der anderen Fernostasienberichte, sondern auch über die paläographische Handbuchliteratur, Belegwörterbücher und die Forschungsliteratur zu den italieni-

---

portugiesisch: papel; schwedisch: papper; slowakisch: papier; spanisch: papel; tschechisch: papír; ungarisch: papír.
121 Franko-italienische Version F, ed. [Marco Polo,] Il Manoscritto della Bibliothèque Nationale de France Fr. 1116, Bd. I, hg. von Eusebi 2010, 51 und 99.
122 Venezianische Version VA, ed. Marco Polo, Il „Milione" veneto, hg. von Barbiere/Andreose 1999: in den Passagen über ‚Papiergeld': *charte a muodo de quelle de papiro* (185); in den Passagen über ‚Papiereffigien': *charte de papiro* (150). In VA findet sich zudem ein kurioses Indiz dafür, dass den Urheber*innen der Fassung für die Geldscheine wie für die Grabbeigaben ein Material derselben Stofflichkeit vor Augen gestanden haben muss: Nach dieser Fassung, die Gadrat-Ouerfelli zufolge vor allem in den Kreisen von Kaufleuten kursierte, seien nämlich nicht einfach Papiere, sondern konkret papierne *Geldscheine* als Rohmasse genutzt worden, um aus ihnen Figuren für die Effigien auszuschneiden, vgl. ebd., 150: *eli fano fare moneta de charte de papiro grande chome bexanti e fano intaiar in quelle charte omeni [...]*. Dieselbe Lesart findet sich auch in der deutschen Version nach TB übersetzt nach dem Erstdruck von Friedrich Creussner, Nürnberg 1477: *so lassen sie gelt von carten machen, dar auff seyn gemacht frawen vnd man[n] [...]*, vgl. [Marco Polo], Hie hebt sich an das puch des edeln[n] Ritters vn[n] landtfarers Marcho Polo, 1477 (GW M34804), fol. 20 r.
123 Lateinische Version P, ed. [Marco Polo =] Marka Pavlova z Benátek, Milion, hg. von Prášek 1902: in den Passagen über ‚Papiergeld': *ut folia de papiro* (97, Anm.); in der Passage zu Tangut über ‚Papiereffigien': *habent in cartis de papiro incisas ymagines uirorum et mulierum* (46, Anm.). Aus P wurden diese Lesarten auch in einige der späteren Übersetzungen übernommen, etwa in die tschechische Version, s. ebd., 97 *papirowy list*, 46 *na liskach papierowych*, oder in die portugiesische Version, ed. Marco Paulo, O Livro de Marco Paulo, hg. von Esteves Pereira 1923, fol. 37 r: *como folhas de papel*. Dies gilt allerdings nicht für alle davon abstammenden Bearbeitungen, s. etwa den Erstdruck einer mehrfach nachgedruckten und in zwei Volkssprachen übersetzten lateinischen Überarbeitung 1532: Dort ist nur von *chartae* ohne weitere Konkretisierung die Rede, vgl. [Marco Polo], M. Pauli Veneti de regionibus Orientalibus libri III, 1532a (VD16 G 3827), 349, s. auch 355 und 394.

schen Papiermühlen lassen sich rasch zahlreiche Belege zur Verwendung von Derivaten des Begriffs ‚Papyrus' für den Stoff Papier finden.[124]

Italien gilt sogar als Ursprungsland, dem die Übertragung des Worts vom alten Papyrus auf den neuen Beschreibstoff zu verdanken ist. Als frühester Beleg wird anders als in der hilfswissenschaftlichen Forschung, die Friedrichs II. Konstitutionen von Melfi aus dem Jahr 1231 nennt,[125] bei Wartburg die Benutzung schon ein halbes Jahrhundert zuvor in genuesischem Geschäftsschriftgut aus dem Jahr 1163 angeführt.[126] Zur Seite zu stellen sind diesen beiden Quellen weitere Belege für die Glossatoren des 13. Jahrhunderts, vor allem aber für die römische Kurie ab der Zeit um 1300, für die sich breit sogar das Substantiv *papirus* für Papier nachweisen lässt.[127]

Nach dem Latinisten Peter Stotz ist der Begriff damit ein zwar prominentes, aber nicht das einzige Beispiel dafür, wie sich im Mittellateinischen gerade bei der Bezeichnung konkreter Dinge „Bedeutungswandel infolge Umweltwandels" niedergeschlagen habe.[128] Diese Interpretation folgt der These, dass der Name von einem außer Gebrauch gekommenen auf einen neu durchgesetzten Stoff vererbt werde; sie scheint gerade durch den offensiven Einsatz des Begriffs an der kurialen Kanzlei untermauert zu werden, deren Vorgänger des 11. Jahrhunderts schließlich in der Forschung als letzte Bastion des Papyrusgebrauchs in Europa gelten.[129] In Widerspruch zu Stotz

---

124 Angesichts der Häufigkeit der Begriffsverwendung sowohl in volkssprachlichen als auch in lateinischen Texten, die in Italien entstanden, seien hier nur (in der Regel eindeutig datierte und lokalisierte) Beispiele aus Belegwörterbüchern angeführt: Glossario degli Antichi Volgari Italiani, hg. von Colussi, Bd. 3,1, 1985, 267–269; Lemma ‚Carta'; Semi, Glossario de Latino Medioevale Istriano, 1990, 279, Lemma ‚papirus [...]'; Sella, Glossario Latino Emiliano, 1937, 251, Lemma ‚paperium', 252, Lemmata ‚papireus' und ‚papirus'; ders., Glossario Latino Italiano, 1944, 413, Lemma ‚papirus, papiro, carta'.
125 Ed. Die Konstitutionen Friedrichs II., hg. von Stürner 1996, I 80, 253f. S. etwa von Savigny, Geschichte des römischen Rechts, 1834, 578 mit Anm. e; von dort übernommen bei Santifaller, Beiträge zur Geschichte der Beschreibstoffe, 1953, 125.
126 Vgl. Wartburg, Französisches Etymologisches Wörterbuch, Bd. 7, 1955, 593; mit Verweis auf Schaube, Handelsgeschichte der romanischen Völker, 1906, 286 und 322: Schaube referiert den Inhalt einer Commenda genuesischer Kaufleute vom Oktober 1163 über eine Lieferung von Spanien nach Tunis, die *in seta et papiris* bestanden habe, was er auf 286 als „Seide und Papyrus" übersetzt (s. anders in der Fußnote), wohingegen er auf 322 dahinter Papier wohl aus Xàtiva vermutet; seine Deutungen bleiben anders als bei Wartburg demnach widersprüchlich; die Commenda ist ediert in Historiae patriae Monvmenta 6,2, 1853, 899, Nr. 1345. Nach Wartburg übernommen bei Stotz, Handbuch zur Lateinischen Sprache des Mittelalters, Bd. 2, 2000, 37, § 14.4.
127 S. hier die ältere Forschung zusammenfassend Santifaller, Beiträge zur Geschichte der Beschreibstoffe, 1953, 125f.
128 Stotz, Handbuch zur Lateinischen Sprache des Mittelalters, Bd. 2, 2000, 33. Gleiches gilt auch für andere Schreibmaterialien, s. ebd.: *calamus*, und 214: *charta*.
129 Zum Gebrauch von Papyrus in der päpstlichen Kanzlei mit dem Fazit, dass diese Tradition seit den dreißiger Jahren des 11. Jahrhunderts rapide zurückgegangen sei (das letzte erhaltene Original ist auf das Jahr 1057 datiert; indirekte Belege für Papyrusgebrauch finden sich bis in das Pontifikat Gregors VIII, 1073–1085), vgl. Santifaller, Beiträge zur Geschichte der Beschreibstoffe, 1953, 32–52; auf diesem Stand auch noch Becker/Licht/Schneidmüller, Pergament, 2015, 342.

findet sich in der Forschung allerdings auch die Skepsis, dass man nur auf der Basis der Begriffe gerade in der frühen Zeit nicht sicher rückschließen könne, ob damit Papyrus oder Papier gemeint gewesen sei.[130] Leo Santifaller hat zudem ähnliche Schwierigkeiten auch für das Ende des Mittelalters angedeutet, mit dem Verweis auf den um 1460 geborenen Mailänder Historiker Tristano Calchi, der in seinem Werk *Historiae patriae* eine im Auftrag des Königs Odoaker ausgestellte Urkunde als *tabula antiqua ex papiro* bezeichnete. Angesichts ihrer Entstehungszeit könne sie nur auf dem antiken Beschreibstoff Papyrus geschrieben worden sein, weshalb Santifaller daraus schließt, dass auch um 1500 in Oberitalien das Wort *papirus* für den alten Papyrus verwendet wurde.[131]

Diese Mehrdeutigkeit spiegelt sich auch in Wörterbüchern des 15. und 16. Jahrhunderts: Mit den Lemmata ‚papyrus'/‚papier' sahen sie oft nicht nur die beiden Beschreibstoffe, sondern auch die Papyruspflanze und davon abgeleitet weitere Sumpfgewächse bzw. allgemein ‚Binse' und schließlich auch andere aus Papyrus hergestellte Produkte, allen voran – wie im lateinischen Europa weit verbreitet – Dochte für Kerzen und Lampen bezeichnet.[132] Nach Wartburg ist angesichts der Vielfalt der Bedeutungen, aber auch der Lautformen und Schreibweisen davon auszu-

---

130 Vgl. etwa Santifaller, Beiträge zur Geschichte der Beschreibstoffe, 1953, 126. Auf die Spitze getrieben findet sich diese Skepsis bei Piccard, Carta bombycina, carta papyri, pergamena graeca, 1965, 61–63: Ausgehend von seinen oben bereits als falsch erwiesenen Hypothesen zum Begriffsgebrauch stellt er die Behauptung auf, in den von Friedrich II. 1231 erlassenen Konstitutionen von Melfi sei nicht Papier, sondern Papyrus gemeint gewesen.
131 Santifaller, Beiträge zur Geschichte der Beschreibstoffe, 1953, 41, Anm. 46, ohne Quellenbeleg.
132 Ein bis hinein ins frühe 16. Jahrhundert stark verbreitetes, bis heute in 170 Handschriften und 24 Druckexemplaren bis 1500 bekanntes Beispiel (s. zur Überlieferung Powitz, Das ‚Catholicon', 1988, 125) ist das alphabetisch sortierte Wörterbuch, das der Genueser Dominikaner Giovanni Balbi 1286 als fünften Teil seiner *Summa grammaticalis quae vocatur Catholicon* vorlegte. Ziel des Wörterbuchs war, alle für die Bibelexegese notwendigen Worte zu verzeichnen und zu erklären; Verwendung fand es freilich deutlich breiter als eine Art Konversationslexikon. Auch den Begriff ‚papyrus' hatte Balbi berücksichtigt, unter Verweis auf Jesaja 18,2: *qui mittit in mari legatos et in vasis papyri super aquas [...]*. Neben der Erläuterung, in der Bibelstelle seien aus dem Rohr der Papyrusstaude erbaute Schiffe gemeint, nennt der Autor jedoch noch drei weitere Bedeutungen: Damit könnten Blätter im Sinn von Schreibmaterial gemeint sein, aber auch Gefäße, in denen Schriftstücke aufbewahrt wurden, und schließlich auch – abgeleitet vom Begriff pyr – auch jenes Feuer, das man in Wachskerzen oder Lampen entzünde. S. darüber hinaus auch die Sammlung an Belegen im Frühneuhochdeutschen Wörterbuch, Bd. 2, bearb. Reichmann, 1994, Lemma ‚papier, papeier', Sp. 1941–1943, s. etwa die deutsch-lateinischen Vokabularien aus Nürnberg 1482: *Pappirin ding. [...] od[er] ding vo[n] rore oder von pintzen gemacht*, Speyer, um 1483/4: *Papir papirus patet*. Augsburg 1571: *Papyr, gantz Papyrus. Jst ein gewechs oder stauden inn Egypten / so inn den Mosern vnnd bey dem Nilo funden wirdt / darauß man vor zeyten Schiff segel / Kleyder / Seyl ec. gemacht hat / [...] Man findet auch solches gewechs im Euphrate bey Babilonien / darauß man grosse bletter zum schreiben macht / daruon heyssen wir vnser zerrissen hader / darauß man schreib pletter macht auch papyr*. Für Beispiele zur Bedeutung ‚Docht' vgl. Wartburg, Französisches Etymologisches Wörterbuch, Bd. 7, 1955, 592f.

gehen, dass der Begriff ‚papyrus' wiederholt in ganz verschiedenen Kontexten neu entlehnt wurde.[133]

Doch auch mit diesen Überlegungen ist das Verwirrspiel um die Bezeichnungen für Papier im Mittelalter noch nicht vollständig beschrieben. Wenn wir dazu wieder zur Überlieferung von Marco Polos Werk zurückkehren, so findet sich in einigen Handschriften nämlich noch ein weiterer Begriff: In Ramusios Druckversion von 1559 – wie vorhin bereits kurz zitiert – als *carta bombagina* (als Äquivalent für die chinesischen aus Rinde gefertigten Geldscheine) bzw. als *carta bombasine* (als Material für die Effigien) bezeichnet, taucht er in den jeweiligen ‚Papiergeldkapiteln' auch schon in der toskanischen Version TA als *bambagia* bzw. in der davon abhängigen lateinischen Version LT als *bambax* auf.[134]

Auch die Papierforschung kennt diese Bezeichnung, prominent als Komposit *carta bombicina* in den Konstitutionen Friedrichs II. für Sizilien von 1231 (s. dazu Kap. B.3, Kasten B.3.3). Verschiedene Varianten finden sich außerdem in den in der Einleitung in Kasten A.1 zusammen gestellten Schriftbelegen für Papiergebrauch unter Friedrichs normannisch-sizilischen Vorfahr*innen seit etwa 1100. Dort ist der Begriff nicht nur auf Latein, sondern früher und häufiger noch in griechischsprachigen Dokumenten nach byzantinischen Vorbildern nachgewiesen; und auch in Byzanz selbst ist er nach Santifaller seit 1077 belegt. Außerhalb der Grenzen Siziliens wurde zuerst von Wilhelm Wattenbach schließlich noch auf einen – in Datierung und Deutung freilich vagen – Fund in der *Graphia aureae urbis Romae* hingewiesen:[135] Der darin überlieferte *Libellus de cerimoniis aule imperatoris*, der aus der Zeit der Ottonen im späten 10. Jahrhundert zu stammen vorgibt, wohl aber erst im 11. oder 12. Jahrhundert gefälscht wurde, nennt als Teil einer Zeremonie zur Investitur römischer

---

133 Ed. Marco Polos „Heydnische Chronik", hg. von Steidl 2010, 332 und 351, als verbesserter Nachdruck der älteren Edition von Eduard Horst von Tscharner aus dem Jahr 1935. Vgl. Gadrat-Ouerfelli, Lire Marco Polo au Moyen Age, 2015, Annex I, 357–381, hier Nr. 1, s. auch das entsprechende Kapitel auf 59–61.
134 Toskanische Version TA, ed. Marco Polo, Milione, hg. von Bertolucci Pizzorosso 1982, 151: *e di quella buccia fa fare carte come di bambagina*; lateinische Version LT, ed. Roux, Recueil de voyages et de mémoires, 1824, 384: *de isto cortice facit fieri cartas sicut de bambace*. Die Effigien werden in beiden Versionen lediglich vage als *carta* (im Singular oder Plural) bezeichnet, vgl. toskanische Version TA, ed. Marco Polo, Milione, hg. von Bertolucci Pizzorosso 1982: *ánno uomini di carte intagliati e cavagli e camegli e monete grosse come bisanti* (77); *E di questo fanno fare carte* (98); *dicono che la carta vae nell'altro mondo* (98); *fanno dipignere in carte uccelli, cavagli, arnesi, bisanti e altre cose assai* (99); *Quando [sono] làe ove 'l corpo si dé ardere, e' fanno di carte uomini, femini, camelli, danari* (223). Lateinische Version LT, ed. Roux, Recueil de voyages et de mémoires, 1824: *habent homines factos de cartis, et equos et camelos factos similiter* (341); *dant filiam mortuam homini mortuo, et de hoc faciunt fieri cartas* (355); *tunc dicunt quod carta vadit in alium mundum* (355); *faciunt pingi in cartis aves et equos, arnesia, bizantos et alia multa* (355); *ipsi faciunt de cartis homines et mulieres, camelos, equos, denarios et multa alia* (428).
135 Vgl. Wattenbach, Das Schriftwesen im Mittelalter, 1. Aufl. 1871, 93f., 2. Aufl. 1875, 116; in der dritten Aufl. hat Wattenbach diese Passage getilgt.

patricii ein *bambacinum*, das vom Kaiser *propria manu scriptum* mit den Worten: *Esto patricius misericors et iustus* an den neuen Würdenträger übergeben werden sollte.[136] Höchstwahrscheinlich fand dieser Akt nie so statt; die Forschung hält ihn vielmehr für eine Fiktion der sogenannten Renaissance des 12. Jahrhunderts, mit dem Impetus, im Rückgriff auf byzantinische Traditionen – denn Papier war dort ja ein besonders feierlicher Beschreibstoff für die kaiserlichen Ausfertigungen! – vermeintlich antike römische Tradition wiederzubeleben. Mit Leo Santifaller ist das *bambacinum scriptum* daher nicht als Indiz für die Verbreitung von Papier im ottonenzeitlichen Europa misszuverstehen; doch es zeugt davon, dass sein anonymer Autor byzantinische Gebräuche schätzte – und um den Papiergebrauch am Hof des Basileus wusste.[137]

Diese auf Byzanz verweisenden Konnotationen des Begriffs freilich wird der Leserschaft von Marco Polos Text in den oben genannten Versionen mit den Formen *bambagia* und *bambax* wohl kaum mehr vor Augen gestanden haben. Gerade bei diesen substantivierten Formen stehen zumindest die modernen Leser*innen vor der Schwierigkeit, dass in Teilen derselbe Begriff, zum Teil eine Variante derselben Wurzel in den Handschriften gleich mehrfach mit anderen Bedeutungen zu greifen ist: vor allem als Baumwolle, wohl auch als Seide.[138] Aus dem Kontext dieser Stellen geht jedenfalls mehrfach klar hervor, dass hier die Rohstoffe für Tuche und Kleider

---

136 Ed. Schramm, Kaiser, Rom und Renovatio, 1929, 103: *Tunc induat ei mantum et ponat ei in dextra indice anulum et det ei bambacinum propia [sic] manu scriptum, ubi taliter contineatur inscriptum:* „Esto patricius misericors et iustus."
137 Vgl. Santifaller, Beiträge zur Geschichte der Beschreibstoffe, 1953, 133f.
138 Toskanische Version TA, ed. Marco Polo, Milione, hg. von Bertolucci Pizzorosso 1982: acht Belege für das Substantiv *bambagia* (28f., 45, 68, 71, 267, 2× 282, 285) sowie einmal als Adjektiv *bambagino* (64). Lateinische Version LT, ed. Roux, Recueil de voyages et de mémoires, 1824: zehn Belege für das Substantiv *bambax/bambace* (311, 320, 335, 337, 410, 460, 2× 466, 468, 474) sowie einmal als Adjektiv *bambacinus* (333). Mit der Wortbedeutung ‚Baumwolle' auch in vielen anderen Versionen, vgl. hierzu die Aufstellung bei Pelliot, Notes on Marco Polo, Bd. 1, 1959, 425.

Nach dem Urteil der Herausgeberin der Version TA, Valeria Bertolucci Pizzorusso, sind diese beiden verschiedenen Produkte irrtümlich unter einer Bezeichnung zusammen gefasst, vgl. Marco Polo, Milione, hg. von Bertolucci Pizzorosso 1982, 556. Als Grund für diese Annahme führt sie Marco Polos Aussage über Gufurat an, er habe dort *àlbori che fanno la bambagia* gesehen (ed. ebd., 282), da Gufurat nicht für die Gewinnung von Baumwolle, sondern für seine Seidenproduktion bekannt gewesen sei. S. zu dieser möglichen Verwechslung der Begriffe auch schon Pelliot, Notes on Marco Polo, Bd. 1, 1959, 427f., die er sich nicht nur sprachlich, sondern auch durch die Ähnlichkeit der Kapseln der Baumwollpflanze mit den Kokons der Seidenraupen erklärt, sowie allgemeiner mit einer Rückführung des Missverständnisses auf Plinius Niermeyer/van de Kieft, Mediae latinitatis lexicon minus, Bd. 1, 2002, 134; s. auch Sella, Glossario latino italiano. Stato della Chiesa – Veneto – Abruzzi, 1944, 53, Lemma ‚bambaginus'.

Zu den Termini für Baumwolle in der Überlieferung von Marco Polos Text allgemein vgl. die Anmerkungen in Marco Polo, Il Milione, übers. von Guignard 1983, 461, Marco Polo, Milione, hg. von Ronchi 1982, 63 zu Z. 5, schließlich auch die Anmerkungen Don Bakers zur von ihm veranlassten englischen Ausgabe von Karabaceks „Das arabische Papier", Karabacek, Arab paper, 2001, 62, Anm. 106.

gemeint waren.¹³⁹ Wollten die Urheber*innen der toskanischen Version TA und der lateinischen Fassung LT daher ausdrücken, dass die Materialität der aus der Rinde des Maulbeerbaumes gefertigten Geldscheine gar nicht den Beschreibstoffen Papier oder Pergament, sondern der Haptik von Baumwoll- oder Seidenstoffen ähnele? Eine ähnliche Lesart, aber doch mit einem bedeutenden Unterschied ergäbe in diesem Fall Ramusios Text (R) durch die adjektivische Verwendung des Begriffs in direkter Verbindung mit dem Wort ‚c[h]art[a]e': Die chinesischen Geldscheine glichen demnach nicht Baumwoll*tuchen*, sondern *-blättern*. Meinte Ramusio mit diesem Begriff also das in der älteren Forschung lange Zeit für verbürgt gehaltene, in den 1890er Jahren jedoch scharf in Frage gestellte „Baumwollpapier"?

Die Legende vom Baumwollpapier

Zum besseren Verständnis ist an dieser Stelle ein wissenschaftsgeschichtlicher Exkurs zu diesem Stichwort in der Papiergeschichtsforschung nötig. Im 18. und 19. Jahrhundert war man überzeugt, dass die ältesten (gefilzten) Papiere aus roher Baumwolle gefertigt worden seien. Diese „Baumwollpapiere" hielt man für die Vorläufer der „Hadernpapiere", für die man leinerne Lumpen als Rohstoff annahm und deren Aufkommen je nach Deutung im 11., 13. oder 14. Jahrhundert vermutet wurde.¹⁴⁰ Grund

---

139 Toskanische Version TA, ed. Marco Polo, Milione, hg. von Bertolucci Pizzorosso 1982: *panno bambagino* (64) und *drappi di bambagia* (285), *bambagia da filare* (282) und *filo di bambagia* (267), *bucherame e bambagia* (282). Lateinische Version LT, ed. Roux, Recueil de voyages et de mémoires, 1824: *panno bambacino* (333), *pannos de bambace* (468), *panni optimi de bocharamine et de bambace* (474), *filum bambacis* (460). Zudem wird explizit, dass man dieses Produkt von einem *Baum* ernte; im Fall der Seide – so müssen die Leser*innen für sich ergänzen – ebenfalls vom Maulbeerbaum, allerdings nicht von seiner Rinde, sondern von den seine Blätter fressenden Seidenraupen, im Fall der Baumwolle vom Baumwollbusch und den aus seinen Blüten erwachsenden Kapseln mit ihren weißen, bauschigen Baumwollfasern. S. toskanische Version TA, ed. Marco Polo, Milione, hg. von Bertolucci Pizzorosso 1982: *egli ànno àlbori che fanno la bambagia molto grandi* (282). Lateinische Version LT, ed. Roux, Recueil de voyages et de mémoires, 1824: *ipsi habent arbores quae faciunt bambacem* (466), *bambax quae nascitur in arbore est bona* (466).
140 Als Urheber der These vom Baumwollpapier, das durch das günstigere und bessere Leinenpapier abgelöst worden sei, ist nach der Meinung von Irigoin, Les premiers manuscripts grecs écrits sur papier, 1950, 194, der Paläograph Bernard de Montfaucon, ein Zeitgenosse und zeitweiliger Mitarbeiter Jean Mabillons, in seiner Schrift „Dissertation sur la plante appelée papyrus, sur le papier d'Egypte, sur le papier de coton, & sur celluy dont on se sert aujourd'hui" aus dem Jahr 1729 anzusprechen, vgl. Montfaucon, Dissertation sur la plante appelée papyrus, 1729, 604–608. Noch ohne die beiden ‚Sorten' in eine zeitliche Reihenfolge zu bringen, unterschied daher schon Mabillon in seinem 1709 in der zweiten Auflage posthum gedruckten Werk „De re diplomatica" einerseits die „charta nostra seu papyro vulgari, quae ex veterum linteorum reliquiis contritis ac maceratis conficitur", und andererseits den „usus chartae ex gossipio seu cottone", wobei er sowohl auf mittelalterliche Quellen als auch auf frühneuzeitliche Literatur dazu verwies, vgl. Mabillon, De re diplomatica, 1709, lib. I, cap. 8, XVI, 39. In der Folgezeit setzte sich diese These breit durch, sowohl in der auf Papiergeschichte

für diese Thesen war die Haptik von als „Baumwollpapiere" qualifizierten Stücken, die man als weich und instabil beschrieb.[141] Vor allem aber argumentierte man mit den zeitgenössischen Benennungen, wobei neben der hier vorgestellten Wortfamilie um die ‚charta bombycina' auch noch scheinbar eindeutigere Belege wie ‚charta gossypina', ‚cuttunea' oder ‚xylina' ins Feld geführt wurden.[142]

---

fokussierten Forschung (aus dem deutsch- und italienischsprachigen Raum vgl. etwa die in Kap. B.4 zitierte Fachenzyklopädie Beyer, Theatrum machinarum molarium, 1735, 91; das 1761 zuerst auf französisch gedruckte und 1762 in deutscher Übersetzung von Heinrich Gottlieb Justi vorgelegte Werk von Lalande, Die Kunst Papier zu machen, Berlin/Stettin/Leipzig 1762, 10–13; das 1766 gedruckte Lehrbuch von Keferstein, Unterricht eines Papiermachers, ed. Bockwitz 1936, 84; Breitkopf, Versuch, den Ursprung der Spielkarten [...] zu erforschen, 1784, 45–112, bes. 49 f. Anm. f mit ausführlichem Literaturbericht; Wehrs, Vom Papier, 1788, 33 f., 41) als auch in der allgemeinen Enzyklopädistik bzw. Handbuchliteratur (s. etwa Kap. 4.4: „Scarsezza de' libri; invenzione della carta di lino" in: Tiraboschi, Storia della letteratura italiana, Bd. 5, 1807, 95–101 (1. Aufl. 1775), Lemma „Papier" mit den eigenen Passagen zum Baumwoll- und zum Leinenpapier in: Krünitz, Oeconomische Encyclopädie, Bd. 106, 1807, 516–531 und 532–564, jeweils mit ausführlichem Literaturbericht; im Kap. 25: „Äußeres Bücherwesen": Savigny, Geschichte des römischen Rechts, 1834, 577–579). In den klassischen Hilfswissenschaften blieb diese These bis ins späte 19. Jahrhundert unbestritten, vgl. etwa als frühes Beispiel mit direktem Verweis auf Montfaucon Maffei, Istoria diplomatica, Mantua 1727, lib. 1, cap. 10, 76–79; als spätes Beispiel noch die beiden ersten Auflagen von Wattenbach, Das Schriftwesen im Mittelalter, 2. Aufl. 1875, etwa 114 f., 117 f., 121–123; anders dann die 3. Aufl. 1896, hier 139 f.; außerdem – bereits in Erwiderung auf Briquet, La légende paléographique du papier de coton, 1884/1955, 112–115 – Paoli, Carta di cotone e carta di lino, 1885; dann anders: ders., Grundriss zu Vorlesungen ueber Lateinische Palaeographie, Teil II, 1895, 68–71. Weitere Beispiele nennt Schultz, Papierherstellung im deutschen Südwesten, 2018, 60.

141 S. dazu Wattenbach, Das Schriftwesen im Mittelalter, 3. Aufl. 1896, 140. Schon in denjenigen Werken, die noch die These vom Baumwollpapier und seiner Ablösung durch das Leinenpapier vertraten, finden sich wiederholt Klagen über die Schwierigkeiten, zwischen den beiden Sorten klar zu unterscheiden, s. etwa Tiraboschi, Storia della letteratura italiana, Bd. 5, 1807, 96–99, Anm.*, der angesichts von Divergenzen bei der Zuordnung der alten Papiere betont, dass man für die von ihm zitierten Ergebnisse auf die Expertise der erfahrensten Handwerker aus Fabriano zurückgegriffen habe.

142 Schlüssig lassen sich die in der Forschung aufgestellten Thesen belegen, dass die hier angeführten Adjektive parallele Bezeichnungen für das Signifikat Baumwolle waren. So heißt es bereits bei Plinius in seinem Abschnitt über die Baumwolle, sie werde von einigen als *gossipium*, von vielen als *xylon*, von anderen wiederum als *bombyce lanugo* bezeichnet, zit. nach dem Lemma ‚Bombax' in Du Cange, Glossarium mediae et infimae latinitatis, 1883–1887/1954, Bd. 1, 695. Als Beispiel für die Tradierung dieses Wissens vgl. die kommentierte Übersetzung der *Materia medica* von Dioscurides von 1544 aus der Feder des Arztes und Botanikers Pierandrea Mattioli mit der Erklärung, die *picciola pianta* (das heißt die Baumwollpflanze) werde von *alcuni gosopio, e altri xilo* genannt, während sie bei Plinius als *bambagia* bezeichnet sei, zit. nach Battaglia, Grande Dizionario della Lingua Italiana, Bd. 2, 1962, 27. Zur verwandten Semantik der Worte im Lateinischen vgl. außerdem die Lemmata „gossypinus" und „xylinus" in: Georges, Ausführliches lateinisch-deutsches Handwörterbuch, 1913–18/1998, Bd. 1, 1913, Sp. 2952, und Bd. 2, 1918, Sp. 3569, sowie die Lemmata „Bombax" und „Cottonus" in: Du Cange, Glossarium mediae et infimae latinitatis, 1883–1887/1954, Bd. 1, 695 f. und Bd. 2, 599 (mit Quellenbelegen).

Als Crux in der Argumentation der Forschung – wie später noch einmal aufzugreifen ist, s. dazu unten in Anm. 142 und bei Anm. 162 – stellt sich allerdings heraus, dass mit Ausnahme des Begriffs ‚charta bombycina' sich für die genannten Komposita kaum oder sogar keine Belegstellen anführen

Der heutigen Forschung gilt die Annahme eines „Baumwollpapiers" freilich als „Legende", wie zuerst Charles-Moïse Briquet statuierte und dann die im Tandem erarbeiteten Publikationen des Chemikers Julius Wiesner und des Orientalisten Joseph Karabacek allgemein durchsetzten: Gestützt auf mikroskopische Studien vertraten sie die These, dass ein aus reiner, roher Baumwolle gefertigtes Papier nie existierte.[143] Bekräftigt wurden sie durch die in mehreren frühneuzeitlichen Zeugnissen fassbare Erklärung, dass man aus Wollhadern keine guten Papiere herstellen könne.[144] Im Allgemeinen wird daher davon ausgegangen, dass auch im spätmittelalterlichen Europa vor allem abgetragene Tuche aus Leinen und Hanf für die Papiermacherei bevorzugt wurden, wie dies 1494 Francesco Mario Grapaldo explizit feststellte.[145]

Die durch die materialwissenschaftlichen Analysen angestoßenen Zweifel an der Existenz des „Baumwollpapiers" führten auch zur Suche nach anderen etymologischen Erklärungen der ‚charta bombycina'.[146] Joseph Karabacek vermutete, der Begriff sei von der syrischen Stadt *Bambyke* – dem rund 80 Kilometer von Aleppo entfernte Manbidsch, einem bedeutenden Zentrum der Textilproduktion im 10. Jahrhundert – abzuleiten.[147] Hinter dieser Hypothese steht die Überlegung, dass der Begriff dem in

---

lassen. Zuerst zusammengestellt finden sie sich in einer ausführlichen, aber fußnotenfreien Begriffsdiskussion im Lemma „Papier" bei Krünitz, Oeconomische Encyclopädie, Bd. 106, 1807, hier 520–523. Erstmals zur argumentativen Viererreihe ‚charta bombycina, gossypina, cuttunea, xylina' gruppiert werden sie bei Wattenbach, Das Schriftwesen im Mittelalter, 2. Aufl. 1875, 115, wiederholt (hier schon mit anderer Deutung) in 3. Aufl. 1896, 141 (für ‚charta bombycina' liefert der Autor im Folgenden Belegstellen nach, nicht jedoch für die drei anderen Beiwörter). Wörtlich aufgegriffen wird sie bei Karabacek, Das arabische Papier, 1887, 131; bei Paoli, Grundriss zu Vorlesungen ueber Lateinische Palaeographie, Teil II, 1895, 70 f.; bei Bresslau, Handbuch der Urkundenlehre, Bd. 1, 1889, 892, Anm. 1; bei Bretholz, Bertold, Lateinische Paläographie, 2. Aufl. 1912, 17; bei Battelli, Lezioni di Paleografia, 1949, 35; bei Santifaller, Beiträge zur Geschichte der Beschreibstoffe, 1953, 121, oder Foerster/Frenz, Abriss der lateinischen Paläographie, 2004, 44. Keiner dieser Autoren macht sich die Mühe, die Belege nachzurecherchieren.
143 Vgl. Briquet, La légende paléographique du papier de coton, 1884/1955, 112–115; Karabacek, Das arabische Papier, 1887, bes. 107–135 sowie 159; Wiesner, Die Faijûmer und Uschmûneiner Papiere, 1887, bes. 237–239, 253; für weitere Publikationen Wiesners zum Thema vgl. die Zusammenfassung bei Piccard, Carta bombycina, carta papyri, pergamena graeca, 1965, 48. S. auch oben Anm. 140. Der Begriff der „Legende" taucht in diesem Zusammenhang auch noch in jüngeren Publikationen auf, s. etwa Foerster/Frenz, Abriss der lateinischen Paläographie, 2004, 44.
144 So Schultz/Follmer, Von Brillen, Knoten und Wassertropfen, 2015, 26 mit Anm. 78 mit Verweis etwa auf eine Regensburger Mühlenordnung aus der zweiten Hälfte des 16. Jahrhunderts bzw. Kefersteins „Unterricht eines Papiermachers an seine Söhne", gedruckt 1766.
145 Vgl. den Erstdruck: Grapaldo, De partibus aedium, Lib. II, Cap. VIIII (Bibliotheca), fol. o iiii v (nachträgliche Zählung fol. 106 v); s. Teileditionen der Passage in Lublinsky, Notions bibliothécomiques de la Renaissance, 1967, 640–647, und Steinmann (Hg.) Handschriften im Mittelalter, 2013, Nr. 882, 830 f.; s. dazu Schultz/Follmer, Von Brillen, Knoten und Wassertropfen, 2015, 26, Anm. 76, sowie in Charlet, La bibliothèque, le livre et le papier d'après Francesco Maria Grapaldo, 1996, 352.
146 Eine ausführliche Zusammenfassung der Diskussion bietet Santifaller, Beiträge zur Geschichte der Beschreibstoffe, 1953, 123–125, s. dort auch weitere Literaturverweise.
147 Karabacek, Das arabische Papier, 1887, 131–134, und ders., Neue Quellen zur Papiergeschichte, 1888, 117–121. Anlass für die These war seine Beobachtung, dass der Stadtname als Adjektiv in

der islamischen Einflusssphäre üblichen und bis heute gut nachweisbaren Prinzip der Benennung von Papiersorten nach ihrer Herkunft gefolgt sei (s. oben Kap. B.5).[148] Auch wenn Karabaceks Vermutung nicht unumstritten blieb, so folgt ihr der größere Teil der neueren Literatur, so auch Henri Bresc und Isabelle Heullant-Donat in ihrem zentralen Aufsatz „Pour une réévaluation de la ‚révolution du papier'" von 2007. Für Karabaceks These spricht nach ihrer Ansicht, dass Manbidsch zwischen 962 und 1120 mehrfach von Christen erobert wurde; die Höhepunkte der byzantinischen Papiernutzung aber stimmen nach ihren Forschungen mit den Zeiten der christlichen Herrschaft über die Stadt überein.[149] Nichts ausgesagt wird mit diesen Überlegungen allerdings, ob die im Griechischen als ‚Blätter aus Manbidsch' verstandene Bezeichnung bei ihrer Übertragung ins Lateinische ihre geographische Konnotation behielt; bislang sind jedenfalls keine Zeugnisse bekannt, die dies überzeugend belegen würden.[150]

---

arabischen Zeugnissen zur Kennzeichnung der vor Ort hergestellten Tuche nachweisbar ist. Zwar wies der Orientalist selbst auf den Einwand hin, dass für diese Stadt weder im Mittelalter noch in späteren Jahrhunderten eine eigene Papierproduktion klar bezeugt ist. Er hielt das Gewerbe insgesamt jedoch für sehr viel weiter verbreitet, als heute noch zu fassen sei. Kritik daran übte Lehmann-Haupt, Bombyx, 1928, bes. 426–434; damit zitiert bei Santifaller, Beiträge zur Geschichte der Beschreibstoffe, 1953, 123; harsch im Ton gegen Lehmann-Haupt und Santifaller Piccard, Carta bombycina, carta papyri, pergamena graeca, 1965, 50–52, bes. 51, Anm. 15. Quraishi, A survey of the development of papermaking, 1989, 29, erklärt ohne einen Nachweis, der Begriff der ‚charta bambycina' verweise auf den – mir nicht näher identifizierbaren – Ort ‚Mabaq' im Irak. S. anders die Erwähnung von *Bambyce* respektive *Hierapolis* in Syrien in der *Historia naturalis* des Plinius, vgl. Thesavrvs Linguae Latinae, Bd. 2, 1906, Sp. 1714.

148 Dafür sprach nach Karabacek, Das arabische Papier, 1887, 124, 134 und 153, auch die im Werk des 1741 verstorbenen Bernard de Montfaucon zuerst angeführte Wendung *charta bombycina sive Damascena* (damit verknappt auch noch zitiert bei Santifaller, Beiträge zur Geschichte der Beschreibstoffe, 1953, 123). Montfaucon, Dissertation sur la plante appelée papyrus, 1729, 607, nennt als Referenz einen namenlosen Griechen, der in der Zeit von „Henri II." – das heißt, vermutlich der französische König dieses Namens, der in der ersten Hälfte des 16. Jahrhunderts regierte – einen Katalog der griechischen Manuskripte in der „Bibliotheque du Roy" angelegte habe und der das „papier bombycin ou de coton" stets als „charta Damascena" aufgeführt habe. Die Verwendung dieses nicht weiter nachprüfbaren Belegs für Karabaceks Argumentation ist damit angesichts sowohl der Spätdatierung als auch der Herkunft der Bezeichnung aus dem griechischen Sprachkreis nicht überzeugend.

149 Vgl. Bresc/Heullant-Donat, Pour une réévaluation de la „révolution du papier", 2007, 356; unter Verweis auf Elisséeff, Art. Manbidj, 1991, etwa mit der – allerdings unbelegten – Erklärung, dass im 10. Jahrhundert in Manbidsch Papiermühlen existiert hätten.

150 Einzig ein nicht ediertes, von Sylvia Rodgers Albro lediglich paraphrasiertes Zeugnis, die auf 1289 datierten Aufzeichnungen des Amalfitaner Kaufmanns Nicola Favaro, könnten eventuell in diese Richtung verstanden werden: Nach Rodgers Albro nennt Favaro darin insgesamt vier verschiedene Papierqualitäten, wobei zwei als *bombagina* und *genovescha* benannt sind. Wenn letztere Bezeichnung zweifellos als entweder ‚Papier aus Genua' oder ‚Papier des Genueser Typs' zu interpretieren ist, so heißt dies jedoch noch nicht zwingend im Umkehrschluss, dass auch bei der *carta bombagina* eine geographische Konnotation gemeint gewesen sein musste. Zit. nach Rodgers Albro, Fabriano, 2016, 26; mit dem Verweis in Anm. 53 auf den mir nicht zugänglichen Text von Giovanni Imperato, „Amalfi: nella natura nella storia e nell'arte" von 1941.

Eine andere These machte 1953 Leo Santifaller unter Verweis auf die sprachwissenschaftlichen Überlegungen Franz Dölgers stark, der die ‚charta bombycina' als ein zwar ebenfalls aus Byzanz stammendes, jedoch erst über das Türkische nach Europa vermitteltes Fremdwort interpretierte. Im Türkischen sei mit diesem Wort nicht länger Seide oder Baumwolle bezeichnet worden, sondern es habe einen Bedeutungswandel hin zu Leinen gemacht. Zu dieser Beobachtung passe, so Santifaller weiter, dass für den parallel gebrauchten Begriff ‚carta cuttunea' eine Übernahme aus dem arabischen, ursprünglich altsemitischen Wort ‚kattân' vermutet worden sei, das ebenfalls als Linnen/Leinen zu übersetzen sei. Beide Begriffe würden in diesem Fall also Papier aus Leinenhadern beschreiben.[151]

Neuere Materialanalysen haben allerdings ergeben, dass Baumwollfasern sowohl im ‚dār al-Islām' als auch im christlichen Europa in der Papierherstellung sehr wohl zum Einsatz kamen, wobei sie wohl vor allem als Lumpen Verwendung fanden.[152] So stellten 2004 israelische Papierforscher auf der Basis von mikroskopischen Analysen von 21 Papieren aus der Kairoer Geniza fest, dass die Mehrzahl der entnommenen Fasern von Baumwollhadern stammen.[153] 2011 gab Bodo Bachmann für seine Edition der Stadtrechnungen von Butzbach aus den Jahren 1371 bis 1419 eine materialwissenschaftliche Analyse in Auftrag: Nach ihren Ergebnissen bestehen die analysierten Proben von zwei Papieren der Jahre 1374 und 1416 aus einem Gemisch von

---

151 Vgl. Santifaller, Beiträge zur Geschichte der Beschreibstoffe, 1953, 123f.; vgl. zeitlich vor der ebd. in Anm. 20 benannten Literatur auch schon Bresslau, Handbuch der Urkundenlehre, Bd. 1, 1889, 892, Anm. 1.

Mit anderer, heute in Teilen falscher Herleitung, aber ähnlichem Fazit vgl. Paoli, Grundriss zu Vorlesungen ueber Lateinische Palaeographie, Teil II, 1895, 70f.: „Die unbestimmte Kenntniß, welche man von diesem Stoff [Papier, Anm. d. Verf.] hatte, ergiebt sich aus der Zusammenstellung der mit *bombycinis* gleichbedeutend gebrauchten Eigenschaftswörter: *charta cuttunea*, *charta gossypina*, welche mehr ausdrücklich Baumwolle bezeichnen; *charta xylina*, *pergamena quae fit ex lana ligni*, die aus Holzfasern bereitetes Papier zu bezeichnen scheinen; *charta pannucea*, *pergamino de panno*, welche bereits auf Lumpenpapier hinweisen; endlich die noch dehnbarere Bezeichnung *charta bombacis vel papyri*. Der Ausdruck *charta bombycina* ist also ein schwankender und unbestimmter Ausdruck, welcher nichts Anderes bezeichnen soll als aus gesponnenem Pflanzenstoff hergestelltes Papier, und ihn ausschließlich auf Baumwolle beziehen zu wollen ist eine gezwungene Anwendung der mittelalterlichen Entwicklung des Wortes *bombyx*."

152 Zumindest vereinzelte Baumwollfasern wies bereits 1910 Ernst Kirchner bei seiner Analyse zweier früher heute im Stadtarchiv Frankfurt am Main verwahrter Papiere nach, dem ‚Aachener Fehdebrief' von 1302 sowie dem Frankfurter Bürgerbuch von 1312, vgl. dazu Kirchner, Das Papier, III. Teil, 1910, 178. Diese Ergebnisse ermutigten Schultz/Follmer, Von Brillen, Knoten und Wassertropfen, 2014, 26f., zur Überlegung, dass auch im spätmittelalterlichen Papiermühlenrevier Ravensburg Baumwollfasern zum Einsatz gekommen sein könnten, war Oberschwaben doch bekannt für seine Produktion von Barchent, einem Mischgewebe aus Baumwollschuss auf Leinenkette (vorausgesetzt, die dort hergestellten Tuche wurden auch in der Region getragen und damit später von den Lumpensammler*innen in die Papiermühlen gebracht).

153 Vgl. Amar/Gorski/Neumann, Raw materials in the paper and textile industry in al-Sham, 2004, 40–43; vgl. dazu bereits Schultz, Papierherstellung im deutschen Südwesten, 2018, 59.

Ramie (Chinagras) und Baumwolle mit geringen Anteilen von Jute.[154] Dazu passt die Aussage des Enzyklopädisten Pavel Žídek aus der zweiten Hälfte des 15. Jahrhunderts, dass auch wollene Lumpen als Rohstoff in der Papierherstellung zum Einsatz gekommen seien.[155]

Als irrig an der „Legende" vom „Baumwollpapier" entpuppt sich im Licht der neueren Studien also nicht, dass man in den mittelalterlichen Papiermühlen Baumwolle als Rohstoff zumindest anteilig verwendete. Falsch ist jedoch auch auf dem aktuellen Forschungsstand die von Montfaucon etablierte Narration eines Ablöseprozesses von einem älteren und qualitativ schlechteren „Baumwoll"- durch ein später erfundenes, besseres „Leinenpapier". Insgesamt ist festzuhalten, dass sich die Rohstoffe in der Pulpe ohne Mikroskop nicht sicher bestimmen lassen:[156] So kann zwar der ‚harte Klang' von Papier, wenn es geschüttelt wird, ein Indiz dafür sein, dass es aus Leinen gefertigt wurde.[157] Dass sich historische Papiere so weich wie Baumwollstoffe anfühlen, wird heute jedoch weniger mit der Zusammensetzung der Pulpe als vielmehr mit der Art und Stärke ihrer Oberflächen-Leimung in Verbindung gebracht, mit der die fertig geschöpften Blätter tintenfest gemacht wurden.[158]

Diese Feststellung gilt nicht erst für die Forschung des 18. und 19. Jahrhunderts, sondern natürlich auch für die spätmittelalterlichen Papiernutzer*innen.[159] Sybillinisch resümieren sowohl Karabacek als auch Santifaller ihre Überlegungen mit der ja

---

154 Bachmann, Die Butzbacher Stadtrechnungen, Bd. 1, 2011, 24–27. Die Wasserzeichen weisen auf eine Entstehung der Papiere in Italien hin.
155 [Paulus] Paulerinus, Liber viginti arcium, hg. von Hadravová, 1997, 48; die Passage findet sich zit. und übers. in Steinmann (Hg.) Handschriften im Mittelalter, 2013, Nr. 857,4, 792. S. dazu schon Schultz/Follmer, Von Brillen, Knoten und Wassertropfen, 2015, 26 mit Anm. 77, und Schultz, Papierherstellung im deutschen Südwesten, 2018, 41–43. Bis heute wird Baumwollzellstoff nicht nur in der Herstellung von Banknotenpapier, sondern auch in der Handpapierherstellung verwendet; ich danke dem Handpapiermacher Johannes Follmer für diese Information.
156 Dies stellt bereits Wattenbach, Das Schriftwesen im Mittelalter, 2. Aufl. 1875, 114, 3. Aufl. 1896, 139, fest.
157 Vgl. Schultz/Follmer, Von Brillen, Knoten und Wassertropfen, 2015, 26f.
158 So schon Briquet, Recherches sur les premiers papiers employés en occident et en orient, 1886/1955, 138, und Thiel, Papiererzeugung und Papierhandel vornehmlich in den deutschen Landen, 1932, 108; zuletzt vgl. Schultz, Papierherstellung im deutschen Südwesten, 2018, 60; mit dem Verweis auf Hills, Early Italian Papermaking, 1992a, 42f.; ders., A Technical Revolution in Papermaking, 2001, 110f. (allerdings mit der nicht haltbaren Behauptung, die Art der Leimung ließe sich mit dem bloßen Auge erkennen) und Ornato/Busonero/Munafò/Speranza, La carta occidentale nel tardo medioevo, Bd. 2, 2001, 70.
159 S. dazu Karabacek, Neue Quellen zur Papiergeschichte, 1888, 118: „Es waren im christlichen Abendlande hunderte aus dem Orient herübergekommener Benennungen gang und gäbe, von deren Entstehung man sich keine Rechenschaft zu geben wusste", wie er unter anderem an bis heute geläufigen Bezeichnungen für Stoffe wie ‚Satin', ‚Organza' oder ‚Musselin' demonstriert, die in der ursprünglichen Quellsprache Arabisch dem geographischen Benennungsprinzip folgten, während diese Informationen dem Lehnwort nicht mehr zu entnehmen sind.

auch durch die Marco-Polo-Versionen TA (toskanisch) und LT (lateinisch) nahe gelegten Möglichkeit, dass die Begriffe nicht den Rohstoff bezeichnen müssten, sondern „den Eindruck eines seidenartigen, baumwollartigen oder leinartigen Zeugs" vermitteln sollten, „so wie wir heute z. B. von Seidenpapier sprechen, ohne daß wir deswegen der Meinung wären, daß das Seidenpapier etwa aus wirklicher Seide hergestellt wäre".[160]

Wenn der Begriff also nicht die Substanz, sondern die Haptik der Papiere adressierte, so erübrigt sich das Problem, dass Begriffe wie ‚charta bombycina' oder ‚carta cuttunea' in zeitgenössischen Texten in ihrer Bedeutung zwischen Baumwolle, Seide und Leinen oszillieren. Dasselbe gilt im übrigen auch für einen bislang in der einschlägigen Papierforschung nicht beachteten Begriff, *cartae de garbo/in garbittis/de garbexe,* der in den Statuten von Bologna für die Jahre 1250 bis 1267 und 1289 belegt ist. Nach Du Canges Glossar ist *garbo* als korrupte Form von *carbasus* zu verstehen, ein Adjektiv, dass nach dem Handwörterbuch von Georges sowohl Baumwolle als auch Leinen meinen kann.[161]

Dabei ist freilich im Auge zu behalten, dass die ‚carta de garbo' ebenso wie die anderen in der Forschung angeführten Parallelbegriffe im Gegensatz zum Kompositum ‚charta bombycina' nur Randerscheinungen darstellen.[162] Mit den vergleichsweise wenigen Belegstellen im Wortmaterial der Marco-Polo-Versionen lässt sich hier natürlich noch nicht sicher argumentieren. Doch ein Blick in die hilfswissenschaftli-

---

160 Santifaller, Beiträge zur Geschichte der Beschreibstoffe, 1953, 124, und Karabacek, Das arabische Papier, 1887, 131; ähnlich Piccard, Carta bombycina, carta papyri, pergamena graeca, 1965, 52, und mit der These, der Begriff ziele auf den Vergleich mit Seide, Lehmann-Haupt, Bombyx, 1928, 423–426.
161 Lemma ‚5. Carta' bei Du Cange, Glossarium mediae et infimae latinitatis, 1883–1887/1954, Bd. 2, 192, *5.

Nahe gelegen hätte es, so scheint es zumindest aus moderner Perspektive, das Papier nicht nach den Stoffarten zu benennen, sondern schlicht die Form der verwendeten Rohstoffe, das heißt Begriffe für Lumpen/Alttextilien, zur Bezeichnung zu nutzen. Der deutsche Begriff Hadernpapier, der fachsprachlich heute holzfreies Papier aus Alttextilien oder aber textilen Faserrohstoffen bezeichnet und im bibliothekswissenschaftlichen Sprachgebrauch zusätzlich auf handgeschöpfte Blätter verweist, findet sich offenbar selbst im 19. Jahrhundert wohl noch nicht. So fehlt das Kompositum etwa im entsprechenden 1868 publizierten Band von Grimms Wörterbuch, obwohl Derivate des Substantivs *hader* sonst reich besprochen sind und in der Bedeutung als Lumpen bis ins 10. Jahrhundert zurückverfolgt werden können (vgl. Kluge, Etymologisches Wörterbuch, bearb. von Seebold, 23. Aufl. 1995, 346).

Im modernen Italienischen gibt es kein Äquivalent für das deutsche ‚Hadernpapier'. Auch für frühere Jahrhunderte existieren keine vergleichbaren Begriffe. So führt zwar Sella, Glossario Latino Italiano, 1944, 129 im Lemma ‚carta' für ein Dokument aus Padua aus dem Jahr 1407 sowie für das Inventar einer *aromataria* in Foligno aus dem Jahr 1470 den Begriff *carta de straccio* auf, der auf den ersten Blick als ‚Hadernpapier' übersetzbar scheint. Wahrscheinlicher ist jedoch, dass es sich um Pack- oder Gewerbepapier handelt, s. dazu ausführlich oben Kap. B.2 im Teilkapitel „Papier als Verpackungsmaterial und Werkstoff". Modern ist der Begriff *carta straccia* als Altpapier zu übersetzen.
162 S. dazu oben Anm. 142.

che Handbuchliteratur,¹⁶³ in gängige Belegwörterbücher¹⁶⁴ sowie vor allem in papierhistorische Studien,¹⁶⁵ aber auch in die im Kap. B.3 gesammelten Verbote der Papierverwendung für rechtsverbindliche Schriftstücke (Kasten B.3.6) zeigt sofort, dass die ‚charta bombycina' trotz ihrer Varianten eindeutig als feste und gängige Wortprägung aufzufassen ist. Exemplarisch verdeutlich sei dies an Belegstellen, die sich in weiteren Reiseberichten über Ostasien finden lassen: Noch vor Marco Polo sah der Franziskaner Wilhelm von Rubruk auf seiner Missionsfahrt zu den Mongolen 1253/55 das chinesische Papiergeld und beschrieb es als aus *carta de wambasio* gefertigt.¹⁶⁶ Wilhelms Ordensbruder Odorico von Pordenone, der zwischen 1314 und 1318 zu seiner mindestens zwölf Jahre währenden Asienreise aufbrach, erklärt in der 1330 von seinem Mitbruder Wilhelm von Solagna nach seinem Diktat niedergeschriebenen Fassung seines *Itinerarium*

---

163 Eine erste Sammlung von Belegen stellte Montfaucon, Dissertation sur la plante apellée papyrus, 1729, 606f., zusammen. Zusätzliche in der Folgezeit ebenfalls immer wieder zitierte Beispiele lieferten Tiraboschi, Storia della letteratura italiana, Bd. 5, 1807, 100f., in der Anm. (nach mündlichen Informationen und ohne konkrete Nachweise); von Savigny, Geschichte des römischen Rechts, 1834, 578f., Fußnote e.; Paoli, Carta di cotone e carta di lino, 1885, 231f.; Paoli, Grundriss zu Vorlesungen ueber Lateinische Palaeographie, Teil II, 1895, 76, Anm. 3; Wattenbach, Das Schriftwesen im Mittelalter, 3. Aufl. 1896, 142, 149, 178, 564 (s. auch Belege aus der älteren Literatur auf 141, 148).
164 Vgl. die Belege in Glossario degli Antichi Volgari Italiani, hg. von Colussi, Bd. 2, 1984, 90, Lemma ‚Bambagìna'; Semi, Glossario de Latino Mediovale Istriano, 1990, 45, ‚Lemma bambasium [...]', 70f., Lemma ‚charta [...]'; ders., Glossario Latino Emiliano, 1937, 78, Lemma ‚carta'; ders., Glossario latino italiano. Stato della Chiesa – Veneto – Abruzzi, 1944, 75, Lemma ‚bombasium'; Mittellateinisches Wörterbuch, Bd. 1, 1967, Sp. 1516, Lemma ‚bombyx'; Du Cange, Glossarium mediae et infimae latinitatis, 1883–1887/1954, Bd. 1, 695, Lemma ‚Bombax', Bd. 2, 192, Lemma ‚Carta de garbo'; Piccini, Lessico Latino Medievale in Friuli, 2006, 90, Lemma ‚bambasıum [...]'.
165 Als ein Beispiel sei der von Giancarlo Castagnari, Emanuela Di Stefano und Livia Faggioni 2014 herausgegebene Sammelband „Alle origini della carta occidentale" über die Frühzeit der italienischen Papierherstellung genannt. Wortbelege finden sich in vielen Beiträgen, s. etwa Castagnari, Le origini della carta occidentale, 2014, 29 (Edition eines Auszugs aus einem auf 1264 datierten Register); Di Stefano, Proiezione europea e mediterranea della carta di Camerino-Pioraco e di Fabriano, 2014, 40f. (Zitat einer Quelle aus den Jahren 1279/80); Bettoni, L'Umbria cartaria, 2014, 77 (Edition eines Auszugs aus einem Register der Jahre 1292–1296); Sabbatini, L'apparizione della carta in Toscana, 2014, 128f., 134 (Zitate aus Quellen der Jahre 1319, 1371, 1466). Als ein zweites Beispiel lassen sich die Publikationen des ausgewiesenen Papierforschers Andrea F. Gasparinetti anführen, s. etwa Belege zu den Jahren 1292 und 1389 (?) bei Gasparinetti, Documenti inediti sulla fabbricazione della carta, 1963, 29 und 13; zu den Jahren 1224 und 1266 in ders., Frühe Papierherstellung in der Toskana, 1956, 69; zu den Jahren 1268, 1361 und 1398 in ders., Carte, Cartiere e Cartai Fabrianesi, 1938, 385, 417f. usw.
166 Ed. [Wilhelm von Rubruk,] Itinerarium Willelmi de Rubruc, hg. von Wyngaert 1929, hier 271: *Vulgaris moneta Cathaie est carta de wambasio ad latitudinem et longitudinem unius palme, super quam imprimunt lineas sicut est sigillum Mangu.* Der Satz fährt also damit fort, dass die Scheine in Länge wie Breite einer Handfläche entsprächen und mit Zeilen wie auf dem Siegel des Großkhans bedruckt würden. Nach den Aussagen des Herausgebers Wyngaert ist Wilhelms Bericht in sieben Handschriften bekannt, darunter drei mit einer kürzeren, vier mit einer längeren Fassung, s. dazu auch Reichert, Begegnungen mit China, 1992, 151. Wilhelms damit eher spärlich und nur auf Latein überlieferter Text gilt der Forschung als unabhängig von der Marco-Polo-Überlieferung. Bei Vogel, Marco Polo Was in China, Appendix 2, 439 unter Sigle R1 nur zit. in einer modernen englischen Übersetzung.

de mirabilibus orientalium Tartarorum, die dort übliche Währung bestehe aus *cartae bombicis*.[167] Eine weitere lateinische Bearbeitung des insgesamt in über 100 Textzeugen erhaltenen Werks bringt diese Stelle wortgleich,[168] während zwei Übersetzungen ins Italienische aus der zweiten Hälfte des 14. Jahrhunderts sowie aus der Mitte des 15. Jahrhunderts daraus *carte bambagine*[169] bzw. *carte de bambaxio*[170] machen.

Karabacek vermutete bereits 1887, dass das Wortfeld um die ‚charta bombycina' „zu einem conventionellen Begriff geworden" geworden sei.[171] Diese Feststellung legt nahe, auch über die Semantik des Begriffs noch einmal anders nachzudenken: Am plausibelsten lässt sich meines Erachtens ‚charta bombycina' im Sinn einer verblassten Metapher verstehen, deren metaphorischer Ursprung den Sprecher*innen nicht mehr präsent war, so wie wir im heutigen Deutsch beispielsweise die Begriffe ‚Tischbein' oder ‚Flaschenhals' benutzen, ohne dass uns dabei die menschlichen bzw. tierischen Körperteile ‚Bein' oder ‚Hals' vor Augen stehen. So vertrat auch der Sinologe Pelliot in seinen „Notes on Marco Polo" die Überzeugung, das Kompositum sei zu übersetzen als „a ready-made term which meant nothing more than paper".[172]

Heute sind das Kompositum ‚carta bambagina' und seine Derivate zumindest in der europäischen Sprachenfamilie ausgestorben. Überlebt hat der Begriff lediglich im Russischen, wo ‚bumaga' (бумага) das heute übliche Wort für ‚Papier' ist. Etymologisch gilt er als Entlehnung aus dem Italienischen, das im frühen 15. Jahrhundert

---

167 Erstfassung des Berichts von Odorico da Pordenone, niedergeschrieben durch seinen Mitbruder Wilhelm von Solagna, 1330, ed. B. Odoricus de Portu Naonis, Relatio, hg. von Wyngaert 1929, 464, unter Kap. XXIII über die Stadt Casaie (Hanghzou): *[...] Per dominum etiam unum mandatum habetur: nam quilibet ignis solvit unum balis, id est quinque cartas bombicis, que unum dimidio florenum valent. [...]*. Auch zit. bei Vogel, Marco Polo *Was* in China, 2013, Appendix 2, 447 unter Sigle O1.
168 Lateinische Bearbeitung des Berichts von Odorico da Pordenone durch den Prager Minoriten Heinrich von Glatz um 1340, ed. Odorico da Pordenone, Relazione del viaggio in Oriente e in Cina, hg. von der Camera di Commercio [...] Pordenone 1982 (Nachdruck der Edition von Teofilo Domenichelli, Prato 1881), im Kapitel XLVIII über *Ahamsanae*: *[...] Statutum pro lege ab Imperatore est, quod quilibet ignis solvit unum ballis, idest quinque cartas bombicis, qui florenum cum dimidio valet [...]*. Auch zit. bei Vogel, Marco Polo *Was* in China, 2013, Appendix 2, 449 unter O3.
169 Der Bericht des Odorico von Pordenone in einer italienischen Übersetzung aus der zweiten Hälfte des 14. Jahrhunderts nach der Handschrift Florenz, Biblioteca Nazionale Centrale, Conventi Soppressi C.7.1170, ed. [Odorico da Pordenone,] Libro delle nuove e strane e meravigliose cose, hg. von Andreose 2000, unter Kap. XXXII über die Stadt *Cunsai*, hier 164: *[...] Ed è usanza per lo signore che cateuna casa paga uno bastise, cioè V carte bambagine che vagliono fiorino uno e mezo [...]*. Auch zit. bei Vogel, Marco Polo *Was* in China, 2013, 450f. unter O4.
170 Der Bericht des Odorico von Pordenone in einer italienischen Übersetzung aus der Mitte des 15. Jahrhunderts nach der Leithandschrift Venedig, Biblioteca Nazionale Marciana, clas. VI, n. 102, im Abgleich unter anderem mit Ramusios Druck des Textes, ed. Odorico da Pordenone, Relazione del viaggio in Oriente e in Cina, hg. von der Camera di Commercio [...] Pordenone 1982, 46f., unter Kap. XLVIII zu *Cansave*: *[...] Per lo Signore etiando hanno comandamento, che ciascuno fuoco paga uno (ballis), cioè cinque carte da bambaxio, le quali vagliono uno fiorino e mezo [...]*.
171 Karabacek, Das arabische Papier, 1887, 131.
172 Pelliot, Notes on Marco Polo, 1959, 428.

zusammen mit der Ware italienischer Herkunft in die Rus gefunden habe.[173] Bislang hat nur der deutsche Wasserzeichenspezialist Gerhard Piccard in einem Aufsatz von 1965 den Versuch unternommen, den Gebrauch des Begriffs ‚charta bombacina' zeitlich näher zu bestimmen. Seine Argumentation fußt auf insgesamt 18 Belegen, die er ausnahmslos aus älterer, vor allem durch die Diplomatik geprägter Handbuchliteratur übernahm. Auf dieser schmalen, schon auf dem Forschungsstand von 1965 grob unvollständigen Basis kam er zum Fazit, dass der Begriff ‚charta bombycina' nur bis in die beiden Jahrzehnte zwischen 1300 und 1320 verwendet und dann komplett durch das Kompositum ‚charta papyri' abgelöst worden wäre.[174]

Diese Hypothese ist nicht haltbar, wie sich schon am hier näher in den Blick genommenen Korpus der Fernostasien-Berichte leicht zeigen lässt. Was die entsprechenden Belege der Marco-Polo-Versionen betrifft, so stammen die fünf bekannten Handschriften der Version TA in toskanischer Sprache wie auch die einzige Handschrift der davon abhängigen lateinischen Übersetzung LT bis auf eine Ausnahme wohl alle aus der Mitte oder dem Ende des 14. Jahrhunderts; zwei sind sogar explizit auf die Jahre 1391 und 1392 datiert.[175] Ein Blick in die Überlieferung des Werks von Odorico von Pordenone erbringt neben weiteren frühen Belegstellen zumindest ein Beispiel für die Mitte des 15. Jahrhunderts.[176] Ramusios Übersetzung von Polos Text aus der Mitte des 16. Jahrhunderts schließlich demonstriert seine Erwartungshaltung, dass seine Leserschaft diesen Begriff selbst am Beginn der Neuzeit noch problemlos verstand.[177] Dies wird noch dadurch bekräftigt, dass Ramusio ihn auch in seiner 1550 zuerst gedruckten Übersetzung eines ursprünglich portugiesischen, zeitgenössischen Texts verwendete, in dem der Missionar Francisco Álvares über seine Reise nach Äthiopien in den Jahren 1515 bis 1526/27 berichtete.[178] Diese Belege sind

---

173 Vgl. Vasmer, Russisches Etymologisches Wörterbuch, Bd. 1, 1953, 144.
174 Vgl. Piccard, Carta bombycina, carta papyri, pergamena graeca, 1965, 55f. Selbst auf dieser dürftigen Quellengrundlage kann der Autor seine Hypothese nur aufrecht halten, indem er nach Ausweis der Forschung jüngere Belege wie den Begriff *bābaxe* auf einer bis heute im Museo Civico in Bologna erhaltenen Tafel, mit der die Kommune die Maße der Papierformate vorschrieb, in ihrer Datierung anzweifelt, vgl. ebd. 56f. In den Anmerkungen angeführte Literatur: Breitkopf, Versuch, den Ursprung der Spielkarten […] zu erforschen, 1784, 85 und ohne näheren Beleg; Tiraboschi, Storia della letteratura italiana, Bd. 5, 1807, ohne näheren Beleg; Paoli, Grundriss zu Vorlesungen ueber Lateinische Palaeographie, Teil II, 1895, 69 – dort allerdings keine Belegstelle; Wattenbach, Das Schriftwesen im Mittelalter, 3. Aufl. 1896, ohne näheren Beleg; Briquet, Les filigranes, 2. Aufl. 1923, Bd. I, Introduction, 3; Santifaller, Beiträge zur Geschichte der Beschreibstoffe, 1953, 142f., 126, 141; Gasparinetti, Frühe Papierherstellung in der Toskana, 1956, 69; ders., Documenti inediti sulla fabbricazione della carta, 1963, 29f.
175 Vgl. dazu Gadrat-Ouerfelli, Lire Marco Polo au Moyen Age, 2015, 29–31.
176 Odorico da Pordenone, Relazione del viaggio in Oriente e in Cina, hg. von der Camera di Commercio […] Pordenone 1982, 46f., unter Kap. XLVIII zu *Cansave*.
177 Vgl. Ramusio, Delle Navigationi Et Viaggi, Bd. 2, 1559, fol. 29r und 46v–47r.
178 In Äthiopien, so heißt es an der entsprechenden Stelle, verwende man für Bücher *carta pecora*, weil man *carta bambagina* nicht zur Verfügung habe. Vgl. Ramusio, Delle Navigationi Et Viaggi, Bd. 1, 2. Aufl. 1554, fol. 228v sowie Index auf fol. 7v.

außerdem aus anderen Gattungen und Zeugnissen leicht zu vermehren.[179] Zusammen genommen lassen sie daher nur den Schluss zu, dass der Begriff ‚charta bombycina' und seine Derivate im Italienischen bis hinein ins späte 16. Jahrhundert üblich und verständlich gewesen sein müssen.

Richtig lag Piccard mit der Überzeugung, dass der Begriff nie ins Deutsche übernommen worden sei.[180] Als Beweis dafür lassen sich etwa die in Kasten B.3.6 gesam-

---

179 So nannte schon Girolamo Tiraboschi 1807 drei Wortbelege aus der Mitte sowie der zweiten Hälfte des 14. Jahrhunderts, vgl. Tiraboschi, Storia della letteratura italiana, Bd. 5, 1807, 100 f., während Cesare Paoli 1885 aus dem archivalischen Bereich drei auf die Jahre 1416, 1492 und 1502 datierte Beispiele anführte; vgl. Paoli, Carta di cotone e carta di lino, 1885, 231 f. Für das Beispiel 1502 vgl. auch Wattenbach, Das Schriftwesen im Mittelalter, 3. Aufl. 1896, 149.

Noch stärker als in der Handbuchliteratur wird man in Belegwörterbüchern fündig: Das „Grande Dizionario della Lingua Italiana" von Battaglia führt vier volkssprachliche Beispiele aus dem späteren 14. Jahrhundert bzw. der Zeit um 1400 sowie ein Beispiel aus dem 16. Jahrhundert an, vgl. das Lemma „Bambagia", Nr. 5, in Battaglia, Grande dizionario della lingua italiana, Bd. 2, 1962, 28 mit einem Beleg aus der zwischen 1367 und 1370 entstandenen „Cronica domestica" des Donato Velluti und aus der Übersetzung Gregors des Großen ins Volgare durch Zanobi da Strata (1315–1364); Lemma „Carta bambacina" in ebd., 807, mit einem Beleg aus der um 1355 begonnenen Chronik des Buccio di Ranallo; Lemma „Carta caprina, capretta: specie di cartapecora" in ebd., 808, mit einem Beleg aus Cenninis um 1400 entstandenen Handbuchs der Malerei; Lemma „Bambagino (bambascino)" in ebd., 28, mit einem Beleg aus Paoli Vellutis im 16. Jahrhundert entstandenen „Addizioni" zur bereits genannten Chronik des Donato Velluti. S. außerdem die Belege in Semi, Glossario de Latino Medioevale Istriano, 1990, 45, Lemma ‚bambasium [...]' und 70 f., Lemma ‚charta [...]' mit Beispielen aus den Kommunen Pirano und Pola für die Jahre 1350, 1358, 1431 und 1432; ders., Glossario latino italiano. Stato della Chiesa – Veneto – Abruzzi, 1944, 75, 129, Lemma ‚carta' mit einem Beispiel zu Orvieto 1334.

Auch über die Forschungsliteratur lassen sich die Belege schnell vermehren, s. etwa die vom Kodikologen und Inkunabelspezialisten Paul Needham, Res papirea, 1994, 143–145, gesammelten Auszüge aus italienischen Bücherinventaren des 15. Jahrhunderts, die häufig auch Beschreibstoff und sogar das Papierformat angeben: Die Formulierungen *c[h]arta banbagina* bzw. *fogli di/in banbagia* sind in sieben Inventaren der Jahre 1430 bis 1499 vor allem für Florenz, in einem Fall für Bologna nachweisbar (ebd., Nr. 6: 1430; Nr. 11: 1472; Nr. 14: 1476 – hier Bologna; Nr. 15: 1479; Nr. 17: 1486; Nr. 24: 1496; Nr. 28: 1499). Für zwei Beispiele aus dem reichen Material der papierhistorischen Forschungen zu Mühlen und Herstellungstechnik vgl. zum Beispiel Castagnari, Le principali fonti documentarie Fabrianesi, 1990, 31, 29, 44, mit drei Wortbelegen zu den Jahren 1320/21 und 1326 sowie der Formulierung *charta bombagina* für das Jahr 1468, oder Lazzarini, L'industria della carta nel Padovano, 1969, 41, 44, 45, 49, mit je einem Beleg für 1361 und 1399 sowie dreien für 1398.

S. schließlich auch Einzelfunde in einem 1481 von der Camera Apostolica angeforderten Verzeichnis der Bücher aus dem Besitz des zuvor verstorbenen Erzbischofs von Siponto, Niccolò Perotti, vgl. Marucchi, Codici di Niccolò Perotti, 1985, 100, einer 1524 gedruckten lateinisch-französischen Ausgabe des äußerst erfolgreichen ‚Vocabularius Nebrissensis'; vgl. [Elio Antonio de Nebrija,] Vocabularius nebrissensis, 1524, ohne Foliierung, unter dem Lemma ‚Papyrus i. feminini generis' oder im über die Zölle der 1581 gedruckten Statuten der Kommune Orvieto; vgl. Statvtorvm Civitatis Vrbisveteris Volumen, 1581, 271 und 283.

180 Piccard, Carta bombycina, carta papyri, pergamena graeca, 1965, 59. Als freilich spezielle Ausnahme sind die Drucke des *Catholicon* zu nennen, für den entsprechenden Beleg aus dem Mainzer Erstdruck von 1460 s. unten bei Anm. 187. Grund dafür ist zweifellos seine Entstehungs- und

melten Belege für Papierverbote anführen, die die luxemburgischen Herrscher Karl IV., Wenzel und Sigismund zum Notariatswesen südlich wie nördlich der Alpen erließen: Auch wenn sie in Inhalt und Diktion italienischen Vorbildern folgten, benutzten sie nie Varianten der ‚carta bambagina', sondern stets das Pendant ‚papirus'. Gestützt werden diese Beobachtungen auch durch die in Diefenbachs Wörterbuch gesammelten Quellenbelege aus über 25 handschriftlichen und gedruckten Glossarien vorrangig aus dem deutschen Sprachraum des 14. und 15. Jahrhunderts, mit denen der Herausgeber die „Wichtigkeit und Verbreitung gerade desjenigen lateinischen Wortvorrathes" abbilden wollte, „dessen Glossierung durch lebende Landessprachen zum Bedürfnis wurde". Sie dokumentieren die verschiedenen Varianten von ‚bombicina' bzw. ‚bombyx' zwar als Stoffe oder konkrete Kleidungsstücke aus Baumwolle, Seide oder Leinen, nie jedoch in der Bedeutung als Papier.[181]

Diese Beobachtung gilt auch, wie sich wieder an der Überlieferung von Marco Polo demonstrieren lässt, für die mit Übersetzungen präsenten anderen europäischen Sprachen: Varianten des Worts ‚charta bombacina' lassen sich ausschließlich in Textzeugnissen mit der wahrscheinlichen Provenienz Italien fassen.[182] In den übrigen europäischen Sprachen tat man sich offenbar schwer, diesen Begriff zu verstehen, wie ein (freilich insgesamt dunkles) Beispiel aus der Überlieferung des Werks von Odorico von Pordenone zeigt: Jean Le Long, der 1351 die vom Autor selbst diktierte Fassung des Berichts aus dem Jahr 1330 vom Lateinischen ins Französische übersetzte, wusste

---

Überlieferungsgeschichte: So wurde das *Catholicon* zwar schon im 15. Jahrhundert in vielen Auflagen zuerst nördlich der Alpen in Mainz, Augsburg, Straßburg, und Nürnberg gedruckt (vgl. dazu Powitz, Das ‚Catholicon', 1988, 125), doch der Text stammte aus dem späten 13. Jahrhundert vom Genueser Dominikaner Giovanni Balbi und war damit im italienischen Sprachraum entstanden.

181 Vgl. Diefenbach, Glossarium latino-germanicum mediae et infimae aetatis, 1857, 78 mit den Lemmata ‚Bombacium', ‚Bombi-cina, -cia', ‚Bom-, bon-bicinum, -bicinium [...]', ‚Bo-, bu-, ba-mbicinus [...]', ‚Bomb-icium, -acium', ‚Bomb-yx, -ix, -ex, -ax, -es [...]' sowie VII zur Zusammenstellung des Quellenkorpus, Zitat auf X. S. gleichfalls die auf der Basis von 30 Handschriften und zwei Inkunabeldrucken erstellte Edition des im Zürich des frühen 14. Jahrhundert entstandenen und seit der ersten Hälfte des 15. Jahrhunderts weit verbreiteten lateinisch-deutschen *Vocabularius optimus* von Johannes Kotmann, ed. in Edition und Überlieferungsgeschichte eines spätmittelalterlichen Glossars, hg. von Bremer, 1978 [1982], 56, Nr. 04021 Lemma ‚Bombex -bax', 62, Nr. 04077 Lemma ‚Bombicinum'.

Dass der Begriff nicht ins Deutsche Eingang fand, macht es äußerst unwahrscheinlich, dass eine in der älteren Forschung als ‚Papier' interpretierte Wendung *bambatii quinque serici* im auf das 10./11. Jahrhundert datierten, eventuell jedoch auch später gefälschten Verzeichnis der Gandersheimer Kirchenschätze korrekt übersetzt ist, s. etwa Krünitz, Oekonomische Encyklopaedie, Bd. 106, 1807, 521, und noch Wattenbach, Das Schriftwesen im Mittelalter, 2. Aufl. 1875, 116 (nicht mehr erwähnt in der 3. Aufl. 1896).

182 Für die lateinische Fassung LT gibt Gadrat-Ouerfelli, Lire Marco Polo au Moyen Age, 2015, 31f., zwar sowohl Italien als auch Südfrankreich als mögliche Provenienzen an (s. auch Annex I, 357–381, Nr. 86); wegen der erheblichen Italianismen im Text geht sie jedoch von einem Übersetzer mit der Muttersprache Toskanisch aus. Die fünf Handschriften der toskanischen Version TA stammen nach den bei Gadrat-Ouerfelli im Annex I aufgeführten Informationen entweder sicher (so Nr. 28 und 84) oder wahrscheinlich aus Italien (so Nr. 24, 27 und 29).

den Begriff *cartae bombicis*,¹⁸³ den seine Vorlage für das Material der Geldscheine des Großkhans benutzte, nur als *carques de coton* widerzugeben, was in der am stärksten Sinn stiftenden Übersetzung als ‚Stoffballen aus Baumwolle (oder Seide)" zu deuten wäre.¹⁸⁴ Mit dem in Italien üblichen Verständnis des Begriffs, der sowohl für volks- als auch lateinischsprachige Texte galt, war er offensichtlich nicht vertraut, sonst hätte er ihn mit dem französischen Wort ‚papier' übersetzen müssen.¹⁸⁵

Verwirrend für Sprecher*innen anderer Volkssprachen war sicherlich, dass in Italien die Varianten aus der Wurzel ‚bombyx'/‚bombax' und ‚papirus/‚papyrus' nebeneinander existierten; eine 1524 gedruckte lateinisch-französische Ausgabe des weit verbreiteten ‚Vocabularium Nebrissensis' definierte das Lemma ‚papyrus' daher wie folgt: *papyrus [...] est charta bo[m]sbicina: papier pour escripre*.¹⁸⁶ In vier Zeugnissen des 13. und 14. Jahrhunderts finden sich beide Begriffe sogar parallel verwendet, am frühesten in den um 1230 von Kaiser Friedrich II. erlassenen Konstitutionen von Melfi (vgl. Kap. B.3, Kasten B.3.3), dann in zwei enzyklopädischen Werken aus dem letzten Jahrhundertdrittel sowie in Florentiner Statuten aus der Mitte des 14. Jahrhunderts. Im 1271 verfassten, zwischen 1286 und 1291 überarbeiteten *Speculum iudiciale*, einem ‚Klassiker' des Zivil-, Kriminal- und kanonischen Prozessrechts, werden beide Worte zwar im Abstand von wenigen Zeilen (vgl. Kap. B.3, Kasten B.3.3), im florentinischen „Statuto dell'arte dei medici, speziali e merciai" von 1349 sogar innerhalb desselben Satzes gebraucht;¹⁸⁷ in beiden Fällen sind sie wie schon in den Konstitutionen von Melfi offensichtlich synonym verwendet. Im 1286 abgeschlossenen *Catholicon* des Dominikaners Giovanni Balbi wird unter dem Lemma *papyrus* sogar die explizite

---

183 Erstfassung des Berichts von Odorico da Pordenone, niedergeschrieben durch seinen Mitbruder Wilhelm von Solagna, 1330, ed. B. Odoricus de Portu Naonis, Relatio, hg. von Wyngaert 1929, 464: für das Zitat s. oben Anm. 167.
184 Ed. [Jean Le Long,] Le voyage en Asie d'Odorico de Pordenone, hg. von Andreose/Ménard 2010, 41, s. dazu auch den Kommentar der Herausgeber auf 164f. sowie den Glossareintrag auf 320f.: Demnach ist *coton* entweder als Seide oder als Baumwolle zu verstehen (s. dazu auch Jacques de Vitry, um 1160/70–1240, mit der Bemerkung: *colligunt Bombacem, quae Francigenae cotonem, seu coton appellant: est quasi medium inter lanam et linum, ex quo subtilia vestimenta contexuntur*, zit. nach dem Lemma ‚Bombax' in Du Cange, Glossarium mediae et infimae latinitatis, 1883–1887/1954, Bd. 1, 695) während die Wortform *carque* bzw. in anderen Überlieferungsträgern *cacques* noch mehr Rätsel aufgibt. Andreose und Ménard schlagen vor, sie entweder als „Stoffballen" oder aber als „Fässer" zu übersetzen. Für beide Übersetzungen gelte, dass Jean Le Long sich grob getäuscht habe.
185 S. dazu auch die Wertung bei Wartburg, Französisches Etymologisches Wörterbuch, Bd. 2, 1949, Lemma „charta", 626–631, hier 629: „Die bed. ‚papier' ist im galloromanischen nur selten vertreten", sowie die Lemmata „bombyceus" und „bombyx" in ebd., Bd. 1, 1948, 431f., für die die Bedeutung ‚Papier' komplett fehlt.
186 [Elio Antonio de Nebrija,] Vocabularius nebrissensis, 1524, ohne Foliierung, vgl. Lemma ‚papyrus'.
187 Hier zit. nach Steinmann (Hg.) Handschriften im Mittelalter, 2013, Nr. 595, 532. Im Statut ist die Rede von *carte di papiro* und *carte bambagine*; einmal sind lose Blätter, einmal Papiere in Buchform gemeint. Beide Male dient der Begriff zur Unterscheidung von *[carte] pecorine o di capretto*, Schafs- und Ziegenpergament, die ebenfalls lose und buchförmig verkauft wurden.

Erläuterung gegeben, der Begriff werde bedeutungsgleich mit *charta bombicinata sive bombicina* verwendet.[188]

Aus dem Korpus der hier untersuchten Marco-Polo-Versionen ist mir keine Fassung bekannt, die die Begriffe parallel verwenden würde. Lohnenswert für Italien näher sprachwissenschaftlich zu überprüfen wäre, ob sich regionale Unterschiede bei der Wahl zwischen den genannten Varianten feststellen lassen.[189] Nach dem Französischen Etymologischen Wörterbuch Wartburgs sind Derivate des Begriffs ‚papirus/ ‚papyrus' vor allem im westlichen und mittleren Italien bis heute gebräuchlich.[190] In den hier untersuchten Texten bleibt das Ergebnis jedoch unscharf: So etwa entschied man sich bei den beiden in toskanischem Dialekt verfassten Versionen TA und LA im ersten Fall für *bambagina* und im zweiten für *papelo*.[191]

Natürlich stellt sich auch die Frage, wieso es zur Entstehung zweier verschiedener Begriffe für (vermeintlich?) ein- und denselben Stoff kommen konnte. Folgt man den Thesen Jean Irigoins, so reisten die Wörter zusammen mit den Waren und in einem zweiten Schritt auch dem Knowhow ihrer Herstellung aus den zwei unterschiedlichen Großregionen, aus denen der Techniktransfer im 12. oder 13. Jahrhundert nach Italien erfolgte. Für die frühesten sicher nachweisbaren Papierwerkstätten an der ligurischen Küste um Genua geht Irigoin davon aus, dass sie die iberische Technik der Papierproduktion übernommen hätten.[192] Hier kommt, so argumentiert er unter anderem, daher derselbe Begriff wie im Spanischen zum Einsatz: Im frühesten bekannten Papiermachervertrag etwa, ausgestellt in Genua im Jahr 1235, ist im ersten Satz von *faciendi papirum* die Rede.[193]

Die Anfänge des neuen Gewerbes in Fabriano in den Marken von Ancona, die Irigoin schon rund zwanzig oder dreißig Jahre später ansetzt, sei nach seiner Überzeugung dagegen mit einer anderen Technik „d'origine orientale" erfolgt, die er in einen Zusammenhang mit dem vierten Kreuzzug und seinen Folgen stellt. In seinem Anmerkungsapparat verweist Irigoin zur Begründung dieser These – leider ohne konkrete Belege – darauf, dass der Name des Papiers sowohl auf Latein als auch in den verschiedenen volkssprachlichen Dialekten in Venedig, Padua, Modena, Bologna, Pis-

---

188 Ed. Joannes Balbus, Catholicon, nach dem Erstdruck Mainz 1460, ND 1971 (ohne Paginierung). Unter den Lemmata *bombicinus* und *bombix* sind dagegen nur Woll- und Seidenstoffe beschrieben. S. zur Bedeutung des *Catholicon* für die Papiergeschichte schon knapp Bresc/Heullant-Donat, Pour une réévaluation de la „révolution du papier", 2007, 355f. mit Anm. 355.
189 Auch Sonderformen sind bislang nicht systematisch erfasst, s. zum Beispiel die in Chiavenna für die Jahre 1269 und 1301 belegten Begriffe *palperium* und *palpedrum* als Begriffe für Papier bei Becker, Beiträge zur kommunalen Buchführung und Rechnungslegung, 1995, 121, Anm. 30.
190 Vgl. Wartburg, Französisches Etymologisches Wörterbuch, Bd. 7, 1955, 593.
191 S. dazu die Belege oben im Kasten B.6.3.
192 Irigoin, Les origines de la fabrication du papier in Italie, 1963, 66.
193 Hier zit. nach dem erneuten Abdruck der Edition bei Briquet in Lopez, The English and the Manufacture of Writing Materials in Genoa, 1939/40, 133. S. dazu schon oben Kap. B.2, bei und in Anm. 101, und Kap. B.4 mit Kasten B.4.1.

toia und San Gimignano vom griechisch-byzantinischen Begriff übernommen worden sei.[194] Stimmen diese Thesen, die Irigoin auf der Basis seiner Seherfahrungen formulierte, für die jedoch systematische, wissenschaftlich dokumentierte Materialanalysen fehlen, so hätten für die Zeitgenossen zumindest in der Anfangszeit der Papiernutzung die zwei verschiedenen Begriffe auch Unterschiede in der Materialität der so bezeichneten Papiere signalisiert, die durch das abweichende Herstellungsprozedere bedingt waren (unter anderem und wohl am deutlichsten ablesbar in unterschiedlichen Formaten). Doch mit der allgemeinen Durchsetzung der vor allem Fabriano zugeschriebenen Innovationen in der Produktionstechnik, wie in Kap. B.2 bereits ausführlicher dargestellt, müssen sich diese Unterschiede nivelliert haben; demnach müsste dann auch der Bedeutungsunterschied der beiden Begriffe verblasst sein.

Diese Überlegungen und Erkenntnisse legen schließlich nahe, auch den einfachen Begriff ‚charta' noch einmal neu in den Blick zu nehmen und für die italienische Halbinsel eine besondere Entwicklung in seiner Semantik zu ergänzen: Schon Leo Santifaller nimmt an, dass wohl zuerst im Neulateinischen und dann im Italienischen der Begriff ‚c[h]arta' ganz allgemein für Papier verwendet worden sei.[195] Seine Vermutungen, die er 1953 noch auf einer breiteren Basis abgesichert sehen wollte, lassen sich rasch mit einem Blick in die Forschungen zu mittelalterlichen Papiermühlen Italiens bestätigen: In den Dokumenten aus Papierherstellung und -handel sind die Begriffe ‚charta bambagina' und ‚charta' unmissverständlich synonym für denselben Stoff belegt;[196] in den Registern des in den Papierhandel involvierten Prateser Kaufmanns Francesco Datini im späten 14. Jahrhundert gilt Gleiches für die Termini ‚carta' und ‚papier'.[197] Dass es sich auch um einen über den Kreis der Fachleute hinaus etablierten Sprachgebrauch handelt, sei hier nur an einer Bemerkung über die Trias Papyrus, Pergament und Papier im enzyklopädischen Werk von Francesco Mario Grapaldo aus

---

194 Vgl. Irigoin, Les origines de la fabrication du papier in Italie, 1963, 67, Anm. 25.
195 Vgl. Santifaller, Beiträge zur Geschichte der Beschreibstoffe, 1953, 121.
196 S. etwa die Beispiele aus dem Archivio Datini, Cartella 1383, im Lemma „carta" zit. in Battaglia, Grande dizionario della lingua italiana, Bd. 2, 1962, 807, oder die Belege für 1351, 1375, 1376, 1399 und 1407 in Zeugnissen zur Papierherstellung bei Lazzarini, L'industria della carta nel Padovano, 1969, 41, 43f., 49f. (Appendix 1; hier eingangs konkretisierend auch einmal als *negotio cartarum de bombice*), 50f. (Appendix 2).
197 Schaut man in die Register Francesco Datinis, so findet sich ein paralleler und zweifellos synonymer Gebrauch der Begriffe *carta* (ohne ein begleitendes Adjektiv) und *papier* – offenbar je nachdem, aus welcher Vorlage der Posten in die Bücher übertragen wurde: Das zeigen Eliyahu Ashtors Exzerpte für die Jahre 1399 (Dat 833), 1401–1403 (Dat 834), 1403–1404 (Dat 835), 1404 (Dat 1033), 1408–1410 (Dat 1036). Nimmt man alle bei Ashtor ausgewerteten Register (das heißt zusätzlich Dat 832, 1395–1396; Dat 837, 1407/1408, Dat 838, 1409/1410, Dat 1032, 1404, Dat 1034, 1406), so überwiegen die Belege von *carta* (55 x *carta*, 29 x *papier*). Vgl. Ashtor, Il commercio anconetano con il Mediterraneo occidentale, 1982, 67–71. S. auch schon die Bologneser Statuten, in denen einleitend einmal unmissverständlich von *fieri cartas de papiro* die Rede ist, um im Folgenden mit wenigen Ausnahmen nur das einfache *carta/carte* zu gebrauchen, ed. Gasparinetti, Documenti inediti sulla fabbricazione della carta, 1963, 18–24.

dem Jahr 1494 demonstriert: Darin erklärt er, einst seien Bücher auf *papyrus* geschrieben worden, jetzt dagegen stelle man sie – wenn es sich nicht um besonders wertvolle Bände *ex membranis* handele – aus *charta* her.[198]

Für die in diesem Kapitel vorgestellten Belege aus den Ostasien-Berichten lässt sich aus dieser Beobachtung schließen, dass der in italienischsprachigen Versionen benutzte Begriff ‚c[h]arta' – etwa in der venezianischen Version V B – bei der Lektüre zumindest durch Landsleute nicht mehr vorrangig die Assoziation ‚Urkunde' weckte, sondern als Abbreviatur für ‚carta bambagina', demnach schlicht als ‚Papier', verstanden wurde. Für diese These spricht auch der moderne Sprachgebrauch: Denn mit Ausnahme des Griechischen hat sich heute nur im Italienischen und dem ihm nah verwandten Rumänischen für das Signifikat ‚Papier' der Begriff ‚carta' durchgesetzt.[199]

Papier unter dem Hammer

Weiten wir an dieser Stelle noch einmal den Blick über die begrifflichen Fragen und Probleme hinaus und resümieren, welche Erkenntnisse insgesamt sich aus den Marco Polos Text gewidmeten Beobachtungen gewinnen lassen. Inhaltlich ist zweifelsohne festzuhalten, dass der Reisende aus Venedig im mongolischen Reich Papiergeld sah und von der Logistik und Autorität, mit der der Großkhan es durchsetzte, beeindruckt war. Das Material der Geldscheine war ihm insofern eine Schilderung wert, weil es ihm angesichts der geteilten Erfahrungen mit seinem christlich-europäischen Rezipientenkreis als ein verständliches Mittel erschienen sein muss, um zu erzählen, dass der unerhörte Reichtum des Großkhans auf einer matcriell wertlosen Währung in seinen Ländern fußte. Trotzdem waren seine Beobachtungen über die Rohstoffe und die Verarbeitung der fertigen Blätter zu Geldscheinen offensichtlich zutreffend.

Dies schließt jedoch nicht ein, dass diejenigen, die seinen Bericht bearbeiteten oder übersetzten, seine Schilderungen korrekt verstanden und interpretierten. Gründe dafür sind einerseits darin zu suchen, dass es den Rezipienten*innen schwerfiel, von ihrem christlich-europäischen Referenzrahmen zu abstrahieren. Wie wenig man sich ‚Papiergeld' anders als die in der eigenen Lebenswelt üblichen Münzen aus Metall vorstellen konnte, lässt sich sowohl in Wort als auch in Bild noch an weiteren Beispielen demonstrieren:[200] In einigen der Übersetzungen bzw. Bearbeitungen ver-

---

198 Grapaldo, De partibus aedium, 1494, Lib. II, Cap. VIIII (Bibliotheca), fol. o iiii r (nachträgliche Zählung fol. 106 v); vgl. auch Teiled. in Charlet, La bibliothèque, le livre et le papier d'après Francesco Maria Grapaldo, 1996, 351.
199 Im heutigen Griechischen lautet der Begriff für Papier χαρτί, im Rumänischen lautet er ‚hârtie'. Für das Italienische vgl. das Lemma „carta" in Battaglia, Grande dizionario della lingua italiana, Bd. 2, 1962, 807–813, bes. 807.
200 Während Wilhelm von Rubruk in seinem Bericht seiner Leserschaft einen eindeutigen Eindruck von der rechteckigen Form der Geldscheine vermittelt, indem er sie in Länge und Breite mit einer

mochte man sich die ‚Münzen' nicht rechteckig, sondern nur rund zu denken. In der von den Mantuaner Franziskanern verwahrten Handschrift aus dem 15. Jahrhundert mit der Fassung VA etwa heißt es, die dünnen aus der Maulbeerbaumrinde gefertigten Blätter für die Geldscheine seien *tondase como dinarji*.[201] Die toskanische Übersetzung der lateinischen Version LA formuliert, das Papier werde *circuncisa in forma di danari e scolpita in essa la 'nsegna del signore*.[202] In der deutschen Übersetzung ebenfalls nach LA in der einzigen Admonter Handschrift wird erklärt, dass man das Material *ryst [...] noch der formen eynis pfenningis, dor in slet her eyn gebreche sinis ingesigels*.[203] Hier fällt auch das Verb ‚schlagen' in Zusammenhang mit dem Akt des Siegelns ins Auge, das weniger an das Aufpressen eines Typars auf Papier denn an die Prägung einer metallenen Münze denken lässt. Diesen Zitaten lässt sich außerdem ein Bild aus einer der prächtigen Illustrationszyklen zu Marco Polos Text in einer französischen Handschrift des späten 15. oder frühen 16. Jahrhunderts mit der Version Fr an die Seite stellen (s. Abb. 7):[204] Obwohl der Text dieser Version nichts davon zu berichten weiß, setzte der Maler die Herstellung der Geldscheine in die Szene um, wie weißes ‚Papiergeld' wie ein Münzrohling in runder Form mit Hammer und Stempel auf einem Amboss geprägt wird.

Handfläche vergleicht (ed. [Wilhelm von Rubruk,] Itinerarium Willelmi de Rubruc, hg. von Wyngaert 1929, hier 271), verzichtete Marco Polo offenbar auf eine solche Konkretisierung; zumindest ist sie in den frühen autornahen Versionen nicht fassbar. Erst Ramusio im 16. Jahrhundert fühlt sich bemüßigt, ausdrücklich von *forme di moneta quadra* zu sprechen (Ramusio, Delle Navigationi Et Viaggi, Bd. 2, 1559, fol. 29r, s. auch oben Kasten B.6.2). Auch früher war dies zumindest vorstellbar, wie eine um 1400/1410 in Frankreich im Auftrag von Jean sans Peur entstandene Illustration der Passage zeigt: Der Maler zeigt die Geldscheine als längliche, gebündelte Banknoten in zwei Kisten, die zwei Gefolgsleute des Großkhans vor seinem Thron herannahenden Kaufleuten zeigen, die umgekehrt die typischen Geldsäcke mit Münzen in den Händen und am Gürtel tragen. Paris, Bibliothèque nationale de France, fr. 2810 (vgl. Gadrat-Ouerfelli, Lire Marco Polo au Moyen Age, 2015, Annex I, 357–381, Nr. 81); vgl. Marco Polo, Das Buch der Wunder, 1996, Faksimileband, fol. 45r. Für eine Abb. vgl. auch Lucien Polastron, Le papier, Paris 1999, 29, und Vogel, Marco Polo Was in China, 2013, 172, Abb. 16.
201 Ed. [Marco Polo,] Una familia veneta del libro de Marco Polo, ed. Valentinetti Mendi 1992, 589–700, hier 656. Auch zwei weitere der hier zitierten Textzeugen der Gruppe VA scheinen von runden Geldscheinen auszugehen, wenn sie das Material als *taiar al muodo de' denari* (ed. Marco Polo, Il „Milione" veneto, hg. von Barbiere/Andreose 1999, 185) bzw. als *talada a modo di dinari* (ed. [Marco Polo,] Una familia veneta del libro de Marco Polo, ed. Valentinetti Mendi 1992, 768) bezeichnen. S. auch Kasten B.6.2.
202 Ed. Iddio ci dia buon viaggio e guadagno, hg. von Formisano 2006, 73.
203 Deutsche Übersetzung der Fassung LA, Marco Polos „Heydnische Chronik", hg. von Steidl 2010, 332, s. auch Kasten B.6.2. Auch in der lateinischen Version P wird für den Prozess des Siegelns sowohl das Verb ‚imprimere' – eindrücken, aufdrücken, besiegeln – als auch ‚cudere' – schlagen, stoßen, prägen – verwendet, was auch die Wortwahl der von LA abhängigen Übersetzungen ins Portugiesische und Tschechische prägt, für die Belege vgl. Kasten B.6.2.
204 Zur Handschrift vgl. Gadrat-Ouerfelli, Lire Marco Polo au Moyen Age, 2015, Annex I, 357–381, Nr. 79, hier fol. 75. Für eine weitere Abb. s. etwa Lucien Polastron, Le papier, Paris 1999, 29.

Abb. 7: Herstellung von Papiergeld in der Münze des Großkhans – Illustration zu Marco Polos „Milione" in einer französischen Handschrift um 1475–1525 (Version Fr). Paris, Bibliothèque de l'Arsenal, Ms-5219 réserve, fol. 75 r. © Bibliothèque nationale de France, vgl. https://data.biblissima.fr/entity/Q34217 (Stand: 02.03.2024).

Neben solchen offensichtlichen Missverständnissen, die bei einer sorgfältigeren Lektüre der Vorlage vielleicht hätten vermieden werden können, kommen jedoch auch Fehlinterpretationen durch die Unschärfen und Differenzen in den verschiedenen Volkssprachen bei der Benennung von Papier vor. Je nachdem, aus welcher und in welche Sprache die jeweilige Version übersetzt wurde, konnten die Formulierungen verschiedene Assoziationen wecken – so ‚Papier' oder ‚Pergament', aber auch ‚Urkundengeld' oder ‚aus Rinde gefertigte Münzen'. Die Wahrnehmung und Beschreibung des Stoffs Papier war also auch dadurch beeinträchtigt, dass man kein allgemein verbreitetes, unmissverständliches Wort dafür kannte.

Am Schluss ist freilich festzuhalten, dass die abweichenden Deutungen, aus welchem konkreten Material das Geld des Großkhans und auch die Effigien bei der Verbrennung der Toten gefertigt waren, für die Logik und die Pointe der jeweiligen Erzählungen keine Rolle spielen. Anders als in der islamischen Welt war Papier offensichtlich kein für sich selbst bemerkenswertes Thema. Für dieses Fazit spricht auch, dass Marco Polo ebenso wie andere Fernost- und Nahostreisende zwar durchaus durch

Städte und Regionen reiste, zu denen uns arabische und persische Autoren des 9. bis 16. Jahrhunderts eine bedeutende Papierproduktion überliefern (s. dazu Kap. B.5). Die Reisenden aus dem christlichen Europa hielten sie jedoch zu keinem dieser Orte für berichtenswert, vielleicht erfuhren sie nicht einmal von ihr.

Letzeres mag auch auf Marco Polo zutreffen, der der islamischen Metropole der Papierherstellung Samarkand zwar ein eigenes Kapitel widmet; insgesamt bleibt seine Beschreibung der Stadt jedoch sehr dürr und damit mag erklärbar sein, dass Marco Polo auch die wichtige Exportware Papier nicht erwähnt.[205] Diese Beobachtung gilt auch für Autoren, die Samarkand länger bereisten und aufmerksamer porträtierten, vielleicht sogar selbst arabisch sprachen und daher nicht auf Dolmetschende angewiesen waren. Als Beispiel kann der ebenso detaillierte wie begeisterte tagebuchartige Bericht des Kastiliers Ruy González de Clavijo über seinen etwa dreimonatigen Aufenthalt am Samarkander Hof von Timur Beg 1404 genannt werden, der unter anderem eine ganze Reihe an Samarkander Spezialitäten wie verschiedene Nahrungsmittel, aber auch Seidenstoffe, Satin, Schleier, Saphire, Futterstoffe aus Seide und Pelz, Gewürze sowie Färbemittel für Gold und Blau nennt. Papier hingegen fehlt in seiner Liste.[206] Dasselbe gilt auch für italienische Texte in Ramusios großer Sammlung von Reiseberichten und ethnographischen Werken, so für den Bericht über den *Viaggio di Iosafa Barbaro nella Persia*[207] oder für *La lettera di Paolo Iovio delle Cose della Moscovia*:[208] Beide Texte nennen verschiedene Waren als Spezialitäten Samarkands, ohne dabei Papier zu erwähnen.

Das nach meinem Wissen früheste Beispiel eines im christlichen Europa verfassten Texts, in dem Papier als Handelsware beschrieben und gewürdigt wird, steht im ersten, 1550 gedruckten Band von Giovanni Battista Ramusios Hauptwerk *Delle navigationi et viaggi* über Afrika. Die 1526 auf Veranlassung von Papst Leo X. vollendete *Descrittione dell'Africa* weiß in ihrem achten, Ägypten gewidmeten Teil über die *grandissima e mirabile Città del Cairo* mit ihren vielen und überbordenden Märk-

---

[205] Vgl. etwa in der frühesten bekannten Handschrift mit der franko-italienischen Version F: [Marco Polo,] Il Manoscritto della Bibliothèque Nationale de France Fr. 1116, Bd. I, hg. von Eusebi 2010, 46 f.: Cap. LI [1]; in der am weitesten verbreiteten lateinischen Version P: [Marco Polo =] Marka Pavlova z Benátek, Milion, hg. von Prášek 1902, in den Anm., hier 38 f., Lib. 1, C. xxxix, in Ramusios italienischer Übersetzung R: Ramusio, Delle Navigationi Et Viaggi, Bd. 2, 1559, fol. 11r, lib. 1, cap. 30.
[206] Hier benutzt in den Übersetzungen: [Ruy González de Clavijo,] La route de Samarkand, übers. und komm. von Kehren 1990, bes. 246–257, und [Ruy González de] Clavijos Reise nach Samarkand, übers., eingel. und erl. von Lindgren 1993, s. bes. 141–143. Papier findet übereinstimmend in beiden Übersetzungen lediglich Erwähnung, um die weiße Farbe einerseits von Austern und andererseits des geschminkten Gesichts von Tamerlans Hauptfrau zu beschreiben, vgl. bei Kehren 171 und 233, bei Lindgren 77 und 127.
[207] Vgl. den 1543 zuerst publizierten Text des venezianischen Kaufmanns Giosafat Barbaro über seine Reise nach Persion zwischen 1473 und 1477 in der Version von Ramusio, Delle Navigationi Et Viaggi, Bd. 2, 1559, hier fol. 106r–v.
[208] Vgl. den Brief des 1552 verstorbenen Bischofs und Geschichtsschreibers Paolo Giovio in der Version von Ramusio, Delle Navigationi Et Viaggi, Bd. 2, 1559, hier fol. 133r–v.

ten, Handelshöfen und Ladengeschäften zu berichten, in einer Straße zwischen Parfümhändlern und Goldschmieden verkaufe man auch *carta bella & liscia*, schönes und glattes Papier, wobei man in denselben Ladengeschäften *similme[n]te qualche rara & bella gioia*, also zugleich auch andere seltene und schöne Kostbarkeiten anbiete.[209] Die knappe Bemerkung mit ihrer auffallenden Wertschätzung der Handelsware Papier stammt freilich aus der Feder eines Wanderers zwischen den Welten: Geboren 1486 als al-Ḥasan b. Muḥammad al-Wazzān al-Zayyātī in eine muslimische Familie, war ihr heute zumeist als Leo Africanus bekannter Urheber im Dienst des Sultans von Fès tätig, bevor er 1518 als hochrangiger Gefangener nach Rom verschleppt und schließlich als Konvertit vom Papst persönlich getauft wurde.[210] Sein anfangs noch auf arabisch begonnenes Werk, wiewohl für seine neue christliche Umwelt in Italien gedacht, atmet daher noch ganz den kulturellen Hintergrund eines hoch gebildeten Muslims,[211] für den eine größere Aufmerksamkeit für das Papier damit aber auch nicht weiter verwunderlich ist.

Ebenso wenig eine Thematisierung wert wie die Handelsware Papier erschien den christlich-europäischen Reisenden außerdem derjenige Gebrauchskontext, in dem das Papier zweifellos am häufigsten zu beobachten gewesen wäre und in dem es zumindest in der Retrospektive moderner Forschung auch seine eigentliche Wirkkraft entfaltete: seinem Einsatz als Beschreibstoff. In allen hier analysierten Versionen wird er komplett ausgespart. Lediglich die deutsche Übersetzung nach LA erlaubt sich bei der Beschreibung des *papir[s]*, das der Großkhan für seine Geldscheine nutze, die Seitenbemerkung: *do von man macht buchir, alse man tut unse papir*.[212] In diesem knappen Kommentar spiegelt sich damit die Selbstverständlichkeit, mit der Papier in der eigenen Kultur genutzt wurde, ebenso wie die fehlende Relevanz, dieses selbstverständlich vorhandene Medium näher zu beschreiben.

Dieselbe Leerstelle gilt auch für das Gros der anderen Berichte über die Reise in den Fernen Osten. Nur Wilhelm von Rubruk interessierte sich auch für die Schreibgewohnheiten in den von ihm besuchten Ländern. An zwei Stellen seines Berichts, unter anderem direkt im Anschluss an seine Erwähnung des Papiergelds, berichtet er über die in den verschiedenen Gebieten gebräuchlichen Alphabete und Schreibsysteme. Doch außer dem Hinweis, dass man in Catai (das heißt Nordchina) mit Pinseln schreibe, wie Wilhelm sie sonst nur aus der Malerei kannte, finden sich keine konkretisierenden Informationen über die jeweils üblichen Schreibmaterialien.[213]

---

[209] Ramusio, Delle Navigationi Et Viaggi, Bd. 1, 1554, fol. 90v (Beginn der Zählung mit dem Anfang der *Descrittione dell'Africa* nach dem Ende der Einführung auf fol. 34v), für eine orthographisch normalisierte Ausgabe vgl. Giovanni Battista Ramusio, Navigazioni e viaggi, hg. von Milanesi, Bd. 1, 1978, 404.
[210] Zur Person vgl. [Bosworth], Art. Leo Africanus, 1986.
[211] S. dazu Zemon Davis, Leo Africanus, 2008, bes. 16.
[212] Deutsche Übersetzung der Fassung LA nach der Edition Marco Polos „Heydnische Chronik", hg. von Steidl 2010, 351.
[213] Vgl. [Wilhelm von Rubruk,] Itinerarium Willelmi de Rubruc, hg. von Wyngaert 1929, 231, unter Nr. 5, und 271, unter Nr. 50. In der ersten Passage berichtet der Autor über die Schrift der Tartaren, die

Ein ähnliches, freilich noch knapperes Beispiel bieten zwei Stellen in den Erinnerungen des Venezianers Niccolò di Conti über seine Reisen 1419 bis 1444 über den Mittleren Osten bis nach Südostasien und vor allem Indien, die Gianfrancesco Poggio Bracciolini, der berühmte Florentiner Humanist und Sekretär Papst Eugens IV., nach Gesprächen mit ihm niederschrieb.[214] Über die Bewohner von Cambay (auf dem Gebiet des heutigen indischen Bundesstaats Gujarat) etwa notiert er nicht nur Beobachtungen über das dort genutzte Alphabet und dessen für ihn ungewöhnliche Schreibrichtung, sondern auch, dass sie anders als alle anderen Inder die einzigen seien, die *papiri usum habent*, die also Papier nutzten.[215]

Angesichts dieser ebenso seltenen wie kursorischen Bemerkungen über Papier in den Werken christlich-europäischer Provenienz ist es nicht verwunderlich, wenn –

---

der der Chinesen ähneln würde: Man beginne nämlich oben zu schreiben und führe die Zeile nach unten, und man lese und schreibe, indem man die Zeilen von links nach rechts vermehre (*multiplicare*). Im Folgesatz erklärt er, dass die Tartaren viel *charta* und *caracteres* für ihre Zauberpraktiken nutzen würden und ihre Tempel voller *breves suspenses*, aufgehängter Zettel seien (offenbar mit Wünschen und Sprüchen). Als letzte Information in diesem Absatz folgt, dass auch Mangu Chan Briefe an ‚Euch' – das heißt an den französischen König, für den Wilhelm seinen Bericht verfasste – *in ydeomate Moal et litteratura eorum*, der Sprache der Mongolen und in ihren Buchstaben (das heißt, in uigurischer Schrift) geschickt habe.

In der zweiten Passage über Catai fährt Wilhelm im Anschluss an seine Erwähnung des Papiergeldes fort, dass die dortigen Einwohner mit Pinseln schreiben würden, wie Maler sie verwendeten. In Catai schreibe man mit einer *figura*, einem Symbol, gleich mehrere *litterae*, Buchstaben, die zusammen eine *dictio* – im Sinn eines ganzen Wortes – umfassen würden. Die Menschen aus Tangut würden von rechts nach links wie die Araber schreiben, wobei sie die Linien von unten nach oben nebeneinander setzten. Die Uiguren würden von oben nach unten schreiben. Die Tibeter hingegen würden schreiben *sicut nos* – ‚wie bei uns' – und hätten den unseren sehr ähnliche *figurae*.

214 Poggio Bracciolini fügte die Erzählungen Niccolò de' Contis seinem Werk De Varietate Fortunae (Über die Vergänglichkeit des Glückes) als viertes und letztes Buch bei; ed. Poggio Bracciolini, De varietate fortvnae, hg. von Merisalo 1993, zu den Umständen der Niederschrift s. das Incipit des Liber III, ebd., 153.

215 Über das in Cambay übliche Alphabet berichtet der Text, man würde weder *ut nos* – wie wir – von rechts nach links noch wie die Hebräer von links nach rechts schreiben, sondern den *calamus* von oben nach unten führen. Als außerhalb Cambays in Indien üblichen Beschreibstoff nennt der Text *in arborum foliis*, das heißt, die Blätter von Bäumen, aus denen die Einheimischen sehr schöne Bücher herzustellen wüssten, vgl. Poggio Bracciolini, De varietate fortvnae, hg. von Merisalo 1993, 172. Die zweite Stelle findet sich in den Passagen zur südwestindischen Malabarküste, vgl. ebd. 155f.: Dort nutze man die bis zu sechs Ellen langen und fast ebenso breiten Blätter einer Palmenart, die so fein seien, dass man sie rollen könne, entweder, um sie sich zum Schutz vor Regen über die Köpfe zu halten, oder *pro cartis in scribendo*. Ob der Venezianer Niccolò di Conti und sein Florentiner Ghostwriter Poggio Bracciolini beim Begriff *cartae* an Papier dachten, lässt sich hier natürlich wieder nur mutmaßen. Ein späterer Übersetzer, Rodrigo Fernández de Santaella, jedenfalls tat das; s. seine Übertragung ins Kastilische von 1518 unter dem Titel *Tratado de micer Pogio florentino* im Anhang von Marco Polos Text, vgl. [Marco Polo,] El libro de Marco Polo, hg. von Gil 1987, 265–286, hier 268: *e d'éstas usan por papel para escrevir e por cobertura para la cabeça* (s. auch 271: *la cibdad de Combahita, no usan papel* und 281: *Solos los combaitas escriben en papel*).

wie einleitend in Kap. B.3 zitiert – Polidoro Virgili im Jahr 1499 sich außer Stande sah, Informationen über die Erfindung des in seiner Zeit so weit und selbstverständlich verbreiteten Beschreibstoffs zu erhalten. Seine Feststellung, dass man nichts über seinen Urheber wisse, muss dem Autor selbst und seinen zeitgenössischen Leser*innen als ein Endpunkt erschienen sein, über den man noch weit über seine Lebenszeit hinaus nicht weiterkam. Aus der Retrospektive der Forschung kann man sie jedoch auch im Gegenteil als Anfangspunkt verstehen: Ein Diskurs über das Papier, seine Geschichte und seinen Gebrauch entwickelte sich offenbar erst, als sein Fehlen als ein Mangel bemerkt wurde. Dabei ist es, wie im letzten Kapitel zu erörtern sein wird, nicht zufällig, wenn dieser Kommentar aus der Feder eines an den antiken Texten geschulten Humanisten kam. Die zweifellos als randständig zu bezeichnende Thematisierung des Papiers sollte sich im lateinischen Europa erst langsam ändern, als die Humanisten mit Blick nicht auf die geographische, sondern auf die zeitliche Ferne der Antike die Bedeutung der Schriftproduktion neu zu sehen lernten.

B.7 Plinius als posthumer Vater der Papierforschung

Der allgegenwärtige Gebrauch von Papier in seiner Lebenszeit wird Polidoro Virgili sicher bestärkt haben, in seinem 1499 zuerst gedruckten Werk *De inventoribus rerum* auch auf die Frage nach dem Ursprung des Leinenpapiers einzugehen (s. dazu schon Kap. B.3 mit Kasten B.3.1). Dass er diese Frage überhaupt wichtig und erörterungswert fand, ist allerdings nicht auf alltagsempirische Eindrücke zurückzuführen. Die Einbettung des Passus legt vielmehr nahe, dass dieses Interesse seiner Schulung an der Antike zu verdanken war. Hier war er offensichtlich zuerst auf eine besondere Sensibilität für die Bedeutung der Schriftkultur und ihrer Errungenschaften gestoßen.

In seinem Werk hatte antikes Wissen an verschiedenen Stellen und in verschiedener Weise Eingang gefunden: Die längsten, ein eigenes Kapitel umfassenden Passagen gleich zu Beginn seines ersten Buchs widmete Polidoro der Entwicklung der Alphabete.[1] Seine am Anfang von Kap. B.3 referierten Erklärungen über die junge Kunst des Buchdrucks und ihre Auswirkungen hatte er an sein Referat des antiken Wissens über Büchersammlungen, ihre bedeutendsten Plätze und ihre kulturhistorische Relevanz angehängt.[2] Der eingangs zitierte knappe Kommentar über den Mangel an Informationen zum Leinenpapier schließlich steht in einem Kapitel, das alle Informationen über die ihm bekannt gewordenen Beschreibstoffe zusammentragen sollte.[3] Nach einer kurzen Aufzählung von Palmblättern, Bleirollen, Leinen und Wachstafeln ist der Hauptteil dieses Kapitels dem Papyrus und dem Pergament gewidmet.

Für beide Beschreibstoffe lässt sich eine bis in die Antike zurückreichende Beschreibungstradition fassen.[4] Als Ausgangspunkt für die folgenden Überlegungen stellen sich daher die Fragen: Was war der Grund dafür, dass das zwar verhal-

---

[1] Vgl. Polydore Vergil, On Discovery, ed. und übers. von Copenhaver 2002, Lib. I, Cap. VI, 76–86. Dies sei gerechtfertigt, so Polidoro Virgili einleitend, da nur der *literarum usus*, der Gebrauch der Buchstaben, der Erinnerung Bestand verleihe und die dem Andenken würdigen Dinge vor dem Vergessen bewahre (Zitat 76). Zum Komplex der gelehrten ‚literacy' sind darüber hinaus auch noch seine Kapitel über die Erfindung und Nützlichkeit der Grammatik (Lib. I, Cap. VII), über die Ursprünge der Poesie und des Schreibens in Versen (Lib. I, Cap. VIII und IX), über die Geschichte einzelner Gattungen wie Tragödie, Komödie und Satire (Lib. I, Cap. X und XI) sowie Geschichtsschreibung (Lib. I, Cap. XII) und Rhetorik (Lib. I, Cap. XIII) zu nennen.
[2] Vgl. ebd., Lib. II, Cap. VII, 240–246.
[3] Vgl. ebd., Lib. II, Cap. VIII, 246–250.
[4] Konkrete Studien zu diesem Thema sind mir nicht bekannt; meist wird nur auf die ältesten entsprechenden Zeugnisse bei Plinius und Isidor von Sevilla verwiesen, vgl. etwa Wattenbach, Das Schriftwesen im Mittelalter, 3. Aufl. 1896, 96–99 und 113, oder jüngst Becker/Licht/Schneidmüller, Pergament, 2015, 337. Einen ersten und unsystematischen, da auf andere Aspekte fokussierten Zugang zudem mit der Beschränkung auf enzyklopädische Werke bietet Ernst, Standardisiertes Wissen über Schrift und Lektüre, 2002. Schlieben-Lange, Geschichte der Reflexion über Schrift und Schriftlichkeit, 1994, berücksichtigt Fragen der Materialität dagegen überhaupt nicht. S. daher dazu auch die Überlegungen weiter unten.

Open Access. © 2024 bei der Autorin, publiziert von De Gruyter. Dieses Werk ist lizenziert unter der Creative Commons Attribution-NonCommercial-NoDerivatives 4.0 Lizenz.
https://doi.org/10.1515/9783111298931-009

tene, aber doch kontinuierliche Interesse an den älteren Beschreibstoffen Papyrus und Pergament erst im späten 15. Jahrhundert auch Aufmerksamkeit für das Papier zu wecken vermochte? Lässt sich näher bestimmen, aus welchen antiken Werken die entscheidenden Impulse für diese neue Aufmerksamkeit kamen? Und war Polidoro Virgili wirklich der einzige, der dieses Sujet entdeckte?

Vom Papyrus zum Papier

Schauen wir uns angesichts dieser Fragen Polidoros Kapitel über die Beschreibstoffe noch einmal ausführlicher sowohl in seinen Inhalten als auch vor allem im Hinblick auf seine Vorlagen an. Argumentativ speist sich sein Text aus zwei verschiedenen Wurzeln: Einerseits führt Polidoro die nach seinem Kenntnisstand ältesten Autoren an, die über die Existenz von Schriftdokumenten auf Papyrus bzw. Pergament informieren. Andererseits suchte er die Ursprünge ihres Gebrauchs etymologisch zu ergründen, eine sowohl im Mittelalter seit Isidor von Sevilla allgemein als auch gerade unter humanistischen Autoren weit verbreitete und beliebte Methode.[5] So berichtet er etwa für den Begriff *pergamena* unter Berufung auf den römischen Polyhistor Marcus Terentius Varro, dass das Pergament aufgrund einer Rivalität der Könige Ptolemaius und Eumenes (das heißt: im 2. Jahrhundert vor Christus) in der Stadt Pergamon erfunden worden sei.[6]

Sucht man am Beispiel dieses Kapitels nach den Gewährsmännern seiner Darstellung, so wird rasch deutlich, dass Polidoro sich auf das Who is Who antiker Autoren beruft: In der Reihenfolge ihrer Erwähnung im Text nennt er Plinius den Älteren, Vergil, Homer, Varro, Gellius, Livius, Lactanz, Plutarch, Josephus, Herodot sowie nach Plinius zitiert auch Cassius Hemina, zusätzlich für den in der ersten Druckauflage 1499 noch fehlenden Passus über die tironischen Noten[7] Eusebius und Sueton. Außer-

---

[5] Vgl. dazu Atkinson, Inventing Inventors in Renaissance Europe, 2007, 44; s. auch Charlet, Papyrus, parchemin et papier dans le Cornu copiae, 1993, 49f.
[6] Polidoro Virgili zweifelt allerdings an Varros Aussage und führt für das seines Erachtens weitaus höhere Alter dieses Beschreibstoffs die Bemerkung des Josephus über die heiligen Bücher der Hebräer sowie die Episode über Eleazar, der dem Ptolemaius Bücher zum Übersetzen ins Griechische geschickt habe, ins Feld. Die Informationen über die Namen und die Geschichte des Pergaments beginnen außerdem bereits mit einer anderen etymologischen Erläuterung, dass der dafür gängige Begriff *membrana* von der ‚Bedeckung der Körperteile' (im Sinn der Haut, aus der der Beschreibstoff gefertigt wird) stamme. Vgl. Polydore Vergil, On Discovery, ed. und übers. von Copenhaver 2002, Lib. II, Cap. VIII, Nr. 3, 248. Zur Erfindung des Pergaments im Streit zwischen Ptolemaius V. Epiphanes (204–181 v. Chr.) sowie Eumenes II. (Regierungszeit 197–159 v. Chr.) vgl. Becker/Licht/Schneidmüller, Pergament, 2015, 337 sowie die Erläuterungen in der Edition: Polydore Vergil, On Discovery, ed. und übers. von Copenhaver 2002, 275 zu § 70, mit der These, Pergamon könne der Ort gewesen sein, an dem das Herstellungsverfahren von Pergament verbessert worden sei.
[7] Vgl. dazu den Kommentar zur Edition in Polydore Vergil, On Discovery, ed. und übers. von Copenhaver 2002, 532 zu Lib. II, Cap. VIII, Nr. 6.

dem will sein Text augenscheinlich demonstrieren, dass er sich kritisch mit ihren Aussagen auseinandersetzt. So beginnt die Passage über den Papyrus mit dem Verweis auf Varro, dieser Beschreibstoff sei allgemein nach dem Sieg Alexanders des Großen über Ägypten verbreitet worden, als dieser die Stadt Alexandria gegründet und bei dieser Gelegenheit die aus den Sumpfgewächsen des Nils gefertigten *chartae* kennengelernt habe. Zugleich referiert unser Autor aber auch, dass Plinius unter Berufung auf den Annalisten Cassius Hemina vom Schreiber Gnaeus Terentius berichtet, der bei der Feldarbeit auf dem Gianicolo (dem Höhenzug über Rom am rechten Tiberufer) auf den Sarg von Numa (dem sagenhaften zweiten König von Rom) gestoßen sei und darin *chartae* entdeckt habe. Polidoro Virgili rechnet vor, dass Numa mehr als drei Jahrhunderte vor der Gründung Alexandrias gelebt habe.[8] Seine Argumentation legt den Leser*innen also nahe, dass die *chartae* deutlich älter als von Varro angenommen sein müssen.

Der Autor verschweigt allerdings zweierlei: Erstens lässt er im Dunkeln, dass er die verschiedenen Informationen nicht etwa in eigenen ausgedehnten Quellenstudien zusammengesucht hatte und dass auch die scharfsinnige Diskussion widersprüchlicher Thesen um das Alter des Pergaments bei Varro und Cassius Hemina nicht von ihm selbst stammte. Sein Hauptlieferant war stattdessen die (zwar zufällig zuerst genannte, aber eben nicht prominent hervorgehobene) ‚Naturgeschichte' von Plinius dem Älteren, ein Werk, das mit seinem berühmten Katalog der Erfinder in Buch 7 insgesamt das Interesse des italienischen Humanismus am Thema der *inventores* geweckt hatte.[9] Die ‚Naturgeschichte' besaß jedoch nicht nur allgemein Vorbildcharakter für Idee und Struktur von Polidoros Buch. Auch zum spezifischeren Komplex der Erfindungen bzw. Neuerungen im Bereich der Schriftkultur und ihrer Auswirkungen und damit für das hier fokussierte Kapitel über Beschreibstoffe[10] war sie ihm mehr als nur ein Faktensteinbruch.

---

[8] Polidoro Virgili weist allerdings darauf hin, dass Livius im zehnten Buch seines Werks über den mazedonischen Krieg und mit ihm Lactanz und Plutarch andere Fundumstände überliefern. Vgl. Polydore Vergil, On Discovery, ed. und übers. von Copenhaver 2002, Lib. II, Cap. VIII, Nr. 2, 248. Nach dem heutigen Forschungsstand und auf der Basis bis heute erhaltener Stücke ist der Gebrauch von Papyrus nicht nur bis zurück ins 4. Jahrhundert, sondern bis ins 3. Jahrtausend vor Christus zu datieren, vgl. Ast et al., Papyrus, 2015, 308f.

[9] S. dazu Atkinson, Inventing Inventors in Renaissance Europe, 2007, 105–107, s. auch 41–44 mit der Vorstellung von Texten mit ähnlicher Stoßrichtung von Marcantonio Sabellico und Zaccaria Giglio. Polidoro Virgili benutzte wahrscheinlich eine 1497 in Venedig gedruckte Ausgabe der plinianischen *Historia naturalis*.

[10] Vgl. Plinius, Naturkunde, Bücher XII/XIII, hg. von König/Winkler 2007, Cap. XXI–XXVII, §68–89, 138–150: *De papyro* (über die Papyrusstaude); Binnengliederung: Cap. XXI, §68–70: *De charta usu / Quando coeperit* (allgemein zur Verwendung des Papyrus und seinen Ursprüngen); Cap. XXII, §71–73: *Quomodo fiat* (zum Herstellungsprozess); Cap. XXIII, §74–77: *Genera eius IX* (Beschreibung von neun verschiedenen Papyrussorten); Cap. XXIV, §78–80: *Probatio chartarum* (Kriterien zur Beurteilung von Papyrusqualitäten); Cap. XXV, §81: *Vitia chartarum* (Hinweise für Schreiber im Umgang mit mangelhaftem Papyrus); Cap. XXVI, §82–83: *De glutino chartarum* (Rezept für Schreiber zur nachträglichen

Nach Arno Borst, der 1994 die maßgebliche Monographie über die Plinius-Rezeption im Mittelalter vorlegte, habe Plinius der Ältere „Lebenswert und Lebenskraft des gesprochenen Wortes und seiner Niederschrift höher als die meisten seiner Zeitgenossen und Nachfolger" geschätzt.[11] Auch Ulrich Ernst, der Plinius in seiner Studie zur Reflexion über Schrift und Lektüre, Buch und Druck im enzyklopädischen Schrifttum des Mittelalters und der Frühen Neuzeit ein eigenes Kapitel widmet, bewertet die *Historia naturalis* „als vorzügliche Quelle nicht nur für die Kommunikationstechnologie des Schreibens und die Palette der Beschreibstoffe, sondern überhaupt für den kulturgeschichtlichen Ort von Skripturalität in der Antike".[12] Diese modernen Urteile finden sich gestützt in den ausführlichen Überlegungen des Plinius zum Papyrus, in denen auch eine Passage zu Herstellung und Gebrauch von Pergament inseriert ist: So streicht Plinius hier mehrfach heraus, wie der Gebrauch der Papyrusblätter und ihre Verfügbarkeit von größter Bedeutung für die *humanitatis vita* – das Leben, die Kultur der Menschheit allgemein – und ganz besonders für die *memoria* – das Wissen um die Vergangenheit – sei.[13]

Schaut man auf den Umgang des Polidoro Virgili mit seiner plinianischen Vorlage, so zeigt sich im Kapitel über die Beschreibstoffe, dass er die dort rezipierten Stellen oft wörtlich übernimmt, andererseits aber den deutlich umfangreicheren Text des Plinius keineswegs komplett wiedergibt, sondern die für ihn relevanten Informationen herausgreift und neu sortiert bzw. montiert. So etwa werden die widersprüchlichen Thesen bei Varro und Cassius Hemina zum Alter des Pergaments, die Plinius in zwei unterschiedlichen Passagen verhandelt, bei Polidoro elegant an einer Stelle zusammengezogen. Umgekehrt gibt es aber auch Beispiele dafür, dass er nicht korrekt

---

Oberflächenleimung der Papyrusblätter); Cap. XXVII: *De libris Numae* (eine weitere Theorie zu den Ursprüngen des Papyrusgebrauchs).

11 Borst, Das Buch der Naturgeschichte, 1994, 34.
12 Ernst, Standardisiertes Wissen über Schrift und Lektüre, 2002, 458, insgesamt zu Plinius 455–458, mit einer detaillierten Beschreibung der bei Plinius fassbaren Passagen zu den Themen Schrift, Beschreibstoffe und Buch. Diese Einschätzung wird auch in den Altertumswissenschaften geteilt, vgl. etwa Ast et al., Papyrus, 2015, 307, mit der Erklärung, dass Plinius den „ausführlichsten, wenn auch nicht in allen Details klaren Bericht über die Herstellung und die verschiedenen Qualitäten" von Papyrus vorgelegt habe; für eine Paraphrase der entsprechenden Passagen aus der *Historia naturalis* vgl. ebd., 319f., die freilich kommentarlos die irreführende Übersetzung von *chartae* als „Papier" aus der benutzten Edition übernommen hat. S. dazu auch die Erläuterungen des Editors in Plinius, Naturkunde, Bücher XII/XIII, hg. von König/Winkler 2007, 276 zu § 74: „Leider haben wir keine Kenntnis von der Quelle des Plinius, dessen im großen und ganzen zutreffende Beschreibung der Papyrusherstellung von so außerordentlicher Wichtigkeit ist."
13 Plinius, Naturkunde, Bücher XII/XIII, hg. von König/Winkler 2007, 138, Cap. XXI, § 68: *[...] cum chartae usu maxime humanitatis vitae constat, certe memoria*; vgl. auch ähnliche Aussagen zum Papyrusgebrauchs auf 140, Cap. XXI, § 70: *usus rei, qua constat immortalitas hominum,* und auf 150, Cap. XXVII, § 89: Die Gegenmaßnahmen des römischen Imperators Tiberius in einer Zeit der *inopia chartae* werden von Plinius mit dem Kommentar begründet, andernfalls wäre das Leben in Unordnung geraten: *alias in tumultu vita erat.*

exerzpierte. Das auffälligste Beispiel dafür ist ein längerer Absatz über die verschiedenen *genera*, das heißt die verschiedenen Sorten oder Qualitäten der *chartae*, den Polidoro in Ausschnitten aus Plinius übernahm, allerdings ohne jede Kennzeichnung der Herkunft, so dass die Zeilen unbedarfteren Leser*innen als seine eigene Ergänzung erscheinen mussten.[14]

Plinius sprach hier natürlich mangels der Kenntnis von Papier im antiken Europa von Papyri. Auch Polidoro Virgili hatte nur wenige Zeilen weiter oben den Begriff *charta* unmissverständlich als Wort für die Papyrusblätter eingeführt. Doch die Platzierung der Passage erst im Anschluss an die Abschnitte über das Leinenpapier und das Pergament vermittelten nicht den Eindruck, als bezögen sie sich auf einen Beschreibstoff, der in den Lebzeiten des Polidoro schon seit Jahrhunderten nicht mehr käuflich zu erwerben war. So ist nicht verwunderlich, dass *charta* hier sowohl in zeitgenössischen Übersetzungen als auch in modernen Übertragungen als Papier verstanden wird.[15] Bestärkt sehen musste sich eine solche Interpretation durch – wie im vorangegangenen Kapitel ausgeführt – den in seiner Zeit etablierten Wortgebrauch.[16] Damit aber musste er bei seinen zeitgenössischen Leser*innen einige Verwirrung angesichts der ungewohnten Sortenbezeichnungen *charta hierartica, amphitheatrica, bibula* und *emporetica* auslösen, die sie so zweifellos im Handel kaum hätten nachfragen können.[17]

Kommen wir damit zu einem zweiten Punkt, den Polidoro Virgili seiner Leserschaft verschwieg: So ließ er ebenfalls unter den Tisch fallen, dass er nicht der erste nachantike Autor war, der dieses Wissen wiederentdeckte. Während er also – ganz zeittypisch – nur die ältesten Referenzen anführte, ließ er seine direkten mittelalterlichen und vor allem zeitgenössischen Quellen im Dunkeln.[18] Als sein maßgeblicher

---

14 Polidoro Virgili nennt vier, während Plinius im 13. Buch der *Historia Naturalis* neun Sorten beschreibt, vgl. Polydore Vergil, On Discovery, ed. und übers. von Copenhaver 2002, Lib. II, Cap. VIII, Nr. 5, 250, sowie Plinius, Naturkunde, Bücher XII/XIII, hg. von König/Winkler 2007, Cap. XXIII, § 74–76, 142f.
15 Vgl. als ein Beispiel für die zeitgenössischen Übersetzungen: Polydorvs Vergilivs Vrbinas, Uon den erfyndern der dyngen, 1537, fol. XLVv. Als Beispiel für moderne Übertragungen s. die maßgebliche Edition: Polydore Vergil, On Discovery, ed. und übers. von Copenhaver 2002, zum Beispiel 246f.: Schon den Begriff *charta* in der Überschrift übersetzt Copenhaver als „paper"; dasselbe gilt für den Auftakt des Kapitels *Ante usum chartarum [...]*, den Copenhaver als „Before people used paper [...]" wiedergibt.
16 So bemerkt auch Charlet, Papyrus, parchemin et papiers dans le Cornu copia, 1993, 51.
17 Ed. Polydore Vergil, On Discovery, ed. und übers. von Copenhaver 2002, 250.
18 Vgl. den Kommentar in Polydore Vergil, On Discovery, ed. und übers. von Copenhaver 2002, 629, unter Nr. 3, sowie verallgemeinernd Atkinson, Inventing Inventors in Renaissance Europe, 2007, 104: Der Autor „quotes earlier authors via the compendious works of authoritative authors such as Isidor's *Etymologiae*, the *Corpus iuris canonici*, Niccolò Perotti's *Cornucopiae*, Giovanni Tortelli's *De orthographia dictionum e Graecis tractarum*, Marcantonio Sabellico's *Enneades* and Platina's *Vitae pontificum* and names the primary but not the secondary sources. [...] One can assume that many of the references to authors of classical antiquity named by Vergil only once or seldom will originate from this practice. In addition, as will be demonstrated in chapter 6, Vergil does not name (or seldom names) certain

Zwischenträger für die hier zusammen gestellten Informationen ist Niccolò Perotti zu nennen, berühmter Humanist in Diensten der Kurie, Professor an der Universität Bologna, 1458 ernannt zum Bischof von Siponto. Sein 1477/78 entstandenes, posthum 1489 gedrucktes Hauptwerk Cornu copiae (,Horn der Fülle') war zwar ein Kommentar zum Werk Martials, wurde wegen seiner breiten lexikographisch-etymologischen Informationen jedoch als allgemeines Nachschlagewerk für Latein benutzt.

In Brian P. Copenhavers Kommentar zur kritischen Edition von *De inventione* taucht Perotti in Polidoros Kapitel über die Beschreibstoffe zwar nur einmal auf.[19] Auch Perotti kopierte jedoch breit Plinius (trotz fleißiger Verweise auf viele andere Autoren im übrigen ohne jede Erwähnung der plinianischen ,Naturgeschichte', obwohl er sie 1474 in einer der frühen Auflagen sogar im Druck herausgegeben hatte).[20] Daher stellt sich die Frage, ob Polidoro Virgili diese Informationen direkt aus der ,Naturgeschichte' oder zweiter Hand aus den *Cornu copiae* übernahm.[21] Zweifelsfrei kannte Polidoro die Arbeit Perottis sehr gut. Er besorgte im Jahr 1496 die zweite Ausgabe dieses 1489 zuerst und bis 1536 in nicht weniger als 30 Auflagen gedruckten Werks.[22] Dass er sie in den hier entscheidenden Passagen auch benutzte, ergibt sich aus einer in Kap. B.3 bereits kurz genannten kryptischen Stelle in seiner Passage über das Leinenpapier: Ihr Sinn erschließt sich erst durch die Lektüre von Perottis Text.[23]

Was also konnte Polidoro bei Perotti zu den Stichworten Papyrus, Pergament und Papier nachlesen (vgl. Kasten B.7.1)?[24] Beim Abgleich mit den deutlich ausführlicheren

---

recent or contemporary authors such as Sabellico, Perotti and Filippo Beroaldo, even though their works were important sources for him."

19 Vgl. Polydore Vergil, On Discovery, ed. und übers. von Copenhaver 2002, 629 unter Nr. 3.
20 Zum ebenso extensiven wie verdeckten Kompilationseifer am Beispiel des Niccolò Perotti, der freilich zugleich als zeittypisch bewertet wird, vgl. Meuthen, Der Quellenwandel, 1999, 32f. mit Anm. 73, und speziell zur Benutzung des Plinius „de façon abusive" vgl. Charlet, Papyrus, parchemin et papier dans le Cornu copia, 1993, Anm. 5, auf 54. S. zur Urheberschaft der Druckausgabe von 1474 das Vorwort von Sesto Prete in Nicolai Perotti, Cornv Copiae, hg. von Charlet/Furno, 1989, III. S. auch GW M31076: An der 1496 in der Pariser Offizin von Ulrich Gering und Berthold Remboldt gedruckten Ausgabe von Perottis *Cornu copiae* war ein *Commentariolus in prohemium historiae naturalis Plinii* angehängt, der von Ludovicus Odaxius besorgt wurde und dem begleitende Texte von Polidoro Virgili beigegeben waren.
21 S. mit dieser These die Anmerkungen in einer Teiledition des Kapitels in Charlet, La bibliothèque et le livre d'après trois témoignages humanistes, 2004, 90–92, hier 92: Charlet nimmt an neun Stellen Perotti und nicht Plinius als direkte Vorlage für Polidoros Text an. S. dazu auch ders., Papyrus, parchemin et papier dans le Cornu copia, 1993, Anm. 19 auf 54.
22 Zu den Überlegungen, in welcher Druckauflage Polidoro Virgili den Text benutzte, vgl. oben Anm. 20. Zur Zahl der Druckauflagen insgesamt vgl. unten die Anmerkungen zum Kasten B.7.1.
23 Charlet, Papyrus, parchemin et papier dans le Cornu copia, 1993, 50 zu § 372, mit Anm. 11 auf 54, führt den Beweis, dass Perotti mit hoher Wahrscheinlichkeit als Erfinder dieser von Polidoro Virgili aufgegriffenen „étymologie fantaisiste" anzusprechen sei.
24 Aufzuschlagen ist der dickleibige Kommentar dazu im dritten Teil, der Martials *Liber spectaculorum* gewidmet ist. Anlass ist das bei Martial vorgefundene Wort *bibit*, zu dessen lexikographischer Einordnung Perotti unter anderem auch die Redewendung des nach Tinte dürstenden Papyrus anführt.

Erläuterungen bei Plinius sticht sofort ins Auge, dass beide Autoren aus seinem Text oft ähnliche Aspekte für relevant erachteten.²⁵ Die auffälligste Gemeinsamkeit ist freilich ein Passus, der in der antiken Vorlage noch gar nicht stehen konnte: Auch Perotti fügte in seinen Text nämlich bereits einen Absatz über das Leinenpapier ein, am exakt gleichen Ort wie nach ihm Polidoro, darüber hinaus sogar mit der wortgleichen Definition dieses Stoffs als gefertigt *ex linteolis contritis* sowie ergänzt um die Information, dass dieser neue Beschreibstoff den Namen des Papyrus geerbt habe.

Der Ruhm, als Erster auf den in seiner Zeit längst unverzichtbaren Beschreibstoff Papier aufmerksam gemacht zu haben, gebührt demnach nicht Polidoro Virgili, sondern Niccolò Perotti. Nach dem modernen Herausgeber der *Cornu Copiae*, Jean-Louis Charlet, ist plausibel, dass die Zusätze über das Leinenpapier aus Perottis eigener Feder stammten. Charlet verweist dazu auf eine wichtige zeitgenössische Vorlage für Perotti, den einflussreichen, erstmals 1471 in Rom gedruckten *Commentariorum grammaticorum de orthographia dictionum e graecis tractarum opus* des Florentiner Humanisten Giovanni Tortelli, der ein alphabetisches Lexikon mit korrekter lateinischer Orthographie von über 3400 griechischen Begriffen sowie etymologischen und semantischen Erläuterungen aus antiken Texten bot. Das Lemma *charta* ist darin ebenfalls bereits auf Plinius den Älteren gegründet, doch Tortelli erwähnt anders als Perotti Leinenpapier noch mit keinem Wort.²⁶

Dieser Eindruck wird noch unterstrichen, wenn wir uns in einem zweiten Schritt den Unterschieden in den Texten von Perotti und Polidoro zuwenden. Die wichtigste Abweichung betrifft den Katalog an verschiedenen *genera chartae*, den beide Autoren von Plinius übernahmen. Bei Perotti ist schon durch die Verwendung des Imperfekts

---

Dies gibt ihm die Gelegenheit für einen längeren Exkurs zu den Beschreibstoffen. Hier zit. im Folgenden nach Nicolai Perotti, Cornv Copiae, hg. von Charlet/Furno, 1989, Lib. I, Epig. III, 139f., § 369–373; wieder abgedruckt in Charlet, Papyrus, parchemin et papier dans le Cornu copia, 1993, 56f. Zur Beobachtung, dass die *Cornu copiae* zeitgenössisch nicht nur als Kommentar zu Martial, sondern weitaus umfassender als enzyklopädisch-etymologisches Nachschlagewerk gelesen wurden, s. unten die Ausführungen zur Rezeption insbesondere bei Robert Estienne.

25 Neben der hier im Folgenden ausführlicher analysierten Passage über die *genera chartarum* gilt dies schon für die Einleitung der entsprechenden Passagen, in der beide Autoren die ‚archaischen' Schreibmaterialien der Palmblätter, Baumrinden, Bleirollen und Wachstafeln vor dem Gebrauch der *chartae* thematisieren, oder für die widersprüchlichen Thesen über das Alter des Papyrus, vgl. Nicolai Perotti, Cornv Copiae, hg. von Charlet/Furno, 1989, Lib. I, Epig. III, 139f., § 370 sowie § 371 und 373, und Polydore Vergil, On Discovery, ed. und übers. von Copenhaver 2002, 246–248. Polidoro Virgili benutzte freilich nicht nur Perotti, sondern sicher auch den ‚originalen Plinius', wie im Folgenden noch darzustellen ist.

26 Vgl. Charlet, Papyrus, parchemin et papier dans le Cornu copia, 1993, 50. Zu Perottis intensivem Gebrauch von Tortellis Werk vgl. Furno, Du *De Orthographia* de G. Tortelli au *Cornu Copiae* de N. Perotti, 1989. Als mögliche Anregung zu dieser Ergänzung hebt Charlet Perottis Herkunft aus dem nahe Fabriano gelegenen Sassoferrato in den Marken hervor und verweist auf dessen Landsmann Bartolo da Sassoferrato, der im 14. Jahrhundert als erster überhaupt über die Papierherstellung in Fabriano berichtete, s. dazu oben vor allem Kap. B.4 und auch Kap. B.2, Kasten B.2.6.

wie auch durch die Einbettung dieser Zeilen unmissverständlich herausgestrichen, dass dieses Klassifikationssystem in alten Zeiten gegolten habe und sich auf den Papyrus bezieht.[27] Wenn er es schließlich ein zweites Mal im Absatz über das Leinenpapier aufgreift, so tut er dies eben nicht so diffus und irreführend wie nach ihm Polidoro Virgili, sondern offensichtlich im Bemühen, am antiken Vorbild eine fehlende Nomenklatur für den modernen Beschreibstoff zu entwickeln. Der ganz besonders feinen Sorte, die gemäß Plinius nach dem Kaiser Augustus benannt worden sei, entspreche in seiner Gegenwart *illa epistolaris*, das heißt jenes Papier, das man zum Briefeschreiben verwende. Die in der Antike *amphitheatrica* bzw. *Fanniana* benannte Qualität ähnele einer *altera comunis,* also einer zweiten, offenbar allgemein üblichen Papiersorte. Die Kategorie *emporetica*, die Plinius für den nur zur Verpackung, nicht zum Schreiben gedachten Papyrus verwendet habe, erscheint Perotti für jene als *grossior*, sehr grob, charakterisierten ‚Packpapiere' der Kaufleute seiner Zeit geeignet. Als Äquivalent zur antiken Sorte *Claudia*, gemäß Plinius benannt nach dem römischen Imperator Claudius, der befohlen habe, den für den *calamus* zu zarten Papyrus seines Vorgängers Augustus stärker und größer zu produzieren, bezeichne man das größte und vornehmste Format *á rege nunc regalis* – das heißt: in seiner Gegenwart abgeleitet vom Begriff ‚rex' als ‚königliches Papier'.[28] Damit verweist Perotti offensichtlich auf das ‚Regalpapier', einen im spätmittelalterlichen Europa gängigen und breit nachweisbaren Sortennamen (s. dazu Kap. B.2, Kasten B.2.1).

Perottis Editor Jean-Louis Charlet, der der Passage über das Leinenpapier eine eigene Miszelle widmete, deutete diese Zeilen mit den Worten, Perotti habe die „réalités modernes avec le vocabulaire de Pline" zu beschreiben versucht.[29] Dies gilt auch für die beiden folgenden Sinnabschnitte, in denen Perotti mit weiteren Aussagen über das zeitgenössische Leinenpapier scheinbares Erfahrungswissen präsentiert. Seine Erläuterungen darüber, dass man es mit einem Zahn oder einer Muschel gegen Tintenfluss behandeln könne, sind allerdings wortgleich von Plinius kopiert. Dasselbe gilt für entscheidende Teile des nächsten Satzes, obwohl Perotti hier sogar auf seine eigene Person zu sprechen kommt. Das Problem des Tintenflusses habe ihn dazu veranlasst, selbst ein *genus,* eine Art/Sorte Papier zu erfinden, die in *tenuitas, densitas,*

---

27 Diese Passage ist eingebettet in eine Beschreibung der Beschaffenheit der Papyrusstaude, die Perotti anders als Polidoro Virgili aus der ‚Naturgeschichte' übernimmt. Um kein Missverständnis aufkommen zu lassen, schließt der Absatz sogar noch einmal mit der dezidierten Erklärung, der Begriff Papyrus komme von der Papyrusstaude und das sei deshalb so, weil der Stoff aus ihr gefertigt worden sei. Vgl. Nicolai Perotti, Cornv Copiae, hg. von Charlet/Furno, 1989, Lib. I, Epig. III, 139, § 371. Polidoro Virgili benutzte für diesen Passus also nicht Perotti, sondern griff vermutlich direkt auf eine Plinius-Ausgabe zurück. Dies wird schon daran deutlich, dass die bei ihm geschilderten vier Sorten nicht mit denen bei Perotti aus Plinius Herausgegriffenen übereinstimmen, vgl. dazu Nicolai Perotti, Cornv Copiae, hg. von Charlet/Furno, 1989, Lib. I, Epig. III, 139, § 371, insgesamt Kasten B.7.1.
28 Zu den Ausführungen des Plinius über die Sorten *Claudia* und *Augusta* vgl. Plinius, Naturkunde, Bücher XII/XIII, hg. von König/Winkler 2007, Cap. XXIV, § 79, 144.
29 Charlet, Papyrus, parchemin et papier dans le Cornu copiae, 1993, 51.

candor, leuor sowie *philurae longitudo* sowohl besser als auch optisch schöner sei. Die Handwerker hätten dieses Papier daher nach ihm als *[charta] Perotta* bezeichnet.[30]

Die ersten vier hier aufgelisteten Eigenschaften – Feinheit, Dichte, Weiße und Glätte – werden in der Tat auch heute noch als zentrale Kriterien zur Beurteilung von Papierqualitäten benannt. In Perottis Text ist dennoch augenfällig, dass er sie wortgleich und sogar in derselben Reihenfolge schon bei Plinius zum Thema Papyrus fand.[31] Den fünften angeführten Begriff ergänzte er aus einer anderen Stelle, in der Plinius über das Herstellungsprozedere der Papyrusblätter sprach; mit den *philyrae* hatte dieser die aus dem Mark der Papyrusstaude geschnittenen Streifen bezeichnet, deren *longitudo*, Länge, in der Tat für das Format des daraus gefertigten Blattes entscheidend waren.[32] Gedanklich ist dies weniger leicht auf das Leinenpapier zu übertragen. Die Länge der fein gemahlenen Pflanzenfasern im fertig geschöpften Papierblatt sind objektiv nur unter dem Mikroskop zu bestimmen.[33]

Trotz der begrifflichen Anleihen bei Plinius und ihrer Übertragung auf ein anderes Material passen also die bei Perotti angeführten Kriterien nicht schlecht auf das Leinenpapier. Was aber ist von seiner selbstbewussten Behauptung zu halten, er sei nicht nur ein unbeteiligter Beobachter, sondern der Schöpfer einer eigenen, nach diesen Maßgaben verbesserten Papiersorte? Nach den Recherchen von Jean-Louis Charlet ist dieses Eigenlob durch kein anderes Zeugnis zu bestätigen.[34] Da der Autor sich außerdem an anderer Stelle der *Cornu copiae* gleichfalls unüberprüfbar rühmt, in Viterbo habe man ein von ihm verbessertes Mineralwasser zu seinen Ehren als *aquae Perottae* bezeichnet, und verräterischer Weise zur Beschreibung der von ihm angestoßenen Innovationen wieder plinianisches Vokabular verwendet, äußert Charlet Zweifel an seiner Glaubwürdigkeit.[35]

Zusammenfassend lässt sich zu Niccolò Perotti wie zu Polidoro Virgili festhalten, dass beide neu im Vergleich zu ihren Vorläufern zum Thema der Beschreibstoffe nicht nur antikes Buchwissen wiederholen, sondern auch die in ihrer Zeit offensichtlich gewandelten Materialien in der Schrift- und Buchproduktion berücksichtigen wollten.

---

[30] Nicolai Perotti, Cornv Copiae, hg. von Charlet/Furno, 1989, 140, § 372. S. dazu auch die Einführung in das Unterkapitel „Mittelalterliche Kriterien zur Bestimmung von Papiersorten und -qualitäten" in Kap. B.2.
[31] Plinius, Naturkunde, Bücher XII/XIII, hg. von König/Winkler 2007, Cap. XXIV, § 78, 144.
[32] Plinius, Naturkunde, Bücher XII/XIII, hg. von König/Winkler 2007, Cap. XXIII, § 74, 142.
[33] Auch in der spätmittelalterlichen Papierherstellung wird man vermutlich bereits Erfahrungswerte besessen haben, dass allzu kurze Fasern in der Pulpe das Papier brüchig werden lassen; ob diese Erfahrungen dem Autor Perotti geläufig waren, bleibt jedoch zweifelhaft.
[34] S. dazu Charlet, Papyrus, parchemin et papier dans le Cornu copiae, 1993, 52. Zwar ist dieser Passus auch bei Robert Estienne zu finden, er kopierte ihn jedoch wortwörtlich und machte sich nicht einmal die Mühe, ihn von der ersten Person in die dritte Person Singular abzuändern, vgl. dazu unten Kasten B.7.1. Polidoro Virgili und Francesco Maria Grapaldo, der Perotti ebenfalls zu diesem Thema benutzt (s. dazu weiter unten und Kasten B.7.1), lassen diese Behauptung bezeichnenderweise aus.
[35] Vgl. Charlet, Papyrus, parchemin et papier dans le Cornu copiae, 1993, 52.

Auf den zweiten Blick schrumpft Polidoros Beitrag allerdings auf die Feststellung, dass die Frage nach dem Urheber des Leinenpapiers unbekannt sei.[36] Sonst verließ er sich in seinem sowieso knappen Absatz zumeist wortwörtlich auf Perottis Informationen, wobei er – wie sein irritierender Abschnitt über die *chartarum genera* zeigt – diese Vorlage nicht einmal voll ausschöpfte.

Perottis Ausführungen zum zeitgenössischen Papier waren demgegenüber also eindeutig differenzierter. Aus moderner Pespektive, die die Beschreibstoffe Papyrus und Papier aufgrund ihrer verschiedenen Herstellungsprozesse kategorisch unterscheidet, erscheint uns heute frappierend, wie passend er die von Plinius für den Papyrus eingeführten Vokabeln für die Beschreibung und Kategorisierung des zeitgenössischen Leinenpapiers fruchtbar zu machen verstand. Festzuhalten bleibt allerdings auch, dass Perotti die von Plinius vorgebahnten Pfade kaum verließ. So unternahm er mit Ausnahme des Begriffs der *charta regalis* etwa noch keinen weitergehenden Versuch, statt der plinianischen Vokabeln die in seiner Zeit im Papiergewerbe und -handel existenten Begrifflichkeiten für seinen Text aufzugreifen.

Mutiger als Perotti beschritt diesen Weg ein dritter Humanist des späten 15. Jahrhunderts aus Norditalien, Francesco Maria Grapaldo, der in seiner Heimatstadt Parma zugleich als Universitätslehrer wie auch als ‚homo politicus' in verschiedenen Diensten und Ämtern der Kommune tätig war.[37] Auf Papier kommt er in seinem Hauptwerk *De partibus aedium* zu sprechen, das allein in seiner Lebenszeit ab 1494 in drei von ihm verantworteten und in Parma gedruckten Auflagen sowie in zwei weiteren Ausgaben in Straßburg und Paris erschien und noch im gesamten 16. Jahrhundert weit über Italien hinaus auch im deutschen Sprachraum erfolgreich war.[38]

Wie der Titel bereits ankündigt, legte Grapaldo das Werk als detaillierte Beschreibung aller Räume eines Hauses mit Türen, Treppen, Böden, mit Gärten, Ställen und Speichern an, im Versuch, das vor allem aus antiken Quellen geschöpfte Wissen über Architektur, Technik, Medizin, Botanik, Zoologie und Hauswirtschaft für die private und familiäre Sphäre seiner stadtadligen Standesgenoss*innen aufzubereiten.[39] *De partibus aedium* konnte dabei gleichermaßen gelesen werden als praktischer Ratgeber zur Ausstattung eines Adelswohnsitzes wie auch als gelehrtes Nachschlagewerk mit dem für den Horizont seiner Bewohner verbindlichen humanistischen Bildungskanon.[40] Als Beispiel sei die einleitende Passage im Kapitel über die Bibliothek ange-

---

36 Dass Polidoro Virgilis Resumee von seinen Rezipient*innen späterer Jahrzehnte und Jahrhunderte als autoritative Feststellung wahrgenommen wurde, zeigt seine häufige Wiederholung bis ins 18. Jahrhundert, s. dazu ausführlicher unten. Perotti begnügte sich ohne den Blick auf die geschichtliche Dimension mit dem Hinweis, *quo nunc passim mortales utuntur,* ed. Nicolai Perotti, Cornv Copiae, hg. von Charlet/Furno, 1989, Lib. I, Epig. III, 140, § 372, vgl. Kasten B.7.1.
37 Zu Grapaldos Biographie vgl. etwa Siekiera, Art. Grapaldo, 2002, 561f.
38 Zur Überlieferung vgl. die Anmerkungen zum Kasten B.7.1.
39 Zu Struktur und Inhalt vgl. prägnant Siekiera, Art. Grapaldo, 2002.
40 Die Bedeutung der lexikographischen Komponente für den Autor wird auch dadurch unterstrichen, dass Grapaldo selbst zur Komplettierung seines Werks ein Glossar *De verborum significatione*

führt, in dem uns auch das Papier begegnen wird: Ihr Anfang mit etymologischen Erläuterungen zur Wortfamilie um den Begriff *bibliotheca* sowie mit historischen Bemerkungen über die Ursprünge und Orte der ersten Büchersammlungen spiegelt ganz den lexikographisch-enzyklopädischen Impetus des Werks. Darauf folgt ein praktisch orientierter Teil mit baulichen Hinweisen etwa zu den optimalen Lichtverhältnissen und zum Schutz vor Feuchtigkeit in Bibliotheken sowie mit Tipps zur Möblierung bzw. einer Warnung vor der Feuergefahr in diesen Räumen, wobei Grapaldo freilich auch hier nicht auf ein dichtes Netz an Referenzen auf die antiken Vorbilder Vitruv, Juvenal und Seneca verzichtet.[41]

Dieselbe doppelte Perspektive behält Grapaldo auch in den weiteren Sinnabschnitten des Kapitels bei, die nach den Räumlichkeiten nun auch die Bücher selbst (nebst den sie schützenden Buchschatullen) und am breitesten schließlich verschiedene Schreibutensilien vom Vorrat loser Blätter über Wachstafeln und Griffel, Tinte und Tintenfass bis hin zu Siegelring und verschiedenfarbigem Siegelwachs behandeln; sie sollten offenbar als Grundausstattung eines Schreibplatzes in jeder Bibliothek zur Hand sein.[42] Die Ausführungen zur *penna*, der Feder, geben Grapaldo dabei Gelegenheit, nicht nur wie sonst mit seinen Erläuterungen in die zeitliche Ferne der Antike zurückzuschweifen, sondern auch einen knappen Abschnitt über die junge Kunst der *chalcographi*, der Buchdrucker, einzufügen. Ihre Anfänge datiert er, wie für sein italienisches Lebensumfeld korrekt beobachtet – und damit zugleich ein erster Beleg für das Einfließen eigener, in diesem Fall ganz persönlich gefärbter Beobachtungen –, in die Zeit seiner frühen Kindheit.[43]

Kommen wir damit zu den Beschreibstoffen, die Grapaldo in dem Passus über Material und Schmuck des Buches thematisiert, den er zwischen die Informationen zur Architektur der Bibliothek und zur Ausstattung des Schreibplatzes eingeschoben hat. Dass er für ihre Beschreibung auf Niccolò Perottis *Cornu copiae* zurückgriff, lässt sich bereits an der Strukturierung des Stoffs erahnen: Wie Perotti und nach ihm Polidoro Virgili skizziert er nämlich zuerst (hier vergleichsweise knapp) den Papyrus,

---

ergänzte, das auch in späteren Auflagen mitabgedruckt und anders als das Hauptwerk sogar in die Volkssprache übersetzt wurde. S. dazu Charlet, La bibliothèque, le livre et le papier d'après Francesco Maria Grapaldo, 1996, 348.

41 Vgl. dazu die Edition in Charlet, La bibliothèque, le livre et le papier d'après Francesco Maria Grapaldo, 1996, 350f.

42 Vgl. dazu die Edition in Charlet, La bibliothèque, le livre et le papier d'après Francesco Maria Grapaldo, 1996, 354–360: § 5: *scheda* und *schedulae*; § 6: *pugillares tabellae*; § 7: *graphium stilus*; § 8: *pluteus tabula, atramentarium, calamus* und *penna* sowie Kunst der *chalcographi*; § 12: *genus scribendi*; § 13: *anulus signatorius*; § 14: *caera*; § 15: *scrinium libris*. S. dazu die Erläuterungen bei Charlet, La bibliothèque, le livre et le papier d'après Francesco Maria Grapaldo, 1996, 362–364.

43 Vgl. dazu die Edition in Charlet, La bibliothèque, le livre et le papier d'après Francesco Maria Grapaldo, 1996, 357, § 11. Grapaldo muss ungefähr fünf Jahre alt gewesen sein, als Sweynheim und Pannartz in Rom nach ihren ersten Drucken in Subiaco eine Offizin eröffneten, so Charlet, La bibliothèque, le livre et le papier d'après Francesco Maria Grapaldo, 1996, 363.

dann das ‚Leinenpapier' und erst an dritter Stelle – entgegen der chronologischen Ordnung – das Pergament. Dass er hierfür Perotti als Quelle vorliegen hatte, verrät die kurze, kryptische Bemerkung, dass der Begriff *charta* etymologisch *ab urbe tyri* herzuleiten sei – denn ihr Sinn bleibt unverständlich ohne die Lektüre von Perottis Text.[44]

Doch Grapaldo begnügt sich nicht damit, die bei Perotti gesammelten Informationen zu kopieren. Sein Anspruch, das für die Gegenwart relevante Wissen zusammenzustellen, scheint ausschlaggebend dafür zu sein, dass sein Abschnitt über den *olim*, einst, gebrauchten Papyrus vergleichsweise knapp ausfällt. Die Überlegungen zum Papier ergänzte er – ganz im Unterschied zu Polidoro Virgili – dagegen um offenbar eigenständige Beobachtungen. Dies gilt in besonderem Maße für seine Beschreibung des Herstellungsprozesses,[45] weshalb Grapaldo anders als die zuvor genannten Autoren auch schon um 1900 in den Blick der genuinen Papiergeschichtsforschung geriet.[46]

Zuletzt hat sich mit diesen Zeilen ausführlich Sandra Schultz mit dem Fokus auf Grapaldos Beitrag zur Klärung von Fragen der Technikgeschichte und der Arbeitsabläufe in den mittelalterlichen Papiermühlen beschäftigt.[47] Trotz der knappen Schilderung, so resümiert sie, habe Grapaldo mit der Art und Aufbereitung des Rohstoffs, dem Schöpfen der Bögen und ihrem anschließenden Pressen und Trocknen sowie abschließend dem Leimen und Glätten der fertigen Blätter die grundsätzlichen Arbeitsschritte präzise und anschaulich benannt.[48] Es ist daher gut vorstellbar, dass sich der Gelehrte in seiner Heimatstadt Parma den Prozess in einer Papiermühle zeigen und erläutern ließ. Direkt an seinen Bericht über die Herstellung fügte er jedenfalls ein Lob der in Parma gefertigten Papiere an, die er für ihre besondere Tintenfestigkeit lobt, während das Papier aus Fabriano für seine weiße Farbe bekannt sei (s. dazu schon Kap. B.2, Kasten B.2.2).

---

44 S. dazu Charlet, Papyrus, parchemin et papier dans le Cornu copiae, 1993, 55, Anm. 24. Auch Polidoro Virgili hat diese kryptische Stelle in seinen Text übernommen, s. dazu schon oben bei Anm. 23.
45 S. dazu Charlet, La bibliothèque, le livre et le papier d'après Francesco Maria Grapaldo, 1996, 361, mit der Einschätzung, Grapaldos Passus über die Papierherstellung sei „le premier témoignage détaillé sur cette technique", sowie sein Fazit auf 364: „Grapaldo n'est pas seulement un homme de bibliothèque: son expérience et ses relations humaines l'ont mis en contact avec les réalités techniques de son époque, ce qui confère une valeur particulière à son témoignage." S. auch Dabrowski/Simmons, Permanence of hand made papers, 1998, 257, die sich über die erstaunlich empirische Beschreibung der Herstellung in einem sonst an antiken Reminiszenzen und Zitaten reichen Werk wundern.
46 S. als frühe Beispiele etwa Blanchet, Essai sur l'historie du papier et sa fabrication, 1900, 62f.; Briquet, Les filigranes, Bd. 1, 1923, 18.
47 Vgl. Schultz, Papierherstellung im deutschen Südwesten, 2018, 43f. zuerst einführend zu Autor, Werk und der entsprechenden Passage (mit kleineren Korrekturen zur Übersetzung der Stelle bei Steinmann (Hg.) Handschriften im Mittelalter, 2013, Nr. 882, 830f.), dann mit der Referenz auf Grapaldo zum Thema der Rohstoffe bzw. einzelner Arbeitsschritte auf 70, 76f., 91, 98, 109, 143, 153, 159, 169f., 178, 190.
48 Vgl. ebd. 56; mit derselben Einschätzung Charlet, La bibliothèque, le livre et le papier d'après Francesco Maria Grapaldo, 1996, 361, der als einzig fehlenden Aspekt den Gebrauch und Sinn der Wasserzeichen moniert.

Zusammenfassend präsentiert Grapaldo im Paragraphen über die Papierherstellung im Vergleich zu seiner Vorlage in Perottis *Cornu copiae* ein eindeutiges Plus an wohl lebensnaher Information, obwohl er anders als der Schöpfer der ominösen *[charta] Perotta*[49] an keiner Stelle behauptet, selbst im Papiergewerbe tätig zu sein. Dass er zudem sein Werk nicht an Papiermacher*innen, sondern an (mehr oder weniger schriftversierte) Endverbraucher*innen der Bögen adressierte, wird im nächsten Abschnitt deutlich, der nach der Produktion des Papiers nun auch seinen Gebrauch thematisiert. Zuerst wiederholt er hier mit anderen Worten die zuvor schon einmal variierte Erklärung, die wichtigste Eigenschaft eines Papiers sei es, nicht *bibula*, ‚durstig' zu sein und die Tinte nicht zu ‚verschlucken' (*sorbere*), andernfalls könne man es allerdings (im Sinn eines Löschpapiers) zum Trocknen der Schrift verwenden. Dieser scheinbar ganz aus dem Alltag gewonnene Ratschlag ist freilich nicht ohne literarisches Vorbild. Schon hier ist die Formulierung vielmehr verdächtig nah an Perottis *Cornu copiae*. Noch eindeutiger gilt dies für die folgenden Zeilen, in denen Grapaldo seinen Leser*innen einen Überblick über die verschiedenen *genera chartarum* gibt.[50]

Wie Perotti vor ihm sucht Grapaldo in den bei Plinius referierten antiken Klassifikationen ein Gerüst, um die Realitäten seiner eigenen Zeit zu beschreiben. Wie Perotti übernimmt er daher auch als erstes und letztes *genus* die *[charta] epistolis dedicata* sowie die *[charta] emporetica*, wobei er die entsprechenden Plinius-Stellen im Zitat explizit anführt. Aus Perottis Ergänzungen kompiliert er den Hinweis auf die *[charta] regalis*. Aber wieder setzt Grapaldo offenbar eigenständige Beobachtungen dazwischen. So kontrastiert er das Briefpapier mit *[charta] libraria*, die fester sei und daher für Bücher bestens geeignet. Zur von Perotti übernommenen *charta regalis* fügt er die Information an, in Bologna gebe es ein noch größeres Format, das man *charta imperialis* nenne und das besonders für Kirchenbücher mit der Musik des Stundengebets geeignet sei.

Wie aber sind diese Ausführungen gerade im Vergleich zu Perotti in ihrer Originalität einzuschätzen? Nimmt man den Text in der 2013 publizierten Quellensammlung zur mittelalterlichen Manuskriptproduktion zur Hand, die der Bibliothekar und Handschriftenspezialist Martin Steinmann vorgelegt hat, so unterstreicht schon der gewählte Ausschnitt den Eindruck von Grapaldos Fähigkeit zur lebensnahen Beschreibung. Dies wird noch durch Steinmanns Übersetzung ins moderne Deutsch verstärkt, die Grapaldos Text ganz auf die Realitäten seiner Gegenwart vereindeutigt – so wird etwa *charta regalis* als „Regalpapier", *charta imperialis* als „Imperial-Format" übersetzt.[51]

---

[49] S. Kasten B.7.1 bzw. Charlet, Papyrus, parchemin et papier dans le Cornu copiae, 1993, 57.
[50] Zu Perotti als Vorlage vgl. Nicolai Perotti, Cornv Copiae, hg. von Charlet/Furno, 1989, 139, § 371; vgl. Charlet, La bibliothèque, le livre et le papier d'après Francesco Maria Grapaldo, 1996, 361.
[51] Vgl. Steinmann (Hg.) Handschriften im Mittelalter, 2013, Nr. 882, 830f.; s. dazu die kleineren Korrekturen bei Schultz, Papierherstellung im deutschen Südwesten, 2018, 43.

Einen anderen Eindruck vermittelt die kritische Edition des Gesamtkapitels von Jean-Louis Charlet, der nicht wie Steinmann den Erstdruck aus dem Jahr 1494, sondern die Druckausgabe letzter Hand aus dem Jahr 1506 als Basis für den Haupttext wählte. Schon die Einbettung der Zeilen über das Papier in die umliegenden Passagen mit ihrem dichten Netz an Verweisen auf bzw. Zitaten aus antiken Werken markiert unmittelbar das Selbstverständnis des Texts als gelehrte Kompilation. Außerdem hat Grapaldo im Vergleich zur Erstfassung auch im Abschnitt über die *genera chartarum* nicht etwa die empirischen Beobachtungen vermehrt, sondern vielmehr umgekehrt zusätzliche Verweise auf den plinianischen Text eingeflochten. Am deutlichsten wird dies bei seinem Satz über das in Bologna gefertigte Imperial-Format für Kirchenbücher, das er nachträglich um den Einschub *quae olim Hieratica* ergänzte.[52] Die Antikenrezeption scheint Grapaldo also doch noch wichtiger als die empirische Beobachtung.

Insgesamt haben wir demnach in einer vergleichsweise kleinen Zeitspanne im letzten Viertel des 15. Jahrhunderts drei italienische Autoren kennen gelernt, die angeregt durch ihre indirekte oder direkte Plinius-Lektüre über Alter, Herkunft und Beschaffenheit von Papyrus und Pergament je unterschiedliche Informationen über einen bei Plinius noch nicht berücksichtigten, in ihrer eigenen Zeit jedoch ubiquitär eingesetzten Beschreibstoff in ihre Texte einfügten.[53] Alle drei Werke fanden in ihrer Zeit wie im ganzen 16. Jahrhundert weite Verbreitung, so dass es nicht verwundert, dass ihre entsprechenden Passagen auch in anderen Werken wieder aufgegriffen wurden – und dies schon bald nach 1500 auch jenseits der italienischen Halbinsel.

Als ein früher und äußerst wortgetreuer Multiplikator dieser Stellen ist zum Beispiel der französische Druckerverleger und Lexikograph Robert Estienne zu nennen, der Perottis Passage in seinem 1531 zuerst gedruckten *Dictionarium seu latinae Thesaurus* fast komplett kopierte. Er machte es damit in einem Werk zugänglich, das mit Margarethe Lindemann als Meilenstein der Lexikographie mit vielen Nachdrucken und Bearbeitungen sowie als wichtiger Impulsgeber für weitere Wörterbuch- und Enzyklopädieprojekte auch im deutschen Südwesten zu bewerten ist.[54] Hier waren diese Abschnitte nun auch beim kursorischen Lesen leichter aufzufinden, da Robert Estiennes Werk alphabetisch sortiert ist und die Passage daher unter dem Lemma *papyrus* steht. Der Autor nennt Perotti offen als Quelle; zugleich war ihm auch aufgefallen, dass dieser seine Vorlagen unterschlagen hatte. Daher ergänzte er den Hinweis, Perotti argumentiere *ex Plinio, lib. 13., cap. XII*.[55]

---

52 Vgl. die Edition in Charlet, La bibliothèque, le livre et le papier d'après Francesco Maria Grapaldo, 1996, 353, sowie den Kasten B.7.1.
53 S. dazu auch das Fazit in Charlet, La bibliothèque et le livre d'après trois témoignages humanistes, 2004, 88 f.
54 Vgl. Lindemann, Robert Estienne, Dicitionarium (1531), 1999, zu Robert Estiennes Biographie und Herkunft, zur Genese und Anlage seines Lexikons sowie zur reichen Rezeption dieses Werks; zu seiner Nachwirkung im Schweizer Raum bes. 715–717.
55 [Estienne, Robert,] Dictionarivm, seu Latinae linguae Thesaurus, 1531 (USTC 146288), 690 und Kasten B.7.1. Vgl. Charlet, Papyrus, parchemin et papier dans le Cornu copiae, 1993, Anm. 4 auf 53.

Doch die Rezeption blieb nicht auf die Gattung der Wörterbücher beschränkt. Als auffällig nah an diesen Diskursen erweist sich auch die oben in Kap. B.3 bereits referierte Stelle aus der (früh sowohl im deutschen als auch italienischen Sprachraum rezipierten) *Utopia* des Thomas More (s. dazu Kasten B.3.2). Zwar präsentieren der Autor respektive seine Erzählerfigur Raphael Hythlodaeus anders als Perotti, Polidoro und Grapaldo kein Sachwissen zum Thema Leinenpapier; sie sprechen vordergründig nicht einmal von Europa, sondern von einem fernen respektive fiktiven Inselreich. Doch Mores Erzählung über die Anstrengungen der Utopier, sich nicht nur das Knowhow des Buchdrucks, sondern eben auch der Papierherstellung anzueignen, speist sich zweifellos aus eingeführten Wissensbeständen seiner Zeit. Dabei bezieht er sich nicht nur auf die in Kap. B.3 nachgezeichneten Diskurstraditionen um die „schwarze Kunst". Die Behauptung, vor der Ankunft des Hythladaeus auf der Insel seien die Utopier auf die ‚archaischen' Schreibmaterialien der Häute, Baumrinden und des Papyrus beschränkt gewesen, beweist, dass er auch in den enzyklopädischen Texten seiner Zeit Anleihen machte. Vielleicht fand er dort auch die Anregung dazu, neben der Drucktechnik gleichberechtigt die Bedeutung des Papiers für die Buchkultur seiner Zeit herauszustreichen. Unzweifelhaft kannte und benutzte er Perottis *Cornu Copiae* für seine *Utopia*, wie die Herausgeber der kritischen Edition an mehr als einem Dutzend Stellen nachgewiesen haben.[56]

Ungleich ausführlicher als Thomas More und zudem innerhalb eines unzweideutig historiographischen, ‚seriösen' Texts griff im frühen 16. Jahrhundert außerdem ein deutscher Autor das Thema der Papierherstellung auf. Der 1477 im niederbayerischen Abensberg geborene und nach seinem Dienst als Prinzenerzieher zum Hofhistoriographen der bayerischen Wittelsbacher ernannte Humanist Johannes Turmair, latinisiert Aventinus, widmete sich dem Papier in seiner *Bairischen Chronik*, die er in über zehnjähriger Arbeit bis 1533 als deutsche Bearbeitung seiner *Annales ducum Boiariae* schrieb.[57] Zwar in der Struktur weitgehend an die lateinische Vorlage angelehnt, gilt die *Bairische Chronik* mit dem etwa um das Eineinhalbfache erweiterten Umfang trotzdem als eigenständiges Werk, in der Aventin mit Blick auf eine nicht studierte

---

56 Zu den von Thomas More verwendeten Worten bzw. Erläuterungen mit Parallelen zu Perottis *Cornu Copiae* vgl. den Sachkommentar der Edition: Thomas More, Utopia, hg. von Surtz/Hexter 1965, 291, 320, 385, 395, 404, 461, 496. Dass der Autor Perottis Werk wenn nicht aktiv benutzte, so doch zumindest gut kannte, legt auch ein Brief nahe, in dem er Perotti erwähnt, s. dazu die Einleitung in ebd., CLXXII. Zur hier diskutierten Passage um Buchdruck und Papierherstellung ist im Sachkommentar überhaupt keine Vorlage angeführt, vgl. ebd., 472.
57 Zu Aventins Biographie und seinem Werk umfassend März, Art. Aventinus, 2008, zu den *Annales* vgl. Sp. 82–85, zur *Bairischen Chronik* vgl. Sp. 85–87; s. auch Riedl-Valder, Aventinus, 2015, hier bes. 83–89. Weder die lateinische noch die deutsche Fassung erschienen zu Aventins Lebzeiten. Sogar der Abdruck auf eigene Veranlassung wurde ihm durch ein Mandat von 1524 untersagt. Den Ausschlag für diese Zensur sieht die Forschung in der darin gespiegelten antipapistischen und antiklerikalen Grundhaltung. Zur Überlieferung in handschriftlicher Form wie im Druck vgl. unten die Anm. zum Kasten B.7.1.

Leserschaft seine bayerische Geschichte hin zu einer Weltgeschichte weitete.[58] Der Autor ergänzte sein Werk dabei nicht nur um historiographische, sondern auch um klassisch enzyklopädische Inhalte, wie unter anderem seine Passagen über das *papier* zeigen.

Eingebettet sind sie in das erste der insgesamt acht Bücher, das Aventin nach eigenen Aussagen bereits 1527 abgeschlossen hatte, und dort in die Zeit des Perserkönigs Alexander des Großen, der gemäß der mittelalterlichen, auf dem biblischen Buch Daniel fußenden, auch von Aventin unbestrittenen Vier-Reiche-Lehre als Gründer des dritten Weltreichs eine der zentralen Figuren der heilsgeschichtlich verstandenen Universalhistorie war. Das entsprechende Kapitel ist Alexanders Lehrer Aristoteles gewidmet, den Aventin als viel zitierte und trotzdem kaum gelesene Autorität vorstellt.[59] Seine epochalen Studien über Mensch, Tier und Pflanzenwelt ebenso wie die seines Schülers Theophrast seien der Nachwelt durch die *siben und dreissig püecher* des Plinius bekannt, ein Werk, das Aventin als *die rechten haupt- und grundpücher der natürlichen kunst und philosophei* würdigt und das ihn zugleich zu der polemischen Bemerkung veranlasst: *davon unser hohen schuel nit ein wort wissen, wiewol si darin maister und doctor machen [...]*.[60] Diese explizite Erwähnung und Würdigung der plinianischen *Historia naturalis* scheint der Anlass dafür zu sein, dass Aventin im Fortgang des Kapitels einigermaßen abrupt als neues Thema einen Exkurs über das *papier* sowie die Schreibkultur der Antike einfügt.[61] Erst im weiteren Verlauf dieses Exkurses erfährt die Leserschaft mit der Erklärung, dass das *papier* in der Zeit Alexanders des Großen erfunden worden sei, zumindest beiläufig den Grund für die Platzierung dieser Informationen an dieser Stelle der *Bairischen Chronik*.

Wie wir sehen werden, hat Aventin dafür mit hoher Wahrscheinlichkeit auf den antiken Originaltext zurückgegriffen, der zu dieser Zeit bereits in zahlreichen Druck-

---

58 Vgl. März, Art. Aventinus, 2008, Sp. 85f. S. dazu Riedl-Valder, Aventinus, 2015, 83, mit der Wertung, Aventin habe mit den Erweiterungen darauf gezielt, ein „Lesebuch mit Unterhaltungswert für die Bürger und Bauern in den Städten und Dörfern" zu schaffen. Statt wie in den *Annales* bei den Ursprüngen der Bayern, die Aventin in die Vorzeit eines (zuerst bei ihm fassbaren) germanischen Königs *Alemanus Hercules* zurückversetzte, hebt die *Bairische Chronik* mit der Genesis-Erzählung und damit dem Anfang der Menschheit insgesamt an.
59 [Aventinus,] Johannes Turmair's genannt Aventinus Bayerische Chronik, Bd. 1, hg. von Lexer 1882, Buch 1, Kap. 166, 370–373: *Von Aristoteles und wie das papier erfunden sei worden, von andern gelerten diser zeit in kriechenlanden*. Auch in den lateinischen *Annales* berücksichtigte Aventin bereits in einer Passage Aristoteles als Lehrer Alexanders des Großen, jedoch nur sehr knapp und ohne jeden Hinweis auf dessen Studien, deren Überlieferung durch Plinius sowie den daran anschließenden Exkurs über das *papier*, vgl. [Aventinus,] Johannes Turmair's genannt Aventinus Annales Ducum Boiariae, hg. von Riezler 1882, Lib. I, cap. 8, 75–83, hier 81.
60 [Aventinus,] Johannes Turmair's genannt Aventinus Bayerische Chronik, Bd. 1, hg. von Lexer 1882, 371. Schon ganz zu Beginn der *Bairischen Chronik* nennt Aventin Plinius in der Liste seiner Quellen aus dem lateinisch-römischen Bereich, vgl. ebd. 3f.
61 Für die hier folgende Paraphrase und Interpretation vgl. [Aventinus,] Johannes Turmair's genannt Aventinus Bayerische Chronik, Bd. 1, hg. von Lexer 1882, 371f. und Kasten B.7.1.

ausgaben verfügbar war.⁶² Die Stoffauswahl und ihre Anordnung, vor allem auch die lexikographischen Erläuterungen (etwa im Passus zu den ‚archaischen' Beschreibstoffen vor Erfindung des Papyrus) legen zugleich nahe, dass der bayerische „Enzyklopädist unter den Historikern" auch Niccolò Perottis *Cornu copiae* zur Hand hatte.⁶³ Vermutlich war es also Perottis *Cornu Copiae*, von der Aventin sich angeregt fühlte, dem angeblich in der Zeit Alexanders des Großen erfundenen *papier* auch das *iezig unser papier* gegenüberzustellen. Wie schon Grapaldo bleibt er aber nicht bei seiner Vorlage stehen, sondern bemüht sich um eine eigene Schwerpunktsetzung. Weitaus weniger als seine italienischen Kollegen interessiert er sich zum Beispiel für die *genera chartarum*: Aus den umfangreichen Ausführungen des Plinius zu diesem Thema übernimmt er lediglich die Information, dass die Papyri nach den römischen Kaisern und ihren Ehefrauen benannt worden seien, wobei er offensichtlich aus Perotti ergänzt, dass dieser Brauch noch bis heute – *pei uns* – am Begriff *regal* abgelesen werden könne.

Ausführlicher als die bislang genannten Autoren übersetzt er aus Plinius hingegen die Informationen über den Herstellungsprozess der Papyrusblätter.⁶⁴ So bleibt er nicht wie die anderen bei der Bemerkung stehen, dass man von der bis zu zehn Ellen hohen und armdicken Staude mit Hilfe einer Nadel so dünn und so breit wie möglich kleine Häute abgezogen habe.⁶⁵ Er fährt vielmehr mit dem expliziten Verweis auf das 13. Buch der *Historia naturalis* fort, dass die Streifen im nächsten Schritt auf ein Brett gelegt, gepresst, geleimt und geschlagen worden seien, bevor man sie in der Sonne trocknete.

Inspiriert von Perotti, aber eigenständig in der Beschreibung ist auch der Satz über das *papier* überzuleiten, *das wir iezo brauchen*. Anders als die drei italienischen Autoren nennt er als Rohstoff dieses neuen Papiers nicht die Stoffart – Leinen oder Wolle –, sondern verweist stattdessen darauf, dass man Recyclingware verwendete: *alte hadern*

---

62 S. dazu Borst, Das Buch der Naturgeschichte, 1994, 314–316.
63 Für das Zitat vgl. März, Art. Aventinus, 2008, Sp. 90, s. auch ebd. Sp. 84. Zu Perotti als möglicher Vorlage für Aventins Überblick über die ältesten Beschreibstoffe ([Aventinus,] Johannes Turmair's genannt Aventinus Bayerische Chronik, Bd. 1, hg. von Lexer 1882, 372) vgl. Nicolai Perotti, Cornv Copiae, hg. von Charlet/Furno, 1989, 139, § 370. Eine persönliche Bekanntschaft zwischen den beiden Humanisten ist nicht anzunehmen: Alois Schmid behauptet zwar 1991 in einem Aufsatz ohne näheren Beleg, dass Aventin eine dreimonatige Reise durch Italien als Begleiter des wittelsbachischen Prinzen Ernst von Bayern im Jahr 1515 als Gelegenheit zur Kontaktaufnahme mit dem ihm bereits aus seinen Schriften bekannten Perotti genutzt habe, vgl. Schmid, Johannes Aventinus und die Realienkunde, 1996, 85. Wie bereits Christoph März bemerkt, ist dies jedoch ausgeschlossen, da Perotti bereits 1480 verstorben war, vgl. März, Art. Aventinus, 2008, Sp. 75.
64 So verweist Aventin als einziger der bislang genannten Autoren darauf, dass die Papyrusstaude nicht nur zu Schreibmaterial, sondern auch zu einer Vielzahl weiterer Produkte verarbeitet wurde, unter anderem – wie er direkt aus Plinius übersetzt – als Brennmaterial sowie im Schiffsbau, für Tücher, Decken, Kittel und Matten, vgl. [Aventinus,] Johannes Turmair's genannt Aventinus Bayerische Chronik, Bd. 1, hg. von Lexer 1882, 373.
65 S. dazu freilich die Kritik an Plinius bei Wattenbach, Das Schriftwesen im Mittelalter, 3. Aufl. 1896, 98 f.: Die Erklärung des Plinius, der Papyrus lasse sich in verschiedene Häute zerlegen, sei falsch; vielmehr habe man das aus gleichartigem Zellgewebe bestehende Rohr in dünne Schichten zerschnitten.

und haderlumpen. Verarbeitet würden sie in eigens dafür eingerichteten Mühlen und Stampfen (so nach Schultz der allgemein übliche Terminus technicus für durch Hämmer angetriebene Papiermühlen).[66] Fein zerstoßen wie Mehl oder Pulver rühre man sie in Bottichen mit *leimwasser* an, um daraus mit *hären mödeln, wie fensterram,* Bögen zu schöpfen. Im nächsten Arbeitsschritt würden sie in Filze gelegt und *gestärkt,* dann zuletzt an Schnüren aufgehängt und unter dem Dach an der Luft getrocknet.

Die Eigenständigkeit dieser Schilderung ist auch an den Ungenauigkeiten und Fehlern abzulesen, die Aventin unterliefen. Falsch ist etwa nach heutigem Forschungsstand, dass das *leimwasser* schon in der Bütte beim Schöpfprozess zugegeben wurde; die Tauchleimung erfolgte stattdessen erst deutlich später als eigener Arbeitsschritt nach dem Trocknen der Blätter auf dem Dachboden.[67] Auch die stark verknappte Beschreibung des traditionellen Schöpfrahmens ist irritierend (vielleicht vertraute Aventin darauf, dass seine Leser*innen ihn sowieso vom Sehen kannten und daher seine Informationen assoziativ zu einem Bild zusammensetzen konnten): Wie bei einem Fenster mit einem hölzernen Rahmen umgeben, war dieser *mödel,* diese Form, natürlich nicht *hären* in dem Sinn, dass ihr Geflecht aus (Ziegen-)Haar gefertigt war. Vielleicht zielte Aventin mit der Wortwahl hier auf den Vergleich, der in den Rahmen eingespannte Draht sei ‚haarfein'. Auch seine Andeutungen auf das Abgautschen der noch feuchten Bögen bleibt missverständlich: So bringt er das Legen der Blätter auf Filze nicht mit dem daran realiter gekoppelten Pressvorgang in Zusammenhang, der das Wasser aus den frischen Blättern treibt, sondern vage mit dem Verb *sterken* (neuhochdeutsch ebenfalls ‚stärken', auch ‚steif machen').[68]

Umgekehrt ist jedoch positiv hervorzuheben, dass Aventin als erster überhaupt die Herstellung von Papyrus, wie Plinius sie schildert, ausführlich übernimmt und damit eine Folie schafft, vor der er die davon abweichende Prozedur zur Herstellung des Hadernpapiers abhebt. Durch diese direkte Gegenüberstellung ist anders als bei den drei italienischen Autoren Perotti, Grapaldo und Polidoro Virgili unmissverständlich nachvollziehbar, dass sich der antike und der moderne Beschreibstoff trotz des gleichen Namens nicht nur durch die jeweiligen Rohstoffe, sondern auch durch die Produktionstechniken fundamental unterscheiden.

Über die Verwendung oder gar die kulturhistorische Bedeutung dieser Stoffe hingegen macht sich Aventin keine Gedanken. So begnügt er sich, als letzte Information zum Hadernpapier noch die Erklärung anzufügen, seine Erfindung müsse lange nach der des Papyrus erfolgt sein – und dass dies ebenso für das Pergament gelte, auf das er weiter hinten (*so di zeit gibt*) noch zu sprechen kommen will. Geradezu verunfallt scheint sein letzter Satz: *Die Kriechen nennen's χάρτης, charten, charta.* Hier bleibt völlig offen, ob er damit das zuletzt genannte Pergament, sein zeitgenössisches Papier

---

[66] Vgl. Schultz, Papierherstellung im deutschen Südwesten, 2018, unter anderem 80, Anm. 431.
[67] S. zum Arbeitsschritt des Leimens zuletzt Schultz, Papierherstellung im deutschen Südwesten, 2018, 143–162.
[68] Vgl. Lexer, Mittelhochdeutsches Handwörterbuch, 1876, Bd. 2, Sp. 1180f.

oder aber den nach seiner Lesart aus den Zeiten Alexanders des Großen stammenden Papyrus meint.

Um 1500 formierte sich also immerhin ein kleiner Kreis an Autoren zuerst im italienischen, dann auch im deutschen Sprachraum, in deren Schriften eine neue Aufmerksamkeit für das im Alltagsleben bereits allgemein gebräuchliche Papier fassbar wird. Trotz der hier herausgestellten Unterschiede zwischen ihnen ist insgesamt gerade im Vergleich zum imposanten europäischen Diskurs um den Buchdruck bzw. der traditionsreichen Thematisierung von Papier in der islamischen Einflusssphäre festzuhalten, dass sie ein eher eng gestecktes Feld an Themen aufgreifen. Die Anregungen dazu stammen überwiegend – und das selbst dann, wenn der Text oberflächlich alltagsempirische Erfahrungen zu spiegeln scheint – angeregt durch Lektürewissen. Als ihre gemeinsame zentrale Vorlage, die die Autoren sowohl sekundär rezipieren als auch im Original benutzen, lässt sich Plinius der Ältere erhärten, dem damit – ohne dass er diesen Beschreibstoff hätte kennen können – die Rolle des Vaters der Papierforschung zufällt.

Noch war der Rekurs auf das Leinenpapier allerdings nicht notwendig oder selbstverständlich, das zeigen in Inhalt und Intention vergleichbare Werke: so etwa die Schrift *De rerum inuentoribus aureus libellus* des toskanischen Gelehrten Giovanni Matteo, die 1520 auf Betreiben Agostino Giustinianos, Bischof von Nebbio, zuerst in Paris und in einer zweiten, erweiterten Auflage 1613 in Hamburg gedruckt wurde. Zwar schließt Matteos vergleichsweise knappes Büchlein prominent gleich nach Auftaktkapiteln über die ‚ersten Völker' sowie über die Erfindung der Buchstaben ein drittes Kapitel über *De Chartarum Inuentione* an. Darin führt er unter Berufung auf Varro und das 13. Buch der plinianischen *Historia naturalis* auf, dass die *chartae* unter Alexander dem Großen erfunden worden seien, fügt eine knappe Liste von zuvor verwendeten ‚archaischen Schreibmitteln' an und kommt dann ebenso kurz auf die Theorie von der Erfindung des Pergaments in der Stadt Pergamon zu sprechen. Matteo bleibt damit ganz auf dem Wissensstand seiner antiken Vorlagen; das zeitgenössische Leinenpapier ist entweder schlicht ausgespart oder der Autor sah keinen Unterschied zwischen ihm und dem bei Varro und Plinius thematisierten Papyrus.[69]

Die lexikalische Erfindung des *papireista*

Kommen wir damit wieder auf den Kreis der von Perottis *Cornu Copiae* inspirierten Autoren zurück. Trotz ihrer starken Gemeinsamkeiten sind doch auch die unterschiedliche Intensität und Akzentsetzung bemerkenswert, mit der die Autoren den – insgesamt sehr viel längeren – Text des Plinius auswerteten. Wie also ist zu verstehen,

---

69 Vgl. [Giovanni Matteo] De rerum inuentoribus aureus libellus, 1520 (USTC 145227), Cap. III, ohne Foliierung (A.iij r), s. dazu Atkinson, Inventing Inventors in Renaissance Europe, 2007, 55f., mit der Erklärung, dass der *Libellus* unabhängig von *De inventione* des Polidoro Virgili entstand.

dass Plinius gerade in ihrer Generation in dieser Weise auf fruchtbaren Boden fallen konnte? Schließlich waren sie nicht die Ersten, die Plinius lasen; seine Naturgeschichte ging vielmehr in den nachantiken Jahrhunderten nie ganz vergessen. Wie Arno Borst in einer magistralen Monographie mit dem Untertitel „Plinius und seine Leser im Zeitalter des Pergaments" ebenso faktenreich wie subtil belegt, waren in der Karolingerzeit die entscheidenden Weichen gestellt worden, dass ihr Wortlaut überdauerte und nicht mit den letzten Papyrusrollen verloren ging.[70]

Außerdem fanden die Passagen über Papyrus und Pergament den Weg in die um 600 nach Christus entstandenen *Etymologiae* des Isidor von Sevilla, das als eines der meistgelesenen Bücher des Mittelalters bekanntlich nachhaltig für das Weiterleben antiken Wissens sorgte.[71] Die beiden in seiner Zeit noch ganz alltäglichen Beschreibstoffe (Papier konnte natürlich auch Isidor noch nicht kennen) sind in eigenen kurzen Kapiteln, noch ergänzt um einen Passus zu Wachstafeln, in sein sechstes Buch über die heiligen Bücher und kirchlichen Handlungen eingeschoben.[72] Der größte Teil des Abschnitts über Papyrus – nach einer einleitenden Verortung seiner Erfindung im ägyptischen Memphis und einem knappen Hinweis auf sein Produktionsprinzip – wird von den von Plinius kopierten *chartarum genera* eingenommen, ohne dass Isidor jedoch dessen Namen nennen würde.[73] Darüber hinaus tauchte die Papyruspflanze allerdings auch noch in einem weiteren Zusammenhang auf: Im 17. Buch erscheint sie im Abschnitt über die aromatischen und gewöhnlichen Kräuter in Zusammenhang mit ihrer Verwendung als Docht für Wachskerzen und Lampen.[74]

Über Isidors Etymologien konnte das Wissen um bzw. das Interesse an diesen Fragen also auch an Autoren späterer Jahrhunderte gelangen, die nun Papyrus nicht mehr aus ihrem Arbeitsalltag kannten, dafür aber bereits Papier benutzten. Gerade die von Christel Meier als „Predigerenzyklopädien"[75] klassifizierten Werke des Hoch- und Spätmittelalters, die zur Strukturierung ihrer gewaltigen Stoffmengen oft schon ganz oder in Teilen die alphabetische Ordnung entdeckten, greifen die bei Isidor aus Plinius überlieferten Informationen unter den entsprechenden Lemmata auf.

---

[70] Vgl. Borst, Das Buch der Naturgeschichte, 1994, bes. Kap. IV: „Ein maßgebliches Buch", 121–165.
[71] Zur Bedeutung des Werks vgl. etwa Vollmann, Von Isidor von Sevilla, ‚Etymologiae' (636 gest.) zu Albertus Magnus (1193–1280), 1999, 627f.
[72] Isidori Hispalensis Episcopi Etymologiarvm sive originvm libri XX, hg. von Lindsay 1911, Bd. 1 (ohne Seitenzählung), Lib. VI, Cap. VIII,18 bis Cap. XI; s. dazu Die Enzyklopädie des Isidor von Sevilla, übers. von Möller 2008, 217–219.
[73] Vgl. Isidori Hispalensis Episcopi Etymologiarvm sive originvm libri XX, hg. von Lindsay 1911, Bd. 2 (ohne Seitenzählung), Lib. VI, Cap. X,2; s. dazu Die Enzyklopädie des Isidor von Sevilla, übers. von Möller 2008, 217f.
[74] Vgl. Isidori Hispalensis Episcopi Etymologiarvm sive originvm libri XX, hg. von Lindsay 1911, Bd. 2 (ohne Seitenzählung), Lib. XVII, Cap. 9,96: *Papyrum dictum quod igni et cereis est aptum; πυρ enim Graeci ignem dicunt. Iuncus eo quod iunctis radicibus haereat.* S. dazu Die Enzyklopädie des Isidor von Sevilla, übers. von Möller 2008, 641.
[75] Vgl. Meier, Enzyklopädischer Ordo und sozialer Gebrauchsraum, 2002, 525f.

Beispiele aus der Zeit nach dem Beginn des Papiergebrauchs sind das *Catholicon* des aus Genua stammenden, 1298 gestorbenen Dominikaners Giovanni Balbi, eines der berühmtesten lexikographischen Werke der scholastischen Epoche (s. dazu oben Kap. B.6), oder das ebenfalls oft vervielfältigte *Reductorium morale* des französischen Benediktiners Pierre Bercuire, latinisiert Berchorius, aus dem 14. Jahrhundert.[76] Beide Titel waren Bestseller bis in die Inkunabelzeit: Das *Catholicon* gehörte nicht nur 1460 zu den ersten gedruckten Büchern überhaupt, sondern wurde vielfach nachgedruckt, so dass Margarete Lindemann es für den Bereich der Lexographie als in dieser Zeit „marktbeherrschend" bezeichnet.[77]

Ein näherer Blick in die Lemmata fällt freilich angesichts der hier interessierenden Fragen enttäuschend aus. Die Autoren begreifen die von Plinius über Isidor und andere Zwischenträger überlieferten Informationen eben nicht als Teil einer Geschichte der Beschreibstoffe. Demgemäß fühlten sie sich auch nicht berufen, daran selbst bis in die eigene Zeit fortzuschreiben. Ihre Zutat bestand vielmehr in der Ergänzung dieser Sachinformation um allegorische Betrachtungen bzw. semantisch-etymologische Erläuterungen, die der Bibelexegese dienen sollten. Bei Bercuire geht es immerhin um Papyrus als Beschreibstoff; er deutet ihn jedoch lediglich als Bild, um daran die Entwicklungen der Seele aufzuzeigen.[78] In Balbis *Catholicon* dagegen stehen ganz andere aus der Papyrusstaude gewonnene Produkte im Mittelpunkt seiner Ausführungen: am ausführlichsten zuerst die schon bei Isidor nachzulesende Verwendung als Docht, dann in Bezug auf die Bibelstelle Jesaja 18,2 und die dortige Formulierung *in uasis papyreis* sein Gebrauch als Baumaterial für Schiffe, auch wenn der Autor als alternative Übersetzung auch aus Papyrus gefertigte Blätter oder aber die Gefäße, in denen man die Blätter der Briefe aufbewahrte, in Betracht zieht.[79]

Wo liegen also die Ursachen, dass erst Humanisten des späten 15. Jahrhunderts mit einer anderen Brille auf Plinius schauten? Mit Borst ist hier die Form der Plinius-Rezeption in Rechnung zu stellen: Der 37 Bücher umfassende Text hatte die Spät-

---

76 Zum Autor vgl. Gier, Art. Bersuire, Pierre, 1980, Sp. 2020f.
77 Lindemann, Robert Estienne, Dictionarium (1531), 1999, 711.
78 S. dazu schon Borst, Das Buch der Naturgeschichte, 1994, 299f., mit Verweis auf einen Druck des *Reductorium morale* aus dem Jahr 1583. S. auch vergleichbare Passagen zum Pergament in einem anderen Werk Pierre Bercuires, als *Repertorium morale* oder *Liber Bibliae Moralis* bekannt, ed. und übers. bei Steinmann (Hg.) Handschriften im Mittelalter, 2013, Nr. 583, 508f., nach dem Nürnberger Druck von 1499 (GW 3867), Bd. 2, Bl. 199ra–rb.: Christus wird darin als Buch *in pelle virginea* – auf jungfräulicher Haut – vorgestellt, das im Ratschluss des Vaters bei Mariä Empfängnis geschrieben und in der Passion korrigiert (*correctus*), in der Geisselung geschabt (*rasus*), bei seiner Verwundung durchstochen (*punctatus*, das heißt Terminus Technicus zur Markierung der Schriftlinien), mit der Kreuzigung aufs Pult gelegt, durch das Vergießen seines Blutes illuminiert, bei der Auferstehung eingebunden und bei der Himmelfahrt disputiert worden sei, bevor es sich beim Jüngsten Gericht öffnen werde. Allgemein zur Bedeutung der Allegorese bei Pierre Bercuire vgl. Meyer, Zum Verhältnis von Enzyklopädik und Allegorese im Mittelalter, 1990, 312f.
79 Ed. Joannes Balbus, Catholicon, 1460/1971, ohne Paginierung, Tl. 5 (alphabetisch sortiert) und Kasten B.7.1. S. dazu schon Kap. B.6, Anm. 132, unter anderem zu Jesaja 18,2. Auch moderne

antike nicht als Gesamtwerk überlebt, sondern zersplittert in Teilkopien und aus dem Zusammenhang gelösten Exzerpten, die häufig (wie auch bei Isidor) nicht mehr mit dem eigentlichen Autornamen verbunden waren.[80] Neu durch das aufflammende Interesse an der plinianischen *Historia naturalis* im Florentiner Humanismus der Petrarca-Zeit und die dadurch angestoßenen philologischen Bemühungen um die Rekonstruktion seines ursprünglichen Textes war also, dass man das Werk ab dem 15. Jahrhundert wieder vollständig lesen konnte. Nach Borst war ihm ab etwa 1420 – zuerst noch in einer wachsenden Zahl an Handschriften, dann befeuert durch den Buchdruck in einer regelrechten Masse an Druckausgaben – ein beispielloser Erfolg beschieden, der sogar die Etymologien von Isidor von Sevilla „in den Schatten stellte und Plinius auf den Höhenkamm der Weltliteratur hob".[81] Erst jetzt rückte die *Historia naturalis* also in den Fokus des Interesses, so dass ihre Worte erheblich an Gewicht gewinnen mussten. Erst jetzt konnte man außerdem ihre Überlegungen zum Papyrus im Zusammenhang und damit in der ursprünglichen Ausführlichkeit lesen. Erst jetzt mit dem vollständigen Text in Händen konnten die Autoren außerdem darauf stoßen, wie bedeutsam Plinius den Beitrag der Schriftkultur allgemein und besonders den materiellen Aspekt des Hauptbeschreibstoffs seiner Zeit für Geschichte und Kultur der Menschheit insgesamt gewichtete.[82]

Diese neue Plinius-Rezeption traf im 15. Jahrhundert außerdem auf ein im Wandel begriffenes Menschen- und Gesellschaftsbild, so hat Catherine Atkinson in ihrer Monographie über Polidoro Virgili herausgestrichen: Wie die Autorin an einem der „Renaissance inventors par excellence", Leonardo da Vinci, illustriert, begann man

---

Bibelübersetzungen tun sich mit der Formulierung der Vulgata „in vasis papyri" schwer; die Deutungen reichen von „Papyruskähnen" über „Rohrschiffe" bis zu „leichten Schiffen".

Daraus ist verallgemeinerbar: Für Papyrus und Pergament standen auch den Autoren vor Perotti, Grapaldo und Polidoro unter anderem aus Plinius geschöpfte Beschreibungstraditionen zur Verfügung. Sie hatten jedoch offensichtlich noch kein Auge für solche Fragen. Wie Bresc/Heullant-Donat, Pour une réévaluation de la „révolution du papier", 2007, 355, hingewiesen haben, war bei Balbi die Realität seiner eigenen Zeit zumindest insofern in das Lemma *papyrus* eingedrungen, als er mitten in den genannten Inhalten die Bemerkung ergänzte, das Wort Papyrus werde auch für *charta bombicinata sive bombicina* verwendet. Bresc und Heullant-Donat werten diesen knappen Einschub als Indiz für die „banalisation de ce support dans le paysage intellectuel" am Ende des 13. Jahrhunderts in Balbis Heimat Norditalien. Als Zeugnis für die Wahrnehmungsgeschichte dieses Materials bleibt der Beleg freilich dürr.

80 S. dazu auch eine explizite Klage schon aus dem 9. Jahrhundert über die Verderbtheit der Vorlagen, die für die Naturgeschichte des Plinius zur Verfügung stünden, ed. und übers. bei Steinmann (Hg.) Handschriften im Mittelalter, 2013, Nr. 128, 113.

81 Borst, Das Buch der Naturgeschichte, 1994, 312; zur Druckgeschichte vgl. ebd., 314f.: Nach dem venezianischen Erstdruck von 1469 erschienen bis 1500 weitere 14 Auflagen auf Latein, dazu ab 1476 drei Auflagen mit einer italienischen Übersetzung, noch vor 1500 wohl auch eine spanische Version sowie im 16. Jahrhundert Übersetzungen ins Französische, Englische und Deutsche.

82 S. dazu die philologische Beweisführung bei Charlet, Papyrus, parchemin et papier dans le Cornu copia, 1993, 54, Anm. 9, dass Niccolò Perotti für die Notizen über Papyrus, Pergament und die Bücher in seinen *Cornu Copiae* nicht Isidor von Sevilla, sondern Plinius im Original benutzt habe.

ein neues Bildungsideal zu formulieren, das das aus Büchern gewonnene Wissen nicht länger kategorisch über die praktisch erworbene Erfahrung stellte.[83] Sichtbar sei dieser Wandel auch in einer Aufwertung des Erfahrungswissens im Handwerk und seiner Anerkennung als ‚geistiges Eigentum', wie Atkinson mit dem Beispiel der Vergabe von Patenten für Erfindungen in Venedig argumentiert, etwa im Bereich der Mühlentechnik oder des Schiffbaus, die im 15. Jahrhundert in dichter Folge nachweisbar sind. Auch der scharfe Wettbewerb der Städte als Gewerbezentren, für die sie am Beispiel Florenz eine steigende Aufmerksamkeit für das Innovationspotential ihrer Einwohner belegt, habe allmählich den ökonomisch-sozialen Status der ‚Artes mechanicae' gehoben.[84]

Dieser mentalitätsgeschichtliche Wandel wirkte breiter auf die ‚gelehrte Schriftlichkeit' zurück, als die hier bislang vorgestellten Texte vermuten lassen. Christel Meier hält ihn für so bedeutend, dass sie in einem Aufsatz über die Entwicklung der Gattung der Enzyklopädie die jeweils fassbare Berücksichtigung der ‚Artes mechanicae' als Indikator der Veränderungen insgesamt beschreibt.[85] Anders als in der ‚mechanicae'-Literatur der Antike – so Meier einmal mehr mit dem dezidierten Verweis auf die plinianische *Historia naturalis* als Höhepunkt[86] – seien die „praktischen Werkkünste" in der traditionellen mittelalterlichen Enzyklopädie nicht vorgekommen. Diese „auffällige Absenz" interpretiert Meier als Indiz dafür, dass sich das „Weltbuch Enzyklopädie" bis etwa 1250 als ein Abbild der Schöpfungswelt verstanden habe, „in der der Mensch als Weltbildner nicht wesentlich einbezogen" gewesen sei.[87] Erste Impulse zu einer Wiedereingliederung der ‚Artes mechanicae' in den Wissenschaftskanon, gekoppelt mit einer Aufwertung dieser „Stoffrubrik", verortet sie in Werken seit dem 12. Jahrhundert, auch wenn die Geringschätzung und Minderstellung nie ganz aus dem Diskurs verschwinden sollte, die ihr schon durch die Kontrastierung mit den ‚Artes liberales' als den eines freien Mannes würdigen Künsten in die Wiege gelegt war.[88] Diese Versuche blieben außerdem zuerst noch ganz auf einer theoretischen Ebene, wie auch die starre Siebenzahl zeigt, in die der stofflich-prakti-

---

83 Vgl. Atkinson, Inventing Inventors in Renaissance Europe, 2007, bes. 35–41, Zitat auf 36. S. dazu auch die bei Schreiner, Laienbildung als Herausforderung, 1984, 268–270, gesammelten Beispiele zum Lob des Erfahrungswissens von Autoren vorwiegend aus dem deutschsprachigen Raum.
84 Vgl. Atkinson, Inventing Inventors in Renaissance Europe, 2007, 39–41.
85 Meier, Der Wandel der Enzyklopädie, 1955. Zur Bildung des Terminus ‚Artes mechanicae' als Parallelbegriff zu den ‚Artes liberales' und seinen Bedeutungsverschiebungen vom Frühmittelalter bis in die Frühe Neuzeit vgl. die instruktive Zusammenfassung bei Popplow, Art. Artes mechanicae, 2005, Sp. 690f. Zur Bildung des Begriffs sowie zur Entwicklung der Gattung der Enzyklopädie seit der Antike bis in die Frühe Neuzeit vgl. Gierl, Art. Enzyklopädie, 2006, Sp. 344f.
86 Vgl. Meier, Der Wandel der Enzyklopädie, 1955, zu Plinius 25–27, zu Isidor 27f., s. auch dessen Rezeption bei Rabanus Maurus 28.
87 Meier, Der Wandel der Enzyklopädie, 1955, Zitate auf 20f.
88 Beispiele für ständische Vorbehalte gegen die ‚Artes mechanicae' aus Hoch- und Spätmittelalter sammelt Schreiner, Laienbildung als Herausforderung, 1984, 270–274.

sche Überlieferungsvorrat aus der Antike wiederum in Analogie zu den ‚Septem Artes liberales' gepresst wurde.[89] Erst ab der Mitte des 13. Jahrhunderts, vor allem aber im 14. und 15. Jahrhundert führte die auch durch neues fachwissenschaftliches Schrifttum anwachsende Wissensmenge dazu, die Siebenzahl aufzubrechen und durch eine sachbezogene Systematik dieser Künste nach neuen zeitspezifischen Erfordernissen entweder zu ersetzen oder doch zumindest zu ergänzen.[90]

Angesichts dieser nun neu entstehenden Berufsinventare mit ihrem starken Fokus auf die städtische Gewerbe- und Handwerkswelt ist also zu erwarten, dass sich in der Reihe der „Werkkünste" ab dem 14. Jahrhundert auch die Papierherstellung finden lassen. In der Tat hat die Papiergeschichtsforschung schon um 1900 auf ein Werk verwiesen, das den bislang frühesten bekannten Eintrag zum Beruf des Papiermachers enthält und das sich in die hier skizzierten Gattungsentwicklungen perfekt einordnen lässt:[91] Dabei handelt es sich um den *Liber viginti arcium*, ein gewaltiges Unterfangen, das der 1413 in Prag geborene, unter anderem in Italien und im deutschen Sprachraum studierte und in Regensburg zum Priester geweihte Doktor der Medizin und Jurisprudenz Pavel Žídek, latinisiert Paulus Paulirinus, wohl in den Jahren 1459 bis 1463 niederschreiben ließ.[92] Nach der Schätzung von Alena Hadravová und Petr Hadrava enthält sein mächtiger, 21 Kilogramm schwerer Kodex auf 359 übergroßen Pergamentfolios mehr als 9000 Lemmata, und das, obwohl der Text nur unvollständig erhalten ist. Ungeklärt ist, welche Teile im Nachhinein beschädigt wurden bzw. was – wie Platzhalter für fehlende Initialbuchstaben andeuten – nie fertig wurde.[93] Aktuell liegen nur kleine Teile davon ediert vor, darunter jedoch die elf Seiten von Folio 185 recto bis 190 recto, auf denen Pavel Žídek nach einem einleitenden Lemma mit seiner Definition der *[m]echanice artes* in über 250 Einträgen die in seiner Zeit existenten Handwerke und Gewerbetreibenden beschreibt. Drei Sätze hat er hier auch dem Papiermacher gewidmet.[94]

---

89 Vgl. Meier, Der Wandel der Enzyklopädie, 1955, 29–37.
90 Vgl. Meier, Der Wandel der Enzyklopädie, 1955, 37–42, mit dem Hinweis, dass das Nebeneinander beider Typen bis in die Neuzeit hinein zu beobachten sei.
91 S. etwa Wattenbach, Schriftwesen, 3. Aufl. 1896, 146.
92 Zu Person und Werk vgl. knapp Hadravová/Hadrava, Astronomy in Paulerinus's fifteenth-century encyclopaedia, 2007, 305–308, und die Einleitung in [Paulus] Paulirinus, Liber viginti arcium, hg. von Hadravová 1997, xvii–xxvii. Der einzige, von Pavel Žídek selbst sowie zwei Schreibern geschriebene Überlieferungszeuge wird heute in Krakau in der Biblioteka Jagiellońska unter Signatur BJ 257 aufbewahrt. Žídeks Bindung an die deutsche Nachbarschaft zeigt, dass sich neben zahlreichen tschechischen auch deutsche Glossen finden.
93 Zur Zahl der Einträge vgl. Hadravová/Hadrava, Astronomy in Paulerinus's fifteenth-century encyclopaedia, 2007, 305. Zum fragmentarischen Charakter vgl. die Einleitung in [Paulus] Paulirinus, Liber viginti arcium, hg. von Hadravová 1997, bes. XIX: So sind nur 14 der angekündigten 20 *artes* und selbst diese oft nicht vollständig enthalten. Zu Inhalt und Struktur des Werks vgl. ebd., XIX f.
94 Vgl. [Paulus] Paulerinus, Liber viginti arcium, hg. von Hadravová 1997, 48, und Kasten B.7.1.

Wie die Editorin Alena Hadravová herausstreicht, schuf der Autor für viele der von ihm beschriebenen Berufe Wortneubildungen; als Beispiel nennt sie den *[t]orcularista*, der vom Begriff *torcular,* Kelter, Weinpresse, abgeleitet ist, oder den *[p]elvista*, der auf *pelvis*, Topf, Schüssel, zurückgeht.[95] Auch der parallel gebildete, anderweitig nicht belegte *papireista* zählt demnach in diese Kategorie der Hapax legomena. Giuseppe Billanovich hat darauf hingewiesen, dass das Suffix -*ista* ab dem Hochmittelalter massenhaft vor allem zur begrifflichen Abbildung der neuen akademischen Welt der Universitäten genutzt worden sei. Wenn Pavel Žídek es hier also für die „professioni inferiori" verwende,[96] so findet sich schon auf der Ebene der Wortbildung die Aufwertung der ‚Artes mechanicae' gespiegelt. Zugleich wird deutlich, dass der von Pavel Žídek mit seinem Katalog beabsichtigte Systematisierungsversuch dieser ‚neuen' Welt eben nicht nur im Sinn einer enzyklopädischen Verzeichnung zu verstehen ist, sondern vor allem auch eine lexikographische Aufgabe war.[97]

Die Ordnung, die Pavel Žídek mit seinem Katalog der bei ihm auch als *artes manuales* bezeichneten „Werkkünste" entwarf, ist – wie er einführend in seiner Definition der *[M]echanice artes* auch expliziert – noch an der Siebenzahl orientiert. Doch er bricht im Folgenden mit dieser starren Klassifikation, indem er gar nicht alle von ihm aufgelisteten Oberbegriffe wieder aufgreift, sie zudem in je unterschiedlich viele *species* splittet und zum Teil offenbar wahllos andere Tätigkeiten einschiebt. Insgesamt schien Pavel Žídek also rasch an die Grenzen seines Gliederungsversuchs gestoßen zu sein, dafür spricht auch die doppelte Berücksichtigung einzelner Berufe, die dem Autor offensichtlich aus Versehen unterlief.[98]

---

[95] Vgl. Einleitung in [Paulus] Paulerinus, Liber viginti arcium, hg. von Hadravová 1997, XXI, s. auch ebd., XXII Beispiele für die von den Handwerkern hergestellten Produkte und die von ihnen genutzten Werkzeuge und XIX zuerst mit der dezidierten Wertung, dass für viele dieser Begriffe keine Vorbilder nachweisbar sind.

[96] Vgl. Billanovich, Auctorista, Humanista, Orator, [1965], 144–146.

[97] S. dazu auch die Wertung von Pavel Žídeks Werk als „lexicographical study" durch die Herausgeberin in der Einleitung der Edition: [Paulus] Paulerinus, Liber viginti arcium, hg. von Hadravová 1997, XXVI.

[98] Der einleitende Passus lautet: *[M]echanice artes sunt septem sciencie manuales ad corporis sustentacionem ordinate, quarum coquinaria est pro alicione et continet sub se multas species, scilicet cocos, pistores, pincernas, carnifices, piscatores, venatores et alios, altera est lanificum pro vesticione, tercia est agricultura pro utriusque germinacione, mercatura pro utriusque empcione, milicia pro defensione, fabrilis et cirurgia.* Ed. [Paulus] Paulerinus, Liber viginti arcium, hg. von Hadravová 1997, 3. Die zu diesen Oberbegriffen präsentierten Einträge variieren erheblich: Zur *coquinaria*, Kochkunst, gehören 21 Lemmata, zum *lanificium*, der Produktion von Bekleidung, sogar 47, zur *cirurgia* sind nach seiner Darstellung mit dem *[a]ppatecarius*, dem *[c]irurgicus* und dem *[o]culista* drei Berufe zu rechnen, zur *mercatura* mit dem *[m]ercator* und dem *insti[tu]tor* zwei. Die *agricultura* als Grundlage aller weiteren *artes* ist an verschiedenen Stellen präsent, so zum Beispiel auch unter der Sektion der *ars coquinaria*. Die Rubrik *milicia* hat Žídek noch vor das definitorische Lemma zu den *[m]echanice artes* gezogen in seine Darstellung der kirchlichen, militärischen und weltlichen Stände, in die sich die menschliche Gesellschaft unterteile; in der Tat sind die ersten *artes*, die er nach dem Lemma *[m]ilitaris status* aufführt, mit *[i]mperator, [r]ex, [m]archio, [d]ux* usw. in unserem heutigen Verständnis weniger als Berufe

Eher zufällig scheint auch der Platz, den Pavel Žídek dem Papiermacher innerhalb seines Handwerks- und Gewerbekatalogs zuwies: Direkt vor ihm stehen der Seifenmacher (*[S]aponista*) sowie der Glas- und der Spiegelmacher (*[V]itreator* und *[S]peculariator*). Nach ihm folgt eine ganze Serie an Musikern und Sängern, beginnend mit dem *[O]rganista*, dem *[C]itarista* und dem *[F]indulator* (d. h. dem Orgelspieler, dem Zitherspieler und dem Flötisten).⁹⁹ Auf die Idee, den Papiermacher mit dem Pergamenter als dem zweiten bedeutenden Hersteller von Beschreibstoffen oder aber mit anderen Tätigkeiten wie dem Schreiber (*[s]criptor*), dem Kartenmacher (*[c]artularius*) und dem Drucker (*[c]iripagus*) zu gruppieren, die nach seinen Lemmata Papier als zentralen Werkstoff einsetzten, kam Pavel Žídek also nicht.¹⁰⁰ Erst die moderne Forschung registrierte daher seit Johannes Kemkes Miszelle über den *Liber viginti arcium* aus dem Jahr 1890 mit Erstaunen, welche beachtliche Zahl an Einträgen Berufe rund um die Komplexe ‚Schrift'- und ‚Buchproduktion' erläutern.¹⁰¹

Den Inhalt betreffend folgen die Aussagen zum *papireista* einem auch in den übrigen Lemmata eingehaltenen Schema: Im ersten Satz wird dieser Handwerker definiert als ein *artifex*, der *papirus* in einer höheren und in einer geringeren Feinheit zu produzieren verstehe. Ein zweiter Satz nennt knapp die dazu von ihm verwendeten Rohstoffe (sowohl, wie oben bereits erwähnt, Leinen- als auch Wollstoffe) und deutet mit dem Verweis auf das Faulen bzw. Kochen der Lumpen zumindest verkürzt auf einen Arbeitsschritt bei ihrer Aufbereitung zum Papierbrei hin. Ein dritter Satz listet sechs für seine Arbeit nötige Werkzeuge bzw. Materialien und Räume auf, die sich heute – so Sandra Schultz – nur noch in Teilen sinnvoll einem Zweck zuordnen lassen.¹⁰² Die ersten vier – Kochkessel, Ofen, der (wohl feuchte und daher zum Faulen

---

denn als Begriffe der mittelalterlichen Ständegesellschaft zu beschreiben (in Edition 1–3). Bei einigen Handwerken hatte der Autor Schwierigkeiten, sie überhaupt zuzuordnen, was sich nicht nur in der vagen Rubrik *ars fabrilis* am Schluss als Sammelbecken für die verbliebenen Betätigungen zeigt; dies mag vielmehr auch erklären, weshalb vier Berufe (wohl aus Versehen) mit je zwei inhaltlich unterschiedlichen Lemmata vertreten sind. Vgl. dazu insgesamt die Einleitung in ebd.
99 Vgl. [Paulus] Paulerinus, Liber viginti arcium, hg. von Hadravová 1997, 48 f.
100 Vgl. [Paulus] Paulerinus, Liber viginti arcium, hg. von Hadravová 1997, 5, 54, 55.
101 Kemke, Aus dem XX artium liber des Paulus Paulirinus, 1890, bes. 147–149, nennt neben dem Papiermacher den Schreiber (*[s]criptor*, vgl. [Paulus] Paulerinus, Liber viginti arcium, hg. von Hadravová 1997, 5) wobei in diesem Lemma zugleich der Kopist (*transsumptor*) und der Kanzleischreiber/Kanzler (*cancellarius*) inbegriffen sind, den Buchmaler (*[i]lluminator*, vgl. ebd., 5), den Pergamenter (*[p]argamenista*, vgl. ebd., 23), den Buchbinder (*[l]ligator*, vgl. ebd. 39), den Kartenmacher (*[c]artularius*, vgl. ebd. 54) und den Drucker (*[c]iripagus*, vgl. ebd. 55). Vgl. auch Wattenbach, Das Schriftwesen im Mittelalter, 3. Aufl. 1896, 120 (über den Pergamenter), 146 (über den Papiermacher), 393 (über den Buchbinder) und 348 (über den Illuminator), sowie Geldner, Enea Silvio de Piccolomini und Dr. Paulus Paulirinus, 1987, 137 f. über den *ciripagus*, der hier als ‚Handbildner' übersetzt ist, de facto jedoch den Drucker bzw. Hersteller von Drucktypen meint, wobei unklar bleibt, ob der Autor das Druckprinzip mit beweglichen Lettern oder den Blockdruck zu schildern suchte.
102 Vgl. Schultz, Papierherstellung im deutschen Südwesten, 2018, 41–43. Auch nach Schultz ist auffällig, dass Paulus nur das Faulen, nicht aber das Zerkleinern der Lumpen, das Schöpfen der Bögen,

geeignete) Keller sowie der bislang nicht schlüssig gedeutete Begriff *iuncus*, vielleicht ein Zusatzstoff in der Pulpe – beziehen sich offenbar auf die zuvor genannten Prozesse der Lumpenmazerierung. Erst am Schluss nennt Pavel Žídek mit den zur Blattbildung verwendeten *forme* und *fusoria* – den (Schöpf)-Formen und Bütten – zwei Instrumente, die bis heute emblematisch für das Werkzeug des Handpapiermachers stehen.[103]

Anders als bei Francesco Maria Grapaldo macht Žídeks Beschreibung nicht den Eindruck, als habe er sich vor Ort in einer Papiermühle intensiver über den Herstellungsprozess informiert. Trotzdem ist das Lemma über den Papiermacher im Katalog der ‚Artes mechanicae' bei Pavel Žídek sicher ein eindrucksvoller Beleg dafür, wie das Papier und seine Herstellung auch unabhängig von den Impulsen der im 15. Jahrhundert aufflammenden Plinius-Rezeption als Thema entdeckt werden konnte. Allerdings blieb sein Zeugnis noch fast ein Jahrhundert lang singulär: Die gewaltige Enzyklopädie des Pavel Žídek entfaltete in ihrer Zeit – soweit heute nachweisbar – keine Wirkung. Der oben schon knapp beschriebene, wohl vom Autor selbst und zwei weiteren Händen geschriebene Codex blieb der einzige, zugleich über Jahrhunderte verschollene Textzeuge.[104] Andere Werke des 15. und frühen 16. Jahrhunderts mit vergleichbaren Passagen über die ‚Artes mechanicae' kennen keine Einträge zur Papierherstellung.[105]

---

das Pressen, Trocknen oder Leimen nennt. S. zum Thema des Lumpenfaulens die instruktiven Experimente von Martin Kluge, beschrieben in ders., Faule Argumente, 2007.
103 Vgl. [Paulus] Paulerinus, Liber viginti arcium, hg. von Hadravová 1997, 48, und Kasten B.7.1.
104 Zu den Händen vgl. die Einleitung der Edition: [Paulus] Paulerinus, Liber viginti arcium, hg. von Hadravová 1997, XVIII. Zur Überlieferungsgeschichte vgl. Muczkowski, Pauli Paulirini olim Paulus de Praga vocitati viginti artium manuscriptum librum, 1835, 4f., und Reiss, Pauli Paulirini de Praga Tractatus de musica, 1925, 259.
105 Vgl. zum Beispiel die beiden Kapitel über die ‚Artes mechanicae' in Gregor Reischs zwischen 1489 und 1496 verfasster, 1503 erstmals und dann vielfach nachgedruckter Enzyklopädie *Margarita philosophica,* hier zit. nach dem Erstdruck: Reisch, Margarita philosophica, 1503 (VD16 R 1033), Lib. XII, Cap. XI–XII (keine Blatt- oder Seitenzählung), oder den *Speculum vitae humanae* des Rodrigo Sánchez de Arévalo, latinisiert Rodericus Zamorensis, der seit dem Erstdruck Günther Zainers in Augsburg im Januar 1471 (GW M38455, erneut 1473: GW M38457) sowohl in lateinischer Sprache als auch in volkssprachlichen Übersetzungen gerade für deutschsprachige Offizinen, aber auch für von Deutschen geführte Druckwerkstätten in Frankreich und Italien zu den Verkaufsschlagern der Inkunabelzeit gehörte und der bis heute in hohen Auflagenzahlen erhalten ist (allein vom Erstdruck zählt der GW 126 Exemplare bzw. Fragmente in öffentlichen Einrichtungen): Obwohl das Werk, das das *wesen aller stende* darzustellen beabsichtigt (fol. 1r), nicht nur Schreiber und Notare (Buch 1, Kap. 19–20), sondern auch viele Handwerke ausführlich beschreibt – etwa Wollweber, Schmiede oder Apotheker (Buch 1, Kap. 25, 26, 32) – wird der Papierer an keiner Stelle erwähnt. Hier benutzt in der deutschen Übersetzung von Heinrich Steinhöwel, zuerst gedruckt in Augsburg durch Günther Zainer 1475 oder 1476 (GW M38511), vgl. [Rodrigo Sánchez de Arévalo] Dises buechlin genannt d[er] spiegel des menschlichen lebens, um 1476 (GW M38511). S. schließlich auch Eobanus Hessus und seine Lobschrift *Noriberga illustrata*, in der detailliert viele technische Errungenschaften der Nürnberger Bürger am Übergang vom Mittelalter zur Neuzeit gerühmt werden, nicht jedoch die Papierherstellung, vgl. dazu ausführlich unten Anm. 168.

Eine dünne Kontinuitätslinie lässt sich erst wieder zu einem 1568 zuerst und 1574 wieder gedruckten Werk ziehen, das in beiden Jahren jeweils in einer deutschen Fassung mit dem Titel *Eygentliche Beschreibung Aller Staende [...], Aller Kuensten / Handwercken vnd Haendeln* sowie auf Latein unter *Panoplia omnivm illiberalivm mechanicarvm avt sedentarivm artivm genera continens* erschien.[106] Bis auf einige Abweichungen gleich sind in beiden Versionen die Holzschnitte, die (als einziger ungenannt) der Nürnberger Zeichner, Kupferstecher und Formschneider Jost Amman schuf. Zu diesen fast blattfüllenden Tafeln jeweils auf der Rectoseite verfasste – wie das Titelblatt rühmt – in der deutschen Ausgabe der Nürnberger ‚Handwerkerdichter' Hans Sachs erläuternde Verse. Mit den ebenfalls in Versform gehaltenen Textbeigaben der lateinischen Version beauftragte der Verleger des Werks, der Frankfurter Großdrucker Sigmund Feyerabend, einen seiner Autoren, den neulateinischen Dichter Hartmann Schopper aus Neumarkt in der Oberpfalz. Die inhaltlich stark voneinander abweichenden Prosavorreden in beiden Ausgaben stammen von Feyerabend selbst und weisen ihn als eigentlichen Spiritus rector des Werkes aus.

Sieht man von den ersten zehn Darstellungen ab, die mit dem Papst und dem Kaiser an der Spitze Vertreter des geistlichen und des weltlichen Stands zeigen,[107] sowie von vier an den Schluss gestellten Narrenfiguren, so präsentiert das Werk auf je einer Seite insgesamt 100 Berufe und Tätigkeiten aus dem Kosmos der spätmittel-

---

106 Die deutschen Ausgaben, entstanden jeweils im Auftrag Sigmund Feyerabends 1568 auf der Presse von Georg Rab (VD16 S244 und USTC 655780) sowie erneut 1574 auf der Presse von Paul Reffeler (VD16 ZV13547 und VD16 S 245, USTC 655781 und USTC 655781), wurden hier genutzt im Erstdruck über ein Digitalisat der Bayerischen Staatsbibliothek München, vgl. [Amman, Jost und Hans Sachs,] Eygentliche Beschreibung Aller Staende, 1568, sowie im Nachdruck der Ausgabe von 1568 mit einer Übersetzung der Verse ins Neuhochdeutsche von Ursula Schulze. Schulzes Nachdruck verzichtet allerdings auf den Abdruck von Feyerabends Vorrede und würdigt ihn daher auch nur in seiner Funktion als Drucker, vgl. Amman, Das Ständebuch, hg. und übers. von Schulze 2006.

Für die lateinische Ausgabe, entstanden ebenfalls im Auftrag Sigmund Feyerabends 1568 bei Georg Rab (VD16 S3897; USTC 682483) und erneut 1574 (nicht in VD16 nachgewiesen; s. dazu Andresen, Jost Amman, 1864/1973, 383) vgl. das Digitalisat des Erstdrucks der Bayerischen Staatsbibliothek München: [Amman, Jost und Hartmann Schopper,] Panoplia omnium illiberalium mechanicarum aut sedentariarum artium genera, 1568.

Schon über die unterschiedlichen Widmungen der beiden Ausgaben wird ersichtlich, dass Feyerabend offenbar unterschiedliche Rezipientenkreise adressieren wollte: Die deutschsprachige Ausgabe ist dem Nürnberger Goldschmied Wenzel Jamnitzer, die lateinische Fassung Oswald von Eck dediziert, dem Sohn des bayerischen Kanzlers Leonhard von Eck und einem Schüler Aventins. In der Papierforschung ist in der Regel nur die deutschsprachige Ausgabe verwendet, vgl. etwa Bayerl, Die Papiermühle, 1987, 102f., oder Müller, Weiße Magie, 2012, 81.

107 Die aus moderner Warte irritierende Verschmelzung der Unterteilung der Gesellschaft in drei Stände – Kleriker, Krieger und Bauern – mit dem kleinteiligeren System der ‚Berufsstände' ist nicht ungewöhnlich. Sie findet sich etwa auch bei Pavel Žídek, der die *milicia* unter seinen sieben *[m]echanice artes* auflistet, vgl. [Paulus] Paulerinus, Liber viginti arcium, hg. von Hadravová 1997, 3, obwohl er die dazu gehörigen 17 Einträge schon weiter vorn als *[m]ilitaris status* im Reigen mit dem geistlichen und dem bäuerlichen Stand behandelt, vgl. ebd., 1 und oben in Anm. 98.

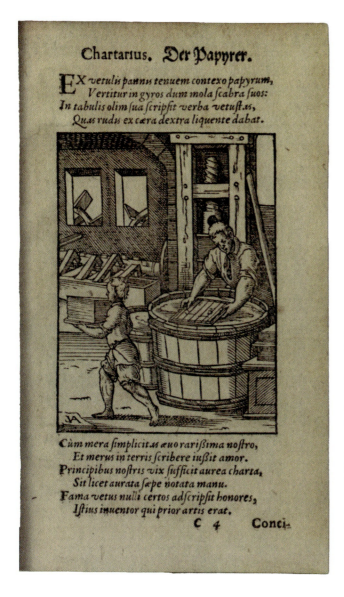

Abb. 8: „Der Papyrer" – Holzschnitt von Jost Amman mit Versen von Hartmann Schopper im Erstdruck der *Panoplia omnium illiberalium mechanicarum aut sedentariarum artium genera* von 1568. München, Bayerische Staatsbibliothek, Res/L.eleg.m. 715, S. [61], vgl. https://www.digitale-sammlungen.de/de/details/bsb00028626 (Stand: 02.03.2024; URN: urn:nbn:de:bvb:12-bsb00028626-8).

alterlichen Stadt. Am Anfang stehen mit dem Arzt, zu dem der Apotheker gerückt ist, dem Astronom und dem (wenig geschätzten, der Rechtsbeugung verdächtigten) Advokaten Berufe, die ein Universitätsstudium voraussetzen. Für die folgenden 96 überwiegend dem Handwerk zugehörigen Vertreter ist keine eindeutige Hierarchisierung nach sozialer Reputation oder ökonomischer Stellung mehr zu erkennen. Auffällig ist jedoch, dass in der deutschen Fassung gleich nach den ‚studierten Tätigkeiten' an einen Ort zusammen gestellt die mit dem Buch- und Bilddruck befassten Gewerbe – Schriftgießer, Zeichner, Formschneider, Papiermacher, Buchdrucker, Buchmaler und

Buchbinder – folgen.[108] Prominent platziert ist damit gerade jene Berufsgruppe, zu der sich sowohl Feyerabend als auch der über viele Buchprojekte eng mit ihm kooperierende Amman zählten. Auch ein Pergamenter ist im Werk repräsentiert, allerdings weit entfernt von der genannten Gruppe, eingegliedert zwischen dem Gewehrkolbenproduzenten (*Buechsenschaeffer*) und dem Siebhersteller (*Sieber*).[109] Ein Vertreter für den Schreiber fehlt frappierender Weise anders als bei Pavel Žídek,[110] obwohl dieser Berufsstand zweifelsohne an vielen verschiedenen Schaltstellen des städtischen Lebens große Bedeutung hatte.[111]

Heute sind vor allem Ammans nicht nur aus kunsthistorischer Perspektive herausragende, sondern auch kulturhistorisch hoch aufschlussreiche Holzschnitte berühmt. Sein Papiermacher, das älteste bekannte Bildzeugnis dieses Handwerks überhaupt, zählt zu den meist abgedruckten Illustrationen in der modernen Papiergeschichtsforschung mit Emblemcharakter (s. Abb. 8). Zuletzt hat Sandra Schultz in ihrer Arbeit über die südwestdeutschen Papiermühlenreviere des Mittelalters seine Bildaussagen gewürdigt:[112] Am Beispiel des Lumpenstampfwerks im Hintergrund der Darstellung hat sie gezeigt, dass Amman keinerlei Interesse an der Mechanik hatte, wie es technische Skizzen zu hydraulischer Ingenieurskunst allgemein vermehrt schon im 15. Jahrhundert[113] und spezielle Entwürfe für Papiermühlen[114] nur kurze Zeit nach Ammans Holzstich demonstrieren.

---

108 Amman, Das Ständebuch, hg. und übers. von Schulze 2006, Nr. 15–21, 36–49. Mit dieser Beobachtung schon Ursula Schulze in ihrem Nachwort ebd., 237. Dies gilt für die lateinische Ausgabe mit einer Einschränkung: Hier folgt direkt auf die Berufe mit Studium zuerst die Goldschmiedekunst (vgl. [Amman, Jost und Hartmann Schopper,] Panoplia omnium illiberalium mechanicarum aut sedentariarum artium genera, 1568, ohne Seitenzählung), die in der deutschen Ausgabe – obwohl sie dem Goldschmied Jamnitzer gewidmet war – erst an 26. Stelle aufgenommen ist (vgl. Amman, Das Ständebuch, hg. und übers. von Schulze 2006, Nr. 26, 58f.). In beiden Fassungen auffällig spät ist das Schusterhandwerk inseriert, mit dem Hans Sachs sein Brot verdiente (vgl. für die deutsche Fassung ebd., Nr. 50, 106f.).
109 Vgl. Amman, Das Ständebuch, hg. und übers. von Schulze 2006, Nr. 93, 192f. Denkbar wäre immerhin gewesen, den Pergamenter in die Nähe des Handmalers (vgl. ebd., Nr. 22, 50f.) zu rücken, unter dessen Arbeitsmaterialien Pergament explizit genannt ist, oder eben zum Papiermacher (vgl. ebd., Nr. 18, 42f.), der nicht nur ebenfalls Beschreibstoffe herstellte, sondern auch auf den durch den Pergamenter produzierten Leim angewiesen war, auf den Sachs in seinen Versen zum Pergamenter explizit eingeht.
110 Vgl. [Paulus] Paulerinus, Liber viginti arcium, hg. von Hadravová 1997, 5.
111 Eindrucksvoll dokumentiert ist dies etwa in einem 1551 in Erasmus Rotenbuchers Notendruck *Bergkreysen* publizierten Lied, das einleitend in das Schlusskapitel C näher paraphrasiert und interpretiert wird.
112 Vgl. Schultz, Papierherstellung im deutschen Südwesten, 2018, 86f.
113 Für Beispiele des 15. Jahrhunderts zu Italien vgl. Rodgers Albro, Fabriano, 2016, 6f. (mit Abb.); ergänzend unter anderem für den deutschen Raum Bayerl, Technik in Mittelalter und Früher Neuzeit, 2013, 39–42 (mit Abb.).
114 Der Typ der *gualche*, die unter anderem für Papiermühlen eingesetzt wurde, findet sich etwa im 1588 in Paris gedruckten Werk *Le diverse e artificiose machine del capitano Agostino Ramelli* dargestellt, vgl. Rodgers Albro, Fabriano, 2016, 6. Explizit die Maschinerie einer Papiermühle präsentieren

Die von Amman gezeichnete Konstruktion weist grundlegende Fehler auf; so fallen sogar die Hämmer, die eigentlich die Lumpen zermahlen sollten, gar nicht in die Stampftröge, sondern ins Leere. Das Augenmerk des Künstlers war stattdessen darauf gerichtet, möglichst viele zentrale Arbeitsschritte in einer Darstellung zu konzentrieren: Während die Versatzstücke Mühlrad, Nockenwelle und Stampfhämmer im Hintergrund für die Aufbereitung der Papierpulpe stehen, wird die Bildmitte von einem Meister an der Bütte eingenommen, der gerade den Schöpfrahmen eintaucht. Zu seiner Rechten will ein junger Büttenknecht einen Stapel bereits abgegautschter frischer Blätter wohl zur Presse bringen, die Amman direkt hinter dem Meister ins Bild gerückt hat. Die begleitenden Texte dazu müssen ganz unabhängig voneinander entstanden sein: Während Hartmann Schopper sich nur in den ersten beiden Zeilen vage auf Ammans Holzschnitt bezieht, wurden die Verse von Hans Sachs als konkrete und präzise Erläuterungen der Bildinhalte konzipiert.[115]

Auf den ersten Blick mag an den Ähnlichkeiten der beiden rund hundert Jahre auseinander liegenden Berufskatalogen von Pavel Žídek und der Gruppe um Sigmund Feyerabend frappierend wirken, dass sie nicht voneinander wissen konnten. Doch vergleichbare Texte standen etwa mit den seit dem 15. Jahrhundert bekannten und im 16. Jahrhundert weit verbreiteten Totentänzen zur Verfügung, die meist ebenfalls in Bild und Text die Macht des Todes über die verschiedenen gesellschaftlichen Gruppen vom Papst und Kaiser bis hinab zum Bettler illustrierten; eine Vielzahl an ‚Berufsständen' wurde auf ihnen daher zum Teil erstmals ins Bild gehoben.[116] Anders war bei Feyerabends Team damit nur, dass sie wie ein Jahrhundert zuvor Pavel Žídek den Papiermacher in den Kreis der beschriebenen Vertreter holten. Dass dies in ihrer Zeit allerdings kaum mehr als außergewöhnlich bezeichnet werden kann, zeigt ein Lied des Nürnberger Dichters Jörg Busch, veröffentlicht in der offenbar nicht seltenen musikalischen Sammlung von Erasmus Rotenbucher, die 1551 in der fränkischen Reichsstadt unter dem Titel *Bergkreysen* gedruckt wurde: In zehn Strophen stellt es *ein gselschaft*

---

die Tafeln des 1607 in Padua zuerst gedruckten *Novo teatro di machine e edificii per varie et sicure operationi* von Vittorio Zonca, vgl. Rodgers Albro, Fabriano, 2016, 36, mit Abb. auf 34, 35 und 69. Für den deutschen Raum sind als frühes, detailliertes Zeugnis die Zeichnungen des württembergischen Hofbaumeisters Heinrich Schickhardt für die 1596 auf Befehl Herzog Friedrichs I. in Mömpelgard (Montbéliard) zu errichtende Papiermühle zu nennen, vgl. dazu zuletzt Schultz, 98–101, s. bes. Anm. 451, 154, 160 (mit Abb.) und passim.

115 Vgl. Amman, Das Ständebuch, hg. und übers. von Schulze 2006, Nr. 18, 42f.: Die ersten drei Verse beschreiben, wie der Rohstoff der zerschnittenen Hadern durch das wasserbetriebene Mühlrad ‚genagelt', das heißt mit den nagelbewehrten Hämmern zerkleinert wird. Im vierten bis sechsten Vers erklärt Sachs, wie man das Zeug im Wasser quellen lasse, um daraus die Bögen zu schöpfen, sie auf die Filze abzugautschen und durch die Presse das verbliebene Wasser herauszudrücken. Die letzten beiden Verse gehen über Ammans Bildaussagen hinaus: Hier nennt Sachs noch den Arbeitsgang des Trocknens der Blätter auf dem Speicher, außerdem, was die Qualität fertiger Blätter ausmacht – dass sie *schneweiß vnd glatt* seien.

116 Zu etwaigen Vorbildern des von Feyerabend verlegten Werks vgl. das Nachwort von Ursula Schulze in Amman, Das Ständebuch, hg. und übers. von Schulze 2006, 242.

gut, bestehend aus Papierer (2. Strophe), Drucker (3. Strophe), Gießer (4. Strophe), Formschneider (5. Strophe), Korrektor (6. Strophe) und Buchbinder (7. Strophe) vor, die für ihren Hang zum Zechen berühmt-berüchtigt sei (bes. 9. Strophe).[117]

Über Feyerabends Prosarede in der deutschen Ausgabe tut sich freilich noch ein anderes Vorbild für das Gemeinschaftsvorhaben auf: Dezidiert erklärt Feyerabend, *diß Büchlin von erfindung aller ding* (!) sei *nahe desselbigen Innhalts* wie Polidoro Virgilis *De inventione*, dessen Stoff er in eine bessere Ordnung habe bringen wollen und der als Vorbild dafür gedient habe, wenn im Folgenden zu möglichst jedem Handwerk ein Urheber namhaft gemacht werden solle.[118] De facto geschieht das in den volkssprachlichen Versen des Hans Sachs immerhin bei 23 der (ohne die Narren) 110 Vertreter von Ständen und Berufen.[119] Beim lateinischen Poeten Schopper kommt der Verweis auf

---

117 Jörg Busch nennt sich als Autor in der letzten Strophe. Das Lied ist zuerst fassbar im Druck Rotenbucher, Bergkreyen, 1551 (VD16 ZV 13371), Lied Nr. XXIII (ohne Blatt- oder Seitenzählung), und wurde erneut mit einer zusätzlichen Strophe gedruckt als fliegendes Blatt um 1570 in Straßburg bei Thiebolt Berger sowie im Frankfurter Liederbuch 1580 und 1582, dort unter Nr. 256 (in den Ausgaben von 1584 und 1599 fehlt das Lied). S. auch Uhland (Hg.), Alte hoch- und niederdeutsche Volkslieder, Bd. 1, Abt. 2, 1845, Nr. 265, 689–692, zur Quellenangabe vgl. ebd., 977 und 1028, und ergänzend Schade, Deutsche Handwerkslieder, 1865, 24–27, bes. 27.
118 Vgl. [Amman, Jost und Hans Sachs,] Eygentliche Beschreibung Aller Staende, 1568 (VD16 S244 und USTC 655780), ohne Seitenzählung: *Vn[n] wirt fast in allen stuecken dise ordnung gehalten, daß benen[n]t werde / wer ein jegliche Kunst vnd Handwerck erfunden / auch wo es erfunden / wie denn dises mein Buechlein / so bey nahe desselbigen Innhalts mit deß Polydori Vergilij sein artiglich beschreibet / Welches ich nicht on geringen kosten in eine verstendtliche vnd richtige ordnung habe bringen lassen / vnd auch mit kuenstreichen Figuren aller vnd jeder angeregten stueck geziert [...]*. Just am Komplex der Schriftkultur wird auf dieser und der vorangehenden Seite der Vorrede außerdem deutlich, dass Feyerabend Polidoros Werk nicht nur vom Hörensagen kannte. So übernimmt er offenbar von ihm die Passagen über Cadmus bzw. Merkur als ‚Erfinder' der Buchstaben und der Schrift, bevor er über einen kurzen Abriss der archaischen Schreibmaterialen *ehe das papyrmachen auffkommen* zur Erfindung des Buchdrucks überleitet, die – wie er bei Polidoro nachgelesen hatte – einem *Hans Kuttenberg* aus Mainz zu verdanken sei; s. dazu die Namensform *Ioannes Cuthenbergus* in Polydore Vergil, On Discovery, ed. und übers. von Copenhaver 2002, Lib. II, Cap. VII, Nr. 9, 244.
119 Atkinson, Inventing Inventors in Renaissance Europe, 2007, 47f., die die Vorrede irrtümlich Sachs und nicht Feyerabend zuschreibt, zählt lediglich sechs Handwerke, zu denen ein Urheber erwähnt wird; in Anm. 92 verweist sie dazu auf den Arzt (ed. Amman, Das Ständebuch, hg. und übers. von Schulze 2006, Nr. 11, 28f.), Weber (ebd., Nr. 48, 102f.), Töpfer (ebd., Nr. 82, 170f.), Ziegelbrenner (ebd., Nr. 86, 178f.), Wagner (ebd., Nr. 89, 184f.; Schulze versteht *Friges* hier fälschlich als Personennamen; gemeint sind die Phryger, so der griechische Name eines Volks im Anatolien des 8. Jahrhunderts vor Christus) und Steinmetz (ebd., Nr. 85, 176f.). Atkinson hat jedoch vergleichbare Hinweise auf Erfinder bzw. bedeutende historische Vorbilder der jeweiligen Gewerbe und Handwerke – auch hier in der Regel biblische Figuren oder antike Götter und Helden – zu 15 weiteren Darstellungen übersehen: zu den Geistlichen (ebd., Nr. 4, 14f.), zum Kaiser (ebd., Nr. 7, 20f.), König (ebd., Nr. 8, 22f.), Astronom (ebd, Nr. 13, 32f.), Bauer (ebd., Nr. 42, 90f.), Glockengießer (ebd., Nr. 54, 114f.), Rüstungsschmied (ebd., Nr. 71, 148f.), Hufschmied (ebd., Nr. 72, 150f.), Brustpanzermacher (ebd., Nr. 77, 160f.), Bogner (ebd., Nr. 78, 162f.), Zimmermann (ebd., Nr. 87, 180f.), Ölhersteller (ebd., Nr. 98, 202f.), Winzer (ebd., Nr. 99, 204f.), Sänger (ebd., Nr. 100, 206f.), Hof- und Lautenspieler (ebd., Nr. 106, 218f.) und den Bläsern (ebd., Nr. 108, 222f.). Zum Buchdrucker (ebd., Nr. 19, 44f.) ist als Ort der Erfindung Mainz genannt.

istius inuentor qui prior artis erat sogar in den Versen des Papiermachers vor, ohne dass er freilich näher bestimmt oder gar namentlich genannt würde.[120] Vielsagend ist schließlich auch Feyerabends explizite Empfehlung in seiner Vorrede zur deutschen Ausgabe an das Publikum, Plinius zu lesen, mit der er zugleich Werbung für die in seinem Auftrag verdeutschte und 1565 gedruckte Ausgabe der *Historia naturalis* machte.[121] Auch in dem von Feyerabend verlegten Werk erscheint der antike Autor also wieder als Impulsgeber für die Beschäftigung mit einem Stoff, obwohl dieser in der Lebenszeit des Plinius und in der von ihm überblickten Weltregion noch lange nicht bekannt war.

Nimmt man die hier bislang vorgestellten Texte zusammen, so bleibt als Ausnahme nur Pavel Žídek, dessen Abschnitt über die Papierer offenbar unbeeinflusst von der *Historia naturalis* entstand. Aber auch seine Verzeichnung von Handwerken und Gewerben, die anders als die übrigen Texte des 15. Jahrhunderts ganz auf die eigene Gegenwart konzentriert ist, ist in ihrer Genese nur durch den Rekurs auf gelehrte Wissenstraditionen zu verstehen. Der Anstoß zu allen diesen Thematisierungen des Papiers bzw. seiner Herstellung kam eben nicht aus der Papierproduktion und traf auch nicht deren Bedürfnisse, obwohl zumindest Grapaldo die einzelnen Arbeitsschritte präzise erfasste und Perotti sich sogar zum Erfinder einer besonders guten Papiersorte stilisierte. Träger dieses neuen Diskurses waren stattdessen humanistische Gelehrte und ihre Aufmerksamkeit für Papier kam vor allem von einem auf Semantik und Etymologie zielenden philologischen Interesse – dies gilt auch für Pavel Žídek mit der starken lexikographischen Ausrichtung seines Berufskatalogs und seinen zahlreichen Hapax legomena.[122]

In Bezug auf die allgemeine Integration der ‚Artes mechanicae' in die Enzyklopädien des Spätmittelalters hat Christel Meier 1995 in ihrem bereits zitierten Aufsatz festgestellt, für Fachleute seien diese Passagen sicher kaum geschrieben. Der Handwerker habe sein Gewerbe generell in der Praxis gelernt und praktisch ausgeübt, ohne dass dazu die schriftliche Form notwendig gewesen wäre. Im Kap. B.4 wurde bereits

---

120 Vgl. [Amman, Jost und Hartmann Schopper,] Panoplia omnium illiberalium mechanicarum aut sedentariarum artium genera, 1568 (VD16 S3897, USTC 682483), ohne Seitenzählung. Stärker als der Handwerkerdichter Sachs und der Kunsthandwerker Amman partizipierte Schopper am gelehrten Wissenshorizont des Verlegers Feyerabend, dies wird auch an seinen Zeilen über den Papierer deutlich: Statt für eine Beschreibung des Herstellungsprozesses von Papier nutzt er seine Bilderläuterungen, um schon im dritten Vers mit dem Verweis auf die bei den ‚Alten' gebräuchlichen Schreibmaterialien der Wachstafeln auf alte gelehrte Wissenstraditionen überzuschwenken.
121 Vgl. [Amman, Jost und Hans Sachs,] Eygentliche Beschreibung Aller Staende, 1568 (VD16 S244 und USTC 655780), ohne Seitenzählung: *Hiervon zu lesen findet man bey allen erfahrnen natuerlichen Historien schreibern / vnd in sonderheit bey dem fuertrefflichen hochgelehrten Caio Plinio Secundo / welchen ich denn auch dem Teutschen Leser zu nutz vnd frommen eigentlich hab verteutschen / vnd Anno 1565. in Truck verfertigen lassen.*
122 S. dazu auch die sprechende Kapitelüberschrift bei Atkinson, Inventing Inventors in Renaissance Europe, 2007, 44: „Naming ‚modern' inventions – a problem for philologists".

ausgeführt, dass die Papierproduzenten selbst in den spätmittelalterlichen Jahrhunderten auf eine strikte Geheimhaltung ihrer Kunst pochten (s. dazu die Belege in Kasten B.4.1). Meier zog aus ihren Überlegungen die Konsequenz: „Jedes Eindringen dieser Künste in die Schriftlichkeit, ins Literarischwerden signalisiert, daß die Praxis irgendwie zur Theoretisierung hin überschritten wird, daß sie in einen neuen Legitimationshorizont heraufgehoben werden."[123] Dem hier vorgestellten Kreis an Autoren – unabhängig davon, wie gehaltvoll uns ihre entsprechenden Passagen aus heutiger Warte erscheinen – gebührt somit die Ehre, an der Schwelle der europäischen Papiergeschichtsschreibung zu stehen.

Kasten B.7.1: Frühe enzyklopädische und historiographische Zeugnisse zum Leinenpapier und seiner Herstellung.

Lemma *Papirus* in Giovanni Balbis *Catholicon*, entstanden in den 1270er Jahren, allein zwischen 1460 und 1500 in 24 Auflagen gedruckt, hier zitiert nach dem in Mainz 1460 publizierten Erstdruck:[124]

Papirus.a pir dicit[ur] h[aec] papirus.ri pen[u]l[timus] p[ro]d[uxit] qu[aedam] herba u[e]l genus iunci ut dicunt. et d[icitur] papyrus q[ua]si parens pir. i[dest] igne[m]. eo q[uod] in cereis et lampadibus ponit[ur] ad ardendu[m]. d[icitur] eciam h[ic] papirus carta bombicina. vnde papirus.ra.rum. ad papirum p[er]tinens u[e]l de papiro existens. D[icitur] eciam p[er] eodem papirius.ria.riu[m] j[e]s[ai]a. xviij. Qui mittit in mare legatos in uasis papireis. u[e]l papari sup[er] aquas[.] in uasis papyreis i[dest] in nauibus de papiris. i[dest] iuncis qui papiri tante sunt magnitudinis. s[ecundum] historiam allexandri ut naues fiant ex eis. u[e]l in uasis papireis i[dest] cartis de papiris factis quas egipcij p[er] legatos mittebant duobus tribubus euntes sup[er] aq[ua]s u[e]l in uasis papireis i[dest] in pixibus de papiro factis in quibus continebant[ur] u[e]l deferebant[ur] ep[isto]le misse ab egipcijs p[er] legatos ad exhortandu[m] et animandum duar[um] tribuum iudeos.

Lemma *Papireista* in Pavel Žídeks *Liber viginti arcium* im Abschnitt über die *[m]echanice artes* nach dem einzigen, in Teilen autographen und in die Zeit von 1459 bis 1463 datierten Überlieferungsträger:[125]

Papireista est artifex sciens parare papirum secundum maiorem aut minorem subtilitatem. Cuius materia, ex qua operatur, est omnis pannus lineus aut laneus putrefactibilis, cui coccione forti donatur albedo cum iunco marino. Cuius instrumenta sunt caldaria, furni, antra, iuncus, forme, fusoria et alia.

---

123 Meier, Der Wandel der Enzyklopädie, 1995, 22.
124 Joannes Balbus, Catholicon, 1460/1971, ohne Paginierung, Tl. 5 (alphabetisch sortiert). Vgl. bei Bresc/Heullant-Donat, Pour une réévaluation de la „révolution du papier", 2007, 355 mit Anm. 4 und 6 eine teilweise Wiedergabe der Passage nach der Edition Venedig 1487. Zu den 24 Auflagen allein bis 1500 im Gesamtkatalog der Wiegendrucke, mit den Druckorten Mainz, Augsburg, Strassburg, Lyon, Venedig, Paris und Nürnberg, vgl. GW 03182; GW 03183; GW 03184; GW 03185; GW 03186; GW 03187; GW 03188; GW 03189; GW 03190; GW 03191; GW 03192; GW 03193; GW 03194; GW 03195; GW 03196; GW 03197; GW 03198; GW 03199; GW 03200; GW 03201; GW 03202; GW 03203; GW 03204; GW 03205.
125 Ed. [Paulus] Paulerinus, Liber viginti arcium, hg. von Hadravová 1997, 48.

Kasten B.7.1   Die lexikalische Erfindung des *papireista*

Papyrus und Papier im Exkurs zu den Beschreibstoffen in Niccolò Perottis Kommentar der Epigramme Martials mit dem Titel *Cornu copiae*, ab 1489 bis 1537 in mindestens 18 Auflagen gedruckt, hier zitiert nach der vom Autor Federico d'Urbino zugeeigneten Handschrift:[126]

[§ 371] *Sed post Alexandri magni uictoriam, condita in Aegypto Alexandria, Inuenta ab eo rege papyrus est. Varrone teste, quae fiebat ex frutice qui nascitur in paludibus Aegypti aut quiescentibus Nili aquis, ubi euagate stagnant, nec gurgitum altitudo duo bracchia excedit. [...] Praeparanbantur ex eo chartae diuisae acu in praetenues ac latissimas philuras, quae eo meliores erant quo medio papyro propinquiores atque inde secundum scissurae ordinem. Hieratica appellabatur subtilior, religiosis tantum uoluminibus dicata, quae postea ab adulatione Augusti dicta est Augusta. Deinde à Liuia coniuge eius Liuiana. Huic postea in epistolis tantum scribendis auctoribus relicta est. Proxima huic erat amphitheatrica, à loco dicta in quo conficiebatur, quam postea Fannius miro artificio emendauit, uocauit que é nomine suo Fannianam. Vltima Emporetica, inutilis scribendo et inuolucris duntaxat chartarum ac mercium usum praebens. [...] Et bibula, de qua supradiximus, siccandae tantum utilis scripturae. Primatum deinde mutauit Claudius Caesar, et quoniam Augustae tanta tenuitas erat ut uix calamum sustineret, praeterea uisu translucida litteras emittebat, auxit et crassitudinem et latitudinem, mensuram que, ubi pedalis erat cubitalem faciens. À papyro igitur frutice charta est papyrus appellata, quod scilicet ex papyro fieret.*

[§ 372] *Postea uero id genus chartae inuentum est quo nunc passim mortales utuntur; fit que ex linteolis contritis, et nihilominus pristinum papyri nomen remansit, et distinctio generum. Nam subtilis illa epistolaris et Augusta uocatur, et altera communis siue amphitheatrica siue Fanniana, et grossior illa atque inutilis emporetica, et ultima bibula. Claudia uero illa grandior crassior que á rege nunc regalis dicitur. Haec dente propter scabricaciam aut concha leuigatur, propter quod minus sorbet, et ob id caducae litterae fiunt. Quae causa impulit nos ut genus aliud carthae inueniremus, quae tenuitate, densitate, candore, leuore, philurae longitudine et commodior est et aspectu gratior; hanc opifices é nostro nomine Perottam nuncupauere. Cartha uero ab urbe Tyri cui Cartha nomen fuit appellata est, ex qua Dido ducta est; ideo que urbem á se postea aedificatam ab illius nomine Carthaginem nuncupauit. [...]*

Papier im Kapitel über die *Bibliotheca* in Francesco Mario Grapaldis Werk *De partibus aedium libri duo* (Lib. II, Cap. VIIII), bis 1550 bekannt in 12 Auflagen, hier zitiert nach dem Erstdruck, gedruckt von Angelo Ugoleto in Parma 1494, mit den Varianten der Ausgabe letzter Hand, gedruckt von demselben 1506, im Apparat:[127]

---

126 Ed. Nicolai Perotti, Cornv Copiae, hg. von Charlet/Furno, 1989, Lib. I, Epig. III, 139f., § 369–373; wieder abgedruckt in Charlet, Papyrus, parchemin et papier dans le Cornu copia, 1993, 56f. Zuerst gedruckt in Venedig von Ludovico Odasi 1489, benutzten die Herausgeber Charlet und Furno die weiteren Auflagen Venedig 1496, 1499, 1513, 1517 und 1526/27 (vgl. dazu ebd., 6f.). Wie viele Auflagen das Werk insgesamt erlebte, wird von ihnen nicht thematisiert. In den gängigen Inkunabelkatalogen (Gesamtkalalog der Wiegendrucke und Incunabula Short Title Catalogue) ist das Werk nicht verzeichnet. Für die Zeit von 1502 bis 1537 finden sich unter abweichenden Titeln und zum Teil in überarbeiteter Form durch Benedetto Brugnoli folgende Nachweise: EDIT 16 CNCE 34363; EDIT 16 CNCE 34387; EDIT 16 CNCE 34780; EDIT 16 CNCE 37579; EDIT 16 CNCE 40996; EDIT 16 CNCE 47346; EDIT 16 CNCE 49928; EDIT 16 CNCE 49929; EDIT 16 CNCE 53580; EDIT 16 CNCE 53685; EDIT 16 CNCE 54466; VD 16 M 1156; VD 16 M 1164; VD 16 M 1166; VD 16 P 1535; VD 16 P 1536.
127 Der Erstdruck (GW 11331) dient als Basis für Ed. und Übers. bei Steinmann (Hg.) Handschriften im Mittelalter, 2013, Nr. 882, 830f. (für kleinere Korrekturen der Übersetzung vgl. Schultz, Papierherstellung im deutschen Südwesten, 2018, 43). Die Ausgabe letzter Hand (EDIT16 CNCE 21597)

Apud nos hodie charta e lineis canabinisque pannis ueteribus et attritis producitur. Secti in frustula aqua inspersa per dies XI macerantur; et in pila aquaria pilis ferratis minutim contusi, addita calce, in alteram transferuntur; exemptos deinde in aquaria tinia cum posuerint, formis aquam transmittentibus in singula extrahunt folia, quae laneis pannis alternatim commixtis¹ proelo calcantur; aedificioque ad id patulo prius siccata, mox glutino facto ex pellium quisquiliis siue ramentis, quae coriarii et membranarii reponunt ad hunc usum, feruefactis intincta, rursus siccata et uitro leuigata, aptissima redduntur ad tolerandos calamos, et atramentum non transmittendum. In hoc Parmenses chartae sibi principatum uendicarunt, cum in candore prae caeteris Fabrianae commendentur. Prima enim chartae datur adorea si non est bibula et atramentum non sorbet; quod si fuerit, siccandae scripturae, ne fiant liturae, erit utilis. Fiunt autem plura chartarum genera: caeteris omnibus tenuior est epistolis dicata, nomine inde adepto, quae et Augusta dicebatur. Plinius in XIII: ,Nimia quippe Augustae tenuitas tolerandis non sufficiebat calamis', et mox ,Augustae in epistolis auctoritas relicta'. Firmior est libraria, ad libros aptissima. Regalis² magnitudine reliquas apud nos antecellit, unde nomen sortitur, olim Claudiana appellata. At Bononiae regali maior est imperialis, libris templorum ad musicam idonea³. Vilior est emporetica, quae inutilis scribendo inuolucra segestrium uice mercibus praebet, et ideo a mercatoribus cognominata,⁴ graece enim emporos mercator et emporium locus mercatus et nundinationis ad quem distrahendi praedestinandique causa conueniunt mercatores. Chartaceum inuolucrum cucullum dicemus et uenditorem chartarum chartularium nos, Graeci chartopolin.

¹ commixtis] ingestis
² Regalis] Regalis quae regia inter Macrocola
³ idonea] idonea, quae olim Hieratica
⁴ cognominata,] cognominata, quasi mercatoria:

Papyrus und Papier im Kapitel über die Beschreibstoffe in *De inventoribus rerum* des Polidoro Virgili (s. dazu auch schon oben Kap. B.3, Kasten B.3.1), zuerst gedruckt 1499, hier zitiert nach der Ausgabe letzter Hand, gedruckt in Basel 1553–55:[128]

De primo usu scribendi apud priscos; etiam per notas; et quando primum inventa charta vel membrana.

Ante usum chartarum, quo maxime humanitatis vitae constat et memoria, palmarum foliis, teste Plinio in 13 Naturalis historiae, primo scriptitatum est […]

Papyrum autem post Alexandri Magni victoriam; condita in Aegypto Alexandria, Marcus Varro autor est, ante chartarum usum ab eo rege inventam esse quae fiebat ex frutice qui nascitur in paludibus Aegypti.

---

ist Leitzeugnis für die emendierte Edition von Charlet, Papyrus, parchemin et papier dans le Cornu copiae, 1993, hier 350f., die im Apparat auch die Varianten anderer früher Drucke bietet, s. dazu die Erläuterungen auf 349: Die Drucke aus Parma haben die Siglen Pa = 1494, Pb = 1501 (EDIT16 CNCE 21593), Pc = 1506 (EDIT16 CNCE 21597); Pd = 1516 (EDIT16 CNCE 21596) erhalten; die Sigle P steht für den Druck Paris 1511 und die Sigle S für Straßburg 1508 (VD16 G 2794), deren Text bei Schultz, Papierherstellung im deutschen Südwesten, 2018, 43f., abgedruckt ist. Für eine Übersetzung der Zeilen über das Herstellungsprozedere ins Englische vgl. Dabrowski/Simmons, Permanence of hand made papers, 1998, 257. Weitere Druckauflagen von 1516 bis 1550 mit den zusätzlichen Druckorten Turin, Venedig, Basel und Lyon sind belegt in: EDIT 16 CNCE 21589; EDIT16 CNCE 21597; VD16 G 2795, USTC 146920; VD16 G 2796.

128 Polydore Vergil, On Discovery, ed. und übers. von Copenhaver 2002, Lib. II, Cap. VIII, 246–250.

Kasten B.7.1 — Die lexikalische Erfindung des *papireista*

Verum contra Varronem, qui chartarum usum non nisi condita in Aegypto Alexandria fuisse scribit, Plinius Cassii Heminae annalium scriptoris autoritatem adducit. Ille enim tradit Cnaium Terentium scribam, agrum suum in Ianiculo repastinantem, offendisse arcam in qua Numa Rex situs fuerat, et in eadem libros eius repertos, qui e charta erant. Nam Magnus Alexander amplius trecentis annis post Numam fuit, qui Alexandriam, autore Livio libro 8, eo anno in Aegypto posuit qui fuit urbis conditae CCCCXXVIII, Lucio Papyrio Mugillano sive Cursore, Caio Paetilio Galbo consulibus. Caeterum Livius in decimo De bello Macedonico a Cassio disentit, scribens duas arcas lapideas octonos ferme pedes longas (non unam) repertas a fossoribus in agro Lucii Paetilii scribae (non Cnaii Terentii) et in altera earum sepultum fuisse Numam, in altera vero eos libros inventos de quibus loquimur. Idem etiam Lactantius affirmat, et Plutarchus in Vitae Numae.

Postea vero id genus chartae inventum est quo nunc passim utimur, cuius autor haud palam est. Haec autem fit ex linteolis contritis; nihilominus tamen papyri nomen a frutice sumptum, veluti chartae ab urbe Tyri, retinet. […]

Sunt praeterea plura chartarum genera: ut hieratica, antiquitus sacris tantum voluminibus dicta; amphitheatrica, a loco dicta; bibula et emporetica, inutilis scribendo et involucris duntaxat chartarum atque mercium usum praebens, propterea άπο των εμπορων, id est, a mercatoribus nominata.

Kapitel über Aristoteles im ersten Buch von Aventins ‚Baierischer Chronik' mit einem Exkurs über die Erfindung des Papyrus in der Regierungszeit Alexanders des Großen, wohl 1527 abgeschlossen, jedoch erst 1566 in Frankfurt am Main (VD16 T2320) mit erheblichen Abweichungen gedruckt, hier nach dem autographen Konzept Aventins (Stuttgart, Landesbibliothek, Cod. hist. fol. 404) bzw. einer frühen von ihm eigenhändig korrigierten Handschrift (München, Bayerische Staatsbibliothek, Cgm 1566):[129]

[…] Bei des grossen Alexanders zeiten ist das papier in Aegypten erfunden worden zue Alexandria, ist aber nit wie das iezig unser papier; dan papier ist ein stauden, bei zehen elpogen hoch am höchsten, driecket, eins arms dik: da zeucht man von mit einer nadel auf das dünnest und praitest die heutl. Wechst in Aegypten in den mösern sêen und wasserflues Nilo am gestatten, wo's seicht ist. […] Man hat vil müe drauf legen müessen, pis man das papier gemacht hat: man hat's auf einem pret aufeinander legen, pressen laimen slahen reiben, an der sun trücken müessen, wie es nach der leng Plinius beschreibt im dreizehenden puech. Haben die kaiser vil müe drauf gelegt, nemlich Augustus und Claudius; man hat's nach inen und iren hausfrauen genent, wie pei uns noch ‚regal'.

Das papier, das wir iezo brauchen (gemacht von alten hadern und haderlumpen, an aigen mülen und stempfen zu mel und pulver gestossen, darnach in poting und leimwasser durcheinander gerüert und in hären mödeln, wie fensterram, aufgeschöpft, nach dem gelegt in filz und gesterkt, zum lezten an schnüer aufgehenkt und getrückt am luft under dem dach), ist lang hernach erst erfunden worden, dergleichen auch das pergamen; wird's, so di zeit gibt, nit verchweigen. Die Kriechen nennen's χάρτης, charten, charta. […]

---

129 [Aventinus,] Johannes Turmair's genannt Aventinus Bayerische Chronik, Bd. 1, hg. von Lexer 1882, 371f. Zur handschriftlichen Überlieferung vgl. [Aventinus,] Johannes Turmair's genannt Aventinus Bayerische Chronik, Bd. 2, hg. von Lexer 1886, III–IX; zu den frühen Drucken vgl. ebd., X–XII; die aktuellen Signaturen der Manuskripte bietet März, Art. Aventinus, 2008, Sp. 87. Zu den Gründen für die späte Veröffentlichung im Druck vgl. Riedl-Valder, Aventinus, 2015, 88f.

Lemma *papyrus* in Robert Estiennes weit verbreitetem *Dictionarium, seu latinae thesaurus*, hier zitiert nach einer der beiden in der Pariser Offizin des Autors 1531 entstandenen Erstauflagen:[130]

PAPYRUS, papyri, f. g. vel Papyrum papyri, n. g. Fruticis genus. Plin. lib. 13 cap. Xi, Papyru[m] ergo nascitur in palustrib[us] AEgypti, aut quiesce[n]tibus Nili aquis, vbi euagatae stagna[n]t, duo cubita non excedente altitudine gurgitum, brachiali radicis oblique crassitudine [...]. Praeparantur ex eo chartae diuisae acu in praetenues, sed quam latissimas phyluras. Haec Plinius. Quae phylurae (inquit Perottus e Plinio, lib. 13, cap. XII) eo meliores era[n]t, quo medio papyro propinquiores. atque inde secundu[m] scissurae ordine[m] hyeratica appellabatur subtilior, religiosis tantu[m] voluminib[us] dicata. quae postea ab adulatione Augusti, dicta est Augusta. deinde à Liuia co[n]iuge eius, Liuiana. Huic postea in epistolis tantu[m] scribe[n]dis authoritas relicta est. Proxima hui[c erat] Amphitheatrica, à loco dicta, in quo co[n]ficiebatur. Qua[m] postea Fannius miro artificio [emendauit], vocauitque è nomine suo Fanniana[m]. Vltima emporetica, inutilis scribe[n]do et inuoluc[ris dun]taxat chartaru[m] ac merciu[m] vsum praebens. [...] Et bibula, sicca[n]de ta[n]tu[m] vtilis scripturae. Primatu[m] deinde mutauit Claudius Caesar. Et quonia[m] Augustae ta[n]ta tenuitas erat vt vix calamu[m] sustineret, praeterea visu tra[n]slucida litteras emittebat, auxit, & crassitudinem & latitudinem, me[n]suramque vbi pedalis erat, cubitale[m] faciens. À papyro igitur frutice, charta est papyrus appellata, quòd scilicet ex papyro fieret.

Postea verò id genus chartae inuentu[m] est, quo nunc passim mortales vtu[n]tur, fitque ex linteolis co[n]tritis, & nihilominus pristinu[m] papyri nomen rema[n]sit, & distinctio generum. Na[m] subtilis illa epistolaris & Augusta vocatur: & altera com[m]unis siue amphitheatrica siue Fanniana: Et grossior illa atque inutilis emporetica: Et ultima bibula. Claudia verò illa gra[n]dior, crassiórque, á rege nu[n] c Regalis dicitur, haec dente propter scabricie[m] aut co[n]cha leuigatur: propter quod minus sorbet, & ob id caducae literae fiu[n]t. Quae caussa impulit nos vt genus aliud carthae inueniremus, quae tenuitate, densitate, ca[n]dore, leuore, phylurae lo[n]gitudine & commodior est, & aspectu gratior: ha[n]c opifices é nostro nomine Perottam nuncupauere. Cartha verò, ab urbe Tyri, cui Cartha nome[n] fuit, appellata est: ex qua Dido ducta est: ideoq[ue] vrbe[m] à se postea aedificata[m] ab illius nomine Carthaginem nu[n]cupauit. [...]

Ausblick in die Neuzeit

Unzweifelhaft wurde die Tür zu einer europäischen Papiergeschichtsschreibung in der zweiten Hälfte des 16. Jahrhunderts weiter aufgestoßen: Die Beschäftigung mit den Themen Papier bzw. Papierherstellung wurde dichter, die ihnen gewidmeten Passagen wurden ausführlicher, die Bandbreite an Genres, in denen sie verhandelt wurden, wurde größer. In der Forschung haben diese Texte sehr ungleichmäßig Aufmerksamkeit gefunden: Gerade die auf die Herstellung fokussierte genuine Papierforschung hat sich bevorzugt mit den als „technologischer Spezialliteratur" gewertschätzten

---

130 [Robert Estienne,] Dictionarivm, seu Latinae linguae Thesaurus, 1531 (USTC 146288), 690 (zur zweiten Auflage aus Robert Estiennes Offizin aus demselben Jahr vgl. USTC 37981). S. dazu die Bemerkungen bei Charlet, Papyrus, parchemin et papier dans le Cornu copiae, 1993, 53, Anm. 4. Zur Drucküberlieferung vgl. Lindemann, Robert Estienne, Dicitionarium (1531), 1999.

Texten seit dem aufklärerischen 18. Jahrhundert auseinandergesetzt, die sowohl erstmals Fachbücher von praktizierenden Papiermachern als auch empirisch ausgerichtete wissenschaftliche Abhandlungen über das Handwerk umfassten.[131] Neuere Arbeiten haben als ebenfalls schon praxisnahe Quellen auch vereinzelte Zeugnisse aus der ‚Theatrum'- und Traktatliteratur des 17. Jahrhunderts entdeckt.[132]

Dieser Kanon bildet trotzdem nur einen kleinen Teil der Textmengen ab, die nun zum Thema Papier gefüllt wurden. Insbesondere über die Gattung der Enzyklopädien und ihre Lemmata ‚Papier', ‚Papiermacher' und ‚Papierherstellung' wurde der Beschreibstoff zum gängigen Bestandteil des Standardwissens. Selten war dieses Wissen innovativ: Die Werke sind stark voneinander abhängig, oft übernahmen sie ganze Textpassagen wortwörtlich.[133] Auch die Selbstständigeren unter ihnen, von denen Gasparinetti in einer Miszelle von 1959 erklärte, sie seien zu Unrecht vergessen,[134] machten trotzdem nur kleine Fortschritte, wie eine Bemerkung des evangelischen Pfarrers und niedersächsischen Landeshistorikers Johann Letzner in seiner 1596 datierten *Dasselischen und Einbeckischen Chronica* illustriert: Er habe zwar *nach dem ersten Erfinder dieser Kunst / viel nachforschens gehabt / auch derentwegen viel fuerneme vnd gelehrte leut (bey welchen grosse Erfahrenheit zu finden) besucht*, alle

---

131 Zu den von ihm als „technologische Speziallliteratur" bezeichneten Zeugnissen vgl. Bayerl, Die Papiermühle, 1987, 17–29, sowie zuletzt Schultz, Papierherstellung im deutschen Südwesten, 2018, 37–53, s. auch die Tabelle auf 39f.

132 S. etwa das reich illustrierte, 1607 in Padua zuerst gedruckte *Novo teatro di machine e edificii per varie et sicure operationi* von Vittorio Zonca unter anderem zur Maschinerie einer Papiermühle (vgl. dazu Hunter, Papermaking, 1943/1974, 158; ausführlicher Iannuccelli, L'Europa di carta, 2010, 109, mit Abb. 10; Rodgers Albro, Fabriano, 2016, 36, Abb. auf 34, 35 und 69) oder das *Theatrum machinarum novum* aus dem Jahr 1662 von Georg Andreas Böckler mit einer im Vergleich zu Zonca systematischeren Schilderung des Produktionsprozesses (vgl. Iannuccelli, L'Europa di carta, 2010, 109) sowie den dritten Band des Werkes *Il Negoziante* aus der Feder des Genueser Kaufmanns Giovanni Domenico Peri, gedruckt 1651, der nicht nur technologische, sondern auch kommerzielle, juristische und kulturhistorische Aspekte der Papierherstellung bespricht (vgl. umfassend Müller, Weiße Magie, 2012, 64–75, sowie auch Schultz, Papierherstellung im deutschen Südwesten, 2018, 51f. und passim).

133 Für Beispiele vgl. Schultz, Papierherstellung im deutschen Südwesten, 2018, 40f. in Anm. 188.

134 Gasparinetti, F. M. Nigrisoli als Papiergeschichtsforscher, 1959, vor allem zu Francesco Maria Nigrisolis *De charta ejusque usu apud antiquos*, 1699, aber auch zu den bei Nigrisoli zitierten Autoren des 16. Jahrhunderts wie Pietro Andrea Mattioli (Kommentar zu Pedacci Dioscuridis, *De materia medica*), Alessandro Alessandri (*Generalium dierum libri V.*), und Adrien Turnèbe (*Adversaria*) sowie aus dem 17. Jahrhundert Gerhard J. Voss (*De arte grammatica*). Als Nigrisoli unbekannt hebt Gasparinetti (meist ohne Angabe der Werke) Joseph Scaliger (1484–1558), John Ray (1627–1705), Francesco Stelluti (1577–1652 (?)), Hermann Conring (1606–1681), Humphrey Prideaux (1648–1724) und J. B. Du Halde (1674–1743) hervor; über die in Anm. 141 genannten Nachschlagewerke lassen sich Gasparinettis Angaben zumeist weiter konkretisieren. S. außerdem auch ders., Briquet unbekannt gebliebene frühe Autoren, 1958, zu Claude Saumaise, latinisiert Claudius Salmasius (*Historiae Augustae Scriptores*, Paris 1620) und vor allem zu Leone Allaci (*Animadversiones in Antiquitatum Etruscarum fragmenta*, Paris 1640).

Mühe sei jedoch vergeblich geblieben.[135] Neu im Vergleich zu den Bemühungen um 1500 war, dass die Autoren die lokale und regionale Geschichtsproduktion in denjenigen Zentren der Papierherstellung entdeckten, die in ihrer Gegenwart blühten und die als traditionsreiche Reviere galten.

Für Basel etwa entzündeten sich – da handfeste Quellenbelege rar waren – am Namen der Papiermacherfamilie Gallician etymologische Spekulationen, nach denen das Knowhow wahlweise durch exilierte Griechen oder eingewanderte Galicier an den Oberrhein gekommen wäre – Thesen, die trotz der frühen Kritik daran durch den böhmischen Jesuiten Balbinus noch bis ins 19. Jahrhundert hinein weiter ventiliert wurden.[136] Das Hauptproblem war also – wie oben in Kap. B.4 schon an Johannes Matthias Beyers *Theatrum machinarum molarium* demonstriert – auch auf der lokalen Ebene, dass die Autoren nach wie vor noch nicht aus der Überlieferung der Archive schöpfen konnten, sondern auf die übliche Recherche in Historiographie und Enzyklopädistik zurückgeworfen waren. Oft führte ihre Quellenexegese daher auch zu aus heutiger Perspektive haarsträubenden Irrtümern. Solche Spekulationen sorgten dafür, dass sich die auf die deutsche Entwicklung bezogene Forschung bis in die Mitte des 20. Jahrhunderts mit einer Vielzahl vorgeblich besonders früher Papiermühlen – so etwa wahlweise 1312 oder 1336 in Ravensburg, 1320 in Köln und Mainz, 1347 in München[137] – auseinanderzusetzen hatte, für die sich kein tragfähiger Beleg findet.

Bei einer dritten scheinbar eigenständigen Gruppe an Texten zum Thema Papier, deren Spitzenstücke in Lothar Müllers Buch „Weiße Magie" luzide vorgestellt werden, handelt es sich um literarische Texte, um Gedichte, Komödien, Märchen, Romane, oft mit unzweideutigen Fiktionalitätssignalen, wenn etwa Andreas Tharäus im Jahr 1608 ‚Frau Gerste' und ‚Herrn Flachs' oder Hans Jakob Christoffel Grimmelshausen 1669 und

---

135 Johann Letzner, Dasselische vnd Einbeckische Chronica, 1596, hier zit. nach Bayerl, Die Papiermühle, 1987, 108.

136 Vgl. dazu oben den Anfang von Kap. B.4 und ausführlich Schultz, Papierherstellung im deutschen Südwesten, 2018, 181–185. Neben Basel ist es vor allem Kempten, das vergleichsweise früh eine bis ins 15. Jahrhundert zurückreichende Ursprungserzählung erhält, vgl. dazu Petz, Ein Handwerk zwischen Stadt und Land, 2006, 241 mit Anm. 10, und zuletzt Schultz, Papierherstellung im deutschen Südwesten, 2018, 232f.

137 Zur angeblichen Existenz von Papiermühlen im Jahr 1312 in Ravensburg mit Widerlegung dieser Behauptungen Thiel, Papiererzeugung und Papierhandel vornehmlich in den deutschen Landen, 1932, 112f.; zum Jahr 1336 mit Zweifeln an dieser Behauptung Santifaller, Beiträge zur Geschichte der Beschreibstoffe, 1953, 150f. (mit älterer Literatur). Zum Jahr 1320 für Köln und Mainz vgl. prominent Wattenbach, Das Schriftwesen im Mittelalter, 3. Aufl. 1896, 145, unter Berufung auf das mir nicht zugängliche Werk von Franz Joseph Bodmann „Auch ein Wort uiber die Schwandner'sche Urkunde vom Jahr 1243. Und uiber die Anfangs Epoche des Gebrauchs Des Leinenpapiers in Deutschen Kanzleyen", publiziert in Nürnberg 1805; s. mit weiteren Literaturverweisen zu dieser Behauptung, aber auch schon Zweifeln daran Santifaller, Beiträge zur Geschichte der Beschreibstoffe, 1953, 150, und jüngst Schultz, Papierherstellung im deutschen Südwesten, 2018, 1, Anm. 4. Zu München 1347 s. unter anderem Rockinger, Zum bairischen Schriftwesen im Mittelalter, 1874, 23; wieder mit Zweifeln bei Santifaller, Beiträge zur Geschichte der Beschreibstoffe, 1953, 150f.

Abraham a Sancta Clara 1695 das personifizierte Papier sprechen lassen.¹³⁸ Wie nah sie trotzdem am Sachwissen bleiben, zeigt ihre intensive, aus moderner Perspektive irritierende oder doch zumindest ermüdende Benutzung enzyklopädischer Inhalte. Gerade bei den frühen Gedichten wird ihre Einordnung als Gebrauchstexte auch oft durch die Dedikation an historisch belegbare Papiermühlenbesitzer unterstrichen.¹³⁹

Schauen wir noch einmal auf den Forschungsstand: Zusammenstellungen einschlägiger Texte für das Italien vor allem des 17. Jahrhunderts sind Gasparinettis schon zitierter Miszelle des Jahres 1959 zu verdanken; für den deutschsprachigen Raum ist eine instruktive Zusammenstellung des Technikhistorikers Günther Bayerl in seiner Monographie zur Papiermühle zu nennen.¹⁴⁰ Sicher ist die Suche aber längst nicht abgeschlossen¹⁴¹ und gerade im Hinblick auf die Wahrnehmungsgeschichte des Papiers sind diese Texte noch nicht systematisch in den Blick genommen worden.

---

138 Vgl. Hans Jacob Christoffel von Grimmelshausen, Der abenteuerliche Simplicissimus Deutsch, übertr. von Kaiser 2009, Kap. 11, 585–591; Abraham a Sancta Clara, Judas Der Ertz-Schelm, Tl. 4, 1695, 49f., und Andreas Tharäus, Klage der Gerste und des Flachses, hg. von Bolte 1897.

139 Thomas Churchyards Dichtung ist schon auf dem Titelblatt als Lobschrift auf den Papiermühlenbesitzer Johann Spielmann charakterisiert, vgl. Thomas Churchyard, A Description and playne Discourse of Paper [...], 1588, ed. und ins Französische übers. bei Blanchet, Essai sur l'historie du papier et sa fabrication, 1900, 114–133, hier 114. Die Dasselische und Einbeckische Chronica des Johannes Letzner berichtet über die Gründung einer Papiermühle in Relliehausen 1584 durch den Meister Martin Spieß, vgl. Bayerl, Die Papiermühle, 1987, 107f. Auch das Lehrgedicht über die Papierherstellung des Jesuitenpaters Jean Imberdis aus dem Jahr 1693 war nach Bayerl ebd., 22, maßgeblich angeregt von der Bedeutung des Gewerbes in seiner Heimatstadt Ambert in der Auvergne.

140 Vgl. Gasparinetti, F. M. Nigrisoli als Papiergeschichtsforscher, 1959, s. dazu oben Anm. 134, und Bayerl, Die Papiermühle, 1987, 101–132: Nach Polidoro Virgili in deutscher Übersetzung (zuerst 1537, vgl. 101f.) und Feyerabends Werk (deutsch 1568, 102f.) nennt und beschreibt Bayerl bis zum Ende des 17. Jahrhunderts auch die (zumeist in diesem Kapitel ebenfalls im Fließtext bzw. in den Anmerkungen noch näher behandelten) Werke von Nicodemus Frischlin (ebd., 104f.), Tommaso Garzoni (105), Thomas Churchyard (105–107), Johann Letzner (107f.), Andreas Tharäus und Hans Christian Andersen (109–111), Conrad Rittershausen (111f.), Johann Valentin Andreae (113), Philipp Harsdörffer (113f.), Johann Amos Comenius (114f.), Wolfgang Jacob Dümler und Eberhard Werner Happel (116–121), Hans Jacob Christoffel Grimmelshausen (121), Boleslav Balbinus (101; s. dazu bereits oben den Anfang von Kap. B.4), Elias Porcelius (121f.), Jean Imberdis (122–124), Abraham a Santa Clara (124f.) und Christoph Weigel (125).

141 Rasch lässt sich ein Korpus zum Beispiel durch die Literaturverweise der großen Enzyklopädien und Wörterbücher des 18. und 19. Jahrhunderts sowie auch über aktuelle Belegwörterbücher zusammenstellen: Besonders dichte Literaturverweise finden sich in Krünitz, Oekonomische Encyklopaedie, Bd. 106, 1807, 491–564; für Verweise auf Quellenbelege vgl. etwa Grimm, Deutsches Wörterbuch, Bd. 7, 1889, Sp. 1435–1442, oder Frühneuhochdeutsches Wörterbuch, Bd. 2, bearb. Reichmann, 1994, Sp. 1941–1944. Vor allem in Wörterbuch-Einträgen findet sich dieses Wissen früh als Allgemeingut durchgesetzt, s. etwa für die erste Hälfte des 16. Jahrhunderts schon das 1535 in Straßburg gedruckte *Dictionarivm* von Petrus Dasypodius, vgl. [Petrus Dasypodius,] Dictionarivm [...], 1535 (VD16 D 243), ohne Paginierung: *Papyrus, generis fœminini, Ein rietstaude in Egypten / welche zů chartē gebrauchet ist. Dahar es noch für charten wirt genommen / für papeyr. Papyraceus, a, um, Papeyren / das von papeyr ist.*

Auch hier kann diese Forschungslücke nicht geschlossen werden. Als Ausblick sei jedoch abschließend danach gefragt, ob und wie die hier in die Zeit bis etwa 1550 vorgestellten Texte und Inhalte in späteren Werken nachwirkten, das heißt, wo ihre Inhalte weiter tradiert und fortgeschrieben, wo mit ihren Beurteilungen gebrochen wurde.

Klar ist hier erstens zu konstatieren, dass die von Niccolò Perotti und vor allem von Polidoro Virgili geschaffenen Textbausteine auch im späten 16. und frühen 17. Jahrhundert noch nicht als obsolet galten, sondern fleißig weiter kopiert wurden. Einen Beleg für eine nah am Wortlaut orientierte Übersetzung ins Italienische bietet Tommaso Garzonis weit rezipiertes enzyklopädisches Werk *Piazza universale di tutte le professioni del mondo*, das 1585 zuerst und im frühen 17. Jahrhundert auch in deutschen Übersetzungen erschien.[142] Über letztere gelangten Versatzstücke in den 1669 zuerst gedruckten Schelmenroman *Der Abentheurliche Simplicissimus Teutsch* des Hans Jakob Christoffel von Grimmelshausen und damit in das – in der Papierforschung berühmte – Zwiegespräch des Helden auf dem Abort mit dem ausrangierten Oktavpapier, das die Empörung über sein unrühmliches Ende als Toilettenartikel zum Anlass für eine ausführliche Schilderung seines Wegs vom Flachs über den Leinenstoff und Lumpen bis hin zum fertigen Blatt nimmt.[143] In einem anderen satirischen Werk, der zuerst in einer Handschrift von 1612 belegten und ab 1655 auch europaweit

---

142 Vgl. den in Venedig bei Giovanni Battista Somasco verlegten Erstdruck: Tommaso Garzoni, La piazza universale, 1585 (EDIT16 20454; USTC 831901), hier 241–244. Für die deutschen Übersetzungen vgl. den Erstdruck Garzoni, Piazza universale, 1619, hier 188f. Während der Titel eine an der zeitgenössischen Berufswelt orientierte Darstellung wie bei Pavel Žídek oder im von Feyerabend angestoßenen Werk verspricht, entpuppen sich die einzelnen *discorsi* (wie Garzoni seine Kapitel nennt) als sehr viel breiter und unspezifischer kompilierende gelehrte Stoffsammlung aus enzyklopädischem Handbuchwissen. Obwohl die *Cartari*, die Papiermacher, sogar in der Überschrift des 28. *discorso* erscheinen, finden sich zum zeitgenössischen Papier nur wenige Seitenbemerkungen – dass es den Namen des Papyrus trage, aber aus Leinen hergestellt werde; dass sein (zweiter) Name *carta* von der Stadt Tyros komme –, während wir über den Herstellungsprozess und andere Fragen des Handwerks gar nichts erfahren. Stattdessen, so zeigt schon die verräterische Bemerkung über Tyros, beschränkte sich Garzoni darauf, weite Teile des Kapitels aus Polidoro Virgili zu übersetzen, so dessen Aussagen über die ‚archaischen' Beschreibstoffe vor Erfindung des Papyrus, dann die (bereits antike) Diskussion über dessen Alter und Herkunft sowie die Sorten. Für die enge Orientierung an dieser Vorlage spricht schließlich auch Garzonis Erwähnung der tironischen Noten zum Beruf der *cifranti* im selben *discorso*, die auch Polidoro schon in seinem Kapitel über die Beschreibstoffe thematisiert hatte.

Dass Garzonis *Piazza universale* und das von Feyerabend verlegte ‚Ständebuch' von 1568 schon von Zeitgenoss*innen als thematisch verwandte Werke wahrgenommen wurden, zeigt die Wiederverwendung eines Teils der von Amman gefertigten Holzschnitte in der 1641 gedruckten deutschsprachigen Ausgabe von Garzonis *Piazza Universale*, vgl. dazu Andresen, Jost Amman, 1864/1973, Nr. 231, hier 383f.

143 Hans Jacob Christoffel von Grimmelshausen, Der abenteuerliche Simplicissimus Deutsch, übertr. von Kaiser 2009, Kap. 11, 585–591; vgl. dazu ausführlich Müller, Weiße Magie, 2012, 145–151, zu Garzoni als Vorlage 147f. Als Beispiel für die meist knappe Thematisierung in der klassischen Papiergeschichtsforschung vgl. etwa Oligmüller/Schachtner (Hg.), Papier, 2001, 60.

gedruckten Utopie von Francisco Javier Díaz de Revenga, taucht Polidoro Virgili sogar als Romanfigur auf: Im Traum habe er den von langer Lektüre ermatteten Autoren durch die *República literaria* geführt, eine Stadt, in der eine buchstäbliche Papierflut an aus aller Welt und allen Disziplinen eintreffenden Büchern und Schriftdokumenten von einem Heer an Zensoren begutachtet und je nach Inhalt zu Kanonenkugeln, Triumphbögen, Papierstatuen oder im Fall von allzu gefährlichen Inhalten ungeöffnet zu Brennmaterial verarbeitet wird.[144]

Aus Polidoros Kapitel über die Beschreibstoffe wurde vor allem ein Satz immer wieder aufgegriffen: seine Feststellung, dass man über den Erfinder bzw. Urheber des Leinenpapiers nichts wisse. Selbst das in der Papiergeschichtsforschung berühmte Lemma ‚Papier' im 1765 veröffentlichten elften Band der *Encyclopédie* von Denis Diderot und Jean Baptiste le Rond d'Alembert beruft sich noch immer darauf: „Polydore Virgile, de inventoribus rerum, l. II. c. viij. avoue n'avoir jamais pu le découvrir."[145] Frühere Belege stammen von Hieronymus Hornschuch in seinem schon am Schluss von Kap. B.3 besprochenen ältesten bekannten Lehrbuch für Korrektoren aus dem Jahr 1608, vom römischen Bibliothekar Leone Allaci in seinen 1640 in Paris publizierten *Animadversiones in antiquitatum Etruscarum*,[146] oder aber dem an der Universität Ferrara tätigen Arzt Francesco Maria Nigrisoli in einem 1695/96 verfassten und 1699 erstmals gedruckten Brief, mit dem er auf die Frage eines gewissen Liborius Brixianus nach den Ursprüngen des Hadernpapiers reagierte.[147] Wohl als einer der Ersten bemerkte Nigrisoli explizit, dass man sowohl zur Geschichte des Pergaments als auch zu der des Papyrus Quellen überliefert habe, während zum Papier *apud nos* keine Spur mehr bleibe, und das, obwohl es das Pergament im Gebrauch längst übertrumpfe.[148] Vielleicht ebenfalls als erster führt er diese nach seinem Dafürhalten frappierende Unkenntnis darauf zurück, dass das Papier nicht von einem einzigen Menschen, sondern von mehreren an verschiedenen Orten, vielleicht sogar zu verschiedenen Zeiten erfunden worden sei.[149] Andere seiner Vermutungen sind aus heutiger Perspektive als abwegig zu bewerten: Das gilt etwa für seinen Versuch, die Anfänge der verschütteten

---

144 Zum Inhalt vgl. Brendecke, Papierfluten, 2006, 28.
145 Jaucourt, Art. Papier, 1765, 855f.
146 [Leone Allaci], Leonis Allatii Animadversiones in antiquitatum Etruscarum Fragmenta, 1640, 91: *Postremum siquidem id genus chartae esse, quo nunc vtimur, ex linteis contritis, & maceratis, & et eius Auctorem haud palam esse, tradit Polydorus Virgilius de Inuentor. Rerum. lib. 2 cap. 8.*
147 Francisco Maria Nigrisoli, De Charta Ejusque Usu apud antiquos, 1699, 3: Als Leitfrage des Briefes stellt Nigrisoli gleich zu Beginn, *quisuam fuerit primus Auctor Chartae, qua nunc passim utimur & cui potissimùm praeclari adeò inventi laus debeatur*. Auf 4 erfolgt der Verweis auf *ipse Polydorus Virgilius, qui de recolendis primis rerum Inventoribus, adeò sollicitus fuit, hujusce Chartae, quae ex linteolis contritis sit, primum inventorem ignorat*. S. auch ebd, 37: Die Diskussion, ob der Begriff *charta* von der Stadt Tyros stamme, weist ebenfalls auf seine Benutzung von Polidoros *De inventione* hin.
148 Francisco Maria Nigrisoli, De Charta Ejusque Usu apud antiquos, 1699, 23.
149 Nach Francisco Maria Nigrisoli, De Charta Ejusque Usu apud antiquos, 1699, 5: *[...] neque unius hominis solum, sed plurium in diversis locis, etiam diverso tempore [...]*.

Papiergeschichte durch gleich zwei aus moderner Perspektive irregeleitete Deutungen ins 8. Jahrhundert vorzuverlagern.[150]

Ein deutlicher Zuwachs an Wissen und zugleich eine Systematisierung der bisherigen Informationen, die als tragfähig gelten durften, wurde zweifellos im Kreis der sogenannten Urväter der Paläographie und Diplomatik um Jean Mabillon[151] im frühen 18. Jahrhundert erreicht. Als bedeutendes Zeugnis und zugleich Schlusspunkt sei hier die 1729 publizierte *Dissertation sur la plante appellee Papyrus* des Benediktinerpaters und Gräzisten Bernard de Montfaucon hervorgehoben, der bezeichnender Weise Polidoro Virgilis so viel zitiertes Urteil nicht wiederholt.[152] Auch ihm unterliefen aus moderner Perspektive Fehler, am gravierendsten sind hier seine Überlegungen zu nennen, die in der Folge zur langlebigen ‚Legende vom Baumwollpapier' führten (s. dazu Kap. B.6). Doch dies schmälert nicht Montfaucons Verdienste: Beeindruckend angesichts des Forschungsstands seiner Zeit sind die Schlussfolgerungen, die er aus der Autopsie zahlreicher griechischer Manuskripte des Hochmittelalters zog. So hält er auf der Basis seiner paläographischen Analysen für wahrscheinlich, dass das „papier bombycin" im „l'Empire d'Orient" – dem byzantinischen Reich – schon im 9. oder 10. Jahrhundert zum Einsatz gekommen und spätestens im 12. Jahrhundert weite Verbreitung gefunden haben muss.[153] Auch philologisch setzte er neue Maßstäbe: Vermutlich ist er der erste, der die bis dato übliche etymologische Herleitung von *pir*, Feuer, verwarf und stattdessen den ägyptischen Ursprung des Wortes erkannte.[154] Vor allem aber gelang es ihm, einige der zentralen und bis heute in der Handbuchliteratur repetierten mittelalterlichen Quellenbelege sowohl zum Papier als auch zum Papyrus zusammenzutragen.

---

150 Nigrisoli macht diese Thesen fest am Erzbischof Eustathius, der die Werke Homers vor der Vernichtung gerettet habe, indem er sie auf *xylo chartae* abgeschrieben habe. Hier unterläuft Nigrisoli die doppelte Fehldeutung, dass er den Begriff als *nostra charta ex linteis* versteht und dass er die Lebenszeit des Eustathius vom 12. ins 8. Jahrhundert vordatiert, vgl. Francisco Maria Nigrisoli, De Charta Ejusque Usu apud antiquos, 1699, 43 f.; s. dazu Gasparinetti, F. M. Nigrisoli als Papiergeschichtsforscher, 1959, 82 f.
151 Zur Bedeutung Mabillons und seines Kreises für die Entwicklung der italienischen Mediävistik vgl. die wissenschaftshistorische Zusammenfassung in der Einleitung von Cammarosano, Italia medievale, 1992, 10–31, bes. 11.
152 Montfaucon, Dissertation sur la plante appelée papyrus, 1729. Den Anlass zur Beschäftigung mit diesem Thema schildert der Autor auf 605: In einem juristischen Prozess des römischen Ordens St. Basile sei ein 600 Jahre altes Gründungsdokument angefochten worden, weil es auf Papier geschrieben war und man es daher für eine Fälschung hielt. In einem Gegengutachten habe Montfaucon nach seinen eigenen Aussagen „par des autoritez claires & certaines" bewiesen, dass Papier aus Baumwolle um 1100 allgemein im Gebrauch gewesen sei.
153 Vgl. Montfaucon, Dissertation sur la plante appelée papyrus, 1729, 605 f.; die ältesten eindeutig datierten Handschriften, die Montfaucon gefunden hatte, stammten nach seinen Angaben aus den Jahren 1050 und 1095.
154 Vgl. Montfaucon, Dissertation sur la plante appelée papyrus, 1729, 592 f.

Statt den festgetretenen Pfaden der bisherigen Papierliteratur zu folgen, sammelte er dazu erstens Hinweise aus thematisch nicht einschlägigen Werken: Dem 1620 gedruckten Kommentar des schottischen, jedoch in Italien lehrenden Philologen und Historikers Thomas Dempster zu den Institutionen von Justinian entnahm er den Hinweis, dass schon Accursius, einer der berühmten Glossatoren des *Corpus Iuris Civilis* aus dem 13. Jahrhundert, die *Bombyceae chartae* kannte und nutzte.[155] Im zwischen 1644 und 1647 erstmals publizierten vierbändigen Werk *Sicilia Sacra* des Abtes und Historikers Rocco Pirri, latinisiert Roccus Pirrhus, fand er die bis heute viel zitierte Erwähnung des Gebrauchs von *carta cuttunea* als Beschreibstoff zweier Urkunden des Normannenherrschers Roger I. im frühen 12. Jahrhundert.[156] Die für ihn zentrale Stelle im *Tractatus adversus Judaicos* des Cluniaszenser Abtes Petrus Venerabilis aus der Mitte des 12. Jahrhunderts mit ihrer zwar knappen, aber doch erstaunlich präzisen Differenzierung zwischen Papyrus, Papier und Pergament,[157] die Montfaucon als ersten sicheren Beleg für die Erfindung des Leinenpapiers wertete, entnahm er höchstwahrscheinlich der 1681 zuerst publizierten Schrift *De re diplomatica* von Jean Mabillon.[158]

Montfaucon konnte aber auch eigene Neufunde vorweisen: Dies gilt vermutlich für den Befehl der byzantinischen Kaiserin Irene, Ehefrau von Alexios I. Komnenos, die Statuten des von ihr gegründeten Ordens in Konstantinopel in zwei pergamenten und einem papiernen Exemplar auszufertigen, und für den später oft ohne Beleg zitierten Begriff *carta damascena*, für den Montfaucon als Beleg einen ‚Griechen' aus der Zeit Heinrichs II. von Frankreich (1519–1559) anführt, der bei der Katalogisierung der griechischen Handschriften in der königlichen Bibliothek so die papiernen Bände bezeichnet habe.[159] Diese Benennung brachte ihn schließlich auf den Gedanken, anders als alle bisherigen Überlegungen dazu den Ursprung dieser Kunst nicht in Europa, sondern im syrischen Damaskus zu vermuten oder doch – wie er selbst vorsichtig hinzusetzt – dort ein frühes und bedeutendes Zentrum seiner Herstellung zu fassen.[160]

---

155 Vgl. Montfaucon, Dissertation sur la plante apelée papyrus, 1729, 607: *Bombyceae chartae paulò ante aetatem Accursii excogitatae sunt.*
156 Vgl. Montfaucon, Dissertation sur la plante apelée papyrus, 1729, 606. Montfaucon nennt nur den Autor; für einen Verweis auf die konkrete Stelle in Pirris Werk *Sicilia Sacra* von Rocco Pirri (1577–1651) vgl. Du Cange, Glossarium mediae et infimae latinitatis, 1883–1887/1954, Bd. 2, 293.
157 Abt Petrus Venerabilis von Cluny unternahm 1141 eine Reise zu den ihm unterstellten Klöstern in Spanien und zugleich eine Wallfahrt nach Santiago de Compostela. In seinem nach der Rückkehr verfassten Werk *Tractatus adversus Judaicos* hält er fest, dass es in Spanien neben Büchern aus Pergament und Papyrus, wie er selbst sie zu nutzen gewohnt sei, auch solche auf Papyrus und auf Papier gebe; letzteres beschreibt er als ‚aus den Fasern alter Tücher und anderem wertlosen Material' gefertigt. Für ein Zitat vgl. oben Kap. 3 in Kasten B.3.4.
158 Vgl. Montfaucon, Dissertation sur la plante apelée papyrus, 1729, 607, sowie als mögliche Vorlage Mabillon, De re diplomatica, 1709, Lib. I, Cap. VIII, 35.
159 Vgl. Montfaucon, Dissertation sur la plante apelée papyrus, 1729, 607.
160 Dass Montfaucon – wenngleich er keine Gewährsmänner nannte – in seiner Zeit mit solchen Mutmaßungen nicht allein stand, darauf hat Gasparinetti, F. M. Nigrisoli als Papiergeschichtsforscher, 1959, 83, hingewiesen: Demnach zählen auch Hermann Conring, latinisiert Conringius (1606–1681),

Wenn Montfaucon Perottis und vor allem Polidoro Virgilis Passagen über das Papier in seinen Texten überging, so war das also sicher kein Zufall – die entsprechenden Informationen waren ihm zweifellos bekannt, aber müssen ihm schlicht als nicht mehr belastbar und zitierwürdig erschienen sein. Anders sieht das für Perottis und Polidoros Stichwortgeber, Plinius den Älteren, aus: Auch bei Montfaucon steht die *Historia naturalis* gleich am Anfang seiner Überlegungen und schon der Titel seiner „dissertation" macht klar, dass er die Namensvettern Papyrus und Papier als eng verwandte Stoffe, ja das „papier d'Egypte" – wie er mit einer in seiner Zeit üblichen Bezeichnung formulierte[161] – als entwicklungsgeschichtlichen Vorläufer des gegenwärtigen Papiers verstand, während das Pergament in seinen Überlegungen nur einmal beiläufig gestreift wird.[162] Damit war Montfaucon ein Kind seiner Zeit: In der allgemeinen „egyptomania" der Humanisten seit dem späteren 16. Jahrhundert – wie Anthony Grafton 1979 pointiert formulierte – spielten nicht nur Obelisken, Mumien oder Skarabäen eine Rolle.[163] Gerade der Papyrus stieß auf Interesse: Schon seit dem 15. Jahrhundert durchforstete man die Bibliotheken nach erhaltenen Stücken, im 16. Jahrhundert zirkulierten sie sogar weithin im Privatbesitz der Gelehrten. Die dadurch angestoßene Neugierde an ihrer Stofflichkeit und Herstellung habe wiederum für ein verstärktes philologisches Interesse an den antiken Gewährstexten gesorgt, allen voran an einer der – wie auch Grafton bestätigt – „humanists' favourite works", der plinianischen Naturgeschichte.[164]

Dass die Begeisterung für Plinius und den Papyrus dabei auch das Interesse an Papier weckte, demonstriert ein Werk, das selbst auf Papier gar nicht zu sprechen kam, aber trotzdem in der einschlägigen Papier-Literatur der folgenden Jahrzehnte und Jahrhunderte immer wieder zitiert wurde: 1572 widmete der aus Königsberg/Kaliningrad stammende, von der Universität Padua auf botanische Expeditionen nach Kleinasien und Nordafrika geschickte Arzt Melchior Wieland, latinisiert Guilandinus, den Kapiteln des Plinius über die Papyrusstaude, die er in Ägypten selbst hatte wachsen sehen, einen eigenen umfangreichen Kommentar. Diese Monographie, die Grafton als „curious [...] medley of textual criticism, detailed exegesis and nonsense" charakterisiert, stieß in den folgenden Jahrzehnten auf eine lebhafte, streitbare Diskussion.[165]

---

und Humphrey Prideaux (1648–1724) zu den Ersten, die das Papier als Exportware aus dem arabischen Raum bezeichneten; J. B. Du Halde (1674–1743) gehört nach Gasparinetti zu den frühen Autoren mit der Erkenntnis, dass das Papier eine chinesische Erfindung ist.

161 Noch die Werke des 18. Jahrhunderts bezeichneten den Papyrus als ‚ägyptisches Papier' oder ‚Nilpapier', s. mit derselben Beobachtung Müller, Weiße Magie, 2012, 25.
162 Vgl. Montfaucon, Dissertation sur la plante appelée papyrus, 1729, bes. 604: „Il nous reste à sçavoir en quel temps est-ce que le papier d'Egypte a cessé. Il y a tout lieu de croire que c'est l'invention du papier de coton, qu'on appelle charta Bombycina, qui l'a fait tomber en Grèce." Zur Erwähnung des Pergaments vgl. ebd., 598.
163 Vgl. zum Folgenden Grafton, Rhetoric, Philology and Egyptomania, 1979, 167f.
164 Vgl. Grafton, Rhetoric, Philology and Egyptomania, 1979, 168–170.
165 Vgl. Grafton, Rhetoric, Philology and Egyptomania, 1979, 169.

In dem Schub an Beschäftigung mit dem Thema, das sie auslöste, wurde nun auch das Leinenpapier vermehrt aufgegriffen. Wielands heftigsten Widersacher Josephus Scaliger etwa ist nach Krünitz' Oekonomischer Encyklopaedie die Geschichte von der Erfindung des Leinenpapiers durch nach Basel geflüchtete Griechen zuzuschreiben.[166]

Die Plinius-Rezeption blieb aber auch jenseits dieser vom Alten Ägypten begeisterten Zirkel ein zentraler Ausgangspunkt für die Thematisierung von Papier: Als imposantes Beispiel des 16. Jahrhunderts darf das neulateinische Theaterstück *Iulius Redivivus* aus der Feder des streibaren Tübinger Gelehrten Nicodemus Frischlin gelten, das im Mai 1585 anlässlich der Hochzeit Herzog Ludwigs von Württemberg am Stuttgarter Hof mit dem Autor in der Rolle des Eobanus aufgeführt wurde und das im selben Jahr auch in einer ersten deutschen Übersetzung im Druck erschien.[167] In zwei Szenen im zweiten und dritten Akt lässt Frischlin den von den Toten auferstandenen antiken Rhetor Marcus Tullius Cicero auf den mit dem Poetenkranz geschmückten Eobanus Hessus treffen, der als glänzender Vertreter der *elegantia latina* aus der ersten Hälfte des 16. Jahrhunderts für den Autor offenbar Verkörperung des ‚idealen Humanisten' war. In einem eloquenten Schlagabtausch vergleichen die beiden

---

166 Vgl. Krünitz, Oekonomische Encyklopaedie, Bd. 106, 1807, 554.
167 Der lateinische Text, zuerst gedruckt 1585 in Straßburg bei Bernard Jobin (USTC 708988), liegt in einer kritischen Edition vor: Frischlin, Sämtliche Werke, Bd. 3,1, hg. und übers. von Jungck/Mundt 2003 (s. den Kommentarband: Frischlin, Sämtliche Werke, Bd. 3,3, bearb. von Jungck/Mundt 2014), siehe für das Folgende Akt II,2, III,1 und III,2. Der deutsche Text des Erstdrucks von 1585 (Speyer: Bernhard Albin, VD16 ZV22443; USTC 668520; s. auch eine zweite, veränderte Auflage ebd., 1592, VD16 F2941, USTC 677959) liegt in einer Reclam-Ausgabe vor: Frischlin, Julius Redivivus [in der deutschen Übers.], hg. von Schade 1983. In der dort vorangestellten, an den württembergischen Herzog Ludwig gerichteten Vorrede bietet Jacob eine treffende Zusammenfassung von Intention und Inhalt des Stücks: *[...] das sich das Blettlein (wie man sagt) vmbkert hatt / vnd alle Nationes jetzt Bekennen vnd sagen muessen / das solche Leuet kaum zu zeitten Ciceronis vnd Iulii Caesaris gelebt haben / wie vff disen tag in hochteueschlandt erfunden werden / Dan die Teutschen nit allein wunderbarlich kriegs Rystung / Buechsen Puluer / Harnisch vnd wehr / Ab welchen Iulius Caesar. sich billich verwundern muest / So er wider vff erden kem / wie hie in disem spil beschicht sonder auch wunderlicher weyß papeyr / buecher / Schrifften / Lateinisch / vnd Griechisch / sampt den Truckereyen / die Cicero hie* [das heißt im Stück] *selber loebte vnd Ruembte / erfunden haben [...].* Zur Handlung und Aufführung des fünf Akte langen lateinischen Stücks anlässlich der Hochzeit Herzog Ludwigs vor einem zu großen Teilen lateinunkundigen Publikum vgl. Barner, Vorspiele der Querelle, 1992, 873–875; s. dazu auch die Zusammenstellung an Zeitdokumenten in Frischlin, Sämtliche Werke, Bd. 3,3, bearb. von Jungck/Mundt 2014, 123–141, bes. 140 mit Belegen für Frischlins aktive Beteiligung an der Aufführung sowohl als Schauspieler als auch in der Regie. Zur Rezeption des Texts bis weit in das 17. Jahrhundert hinein vgl. Barner, Vorspiele der Querelle, 1992, 876. Zur Biographie und zum Werk des Nicodemus Frischlin insgesamt, zugleich zu seinem Bruder vgl. Seidel, Art. Frischlin, Nicodemus, 2012, und Price, Art. Frischlin, Jacob, 2012. Der Papierforschung ist der Text durch einen Beitrag Andrea Gasparinettis bekannt, vgl. Gasparinetti, Kleine literarische Reise zu einem deutschen Dichter, 1964 (mit einer eigenen Übersetzung der Passage), der den Hinweis darauf in einem 1602 in Ingolstadt gedruckten Martial-Kommentar des jesuitischen Philologen und Historikers Matthias Rader sowie dessen Erwähnung in Leone Allacis *Animadversationes in antiquitatum etruscarum fragmenta* von 1640 entnahm.

Protagonisten Bedeutung und technische Errungenschaften der Buchproduktion in Antike und Gegenwart,[168] wobei Eoban den staunenden Cicero natürlich auch in eine Druckwerkstatt führen wird. Doch das erste Feld des Wettstreits tut sich schon beim Beschreibstoff bzw. Druckmaterial auf: Während der antike Rhetor mit von Plinius geliehenen Worten eine Lobrede auf den Papyrus hält,[169] kontert der neulateinische Poet Eobanus ungerührt mit einer nicht minder wortgewaltigen Schilderung der zeitgenössischen Papierherstellung; Cicero muss sie schließlich als überlegen anerkennen. Anders als für Cicero sind für Eobans Beschreibung keine schriftlichen Vorlagen zu eruieren; sie erscheint so empiriegesättigt, dass der Autor den Arbeiter*innen in den Papiermühlen bei ihren Aufgaben über die Schulter geschaut haben muss.[170] Auch in Frischlins Theaterstück bleibt damit demonstrativ die Antikenrezeption der

---

168 Zu den Gründen für die Wahl des schon 1540 verstorbenen Eobanus Hessus als Vertreter der deutschen Gelehrtenwelt vgl. pointiert Barner, Vorspiele der Querelle, 888 und 891f. mit der Deutung, Frischlin habe die Gegenspieler der antiken Größen Caesar und Cicero bewusst nicht in der eigenen Zeit, sondern im frühen 16. Jahrhundert angesiedelt, da das um 1500 fassbare „emphathische[s] ‚Jetztzeitbewußtsein' [...] in Frischlins Epoche längst abgelöst" worden sei. Frischlin wollte sich in Eobanus Hessus offenbar selbst spiegeln, wie er in seinem lateinischen Text freilich nur andeutet, während sein Bruder nachdrücklicher wird: In den Versen seiner deutschen Übersetzung erlebt Eoban nicht nur die – auch historisch belegte – Dichterkrönung, sondern zugleich eine Erhebung in den Adelsstand mit dem Titel *comes palatinus*, der Frischlin selbst 1577 am Hof Rudolfs II. verliehen worden war, vgl. Frischlin, Sämtliche Werke, Bd. 3,3, bearb. von Jungck/Mundt 2014, 199; zu Frischlins Biographie vgl. Seidel, Art. Frischlin, Nicodemus, 2012, Sp. 462; s. insgesamt das Nachwort in Frischlin, Julius Redivivus [in der deutschen Übers.], hg. von Schade 1983, 168.

Bislang in der Forschung nicht bemerkt wurde, dass Eobanus Frischlin gerade für die technologischen Beschreibungen mit einer seiner Schriften ein konkretes Vorbild geboten haben mag: In seiner *Noriberga illustrata*, 1532 zum Ruhm der Stadt Nürnberg verfasst, hatte er als erster ebenso virtuos wie anschaulich die Gewerbelandschaft der Stadt, ihre Mühlräder, Öfen, Blasebalge und Ambosse und auch haptische Eindrücke wie das Dröhnen ihrer Hämmer beschrieben. Er kam dabei zwar weder auf die Papierherstellung noch auf das Druckergewerbe zu sprechen, obwohl Nürnberg sich für beide als früher und bedeutender Standort rühmen konnte. Doch detailliert widmet er sich etwa der Eisenverhüttung (Helius Eobanus Hessus, Urbs Noriberga Illustrata, hg. und übers. Vredeveld 1990, 254–258, V. 1151–1230) und vor allem der zwar schon vor ihm als Nürnberger Erfindung gepriesenen, jedoch in diesen Texten stets nur knapp erwähnten Drahtziehkunst (s. dazu Keck, Die Noriberga Illustrata des Helius Eobanus Hessus, 1999, 275; zur Bedeutung der Drahtmühlen in Nürnberg vgl. von Stromer, Ulman Stromer. Leben und Leistung, 1990, 130). Vielleicht hatte Frischlin diese Passagen im Sinn, als er Cicero im Gespräch mit der Bühnenfigur Eoban gleich mehrere erstaunte Nachfragen zum aus feinem Eisendraht geflochteten Schöpfsieb des Papiermachers in den Mund legte, vgl. Frischlin, Sämtliche Werke, Bd. 3,1, hg. und übers. von Jungck/Mundt 2003, 426–428; s. schon Bayerl, Die Papiermühle, 1987, mit der Beobachtung, „daß gerade die Schöpfform mit ihrem Eisengeflecht eine wichtige Rolle in diesem Dialog spielt".

169 So auch das Urteil der Kommentatoren in der kritischen Edition: vgl. Frischlin, Sämtliche Werke, Bd. 3,3, bearb. von Jungck/Mundt 2014, 165, zu V. 674, zu V. 679/680 bis zu V. 722 mit exakten Nachweisen.

170 Vgl ebd.: Der Sachkommentar der kritischen Edition erklärt, dass Eobans Beschreibung „die wesentlichen Stadien der Papierherstellung in einer Papiermühle des 16. Jh.s präzise wieder" gebe, und verweist dazu lediglich auf Forschungsliteratur des 20. Jahrhunderts.

Ausgangspunkt und das Modell für die Beobachtung zeitgenössischer Techniken, doch anders als die Autoren um 1500 fühlte er sich dafür nicht mehr auf plinianisches Vokabular angewiesen.[171]

Noch eine zweite Beobachtung ist zentral: Frischlins Szenen vermitteln eine deutliche Aufwertung des Themas Papier, für die sich im späten 16. Jahrhundert insgesamt die Zeugnisse häufen. Ein klares Indiz dafür ist die wachsende Zahl an Texten, die – wie zuerst, aber noch für Jahrzehnte solitär die *Utopia* des Thomas Mores – die Produktion von Papier als gleichwertige Innovation neben dem Buchdruck schildern. Als Beispiel wurde oben in Kap. B.3 mit der 1608 zuerst publizierten *Orthotypographia* des Hieronymus Hornschuch für diese Beobachtung just ein Lehrbuch für Korrektoren in den Diensten von Druckern angeführt. Ähnliche Ansichten vertraten auch die Pfarrer Johann Letzner in seiner 1596 datierten *Dasselischen und Einbeckischen Chronica*[172] und Andreas Tharäus in den Schlussversen eines 1609 veröffentlichten Gedichts über ‚Frau Gerste' und Herrn ‚Flachs', in denen er gleichberechtigt die ‚edle Buchdruckerei' und die Kunst zur Herstellung ‚schönen Papiers' als von Gott geschenkte und dem Menschen besonders kostbare Kleinode rühmt.[173] In der 25 Jahre zuvor entstandenen Komödie des Nicodemus Frischlin wird diese Aufwertung immerhin implizit dadurch deutlich, dass der Autor der Papierherstellung nicht weniger Raum zubilligte als den im Anschluss geschilderten Arbeitsvorgängen in der Druckwerkstatt.[174] Frappierender Weise wählte Frischlin für diese Szene denselben Einstieg wie fast siebzig Jahre zuvor Thomas More in seiner Beschreibung Utopias: In beiden Texten entzündet sich die Passage über die Errungenschaften von Papierherstellung und Buchdruck an einem Druck auf edlem Papier, das Mores Held Hythlodaeus bzw. Frischlins Protago-

---

171 Neu ist außerdem, wie Wilfried Barner, Vorspiele der Querelle, 1992, mit seiner Deutung des *Julius Redivivus* als Vorspiel der ‚Querelle des Anciens et des Modernes' herausstrich, das Selbstbewusstsein, mit dem Frischlin in seinem Stück das ‚neue Deutschland' eben nicht den Anschluss ans ‚alte Rom' finden lässt, sondern ihm kontrastiv den Triumph darüber erschreibt. S. zum Thema der Querelle um 1600 auch Atkinson, Inventing Inventors in Renaissance Europe, 2007, 52f. Dies gilt nicht nur für den Buchdruck, der ja im allgemeinen Bewusstsein als ‚deutsche Erfindung' verankert war, sondern frappierenderweise auch für die Papierproduktion: So fragt Cicero beim Anblick eines Drucks und dessen feiner, dünner *charta*, woher dieser *papyrus* stamme. Eobans knappe Antwort, er komme aus Deutschland, kommentiert er mit dem überraschten Ausruf: *Quid ais? Papyrum etiam profert vestra Germania?* Geschickt lässt Frischlin offen, ob sich diese Aussage auf die Ursprünge der Papierproduktion oder auf die konkreten Papierblätter in den Händen Eobans beziehen, vgl. Frischlin, Sämtliche Werke, Bd. 3,1, hg. und übers. von Jungck/Mundt 2003, 415.
172 Johann Letzner, Dasselische vnd Einbeckische Chronica, 1596, hier zit. nach Bayerl, Die Papiermühle, 1987, 108.
173 Vgl. Andreas Tharäus, Klage der Gerste und des Flachses, hg. von Bolte 1897, 62f.: *Insonderheit sollen wir Gott / Dancken fur diese zwey Kleinott, / Welche fur der Welt Ende hart / Er vns Menschen hat offenbahrt. / Sind daß nicht Gottes Gabn vnd Sachn, / Daß man ein schon Pappir kan machn / Auß Lumpen alt, so all zerrissn, / Die nichts mehr tögn? Wer wolt das wissn, / Wenns Gott der Herr nicht selber thet, / Den Menschen eingegeben hett! / Das ander Kleinott (sag ich frey) / Ist die edle Buchdruckerey.*
174 Vgl. Frischlin, Sämtliche Werke, Bd. 3,1, hg. und übers. von Jungck/Mundt 2003, 415–441.

nist Eobanus Hessus ihren staunenden Gesprächspartnern in die Hände drücken.[175] *O Gott was ist dies fuer Papyr? Wie dunckht es mich so abenthewer?*, raunt Eobans Dialogpartner, der untote Cicero, voller Bewunderung in der Verdeutschung des Werks durch Frischlins Bruder Jacob.[176]

Dieser neue Stellenwert des Papiers in der allgemeinen Wahrnehmung scheint die Voraussetzung dafür zu sein, dass nun auch die kulturgeschichtlichen Auswirkungen des Papiergebrauchs mehr Aufmerksamkeit erregen konnten. Ein zweites frühes Beispiel dafür ist das 1588 publizierte englische Lobgedicht des Thomas Churchyard auf den aus Lindau gebürtigen Goldschmied und einflussreichen Papiermühlenbesitzer Johann Spielmann. Hier wird in der 16. und 17. Strophe nicht nur herausgestrichen, welche hohe Bedeutung die massenhafte Verfügbarkeit des von Spielmann in Dartford produzierten Papiers für die *printers presse* und die Buchhändler besaß, die nun endlich *bookes good cheape* verkaufen könnten. Auch die Schulbildung der Jungen, die wissenschaftliche Forschung, die literarische Produktion und die kaufmännische Korrespondenz blühten *by meane of Papers grace* auf, so erklärt Churchyard wortreich.[177]

Sicher reichten solche Überlegungen in Quantität und in Qualität auch um 1600 keinesfalls an den Diskurs über den Buchdruck heran. Bemerkenswert ist allerdings, wie die einstige Geringschätzung des Materials und sein neues Renommee in einem Aphorismus zusammenfanden, der ab dem 16. Jahrhundert in verschiedenen Varianten immer öfter auftaucht: Eine vielfach aufgegriffene einfache Form findet sich im Gegensatz zwischen den schmutzigen, verachteten Lumpen und den daraus gefertigten reinweißen, hochgeschätzten Papierbögen, mit dem auch Churchyards Gedicht spielt.[178] Churchyard schildert ihn als Läuterung des schlechten Ausgangsmaterials

---

175 Vgl. Thomas More, Utopia, hg. von Surtz/Hexter 1965, 182, und Frischlin, Sämtliche Werke, Bd. 3,1, hg. und übers. von Jungck/Mundt 2003, 415.
176 Frischlin, Julius Redivivus [in der deutschen Übers.], hg. von Schade 1983, 51.
177 Thomas Churchyard, A Description and playne Discourse of Paper [...], 1588, ed. und ins Französische übers. bei Blanchet, Essai sur l'historie du papier et sa fabrication, 1900, 114–133, hier 124; s. aber auch schon 114–116. S. auch kritische Töne im Werk *De charta lusus* von Conrad Rittershausen aus dem Jahr 1612 mit der Erklärung, wieviel Schaden das Papier als Flugblatt alljährlich anrichte, das möge man an der Frankfurter Messe mit ihrer Zeitung sehen, hier zit. nach Bayerl, Die Papiermühle, 1987, 111, und die Diskussion von Vor- und Nachteilen des Papiers bei Wolfgang Jacob Dümlers *Erneurter und vermehrter Baum- und Obstgarten* aus dem Jahr 1664, zit. Bayerl, Die Papiermühle, 1987, 120.
178 Vgl. Thomas Churchyard, A Description and playne Discourse of Paper [...], 1588, ed. und ins Französische übers. bei Blanchet, Essai sur l'historie du papier et sa fabrication, 1900, 114–133, hier 120: *Makes rotten ragges to yeelde a thicked froth: / Then it is stampt, and washed as white as snowe*; 124: *Of drosse and drags, that serues no other meane, / and fowle bad shreds, come Paper white and cleane*, und öfter; s. auch das „Pegnesischen Schäfergedicht" von Philipp Harsdörffer aus dem Jahr 1654, vgl. Bayerl, Die Papiermühle, 1987, 114, oder *De charta lusus* von Conrad Rittershausen aus dem Jahr 1612, in dem die harte Bearbeitung im Stampfwerk Beispiel für das harte Schicksal ist, das der Mensch in seinem Leben durchzustehen hat, vgl. ebd., 111.

durch den quälenden Produktionsprozess,[179] Abraham a Sancta Clara dagegen argumentiert in seinem Streitgespräch der personifizierten Beschreibstoffe Pergament und Papier genau umgekehrt. Während das Papier sich darin rühmt, anders als sein auf Kriegstrommeln gespannter Rivale nicht in blutigen Schlachten zu dienen, kontert das Pergament, das Papier komme nicht nur von Haderlumpen, sondern es bewirke *auch das meiste Hadern vnd Zancken*, schließlich werde es massenhaft für die üble, Streit und Schlägereien provozierende Spielkartensucht eingesetzt.[180]

Sucht man nach weiteren Belegen für diesen Gegensatz, so stößt man rasch auf ein komplexeres Motiv vom wechselvollen ‚Lebensweg' des Papiers, für das oben schon Grimmelshausens wütend-witzige Tirade des Papiers auf sein Schicksal von der stolzen Flachspflanze zum in die Kloake gespülten Toilettenartikel genannt wurde.[181] Nicht satirisch, sondern moralisierend findet sich der Stoff auch im von Hans Christian Anderson nacherzählten Märchen „Der Flachs", für das sich wiederum gleich ein halbes Dutzend potentielle Vorlagen ausmachen lassen, so besonders ausführlich in der Klage der ‚Frau Gerste' und des ‚Herrn Flachs' bei Andreas Tharäus.[182]

Noch einmal lassen sich die Ursprünge dieses Motivs bis zum Anfang des 16. Jahrhunderts zurückverfolgen: Als ungewöhnlich frühes und in seiner Zeit solitäres Vorbild findet sich eine Stelle des 1539 zuerst und bis ins 17. Jahrhundert mehrfach nachgedruckten *Kreütter Buchs* des pfälzischen Botanikers und Arztes Hieronymus Bock.

---

179 S. auch Wolfgang Jacob Dümlers Erneurter und vermehrter Baum- und Obstgarten aus dem Jahr 1664, zit. nach Bayerl, Die Papiermühle, 1987, 119: *Es kann sich auch der Zuseher der Auferstehung erinnern: Gleichwie auf der Papyrmühle die alten Kleider / und deroselben Hader-Lumpen gefäulet / zerstämpffet / und hernach wieder schön und rein aus der Bütten heraus geschöpfft / und ein neuer Bogen gemacht wird: Also durch die Grabesfäule rostet an uns aus die Sünden-Wurtzel / und stehet am Jüngsten Tag auf ein schöner und verklärter Leib.*
180 Abraham a Sancta Clara, Judas Der Ertz-Schelm, Tl. 4, 1695, 49f., hier 50: *Ho! ho! sagt das Pergament / dein Lob will ich mit kurtzen Worten einschrancken: du kombst von Hadern vnd Lumpen her / vnd machest auch das meiste Hadern vnd Zancken / wie auch die ärgiste Lumpenhändel. Das mustu mir probieren / schreyt das Papier / oder ich will dir den Hals brechen. Gar gern / sagt das Pergament: Was seynd die Spill-Karten als Papier / welches von denen Lateinern charta genent wird? Und was verursacht mehrer Hader/Zancken vnd Schlaeg / was macht mehrer Ubel vnd Lumpen-Sachen / als die Karten? hierauff muste das Papier das Maul halten.* S. zum Streitgespräch unter anderem Bayerl, Die Papiermühle, 1987, 124; Müller, Weiße Magie, 2012, 55f. Nicht unähnlich ist der Auftakt einer Erzählung in „Lo cunto de li cunte" (Märchen aller Märchen) von Giambattista Basile, gedruckt 1634/36, es müsse einem seltsam vorkommen, dass von demselben Holz sowohl Götterstatuen als auch Galgenbalken, sowohl Königsthrone als auch Nachtstuhldeckel gemacht und mit demselben aus Lumpen gewonnenen Papier sowohl Liebesbriefe an schöne Damen geschrieben als auch der ‚Arsch' abgewischt werden könne, hier zit. nach einer neuhochdeutschen Übersetzung des neapolitanischen Originals: Giambattista Basile, Das Märchen aller Märchen, hg. von Schenda 2000, 139.
181 S. dazu oben Anm. 143.
182 S. dazu die Einleitung in Andreas Tharäus, Klage der Gerste und des Flachses, hg. von Bolte 1897, 41–44, mit dem Verweis auf vier weitere Texte mit ausführlichen Katalogen der durch den Flachs zu erduldenden Martern, sowohl in deutschen und lateinischen Gedichten als auch in Prosaform inseriert in Haushaltungsbücher.

Anstatt sofort wie in den anderen Kapiteln nach einem Überblick über die gängigen Bezeichnungen der Pflanzen zu ihren medizinischen Anwendungsbereichen zu kommen, fügte Bock unter der Überschrift ‚Flachs' zuerst ein in Inhalt wie Umfang ungewöhnliches Vorspiel ein: Drastisch schildert es die unzähligen *Plag vnd Marter*, die die Pflanze schon bei ihrer Ernte und dann bei ihrer Verarbeitung zum Garn und Tuch, durch die Nadeln und Scheren der Schneider und schließlich als Kleid im Zerschleiß des täglichen Gebrauchs erleiden müsse, bis sie *zulest zu Arßwüschen* diene. Aber noch ist die wechselvolle Geschichte des Flachses damit nicht zu Ende. Ohne den Begriff Papier auch nur einmal zu nennen, fährt Bock fort, werde er erneut auch als Lumpe den *Plagen* der Wassermühle ausgesetzt, in der er *zerschnitten, gedretten, gestampfft, erdrenckt vnd erhenckt* werde. Nach all dieser erlittenen *Vne[h]re* erfährt er nun erneute Hochschätzung bei *hoch vnnd nider*, so der Autor: *Er würt gehorsam dem Keiser vnd dem Hirten, zu Land vnd auff dem Wasser, zu Nutz vnd Schaden, wie man jn brauchen will*. Aber auch als Papier muss *der guot Flachs* im Feuer verheizt oder von Mäusen gefressen schließlich *absterben* und *vmbkommen*, so schließt Bock, ohne uns dieses Motiv der Vergänglichkeit der Dinge näher auszudeuten.[183] Am Ende also bleibt das Papier – ephemer.

---

[183] Vgl. Hieronymus Bock, New Kreütter Buch, 1539, Kap. CXVI, fol. CIv–CIIIr, hier fol. CIv–CIIr.

C Schluss

1551 ließ der Nürnberger Liedersammler Erasmus Rotenbucher in seiner musikalischen Sammlung „Bergkreyen" einen witzig-satirischen Text abdrucken, über dessen Herkunft und Alter wir leider nichts Näheres wissen (s. Abb. 9).[1] Die sieben Strophen porträtieren den Beruf des Schreibers, wobei sie ein ambivalentes Bild zeichnen: Anfangs dominiert Spott, wenn dem Schreiber Imponiergehabe vor den *frewlein* vorgehalten wird und ein leichtverdienter Broterwerb. Ernster klingt der Vorwurf, der Schreiber besitze eine gefährliche Macht über seine Kund*innen, die auf seine Dienste existenziell angewiesen seien (Str. 3–5). In den letzten beiden Strophen wandelt sich diese Kritik jedoch zu einer affirmativen Geste: Das Schreiben wird nun als *allerhöchste[r] schatz* bejubelt, gegen den *all ander künst […] tand* seien, weil es den Glauben erhalte und Frieden im Land stifte (Str. 6). In der abschließenden siebten Strophe lässt sich nun zum ersten Mal ein Sänger-Ich vernehmen, das erklärt, es sei ein Schreiber und wolle es auch bleiben.

Interessant ist das Lied für unsere Zusammenhänge, weil der anonyme Autor nicht nur wie sonst üblich Feder und Tinte als Instrumente des Schreibers vorführt. In den ersten beiden Strophen wird als maßgebliches Werkzeug und Symbol für den Schreiberstand das Papier aufgerufen. In der zweiten Strophe rekurriert der Liedtext knapp auf seinen Herstellungsprozess und greift dazu den in der frühen Neuzeit – wie im vorangegangenen Kapitel (B.7) ausgeführt – zunehmend beliebten, sich zum Topos verfestigenden Gegensatz vom *edlen schreiber zeug* und dem *alt lumpen* auf, aus dem es gewonnen werde. Bemerkenswerter, da origineller ist die erste Strophe:

> *Papirs natur ist rausche[n]*
> *un[n] rauschen wil es vil*
> *ma[n] ka[n]s nit wol vertus[chen]*
> *den[n] es stetz rausche[n] wil*
> *es rauscht an allen orten*
> *weil sein ein stuecklin ist*
> *desgleiche[n] die gelerten*
> *rauschen on arge list.*

Heute kennt man die Redensart, es rausche im Blätterwald, als Bild dafür, dass ein Ereignis oder eine Sache ein großes Medienecho auslöst. Wie aber verstand man in

---

1 Rotenbucher, Bergkreyen, 1551 (VD16 ZV 13371), Lied Nr. XXI (ohne Blatt- oder Seitenzählung). In der Mitte des 19. Jahrhunderts wurde der Text von Ludwig Uhland unter dem Titel „Schreiber" in seine berühmte „Volksliedsammlung" übernommen; vgl. Uhland (Hg.), Alte hoch- und niederdeutsche Volkslieder, Bd. 1, Abt. 2, 1845, Nr. 263, 686–688, zur Quellenangabe vgl. 977 und 1028. Zum Urheber der Sammlung vgl. Eitner, Art. Rotenbucher, Erasmus, 1889. Unter ‚Bergreihen' verstand man ursprünglich Tanzlieder, Rotenbucher versammelte darunter allerdings verschiedenste Lieder mit sowohl geistlichen als auch weltlichen Texten.

Open Access. © 2024 bei der Autorin, publiziert von De Gruyter. Dieses Werk ist lizensiert unter der Creative Commons Attribution-NonCommercial-NoDerivatives 4.0 Lizenz.
https://doi.org/10.1515/ 9783111298931-010

Abb. 9: Lied *Papirs natur ist rauschen [...]* in der musikalischen Sammlung *Bergkreyen* des Nürnberger Liedersammlers Erasmus Rotenbuch, gedruckt 1551. München, Bayerische Staatsbibliothek, 4 Mus.pr. 454, Lied Nr. XXI, o. S., vgl. URN: urn:nbn:de:bvb:12-bsb00072036-7 (Stand: 02.03.2024).

der Mitte des 16. Jahrhunderts die Behauptung, dass das Papier „rauscht" und man es nicht *vertuschen* könne, das heißt nicht „zum Schweigen, zum Aufhören bringen"?² Das Rauschen des Bächleins an der klappernden Papiermühle kann nicht gemeint sein; anders als in der zweiten Strophe wird in diesen Zeilen mit keinem Wort auf den Produktionsprozess angespielt. Die Erklärung im sechsten Vers, das Papier rausche überall, wo *sein ein stücklein ist,* und noch eindeutiger der Verweis auf die Gelehrten im darauffolgenden siebten Vers, die ebenfalls *rauschen,* legen vielmehr nahe, dass der unbekannte Urheber der Zeilen mit seinem Bild auf den Papiergebrauch zielte.

Schlägt man das Verb „rauschen" im Grimmschen Wörterbuch nach, so scheint es schon im Spätmittelalter metaphorisch gebraucht worden zu sein für etwas, das auffällig, laut, präsent, in schneller Bewegung ist.³ Wenn die Gelehrten „rauschen",

---

2 Vgl. das Lemma „vertuzzen" mit Wortbelegen in Lexer, Mittelhochdeutsches Handwörterbuch, Bd. 3 1878, Sp. 279f.
3 Vgl. das Lemma „rauschen" in Grimm, Deutsches Wörterbuch, Bd. 8, 1893, Sp. 306 – hier finden sich

so verweist dies offenbar auf die topische Vorstellung, dass sie emsig und ohne Unterlass Bücher schreiben.[4] Übertragen auf das Papier lässt sich demnach fragen: Ist sein Rauschen als Sinnbild für die steigenden Massen an Schriftlichkeit und die damit ausgelöste Geschäftigkeit der Schreibenden zu deuten? Lässt sich seine hörbare Präsenz vielleicht sogar zwischen den Zeilen als ein erstes Bewusstsein dafür interpretieren, welche gravierenden Folgen der gesteigerte Papier- und Schriftgebrauch für die gesamte Gesellschaft und ihr Funktionieren haben sollte?

Für uns heute liegt eine solche Deutung nahe, haben wir als spätes Echo doch das „Rauschen" im Ohr, durch das die Ikone der Medientheorie Herbert Marshall McLuhan die Umbrüche des „elektronischen Zeitalters" lautmalerisch charakterisiert sah. Dass man mit diesem Rauschen nicht nur flackernde Fernseh- oder Computerbildschirme assoziieren kann, sondern auch das Geräusch, mit dem Papier durch geschwinde Finger gleitet, hat bereits 2012 der Berliner Literaturwissenschaftler Lothar Müller in seinem Buch „Weiße Magie" erklärt (s. dazu die Einleitung A). Eigentlich ist Müllers Buch der Moderne ab etwa 1800 gewidmet, als in der Ära der Industrialisierung nicht nur der Output der Papierfabriken rasant anstieg, sondern sich erstmals in signifikanter Fülle und neuer Ausführlichkeit auch Texte *über* das Papier finden.

Für die Vorgeschichte dieser Entwicklungen hat der Autor McLuhans Bild vom „anschwellenden Rauschen" aufgegriffen, um damit das noch weitgehend unreflektierte, vielleicht sogar anfangs unbemerkte, trotz alledem materiell manifeste Ansteigen der Papiernutzung für die Phase des späten Mittelalters und der frühen Neuzeit zu beschreiben.[5] Von Müller stammt auch die suggestive Formulierung vom „eher unscheinbaren Diffundieren" des Papiers in die Kulturtechniken, Infrastrukturen und Routinen der mittelalterlichen Schriftproduzent*innen. Die Durchsetzung des Papiers im mittelalterlichen Europa habe sich weniger „in einer plötzlichen Zäsur unübersehbar" manifestiert als vielmehr „in Form eines unablässigen, unwiderstehlichen Sich-Einnistens in eine Vielzahl kultureller Praktiken" vollzogen.[6]

Was aber ist damit gemeint? Ist der steigende Papiergebrauch so fluide und still wie das ansteigende Wasser und wird daher erst dann plötzlich wahrgenommen,

---

mehrfach Beispiele für Menschenmengen, die „rauschen", vgl. etwa *do wischt das volk auf und begunde zu rauschen und zu eilen von der lauben auf dem slos zu Nuremberg ein steigen nider* in der deutschen Version der Chronik Sigmund Meisterlins von 1488. S. auch schon die Lemmata „rûschen, riuschen" (Verb) und „rûschen" (Substantiv) in Lexer, Mittelhochdeutsches Handwörterbuch, Bd. 2, Sp. 555–557.
4 Zu den topischen Klagen über die gelehrte Bücherflut vgl. Neddermeyer, Von der Handschrift zum gedruckten Buch, 1998, 13f.
5 Müller, Weiße Magie, 2012, Kapitelüberschrift auf 44. Auch Müller greift den eingangs zitierten Liedtext über den Schreiber bereits auf, vgl. ebd., 77f. Er benutzt ihn allerdings lediglich in einer Nachdichtung der Romantik unter dem Titel „Würde der Schreiber", die Achim von Arnim und Clemens Brentano in ihrer Volksliedersammlung „Des Knaben Wunderhorn" veröffentlichten, vgl. von Arnim/Brentano, Des Knaben Wunderhorn, Bd. 2, 1808, 7f., und vermutet lediglich vage, sie gehe auf ein „poetisches Ständebuch des Spätmittelalters und der frühen Neuzeit" zurück.
6 Müller, Weiße Magie, 2012, 49.

wenn der neue Beschreibstoff längst alle sozialen Bereiche geflutet hat und schon in allen Medien-Kanälen rauscht? Ist die implizit damit verbundene Einschätzung richtig, dass Papier längst ein mächtiger Faktor in der Schriftkultur des lateinischen Europa war, bevor man es auch als solches wahrzunehmen begann? Aus der Perspektive moderner ‚Ding'-Theoretiker*innen wäre diese Einsicht gar nicht so verwunderlich. Matthias Wieser etwa hat das 2004 auf den Punkt gebracht: „Solange die Dinge funktionieren und in Routinehandlungen eingebunden sind, werden sie trivial, ja geradezu ‚unsichtbar'."[7] Die Aufgabe der hier vorgelegten Studie war daher, Lothar Müllers bildmächtige Beschreibung vom „unscheinbaren Diffundieren" des Papiers für die mittelalterlichen Jahrhunderte aufzugreifen und kritisch zu hinterfragen, ob die Prozesse zur Einführung und Durchsetzung des Papiers wirklich erst von ihrem Ende her fassbar werden, ob der Papiergebrauch der Jahrhunderte zuvor seit dem frühen 12. Jahrhundert also eine ‚Black Box' bleiben muss.

A

Ausgangspunkt der Überlegungen war in der Einleitung (A) das disparate und diffuse Meinungsbild, das sich die moderne Forschung aktuell zu diesem Thema macht. Die Literatur zu Papier füllt zwar viele Regalmeter, es fehlt auch nicht an markanten Stimmen, die für verschiedene Zeiten, Regionen oder soziale Felder die Relevanz des Faktors Papier für die politische und gesellschaftliche Entwicklung pointiert herausgestrichen haben. Trotzdem wurde deutlich, dass die Vorstellung vom Anbruch der Papierzeit im Mittelalter keineswegs als Konsens der mediävistischen Geschichtsforschung bezeichnet werden darf. Dafür sprechen einerseits offen skeptische Urteile wie die des Münsteraner Schriftlichkeitsexperten Hagen Keller, die er in gleich mehreren Aufsätzen angemerkt hat. Dafür spricht andererseits aber auch und noch deutlich häufiger der Befund, dass viele mit dem Komplex Schriftlichkeit befassten Arbeiten auch der jüngeren Zeit das Thema Papier höchstens streifen oder ganz dazu schweigen – und das selbst in Zeiten eines viel aufgerufenen „material turn" der Geisteswissenschaften.

Die Gründe dafür sind komplex. Viel spricht dafür, dass die Unterschiede und Differenzen in der Einordnung auch mit den disziplinären Traditionen zu tun haben, aus denen die Forscher*innen kommen. Sieht man vom vorrangig technikhistorischen Interesse an der Papierherstellung ab, so hat in den klassischen mediävistischen Geschichtswissenschaften das Papier und sein Gebrauch bislang nur ausnahmsweise Aufmerksamkeit gefunden. Dies gilt auch für die Grundwissenschaften: Hier dominiert nach wie vor die Wasserzeichenkunde, die in den vergangenen Jahrzehnten in beeindruckenden Digitalisierungskampagnen internetfähig gemacht wurde. So modern die Mittel, so traditionell blieben allerdings die am Verständnis als Hilfswis-

---

[7] Wieser, Inmitten der Dinge, 2004, 98.

senschaft ausgerichtete Ziele – weiterhin wird die Wasserzeichenkunde vorrangig als Vehikel für Echtheits- und Datierungsfragen betrieben. Selbst in der Kodikologie und Inkunabelkunde, in denen Papier noch am häufigsten zum Gegenstand gerade materialwissenschaftlicher Analysen wird, bleibt es ein Aspekt unter vielen im Prozess der Bucherschließung.

Einen anderen Blick hingegen ermöglichen die historisch interessierten Medienwissenschaften, wie prominent schon in den 1940er Jahren durch den kanadischen Wirtschaftshistoriker und Kommunikationstheoretiker Harold A. Innis vorgeschlagen. Näher am Material gedacht und entwickelt wurden diese Ideen bei Cornelia Vismann in ihrer fulminanten Geschichte der Akten aus dem Jahr 2000: Von Vismann stammt, wie in der Einleitung breiter ausgeführt, die kühne Interpretation, dass unsere moderne Papierverwaltung in ihren Grundzügen als Errungenschaft des staufischen Proto-Staats von Friedrich II. in Italien zu erklären sei. Sicher ist diese groß angelegte Synthese aus mediävistischer Sicht an zum Teil auch entscheidenden Stellen angreifbar. Dies diskreditiert jedoch nicht den generellen Ansatz der Autorin, die Beschreibstoffe Papyrus, Pergament und Papier als zentrale ‚Medien' und ‚Prozessoren' für – in ihrem Fall – die Entwicklung von Recht und Administration zu verstehen.

Die disziplinäre Perspektive bildet allerdings nur eine Seite der Medaille. Dies zeigt auch der Blick auf die wenigen geschichtswissenschaftlichen Aufsätze, die den Wandel von Pergament zu Papier intensiver und empirisch fundiert in den Blick nehmen – in der Einleitung ausführlicher vorgestellt wurden Studien der beiden Hispanisten Robert I. Burns und Pierre Guichard sowie des auf Italien spezialisierten Autorenduos Henri Bresc und Isabelle Heullant-Donat. Wenn sie in ihrem Urteil ambivalent bleiben, zum Teil sogar die Vorläufigkeit ihrer Überlegungen betonen, dann liegt das vor allem in der schütteren Quellensituation begründet. Ziel der vorliegenden Arbeit war daher, die Fülle an Einzelbeobachtungen zu prüfen und zu einem Bild zu verdichten, das heißt vor allem auch, in der Forschung virulente Thesen systematisch an der uns überlieferten Evidenz zu messen, weshalb den in die Arbeit inserierten Sammlungen an Schriftbelegen zu einzelnen Themen bzw. Aspekten des Papiergebrauchs eine zentrale Rolle zukommt.

Als Intention hinter diesen quellengesättigten Kästen steht, die Reichweite und Repräsentativität oft zitierter Quellenstellen besser einzuschätzen, aber auch die Leerstellen im Diskurs näher bestimmen zu können, konkret: die Spuren aufzunehmen, die das „Diffundieren" des Papiers in der Welt des Mittelalters hinterlassen hat. Es geht damit – um auch das Bild vom „Rauschen" des Papiers nochmals aufzugreifen – nicht nur darum, das Rascheln der Papierblätter in den Händen der hoch- und spätmittelalterlichen Schreiber nachzuvollziehen. Es geht auch darum, das Murmeln wahrzunehmen, das ihr Tun begleitete. Es geht also, um mit Theodore Schatzki zu sprechen, um den „nexus of doings and sayings", der diese Praktiken ausmachte.[8]

---

[8] Schatzki, Social Practices, 1996, 89. S. dazu auch Hirschauer, Praktiken und ihre Körper, 2004, 73.

Davon ausgehend, dass der Papiergebrauch als ‚tacit knowledge' zu verstehen ist, als Phänomen, das nicht durch explizite Regeln strukturiert, sondern durch „die implizite Logik des praktischen Wissens und Könnens" geformt wird,[9] wurde die vorliegende Studie bewusst breit angelegt. Ihre insgesamt sieben Kapitel antworten auf aufeinander aufbauende Fragestellungen, sie lassen sich jedoch auch als Einzelstudien lesen.

In den ersten beiden Kapiteln (B.1 und B.2) steht das grundsätzliche Problem im Zentrum, den zweifellos enormen Anstieg der Papiernutzung seit dem beginnenden Hochmittelalter zeitlich und in seinen Dimensionen am Beispiel des norditalienischen und südwestdeutschen Raums näher zu bestimmen. Bis heute lässt sich die Überlieferung des Mittelalters in Bibliotheken und Archiven überhaupt nicht zuverlässig quantifizieren. Auch der Anstieg des Schriftgebrauchs insgesamt ist bis heute daher höchstens exemplarisch zu beschreiben. Noch schlechter sind wir über den Anteil des Papiers an der Überlieferung informiert: Trotz forcierter Bemühungen der vergangenen Jahre um die Digitalisierung und Vernetzung der großen Wasserzeichensammlungen wissen wir nach wie vor nur lückenhaft darüber Bescheid, wo in den Beständen frühe Papiere liegen.

Erste nicht unumstrittene Schätzungen bzw. Hochrechnungen, wann und in welchen Sprüngen das Papier Einzug in die Schreibstuben hielt, wurden vor allem für die Buchproduktion vorgelegt; zu nennen ist hier insbesondere die Pionierarbeit von Uwe Neddermeyer „Von der Handschrift zum gedruckten Buch" aus dem Jahr 1998 (s. dazu A). Anders sieht es für die Welt der Archive aus: Vergleichbare Studien waren schon deshalb kaum denkbar, weil ihre ungleich größeren, für das Spätmittelalter oft immensen Bestände für solche seriellen Auswertungen digital gerade erst erschlossen werden. Schon ein Blick in die Tabellen mit frühen Papierbelegen (Kästen A.1–A.4) lässt jedoch klar erkennen, dass der neue Beschreibstoff vor allem in Italien im Verwaltungsschriftgut deutlich früher nachweisbar wird als für die Buchherstellung – und dass er dort zugleich auch weitaus vielfältiger in die Praktiken der Schreibenden eingebunden wurde. Das hat zur Folge, dass sich die alten Papiere in den Archiven materiell gesehen erstens voneinander stärker unterscheiden – vom unscheinbaren Notizzettel bis zur repräsentativen Ausfertigung mit Siegel – und sich zugleich zweitens von der sie umgebenden pergamentenen Schriftlichkeit deutlicher abheben. Dazu passt schließlich auch, wie im Kapitel B.3 dargestellt, die ungleich höhere Zahl an expliziten Äußerungen über Papier und seinen Wert und seine Einsatzmöglichkeiten aus diesem Bereich.

---

9 Schulz-Schaeffer, Regelmäßigkeit und Regelhaftigkeit, 2004, 108 f.

B.1

Diese Beobachtungen gaben im Kapitel B.1 den Ausschlag, die Archivüberlieferung jeweils an einem konkreten Fallbeispiel aus zwei Großregionen näher in den Blick zu nehmen: Für den deutschen Südwesten fiel die Wahl auf Kanzlei und Archiv der Grafen von Württemberg, für Norditalien auf die eng mit ihnen verbundene Herrschaft der Gonzaga im Mantovano. Den entscheidenden Grund dafür bildete die Chance, über das zur Datenbank aufbereitete Findbuch zum zentralen Selektbestand A 602 im Hauptstaatsarchiv Stuttgart statistisches Material zu erhalten (s. Graphiken B.1.1–B.1.4). Im Mantuaner Archivio Gonzaga waren die digitalen Voraussetzungen hierfür nicht gegeben. Die grundlegend andere Ordnungsweise der Mantuaner Bestände nach Pertinenzprinzipien ermöglichte jedoch, den Beschreibstoffen Pergament und Papier anders als in Württemberg unkomplizierter innerhalb bestimmter Sachgebiete und Gattungen nachzuspüren.

Unabhängig von den verschiedenen Vor- und Nachteilen der zwei Fallstudien bleibt als erste entscheidende Erkenntnis für beide die erhebliche methodische Herausforderung, von dem, was uns heute überliefert ist, auf das zu schließen, was in der Vergangenheit eigentlich geschrieben wurde. Zu erinnern ist hier an die magistralen Überlegungen Arnold Eschs in seiner Berner Antrittsvorlesung 1977, publiziert im Jahr 1985, in der er vor der sich unwillkürlich aufdrängenden, dennoch falschen Vorstellung warnte, dass sich „Überlieferung [...] einigermaßen gleichmäßig verdünne mit dem Maße ihrer Entfernung von heute".[10] Vielmehr sei davon auszugehen, so Esch, dass ein Teil des uns Erhaltenen überproportional stark, vielleicht sogar vollständig, viele andere einst alltägliche Bereiche dagegen unverhältnismäßig schwach oder gar nicht überliefert sind. Nicht nur die Masse, auch die Maßstäblichkeit der einst existenten Überlieferung sei also nicht mehr zu erahnen.

Anders als Esch in seinem Klassiker 1985 suggerierte, waren es nicht nur die Eingliederungsentscheidungen mittelalterlicher Archivar*innen, auch das lange und wechselvolle Nachleben des Schriftguts in den Archiven sorgte für erhebliche Eingriffe in bzw. Verzerrungen der Überlieferung. Die Suche nach frühen Belegen im Stuttgarter Selektbestand A 602 etwa deckte überraschender Weise sogar eine signifikante Vermehrung des Bestands erst in der Moderne auf: Nach den Informationen des Findbuchs schien es nämlich auf den ersten Blick, als gehörte die Grafschaft Württemberg zur Avantgarde des Papierkonsums im deutschen Sprachraum. Die über 40 Archivalieneinheiten zu Rechtsgeschäften seit 1301 bis 1340, die als papieren ausgewiesen sind, entpuppten sich jedoch ausnahmslos als späte, auffällig häufig sogar moderne Abschriften, wahrscheinlich von anderswo verwahrten Stücken, mit denen man die als lückenhaft empfundenen eigenen Bestände zu vervollständigen trachtete. Nach dem Bestand A 602 brach die Papierzeit in Württemberg demnach erst in der

---

10 Vgl. Esch, Überlieferungschance und Überlieferungszufall, 1985, 531.

zweiten Jahrhunderthälfte an, für die sich insgesamt im deutschen Sprachraum die Indizien für einen steigenden Papiergebrauch stark häufen.

Umgekehrt drängt sich für die echt mittelalterlichen Papiere der Eindruck auf, dass sie wohl kaum zwingend die ersten und einzigen in Württemberg bekannten bzw. genutzten gewesen sein dürften: Die frühesten noch erhaltenen Stücke – unter ihnen das erste Original von 1358 – zeigen, dass das Vertrauen in diesen Beschreibstoff für rechtserhebliche Dokumente noch nicht besonders groß war, sondern dass diese Papiere stets Konglomerate pergamentener Urkunden flankierten. Offenbar handelte es sich bei ihnen daher um Zufallsfunde, die nur mit Glück die Zeiten überdauerten. Diese Beobachtung ist mit einem Blick über die südwestdeutsche Fallstudie hinaus übrigens auch schon für die älteste Papierüberlieferung im normannischen Sizilien zu konstatieren (s. Kasten A.1): Auch hier legt die hohe Zahl nur indirekt bezeugter Deperdita nahe, dass die Geschichte des Papiergebrauchs in hohem Maß als Verlustgeschichte zu schreiben ist.

Für das 15. Jahrhundert bilden die Graphiken zu Württemberg in Kap. B.1 sicherlich richtig ab, dass die Überlieferung aus der württembergischen Kanzlei insgesamt im Vergleich zum Jahrhundert zuvor massiv anstieg und mit ihr auch die Dimensionen des Papiergebrauchs (vgl. Graphik B.1.1). Den Höhepunkt erreichten diese Entwicklungen in der Zeit zwischen 1460 und 1480, als das Papier das Pergament sogar zahlenmäßig überflügelte. Diese statistischen Beobachtungen finden sich auch durch qualitative Beobachtungen bestätigt: Die auch in Württemberg durch den Territorialisierungsprozess forcierte enorme Zunahme an Schriftgebrauch manifestiert sich gerade in den letzten Jahrzehnten des 15. Jahrhunderts – wie am Beispiel von normativen Zeugnissen aus der Kanzlei Eberhards im Bart gezeigt – sowohl in einer Bürokratieversessenheit als auch in der wachsenden Erwartungshaltung, dass über die genuinen Schreiber hinaus auch der Kreis der Amtleute und Bedienstete insgesamt zumindest rudimentär lesen und schreiben konnte. Zudem lassen sich für diese Zeit bereits leicht Indizien dafür zusammentragen, dass selbst die einfache Bevölkerung Württembergs sich der herrschaftlichen, durch Schrift organisierten Verwaltung längst nicht mehr entziehen konnte – dass sie also zumindest formal den Umgang mit Schrift erlernen musste.

Außergewöhnlicher und schwieriger zu deuten sind die Entwicklungen in den letzten beiden Jahrzehnten des 15. Jahrhundert, in denen aus statistischer Perspektive die Papierlinie in der württembergischen Kanzlei signifikant einbricht. Die Zahl der Pergamente steigt dagegen deutlich länger und fällt außerdem auch weniger stark ab – auf den ersten Blick muss sich also der Eindruck aufdrängen, dass die Schreibenden nicht nur weniger schrieben, sondern plötzlich auch wieder die alte Tierhaut präferierten. Die Ursache für den Rückgang der Schriftüberlieferung ab 1480 ist jedoch kaum auf geänderte Schreibgewohnheiten zurückzuführen; im Gegenteil: Er resultierte aus dem Versuch, die anschwellende Dokumentenflut durch neue Archivierungspraktiken besser zu bändigen. Zeitgleich mit dem Einbruch der Papierlinie kann im württembergischen Archiv erstmals die Existenz hauptamtlicher Registratoren und

Archivare nachgewiesen werden. Für das 16. Jahrhundert lässt sich durch explizite zeitgenössische Kommentare belegen, dass pergamentene Schriftstücke ungleich häufiger für archivierungswürdiger befunden wurden als Papier und dass die Tierhaut auch später seltener von Kassationen betroffen war.

Pergament besaß also – um die berühmte Begriffsprägung von Arnold Esch für diese Beobachtungen aufzugreifen – erheblich bessere Überlieferungschancen als Papier. Wie viel verloren sein mag, ist heute natürlich nur noch punktuell zu erahnen. Manchmal bieten normative Quellen wie etwa eine württembergische Anordnung zur jährlichen Rechnungslegung aus dem Jahr 1422 oder aber an einzelnen Amtsbüchern ablesbare Verwaltungsroutinen eine Chance, die einst produzierte Schriftlichkeit in ihren Konturen besser zu fassen – und damit auf viele Dutzende verlorene Lager- und Rechnungsbände zu schließen. Nimmt man die schmaleren Hefte, Kladden und losen Quittungen hinzu, die von der zentralen Kanzlei als Beleg für die Ausgaben und Einnahmen am Hof und in den einzelnen Ämtern eingefordert wurden, so geht die Zahl der Verluste leicht in die Hunderte oder Tausende. Gerade für sie ist davon auszugehen, dass sie schon früh und bald ausschließlich auf Papier standen: Es waren also wohl hauptsächlich *Papierblätter*, die in den Händen der Schreiber „rauschten", da sie nicht wie die pergamentenen Zweitexemplare zur Archivierung vorgesehen waren und damit – wie es in der oben genannten württembergischen Rechnungsordnung von 1422 heißt – im württembergischen *gewelbe* verschwanden. Stattdessen dienten sie als nach Bedarf vervielfältigte Arbeits- und Kommunikationsmittel und bestimmten damit den Alltag der spätmittelalterlichen Schriftkultur.

Ein anderer Weg, die Papier-Verluste in Württemberg näher abzuschätzen, wurde in dieser Studie über die Herrschaft betreffende Dokumente in fremden Archiven beschritten. Anlass dafür bot die Eheverbindung, die 1474 zwischen dem württembergischen Graf Eberhard im Bart und seiner italienischen Braut Barbara Gonzaga geschlossen wurde und die gerade in den ersten Ehejahren intensive Briefkommunikation über den Alpenkamm hinweg entfaltete. Wissen können wir von ihr ausschließlich aus den Beständen des Archivio Gonzaga in Mantua: So sind in den Mantuaner Briefregistern über 90 Briefe an Barbara oder ihren Mann dokumentiert, die – so zeigt die in ihnen bruchlos fortgesetzte Kommunikation – auch größtenteils ankamen, von denen aber in Württemberg kein einziger längerfristig archiviert wurde. Insgesamt kennen wir von der 1455 geborenen, 1503 verstorbenen Barbara über 200 Briefe, geschrieben von eigener Hand oder aber in ihrem Namen, sogar Kinderbriefe sind darunter. In württembergischen Beständen findet sich von ihr heute nur noch ein einziges Schreiben.

Insgesamt handelt es sich bei den Korrespondenzen in Mantua um einen Ausnahmebestand, der sowohl Briefe mit anderen Herrschaften als auch intern die schriftliche Kommunikation zwischen den Gonzaga und ihren Amtsträgern im Mantovano umfasst und nicht weniger als drei Viertel des Archivio Gonzaga füllt. Hier fanden sich zwar nicht die frühesten Papiere, die aus Mantua aktuell bekannt sind – diese steckten vielmehr zwischen den Pergamenten der Notariatsüberlieferung aus dem späten 13. Jahrhundert, das heißt, aus den Jahrzehnten vor dem Machtantritt der Gonzaga.

Trotzdem ist dieser Bestand zweifellos als ein ebenso frühes wie rasant wachsendes Depot für Papier zu bezeichnen: Erhalten haben sich in ihm zum einen Brieforiginale, die man offenbar nicht lose aufbewahrte, sondern – so verraten bis heute Löcher in der Mitte sehr vieler der Dokumente – nach dem Leitz-Ordnerprinzip auf einer Schnur als so genannte *filze* auffädelte. Aufbewahrt wurden aber auch erstaunlich früh geführte Briefausgangsregister, und dies von Beginn an ausschließlich auf Papier. Zusammen genommen sind sie der Grund, dass schon in der Mitte des 14. Jahrhunderts, wenn in Württemberg gerade die ersten Papiere überhaupt fassbar werden, die Überlieferung des neuen Beschreibstoffs in Mantua kaum mehr mit dem Anspruch auf Vollständigkeit überblickt werden kann.

Selbst im inneritalienischen Vergleich ist überraschend, wie viele Korrespondenzen in den Mantuaner Beständen überdauert haben. Dabei ist freilich nicht die dichte Briefkommunikation an sich ungewöhnlich; außerordentlich ist vielmehr der Entschluss der Gonzaga, die entsprechenden Briefe und Briefbücher so umfassend aufzuheben. Diese Bestände erlauben dabei nicht nur Einblicke in ihre eigenen Kanzleipraktiken, sie spiegeln auch die administrativen Methoden anderer Herrschaften wider: Beispielsweise lässt sich anhand der Mantuaner Dokumente nachvollziehen, dass der Kaiserhof bis in die 1350er Jahre noch eher Pergament bevorzugte, bevor er eindeutig auf Papier umstieg. Ebenso wird augenfällig, wie hartnäckig sowohl die venezianischen Dogen als auch die päpstliche Kurie in Rom auf Pergament für ihre Korrespondenz bestanden – und das, obwohl sich die päpstliche Kurie gezwungen sah, ihre Nachrichten auf winzigen Pergamentstücken zu verschicken, bzw. ungeachtet dessen, dass andere Bewohner*innen Venedigs längst selbstverständlich auf Papier korrespondierten.

Auch hier darf die exzeptionelle Überlieferung an Korrespondenzen in Mantua allerdings nicht zu dem Trugschluss verleiten, die Gonzaga hätten die von ihnen und in ihrem Namen produzierte Schriftlichkeit generell mit dem Willen zur Vollständigkeit archiviert. Ein zentrales Gegenbeispiel bieten wie schon in Württemberg die Rechnungs- und Verwaltungsbücher, die aus dem in Mantua breit zwischen Kommune und Hof aufgefächerten Finanzsektor erhalten sein müssten – die jedoch nur noch in winzigen Fragmenten fassbar werden, zudem überraschender Weise für das schriftintensivere 15. noch verstümmelter als für das 14. Jahrhundert. Auch hier ist davon auszugehen, dass es vorrangig Massen an papiernen Verwaltungsbehelfen waren, die nicht der Archivierung für wert befunden (bzw. in späteren Zeiten aussortiert) wurden. Und so bleiben uns nur noch wenige Zufallsfunde, die uns etwas über die zeitspezifischen Praktiken im Umgang mit Papier in der Administration zu erzählen vermögen: Ein Beispiel dafür sind die raren erhaltenen *quinternelli*, schmale Hefte, die einst massenhaft an die verschiedenen Amtmänner der Gonzaga und der Kommune Mantua zur Dokumentation ihrer Geschäfte ausgegeben worden sein müssen. Jedes Blatt dieser Hefte wurde sorgfältig oben rechts mit einem Symbol ihrer Authentizität blindgeprägt – für die Kommune diente als Siegelstempel das Antlitz des antiken Dichters Vergil, während die Gonzaga den aufsteigenden Löwen aus ihrem Wappen verwendeten.

Insgesamt blieben die Archive nicht nur in Württemberg, sondern auch in Mantua bis ins 15. Jahrhundert hinein an entscheidenden Stellen Bastionen des Pergaments. Für Mantua zeigt sich dies eindrucksvoll am von Axel Behne aus drei erhaltenen Inventaren akribisch rekonstruierten Familienarchiv der Gonzaga. Zuerst 1354 belegt, war es vermutlich ab 1407 im neu errichteten trutzigen Castello di San Giorgio gelagert, zum Teil sogar im intimsten Lebensbereich der Herrscherfamilie, in der *guarderobba* der Fürstin: In dieses Archiv, das schätzungsweise 3500 bis 4000 Dokumente umfasste, wurden die für die Familienmitglieder wichtigsten Urkunden und Verträge über ihre Liegenschaften und ihr Einkommen etwa aus Soldverträgen aufgenommen, ihre Testamente, Heiratsvereinbarungen und Privilegien der Rangerhöhung. Das Gros der Stücke, die in dieses Elite-Archiv aufgenommen wurden, stand dabei selbstverständlich auf Pergament geschrieben; für sie ist, wie Behnes Abgleich der Inventare mit den erhaltenen Beständen ergeben hat, eine stupende Überlieferungsrate von um die 90 Prozent anzunehmen. Papier umgekehrt war so ungewöhnlich, dass die Registratoren explizit vermerkten, wenn ihnen ein papiernes Dokument in die Hände fiel. Zugleich begegneten Papiere am ehesten in den Behältnissen, die nach den Bemerkungen der Registratoren nur für Inutilia dienten.

Papier für den Moment, Pergament für die Ewigkeit – diese Arbeitsteilung gilt, den Korrespondenzen zum Trotz, also auch für das Fallbeispiel Mantua. Verbinden lässt sich damit noch eine zweite Erkenntnis: Die anschwellende ephemere Alltagsschriftlichkeit auf Papier ließ das Pergament keineswegs obsolet werden. Im Gegenteil: Das wachsende Bedürfnis nach schriftlicher Sicherung ließ vielmehr auch den Bedarf an Tierhaut weiter steigen – so sehr, dass sich Federico II. Gonzaga auch im Jahr 1530 noch gezwungen sah, ein Verbot für die Ausfuhr von Pergament aus seinem Herrschaftsbereich zu erlassen, um die für seinen Behördenapparat drohende Knappheit dieses Beschreibstoffs zu bekämpfen.

Der Erlass ist zugleich ein Beispiel mehr für die Beobachtung, dass die Aufmerksamkeit der Zeitgenoss*innen für Pergament, seine Eigenschaften und seine Verfügbarkeit deutlich größer war als für das Papier. Dazu mag auch beigetragen haben, dass Papier die Kanzleien und Schreibenden eben vor keine praktischen Schwierigkeiten stellte: Anders also als beim Wechsel von der Handschrift zum Buchdruck mussten die Schreibenden keine neuen Techniken erlernen, keine neue Routinen entwickeln, wenn sie Papier statt Pergament verwenden wollten. Ein singuläres Zeugnis aus dem Straßburger Rat von 1537 spiegelt sogar, dass der Umgang mit Papier offenbar noch unkomplizierter und voraussetzungsloser war als das Schreiben auf Pergament (Kasten B.3.5.).

Zusammenfassend lässt sich festhalten, dass die Erkenntnisse aus den zwei Fallstudien nicht uneingeschränkt auf andere Kontexte übertragbar sind; dies liegt nicht zuletzt daran, dass die lokalen Archivierungsbedingungen der Neuzeit eine bedeutende, jedoch oft schwer fassbare Rolle für Genese und Zusammensetzung der uns heute vorliegenden Überlieferung spielen. Verallgemeinerbar jedoch ist m. E., dass Archivar*innen der Vormoderne als mächtige Gatekeeper agierten und dabei die pergamentene Überlieferung massiv bevorzugten. Wenn heutige Archivbestände also schon das Gesamt der einst vorhandenen Schriftlichkeit nur ungenügend oder verzerrt widerspiegeln, so gilt dies wohl potenziert für das einst vorhandene papierne Schriftgut!

B.2

Ein anderer Versuch, um die Verfügbarkeit von Papier in den spätmittelalterlichen Jahrhunderten besser abschätzen zu können, wurde im Kapitel B.2 über den Umweg der Papierherstellung unternommen. Als Forschungskonsens gilt, dass das grundlegende technologische Knowhow über die islamische Welt nach Lateineuropa kam, jedoch schon seit dem ausgehenden 13. und im 14. Jahrhundert in den Städten Mittel- und Norditaliens revolutionär verbessert wurde. Entscheidend waren vermutlich weniger einzelne Spitzeninnovationen als vielmehr eine konsequente Optimierung aller Arbeitsschritte auf einen Manufakturbetrieb hin, der an der Bütte wohl bald die Arbeitsteiligkeit und im Takt der Stampfhämmer vielleicht schon früh die Schichtarbeit einführte. Ein frühkapitalistisch organisierter Fernhandel sorgte für den Absatz der von Beginn an für den überregionalen Markt produzierten Waren.

Angesichts der schütteren Überlieferungslage zu den Mühlen nicht nur der Frühzeit bleibt es schwierig, die Zahl zeitgleich produzierender Werkstätten einer Region, ihre Betriebsdauer und ihre Produktionskapazitäten seriös zu bestimmen. Erschwerend kommt für eine Studie zum Gebrauch des Papiers als Beschreibstoff dazu, dass in den Bütten nicht nur Blätter zum Schreiben, sondern vermutlich in erheblichem Umfang auch gewerbliches Papier geschöpft wurden. Für welche Zwecke es eingesetzt wurde, darüber sind wir heute nur noch rudimentär informiert: Vereinzelte indirekte Zeugnisse legen nahe, dass es nicht nur als Verpackungsmaterial und Füllstoff, sondern auch als Werkstoff für verschiedenste Bereiche, zum Beispiel für die Verkleidung und Bespannung von Fenstern und damit als günstiger Glasersatz, benutzt wurde. Nicht mehr zu entscheiden ist in der Regel dabei die Frage, ob man für die noch fassbaren Verwendungsarten – etwa die Herstellung von Papiermunition für Übungszwecke – neu produzierte Blätter heranzog oder Altpapier recycelte.

Trotz aller Unsicherheiten bleibt jedoch die von der Forschung formulierte These stichhaltig, dass sich die Papiermühlenlandschaft Europas in den zwei Jahrhunderten zwischen 1300 bis 1500 massiv verdichtete. In der Zusammenschau der oft kleinteiligen Mühlen- und Lokalgeschichten wurden in der vorliegenden Studie vier Phasen identifiziert: In einer ersten ab 1100 bis 1300 bleibt der Umfang an Zeugnissen für den Gebrauch von Papier noch überschaubar und ist bis auf wenige Ausnahmen im angrenzenden südöstlichen Alpenraum auf Italien beschränkt (s. dazu Kästen A.1 bis A.3). Zwar finden sich schon Indizien für italienische Werkstätten, in der Mehrzahl bleiben sie jedoch vage. Die Zahl der Papierimporte aus der Levante und von der Iberischen Halbinsel war wohl noch dominierend, wie auch materialwissenschaftliche

Analysen erhaltener Blätter etwa durch Jean Irigoin und jüngst die Restauratorin Silvia Rodgers Albro nahelegen.

Eine zweite Phase bis 1350 lässt sich mit der Durchsetzung der oben genannten technischen Innovationen verbinden. Die Zeugnisse für die Existenz von Mühlen werden eindeutiger und häufiger. Auch der Beginn einer Arbeitsmigration aus dem in den Marken gelegenen Papiermühlenrevier Fabriano in andere ober- und mittelitalienische Regionen ist bereits zu fassen. Die Produktion dieser Mühlen erreichte nun über den Alpenkamm auch die ersten Papiernutzer*innen im deutschen Sprachraum (vgl. Kasten B.1.4).

In einer dritten, länger gestreckten Phase bis etwa 1450 setzte sich der Aufwärtstrend fort. Das Phänomen der Arbeitsmigration lässt sich nun verstärkt greifen. Insgesamt ist von einer signifikanten Verdichtung der Papiermühlenreviere in Italien auszugehen, auch wenn sich die gerade in den letzten Jahrzehnten blühende papier- und lokalhistorische Forschung zu diesem Sujet bislang noch nicht an Synthesen ihrer Ergebnisse gewagt hat. Als Neuerung dieser Phase ist außerdem die Entstehung erster Papiermühlen jenseits der Alpen, zuerst in Frankreich, dann ab 1390 im deutschen Sprachraum zu nennen.

Eine schubartige Expansion des Papiergewerbes ab der zweiten Hälfte des 15. Jahrhunderts, hier als vierte und letzte Phase bestimmt, vollzog sich parallel zur rasanten Durchsetzung des Buchdrucks, der die Nachfrage nach Papier erheblich steigern musste. Mit dem neuen Bedarf der florierenden Offizinen war vermutlich die Voraussetzung dafür geschaffen, das Monopol der italienischen Papierproduktion und ihrer französischen Konkurrenz ab dem 16. Jahrhundert endgültig zu brechen. Sogar im württembergischen Urach und in Mantua dachte man nun über die Ansiedlung des Gewerbes nach, auch wenn sich erfolgreichere Betriebe in beiden Herrschaften erst in der Neuzeit etablieren sollten.

Angesichts der langen Dominanz italienischer Papiere auf dem (mittel-)europäischen Markt ist nicht verwunderlich, dass mit der Ware auch die Begriffe für Mengenangaben und Formate exportiert bzw. verbreitet wurden. Überraschend ist dagegen der Befund, dass es darüber hinaus nur wenig Interesse gab, Sorten und Qualitäten zu normieren oder Wasserzeichen näher zu erläutern – bzw. solche Versuche zumindest nicht überliefert sind. Erst die Buchdruckerwerkstätten der Inkunabelzeit verspürten erstmals die Notwendigkeit zur Entwicklung einer Fachsprache. Nicht weniger verblüffend ist die Feststellung, dass sich auch die so rege Forschung zur Papierherstellung für diese Fragen bislang eher beiläufig interessierte. Die Tabelle B.1.2 sucht daher die bisher nur zerstreut publizierten Quellenstellen zu den verschiedenen ‚Sorten', aber auch zu Flächengewicht, Blattstärke, Feinheit des Papiers und Weißegraden erstmals systematisch zusammenzustellen.

Wann also brach die Papierzeit an? Lässt man die hier komprimiert dargestellte Technik- und Mühlengeschichte der Papierherstellung Revue passieren, so drängt sich in der Summe die Schlussfolgerung auf, diese Entwicklungen als eine mittelalterliche – in den viel zitierten Worten von Robert I. Burns – „Paper Revolution" zu deuten. Anders fällt die Antwort auf diese Frage aus, wenn wir die mittelalterlichen Menschen und ihre Wahrnehmung des Papiers in den Fokus rücken. Folgt man den Hinweisen und Kommentaren der italienischen und deutschen Papierkonsument*innen des Mittelalters, so wurde der unzweifelhaft wachsende Gebrauch dieses Beschreibstoffs in den Jahrhunderten seit 1100 zu keiner Zeit als epochemachendes Ereignis wahrgenommen.

B.3

Das Kapitel B.3 geht daher von der Beobachtung aus, dass sich die Durchsetzung des mittelalterlichen Hadernpapiers nicht nur sehr viel leiser vollzog als der Siegeszug des Industriepapiers um 1800, wie ihn Lothar Müller Buchs über die „Epoche des Papiers" (so der Untertitel) im Spiegel der modernen europäischen Literatur beschreibt. Sie geschah vielmehr auch ungleich stiller als die schon von den mittelalterlichen Menschen intensiv diskutierte Verbreitung des Buchdrucks, die offensichtlich eine beachtliche Sensibilisierung für ‚neue Medien' und ihre kulturhistorische Wirkmacht auszulösen vermochte. Auffällig ist, dass das Papier von den Zeitgenoss*innen – anders als in der modernen Forschung zum Buchdruck – in der Regel nicht einmal als Voraussetzung für den Erfolg der ‚beweglichen Lettern' bemerkt wurde. Einzig Thomas More entschied in seiner *Utopia*, den zwar unbedarften, aber wissbegierigen Bewohner*innen des von ihm ersonnenen fernen Inselreichs nicht nur die Kunst des Buchdrucks nahezubringen, sondern sie auch in die Techniken der Papierherstellung einzuführen (vgl. Kasten B.3.2).

Ansonsten scheint das Papier höchstens als Anlass wahrgenommen worden zu sein, den Buchdruck zu kritisieren: Bis heute viel zitiertes Beispiel dafür ist das Diktum des Johannes Trithemius in seinem ‚Schreiberlob' aus dem Jahr 1492, der gedruckte Bücher als *res papirea* und damit vergängliche Werke bemängelte (s. Kasten B.3.3). Darin bot er sogar erstaunlich exakte Schätzungen, wenn er die Lebensdauer pergamentener Handschriften auf mehr als tausend, die papierner Drucke auf höchstens zweihundert Jahre bestimmte. Die Ergebnisse der modernen Restaurierungswissenschaften strafen dieses Urteil Lügen: Timothy Barrett etwa hat durch seine umfangreichen materialwissenschaftlichen Forschungen (s. dazu A) die besondere, ja einzigartige Qualität der für die Buchherstellung und auch für den frühen Druck verwendeten Papiere des 14. und 15. Jahrhunderts hervorgehoben. Bei sachgemäßem Umgang können sie auch künftig noch viele Jahrhunderte überdauern. Zum selben Urteil ist der auf Papier spezialisierte Kölner Restaurator Thomas Klinke in seiner Analyse der frühen württembergischen Papiere aus der zweiten Hälfte des 14. Jahrhunderts gekommen; er bezeichnete sie als „von durchweg bestechender Qualität".[11]

---

[11] S. oben Kap. B.1 und auch schon Meyer/Klinke, Geknickt, zerrissen, abgegriffen, 2015, 153.

Anlass für die Schreibenden des Mittelalters, trotzdem dem Pergament mehr Dauerhaftigkeit zu bescheinigen, war einerseits seine im Vergleich zum Papier augenscheinliche Robustheit – pointiert hielt der Augsburger Georg Preu dazu 1524 fest, dass es sich nicht einmal mit den Zähnen zerreißen, sondern höchstens zerschneiden lässt.[12] Wenn Trithemius im ‚Schreiberlob' 1492 das Papier als ephemer beschrieb, folgte er allerdings auch einer langen Diskurstradition, die sich vor allem in rechtlichem normativem Schriftgut nachweisen lässt. Bislang war sie in der Papierforschung vor allem durch drei Belegstellen aus der Regierungszeit des Stauferherrschers Friedrich II. aus der ersten Hälfte des 13. Jahrhunderts präsent, unter ihnen die in der einschlägigen Forschung viel zitierten Passage aus Friedrichs sizilischen Konstitutionen. Wie insgesamt neun Beispiele im Kasten B.3.3 demonstrieren, zieht sich die Kette entsprechender Äußerungen jedoch deutlich weiter bis mindestens hinein ins 15. Jahrhundert; das gilt sowohl für den italienischen als auch den deutschen Sprachraum. Und auch in der Frühneuzeit ließen sich weitere Beispiele finden: So hat Annette Kehnel jüngst in ihrem Sachbuch-Bestseller „Wir konnten auch anders" auf die illustrierte Enzyklopädie *Orbis sensualium pictus* des Reformpädagogen Comenius aus dem 17. Jahrhundert verwiesen, in der die Darstellung einer Papiermühle flankiert wird von einem Passus über verschiedene früher und gegenwärtig verwendete Schreibunterlagen. Das Papier wird darin zwar als derjenige Beschreibstoff benannt, der *Itzund [...] gebräuchlich* sei; zugleich aber wird sein Einsatz in dem noch bis ins 19. Jahrhundert weit verbreiteten Jugend- und Schulbuch mit folgendem Schlusssatz eingeschränkt: *Was lange währen sol, wird geschriebn auf Perment*.[13]

Für Schreibende war diese Norm offenbar so selbstverständlich, dass sie gar nicht explizit kommuniziert werden musste: Noch sehr viel häufiger finden sich sowohl in Italien als auch im deutschen Sprachraum Gebote des Pergament- und Verbote des Papiergebrauchs für rechtsrelevante Schriftstücke, die eine Begründung dieser Direktiven nicht für notwendig hielten (s. dazu Kasten B.3.6). In beiden Regionen handelte es sich dabei um Textsorten, die nicht nur häufig überliefert sind, sondern auch eine besondere Symbolkraft besaßen. In Italien finden sich Papierverbote vor allem in den Treue- und Amtseiden für angehende Notare: Darin musste die stereotype Verpflichtung, für die Ausfertigungen nur Pergament zu verwenden, in einem Atemzug ausgesprochen werden mit dem Versprechen, ihre Aufgaben sorgfältig und gewissenhaft zu erfüllen, ihre Macht nicht zu missbrauchen und nicht zu betrügen. Für den deutschen Sprachraum sind Vidimierungen als vergleichbar zeichenstarkes Genre zu nennen: In ihnen wurde dokumentiert, wie die inspizierte Urkunde laut verlesen und auf ihre Richtigkeit und Kohärenz ‚verhört', zugleich aber auch visuell auf ihre Echtheit und Gültigkeit geprüft wurde. Integraler Bestandteil dieser Prüfungen war die Feststellung des Beschreibstoffs.

---

12 S. oben Kap. B.3; ed. Die Chronik des Augsburger Malers Georg Preu des Älteren, hg. von Roth 1906, 25.
13 Zit. nach Kehnel, Wir konnten auch anders, 2021, 14 f. mit Anm. 144 auf 418.

Die Relektüre dieser Zeugnisse in ihrer Masse verdichtet die Hinweise darauf, dass in ihnen nicht lediglich die Sorge um den künftigen Erhaltungszustand zum Ausdruck kommt. Zentral erscheint m. E. stattdessen die in ihnen gespiegelte Befürchtung der Urheber*innen, dass ihren Anliegen auf Papier in ihrer eigenen Gegenwart keine Glaubwürdigkeit geschenkt würde. Und tatsächlich haben sich Beispiele erhalten, bei denen der Beschreibstoff selbst zum Streitpunkt wurde, um so den auf Papier dokumentierten Rechtsgeschäften die Anerkennung zu verweigern (s. Kasten B.3.6). Dass die Wahl zwischen Pergament oder Papier symbolisch aufgeladen war, ja sogar hierarchische Über- oder Unterordnung signalisieren konnte, zeigt sich schließlich auch in der Briefkultur der Zeit: Ein eindrucksvolles Beispiel dafür ist die schriftliche Anfrage des Mailänder Herzogs Galeazzo Maria Sforza an seinen Consiglio Secreto im Jahr 1468, ob er denn für seine Briefe *de iure* auch Pergament verwenden lassen dürfe. Die Empfehlung seiner Räte lautete, darauf doch besser zu verzichten – weil das als seinem Rang unangemessener Hochmut und Geltungsbedürfnis verstanden werden würde (s. dazu Kasten B.3.5).

Insgesamt entsteht der Eindruck, dass für den Griff nach Papier oder Pergament eher gesellschaftliche Konventionen ausschlaggebend waren als das Material und seine Eigenschaften. Dies gilt sogar für den Kostenfaktor, der in der modernen Forschung gern als Unterschied zwischen Pergament und Papier hervorgehoben wird. Tatsächlich gibt es bisher nur sehr vereinzelte Beobachtungen, die eine signifikante Preisdifferenz zwischen den beiden Materialien belegen. Ein Blick in diese Schriftquellen zeigt zudem, dass für die Zeitgenoss*innen der Kostenaspekt keine zentrale Rolle spielte. Im Vergleich zu anderen Ausgaben, insbesondere für die Honorierung der Schreibenden, schienen die Materialkosten vernachlässigbar zu sein. Mit zu bedenken ist schließlich auch, dass Papier nicht gleich Papier und Pergament nicht gleich Pergament war – es gab vielmehr zwischen den einzelnen Bögen unter anderem je nach Verwendungszweck erhebliche Qualitäts- und damit wohl auch Preisunterschiede. Differenzierende Aussagen dazu lassen sich allerdings erst in Quellen an der Wende zum 16. Jahrhundert greifen. Ein Beispiel dafür ist der Straßburger Ratsbeschluss aus dem Jahr 1536, in dem nicht nur über hohe und unnötige Kosten für Pergament geklagt wird, sondern auch die schlechtere Qualität der in Recht und Administration üblicherweise verwendeten Tierhäute thematisiert wird. Der daher damit verbundene hohe Aufwand bei ihrer Vorbereitung für das Schreiben wird in der Argumentation der Straßburger Schreiber kontrastiert mit der besonderen Ästhetik des Papierblatts und seiner besseren Handhabbarkeit während des Schreibprozesses (s. Kasten B.3.5).

Erst ab dem 16. Jahrhundert also lassen sich vorsichtige Anzeichen einer Aufwertung des Papiers feststellen. Vor der Epochenschwelle dagegen scheint es grosso modo kein Bewusstsein oder Interesse für die Vorzüge dieses Schreibmaterials gegeben zu haben. Dies gilt sogar in Fällen, in denen man Nachteile des Pergaments problematisierte: So gibt es zwar immer wieder sowohl für Italien als auch für den deutschsprachigen Raum in Rechtsquellen die Warnung, Pergamente mit Radierungen,

Kanzellierungen oder anderen Beschädigungen zu verwenden (s. Kap. B.3, Anm. 107). Trotzdem findet man in keiner einzigen dieser Quellen die Überlegung explizit, dass Papier aufgrund seiner fragileren Beschaffenheit weniger anfällig für Fälschungen sein müsste als die Tierhaut.

B.4

Papier besaß – so haben die bisherigen Ergebnisse demonstriert – sowohl in Italien als auch im deutschen Raum des Mittelalters noch keinen guten Leumund. Das Kapitel B.4 verfolgt die gravierenden Auswirkungen dieser Geringschätzung: Zwar häufen sich bei intensiverer Suche durchaus Belegstellen der Begriffe für Papier, in Rechnungen zum Beispiel ist dieses Stichwort sogar massenhaft anzutreffen. Doch trotz ihrer Fülle transportieren diese Belege keine oder kaum die aus moderner Sicht erhoffte kulturhistorische Information – und zu finden sind sie auch nur in der administrativen, das heißt: der archivalischen Überlieferung.

Jenseits der Archive, in den Bibliotheken war Papier vor der Epochenschwelle 1500 höchstens als Trägermaterial präsent; der Jesuit Balbinus etwa stieß schon im 17. Jahrhundert auf Papiercodices, die nach seinem Dafürhalten immerhin aus der ersten Hälfte des 14. Jahrhunderts stammen mussten.[14] Doch zum Thema war dieses modern als „Zauberstoff" verklärte Material nicht geworden; Papier hatte weder als Faktor der Schriftkultur noch als erfolgreiches, marktfähiges Produkt einen Nachrichtenwert besessen – nicht einmal die Einrichtung der von der modernen Forschung als revolutionär gefeierten Papiermühlen löste ein Echo aus. Nur mit Mühe lassen sich eine Handvoll Zeugnisse finden, die ebenso beiläufig wie lakonisch auf offenbar bedeutende Orte der Papierherstellung verweisen. Noch am anschaulichsten erscheint heute der Abschnitt in einem Traktat von 1358 aus der Feder des Rechtsgelehrten Bartolo da Sassoferrato, in dem er die Papierherstellung in seiner Heimatregion der Marken lobt und besonders die hochwertigen Papiere aus Fabriano hervorhebt. Auch diese Würdigung beschränkt sich jedoch de facto auf einen Satz.[15]

Als Ausnahme für diese Beobachtungen galt hier lange Zeit nur das *Püchel von meim geslecht und von abentewr*, in dem der Nürnberger Patrizier und Fernhandelskaufmann Ulman Stromer am Ende des 14. Jahrhunderts über die von ihm initiierte Gründung einer Papiermühle vor den Toren seiner Heimatstadt berichtete. Eine Relektüre des erhaltenen Autographen hat allerdings verdeutlicht, dass Stromer selbst

---

14 S. dazu näher Kapitel B.4 bei Anm. 6.
15 *Exemplum: in marchia Anchonitana est quoddam castrum nobile cuius nomen est Fabrianum, ubi artificium faciendi cartas de papiro principaliter viget, ibique sunt edificia multa ad hoc et ex quibusdam edificiis meliores carte proveniunt, licet ibi faciat multum bonitas operantis.* Ed. Bartolo da Sassoferrato, De insigniis et armis, ed. und übers. in Cavallar/Degenring/Kirshner, A Grammar of Signs, 1994, Appendix I–II, 109–121, hier 113. Vgl. dazu mehr in Kasten B.2.6.

seine Aufzeichnungen noch nicht als Chronik verstand. Die vermeintlich geschichtsbewusste Darstellung der Mühlengründung erweist sich bei näherem Hinsehen als geschäftliche Aufzeichnung, die Stromer zu seiner rechtlichen Absicherung bei einer riskanten Unternehmung anlegte. Erst im Blick der Nachwelt und durch deren aneignende Abschriften und Bearbeitungen verwandelten sich seine Notizen mehr und mehr zur historiographischen Erzählung. Und sogar Fiktives lagerte sich an: Die besonders anschauliche Episode um zwei aus der Lombardei angeworbene Brüder Franciscus und Marcus de Marchia, die Ulman Stromer zunächst als erfahrene Betreiber seiner Mühle angestellt hätte, bevor es zu heftigen Auseinandersetzungen zwischen den Geschäftspartnern gekommen sein soll, ist – wie Lore Sporhan-Krempel nachgewiesen hat – erst 150 Jahre nach Ulman Stromers Lebenszeit erstmals zu fassen. Sie muss für die Leser*innen der Frühneuzeit also sehr plausibel geklungen haben – und entspricht aller Wahrscheinlichkeit nach trotzdem nicht den Realitäten des 14. Jahrhunderts.

Ulman Stromers *Püchel* im Original – das heißt sein Autograph, der sich besser als Geschäftsbuch denn als Chronik charakterisieren lässt – spiegelt eindrücklich, dass es ihm sein ambitiöses Projekt der Papiermühle betreffend vor allem um die Dokumentation der Eide ging, mit denen er die Mitarbeiter*innen zur Geheimhaltung des Herstellungsprozesses verpflichten wollte. Damit stand er nicht allein, wie Kasten B.4.1 zeigt: Mehrfach finden sich Belege, dass die mittelalterlichen Papierproduzierenden auf Verschwiegenheit pochten – ihr Anliegen galt dem Schutz ihrer Betriebs- und Geschäftsgeheimnisse, nicht dem Ruhm ihres Gewerbes.

Als man sich daher im 17. und vor allem im 18. Jahrhundert endlich mehr für die Geschichte des Papiers und seine Ursprünge zu interessieren begann, ließ das hartnäckige Schweigen der mittelalterlichen Quellen kaum anderes zu, als im Nebel zu stochern. Wie am Beispiel der Lemmata im Zedlers Lexikon aus dem Jahr 1740 gezeigt, war man größtenteils auf etymologische Spekulationen und auf lokale Mythenbildung an den noch florierenden Zentren der Papierherstellung zurückgeworfen – was immer wieder auf Irrwege führte. Am Mühlenstandort in Basel etwa entzündeten sich die Spekulationen, dass das Leinenpapier wie der Buchdruck als deutsche Innovation zu bezeichnen sei, da es 1470 in der oberdeutschen Metropole erfunden worden wäre, oder aber, dass die ersten Papierproduzenten nach den Familiennamen ihrer noch in Basel tätigen Nachfahren zu urteilen aus dem spanischen Galizien ins Süddeutsche eingewandert wären.

Schon den frühen Autoren stand dabei klar vor Augen, dass sich die von ihnen produzierten Widersprüche nicht harmonisieren ließen. Erhebliche Energie, ja kriminalistischer Eifer floss daher von Beginn an in Versuche, die Spreu vom Weizen zu trennen und in der Vielzahl der Hypothesen fehlgeleitete Interpretationen als „Fabeln" und „Legenden" zu entlarven. Und nicht leichter wurde dieses Unterfangen dadurch, dass auch die wenigen expliziten und „authentischen" Quellenstellen, die es zu recherchieren gelang, phantastisch und bizarr klangen. Dies gilt auch für die in Kapitel B.5 weiter verfolgte Geschichte von der papiernen Kopfbedeckung, die Jan

Hus im Jahr 1415 auf dem Scheiterhaufen getragen haben soll und die für den Mühlenbauexperten Johann Matthias Beyer im 18. Jahrhundert der Anlass war, an den oben genannten in Basel aufgestellten Theorien vom Papier als deutscher Erfindung zu zweifeln.

Zwar gab Beyer keine konkrete Quelle für seine Beobachtungen an. Wie das Kapitel näher entfaltet, konnte er diese Geschichte jedoch leicht aus verschiedenen Zeugnissen kennen: Breit berichtet und vor allem sogar illustriert dargestellt wurde sie in Ulrich Richentals Chronik, negativ gedeutet als Symbol des Teufels. Aber auch Befürworter der Hus-Bewegung griffen sie auf, wie der tschechische Priester und Gelehrte Peter von Mladoňovice, der Jan Hus bis zu dessen Tod begleitete und diese Episode in seinem detaillierten Bericht über die Ereignisse dezidiert positiv umdeutete. Auf Bildern avancierte die eigentlich unehrenhafte Kopfbedeckung in der Folge daher zu Hus' Heiligenattribut. Sogar im 16. Jahrhundert wurde um ihren Symbolwert noch weiter gerungen, bei Martin Luther oder Johannes Stumpf prohussitisch, beim Gegner der Reformation Johannes Cochlaeus gegen Hus gerichtet.

Die Häufigkeit und Vielfalt von Quellen, die den Schandhut von Jan Hus aufgreifen, illustrieren zweifellos die Bedeutung, die die Zeitgenoss*innen diesem speziellen Einsatz von Papier beimaßen. Dabei war Hus nur der prominenteste Träger einer solchen Kopfbedeckung, auch andere Verurteilte wurden auf diese Weise bestraft – und dies nicht nur bei Häresieverdacht, sondern auch bei anderen profanen Vergehen, etwa der Geldfälscherei. Auch in diesen anderen Kontexten konnte die Ehrenstrafe – wie das Kapitel B.4 auch an italienischen Beispielen belegt – als so aufsehenerregend wahrgenommen werden, dass sie in historischen Berichten oder Bildquellen festgehalten wurde.

Zugleich bleibt die berechtigte Frage, was sich aus diesen Thematisierungen papierner Hüte oder Kronen für die Geschichte des Papiers lernen lässt. Die ernüchternde Antwort darauf lautet: Obwohl die papiernen Requisiten in der Dramaturgie der Erzählungen eine entscheidende Rolle spielen, sind sie narrativ vor allem dazu da, die Symbolwirkung der Schandhüte als Werkzeuge der Demütigung oder wahlweise (so zumindest aus prohussitischer Sicht) der Erhöhung der Verurteilten zu betonen. Über die Stofflichkeit, die Materialeigenschaften des Papiers erfahren wir – nichts. Es erscheint daher folgerichtig, wenn der von Matthias Beyer eingeführte Papierhut des Jan Hus in den Papierforschungen der folgenden Jahrhunderte keine Beachtung mehr fand.

B.5

Dass uns die mittelalterlichen Menschen etwas über Papier verraten, geschah also lange en passant und scheint für sie nebensächlich gewesen zu sein. Diese Haltung ist allerdings nicht für andere Weltregionen und Kulturen verallgemeinerbar, so zeigt das Kapitel B.5 am Beispiel der islamischen Welt: Aus der islamwissenschaftlichen

Forschung lassen sich mehr als 50 Autoren aus dem 9. bis 15. Jahrhundert recherchieren, die sich – im Umfang sehr unterschiedlich von wenigen Bemerkungen bis hin zu ausführlichen Passagen – über Papier, seine Herstellung und Eigenschaften, seine Geschichte und seinen Gebrauchswert äußerten. Zeitlich erreicht die Aufmerksamkeit für Papier schon im 10. und 11. Jahrhundert den Höhepunkt mit rund zwanzig Belegen aus verschiedensten Gattungen von Chroniken über Enzyklopädien und Reiseberichten bis zu praktischer Rezeptliteratur.

Die Darstellung in B.5 bleibt zwar angewiesen auf moderne Übersetzungen der Zeitzeugnisse (s. dazu Kasten B.5.1) und damit auf den Stand der – im Vergleich zu auf Lateineuropa bezogenen Studien deutlich reicheren – Forschungsliteratur. Neu war jedoch auch für die islamwissenschaftliche Papiergeschichte der Ansatz, die Quellen nicht für die Rekonstruktion der ‚Faktengeschichte' einzusetzen, sondern als Diskurs zu verfolgen. Im Vergleich zu dem in der Studie sonst vor allem in den Blick genommenen italienischen und deutschsprachigen Raum ist auffällig, dass die Form der Verständigung über Papier in der islamischen Welt eher selten von rechtlichen Aspekten geprägt war. Eine Ausnahme stellt eine Fatwa aus dem algerischen Tlemcen dar, die die Frage erörtert, ob das Schreiben auf von Christen gefertigtem Papier erlaubt sei – und damit fassbar macht, wie stark im frühen 15. Jahrhundert bereits das aus Italien importierte Papier die einheimische Produktion verdrängt hatte.

Anders als in Lateineuropa lässt sich dafür in der islamischen Sphäre schon früh ein bemerkenswertes Interesse an den Ursprüngen und der Geschichte der Papierherstellung greifen. Die Herkunft des Papiers aus China etwa ist dokumentiert in der Erzählung über chinesische Kriegsgefangene, durch die das Knowhow der Papierproduktion nach Samarkand gebracht worden sei. Auch die Verwendung von aus China importierten Blättern wurde registriert, beispielsweise in einer Passage bei Ibn al-Nadīm, die insgesamt die antiquarische Wertschätzung alter Papiere eindrucksvoll veranschaulicht.

Aber nicht nur die Herkunft, auch die Verbreitung des neuen Handwerks über die islamische Welt wurde zum Thema gemacht: So wurden Städte wie Kairo/Fustat, Isfahan, Fès, Bagdad, Damaskus, Xàtiva für ihre Papierproduktion gerühmt, Papiermühlen als touristische Besonderheiten gewürdigt, besondere Papiersorten und -qualitäten nach ihrem Herkunftsort benannt. Zumindest beiläufig werden in diesen Texten auch einzelne Produktionsmittel oder -schritte fassbar; dass man sich insgesamt ein Bild von der Papierfertigung im Manufakturbetrieb zu machen wusste, demonstrieren außerdem zwei Anleitungen zur Herstellung von Papier aus dem 11. und aus dem 13. Jahrhundert.

Unklar bleibt, für wen diese Rezepte gedacht waren – sollten sie die Konsument*innen von Papier dazu befähigen, ihren Beschreibstoff selbst herzustellen, statt ihn zu kaufen? Auf alle Fälle hat sich eine Vielzahl an praktischen Tipps aus dem Bereich der heute sogenannten kunsttechnologischen Rezeptliteratur erhalten, die sich auf die Auswahl, den Einsatz, die Veredelung oder das Recycling von bereits fertigem Papier beziehen. Zu diesen Ratschlägen zählt etwa, wie man den Zuschnitt der Feder für Papier optimiert, wie sich Papierblätter am besten grundieren, glätten, einfärben lassen – aber auch, an welchen Kriterien gute Papiere zu erkennen sind, oder wie man geeignete Formate und Qualitäten für verschiedene Adressat*innen und Schreibgelegenheiten auswählen solle. Damit aber beschäftigte man sich in der islamischen Welt weitaus intensiver und vor allem auch viel differenzierter mit Papier, als es in der vergleichbaren kunsttechnologischen Rezeptliteratur Lateineuropas aus derselben Zeit nachweisbar ist (vgl. dazu Kasten B.5.2). Diese Tipps waren zudem nicht nur wie in den entsprechenden lateineuropäischen Texten vor allem an bildende Künstler(*innen) gerichtet, sondern adressierten ausdrücklich auch Kalligraphen und selbst in der Administration tätige Schreiber(*innen).

Betrachtet man diese verstreuten Quellenstellen in ihrer Gesamtheit, so offenbart sich ein bemerkenswert ausgeprägtes Bestreben, treffende Worte für die Eigenschaften, die Stofflichkeit, die Ästhetik des Papiers zu finden. Dies gilt nicht nur für genuin praktische Ratgeberliteratur, sondern auch für kulturhistorische Beobachtungen in anderen Gattungen – bis hin zu Gedichten. Mehrfach wird außerdem explizit thematisiert, welche Vorzüge das Papier im Vergleich zu den älteren Beschreibstoffen Papyrus und Pergament aufweise: So heißt es bei dem Historiker Al-Thaʿālibī um das Jahr 1000, dass Papier besser aussehe, biegsamer und außerdem leichter zu benutzen und praktischer zu beschreiben sei als der früher übliche Papyrus. Diese Vorteile führt er als Grund dafür an, warum sich Papier gegenüber Papyrus durchgesetzt habe.

Auch im Vergleich zum Pergament bemerkte man Vorteile des Papiers. Um 1400 hielten sowohl der ägyptische Berufsschreiber al-Ḳalḳashandī als auch das anonyme Werk Dīwān al-Inshāʾ fest, dass man bei Papier im Gegensatz zur Tierhaut die Buchstaben nicht einfach wegwaschen oder auskratzen könne. Hier wird also – ganz anders als in den Quellen des lateinisch-christlichen Europa – explizit erklärt, dass Papier besser vor Fälschungen schützt als Pergament!

Als Fazit lässt sich ziehen, dass die Reflexionen auf Papier in der islamischen Welt geographisch und zeitlich zwar sehr viel weiter gestreut und auch weniger dicht sind – qualitativ jedoch sind sie der Mediendiskussion um die Gutenberg-Revolution in Europa nicht unähnlich. Aus ihnen spricht eine von Beginn an unübersehbare Wertschätzung des neuen Materials, das sowohl ästhetisch als auch praktisch überzeugte und das man schnell in Formate und Qualitäten zu unterscheiden lernte. Dabei zeigt sich eine bemerkenswerte Sensibilität dafür, wie sich die Einführung und Durchsetzung des Papiers als zentraler Beschreibstoff auf die Schriftkultur insgesamt auswirkte. In einem Text des nordafrikanischen Historikers Ibn Khaldūn aus dem 14. Jahrhundert über den ab 786 regierenden Kalifen Hārūn al-Rashīd, Gründer der ersten Papiermühle in Bagdad, wird die Verbreitung von Papier sogar als Ursache für die Ausweitung und Ausdifferenzierung der Verwaltung wie überhaupt des Schriftgebrauchs in dieser Zeit benannt. Für Ibn Khaldūn stellte das Papier also das Medium für eine Revolution der Schriftkultur dar!

B.6

Wie stark umgekehrt die fehlende Aufmerksamkeit für und das Desinteresse an Papier in der Welt des christlichen Europas den Beschreibstoff unscheinbar werden ließ, greift das Kapitel B.6 am Beispiel der Begriffsgeschichte auf. Bislang wurde sie nur auf der Basis kleiner, stark heterogener Korpora untersucht, was immer wieder zu falschen Schlüssen führte, wie im Unterkapitel über die um 1890 als „Legende" entlarvte These von der Existenz eines „Baumwollpapiers" gezeigt wird, das man für den qualitativ schlechtere Vorläufer der aus Leinen gefertigten „Hadernpapiere" hielt (s. dazu auch Kapitel B.7).

Grund dafür ist die verwirrende Vielzahl an Wörtern für Papier, mit der die Menschen des Mittelalters wie eben auch die moderne Forschung in den mittelalterlichen Schriftbelegen zu diesem Material konfrontiert wurden bzw. sind. Im Kapitel B.6 wurde diese Beobachtung bewusst anhand eines einzigen Textes vertieft untersucht, der jedoch bereits seit dem späten 13. Jahrhundert bis hinein ins 16. Jahrhundert in zahlreichen Handschriften und Drucken und in mehr als einem Dutzend Sprachen verbreitet war (s. dazu das Stemma in Graphik B.6.1). Die unterschiedlichen Versionen dieses Textes erlaubten, die semantische Füllung der Begriffe für Papier besser zu bestimmen, als es bei einem Korpus aus inhaltlich nicht zusammengehörigen Texten möglich gewesen wäre.

Bei diesem Werk handelt es sich aus der Perspektive der modernen Papierforschung um eines der ikonischen Zeugnisse zur Geschichte dieses Stoffs im Mittelalter: um Marco Polos berühmte Schilderungen über die Herstellung von Papiergeld am Hof des mongolischen Großkhans von China. Inhaltlich kommt der moderne Ruhm dieses Berichts nicht von ungefähr. Anschaulich weiß Marco Polo in ihm (so legen vier als besonders autornah qualifizierte Versionen nahe, die die Polo-Forschung unter den Siglen F, Fr, P und R kennt) vom fremden Produktionsprozedere, dem exotischen Rohstoff, dem ungewöhnlichen Aussehen der fertig geschnittenen Geldscheine, auch von ihren praktischen Vorzügen zu erzählen. So betont er etwa, dass sie wegen ihres geringen Gewichts bequem auf Reisen mitzuführen seien oder dass die Eigentümer*innen sie bei Beschädigung einfach für eine geringe Gebühr gegen neue eintauschen konnten.

Trotzdem geht es Marco Polo – ebenso wie den Chronisten, die über die Hinrichtung des Jan Hus und seine papierne Schand-Krone berichteten (s. dazu Kapitel B.4) – nur vordergründig um das Material Papier und seine Eigenschaften. Die Pointe seiner Anekdoten über das Papier lag für den Autor vielmehr in der nach seinem Eindruck schier unglaublichen Macht des Großkhans, der seine Untertan*innen vom Wert der an sich wertlosen Geldscheine zu überzeugen vermochte. Gleich in drei Versionen des Texts (F, Fr und R) wird dieses Kunststück sogar mit der Kunst der Alchemie verglichen. Daher versäumt der Autor es auch nicht, bei seinen vielen Reisen durch das riesige Mongolenreich für jede von ihm besuchte Gesellschaft neu auf die ihn faszinierende Akzeptanz dieser Währung hinzuweisen.

Ähnliches gilt auch für einen zweiten Themenkreis in Polos Bericht, in dem er fremde Gebrauchskontexte von Papier aufgreift: In diesen Passagen beschreibt er den Brauch der Einheimischen, den Toten ins Jenseits Sklaven, Tiere und Münzen aus Papier mitzugeben. Wie bei den Geldscheinen bleibt das Papier auch hier nur eine Chiffre für etwas, das materiell selbst wertlos war, aber in der Vorstellungswelt der Einheimischen mit geradezu unglaublicher Bedeutung aufgeladen wurde.

Dass es in diesen Schilderungen um immaterielle Wertzuschreibungen ging, nicht aber um die Stofflichkeit der papiernen Dinge, dies zeigt sich vor allem auch in der Rezeption und den vielfältigen Missverständnissen in Bezug auf das Papier, die in den verschiedenen Versionen des Texts erkennbar werden. Eine sorgfältige Lektüre der einzelnen Varianten verdeutlicht, dass die vielen Übersetzer und Interpretinnen nicht unbedingt davon ausgehen mussten, dass die von Marco Polo beschriebenen Geldscheine tatsächlich aus Papier bestanden.

Am offensichtlichsten wird dies bei Fehlübersetzungen, wenn die chinesischen Papierscheine falsch als Pergament-Geld bezeichnet oder aber als aus ‚Baumrinde' gefertigte Münzen dargestellt werden; in verschiedenen Übersetzungen und Bearbeitungen vermochte man sich die Währung des Großkhans nicht einmal als rechteckigen Schein, sondern nur rund in *der formen eynis pfenningis* – wie es zum Beispiel in der Admonter Handschrift, dem einzigen Überlieferungsträger einer deutschen Übersetzung nach LA, heißt – vorzustellen (s. Kasten B.6.2). Ähnlich ging es dem Maler eines prächtigen Illustrationszyklus in einer französischen Handschrift aus der Zeit um 1500 (Version Fr), der die Herstellung des Papiergeldes als Szene imaginierte, wie weiße Münzen in runder Form mit Hammer und Stempel auf einem Amboss geprägt werden (s. Abb. 7). Doch auch subtilere Fehldeutungen suggerieren zum Teil, dass der Rohstoff lediglich als papierähnlich gedacht wurde – oder dass man diese Geldscheine so vage als „Urkundengeld" oder „Blättergeld" umschrieb, dass für die Leserschaft unklar bleiben musste, aus welchem Material sie tatsächlich bestanden.

Diese Missverständnisse entstanden vor allem auch deshalb, weil man in den verschiedenen in Lateineuropa verwendeten Schriftsprachen kein allgemein gültiges, unmissverständliches Wort für Papier kannte. So war zwar ab der Mitte des 12. Jahrhunderts der Begriff „papyrus" auf Papier übertragen worden, zuerst nachweisbar in Italien, und hatte sich schließlich breit in der europäischen Sprachfamilie durchgesetzt. Doch just Italien war zugleich einen Sonderweg gegangen: Bereits ein halbes Jahrhundert vorher war dort für Papier schon der Begriff „carta bombagina/bambagina" benutzt worden (in vielen, oft stark abweichenden Varianten, s. dazu beispielhaft Kasten B.6.3), offenbar eine Übersetzung aus dem Griechischen, da diese Bezeichnung ab 1077 auch im byzantinischen Raum nachweisbar ist. Auch wenn die „carta bombagina" heute weitgehend ausgestorben ist (nur im russischen „bumaga" lebt sie gegenwärtig noch fort), war sie in Italien parallel zu Bezeichnungen aus der Wurzel „papyrus" bis in die Mitte des 16. Jahrhunderts hinein weithin gebräuchlich.

Anderswo wurden diese italienischen Gepflogenheiten freilich nicht zwingend verstanden: So konnte das Adjektiv „bombagina" in anderen europäischen Sprachen eher mit dem Substantiv „bombyx" assoziiert werden, das üblicherweise Baumwoll- oder Seidentücher bezeichnete – eine Bedeutung, die es auch in Italien besaß. Verwirrung entstand ebenfalls, wenn in italienischen Texten die „carta bombagina" einfach zur „carta" verkürzt wurde, wie Papier noch heute auf Italienisch genannt wird. Dieser aus dem Lateinischen stammende, weit verbreitete Begriff umfasst ein breites Bedeutungsspektrum, das Übersetzungen wie „Pergament", „Urkunde" oder „Schriftstück" einschließt.

Auch innerhalb des italienischen Sprachraums führt die Begriffsvielfalt weiterhin zu Fragen. Offen bleibt, wie es dazu kommen konnte, dass in Italien über mehrere Jahrhunderte zwei verschiedene Begriffe für Papier aus der Wurzel „bombax/ bombyx" und „papirus/papyrus" nebeneinander existierten, ja sogar in einigen Texten des 13. und 14. Jahrhunderts parallel und synonym verwendet wurden. Der französische Papierforscher Jean Irigoin hat die These vertreten, dass zumindest in der Anfangszeit für diese unterschiedlichen Benennungen auch materielle Unterschiede eine Rolle gespielt haben könnten. So habe Papier als Ware Italien aus zwei verschiedenen Großregionen erreicht, von der iberischen Halbinsel und aus dem Nahen Osten, das sich aufgrund unterschiedlicher Produktionstechniken auch haptisch unterschieden haben soll. Diese These, die sich Irigoins langjährigen Seherfahrungen verdankt, ist aktuell kaum mehr nachweisbar. Mit dem überregionalen Aufschwung der italienischen Papierproduktion verschwanden die Unterschiede jedoch. Daher erscheint plausibler, dass regional unterschiedliche Sprachgewohnheiten den Ausschlag zur Bewahrung der unterschiedlichen Begriffe gaben. Dem zunehmenden, routinierten Gebrauch der Papierblätter jedenfalls taten die vielen Worte für diesen Stoff offensichtlich keinen Abbruch.

B.7

Wer aber sollte mit dem beharrlichen Schweigen über Papier brechen? Viel spricht dafür, dass es ein noch kleiner Kreis an Humanisten war, der am Ende des 15. Jahrhunderts auf Papier als eigenständiges Thema aufmerksam wurde. Das Kapitel B.7 greift auf, in welchen Kreisen und über welche Vorbilder der Beschreibstoff nun plötzlich in den Fokus rückte, aber auch, auf welchen Wegen und mit welchen Schwierigkeiten das Wissen über dieses Material wuchs. Vielzitiert bis weit in die Neuzeit hinein wurde (und ist auch in dieser Arbeit) der lapidare Satz des Polidoro Virgili aus seinem 1499 zuerst gedruckten Werk *De inventoribus rerum*, dass über den Urheber des Papiers nichts bekannt sei. Obwohl der Autor selbst bis zu seinem Lebensende über diesen Wissensstand offenbar nicht hinauskam, so war allein mit seiner Feststellung die Frage nach der Geschichte des Papiers nun aufgeworfen. Und zumindest für ihre Gegenwart liefern uns Polidoros Kollegen Niccolò Perotti in seinen wohl schon 1477/78 entstandenen *Cornu Copiae*, Francesco Grapaldo in *De partibus aedium*, zuerst 1494 gedruckt, oder Aventin in seiner bis 1533 entstandenen *Bairischen Chronik* auch erstmals zwar noch knappe, aber anschauliche Darstellungen etwa von den Arbeiten in einer Papiermühle, den verschiedenen erhältlichen Papiersorten oder den zeitgenössischen Kriterien zur Beurteilung guter Papiere.

Wie der Vergleich ihrer Texte ergeben hat, ist der gegenseitige Einfluss auf die Passagen über Papier nicht zu unterschätzen. Als eigentlicher Spiritus rector ist jedoch der römische Schriftsteller und Naturforscher Plinius der Ältere mit seiner „Naturgeschichte" zu bezeichnen, und das, obwohl er selbst im 1. Jahrhundert nach Christus den Beschreibstoff Papier noch gar nicht kennen konnte. Sein enzyklopädisches Werk *Naturalis historia* vermochte man erstmals im Spätmittelalter unter anderem dank Perottis Herausgebertätigkeit wieder vollständig zu lesen. Seine Überlegungen zum Papyrus brachten die Humanisten überhaupt erst auf die Idee, wie bedeutsam ein Beschreibstoff für die Geschichte und Kultur der Menschheit eingeschätzt werden konnte. Das Papier erbte somit weit mehr als nur – wie in B.6 näher ausgeführt – den Namen des antiken Papyrus!

Perotti ist dabei wohl als derjenige zu bezeichnen, der das Papier als Thema entdeckte; in seiner Darstellung blieb er jedoch noch stark den geliehenen Worten des Plinius verhaftet. Polidoro und insbesondere Grapaldo, die Plinius sowohl indirekt über Perotti als auch direkt rezipiert haben müssen, zeigten immerhin den bescheidenen Drang, ihre Beschreibungen um eigenständige Beobachtungen und lebensnahere Informationen anzureichern. Doch der größte Verdienst der drei Autoren besteht wohl darin, dass sie im 16. Jahrhundert sehr weite Verbreitung fanden, die plinianische Überzeugung von der kulturellen Bedeutung der Beschreibstoffe popularisierten und damit à la longue in anderen Werken die Beschäftigung mit Papier anstießen. Zu den frühen Beispielen ihrer Rezeption zählen die in Kasten B.3.2 in Auszügen präsentierten Passagen aus Thomas Mores „Utopia", nur wenig später ungleich ausführlicher außerdem der wittelsbachische Hofhistoriograph Aventinus in seiner „Bairischen Chronik": Als einer der Ersten referiert er die plinianische Beschreibung der Papyrusherstellung deshalb so ausführlich, um vor dieser Folie die abweichenden Techniken zur Herstellung von Hadernpapier klar abzuheben (s. Kasten B.7.1).

Jenseits der in diesen Zirkeln betriebenen Plinius-Lektüre gibt es dagegen kaum Anzeichen dafür, dass man auf die Lücken im Wissensstand um den im Alltag längst selbstverständlich gewordenen Beschreibstoff Papier aufmerksam wurde. Als einzige Ausnahme für diese Beobachtung wurden in B.7 das mehr als 250 Einträge umfassende Handwerks- und Gewerbeinventar des Pavel Žídek, latinisiert Paulus Paulerinus, vorgeführt, das er in seinem *Liber viginti arcium* aus dem späten 15. Jahrhundert niederschreiben ließ. In ihm greift er auch den Papiermacher auf und liefert in diesem Lemma eine zwar knappe, aber in weiten Teilen prägnante Beschreibung des Herstellungsprozesses von Papier (s. Kasten B.7.1).

Neu an Werken wie dem seinen ist, wie Christel Meier in ihrer Argumentation zu vergleichbaren Enzyklopädien hervorhebt, wie empirisch erworbenes Wissen an Relevanz gewann. Als zentralen Indikator hat sie die Entwicklung der *artes mechanicae*, der „Werkkünste" angeführt: Ursprünglich analog zu den *septem artes liberales* auf einen Kanon von sieben Fächern beschränkt, explodierte ihre Zahl nicht nur wie bei Žídek, ihre Listen orientierten sich auch eindeutig an der realen Handwerks- und Gewerbewelt der Städte.

Trotzdem waren die Beschreibungen der Herstellungsprozesse von Papier und von so vielen anderen Waren bei Žídek sicher noch nicht systematisch von realen Handwerker*innen abgeschaut und sie trafen auch noch nicht deren Bedürfnisse. Stattdessen resultierten sie aus einem starken lexikographischen Interesse, die bekannte Welt systematisch zu verzeichnen. Deutlich wird dies schon am Begriff, den Žídek für die Papiermacher*innen fand: Bei *Papireista* handelt es sich, wie die Editorin Alena Hadravová herausgestellt hat, um eine Wortneuschöpfung. Žídek nutzte das Suffix -*ista* auch bei der Benennung mehrerer anderer Berufe.

Im Gegensatz zu den oben aufgeführten italienischen Werken sollte die in nur einer Handschrift tradierte, lange Zeit vergessene Enzyklopädie des Pavel Žídek kaum zeitgenössische Leserschaft finden und so blieb auch sein Begriff des *Papireista* unrezipiert. Erst etwa hundert Jahre später kam ein in Struktur und Inhalten ähnliches Werk wieder auf die Idee, im beruflichen Kosmos der frühneuzeitlichen Stadt auch die Papierherstellung zu berücksichtigen, diesmal sogar im Bild: Der Druck *Eygentliche Beschreibung Allerst Staende* ist in der Papierforschung vor allem berühmt für die älteste bekannte Darstellung eines Papiermachers (s. Abb. 8), geschaffen durch den Zeichner, Kupferstecher und Formschneider Jost Amman.

Der Nürnberger Künstler, mit den Gewerben der Buchherstellung zweifellos bestens vertraut, hat auf ihr nur auf den ersten Blick eine realistische Arbeitsszene abgebildet. Schaut man, wie Sandra Schultz bereits festgestellt hat, etwa auf die Hämmer im Bildhintergrund, so fallen sie gar nicht in die Stampftröge, sondern ins Leere – der Blick in die Mühle erinnert daher eher an eine Theaterkulisse, auf der möglichst viele für die Papierherstellung zentrale Arbeitsschritte konzentriert sein sollten. Und auch bei den die Holzschnitte flankierenden Texten stellt sich wieder die Frage, wie stark sie von Empirie oder doch eher von Lektürewissen geleitet wurden: Verräterisch jedenfalls ist hier die Vorrede des Frankfurter Druckers Sigmund Feyerabend, in der er als Vorbild für das von ihm initiierte Druckunternehmen just das Werk *De inventoribus rerum* von Polidoro Virgili anführt. Zugleich empfiehlt er seiner Leserschaft am selben Ort, die Schriften von Plinius zu lesen – womit er geschickt Werbung machte für eine von ihm in Auftrag gegebene 1565 gedruckte Ausgabe der „Historia naturalis" in deutscher Sprache.

Als Fazit lässt sich festhalten: Es sind vor allem drei italienische Humanisten aus dem ausgehenden 15. Jahrhundert, die die gleiche Begeisterung für Plinius teilten, außerdem sich gegenseitig lasen und so die Aufmerksamkeit für den Stoff Papier weckten. Das, was sie selbst über ihn zu berichten wussten, war zwar noch blass und auf wenige Beobachtungen beschränkt. Doch ihr neues Interesse stieß die Tür auf für eine europäische Papiergeschichtsschreibung, die ab der zweiten Hälfte des 16. Jahrhunderts zunehmend dichter, selbstverständlicher, sichtbarer werden sollte. Ein immer noch frühes, besonders unterhaltsames Zeugnis dafür ist die Komödie

Iulius Redivivus von Nicodemus Frischlin, entstanden 1585, die die kulturelle Überlegenheit der eigenen Gegenwart gegenüber der Antike demonstrieren will und zu diesem Zweck nicht nur die Vorzüge des Buchdrucks gegenüber dem handschriftlichen Schreiben herausstellt. Stattdessen würdigt der Autor auch das Papier als modernes, dem Papyrus überlegenes Medium – und dokumentiert damit eindrücklich, welche Aufwertung sein Erzählgegenstand im Vergleich zu älteren Meinungen über Papier inzwischen erfahren hatte.

Inhaltlich blieb auch Frischlin freilich noch ganz auf den dürftigen Informationsstand über Papier angewiesen, von dem schon die ersten Plinius-Interpreten im späten 15. Jahrhundert ausgegangen waren, und wie bereits in Kapitel B.4 näher ausgeführt, fiel es außerordentlich schwer, über ihn hinauszukommen. Ein relevanter Zuwachs an Wissen wird erst im 18. Jahrhundert fassbar, als dieses Sujet im Kreis der so genannten Urväter der Paläographie und Diplomatik um Jean Mabillon, namentlich durch den Benediktinerpater und Gräzisten Bernard de Montfaucon, aufgegriffen wurde. Sie wiederum sorgten á la longue dafür, dass die in ihren Augen wirren oder sogar falschen Geschichten der spätmittelalterlichen Humanisten mit dem Mantel des Schweigens bedeckt wurden.

Wann also beginnt die Papierzeit? Wie lässt sich ein Kipppunkt bestimmen, ab dem das Papier gesellschaftliche Relevanz entfaltete? Oder sollte man sich seine Durchsetzung besser als Kette an technischen und gesellschaftlichen Entwicklungen denken, gegebenenfalls durchbrochen von Stagnation oder Rückschritten? Auch nach 600 Seiten intensiver Beschäftigung mit den mittelalterlichen Blättern lässt sich auf diese Fragen keine einfache Antwort geben. Schon für die gegenwärtige Kulturtechnik des Schreibens ist keineswegs banal zu bestimmen, welches Gewicht dem Faktor Papier eigentlich zuzubilligen ist. Der Medienphilosoph und Kommunikationswissenschaftler Vilém Flusser hat 1993 die Schwierigkeiten wie folgt formuliert: „Um schreiben zu können, benötigen wir – unter anderem – die folgenden Faktoren: eine Oberfläche (Blatt Papier), ein Werkzeug (Füllfeder), Zeichen (Buchstaben), eine Konvention (Bedeutung der Buchstaben), Regeln (Orthographie), ein System (Grammatik), ein durch das System der Sprache bezeichnetes System (semantische Kenntnis der Sprache), eine zu schreibende Botschaft (Ideen) und das Schreiben. Die Komplexität liegt nicht so sehr in der Vielzahl der unerlässlichen Faktoren als in deren Heterogenität. Die Füllfeder liegt auf einer anderen Wirklichkeitsebene als etwa die Grammatik, die Ideen oder das Motiv zum Schreiben."[16]

Bezogen nicht nur auf den Einzelakt, sondern das Gesamt an Schriftlichkeit einer Epoche, das heißt, auf ihre Schriftkultur, und übertragen von der Gegenwart auf die (ferne) Vergangenheit muss eine Bewertung noch ungleich schwerer werden. Die Erkenntnisse über das Papier und die quantitativen wie qualitativen Dimensionen

---

16 Vgl. Flusser, Die Geste des Schreibens, 2012, 261f.

seines Gebrauchs müssen also ins Verhältnis zu den kaum weniger voraussetzungsreichen Komplexen gesetzt werden, die die Forschung seit mehr als drei Jahrzehnten unter Schlagworten wie ‚Mündlichkeits-/Schriftlichkeitsforschung' oder ‚literacy' intensiv untersucht. In einem Aufsatz von 2019 hat der norwegische Mediävist Leidulf Melve auf den Punkt gebracht, wie stark dieses Forschungsfeld seit den 1960ern durch verschiedene Schulen geprägt ist – und nahegelegt, dass die Verortung in diesen modernen Traditionen maßgeblich mitbestimmt, zu welchen Ergebnissen wir kommen.[17] Aber auch aufgrund der spröden, kleinteiligen, widersprüchlichen Quellenlage zu entsprechenden Fragestellungen nimmt es nicht Wunder, wenn entsprechende Studien in zum Teil ganz unterschiedlichen Bereichen oder Regionen entscheidende Zäsuren erkennen – oder umgekehrt auch Zweifel hegen, wie stark der ‚turn' zum Schriftgebrauch tatsächlich ausfiel.

Am Ende bleibt also als Frage, welche „Faktoren" (um Vilém Flussers Formulierung aufzugreifen) als maßgebliche Indikatoren für das Schreiben im Mittelalter derzeit im wissenschaftlichen Diskurs ermittelt werden können. Im Verlauf dieser Studie wurden vor allem vier Aspekte als entscheidend herausgestellt: Ein erster zentraler Faktor ist, dass die mittelalterlichen Menschen erheblich schriftaffiner gewesen sein müssen, als die heute von ihnen noch erhaltene Überlieferung suggeriert. Methodisch sind die Verluste zwar höchstens exemplarisch zu greifen, wie in Kapitel B.1 am Beispiel der Überlieferung zu den fürstlichen Herrschaften der Gonzaga und der Württemberger dargestellt. Trotzdem besteht in der einschlägigen Forschung wachsende Einigkeit, dass das, was bis heute in Archivfonds bzw. den Regalen der Bibliotheken überdauert hat, nur noch wenige Prozente der einst verfügbaren Mengen an Schriftproduktion darstellt.

Zugleich lassen selbst diese punktuellen Ergebnisse für die italienische Fallstudie schon im 14., für den deutschen Südwesten spätestens ab dem 15. Jahrhundert eine umfassende Durchdringung des Alltagslebens durch Schriftlichkeit erahnen. Vergleichbare Studien stützen diese Schlüsse und verlagern sie zeitlich zum Teil auch noch vor: So hat zum Beispiel der Marburger Mediävist Andreas Meyer über die Notariatsüberlieferung aus der Stadt Lucca schon für das 13. Jahrhundert festgestellt, dass „kaum ein Aspekt des täglichen Lebens" davor „sicher gewesen" sei, juristisch dokumentiert zu werden.[18] Bemerkenswert an Meyers wie auch an anderen Erhebungen ist, dass die Flut an Schriftlichkeit offenbar nicht langsam und kontinuierlich stieg, sondern dass sich – um Arnold Esch zu zitieren – „Quantensprünge"[19] der Schriftlichkeit konstatieren lassen. Während Italien davon also schon im 13. Jahrhundert erfasst wurde, wurde im deutschen Sprachraum ab der zweiten Hälfte des 14. Jahrhunderts schlagartig ein neues Niveau erreicht.

---

17 Vgl. Melve, Literacy Studies, 2019.
18 Meyer, Felix et inclitus notarius, 2000, 311.
19 Esch, Überlieferungschance und Überlieferungszufall, 1985, 864

Als zweiter wichtiger Faktor für das Schreiben im Mittelalter wurden in der Mediävistik seit den 1990er Jahren zahlreiche, überzeugende Belege und Beobachtungen dafür gesammelt, dass „literacy" im Sinne der Lese- und Schreibkompetenzen in der mittelalterlichen Bevölkerung früher verbreitet war und größere soziale Reichweite erlangte, als in der klassischen Handbuchliteratur oft noch angenommen. Auch für die Menschen unter der Herrschaft der Gonzaga und der Württemberger konnten im Kapitel B.1 die Indizien dafür verdichtet werden, dass sich in ihren Gesellschaften durch die verschiedenen Schichten hindurch längst eine „literate mentality" herausgebildet hatte – ohne dass diese an modernen Alphabetisierungsstandards oder -quoten gemessen werden sollte. Nicht anders als heute ist zwar auch für die mittelalterlichen Jahrhunderte davon auszugehen, dass verschiedene Formen und gestufte Register von „literacy" nebeneinander existierten; mit der neueren Forschung sind jedoch auch die Unterschiede zur Moderne zu betonen, die vor allem in einem anderen Verhältnis von schriftlicher Kommunikation und dem unmittelbaren Austausch in Wort und Handeln liegen. Dieses andere Verhältnis, für das sich der sozialwissenschaftliche Begriff der „Anwesenheitsgesellschaft" eingebürgert hat, prägte damit auch sowohl die Entstehungs- als auch die Rezeptionsprozesse von Schrift, zum Teil ausdrücklich, oft genug nur implizit.

Als dritter Faktor ist ein vorsichtiger Konsens in der jüngsten Forschung auszumachen, dass auch die materielle Welt der Schreibobjekte als ‚Aktant' in diesen Prozessen zu begreifen und zu beschreiben ist – und dass Papier dasjenige Schreibmaterial zu sein scheint, an dessen Einführung seit dem Mittelalter sich zumindest aus moderner Perspektive Unterschiede ablesen, kultureller Wandel beobachten lässt. Das Schweigen der mittelalterlichen Menschen lässt sich zweifellos auch mit der banalen Beobachtung begründen, dass der Übergang von Pergament zu Papier auf einer praktischen Ebene keine Probleme verursachte. Im Gegensatz zu uns heute, die wir die Transformationen des „digital turn" oft genug als (technische) Herausforderung erleben, benötigten die Schreibenden für den Einsatz von Papier weder neues, aufwändigeres Equipment noch neue Kompetenzen. Zugleich war und blieb Pergament – anders als dies für Papyrusblätter rund um die erste Jahrtausendwende – kein knappes Gut; vielmehr vervielfachte sich, wie am Beispiel Württembergs dargestellt, mit steigendem Schriftgebrauch auch der Pergamentgebrauch. Damit wird nachvollziehbar, warum der neue Beschreibstoff das ältere Pergament nicht einfach ersetzte, sondern dass er stattdessen – wie die Gräzistin und Paläographie-Spezialistin Giovanna Derenzini bereits 1990 treffend konstatierte – die „occasioni di scrittura", die Schreibanlässe, multipliziert habe.[20]

Insgesamt lässt sich Papier zwar nicht als Auslöser fassen, der neue Schreibbedürfnisse überhaupt erst generiert hätte. Trotzdem sorgte seine Durchsetzung nicht nur für ein Mehr an Schriftlichkeit, für „Papierfluten", von denen der Frühneuzeitspe-

---

[20] Derenzini, La carta occidentale nei manoscritti greci, 1990, 122–124.

zialist Arndt Brendecke für das 16. Jahrhundert gesprochen hat,[21] sondern sie bewirkte auch qualitative Veränderungen. Neue Gewohnheiten und Praktiken werden besonders in denjenigen Bereichen sichtbar, in denen Papier rasch zur dominanten Ressource geworden war, allen voran im sich rasant ausweitenden Bereich der diplomatischen Korrespondenzen, aber auch bei der Verwaltung der riesigen Schriftmassen, durch – in der griffigen Formel der Schriftlichkeitsexpertin Megan Williams – „new methods of summarizing, selecting, sorting, and storing paper for future retrieval", die durch den Massenbeschreibstoff Papier enorm erleichtert wurden.[22]

Als vierter Faktor – oder eher (im Sinne Vilém Flussers) andere „Wirklichkeitsebene" – bleibt zu diskutieren, welche kognitiven und sozialen Effekte sich aus dieser Offensive der Schriftverwendung im Mittelalter ergaben, wie sie also nicht nur unsere Schreib- und Lesefähigkeiten, sondern auch unser Denken, unser Selbst- und Weltverständnis, unsere Formen der Gesellschaftsorganisation prägte. Unser Bewusstsein für diese Thematik ist zweifellos durch die Erfahrungen des „digital turn" in unserer Gegenwart geschärft worden, weshalb sie in dieser Studie in der Einleitung auch zum Ausgangspunkt genommen wurden. Die jüngste Vergangenheit freilich zeigt, dass dieser „turn" sich keineswegs erschöpft hat, dass er vielmehr weiterhin zu überraschenden, ungeahnten Volten führt: Mit der Veröffentlichung des Large Language Models ChatGPT im November 2022 scheint eine neue von Künstlicher Intelligenz (KI) dominierte Ära begonnen zu haben.

Der Prototyp eines textbasierten Dialogsystems, das in atemberaubender Geschwindigkeit Millionen Nutzer*innen auf dem ganzen Globus gewann, gilt dabei schon jetzt als Symbol für einen „Quantensprung" in der Entwicklung nicht nur unserer Schriftkultur, sondern der Menschheit insgesamt. Messbar ist sein Erfolg nicht nur in Zahlen, sondern auch in einer weltweiten Mediendiskussion um den Bot. In auffälligen Analogien zur um 1500 geführten Debatte um den Buchdruck kann sie sich zwar auf die Wucht dieser Entwicklungen einigen, nicht aber auf deren Einordnung – ihre Einschätzungen reichen von euphorischem Fortschrittsglauben bis zu apokalyptischen Szenarien, die die Grundlagen unserer Zivilisation bedroht sehen. Kritiker wie der israelische Historiker und Bestseller-Autor Yuval Harari haben düstere Dystopien entworfen, in denen „gehackte" Menschen einer „Superintelligenz" gegenüberstehen, die sich von den Zielen und Bedürfnissen ihrer menschlichen Schöpfer*innen emanzipiert hat und stattdessen die Menschheit kontrolliert und manipuliert.[23]

Auch die Geschichtswissenschaften diskutieren längst Vor- und Nachteile. Verheißungsvoll klingt, dass die bislang schon praktizierten Digitalisierungstechniken durch KI erheblich schneller und effektiver werden könnten, dass KI aber auch die

---

21 Brendecke, Papierfluten, 2006.
22 Williams, Unfolding Diplomatic Paper, 2015, 507.
23 So unter anderem im Artikel von Sarah Schmitt: Yuval Noah Harari: Unkontrollierte KI wird die Menschheit hacken, in: The Decoder, 20. November 2021, vgl. https://the-decoder.de/yuval-noah-harari-unkontrollierte-ki-wird-die-menschheit-hacken/ (Stand: 02.03.2024).

Komplexität der Daten für uns reduziert, das heißt, ‚big data' auf für menschliche Köpfe verarbeitbare Mengen herunter bricht. Auf die Geschichte des Papiers bezogen, eröffnet sie so zum Beispiel die Aussicht, im Dickicht der im Internet zur Verfügung stehenden Archivbestände historische Papiere sehr viel umfassender aufzufinden als in dieser Studie oder nicht nur einige, sondern alle expliziten Textstellen über Papier aus dem uns überlieferten Korpus mittelalterlicher Texte zu extrahieren, diese Belege zugleich effizienter zu clustern, so dass wir etwa mit Blick auf die Begriffsgeschichte repräsentativer und nuancierter zugleich zu argumentieren vermögen. Auch die Materialität der mittelalterlichen Blätter und das ‚doing' der zeitgenössischen Schreiber*innen lassen sich prospektiv im besten Fall sowohl umfassender als auch avancierter untersuchen, wenn KI lernt, praxeologisch relevante materielle Beobachtungen seriell in digitalen Aufnahmen der Papiere auszuwerten.

Zugleich gibt es Bedenken, dass solche Modelle zum Verlust menschlicher Kompetenzen führen. Konkret wird an den Universitäten debattiert, welche negativen Auswirkungen ihre bequem verfügbaren, in Sekundenschnelle generierten Dienstleistungen für Schreib- und Lesefähigkeiten künftiger Historiker*innen haben werden. Als Warnung zu verstehen sind Studien, nach deren Ergebnissen schon das Lesen und Schreiben auf digitalen Geräten flüchtiger, episodischer funktioniert als auf analogen Schriftträgern, dass also mit der Abschaffung von papiernen Büchern und Heften auch die Fähigkeiten zum intensiven Lesen und Erfassen von Zusammenhängen erodieren.[24] In Kognitionspsychologie und Didaktik mehren sich daher international die Stimmen, die gerade in den Schulen für einen ‚re-turn' vom Digitalen zum Papier plädieren.

Zweifelhaft ist, wie nachhaltig solche Forderungen sein werden in Zeiten der Künstlichen Intelligenz, die lange nicht mehr an die vom Techniksoziologen Bruno Latour so bezeichneten dinglichen ‚Aktanten' erinnert. Schon heute braucht ChatGPT nicht einmal ein Gesicht oder einen Avatar, um sofort als mächtiger Akteur erkannt zu werden. Angesichts der von KI angestoßenen neuen Kommunikationswelten aber stellt sich unvermittelt neu die Frage, wie lange Papier wohl noch gebraucht werden wird, ob wir möglicherweise doch schon kurz vor dem Ende der Papierzeit stehen. Es scheint also sowohl das Ende als auch ihr Anfang nur schwer zu bestimmen.

---

24 S. etwa Wolf, Schnelles Lesen, langsames Lesen, 2018, bes. 93–136.

D Quellen- und Literaturverzeichnis

Ungedruckte Quellen

Die hier verzeichneten Archivalien und Handschriften wurden entweder im Original, verfilmt oder als Digitalisat eingesehen; für Inkunabeldrucke vgl. Verzeichnis der gedruckten Quellen.

Basel, Staatsarchiv des Kantons Basel-Stadt, Nebenarchive Klosterarchive
 – St. Alban Corpus 1502
Heidelberg, Universitätsbibliothek
 – Cod. Pal. germ. 489
 – Urk. Lehmann 205
Karlsruhe, Badische Landesbibliothek
 – Cod. St. Georgen 63
Mantua, Archivio di Stato
 – Archivio Gonzaga, b. 254, 305, 416, 409a, 428, 439, 833, 1301, 1418, 1599, 2038–2039, 2881, 2884, 3136, 3327, A
 – Archivio notarile di Mantova, b. 2
 – Schede Davari, b. 7
 – Lesesaal: handschriftliche Findbücher A.G.–E.26 Indice della Repub. Venezia zum Bestand E XLV 1–6, A.G.–F.1 Corrispondenza da Mantova e paesi, sec. XIV–1464 für den Bestand A.G. F II 8
Schaffhausen, Stadtarchiv
 – A II.05
Stuttgart, Hauptstaatsarchiv
 – A 17, Nr I, Bü 9, Nr. X, Bü 32–34, Nr. XII, Bü 40
 – A 256, Bde. 1–3
 – A 602, Nr. 8, 19, 30, 31, 32, 88, 138, 199a, 260, 825, 897–1138, 2193, 3368, 4131, 4813, 6987, 7238, 7238a, 7239, 7249, 7249a, 7251, 7252, 7254, 7263, 7724, 8221, 8223, 8224, 9141, 9813, 9813a, 9813b, 11211, 13414
 – A 605, I 3 A-D
 – E 40/36, Bü 118f., 170, 186, 250, 303, 466, 999, 1148, 1159
Stuttgart, Württembergische Landesbibliothek
 – HB I 227
 – Hist. 4° 10
Vatikan, Bibliotheca Apostolica Vaticana,
 – Pal. Lat. 1358
 – Pal. Lat. 1359
Wien, Österreichische Nationalbibliothek
 – Cod. 2527
Wolfenbüttel, Herzog-August-Bibliothek
 – Guelph. Gudianus lat. 2° 69

Gedruckte Quellen

Abraham a Sancta Clara, *Judas Der Ertz-Schelm / Für ehrliche Leuth / Oder: Eigentlicher Entwurff / vnd Leben-Beschreibung deß Iscariotischen Bößwichts*, Tl. 4, Salzburg 1695.

Acta Imperii Inedita Seculi XIII. Urkunden und Briefe zur Geschichte des Kaiserreichs und des Königreichs Sicilien in den Jahren 1198 bis 1273, hg. von Eduard Winkelmann, Innsbruck 1880.

Agricola, Johannes, *Tragedia Johannis Huß welche auff dem Unchristlichen Concilio zu Costnitz gehalten allen Christen nützlich und tröstlich zu lesen*, o. O. [1538] (VD16 A 1026), Volldigitalisat der Bayerischen Staatsbibliothek München, P.o.germ. 12 p, unter URL: http://daten.digitale-sammlungen.de/bsb00033300/image_1 (Stand: 17.03.2023).

Aḥsanu-t-taqāsīm fī ma'rifati-l-aqālīm known as Al-Muqaddasī, Bd. 1, Fasz. 1, hg. und übers. von G[eorge] S. A. Ranking/R. F. Azoo, Calcutta 1897.

[Allaci, Leone], *Leonis Allatii Animadversiones in antiquitatum Etruscarum Fragmenta ab Inghiramio edita*, Paris 1640.

[Amman, Jost/Sachs, Hans], *Eygentliche Beschreibung Aller Staende auff Erden, Hoher vnd Nidriger, Geistlicher vnd Weltlicher, Aller Kuensten, Handwercken vnd Haendeln [...]*, mit einer Vorrede von Sigmund Feyerabend, Frankfurt am Main: im Auftrag dess. gedruckt von Georg Rab 1568 (VD16 S244 und USTC 655780), Volldigitalisat der Sächsischen Landesbibliothek Dresden, Lit.Germ.rec.B.2039, unter PURL: http://digital.slub-dresden.de/id278811973 (Stand: 17.03.2023).

[Amman, Jost/Schopper, Hartmann], *Panoplia omnium illiberalium mechanicarum aut sedentariarum artium genera continens, quot quot unquam vel à veteribus, aut nostri etiam seculi, celebritate excogitari potuerunt, breviter confecta [...]*, mit einer Vorrede von Sigmund Feyerabend, Frankfurt am Main: im Auftrag dess. gedruckt von Georg Rab 1568 (VD16 S3897, USTC 682483), Volldigitalisat der Sächsischen Landesbibliothek Dresden, Technol.A.246, unter PURL: http://digital.slub-dresden.de/id266129870 (Stand: 17.03.2023).

Amman, Jost, *Das Ständebuch. Herrscher, Handwerker und Künstler des ausgehenden Mittelalters. 114 Holzschnitte mit Versen von Hans Sachs*, hg. und übers. von Ursula Schulze, Köln 2006.

Andreas von Regensburg, *Sämtliche Werke*, hg. von Georg Leidinger (Quellen und Erörterungen zur bayerischen und deutschen Geschichte. Neue Folge 1), München 1903.

Annales Regum Mauritaniae a Conditio Idrisidarum Imperio ad Annum Fugae 726 ab Abu-L Hasan Ali Ben Ard Allah Ibn Abi Zer' Fesano vel ut alii malunt, Abu Muhammed Salih Ibn Abd el Halim Granatensi conscriptos, hg., übers. und erl. von Carolus Johannes Tornberg, Bd. 2, Uppsala 1846.

Antichi inventari dell'Archivio Gonzaga, hg. von Axel Behne (Pubblicazione degli Archivi di Stato. Strumenti CXVII), Rom 1993.

[Aventinus, Johannes,] *Johannes Turmair's genannt Aventinus Annales Ducum Boiariae*, hg. von Sigmund Riezler (Johannes Turmair's genannt Aventinus sämmtliche Werke 2), Bd. 1, München 1882.

[Aventinus, Johannes,] *Johannes Turmair's genannt Aventinus Bayerische Chronik*, hg. von Matthias Lexer (Johannes Turmair's genannt Aventinus sämmtliche Werke 4,1), 2 Bde., Bd. 1: Buch I. II., Bd. 2: Buch III-VIII, Vorwort, Glossar und Register zur Bayerischen Chronik, München 1882–1886.

[Babur], *Memoirs of Zehīr-ed-Dīn Muhammed Bābur, Emperor of Hindustan, written by himself, in the Caghatāi Tūrki*, übers. von John Leyden/William Erskine, komm. und überarb. von Sir Lucas King, 2 Bde., Oxford u. a. 1921.

[Babur], *The Bābur-nāma in English (Memoirs of Bābur). Translated from the original Turki Text of Zahiru'd-dīn Muḥammad Bābur Pādshāh Ghāzī*, übers. von Annette Susannah Beveridge, o.O. 1922/ND London 1969.

[Babur], *The Baburnama. Memoirs of Babur, Prince and Emperor,* übers. und erl. von Wheeler M. Thackston, New York 2002.

Babur, Zahiruddin Muhammad, *Die Erinnerungen des ersten Großmoguls von Indien. Das Baburnama*, ins Dt. übertr. und mit einem Vorwort von Wolfgang Stammler, Zürich 1988.

Bachmann, Bodo (Hg.), *Die Butzbacher Stadtrechnungen im Spätmittelalter. 1371–1419.* Bd. 1: *Kommentar & Index* (Quellen und Forschungen zur hessischen Geschichte 160), Marburg 2011.

Balbus, Jo[h]annes, *Catholicon. First published in Mainz 1460*, ND [Westmead, Farnborough Hants] 1971.

Balbinus, Bohuslaus, *Miscellanea historica Regni Bohemiae, quibus natura Bohemicae telluris; prima gentis initia; districtuum singulorum descriptio; fundamenta regni; [...] Historia brevis Temporum cum Chronologico examine; aliaque ad notitiam Veteris Bohemiae spectantia, indicantur, & summâ fide, ac diligentiâ explicantur,* Prag 1679.

Balducci Pegolotti, Francesco, *La Pratica della Mercatura,* hg. von Allan Evans (The Medieval Academy of America 24), Cambridge 1936.

Basile, Giambattista, *Das Märchen aller Märchen. Das Pentamerone. Nach dem neapolitanischen Text von 1634/36 vollständig und neu übersetzt und erläutert* von Hanno Helbing/Alfred Messerli/Johann Pögl/Dieter Richter/Luisa Rubini/Rudolf Schenda/Doris Senn, hg. von Rudolf Schenda, München 2000.

Bellini, Giovanni, „I documenti", hg. von Manuela Barausse, in: *Giovanni Bellini. Roma, Scuderie del Quirinale, 30 settembre 2008 – 11 gennaio 2009 [Ausstellungskatalog],* hg. von Mauro Lucco und Giovanni Carlo Federico Villa, Mailand 2008, 327–359.

Die Berner-Chronik des Valerius Anshelm, hg. vom Historischen Verein des Kantons Bern, Bd. 1–6, Bern 1884–1901.

Bibliotheca Iuridica Medii Aevi, Bd. 2: *Scripta Anecdota Antiquissimorum Glossatori scilicet Rainerii de Perusio – Rofredi Beneventani – Anselmi de Orto – Hugolini – Iohannis Bassiani – Aliorumque [...],* hg. von Augusto Gaudentio, Iohanne Baptista Palmerio, Friderico Patetta, Iohanne Tamassia u. Victorio Scialoia, Bologna 1892.

Bock, Hieronymus, *New Kreütter Buch: von Underscheydt, Würckung und Namen der Kreütter so in teütschen Landen wachsen; auch der selbigen eygentlichem und wolgegründtem Gebrauch in der Artznei, zu behalten und zu fürdern Leibs Gesunthyet fast nutz und tröstlichen, vorab gemeynem Verstand [...],* Straßburg: Rihel 1539. Volldigitalisat der Bayerischen Staatsbibliothek München nach dem Exemplar Regensburg, Staatliche Bibliothek, 999/4Med.76 unter PURL http://mdz-nbn-resolving.de/urn:nbn:de:bvb:12-bsb11069345-9 (Stand: 17.03.2023).

Boldan, Kamil/Brodský, Pavel (Hgg.), *The Jena Codex. Facsimile,* Prag 2009.

The Book of Curious and Entertaining Information. The Laṭā'if al-ma'ārif of Tha'ālibī, übers. mit einer Einleitung und Kommentar von C. E. Bosworth, Edinburgh 1968.

Brant, Sebastian, *Kleine Texte,* Bd. 1.2, hg. von Thomas Wilhelmi (Arbeiten und Editionen zur Mittleren Deutschen Literatur, NF 3.1.2), Stuttgart/Bad Cannstatt 1998.

Brant, Sebastian, *Das Narrenschiff. Nach der Erstausgabe (Basel 1494) mit den Zusätzen der Ausgaben von 1495 und 1499 sowie den Holzschnitten der deutschen Originalausgaben,* hg. von Manfred Lemmer, 4. erw. Aufl. (Neudrucke deutscher Literaturwerke N.F. 5), Tübingen 2004.

Das Brief- und Memorialbuch des Albert Behaim, hg. von Thomas Frenz/Peter Herde (MGH. Epistolae. Briefe des späten Mittelalters 1), München 2000.

Der Briefwechsel des Eneas Silvius Piccolomini, Abt. I: *Briefe aus der Laienzeit (1431–1445),* Bd. 1: *Privatbriefe,* hg. von Rudolf Wolkan (Fontes rerum Austriacarum Abt. 2, Bd. 61), Wien 1909.

[Buccio di Ranallo], *Cronaca Aquilana rimata di Buccio di Ranallo di Popplito di Aquila,* hg. von Vicenzo de Bartholomaeis (Fonti per la storia d'Italia 41), Rom 1907.

Buccio di Ranallo, *Cronaca. Edizione critica e commento,* hg. von Carlo De Matteis (Archivio Romanzo 13), Florenz 2008.

Bueil, Jean de, *Le Jouvencel. Suivi du commentaire de Guillaume Tringant*, 2 Bde., hg. von Camille Favre/Léon Lecestre, Bd. 2, Paris 1889.

Bürgerliches Rechtsleben zur Hansezeit in Lübecker Ratsurteilen, hg. von Wilhelm Ebel (Quellensammlung zur Kulturgeschichte 4), Göttingen/Frankfurt/Berlin 1954.

Carteggio degli oratori mantovani alla corte sforzesca (1450–1500), Bd. 3: 1461, hg. von Isabella Lazzarini, Rom 2000.

Celtis, Conradus Protucius, *Libri Odarum Quattuor, Liber Epodon, Carmen Saeculare*, hg. von Felicitas Pindter (Bibliotheca Scriptorum Medii Recentisque Aevorum 23), Leipzig 1937.

Cennini, Cennino, *Il libro dell'arte*, hg. von Franco Brunello, mit einem Vorwort von Licisco Magagnato, Vicenza 1971.

Chronicon Monasterii S. Albani. Registra quorundam abbatum Monasterii S. Albani, qui saeculo XVmo floruere, Bd. 1: *Abbatis Monasterii Sancti Albani, iterum susceptae: Roberto Blakeney, Capellano, Quondam adscriptum*, hg. von Henry Thomas Riley, London 1872.

„Die Chronik des Augsburger Malers Georg Preu des Älteren, 1512–1537", hg. von Friedrich Roth, in: *Die Chroniken der schwäbischen Städte. Augsburg*, Bd. 6 (Chroniken der deutschen Städte 29), Leipzig 1906, Nr. X, 1–86.

Cochlaeus, Johannes, *Warhafftige Historia von Magister Johan Hussen: von anfang seiner newe[n] Sect, biß zum ende seines lebens ym Concilio zu Costnitz, auss alten Originaln beschrieben [...]*, Leipzig: Wolrab 1547, Volldigitalisat der Bayerischen Staatsbibliothek München nach dem Exemplar der Staatlichen Bibliothek Regensburg, 999/Theol.syst.95, unter URL: http://www.mdz-nbn-resolving.de/urn/resolver.pl?urn=urn:nbn:de:bvb:12-bsb11117708-7 (Stand: 17.03.2023).

[Cochlaeus, Johannes], *Historiae Hvssitarvm / Libri Dvodecim / per Ioannem Cochlaevm, artivm / ac sacrae theologiae magistrvm, canonicvm / Vratislauensem [...]* Mainz: Franz Behem 1549 (VD16 C 4326), Volldigitalisat der Bayerischen Staatsbibliothek München, Res/2 H.eccl. 103, unter URL: http://www.mdz-nbn-resolving.de/urn/resolver.pl?urn=urn:nbn:de:bvb:12-bsb10196919-8 (Stand: 17.03.2023).

Codex diplomaticus Lubecensis. Lübeckisches Urkundenbuch, Abt. 1: *Urkundenbuch der Stadt Lübeck*, 10 Tle., hg. vom Verein für Lübeckische Geschichte und Alterthumskunde, Lübeck 1843–1932.

Commento di Francesco da Buti sopra la Divina Comedia di Dante Allighieri, hg. von Giannini di Crescentino, Bd. 1, Pisa 1858.

Consuetudines civitatis Amalfie, hg. von Andrea de Leone/Alessandro Piccirillo, mit einem Vorwort von Antonio Guarino, Cava dei Tirreni/Neapel 1970.

Corpus Chronicorum Bononiensium, Bd. 1: *Testo delle croniche,* hg. von Albano Sorbelli (Rerum Italicarum Scriptores T. 18, Pt. 1, Vol. 1), Città del Castello 1939.

Cusa, Salvatore (Hg.), *I Diplomi greci ed arabi di Sicilia pubblicati nel testo originale, tradotti ed illustrati,* Bd. I, 1–2, Palermo 1868–1882.

D. Martin Luthers Werke. Kritische Gesamtausgabe, Bd. 50, hg. von Karl Drescher [Weimarer Ausgabe 50], Weimar 1914.

Dante Alighieri, *La Divina Commedia*, hg. von Paola Rigotti, Kommentar von Claudio Nardini, mit Texten von Riccardo Caldini/Caterina Ferrari/Stefania Giorgetti/Claudio Nardini/Maria Letizia Parenti/Stella Ragionieri/Gloria Venturi, Fiesole 1997.

[Dasypodius, Petrus], *Dictionarivm Voces Propemodvm Vniversas in autoribus latinae linguae probatis [...]*, Straßburg: Wendel Rihel 1535 (VD16 D 243), Volldigitalisat der Herzog August Bibliothek Wolfenbüttel, H: N 77.4° Helmst. (2) unter PURL: http://diglib.hab.de/drucke/n-77-4f-helmst-2/start.htm (Stand: 17.03.2023).

Dekrete der ökumenischen Konzilien, Bd. 2: *Konzilien des Mittelalters. Vom ersten Laterankonzil (1123) bis zum fünften Laterankonzil (1512–1517)*, bearb. von Hubert Jedin, hg. von Giuseppe Alberigo, Paderborn/München/Wien 2000.

„The Dethe of the Kynge of Scotis. A New Edition", hg. von Margaret Connolly, in: *The Scottish Historical Review* 71, 1992, 46–69.

„Diario d'Anonimo Fiorentino dall' anno 1358 al 1389", hg. von Alessandro Gherardi, in: *Cronache dei secoli XIII e XIV* (Documenti di storia italiana 6), Florenz 1876, 207–481.

Documenti greci e latini di Ruggero I di Calabria e Sicilia. Edizione critica, hg. von Julia Becker (Richerche dell'Istituto Storico Germanico di Roma 9), Rom 2013.

Döpler, Jacob, *Theatrum Poenarum, Suppliciorum Et Executionum Crimialium, Oder Schau-Plaß/ Derer Leibes und Lebens-Straffen/ Welche nicht allein vor alters bey allerhand Nationen und Völckern in Gebrauch gewesen/ sondern auch noch heut zu Tage in allen Vier Welt-Theilen üblich sind […]*, Bd. 1, Sonderhausen 1693, Volldigitalisat nach dem Exemplar der Herzog August Bibliothek Wolfenbüttel, M: Rm 182 (1), unter PURL: http://diglib.hab.de/drucke/rm-182-1s/start.htm (Stand: 17.03.2023).

Eberhard der Ältere, Graf von Württemberg, *Antwort auf das Schreiben des Grafen Eberhard des Jüngeren vom 9. März 1488, Stuttgart, 24. April 1488*, Ulm: Johann Zainer 1488 (GW 09180), Volldigitalisat der Württembergischen Landesbibliothek nach dem Exemplar Inc.fol. 6525b unter PURL: http://digital.wlb-stuttgart.de/purl/bsz346971284 (Stand: 17.03.2023).

Eberlin von Günzburg, Johann, *Mich wundert das kein gelt ihm [sic] Land ist: Ein schimpflich doch vnschedlich gesprech dreyer Landtfarer, vber yetz gemelten tyttel*, Eilenburg: Jacob Stöckel 1524 (VD16 E 135), Volldigitalisat der Bayerischen Staatsbibliothek München, Polem. 1336 n, unter URL: http://www.mdz-nbn-resolving.de/urn/resolver.pl?urn=urn:nbn:de:bvb:12-bsb10167748-8 (Stand: 17.03.2023).

Edition und Überlieferungsgeschichte eines spätmittelalterlichen Glossars. Der Vocabularius optimus des Johannes Kotman, hg. von Ernst Bremer, Diss. Marburg an der Lahn 1978/[1982].

Edrîsî, *Description de l'Afrique et de l'Espagne. Text arabe publié pour la première fois d'après les manuscrits de Paris et d'Oxford avec une traduction, des notes et un glossaire*, hg. und übers. von R. Dozy/M. J. de Goeje, Leiden 1866, ND Leiden/Boston 2015.

L'egloga e i poemetti di Luigi Tansillo secondo la genuina lezione dei codici e delle prime stampe, mit einer Einleitung und Kommentar hg. von Francesco Flamini (Biblioteca Napoletana di Storia e Letteratura 3), Neapel 1893.

Die Enzyklopädie des Isidor von Sevilla, übers. und mit Anm. vers. von Lenelotte Möller, Wiesbaden 2008.

„Epistle of Maulānā Sulṭan-ʿAlī", in: *Calligraphers and Painters. A Treatise by Qāḍī Aḥmad, son of Mīr-Munshī (circa A.H. 1015/A.D. 1606)*, aus dem Persischen übers. von V[ladmir F.] Minorsky, mit einer Einleitung von B. N. Zakhoder, aus dem Russischen übers. von T[atiana] Minorsky (Freer Gallery of Art. Occasional papers 3, Nr. 2), Washington 1959, 106–125.

Epistolario di Coluccio Salutati, Bd. 1, hg. von Francesco Novati (Fonti per la storia d'Italia. Epistolari secolo XIV), Rom 1891.

[Estienne, Robert], *Dictionarivm, seu Latinae linguae Thesaurus. […] Cum Gallica ferè interpretatione*, Paris: Robert Estienne 1531 (USTC 146288), Volldigitalisat der Bayerischen Staatsbibliothek München, Res/2 L.lat. 138 a, PURL: http://www.mdz-nbn-resolving.de/urn/resolver.pl?urn=urn:nbn:de:bvb:12-bsb10197376-7 (Stand: 17.03.2023).

The Fihrist of al-Nadīm, hg. und übers. von Bayard Dodge, 2 Bde., New York/London 1970.

„Fortsetzungen der Chronik des Hector Mülich von Demer, Walther und Rem", in: *Die Chroniken der schwäbischen Städte: Augsburg*, Bd. 4, hg. von Friedrich Roth (Die Chroniken der deutschen Städte 23), Leipzig 1894, Anhang, 405–470.

Frischlin, Nicodemus, *Julius Redivivus. Comoedia. In der Übersetzung von Jacob Frischlin*, hg. von Richard E. Schade (Reclams Universal-Bibliothek 7981), Stuttgart 1983.

Frischlin, Nicodemus, *Sämtliche Werke*, Bd. 3, Tl. 1: *Dramen III. Priscianus Vapulans, Der geschlagene Priscian; Iulius Redivivus, Julius Cäsars Rückkehr ins Erdenleben,* hg. und übers. von Christoph Jungck/Lothar Mundt (Berliner Ausgaben, Sektion Philologische Wissenschaften),

Stuttgart/Bad Cannstatt 2003; Bd. 3, Tl. 3: *Kommentar zu Priscianus Vapulans, Der geschlagene Priscian; Iulius Redivivus, Julius Cäsars Rückkehr ins Erdenleben,* bearb. von Christoph Jungck/Lothar Mundt (Berliner Ausgaben, Sektion Philologische Wissenschaften), Stuttgart/Bad Cannstatt 2014.

Garzoni, Tommaso, *La piazza universale di tutte le professioni del mondo, e nobili et ignobili [...]*, Venedig: Giovanni Battista Somasco 1585 (EDIT16 20454; USTC 831901), Volldigitalisat der Universidad de Granada unter URL: http://hdl.handle.net/10481/18436 (Stand: 17.03.2023).

Garzoni, Tommaso, *Piazza universale: Das ist: Allgemeiner Schawplatz, Marckt und Zusammenkunfft aller Professionen, Künsten, Geschäfften, Händeln und Handtwercken,* Frankfurt am Main 1619, Volldigitalisat der Sächsischen Landesbibliothek/Staats- und Universitätsbibliothek Dresden, Technol.A.5.m unter PURL: http://digital.slub-dresden.de/id265479053 (Stand: 17.03.2023).

Gerson, Jean, *Oeuvres complètes*, Bd. 9: *L'oeuvre doctrinale (423–491)*, hg. von [P.] Glorieux, Paris 1973.

Gesner, Conrad, *Bibliotheca Vniuersalis, siue Catalogus omnium scriptorum locupletissimus, in tribus linguis, Latina, Graeca, & Hebraica [...]*, Tl. 1.1., Zürich: Christoph Froschauer 1545, Volldigitalisat der Herzog August Bibliothek Wolfenbüttel, A: 49.1 Quod. 2° unter URL: http://diglib.hab.de/drucke/49-1-quod-2f/start.htm (Stand: 17.03.2023).

Ghazālī's Book of Counsel for Kings (Naṣīḥat al-Mulūk), übers. von F. R. C. Bagley, London/New York/Toronto 1964.

Gonzaga, Barbara, *Die Briefe / Le Lettere (1455–1508)*, bearb. von Christina Antenhofer/Axel Behne/Daniela Ferrari/Jürgen Herold/Peter Rückert, übers. von Valentina Nucera, Stuttgart 2013.

[González de Clavijo, Ruy], *La route de Samarkand au temps de Tamerlan. Relation du voyage de l'ambassade de Castille à la cour de Timour Beg par Ruy González de Clavijo 1403–1406*, übers. und komm. von Lucien Kehren, Paris 1990.

[González de Clavijo, Ruy], *Clavijos Reise nach Samarkand 1403–1406. Aus dem Altkastilischen*, übers., eingel. und erl. von Uta Lindgren (Algorismus. Studien zur Geschichte der Mathematik und der Naturwissenschaften 10), München 1993.

[Ḥamd Allāh al-Mustawfī], *The Geographical Part of the Nuzhat-al-Qulūb composed by Ḥamd-Allāh Mustawfī*, übers. von G. Le Strange, Leyden/London 1919.

Hanserecesse von 1431–1476, bearb. von Goswin Frhr. von der Ropp (Hanserecesse, 2 Abt., Bd. 6), Leipzig 1890.

Hans Stockars Jerusalemfahrt 1519 und Chronik 1520–1529, hg. von Karl Schib (Quellen zur Schweizer Geschichte NF I 4), Basel 1949.

„Heinrich Deichsler's Chronik. (Fortsetzung) 1488–1506", in: *Die Chroniken der fränkischen Städte. Nürnberg*, Bd. 5, hg. von C[arl] Hegel (Chroniken der deutschen Städte 11), Leipzig 1874, Nr. XIII, 535–708.

Hessus, Helius Eobanus, *Dichtungen. Lateinisch und Deutsch*, 3. Bd.: *Dichtungen der Jahre 1528–1537*, hg. und übers. von Harry Vredeveld (Mittlere Deutsche Literatur in Neu- und Nachdrucken 39), Bern/Frankfurt am Main/New York/Paris 1990.

Hessus, Helius Eobanus, *Urbs Noriberga Illustrata carmine Heroico*, in: ders., *Dichtungen. Lateinisch und Deutsch*, 3. Bd.: *Dichtungen der Jahre 1528–1537*, hg. und übers. von Harry Vredeveld (Mittlere Deutsche Literatur in Neu- und Nachdrucken 39), Bern/Frankfurt am Main/New York, Paris 1990, 183–267.

Hilāl al-Ṣābī, *Rusūm dār al-khilāfa (The Rules and Regulations of the ʿAbbāsid court)*, übers. mit einer Einleitung und Anm. von Elie A. Salem, Beirut 1977.

„Die Historia des Möllenvogtes Sebastian Langhans. 1524–1525", hg. von G. Hertel, in: *Die Chroniken der niedersächsischen Städte: Magdeburg*, Bd. 2 (Die Chroniken der deutschen Städte 27), Leipzig 1899, Nr. IV, 141–195.

„Historia Gulielmi et Albrigeti Cortusiorum de Novitatibus Paduae, et Lombardiae", hg. von Lodovico Antonio Muratori, in: *Rerum Italicarum Scriptores* 12, Mailand 1728, Sp. 767–954.

Historiae patriae Monvmenta edita ivssv Regis Caroli Alberti, Bd. 6: Chartarum tomus, Tl. 2, Turin 1853.

Hornschuch, Hieronymus, *Orthotypographia. Das ist: Ein kurtzer Unterricht für diejenigen, die gedruckte Werck corrigieren wollen […] Hiebevor Lateinisch beschrieben von Hieronymo Hornschuchen […] in Teutsche Sprach gebracht und zum Druck verfertiget, durch T. H. D. endlich ist auch mit angehengt ein gründlicher Bericht / H. D. Daniel Kramers, wo, wenn vnd wer solche werche [sic] Kunst erfunden […]*, Leipzig 1634, Volldigitalisat der Sächsische Landesbibliothek – Staats- und Universitätsbibliothek Dresden, Technol.B.658, unter PURL: http://digital.slub-dresden.de/id273679848 http://nbn-resolving.de/urn:nbn:de:bsz:14-db-id2736798482 (Stand: 17.03.2023).

Hornschuch, Hieronymus, *Orthotypographia 1608 [Faksimile]*, mit einer Einleitung hg. von Otto Clemen (Schriftensammlung des Familienarchivs Hornschuch H. 14 [sic; korrekt: 15]), Schorndorf 1940.

Hornschuch, Hieronymus, *Orthotypographia lateinisch/deutsch 1608*, Leipzig 1634, ND hg. von Martin Boghardt/Frans A. Janssen/Walter Wilkes, o. O. [1983].

Ḥudūd al-ʿālam. *The regions of the world'. A persian geography 372 A.H. – 982 A.D.*, übers. und komm. von V[ladmir F.] Minorsky, mit einem Vorwort von V. V. Barthold, London 1937.

Huillard-Bréholles, Jean Louis Alphonse (Hg.), *Historia diplomatica Friderici secundi sive constitutiones, privilegia, mandata, instrumenta quae supersunt istius imperatoris et filiorum ejus*, Paris 1852–1854.

Iddio ci dia buon viaggio e guadagno. Firenze, Biblioteca Riccardiana, ms. 1910 (Codice Vaglienti). Edizione critica, hg. von Luciano Formisano, Florenz 2006.

[Ibn Baṭṭūṭa], *The Travels of Ibn Baṭṭūṭa. A.D. 1325–1354. Translated with revisions and notes from the Arabic text edited by C. Defrémery and B. R. Sanguinetti*, übers. von H[amilton] A[lexander] R[osskeen] Gibb, Cambridge 1958–2000.

Ibn-Baṭṭūṭa, Muḥammad Ibn-ʿAbdallāh, *Voyages et périples choisis*, übers. aus dem Arab. und komm. von Paule Charles-Dominique (Connaissance de l'Orient), [Paris] 1992.

[Ibn Faḍl Allāh al-ʿUmarī], *Das Mongolische Weltreich. Al-ʿUmarī's Darstellung der mongolischen Reiche in seinem Werk Masālik al-abṣār fī mamālik al-amṣār, mit Paraphrase und Kommentar*, hg. von Klaus Lech (Asiatische Forschungen 22), Wiesbaden 1968.

Ibn-Ḥauqal, *Configuration de la terre (Kitāb Ṣūrat al-arḍ)*, eingel. und übers. von J[ohannes] H. Kramers/G[aston] Wiet (Collection UNESCO d'oeuvres representatives. Série arabe), 2 Bde., Beirut/Paris 1964.

Ibn Khaldûn, *The Muqaddimah. An Introduction to History,* übers. und eingel. von Franz Rosenthal, 3 Bde., New York 1958.

Ibn Khaldûn, *The Muqaddimah. An introduction to history,* übers. und eingel. von Franz Rosenthal, gekürzt und hg. von N. J. Dawood, mit einer neuen Einleitung von Bruce B. Lawrence (Bollingen Series), Princeton/Oxford 2005.

Ibn Khaldûn, *Die Muqaddima. Betrachtungen zur Weltgeschichte,* aus dem Arabischen übertragen von Alma Giese, unter Mitwirkung von Wolfhart Heinrichs, München 2011.

Idrîsî, *La Première Géographie de L'Occident. Présentation, notes, index, chronologie et bibliographie*, hg. von Henri Bresc/Annliese Nef, übers. durch den Chevalier Jaubert, durchgeseh. von Anneliese Nef, Paris 1999.

Isidori Hispalensis Episcopi Etymologiarvm sive originvm libri XX, hg. und komm. von W[allis] M[artin] Lindsay, 2 Bde., Oxford 1911.

[Jean de Roye,] *Journal de Jean de Roye. Connu sous le nom de Chronique scandaleuse, 1460–1483*, Bd. 1, hg. von Bernard de Mandrot, Paris 1894.

Jean de Vignay, *Les Merveilles de la Terre d'Outremer. Traduction du XIVᵉ siècle du récit de voyage d'Odoric de Pordenone*, hg. von D[avid] A. Trotter, Exeter 1990.

[Jean Le Long,] *Le voyage en Asie d'Odorico de Pordenone, traduit par Jean Le Long OSB. Iteneraire de la Peregrinacion et du voyaige (1351). Edition critique*, hg. von Alvise Andreose/Philippe Ménard (Textes Littéraires Français), Genf 2010.

Juan Fernández de Heredia's Aragonese Version of the Libro de Marco Polo, hg. von John J. Nitti, Madison 1980.

[Justinger, Conrad], *Die Berner-Chronik des Conrad Justinger. Nebst vier Beilagen: 1. Cronica de Berno. 2. Conflictus Laupensis. 3. Die anonyme Stadtchronik oder der Königshofen-Justinger. 4. Anonymus Friburgensis*, hg. von G[ottlieb] Studer, Bern 1871.

Kämmereibuch der Stadt Reval 1463–1507, bearb. von Reinhard Vogelsang (Quellen und Forschungen zur hansischen Geschichte NF 27), 2 Halbbde., Köln 1983.

Konrad Steckels deutsche Übertragung der Reise nach China des Odorico von Pordenone, hg. von Gilbert Strasmann (Texte des späten Mittelalters und der frühen Neuzeit 20), Berlin 1968.

Die Konstitutionen Friedrichs II. für das Königreich Sizilien, hg. von Wolfgang Stürner (MGH Constitutiones et acta publica imperatorum et regum T. 2, Suppl.), Hannover 1996.

Der Koran. Aus dem Arabischen neu übertragen, übers. von Hartmut Bobzin unter Mitarbeit von Katharina Bobzin, München 2012.

[Laurentius von Březová], *Die Hussiten. Die Chronik des Laurentius von Březová 1414–1421. Aus dem Lateinischen und Alttschechischen*, übers., eingel. und erklärt von Josef Bujnoch, Graz u. a. 1988.

„Lehenbuch Graf Eberhard des Greiners von Wirtemberg", hg. von [Eugen] Schneider, in: *Württembergische Vierteljahrshefte für Landesgeschichte* 8, 1885/1886, 113–164.

Lettera dell'Abate Giovanni Andres al Sig. Abate Giacomo Morelli sopra alcuni codici delle biblioteche capitolari di Novara e di Vercelli, Parma 1802.

Liber privilegiorum comunis Mantue, hg. von Roberto Navarrini (Fonti per la storia di Mantova e del suo territorio 1), Mantua 1988.

Libri erectionum archidiocesis Pragensis, saeculo XIV. et XV. Sumtibus Pragensis doctorum theologiae collegii, Bd. 1: *1358–1376*, hg. von Clemens Borový, Prag 1875.

El libro di mercatantie et usanze de' paesi, hg. von Franco Borlandi (Documenti e studi per la storia del commercio e del diritto commerciale italiano 7), Turin 1936.

[Ludwig von Eyb], *Die Geschichten und Taten Wilwolts von Schaumburg*, hg. von Adelbert von Keller (Bibliothek des Literarischen Vereins Stuttgart 50), Stuttgart 1859.

Lübecker Ratsurteile, 4 Bde., hg. von Wilhelm Ebel, Göttingen/Berlin/Frankfurt 1955–1967.

I Manoscritti datati della provincia di Vicenza e della Biblioteca Antoniana di Padova, hg. von Cristiana Cassandro/Nicoletta Giovè Marchioli/Paola Massalin/Stefano Zamponi (Manoscritti Datati d'Italia [Nuova Serie] 4), Florenz 2000.

I Manoscritti datati della Biblioteca Civica Angelo Mai et delle altre biblioteche di Bergamo, hg. von Francesco Lo Monaco (Manoscritti Datati d'Italia [Nova Series] 6) Florenz 2003.

I Manoscritti datati delle province di Frosinone, Rieti e Viterbo, hg. von Lidia Buono/Roberta Casavecchia/Marco Palma/Eugenia Russo (Manoscritti Datati d'Italia [Nuova Serie] 17), Florenz 2007.

Manoscritti in scrittura latina in biblioteche friulane datati o databili, hg. von Giovanni Maria Del Basso (Manoscritti Datati d'Italia. Fuori Serie), Udine 1986.

[Matteo, Giovanni] *De rerum inuentoribus aureus libellus que[m] Ioannes Matthaeus Lune[n]sis cudebat,* Paris: im Auftrag von Agostino Giustiniani gedruckt von Nicolas La Barre 1520 (USTC 145227), Volldigitalisat der Hathi Trust Digital Library nach einem Original der Universidad Complutense de Madrid, URL: https://catalog.hathitrust.org/Record/009304266 (Stand: 17.03.2023).

Medieval Trade in the Mediterranean World. Illustrative Documents, übers. mit Einleitung und Kommentar von Robert S. Lopez/Irving W. Raymond (Records of Civilization, Sources and

Studies 52), New York 1955, ND mit einem Vorwort und einer Bibliographie von Olivia Remie Constable, New York 2001.

Mercanzie et usanze dei paesi, Florenz: Bartolomeo de Libri für Piero Pacini, um 1497 (GW M22851), Volldigitalisat der Universitätsbibliothek Heidelberg, Leser 621 Octav INC, unter PURL: http://digi.ub.uni-heidelberg.de/diglit/ic00450000 (Stand: 17.03.2023).

MGH Constitutiones et acta publica imperatorum et regum, Bd. 3, hg. von Jakob Schwalm, Hannover/Leipzig 1904–1906.

MGH Constitutiones et acta publica imperatorum et regum, Bd. 6, Tl. 1, hg. von Jakob Schwalm, Hannover 1914–1927.

MGH Constitutiones et acta publica imperatorum et regum, Bd. 11: *Dokumente zur Geschichte des Deutschen Reichs und seiner Verfassung 1354–1356*, hg. von Wolfgang D. Fritz, Weimar 1978–1992.

MGH Constitutiones et acta publica imperatorum et regum, Bd. 12: *Dokumente zur Geschichte des deutschen Reiches und seiner Verfassung 1357–1359*, bearb. von Ulrike Hohensee/Mathias Lawo/Michael Lindner/Olaf B. Rader, Wiesbaden 2013.

[More, Thomas], *De optimo reip. statu, deque nova insula utopia, libellus vere aureus, nec minus salutaris quàm festiuus, clarissimi disertissimique viri Thomae mori inclytae civitatis londinensis civis & vicecomitis [...]*, Basel: Johannes Froben 1518 (VD16 M 6300), Volldigitalisat der Bayerischen Staatsbibliothek München, unter PURL: https://www.digitale-sammlungen.de/de/details/bsb10984384 (Stand: 17.03.2023).

[More, Thomas], *Von der wunderbarlichen Jnnsel Vtopia genant/ das ander Buoch/ durch den wolgebornen hochgelerten herren Thomam Moru[m] Fryhern[n]/ vn[n] des durchlüchtigiste[n]/ großmechtigisten Künigs zuo Engellandt Schatzmeister erstlich zuo Latin gar kürtzlich beschriben vnd vßgelegt*, Basel: Johannes Bebel 1524 (VD16 M 6304; USTC 703719), Volldigitalisat der Bayerischen Staatsbibliothek München, 4 Pol.g. 162 d, unter PURL: https://mdz-nbn-resolving.de/details:bsb10166830 (Stand: 17.03.2023).

[More, Thomas], *La Republica nuouamente ritrouata, del gouerno dell'isola Eutopia, nella qual si vede nuoui modi di gouernare stati, reggier popoli, dar leggi a i senatori, con molta profondita di sapienza, storia non meno vtile che necessaria. Opera di Thomaso Moro cittadino di Londra*, Venedig: [Anton Francesco Doni] 1548 (EDIT16 49218; USTC 858992), Volldigitalisat auf den Seiten „Bibliothèques Virtuelles Humanistes" des Centre d'Études Supérieures de la Renaissance (CESR) an der Universität Tours unter URL: http://www.bvh.univ-tours.fr/Consult/index.asp?numfiche=272 (Stand: 17.03.2023).

More, Thomas, *Utopia*, hg. von Edward Surtz, S.J./J. H. Hexter (The Yale Edition of the complete works of St. Thomas More 4), New Haven/London 1965.

[More, Thomas], *Thomas More's Utopia in Early Modern Europe. Paratexts and Contexts*, hg. von Terence Cave für das Projekt „Dislocations: Practices of Cultural Transfer in the Early Modern Period" an der Universität Oslo, Manchester/New York 2008.

[Nebrija, Elio Antonio de], *Vocabularius nebrissensis. Aelii Antonii Nebrissensis grammatici Lexicon i. dictionariu[m]*, Lyon: ohne Angabe des Druckers 1524, Volldigitalisat der Bayerischen Staatsbibliothek München, L.lat.f. 197, unter URL: http://www.mdz-nbn-resolving.de/urn/resolver.pl?urn=urn:nbn:de:bvb:12-bsb10185803-5 (Stand: 17.03.2023).

Nova Alamanniae. Urkunden. Briefe und andere Quellen besonders zur deutschen Geschichte des 14. Jahrhunderts, vornehmlich aus Sammlungen des Trierer Notars und Offizials, Domdekans von Mainz Rudolf Losse aus Eisenach in der Ständischen Landesbibliothek zu Kassel und im Staatsarchiv zu Darmstadt, 2 Hälften [sic], hg. von Edmund E. Stengel, Berlin 1921–1930.

Odorico da Pordenone, *Relazione del viaggio in Oriente e in Cina (1314?–1330)*, hg. von der Camera di Commercio Industria Artigianato e Agricoltura Pordenone, Pordenone 1982.

[Odorico da Pordenone], *Libro delle nuove e strane e meravigliose cose. Volgarizzamento italiano del secolo XIV dell'Itinerarium di Odorico da Pordenone*, hg. von Alvise Andreose, Padua 2000.

Odoricus de Portu Naonis, „Relatio", in: *Sinica Franciscana*, Bd. 1: *Itinera et Relationes Fratrum Minorum Saeculi XIII et XIV*, hg. und komm. von P. Anastasius van den Wyngaert O. F. M., Florenz 1929, 381–498.

Paulerinus, [Paulus], *Liber viginti arcium (ff. 185ra-190rb)*, hg. von Alena Hadravová (Clavis Monumentorum Litterarum (Regnum Bohemiae) 3 Fontes 2), Prag 1997.

„Paul Hektor Mairs 2. Chronik von 1547 bis 1565", hg. von J. Hansen, in: *Die Chroniken der schwäbischen Städte. Augsburg*, Bd. 8 (Chroniken der deutschen Städte 33), Stuttgart/Gotha 1928, ND Stuttgart 1966, 245–470.

Perotti, Niccolò, *Cornucopie: emendatissimum miro ordine novissime insignitum in quo toto opere facilius omnia vocabula reperies atque in sola tabula aliorum antea impressorum prius invenire posses [...]*, Venedig: Giovanni Tacuino 1496 (GW M31100), Mikrofilm der Bibliothèque nationale de France unter URL: http://gallica.bnf.fr/ark:/12148/bpt6k59297x (Stand: 17.03.2023).

Perotti, Nicolai [= Niccolò], *Cornv Copiae seu linguae Latinae commentarii*, Bd. 1, hg. von Jean-Louis Charlet/Martine Furno mit einem Vorwort von Sesto Prete (Istituto Internazionale di Studi Piceni), Sassoferrato 1989.

[Peter von Mladoniowitz,] *Hus in Konstanz. Der Bericht des Peter von Mladoniowitz*, übersetzt, eingel. und komm. von Josef Bujnoch (Slavische Geschichtsschreiber 3), Graz/Wien/Köln 1963.

[Piccolomini,] Aeneas Silvius, *Germania,* u. Wimpfeling, Jakob, *Responsa et Replicae ad Eneam Silvium*, hg. von Adolf Schmidt, Köln/Graz 1962.

Piccolomini, Aeneas Silvius, *Historia Bohemica*, Bd. 1: *Historisch-kritische Ausgabe des lateinischen Textes,* besorgt von Joseph Hejnic mit einer deutschen Übersetzung von Eugen Udolph (Bausteine zur slavischen Philologie und Kulturgeschichte NF Reihe A: Editionen 20,1), Köln/Weimar/Wien 2005.

Plinius Secundus d.Ä., Cajus, *Naturkunde. Lateinisch-deutsch. Bücher XII/XIII. Botanik: Bäume*, hg. und übers. von Roderich König in Zusammenarbeit mit Gerhard Winkler (Sammlung Tusculum), 2. Aufl., Düsseldorf 2007.

Poggio Bracciolini [Gian Francesco], *De varietate fortvnae. Edizione critica con introduzione e commento*, hg. von Outi Merisalo (Suomalaisen Tiedeakatemian Toimituksia Annales Academiae scientiarum Fennicae Sarja – ser B nide – tom. 265), Helsinki 1993.

[Polo, Marco], *Hie hebt sich an das puch des edeln[n] Ritters vn[n] landtfarers Marcho Polo, in dem er schreibt die grossen wunderlichen ding dieser welt [...]*, Nürnberg: Friedrich Creussner 1477 (GW M34804), Volldigitalisat der Bayerischen Staatsbibliothek München, 2 Inc.c.a. 652 c, unter der URN: urn:nbn:de:bvb:12-bsb00004552-7 (Stand: 17.03.2023).

[Polo, Marco], „M. Pauli Veneti de regionibus Orientalibus libri III", in: *Novus orbis regionum ac insularum veteribus incognitarum*, hg. von Simon Grynäus, Basel: Johannes Herwagen d.Ä. 1532a (VD16 G 3827), 330–417, Volldigitalisat der Österreichischen Nationalbibliothek, 48.C.22, unter URL: http://data.onb.ac.at/ABO/%2BZ159572701 (Stand: 17.03.2023).

[Polo, Marco], „M. Pauli Veneti de regionibus Orientalibus libri III", in: *Novus orbis regionum ac insularum veteribus incognitarum*, hg. von Simon Grynäus, Paris: Antoine Augereau/Jean Petit 1532b, 288–366, Volldigitalisat der Bibliothèque nationale de France nach einem Mikrofilm, unter URL: http://gallica.bnf.fr/ark:/12148/bpt6k52509z (Stand: 17.03.2023).

[Polo, Marco], „M. Pauli Veneti de regionibus Orientalibus libri III", in: *Novus orbis regionum ac insularum veteribus incognitarum,* hg. von Simon Grynäus, Paris: Antoine Augereau/Jean Galeot 1532c, 288–366, Volldigitalisat der Bayerischen Staatsbibliothek München, Res/4 Geo.u. 138 o, URL: http://www.mdz-nbn-resolving.de/urn/resolver.pl?urn=urn:nbn:de:bvb:12-bsb10200881-7 (Stand: 17.03.2023).

[Polo, Marco], „Drey Buecher von den Morgenlendern Marx Paul von Venedig", in: *Die New welt, der landschafften vnnd Jnsulen, so bis hie her allen Altweltbeschrybern vnbekant [...]*, hg. von Simon Grynäus, übers. von Michael Herr 1534, Straßburg: Georg Ulricher, fol. 103v-133v,

Volldigitalisat der Universitäts- und Landesbibliothek Sachsen-Anhalt nach dem dort verwahrten Exemplar unter URN: urn:nbn:de:gbv:3:1-171960 (Stand: 17.03.2023).

[Polo, Marco], *La description géographique des provinces & villes plus fameuses de l'Inde orientale, meurs, loix, & coustumes des habitans d'icelles […], par Marc Paule gentilhomme Venetien, et nouvellement réduict en vulgaire françois*, Paris: Jean Longis 1556, Volldigitalisat der Bibliothèque nationale de France nach einem Mikrofilm unter URL: http://gallica.bnf.fr/ark:/12148/bpt6k52228d (Stand: 17.03.2023).

[Polo, Marco], *El libro de Marco Polo. Aus dem Vermächtnis des Dr. Hermann Knust* hg. von R. Stuebe, Leipzig 1902.

[Polo, Marco], *Marka Pavlova z Benátek, Milion. Dle jediného rukopisu spolu s příslušným základem latinským*, hg. von Justin von Prášek, Prag 1902.

[Polo, Marco], „Un nuovo testo veneto del Milione di Marco Polo", hg. von M. Pelaez, in: *Studi Romanzi* 4, 1906, 5–65.

[Polo, Marco,] *The Book of Ser Marco Polo the Venetian concerning the Kingdoms and Marvels of the East*, überarb. von Henri Cordier, 2 Bde., hg. und übers. von Henry Yule, 3. Aufl., New York 1926.

Polo, Marco, *Il Milione. Prima edizione integrale*, hg. von Luigi Foscolo Benedetto (Comitato Geografico Nazionale Italiano 3), Florenz 1928.

Polo, Marco, *Milione. Versione toscana del Trecento. Edizione critica*, hg. von Valeria Bertolucci Pizzorusso, mit einem Indice ragionato von Giorgio R. Cardona, Mailand 1975, ND 1982.

Polo, Marco, *Milione. Le divisament dou monde. Il Milione nelle redazioni toscana e franco-italiana*, hg. von Gabriella Ronchi, mit einer Einleitung von Cesare Segre, [Mailand] 1982.

Polo, Marco, *Il Milione. Die Wunder der Welt. Übersetzung aus altfranzösischen und lateinischen Quellen und Nachwort* von Elise Guignard, Zürich 1983.

[Polo, Marco] *El libro de Marco Polo anotado por Cristóbal Colón. El libro de Marco Polo, versión de Rodrigo de Santaella. Edición, introducción y notas*, hg. von Juan Gil, Madrid 1987.

[Polo, Marco] *Una familia veneta del libro de Marco Polo*, hg. von Angélica Valentinetti Mendi, Madrid 1992.

Polo, Marco, *Das Buch der Wunder. Handschrift Français 2810 der Bibliothèque nationale de France, Paris, Faksimile und Kommentar*, hg. von François Avril/Marie-Thérèse Gousset/Jacques Monfrin/Jean Richard/Marie-Hélène Tesnière (Editions Facsimilé Lucerne), Luzern 1996.

Polo, Marco, *Milione. Redazione latina del manoscritto Z. Versione italiana a fronte*, hg. von Alvaro Barbieri (Biblioteca di scrittori italiani), Parma 1998.

Polo, Marco, *Il „Milione" veneto. Ms. CM 211 della Biblioteca Civica di Padova*, hg. von Alvaro Barbieri/Alvise Andreose, in Zusammenarbeit mit Marina Mauro, Vorwort von Lorenzo Renzi, Venedig 1999.

Polo, Marco, *Le Devisement du Monde. Edition critique,* 6 Bde., Bd. 1: *Départ des voyageurs et traversée de la Perse*, unter der Leitung von Philippe Ménard hg. von dems./Marie-Luce Chênerie/Michèle Guéret-Laferté (Textes littéraires français 533), Genf 2001; Bd. 2: *Traversée de l'Afghanistan et entrée en Chine*, unter der Leitung von Philippe Ménard hg. von Jeanne-Marie Boivin/Laurence Harf-Lancner/Laurence Mathey-Maille (Textes littéraires français 552), Genf 2003; Bd. 3: *L'empereur Khoubilai Khan*, unter der Leitung von Philippe Ménard hg. von Jean-Claude Faucon/Danielle Quéruel/Monique Santucci (Textes littéraires français 568), Genf 2004; Bd. 5: *A travers la Chine du Sud*, unter der Leitung von Philippe Ménard hg. von Jean-Claude Delclos/Claude Roussel (Textes littéraires français 586), Genf 2006.

[Polo, Marco,] *Il manoscritto della Bibliothèque Nationale de France Fr. 1116,* Bd. 1: *Il testo*, hg. von Mario Eusebi (Biblioteca Veneta. Poliana: Documenti per l'edizione integrale del libro di Marco Polo 1), Rom/Padua 2010.

[Polo, Marco,] *Marco Polos „Heydnische Chronik". Die mitteldeutsche Bearbeitung des „Divisament dou monde" nach der Admonter Handschrift Cod. 504*, hg. von Nicole Steidl, Aachen 2010.

Prameny Dějin Českých, Bd. 8: *Historické spisy Petra z Mladoňovic a jiné zpravy a paměti o M. Janovi Husovi a M. Jeronymovi z Prahy* [= Quellen zur tschechischen Geschichte, Bd. 8: Historische Schriften von Peter von Mladeňovice und andere Berichte und Erinnerungen über Magister Jan Hus und Magister Hieronymus von Prag], hg. von Václav Novotný (Fontes Rerum Bohemicarum 8), Prag 1932.

Die Protokolle des Duisburger Notgerichts. 1537–1545, hg. von Margret Mihm, Duisburg 1994.

Qvesto e el libro che tracta di mercatantie et vsanze de paesi, Florenz: Francesco di Dino, 10.12.1481 (GW M22847), Volldigitalisat der Württembergischen Landesbibliothek Stuttgart, Inc.qt.4956, unter PURL: http://digital.wlb-stuttgart.de/purl/bsz348113587 (Stand: 17.03.2023).

[Rainerius Perusinus,] *Die Ars Notariae des Rainerius Perusinus*, hg. von Ludwig Wahrmund (Quellen zur Geschichte des römisch-kanonischen Prozesses im Mittelalter 3,2), o.O. 1917, ND 1962.

Ramingen, Jacob von, *Von der Registratur und jren Gebäuen und Regimenten [...]*, Heidelberg 1571.

Ramusio, Giovanni Baptista, *Delle Navigationi Et Viaggi*, Bd. 1: *In Molti Lvoghi Corretta, Et Ampliata, Nella Qvale Si Contengono La Descrittione Dell'Africa, & del paese del Prete Ianni, con varij viaggi [...]*, Venedig 1554, Volldigitalisat der Universitätsbibliothek Heidelberg, A 527 Folio RES::1, unter DOI: https://doi.org/10.11588/diglit.9380#0264 (Stand: 17.03.2023).

Ramusio, Giovanni Baptista, *Delle Navigationi Et Viaggi*, Bd. 2: *Nel Qvale Si Contengono L'Historia delle cose de Tartari, & diuersi fatti di loro Imperatori, descritta da M. Marco Polo Gentilhuomo Venetiano, & da Hayton Armeno [...]*, Venedig 1559, Volldigitalisat der Universitätsbibliothek Heidelberg, A 527 Folio RES::2, unter DOI: https://doi.org/10.11588/diglit.9381 (Stand: 17.03.2023).

Ramusio, Giovanni Battista, *Navigazioni e viaggi*, hg. von Marica Milanesi, 6 Bde., Turin 1978–1988.

[Rashīd al-Dīn Ṭabīb], *Die Chinageschichte des Rašīd ad-Dīn. Übersetzung, Kommentar, Facsimiletafeln*, übers. und hg. von Karl Jahn unter sinologischem Beistand von Herbert Franke (Österreichische Akademie der Wissenschaften. Philosophisch-historische Klasse. Denkschriften 105), Wien 1971.

Die Recesse und andere Akten der Hansetage von 1256–1430, hg. von Carl Koppmann (Hanserecesse [Abt. 1], Bd. 1), Leipzig 1870.

Reisch, Gregor, *Margarita philosophica*, Freiburg im Breisgau: Johann Schott 1503 (VD16 R 1033), Volldigitalisat der Universitätsbibliothek Freiburg i. Br., A 7315, unter URL: http://dl.ub.uni-freiburg.de/diglit/reisch1503(Stand: 17.03.2023).

Reyscher, August Ludwig (Hg.), *Vollständige, historisch und kritisch bearbeitete Sammlung der württembergischen Gesetze*, Bd. I und II, Stuttgart/Tübingen 1828.

Rotenbucher, Erasmus: *Bergkreyen. Auff zwo stimmen componirt sambt etlichen dergleichen Franckreichischen gesenglein mit fleiß außerlesen vnd jetzund newlich zu freundlichem gefallen allen der Edlen Musick liebhabern in druck geordnet [...]*, Nürnberg: Johann Vom Berg/Ulrich Neuber 1551 (VD16 ZV 13371), Volldigitalisat der Bayerischen Staatsbibliothek München nach dem Exemplar 4 Mus.pr. 454 unter URN: urn:nbn:de:bvb:12-bsb00072036-7 (Stand: 19.03.2023).

Roudh el-Kartas. Histoire des souverains du Maghreb (Espagne et Maroc) et annales de la ville de Fès, übers. von A[uguste] Beaumier, Paris 1860.

Roux [de Rochelle, Jean Baptiste Gaspard], *Recueil de voyages et de mémoires, publié par la Société de géographie*, Bd. I: *Voyages de Marco Polo. Première partie. Introduction, texte, glossaire et variantes*, Paris 1824.

[Rubruk, Wilhelm von,] „Itinerarium Willelmi de Rubruc", in: *Sinica Franciscana*, Bd. 1: *Itinera et relationes Fratrum Minorum Saeculi XIII et XIV*, hg. und komm. von P. Anastasius van den Wyngaert O.F.M., Florenz 1929, 164–332.

Das Runtingerbuch 1383–1407 und verwandtes Material zum Regensburger-südostdeutschen Handel und Münzwesen, Bd. 2: *Text des Runtingerbuchs* (Deutsche Handelsakten des Mittelalters und der Neuzeit 7,2), hg. von Franz Bastian, Regensburg 1935.

Salatiele, *Ars notarie*, Bd. 1: *Frammenti della prima stesura dal Codice Bolognese dell'Archiginnasio B. 1484,* hg. von Gianfranco Orlandelli (Opere dei Maestri 2), Mailand 1961.

Salzburger Urkundenbuch, Bd. 3: *Urkunden von 1200–1246,* hg. von Willibald Hauthaler/Franz Martin, Salzburg 1918.

[Sánchez de Arévalo, Rodrigo], *Dises buechlin genannt d[er] spiegel des menschlichen lebens von dem hochwirdigen Rotorico von hyspania [...] [Speculum vitae humanae],* übers. von Heinrich Steinhöwel, Augsburg: Günther Zainer um 1476 (GW M38511), Volldigitalisat der Universitätsbibliothek Heidelberg, Q 8516 qt. INC, unter PURL: https://digi.ub.uni-heidelberg.de/diglit/ir00231000/0009 (Stand: 17.03.2023).

Sattler, Christian Fri[e]drich, *Geschichte des Herzogtums Wuertenberg unter der Regierung der Graven. Mit 73 Urkunden und einigen Kupfern bestärket,* Tl. 4, 2. Aufl., Tübingen 1777.

Schedel, Hartmann, *Weltchronik. Kolorierte Gesamtausgabe von 1493* [Faksimile der deutschen Ausgabe], eingel. und komm. von Stephan Füssel, Köln u. a. 2001.

Schmauß von Senckenberg, Johann Jacob, *Neue und vollständigere Sammlung der Reichs-Abschiede, Welche von den Zeiten Kayser Conrads des II. bis jetzo, auf den Teutschen Reichs-Tägen abgefasset worden: sammt den wichtigsten Reichs-Schlüssen, so auf dem noch fürwährenden Reichs-Tage zur Richtigkeit gekommen sind.* Tl. II: *Zweyter Theil derer Reichs-Abschiede von dem Jahr 1495 bis auf das Jahr 1551,* o.O. 1747, ND Osnabrück 1967.

Schneider, Eugen (Hg.), *Ausgewählte Urkunden zur Württembergischen Geschichte*, Stuttgart 1911.

Schnur, Harry C. (Hg.), *Lateinische Gedichte deutscher Humanisten. Lateinisch/Deutsch*, 3. durchges. und um ein Nachwort erg. Aufl., Stuttgart 2015.

Las siete partidas de Alfonso X el sabio con las adiciones de Alfonso Diaz de Montalvo, Sevilla: Paulus de Colonia/Juan Pegnitzer/Magno Herbst/Thomas Glockner für Rodrigo de Escobar/Melchior Gorricio, 1491 (IB 7107, USTC 333215), Volldigitalisat der Biblioteca Nacional de España, INC/617–INC/619 unter URL: http://bdh.bne.es/bnesearch/detalle/bdh0000176662 (Stand: 17.03.2023).

Las Siete Partidas del Rey Don Alfonso el Sabio, cotejadas con varios codices antiquos, Bd. 2: *Partida segunda y tercera,* hg. durch die Real Academia de la Historia, Madrid 1807, ND Madrid 1972.

Stadthagener Stadtrechnungen 1378–1401, hg. von Dieter Brosius (Schaumburger Studien 18), Bückeburg 1968.

Statuti Bonacolsiani, mit einem unpublizierten Text von Pietro Torelli hg. von Ettore Dezza/Anna Maria Lorenzoni/Mario Vaini (Fonti per la storia di Mantova e del suo territorio 7), Mantua 2002.

Statuti del Comune di Padova dal Secolo XII all'anno 1285, hg. von Andrea Gloria, Padua 1873.

Statuti di Bologna dall'anno 1245 all'anno 1267, hg. von Luigi Frati (Dei Monumenti Istorici pertinenti alle Provincie della Romagna. Serie prima: Statuti), 3 Bde., Bologna 1869–1877.

Statvtorvm Civitatis Vrbisveteris Volumen, Rom 1581.

Steinmann, Martin (Hg.), *Handschriften im Mittelalter. Eine Quellensammlung*, Basel 2013.

Stumpf, Johannes, *Des grossen gemeinen Conciliums zuo Constentz gehalten / kurtze / doch grundtlichere vnd volkommnere dann vor nie in Teütsch gesaehen / beschreybung [...],* Zürich: Froschauer 1541, Volldigitalisat der Zentralbibliothek Zürich, 3.75,2, unter DOI: http://dx.doi.org/10.3931/e-rara-3038 (Stand: 17.03.2023).

Tabulario di S. Filippo di Fragalà e Santa Maria di Maniaci, Bd. 1: *Pergamene latine,* hg. von Giuseppe Silvestri (Documenti per servire alla storia di Sicilia, prima serie – diplomatica 11), Palermo 1887.

„Das Tagebuch des Felix Platter", in: *Thomas/Felix Platter. Zur Sittengeschichte des XVI. Jahrhunderts*, bearb. von Heinrich Boos, Leipzig 1878, 121–331.

Tarifa zoè noticia dy pexi e mexure di luogi e tere che s'adovra marcadantia per el mondo, hg. vom Istituto Superiore di Scienze Economiche e Commerciali di Venezia, Venedig 1925.

Thackston, Wheeler (Übers.), „Appendix I: Articles of Endowment of the Rab^c-i-Rashidi, by Rashiduddin Fazlullah", in: *A Compendium of Chronicles. Rashid al-Din's Illustrated history of the world*, hg. von Sheila S. Blair (The Nasser D. Khalili Collection of Islamic Art 27), London u. a. 1995, 114f.

Tharäus, Andreas, „Klage der Gerste und des Flachses", hg. von J[ohannes] Bolte, in: *Schriften des Vereins für die Geschichte Berlins* 33, 1897, 35–68.

Theophilus Presbyter und das mittelalterliche Kunsthandwerk. Gesamtausgabe der Schrift De diversis Artibus in zwei Bänden, Bd. 1: *Malerei und Glas*, hg. von Erhard Brepohl, Köln/Weimar/Wien 1999.

[Trithemius, Johannes], *De laude scriptorum pulcherrimus tractatus domini Johannis tritemij abbatis Spanhemensis ordinis sancti benedicti de obseruantia burßfeldensis ad Gerlacum abbatem tuiciensem*, Mainz: Peter von Friedberg 1494 (M47538), Volldigitalisat der Bayerischen Staatsbibliothek München, T-446, unter URN: urn:nbn:de:bvb:12-bsb00037424-7 (Stand: 17.03.2023).

Trithemius, Johannes, *Opera historica [...]*, hg. von Marquard Freher, Tl. 1, Frankfurt am Main 1601.

Trithemius, Johannes, *De laude scriptorum. Zum Lobe der Schreiber*, eingeleitet, hg. und übers. von Klaus Arnold (Mainfränkische Hefte 60), Würzburg 1973.

Uhland, Ludwig (Hg.), *Alte hoch- und niederdeutsche Volkslieder mit Abhandlung und Anmerkungen*, Bd. 1: *Liedersammlung in fünf Büchern*, Abt. 2, Stuttgart/Tübingen 1845.

„Ulman Stromer's Püchel von meim geslechet und von abentewr. 1349 bis 1407 (I.)", hg. von Karl Hegel, in: *Die Chroniken der fränkischen Städte. Nürnberg*, Bd. 1 (Die Chroniken der deutschen Städte vom 14. bis ins 16. Jahrhundert 1), 2. Aufl., Leipzig 1862, Nr. I, 1–106.

Ulman Stromer, *Püchel von mein geslecht und von abentewr. Teilfaksimile der Handschrift Hs 6146 des Germanischen Nationalmuseums Nürnberg. Kommentarband*, bearb. von Lotte Kurras, mit Beiträgen von Lore Sporhan-Krempel/Wolfgang Stromer von Reichenbach/Ludwig Veit, zur 600-Jahrfeier der Gründung der ersten Papiermühle Deutschlands hg. vom Verband deutscher Papierfabriken, Stuttgart 1990.

[Ulrich Richental,] *Hienach ist zuo dem ersten verschriben wie die Cardinael und erczbischof fürsten und herren gen Costentz zu dem concilio einrittend*, Augsburg: Anton Sorg 1483 (GW M38152), Volldigitalisat der Universitäts- und Landesbibliothek Darmstadt, Inc III 55, unter PURL: http://tudigit.ulb.tu-darmstadt.de/show/inc-iii-55/0001 (Stand: 17.03.2023).

[Ulrich Richental], *Das Concilium, So zuo Constantz gehalten ist worden, Des Jars do man zalt von der geburdt vnsers erlösers M.CCCC.XIII. Jar, Mit allen Handlungen inn Geystlichen vnd weltlichen sachen, Auch was diß mals für Bäpst, Kayser [...] zuo Constantz erschienen seind [...]*, Augsburg: Heinrich Steiner 1536 (VD16 R 2202), Volldigitalisat der Bayerischen Staatsbibliothek München unter URL: http://daten.digitale-sammlungen.de/~db/0007/bsb00074421/images/ (Stand: 17.03.2023).

[Ulrich Richental], *Costnitzer Concilium So gehalten worden Jm Jar Taussend vier hundert vnd dreytzehen, Jetzt auffs neuw zugerichtet, Doch mit warer Ersetzung vnd Jnhalt deß alten Exemplars. Auß welchem ein jeder kan [...] vernemen, wie dazumal die Acten oder Handlungen, in Geistlichen vnd Weltlichen Sachen sich verlauffen vnd zugetragen [...]*, Frankfurt am Main: Sigmund Feyerabend 1575 (VD16 R 2203), Volldigitalisat der Staatsbibliothek Bamberg, .25 D 1#1 unter PURL: https://mdz-nbn-resolving.de/details:bsb11405336 (Stand: 17.03.2023).

[Ulrich Richental], *Konstanzskij Sobor 1414–1418. Concilium Constantiense MCDXIV–MCDXVIII. Izdanie Imperatorskago Russkago Archeologičeskago Obščestvo [Ausgabe der Kaiserlichen Russischen Archäologischen Gesellschaft, = Faksimile der Bildseiten aus der Handschrift Pr]*, St. Petersburg 1875, Volldigitalisat der Universität Heidelberg unter DOI: https://doi.org/10.11588/diglit.18448#0007 (Stand: 17.03.2023).

Ulrich Richental, *Das Konzil zu Konstanz. Kommentar und Text*, bearb. von Otto Feger, Starnberg/Konstanz 1964.

[Ulrich Richental], *Chronik des Konstanzer Konzils 1414–1418 von Ulrich Richental* (Konstanzer Geschichts- und Rechtsquellen XLI), eingel. und hg. von Thomas Martin Buck, 2. Aufl., Ostfildern 2011.

Uolrich Richental, *Concilium ze Costenz 1414–1418. Lichtdruck [= Faksimile der Handschrift A, New York Public Library, Spencer Collection, Ms. 32]*, hg. von Hermann Sevin, [Karlsruhe 1881], Volldigitalisat der Universitätsbibliothek Heidelberg unter DOI: https://doi.org/10.11588/diglit.18433 (Stand: 17.03.2023).

Urkundenbuch der Stadt Hildesheim, Tl. 3: *Von 1401 bis 1427*, hg. von Richard Doebner, Hildesheim 1887.

Urkundenbuch der Stadt Stuttgart, bearb. von Adolf Rapp, (Württembergische Geschichtsquellen 13), Stuttgart 1912.

Urkundenbuch von Stadt und Amt Zug vom Eintritt in den Bund bis zum Ausgang des Mittelalters 1352–1528, Bd. 1: *1352–1490 (Nr. 1–1536)*, bearb. und hg. von einer Kommission des Zuger Vereins für Heimatgeschichte (E[ugen] Gruber, A[lbert] Iten, E[rnst] Zumbach), Zug [1952].

Vergil, Polydore, *On Discovery*, ed. und übers. von Brian P. Copenhaver (The I Tatti Renaissance Library 6), Cambridge (Massachusetts)/London 2002.

[Vergilius, Polydorus,] *Polydori Vergilii Vrbinatis De Inventoribvs Rervm Libri Tres*, Venedig: Cristoforo de' Pensi, 1499 (GW M50152), Volldigitalisat der Herzog August Bibliothek Wolfenbüttel, 170.4 Quod. 1, unter URL: http://diglib.hab.de/inkunabeln/170-4-quod-1/start.htm (Stand: 17.03.2023).

[Vergilius, Polydorus,] *Pollidore vergille historiographe tres renomme Nouuellement Translate de latin en langaige vulgaire Lequel souuerainement et en brief traicte et enseigne par entendement, plus diuin que humain, qui ont este les premiers inuenteurs de toutes choses admirables et dignes de memoire [...]*, Paris: Pierre Le Brodeur 1521, Volldigitalisat der Bayerischen Staatsbibliothek München, Res/2 A.lat.a. 333 m#Beibd.1 unter URL: http://www.mdz-nbn-resolving.de/urn/resolver.pl?urn=urn:nbn:de:bvb:12-bsb10140394-3 (Stand: 17.03.2023).

[Vergilius, Polydorus,] *Polydori Vergilii Vrbinatis Adagiorvm Liber. Eiusdem de inuentoribus rerum libri octo, ex accurata autoris castigatione, locupletationeq[ue] non uulgari, adeo ut maxima ferè pars primæ ante hanc utriusq[ue] uolumini ædicioni accesserit*, Basel: Johann Froben, 1521, Volldigitalisat der Herzog August Bibliothek Wolfenbüttel, 89 Quod. 2°, unter URL: http://diglib.hab.de/drucke/89-quod-2f-2/start.htm (Stand: 17.03.2023).

Vergilivs Vrbinas, Polydorvs, *Uon den erfyndern der dyngen. Wje vnd durch wölche/ alle ding/ Nämlichen/ alle Künsten/ Handtwercker/ Auch all andere Händel/ Geystliche vnd Weltliche sachen/ Alls Polliceyen/ Religiones/ Orden/ Ceremonien/ vnnd anders [...]*, Augsburg: Heinrich Steiner, 1537, Volldigitalisat der Herzog August Bibliothek Wolfenbüttel, Q 49.2° Helmst., unter URL: http://diglib.hab.de/drucke/q-49-2f-helmst/start.htm (Stand: 17.03.2023).

Vergilius, Polydorus / Alpinus, Marcus Tatius, *Von den Erfindern der ding, Wje, vnnd durch woelche alle ding [...] Von anfang der Wellt her, biß auff dise vnsere zeyt geübt vnnd gebraucht [...]* 2. Aufl. Augsburg: Heinrich Steiner, 1544 (VD16 V 764), Volldigitalisat der Bayerischen Staatsbibliothek München, Res/2 H.misc. 34, unter URL: http://daten.digitale-sammlungen.de/~db/0009/bsb00090436/images/ (Stand: 17.03.2023).

Vergilius, Polydorus, *De l'origine e de gl'inventori de leggi [...]*, Venedig: Gabriele Giolto de Ferrari, 1545 (EDIT16 CNCE 26045), Volldigitalisat der Bayerischen Staatsbibliothek München, H.misc. 312 p, unter URL: http://www.mdz-nbn-resolving.de/urn/resolver.pl?urn=urn:nbn:de:bvb:12-bsb10178886-3 (Stand: 17.03.2023).

[Vergilius, Polydorus,] *An abridgeme[n]t of the notable worke of Polidore Virgile: conteignyng the deuisers and fyrst fynders out aswell of artes, ministeries, feactes and ciuil ordinaunces, as of rites, and ceremonies, commonly vsed in the church: and the originall beginnyng of the same. Compendiously gathered by Thomas Langley*, London: Richard Grafton, 1546 (ESTC S119097, USTC 503788).

Vergilius, Polydorus, *De l'origine e de gl'inventori de leggi [...]*, Venedig: Gabriele Giolto de Ferrari, 1550 (EDIT16 CNCE 27008), Volldigitalisat der Bayerischen Staatsbibliothek München, H.misc.

312 q, unter URL: http://www.mdz-nbn-resolving.de/urn/resolver.pl?urn=urn:nbn:de:bvb:12-bsb10178888-4 (Stand: 17.03.2023).

Vespasiano da Bisticci, *Le vite. Edizione critica*, mit Einleitung und Kommentar hg. von Aulo Greco (Istituto Nazionale di Studi sul Rinascimento), Bd. 2, Florenz 1976.

Wehrmann, C[arl Friedrich] (Hg.), *Die älteren Lübeckischen Zunftrollen*, 2. verb. Aufl. Lübeck 1872.

Widmann, Hans, *Der deutsche Buchhandel in Urkunden und Quellen*, 2 Bde., unter Mitwirkung von Horst Kliemann/Bernhard Wendt, Hamburg 1965.

Wimpfeling, Jakob, „Antworten und Einwendungen gegen Enea Silvio", in: Enea Silvio Piccolomini, *Deutschland. Der Brieftraktat an Martin Mayer*, übers. und erl. von Adolf Schmidt (Die Geschichtsschreiber der deutschen Vorzeit 104), Köln/Graz 1962, 198–200.

Literatur

Abbondanza, Roberto (Hg.) (1973), *Il notariato a Perugia. Mostra documentaria e iconografica per il XVI Congresso Nazionale del Notariato Italiano (Perugia, Maggio-Luglio 1967)*, Rom.

ʿAbd al-Karīm, Gamal (1974), *La España musulmana en la obra de Yāqūt (s. XII–XIII). Repertorio enciclopédico de ciudades, castillos y lugares de al-Andalus. Extraído del Muʿŷam al-buldān* (Diccionario de los países) (Cuadernos de Historia del Islam), Sevilla.

[ʿAbd-al-Laṭīf al-Baġdādī] (1810), *Relation de l'Égypte par Abd-Allatif, Médecin arabe de Bagdad, suivie De divers Extraits d'Écrivains Orientaux, et d'un État des Provinces et des Villages de l'Égypte dans le XIVe siècle*, übers. von Silvestre de Sacy, Paris.

ʿAbd-al-Laṭīf al-Baġdādī (1965), *The Eastern Key. Kitāb al-Ifāda wa'l-iʿtibār*, übers. ins Englische durch Kamāl Ḥāfiẓ Zand, John A. Videan u. Ivy E. Videan, London.

Abulafia, David (1987), „Asia, Africa and the Trade of Medieval Europe", in: Edward Miller, Cynthia Postan u. M[ichael] M. Postan (Hgg.), *The Cambridge Economic History of Europe from the Decline of the Roman Empire*, Bd. 2: *Trade and Industry in the Middle Ages*, Cambridge, 402–473.

Adamska, Anna (2004), „The Study of Medieval Literacy: Old Sources, New Ideas", in: dies. u. Marco Mostert (Hgg.), *The Development of Literate Mentalities in East Central Europe* (Utrecht Studies in Medieval Literacy 9), Turnhout, 13–47.

Adamska, Anna/Mostert, Marco (2014), „Wither the study of urban literacy?", in: dies. (Hgg.), *Medieval Urban Literacy*, Bd. 2: *Uses of the Written Word in Medieval Towns* (Utrecht Studies in Medieval Literacy 28), Turnhout, 427–431.

Afshār, Īraj (1995), „The Use of Paper in Islamic Manuscripts as Documented in Classical Persian Texts", in: Yasin Dutton (Hg.), *The Codicology of Islamic Manuscripts. Proceedings of the Second Conference of Al-Furqān Islamic Heritage Foundation, 4–5 December 1993*, London, 77–92.

Agati, Maria Luisa (2017), *The Manuscript Book. A Compendium of Codicology*, übers. von Colin W. Swift, Indices von Laura Albiero, 2. überarb. Aufl. (Studia Archaeologica 214), Rom.

Airaldi, Gabriella (1974), *Studi e documenti su Genova e l'oltremare* (Collana Storica dell'Oltremare Ligure 5/Collana Storica di Fonti e Studi 19), Genua.

[Al-Bīrūnī] (1910), *Alberuni's India. An Account of the Religion, Philosophy, Literature, Geography, Chronology, Astronomy, Customs, Laws and Astrology of India about A.D. 1030*, übers. und erl. von Edward C. Sachau, Bd. 1, London.

Al-Muqaddasī (2001), *The Best Divisions for Knowledge of the Regions. Aḥsan al-Taqāsīm fī Maʿrifat al-Aqālīm*, übers. von Basil Collins, durchges. von Mohammad Hamid Alta'i, 2. Aufl., Reading.

Al-Naboodah, Hasan (2010), „Art. Yākūt", in: *The Encyclopedia of the Medieval Chronicle* 2, Leiden/Boston, 1535f.

Amar, Zohar/Gorski, Azriel/Neumann, Izhar (2004), „Raw materials in the paper and textile industry in al-Sham during the Middle Ages in light of an analysis of documents from the Cairo Genizah", in: *IPH Congress Book* 15, 39–44.

Amelung, Peter (1976), „Bemerkungen zum frühen Buchdruck in Urach", in: *Schwäbische Heimat* 27, 193–199.

Amelung, Peter/Fischer, Joachim/Irtenkauf, Wolfgang (1985) (Hgg.), *Württemberg im Spätmittelalter. Ausstellung des Hauptarchivs Stuttgart und der Württembergischen Landesbibliothek. Katalog*, Stuttgart 1985.

Amelung, Peter (2000), „Augsburger Buchdruck und Verlagswesen", in: *Informationsmittel für Bibliotheken* 8, 1/4, URL: https://www.bsz-bw.de/depot/media/3400000/3421000/3421308/00_0079.html (Stand: 17.03.2023).

Amitai-Preiss, Reuven (1996), „New Material from the Mamluk Sources for the Biography of Rashid al-Din", in: Julian Raby u. Teresa Fitzherbert (Hgg.), *The Court of the Il-khans 1290–1340 [The Barakat Trust Conference on Islamic Art and History, St John's College, Oxford, Saturday, 28 May 1994]* (Oxford Studies in Islamic Art 12), Oxford, 23–37.

[Andreose, Alvise et al.] (2011), *Giovanni Battista Ramusio. „Editor" del Milione. Trattamento del testo e manipolazione dei modelli. Atti del Seminario di ricerca Venezia, 9–10 settembre 2010* (Biblioteca Veneta, Poliana. Documenti per l'edizione integrale del libro di Marco Polo 3), Rom/Padua.

Andresen, Andreas (1864/1973), *Jost Amman. Graphiker und Buchillustrator der Renaissance, 1539–1591. Beschreibender Katalog seiner Holzschnitte, Radierungen und der von ihm illustrierten Bücher. Mit einer biographischen Skizze und mit Registern seines Werkes und der Autoren der illustrierten Bücher* (Scripta Artis Monographia 5), Leipzig, ND Amsterdam.

[Anonym] (1960), „Art. ʿAlī Akbar Khiṭāʾī ", in: *Encyclopaedia of Islam* 1, 2. Aufl., Leiden/London, 390–391.

Antenhofer, Christina (2007), *Briefe zwischen Süd und Nord. Die Hochzeit und Ehe von Paula de Gonzaga und Leonhard von Görz im Spiegel der fürstlichen Kommunikation (1473–1500)* (Schlern-Schriften 336), Innsbruck.

Antenhofer, Christina (2007), „Die Gonzaga und Mantua. Kommunikation als Mittel der fürstlichen Herrschaft in der Stadt", in: Jörg Oberste (Hg.), *Kommunikation in mittelalterlichen Städten* (Forum Mittelalter-Studien 3), Regensburg, 29–50.

Antenhofer, Christina (2015), „Fürstliche Briefwechsel zwischen Süddeutschland und Oberitalien im 14. und 15. Jahrhundert", in: Peter Rückert, Nicole Bickhoff u. Mark Mersiowsky (Hgg.), *Briefe aus dem Spätmittelalter. Herrschaftliche Korrespondenz im deutschen Südwesten*, Stuttgart, 53–80.

Antenhofer, Christina/Ferrari, Daniela/Herold, Jürgen/Rückert, Peter (2013), „Die Korrespondenz um Barbara Gonzaga und ihre Überlieferung / La corrispondenza su Barbara Gonzaga e la sua tradizione", in: *Barbara Gonzaga: Die Briefe / Le Lettere (1455–1508)*, bearb. von dens. u. Axel Behne, übers. von Valentina Nucera, Stuttgart, 35–49.

Antenhofer, Christina/Herold, Jürgen (2013), „Der Briefwechsel von Barbara Gonzaga im Kontext des spätmittelalterlichen Korrespondentenwesens / Il carteggio riguardante Barbara Gonzaga nel contesto delle corrispondenze tardomedievali", in: *Barbara Gonzaga: Die Briefe / Le Lettere (1455–1508)*, bearb. von dens., Axel Behne, Daniela Ferrari u. Peter Rückert, übers. von Valentina Nucera, Stuttgart, 50–78.

Aragó [Cabañas], Antonio M./Trenchs, José [Odena] (1972), „Los registros de cancillería de la corona de Aragón (Jaime I y Pedro II) y los registros pontificios", in: *Annali della Scuola Speciale per Archivisti e Bibliotecari dell'Università di Roma* 12, 1–2, 26–39.

Arié, Rachel (1960), „Traduction annotée et commentée des traités de ḥisba d'Ibn ʿAbd al-Ra'ūf et de ʿUmar al-Garsīfī", in: *Hespéris Tamuda* 1, 5–38, 199–214, 349–386.

Arkoun, M. (1993), „Art. Miskawayh", in: *Encyclopaedia of Islam* 7, Leiden/New York, 2. Aufl., 143–145.

Arlinghaus, Franz-Josef (2000), *Zwischen Notiz und Bilanz. Zur Eigendynamik des Schriftgebrauchs in der kaufmännischen Buchführung am Beispiel der Datini/di Berto-Handelsgesellschaft in Avignon (1367–1373)* (Gesellschaft, Kultur und Schrift. Mediävistische Beiträge 8), Frankfurt am Main et al.

Arlinghaus, Franz-Josef (2015), „Materialität und Differenzierung der Kommunikation. Zu Funktionen des Pergament- und Papiergebrauchs in der spätmittelalterlichen Ständegesellschaft", in: Carla Meyer, Sandra Schultz u. Bernd Schneidmüller (Hgg.), *Papier im mittelalterlichen Europa. Herstellung und Gebrauch* (Materiale Textkulturen 7), Berlin/Boston, 179–190.

Arnaldez, R. (1986), „Art. Ibn Ḥazm", in: *Encyclopaedia of Islam* 3, 2. Aufl., Leiden/London, 790/2–799/2.

Arnim, A[chim] von/Brentano, Clemens (1808), *Des Knaben Wunderhorn. Alte deutsche Lieder*, Bd. 2, Heidelberg.

Ashtor, E[liyahu] (1976), „Il commercio levantino di Ancona nel Basso Medioevo", in: *Rivista Storica Italiana* 88, Fasc. I, 213–253.

Ashtor, Eliyahu (1982), „Il commercio anconetano con il Mediterraneo occidentale nel Basso Medioevo", in: *Atti e memoria della Deputazione di Storia Patria per le Marche* 87, 9–71.

Ashtor, Eliyahu (1983), „L'ascendent technologique de l'Occident médiévale", in: *Revue suisse d'histoire* 33, 385–413.

Ast, Rodney/Jördens, Andrea/Quack, Joachim Friedrich/Sarri, Antonia (2015), „Papyrus", in: Thomas Meier, Michael u. Rebecca Sauer (Hgg.), *Materiale Textkulturen. Konzepte – Materialien – Praktiken* (Materiale Textkulturen 1), Berlin/Boston, 307–321.

Atkinson, Catherine (2007), *Inventing Inventors in Renaissance Europe. Polydore Vergil's De inventoribus rerum* (Spätmittelalter und Reformation. Neue Reihe 33), Tübingen.

Auge, Oliver (2003), „Stuttgart", in: Werner Paravicini (Hg.), *Höfe und Residenzen im spätmittelalterlichen Reich. Ein dynastisch-topographisches Handbuch,* Bd. 2: *Residenzen* (Residenzenforschung 15.1 und 15.2), Ostfildern, 568–571.

Auge, Oliver/Spieß, Karl-Heinz (2005), „Hof und Herrscher", in: Werner Paravicini (Hg.), *Höfe und Residenzen im spätmittelalterlichen Reich. Begriffe und Bilder* (Residenzenforschung, 15.II), Ostfildern, 3–15.

Auge, Oliver (2006), „Kongruenz und Konkurrenz: Württembergs Residenzen im Spätmittelalter", in: Peter Rückert (Hg.), *Der württembergische Hof im 15. Jahrhundert* (Veröffentlichungen der Kommission für geschichtliche Landeskunde in Baden-Württemberg, Reihe B 167), Stuttgart, 53–74.

Auge, Oliver (2008), „Wissenschaft im Buch. Die Tübinger Bibliothekslandschaft bis 1600", in: Oliver Auge, Sönke Lorenz u. Dieter R. Bauer (Hgg.), *Tübingen in Lehre und Forschung um 1500. Zur Geschichte der Eberhard Karls Universität. Festgabe für Ulrich Köpf* (Tübinger Bausteine zur Landesgeschichte 9), Ostfildern, 105–125.

Auge, Oliver/Fouquet, Gerhard/Hagen, Christian/Kühnle, Nina/Rabeler, Sven/Zeilinger, Gabriel (2016), „Städtische Gemeinschaft und adlige Herrschaft in der mittelalterlichen Urbanisierung ausgewählter Regionen Zentraleuropas. Ein Kieler Forschungsprojekt", in: *Jahrbuch für Regionalgeschichte* 34, 15–49.

Azimdžanova, Sabakhat (1988), „Babur in Transoxanien", in: *Zahiruddin Muhammad Babur, Die Erinnerungen des ersten Großmoguls von Indien. Das Babur-nama*, ins Dt. übertr. und mit einem Vorwort von Wolfgang Stammler, Zürich, 15–25.

Badisches Landesmuseum (Hg.) (2014), *Das Konstanzer Konzil. 1414–1418. Weltereignis des Mittelalters. Katalog*, Darmstadt.

Balmaceda, José Carlos (2014), „La expansiòn del papel marquesano en España durante los siglos XIII-XIV. Estudio comparativo de los corpus Filigranològicos", in: Giancarlo Castagnari, Emanuela Di Stefano u. Livia Faggioni (Hgg.), *Alle origine della carta occidentale: tecniche, produzioni, mercati (secoli XIII-XIV). Atti del Convegno Camerino, 4 ottobre 2013* (Storia della Carta), Fabriano, 199–237.

Balsamo, Luigi (1976), „Imprese tipografiche in Emilia nel sec. XV: aspetti economici", in: *Villes d'imprimerie et moulins a papier du XIVe au XVIe siècle. Aspects éonomiques et sociaux. Colloque International. Drukkerijen en papiermolens in stad en land van de 14de tot de 16de eeuw. Economische en sociale aspecten. Internationaal Colloquium. Spa, 11–14–IX–1973*, [Brüssel], 105–137.

Bange, Evamaria (2009), „Wirtschaft und Kompetenz – Wasserzeichen als Quelle zu Handel und Organisation in mittelalterlichen Schreibstuben", in: Andrea Rapp u. Michael Embach (Hgg.), *Zur Erforschung mittelalterlicher Bibliotheken. Chancen – Entwicklungen – Perspektiven*, Frankfurt am Main, 11–31.

Bange, Evamaria (2015), „Wasserzeichen als Quelle zur Wirtschafts- und Sozialgeschichte. Eine Studie am Beispiel der Luxemburger Kontenbücher", in: Carla Meyer, Sandra Schultz u. Bernd Schneidmüller (Hgg.), *Papier im mittelalterlichen Europa. Herstellung und Gebrauch* (Materiale Textkulturen 7), Berlin/Boston, 115–134.

Bannasch, Hermann (2004), „Von der Malkunst zur Wasserzeichenkunde. Zu Weg und Werk des Wasserzeichenforschers Gerhard Piccard (1909–1989)", in: *Archivalische Zeitschrift* 86,1, 287–322.

Bannasch, Hermann (2007), „Die wissenschaftliche Grundlegung der Wasserzeichenkunde. Weg und Wirken des Kunstmalers Gerhard Piccard (1909–1989) in der Wasserzeichenforschung", in: Peter Rückert (Hg.), *Piccard-Online. Digitale Präsentation von Wasserzeichen und ihre Nutzung* (Werkhefte der Staatlichen Archivverwaltung Baden-Württemberg A 19), Stuttgart, 137–165.

Bansa, Helmut (1968), *Studien zur Kanzlei Kaiser Ludwigs des Bayern vom Tag der Wahl bis zur Rückkehr aus Italien (1314–1329)* (Münchener Historische Studien Abt. Geschichtliche Hilfswissenschaften 5), Kallmünz.

Barbieri, Alvaro (2004), „Quale *Milione*? La questione testuale e le principali edizioni moderne del libro di Marco Polo", in: ders., *Dal viaggio al libro. Studi sul Milione*, hg. von Anna Maria Babbi, Verona, 47–91.

Barbieri, Alvaro (2004), „Un Veneziano nel Catai. Sull'autenticità del viaggio di Marco Polo", in: ders., *Dal viaggio al libro. Studi sul Milione*, hg. von Anna Maria Babbi, Verona, 9–43.

Barner, Wilfried (1992), „Vorspiele der Querelle. Neuzeitlichkeits-Bewußtsein in Nicodemus Frischlins ‚Julius redivivus'", in: Johannes Janota, Paul Sappler, Frieder Schanze, Konrad Vollmann, Gisela Vollmann-Profe u. Hans-Joachim Ziegler (Hgg.), *Festschrift für Walter Haug und Burghart Wachinger*, Bd. 2, Tübingen, 873–892.

Barrett, Timothy (2012), *Paper through Time. Nondestructive Analysis of 14th- through 19th-Century Papers. The University of Iowa. Last modified January 17*, URL: http://paper.lib.uiowa.edu/index.php (Stand: 17.03.2023).

Barrett, Timothy (2013), „Parchment, Paper, and Artisanal Research Techniques, in: Jonathan Wilcox (Hg.), *Scraped, Stroked, and Bound. Materially Engaged Readings of Medieval Manuscripts* (Utrecht Studies in Medieval Literacy 23), Turnhout, 115–127.

Barrett, Timothy (2018), *European Hand Papermaking. Traditions, Tools, and Techniques, with an appendix on mould making by Timothy Moore*, Ann Arbor, Michigan.

Barrow (W.J.) Research Laboratory (Hg.) (1974), *Physical and Chemical Properties of Book Papers, 1507–1949* (Permanence/Durability of the Book VII), Richmond, Virginia.

Basanoff, Anne (1965), *Itinerario della carta dall'oriente all'occidente e sua diffusione in Europa* (Documenti sulle arti del libro 4), Mailand.

Basbanes, Nicholas A. (2013), *On Paper. The Everything of Its Two-Thousand-Year History*, New York.

Battaglia, Salvatore (1961–2009), *Grande dizionario della lingua italiana*, 21 Bde., Turin.

Battelli, Giulio (1949), *Lezione di Paleografia*, 3. Aufl., Città del Vaticano.

Bayerl, Günter (1987), *Die Papiermühle. Vorindustrielle Papiermacherei auf dem Gebiet des alten deutschen Reiches – Technologie, Arbeitsverhältnisse, Umwelt*, 2 Bde. (Europäische Hochschulschriften 3, 260), Frankfurt am Main.

Bayerl, Günter (2008), „Papiermacher", in: Reinhold Reith (Hg.), *Das alte Handwerk. Von Bader bis Zinngießer*, 3. Aufl., München, 176–182.

Bayerl, Günter (2013), *Technik in Mittelalter und Früher Neuzeit*, Stuttgart.

Bazzotti, Ugo/Ferrari, Daniela (Hgg.) (1991), *Il Palazzo degli Studi. Appunti per una storia dell'istruzione superiore a Mantova. Luoghi e vicende dal Collegio die Gesuiti al Liceo Ginnasio 'Virgilio'*, [Katalog zur Ausstellung in] *Mantova, Palazzo Ducale, Sala Novanta 8–27 ottobre 1991*, Mantua.

Beck, Lorenz F. (2012), „Schriftträger und Schreibmaterialien", in: Friedrich Beck u. Eckhard Henning (Hgg.), *Die archivalischen Quellen. Mit einer Einführung in die Historischen Hilfswissenschaften*, 5. Aufl., Köln/Weimar/Wien, 211–224.

Becker, Claudia (1995), „Beiträge zur kommunalen Buchführung und Rechnungslegung", in: Hagen Keller u. Thomas Behrmann (Hgg.), *Kommunales Schriftgut in Oberitalien. Formen, Funktionen, Überlieferung* (Münstersche Mittelalter-Schriften 68), München, 117–148.

Becker, Julia (2013), „Charters and Chancery under Roger I and Roger II", in: Stefan Burkhardt u. Thomas Foerster (Hgg.), *Norman Tradition and Transcultural Heritage. Exchange of Cultures in the 'Norman' Peripheries of Medieval Europe*, Farnham, 79–95.

Becker, Julia/Licht, Tino/Schneidmüller, Bernd (2015), „Pergament", in: Thomas Meier, Michael R. Ott u. Rebecca Sauer (Hgg.), *Materiale Textkulturen. Konzepte – Materialien – Praktiken* (Materiale Textkulturen 1), Berlin/Boston, 337–347.

Bedal, Konrad/Heidrich, Hermann (1997), *Bauernhäuser aus dem Mittelalter. Ein Handbuch zur Baugruppe Mittelalter im Fränkischen Freilandmuseum in Bad Windsheim*, Bad Windsheim.

Beg, M. A. J. (2002), „Art. Warrāḳ", in: *Encyclopaedia of Islam* 11, Leiden, 2. Aufl., 150f.

Behne, Axel (1988), „Archivordnung und Staatsordnung im Mailand der Sforza-Zeit", in: *Nuovi annali della Scuola Speciale per Archivisti e Bibliotecari* 2, 93–102.

Behne, Axel (1990), *Das Archiv der Gonzaga von Mantua im Spätmittelalter*, Marburg an der Lahn.

Behne, Axel (1992), „Geschichte aufbewahren. Zur Theorie der Archivgeschichte und zur mittelalterlichen Archivpraxis in Deutschland und Italien", in: Peter Rück (Hg.), *Mabillons Spur. Zweiundzwanzig Miszellen aus dem Fachgebiet für Historische Hilfswissenschaften der Philipps-Universität Marburg, zum 80. Geburtstag von Walter Heinemeyer*, Marburg an der Lahn, 277–297.

Behrmann, Thomas (1995), „Einleitung. Ein neuer Zugang zum Schriftgut der oberitalienischen Kommunen", in: Hagen Keller u. Thomas Behrmann (Hgg.), *Kommunales Schriftgut in Oberitalien. Formen, Funktionen, Überlieferung* (Münstersche Mittelalter-Schriften 68), München, 1–18.

Beier, Adrian (1722), *Allgemeines Handlungs- Kunst- Berg- und Handwerckslexikon [...]*, hg. von Friederich Gottlieb Struven, [Jena].

Bellingradt, Daniel (2020), *Vernetzte Papiermärkte. Einblicke in den Amsterdamer Handel mit Papier im 18. Jahrhundert*, Köln.

Bellingradt, Daniel/Reynolds, Anna (Hg.) (2021), *The Paper Trade in Early Modern Europe. Practices, Materials, Networks* (Library of the Written Word 89), Leiden/Boston.

Bellù, Adele (1977), „Il Davari e le sue Ricerche nell'Archivio Gonzaga", in: Stadt Mantua (Hg.), *Mantova e i Gonzaga nella civiltà del rinascimento. Atti del convegno organizzato dall'Accademia Nazionale dei Lincei e dall'Accademia Virgiliana con la collaborazione della città di Mantova sotto l'alto patronato del Presidente della Repubblica Italiana Giovanni Leone, Mantova 6–8 ottobre 1974*, Mantua, 481–491.

Bellù, Adele/Navarrini, Roberto unter Mitarb. von Lorenzoni, Anna Maria (1983), „Archivio di Stato di Mantova", in: Piero D'Angiolini u. Claudio Pavone (Hgg.), *Guida Generale degli Archivi die Stato Italiani*, Bd. II: *F-M*, Rom, 759–811.

Ben Azzouna, Nourane (2014), „Rashīd al-Dīn Faḍl Allāh al-Hamadhānī's Manuscript Production Project in Tabriz Reconsidered", in: Judith Pfeiffer (Hg.), *Politics, Patronage and the Transmission of Knowledge in 13th–15th Century Tabriz* (Iran Studies 8), Leiden/Boston, 187–200.

Benders, J[eroen] F. (2004), *Bestuursstructuur en schriftcultuur. Een analyse van de bestuurlijke verschriftelijking in Deventer tot het eind van de 15de eeuw* (Publikaties van de Ijsselakademie 173), [Kampen].

Berengo, Marino (1976), „Lo studio degli atti notarili dal XIV al XVI secolo", in: *Fonti medioevali e problematica storiografica. Atti del Congresso internazionale tenuto in occasione del 90° Anniversario della fondazione dell'Istituto Storico Italiano (1883–1973), Roma 22–27 ottobre 1973*, 2 Bde., Rom, Bd. 1, 149–172.

Berkel, Maaike van (2010), „Art. Ibn Khaldūn", in: *The Encyclopedia of the Medieval Chronicle* 1, Leiden/Boston, 835–837.

Bernhardt, W[alter] (1973), *Die Zentralbehörden des Herzogtums Württemberg und ihre Beamten 1520–1629*, 2 Bde., Stuttgart.

Bertrand, Paul (2015), *Les écritures ordinaires. Sociologie d'un temps de révolution documentaire (entre royaume de France et empire, 1250–1350)* (Histoire ancienne et médiévale 138), Paris.

Bettoni, Fabio (2014), „L'Umbria cartaria. Una realtà periferica", in: Giancarlo Castagnari, Emanuela di Stefano u. Livia Faggioni (Hgg.), *Alle origini della carta occidentale: tecniche, produzioni, mercati (secoli XIII-XV). Atti del Convegno Camerino, 4 ottobre 2013* (Storia della Carta), Fabriano, 63–94.

Beyer, Johann Matthias und Consorten (1735), *Theatrum machinarum molarium, oder Schau-Platz der Mühlen-Bau-Kunst [...]*, Leipzig.

Billanovich, Giuseppe ([1965]), „Auctorista, Humanista, Orator", in: Ettore Paratore (Hg.), *Studi in onore di Alfredo Schiaffini*, [Rom], 143–163.

Björkman, W. (1973), „Art. Ḳaṭ", in: *Encyclopaedia of Islam* 4, Leiden, 2. Aufl., 741–743.

Blachère, R./Pellat, Ch. (1993), „Art. al Mutanabbī", in: *Encyclopaedia of Islam* 7, 2. Aufl., Leiden, 769–772.

Blair, Sheila S. (1984), „Ilkhanid Architecture and Society. An Analysis of the Endowment Deed of the Rabᶜ-i Rashīdī", in: *Iran* 22, 67–90.

Blair, Sheila S. (1995), *A Compendium of Chronicles. Rashid al-Din's Illustrated history of the world* (The Nasser D. Khalili Collection of Islamic Art 27), London.

Blair, Sheila S. (1996), „Patterns of Patronage and Production in Ilkhanid Iran. The Case of Rashid al-Din", in: Julian Raby u. Teresa Fitzherbert (Hg.), *The Court of the Il-khans 1290–1340 [The Barakat Trust Conference on Islamic Art and History, St John's College, Oxford, Saturday, 28 May 1994]* (Oxford Studies in Islamic Art 12), Oxford, 39–62.

Blair, Sheila S. (2007), *Islamic Calligraphy*, Edinburgh.

Blair, Sheila S. (2007), „Writing and Illustrating History: Rashid al-Din's Jāmiʿ al-tavārikh", in: Judith Pfeiffer u. Manfred Kropp (Hgg.), *Theoretical Approaches to the Transmission and Edition of Oriental Manuscripts. Proceedings of a symposium held in Istanbul March 28–30, 2001* (Beiruter Texte und Studien 111), Beirut, 57–65.

Blair, Sheila S. (2016), „Art. Rabʿ-e Rašidi", in: *Encyclopædia Iranica, online edition*, zuerst publiziert im März 2016, URL: http://www.iranicaonline.org/articles/rab-e-rashidi (Stand: 17.03.2023).

Blanchet, Augustin (1900), *Essai sur l'historie du papier et sa fabrication*, Tl. 1, Paris.

Blessing, Elmar (1972–1988), „Beiwort zur Karte VI,2", in: *Historischer Atlas von Baden-Württemberg, Erläuterungen*, Stuttgart, Tl. 1, Nr. VI,2.

Blois, F.C. de (1997), „Art. Sūzanī", in: *Encyclopaedia of Islam* 9, 2. Aufl., Leiden, 916.

Bloom, Jonathan M. (2000), „The introduction of paper to the Islamic lands and the development of the illustrated manuscript", in: *Muqarnas* 17, 17–23.

Bloom, Jonathan M. (2001), *Paper before Print. The History and Impact of Paper in the Islamic World*, New Haven/London.

Blum, André (1932), „Les premières fabriques de papier en occident", in: *Académie des Inscriptions & Belles-Lettres. Comptes rendus des séances de l'année*, 102–112.

Bockwitz, Hans H. (1941), „Zur Geschichte des Papiers", in: Fritz Hoyer, *Einführung in die Papierkunde*, Leipzig, 1–42.

Bockwitz, Hans H. (1951), „Die früheste Verwendung von Papier in den altislamischen Kanzleien", in: *Papiergeschichte* 1, 3, 39–40.

Bockwitz, Hans H. (1955), „Ein Papierfund aus dem Anfang des 8. Jahrhunderts am Berge Mugh bei Samarkand", in: *Papiergeschichte* 5, 3, 42–44.

Bohatec, Miloslav (1970), *Schöne Bücher des Mittelalters aus Böhmen*, Hanau/Prag.

Boilot, D.J. (1954), „Art. al-Bīrūnī", in: *Encyclopaedia of Islam* 1, Fasz. 1, 2. Aufl., Leiden, 1236–1238.

Boldan, Kamil (2009), „The Jena Supplement to the Passionale", in: ders. u. Pavel Brodský (Hgg.), *The Jena Codex. Commentary*, Prag, 69–76.

Borst, Arno (1994), *Das Buch der Naturgeschichte. Plinius und seine Leser im Zeitalter des Pergaments* (Abhandlungen der Heidelberger Akademie der Wissenschaften. Philosophisch-historische Klasse, Jahrgang 1994, 2. Abhandlung), Heidelberg.

Bosch, Gulnar/Petherbridge, Guy (1981), „The Materials, Techniques and Structures of Islamic Bookmaking", in: dies. u. John Carswell (Hgg.), *Islamic Bindings and Bookmaking. A Catalogue of an Exhibition. The Oriental Institute of Chicago, May 18 August 1981*, Chicago.

[Bosworth, Clifford E. et al.] (1986), „Art. Leo Africanus", in: *Encyclopaedia of Islam* 5, 2. Aufl., Leiden, 723–724.

Bosworth, C[lifford] E. (1993), „Art. Muḥammad b. Hindū-Shāh", in: *Encyclopaedia of Islam* 7, 2. Aufl., Leiden, 404.

Bosworth, C[lifford] E. (1997), „Art. al-Ḳalḳashandī (I.)", in: *Encyclopaedia of Islam* 4, 2. Aufl., Leiden, 509–510.

Bosworth, C[lifford] E. (2000), „Art. Bīrūnī, Abū Rayḥān", in: *Encyclopædia Iranica* 4, New York, 274–276.

Bosworth, C[lifford] E. (2002), „Art. Zayn al-ʿĀbidīn", in: *Encyclopaedia of Islam* 11, 2. Aufl., Leiden, 483.

Bosworth, C[lifford] E. (2004), „Art. Ḥudūd al-ʿĀlam", in: *Encyclopaedia of Islam* 12, Supplement, 2. Aufl., Leiden, 376.

Bourlet, Caroline/Bretthauer, Isabelle/Zerdoun Bat-Yehouda, Monique (2010), „L'utilisation du papier comme support de l'écrit de gestion par les établissements ecclésiastiques parisiens au XIVe siècle. Résultats d'enquête", in: Monique Zerdoun Bat-Yehouda u. Charles Émile Ernest Bourlet (Hgg.), *Matériaux du livre médiéval. Actes du colloque du Groupement de recherche (GDR) 2836 „Matériaux du livre médiéval" Paris, CNRS, 7–8 novembre 2007*, bearb. von Christine Melin (Bibliologia 30), Turnhout, 165–203.

Bourlet, Caroline (2011), „Papeles de archivo antes de los primeros molinos establecidos en Francia. ¿ Procedencia italiana o española?", in: [Carmen Pérez García u. Maria del Carmen Hidalgo Brinquis (Hgg.)], *Actas de la reunión de estudio sobre el papel hispanoárabe. Xàtiva, 29–31 otubre 2009*, Valencia, 59–68, Scan des gedruckten Buchs verfügbar unter URL: http://de.calameo.com/read/000692387a86e33c27bba (Stand: 17.03.2023).

Bourne, Molly (2010), „The Art of Diplomacy. Mantua and the Gonzaga, 1328–1630", in: Charles M. Rosenberg (Hg.), *The Court Cities of Northern Italy. Milan, Parma, Piacenza, Mantua, Ferrara, Bologna, Urbino, Pesaro, and Rimini*, Cambridge, 134–195.

Bower, Peter (2001), „The White Art. The Importance of Interpretation in the Analysis of Paper", in: John Slavin, Linda Sutherland, John O'Neill, Margaret Haupt u. Janet Cowan (Hgg.), *Looking at Paper. Evidence & Interpretation. Symposium proceedings, Toronto 1999. Held at the Ontario Museum and Art Gallery of Ontario, May 13–16, 1999*, [Ottawa], 5–16.

Brandt, Ahasver von (2007), *Werkzeug des Historikers. Eine Einführung in die Historischen Hilfswissenschaften*, 17. Aufl., Stuttgart.

Brann, Noel L. (1979), „A Monastic Dilemma Posed by the Invention of Printing: the Context of De laude scriptorum manualium by Abbot Johann Trithemius (1462–1516)", in: *Visible Language* 13, 2, 150–167.

Breitkopf, Joh[ann] Gottl[ieb] Imman[uel] (1784), *Versuch, den Ursprung der Spielkarten, die Einführung des Leinenpapiers und den Anfang der Holzschneidekunst in Europa zu erforschen, Tl. 1, welcher die Spielkarten und das Leinenpapier enthält. Mit vierzehn Kupfertafeln*, Leipzig.

Brendecke, Arndt (2006), „Papierfluten. Anwachsende Schriftlichkeit als Pluralisierungsfaktor in der Frühen Neuzeit", in: *Mitteilungen des Sonderforschungsbereichs 573 1*, 21–30, verfügbar unter URL: http://www.sfb-frueheneuzeit.uni-muenchen.de/mitteilungen/M1-2006/papierfluten.pdf (Stand: 17.03.2023).

Bresc, Henri/Heullant-Donat, Isabelle (2007), „Pour une réévaluation de la ‚révolution du papier' dans l'Occident médiéval", in: *Scriptorium* 61, 2, 354–383.

Bresslau, Harry (1889), *Handbuch der Urkundenlehre für Deutschland und Italien*, Bd. 1, Leipzig 1889.

Bresslau, Harry (1931), *Handbuch der Urkundenlehre für Deutschland und Italien*, Bd. 2, Abt. 2, hg. von Hans-Walter Klewitz, 2. Aufl., Leipzig.

Bretholz, Bertold (1912), *Lateinische Paläographie* (Grundriß der Geschichtswissenschaft Bd. 1, Abt. 1), 2. Aufl., Leipzig/Berlin.

Brinker-von der Heyde, Claudia (2007), *Die literarische Welt des Mittelalters,* Darmstadt.

Briquet, C[harles-]M[oïse] (1923), *Les filigranes. Dictionnaire historique des marques du papier dès leur apparition vers 1282 jusqu'en 1600. Avec 39 figures dans le texte et 16,112 fac-similés de filigranes*, 4 Bde., 2. Aufl., Genf.

Briquet, Charles-Moïse (1955), *Briquet's Opuscula. The complete works of Dr. C. M. Briquet without Les Filigranes* (Monumenta chartae papyraceae historiam illustrantia 4), Hilversum.

Briquet, Charles-Moïse (1955), „La légende paléographique du papier de coton. Extrait du Journal de Génève du 29 oct. 1884", in: ders., *Briquet's Opuscula. The complete works of Dr. C. M. Briquet without Les Filigranes* (Monumenta chartae papyraceae historiam illustrantia 4), Hilversum, 112–115.

Briquet, Charles-Moïse (1955), „Recherches sur les premiers papiers employés en occident et en orient du Xe au XIVe siècle. Extrait des Mémoires de la Société nationales des Antiquaires de France 46, 1886", in: ders., *Briquet's Opuscula. The complete works of Dr. C. M. Briquet without Les Filigranes* (Monumenta chartae papyraceae historiam illustrantia 4), Hilversum, 129–158.

Briquet, Charles-Moïse (1955), „Le papier arabe au moyen-âge et sa fabrication. Extrait de l'Union de la Papeterie, numéros d'avril et de septembre 1888)", in: ders., *Briquet's Opuscula. The complete works of Dr. C. M. Briquet without Les Filigranes* (Monumenta chartae papyraceae historiam illustrantia 4), Hilversum, 162–170.

Briquet, Charles-Moïse (1955), „Papiers et filigranes des Archives de Gênes 1154 à 1700. Extrait des Atti della Società Ligure di Storia Patria t. XIX, 2, 1887", in: ders., *Briquet's Opuscula. The complete works of Dr. C. M. Briquet without Les Filigranes* (Monumenta chartae papyraceae historiam illustrantia 4), Hilversum, 171–218.

Brockelmann, C. (1960), „Art. al-Bayhaḳī", in: *Encyclopaedia of Islam* 1, Leiden/London, 2. Aufl., 1132.

Brockelmann, C. (1986), „Art. Ibn ʿAbd Rabbih", in: *Encyclopaedia of Islam* 3, 2. Aufl., Leiden/London, 676f.

Brückle, Irene (2017), „Papier als Kulturgut systematisch betrachtet", in: Erwin Frauenknecht, Gerald Maier u. Peter Rückert (Hgg.), *Das Wasserzeichen-Informationssystem (WZIS). Bilanz und Perspektiven*, Stuttgart, 158–173.

Brückner, Wolfgang (1966), *Bildnis und Brauch. Studien zur Bildfunktion der Effigies*, Berlin.

Büchner, V. F. [/P.B. Golden] (1995), „Art. Saḳsīn", in: *Encyclopaedia of Islam* 8, 2. Aufl., Leiden, 895–898.

Bulliet, R[ichard] (1986), „Art. al-Māfarrūkẖī", in: *Encyclopaedia of Islam* 5, 2. Aufl., Leiden, 1157.
Buringh, Eltjo (2011), *Medieval Manuscript Production in the Latin West. Explorations with a Global Database* (Global Economics History Series 6), Leiden/Boston.
Burkhardt, Martin (2006), *Arbeiten im Archiv. Praktischer Leitfaden für Historiker und andere Nutzer*, Paderborn/München/Wien/Zürich.
Burns, Robert I. (1981), „The Paper Revolution in Europe. Crusader Valencia's Paper Industry. A Technological and Behavioral Breakthrough", in: *Pacific Historical Review* 50, 1, 1–30.
Burns, Robert I. (1985), *Society and Documentation in Crusader Valencia* (Diplomatarium of the Crusader Kingdom of Valencia. The registered Charters of its Conqueror Jaume I., 1257–1276, Bd. I: Introduction), Princeton, New Jersey.
Burns, Robert I. (1998), „Paper comes to the west, 800–1400", in: Uta Lindgren (Hg.), *Europäische Technik im Mittelalter. 800 bis 1400. Tradition und Innovation. Ein Handbuch*, 3. Aufl., Berlin, 413–422.
Busonero, Paola/Federici, Carlo/Munafò, Paola F./Ornato, Ezio/Speranza Storace, M[aria] (1993), „L'utilisation du papier dans le livre italien à la fin du Moyen Âge", in: Marilena Maniaci u. Paola F. Munafò (Hgg.), *Ancient and Medieval Book Materials and Techniques (Erice, 18–25 september 1992)*, Bd. 1 (Studi e Testi 357), Citta del Vaticano, 395–450.
Butzmann, Hans (1972), „Gedanken und Erfahrungen bei der Katalogisierung von Handschriftenfragmenten", in: Johann Peter Gumbert u. Max Jan Marie De Haas (Hgg.), *Essays Presented to G.I. Lieftinck*, Bd. 1: *Varia codicologica*, Amsterdam, 87–98.
Calegari, Manlio (1986), *La manifattura Genovese della carta (sec. XVI-XVIII)*, Genua.
Calegari, Manlio (1990), „La diffusione della carta di stracci in area Fabrianese, aspetti sociali e tecnici", in: Giancarlo Castagnari (Hg.), *Contributi italiani alla diffusione della carta in occidente tra XIV e XV secolo*, Fabriano, 17–28.
Camera, Matteo (1876), *Memorie storico-diplomatiche dell'antica città e ducato di Amalfi*, Bd. 1, Salerno.
Cammarosano, Paolo (1992), *Italia medievale. Struttura e geografia delle fonti scritti* (Storia superiori NIS 109 / Storia), 2. Aufl., Rom.
Canova, Andrea (2004), „Tipografi, librai e cartolai tra Mantova e l'Emilia nel Quattrocento", in: ders. (Hg.), *Rhegii Lingobardiae. Studi sulla cultura a Reggio Emilia in età umanistica*, Reggio Emilia, 139–167.
Canova, Andrea (2010), „Le bibliothece dei Gonzaga nella seconda metà del Quattrocento", in: Guido Arbizzoni, Concetta Bianca u. Marcella Peruzzi (Hgg.), *Principi e signori. Le Biblioteche nella seconda metà del Quattrocento. Atti del Convegno di Urbino, 5–6 giugno 2008 (Accademia Raffaello, Urbino. Collana di Studi e Testi 25. Quaderno n. 1, 2010, della rivista „Accademia Raffaello – Atti e studi")*, Urbino, 39–66.
Capodano Cordonnier, Hélène (2010), „Papier utilisés par les notaires de Grasse au Moyen Âge et conservés aux Archives départementales des Alpes-Maritimes", in: Monique Zerdoun Bat-Yehouda u. Charles Émile Ernest Bourlet (Hgg.), *Matériaux du livre médiéval. Actes du colloque du Groupement de recherche (GDR) 2836 „Matériaux du livre médiéval" Paris, CNRS, 7–8 novembre 2007*, bearb. von Christine Melin (Bibliologia 30), Turnhout, 205–218.
Cardona, Giorgio R. (1975/1982), „Indice ragionato", in: Valeria Bertolucci Pizzorusso (Hg,), Marco Polo, *Milione. Versione toscana del Trecento. Edizione critica*, o.O., ND Mailand, 555–761.
Casiri, Mechael [sic] (1760), *Bibliotheca Arabico-Hispana Escurialensis sive Librorum omnium Mss. quos Arabicè ab auctoribus magnam partem Arabo-Hispanis compositos Bibliotheca Coenobii Excurialensis complectitur*, Bd. 1, Madrid.
Caspar, Erich (1904), *Roger II. (1101–1154) und die Gründung der normannisch-sicilischen Monarchie*, Innsbruck.
Castagnari, Giancarlo (1990), „Le principali fonti documentarie Fabrianesi per la storia della carta dal XIV al XV secolo", in: Manlio Calegari, Giancarlo Castagnari, Giovanna Derenzini, Réginald

Grégoire, Nora Lipparoni u. Massimo Oldoni (Hgg.), *Contributi italiani alla diffusione della carta in occidente tra XIV e XV secolo*, Fabriano, 29–60.

Castagnari, Giancarlo (2000), „L'arte della carta nel secolo di Federico II. ", in: *Federico II e le Marche. Atti del Convegno di studi con il patrocinio del Comune di Jesi – Assessorato alla Cultura promosso dalla Biblioteca Planettiana con coordinamento scientifico della Deputazione di Storia Patria per le Marche. Jesi, Palazzo della Signoria, 2–4 dicembre 1994*, Rom, 315–323.

Castagnari, Giancarlo (2014), „Le origini della carta occidentale nelle valli appenniniche delle Marche centrali da una indagine archivistica", in: ders., Emanuela di Stefano u. Livia Faggioni (Hgg.), *Alle origini della carta occidentale: tecniche, produzioni, mercati (secoli XIII-XV). Atti del Convegno Camerino, 4 ottobre 2013* (Storia della Carta), Fabriano, 9–34.

Castagnari, Giancarlo/Lipparoni, Nora (1989), „Arte e commercio della carta bambagina nei libri dei mercanti fabrianesi tra XIV e XV secolo", in: Deputazione di Storia Patria per le Marche (Hg.), *Mercati, mercanti, denaro nelle Marche (secoli XIV-XIX). Atti del Convegno Ancona, 28–30 maggio 1982*, Ancona, 185–222.

Cavagna, Anna Giulia (2004), „L'immagine dei tipografi nella prima età moderna", in: Luisa Secchi Tarugi (Hg.), *L'Europa del libro nell'età dell'Umanesimo. Atti del XIV Convegno Internazionale (Chianciano, Firenze, Pienza 16–19 luglio 2002)*, Florenz, 11–42.

Cavallar, Osvaldo/Degenring, Susanne/Kirshner, Julius (1994), *A Grammar of Signs. Bartolo da Sassoferrato's Tract on Insignia and Coats of Arms* (Studies in Comparative Legal History), Berkeley.

Cave, Terence (2008), „Introduction", in: Terence Cave für das Projekt „Dislocations: Practices of Cultural Transfer in the Early Modern Period" an der Universität Oslo (Hg.), *Thomas More's Utopia in Early Modern Europe. Paratexts and Contexts*, Manchester/New York, 3–13.

Cermann, Regina (1997), „Die Bibliothek Herzog Eberhards im Bart von Württemberg (1445–1496)", in: *Scriptorium* 51, 30–50.

Chambers, D[avid] S. (1992), *A Renaissance cardinal and his worldly goods: The will and inventory of Francesco Gonzaga (1444–1483)* (Warburg Institute surveys and texts 20), London.

Chambers, D[avid] S. (2007), „A Condottiere and His Books. Gianfrancesco Gonzaga (1446–96)", in: *Journal of the Warburg and Courtauld Institutes* 70, 33–97.

Charlet, Jean-Louis (1993), „Papyrus, parchemin et papier dans le Cornu copiae de Niccolò Perotti", in: *Studi umanistici piceni* 13, 49–57.

Charlet, Jean-Louis (1996), „La bibliothèque, le livre et le papier d'après Francesco Maria Grapaldo. De partibus aedium 2,9", in: Settimio Lanciotti, Marcella Peruzzi, Maria Grazia Sassi u. Alba Tontini (Hgg.), *Studi latini in ricordo di Rita Cappelletto* (Ludus Philologiae 7), Urbino, 347–364.

Charlet, Jean-Louis (2004), „La bibliothèque et le livre d'après trois témoignages humanistes: Niccolò Perotti, Francesco Maria Grapaldo, Polidoro Virgili", in: Luisa Secchi Tarugi (Hg.), *L'Europa del libro nell'età dell'Umanesimo. Atti del XIV Convegno Internazionale (Chianciano, Firenze, Pienza 16–19 luglio 2002)*, Florenz, 79–92.

Chartier, Roger (2014), *The Author's Hand and the Printer's Mind*, übers. von Lydia G. Cochrane, Cambridge.

Cheneb, Moh. Ben (1986), „Art. Ibn al-Wardī", in: *Encyclopaedia of Islam* 3, 2. Aufl., Leiden, 966/2–967/1.

Clanchy, M[ichael] T. (1982), „Looking Back from the Invention of Printing", in: *The Quarterly Journal of the Library of Congress* 39, 3, 168–183.

Clanchy, M[ichael] T. (2007), „Parchment and Paper. Manuscript Culture 1100–1500", in: Simon Eliot u. Jonathan Rose (Hgg.), *A companion to the history of the book*, Malden, 194–206.

Clanchy, Michael T. (2013), *From Memory to Written Record*, 3. Aufl., Chichester.

Clarke, Mark (2001), *The Art of All Colours. Mediaeval Recipe Books for Painters and Illuminators*, London.

Classen, Albrecht (2016), „Rez.: Christine Gadrat-Ouerfelli, Lire Marco Polo au Moyen Âge. Traduction, diffusion et réception du *Devisement du monde* (Terrarvm Orbis 12), Turnhout 2015", in: *sehepunkte* 16, Nr. 2 [15.02.2016], URL: http://www.sehepunkte.de/2016/02/28053.html (Stand: 17.03.2023).

Clinton, J[erome] W. (1991), „Art. Manūčihrī", in: *Encyclopaedia of Islam* 6, 2. Aufl., Leiden, 453.

Coniglio, Giuseppe (1969), *Coppialettere e corrispondenza gonzaghesca da Mantova e paesi (28 novembre 1340 – 24 dicembre 1401). Indice*, hg. durch das Ministero dell'Interno und das Archivio di Stato di Mantova (Publicazioni degli Archivi di Stato LIX), Rom.

Conway, Melissa (1999), *The Diario of the Printing Press of San Jacopo di Ripoli 1476–1484. Commentary and Transcription* (Storia della tipografia e del commercio librario IV), Florenz.

Corsi, Elisabetta (1995), „Marco Polo's observations on the use of paper in China and the state of paper-making technology at the time", in: Lu Guojun, Chi Mingwei u. Sun Chengmu (Hgg.), *Zhongxi wenhua jiaoliu xianqu – Make Boluo. Jinian Make Boluo li Hua hui guo 700 zhounian (1291–1991) [Marco Polo, a Pioneer in the Cultural Exchange between East and West. Commemorating the 700th Year of Marco Polo's Departure from China and Return to his Country (1291–1991)]*, 177–184.

Corsten, Severin (1976), „Papierpreise im mittelalterlichen Köln (1371–1495)", in: Otfried Weber (Hg.), *Bibliothek und Buch in Geschichte und Gegenwart. Festgabe für Friedrich Adolf Schmidt-Künsemüller zum 65. Geburtstag am 30. Dez. 1975*, 45–61.

Corsten, Severin (1983), „Der frühe Buchdruck und die Stadt", in: Bernd Moeller, Hans Patze u. Karl Stackmann (Hgg.), red. von Ludger Grenzmann, *Studien zum städtischen Bildungswesen des späten Mittelalters und der frühen Neuzeit. Bericht über Kolloquien der Kommission zur Erforschung des Spätmittelalters 1978 bis 1981* (Abhandlungen der Akademie der Wissenschaften in Göttingen. Philologisch-Historische Klasse. Dritte Folge Nr. 137), Göttingen, 9–32.

Corsten, Severin/Fuchs, Reimar Walter (Hg.) (1988–1993), *Der Buchdruck im 15. Jahrhundert. Eine Bibliographie*, 2 Tle., Stuttgart.

Czerny, Albin (1871), *Die Handschriften der Stiftsbibliothek St. Florian. Zur achthundertjährigen Gedächtnisfeier der Übergabe des Klosters St. Florian an die Regulirten Chorherren des Heil. Augustin*, Linz.

Dabrowski, Józef/Simmons, John S. G. (1998), „Permanence of early European hand-made papers: some technological aspects and the evidence of F. M. Grapaldo (c. 1494) and of the Regensburg Regulations (XVI 2/2c.)", in: *IPH Congress Book* 12, 255–263.

Dale, Stephen F. (2008), „Art. Bābur", in: *Encyclopaedia of Islam. Three*, 3. digitale Aufl., URL: http://dx.doi.org/10.1163/1573-3912_ei3_COM_26364 (Stand: 17.03.2023).

Dall'Ara, Renzo/Bertolini, Cesare (2001), *La Cartiera Mantovana. Tre secoli di lavoro al Maglio*, Mantua.

Dartmann, Christoph/Scharff, Thomas/Weber, Christoph Friedrich (Hgg.) (2011), *Zwischen Pragmatik und Performanz. Dimensionen mittelalterlicher Schriftkultur* (Utrecht Studies in Medieval Literacy 18), Turnhout.

Dartmann, Christoph (2011), „Zur Einführung: Dimensionen mittelalterlicher Schriftkultur zwischen Pragmatik und Performanz", in: ders., Thomas Scharff u. Christoph Friedrich Weber (Hgg.), *Zwischen Pragmatik und Performanz. Dimensionen mittelalterlicher Schriftkultur* (Utrecht Studies in Medieval Literacy 18) Turnhout, 1–23.

Deigendesch, Roland (2003), „Urach", in: Werner Paravicini (Hg.), *Höfe und Residenzen im spätmittelalterlichen Reich. Ein dynastisch-topographisches Handbuch*, Bd. 2: *Residenzen* (Residenzenforschung 15.1 und 15.2), Ostfildern, 600–604.

Deigendesch, Roland (2014), „Die Brüder vom gemeinsamen Leben und der Uracher Grafenhof", in: Klaus Gereon Beuckers (Hg.), *Stadt, Schloss und Residenz Urach. Neue Forschungen*, Regensburg, 17–25.

Deimann, Wiebke (2012), *Christen, Juden und Muslime im mittelalterlichen Sevilla. Religiöse Minderheiten unter muslimischer und christlicher Dominanz (12. bis 14. Jahrhundert)* (Geschichte und Kultur der Iberischen Welt 9), Berlin.

De la Mare, Albinia (1973), „The Shop of a Florentine *Cartolaio* in 1426", in: Berta Maracchi Biagliarelli, Dennis E. Rhodes (Hgg.), *Studi offerti à Roberto Ridolfi, Direttore de „La Bibliofilia"*, Florenz, 237–248.

Derenzini, Giovanna (1990), „La carta occidentale nei manoscritti greci datati del XIII e XIV secolo (Con una giunta sulla produzione della carta a Fabriano agli inizi del quattrocento)", in: Manlio Calegari, Giancarlo Castagnari, Giovanna Derenzini, Réginald Grégoire, Nora Lipparoni u. Massimo Oldoni (Hgg.), *Contributi italiani lla diffusione della carta in occidente tra XIV e XV secolo*, Fabriano, 99–146.

Déroche, François (2000), *Manuel de codicologie des manuscripts en écriture arabe*, in Zusammenarbeit mit Annie Berthier, Marie-Geneviève Guesdon, Bernard Guineau, Francis Richard, Annie Vernay-Nouri, Jean Vezin u. Muhammad Isa Waley, Paris.

Déroche, François (2012), „La rivoluzione della carta dall'Oriente all'Occidente. Tecniche di fabbricazione", in: Carla Casetti Brach (Hg.), *Scrittura e libro nel mondo greco-bizantino (CUEB)*, Rom, 155–166.

Derolez, Albert (1986), „The Copying of Printed Books for Humanistic Bibliophiles in the Fifteenth Century", in: Hans Bekker-Nielsen, Marianne Børch u. Bengt Algot Sørensen (Hgg.), *From Script to Book. A Symposium*, Odense, 140–160.

Deutsches Rechtswörterbuch (1914–2007): *Deutsches Rechtswörterbuch. Wörterbuch der älteren deutschen Rechtssprache*, in Verbindung mit der Akademie der Wissenschaften der DDR hg. von der Heidelberger Akademie der Wissenschaften, Bd. 1: *Aachenfahrt bis Bergkasten*, bearb. von Richard Schröder u. Eberhard Freiherr von Künßberg; Bd. 2: *Bergkaue bis entschulden*, bearb. von Eberhard Freiherr von Künßberg; Bd. 7: *Kanzlei bis Krönung*, bearb. von Günther Dickel u. Heino Speer; Bd. 9: *Mahlgericht bis Notrust*, bearb. von Heino Speer; Bd. 10: *Notsache bis Ræswa*, bearb. von Heino Speer; Bd. 11, bearb. von Heino Speer, Weimar.

Diefenbach, Laurentius (1857), *Glossarium latino-germanicum mediae et infimae aetatis. E codicibus manuscriptis et libris impressis (Supplementum lexici mediae et infimae latinitatis)*, Frankfurt am Main.

Dietz, Georg (2011), „Die Bedeutung der Papier- und Wasserzeichenuntersuchungen für die kunstgeschichtliche Forschung am Beispiel der frühen niederländischen Zeichnungen", in: Thomas Ketelsen, Oliver Hahn u. Petra Kuhlmann-Hodick (Hgg.), *Zeichnen im Zeitalter Bruegels. Die niederländischen Zeichnungen des 16. Jahrhunderts im Dresdner Kupferstich-Kabinett – Beiträge zu einer Typologie [Katalog zur Ausstellung in den Staatlichen Kunstsammlungen Dresden, 4. November 2011 bis 22. Januar 2012]*, Dresden/Köln, 275–285.

Dilcher, Hermann (1975), *Die sizilische Gesetzgebung Kaiser Friedrichs II. Quellen der Constitutionen von Melfi und ihrer Novellen* (Studien und Quellen zur Welt Kaiser Friedrichs II. 3), Köln/Wien.

Dilcher, Hermann (1981), „Das Notariat in den Gesetzen des staufischen Sizilien", in: Peter-Johannes Schuler (Hg.), *Tradition und Gegenwart. Festschrift zum 175jährigen Bestehen eines badischen Notarstandes*, Karlsruhe, 57–72.

Di Stefano, Emanuela (2011), *Le Marche e Roma nel Quattrocento. Produzioni, mercanti, reti commerciali* (Per la storia dell'Università degli Studi di Camerino 9), Camerino.

Di Stefano, Emanuela (2014), „Proiezione europea e mediterranea della carta di Camerino-Pioraco e di Fabriano all'apogeo dello sviluppo medievale (secoli XIV-XV) ", in: dies., Giancarlo Castagnari u. Livia Faggioni (Hgg.), *Alle origini della carta occidentale: tecniche, produzioni, mercati (secoli XIII-XV). Atti del Convegno Camerino, 4 ottobre 2013* (Storia della Carta), Fabriano 2014, 35–62.

Di Stefano, Emanuela (2015), „European and Mediterranean perspectives on the paper produced in Camerino-Pioraco and Fabriano at the apogee of its medieval development (14th-15th century)", in: Carla Meyer, Sandra Schultz u. Bernd Schneidmüller (Hgg.), *Papier im mittelalterlichen Europa. Herstellung und Gebrauch* (Materiale Textkulturen 7), Berlin/Boston, 47–67.

Di Stefano, Emanuela (2019), *Fra le Marche, il Mediterraneo, l'Europa. Pioraco: radici ed espansione di un centro cartario. La fase camerte-piorachese*, Neapel.

Du Cange, [Charles du Fresne] (1954), *Glossarium mediae et infimae latinitatis*. Unveränd. Nachdr. der Ausg. von 1883–1887 [bearb. von Léopold Favre], 10 Bde., Graz.

[Duplès-Agier, Henri] (1864), *Registre criminel du Châtelet de Paris. Du 6 septembre 1389 au 18 mai 1392*, Bd. 2, Paris.

Eccard, Johann Georg (1723), *Corpvs historicum medii aevi, sive scriptores res in orbe vniverso pracipve in Germania, a temporibvs maxime Caroli M. imperatoris vsque ad finem secvli post c.n.xv. gestas [...]*, Bd. I, Leipzig.

Eheberg, K[arl] Th[eodor] (Hg.) (1899), *Verfassungs-, Verwaltungs- und Wirtschaftsgeschichte der Stadt Strassburg bis 1681*, Bd. 1: *Urkunden und Akten*, Strassburg.

Ehmck, Dietrich Rudolf/Bippen, W. von (Hg.) (1880), *Bremisches Urkundenbuch*, Bd. 3: *Urkunden von 1351 bis 1380*, Bremen.

Eisenstein, Elizabeth L. (1979), *The printing press as an agent of change. Communications and cultural transformations in early modern Europe*, 2 Bde., Cambridge.

Eisenstein, Elizabeth L. (2011), *Divine Art, Infernal Machine. The Reception of Printing in the West from First Impressions to the Sense of an Ending* (Material Texts), Oxford.

Eitner, Robert (1889), „Art. Rotenbucher, Erasmus", in: *Allgemeine Deutsche Biographie* 29, Leipzig, 297.

Elisséeff, N. (1991), „Art. Manbidj", in: *Encyclopaedia of Islam* 6, Leiden, 2. Aufl., 377–383.

Embach, Michael (2000), „Skriptographie versus Typographie. Johannes Trithemius' Schrift ‚De laude scriptorum'", in: *Gutenberg-Jahrbuch* 75, 132–144.

Emler, Josef (Hg.) (1893), *Prameny Dějin Českých*, Bd. 5: *Přibíka z Radenína řečeného Pulkavy Kronika česká* (Fontes Rerum Bohemicarum 5), Prag.

Enderwitz, Susanne/Giele, Enno/Ott, Michael R./Sauer, Rebecca (2015), „Textilien", in: Thomas Meier, Michael R. Ott u. Rebecca Sauer (Hgg.), *Materiale Textkulturen. Konzepte – Materialien – Praktiken* (Materiale Textkulturen 1), Berlin/Boston, 421–437.

Engelsing, Rolf (1973), *Analphabetentum und Lektüre. Zur Sozialgeschichte des Lesens in Deutschland zwischen feudaler und industrieller Gesellschaft*, Stuttgart.

Enzensberger, Horst (1971), *Beiträge zum Kanzlei- und Urkundenwesen der normannischen Herrscher Unteritaliens und Siziliens* (Münchner Historische Studien. Abteilung Hilfswissenschaften 9), Kallmünz.

Enzensberger, Horst (1991), „Cancelleria e documentazione sotto Ruggero I di Sicilia", in: *Ruggero il Gran Conte e l'inizio dello Stato normanno. Atti delle seconde giornate normanno-sveve, Bari, 19–21 maggio 1975* (Centro di studi normanno-svevi, Università degli Studi di Bari, Atti 2), 2. Aufl., Bari, 15–23.

Erbach di Fuerstenau, Adalberto Conte (1911), „La miniatura bolognese nel Trecento (Studi su Nicolò di Giacomo)", in: *L'Arte. Rivista di storia dell'arte medievale e moderna* 14, 1–12, 107–117.

Ernst, Ulrich (2002), „Standardisiertes Wissen über Schrift und Lektüre, Buch und Druck. Am Beispiel des enzyklopädischen Schrifttums vom Mittelalter zur Frühen Neuzeit", in: Christel Meier (Hg.), *Die Enzyklopädie im Wandel vom Hochmittelalter bis zur Frühen Neuzeit. Akten des Kolloquiums des Projekts D im Sonderforschungsbereich 231 (29.11.-1.12.1996)*, red. von Stefan Schuler u. Marcus Heckenkamp (Münstersche Mittelalter-Schriften 78), München, 451–494.

Ernst, Viktor (1904), „Die direkten Staatssteuern in der Grafschaft Württemberg", in: *Württembergische Jahrbücher für Statistik und Landeskunde*, I, 55–90, II, 78–119.

Ertl, Thomas (1998), „Mandate Heinrichs VI. und Konrads IV. in einer ars dictandi aus dem frühen 13. Jahrhundert", in: *Deutsches Archiv für Erforschung des Mittelalters* 54, 121–139.

Ertzdorff, Xenja von (1992), „Gedruckte Reiseberichte über China in Deutschland im 15. und 16. Jahrhundert", in: dies. u. Dieter Neukirch (Hgg.), *Reisen und Reiseliteratur im Mittelalter und in der Frühen Neuzeit. Vorträge eines interdisziplinären Symposiums vom 3.-8. Juni 1991 an der Justus-Liebig-Universität Gießen* (Chloe. Beihefte zum Daphnis 13), Amsterdam/Atlanta (GA), 417–437.

Esch, Arnold (1985), „Überlieferungschance und Überlieferungszufall als methodisches Problem des Historikers", in: *Historische Zeitschrift* 240, 529–570.

Esch, Arnold (2014), *Die Lebenswelt des europäischen Mittelalters. Kleine Schicksale selbst erzählt in Schreiben an den Papst*, München.

Eslami, Kambiz (1998), „Art. ʻEmād Ḥasanī", Mīr", in: *Encyclopaedia Iranica* 8, London, 382–385.

Euling, Karl (1905), *Das Priamel bis Hans Rosenplüt. Studien zur Volkspoesie*, Breslau.

Evans, Allen (1937), „Rez. El libro di mercatantie et Usanze de' Paesi by Franco Borlandi", in: *The American Historical Review* 42, No. 4, 739f.

Faber, Wilhelm/Kurth, Julius (1907), *Wie sah Huss aus? Eine ikonographische Studie auf Grund der Miniaturen des lateinischen Cantionale von Leimeritz. Mit drei Tafeln in Photogravüre*, Berlin.

Fajit, Jiri/Hörsch, Markus (Hgg.) (2016), *Kaiser Karl IV. 1316–2016. Erste Bayerisch-Tschechische Landesausstellung. Ausstellungskatalog*, Prag 2016.

Falkenhausen, Vera von (1998), „Zur Regentschaft der Gräfin Adelasia del Vasto in Kalabrien und Sizilien (1101–1112)", in: Ihor Ševčenko u. Irmgard Hutter (Hgg.), *Aetos. Studies in honour of Cyril Mango presented to him on April 14, 1998*, Stuttgart/Leipzig, 87–115.

Falkenhausen, Vera von (2002), „The Greek Presence in Norman Sicily. The Contribution of Archival Material in Greek", in: G[raham] A. Loud u. A[lex] Metcalfe (Hgg.), *The Society of Norman Italy* (The Medieval Mediterranean. Peoples, economies and cultures, 400–1500, Bd. 38), Leiden/Boston/Köln, 253–287.

Fanfani, Amintore (1956), „Perché fu trascurata la divulgazione di Marco Polo sulle carta moneta dei cinesi?", in: *Economia e storia* 3,2, 196–198.

Fattori, Daniela (2005), „La prima tipografia mantovana", in: *La Bibliofilia* 108, 105–114.

Faye, Peggy (2008), *Les premières utilisations du papier comme outil de gestion dans l'administration angevine provençale 1295-1350. Mémoire présenté comme exigence partielle de la Maîtrise en Histoire,* Université du Québec, Montréal, URL: http://www.archipel.uqam.ca/id/eprint/856 (Stand: 17.03.2023).

Febvre, Lucien/Martin, Henri-Jean (2010), *The Coming of the Book. The Impact of Printing 1450–1800*, übers. von David Gerard, hg. von Geoffrey Nowell-Smith u. David Wootton, London/Brooklyn, NY.

Federici, Carlo/Ornato, Ezio (1990), „Progetto Carta", in: *Gazette du Livre Médiéval* 16, 1–7.

Federici, Carlo (2004), „Sul fallimento dell'archeologia del libro", in: *Gazette du Livre Médiéval* 45, 50–55.

Fianu, Kouky (1991), *Histoire juridique e sociale du métier du livre à Paris (1275–1521)*, Diss. masch. Montréal.

Fiskaa, H[aakon] M. (1967), „Das Eindringen des Papiers in die nordeuropäischen Länder im Mittelmeer", in: *Papiergeschichte. Zeitschrift der Forschungsstelle Papiergeschichte in Mainz* 17, 28–32.

Fleischmann, Peter (2000), „Das kleine Stadtwappen", in: ders. (Hg.), *Norenberc – Nürnberg. 1050 bis 1806. Eine Ausstellung des Staatsarchivs Nürnberg zur Geschichte der Reichsstadt* (Ausstellungskataloge der staatlichen Archive Bayerns 41), München, 104f., Nr. 38.

Floor, Willem (2005), „Art. Paper and Papermaking", in: *Encyclopædia Iranica [digital edition]*, zuletzt aktualisiert am 20.07.2005, URL: http://www.iranicaonline.org/articles/paper-and-papermaking (Stand: 17.03.2023).

Florian, Christoph (2006), *Graf Eberhard der Milde von Württemberg (1392–1417). Frieden und Bündnisse als Mittel der Politik* (Tübinger Bausteine zur Landesgeschichte 6), Ostfildern.

Flusser, Vilém (2012), „Die Geste des Schreibens", in: Sandro Zanetti (Hg.), *Schreiben als Kulturtechnik. Grundlagentexte*, Berlin, 261–268.

Focken, Friedrich-Emanuel/Elias, Friederike/Witschel, Christian/Meier, Thomas (2015), „Material(itäts)profil – Topologie – Praxeographie", in: Thomas Meier, Michael R. Ott u. Rebecca Sauer (Hgg.), *Materiale Textkulturen. Konzepte – Materialien – Praktiken* (Materiale Textkulturen 1), Berlin/Boston, 129–134.

Foerster, Hans/Frenz, Thomas (2004), *Abriss der lateinischen Paläographie*. 3., überarb. und um ein Zusatzkapitel „Die Schriften der Neuzeit" erw. Aufl. (Bibliothek des Buchwesens 15), Stuttgart.

Fouquet, Gerhard (1999), *Bauen für die Stadt. Finanzen, Organisation und Arbeit in kommunalen Baubetrieben des Spätmittelalters. Eine vergleichende Studie vornehmlich zwischen den Städten Basel und Marburg* (Städteforschung A/48), Köln/Weimar/Wien.

Franzke, Jürgen/von Stromer, Wolfgang (Hgg.) (1990), *Zauberstoff Papier. Sechs Jahrhunderte Papier in Deutschland. Begleitbuch zur gleichnamigen Ausstellung im Schloß Faber-Castell in Stein bei Nürnberg*, München.

Frauenknecht, Erwin (2014), „Papierherstellung und Buchdruck in Urach. Zu den Anfängen im 15. Jahrhundert", in: Klaus Gereon Beuckers (Hg.), *Stadt, Schloss und Residenz Urach. Neue Forschungen*, Regensburg, 85–95.

Frauenknecht, Erwin (2015), „Papiermühlen in Württemberg. Forschungsansätze am Beispiel der Papiermühlen in Urach und Söflingen", in: Carla Meyer, Sandra Schultz u. Bernd Schneidmüller (Hgg.), *Papier im mittelalterlichen Europa. Herstellung und Gebrauch* (Materiale Textkulturen 7), Berlin/Boston, 93–114.

Frauenknecht, Erwin/Maier, Gerald/Rückert, Peter (Hgg.) (2017), *Das Wasserzeichen-Informationssystem (WZIS). Bilanz und Perspektiven* (Sonderveröffentlichungen des Landesarchivs Baden-Württemberg), Stuttgart 2017.

Freyberg, Maximilian Baron von (Hg.) (1836), *Regesta sive rerum boicarum autographa e Regni Scriniis fideliter in Summas contracta*, begonnen von C. H. von Lang, Bd. 5 u. 6, München.

Fried, Pankraz (Hg.) (1983), *Die ländlichen Rechtsquellen aus den pfalz-neuburgischen Ämtern Höchstädt, Neuburg, Monheim und Reichertshofen vom Jahre 1585* (Veröffentlichungen der Schwäbischen Forschungsgemeinschaft bei der Kommission für Bayerische Landesgeschichte, Reihe 5 b, Rechtsquellen 1), Sigmaringen.

Friedrich, Markus (2013), *Die Geburt des Archivs. Eine Wissensgeschichte*, München.

Fritz, Thomas (1999), *Ulrich der Vielgeliebte (1441–1480). Ein Württemberger im Herbst des Mittelalters. Zur Geschichte der württembergischen Politik im Spannungsfeld zwischen Hausmacht, Region und Reich* (Schriften zur südwestdeutschen Landeskunde 25), Leinfelden-Echterdingen.

Fritz, Thomas (2005), „Der mittlere Neckarraum als politisches Spannungsfeld im 15. Jahrhundert", in: Hansmartin Schwarzmaier u. Peter Rückert (Hgg.), *Das Land am mittleren Neckar zwischen Baden und Württemberg* (Oberrheinische Studien 24), Ostfildern, 247–261.

Frühneuhochdeutsches Wörterbuch (1989–2003), 9 Bde., hg. von Robert R. Anderson, Ulrich Goebel u. Oskar Reichmann, Berlin/New York.

Fruhmann, Theodor (1940), *Studien zur Kanzlei und zum Urkundenwesen der Erzbischöfe von Mainz im späten Mittelalter (1289 bis 1373)*, Würzburg.

Fuad Körpülü, M. (1954), „Art. Bābur", in: *Encyclopaedia of Islam* 1, Leiden/London, 2. Aufl., 847–850.

Fuchs, Robert/Meinert, Christiane/Schrempf, Johannes (2001), *Pergament. Geschichte – Material – Konservierung – Restaurierung* (Kölner Beiträge zur Restaurierung und Konservierung von Kunst- und Kulturgut 12), München.

Fucini, Alessandra (2004), „L'evoluzione delle forme per la produzione dellnell'Europa della carta in epoca tardo medievale attraverso l'analisi dei dati strumentali", in: Rosella Graziaplena (Hg.), *Paper as a Medium of Cultural Heritage. Archaeology and Conservation 26th Congress of Paper*

Historians (Rome-Verona, Aug. 30th – Sept. 6th 2002), unter Mitarb. von Mark Livesey, Rom, 185–201.

Fück, J. W. (1986), „Art. Ibn al-Nadīm", in: *Encyclopaedia of Islam* 3, 2. Aufl., Leiden/London, 895f.

Fudge, Thomas A. (2011), „Jan Hus at Calvary. The Text of an Early Fifteenth-Century ‚Passio'", in: *Journal of Moravian History* 11, 45–81.

Furno, Martine (1989), „Du *De Orthographia* de G. Tortelli au *Cornu Copiae* de N. Perotti", in: *Res Publica Litterarum. Studies in the Classical Tradition* 12, 59–68.

Füssel, Marian (2015), „Die Materialität der Frühen Neuzeit. Neuere Forschungen zur Geschichte der materiellen Kultur", in: *Zeitschrift für Historische Forschung* 42, 433–463.

Füssel, Marian/Neu, Tim (2010), „Doing Discourse. Diskursiver Wandel aus praxeologischer Perspektive", in: Achim Landwehr (Hg.), *Diskursiver Wandel* (Interdisziplinäre Diskursforschung), Wiesbaden, 213–235.

Füssel, Stephan (1994), „‚Dem Drucker aber sage er Dank …'. Zur wechselseitigen Bereicherung von Buchdruckerkunst und Humanismus", in: ders., Gert Hübner u. Joachim Knape (Hgg.), *Artibvs. Kulturwissenschaft und deutsche Philologie des Mittelalters und der frühen Neuzeit. Festschrift für Dieter Wuttke zum 65. Geburtstag*, Wiesbaden, 167–178.

Füssel, Stephan (1996), „Ein wohlverdientes Lob der Buchdruckerkunst", in: ders. u. Volker Honemann (Hgg.), *Pirckheimer-Jahrbuch Band* 11 (*Humanismus und früher Buchdruck. Akten des interdisziplinären Symposiums vom 5./.6. Mai 1995 in Mainz*), 7–14.

Füssel, Stephan (2011), „Druckprivilegien im frühen Buchdruck", in: Andreas Deutsch (Hg.), *Ulrich Tenglers Laienspiegel. Ein Rechtsbuch zwischen Humanismus und Hexenwahn*, im Auftrag der Heidelberger Akademie der Wissenschaften des Landes Baden-Württemberg (Akademiekonferenzen 11), Heidelberg, 163–178.

Gabrieli, F[rancesco] (1986), „Art. Ibn ʿAbdūn", in: *Encyclopaedia of Islam* 3, 2. Aufl., Leiden/London, 681.

Gacek, Adam (1989), „Technical practices and recommendations recorded by classical and post-classical arabic scholars concerning the copying and correction of manuscripts", in: François Déroche (Hg.), *Les manuscripts du Moyen-Orient. Essais de codicologie et de paléographie. Actes du Colloque d'Istanbul (Istanbul, 26–29 mai 1986)*, Istanbul/Paris, 51–60.

Gacek, A[dam] (2000), „Art. Tazwīr", in: *Encyclopaedia of Islam* 10, 2. Aufl., Leiden, 408–409.

Gacek, Adam (2002), „On the Making of Local Paper. A Thirteenth Century Yemeni Recipe", in: *Revue des mondes musulmans et de la Méditerranée* 99/100, 79–93.

Gadrat-Ouerfelli, Christine (2015), *Lire Marco Polo au Moyen Age. Traduction, diffusion et réception du Devisement du Monde* (Terrarvm Orbis 12), Turnhout.

Gagné, John (2017), „Paper World: The Materiality of Loss in the Pre-Modern World", in: Martin Lyons u. Rita Marquilhas (Hgg.), *Approaches to the History of Written Culture. A World Inscribed* (New Directions in Book History), Cham, 57–72.

Gallion, Nina (2017), *Wir, Vogt, Richter und Gemeinde. Städtewesen, städtische Führungsgruppen und Landesherrschaft im spätmittelalterlichen Württemberg (1250–1534)* (Schriften zur südwestdeutschen Landeskunde 78), Ostfildern.

Ganda, Arnaldo (2007), „La Pergamena a Milano nella Seconda Metà del Quattrocento. Uso, Prezzo, Punti di Vendita e di Fabbricazione", in: Roberto Guarasci, Anna Rovella u. Raffaella Zaccaria (Hgg.), *Scritti in memoria die Raoul Gueze (1926–2005)*, Manzani, 145–166.

Gandjeï, T. (1965), „Art. Sulṭān Ḥusayn", in: *Encyclopaedia of Islam* 3, 2. Aufl., Leiden/London, 603.

Gasparinetti, A[ndrea F.] (1938), „Carte, Cartiere e Cartai Fabrianesi", in: *Risorgimento grafico* 35, 373–431.

Gasparinetti, A[ndrea] F. (1956), „Ein altes Statut von Bologna", in: *Papiergeschichte* 6, Nr. 3, 45–47.

Gasparinetti, A[ndrea] F. (1956), „Frühe Papierherstellung in der Toskana", in: *Papiergeschichte* 6, Nr. 5, 68–70.

Gasparinetti, A[ndrea] F. (1956), „Über ‚Papier für Fenster'", in: *Papiergeschichte* 6, Nr. 2, 20f.

Gasparinetti, A[ndrea] F. (1957), „Bartolo da Sassoferrato und Pietro Baldeschi", in: *Papiergeschichte* 7, Nr. 4, 50–52.

Gasparinetti, A[ndrea] F. (1958), „Briquet unbekannt gebliebene frühe Autoren, die über Wasserzeichen geschrieben haben", in: *Papiergeschichte* 8, Nr. 6, 71–74.

Gasparinetti, A[ndrea] F. (1959), „F. M. Nigrisoli als Papiergeschichtsforscher", in: *Papiergeschichte* 9, Nr. 6, 80–84.

Gasparinetti, Andrea F. (1963), *Documenti inediti sulla fabbricazione della carta nell'Emilia*, Mailand.

Gasparinetti, Andrea F. (1964), *Aspetti particolari della Filigranologia* (Rivista Industria della carta [Sonderheft]), Mailand.

Gasparinetti, A[ndrea] Federico (1964), „Kleine literarische Reise zu einem deutschen Dichter, der die Papierherstellung beschrieb", in: *Papiergeschichte* 14, Nr. 3/4, 32–35.

Geissler, Friedrich (1964/65), „Anton von Pforr, der Übersetzer des ‚Buches der Beispiele'", in: *Zeitschrift für Württembergische Landesgeschichte* 23, 141–156.

Gelder, Geert Jan van (1987), „The Conceit of Pen and Sword. On an Arabic Literary Debate", in: *Journal of Semitic Studies* 32,2, 329–360.

Geldner, Ferdinand (1961), „Zum ältesten Missaldruck", in: *Gutenberg-Jahrbuch* 36, 101–106.

Geldner, Ferdinand (1964), „Das Rechnungsbuch des Speyrer Druckherren, Verlegers und Großbuchhändlers Peter Drach", in: *Archiv für Geschichte des Buchwesens* 5, 1964, Sp. 2–196.

Geldner, Ferdinand (1970), *Die deutschen Inkunabeldrucker. Ein Handbuch der deutschen Buchdrucker des XV. Jahrhunderts nach Druckorten*, Bd. 2: *Die fremden Sprachgebiete*, Stuttgart.

Geldner, Ferdinand (1972), „Ein in einem Sammelband Hartmann Schedels (Clm 901) überliefertes Gutachten über den Druck deutschsprachiger Bibeln", in: *Gutenberg-Jahrbuch* 47, 86–89.

Geldner, Ferdinand (1984), „Enea Silvio de Piccolomini und Dr. Paulus Paulirinus aus Prag als Zeugen für die beiden ältesten Bibeldrucke", in: *Gutenberg-Jahrbuch* 59, 133–139.

Georges, Karl Ernst (1913–18/1998), *Ausführliches lateinisch-deutsches Wörterbuch. Aus den Quellen zusammengetragen und mit besonderer Bezugnahme auf Synonymik und Antiquitäten unter Berücksichtigung der besten Hilfsmittel ausgearbeitet*, 8. verb. und verm. Aufl. bearb. von Heinrich Georges, 2 Bde., Hannover, ND Darmstadt.

Gertz, Jan Christian/Krabbes, Frank/Noller, Eva Maria/Opdenhoff, Fanny (2015), „Metatext(ualitat)", in: Thomas Meier, Michael R. Ott u. Rebecca Sauer (Hgg.), *Materiale Textkulturen. Konzepte – Materialien – Praktiken* (Materiale Textkulturen 1), Berlin/Boston, 207–218.

Gier, Albert (1980), „Art. Bersuire, Pierre", in: *Lexikon des Mittelalters* 1, München/Zürich, Sp. 2019.

Gierl, Martin (2006), „Art. Enzyklopädie", in: Friedrich Jaeger (Hg.), *Enzyklopädie der Neuzeit* 3, Stuttgart, Sp. 344–356.

Giesecke, Michael (1991), *Der Buchdruck in der frühen Neuzeit. Eine historische Fallstudie über die Durchsetzung neuer Informations- und Kommunikationstechnologien*, Frankfurt am Main.

Gilliot, Cl[aude] (2002), „Art. Yāḳūt al-Rūmī", in: *Encyclopaedia of Islam* 11, 2. Aufl., Leiden, 264–266.

Giry, A[rthur] ([1894]/[1965]), *Manuel de diplomatique. Diplomes et chartres – chronologie technique, éléments critiques, et parties constitutives de la teneur des chartes et des chancelleries – les actes privés*, Paris, ND New York.

Gitelman, Lisa (2014), *Paper Knowledge. Toward a Media History of Documents*, Durham/London 2014.

Gjerpe, Kristin (2008), „The Italian Utopia of Lando, Doni and Sansovino. Paradox and Politics", in: Terence Cave (Hg.), *Thomas More's Utopia in Early Modern Europe. Paratexts and Contexts*, für das Projekt „Dislocations: Practices of Cultural Transfer in the Early Modern Period" an der Universität Oslo, Manchester/New York, 47–66.

Glaser, Hermann (1990), „Papier. Beschreiben. Rede zur Eröffnung der Ausstellung ‚Zauberstoff Papier' am 18. Mai 1990 im Schloß Faber-Castell, Stein bei Nürnberg", in: *Natürlich Papier. Ein Werkstoff mit Zukunft. 600 Jahre Papier in Deutschland 1390–1990. Eine Sonderausstellung des*

Verbandes Deutscher Papierfabrikanten (VDP) über Herstellung und Anwendung von Papier, München, Museumsinsel, 30. Mai 1990 bis 7. Oktober 1990, Heidelberg, 8–14.

Glauch, Sonja/Green, Jonathan (2010), „Lesen im Mittelalter. Forschungsergebnisse und Forschungsdesiderate", in: Ursula Rautenberg (Hg.), *Buchwissenschaft in Deutschland. Ein Handbuch*, Bd. 1: *Theorie und Forschung*, Berlin/New York, 361–410.

Glossario degli Antichi Volgari Italiani (1983–2006), hg. von Giorgio Colussi, 19 Bde., Helsinki.

Goetz, Hans-Werner (2000), *Proseminar Geschichte: Mittelalter*, 2. Aufl., Stuttgart.

Götz, Rolf (2009), *Die Herzöge von Teck. Herzöge ohne Herzogtum* (Schriftenreihe des Stadtarchivs Kirchheim unter Teck 33), Kirchheim unter Teck.

Goldschmidt, E[rnst] P. (1938), *Hieronymus Münzer und seine Bibliothek* (Studies of the Warburg Institute 4), London.

Gosden, Chris/Marshall, Yvonne (1999), „The cultural biography of objects", in: *World Archaeology* 31,2, 169–178.

Gotein, S[helomoh] D. (1973), *Letters of Medieval Jewish Traders, translated from the Arabic with Introductions and Notes*, Princeton.

Graf, Klaus (2013), „Art. Sunthaim, Ladislaus", in: *Neue Deutsche Biographie* 25, 706–707.

Grafton, A[nthony] (1979), „Rhetoric, Philology and Egyptomania in the 1570s. J. J. Scaliger's Invective against M. Guilandinus's Papyrus", in: *Journal of Warburg and Courtauld Institutes* 42, 167–195.

Grampp, Sven/Wiebel, Eva (2008), „‚Revolution in Permanenz'. Die Erfindung des Buchdrucks als Gründungsfigur der Neuzeit", in: Sven Grampp, Eva Wiebel, Kay Kirchmann, Marcus Sandl u. Rudolf Schlögl (Hgg.), *Revolutionsmedien – Medienrevolutionen* (Historische Kulturwissenschaften 11), Konstanz, 96–123.

Graziaplena, Rosella (2004), „Paper Trade and Diffusion in Late Medieval Europe. A First Approach", in: dies. (Hg.), *Paper as a Medium of Cultural Heritage. Archaeology and Conservation 26th Congress of Paper Historians (Rome-Verona, Aug. 30th – Sept. 6th 2002)*, unter Mitarb. von Mark Livesey, Rom, 343–354.

Green, D[ennis] H[oward] (1990), „Orality and Reading. The State of Research in Medieval Studies", in: *Speculum* 65,2, 267–280.

Grimm, Jacob/Grimm, Wilhelm (1800–1893), *Deutsches Wörterbuch*, 16 Bde., hier Bd. 2, 5, 7, 8.

Grimmelshausen, Hans Jacob Christoffel von (2009), *Der abenteuerliche Simplicissimus Deutsch. Aus dem Deutschen des 17. Jahrhunderts und mit einem Nachwort von Reinhard Kaiser*, Frankfurt am Main.

Groebner, Valentin (2001), „Zu den Akten. Rechtsgeschichte als Mediengeschichte [Rez. Cornelia Vismann, Akten. Medientechnik und Recht, Frankfurt am Main 2000]", in: *Neue Zürcher Zeitung*, 14.02.2001, Nr. 37, 66.

Grohmann, Adolf (1967), *Arabische Paläographie*, 1. Tl. (Österreichische Akademie der Wissenschaften, Philosophisch-historische Klasse, Denkschriften 94,1), Wien.

Grube, Walter (1957), *Der Stuttgarter Landtag 1457–1957. Von den Landständen zum demokratischen Parlament*, Stuttgart.

Grube, Walter (1966), „Haupt- und Residenzstädte in Württemberg", in: *Zeitschrift für Württembergische Landesgeschichte* 25, 9*–13*.

Grube, Walter (1996), „Stuttgart als herzogliche Residenzstadt", in: *Schwäbische Heimat* 17, 113–121.

Grubmüller, Klaus (1967), *Vocabularius Ex quo. Untersuchungen zu lateinisch-deutschen Vokabularen des Spätmittelalters* (Münchener Texte und Untersuchungen zur deutschen Literatur des Mittelalters 17), München.

Grundmann, Herbert (1958), „Litteratus – illitteratus", in: *Archiv für Kulturgeschichte* 40,1, 1–65.

Grundmann, Herbert (1967), „Das Mittelalter-Problem", in: *Jahrbuch der Akademie der Wissenschaften in Göttingen*, 40–54.

Guichard, Pierre (1995), „Du parchemin au papier", in: ders. u. Danièle Alexandre-Bidon (Hgg.), *Comprendre le XIIIe siècle. Études offertes à Marie-Thérèse Lorcin*, Lyon, 185–199.

Gutmann, André (2010), *Die Schwabenkriegschronik des Kaspar Frey und ihre Stellung in der eidgenössischen Historiographie des 16. Jahrhunderts*, 2 Bde. (Veröffentlichungen der Kommission für geschichtliche Landeskunde in Baden-Württemberg B: Forschungen 176), Stuttgart.

Haberkern, Philipp N. (2016), *Patron Saint and Prophet. Jan Hus in the Bohemian and German Reformations* (Oxford Studies in Historical Theology), Oxford.

Hadj-Sadok, M. (1965), „Art. Ibn Marzūḳ", in: *Encyclopaedia of Islam* 3, Fasz. 41–42, 2. Aufl., Leiden/London, 865–868.

Hadravová, Alena/Hadrava, Petr (2007), „Astronomy in Paulerinus's fifteenth-century encyclopaedia *Liber viginti arcium*", in: *Journal for the History of Astronomy* 38, 305–324.

Halevi, Leor (2008), „Christian Impurity versus Economic Necessity. A Fifteenth-Century Fatwa on European Paper", in: *Speculum* 83,4, 917–945.

Haltrich, Martin (2007), „Frühe Verwendung von Papier in der Tirolischen Kanzlei. Bestätigung von Datierungen von Kanzleibüchern des beginnenden 14. Jahrhunderts mittels Wasserzeichen", in: *Gazette du livre médiéval* 51, 53–56.

Hamesse, Jacqueline (1999), „Das scholastische Modell der Lektüre", in: Roger Chartier u. Guglielmo Cavallo (Hgg.), *Die Welt des Lesens. Von der Schriftrolle zum Bildschirm*, Frankfurt/New York/Paris, 155–180.

Hammer-Purgstall, [Joseph Freiherr von] (1842), *Geschichte der Ilchane, das ist der Mongolen in Persien*, Bd. 1 mit vier Beilagen, Darmstadt.

Hanawalt, Barbara A. (1993), *Growing up in Medieval London. The Experience of Childhood in History*, Oxford/New York.

Hansen, Joseph (1901), *Quellen und Untersuchungen zur Geschichte des Hexenwahns und der Hexenverfolgung im Mittelalter*, Bonn.

Hardy, P. (1986), „Art. Amīr Khusraw", in: *Encyclopaedia of Islam* 1, 2. Aufl., Leiden, 444/1–445/1.

Hase, Oskar (1885), *Die Koberger. Eine Darstellung des Buchhändlerischen Geschäftsbetriebs in der Zeit des Übergangs vom Mittelalter zur Neuzeit*, 2. Aufl., Leipzig.

Ḥassan, Aḥmad Y. al/Hill, Donald R. (1992), *Islamic technology. An illustrated history*, 2. Aufl., Cambridge.

Haßler, Friedrich (1955), „Die Augsburger Textil-, Metall- und Papierindustrie", in: Hermann Rinn (Hg.), *Augusta 955–1955. Forschung und Studien zur Kultur- und Wirtschaftsgeschichte Augsburgs*, Augsburg, 403–426.

Hauschild, Stephanie (2013), *Skriptorium. Die mittelalterliche Buchwerkstatt*, Darmstadt.

Havelock, Eric Alfred (1992), *Als die Muse schreiben lernte*. Aus dem Amerikanischen von Ulrich Enderwitz u. Rüdiger Hentschel, Frankfurt am Main.

Hawicks, Heike (2007), *Xanten im späten Mittelalter. Stift und Stadt im Spannungsfeld zwischen Köln und Kleve* (Rheinisches Archiv 150), Köln/Weimar/Wien.

Hawicks, Heike (2015), „Situativer Pergament- und Papiergebrauch im späten Mittelalter. Eine Fallstudie anhand der Bestände des Stadtarchivs Duisburg und des Universitätsarchivs Heidelberg", in: Carla Meyer, Sandra Schultz u. Bernd Schneidmüller (Hgg.), *Papier im mittelalterlichen Europa. Herstellung und Gebrauch* (Materiale Textkulturen 7), Berlin/Boston, 213–243.

Haye, Thomas (1997), „Filippo della Strada – ein Venezianer Kalligraph des späten 15. Jahrhunderts im Kampf gegen den Buchdruck", in: *Archiv für Geschichte des Buchwesens* 48, 279–313.

Heinzer, Felix (1994), „Schatz- und Bücherverzeichnis des Konstanzer Doms", in: ders. (Hg.), *Unberechenbare Zinsen. Bewahrtes Kulturerbe. Katalog zur Ausstellung der vom Land Baden-Württemberg erworbenen Handschriften der Fürstlich Fürstenbergischen Hofbibliothek*, 2. Aufl., Stuttgart, 134–135.

Heinzer, Felix (2004), „Die Lorcher Chorbücher im Spannungsfeld von klösterlicher Reform und landesherrlichem Anspruch", in: ders., Robert Kretzschmar u. Peter Rückert (Hgg.), *900 Jahre Kloster Lorch. Eine staufische Gründung vom Aufbruch zur Reform*, Stuttgart, 133–148.

Heinzer, Felix (2006), „Heinrich von Württemberg und Eberhard im Bart. Zwei Fürsten im Spiegel ihrer Bücher", in: Peter Rückert (Hg.), *Der württembergische Hof im 15. Jahrhundert. Beiträge einer Vortragsreihe des Arbeitskreises für Landes- und Ortsgeschichte Stuttgart*, Stuttgart, 149–163.

Heinzer, Felix (2008), „Heinrich von Württemberg und Eberhard im Bart: Zwei Fürsten im Spiegel ihrer Bücher", in: Peter Rückert (Hg.), *Der württembergische Hof im 15. Jahrhundert. Beiträge einer Vortragsreihe des Arbeitskreises für Landes- und Ortsgeschichte Stuttgart*, Stuttgart, 149–163.

Heldmann, Georg (2003), „Von der Wiederentdeckung der antiken Literatur zu den Anfängen methodischer Textkritik", in: Egert Pöhlmann (Hg.), *Einführung in die Überlieferungsgeschichte und die Textkritik der antiken Literatur*, Bd. 2: *Mittelalter und Neuzeit*, Darmstadt, 97–135.

Hennig, Nina (2014), „Art. IV.19. Objektbiographien", in: Stefanie Samida, Manfred K. H. Eggert u. Hans Peter Hahn (Hgg.), *Handbuch Materielle Kultur. Bedeutungen, Konzepte, Disziplinen*, Stuttgart/Weimar, 234–237.

Herde, Peter (2000), „La Cancelleria fiorentina nel primo Rinascimento", in: Walter Prevenier u. Thérèse de Hemptinne (Hgg.), *La diplomatique urbaine en Europe au Moyen Âge. Actes du congrès de la Commission internationale de diplomatique, Gand, 25–29 août 1998* (Studies in Urban Social, Economie and Political History of the Medieval and Early Modern Low Countries 9), Louvain/Apeldoorn, Garant, 177–193.

Herkommer, Hubert (1984), „Die Geschichte vom Leiden und Sterben des Jan Hus als Ereignis und Erzählung. Zur Wirklichkeitserfahrung und Hermeneutik des Spätmittelalters und der frühen Neuzeit", in: Ludger Grenzmann u. Karl Stackmann (Hgg.), *Literatur und Laienbildung im Spätmittelalter und in der Reformationszeit, Symposium Wolfenbüttel 1981* (Germanistische Symposien. Berichtsbände 5), Stuttgart, 114–146.

Herold, Jürgen (2002), „Quellenkundlicher und historischer Kommentar zur Varsberg-Korrespondenz der Elisabeth von Nassau-Saarbrücken", in: Wolfgang Haubrichs, Hans-Walter Herrmann u. Gerhard Sauder (Hgg.), *Zwischen Deutschland und Frankreich. Elisabeth von Lothringen, Gräfin von Nassau-Saarbrücken*, St. Ingbert, 201–254.

Herold, Jürgen (2008), „Von der ‚tertialitas' zum ‚sermo scriptus'. Diskurswandel im mittelalterlichen Briefwesen und die Entstehung einer neuen Briefform von der Mitte des 13. bis zum Ende des 15. Jahrhunderts", in: Christina Antenhofer u. Mario Müller (Hgg.), *Briefe in politischer Kommunikation vom Alten Orient bis ins 20. Jahrhundert. Le lettere nella comunicazione politica dall'Antico Oriente fino al XX secolo* (Schriften zur politischen Kommunikation 3), Göttingen, 83–113.

Herold, Jürgen (2015), „Report über Grenzen. Die Berichte zum Neusser Krieg an den Hof der Gonzaga in Mantua (1474–1475). Nachrichtenbeschaffung und Nachrichtenübermittlung am Ende des Mittelalters", in: Peter Rückert, Nicole Bickhoff u. Mark Mersiowsky (Hgg.), *Briefe aus dem Spätmittelalter. Herrschaftliche Korrespondenz im deutschen Südwesten*, Stuttgart, 127–155.

Herquet, Karl (1884), „Das Archidiakonat von Friesland Münsterscher Diöcese", in: *Jahrbuch der Gesellschaft für bildende Kunst und vaterländische Altertümer zu Emden* 6,1, 107–114.

Herweg, Mathias (2010), „Wider die schwarze Kunst? Johannes Trithemius' unzeitgemäße Eloge auf die Handschriftenkultur", in: *Daphnis* 39, 391–477.

Hess, Wolfgang (1977), „Rechnung legen auf den Linien. Rechenbrett und Zahltisch in der Verwaltungspraxis in Spätmittelalter und Neuzeit", in: Erich Maschke u. Jürgen Sydow (Hgg.), *Städtisches Haushalts- und Rechnungswesen* (Stadt in der Geschichte 2), Sigmaringen.

Hesse, Christian (2005), *Amtsträger der Fürsten im spätmittelalterlichen Reich. Die Funktionseliten der lokalen Verwaltung in Bayern-Landshut, Hessen, Sachsen und Württemberg 1350–1515*

(Schriftenreihe der Historischen Kommission bei der Bayerischen Akademie der Wissenschaften 70), Göttingen.

Hilgert, Markus (2010), „‚Text-Anthropologie'. Die Erforschung von Materialität und Präsenz des Geschriebenen als hermeneutische Strategie", in: *Mitteilungen der Deutschen Orient-Gesellschaft* 142, 85–124.

Hilgert, Markus (2014), „Materialisierung des Kulturellen – Kulturisierung des Materiellen", in: *Material Text Culture Blog* 2014.2, 20.08.2014, URL: http://www.materiale-textkulturen.de/mtc_blog.php (Stand: 17.03.2023).

Hilgert, Markus (2014), „Praxeologisch perspektivierte Artefaktanalysen des Geschriebenen. Zum heuristischen Potential der materiellen Textkulturforschung", in: Friederike Elias, Albrecht Franz, Henning Murmann u. Ulrich Wilhelm Weise (Hgg.), *Praxeologie. Beiträge zur interdisziplinären Reichweite praxistheoretischer Ansätze in den Geistes- und Sozialwissenschaften* (Materiale Textkulturen 3), Berlin/Boston/München, 149–164.

Hillenbrand, C[arole] (1995), „Art. Rāwandī", in: *Encyclopaedia of Islam* 8, 2. Aufl., Leiden, 460 f.

Hills, Richard L. (1992), „Early Italian Papermaking. A Crucial Technical Revolution", in: Simonetta Cavaciocchi (Hg.), a) *Produzione e commercio della carta e del libro secc. XIII-XVIII. Atti della ‚Ventitreesima Settimana di Studi', 15–20 aprile 1991* (Istituto Internazionale di Storia Economica F. Datini, Prato, Serie II. Atti delle Settimane di Studi e altri Convegni 23), Florenz, 73–97, und b) *IPH Congress Book* 9, 37–46.

Hills, Richard L. (1997), „Paper Comes to the West, 800–1400, by Robert I. Burns, S.J.", in: *IPH Congress Book* 7, 2–5.

Hills, Richard L. (2001), „A Technical Revolution in Papermaking, 1250–1350", in: John Slavin, Linda Sutherland, John O'Neill, Margaret Haupt u. Janet Cowan (Hgg.), *Looking at Paper. Evidence & Interpretation. Symposium proceedings, Toronto 1999. Held at the Ontario Museum and Art Gallery of Ontario, May 13–16, 1999*, [Ottawa], 105–111.

Hiltmann, Torsten (2020): „Daten, Daten, Daten. Wie die Digitalisierung die historische Forschung verändert", in: *VHD Journal* 9, 41–46.

Hirsch, Rudolf (1962), „The invention of printing in German rhymed chronicles of the sixteenth century", in: *Gutenberg-Jahrbuch* 37, 113–116.

Hirschi, Caspar (2005), *Wettkampf der Nationen. Konstruktionen einer deutschen Ehrgemeinschaft an der Wende vom Mittelalter zur Neuzeit*, Göttingen.

Hörmann-Thurn und Taxis, Julia (2007), „Kanzlei und Registerwesen der Tiroler Landesfürsten bis 1361. Ein Überblick", in: Georg Mühlberger u. Mercedes Blaas (Hgg.), *Grafschaft Tirol. „Terra Venusta". Studien zur Geschichte Tirols, insbesondere des Vinschgaus* (Schlern-Schriften 337), Innsbruck, 207–218.

Hörning, Karl H./Reuter, Julia (2008), „Doing Material Culture. Soziale Praxis als Ausgangspunkt einer ‚realistischen' Kulturanalyse", in: Andreas Hepp u. Rainer Winter (Hgg.), *Kultur – Medien – Macht. Cultural Studies und Medienanalyse*, 4. Aufl., Wiesbaden, 109–124.

Hofacker, Heidrun (1984), *Kanzlei und Regiment in Württemberg im späten Mittelalter*, Diss. masch. Tübingen.

Holzapfl, Julian (2005), „Layout und Benutzungskontext. Überlegungen zur Schriftlichkeitspraxis der mittelalterlichen Verwaltung", in: Georg Vogeler (Hg.), *Geschichte „in die Hand genommen"* (Münchner Kontaktstudium Geschichte 8), München, 35–70.

Holzapfl, Julian (2008), *Kanzleikorrespondenz des späten Mittelalters in Bayern. Schriftlichkeit, Sprache und politische Rhetorik*, München.

Homolková, Milada/Studničková, Milada/Mutlová, Petra (2009), „Transcript of the text of the Codex with an iconographic commentary", in: Kamil Boldan u. Pavel Brodský (Hgg.), *The Jena Codex. Commentary*, Prag, 87–199.

Hosain, Hidayet/Massé, H. (1986), „Art. Hudjwīrī", in: *Encyclopaedia of Islam* 3, 2. Aufl., Leiden, 546.

Howie, David I. (1976), „Benedictine Monks, Manuscript Copying and the Renaissance: Johannes Trithemius' ,De laude scriptorum'", in: *Revue Bénédictine* 86, 129–154.

Hoyer, Siegfried (1981), „Utopia deutsch. Zu den Gleichheitsvorstellungen im Basler Humanistenkreis", in: *Jahrbuch für Geschichte des Feudalismus* 5, 237–254.

Huart, Cl. (1908/1972), *Les Calligraphes et les Miniaturistes de l'Orient Musulman*, o.O., ND Osnabrück.

Huart, Cl./Grohmann, A. (1978), „Art. Kāghad", in: *Encyclopaedia of Islam* 4, 2. Aufl., Leiden, 419 f.

Huart, Cl./Massé, H. (1986), „Art. ʿAbd al-Wāsiʿ Djabalī", in: *Encyclopaedia of Islam* 1, 2. Aufl., Leiden, 94.

Huart, Cl./Massé, H. (1991), „Art. Dawlat-S̲h̲āh", in: *Encyclopaedia of Islam* 2, 2. Aufl., Leiden, 179.

Huis, Hendrik van (2015), „Papier- und Pergamentgebrauch in den Stadtbüchern von Greifswald", in: Carla Meyer, Sandra Schultz u. Bernd Schneidmüller (Hgg.), *Papier im mittelalterlichen Europa. Herstellung und Gebrauch* (Materiale Textkulturen 7), Berlin/Boston, 191–212.

Humbert, Geneviève (2002), „Le manuscrit arabe et ses papiers", in: *Revue des mondes musulmans et de la Méditerranée* 99/100, 55–77, online-Version unter URL: https://remmm.revues.org/1174 (Stand: 17.03.2023).

Hunter, Dard (1943/1974), *Papermaking. The History and Technique of an Ancient Craft*, New York, ND o.O.

Iannuccelli, Simonetta (2010), „L'Europa di carta", in: Carla Casetti Brach (Hg.), *Gli itinerari della carta. Dall'Oriente all'Occidente: produzione e conservazione* (Istituto centrale per il restauro e la conservazione del patrimonio archivistico e librario. Quaderni 1), Rom, 95–148.

Idris, H.R. (1986), „Art. Ibn Abī Zarʿ", in: *Encyclopaedia of Islam* 3, 2. Aufl., Leiden, 694/2–695/1.

Innis, Harold (1951/2003), „Minerva's Owl", in: ders., *The bias of communication*, Toronto, ND o.O., 3–32.

Innis, Harold (1997), „Die Eule der Minerva", in: ders., *Kreuzwege der Kommunikation. Ausgewählte Texte*, hg. von Karlheinz Barck, Wien u. a., 69–94.

Irigoin, J[ean] (1953), „Les débuts de l'emploi du papier a Byzance", in: *Byzantinische Zeitschrift* 46, 314–319.

Irigoin, Jean (1963), „Les origines de la fabrication du papier in Italie", in: *Papiergeschichte* 13, Nr. 5/6, 62–67.

Irigoin, Jean (1971), „Quelques innovations techniques dans la fabrication du papier. Problèmes de datation et de localisation", in: *Papiergeschichte* 21,1–3, 59–64.

Irigoin, Jean (1988), „Papiers orientaux et papiers occidentaux. Les techniques de confection de la feuille", in: *Bollettino dell'Istituto centrale di patologia del libro* 42, 57–80.

Irigoin, Jean (1993), „Les papiers non filigranés. État présent des recherches et perspectives d'avenir", in: Marilena Maniaci u. Paola F. Munafò (Hgg.), *Ancient and medieval book materials and techniques (Erice, 18–25 september 1992)* (Studi e Testi 357), Bd. 1, Città del Vaticano, 265–312.

Irsigler, Franz (1992), „La carta: il commercio", in: Simonetta Cavaciocchi (Hg.), *Produzione e commercio della carta e del libro, secc. XIII-XVIII. Atti della „Ventitreesima Settimana di Studi", 15–20 aprile 1991* (Istituto Internazionale di Storia Economica „F. Datini" Prato, Serie II – Atti delle „Settimane di Studi" e altri Convegni 23), Prato, 143–199.

Irsigler, Franz (1999), „Überregionale Verflechtungen der Papierer. Migration und Technologietransfer vom 14. bis zum 17. Jh.", in: Knut Schulz (Hg.), *Handwerk in Europa. Vom Spätmittelalter bis zur Frühen Neuzeit* (Schriften des Historischen Kollegs 41), München, 255–275.

Irsigler, Franz (2006), „Papierhandel in Mitteleuropa, 14.-16. Jahrhundert", in: Volker Henn, Rudolf Holbach, Michel Pauly u. Wolfgang Schmid (Hgg.), *Miscellanea Franz Irsigler. Festgabe zum 65. Geburtstag*, Trier, 309–348.

Irtenkauf, Wolfgang (1999), „Otto von Rinegg. Spurensuche nach einem Konstanzer Domherren und Bibliothekar des 14. Jahrhunderts", in: Birgit Schneider, Felix Heinzer u. Vera Trost (Hgg.),

Bücher, Menschen und Kulturen. Festschrift für Hans-Peter Geh zum 65. Geburtstag, München, 72–79.

Isenmann, Eberhard (1988), *Die deutsche Stadt im Spätmittelalter. 1250–1500. Stadtgestalt, Recht, Stadtregiment, Kirche, Gesellschaft, Wirtschaft*, Stuttgart.

Iwamura, Shinobu (1949), *Manuscripts and printed editions of Marco Polos Travels*, Tokio.

Iz, Fahir (1965), „Art. İnal", in: *Encyclopaedia of Islam* 3, 2. Aufl., Leiden/London, 1199f.

Jackson, P. (2002), „Art. Waṣṣāf", in: *Encyclopaedia of Islam* 11, 2. Aufl., Leiden, 174.

Jaggi, O.P. (1977), *History of Science and Technology in India*, Bd. 7: *Science and Technology in Medieval India*, Delhi/Chandigarh/Jaipur/Lucknow.

Jahn, Karl (1968), „Täbris, ein mittelalterliches Kulturzentrum zwischen Ost und West", in: *Anzeiger der österreichischen Akademie der Wissenschaften, philosophisch-historische Klasse* 105,16, 201–212.

Jahn, Karl (1970), „Rashīd al-Dīn and Chinese Culture", in: *Central Asiatic Journal* 14,1/3, 134–147.

Janzen, Stefan (1991), „Pergament, Herstellung, Bearbeitung und Handel in Bildern des 10. bis 18. Jahrhunderts", in: Peter Rück (Hg.), *Pergament. Geschichte – Struktur – Restaurierung – Herstellung* (Historische Hilfswissenschaften 2), Sigmaringen, 391–414.

Jaucourt, Louis de (1765), „Art. Papier", in: Denis Diderot u. Jean Baptiste le Rond d'Alembert (Hgg.), *Encyclopédie ou Dictionnaire raisonné des sciences, des arts et des métiers*, Bd. 11, Neuchâtel.

Jöster, Ingrid (1969), „Rheinische Fehden im 15. Jahrhundert. Eine unbekannte Chronik über die Jahre 1468–1488", in: *Annalen des Historischen Vereins für den Niederrhein* 171, 45–80.

Johnson, P. A. (1988), *Duke Richard of York 1411–1460* (Oxford Historical Monographs), Oxford.

Jukic, Fredijana (2014), „Le origine della manifattura della carta in Abruzzo. Le cartiere di Sulmona e L'Aquila (secoli XIV-XV)", in: Giancarlo Castagnari, Emanuela Di Stefano u. Livia Faggioni (Hgg.), *Alle origine della carta occidentale: tecniche, produzioni, mercati (secoli XIII-XIV). Atti del Convegno Camerino, 4 ottobre 2013* (Storia della Carta), Fabriano, 169–198.

Just, Thomas (2010), VI.A.5 „Älteste kaiserliche Papierurkunde", in: Alfried Wieczorek, Bernd Schneidmüller u. Stefan Weinfurter (Hgg.), *Die Staufer und Italien. Drei Innovationsregionen im mittelalterlichen Europa*, Bd. 2: *Objekte*, Mannheim/Darmstadt, 256.

Kälin, Hans (1974), *Papier in Basel bis 1500*, Basel.

Kälin, Hans, „Art. Papier", in: *Lexikon des Mittelalters* 6, München/Zürich 1993, Sp. 1663–1666.

Kafka, Ben (2009), „Paperwork. The State of the Discipline", in: *Book History* 12, 340–353.

Karabacek, J[oseph] (1887), „Das arabische Papier. (Eine historisch-antiquarische Untersuchung)", in: *Mittheilungen aus der Sammlung der Papyrus Erzherzog Rainer* 2+3, 87–178.

Karabacek, Joseph (1888), *Neue Quellen zur Papiergeschichte*, Wien (Sonderabdruck aus: *Mittheilungen aus der Sammlung Papyrus Erzherzog Rainer* 4, 75–122).

Karabacek, Joseph von (2001), *Arab paper*, übers. von Don Baker u. Suzy Dittmar, erl. von Don Baker, London.

Keck, Ingrid (1999), *Die Noriberga Illustrata des Helius Eobanus Hessus* (Europäische Hochschulschriften XV, Klassische Sprachen und Literaturen 78), Frankfurt am Main.

Keferstein, Georg Christoph (1936), *Unterricht eines Papiermachers an seine Söhne, diese Kunst betreffend. Nachdruck der Ausgabe Leipzig 1766*, hg. von den Astenschen Filztuchwerken unter Mitwirkung von Hans H. Bockwitz, erläutert von A. Schulte, Berlin.

Kehnel, Annette (2021), *Wir konnten auch anders. Eine kurze Geschichte der Nachhaltigkeit*, München.

Keitel, Christian (2000), *Herrschaft über Land und Leute. Leibherrschaft und Territorialisierung in Württemberg 1246–1593* (Schriften zur südwestdeutschen Landeskunde 28), Leinfelden-Echterdingen.

Keitel, Christian (2001), „Eine Brackenheimer Rechnung von 1438", in: *Zeitschrift für Württembergische Landesgeschichte* 60, 89–138.

Keitel, Christian/Keyler, Regina (Hgg.) (2005), *Serielle Quellen in südwestdeutschen Archiven*, Stuttgart.
Keller, Hagen (1990), „Die Entwicklung der europäischen Schriftkultur im Spiegel der mittelalterlichen Überlieferung. Beobachtungen und Überlegungen", in: Paul Leidinger u. Dieter Metzler (Hgg.), *Geschichte und Geschichtsbewußtsein. Festschrift Karl-Ernst Jeismann zum 65. Geburtstag*, Münster, 171–204.
Keller, Hagen/Busch, Jörg W. (Hgg.) (1991), *Statutencodices des 13. Jahrhunderts als Zeugen pragmatischer Schriftlichkeit. Die Handschriften von Como, Lodi, Novara, Pavia und Voghera* (Münstersche Mittelalterschriften 64), München.
Keller, Hagen/Grubmüller, Klaus/Staubach, Nikolaus (Hgg.) (1992), *Pragmatische Schriftlichkeit im Mittelalter. Erscheinungsformen und Entwicklungsstufen* (Münstersche Mittelalter-Schriften 65), München.
Keller, Hagen (1992), „Vom ‚heiligen Buch' zur ‚Buchführung'. Lebensfunktionen der Schrift im Mittelalter", in: *Frühmittelalterliche Studien* 26, 1–31.
Keller, Hagen (2002), „Über den Zusammenhang von Verschriftlichung, kognitiver Orientierung und Individualisierung. Zum Verhalten italienischer Stadtbürger im Duecento", in: ders., Christel Meier, Volker Honemann u. Rudolf Suntrup (Hgg.), *Pragmatische Dimensionen mittelalterlicher Schriftkultur. Akten des Internationalen Kolloquiums 26.-29. Mai 1999* (Münstersche Mittelalter-Schriften 79), München, 1–22.
Keller, Harald (1939), „Die Entstehung des Bildnisses am Ende des Hochmittelalters", in: *Römisches Jahrbuch für Kunstgeschichte* 3, 227–356.
Kellner-Heinkele, B. (1993), „Art. Müstaḳīm-Zāde", in: *Encyclopaedia of Islam* 7, 2. Aufl., Leiden/New York, 724f.
Kemke, Joh[annes] (1890), „Aus dem XX artium liber des Paulus Paulirinus", in: *Centralblatt für Bibliothekswesen* 7, 144–149.
Kenyon, Frederic G. (1932), *Books and Readers in Ancient Greece and Rome*, Oxford.
Keupp, Jan (2015), „Wo liegt der Mehrwert des Materiellen? Gedanken zur Epistemologie des archivalischen Originals", in: *Mittelalter. Interdisziplinäre Forschung und Rezeptionsgeschichte*, 04.06.2015, URL: mittelalter.hypotheses.org/6204 (Stand: 17.03.2023).
Keupp, Jan/Schmitz-Esser, Romedio (2012), „Mundus in gutta. Plädoyer für eine Realienkunde in kulturhistorischer Perspektive", in: *Archiv für Kulturgeschichte* 94,1, 1–20.
Keussen, Hermann (1892), „Brief-Eingänge des 14. und 15. Jahrhunderts", in: *Mittheilungen aus dem Stadtarchiv von Köln* IV, Nr. 10, 77–177.
Kirchner, Ernst (1910), *Das Papier*, III. Tl.: *Die Halbstofflehre der Papierindustrie*, Abschnitt D: *Die Lumpen- oder Hadern-Halbstoff-Fabrikation*, Biberach an der Riß.
Klein-Franke, F./Zhu, Ming/Sauvage-Smith, Emilie (2000), „Art. Ṭibb", in: *Encyclopaedia of Islam* 10, 2. Aufl., Leiden, 452–461.
Klinke, Thomas (2009), „Die dritte Dimension. Methoden zur Feststellung technologischer Merkmale an historischen Künstlerpapieren und die Relevanz ihrer Erhebung", in: *Journal of Paper Conservation* 10,4, 28–37.
Kluge[, Friedrich] (1995), *Etymologisches Wörterbuch der deutschen Sprache*, 23. erw. Aufl. bearb. von Elmar Seebold, Berlin/New York.
Kluge, Martin (2007), „Ein paar Gedanken zu heraldischen Wasserzeichen oder warum Wasserzeichen die heraldischen Regeln ausser Kraft setzen können", in: *sph Kontakte* 85, 12–15.
Kluge, Martin (2007), „Faule Argumente aus der experimentellen Geschichte. Ein erster Zwischenbericht zu Versuchen rund um das Faulen von Lumpen", in: *sph Kontakte* 86, 1–7.
Kluge, Mathias Franc (2014), *Die Macht des Gedächtnisses. Entstehung und Wandel kommunaler Schriftkultur im spätmittelalterlichen Augsburg* (Studies in Medieval and Reformation Traditions 181), Leiden/Boston.
Knapp, Hermann (1896), *Das alte Nürnberger Kriminalrecht. Nach Rats-Urkunden erläutert*, Berlin.

Kock, Thomas (2002), *Die Buchkultur der Devotio moderna. Handschriftenproduktion, Literaturversorgung und Bibliotheksaufbau im Zeitalter des Medienwechsels* (Tradition – Reform – Innovation. Studien zur Modernität des Mittelalters 2), 2. überarb. und erg. Aufl. Frankfurt am Main u. a.

Kölzer, Theo, „Art. Register, VI. Süditalien", in: *Lexikon des Mittelalters 7*, München 1995, Sp. 584–585.

Kopf, L. (1991), „Art. al-Djawharī", in: *Encyclopaedia of Islam 2*, 2. Aufl., Leiden, 495/2–497/1.

Kopytoff, Igor (1986), „The cultural biography of things. Commoditization as process", in: Arjun Appadurai (Hg.), *The social life of things. Commodities in cultural perspective*, Cambridge, 64–91.

Kossek, Brigitte (2012), „Einleitung: digital turn?", in: dies./Markus F. Peschl (Hgg.), *Digital turn? Zum Einfluss digitaler Medien auf Wissensgenerierungsprozesse von Studierenden und Hochschullehrenden*, Göttingen, 7–19.

Kothe, Irmgard (1938), *Der fürstliche Rat in Württemberg im 15. und 16. Jahrhundert* (Darstellungen aus der württembergischen Geschichte 29), Stuttgart.

Krahe, Friedrich Wilhelm (2002), *Burgen und Wohntürme des deutschen Mittelalters*, Bd. 1: *Burgen*, Stuttgart.

Kraus, Thomas (Bearb.) (1999), *Regesten der Reichsstadt Aachen (einschliesslich des Aachener Reiches und der Reichsabtei Burtscheid)*, Bd. 3: *1351–1365* (Publikationen der Gesellschaft für Rheinische Geschichtskunde XLVII), Düsseldorf.

Krauss-Sánchez, Heidi R. (2010), „Art. Ibn Hazm", in: *The Encyclopedia of the Medieval Chronicle 1*, Leiden/Boston, 832f.

Krauss-Sánchez, Heidi R. (2010), „Art. Rāwandī", in: *The Encyclopedia of the Medieval Chronicle 2*, Leiden/Boston, 1259f.

Krofta, Kamil/Hanus, J[osef]/Šalda, F[rantišek] X./Štech, Václav V./Holeček, Jos[ef] (1915), *Mistr Jan Hus. V Životě A Památkách českého lidu [Magister Jan Hus im Leben und in den Erinnerungen des tschechischen Volkes]*, Prag.

Krünitz, Johann Georg (1773–1858), *Oekonomische Encyklopaedie oder allgemeines System der Staats-Stadt- Haus- und Landwirtschaft und der Kunstgeschichte, in alphabetischer Ordnung*, Bd. 1–242, Berlin.

Kühlmann, Wilhelm/Seidel, Robert/Wiegand, Hermann (Hgg.) (1997), *Humanistische Lyrik des 16. Jahrhunderts. Lateinisch und deutsch* (Bibliothek der Frühen Neuzeit 5), Frankfurt am Main.

Kühnel, Harry (Hg.) (1986), *Alltag im Spätmittelalter*. Mit Beiträgen von dems., Helmut Hundsbichler, Gerhard Jaritz u. Elisabeth Vavra, 3. Aufl., Graz/Wien/Köln.

Kühn, Hermann/Michel, Lutz (1986), *Papier. Katalog der Ausstellung. Deutsches Museum*, München.

Kurlansky, Mark (2016), *Paper. Paging through History*, New York/London.

Kwakkel, Erik (2003), „A New Type of Book for a New Type of Reader. The Emergence of Paper in Vernacular Book Production", in: *The Library. The Transactions of the Bibliographical Society* 7,4/3, 219–248.

Labarre, Émile Joseph, „The sizes of paper, their names, origin & history", in: *Buch und Papier. Buchkundliche und papiergeschichtliche Arbeiten Hans H. Bockwitz zum 65. Geburtstag dargebracht*, Leipzig 1949, 35–54.

[La Duca, Rosario] (1994), *L'età normanna e sveva in Sicilia. Mostra storico-documentaria e bibliografica. Palermo – Palazzo dei Normanni, 18 novembre – 15 dicembre 1994*, hg. von der Assemblea Regionale Siciliana, Palermo.

Lalande, [Joseph Jérôme Lefrançais de] (1762), *Die Kunst Papier zu machen. Aus dem Französischen der Descriptions des arts & metiers der Pariser Academie*, übers. und mit Anm. vers. von Johann Heinrich Gottlieb Justi, Berlin/Stettin/Leipzig.

La Mantia, Giuseppe (1908), *Il primo documento in carta (contessa Adelaide, 1109) esistente in Sicilia e rimasto sinora sconosciuto*, Palermo.

Lambton, A. K. S./Sourdel-Thomine, J. (1973), „Art. Iṣfahān", in: *Encyclopaedia of Islam* 4, Fasz. 61f., 2. Aufl., Leiden, 97–107.

Langlois, Monique/Lanhers, Yvonne (Hgg.) (1971), *Confessions et jugements de criminels au Parlement de Paris (1319–1350)*, Paris.

Latham, J. Derek (1960), „Observations on the text and translation of al-Jarsifi's Treatise on ‚Hisba'", in: *Journal of Semitic Studies* 5,2, 124–143.

Latour, Bruno (2001), *Das Parlament der Dinge. Für eine politische Ökologie*, Frankfurt am Main.

Latour, Bruno (2010), *Eine neue Soziologie für eine neue Gesellschaft. Einführung in die Akteur-Netzwerk-Theorie*, aus dem Engl. von Gustav Roßler, Frankfurt am Main.

Latz, Josef (Übers.) (1958), *Das Buch der Wezire und Staatssekretäre von Ibn 'Abdus Al-Ǧahšiyārī, Anfänge und Umaiyadenzeit*, Walldorf, Hessen.

Lauch, Erhard (1941), „Luthers bleibende Grüße an die Buchdrucker", in: *Luther. Mitteilungen der Luthergesellschaft* 23, 11–31.

Laufs, Adolf (Hg.) (1976), *Die Reichskammergerichtsordnung von 1555*, unter Mitarbeit von Christa Belouschek u. Bettina Dick (Quellen und Forschungen zur höchsten Gerichtsbarkeit im Alten Reich 3), Köln/Wien.

Lazzarini, Isabella (1992), „Das Stadtrecht in einer städtischen Signorie. Die Mantuaner Statuten von den Bonacolsi bis zu den Gonzaga (1313–1404)", in: Giorgio Chittolini u. Dietmar Willoweit (Hgg.), *Statuten, Städte und Territorien zwischen Mittelalter und Neuzeit in Italien und Deutschland* (Schriften des Italienisch-Deutschen Historischen Instituts in Trient 3), Berlin, 295–323.

Lazzarini, Isabella ([1994]), „Peculiaris magistratus. La cancelleria Gonzaghesca nel Quattrocento (1407–1478)", in: Franca Leverotti (Hg.), *Cancelleria e amministrazione negli stati italiani del Rinascimento* (Ricerche storiche 24), o.O., 337–350.

Lazzarini, Isabella (1996), *Fra un principe e altri stati. Relazioni di potere e forme di servizio a Mantova nell'età di Ludovico Gonzaga* (Istituto Storico Italiano per il Medio Evo. Nuovi Studi Storici 32), Rom.

Lazzarini, Isabella (2001), „Art. Gonzaga, Filippino", in: *Dizionario Biografico degli Italiani* 57, 749–751.

Lazzarini, Isabella (2001), „Art. Gonzaga, Luigi", in: *Dizionario Biografico degli Italiani* 57, 810–814.

Lazzarini, Isabella (2008), „Introduzione", in: dies. (Hg.), *Scritture e potere. Pratiche documentarie e forme di governo nell'Italia tardomedievale (XIV-XV secolo)* (Reti medievali 9), Florenz, 1–10.

Lazzarini, Vittorio (1969), „L'industria della carta nel Padovano", in: ders. (Hg.), *Scritti di Paleografia e Diplomatica* (Medioevo e Umanesimo 6), 2. erw. Aufl. Padua, 39–51.

Leder, S., „Art. al-Ṣūlī" (1997), in: *Encyclopaedia of Islam* 9, 2. Aufl., Leiden, 846/2–848/2.

Leemann-van Elck, Paul (1940), *Die Offizin Froschauer, Zürichs berühmte Druckerei im 16. Jahrhundert. Ein Beitrag zur Geschichte der Buchdruckerkunst anläßlich der Halbjahrtausendfeier ihrer Erfindung* (Mitteilungen der Antiquarischen Gesellschaft in Zürich 33, H. 2), Zürich.

Lehner, F[riedrich] A[ugust] (1872), *Fürstlich Hohenzollern'sches Museum zu Sigmaringen. Verzeichniss [sic] der Handschriften*, Sigmaringen.

Lehmann-Haupt, Carl Friedrich (1928), „Bombyx", in: *Veröffentlichungen des Museums Ferdinandeum in Innsbruck* 8, 405–439.

Leif, Irving P. (1978), *An International Sourcebook of Paper History*, Hamden, Conneticut.

Le Léannec-Bavavéas, Marie-Thérèse (1998), *Les papiers non filigranés médiévaux de la Perse à l'Espagne. Bibliographie 1950–1995* (Documents, études et répertoires publiés par l'Institut de Recherche et d'Histoire des Textes), Paris.

Leverotti, Franca (2001), „Rez. Carteggio degli Oratori mantovani alla corte sforzesca (1450–1500)", in: *Reti medievali* 2,1, http://www.serena.unina.it/index.php/rm/article/view/urn%3Anbn%3Ait%3Aunina-3249 (Stand: 17.03.2023).

Levey, Martin (1962), „Mediaeval Arabic Bookmaking and Its Relation to Early Chemistry and Pharmacology", in: *Transactions of the American Philosophical Society* 52,4, 1–79.

Lévi-Provencal, E[variste] (Übers.) (1947), *Séville musulmane au début du XIIe siècle. Le Traité d'Ibn 'Abdun sur la vie urbaine et les corps de métiers*, Paris.

Lewicki, T. (1973), „Art. al-Ḳazwīnī", in: *Encyclopaedia of Islam* 4, 2. Aufl., Leiden, 865–867.

Lexer, Matthias (1872–1878), *Mittelhochdeutsches Handwörterbuch. Zugleich als Supplement und alphabetischer Index zum mittelhochdeutschen Wörterbuche von Benecke-Müller-Zarncke*, 3 Bde., Leipzig.

Lindemann, Margarete (1999), „Robert Estienne, Dictionarium (1531)[,] und die Entwicklung der Lexikographie", in: Joachim-Felix Leonhard, Hans-Werner Ludwig, Dietrich Schwarze u. Erich Straßner (Hgg.), *Medienwissenschaft. Ein Handbuch zur Entwicklung der Medien und Kommunikationsformen*, Teilbd. 1 (Handbücher zur Sprach- und Kommunikationswissenschaft. Handbooks of Linguistics and Communication Science 15.1), Berlin/New York, 710–725.

Lindt, Johann (1964), *The Paper-Mills of Berne and their Watermarks 1465–1859 (with the German original)* (Monumenta Chartae Papyraceae Historiam Illustrantia 10), Hilversum.

Lipparoni, Nora (1990), „Il ruolo dei mercanti fabrianesi nella commercializzazione della carta e nella organizzazione della attività produttiva tra XIV e XV secolo", in: Manlio Calegari, Giancarlo Castagnari, Giovanna Derenzini, Réginald Grégoire, Nora Lipparoni u. Massimo Oldoni (Hgg.), *Contributi italiani alla diffusione della carta in occidente tra XIV e XV secolo*, Fabriano, 61–82.

Liva, Alberto (1977), „Il problema dei rapporti fra diritto proprio e diritto comune. Confronto fra gli statuti mantovani de 1303 e quelli del 1404", in: Stadt Mantua (Hg.), *Mantova e i Gonzaga nella civiltà del rinascimento. Atti del convegno organizzato dall'Accademia Nazionale dei Lincei e dall'Accademia Virgiliana con la collaborazione della città di Mantova sotto l'alto patronato del Presidente della Repubblica Italiana Giovanni Leone, Mantova 6–8 ottobre 1974*, Mantua, 31–34.

Loersch, Hugo (Hg.) (1871), *Achener Rechtdenkmäler aus dem 13., 14. und 15. Jahrhundert und durch eine Uebersicht über die Literatur des Achener Stadtrechts eingeleitet*, Bonn 1871.

Loersch, H[ugo] (1875), „Ein Schreiben des Markgrafen Ludwig von Brandenburg vom 6. Juni 1348", in: *Forschungen zur deutschen Geschichte* 15, 393–395.

Lopez, R[obert S.] (1939/40), „The English and the Manufacture of Writing Materials in Genoa", in: *The Economic History Review* 10,2, 132–137.

Lorenz, Sönke (1989), „Stuttgart auf dem Weg zur Landeshauptstadt. Die Residenz der Grafen von Württemberg", in: *Die alte Stadt* 16, 302–314.

Lorenz, Sönke (2003), „Württemberg", in: Werner Paravicini (Hg.), *Höfe und Residenzen im spätmittelalterlichen Reich. Ein dynastisch-topographisches Handbuch*, Bd. 1: *Dynastien und Höfe* (Residenzenforschung 15.1 und 15.2), Ostfildern, 225–234.

Lorenz, Sönke (2003), „Württemberg (mit Mömpelgard)", in: Werner Paravicini (Hg.), *Höfe und Residenzen im spätmittelalterlichen Reich. Ein dynastisch-topographisches Handbuch,* Bd. 2: *Residenzen* (Residenzenforschung 15.1 und 15.2), Ostfildern, 909–915.

Lorenz, Sönke (2007), „Vom herrschaftlichen Rat zu den Landständen in Württemberg", in: Peter Rückert (Hg.), *Landschaft, Land und Leute. Politische Partizipation in Württemberg 1457 bis 2007. Begleitbuch und Katalog zur Ausstellung des Landesarchivs Baden-Württemberg, Hauptstaatsarchiv Stuttgart und des Landtags von Baden-Württemberg*, Stuttgart, 15–28.

Lorenz, Sönke (2008), „Eberhard im Bart und seine Universität. Eine Einführung", in: ders., Dieter R. Bauer u. Oliver Auge (Hgg.), *Tübingen in Lehre und Forschung um 1500. Zur Geschichte der Eberhard Karls Universität. Festgabe für Ulrich Köpf* (Tübinger Bausteine zur Landesgeschichte 9), Ostfildern, 1–60.

Loserth, Johann (1895), „Beiträge zur Geschichte der husitischen Bewegung. V: Gleichzeitige Berichte und Actenstücke zur Ausbreitung des Wiclifismus in Böhmen und Mähren von 1410 bis 1419", in: *Archiv für österreichische Geschichte* 82,2, 329–418.

Loveday, Helen (2001), *Islamic Paper. A Study of the Ancient Craft*, o. O.

Lublinsky, Vladimir (1967), „Notions bibliothéconomiques de la Renaissance. Un texte oublié de Grapaldo", in: *Bibliothèque d'Humanisme et Renaissance. Travaux et documents* 29, 633–647.

Ludwig, Hans-Werner (1999), „Thomas Morus, ‚Utopia' und die Utopien", in: Joachim-Felix Leonhard Hans-Werner Ludwig, Dietrich Schwarze u. Erich Straßner (Hgg.), *Medienwissenschaft. Ein Handbuch zur Entwicklung der Medien und Kommunikationsformen*, Teilbd. 1 (Handbücher zur Sprach- und Kommunikationswissenschaft. Handbooks of Linguistics and Communication Science 15.1), Berlin/New York, 680–695.

Ludwig, Karl-Heinz (1997), „Art. Theophilus Presbyter", in: *Lexikon des Mittelalters* 8, München, Sp. 666f.

Ludwig, Karl-Heinz/Schmidtchen, Volker (1992), *Metalle und Macht. 1000 bis 1600* (Propyläen-Technikgeschichte 2), Berlin.

Lünig, Johann Christian (1720), *Theatrum Ceremoniale Historico-Politicum, Oder Historisch- und Politischer Schau-Platz Aller Ceremonien, Welche So wohl an Europäischen Hoefen als auch sonsten bey vielen Illustren Faellen beobachtet werden. Anderer Teil*, Leipzig, Volldigitalisat der Universitätsbibliothek Heidelberg unter DOI: https://doi.org/10.11588/diglit.4380 (Stand: 17.03.2023).

Luzio, Alessandro (1922/1993), *L'Archivio Gonzaga di Mantova*, Bd. 2: *La corrispondenza familiare, amministrativa e diplomatica dei Gonzaga* (Pubblicazioni della R. Accademia Virgiliana di Mantova 1, Monumenta 2), Verona, ND Mantua.

Lyall, R[oderick] J. (1989), „Materials: The Paper Revolution", in: Jeremy Griffiths u. Derek Pearsall (Hgg.), *Book Production and Publishing in Britain, 1375–1475* (Cambridge Studies in Publishing and Printing History), Cambridge u. a., 11–29.

Lyons, Martin/Marquilhas, Rita (2017), „A World Inscribed – Introduction", in: Dies. (Hgg.), *Approaches to the History of Written Culture. A World Inscribed* (New Directions in Book History), Cham, 1–20.

Mabillon, Jean (1709), *De re diplomatica libri VI […], Editio Secunda ab ipso Auctore recognita, emendata et aucta*, Paris.

Machilek, Franz (1966), „Hus in Konstanz. Zu einer deutschen Übersetzung der Relatio de Magistro Johanne Hus de Peter von Mladoňovic", in: *Zeitschrift für Religions- und Geistesgeschichte* 18, 163–170.

Mackert, Christoph (2007), „Wasserzeichenkunde und Handschriftenforschung. Vom wissenschaftlichen Nutzen publizierter Wasserzeichensammlungen. Beispiele aus der Universitätsbibliothek Leipzig", in: Peter Rückert, Jeannette Godau u. Gerald Maier (Hgg.), *Piccard-Online. Digitale Präsentationen von Wasserzeichen und ihre Nutzung* (Werkhefte der staatlichen Archivverwaltung Baden-Württemberg A 19), Stuttgart, 91–118.

März, Christoph (2008), „Art. Aventinus, Johannes", in: *Deutscher Humanismus 1480–1520. Verfasserlexikon* 1, Berlin/New York, Sp. 72–108.

Maffei, Francesco Scipione (1727), *Istoria diplomatica che serve d'introduzione all'arte critica in tal materia*, Mantua.

Magin, Christine (Bearb.) (2004), *Die Protokoll- und Urteilsbücher des königlichen Kammergerichts der Jahre 1465 bis 1480. Mit Vaganten und Ergänzungen*, Bd. 2, hg. von Friedrich Battenberg und Bernhard Diestelkamp (Quellen und Forschungen zur höchsten Gerichtsbarkeit im Alten Reich 44), Köln.

Malblank, Jul[ius] Fried[rich] (1783), *Geschichte der Peinlichen Gerichts-Ordnung Kaiser Karls V. von ihrer Entstehung und ihren weitern Schicksalen bis auf unsere Zeit*, Nürnberg, Volldigitalisat der Bayerischen Staatsbibliothek München unter URL: http://www.mdz-nbn-resolving.de/urn/resolver.pl?urn=urn:nbn:de:bvb:12-bsb10394967-0 (Stand: 17.03.2023).

Mannheim, Karl (1984), *Konservatismus. Ein Beitrag zur Soziologie des Wissens*, hg. von David Kettler, Volker Meja u. Nico Stehr, Frankfurt am Main.

Marçais, G. (1954), „Art. Abu 'l-Ḥasan", in: *Encyclopaedia of Islam* 1, 2. Aufl., Leiden/London, 124.

Marks, Richard B. (1980), „A Cologne Benedictine Scriptorium ca. 1490 and Trithemius' ‚De laude scriptorum'", in: *Mittellateinisches Jahrbuch* 15, 162–171.

[Marperger, Paul Jacob] ([1712]/1746), *Curieuses und Reales Natur- Kunst- Berg- Gewerck- und Handlungslexikon [...] Welches als der zweyte Theil des Realen Staats-Conversations- und Zeitungs-Lexici mit grossem Vortheil zu gebrauchen. Nebst einem ausführlichen Vorbericht Herrn Johann Hübners* [Leipzig], 2. verb. Aufl. mit einer Vorrede von Georg Heinrich Dincken, [Leipzig].

Martène, Edmond/Durand, Ursin (Hgg.) (1724/1968), *Veterum scriptorum et monumentorum historicorum, dogmaticorum, moralium amplissima collectio*, Bd. 7: *complectens varia concilia, episcoporum statuta synodalia, actaque plurima quae concilium Pisanum praecesserunt, ac subsecuta sunt*, Paris, ND New York.

Marzolph, U[lrich] (1998), „Art. al-Bayhaqī, Ibrāhīm ibn Muḥammad", in: *Encyclopedia of Arabic Literature* 1, London/New York, 145.

Matejic, Predrag (2002), „Paper as a ‚vehicle' for change in the fourteenth century", in: *Godisnik na Sofijskija Universitet Sv. Klimnt Ochridski / Annuaire de l'université de Sofia St. Kliment Ohridski* 90,9, 81–85.

Mattozzi, Ivo/Pasa, Marco (2014), „Diffusione della produzione e del commercio della carta nelle aree emiliana e veneta (secoli XIII-XV)", in: Giancarlo Castagnari, Emanuela Di Stefano u. Livia Faggioni (Hgg.), *Alle origine della carta occidentale: tecniche, produzioni, mercati (secoli XIII-XIV). Atti del Convegno Camerino, 4 ottobre 2013* (Storia della Carta), Fabriano, 145–167.

Mauntel, Christoph/Sauer, Rebecca/Theis, Christoffer/Trampedach, Kai (2015), „Beschädigen und Zerstören", in: Thomas Meier, Michael R. Ott u. Rebecca Sauer (Hgg.), *Materiale Textkulturen. Konzepte – Materialien – Praktiken* (Materiale Textkulturen 1), Berlin/Boston, 735–746.

Mauntel, Christoph (2015), „Charters, Pitchforks and Green Seals. Written Documents between Text and Materiality in Late Medieval Revolts", in: Susanne Enderwitz u. Rebecca Sauer (Hgg.), *Communication and Materiality. Written and Unwritten Communication in Pre-Modern Societies* (Materiale Textkulturen 8), Berlin/Boston, 93–112.

Mau-Pieper, Maren (2005), *Koperte als Einband bei Gebrauchsschriftgut in Mittelalter und früher Neuzeit. Magisterarbeit im Fach Historische Hilfswissenschaften,* Universität Tübingen, URN: http://nbn-resolving.de/urn:nbn:de:bsz:21-opus-18084 (Stand: 17.03.2023).

Maurer, Hans-Martin (Bearb.) (1980), *Übersicht über die Bestände des Hauptstaatsarchivs Stuttgart. Sonderbestände. Württembergisches Hausarchiv (G), Selekte (H), Landständisches Archiv (L), Karten, Pläne und Zeichnungen (N), Deposita (P), Nichtstaatliches Archivgut (Q)*. Unter Mitwirkung von Margareta Bull-Reichenmiller, Herbert Natale u. Wilfried Braun (Veröffentlichungen der Staatlichen Archivverwaltung Baden-Württemberg 35), Stuttgart.

Maurer, Hans-Martin (1984), „Von der Landesteilung zur Wiedervereinigung. Der Münsinger Vertrag als ein Markstein württembergischer Geschichte", in: *Zeitschrift für Württembergische Landesgeschichte* 43, 89–132.

Maurer, Hans-Martin/Molitor, Stephan/Rückert, Peter (Bearb.) (1999), *Übersicht über die Bestände des Hauptstaatsarchivs Stuttgart. Altwürttembergisches Archiv (A-Bestände)*, (Veröffentlichungen der Staatlichen Archivverwaltung Baden-Württemberg 32), 2. erw. Aufl. Stuttgart.

Mazal, Otto (1997), *Einbandkunde. Die Geschichte des Bucheinbandes* (Elemente des Buch- und Bibliothekswesens 16), Wiesbaden.

McLuhan, Marshall (2011), *Die Gutenberg-Galaxis. Die Entstehung des typographischen Menschen*, Hamburg.

Meckseper, Cord (1982), *Kleine Kunstgeschichte der deutschen Stadt im Mittelalter*, Darmstadt.

Mehring, Gebhard (1916), „Beiträge zur Geschichte der Kanzlei der Grafen von Wirtemberg", in: *Württembergischen Vierteljahrshefte für Landesgeschichte* NF 25, 325–364.

Mehring, Gebhard (1917), „Aus den Registern der Kanzlei der Grafen von Wirtemberg", in: *Württembergische Vierteljahrshefte für Landesgeschichte* NF 26, 131–156.

Mehring, Gebhard (1931), *Schrift und Schrifttum. Zur Einführung in archivalische Arbeiten auf dem Gebiet der Orts- und Landesgeschichte* (Schwäbische Volkskunde 7), Stuttgart.

Meier, Christel (1995), „Der Wandel der Enzyklopädie des Mittelalters vom Weltbuch zum Thesaurus sozial gebundenen Kulturwissens. Am Beispiel der Artes mechanicae", in: Franz M. Eybl, Wolfgang Harms, Hans-Henrik Krummacher u. Werner Welzig (Hgg), *Enzyklopädien der Frühen Neuzeit. Beiträge zu ihrer Erforschung*, Tübingen, 19–42.

Meier, Christel (2002), „Einführung", in: dies., Volker Honemann, Hagen Keller u. Rudolf Suntrup (Hgg.), *Pragmatische Dimensionen mittelalterlicher Schriftkultur. Akten des Internationalen Kolloquiums 26.-29. Mai 1999* (Münstersche Mittelalter-Schriften 79), München, XI-XIX.

Meier, Christel (2002), „Enzyklopädischer Ordo und sozialer Gebrauchsraum. Modelle der Funktionalität einer universalen Literaturform", in: dies. (Hg.), *Die Enzyklopädie im Wandel vom Hochmittelalter bis zur Frühen Neuzeit. Akten des Kolloquiums des Projekts D im Sonderforschungsbereich 231 (29.11.-1.12.1996)* (Münstersche Mittelalter-Schriften 78), München, 511–532.

Meier, Robert (2001), „Rez. Vismann, Cornelia, Akten. Medientechnik und Recht, Frankfurt a.M. 2000", in: *H-Soz-Kult*, 21.04.2001, URL: www.hsozkult.de/publicationreview/id/rezbuecher-1088 (Stand: 17.03.2023).

Meier, Thomas (2016), „Dingeleien. (Zu) kurze Anmerkungen zu phänomenologischen Ding-Theorien", in: Kerstin P. Hofmann, Thomas Meier, Doreen Mölders u. Stefan Schreiber (Hgg.), *Massendinghaltung in der Archäologie. Der Material Turn und die Ur- und Frühgeschichte*, Leiden, 241–282.

[Melanchthon, Philipp] (1836), *Philippi Melanchtonis Opera*, Bd. III, hg. von Carolus Gottlieb Bretschneider (Corpus reformatorum III), Halle.

Melve, Ludolf (2019), „Literacy Studies: Past, Present, and Future", in: Amy C. Mulligan u. Else Mundal (Hgg.), *Moving Words in the Nordic Middle Ages. Tracing Literacies, Texts, and Verbal Communities*, Turnhout, 15–36.

Melville, Charles (2003), „Art. Hamd-Allāh Mostawfi", in: *Encyclopædia Iranica* 11, London, 631–634.

Melville, Charles (2008), „Art. Jāmeʿ al-tawārik͟h (The Compendium of chronicles)", in: *Encyclopædia Iranica* 14, London, 462–468.

Mente, Michael (2004), „Dominus abstulit? Vernichten und Verschweigen von Schriftobjekten als kommunikativer Akt", in: *Frühmittelalterliche Studien* 38, 427–447.

Mentzel-Reuters, Arno (2010), „Das Nebeneinander von Handschrift und Buchdruck im 15. und 16. Jahrhundert", in: Ursula Rautenberg (Hg.), *Buchwissenschaft in Deutschland. Ein Handbuch*, Bd. 1: *Theorie und Forschung*, Berlin/New York, 411–442.

Meroni, Ubaldo/Meroni-Zanghi, Concetta (1953), *La più antica filigrana conosciuta e una rima volgare inedita del XIV sec.* (Monumenta Cremonensia 1 / Annali della Biblioteca Governativa e Libreria Civica di Cremona 5, Fasc. 1), Cremona.

Mersiowsky, Mark (2000), *Die Anfänge territorialer Rechnungslegung im deutschen Nordwesten. Spätmittelalterliche Rechnungen, Verwaltungspraxis, Hof und Territorium* (Residenzenforschung 9), Stuttgart.

Mersiowsky, Mark (2017), „Papyrus, Pergament, Papier. Zur Materialität mittelalterlicher Briefe", in: Erwin Frauenknecht, Gerald Maier u. Peter Rückert (Hgg,), *Das Wasserzeichen-Informationssystem (WZIS). Bilanz und Perspektiven*, Stuttgart, 175–215.

Mertens, Dieter (1983), „Früher Buchdruck und Historiographie. Zur Rezeption historiographischer Literatur im Bürgertum des deutschen Spätmittelalters beim Übergang vom Schreiben zum Drucken", in: Bernd Moeller, Hans Patze u. Karl Stackmann (Hgg.), *Studien zum städtischen Bildungswesen des späten Mittelalters und der frühen Neuzeit. Bericht über Kolloquien der Kommission zur Erforschung der Kultur des Spätmittelalters 1978 bis 1981*, Göttingen, 83–111.

Mertens, Dieter (2006), „Die württembergischen Höfe in den Krisen von Dynastie und Land im 15. und frühen 16. Jahrhundert", in: Peter Rückert (Hg.), *Der württembergische Hof im*

15. Jahrhundert. Beiträge einer Vortragsreihe des Arbeitskreises für Landes- und Ortsgeschichte, Stuttgart, 75–98.
Mertens, Dieter (2010), „Auf dem Weg zur politischen Partizipation? Die Anfänge der Landstände in Württemberg", in: Sönke Lorenz (Hg.), *Auf dem Weg zur politischen Partizipation? Landstände und Herrschaft im deutschen Südwesten* (Veröffentlichungen der Kommission für geschichtliche Landeskunde in Baden-Württemberg B 182), Stuttgart, 91–102.
Mertens, Volker (1995), „Württemberg", in: ders., Meinrad Schaab, Hansmartin Schwarzmaier u. Volker Press (Hgg.), *Handbuch der Baden-Württembergischen Geschichte,* Bd. 2: *Die Territorien im Alten Reich* (Veröffentlichungen der Kommission für Geschichtliche Landeskunde in Baden-Württemberg), Stuttgart, 1–165.
Messerli, Alfred (2010), „Leser, Leserschichten und -gruppen, Lesestoffe in der Neuzeit (1450–1850). Konsum, Rezeptionsgeschichte, Materialität", in: Ursula Rautenberg (Hg.), *Buchwissenschaft in Deutschland. Ein Handbuch,* Bd. 1: *Theorie und Forschung*, Berlin/New York, 443–502.
Meuthen, Erich (1978), „Der angeblich älteste deutsche Papierbrief von ‚1302'", in: *Archivalische Zeitschrift* 74, 103–104.
Meuthen, Erich (1982), „Ein neues frühes Quellenzeugnis (zu Oktober 1454?) für den ältesten Bibeldruck. Enea Silvio Piccolomini am 12. März 1455 aus Wiener Neustadt an Kardinal Juan de Carvajal", in: *Gutenberg-Jahrbuch* 57, 108–118.
Meyer, Andreas (2000), *Felix et inclitus notarius. Studien zum italienischen Notariat vom 7. bis zum 13. Jahrhundert* (Bibliothek des Deutschen Historischen Instituts in Rom 92), Tübingen.
Meyer, Carla (2015), unter Mitarb. von Thomas Meier, „Typographisch/non-typographisch", in: *Materiale Textkulturen. Konzepte – Materialien – Praktiken*, hg. von Thomas Meier, Michael Ott u. Rebecca Sauer (Materiale Textkulturen 1), Berlin/Boston, 199–206.
Meyer, Carla (2016), „Im Schatten eines siegreichen Nachbarn? Die Württemberger und Friedrich I. von der Pfalz", in: Franz Fuchs u. Pirmin Spieß (Hgg.), *Friedrich der Siegreiche (1425–1476). Beiträge zur Erforschung eines spätmittelalterlichen Landesfürsten* (Stiftung zur Förderung der pfälzischen Geschichtsforschung B: Abhandlungen zur Geschichte der Pfalz 17), Neustadt an der Weinstraße, 141–173.
Meyer, Carla (2009), *Die Stadt als Thema. Nürnbergs Entdeckung in Texten um 1500* (Mittelalter-Forschungen 26), Ostfildern.
Meyer, Carla (2010), „Zur Edition der Nürnberger Chroniken in den ‚Chroniken der deutschen Städte'", in: *Mitteilungen des Vereins für Geschichte der Stadt Nürnberg* 97, 1–29.
Meyer, Carla (2012), „‚City branding' im Mittelalter? Städtische Medien der Imagepflege bis 1500", in: Clemens Zimmermann (Hg.), *Stadt und Medien. Vom Mittelalter bis zur Gegenwart* (Städteforschungen A, Darstellungen 85), Münster, 19–48.
Meyer, Carla/Klinke, Thomas (2015), „Geknickt, zerrissen, abgegriffen. Gebrauchsspuren auf historischen Papieren und ihr kulturhistorischer Aussagewert", in: dies, Sandra Schultz u. Bernd Schneidmüller (Hgg.), *Papier im mittelalterlichen Europa. Herstellung und Gebrauch* (Materiale Textkulturen 7), Berlin/Boston, 134–178.
Meyer, Carla/Neumann, Sabine/Sauer, Rebecca/Schultz, Sandra/Trede, Melanie (2013), „Paper in the Laboratory: Material Science and Conservation of Historical Paper in an Intercultural Comparison (17.-19.7.2013). Ein Tagungsbericht", in: *Material Text Culture Blog* 2013.7., URL: http://www.materiale-textkulturen.de/mtc_blog.php (Stand: 17.03.2023).
Meyer, Carla/Sauer, Rebecca (2015), „Papier", in: Thomas Meier, Michael Ott u. Rebecca Sauer (Hgg.), *Materiale Textkulturen. Konzepte – Materialien – Praktiken* (Materiale Textkulturen 1), Berlin/Boston, 355–369.
Meyer, Carla/Schneidmüller, Bernd (2015), „Zwischen Pergament und Papier", in: Thomas Meier, Michael Ott u. Rebecca Sauer (Hgg.), *Materiale Textkulturen. Konzepte – Materialien – Praktiken* (Materiale Textkulturen 1), Berlin/Boston, 349–354.

Meyer, Carla/Schultz, Sandra (2012), „Tagungsbericht zum Workshop ‚Paper Biography'", in: *Material Text Culture Blog* 2012.6., URL: http://www.materiale-textkulturen.de/mtc_blog.php (Stand: 17.03.2023).

Meyer, Christian (Hg.) (1872), *Das Stadtbuch von Augsburg, insbesondere das Stadtrecht vom Jahre 1276, nach der Originalhandschrift*, Augsburg.

Meyer, Gunnar (2010), „‚Besitzende Bürger" und „elende Sieche". Lübecks Gesellschaft im Spiegel ihrer Testamente 1400–1449 (Veröffentlichungen zur Geschichte der Hansestadt Lübeck B 48), Lübeck.

Meyer, Heinz (1990), „Zum Verhältnis von Enzyklopädik und Allegorese im Mittelalter", in: *Frühmittelalterliche Studien* 24, 290–313.

Miquel, A. (1986), „Art. Ibn Baṭṭūṭa", in: *Encyclopaedia of Islam* 3, 2. Aufl., Leiden, 735/2–736/2.

Miquel, A. (1986), „Art. Ibn Ḥawḳal", in: *Encyclopaedia of Islam* 3, 2. Aufl., Leiden/London, 786/2–788/1.

Miquel, A. (1993), „Art. al-Muḳaddasī", in: *Encyclopaedia of Islam* 7, 2. Aufl., Leiden, 492–493.

Miquel, A. (1997), „Art. Al-Iṣṭak̲h̲rī", in: *Encyclopaedia of Islam* 4, 2. Aufl., Leiden, 222f.

Mittellateinisches Wörterbuch bis zum ausgehenden 13. Jahrhundert (seit 1967), begr. von Paul Lehmann u. Johannes Stroux, hg. von der Bayerischen Akademie der Wissenschaften, München.

Mitterwieser, Alois (1940), „Die alten Papiermühlen Münchens", in: *Gutenberg-Jahrbuch* 15, 25–34.

Möller, Paul (1915), *Fremdwörter aus dem Lateinischen im späteren Mittelhochdeutschen und Mittelniederdeutschen*, Gießen.

Mondini, Giuliano (2004), *Il Naviglio di Goito ed i suoi opifici. 500 anni di storia. Parte prima: dal Quattrocento al Seicento*, Mantua.

Monro, Alexander (2014), *Papier. Wie eine chinesische Erfindung die Welt revolutionierte*, aus dem Englischen übers. von Yvonne Badal, München.

Montfaucon, Bernard de (1729), „Dissertation sur la plante appelée papyrus, sur le papier d'Egypte, sur le papier de coton, & sur celuy dont on se sert aujourd'huy", in: *Memoires de Litterature tirez des Registres de l'Academie Royale des Inscriptions et Belles Lettres. Depuis l'année M. DCCXVIII. jusques & compris l'année M.DCCXXV*, Bd. 6, Paris, 592–608.

Montgomery Watt, W. (1991), „Art. al-G̲h̲azālī", in: *Encyclopaedia of Islam* 2, 2. Aufl., Leiden, 1038/2–1041/2.

Moraw, Peter (1983), „Kap. 1: Organisation und Funktion von Verwaltung im ausgehenden Mittelalter (ca. 1350–500), § 1: Die Verwaltung des Königtums und des Reiches und ihre Rahmenbedingungen, § 2: Die königliche Verwaltung im einzelnen", in: Kurt G.A. Jeserich, Hans Pohl u. Georg-Christoph von Unruh (Hgg.), *Deutsche Verwaltungsgeschichte*, Bd. 1: *Vom Spätmittelalter bis zum Ende des Reiches*, Stuttgart, 21–31, 31–53.

Moraw, Peter (1985), „Grundzüge der Kanzleigeschichte Karls IV. (1346–1378)", in: *Zeitschrift für Historische Forschung* 12,1, 11–42.

Morgan, D. O. (1995), „Art. Ras̲h̲īd al-Dīn Ṭabīb", in: *Encyclopaedia of Islam* 8, 2. Aufl., Leiden, 443/1–444/2.

Mostert, Marco (1999), „A Bibliography of Works on Medieval Communication", in: Ders (Hg.), *New Approaches to Medieval Communication*, mit einer Einleitung von Michael Clancy (Utrecht Studies in Medieval Literacy [1]), Turnhout, 193–318.

Mostert, Marco (2012), *A Bibliography of Works on Medieval Communication* (Utrecht Studies in Medieval Literacy 2), Turnhout.

Mostert, Marco (2014), „Some Thoughts on Urban Schools, Urban Literacy, and the Development of Western Civilisation", in: ders. u. Anna Adamska (Hgg.), *Medieval Urban Literacy*, Bd. 1: *Writing and the Administration of Medieval Towns* (Utrecht Studies in Medieval Literacy 27), Turnhout, 337–348.

Mötsch, Johannes/Witter, Katharina (Bearb.) (1996), *Die ältesten Lehnsbücher der Grafen von Henneberg* (Veröffentlichungen aus Thüringischen Staatsarchiven 2), Weimar.

Mötsch, Johannes (1999), „‚Zu Verkurtzweilen mit Schiessen und Zechenn …'. Die Rechnung für den Heidelberger Studenten Christoph Grafen zu Henneberg 1524/25", in: *Archiv für Diplomatik* 45, 335–377.

Muczkowski, Józef (1835), *Pauli Paulirini olim Paulus de Praga vocitati viginti artium manuscriptum librum cuius codex membranaceus in Bibliotheca Universitatis Iagellonicae Cracoviae asservatus Twardovio vulgo tribuitur*, Krakau.

Müller, Jan-Dirk (1995), „Der Körper des Buches. Zum Medienwechsel zwischen Handschrift und Druck", in: Hans Ulrich Gumbrecht u. Karl Ludwig Pfeiffer (Hgg.), *Materialität der Kommunikation* (Suhrkamp-Taschenbuch Wissenschaft 750), 2. Aufl., Frankfurt am Main, 203–217.

Müller, Jan-Dirk (2004), „Medialität. Frühe Neuzeit und Medienwandel", in: Kathrin Stegbauer, Herfried Vögel u. Michael Waltenberger (Hgg.), *Kulturwissenschaftliche Frühneuzeitforschung. Beiträge zur Identität der Germanistik*, Berlin, 49–70.

Müller, Karl Otto (1924), *Oberschwäbische Stadtrechte II: Die älteren Stadtrechte der Reichsstadt Ravensburg. Nebst der Waldseer Stadtrechtshandschrift und den Satzungen des Ravensburger Denkbuchs*, Stuttgart.

Müller, Karl Otto (Hg.) (1934), *Altwürttembergische Urbare aus der Zeit Graf Eberhards des Greiners (1344–1392)* (Württembergische Geschichtsquellen 23), Stuttgart/Berlin.

Müller, Karl Otto (1934/1962), *Welthandelsbräuche (1480–1540)* (Deutsche Handelsakten des Mittelalters und der Neuzeit 5), unveränd. ND der 1. Aufl., Wiesbaden.

Müller, Karl Otto (1937), *Gesamtübersicht über die Bestände der staatlichen Archive Württembergs in planmässiger Einteilung*, Stuttgart.

Müller, Lothar (2012), *Weiße Magie. Die Epoche des Papiers*, München.

Mummenhoff, Wilhelm (Bearb.) (1937), *Regesten der Reichsstadt Aachen (einschliesslich des Aachener Reiches und der Reichsabtei Burtscheid)*, Bd. 2: *1301–1350* (Publikationen der Gesellschaft für Rheinische Geschichtskunde XLVII), Köln.

Munafò, Paola F./Nicoletti, Viiviana [sic] Elisa (2006), „The ‚Corpus Chartarum Italicarum'", in: *IPH Congress Book* 16, 165–170.

Münkler, Marina (2015), *Marco Polo. Leben und Legende* (C. H. Beck Wissen), 2. überarb. und erw. Aufl. München.

Muqaddasī al (1963), *Aḥsan at-taqāsīm fī maʿrifat al-aqālīm (La meilleure répartition pour la connaissance des provinces)*, teilweise übers. und komm. von André Miquel, Damaskus.

Müsegades, Benjamin (2014), *Fürstliche Erziehung und Ausbildung im spätmittelalterlichen Reich* (Mittelalter-Forschungen 47), Ostfildern, Volltext verfügbar unter URL: http://digi.ub.uni-heidelberg.de/diglit/mf47 (Stand: 17.03.2023).

Musílek, Martin (Hg.) (2015), *Husovské unikáty ze sbírek Národního muzea (1415–2015). Mistr Jan Hus a jeho dědictví. Katalog Výstavy [= Unikate zu Jan Hus aus der Sammlung des Nationalmuseums (1415–2015). Magister Jan Hus und sein Erbe. Ausstellungskatalog]*, Prag.

Nanji, Azim (1993), „Art. Nāṣir-i Khusraw", in: *Encyclopaedia of Islam* 7, 2. Aufl., Leiden, 1006/1–1007/1.

Neddermeyer, Uwe (1998), *Von der Handschrift zum gedruckten Buch. Schriftlichkeit und Leseinteresse im Mittelalter und in der frühen Neuzeit. Quantitative und qualitative Aspekte,* Bd. 1: *Text*, Bd. 2: *Anlagen* (Buchwissenschaftliche Beiträge aus dem Bucharchiv München 61), Wiesbaden.

Needham, Paul (1994), „Res papirea. Sizes and Formats of the Late Medieval Book", in: Peter Rück u. Martin Boghardt (Hgg.), *Rationalisierung der Buchherstellung in Mittelalter und Frühneuzeit. Ergebnisse eines buchgeschichtlichen Seminars der Herzog August Bibliothek Wolfenbüttel 12.-14. November 1990* (elementa diplomatica 2), Marburg an der Lahn, 123–145.

Needham, Paul (2015), „Book Production on Paper and Vellum in the fourteenth and fifteenth centuries", in: Carla Meyer, Sandra Schultz u. Bernd Schneidmüller (Hgg.), *Papier im mittelalterlichen Europa. Herstellung und Gebrauch* (Materiale Textkulturen 7), Berlin/Boston, 247–274.

Needham, Paul (2017), „Format and Paper Size in Fifteenth-century Printing", in: Christoph Reske u. Wolfgang Schmitz (Hgg.), *Materielle Aspekte in der Inkunabelforschung* (Wolfenbütteler Schriften zur Geschichte des Buchwesens 49), Wiesbaden, 59–107.

Neitmann, Klaus (1990), „Was ist eine Residenz? Methodische Überlegungen zur Erforschung der spätmittelalterlichen Residenzbildung", in: Peter Johanek (Hg.), *Vorträge und Forschungen zur Residenzenfrage* (Residenzenforschung 1), Sigmaringen, 11–43.

Nemirovskij, Evgenij L. (2003), *Gutenberg und der älteste Buchdruck in Selbstzeugnissen. Chrestomathie und Bibliographie, 1454–1550* (Bibliotheca bibliographica Aureliana 202), Baden-Baden.

Niermeyer, J[an] F./Kieft, C[o] van de (2002), *Mediae latinitatis lexicon minus. Lexique latin médiéval – Medieval Latin Dictionary – Mittellateinisches Wörterbuch*, überarb. von J[an] W. J. Burgers, 2 Bde., 2. Aufl., Darmstadt.

Nigrisoli, Francisco Maria (1699), *De Charta Ejusque Usu apud antiquos. Epistola Ad Praestantissimum et Clarissimum Virum D. Liborivm Brixianvm, In almo Ferrariensi Gymnasio Philosophiae, et Medicinae Professorem Ordinarium*, Venedig.

Nuovo, Angela (2013), *The Book Trade in the Italian Renaissance*, ins Englische übers. von Lydia G. Cochrane (Library of the Written Word 26, The Handpress World 20), Leiden/Boston.

Nygren, Ernst (1945), „Huru papperet kom till Sverige. Några bidrag till dess medeltida historia", in: Carl Johan Martin (Hg.), *En bok om papper*, Klippan, 117–152.

O'Callaghan, Joseph F. (2001), „Alfonso X. and the Partidas", in: Robert I. Burns, S. J. (Hg.), *Las Siete Partidas*, Bd. 1: *The Medieval Church. The World of Clerics and Laymen*, übers. von Samuel Parsons Scott, Philadelphia, xxx–xl.

Oikonomides, Nicolas (1977), „Le support matériel des documents byzantins", in: Jean Glénisson, Jacques Bompaire u. Jean Irigoin (Hgg.), *La paléographie grecque et byzantine. Actes du Colloque international organisé dans le cadre des Colloques internationaux du Centre National de la Recherche Scientifique à Paris du 21 au 25 octobre 1974* (Colloques internationaux de Centre national de la recherche scientifique 559), Paris, 385–416.

Oldoni, Massimo (1990), „Il mare di carta. La tradizione di Amalfi", in: Manlio Calegari, Giancarlo Castagnari, Giovanna Derenzini, Réginald Grégoire, Nora Lipparoni u. Massimo Oldoni (Hgg.), *Contributi italiani alla diffusione della carta in occidente tra XIV e XV secolo*, Fabriano, 83–96.

Oligmüller, Johannes Georg (Hg.) (1997), *Papierzeit* (Schriften des Rheinischen Industriemuseums 14), Essen.

Oligmüller, Johannes Georg/Schachtner, Sabine (Hg.) (2001), *Papier. Vom Handwerk zur Massenproduktion* (Schriften: Landesverband Rheinland, Rheinisches Industriemuseum Oberhausen 21), Köln.

Oltrogge, Doris (o.J.), *Kunsttechnologische Rezeptsammlung. Datenbank mittelalterlicher und frühneuzeitlicher kunsttechnologischer Rezepte in handschriftlicher Überlieferung*. FH Köln, Institut für Restaurierungs- und Konservierungswissenschaften, URL: https://www.th-koeln.de/kulturwissenschaften/kunsttechnologische-rezeptsammlung_25065.php (Stand: 17.03.2023).

Oman, G[iovanni] (1986), „Art. al-Idrīsī", in: *Encyclopaedia of Islam* 3, 2. Aufl., Leiden/London, 1032–1035/1.

Ong, Walter J. (2012), *Orality and Literacy. The Technologizing of the Word. 30th Anniversary Edition with additional chapters by John Hartley*, 2. Aufl., New York.

Opitz, A[lfred] (1974), „Früheste Beispiele für Papier als Beschreibstoff", in: *Papiergeschichte* 24, 23f.

Ornato, Ezio (2013), „Filigranes à gogo. Observations sur le nombre et l'homogénéité des papiers employés dans les manuscrits et les incunables", in: *Gazette du livre médiéval* 60,1, 54–82.

Ornato, Ezio/Bozzolo, Carla (1980), *Pour une histoire du livre manuscrit au moyen âge. Trois essais de codicologie quantitative: I. La production du livre manuscrit en France du Nord, II. La constitution des cahiers dans les manuscrits en papier d'origine française et le probleme de l'imposition, III. Les dimensions des feuillets dans les manuscrits français du moyen âge*, Paris.

Ornato, Ezio/Busonero, Paola/Munafò, Paola F./Speranza Storace, M[aria] (1999), „Pour une histoire ‚multidimensionelle' du papier filigrané. Le progetto carta", in: Monique Zerdoun Bat-Yehouda (Hg.), *Le Papier au moyen âge. Histoire et techniques. Actes du Colloque international de Centre national de la recherche scientifique, Institut du France (Paris, 23–25 avril 1998)* (Bibliologia. Elementa ad librorum studia pertinentia 19), Turnhout, 165–176.

Ornato, Ezio/Busonero, Paola/Munafò, Paola F./Speranza Storace, M[aria] (1999), „Aspects qualitatifs de la production du papier filigrané à la fin du Moyen Âge", in: Monique Zerdoun Bat-Yehouda (Hg.), *Le Papier au moyen âge. Histoire et techniques. Actes du Colloque international de Centre national de la recherche scientifique, Institut du France (Paris, 23–25 avril 1998)* (Bibliologia. Elementa ad librorum studia pertinentia 19), Turnhout, 177–191.

Ornato, Ezio/Busonero, Paola/Munafò, Paola F./Speranza Storace, M[aria] (2000), „Dove va la polpa? Irregolarità sistematiche del profilo planare dei fogli nella carta medievale", in: *QVINIO* 1, 103–144.

Ornato, Ezio/Busonero, Paola/Munafò, Paola F./Speranza Storace, M[aria] (2001), *La carta occidentale nel tardo medioevo. Prefazione di Carlo Federici,* Bd. 1: *Problemi metodologici e aspetti qualitativi,* Bd. 2: *Misure strumentali. Tipologia e struttura delle forme*, Rom.

Ottenthal, Emil von/Redlich, Oswald (Hg.) (1888–1912), *Archiv-Berichte aus Tirol,* 4 Bde. (Mitteilungen der 3. (Archiv-)Sektion der k. k. Central-Commission zur Erforschung und Erhaltung der Kunst- und historischen Denkmale 1, 3, 5, 7), Wien/Leipzig.

Ortalli, Gherardo (1979), „*...pingatur in Palatio ...* ". *La Pittura infamante nei secoli XIII-XVI*, Rom.

Oschema, Klaus/Rückert, Peter/Thaller, Anja (Hg.) (2022), *Starke Frauen? Adelige Damen im Südwesten des spätmittelalterlichen Reiches*, Stuttgart.

Overbeck, Anja (2003), *Literarische Skripta in Ostfrankreich. Edition und sprachliche Analyse einer französischen Handschrift des Reiseberichts von Marco Polo (Stockholm, Kungliga Biblioteket, Cod. Holm. M 304)* (Trierer Historische Forschungen 51), Trier.

Panvini Rosati, Francesco (1995), „La monetazione dei Gonzaga dal 1328 al 1707", in: Silvana Balbi de Caro (Hg.), *I Gonzaga. Moneta, Arte, Storia*, Mailand, 135–137.

Paoli, Cesare (1885), „Carta di cotone e carta di lino", in: *Archivio Storico Italiano* 15, 230–234.

Paoli, Cesare (1885), *Grundriss der Lateinischen Palaeographie und der Urkundenlehre*, aus dem Italienischen übers. von Karl Lohmeyer, Innsbruck.

Paoli, Cesare (1895), *Grundriss zu Vorlesungen ueber Lateinische Palaeographie und Urkundenlehre*, Tl. II: *Schrift- und Buecherwesen*, aus dem Italienischen übers. von Karl Lohmeyer, Innsbruck.

Patze, Hans (1970/1986), „Neue Typen des Geschäftsschriftgutes im 14. Jahrhundert", in: ders. (Hg.), *Der deutsche Territorialstaat im 14. Jahrhundert*, Bd. 1 (Vorträge und Forschungen XIII), Sigmaringen, ND Sigmaringen, 9–64.

Patze, Hans/Streich, Gerhard (1982), „Die landesherrlichen Residenzen im spätmittelalterlichen deutschen Reich", in: *Blätter für deutsche Landesgeschichte* 118, 205–220.

Pätzold, Stefan (2012), „Zwischen archivarischer Praxis und kulturgeschichtlichem Paradigma. Jüngere Ansätze der Amtsbuchforschung", in: Wilfried Reininghaus u. Marcus Stumpf (Hgg.), *Amtsbücher als Quellen der landesgeschichtlichen Forschung* (Westfälische Quellen und Archivpublikationen 27), Münster, 9–39.

Pecorella, Corrado (1968), *Studi sul notariato a Piacenzo nel secolo XIII* (Università di Parma. Pubblicazioni della facoltà di giurisprudenza 26), Mailand.

Pedersen, Johannes (1984), *The Arabic Book*, aus dem Dänischen übers. von Geoffrey French, hg. mit einer Einleitung von Robert Hillenbrand (Modern Classics in Near Eastern Studies), Princeton, New Jersey.

Pellat, Charles (1954), „Ğāḥiẓiana, I: Le Kitāb al-Tabaṣṣur bi-l-tiğāra attribué à Ğāḥiẓ", in: *Arabica* 1,2, 153–165.
Pellat, C[harles] (1986), „Art. Ibn Saʿīd al-Maġribī", in: *Encyclopaedia of Islam* 3, 2. Aufl., Leiden, 926.
Pellat, Ch[arles] (1991), „Art. Al-Djāḥiẓ", in: *Encyclopaedia of Islam* 2, 2. Aufl., Leiden, 385–387.
Pellat, Ch[arles] (2001), „Art. Adab. II. Adab in Arabic literature", in: *Encyclopaedia Iranica* 1, New York, 439–444.
Pellegrinotti, Sergio (1969), „Terminologie d'archivio", in: *L'Archivio delle Civiltà. Libro dei Giorni Italiani Anno XVIII*, 140–144.
Pelliot, Paul (1959), *Notes on Marco Polo*, Bd. 1, Paris.
Pensel, Franzjosef (1998), *Verzeichnis der deutschen mittelalterlichen Handschriften in der Universitätsbibliothek Leipzig. Zum Druck gebracht von Irene Stahl* (Deutsche Texte des Mittelalters 70,3), Berlin.
Pérés, Henri (1937), *La poésie andalouse en arabe classique au XIe siècle. Ses aspects généraux et sa valeur documentaire*, Paris.
Petrucci, Armando (1992), *Medioevo da Leggere. Guida allo studio delle testimonianze scritte del Medioevo italiano*, Turin.
Petrucci, Armando (1995), „Reading and Writing Volgare in Medieval Italy", in: ders., *Writers and Readers in Medieval Italy. Studies in the History of Written Culture*, hg. und übers. von Charles M. Radding, New Haven/London, 169–235.
Petrucci, Armando (1995), „Reading in the Middle Ages", in: ders., *Writers and Readers in Medieval Italy. Studies in the History of Written Culture*, hg. und übers. von Charles M. Radding, New Haven/London, 132–144.
Petz, Wolfgang (2006), „Ein Handwerk zwischen Stadt und Land. Das Kemptener Papierergewerbe vor dem Dreißigjährigen Krieg", in: *„Mehr als 1000 Jahre ..." – Das Stift Kempten zwischen Gründung und Auflassung 752 bis 1802* (Allgäuer Forschungen zur Archäologie und Geschichte 1), Friedberg, 237–300.
Pez, Bernhard/Mayr, Felix/Bel, Matyas (Hg.) (1725), *R.P. Bernardi Pezii Benedictini Et Bibliothecarii Mellicensis Bibliotheca Ascetica Antiquo-Nova, Hoc Est: Collectio Veterum Quorundam Et Recentiorum Opusculorum Asceticorum, Quae Hucusque In Variis Ms. Codicibus Et Bibliothecis Delituerunt*, Bd. 8: *Ven. Martini de Senging Prioris Mellicensis Tuitione Observantiae Regulae s. Benedicti, Patribus Generalis Concilii Basiliensis Oblatae. Ex Mss. Cod. Monasterii Mellicensis*, Regensburg.
Pfeilsticker, Walther (1957), *Neues Württembergisches Dienerbuch*, Bd. 1, Stuttgart.
Philippi, F[riedrich] (1920), *Einführung in die Urkundenlehre des deutschen Mittelalters* (Bücherei der Kultur und Geschichte 3), Bonn/Leipzig.
Piccard, Gerhard (1953), „Papiermühle Anno 1597. Die Baupläne des Meisters Heinrich Schickhardt", in: *Der Papiermacher* 7, 6–9.
Piccard, Gerhard (1953), „Papiermühle Anno 1597. Die Baupläne des Meisters Heinrich Schickhardt. Fortsetzung und Schluß", in: *Der Papiermacher* 8, 4–7.
Piccard, Gerhard (1956), „Die Wasserzeichenforschung als historische Hilfswissenschaft", in: *Archivalische Zeitschrift* 52, 62–115.
Piccard, Gerhard (1961), „Das Alter der Spielkarten und die Papierforschung", in: *Archiv für die Geschichte des Buchwesens* 3, Sp. 555–562.
Piccard, Gerhard (1961), „Einleitung", in: *Die Wasserzeichenkartei Piccard im Hauptstaatsarchiv Stuttgart. Findbuch I: Die Kronen-Wasserzeichen*, bearb. von dems. (Veröffentlichungen der Staatlichen Archivverwaltung Baden-Württemberg. Sonderreihe), Stuttgart, 9–51.
Piccard, Gerhard (1962), „Über die Anfänge des Gebrauchs des Papiers in deutschen Kanzleien", in: *Studi in onore di Amintore Fanfani*, Bd. III: *Medioevo*, Mailand, 345–401.

Piccard, Gerhard (1965), „Carta bombycina, carta papyri, pergamena graeca. Ein Beitrag zur Geschichte der Beschreibstoffe im Mittelalter", in: *Archivalische Zeitschrift* 61, 46–75.

Piccard, Gerhard (1966), „Einleitung", in: *Die Wasserzeichenkartei Piccard im Hauptstaatsarchiv Stuttgart. Findbuch II: Die Ochsenkopf-Wasserzeichen*, 1. Tl., bearb. von dems. (Veröffentlichungen der Staatlichen Archivverwaltung Baden-Württemberg. Sonderreihe), Stuttgart, 1–40.

Piccard, Gerhard (1968), „Riesaufdrucke und Riesumschläge. Eine historische Untersuchung über die Verpackung des Papiers bis zum Beginn des 19. Jahrhunderts", in: *Papiergeschichte* 18,1/2, 1–26.

Piccard, Gerhard (Bearb.) (1979), *Die Wasserzeichenkartei Piccard im Hauptstaatsarchiv Stuttgart. Findbuch VIII: Wasserzeichen Schlüssel* (Veröffentlichungen der Staatlichen Archivverwaltung Baden-Württemberg. Sonderreihe), Stuttgart.

Piccini, Daniela (2006), *Lessico Latino Medievale in Friuli*, Udine.

Pietsch, Friedrich (Bearb.) (1967), *Die Urkunden des Archivs der Reichsstadt Schwäbisch Hall*, Bd. 1 (Veröffentlichungen der Staatlichen Archivverwaltung Baden-Württemberg 21), Stuttgart.

Pitz, Ernst (1959), *Schrift- und Aktenwesen der städtischen Verwaltung im Spätmittelalter. Köln – Nürnberg – Lübeck. Beitrag zur vergleichenden Städteforschung und zur spätmittelalterlichen Aktenkunde* (Mitteilungen aus dem Stadtarchiv von Köln 45), Köln.

Polastron, Lucien X. (1999), *Le papier. 2000 ans d'histoire et de savoir-faire*, Paris.

Pollard, Alfred W. (1905), *An Essay on Colophons with Specimens and Translations. Introduction by Richard Garnett*, Chicago.

Popper, W. (1960), „Art. Abu 'l-Maḥāsin Djamāl al-Dīn Yūsuf b. Taghrībirdī", in: *Encyclopaedia of Islam* 1, Leiden/London, 138.

Popplow, Marcus (2005), „Art. Artes mechanicae", in: Friedrich Jaeger (Hg.), *Enzyklopädie der Neuzeit*, Bd. 1: *Abendland – Beleuchtung*, Stuttgart, Sp. 690–693.

Porter, Yves (1985), „Un traité de Simi Neyšâpuri (IXe/XVe s.), artiste et polygraphe", in: *Studia Iranica* 14,2, 179–198.

Porter, Yves (1989), „Une traduction persane du traité d'Ibn Bādis: ʿUmdat al-kuttāb (ca. 1025)", in: François Déroche (Hg.), *Les manuscripts du Moyen-Orient. Essais de codicologie et de paléographie. Actes du Colloque d'Istanbul (Istanbul, 26–29 mai 1986)*, Istanbul/Paris, 61–67.

Porter, Yves (1992), *Peinture et arts du livre. Essai sur la littérature technique indo-persane* (Bibliotheque iranienne 35), Paris/Teheran.

Porter, Yves (1994), *Painters, Paintings and Books. An Essay on Indo-Persian Technical Literature, 12–19th Centuries*, übers. von Mrs. S. Butani, New Delhi.

Posse, Otto (1887/1974), *Die Lehre von den Privaturkunden*, Leipzig, ND Berlin/New York.

Powitz, Gerhardt (Bearb.) (1984), *Datierte Handschriften in Bibliotheken der Bundesrepublik Deutschland*, Bd. 1: *Die datierten Handschriften der Stadt- und Universitätsbibliothek Frankfurt am Main*, Stuttgart.

Powitz, Gerhardt (1988), „Das ‚Catholicon' in buch- und textgeschichtlicher Sicht", in: *Wolfenbütteler Notizen zur Buchgeschichte* 13, 125–137.

Pratesi, Alessandro (1979), *Genesi e forme del documento medievale* (Guide 3), Rom.

Price, David H. (2012), „Art. Frischlin, Jacob", in: *Frühe Neuzeit in Deutschland 1520–1620. Literaturwissenschaftliches Verfasserlexikon* 2, Berlin/Boston, Sp. 454–460.

Quatremère, [Etienne] M[arc] (1836), *Histoire des mongols de la Perse écrite en persan par Raschid-Eldin, publiée, traduite en francais, accompagné de notes et d'un mémoire sur la vie et les ouvrages de l'auteur*, Bd. 1, Paris.

Quraishi, Salim (1989), „A survey of the development of papermaking in Islamic Countries", in: *Bookbinder. Journal of the Society of Bookbinders and Book Restorers* 3, 29–36.

Rader, Olaf (2012), *Friedrich II. Der Sizilianer auf dem Kaiserthron. Eine Biographie*, 4. Aufl., München.

Rau, Ferdinand (1916), *Beiträge zum Kriminalrecht der Freien Reichsstadt Frankfurt a. Main im Mittelalter bis 1532,* Potsdam.

Rauschert, Jeannette (2003), „Gelöchert und befleckt. Inszenierungen und Gebrauch städtischer Rechtstexte und spätmittelalterlicher Öffentlichkeit", in: Karl Brunner u. Gerhard Jaritz (Hgg.), *Text als Realie. Internationaler Kongress Krems an der Donau 3. bis 6. Oktober 2000* (Veröffentlichungen des Instituts für Realienkunde des Mittelalters und der Frühen Neuzeit 18), Wien, 163–182.

Rauschert, Jeannette (2006), *Herrschaft und Schrift. Strategien der Inszenierung und Funktionalisierung von Texten in Luzern und Bern am Ende des Mittelalters* (Scrinium Friburgense 19), Berlin/New York.

Raymond, André/Wiet, Gaston (1979), *Les marchés du Caire. Traduction annotée du texte de Maqrizi* (Textes arabes et études islamiques 14), Kairo.

Reckwitz, Andreas (2008), „Der Ort des Materiellen in den Kulturtheorien. Von sozialen Strukturen zu Artefakten", in: ders., *Unscharfe Grenzen. Perspektiven der Kultursoziologie*, Bielefeld, 131–156.

Reckwitz, Andreas (2014), „Die Materialisierung der Kultur", in: Friederike Elias, Albrecht Franz, Henning Murmann u. Ulrich Wilhelm Weiser (Hgg.), *Praxeologie. Beiträge zur interdisziplinären Reichweite praxistheoretischer Ansätze in den Geistes- und Sozialwissenschaften* (Materiale Textkulturen 3), Berlin/Boston/München, 13–28.

Redlich, O[swald] (1911), *Die Privaturkunden des Mittelalters* (Handbuch der Mittelalterlichen und Neueren Geschichte, Abt. 4: Hilfswissenschaften und Altertümer. Urkundenlehre 3), München/Berlin.

Redlich, Oswald/Erben, Wilhelm (1907), *Urkundenlehre,* Tl. 1: *Allgemeine Einleitung zur Urkundenlehre. Die Kaiser- und Königsurkunden des Mittelalters in Deutschland, Frankreich und Italien* (Handbuch der Mittelalterlichen und Neueren Geschichte, Abt. 4: Hilfswissenschaften und Altertümer. Urkundenlehre 1), München/Berlin.

Reichel, Jörn (1983), „Handwerk und Arbeit im literarischen Werk des Nürnbergers Hans Rosenplüt", in: Reiner Elkar (Hg.), *Deutsches Handwerk im Spätmittelalter und der Frühen Neuzeit. Sozialgeschichte – Volkskunde – Literaturgeschichte* (Göttinger Beiträge zur Wirtschafts- und Sozialgeschichte 9), Göttingen, 245–263.

Reichert, Folker (1992), *Begegnungen mit China. Die Entdeckungen Ostasiens im Mittelalter* (Beiträge zur Geschichte und Quellenkunde des Mittelalters 15), Sigmaringen.

Reichert, Folker (2001), *Erfahrung der Welt. Reisen und Kulturbegegnung im späten Mittelalter,* Stuttgart/Berlin/Köln.

Reiss, Josef (1925), „Pauli Paulirini de Praga Tractatus de Musica", in: *Zeitschrift für Musikwissenschaft* 7,5, 259–264.

REK 7 (1982): *Die Regesten der Erzbischöfe von Köln im Mittelalter,* Bd. 7: *1362–1370,* bearb. von Wilhelm Janssen (Publikationen der Gesellschaft für Rheinische Geschichtskunde 21), Düsseldorf.

Reudenbach, Bruno (1995), „Art. Theophilus Presbyter OSB", in: *Die deutsche Literatur des Mittelalters. Verfasserlexikon 9,* Berlin/New York, Sp. 782–785.

RI V: *Regesta Imperii V: Jüngere Staufer 1198–1272. Die Regesten des Kaiserreichs unter Philipp, Otto IV, Friedrich II, Heinrich (VII), Conrad IV, Heinrich Raspe, Wilhelm und Richard. 1198–1272,* bearb. von Johann Friedrich Böhmer, neu hg. von Julius Ficker u. Eduard Winkelmann, Bd. 1, Abt. 1, Innsbruck 1881.

Richter, Gregor (1979), *Lagerbücher- oder Urbarlehre. Hilfswissenschaftliche Grundzüge nach württembergischen Quellen,* Stuttgart.

Riedl-Valder, Christine (2015), *Aventinus. Pionier der Geschichtsforschung* (kleine bayerische biographien), Regensburg.

Riedmann, Josef (1984), „Die Rechnungsbücher der Tiroler Landesfürsten", in: *Landesherrliche Kanzleien im Spätmittelalter. Referate zum VI. Internationalen Kongreß für Diplomatik,*

München 1983 (Münchener Beiträge zur Mediävistik und Renaissance-Forschung 35), München, Bd. 1, 315–324.

Riezler, Sigmund (1896), *Geschichte der Hexenprozesse in Bayern im Lichte der allgemeinen Entwicklung*, Stuttgart.

Rikabi, J. (1965), „Art. Ibn Nubāta", in: *Encyclopaedia of Islam* 3, 2. Aufl., Leiden/London, 900f.

Rizzo, Silvia (1973), *Il lessico filologico degli umanisti* (Sussidi Eruditi 26), Rom.

Rockinger, Ludwig (1872), *Zum baierischen Schriftwesen im Mittelalter. Erste Hälfte* (Abhandlungen der Historischen Klasse der königlich bayerischen Akademie der Wissenschaften 12, 1), München.

Rockinger, Ludwig (1873), „Zum baierischen Schriftwesen im Mittelalter. Zweite Hälfte", in: *Abhandlungen der historischen Classe der königlich bayerischen Akademie der Wissenschaften* 12,2, München, 167–230.

Rodgers Albro, Sylvia (2016), *Fabriano. City of Medieval and Renaissance Papermaking*, New Castle, Delaware/Washington, D.C.

Rödel, Volker (Hg.) (2000), *Der Griff nach der Krone. Die Pfalzgrafschaft bei Rhein im Mittelalter. Begleitpublikation zur Ausstellung der Staatlichen Schlösser und Gärten Baden-Württemberg und des Generallandesarchivs Karlsruhe* (Schätze aus unseren Schlössern 4), Regensburg.

Rörig, Fritz (1953), „Mittelalter und Schriftlichkeit", in: *Die Welt als Geschichte* 13, 29–41.

Rösener, Werner (1989), „Hofämter an mittelalterlichen Fürstenhöfen", in: *Deutsches Archiv* 45, 485–550.

Rogge, Jörg (2015), „Rebellion oder legitimer Widerstand. Formen und Funktionen der Gewaltanwendung gegen englische und schottische Könige (sowie ihre Ratgeber bzw. Günstlinge)", in: ders., Martin Kintzinger u. Frank Rexroth (Hgg.), *Gewalt und Widerstand in der politischen Kultur des späten Mittelalters* (Vorträge und Forschungen 80), Ostfildern, 145–182.

Roggen, Vibeke (2008), „A protean text. Utopia in Latin, 1516–1631", in: *Thomas More's Utopia in Early Modern Europe. Paratexts and Contexts*, für das Projekt „Dislocations: Practices of Cultural Transfer in the Early Modern Period" an der Universität Oslo hg. von Terence Cave, Manchester/New York, 14–31.

Rohr, Christian (2015), *Historische Hilfswissenschaften. Eine Einführung*, Wien/Köln/Weimar.

Romanini, Fabio (2007), „*Se fussero più ordinate, e meglio scritte ...*". *Giovanni Battista Ramusio correttore ed editore delle Navigationi et viaggi* (Frontiere della modernità. Amerigo Vespucci, l'America, l'Europa 4), Rom.

Roselli, Graziella/Pettinari, Claudio/Proietti, Noemi/Pucciarelli, Stefania/Basileo, Sara (2014), „Tecniche diagnostiche per l'indagine di manufatti cartacei dell'area camerte-fabrianese (secoli XIII-XV)", in: Giancarlo Castagnari, Emanuela di Stefano u. Livia Faggioni (Hgg.), *Alle origini della carta occidentale: tecniche, produzioni, mercati (secoli XIII-XV). Atti del Convegno Camerino, 4 ottobre 2013* (Storia della Carta), Fabriano, 239–268.

Rosenfeld, Hellmut (1960), „Das Alter der Spielkarten in Europa und im Orient", in: *Archiv für die Geschichte des Buchwesens* 2, 778–786.

Rosenfeld, Hellmut (1964), „Der Meister der Spielkarten und die Spielkartentradition und Gutenbergs typographische Pläne im Rahmen der Entwicklung der graphischen Künste", in: *Archiv für Geschichte des Buchwesens* 5, Sp. 1505–1520.

Rosenthal, F[ranz] (1965), „Art. Ibn al-Athīr", in: *Encyclopaedia of Islam* 3, 2. Aufl., Leiden/London, 723–725.

Rosenthal, F[ranz] (1991), „Art. al-Maķrīzī", in: *Encyclopaedia of Islam* 6, 2. Aufl., Leiden, 193/2–194/2.

Rowson, E[verett] K. (2000), „Art. al-Thaʿālibī", in: *Encyclopaedia of Islam* 10, 2. Aufl., Leiden, 426–428.

Royt, Jan (2006), „Hussitische Bildpropaganda", in: Winfried Eberhard u. Franz Machilek (Hgg.), *Kirchliche Reformimpulse des 14./15. Jahrhunderts in Ostmitteleuropa*, Köln/Weimar/Wien, 341–356.

Rückert, Peter (Bearb.) (2005), *Antonia Visconti (gest. 1405). Ein Schatz im Hause Württemberg. Ausstellungskatalog*, Stuttgart.

Rückert, Peter (2007), „Zur Überlieferung der landständischen Geschichte in Württemberg und ihrer Darstellung", in: ders. (Hg.), *Landschaft, Land und Leute. Politische Partizipation in Württemberg 1457 bis 2007. Begleitbuch und Katalog zur Ausstellung des Landesarchivs Baden-Württemberg, Hauptstaatsarchiv Stuttgart und des Landtags von Baden-Württemberg*, Stuttgart, 11–14.

Rückert, Peter (2008), „Die Datenbank der Württembergischen Regesten und ihre prosopographischen Auswertungsmöglichkeiten", in: Sigrid Schmitt u. Sabine Klapp (Hgg.), *Städtische Gesellschaft und Kirche im Spätmittelalter. Kolloquium Dhaun 2004* (Geschichtliche Landeskunde 62), Stuttgart, 5–16.

Rückert, Peter (2010), „Papierkonsum in Süddeutschland im Spätmittelalter und seine kulturlandschaftlichen Auswirkungen", in: Andreas Dix u. Winfried Schenk (Hgg,), *Konsum und Kulturlandschaft* (Siedlungsforschung. Archäologie – Geschichte – Geographie 28), Bonn, 107–127.

Rückert, Peter (2015), „Herrschaftliche Korrespondenz und ihre Überlieferung im deutschen Südwesten", in: ders., Nicole Bickhoff u. Mark Mersiowsky (Hgg.), *Briefe aus dem Spätmittelalter. Herrschaftliche Korrespondenz im deutschen Südwesten*, Stuttgart, 32–52.

Rückert, Peter (2017), „Wasserzeichen in Inkunabeln. Neue Forschungsperspektiven in digitalem Format", in: Christoph Reske u. Wolfgang Schmitz (Hgg,), *Materielle Aspekte in der Inkunabelforschung* (Wolfenbütteler Schriften zur Geschichte des Buchwesens 49), Wiesbaden, 121–132.

Rückert, Peter/Frauenknecht, Erwin (Hg.) (2011), *Wasserzeichen und Filigranologie. Beiträge einer Tagung zum 100. Geburtstag von Gerhard Piccard (1909–1989)*, Stuttgart, 124–149.

Rückert, Peter/Fricke, Thomas (2004), „Urkunden im Netz. Erschließung und Online-Präsentation der ‚Württembergischen Regesten'", in: Gerald Maier u. Thomas Fricke (Hg.), *Kulturgut aus Archiven, Bibliotheken und Museen im Internet. Neue Ansätze und Techniken* (Werkhefte der Staatlichen Archivverwaltung Baden-Württemberg A 17), Stuttgart, 147–162.

Rückert, Peter/Hodeček, Sandra/Dietz, Georg/Wenger, Emanuel (Hg.) (2009), *Ochsenkopf und Meerjungfrau. Papiergeschichte und Wasserzeichen vom Mittelalter bis zur Neuzeit,* 3. nochmals erw. Aufl. Stuttgart/Wien.

Rückert, Peter/Lorenz, Sönke (Hg.) (2008), *Die Visconti und der deutsche Südwesten. Kulturtransfer im Spätmittelalter*, Ostfildern.

Rückert, Peter/Pérez García, Carmen/Wenger, Emanuel (Hg.) (2011), *Cabeza de Buey y Sirena. La Historia del Papel y las Filigranas desde el Medievo hasta la Modernidad*, Stuttgart/Valencia/Wien.

Rückert, Peter/Thaller, Anja (2020), „Zur Einführung: Eine ‚europäische' Fürstin und ihre Netzwerke", in: *Die Tochter des Papstes: Margarethe von Savoyen. La Figlia del Papa: Margherita di Savoia. La Fille du Pape: Marguerite de Savoie. Begleitbuch und Katalog zur Ausstellung des Landesarchivs Baden-Württemberg, Hauptstaatsarchiv Stuttgart*, bearb. von Peter Rückert, Anja Thaller u. Klaus Oschema, unter Mitarb. von Julia Bischoff, Stuttgart, 11–20.

Ruggles, D. Fairchild (Hg.) (2011), *Islamic Art and Visual Culture. An Anthology of Sources*, Chichester/Malden/Oxford.

Rumpf-Dorner, Solveigh (2001), „Bei der Feder und bei dem, was sie schrieben ... Schreiben und Schreibgeräte im islamischen Kulturkreis", in: Christian Gastgeber u. Hermann Harrauer (Hgg.), *Vom Griffel zum Kultobjekt. 3000 Jahre Geschichte des Schreibgerätes* (Nilus, Studien zur Kultur Ägyptens und des Vorderen Orients 6), Wien, 51–64.

Ruppel, Aloys (1947), *Johannes Gutenberg, sein Leben und sein Werk*, 2. Aufl., Berlin.

Rychterová, Pavlína (2008), „Jan Hus: der Führer, Märtyrer und Prophet. Das Charisma im Prozeß der Kommunikation", in: ders., Stefan Seit u. Raphaela Veit (Hgg.), *Das Charisma. Funktionen und symbolische Repräsentationen* (Beiträge zu den Historischen Kulturwissenschaften 2), Berlin, 423–445.

Rychterová, Pavlína (2011), „Die Verbrennung von Johannes Hus als europäisches Ereignis. Öffentlichkeit und Öffentlichkeiten am Vorabend der hussitischen Revolution", in: Martin Kintzinger u. Bernd Schneidmüller (Hgg.), *Politische Öffentlichkeit im Spätmittelalter* (Vorträge und Forschungen 75), Ostfildern, 361–383.

Sabbatini, Renzo (2014), „L'apparizione della carta in Toscana: la circolazione e le prime cartiere", in: Giancarlo Castagnari, Emanuela di Stefano u. Livia Faggioni (Hgg.), *Alle origini della carta occidentale: tecniche, produzioni, mercati (secoli XIII-XV). Atti del Convegno Camerino, 4 ottobre 2013* (Storia della Carta), Fabriano, 121–143.

Saenger, Paul (1999), „Lesen im Spätmittelalter", in: Roger Chartier u. Guglielmo Cavallo (Hgg.), *Die Welt des Lesens. Von der Schriftrolle zum Bildschirm*, Frankfurt/New York/Paris 1999 [übers. aus dem Italienischen, Englischen und Französischen; Original publiziert 1995 unter dem Titel „Storia della lettura nel mondo occidentale"], 181–218.

Salberg, Trond Kruke (2008), „The German translations. Humanist politics and literary journalism", in: Terence Cave (Hg.), *Thomas More's Utopia in Early Modern Europe. Paratexts and Contexts*, für das Projekt „Dislocations: Practices of Cultural Transfer in the Early Modern Period" an der Universität Oslo, Manchester/New York, 32–46.

Salibi, K.S. (1965), „Art. Ibn Faḍl Allāh al-ʿUmarī", in: *Encyclopaedia of Islam* 3, 2. Aufl., Leiden/London, 758f.

Salvarani, Renata (2008), „Mantova e i Canossa. Fonti documentarie e problematiche aperte", in: dies. u. Liana Castelfranchi (Hgg.), *Matilde di Canossa, il papato, l'impero. Storia, arte, cultura alle origini del romanico*, Mailand, 254–261.

Sandermann, Wilhelm (1992), *Papier. Eine spannende Kulturgeschichte*, 2. Aufl., Berlin.

Santifaller, Leo (1932), „Das Laaser Steuerregister vom Jahre 1277", in: *Der Schlern* 13, 451–520.

Santifaller, Leo (1953), *Beiträge zur Geschichte der Beschreibstoffe im Mittelalter. Mit besonderer Berücksichtigung der päpstlichen Kanzlei. Erster Teil: Untersuchungen* (Mitteilungen des Instituts für Österreichische Geschichtsforschung. Ergänzungsband XVI, Heft 1), Graz/Köln.

Sarti, Nicoletta (2002), „Publicare – exemplare – reficere. Il documento notarile nella teoria e nella prassi del XIII secolo", in: Giorgio Tamba (Hg.), *Rolandino e l'Ars Notaria da Bologna all'Europa. Atti del convegno internazionale di studi storici sulla figura e l'opera di Rolandino. Organizzato dal Consiglio Notarile di Bologna sotto l'egida del Consiglio Nazionale del Notariato, Bologna, città della cultura, 9–10 ottobre 2000*, Mailand, 611–665.

Sauer, Rebecca (in Vorb.), *Towards a pragmatic aesthetics of the written word: al-Qalqashandī (d. 821/1418) between balāgha and materiality*, Habilitationsschrift Heidelberg.

Saurma-Jeltsch, Lieselotte E. (2001), *Spätformen mittelalterlicher Buchherstellung. Bilderhandschriften aus der Werkstatt Diebold Laubers in Hagenau*, Bd. 1, Wiesbaden.

Sautter, Philipp (2011), „Bildung und Erziehung am Hof der Gonzaga", in: *Von Mantua nach Württemberg. Barbara Gonzaga und ihr Hof. Da Mantova al Württemberg. Barbara Gonzaga e la sua corte. Begleitbuch und Katalog zur Ausstellung des Landesarchivs Baden-Württemberg, Hauptstaatsarchiv Stuttgart*, bearb. von Peter Rückert, in Verbindung mit Daniela Ferrari, Christina Antenhofer u. Annekathrin Miegel, Stuttgart, 49–57.

Sauvaget, J[ean] (1946), *Historiens arabes. Pages choisies, traduites et presentées*, Paris.

Savigny, Friedrich Carl von (1834), *Geschichte des römischen Rechts im Mittelalter*, Bd. 3, 2. Aufl., Heidelberg.

Saxl, Hedwig (1954), *An Investigation of the Qualities, the Methods of Manufacture and the Preservation of Historic Parchment and Vellum with a View to Identifying the Animal Species Used*, Diss. masch. Leeds.

Scarpatetti, Beat von (1983), „Der Katalog der datierten Handschriften als ein bildungsgeschichtliches Instrument für die frühe Neuzeit. Ein schweizerischer Arbeitsbericht", in: Bernd Moeller, Hans Patze u. Karl Stackmann (Hgg.), *Studien zum städtischen Bildungswesen des späten Mittelalters und der frühen Neuzeit. Bericht über Kolloquien der Kommission zur Erforschung der Kultur des Spätmittelalters 1978 bis 1981*, red. von Ludger Grenzmann (Abhandlungen der Akademie der Wissenschaften in Göttingen. Philologisch-historische Klasse, 3. Folge, Nr. 137), Göttingen, 53–69.

Scarpatetti, Beat von/Schäffel, Klaus-Peter (1991), „33 Schreiber auf 119 Folia Pergaments. Ein schweizerischer Erfahrungsbericht zur ‚St. Galler Waldhandschrift'", in: Peter Rück (Hg.), *Pergament. Geschichte, Struktur, Restaurierung, Herstellung* (Historische Hilfswissenschaften 2), Sigmaringen, 159–167.

Schade, Oskar (Hg.) (1865), *Deutsche Handwerkslieder*, Leipzig.

Schaden, Frantz [sic] Henning (1740/ND 1962), *Entwurff und Beschreibung von der Papiermacherey, Worinnen der Ursprung des Papiermachens, der Fortgang, wie heutigen Tages das Papier gemacht wird […]*, Erfurt, ND Mainz mit einem Nachwort von Toni Schulte.

Schanze, Frieder (1999), „Der Buchdruck eine Medienrevolution?", in: Walter Haug (Hg.), *Mittelalter und frühe Neuzeit. Übergänge, Umbrüche und Neuansätze* (Fortuna Vitrea 16), Tübingen, 286–311.

Schatzki, Theodore R. (1996), *Social Practices. A Wittgensteinian Approach to Human Activity and the Social,* Cambridge/New York/Melbourne.

Schaube, Adolf (1906), *Handelsgeschichte der romanischen Völker des Mittelmeergebiets bis zum Ende der Kreuzzüge* (Handbuch der mittelalterlichen und neueren Geschichte, Abt. III: Verfassung, Recht, Wirtschaft), München/Berlin.

Schlechter, Armin (Bearb.) (2005), *Die edel kunst der truckerey. Ausgewählte Inkunabeln der Universitätsbibliothek Heidelberg. Ausstellungskatalog* (Schriften der Universitätsbibliothek Heidelberg 6), Heidelberg.

Schlechter, Armin (2015), „Inkunabelforschung am Beispiel des Speyerer Druckers Peter Drach. Vortrag bei der internationalen Tagung ‚Das Wasserzeichen-Informationssystem (WZIS) – Bilanz und Perspektiven', 17./18.9.2015, Hauptstaatsarchiv Stuttgart", in: *Bibliotheksdienst* 49,12, 1143–1156.

Schlechter, Armin (2017), „Wasserzeichenforschung am Beispiel der Speyerer Drucker Peter Drach der Ältere und Peter Drach der Mittlere", in: Erwin Frauenknecht, Gerald Maier u. Peter Rückert (Hgg.), *Das Wasserzeichen-Informationssystem (WZIS). Bilanz und Perspektiven*, Stuttgart, 119–126.

Schleidgen, Wolf-Rüdiger (1984), „Die Kanzlei der Grafen und Herzöge von Kleve im 14. und 15. Jahrhundert", in: *Landesherrliche Kanzleien im Spätmittelalter. Referate zum VI. Internationalen Kongreß für Diplomatik, München 1983* (Münchener Beiträge zur Mediävistik und Renaissance-Forschung 35), München, Bd. 1, 171–192.

Schlieben-Lange, Brigitte (1994), „Geschichte der Reflexion über Schrift und Schriftlichkeit", in: Hartmut Günther u. Otto Ludwig (Hgg.), *Schrift und Schriftlichkeit. Writing and Its Use. Ein interdisziplinäres Handbuch internationaler Forschung. An Interdisciplinary Handbook of International Research* (Handbücher zur Sprach- und Kommunikationswissenschaft 10,1), Berlin/New York, Bd. 1, 102–121.

Schlieder, Wolfgang (1966), „Zur Geschichte der Papierherstellung in Deutschland von den Anfängen der Papiermacherei bis zum 17. Jahrhundert", in: *Beiträge zur Geschichte des Buchwesens* 2, 33–168.

Schlieder, Wolfgang (1999), „Die Gründung der Internationalen Arbeitsgemeinschaft der Papierhistoriker", in: *IPH Congress Book* 9,3, 44–46.

Schmid, Alois (1996), „Johannes Aventinus und die Realienkunde", in: Frank-Lothar Kroll (Hg.), *Neue Wege der Ideengeschichte. Festschrift für Kurt Kluxen zum 85. Geburtstag*, Paderborn/München/Wien/Zürich, 81–101.

Schmidt, C[harles] (1882), *Zur Geschichte der ältesten Bibliotheken und der ersten Buchdrucker zu Straßburg*, Straßburg.

Schmidt, Frieder (1993), „Forschungsprogramme der deutschen Papiergeschichte. Ein Überblick", in: Günter Bayerl, Wolfgang Schlieder u. Rolf Stümpel (Hgg.), *Zum Stand der Papiergeschichtsforschung in Deutschland. Symposion mit Papierhistorikern und -wissenschaftlern anläßlich des 600jährigen Jubiläums der Papiermacherei in Deutschland*, Frankfurt am Main et al., 8–28.

Schmidt, Frieder (1994), *Von der Mühle zur Fabrik. Die Geschichte der Papierherstellung in der württembergischen und badischen Frühindustrialisierung* (Technik + Arbeit 6), Ubstadt-Weiher.

Schmidt, Frieder/Sobek, Elke (Bearb.) (2003), *Internationale Bibliographie zur Papiergeschichte (IBP). Berichtszeit: bis einschließlich Erscheinungsjahr 1996*, hg. von der Deutschen Bibliothek, Deutsches Buch- und Schriftmuseum der Deutschen Bücherei Leipzig, 4 Bde., München.

[Schmidt, Johann Peter] (1754), *Allgemeine Geschichte der Handlung und Schiffahrt, der Manufacturen und Kuenste, des Finanz- und Cameralwesens, zu allen Zeiten und bey allen Voelkern. Zweyter Theil*, Breslau.

Schmieder, Felicitas (2001), „Art. Marco Polo", in: Christian F. Fest u. Karl-Heinz Kohl (Hgg.), *Hauptwerke der Ethnologie*, Stuttgart, 353–357.

Schneider, Eugen (1903), „Zur Geschichte des württembergischen Staatsarchivs", in: *Württembergische Vierteljahrshefte* 12, 1–22.

Schneider, Karin (Bearb.) (1994), *Datierte Handschriften in Bibliotheken der Bundesrepublik Deutschland*, Bd. 4: *Die datierten Handschriften der Bayerischen Staatsbibliothek München*, Tl. 1: *Die deutschen Handschriften bis 1450*, Stuttgart.

Schneider, Petr (2015), „Renesanční medaile s reformační tematikou a tzv. Husovy tolary", in: Martin Musílek (Hg.), *Husovské unikáty ze sbírek Národního muzea (1415–2015). Mistr Jan Hus a jeho dědictví. Katalog Výstavy [= Unikate zu Jan Hus aus der Sammlung des Nationalmuseums (1415–2015). Magister Jan Hus und sein Erbe. Ausstellungskatalog]*, Prag, 107f.

Schneider, Ulrich Johannes (2013), *Die Erfindung des allgemeinen Wissens. Enzyklopädisches Schreiben im Zeitalter der Aufklärung*, Berlin.

Schneidmüller, Bernd (1998), „Art. Vidimus", in: *Handwörterbuch zur deutschen Rechtsgeschichte* 5, Berlin, Sp. 907–909.

Schnell, Rüdiger (2007), „Handschrift und Druck. Zur funktionalen Differenzierung im 15. und 16. Jahrhundert", in: *Internationales Archiv für Sozialgeschichte der deutschen Literatur* 32,1, 66–111.

Scholz, Manfred Günther (1980), *Hören und lesen. Studien zur primären Rezeption der Literatur im 12. und 13. Jahrhundert*, Wiesbaden.

Schottenloher, Karl (1931), „Handschriftenforschung und Buchdruck im XV. und XVI. Jahrhundert", in: *Gutenberg-Jahrbuch* 6, 73–106.

Schramm, Percy Ernst (1929), *Kaiser, Rom und Renovatio. Studien und Texte zur Geschichte des römischen Erneuerungsgedankens vom Ende des karolingischen Reiches bis zum Investiturstreit*, Tl. 2: *Exkurse und Texte* (Studien zur Bibliothek Warburg 17), Leipzig/Berlin.

Schreiner, Klaus (1984), „Laienbildung als Herausforderung für Kirche und Gesellschaft. Religiöse Vorbehalte und soziale Widerstände gegen die Verbreitung von Wissen im späten Mittelalter und in der Reformation", in: *Zeitschrift für Historische Forschung* 11,3, 257–354.

Schröder, Karl Heinz/Miller, Max (Hg.) (1972–1988), *Historischer Atlas von Baden-Württemberg. Kartenteil*, Stuttgart.

Schuba, Ludwig (1992), *Die Quadriviums-Handschriften der Codices Palatini Latini in der Vatikanischen Bibliothek* (Kataloge der Universitätsbibliothek Heidelberg 2), Wiesbaden.

Schubert, Ernst (1996/2006), *Fürstliche Herrschaft und Territorium im späten Mittelalter* (Enzyklopädie Deutscher Geschichte 35), 2. Aufl., München.

Schubert, Ernst (1999), „Die Umformung spätmittelalterlicher Fürstenherrschaft im 16. Jahrhundert", in: *Rheinische Vierteljahresblätter* 63, 204–263.

Schubert, Ernst (2001), „Vom Gebot zur Landesordnung. Der Wandel fürstlicher Herrschaft vom 15. zum 16. Jahrhundert", in: Thomas A. Brady (Hg.), *Die deutsche Reformation zwischen Spätmittelalter und Früher Neuzeit* (Schriften des Historischen Kollegs. Kolloquien 50), München, 19–61.

Schubring, Paul (1923), *Cassoni. Truhen und Truhenbilder der italienischen Frührenaissance. Ein Beitrag zur Profanmalerei im Quattrocento*, Text- und Tafelbd., 2. Aufl., Leipzig.

Schütz, Alois (1984), „Zu den Anfängen der Akten- und Registerführung am bayerischen Herzogshof", in: *Landesherrliche Kanzleien im Spätmittelalter. Referate zum VI. Internationalen Kongreß für Diplomatik*, München 1983 (Münchener Beiträge zur Mediävistik und Renaissance-Forschung 35), München, Bd. 1, 127–137.

Schuler, Peter-Johannes (1982), „Königsnähe – Königsferne. Zum Itinerar der Grafen von Württemberg im 14. Jahrhundert", in: Helmut Maurer u. Hans Patze (Hgg.), *Festschrift für Berent Schwineköper zu seinem siebzigsten Geburtstag*, Sigmaringen, 455–468.

Schuler, Peter-Johannes (1986), „Art. Comitiva", in: *Lexikon des Mittelalters* 3, München/Zürich, Sp. 79f.

Schuler, Peter-Johannes (1991), „Art. Hofpfalzgraf", in: *Lexikon des Mittelalters* 5, München/Zürich, Sp. 76f.

Schuler, Peter-Johannes (1993), „Art. Notar, Notariat. A. Deutsches Reich", in: *Lexikon des Mittelalters* 6, München/Zürich, Sp. 1271–1273.

Schuler, Peter-Johannes (1998), *Regesten zur Herrschaft der Grafen von Württemberg 1325–1378* (Quellen und Forschungen aus dem Gebiet der Geschichte. Neue Folge 8), Paderborn/München/Wien/Zürich.

Schuler, Peter-Johannes (2000), *Die spätmittelalterliche Vertragsurkunde. Untersucht an den Urkunden der Grafen von Württemberg 1325–1392* (Quellen und Forschungen auf dem Gebiet der Geschichte, NF 14), Paderborn/München/Wien/Zürich.

Schulte, Petra (2003), *Scripturae publicae creditur. Das Vertrauen in Notariatsurkunden im kommunalen Italien des 12. und 13. Jahrhunderts* (Bibliothek des Deutschen Historischen Instituts in Rom 101), Tübingen.

Schultz, Sandra (2018), *Papierherstellung im deutschen Südwesten. Ein neues Gewerbe im späten Mittelalter* (Materiale Textkulturen 18), Berlin/Boston.

Schultz, Sandra/Follmer, Johannes (2015), „Von Brillen, Knoten und Wassertropfen. Auf der Suche nach Herstellungsspuren in historischen Papieren am Beispiel von Archivalien des Stadtarchivs Ravensburg", in: Carla Meyer, Sandra Schultz u. Bernd Schneidmüller (Hgg.), *Papier im mittelalterlichen Europa. Herstellung und Gebrauch* (Materiale Textkulturen 7), Berlin/Boston, 11–46.

Schulze, Ursula (1994), „Einleitung", in: *Wörterbuch der mittelhochdeutschen Urkundensprache. Auf der Grundlage des Corpus der altdeutschen Originalurkunden bis zum Jahr 1300*, unter Leitung von Bettina Kirschstein und ders. erarb. von Sibylle Ohly u. Peter Schmitt, Bd. 1, Berlin, 1–12.

Schulze, Ursula (2011), *Studien zur Erforschung der deutschsprachigen Urkunden des 13. Jahrhunderts*, Berlin.

Schulz-Schaeffer, Ingo (2000), „Kap. VIII. Akteur-Netzwerk-Theorie. Zur Koevolution von Gesellschaft, Natur und Technik", in: Johannes Weyer (Hg.), *Soziale Netzwerke. Konzepte und Methoden der sozialwissenschaftlichen Netzwerkforschung*, Oldenbourg/München, 187–211, verfügbar unter URL: https://www.uni-due.de/imperia/md/content/soziologie/akteurnetzwerktheorie.pdf (Stand: 17.03.2023).

Schulz-Schaeffer, Ingo (2004), „Regelmäßigkeit und Regelhaftigkeit. Die Abschirmung des technischen Kerns als Leistung der Praxis", in: *Doing Culture. Neue Positionen zum Verhältnis von Kultur und sozialer Praxis*, Bielefeld, 108–126.

Schwab, Ingo (Bearb.) (2005), *Das Lererbuch. Ein Münchener Kaufmannsbuch des 15. Jahrhunderts* (Materialien zur Bayerischen Landesgeschichte 18), München.

Schweitzer-Martin, Paul (2017), *Das Druckprogramm der Speyerer Werkstatt „Peter Drach" (1475–1504)*, Abschlussarbeit masch., Heidelberg.

Schweitzer-Martin, Paul (2022), *Kooperation und Innovation im Speyerer Buchdruck des ausgehenden Mittelalters* (Materiale Textkulturen 37), Berlin/Boston.

Schweizer, Gottfried (1996), „Frühes Papier in Graz und in der Steiermark", in: *IPH Congress Book* 11, 182–190.

Schweizer, Gottfried (2007), „From Fabriano into the Heart of Europe. The Transfer of the Italian Art of Papermaking to Germany and Austria", in: Giancarlo Castagnari (Hg.), *L'impiego delle tecniche e dell'opera dei cartai Fabrianesi in Italia e in Europa. Atti delle giornate europee di studio. The use of techniques and work by papermakers from Fabriano in Italy and Europe. Congress book of European paper days, Fabriano 16–17 Giugno 2006*, Fabriano, 379–399.

Seeliger, Gerhard (1890–1894), „Die Registerführung am deutschen Königshof bis 1493", in: *Mitteilungen des Instituts für Österreichische Geschichtsforschung. Ergänzungsband* 3, 223–363.

Segesser, Anton Philipp von (1851), *Rechtsgeschichte der Stadt und Republik Lucern*, Bd. 1, Luzern.

Seidel, Robert (2012), „Art. Frischlin, Nicodemus", in: *Frühe Neuzeit in Deutschland 1520–1620. Literaturwissenschaftliches Verfasserlexikon* 2, Berlin/Boston, Sp. 460–477.

Sella, Pietro (1937), *Glossario Latino Emiliano, mit einem Vorwort von Giulio Bertoni* (Studi e testi 74), Città del Vaticano.

Sella, Pietro (1944), *Glossario Latino Italiano. Stato della Chiesa – Veneto – Abruzzi* (Studi e testi 109), Città del Vaticano.

Semi, Francesco (1990), *Glossario de Latino Mediovale Istriano* (Memorie. Classe di Scienze Morali, Lettere ed Arti XLIV), Venedig.

Serjeant, R. B. (1942), „Material for a History of Islamic Textiles up to the Mongol Conquest", in: *Ars Islamica* 9, 54–92.

Severidt, Ebba (1998), *Struktur und Entfaltung von Verwandtschaft im Spätmittelalter. Die Beziehungen der Gonzaga, Markgrafen von Mantua, zu den mit ihnen verwandten deutschen Fürsten (1444–1519)*, Diss. masch. Freiburg.

Sidarus, A. (1997), „Art. Shantarīn", in: *Encyclopaedia of Islam* 9, 2. Aufl., Leiden, 308f.

Siebenhüner, Kim (2015), „Things That Matter. Zur Geschichte der materiellen Kultur in der Frühneuzeitforschung", in: *Zeitschrift für Historische Forschung* 42, 373–409.

Siegenthaler, Fred (Hg.) (1987), *Strange papers. A collection of the world's rarest handmade papers*, Muttenz.

Siekiera, Anna (2002), „Art. Grapaldo, Francesco Maria", in: *Dizionario Biografico degli Italiani* 58, 561–563.

Sighinolfi, Lino (1908), „I mappamondi di Taddeo Crivelli e la stampa bolognese della cosmografia di Tolomeo", in: *La bibliofilia* 10, 241–269.

Signorini, Rodolfo (2003), „La ‚Camera Dipinta' detta ‚degli Sposi'", in: Giuliana Algeri (Hg.), *Il Palazzo Ducale di Mantova*, Mantua, 117–136.

Skála, Emil (1985), „Urkundensprache, Geschäfts- und Verkehrssprachen im Spätmittelalter", in: Werner Besch, Oskar Reichmann u. Stefan Sonderegger (Hgg.), *Sprachgeschichte. Ein Handbuch zur Geschichte der deutschen Sprache und ihrer Erforschung*, Bd. 2, Berlin/New York, 1773–1780.

Slavin, John/Sutherland, Linda/O'Neill, John /Haupt, Margaret /Cowan, Janet (Hgg.) (2001), *Looking at Paper. Evidence & Interpretation. Symposium proceedings, Toronto 1999. Held at the Ontario Museum and Art Gallery of Ontario, May 13–16, 1999*, [Ottawa].

Šmahel, František (2002), *Die Hussitische Revolution*, aus dem Tschechischen übers. von Thomas Krzenck, Redaktion: Alexander Patschovsky (Monumenta Germaniae Historica. Schriften 43), Hannover.

Smith, G. R. (1995), „Art. Rasūlids", in: *Encyclopaedia of Islam* 8, 2. Aufl., Leiden, 455–457.

Sola, Ercole (1880), „Le Edizioni Modenesi del Secolo XV ordinate cronologicamente", in: *Atti e Memorie delle RR. Deputazioni di Storia Patria per le Provincie dell'Emilia* NS 5,1, 117–254.

Somner Merryweather, F[rederick] (1849), *Bibliomania in The Middle Ages or Sketches of Bookworms, Collectors, Bible Students, Scribes and Illuminators from the Anglo Saxon and Norman Periods, to the Introduction of Printing into England; with Anecdotes, illustrating the History of the Monastic Libraries of Great Britain, in The Olden Time*, London.

Sourdel, D[ominique] (1986), „Art. Hilāl b. al-Muḥassin b. Ibrāhīm al-Ṣābi'", in: *Encyclopaedia of Islam* 3, 2. Aufl., Leiden/London, 387f.

Sourdel, D[ominique] (1991), „Art. al-Djahshiyārī", in: *Encyclopaedia of Islam* 2, 2. Aufl., Leiden, 388f.

Sourdel-Thomine, J. (1986), „Art. Ibn al-Bawwāb", in: *Encyclopaedia of Islam* 3, 2. Aufl., Leiden/London, 736/2–737/1.

Spangenberg, Hans (1928), „Die Kanzleivermerke als Quelle verwaltungsgeschichtlicher Forschung", in: *Archiv für Urkundenforschung* 10, 469–525.

Speer, Andreas (2014), „Zwischen Kunsthandwerk und Kunst. Die ‚Schedula diversarum artium' als ‚Handbuch' mittelalterlicher Kunst?", in: ders. (Hg.), *Zwischen Kunsthandwerk und Kunst. Die „Schedula diversarum artium"*, Berlin/Boston, XI–XXXII.

Spiegel, Joachim (1997), „Art. Transsumpt", in: *Lexikon des Mittelalters* 8, München, Sp. 952f.

Spiegel, Joachim (1997), „Art. Vidimus", in: *Lexikon des Mittelalters* 8, München, Sp. 1636–1637.

Spilling, Herrad (Bearb.) (1991), *Datierte Handschriften in Bibliotheken der Bundesrepublik Deutschland*, Bd. 3: *Die datierten Handschriften der Württembergischen Landesbibliothek Stuttgart*, Tl. 1: *Die datierten Handschriften der ehemaligen Hofbibliothek Stuttgart*, bearbeitet auf Grund der Vorarbeiten von Wolfgang Irtenkauf, Stuttgart.

Sporhan-Krempel, Lore (1950), „Aus der Geschichte des Papiers. Die badischen Papiermühlen und ihre Wasserzeichen", in: *Das Papier* 4,17/18, 351–353.

Sporhan-Krempel, Lore (1954), „Die Gleißmühle zu Nürnberg. Geschichte der ältesten deutschen Papiermühle", in: *Archivalische Zeitschrift* 49, 89–110.

Sporhan-Krempel, Lore (1956), „Frühe Verwendung von ‚gewerblichem' Papier", in: *Papiergeschichte* 9,6, 74–76.

Sporhan-Krempel, Lore (1958/60), „Die Papierwirtschaft der Nürnberger Kanzlei und die Geschichte der Papiermacherei im Gebiet der Reichsstadt bis zum Beginn des 30jährigen Krieges", in: *Archiv für Geschichte des Buchwesens* 2, 161–169.

Sporhan-Krempel, Lore (1960), „Die ‚Legende' von der Heilmannschen Papiermühle zu Straßburg", in: *Papiergeschichte* 10,6, 71–74.

Sporhan-Krempel, Lore (1984), „Papier als Handelsware, dargestellt am Beispiel der Reichsstadt Ravensburg zwischen 1400 und 1730", in: Franz Mathis u. Josef Riedmann (Hgg.), *Exportgewerbe und Außenhandel vor der Industriellen Revolution. Festschrift für Univ.-Prof. Dr. Georg Zwanowetz anläßlich der Vollendung des 65. Lebensjahres*, Innsbruck, 31–45.

Sporhan-Krempel, Lore (1990), „Ulman Stromers Gleißmühle zu Nürnberg. 600 Jahre Papiermacherei in Deutschland", in: Verband deutscher Papierfabriken (Hg.), *Ulman Stromer, Püchel von mein geslecht und von abentewr. Teilfaksimile der Handschrift Hs 6146 des Germanischen Nationalmuseums Nürnberg. Kommentarband*, bearb. von Lotte Kurras, mit Beiträgen von ders., Wolfgang Stromer von Reichenbach u. Ludwig Veit, zur 600-Jahrfeier der Gründung der ersten Papiermühle Deutschlands, Stuttgart, 171–195.

Sporhan-Krempel, Lore/Stromer, Wolfgang von (1961), „Die früheste Geschichte eines gewerblichen Unternehmens in Deutschland: Ulmans Stromers Papiermühle in Nürnberg", in: *Archiv für Geschichte des Buchwesens* IV, Lieferung 1, Sp. 187–212.

Spufford, Peter (2004), *Handel, Macht und Reichtum. Kaufleute im Mittelalter*, aus dem Engl. übers. von Erwin Fink u. Horst M. Langer, Darmstadt.

Spuler, B. (1986), „Art. Ḥamd Allāh al-Mustawfī al-Ḳazwīnī", in: *Encyclopaedia of Islam* 3, 2. Aufl., Leiden, 122.

Stahlberg, Ilka (2003), „Schriftträger [sic] und Schreibmaterialien", in: Friedrich Beck u. Eckart Henning (Hgg.), *Die archivalischen Quellen. Mit einer Einführung in die Historischen Hilfswissenschaften*, 3. Aufl., Köln/Wien/Weimar, 169–177.

Stälin, Paul Friedrich (1882–1887), *Geschichte Württembergs*, Bd. 1,1–2, Gotha.

Steckel, Sita (2015), „Wissensgeschichten. Zugänge, Probleme und Potentiale in der Erforschung mittelalterlicher Wissenskulturen", in: dies. u. Martin Kintzinger (Hg.), *Akademische Wissenskulturen. Praktiken des Lehrens und Forschens vom Mittelalter bis zur Moderne* (Veröffentlichungen der Gesellschaft für Universitäts- und Wissenschaftsgeschichte 13), Basel, 9–58.

Steinbrink, Matthias (2007), *Ulrich Meltinger. Ein Basler Kaufmann am Ende des 15. Jahrhunderts* (Vierteljahrschrift für Sozial- und Wirtschaftsgeschichte. Beihefte 197), Stuttgart.

Stejskal, Karel (2009), „Historical presumptions concerning the origin of the Jena Codex", in: Kamil Boldan u. Pavel Brodský (Hgg.), *The Jena Codex. Commentary*, Prag, 27–42.

Stern, S[amuel] M[iklos] (1954), „Art. Abū Ḥayyān al-Tawḥīdī", in: *Encyclopaediae of Islam* 1, Fasz. 1, 2. Aufl., Leiden/London, 126f.

Stern, S[amuel] M[iklos] (1986), „Art. ʿAbd al-Laṭīf al-Baghdādī", in: *Encyclopaedia of Islam* 1, 2. Aufl., Leiden, 74.

Stevenson, Allan H. (1955), „Briquet and the Future of Paper Studies", in: [Charles-Moïse Briquet,] *Briquet's Opuscula. The complete works of Dr. C. M. Briquet without Les Filigranes* (Monumenta chartae papyraceae historiam illustrantia 4), Hilversum, XV–XLX.

Stolz, Otto (1928), *Die Ausbreitung des Deutschtums im Bozner Unterland und Überetsch sowie in den deutschen Gemeinden im Nonsberg und Fleimstal* (Die Ausbreitung des Deutschtums in Südtirol im Lichte der Urkunden 2), München.

Stotz, Peter (2000), *Handbuch zur Lateinischen Sprache des Mittelalters*, Bd. 2: *Bedeutungswandel und Wortbildung*, München.

Stromer, Wolfgang von (1964), „Ein Wirtschaftsprojekt des deutschen Königs Siegmund", in: *Vierteljahrschrift für Sozial- und Wirtschaftsgeschichte* 51, 374–382.

Stromer, Wolfgang von (1967), „Das Schriftwesen der Nürnberger Wirtschaft vom 14. bis 16. Jahrhundert. Zur Geschichte oberdeutscher Handelsbücher", in: Stadtarchiv Nürnberg (Hg.), *Beiträge zur Wirtschaftsgeschichte Nürnbergs*, Bd. 2, Nürnberg, 751–799.

Stromer, Wolfgang von (1980), „Eine ‚Industrielle Revolution' des Spätmittelalters?", in: Ulrich Troitzsch u. Gabriele Wohlauf (Hgg.), *Technik-Geschichte. Historische Beiträge und neuere Ansätze*, Frankfurt am Main, 105–138.

Stromer, Wolfgang von (1990), „Ulman Stromer. Leben und Leistung", in: Ulman Stromer, *Püchel von mein geslecht und von abentewr. Teilfaksimile der Handschrift Hs 6146 des Germanischen Nationalmuseums Nürnberg. Kommentarband*, bearb. von Lotte Kurras, mit Beiträgen von dems., Lore Sporhan-Krempel u. Ludwig Veit, zur 600-Jahrfeier der Gründung der ersten Papiermühle Deutschlands hg. vom Verband deutscher Papierfabriken, Stuttgart, 89–144.

Stromer, Wolfgang von (1990), „Dokumente zur Geschichte der Stromer'schen Papiermühle 1390–1453 in der Gleiß- oder Hadermühle an der Pegnitz bei Nürnberg und zu ihren Tochterfirmen, sowie zum Nürnberger Papierhandel bis um 1470", in: Ulman Stromer, *Püchel von mein geslecht und von abentewr. Teilfaksimile der Handschrift Hs 6146 des Germanischen Nationalmuseums Nürnberg. Kommentarband*, bearb. von Lotte Kurras, mit Beiträgen von dems., Lore

Sporhan-Krempel u. Ludwig Veit, zur 600-Jahrfeier der Gründung der ersten Papiermühle Deutschlands hg. vom Verband deutscher Papierfabriken, Stuttgart, 145–170.

Świerk, Alfred (1971), „Ein frühes, wenig bekanntes Zeugnis über die Erfindung des Buchdrucks", in: *Gutenberg-Jahrbuch* 46, 36–42.

Świerk, Alfred (1972), „Johannes Gutenberg als Erfinder in Zeugnissen seiner Zeit", in: Hans Widmann (Hg.), *Der gegenwärtige Stand der Gutenberg-Forschung* (Bibliothek des Buchwesens 1), Stuttgart, 79–90.

Świerk, Alfred (1972), „Was bedeutet ‚ars artificialiter scribendi'?", in: Hans Widmann (Hg.), *Der gegenwärtige Stand der Gutenberg-Forschung* (Bibliothek des Buchwesens 1), Stuttgart, 243–250.

Taeschner, Fr[anz] (1991), „Art. D̲j̲ug̲h̲rāfiyā"; in: *Encyclopaedia of Islam* 2, 2. Aufl., Leiden, S. 575–590.

Tajani, Angelo (2006), *Sulle orme della carta. Dagli albori del più importante veicolo della cultura all'industrialismo nei ricordi di un'infanzia trascorsa in un'antica cartiera amalfitana*, 2. erw. und korr. Aufl. hg. von Antonio Porpora Anastasio, Salerno.

Talbi, M[ohamed] (1986), „Art. Ibn K̲h̲aldūn", in: *Encyclopaedia of Islam* 3, 2. Aufl., Leiden, 825/1–831/2.

Talbi, M[ohamed] (1993), „Art. al-Muʿizz b. Bādīs", in: *Encyclopaedia of Islam* 7, 2. Aufl., Leiden, 481–484.

Tamalio, Raffaele (1999), *La Memoria dei Gonzaga. Repertorio bibliografico gonzaghesco (1473–1999)* (Biblioteca di Bibliografia Italiana 158), Florenz.

Terenzi, Pierluigi (2010), „Art. Buccio di Ranallo", in: *The Encyclopedia of the Medieval Chronicle* 1, Leiden/Boston, 221.

Thackston, Wheeler (1990), „Treatise on Calligraphic Arts. A Description of Paper, Colors, Inks, and Pens by Simi of Nishapur", in: Michel M. Mazzaoui u. Vera B. Moreen (Hgg.), *Intellectual Studies on Islam. Essays written in Honor of Martin B. Dickson, Professor of Persian Studies, Princeton University*, Salt Lake City, 219–228.

Thaller, Anja (2020), „Margarethe von Savoyen im deutschen Südwesten", in: *Die Tochter des Papstes: Margarethe von Savoyen. La Figlia del Papa: Margherita di Savoia. La Fille du Pape: Marguerite de Savoie. Begleitbuch und Katalog zur Ausstellung des Landesarchivs Baden-Württemberg, Hauptstaatsarchiv Stuttgart*, bearb. von Peter Rückert, Anja Thaller u. Klaus Oschema, unter Mitarb. von Julia Bischoff, Stuttgart, 65–74.

Thesavrvs Linguae Latinae, editvs avctoritate et consilio Academiarvm qvinqve Germanicarvm Berolinensis Gottingensis Lipsiensis Monacensis Vindobonensis (1900–1906), Bd 2, Leipzig.

Thiel, V[ictor] (1926), *Geschichte der Papiererzeugung und des Papierhandels in Steiermark* (Sonderdruck aus „Zentralblatt für die Papierindustrie", Nr. 1–7, Jahrgang 1926), Graz.

Thiel, Viktor (1931/32), „Die geschichtliche Entwicklung der Papiererzeugung in Österreich", in: *Beiträge zur Geschichte der Technik und Industrie* 21, 103–110.

Thiel, Victor (1932), „Papiererzeugung und Papierhandel vornehmlich in den deutschen Landen von den ältesten Zeiten bis zum Beginn des 19. Jahrhunderts. Ein Entwurf", in: *Archivalische Zeitschrift* 41, 106–151.

Thiel, Viktor (1940), *Geschichte der Papiererzeugung im Donauraum. Ein Beitrag zur Geschichte deutscher Leistung*, Biberach an der Riß.

Thieme, Hans/Rowan, Steven (1985), „Claudius Cantiuncula", in: Peter G. Bietenholz u. Thomas B. Deutscher (Hgg.), *Contemporaries of Erasmus. A Biographical Register of the Renaissance and Reformation*, Bd. 1 (A-E), Toronto/Buffalo/London, 259–261.

Tiraboschi, Girolamo (1807), *Storia della letteratura italiana. Nuova edizione*, Bd. 5, Tl. 1: *Dall'anno MCCC fino all'anno MCD*, Florenz.

Torelli, Pietro (1920/1988), *L'Archivio Gonzaga di Mantova*, Bd. 1 (Pubblicazioni della R. Accademia Virgiliana di Mantova 1: Monumenta 1), Ostiglia, ND Mantua.

Trinchera, Franciscus (1865), *Syllabus graecarum membranarum, quae partim Neapoli in maiori tabulario et primaria bibliotheca, partim in Casinensi coenobio ac cavensi et in episcopali tabulario neritino iamdiu delitescentes [...] in lucem prodeunt [...]*, Neapel.

Tschudin, Peter F. (1998), „Werkzeug und Handwerkstechnik in der mittelalterlichen Papierherstellung", in: Uta Lindgren (Hg.), *Europäische Technik im Mittelalter. 800 bis 1400. Tradition und Innovation. Ein Handbuch*, 3. Aufl., Berlin, 423–428.

Tschudin, Peter F. (1998), „Zur Geschichte und Technik des Papiers in der arabischen Welt", in: *International Paper History* 8,2, 20–24.

Tschudin, Peter (2012), *Grundzüge der Papiergeschichte*, 2. erg. Aufl., Stuttgart.

Tsien, Tsuen-hsuin (1985), *Paper and printing* (Science and Civilisation in China 5: Chemistry and Chemical Technology, Tl. 1), Cambridge.

Tsouparopoulou, Christina/Fox, Richard/Panagiotópoulos, Diamantís (2015), „Affordanz", in: Thomas Meier, Michael Ott u. Rebecca Sauer (Hgg.), *Materiale Textkulturen. Konzepte – Materialien – Praktiken* (Materiale Textkulturen 1), Berlin/Boston, 63–70.

Turner, Jane (Hg.) (1996), *The Dictionary of Art*, Bd. 7: *China*, § VIII: *Jade-carving to Cossa*, New York.

Uhde, Karsten (1993), *Ladislaus Suntheyms geographisches Werk und seine Rezeption durch Sebastian Münster*, Köln.

Uhland, Robert (1986), „Zerstörung und Wiederaufbau. Das Hauptstaatsarchiv Stuttgart 1942–1969", in: Gregor Richter (Hg.), *Aus der Arbeit des Archivars. Festschrift für Eberhard Gönner*, Stuttgart, 249–264.

Uiblein, Paul (1971), „Zum Katalog der datierten Handschriften in lateinischer Schrift in Österreich", in: *Scriptorium* 25,1, 84–96.

Unterkircher, Franz (Hg.) (1969), *Katalog der datierten Handschriften in lateinischer Schrift in Österreich*, Bd. I: *Die datierten Handschriften der Österreichischen Nationalbibliothek bis zum Jahre 1400, Textband*, Wien.

Vaini, Mario (1994), „Il libro FLU", in: ders., *Ricerche Gonzaghesche (1189–sec. XV)* (Accademia Nazionale Virgiliana di Scienze Lettere e Arti/Classe di Scienze Morali 1), Florenz, 183–226.

Vasmer, Max (1953), *Russisches Etymologisches Wörterbuch*, Bd. 1: *A-K* (Indogermanische Bibliothek, zweite Reihe: Wörterbücher), Heidelberg.

Vavra, Elisabeth (2008), „Art. Papier und Druck", in: *Enzyklopädie des Mittelalters* 2, Darmstadt, 212f.

Ventura, Domenico (2014), „Sul ruolo della Sicilia e di Amalfi nella produzione e nel commercio della carta: alcune considerazioni in merito", in: Giancarlo Castagnari, Emanuela Di Stefano u. Livia Faggioni (Hgg.), *Alle origine della carta occidentale: tecniche, produzioni, mercati (secoli XIII-XIV). Atti del Convegno Camerino, 4 ottobre 2013* (Storia della Carta), Fabriano 2014, 95–119.

Vesel, Ž. (1991), „Art. Mawsūʿa, 2. In Persian", in: *Encyclopaedia of Islam* 6, 2. Aufl., Leiden, 907f.

Vismann, Cornelia (2000), *Akten. Medientechnik und Recht*, Frankfurt am Main.

Vogel, Hans Ulrich (2013), *Marco Polo Was in China. New Evidence from Currencies, Salts and Revenues* (Monies, Markets, and Finance in East Asia, 1600–1900, 2), Leiden/Boston.

Vogt, Elmar (1991), „Die wunderbare Tat des Ulman Stromer. 600 Jahre Papierherstellung in Deutschland", in: *Das Markgräflerland* 1991,2, 137–151.

Volkert, Wilhelm (1952), *Kanzlei und Rat in Bayern unter Herzog Stephan II. 1331–1375. Studien zur Verfassungsgeschichte Bayerns im 14. Jahrhundert*, Diss. masch. Universität München.

Vollmann, Benedikt Konrad (1999), „Von Isidor von Sevilla ‚Etymologiae' (636 gest.) zu Albertus Magnus (1193–1280). Die großen mittelalterlichen Enzyklopädien", in: Joachim-Felix Leonhard, Hans-Werner Ludwig, Dietrich Schwarze u. Erich Straßner (Hgg.), *Medienwissenschaft. Ein Handbuch zur Entwicklung der Medien und Kommunikationsformen*, Teilbd. 1 (Handbücher zur Sprach- und Kommunikationswissenschaft. Handbooks of Linguistics and Communication Science 15.1), Berlin/New York, 625–636.

Wacker, Gisela (2002), *Ulrich Richentals Chronik des Konstanzer Konzils und ihre Funktionalisierung im 15. und 16. Jahrhundert. Aspekte zur Rekonstruktion der Urschrift und zu den Wirkungsabsichten der überlieferten Handschriften und Drucke*, Diss. (masch.) Tübingen, Textteil und Abbildungsteil online unter URL: http://nbn-resolving.de/urn:nbn:de:bsz:21-opus-5203 (Stand: 17.03.2023).

Wagner, Wolfgang Eric (2004), „Princeps litteratus aut illitteratus? Sprachfertigkeiten regierender Fürsten um 1400 zwischen realen Anforderungssituationen und pädagogischem Humanismus", in: Fritz Peter Knapp, Jürgen Miethke u. Manuela Niesner (Hgg.), *Schriften im Umkreis mitteleuropäischer Universitäten um 1400. Lateinische und volkssprachige Texte aus Prag, Wien und Heidelberg: Unterschiede, Gemeinsamkeiten, Wechselbeziehungen* (Education and Society in the Middle Ages and Renaissance 20), Leiden/Boston, 141–177.

Wartburg, Walther von (1928–2002), *Französisches Etymologisches Wörterbuch. Eine Darstellung des galloromanischen Sprachschatzes*, 25 Bde., Tübingen/Basel.

Wartenberg, Imke (2015), *Bilder der Rechtsprechung. Spätmittelalterliche Wandmalereien in Regierungsräumen italienischer Kommunen* (Ars et Scientia 11), Berlin/Boston.

Watson, Andrew G. (1984), *Catalogue of Dated and Datable Manuscripts c. 435–1600 in Oxford Libraries*, Bd. 1: *The Text*, Oxford.

Watt, Mary Alexandra (2004), „Art. Mantua", in: Christopher Kleinhenz (Hg.), *Medieval Italy. An Encyclopedia*, 2 Bde. (The Routledge encyclopedias of the Middle Ages [9]), New York/London, Bd. 2, 677–681.

Wattenbach, W[ilhelm] (1871/1875/1896), *Das Schriftwesen im Mittelalter*, 1. Aufl, 2. verm. Aufl., 3. verm. Aufl. Leipzig.

Weber, Therese (2004), *Die Sprache des Papiers. Eine 2000jährige Geschichte*, Bern.

Wehrs, Georg Friedrich von (1788), *Vom Papier, und den vor der Erfindung desselben üblich gewesenen Schreibmassen*, Tl. 1, Hannover (VD18 80035574), Volldigitalisat der Bayerischen Staatsbibliothek München, Graph. 99-1, unter URL: http://mdz-nbn-resolving.de/urn:nbn:de:bvb:12-bsb10431227-6 (Stand: 19.03.2023).

Weisert, Hermann (1981), „Die Städte der Tübinger um den Schönbuch", in: Hansmartin Decker-Hauff (Hg.), *Die Pfalzgrafen von Tübingen. Städtepolitik, Pfalzgrafenamt, Adelsherrschaft im Breisgau*, Sigmaringen, 39–56.

Weiss, Beno/Pérez, Louis C. (1997), *Beginnings and Discoveries. Polydore Vergil's De Inventoribus Rerum. An Unabridged Translation and Edition with Introduction, Notes and Glossary* (Bibliotheca Humanistica & Reformatorica 56), Nieuwkoop.

Weiß, Wisso (1983), *Zeittafel zur Papiergeschichte*, Leipzig.

Weiß, Wisso (1987), *Historische Wasserzeichen*, München/New York/London/Paris.

Wendehorst, Alfred (1986), „Wer konnte im Mittelalter lesen und schreiben?", in: Johannes Fried (Hg.), *Schulen und Studium im sozialen Wandel des hohen und späten Mittelalters* (Vorträge und Forschungen 30), Sigmaringen, 9–33.

Wenzel, Horst (2008), „Einleitung: Vom Anfang und Ende der Gutenberg-Galaxis. Historische Medienumbrüche im Für und Wider der Diskussion", in: ders., *Mediengeschichte vor und nach Gutenberg*, 2. durchges. Aufl. Darmstadt, 10–26.

Wenzel, Horst/Lutter, Christina (2006), „Verletzte Pergamente. Zur Ästhetik der Narbe im Raum der Schrift", in: Alois Hahn, Gert Melville u. Werner Röcke (Hgg.), *Norm und Krise von Kommuniktion. Inszenierungen literarischer und sozialer Interaktion im Mittelalter. Für Peter von Moos* (Geschichte. Forschung und Wissenschaft 24), Münster, 439–461.

Westermann, Angelika/Westermann, Ekkehard (2011), „Der Papier-, Kupfer- und Silberhandel der Straßburger Prechter und ihrer Mitgesellschafter in der ersten Hälfte des 16. Jahrhunderts", in: Angelika Westermann u. Stefanie von Welser (Hgg.), *Beschaffungs- und Absatzmärkte oberdeutscher Firmen im Zeitalter der Welser und Fugger*, Husum, 253–271.

Wickens, G.M. (1956), „Al Jarsīfī on the Ḥisba", in: *Islamic Quarterly* 3, 176–187.

Widder, Ellen (2016), *Kanzler und Kanzleien im Spätmittelalter. Eine Histoire croisée fürstlicher Administration im Südwesten des Reiches* (Veröffentlichungen der Kommission für Geschichtliche Landeskunde in Baden-Württemberg, B 204), Stuttgart.

Widmann, Hans (1973), „Divino quodam numine … Der Buchdruck als Gottesgeschenk", in: Helmut Feld u. Josef Nolte (Hgg.), *Wort Gottes in der Zeit. Festschrift Karl Hermann Schelkle zum 65. Geburtstag dargebracht von Kollegen, Freunden, Schülern*, Düsseldorf, 257–273.

Widmann, Hans (1973), *Vom Nutzen und Nachteil der Erfindung des Buchdrucks – aus der Sicht der Zeitgenossen des Erfinders* (Kleiner Druck der Gutenberg-Gesellschaft 92), Mainz 1973.

Widmann, Hans (1977), „Die Wirkung des Buchdrucks auf die humanistischen Zeitgenossen und Nachfahren des Erfinders", in: Fritz Krafft u. Dieter Wuttke (Hgg.), *Das Verhältnis der Humanisten zum Buch* (Mitteilung der Kommission für Humanismusforschung 4), Boppard 1977, 63–88.

Wieser, Matthias (2004), „Inmitten der Dinge. Zum Verhältnis von sozialen Praktiken und Artefakten", in: Karl H. Hörning u. Julia Reuter (Hgg.), *Doing Culture. Neue Positionen zum Verhältnis von Kultur und sozialer Praxis*, Bielefeld, 92–107.

Wiesner, J[ulius] (1887), „Die Faijûmer und Uschmûneiner Papiere", in: *Mittheilungen aus der Sammlung der Papyrus Erzherzog Rainer* 2+3, 179–260.

Wiesner, Julius (1887), „Mikroskopische Untersuchungen der Papiere von El-Faijûm", in: *Mittheilungen aus der Sammlung der Papyrus Erzherzog Rainer* 1, 45–48.

Wild, Joachim (Bearb.) (1983), *Die Fürstenkanzlei des Mittelalters. Anfänge weltlicher und geistlicher Zentralverwaltung in Bayern. Ausstellung des Bayerischen Hauptstaatsarchivs anläßlich des VI. Internationalen Kongresses für Diplomatik, München 25. Oktober bis 18. Dezember 1983*, unter Mitarbeit von Klaus Freiherr von Andrian-Werburg und Karl-Ernst Lupprian (Ausstellungskatalog der Staatlichen Archive Bayerns 16), Neustadt an der Aisch.

Wilhelm Durantis (1975), *Speculum iudiciale. Illustratum et repurgatum a Giovanni Andrea et Baldo degli Ubaldi. Neudruck der Ausgabe Basel 1574*, 2 Bde., Aalen.

Williams, Megan K. (2015), „‚Zu Notdurfft der Schreiberey'. Die Einrichtung der frühneuzeitlichen Kanzlei", in: Dagmar Freist (Hg.), *Diskurse – Körper – Artefakte. Historische Praxeologie in der Frühneuzeitforschung*, Bielefeld, 335–372.

Williams, Megan K. (2015), „Unfolding Diplomatic Paper and Paper Practices in Early Modern Chancellery Archives", in: Arndt Brendecke (Hg.), *Praktiken der Frühen Neuzeit. Akteure – Handlungen – Artefakte* (Frühneuzeit-Impulse 3), Köln/Weimar/Wien, 496–508.

Williams, Megan (2016), „Recycled Rags and Dragon Intestines? Paper, Parchment, and Early Modern Diplomatic Dispatches", in: Thomas Dorfner, Thomas Kirchner u. Christine Roll (Hgg.), *Berichten als kommunikative Herausforderung. Europäische Gesandtschaftsberichte der Frühen Neuzeit in praxeologischer Perspektive* (Externa 16), München, 48–62.

Williams, Megan (2019), „Paper in the Piazza. The Late Medieval and Early Modern Trade in Venetian Paper", in: Ella Beaucamp u. Philippe Cordez (Hg.), *Typical Venice? Venetian Commodities (13th-16th centuries)* (In the Shadow of the Lion of St. Mark 2), Turnhout, 159–170.

Williams, Megan (2021), „‚Unter dem Zeichen des Adlers'. Frankfurt as Hub of the Central European Paper Trade in the 16th Century", in: Daniel Bellingradt u. Anna Reynolds (Hgg.), *The Paper Trade in Early Modern Europe: Practices, Materials, and Networks*, Leiden/Boston, 55–89.

Wimmer, Mario (2011), „Rez. Cornelia Vismann, Akten. Medientechnik und Recht, Frankfurt am Main 2000", in: *Traverse. Zeitschrift für Geschichte* 18, 2, 175–177.

Wintterlin, Friedrich (1904), *Geschichte der Behördenorganisation in Württemberg*, Bd. 1: *Bis zum Regierungsantritt König Wilhelms I.*, Stuttgart.

Wis, Marjatta (1955), *Ricerche sopra gli italianismi nella lingua tedesca. Dalla metà del secolo XIV alla fine del secolo XVI*, Helsinki.

Witkam, J. J. (1991), „Art. Midād", in: *Encyclopaedia of Islam* 6, Leiden, 2. Aufl., 1031.

Wolf, Jürgen (2011), „Von geschriebenen Drucken und gedruckten Handschriften. Irritierende Beobachtungen zur zeitgenössischen Wahrnehmung des Buchdrucks in der 2. Hälfte des 15. und des beginnenden 16. Jahrhunderts", in: Andreas Gardt, Mireille Schnyder u. Jürgen Wolf (Hgg.), *Buchkultur und Wissensvermittlung in Mittelalter und Früher Neuzeit*, Berlin/Boston, 3–21.

Wolf, Maryanne (2019), *Schnelles Lesen, langsames Lesen. Warum wir das Bücherlesen nicht verlernen dürfen,* aus dem Englischen von Susanne Kuhlmann-Krieg, München.

Wood, Frances (1995), *Did Marco Polo go to China?,* London.

WR: Württembergische Regesten (1916–1940), *Württembergische Regesten von 1301–1500,* Bd. I: *Altwürttemberg*, hg. von dem Württembergischen Staatsarchiv in Stuttgart, 3 Tle., Stuttgart.

Yogeshwar, Ranga (2015), „Die digitale Revolution wird uns fundamental verändern", in: *DB Mobil*, Juni, 32–34.

Yule, Henry, *Cathay and the Way thither, Being a Collection of Medieval Notices of China, with a preliminary Essay on the Intercourse between China and the Western Nations previous to the Discovery of the Cape Route*, 2. überarb. Aufl. von Henri Cordier, Bd. 4: *Ibn Batuta – Benedict Goës – Index*, London 1916.

Zaar-Görgens, Maria (2004), *Champagne – Bar – Lothringen. Papierproduktion und Papierabsatz vom 14. bis zum Ende des 16. Jahrhunderts* (Beiträge zur Landes- und Kulturgeschichte 3), Trier.

Zawrel, Sandra (2017), „Papierhandel im Europa der Frühen Neuzeit", in: *Jahrbuch für Kommunikationsgeschichte* 19, 98–120.

Zedler, Johann Heinrich (1731–1754/1961–1964), *Grosses vollständiges Universal-Lexikon*, 64 Bde., Leipzig/Halle, ND Graz.

Zeilinger, Gabriel (2003), *Die Uracher Hochzeit 1474. Form und Funktion eines höfischen Festes im 15. Jahrhundert* (Kieler Werkstücke. Reihe E. Beiträge zur Sozial- und Wirtschaftsgeschichte 2), Frankfurt am Main.

Zemon Davis, Natalie (2008), *Leo Africanus. Ein Reisender zwischen Orient und Okzident*, aus dem Amerikanischen von Gennaro Ghirardelli, Berlin.

Zonghi, Aurelio (1881/2003), „Le marche principali delle carte fabrianesi dal 1293 al 1599, Fabriano 1881", ND in: Giancarlo Castagnari (Hg.), *L'opera dei fratelli Zonghi. L'era del segno nella storia della carta*, Fabriano, Bd. 1, 47–99 [mit 6 unnummerierten Seiten im Anhang].

Zonghi, Aurelio (1884/2003), „Le antiche carte fabrianesi alla Esposizione Generale di Torino, Fano 1884, 1–70", ND in: Giancarlo Castagnari (Hg.), *L'opera dei fratelli Zonghi. L'era del segno nella storia della carta*, Fabriano 2003, Bd. 1, 107–178.

Zonghi, Augusto (1911/2003), „I segni della carta, la loro origine e la loro importanza, Fabriano 1911", ND in: Giancarlo Castagnari (Hg.), *L'opera dei fratelli Zonghi. L'era del segno nella storia della carta*, Fabriano, Bd. 1, 179–211.

Zülch, Walter Karl/Mori, Gustav (1920), *Frankfurter Urkundenbuch zur Frühgeschichte des Buchdrucks. Aus den Akten des Frankfurter Stadtarchivs zusammengestellt und herausgegeben*, Frankfurt am Main.

Zwierlein, Cornel (2006), *Discorso und Lex Dei. Die Entstehung neuer Denkrahmen im 16. Jahrhundert und die Wahrnehmung der französischen Religionskriege in Italien und Deutschland* (Schriftenreihe der Historischen Kommission bei der Bayerischen Akademie der Wissenschaften 74), Göttingen.

Zwierlein, Cornel (2010), „Gegenwartshorizonte im Mittelalter. Der Nachrichtenbrief vom Pergament- zum Papierzeitalter", in: *Jahrbuch für Kommunikationsgeschichte* 12, 3–60.

E Register

Das Register umfasst Personennamen sowie Orte bzw. geographische Bezeichnungen. Orthographische oder fremdsprachige Varianten aus Quellenzitaten werden nicht gesondert aufgeführt. Der Anmerkungsapparat wurde nicht erfasst.

Im Personenregister wurde bei weniger bekannten Personen entweder ein beschreibendes Attribut und/oder ein Ortsbezug hinzugefügt. Der Beruf wurde darüber hinaus systematisch nur bei Druckern und dem Personal von Papiermühlen ergänzt.

Im Ortsregister wird bei Ländern bzw. Territorien in der Regel auch der Beleg für das jeweilige Adjektiv verzeichnet (etwa unter Frankreich französisch). Nicht verzeichnet wurden Belegstellen für Deutschland und Italien.

Personen

Abbasiden (Familie) 414–416, 419, 444, 446f., 452, 463
ʿAbd al-Laṭīf al-Baghdādī 420f., 432, 438
ʿAbd al-Wāsiʿ Djabalī 422, 431
Abraham a Sancta Clara 575, 585
Abū Ḥāmid al-Gharnāṭī 420, 431
Accursius 579
Adam (biblisch) 446
Adamus Wodeham, Franziskaner 76
Adelasia del Vasto, Gräfin und Regentin von Sizilien, Königin von Jerusalem 22–25, 27, 30, 304
Aegidius Monachus 77
Aegidius Romanus, Augustiner-Eremit 77
Agricola, Johannes 387–389, 395
Aḥmad ibn Ṣāliḥ 430
Alamand de Saint-Jeoire, Bischof von Genf 83
Albertus Fortschonus (Bamberg) 79
Al-Bīrūnī 418, 431, 437, 441
Albrecht der Sterner, Hansgraf (Regensburg) 84
Albrecht I., Herzog von Bayern-Straubing 83
Albrecht II., Herzog von Österreich und Steiermark 80
Albrecht III., Graf von Görz und Tirol 78
Alchabitius 233
Al-Djāḥiẓ 414, 430, 441f.
Al-Djahshiyārī 414, 430, 444
Al-Djarsīfī 419, 432, 449f.
Al-Djarsīfī, Umar b. ʿUthmān b. al-ʿAbbās 419, 432, 449f.
Al-Djawharī 416, 439, 449

Aldobrandino III. d'Este, Herr von Ferrara und Modena 142
Alexander der Große, Perserkönig 537, 550f., 553, 569–571
Alexander IV., Papst 35
Alexios I. Komnenos, Kaiser von Byzanz 579
Al-Faḍl b. Yaḥyā, barmakidischer Wesir 445
Alfons X. der Weise, König von Kastilien und Léon 21f., 506
Al-Ghazālī 431
Ali ibn al-Azhar 414, 452
Al-Idrīsī 420, 431, 447
Al-Kalkashandī 427, 439, 450f., 465, 607
Al-Kāsim al-Ṣinhādjī 420, 432
Allaci, Leone 577
Al-Māfarrūkhī 424, 436, 439, 449
Al-Makrīzī 426, 445f.
Al-Manṣūr, abbasidischer Kalif 444f.
Almoraviden (Familie) 418
Al-Muʿizz b. Bādīs, ziridischer Prinz 417, 429, 431
Al-Mukaddasī 415, 430, 441
Al-Muẓaffar Yūsuf, rasulidischer Herrscher im Jemen 421, 432
Al-Subkī 426
Al-Ṣūlī 430
Al-Thaʿālibī 416, 430, 441–443, 451, 607
Álvares, Francisco 522
Amerbach, Johannes, Drucker (Basel) 246, 253f.
Amidani, Vincenzo (Mailand) 326f.
Amīr Khusraw 422, 432, 448

Amman, Jost 562–565, 612
Anderson, Hans Christian 585
Andreas von Regensburg 401, 406
Andreasi, Marsilio de (Mantua) 175f., 178
Anselm von Eyb 479
Anselm, Thomas, Drucker 254
Anselm, Valerius 408
Anthon, Buchführer (Basel) 259
Antonio de Tobia, Notar (Levanto) 343
Antonio, Cicco, Papierhändler (Fabriano) 245, 248, 253
Appulliese, Notar (Siena) 33
Ardoyn, Kapitän 131
Ariminensis, Henricus / Georg Reyser (?), Drucker (Basel) 75
Aristoteles 77, 550, 571
Arnolt, Papierer(knecht) (Nürnberg) 369
Auer, Simon, Papierer (Hagenhausen) 268
Augustinus (Kirchenvater) 77
Augustus, römischer Imperator 542, 569, 571f.
Aurispa, Giovanni 311
Aventin/Johannes Turmair 549–552, 571, 610f.

Bābur, Mogul von Indien 425, 434, 439, 442
Bagnagatta, Angelo (Chioggia) 146
Balbinus/Bohuslav Balbín, Jesuit 362, 574, 603
Balduin von Luxemburg, Erzbischof von Trier 86
Bämler, Hans, Drucker (Augsburg) 259
Baptista de Marzaxio, Notar (Luni) 343
Barbara von Brandenburg, Markgräfin von Mantua 170–173, 175f.
Barbaro, Giosafat 531
Bartholomeus, Papiererknecht (Nürnberg) (literarisch) 371f.
Bartolo da Sassoferrato 260–262, 264, 364f., 603
Bartolomeo de Casanova, palatinus et Lavanie comes 343
Bartolomeo de Libri, Drucker (Florenz) 274
Bartolomeo del fu Bonaccorso, Notar (Perugia) 339
Bartolomeo di Iacovo da Valmontone 406
Beatrice Regina della Scala, Herrin von Mailand 123
Bebel, Johannes (Basel) 294
Behaim, Albert (Passau) 74
Beheim, Michel 448
Behem, Franz, Drucker (Mainz) 395
Benedetto, Richter und Notar (Lucca) 34

Benedikt XII., Papst 75
Benvenutus quondam Corradus, Notar (Udine) 341
Berchorius/Pierre Bercuire, Benediktiner 555
Berchtold, Graf von Graisberg 84
Bernardus Claravallensis, Abt von Clairvaux 77
Bernhard I., Markgraf von Baden 128
Bernhard von Hövel, Domherr (Münster) 91
Berretta, Notar (Fabriano) 37
Berthold VII., Graf von Henneberg(-Schleusingen) 85
Berthold von Tuttlingen, Notar (Augsburg) 82
Bertocchi, Dionisio, Drucker (Reggio Emilia/Mantua) 228
Beyer, Johann Matthias 374–376, 385, 388, 400, 443, 574, 605
Bischoff, Andreas (Basel) 259
Bock, Hieronymus 585f.
Bolceza Sicardin, Notar (Padua) 35
Boltz, Valentin aus Ruffach 218, 257, 460, 462
Bonacolsi (Familie) 130–132, 139, 182, 340
Bonacursus de Mantua monachus 41
Bonifatius IX., Papst 148
Bonifatius VIII., Papst 35
Borchgreve, Henrick 310
Borsato, Francesco (Mantua) 111
Brancaccio de Brancaciis, Rinaldo 383
Brant de Butsberch 87
Brechter, Friedrich (Straßburg) 254
Breitbach, Gerlach von, Abt des Klosters Deutz 292, 298f., 311
Brettnauer, Konrad, Vogt von Zwiefalten 168
Breu, Jörg d. Ä. 396
Bruder Philipp der Kartäuser (Kartause Seitz) 77
Buccio di Ranallo 402, 405
Bucciolini, Pierangelo di 363, 365
Bugatti, Bernado (Pavia?) 256
Buridanus, Iohannes/Jean Buridan 76
Burkhard, Burggraf zu Magdeburg 142
Busch, Jörg 565
Bussi, Gianandrea de, Bischof von Aleria 288
Buti, Francesco da 269, 273

Caius Paetilius Galbo, römischer Konsul 571
Calcheym, Peter 90
Calchi, Tristano 510
Calvo, Francesco 316
Çanobio de Tadeo 265

Cantiuncula, Claudius/Claude
  Chansonette 294, 297
Cardinale di Bonaccorso, Papierhändler
  (Perugia) 264
Casiri, Miguel 443
Cassius Hemina, Lucius 536–538, 571
Castello/Castelli, Ippolito (Mantua) 132
Cato, Marcus Porcius 76
Cavriani (Familie) 176
Celtis, Conrad 211, 318–320
Cennini, Cennino 456–458
Cesi, Federico 217
ChatGPT (künstlicher Akteur) 616
Chiarini, Giorgio di Lorenzo 273
Christian I., König von Dänemark 175
Christoph, Herzog von Württemberg 116
Churchyard, Thomas 584
Cicero, Marcus Tullius 581f., 584
Claudius, römischer Imperator 542, 569, 571f.
Clemens VI., Papst 75
Clemens VII., Papst 148
Cochlaeus, Johannes 386, 388f., 395, 605
Comenius, Johann Amos 601
Conrad von Lechspergaer, Ritter
  (Kaufbeuren) 83
Conradus de Waldhausen, Augustiner-
  chorherr 78
Contareno, Andrea, Doge von Venedig 146
Conti, Niccolò di 533
Corallo, Stefano, Papierer (Parma/Mantua) 231
Creussner, Friedrich, Drucker (Augsburg) 489,
  496, 499
Cristioin, Schöffe (Aachen) 88
Cristoforo de' Pensi, Drucker (Venedig) 279
Cromberger, Jacob, Drucker (Sevilla) 489
Czabel von Bardeleben, Ritter 92

Dacher, Gebhard (Konstanz) 377
Daino, Jacopo/Giacomo (Mantua) 111
Dandolo, Andrea, Doge von Venedig 146
Daniel (biblisch) 550
Dante Alighieri 269, 273
Datini, Francesco (di Marco) 213, 237, 243, 251,
  265, 527
Davari, Stefano (Mantua) 31, 41, 130, 140, 145
David von Augsburg 76
Deichsler, Heinrich (Nürnberg) 408
della Scala, Signori von Verona (Familie) 364
Dempster, Thomas 579
Díaz de Revenga, Francisco Javier 577

Diderot, Denis 577
Dido, phönizische Prinzession (mythisch) 569,
  572
Dietrich, Hieronymus (St. Joachimsthal/
  Jáchymov) 400
Dinckmut, Konrad, Drucker 228
Dino, Francesco di (Florenz) 274
Djaʿfar b. Yaḥyā al-Barmakī, Barmakide 446
Djamālī Yazdī 421
Domenico, Bruder im Kloster San Jacopo di
  Ripoli (Florenz) 241
Doni, Anton Francesco, Drucker (Venedig) 295
Drach, Peter der Ältere, Drucker (Speyer) 49,
  232, 240, 246, 272

Eberhard II. der Greiner, Graf von
  Württemberg 117–119, 121f., 142
Eberhard II. von Regensberg, Bischof von Brixen,
  Erzbischof von Salzburg 28
Eberhard III., der Milde, Graf von
  Württemberg 123, 125
Eberhard III., Herzog von Württemberg 104
Eberhard V./I., im Bart/der Ältere, Graf/Herzog
  von Württemberg 100, 160–162, 171, 173,
  187–192, 225–228, 478f., 594f.
Eberhard VI./II., der Jüngere, Graf/Herzog von
  Württemberg 187
Eberhard, Dekan von St. Jakob (Bamberg) 80
Ebinger, Eytelhans (Heidelberg) 258
Ebinger, Sebastian (Württemberg) 112, 164f.
Elisabeth von Pommern, römisch-deutsche
  Königin, Kaiserin 142
Erasmus von Rotterdam, Desiderius 295
Estienne, Robert, Drucker (Paris) 548, 572
Eugen IV., Papst 406, 533
Eumenes, König von Pergamon 536
Eusebius von Caesarea 536

Falconus, Johannes, Notar (Mailand) 124
Fannius, Gaius, römischer Konsul 569, 572
Favaro, Nicola (Amalfi) 208, 243, 251
Federico da Montefeltro, Herzog von
  Urbino 569
Felchacolla, Kapitän 131
Fernández de Santaella, Rodrigo 489
Fernandez, Valentim, Drucker (Lissabon) 492
Ferrarius de Lomello, Pfalzgraf 340
Feyerabend, Sigmund, Druckerverleger
  (Frankfurt am Main) 380, 562, 564–567,
  612

Fichet, Guillaume, Drucker (Paris) 290
Fieschi, Ludovico, palantinus et Lavanie comes 343
Fieschi, Nicola 339
Filippo di Puccio Baglioni, Pfalzgraf 345
Filippo, Notar (Lucca) 34
Fleming, Paul 357f.
Francesco da Camogli, Notar (Genf) 344
Francesco da Montefiascone, Generalvikar der Marken 37
Franciscus de Alliate de Mediolano, Pfalzgraf 341
Franciscus de Marchia, Papierer (Nürnberg) (literarisch) 371, 604
Franciscus, Richter (Friesland) 91
Friedrich I. Barbarossa, römisch-deutscher König, Kaiser 327, 334
Friedrich I., der Siegreiche, Pfalzgraf bei Rhein und Kurfürst von der Pfalz 157
Friedrich I., Herzog von Württemberg 228
Friedrich II., römisch-deutscher König, Kaiser, König von Sizilien und Jerusalem 15, 18, 21, 26–30, 58, 302–304, 307f., 338, 356, 509, 511, 525, 591, 601
Friedrich III., der Schöne, Herzog von Österreich und Steiermark 80
Friedrich III., Markgraf von Meißen und Landgraf von Thüringen 91
Friedrich III., römisch-deutscher König, Kaiser 175
Friedrich von Pfaffenhofen (Straßburg) 88
Friedrich, Herzog von Teck, Hauptmann und Landvogt der Herzöge von Österreich 89, 142f.
Fries, Johannes 256
Frischlin, Jacob 584
Frischlin, Nicodemus 581–583, 613
Fritz von Wederden, Ritter 92
Froben, Johannes, Drucker (Basel) 278f., 293
Froschauer, Christoph, Drucker (Zürich) 232, 249, 255, 258f., 267
Fyner, Konrad, Drucker (Esslingen/Urach) 226f.

Galen/Galenos von Pergamon 296
Gallizian, Anton, Papierer (Basel) 362
Gallizian, Drucker (Familie) 574
Gallizian, Michael 362
Garzoni, Tommaso 576
Gebhart, Registrator, Ratskanzlei (Nürnberg) 249

Gellius, Aulus 536
Gentilis da Varna, Podestà (Camerino) 35
Gerard von Köln, Vogt 87
Gerardus Odonis 76
Gerhard von Wederden, Ritter 92
Gerlach von Nassau, Erzbischof von Mainz 88
Gerson, Jean 78, 301, 310f., 317, 319
Geyger, Hans (Nürnberg) 370
Giacomo Nibissio, Notar (Gemona di Friuli) 35
Giacomo Pepoli (Bologna) 34
Giannino di Prendono, Notar (Genua) 34
Giolito de Ferrari, Gabriele, Drucker (Venedig) 280
Giovanni Balbi, Dominikaner 525, 555, 568
Giovanni di Amandolesi, Notar (Genua) 339
Giovanni di Antonio di Montenero, Notar (Genua) 343
Giovanni di Maestro Compagno, Notar (Fabriano) 38
Giovanni di maestro Ercolano, Notar (Perugia) 345
Giovanni Scriba, Notar (Genua) 32
Giovanni Vailate, Ostiarius (Mailand) 256
Giovanni, Richter (Reggio) 23
Giunta, Notar (Matelica) 37
Giustiniani, Francesco, Pfalzgraf 344
Giustiniani, Gabriele, Pfalzgraf 344
Giustiniani, Luchesio, Notar (Genua) 344
Giustiniano, Agostino Bischof von Nebbio 553
Godefrid von Anliers, Pfarrer 85
Goffasotis, Lorenzo, Papierer 258f.
Goffredo d'Anagni, Generalrektor (Matelica) 37
Goiswyn van Punt, Schöffe (Aachen) 88
Gonzaga (Familie) 66, 70, 97–99, 107f., 114, 130–132, 134–141, 143f., 144, 147, 149, 151, 171, 173f., 182, 184f., 186f., 229–231, 236f., 478f., 593, 595–597, 614f.
Gonzaga, Barbara, Gräfin/Herzogin von Württemberg und Teck 123, 171–175, 186, 191, 595
Gonzaga, Catharina 132
Gonzaga, Chiara, Gräfin von Montpensier, Dauphine von Auvergne, Herzogin von Sessa 173
Gonzaga, Federico I., Markgraf von Mantua 173
Gonzaga, Federico II., Herzog von Mantua 180, 349, 597
Gonzaga, Feltrino 133, 136, 139, 142
Gonzaga, Filippino 133f., 136, 139, 142

Gonzaga, Francesco I., Graf von Mantua   180, 340
Gonzaga, Francesco II. Gonzaga, Markgraf von Mantua   228f.
Gonzaga, Francesco, Kardinal   175, 233, 480
Gonzaga, Gianfrancesco   480
Gonzaga, Guido   133, 135f., 139, 142
Gonzaga, Ludovico III., Markgraf von Mantua   170, 172, 174f., 191
Gonzaga, Luigi II., Graf von Mantua   134
Gonzaga, Luigi/Ludovico I., Signore/Graf von Mantua   132f., 136, 139f., 144, 147
Gonzaga, Paola, Gräfin von Görz   186
Gonzaga, Ugolino   134–136
González de Clavijo, Ruy   531
Gottfried von Arnsberg, Erzbischof von Bremen   92
Gottfried von Viterbo, Hofkaplan   77
Götz/Gottfried I., Pfalzgraf von Tübingen   89, 118f., 123, 125
Grafen von Monfort (Familie)   120
Grafen von Wied (Familie)   86
Grafton, Richard, Drucker (London)   280
Grapaldo, Francesco Maria   210, 212, 253, 255–257, 323, 363, 365, 515, 527, 544–549, 551f., 561, 567, 569, 610f.
Gregorius, Abt von S. Filippo di Fragalà   25
Grimmelshausen, (Hans) Jakob Christoffel   217, 574, 576, 585
Grossis, Filippo de (Mantua)   178
Gruguet, François   492
Gualterius Englesius/aus England, Papierer (Genua)   368
Gualterus Agulinus   43
Guglielmo Sclavello (Amalfi)   29
Guichardus de Papia alias de Rovedis   299f.
Guido von Lomello, Pfalzgraf   341
Guilielmus, Notar (Pordenone?)   341
Guillaume Durand/Guilelmus Duranti, Dominikaner, Bischof von Mende   74, 325, 355, 339
Gunold von Gilting, Ritter   85
Gutenberg, Johannes, Drucker (Mainz)   50, 281f., 291, 411, 463, 465, 607

Habsburger (Familie)   48, 80, 113, 251, 255, 267f., 270, 274
Ḥamd Allāh al-Mustawfī al-Ḳazwīnī   425, 433
Hans Caspar Roth vom Schreckenstein, Landvogt (Pfalz-Neuburg)   314, 328
Hans von Bardeleben, Ritter   92
Harari, Yuval   616
Hartwig von dem Hage   76
Hārūn al-Rashīd, abbasidischer Kalif   419, 445, 607
Hass, Hensel, Papiermacher(knecht) (Nürnberg)   369
Heidenreich, Tobias   358
Heim, Johann (Löwen)   91
Heinrich II., König von Frankreich   579
Heinrich III. von Virneburg, Erzbischof von Mainz   88
Heinrich VII. von Luxemburg, römisch-deutscher König, Kaiser   80
Heinrich von Bidingen (Kaufbeuren)   83
Heinrich von Württemberg, Graf von Württemberg-Mömpelgard   478
Heinrich, Domdekan (Bamberg)   80
Heinz, Papierer(knecht) (Nürnberg)   369
Heller, Heinrich, Landschreiber (Württemberg)   159f., 166
Henricus de Bello Orto, Schreiber (Brescia)   293, 299
Henricus de Frimaria/Heinrich von Friemar, der Jüngere, Augustinereremit   76
Henricus de Schüttenhofen, Kleriker   76
Henricus Regens apud S. Severum Erfordiae   75
Hermann von Salza, Deutschordensmeister   28
Herodot   536
Herr, Michael (Straßburg)   483, 492, 496
Herwagen, Johannes, Drucker (Basel)   491, 497
Hesnek, Fritz, Papierer(knecht) (Nürnberg)   369
Hessus, Eobanus   287, 581f., 584
Heynlin, Johannes, Drucker (Paris)   290
Hieronymus (Kirchenvater)   301
Hieronymus von Magdeburg (St. Joachimsthal/Jáchymov)   400
Hieronymus von Prag   376–381, 392–394, 396f., 399f., 403, 410
Hilāl b. al-Muḥassin b. Ibrāhīm al-Ṣābi   416, 431, 450, 452
Hilarius Aurelianensis/Hilarius von Orléans   77
Hildebrand, Dekan des Kapitels St. Ansgarii (Bremen)   92
Hiltebrant, genannt von Murstetten   83
Hiob (biblisch)   293
Hl. Jakob der Ältere   398
Hl. Lorenz   398
Hl. Sebastian   398
Hl. Wenzel   397f.

Hohenauer, Michael (St. Joachimsthal/
  Jáchymov) 400
Homer 536
Honorius Augustodunensis/Honorius von
  Autun 77
Hornschuch, Hieronymus 357–359, 577, 583
Hoss, Fritz, Papierer(knecht) (Nürnberg) 369
Ḥubaysh b. Ibrāhīm b. Muḥammad al-Tiflisī 421
Hugo von Monfort 448
Hugo von Saint-Cher/Hugo de sancto Caro,
  Kardinal 77, 293, 299
Hugo von Taufers (Tirol) 79
Hus, Jan 71, 374–380, 382–393, 395–400,
  402f., 410, 604f., 608
Ḥusayn b. Muḥammad b. Abi 'l-Riḍā Āvī 424,
  432
Ḥusayn b. Muḥammad b. Abī al-Riḍā' al-Ḥusaynī
  al-'Alawī 436
Húska, Jan 399
Hythlodaeus, Raphael (literarisch) 296–298,
  549, 583

Iacopo, Sohn des Ugo de Carraria Gonelle, Notar
  (Pisa) 36
Ibn 'Abd Rabbih 414, 452
Ibn 'Abdūn 419, 431
Ibn Abi Zar 424, 432
Ibn al-Bawwāb 416, 430, 443
Ibn al-Nadīm 415, 430, 444, 446f., 450–452,
  606
Ibn al-Wardī 425, 433
Ibn Baṭṭūṭa 425, 433
Ibn Faḍl Allāh 433
Ibn Ḥawkal 430, 441
Ibn Ḥazm 431
Ibn Khaldūn 426, 433, 445, 452, 463, 607
Ibn Marzūq 429
Ibn Saʿīd al-Maghribī 420
Ibn Sāra 431
Innozenz III., Papst 91
Innozenz V., Papst 309
Iohannes Chrysostomus 77
Iohannes de Deo 76
Iohannes de Garlandia 77
Iohannes de Garsonibus/de Venetiis 77
Iohannes de Rhegio, Großrichter von
  Kalabrien 26
Iohannes de Rizardo, Notar (Piacenza?) 340
Iohannes de Sancto Geminiano,
  Dominikaner 76

Iohannes Friburgensis/Johannes Rumsik,
  Dominikaner 76
Iohannes Marchesinus, Franziskaner 78
Iohannes Rigaldi/Jean Rigaud, Bischof von
  Tréguier 77
Iohannes Victoriensis/Johannes von Viktring,
  Abt des Klosters Viktring 75
Iohannes Victricensis 77
Iovio, Paolo 531
Īraj Afshār 421
Irene Dukaina, byzantinische Kaiserin 579
Isengrin, Michael 281
Isidor von Sevilla 536, 554–556
Izz al-Dīn Abu Izz al-Dīn Abu Athīr 432

Jacominus, Graf de Lomello 339
Jakobellus von Mies/Jakoubek Stříbro 388,
  391–393
James I., König von Schottland 409
Jean de Mandeville 467
Jean Le Long, Benediktiner 524
Jean V. de Bueil, Admiral von Frankreich, Graf
  von Sancerre 408
Jesus Christus 39, 185, 384, 386f., 390f.,
  393–396
Johann I., Herzog von Lothringen 118
Johann II., König von Frankreich 317
Johann von Luxemburg, König von Böhmen 141
Johannes Barbatus, auch Jan Bradáty oder Jan
  Biskupec (?) 388, 391
Johannes II. von Lichtenberg, Bischof von
  Straßburg 93
Johannes von Neumarkt, Bischof von Leitomischl
  und von Olmütz 142
Johannes, Schreiber (Nürnberg) 369
Josephus, Flavius 536
Josson, Estiene (Paris) 405f.
Juan de Palomar, Archidiakon von
  Barcelona 401, 406
Justinian I., römischer Kaiser 579
Juvenal 545

Karl I., Graf von Valois 470
Karl IV. von Luxemburg, römisch-deutscher
  König, Kaiser 43, 87, 92f., 120, 141f.,
  341–344, 350, 524
Khālid, Großvater des barmakidischen Wesirs
  Al-Faḍl b. Yaḥyā 446

Khubilai, mongolischer Großkhan   468, 471–473, 475, 484–493, 498, 500–502, 504, 508, 525, 528, 530, 532, 608f.
Klara von Freiburg, Pfalzgräfin von Tübingen   119
Kleiner Heinzel, Papierer(knecht) (Nürnberg)   369
Koberger, Anton (Nürnberg)   232, 239f., 246, 251, 253f.
Koler, Ulrich, Knecht (Nürnberg)   369
Kolin, Peter   256
Konrad, Kanzlist Herzog Stephans II. von Bayern   82
Konstanze I., Königin von Sizilien, Kaiserin   27
Kornmesser, Hans, genannt Ziegelhans (Württemberg)   161, 165, 189
Krompach, Nikolaus   389, 394
Kündig, Jakob, Drucker   281

Lactantius, Lucius Caecilius Firmianus   536, 571
Lagerfeld, Karl   5
Lando, Ortensio   295
Lanfranchinus de Guxano, Notar (Piacenza)   340
Langenmantel, Matthäus (Augsburg)   409
Langhaus, Sebastian, erzbischöflicher Vogt (Magdeburg)   365
Lantzenberger, Michael, Drucker (Leipzig)   358
Lapi, Domenico de', Maler (Bologna)   233
Lasiachinus, Kapitän   131
Laurentius von Březová/Vavřinec z Březová   393
Le Rond d'Alembert, Jean Baptiste   577
Leeu, Gherard   492
Leo Africanus/al-Ḥasan b. Muḥammad al-Wazzān al-Zayyātī   532
Leo X., Papst   531
Leonardo da Vinci   556
Leoncini, Domenico de' (Mantua)   174, 189
Leonhard, Graf von Görz   186
Leopold IV. von Habsburg, Herzog von Österreich   125
Leopold VI., Babenberger, Herzog von Österreich und der Steiermark   28
Letzner, Johann, Pfarrer   573, 583
Leuthold, Papierer (Frankfurt am Main)   257, 267
Liborius Brixianus   577
Linck, Hans, Vogt (Pfalz-Neuburg)   328
Livia Drusilla, genannt Diva Augusta   569, 572
Livius, Titus   536, 571

Lodovico di Ambrogio di Bonaventura, Papierunternehmer (Fabriano)   205, 243, 248, 263, 269
Longis, Jean, Drucker   492
Loreno, Ambrogio di (Mallorca)   265
Losse, Rudolf, Notar (Trier), Domdekan (Mainz)   85f., 341
Louis I., Graf von Montpensier   173
Luca de Abenaldis, Äbtissin des Klosters San Gregorio (Neapel)   307
Lucius Paetilius Scriba   571
Lucius Papyrius Mugillanus   571
Ludwig I., der Ältere, Markgraf von Brandenburg und Herzog von Bayern   82
Ludwig I., Graf von Württemberg   156
Ludwig III. von Wittelsbach, Pfalzgraf bei Rhein, Kurfürst   211
Ludwig III., Pfalzgraf und Kurfürsten von der Pfalz   379
Ludwig IV., der Bayer, römisch-deutscher König, Kaiser   82
Ludwig IV., der Römer, Herzog von Bayern und Markgraf von Brandenburg   82
Ludwig IV., Pfalzgraf bei Rhein und Kurfürst von der Pfalz   156
Ludwig, der Fromme, Herzog von Württemberg   581
Luther, Martin   312, 385–389, 396f., 605
Luxemburger (Familie)   350, 524

Mabillon, Jean   578f., 613
Mair, Paul Hektor (Augsburg)   409
Malestroit, Henri (Paris)   404
Manfred, König von Sizilien, Fürst von Tarent   28
Mansueti, Rainaldo, Pfalzgraf   326
Mantegna, Andrea (Mantua)   174, 186
Manūčihrī   417, 430
Manutius, Aldus/Aldo Manuzio, Drucker (Venedig)   294f., 297
Marcus de Marchia, Papierer (Nürnberg) (literarisch)   372, 604
Margarethe von Savoyen, Königin von Sizilien, Pfalzgräfin bei Rhein, Gräfin von Württemberg   156, 168f., 171f.
Marino, Kaplan der Barbara Gonzaga (Mantua)   174
Martialis, Marcus Valerius   540, 569
Martin V., Papst   383
Martin von Senging, Benediktiner   317, 323

Martinus Magister, Augustiner-Chorherrenstift Klosterneuburg 74
Māshā' Allāh/Messahala 78
Mathes, Hans, Papierer(knecht) (Nürnberg) 369
Matouš/Matthäus, Buchmaler (Prag) 398
Matteo di Mercatuccio, Notar (Fabriano?) 368
Matteo, Giovanni 553
Matthaeus (biblisch) 76
Matthaeus, Richter (Salerno) 308
Maximilian I. von Habsburg, römisch-deutscher König, Kaiser 266, 333, 345, 350
McLuhan, Herbert Marshall 589
Mechthild von der Pfalz, Gräfin von Württemberg, Erzherzogin von Österreich 192, 227, 479
Mechthild von Geldern, Gräfin von Kleve 88
Meinhard VI. von Görz (?), Herzog von Kärnten 78
Meister C. E., Münzer (St. Joachimsthal/Jáchymov) 400
Meister Eckhart, Dominikaner 75
Meister Georg, Maler (München) 461
Melanchthon, Philipp 289
Melioranza, Notar (Pordenone) 341
Mensis de Lucha/aus Lucca, Papierunternehmer (Genua) 368
Meyr, Cunrad, Drucker(knecht) (Basel?) 254
Michael ordinis fratribus minoris/Michele Gente, Minderbruder 140
Michael VIII. Palaiologus, Kaiser des byzantinischen Reichs 309
Miskawayh 430
Mladoňovice, Peter von 388–390, 392–398, 605
Mom, Trintken (Duisburg) 310
Mönch von Heilsbronn 75
Montefeltro, Federico da, Herzog von Urbino 281
Montfaucon, Bernard de, Benediktiner 578f., 580, 613
Morano, Cecchino, Papierunternehmer (Modena) 49, 233–235
More, Thomas 293, 295–298, 549, 583, 600, 611
Moretti, Matteo (Bologna) 233
Muḥammad ibn Zubaydah 452
Mullā nadīmī kashmīrī 434
Müllner, Johannes (Nürnberg) 371
Murr, Christoph Gottlieb 373

Muṣṭafā'Ālī 434, 440, 442
Mynnhauser, Thomas (Reichartshofen) 370

Nāṣir-i Khusraw 417
Nauclerus, Johannes 160
Nelle, Johann, Drucker (Köln) 258f.
Nibling, Johannes, Prior des Klosters Ebrach 389, 395
Niccolò de Belignano 343
Nicodemo, Abt von S. Maria di Terretie S. Nicola de Salamicio (Calamizzi), Archimandrit 23
Nicolaus Claravallensis/Nikolaus von Clairvaux 77
Nicolaus de Byarto, Mönch 42
Nicolaus de Dinkelsbühl 78
Nicolò di Cimarosta, Massaro (Seravalle) 133f.
Nider, Markus, Papierer 258f.
Nigrisoli, Francesco Maria 577
Nikolaus III., Papst 35
Nikolaus von Dresden 399
Numa, König von Rom (mythisch) 537, 571

Obertus Gregorius, Notar 340
Obertus, Notar (Genua) 33
Obsser, Clos, Papierer (Nürnberg) 369
Odo Cluniacensis, Abt von Cluny 77
Odoaker, König von Italien 510
Odorico von Pordenone, Franziskaner 522, 524
Olivo, Bernardino (Goito) 229
Omobuono di Negri (Borgoforte/Mantua) 144
Orio Frignani, Notar (Modena) 234
Otto der Schech von Steyr 84
Otto IV., Herzog von Österreich, Steiermark und Kärnten 80
Otto V., Herzog von Oberbayern, Markgraf von Brandenburg 91
Otto von Lüneburg 77
Otto von Rheineck/Rhinegg, Domherr (Konstanz) 75
Otto von Sparoaria, Pfalzgraf von Lomello 339
Ottonen (Familie) 511f.

Paccioli, Luca 273
Pacini, Piero 274
Palmiero, Notar (Fabriano) 37
Pannartz, Arnold, Drucker (Rom) 288
Paolo de Micheli (Mantua) 107f., 110, 177
Paoluccio di maestro Paolo, Papierunternehmer (Camerino) 196, 237, 265
Paruti, Salvatore 493

Paumgartner (Familie)   210, 212
Paumgartner, Hans   210
Pecht, Eberhard, Papierer (Nürnberg)   268
Pecht, Job, Papierer (Nürnberg)   268
Perotti, Niccolò, Erzbischof von Siponto   237f., 540–549, 551–553, 567, 569, 572, 576, 580, 610f.
Peter von Friedberg   292
Peter von Torberg (Württemberg)   123
Petrarca, Francesco   144, 316, 320, 556
Petrinus von Alesato   316, 322, 331
Petrus Damianus   77
Petrus de Abano   232
Petrus de Lomello   340
Petrus de Sancto Amore   77
Petrus Lombardus   76
Petrus Venerabilis, Abt von Cluny   316, 320, 579
Peuerlein, Melchior (St. Joachimsthal/Jáchymov)   400
Pfaffenreuther, Heinz (Nürnberg)   369
Philipp IV., der Schöne, König von Frankreich   470
Piccolomini, Enea Silvio   318, 323, 397, 399
Pierfrancesco di ser Giacomo da Castello delle Forme, Notar (Perugia)   326, 345
Piero di Meo del Vanno, Papierer (Fabriano)   253
Pierre le Brodeur   279
Pietro da Pusterla (Mailand)   191
Pipino da Bologna, Francesco   470f., 474–476, 483, 490, 500, 508
Pipino, Giovanni, Pfalzgraf von Altamura, Graf von Minervino, Herr von Bari   402f., 405
Pirri, Rocco/Roccus Pirrhus   579
Platon   296
Platter, Felix   216
Plinius Secundus, Gaius, der Ältere   72, 535–544, 547f., 550, 552–555, 557, 561, 566f., 570–572, 580–583, 611f., 613
Plutarch   311, 536, 571
Poetino, Bote des Ludovico Gonzaga   191
Poggio Bracciolini, Gianfrancesco   533
Polo, Marco   72, 465, 467–484, 490, 493–500, 502, 508, 511f., 519–522, 524, 526, 528, 529–531, 608f.
Polono, Stanislas, Drucker (Sevilla)   489
Prandt, Hans, habsburgischer Taxator   255
Preu, Georg der Ältere (Augsburg)   312, 601
Prosper Aquitanus   77
Ptolemaius I., Herrscher über Ägypten   536

Puffzky, Bernhard, Papierer (Nürnberg)   268
Putsch, Wilhelm (Innsbruck)   333

Raimondo delle Torre, Patriarch von Aquileia   41
Raimundus de Pennaforte, Summa de paenitentia   76
Rainerius monachus (Arezzo)   37
Rainerius Perusinus, Notar (Bologna)   337
Rammingen, Jakob von, der Jüngere   106, 111
Ramminger, Jakob, der Ältere   106, 111f., 163
Ramung, Ludovicus de/Ludwig Ramung, Pfarrer (Ulten)   74
Ramusio, Giovanni Battista   470–472, 474–477, 480f., 483, 494, 498, 503, 511, 513, 522, 531
Rashīd al-Dīn Ṭabīb, Wesir der Ilchane (Täbris)   422f., 425, 429, 439, 464
Redusi da Quero, Andrea de' (Treviso)   365
Reffeler, Paul, Drucker (Frankfurt am Main)   380
Ricardus de Lomello, Pfalzgraf   340
Riccardus, Mönch im Kloster Badia di Cava   308
Richental, Ulrich   375–377, 380–385, 387–390, 396, 605
Rinforthatus, Prokurator (Pistoia) und Abt von Fucecchio   308
Rizardus de Rizardo, Notar (Piacenza)   340
Robert Guiscard, Herzog von Apulien und Sizilien   22
Roger I., Graf von Sizilien   22–24, 27, 30, 58, 579
Roger II., Graf, König von Sizilien   23–25, 30, 420
Roger von Helmarshausen   505
Rosenplüt, Hans   318, 320
Rotenbucher, Erasmus   565, 587f.
Rüdiger, Schreiber Eberhards II. von Württemberg   121
Rudolf IV., Herzog von Österreich   80, 93
Rudolf von Liebegg, Domkapitular in Konstanz, Probst des Stifts Bischofszell im Thurgau   74
Rulman Merswin, Mystiker   77
Ruprecht I., Pfalzgraf bei Rhein   90
Ruprecht von der Pfalz, römisch-deutscher König   344
Rustichello da Pisa   470, 482

Sachs, Hans   562, 565f.
Salatiele, Notar   348
Salchingerin, Margreth (Nürnberg)   400, 408

Bartolomeo da Saliceto 234
Saluccio de Guido, Papierer (Fabriano) 253
Samuele di Brasile, Notar 339
Sautter, Jörg der Ältere (Ravensburg)/Jerg Seckler 255, 258
Scaliger, Josephus 581
Schaffard, Friedrich, Probst in Sankt Paulin (Trier) 344
Schäffel, Klaus Peter 329, 458
Schall, Johannes, Drucker (Mantua) 231
Schickhardt, Heinrich (Württemberg) 228, 258f.
Schilling, Diebold 354
Schöffer, Peter, Drucker (Mainz) 282
Schönsperger, Johann der Ältere, Drucker (Augsburg) 258f.
Schopper, Hartmann 562f., 565f.
Schwartzemberg, Michel (Frankfurt) 159
Secerius, Johannes, Drucker (Hagenau) 394
Seneca, Lucius Annaeus 545
Sessa, Johannes Baptista, Drucker (Venedig) 489
Sforza, Filippo Maria (auch Visconti) 327
Sforza, Galeazzo Maria, Herzog von Mailand 191, 256, 326, 334f., 602
Shirley, John 409
Siebenbürger, Thomas, Drucker 232
Sigismund von Luxemburg, römisch-deutscher König, Kaiser 326, 344f., 350, 370, 524
Sīmī Nīshāpūrī 427, 433, 439f., 453–455
Simon von Vercelli 322
Simon, Graf von Sizilien 24f., 30
Simone monachus (Arezzo) 37
Simonetta, Cicco 256, 334
Smaragdus von Saint-Mihiel, Mönch 76
Smíšek z Vrchovišť, Michal (Kuttenberg/Kutná Hora) 398
Sophokles 297
Sorg, Anton, Drucker (Augsburg) 379, 382, 385, 489
Spatamorbia, Agadus, Notar (Piacenza?) 339
Spatamorbia, Iacobus, Notar (Piacenza?) 339
Spielmann, Johann, Drucker (Dartford) 584
Staufer (Familie) 43, 115
Stefano di S. Maria di Terretie, Archimandrit 23
Steidl, Gerhard 5
Steiner, Heinrich, Drucker (Augsburg) 280, 379
Stephan II., Herzog von Bayern 82
Stockar, Hans 320
Strada, Filippo della 287

Straufdorfer, Peter, Papierer(knecht) (Nürnberg) 369
Stromer (Familie) 370
Stromer, Andreas (Nürnberg) 371
Stromer, Else (Nürnberg) 224, 371
Stromer, Georg (Nürnberg) 371
Stromer, Ulman, Papierproduzent (Nürnberg) 209, 252, 366–368, 371–374, 603f.
Stumpf, Johannes, Drucker (Stammheim) 249, 386f., 389f., 605
Suetonius, Gaius Tranquillus 536
Sulṭān ʿAlī Mashhadī/Maulānā Sulṭan-ʿAlī 434, 449, 454
Sunthaym, Ladislaus 262, 266, 365
Sūzanī 422, 431, 448
Sweynheim, Konrad (Rom) 288
Syon von Vercelli 316

Tansillo, Luigi 271
Tebaldi de Bologna, Tommaso (Mailand) 191
Tengler, Ulrich, Landvogt (Pfalz-Neuburg) 328
Terentius, Gnaeus 537, 571
Terriere, Antonio, Papierer (Caselle Torinese/Urach) 225
Tharäus, Andreas 574, 583, 585
Theophrast 296, 550
Theopilus Presbyter 505f.
Thomas Bradwardinus 77
Thomas Chobham 77
Thomas de Hibernia 76
Thomasius, Richter (Salerno) 308
Timur (Lenk)/Tamerlan 531
Tirman, Jorg, Papierer (Nürnberg) 369
Tortelli, Giovanni 541
Trithemius, Jakob 298
Trithemius, Johannes, Abt des Klosters Sponheim 289, 292, 298–301, 310f., 356, 600f.
Tuschek, Johann (Wien) 318, 323
Tyrman, Jorg, Papierer (Nürnberg) 252

Ubaldi, Pietro/Baldeschi 264
Ubertus von Lomello, Pfalzgraf 341
Ugherius Vagarellus, Notar (Piacenza?) 340
Ugoleto, Angelo, Drucker (Parma) 569
Ugolini (Familie, Siena) 36
Ulrich der Sokkinger, Richter (Passau) 84
Ulrich I., der Stifter, Graf von Württemberg 116
Ulrich IV., Graf von Württemberg 117–119, 121

Ulrich V., Graf von Württemberg 154, 156–158, 167f., 171, 478
Ulrich von Matrei (Salzburg) 79
Ulrich von Württemberg, Sohn des Grafen Eberhard II. von Württemberg 121
Ulrich, genannt Prater (Grafschaft Görz) 78
Ulrich, Herzog von Württemberg 188
Ulricher, Georg von Andlau, Drucker (Straßburg) 492, 497
Ungelter, Christoph, habsburgischer Taxator 268
Urban VI., Papst 148

Vadian, Joachim 249, 255, 258f., 267
Valdemar V. Atterdag, König von Dänemark 309
Varela, Juan, Drucker (Salamanca) 489
Varro, Marcus Terentius 536–538, 553, 569–571
Vbertus, Kapitän 131
Vergilius Maro, Publius 181f., 536, 596
Vespasiano da Bisticci (Florenz) 271
Vespucci, Amerigo 296
Villola, Pietro (Bologna) 331
Virgili, Polidoro/Polydorus Vergilius 277–279, 281f., 359, 361, 364, 534–546, 549, 552, 556, 566, 570, 576f., 580, 610–612
Visconti (Familie) 139
Visconti, Antonia, Gräfin von Württemberg 123–125, 130, 132
Visconti, Bernabò, Herr von Mailand 123
Visconti, Maddalena 123
Vitarutius, Papierer (Fabriano) 368
Vitruvius 545
Volkmair, Endres, Papierer (Nürnberg) 268
Vrytz(en), Johannes, Notar (Lübeck) 309
Vurster, Johann, auch Wurster/Burster/Uster, Drucker (Kempten/Mantua) 232–234

Walpotin, Magdalena (Regensburg) 400f., 406
Walram, Erzbischof von Köln 89
Walter, Earl of Atholl 409
Walther von Geroldseck, Herr von Sulz 89, 118f.
Waṣṣāf 433
Weislok, Fritz (Nürnberg) 369
Wenzel von Luxemburg, römisch-deutscher König 142, 345, 350, 524
Wieland, Melchior/Guilandinus 580f.
Wilhelm II., König von Sizilien 26, 29f., 58, 303, 307
Wilhelm von Rubruk, Franziskaner 520, 532
Wilhelm von Solagna, Franziskaner 520
Wilhelma, Gräfin zu Sayn 310
Wishekel, Papierer(knecht) (Nürnberg) 369
Wittelsbacher (Familie) 82, 90, 156f., 549
Wulfing, Bischof von Bamberg 79
Württemberger *s. Württemberg im Ortsverzeichnis*

Yāḳūt al-Rūmī 419f., 429, 432, 443, 445
Yogeshwar, Ranga 5

Zakariyyāʾ b. Muḥammad b. Maḥmūd al-Ḳazwīnī 419, 432, 442f.
Zanino Contareno, Podestà (Padua) 364
Zedler, Johann Heinrich 361
Zeller, Mathias, habsburgischer Taxator 255
Žídek, Pavel /Paulus Paulirinus 518, 558–561, 564f., 567f., 611f.
Zimmermann, Erhart, Papierer(knecht) (Nürnberg) 369
Ziyād b. Ṣā liḥ, Emir 442
Zollern, Markgrafen von Brandenburg (Familie) 169
Zonghi, Aurelio 37f., 40, 195, 199, 205, 369

Orte

Aachen 87f.
Abensberg 549
Admont (Benediktinerkloster) 76f., 490, 503, 504
Adria (Gewässer) 287
Afghanistan 415, 425, 435, 444
Afrika 71f., 426, 435, 445, 531, 580, 607

Ägypten 414, 420, 435, 438f., 441, 444–446, 451, 531, 537, 554, 568–572, 578, 580, 581
Aleppo 415, 515
Aleria 288
Alexandria 537, 568–571
Algerien 417, 429, 606

Alpen 10, 43, 51, 60, 102, 140f., 143, 173f., 183, 206, 222f., 241, 271, 335, 350f., 354, 483, 595, 598f.
Altamura 402f., 405f.
Amalfi 29, 208, 243, 251, 302, 308
Amberg 460, 462
Amerika 14, 21, 52, 53, 62, 310
Ancona 195, 264, 364, 526
Andalusien 414, 419f., 452
Apulien 210, 402
Aquila 402, 405
Aquileia 41
Arabischer Raum 15, 18, 22, 25, 32, 58, 194, 221, 268, 305, 414–416, 422, 424, 429, 434f., 441–444, 446f., 451f., 464f., 517, 531f.
Aragon 56, 482, 486, 495, 500, 504
Arcevia (olim Rocca Contrada) 40
Arezzo 37
Aserbaidschan 423
Asien 199, 436, 441, 443, 465, 467f., 470f., 473, 476, 494, 498, 508, 520, 522, 528, 533, 580
Asperg 118
Äthiopien 522
Augsburg 46, 82, 84, 210, 226, 258f., 280, 312, 324f., 335, 343, 351, 379, 382, 385, 409, 461f., 481, 489, 601
  – St. Stephan (Frauenstift) 84
  – St. Ulrich und Afra 462
Aurich 91
Avignon 35, 83, 87, 148, 243, 251, 274, 341

Baden 126, 169, 266
Bagdad 415, 419f., 426, 438f., 443, 445, 449, 452, 606f.
  – Dār al-Ḵazz (Stadtquartier) 419
Bamberg 79f., 102, 335, 462
  – St. Maria und Theodor (Kloster) 79f.
Bar (Grafschaft/Herzogtum) 10, 222
Bari 28f., 403, 406
Barleben (Sachsen-Anhalt, olim Bardeleben) 92
Barletta 28, 29, 303, 308
Basel 11, 81, 89, 102, 129, 202, 208, 211, 216, 223, 231, 240, 252–254, 256, 259, 260–262, 266, 272, 278f., 281, 293–295, 297, 317, 223, 325, 329, 358, 361, 362f., 367, 401, 407, 458, 481, 483, 491f., 496, 498, 500, 570, 574, 581, 604f.
  – St. Peter (Stift) 81
Basra 414
Bautzen 92
Bayern 82f., 90, 169
Beirut 493
Belgien 204
Benevento 42
Berg (Grafschaft) 90
Bergamo 151
Berlin 461f., 589
Bern 266, 408, 459, 461, 485, 593, 593
Biberach 129, 262
Bietigheim 124
Böblingen 118f., 171
Bocairent (Provinz Valencia) 446
Bodensee (Gewässer) 376f., 383f., 388
Böhmen 141, 341, 343, 345, 362, 386–388, 397f., 401, 407, 574
Bologna 34, 38, 40, 151, 208, 213, 233, 238, 241, 243–248, 252, 256, 262, 265, 269, 273, 316f., 321, 331, 337f., 347f., 519, 526, 547f., 570
Borgoforte (Ortsteil von Borgo Virgilio, Lombardei) 144
Borgofranco (d'Ivrea, Piemont) 339
Bosporus (Gewässer) 305
Brackenheim 165
Bremen 92
  – St. Ansgarii, Bremen 92
Brescia 141, 149, 151, 293, 481
Brixen 81, 102
Brno/Brünn 142
Bruchsal 387
Brügge 327, 356
Brüssel 265, 485
Buchenstein (heute Livinallongo del Col di Lana, Venetien) 81
Burglengenfeld 83
Burgund 169, 219, 327, 334
Bursfelde (Kloster) 298
Buttenheim (Bayern) 80
Butzbach 517
Byzanz 24, 58f., 305, 309, 511f., 516f., 527, 578f., 609

Camerino-Pioraco 11, 35, 36, 195f., 222, 237, 260, 265
Capua 307
Carpi 151
Caselle Torinese (Piemont) 223, 225

Cava de' Tirreni (Kampanien) 29
Champagne 10, 36, 204, 223, 232
Châtelard (Burg/Schloss, Kanton Waadt) 266
Chiavenna 37
China (olim Catai) 8, 361, 419, 423f., 441–444, 446f., 464, 467f., 471f., 474, 477, 499, 511, 532, 606, 608
Chioggia 146, 148
Clermont 407
Coburg 85, 91
Colmar 459, 461
Comburg (Kloster) 92
Cremona 151, 342

Dagersheim (Ortsteil von Böblingen) 118
Damaskus 426, 439f., 579, 606
Dänemark 309
Darmsheim (Ortsteil von Sindelfingen) 118
Darmstadt 85
Dartford 584
Dauphiné (Herrschaft) 57
Desio (Lombardei) 151
Detmold 93
Deventer 48
Donauwörth 82
Dresden 93, 399
Duisburg 46, 88, 90, 310, 311

Ebingen (Ortsteil von Albstadt, Baden-Württemberg) 120
Ebrach (Kloster) 389, 395
Eisenach 85
Ellwangen 271
Elsass 232
Emilia-Romagna 34, 38, 49, 245, 262
Enger 93
England 16, 42, 51, 57, 63, 193, 280f., 295, 368, 409, 459, 584
Enna (olim Castrogiovanni) 25
Ensisheim (Département Haut-Rhin) 126
Erfurt 75, 317, 323, 335
Erms (Gewässer) 227
Erzgebirge 397
Esslingen 93, 105, 226, 318, 356
Essonnes 317
Europa 6–8, 11, 13f., 17, 19, 30, 48, 51, 53, 57, 59–61, 70–72, 129, 170, 194, 220, 222, 231, 240, 260, 297, 304, 361, 367, 400, 411f., 429, 435, 438, 440f., 443f., 448, 450f., 455, 457f., 463–465, 474, 477, 506f., 509f., 512, 517, 515, 521, 524, 528, 531, 532–534, 539, 542, 549, 553, 568, 572, 576, 579, 589f., 598–600, 606f., 609, 612

Fabriano 11, 37f., 40, 64, 195–197, 199, 205, 208, 214, 222–224, 238, 242f., 245, 248, 251, 253, 256, 261–264, 269, 278, 304, 363–365, 368f., 441, 526f., 546, 570, 599, 603
Ferrara 140, 151, 577
Fès 425, 429, 532, 606
Florenz 40, 140, 151, 208, 232, 241, 245, 270, 271, 273, 274, 295, 486, 489, 525, 533, 556, 557
– San Jacopo di Ripoli (Kloster) 232, 241, 245, 270
Foligno 37, 363
Franken 142, 335
Frankfurt am Main 75, 81, 87, 102, 159, 257, 267, 380, 402, 407, 562, 571, 612
Frankreich 6, 10, 12, 21, 47, 51–53, 57, 60, 62f., 66, 126, 140, 148, 169, 173, 204, 222f., 228, 317, 231f., 279, 282, 290, 327, 334, 350, 355, 405, 468, 470f., 474, 476f., 481f., 484–487, 491f., 494f., 498, 500, 504, 524–526, 529f., 579, 599, 609f.
Friaul-Julisch Venetien 35, 41, 43
Friedberg 87
Friesland (Archidiakonat) 91

Galicien 363, 604
Gansu 472
Garsten (Kloster) 84
Gärtringen (Baden-Württemberg) 126
Gelnhausen 87
Gemona di Friuli 35
Genf 83, 485
– Saint-Victor (Kloster) 83
Genua 30, 32, 33, 34, 57, 59, 151, 210, 212, 224, 251, 339, 343, 344, 345, 367, 368, 370, 470, 509, 526, 555
Glemswald (Wald bei Stuttgart) 118
Goito (Lombardei) 173, 229
Görlitz 92
Görz (Grafschaft) 78, 102
Göß (Kloster) 28
Göttweig (Kloster) 76–78
Grasse 47
Greifenburg (Kärnten) 78
Greifswald 46

Griechische Welt   22–26, 58f., 210, 294, 296f., 446, 511, 516, 527f., 541, 552, 570f., 574, 578f., 581, 609
Groningen   48
Gujarat (olim Cambay)   533
Gundelfingen an der Donau   82

Haditha   444
Hagenau (Elsass)   93, 394
Hagenhausen (Ortsteil von Altdorf)   260, 268
Hamburg   553
Hangzhou (olim Quinsay)   472, 490
Heidelberg   46, 90, 93, 95, 157, 209, 217, 255, 274, 382, 460, 462
Heiligenberg (Grafschaft)   258
Heiliges Land   479
Henneberg (Grafschaft)   85
Herat   437
Herford   330
Herrenberg   126, 187
Hildesheim   351
Höchstädt (Amt Herrschaft Pfalz-Neuburg)   82, 328
Hohenberg (Herrschaft)   92, 123

Iberische Halbinsel/iberischer Raum   55–57, 72, 194, 198, 220–222, 435, 439, 506, 526, 598, 610
Imperium Romanum/römisch-deutsches Reich   10, 14f., 99, 341f., 326, 351, 355, 491
Indien   418, 420, 425, 435, 441, 446, 533
Innsbruck   74, 76, 79, 333
Irak   414, 444
Iran   418, 423–425, 427, 435, 439, 444
Irland   491
Isfahan   414, 424, 436, 439, 449, 452, 606
Islamische Welt   14, 32, 56–59, 71, 194, 197f., 200, 220, 304f., 361, 411, 415, 435–438, 441, 443–445, 447, 449f., 452, 458, 463–465, 516, 530, 553, 598, 606f.
Israel   517, 616

Jena   397, 399
Jesi   195
Jussy (Kanton Genf)   83

Kairo   417, 420, 426, 517, 531, 606
 – Geniza   517
Kalabrien   22, 27, 370

Kaliningrad (olim Königsberg)   580
Kamenz   92
Kampanien   42
Kanada   21, 47, 591
Karlsruhe   75, 90, 377, 381
Karthago   569, 572
Kassel   85
Kastilien   482, 489, 496, 503, 531
Katalonien   482, 486, 495, 499f., 504
Kaufbeuren   83, 268
Kempten   159, 232
Khurāsān   420, 444, 446f.
Kirchheim unter Teck   126
Kleve (Grafschaft)   88
Klosterneuburg (Stift)   74, 76f.
Koblenz   86
Köln   65, 83, 258f., 298, 344f., 350, 574, 600
 – St. Heribert in Deutz (Kloster)   292, 298, 299, 311
Konstantinopel   579
Konstanz   74f., 375–388, 390
Kuttenberg/Kutná Hora   398

Lambrecht (Kloster)   93
Latium   43
Lauban   92
Lauingen   82
Leipzig   93, 358, 386, 388
Leitmeritz/Litoměřice   400
Leonberg   118
Letovice   491
Levante   273, 598
Levanto (Ligurien)   343
Liebenau (Kloster)   83
Lienz   186
Ligurien   32–34, 57, 526
Lindau   584
Linz   84
Lissabon   492
Löbau   92
Loket   343
Lombardei   31, 37, 41, 97, 223, 317, 334, 371, 373, 461
Lomello (Lombardei)   339–341
London   42, 280, 484
Lothringen   10, 118, 232, 266
Löwen   91, 293, 295
Lübeck   28, 270, 306, 309, 327f., 344, 354–356
Lucca   34, 41f., 349, 368, 488, 496, 500, 614
Luni (Ligurien)   343

Luxemburg 47
Luzern 354

Macerata 42
Madrid 443
Magdeburg 92, 142, 365
Mailand 123f., 129f., 135f., 140, 151, 169, 256, 262, 326, 334f., 510, 602
Mainz 85, 87f., 282, 292, 395, 568, 574
Mallorca 265
Manbidsch (olim Bambyke) 515, 516
Mantua (auch Mantovano) 31, 41, 44, 66f., 70, 97–100, 107, 109–111, 113, 115, 130–132, 134f., 138–145, 147–152, 168–177, 179–186, 189, 191f., 225, 227–235, 237, 340, 349, 479, 488, 496, 500, 529, 593, 595–597, 599
– Castello di San Giorgio 107, 114, 174f., 185, 597
Marburg 614
Marken 35, 37f., 40, 42, 195f., 222–224, 237, 245, 264f., 278, 304, 364f., 372, 526, 599, 603
Marokko 465
Marostica (Venetien) 364
Matelica (Marken) 37
Meiningen 85
Mekka 417
Melegnano 151
Melfi 18, 21, 302f., 308, 338, 509, 525
Melk (Kloster) 75, 77, 323
Mesa (Kalabrien) 27
Meshed/Maschhad 427
Messina 23, 58
Mincio (Gewässer) 130, 229, 231
Minervino Murge (Apulien) 402f., 405f.
Mirandola (Emilia-Romagna) 151
Mittlerer und Naher Osten 61, 71, 194, 198, 506, 530, 532f., 609
Modena 49, 151, 233f., 526
Mongolisches Reich 422, 468, 471f., 499, 520, 528
Montbéliard (olim Mömpelgard) 228, 259
Monte Voltraio (Toskana) 34
Montecassino (Latium) 43
Montevettolini (Ortsteil von Monsummano Terme) 308
Montpellier 216, 274
Monza 151

München 74, 76, 79, 82–85, 90–92, 121, 140, 459, 461, 462f., 571, 588
– St. Jakob am Anger 85
Münster 17f., 91, 590

Neapel 27, 29, 151, 302f., 307f., 470, 490
– San Gregorio (Kloster) 303, 307
Neuburg an der Donau 328
Neuenstein (Hohenlohe) 92
Neumarkt in der Oberpfalz 562
Neuss 219
New York 377, 380, 384
Niederaltaich (Kloster) 91
Niederlande 47, 50f., 204
Niederösterreich 84, 323
Nil (Gewässer) 569, 571f.
Nördlingen 249, 270f.
Norwegen 614
Novara 316, 322, 331
Nürnberg 75, 87, 91f., 142, 208f., 211f., 223f., 226, 231f., 249, 251, 253, 257, 260f., 268, 270f., 287, 318, 320, 327, 334f., 366, 368, 370–374, 392, 400, 408, 460, 462, 481, 489, 496, 499, 501, 562, 565, 587f., 603, 612

Oberösterreich 84
Oberschwaben (Landvogtei) 82
Olevano Sul Tusciano (Kampanien) 28
Oppido Mamertina (Kalabrien) 26
Oriano nel Vicentino (Ortsteil von San Paolo, Lombardei) 151
Ortenburg (Grafschaft) 81
Österreich 28, 51, 75, 77f., 89, 93, 338, 379, 398, 490
Otranto 210
Oxford 293

Padua 35, 37, 151, 325, 338, 345, 349, 355, 364f., 456, 487, 526, 580
Palermo 25, 27, 29
Pandino (Lombardei) 151
Paris 47, 223, 274, 279, 290, 295, 301, 402, 404, 406, 485, 487, 530, 544, 553, 572, 577
– Châtelet de Paris 406
– Sorbonne 301
Parma 37, 151, 231, 253, 257, 273, 363, 544, 546, 569f.
– S. Pietro di Po 37
Pavia 151, 256

Peking (olim Cambaluc/Canbalu etc.) 484–487, 490–494
Pergamon 536, 553
Persischer Raum 194, 221, 305, 415, 417, 421f., 424f., 429, 435, 441, 443, 446, 448f., 452, 464f., 531
Perth 409
Perugia 195, 264, 326, 339, 345, 355, 364
Pfalzgrafschaft bei Rhein/Pfalz/Kurpfalz 44, 90, 156f., 169, 211, 479
Pfalz-Neuburg (Pfalzgrafschaft/Herzogtum) 314, 328
Piacenza 339, 340
Piemont 169, 223, 225
Pisa 36, 243, 251, 264, 269, 273, 364
Pistoia 43, 303, 308, 526f.
Po (Gewässer) 134, 144, 233
Polen 223
Portugal 57, 482, 492, 497, 522
Prag 76, 81, 342, 345, 376–381, 388, 392–394, 396–400, 403, 410, 491, 558
Prato 42, 196, 222, 238, 243, 251, 271, 527
Provence 47, 57

Ravensberg 168
Ravensburg 64, 168, 223, 231, 250, 255, 257f., 260–262, 266f., 365, 367, 574
Recanati 42
Regensburg 84, 210, 240, 246, 257, 267, 270, 275, 335, 400, 401, 406, 558
— Katharinenspital 84
— St. Emmeram (Kloster) 84f.
Reggio Emilia 23, 138, 139, 140, 228
Regnum Italiae 350
Reval 306, 309, 327, 344
Rivarolo Mantovano (Lombardei, olim Ripparoli) 179
Rom 32, 35, 57, 59, 14f., 148, 151, 196, 205, 208f., 288, 355, 403, 406f., 509, 511f., 532, 537, 541, 577, 596
— Gianicolo 537, 571
— St. Eustachio 196, 205, 208f.
Roskilde 309
Roststock 309
Rotenburg bei Untertürkheim 115
Rotes Meer (Gewässer) 444
Rothenburg ob der Tauber 92, 342
Rottweil 126
Roudnice (bei Hradec Králové/Königgrätz) 397f.

Rumänien 528
Rus/Russland 521f., 609

S. Filippo di Fragalà (Kloster) 23–25, 58
S. Maria di Terretie/de Terreto (Kloster) 23, 28
Salamanca 489
Salerno 28f., 303, 308
Salzburg 28, 78f., 102
Samarkand 414, 417, 419f., 425, 437, 439–444, 448, 451, 531, 606
San Germano (heute Cassino) 28
San Gimignano 34, 36, 527
San Niceta (Kalabrien) 27
Sankt Petersburg 378
Sanseverino 195
Sant'Agata (Kalabrien) 27
Santiago de Compostela 316, 320
Sassoferrato 237
Savona 33
Savoyen 57, 169
Schio 344
Schiras 415
Schluderns (Südtirol) 89
Schönbuch (Waldgebiet, Baden-Württemberg) 118
Schöntal (Kloster) 73, 75
Schornreute (Ortsteil von Kißlegg) 255, 258
Schwaben 82, 142
Schwäbisch Gmünd 126
Schwäbisch-Hall 92
Schweiz 51, 219, 266, 312, 314, 386f., 389f.
Seckenheim 157f.
Seidenstraße 442
Serravalle a Po (Lombardei) 133f.
Serrières (Ortsteil von Neuenburg/Neuchâtel, Schweiz) 266
Sevilla 418, 488f., 496, 500, 507
Siena 33, 36
Silicon Valley 196
Sillian (Tirol) 85
Siracusa 27
Sizilien 15, 22–24, 27, 29, 58, 302–304, 307f., 327, 334, 338, 488, 511, 594, 601
Soest 89
Söflingen (Ortsteil von Ulm) 225, 367
Sorrent 302, 308
Spanien 57, 59, 316, 320, 363, 418, 425, 429, 443, 447, 526, 604
Speyer 49, 232, 236, 240, 246, 272, 387
Sponheim (Kloster) 289

St. Gallen 337
St. Joachimsthal/Jáchymov 398
St. Michael in Mondsee (Kloster) 75
Stammheim (Kanton Zürich) 249
Stams (Kloster) 74
Steinbach 75
Stockholm 474, 485
Stollhofen (Ortsteil von Rheinmünster?) 161
Stralsund 309
Straßburg 77, 88, 93, 121, 254, 319, 324, 328f.,
    332–335, 355, 367, 475, 481, 483, 492,
    497, 544, 597, 602
    – St. Klara auf dem Wöhrd 88
Stuttgart 12, 65f., 73–75, 89, 94, 96, 101, 112,
    115, 117–121, 130, 156f., 160f., 163f., 167f.,
    171, 190, 228, 246, 266, 274, 571, 581, 593
Syrien 439, 448, 515, 579

Täbris 423f.
    – Rabc-i-Rashīdī (Stadtviertel) 422
Tadschikistan 435, 444
Talas (Gewässer) 442f.
Tangut 472, 508
Tegernsee (Kloster) 89, 459, 461
Tiber (Gewässer) 403, 537
Tiengen (heute Waldshut-Tiengen) 219
Tihama 444
Tirol 74, 76, 79, 85, 88–91, 102, 333
Tlemcen 429, 465, 606
Todi 42
Toledo 493
Torcello 41
Toronto 21
Toscolano-Maderno (Lombardei) 273
Toskana 33f., 36f., 40–43, 237, 303, 482f.,
    486, 489, 495f., 511, 513, 519, 522, 526,
    529, 553
Trani 210
Trentino-Südtirol 35, 79
Treviso 151
Trient 35, 79
Trier 85, 86, 344, 460
    – St. Simeon 86
Troyes 223, 317
Truden (Trentino-Südtirol) 91
Tschechien 142, 343, 389, 391f., 394,
    397–399, 482, 491, 497, 605
Tübingen 89, 105, 118f., 123, 156, 159, 187,
    188f., 227, 467, 581
Tuchio (Kalabrien) 27

Tullnau (Ortsteil von Nürnberg) 268
Turin 80, 223
Türkei 517
Türkmenabat (olim Amul) 439
Turkmenistan 435, 444
Tyros 277, 279, 280f., 546, 569, 571f.

Überlingen 255
Udine 43, 151, 341
Ulm 126, 129, 213, 225, 228, 262
Umbrien 37, 42
Ungarn 142
Urach 156, 167, 171, 188, 192, 225–228, 260,
    599
    – St. Amandus 188, 227
Urbino 277, 281, 364
Usbekistan 435, 441, 444
Utrecht 48

Val Demone (normannische Verwaltungs-
    einheit) 58
Valencia 57, 420
Varambon (Département Ain) 293
Vaucluse (Fontaine-de-Vaucluse?) 316
Venedig 34, 42, 49, 54, 72, 135, 140, 145,
    148, 151, 176f., 235, 242, 246, 249, 273f.,
    278–280, 287, 295, 297, 327, 334, 347,
    467, 470, 481–483, 487–489, 493f.,
    496–501, 503, 508, 526, 528, 533, 557, 596
Venetien 34f., 41–43
Verona 151
Villanders (Trentino-Südtirol) 88
Villimpenta (Lombardei) 182
Vincenza 151, 364
Viterbo 543
Voltri 224, 370

Waiblingen 118
Wangen in Tirol (Trentino-Südtirol) 79
Weimar 85
Welsberg (Trentino-Südtirol) 91
Wernigerode 92
Wertheim (Grafschaft) 93
Wetzlar 87
Wien 28, 75, 77–79, 81, 85, 318, 338, 379, 398,
    411, 506
Wildberg 165
Windesheim (Kloster) 357
Wismar 309
Wolfenbüttel 506

Worms 83
Württemberg 66f., 70, 73–75, 89, 92, 96–107, 109–126, 130, 142f., 146, 152–156, 158–163, 165–175, 180, 183f., 187–190, 192, 213, 223, 225f., 228, 230f., 258f., 261, 274, 352, 478f., 581, 593–597, 599f., 614f.
Würzburg 91, 325

Xanten 89
Xàtiva 420, 425, 439, 447, 606

Zandschan 425
Zittau 92
Zülpich 87
Zürich 212, 226, 232, 249, 253, 255f., 258f., 267
Zwettl (Stift) 84
Zwolle 329